Peter Kralicek/Florian Böhmdorfer/Günther Kralicek

Kennzahlen für Geschäftsführer

Das Handbuch für Praktiker

- Analyse-Methoden
- Frühwarnsysteme
- Aufdeckung von Gewinnpotentialen
- Unternehmensbewertung
- Balanced Scorecard
- Fallbeispiele

Das Standardwerk in der 4., vollständig
aktualisierten und erweiterten Auflage

UEBERREUTER

Die Deutsche Bibliothek - CIP-Einheitsaufnahme

Kralicek, Peter
Kennzahlen für Geschäftsführer : das Handbuch für Praktiker ;
Analyse-Methoden, Frühwarnsysteme, Aufdeckung von Gewinnpotentialen,
Unternehmensbewertung, balanced scorecard, Fallbeispiele /
Peter Kralicek/Florian Böhmdorfer/Günther Kralicek -
4., vollst. aktualisierte und erw. Aufl.
Wien/Frankfurt : Wirtschaftsverlag Ueberreuter, 2001
ISBN 3-7064-0710-8

Unsere Web-Adressen:

http://www.ueberreuter.at
http://www.ueberreuter.de

M 0311   1 2 3 / 2003 2002 2001

Vorwort zur vierten Auflage

Die dritte Auflage ist im Februar 1995, also vor knapp sechs Jahren erschienen. Zwar wurde die dritte Auflage mehrmals unverändert nachgedruckt, weil das Interesse beim Leserkreis groß war, doch hat es in den letzten Jahren revolutionäre Änderungen im Rechnungswesen, dem Strategiemanagement und der Informationstechnologie gegeben, die eine umfassende Änderung des Buches dringend notwendig machte.

An der bewährten Grundkonzeption: **"Diagnosewerkzeuge - Therapieinstrumente"**, die von Dr. Oskar Mennel, Geschäftsführer des Wirtschaftsverlags Ueberreuter stammt, wurde nichts verändert. Auch die Gliederung in 16 Kapitel wurde beibehalten, um Besitzern früherer Auflagen die Orientierung zu erleichtern. Lediglich das Kapitel 8 ist umgetauft worden und heißt nun: **"Visionen, Strategien, strategische Kennzahlensysteme"**. Die meisten der übrigen 15 Kapitel sind entweder vollkommen neu geschrieben oder wesentlich erweitert worden, so dass **praktisch ein neues Buch** vorliegt. Der Umfang hat sich um mehr als die Hälfte vergrößert und beträgt jetzt **1.280 Seiten**. Alle Excel-Programme, die zur Lösung der Fallbeispiele verwendet worden sind, werden im Kapitel 15 genau beschrieben. Sie können einzeln oder in günstigen Anwenderpaketen gekauft werden und ermöglichen so einen sofortigen 1:1-Einstieg. Das Autorenteam bedankt sich bei:

- Dr. **Ernst Bleier**, Vorstandsdirektor eines Bankinstituts in Salzburg, für wertvolle Anregungen zu den Themen **"Frühwarnsysteme"** und **"Rating"**;
- Dr. **Erika** und **George Walker**, London, für die kritische Durchsicht und Überarbeitung des Kapitels 9, **"Englische Fachtermini"**;
- Dipl.-Ing. **Peter Kralicek**, Wien, für die Betreuung der **anspruchsvolleren Fallbeispiele im Kapitel 14**; sein Spezialgebiet ist Planungsmathematik;
- Dipl.Volksw. **Mathias Brinkmann** vom Institut Baetge der Westfälischen Wilhelms-Universität für die Unterstützung beim Rating-Kapitel;
- Frau **Herdis Kralicek** für das **Kontrollieren der Fallbeispiele, Formeln und Tabellen** sowie das **Koordinieren aller Aktivitäten**; das ist bei einem Buch dieses Umfangs ein bewundernswerter Kraftakt.

Last but not least bedanken wir uns bei den **Managern des Wirtschaftsverlages Carl Ueberreuter** für die **hervorragende Betreuung** in jeder Phase des Projektes. Besonderer Dank gebührt Herrn **Kurt Bauer**, der das **Lektorat** mit Einsatz, Geduld und zahlreichen Anregungen sehr kreativ gestaltet hat.

Wir hoffen, dass dieses Buch in der nun vorliegenden Form noch stärker als bisher den Bedürfnissen von Geschäftsführern nach einem übersichtlichen und dennoch nicht zu knapp gefassten Anwenderbuch über Diagnosewerkzeuge und Therapieinstrumente entgegenkommt.

Peter Kralicek

Wien, im Oktober 2000

Florian Böhmdorfer

Günther Kralicek

Einleitung

Kennzahlen sind seit jeher für viele Berufsgruppen eine wichtige Informations- und Entscheidungsgrundlage. Bankmanager, Steuerberater, Wirtschaftsprüfer, Controller und Treasurer, Rechtsanwälte, Unternehmensberater, Firmeninhaber und Geschäftsführer verwenden in zunehmendem Umfang Kennzahlen zur objektiven Beurteilung von Ist- und Plan-Zuständen sowie zur Kontrolle von Plan-Vorgaben aller Art.

Der seriöse und weitblickende Geschäftsführer wird bemüht sein, die Erfüllung seiner Aufgaben durch Kennzahlen abzusichern. Der Vorteil liegt auf der Hand. Bei richtiger Auswahl der Kennzahlen können die verschiedenen Ziele und Entwicklungen weder übersehen noch über- bzw. unterbewertet werden.

Die Schwierigkeit besteht in der Praxis darin, aus der Fülle der in der Literatur vorgestellten Kennzahlen die wichtigen Hauptkennzahlen von den ergänzenden Nebenkennzahlen zu unterscheiden. Während die Hauptkennzahlen in jedem Unternehmen pflichtmäßig eingesetzt werden sollten, sind die ergänzenden Nebenkennzahlen, je nach Branche und Hauptzielsetzung, individuell auszuwählen.

Wichtig ist, dass eine gewisse Ordnung und Übersichtlichkeit eingehalten wird. Das erreicht man durch die Bildung so genannter Analysegruppen. Die ausgewählten Kennzahlen werden den Analysegruppen zugeordnet. Welche Analysegruppen zweckmäßig sind, hängt zunächst davon ab, ob die Kennzahlen ausschließlich aus externen Jahresabschlüssen oder auch aus internen Quellen gespeist werden.

Bei Kennzahlen aus (externen) Jahresabschlüssen sind die Analysebereiche Investition, Finanzierung, Liquidität, Rentabilität und Aufwandstruktur zweckmäßig. Wird diese Vorgangsweise gewählt, dann erhält man automatisch wichtige Informationen darüber, ob das Unternehmen im Rentabilitäts- und/oder Liquiditätsbereich gesund bzw. krank ist. Häufig kommt es vor, dass ein Unternehmen (noch) gute Finanzierungs- und Liquiditätskennzahlen aufweist, die Rentabilitäts- und Aufwandstrukturkennzahlen aber seit Jahren rückläufig und schlecht sind. Dieses Röntgenbild ist typisch für jene Unternehmungen, die in der Vergangenheit gute Gewinne erzielt haben, diese Gewinne im Betrieb arbeiten ließen, aber seit geraumer Zeit - aus welchen Gründen immer - keine Gewinne mehr erwirtschaften. Hier müsste möglichst rasch, jedenfalls in jener Zeitspanne, in der die Liquidität noch gut ist, mit einer entsprechenden Therapie zur Verbesserung des Erfolges begonnen werden. Nützt man die Zeitspanne der noch befriedigenden Liquidität nicht aus, um den Erfolg und damit die Rentabilität zu sanieren, dann bedeutet das sehr oft das endgültige Aus.

Zunehmender Beliebtheit in der Kennzahlenpraxis erfreuen sich seit nunmehr 25 Jahren die so genannten Bonitätsindikatoren bzw. Insolvenzfrüherkennungssysteme, die das Erkenntnisbild gut abrunden können. Vier bekannte Methoden (Diskriminanz- und Faktorenanalysen), die man in Deutschland, in Österreich und der Schweiz problemlos anwenden kann, werden daher - praxisorientiert - ebenso vorgestellt wie die Neuentwicklungen auf dem Gebiet der Neuronalen Netze, Ranking- und Scoring-Modelle.

In der modernen Theorie und Praxis ist eine Kennzahlenanalyse ohne Liquiditätsaussagen mit Hilfe der Kapitalflussrechnung nicht mehr denkbar. Deshalb und zur Demonstration der Vorteilhaftigkeit werden bei einigen Fallbeispielen neben Kennzahlen und Bonitätsindikatoren auch Kapitalflussrechnungen durchgeführt.

Seit einigen Jahren wird von Fachleuten immer mehr Kritik daran geübt, dass die monetären Kennzahlen viel zu spät reagieren (= Spätindikatoren). Bis monetäre Kennzahlen eine Fehlentwicklung erkennen, ist es oft schon zu spät. Deshalb haben sich strategische Kennzahlen als Frühindikator (z.B. Kundenzufriedenheit, Mitarbeiterzufriedenheit u.v.a.m.) immer stärker durchgesetzt. Die beiden Harvard-Professoren Kaplan und Norton kreierten das **Balanced Scorecard**, ein **Instrument zur Umsetzung der strategischen Planung.** Auch diese Entwicklung wird in diesem Buch berücksichtigt (Kapitel 8).

Die beste Fehlerdiagnose ist nutzlos, wenn nicht sofort die richtigen Therapievorschläge zur raschen Fehlerbeseitigung folgen. Die Skala der betriebs- und finanzwirtschaftlichen Anwendungsvorschläge ist lang und reicht von der Investitionsentscheidung, dem Entscheidungsmodell "Eigenfertigung versus Fremdbezug", verschiedenen einkaufs- und lagerpolitischen Maßnahmen über wirtschaftliche Skonto- und Rabattausnutzung, gewinnmaximale Produktionsprogramme, Rohstoffminimierung, kostenminimale Maschinenbelegung bis zur Unternehmensbewertung und dem Cash-Management.

Das Buch gliedert sich in 15 Hauptkapitel. Auf den Seiten 8 und 9 werden diese Kapitel den beiden Hauptbereichen "Diagnose" und "Therapie" zugeordnet und deren Inhalt stichwortartig dargestellt.

Der Diagnoseteil umfasst sieben Kapitel, der Therapieteil sechs. Im Kapitel 9 werden die wichtigsten englisch/amerikanischen Termini zu verschiedenen Fachbereichen anwenderbezogen dargestellt.

Im Kapitel 16 (gelbe Seiten) befinden sich wichtige Arbeitstabellen, Zins- und Leibrententafeln, Checklisten, Computerausdrucke und Fachgutachten, welche die praktische Durchführung der einzelnen Problemkreise wesentlich vereinfachen bzw. unterstützen können; die Einordnung erfolgt kapitelweise.

Bei zehn Kapiteln werden Literaturverweise angeboten. Diese sind ganz auf die Erfordernisse des modern denkenden Geschäftsführers abgestimmt. Die **Auswahl** erfolgte primär unter dem Gesichtspunkt der **Praxistauglichkeit für einen Geschäftsführer.** Mit wenigen Ausnahmen werden nur Bücher empfohlen, deren Letztauflage nicht mehr als zehn Jahre zurückliegt. Die Besten der Besten (= Lieblingsbücher des Autorenteams) sind besonders hervorgehoben (inverser Druck).

Möge dieses Buch dem Geschäftsführer bei der Bewältigung seiner vielschichtigen Probleme ein nützliches Werkzeug sein!

DIAGNOSEWERKZEUGE

FÜR ANFÄNGER

KAPITEL 1
Grundlagen

- Anatomie einer Bilanz
- Anatomie einer G&V
- Anhang
- Lagebericht
- Internationale Rechnungslegung

KAPITEL 2
Wie führt man eine Kennzahlenanalyse durch?

- Quicktest
- Break-Even-Analyse 1
- Checklisten
- Interpretationsempfehlungen
- **Anwendersoftware**

FÜR FORTGESCHRITTENE

KAPITEL 3
Erweiterte Kennzahlenanalyse

- 35 Kennzahlen
- 5 Analysebereiche
- Kapitalflussrechnung(en)
- Break-Even-Analyse
- Wachstumsanalyse
- Interpretations-empfehlungen
- Interne Kennzahlen
- Monetäre Kennzahlensysteme
- Checklisten
- Glossar
- **Anwendersoftware**
- **Top-Literatur**

KAPITEL 4
Neuere Ansätze der Bilanzanalyse

- Frühwarnindikatoren
- Multiple Diskriminanzanalyse
- Faktorenanalyse
- Scoring-Modelle
- Künstliche Neuronale Netze
- Rating-Modelle
- Fallbeispiele
- **Anwendersoftware**
- **Top-Literatur**

KAPITEL 5
Jahresabschluss-Szenarien von gut und schlecht geführten Unternehmen

- 6 Szenarien
- Optisch gut aufbereitete Ausgangsdaten und Ergebnisdarstellung
- Interessante Erkenntnisse
- Sensibilität der Diskriminanzfunktionen

FÜR SPEZIALISTEN

KAPITEL 6
Planbilanzen - die Budgetierung von Jahresabschlüssen

- Operatives Instrumentarium (21 Planbilanzmodule)
- Beurteilungs-instrumentarium
- 5 Fallbeispiele
- Feasibility Manager
- Wichtige Erkenntnisse
- **Anwendersoftware**

KAPITEL 7
Unternehmensbewertung

- Multiplikatoren
- Bewertungsmethoden auf Basis historischer Werte
- Zukunftsorientierte Bewertungsmethoden
- Kapitalisierungszinsfuß
- Risiko, Unsicherheit
- Berufsständische Empfehlungen
- Checkliste
- Glossar
- Unternehmenswert-orientierte Entlohnung
- Synergien
- **Anwendersoftware**
- **Top-Literatur**

ÜBERLEITUNG

KAPITEL 8
Visionen, Strategien, Strategische Kennzahlensysteme

- Benchmarking
- PIMS-Kennzahlensystem
- Balanced Scorecard
- Kernkennzahlen
- Leistungstreiber
- **Top-Literatur**

KAPITEL 9
Englische/amerikanische Termini zu verschiedenen Fachbereichen

- Jahresabschluss
- Kennzahlen
- Rechtsformen
- Kapitalflussrechnung
- Kostenrechnung
- Investitionsrechnung
- Unternehmensbewertung
- Risikoanalyse
- Materialwirtschaft
- Statistik und OR
- **Top-Literatur**

THERAPIEINSTRUMENTE

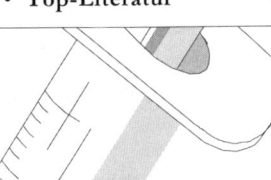

KAPITEL 10
Kostenrechnung, Kalkulation, Ergebnisrechnung

- Serienfertigung
- Auftragsfertigung
- Statistische Kostenauflösung
- Eigenfertigung versus Fremdbezug
- Isogewinnkurven
- Wirtschaftlichkeitsberechnungen
- Planung der LKW-Kosten
- Abweichungsanalysen
- Activity Based Costing (ABC)
- Target Costing
- **Anwendersoftware**
- **Top-Literatur**

KAPITEL 11
Investitionsentscheidungen

- Alle Methoden
- Investitionsrelevantes Working Capital
- Optimaler Ersatzbeschaffungszeitpunkt
- Kritische Mengen
- Sensibilitätsanalyse
- Zielwertsimulation
- Checklisten
- **Anwendersoftware**
- **Top-Literatur**

KAPITEL 12
Wirtschaftlich disponieren, einkaufen, bestellen und lagern

- Bedarfsvorhersage
- Bestellmengen und Losgrößen
- Meldemengen
- Optimale Strategien
- ABC-/XYZ-Analyse
- Sicherheitslager
- Überlager
- Lagersimulation
- Checklisten
- **Top-Literatur**

KAPITEL 13
Finanzwirtschaft, Cash-Management

- Kapitalbedarf
- Kapitalfluss
- Leasing
- Factoring
- Skontoertrag versus Fremdkapitalzinsen
- Rabattmanagement
- Checklisten
- **Anwendersoftware**
- **Top-Literatur**

KAPITEL 14
Statistische Methoden, Zins- und Leibrententabellen, OR-Methoden

- Statistik
- Auf- und Abzinsungsfaktoren
- DSF- und KWG-Faktoren
- Leibrenten
- Verbraucherpreisindizes
- Lineare Optimierung
- Simulation
- Heuristische Verfahren
- Feasibility Study
- Warteschlangenprobleme
- Risikoanalyse
- **Anwendersoftware**
- **Top-Literatur**

KAPITEL 15
Computerprogramme

- QuickTest (4 Kennzahlen)
- QuickReport
- BigKenn (35 Kennzahlen)
- MDA, vereinfachte Methode
- MDA, Methode Beermann
- PlanB (Planbilanzen)
- FeasibilityManager
- HistUB (Unternehmensbewertung)
- PlanUB (Unternehmensbewertung)
- RisikoUW
- InvestitionsRechnung'99
- RisikoIR
- Viele Controlling-Tools

MANAGEMENT HEISST HEUTE:

1. TRENDS SEHR FRÜH WAHRNEHMEN

2. VISIONEN HABEN

3. PHANTASIEVOLL SEIN

4. INTERNATIONAL DENKEN

5. VERNETZUNGEN ERKENNEN

6. DEN MENSCHEN IN DEN MITTEL-PUNKT STELLEN

7. DIE UMWELT BERÜCKSICHTIGEN

8. COMPUTER BEHERRSCHEN UND RICHTIG EINSETZEN; DIE MÖGLICHKEITEN DES WWW UNEIN-GESCHRÄNKT AUSSCHÖPFEN

9. WESENTLICHE INFORMATIONEN LAUFEND UND FRÜHER BEKOMMEN

10. VEREINFACHEN KÖNNEN

11. IM TEAM ARBEITEN

12. ZIELE KLAR DEFINIEREN

Inhaltsverzeichnis

DIAGNOSEWERKZEUGE

ÜBERLEITUNG

THERAPIEINSTRUMENTE

1.

Nach der Philosophie dieses Kapitels lässt sich jede
Unternehmung in eine der vier Kategorien einordnen:

Finanzielle Stabilität	+
Ertragskraft	+

Finanzielle Stabilität	-
Ertragskraft	+

Finanzielle Stabilität	+
Ertragskraft	-

Finanzielle Stabilität	-
Ertragskraft	-

+ = gut   - = schlecht

Grundlagen der
Kennzahlenanalyse
für Anfänger

Ziele

Rund um den Jahresabschluss gibt es Begriffe, die man als Kennzahlen-Anwender kennen sollte.

Ziel dieses Kapitels ist es, dem Anfänger die wichtigsten Termini technici verständlich zu erklären. Der Fortgeschrittene kann dieses Kapitel überspringen.

Wichtige Begriffe für den Anfänger

Jahresabschluss			Kennzahlen
Bilanz	**G&V**	**Anhang usw.**	**Kennzahlen**
• Anlagevermögen	• Umsatzerlöse	• Pflichtprüfung	• Eigenkapitalquote
• Umlaufvermögen	• Betriebsleistung	• (Register)publizität	• Schuldtilgungsdauer
• Eigenkapital	• Einsatz	• Größenmerkmale für Kapital- gesellschaften	• Gesamtkapital- rentabilität
• Nicht durch Eigen- kapital gedeckter Fehlbetrag*)	• Sondereinzelkosten		• Cash-Flow- Leistungsrate
	• Personalkosten		
• Fremdkapital	• Fremdkapitalzinsen	• Lagebericht	
• Bilanzsumme	• Abschreibungen		
	• Aktivierte Eigenleistungen		
	• Bestandsveränderung Halb- und Fertigware		
	• Umsatzkosten- verfahren		
	• Gesamtkosten- verfahren		
	• Rohgewinn		
	• Betriebserfolg (EBIT)		
	• Finanzerfolg		
	• EGT (= Ergebnis der gewöhnlichen Geschäftstätigkeit)		
	• Jahresüberschuss/ Jahresfehlbetrag		
	• Bilanzgewinn/ Bilanzverlust		

*) in Österreich: Negatives Eigenkapital

Einfachst-Struktur einer Bilanz und G&V

Einfachst-Struktur einer Bilanz

Bilanz	
Aktiva	**Passiva**
Anlage**vermögen**	Eigen**kapital**
Umlauf**vermögen**	Fremd**kapital**

Eine tiefer strukturierte Bilanz ist auf Seite 40 abgebildet. Noch mehr Tiefengliederung gibt es im Kapitel 1.8.

Einfachst-Struktur einer Gewinn- und Verlustrechnung (G&V)

Altes Schema (vor Rechnungslegungsvorschriften):

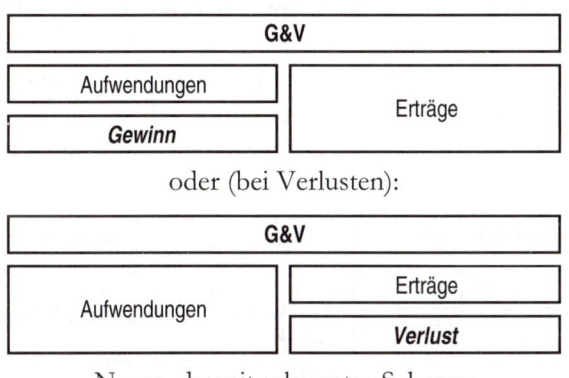

oder (bei Verlusten):

Neues, derzeit relevantes Schema:

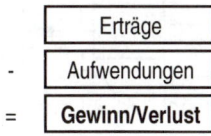

Eine tiefer strukturierte G&V ist auf Seite 44 abgebildet. Noch mehr Tiefengliederung gibt es im Kapitel 1.8.

1.1. Kennzahlenanalyse: Warum? Wie? Wann?

Warum?

Weil man mit Kennzahlen **Sachverhalte objektivieren** kann. Es wird dringend empfohlen, die Entwicklung des laufenden Geschäftes zu kontrollieren und zu analysieren, etwa dadurch, dass man die Ist-Werte mit Planwerten bzw. Ist-Werten der Vorperiode vergleicht. Abweichungen wird es bei diesem Vergleich immer geben. **Kleine Abweichungen** wird man **vernachlässigen** können, **größere** sind zu **analysieren**. Hat man die Ursachen gefunden, sind **sofort Gegenmaßnahmen** einzuleiten.

Wie?

Prinzipiell so, wie dies in den folgenden Kapiteln 2, 3 und 4 demonstriert wird. Neben der Kennzahlenermittlung ist es wichtig, **streng nach** den **Analysebereichen** zu **trennen**, weil sonst eventuelle negative Entwicklungen zu spät erkannt werden. Dies insbesondere dann, wenn durch einen gesunden Analysebereich Kennzahlen eines kranken Bereiches überdeckt werden.

Die **Empfehlungen des Autors** sind, die **Kennzahlen** so zu **verdichten**, dass eine getrennte Aussage in Bezug auf **finanzielle Stabilität** und **Ertragskraft** erfolgen kann.

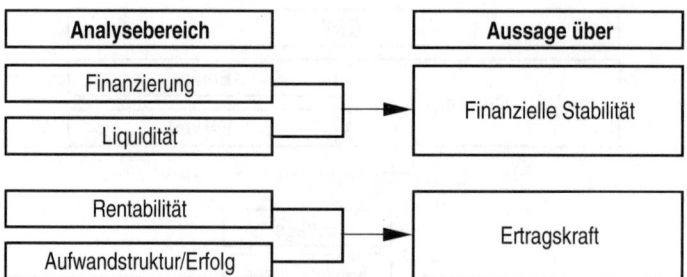

Bei dieser Vorgangsweise lässt sich jedes Unternehmen einem der vier Felder der nachstehenden Beurteilungsmatrix zuordnen (+ = gut, - = schlecht):

Für **Unternehmen**, die eine **schlechte** oder eine sich laufend verschlechternde **Ertragskraft** aufweisen, aber (noch) eine **befriedigende finanzielle Stabilität** haben, kann eine **differenzierte Information** gar nicht **früh** genug erfolgen.

Nur dann hat man nämlich eine reelle **Chance**, ein entsprechendes **Erfolgs-sanierungsprogramm** einzuleiten. Ist das Unternehmen in beiden Bereichen negativ, dann kommt eine Sanierung häufig zu spät; besonders bei Mittel- und Großbetrieben.

Wann?

Der **Kennzahlen-Check** sollte **mindestens einmal jährlich** - nach Vorliegen des Jahresabschlusses - erstellt werden.

In den **meisten Fällen** wird das Einjahres-Kontrollintervall zu lang sein. Kontrolle ist praktisch nur sinnvoll, wenn sie kurzfristig erfolgt, damit man bei Abweichungen rasch Gegenmaßnahmen ergreifen kann. Unter diesen Aspekten scheint eine **monatliche, vierteljährliche** oder **trimestermäßige** (viermonatige) **Betrachtungsdauer sinnvoll**.

> ☞ **Achtung:** Bei unterjähriger Kennzahlenermittlung sind gewisse Regeln zu beachten, die im Kapitel 2 erläutert werden.

1.2. Keine Angst vor Kennzahlen!

Man sollte den Kennzahlen **nicht ängstlich** gegenüberstehen, **sondern** sie als **Freund und Helfer** betrachten.

- **Kennzahlen können nicht** Erfahrungen (Know-how) oder **gutes Management ersetzen**, aber sie machen **gutes Management besser**.
- Kennzahlen können Entwicklungen aufzeigen, die man sonst übersehen hätte.
- Kennzahlen helfen dem Manager, Entscheidungen vorzubereiten; die Entscheidung selbst nehmen sie ihm aber nicht ab.
- Kennzahlen dienen als Kontrollinstrument zur Überwachung der Planprämissen.
- Auch bei den Kennzahlen ist ein **gesundes Mittelmaß** wichtig. **Zu viele Kennzahlen verwirren**, zu wenige verhindern eine umfassende objektive Information.

1.3. Die Anatomie einer Bilanz

Die Bilanz weist die betrieblichen **Aktiva** (= Vermögen) auf der **linken Seite** und das **Eigenkapital** sowie das **Fremdkapital** (= Schulden) auf der **rechten Seite** aus. Man nennt die **rechte Seite** auch **Passiva**.

Bilanz	
Aktiva	**Passiva**
Anlage**vermögen**	Eigen**kapital**
Umlauf**vermögen**	Fremd**kapital**

Die **Aktiva** untergliedern sich immer in **zwei Hauptbereiche**, in das **Anlagevermögen** und das **Umlaufvermögen**.

Das **Anlagevermögen** ist **langfristig** (mehrjährig im Betrieb gebunden) und untergliedert sich grundsätzlich in Sachanlagen (SA) und Finanzanlagen (FA):

- Grundstücke   (SA)
- Gebäude   (SA)
- Maschinen und maschinelle Anlagen   (SA)
- Betriebs- und Geschäftsausstattung   (SA)
- Beteiligungen   (FA)
- Wertpapiere des Anlagevermögens   (FA)

Manchmal gibt es noch eine **dritte Gruppe**, das so genannte **immaterielle Anlagevermögen** (= Rechte, Konzessionen usw.).

Das **Umlaufvermögen** setzt sich aus

- Vorräten,
- Kundenforderungen,
- sonstigen Forderungen
- und flüssigen Mitteln

zusammen. Weil alle Positionen des **Umlaufvermögens** spätestens innerhalb eines Jahres, meist jedoch schon nach wenigen Wochen oder Tagen, in Geld umgesetzt werden können, spricht man hier von **kurzfristiger Bindung**. Ausnahmsweise können auch Teile des Umlaufvermögens langfristig sein (z.B. Teile des Lagerbestandes). Das "Fremdkapital" (= Schulden, Verbindlichkeiten) wird - ebenso wie die Aktiva - in **zwei Teile** gegliedert, nämlich das **langfristige Fremdkapital** und das **kurzfristige Fremdkapital**. Müssen die Schulden innerhalb eines Jahres zurückgezahlt werden, dann spricht man von **kurzfristig**; beträgt die Tilgungsdauer mehr als ein Jahr, handelt es sich um **langfristige** Verbindlichkeiten.

Typisch **kurzfristige Verbindlichkeiten**: Lieferantenverbindlichkeiten (Schulden für Warenlieferungen und Leistungen), Kontokorrentkredite (Bankkredite zur Finanzierung des Umlaufvermögens mit einer Kreditdauer von - de jure - einem Jahr), Wechselverbindlichkeiten und sonstige Verbindlichkeiten (z.B. Verbindlichkeiten gegenüber dem Finanzamt, der Stadtkasse usw.).

Als **langfristige Verbindlichkeiten** können Hypothekarkredite (durch Grund und Gebäude abgesicherte Bankkredite mit einer mehrjährigen Laufzeit) und Rückstellungen, die erst in einigen Jahren zu Ausgaben führen (z.B. Rückstellungen für Pensionen oder Abfertigungen), genannt werden.

Die **Differenz** zwischen **Aktiva** (= Vermögen) und **Passiva** (= Schulden) nennt man **Eigenkapital**. Anders ausgedrückt: Das Eigenkapital ist jener Wert, der dem Geschäftsinhaber nach Zahlung aller Schulden übrig bleibt.

$$Aktiva - Schulden = Eigenkapital$$

$$Aktiva = Schulden + Eigenkapital$$

Obige Bilanzgleichungen sind wie eine Waage, die deshalb die Balance hält, weil die linke Waagschale gleich schwer ist wie die rechte. Diese Feststellung gilt auch für den Fall, daß die Schulden höher sind als die Aktiva. Dann nämlich wird das Eigenkapital zum Fehlkapital (auch negatives Eigenkapital, Minuskapital bzw. nicht durch Eigenkapital gedeckter Fehlbetrag genannt) und rutscht von der rechten Seite der Bilanz auf die linke, wo es zu den Aktiva addiert wird. Die Bilanzgleichung für diesen Fall lautet also:

$$Aktiva + Fehlkapital = Schulden$$

1.4. Wie funktioniert eine Bilanz?

Bei jedem Geschäftsfall bzw. bei jeder Aktivität ändern sich zumindest zwei der Bilanzpositionen, manchmal auch mehr. Ein Verkauf von Waren kann folgende Bilanzveränderungen nach sich ziehen: Immer reduzieren sich die Warenvorräte um die Verkaufsmenge, bewertet zum Einstandswert.

Wenn es sich um ein Bargeschäft handelt, der Kunde also sofort bezahlt, erhöhen sich die flüssigen Mittel. Werden hingegen die Waren auf Ziel (= Kredit) verkauft, erhöhen sich die Kundenforderungen.

Nehmen wir an, ein **Betrieb** wird **neu gegründet**. Der **Eigentümer legt 40 GE** (= Geldeinheiten) **bar ein**.

Die **Gründungsbilanz** hat nun folgendes Aussehen:

Aktiva		Passiva	
Umlaufvermögen		**Eigenkapital**	40
- Flüssige Mittel	40		

Der Eigentümer entschließt sich, zunächst ein Vorratslager aufzubauen und **kauft Waren für 20 GE**, die er zu **50% bar bezahlen** und zur anderen **Hälfte auf Ziel** (Kredit) anschaffen will. **Nach** dieser **Transaktion** hat die **Bilanz folgendes Aussehen:**

Aktiva		Passiva	
Umlaufvermögen		**Eigenkapital**	40
- Vorräte	20 *	**Fremdkapital, kurzfristig**	
- Flüssige Mittel	30 *	- Lieferanten	10 *
Bilanzsumme	50	**Bilanzsumme**	50

Hinweis: Alle Positionen, die sich durch diese Transaktion verändert haben, sind mit * gekennzeichnet; das gilt auch für die nächsten beiden Szenarien.

Anschließend will der Eigentümer eine **Fertigungshalle** (15 GE) **bauen** und **Maschinen** (5 GE) **kaufen**. Die **Finanzierung** erfolgt je zur **Hälfte** aus **Eigenmitteln** (flüssige Mittel bzw. bar) und **langfristigem Fremdkapital** (Hypothekarkredit mit zehnjähriger Tilgungsdauer). Die **neue Bilanz** stellt sich wie folgt dar:

Aktiva			Passiva	
Anlagevermögen			**Eigenkapital**	40
- Gebäude	15 *			
- Maschinen	5 *	20	**Fremdkapital, langfristig**	
			- Hypothekarkredit	10 *
Umlaufvermögen				
- Vorräte	20		**Fremdkapital, kurzfristig**	
- Flüssige Mittel	20 *	40	- Lieferanten	10
Bilanzsumme		60	**Bilanzsumme**	60

Die Bilanzsumme hat sich neuerlich um 10 GE erhöht, das ist jener Betrag, der bei der Bank für die Investition geborgt wurde. Dieser Bankkredit wird als langfristig angesehen, weil eine Tilgungsdauer von zehn Jahren (also mehr als einem Jahr) vereinbart ist.

Weil sowohl das Gebäude als auch die Maschinen mehrere Jahre genutzt werden (also mehr als ein Jahr), sind sie dem Anlagevermögen (langjährige Bindung) zugeordnet worden.

Jetzt noch **abschließend ein Szenario**, wie **Verkäufe von Waren und Leistungen** das Bilanzbild verändern.

Wenn Verkäufe getätigt werden, reduzieren sich zunächst die Vorratsbestände, gleichzeitig erhöhen sich bei Bargeschäften die flüssigen Mittel. Bei Zielverkäufen (Kreditverkäufen, Zahlungsziel z.b. 30 Tage) wird eine neue Bilanzposition angesprochen, die Position "Kundenforderungen". Weil die Kundenforderungen nicht erst nach einem Jahr, sondern etwa bereits nach 30 Tagen bezahlt und damit zu flüssigen Mitteln werden, ordnet man sie dem Umlaufvermögen zu.

Angenommen, es werden Vorräte zum (Einstands-)Wert von 15 GE um 20 GE (Verkaufswert) verkauft, wobei die **Hälfte Bargeschäfte** und der **Rest Zielumsätze** sind, dann hat das **Bilanzbild** nach dieser **Transaktion** folgendes Aussehen:

Aktiva			Passiva		
Anlagevermögen			**Eigenkapital**		
- Gebäude	15		- Vor Verkaufstransaktion	40	
- Maschinen	5	20	- Zuzüglich Gewinn aus		
			Verkaufstransaktion	5 *	
Umlaufvermögen			- Nach Verkaufstransaktion		45
- Vorräte	5 *				
- Kundenforderungen	10 *		**Fremdkapital, langfristig**		
- Flüssige Mittel	30 *	45	- Hypothekarkredit		10 *
			Fremdkapital, kurzfristig		
			- Lieferanten		10
Bilanzsumme		65	**Bilanzsumme**		65

Jedes Bilanzbild ist ein **Schnappschuss** der Geschäftssituation **zu einem bestimmten** (selbst gewählten oder durch das Gesetz vorgegebenen) **Zeitpunkt**. Schon einen Tag später hat das Bilanzbild ein anderes Aussehen.

Jetzt soll noch gezeigt werden, wie eine Gewinn- und Verlustrechnung (G&V) funktioniert und was sich hinter den Zahlen verbirgt. Eine detailliertere Bilanzgliederung findet sich in diesem Kapitel auf Seite 49.

1.5. Die Anatomie einer Gewinn- und Verlustrechnung (G&V)

Die Gewinn- und Verlustrechnung (G&V) zeigt alle Geschäftsfälle auf, die innerhalb einer bestimmten Periode zu Erträgen (Erlösen, "Einnahmen" im weitesten Sinn) und zu Aufwendungen (Kosten, Spesen, "Ausgaben" im weitesten Sinn) geführt haben. Als Periode wird meistens das Jahr, das Semester, das Trimester (vier Monate), das Quartal oder der Monat gewählt.

Auf die Gewinn- und Verlustrechnung wird immer bei der Einkommen- bzw. Körperschaftsteuererklärung Bezug genommen.

Die **Differenz** zwischen **Erträgen** und **Aufwendungen** nennt man **Gewinn** bzw. **Verlust**.

Altes Schema (vor Rechnungslegungsvorschriften):

G&V	
Aufwendungen	Erträge
Gewinn	

oder (bei Verlusten):

G&V	
Aufwendungen	Erträge
	Verlust

Neues, derzeit relevantes Schema:

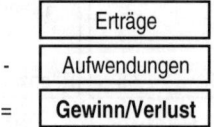

	Erträge
-	Aufwendungen
=	**Gewinn/Verlust**

Die Aufwendungen werden nach dem neuen Schema in kleinen Blöcken stufenweise von den Erträgen abgezogen. Es entstehen dadurch viele interessante Zwischenergebnisse. Das neue Gliederungsschema ist dem alten weit überlegen, ein Betriebsvergleich wird durch die formale Vorgabe effizienter.

Eine detaillierte G&V-Gliederung in den zwei möglichen Ausprägungsformen

- Umsatzkostenverfahren,
- Gesamtkostenverfahren

findet sich auf Seite 50.

Merke: Für eine aussagefähige Kennzahlenanalyse müssen sowohl bei den Erträgen als auch bei den Aufwendungen **die außerordentlichen Positionen ausgeschieden** werden. Wenn die Arbeitsleistung des Unternehmers - rechtsformbedingt - im Personalaufwand keinen Niederschlag findet (z.B. bei Einzelunternehmungen, OHG, KG, Erwerbsgesellschaften), muss der **Personalaufwand** um den so genannten **kalkulatorischen Unternehmerlohn erhöht** werden. Nähere Details können im Kapitel 2.1. "Checkliste für die Aufbereitung des Zahlenmaterials" nachgelesen werden.

Merke: Die Aufwendungen müssen mindestens in

- Material,
- Personal,
- Fremdkapitalzinsen,
- Abschreibungen und
- Sonstiges

gegliedert werden, weil diese Positionen die Grundlagen für einige wichtige Kennzahlen sind.

1.6. Glossarium der Bilanzpositionen

Das Bilanzschema, das im Diagnoseteil dieses Buches (Kapitel 1 bis 7) immer wieder zur Demonstration und für Erläuterungen verwendet wird, ist mit den Zahlen eines kleinen Produktionsbetriebes (Kunststoffspritzerei) gespeist worden. Die Bilanz wird nachfolgend dargestellt. Anschließend werden die einzelnen Bilanzpositionen kurz kommentiert.

Bilanz zum ..... (Datum)			
Aktiva		**Passiva**	

Anlagevermögen			**Eigenkapital**		**20**
- Grund	3				
- Gebäude	5		**Fremdkapital, langfristig**		
- Maschinen	2		- Hypothekarkredit	10	
- Sonst. Sachanlagevermögen	10	**20**	- Pensionsrückstellung	10	**20**
Umlaufvermögen			**Fremdkapital, kurzfristig**		
- Vorräte	60		- Lieferantenverbindlichkeiten	25	
- Kundenforderungen	15		- Kontokorrentkredit	30	
- Sonstige Forderungen	3		- Sonstige Verbindlichkeiten	5	**60**
- Liquide Mittel	2	**80**			
Bilanzsumme		**100**	**Bilanzsumme**		**100**

Anlagevermögen

Langfristig gebundene Vermögensbestandteile, wie Grund, Gebäude, Maschinen, Geschäftsausstattung und Fuhrpark, nennt man **Sachanlagevermögen**.

Zum Anlagevermögen gehören jene Gegenstände, die durch Gebrauch oder wiederholte Nutzung dem Geschäftsbetrieb dauernd (jedenfalls länger als ein Jahr) zur Verfügung stehen.

Finanzanlagen betreffen langfristige Kapitalüberlassungen an andere Unternehmen oder sonstige Dritte. Sie dienen nicht unmittelbar der betrieblichen Tätigkeit wie z.B. Sachanlagen.

Manchmal trifft man auch auf so genanntes "**immaterielles Anlagevermögen**" (= Rechte, Konzessionen usw.).

Umlaufvermögen

Im Gegensatz zum Anlagevermögen sind im Umlaufvermögen jene Gegenstände auszuweisen, die nicht dauernd dem Geschäftsbetrieb dienen. Es enthält Vermögensgüter, die innerhalb einer kürzeren Zeitspanne (normalerweise innerhalb eines Jahres) verbraucht bzw. veräußert werden.

Die Vorräte untergliedern sich in folgende Einzelpositionen:
- Roh-, Hilfs- und Betriebsstoffe
- Unfertige Erzeugnisse (auch Halbfabrikate genannt)
- Fertige Erzeugnisse (auch Fertigfabrikate genannt) **und Waren**
- Noch nicht abrechenbare Leistungen
- Geleistete Anzahlungen

Als geleistete Anzahlungen sind Beträge, die für bestellte Roh-, Hilfs- und Betriebsstoffe oder Waren bezahlt wurden, auszuweisen.

Eigenkapital

Als Eigenkapital bezeichnet man die von den Eigentümern zur Verfügung gestellte Kapitaleinlage, aber auch die vom Unternehmen erwirtschafteten, jedoch nicht ausgeschütteten bzw. entnommenen Gewinne. Verluste kürzen das Eigenkapital.

Eigenkapital bei Kapitalgesellschaften (ohne Genossenschaften)

Grundkapital (AG), Stammkapital (GmbH)
- Davon nicht eingefordert (nur bei GmbH möglich)

= Nennkapital

+ Kapitalrücklagen (werden durch Mittelzufuhr von außen gebildet)
  - Gebundene (Agio)
  - Nicht gebundene (freie Einzahlungen von Gesellschaftern)
+ Gewinnrücklagen (werden durch die Einbehaltung von Gewinnen gebildet)
  - Gesetzliche (ein gewisser Prozentsatz des Reingewinnes)
  - Freie (alle übrigen, aufgrund eines Gesellschafterbeschlusses durchgeführten Gewinneinbehaltungen, sofern sie nachhaltig gebildet werden)
± Bilanzgewinn (+)/Bilanzverlust (-)
  Davon Gewinn-/Verlustvortrag

= Summe Eigenkapital I

+ Unversteuerte Rücklagen (Investitionsbegünstigungen, Bewertungsreserve aufgrund von Sonderabschreibungen)
+ Eventuelle Auflösungen stiller Reserven im Anlage- und Umlaufvermögen sowie bei Verbindlichkeiten
- Latente Ertragsteuern, wenn stille Reserven aufgelöst wurden

= Summe Eigenkapital II

± Jahresüberschuss, Plan
- Ausschüttungen, Plan

= Summe Eigenkapital, Endbestand (Plan)

> ☞ **Merke:** Das Grund- bzw. Stammkapital stellt das zur Verfügung stehende Haftkapital (= gezeichnetes Kapital) dar.

Eigenkapital bei Einzelunternehmungen

Es zeigt den Betrag, den der Eigentümer seiner Unternehmung zur Verfügung stellt.

Anfangsbestand

± Gewinn/Verlust

± Einlage/Entnahmen

= E i g e n k a p i t a l I

+ Unversteuerte Rücklagen

+ Eventuelle Auflösungen stiller Reserven im Anlage- und Umlaufvermögen sowie bei Verbindlichkeiten

- Latente Ertragsteuern, wenn stille Reserven aufgelöst wurden

= S u m m e E i g e n k a p i t a l II

Eigenkapital bei Personengesellschaften

Die Darstellung des Eigenkapitals bei der Personengesellschaft soll zeigen, welche Gesellschafter voll und welche beschränkt haften, mit welchen Beträgen sie haften und weiters, welche Entnahmen getätigt werden können.

Komplementärkapital (voll haftend)

+ Kommanditkapital (beschränkt haftend)

- Nicht durch bedungene Einlagen gedeckte Verlustanteile

+ Kapitalrücklagen

+ Gewinnrücklagen

= S u m m e E i g e n k a p i t a l I

+ Unversteuerte Rücklagen

+ Eventuelle Auflösungen stiller Reserven im Anlage- und Umlaufvermögen sowie bei Verbindlichkeiten

- Latente Ertragsteuern, wenn stille Reserven aufgelöst wurden

= S u m m e E i g e n k a p i t a l II

Rücklagen

Rücklagen stellen Eigenkapital dar; sie entstehen durch Nichtausschüttung von Gewinnen bzw. Kapitalzufuhr von außen.

Man untergliedert in

- Kapitalrücklagen (entstehen durch Kapitaleinzahlungen),
- Gewinnrücklagen (unter dieser Position darf man nur Beträge ausweisen, die aus dem Jahresüberschuss gebildet werden) und
- unversteuerte Rücklagen (Art und Höhe ist gesetzlich geregelt).

Fremdkapital

Hier handelt es sich um **sämtliche Schulden**, die ein Unternehmen hat. Man **unterscheidet** zwischen **kurzfristigem** und **langfristigem** Fremdkapital, wobei bei der **Festlegung immer** ein **De-jure-** und **nicht** ein **De-facto-Stand-**

punkt einzunehmen ist (wichtig etwa bei Kontokorrentkrediten: de facto langfristig, de jure kurzfristig).

In der Praxis gibt es mehrere **Fristigkeitsstufen**:
Bei Großbetrieben häufig:

kurzfristig: < 1 Jahr
mittelfristig < 5 Jahre
langfristig: > 5 Jahre

Bei kleinen und mittleren Betrieben ist es meist üblich, dass alle Positionen, die länger als ein Jahr gebunden sind, als langfristig angesehen werden und die übrigen als kurzfristig.

	kurzfristig	langfristig
Hypothekarkredit		✗
(Geförderter) Investitionskredit		✗
Pensionsrückstellung		✗
Abfertigungsrückstellung		✗
Garantierückstellung		✗
Rückstellung für Steuern	✗	
Anzahlungen für geleistete Arbeiten	✗	
Lieferantenverbindlichkeiten	✗	
Kontokorrentkredit	✗	
Saison-Überbrückungskredit	✗	
Sonstige Verbindlichkeiten	✗	

Bilanzsumme

Bilanzsumme ist die Summe der Aktiva bzw. Passiva. Sie ergibt sich also entweder durch Addition des Anlage- und Umlaufvermögens oder durch Zusammenzählen des Eigen- und Fremdkapitals. Ist das Fremdkapital höher als die Aktiven, entsteht ein so genanntes Fehlkapital (negatives Eigenkapital, Minuskapital bzw. nicht durch Eigenkapital gedeckter Fehlbetrag). In diesem Fall gilt:

entweder:
 Aktiva (Anlage- und Umlaufvermögen) + Fehlkapital = Bilanzsumme
oder:
Gesamtschulden = Bilanzsumme

1.7. Glossarium der Gewinn- und Verlustrechnungspositionen

Das G&V-Schema, das in diesem Buch immer wieder zur Demo und für Erläuterungen verwendet wird, ist mit den Zahlen eines Produktionsbetriebes (Kunststoffspritzerei) gespeist worden. Die G&V wird anschließend dargestellt, und zwar zunächst in der alten Form, die vor Inkrafttreten der Rechnungslegungsreform üblich war, und anschließend in der neuen, jetzt zwingend vorgeschriebenen Ausprägung. Abschließend werden die einzelnen G&V-Positionen kurz kommentiert.

Altes G&V-Schema (vor Rechnungslegungsreform üblich)

Aufwendungen		Erträge	
Materialaufwand	100	Umsatzerlöse	210
Personalkosten	40	- Bestandsveränderungen	
Fremdkapitalzinsen	4	Halb- und Fertigwaren	10
Verkaufsprovisionen	10		
Energie	5	= (Betriebsleistung)	200
Instandhaltung Maschinen	4		
Werkzeugverbrauch	2		
Sonstiger Aufwand	23		
Abschreibungen	6		
Dotierung Pensionsrückstellung	1		
Gewinn (vor ESt.)	5		
Gesamt	200	**Gesamt**	200

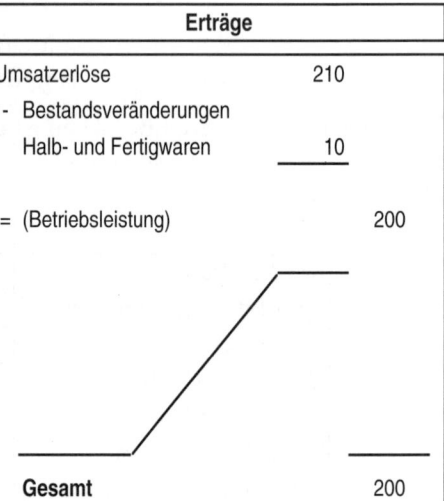

Neues G&V-Schema (jetzt zwingend vorgeschrieben)

Gewinn- und Verlustrechnung für das Geschäftsjahr	
Umsatzerlöse	210
± Bestandsveränderung	-10
+ Aktivierte Eigenleistungen	
+ Sonstige betriebliche Erträge	
= Betriebsleistung	**200**
- Materialaufwand und Aufwendungen für bezogene Leistungen	100
= Rohgewinn	**100**
- Personalaufwand	41
- Abschreibungen auf Sachanlagen	6
- Sonstige betriebliche Aufwendungen	44
= B E T R I E B S E R F O L G - Earnings Before Interest and Tax (= EBIT)	**9**
+ Erträge aus Beteiligungen, Zinsenerträge, Wertpapiererträge und ähnliche Erträge	
± Erträge bzw. Aufwendungen aus Finanzanlagen und aus Wertpapieren des Umlaufvermögens	
- Zinsen und ähnliche Aufwendungen	4
= F I N A N Z E R F O L G	**4**
= ERGEBNIS DER GEWÖHNLICHEN GESCHÄFTSTÄTIGKEIT (= EGT)	**5**

Das neue G&V-Schema ist wesentlich zweckmäßiger, weil es
* viele interessante Zwischenergebnisse gibt und dadurch
* ein besserer Vergleich mit anderen, auch international tätigen Unternehmungen möglich ist.

Betriebsleistung

Die Betriebsleistung ist jene Größe, an der viele G&V-Positionen, aber auch manche Bilanzpositionen gemessen werden. Sie ist eine wichtige Bezugsgröße und wird für Prozentvergleiche immer mit 100% angesetzt.
Anschließend Erläuterungen zu den einzelnen Positionen der Betriebsleistung:

Umsatzerlöse

Unter dieser Hauptposition wird die eigentliche betriebliche Leistung ausgewiesen. Nur von großen Kapitalgesellschaften hat eine Aufgliederung nach regionalen Gesichtspunkten (Inland, Ausland) und nach Tätigkeitsbereichen (Sparten) zwingend zu erfolgen. Die Umsatzerlöse werden abzüglich den Erlösschmälerungen ausgewiesen. Erlösschmälerungen sind vor allem Kundenskonti.

Bestandsveränderung

Erhöht sich der Lagerbestand an Halb- und Fertigerzeugnissen (Lageraufbau) sowie an noch nicht fakturierten sonstigen Leistungen am Bilanzstichtag, dann ist eine Bestandserhöhung eingetreten. Wurde mehr fakturiert als hergestellt, dann hat das eine Bestandsminderung zur Folge, die den Umsatzerlös reduziert.
Neben der Änderung der Menge gibt es aber auch Wertänderungen, die auf Abschreibungen auf den niedrigeren Stichtagswert der Bestände beruhen. Die Bewertung der Halb- und Fertigerzeugnisse sowie der noch nicht fakturierten sonstigen Leistungen am Bilanzstichtag hat zu Herstellungskosten (grob: Material- und Fertigungskosten ohne kalkulatorische Kosten) zu erfolgen.

Aktivierte Eigenleistungen

Bei den aktivierten Eigenleistungen (Personal- und Sachaufwendungen) handelt es sich um Aufwendungen für selbst erstellte Anlagen, die für das eigene Unternehmen angefertigt worden sind. Die Bewertung hat zu Herstellungskosten zu erfolgen.

Sonstige betriebliche Erträge

Unter diese Position fallen jene Erträge, die nicht direkt mit der betrieblichen Leistungserstellung zusammenhängen. Die sonstigen betrieblichen Erträge untergliedern sich wie folgt:

- Erträge aus dem Abgang von und der Zuschreibung zum Sachanlagever-
  mögen
- Erträge aus Auflösung von Rückstellungen
- Übrige Erträge

Die Position "Sonstige betriebliche Erträge" sollte bezüglich außerordentlicher Erträge (z.B. Vergütung Schadensfälle, einmalige Erträge) gecheckt werden. Starke Schwankungen können darauf hinweisen, daß z.B. extrem hohe Versicherungsvergütungen oder extreme Gewinne aus Anlageverkäufen enthalten sind. Solche "Extremposten" gehören zur Position "Außerordentliche Erträge". Das Wissen um die außerordentlichen Erträge ist zur Beurteilung des ordentlichen Periodenerfolges von Bedeutung.

Materialeinsatz, Wareneinsatz

Hier sind die Kosten des verbrauchten Materials bzw. der verkauften Waren, bewertet zum Einstandspreis, angesetzt. Die Ermittlung des Material- bzw. Wareneinsatzes erfolgt durch die Rechnung:

> Anfangsbestand
> + Zukäufe (reduziert um Skontoerträge)
> - Endbestand
> ---
> = **E i n s a t z**

Eine Trennung des Materialaufwandes bei Produktions- und Handwerksbetrieben erfolgt nach Roh-, Hilfs- und Betriebsstoffen. Bei Handelsbetrieben wird der Warenaufwand (Wareneinsatz = verkaufte Ware, bewertet zum Einstandspreis) erhoben.

Der Materialaufwand, Wareneinsatz und der Aufwand für fremdbezogene Teile wird um die Skontoerträge reduziert.

Personalkosten

Hier sind sämtliche ausbezahlten Gehalts- und Lohnkosten mit allen Nebenkosten inkludiert, nicht aber die Dotierung zur Pensions- bzw. Abfertigungsrückstellung. Letztere sind als eigenständige Position dargestellt, weil die Dotierung (= Bildung) einer Pensions- bzw. Abfertigungsrückstellung nicht ausgabenwirksam ist. Außerdem können die Dotierungsbeträge von Betrieb zu Betrieb unterschiedlich hoch sein, während die übrigen Nebenkosten in der Regel immer gleich hoch (Prozentsatz) sind.

Fremdkapitalzinsen

Diese sind das Entgelt für ausgeborgtes Geld (**hier: 10% für Hypothekar- und Kontokorrentkredit**).

Verkaufsprovision

Diese Position nennt man auch **Sondereinzelkosten des Vertriebes.** Sie wird den Vertretern nach Abschluss von Verkaufsgeschäften ausbezahlt.

Energie

Strom, Gas und flüssige Brennstoffe für die Fertigung (z.B. zum Betreiben der Maschinen oder zum Schmelzen der Rohstoffe).

Abschreibungen

Die **Abschreibungen** sind **nicht ausgabenwirksam** und können daher - ebenso wie der Gewinn - zur Finanzierung (sogenannte **Selbst**finanzierung) verwendet werden.

Diese Position enthält alle für das laufende Geschäftsjahr vorgenommenen Abschreibungen einschließlich geringwertiger Wirtschaftsgüter.

Das in der Bilanz zu Anschaffungs- oder Herstellungskosten ausgewiesene Anlagevermögen darf nicht zur Gänze im Jahr der Anschaffung oder Herstellung gewinnmindernd geltend gemacht werden, sondern wird auf den Zeitraum der voraussichtlichen Nutzung verteilt (= planmäßige Abschreibung).

Berechnung der planmäßigen Jahresabschreibung:

$$\frac{\text{Anschaffungs- oder Herstellungskosten}}{\text{Betriebsgewöhnliche Nutzungsdauer in Jahrer}}$$

Als Abschreibungsmethoden werden in der Praxis häufig folgende Verfahren angewendet:

Abschreibungsart	Erläuterungen
• Linear	• Abschreibungen mit jährlich gleichbleibenden Beträgen
• Degressiv	• Abschreibungen mit jährlich fallenden Beträgen
• Kombination aus degressiv und linear	• Degressive Abschreibung mit späterem Übergang zur linearen Abschreibung

Weil die Höhe der Abschreibung den Jahresgewinn stark beeinflusst, ist in nationalen Steuergesetzen das Abschreibungs-Procedere geregelt.

Beispiel

	Linear	Degressiv	Kombination
Anschaffungskosten	100	100	100
- AfA 1. Jahr	-10	-30	-30
Ende des 1. Jahres	90	70	70
- AfA 2. Jahr	-10	-21	-21
Ende des 2. Jahres	80	49	49
- AfA 3. Jahr	-10	-15	-10
Ende des 3. Jahres	70	34	39
usw.			

In Österreich anerkennt der Fiskus nur die lineare Abschreibung, in Deutschland bei beweglichen Wirtschaftsgütern des Anlagevermögens auch die degressive. Allerdings darf der Abschreibungssatz nicht größer als 30% sein und nicht mehr als das Dreifache des linearen Abschreibungssatzes betragen.

Nutzungsdauer

Die Finanzverwaltung hat AfA-Tabellen veröffentlicht, die - getrennt nach Branchen und Anlagegütern - Empfehlungen für die Nutzungsdauer geben. Diese Empfehlungen werden in der Praxis fast ausnahmslos akzeptiert.

Dotierung Pensionsrückstellung

Dieser Betrag ist ebenfalls eine Rechengröße. Es handelt sich hier um die Differenz zwischen den versicherungsmathematischen Barwerten am Beginn und am Ende des Wirtschaftsjahres. Auch diese Position ist **nicht ausgabenwirksam** und kann - so wie die Abschreibungen und der Gewinn - zur Finanzierung verwendet werden (Cash-Flow).

1.8. Gliederungsvorschriften für den Rechnungsabschluss

Bei Kapitalgesellschaften sieht das Handelsgesetz sowohl für die Bilanz als auch für die Gewinn- und Verlustrechnung (G&V) folgendes Gliederungsschema vor:

1.8.1. Bilanz

AKTIVSEITE

A. Anlagevermögen:

I. Immaterielle Vermögensgegenstände:
1. Konzessionen, gewerbliche Schutzrechte und ähnliche Rechte und Vorteile sowie daraus abgeleitete Lizenzen
2. Geschäfts(Firmen)wert
3. Geleistete Anzahlungen

II. Sachanlagen:
1. Bebaute Grundstücke und Bauten auf fremdem Grund
2. Unbebaute Grundstücke
3. Maschinen und maschinelle Anlagen
4. Werkzeuge, Betriebs- und Geschäftsausstattung
5. Geleistete Anzahlungen und Anlagen in Bau

III. Finanzanlagen:
1. Beteiligungen, davon Anteile an verbundenen Unternehmen
2. Ausleihungen
3. Wertpapiere (Wertrechte) des Anlagevermögens
4. Geleistete Anzahlungen

B. Umlaufvermögen:

I. Vorräte:
1. Roh-, Hilfs- und Betriebsstoffe
2. Unfertige Erzeugnisse
3. Fertige Erzeugnisse und Waren
4. Noch nicht abrechenbare Leistungen
5. Geleistete Anzahlungen

II. Forderungen und sonstige Vermögensgegenstände:
1. Forderungen aus Lieferungen und Leistungen
2. Forderungen gegen verbundene Unternehmen
3. Forderungen gegen Unternehmen, mit denen ein Beteiligungsverhältnis besteht
4. Sonstige Forderungen und Vermögensgegenstände

III. Wertpapiere und Anteile:
1. Eigene Anteile
2. Anteile an verbundenen Unternehmen
3. Sonstige Wertpapiere und Anteile

IV. Kassenbestand, Schecks, Guthaben bei Banken

C. Rechnungsabgrenzungsposten

PASSIVSEITE

A. Eigenkapital:

I. Nennkapital (Grund-, Stammkapital, Haftung der Gesellschafter)

II. Kapitalrücklagen (alle Einlagen, die nicht gezeichnetes Kapital sind):
1. Gebundene
2. Nicht gebundene

III. Gewinnrücklagen (Einbehaltung von Teilen des Jahresüberschusses):
1. Gesetzlich geltende Rücklage
2. Satzungsgemäß festgelegte Rücklagen
3. Andere Rücklagen (freie Rücklagen)

IV. Bilanzgewinn (Bilanzverlust)

B. unversteuerte Rücklagen:
1. Bewertungsreserve aufgrund von Sonderabschreibungen
2. Sonstige unversteuerte Rücklagen (IFB, IR und Teilwertabschreibung)

C. Rückstellungen:
1. Rückstellungen für Abfertigungen
2. Rückstellungen für Pensionen
3. Steuerrückstellungen
4. Sonstige Rückstellungen

D. Verbindlichkeiten:
1. Anleihen
2. Verbindlichkeiten gegenüber Banken
3. Erhaltene Anzahlungen auf Bestellungen
4. Verbindlichkeiten aus Lieferungen und Leistungen
5. Verbindlichkeiten aus der Annahme gezogener Wechsel und der Ausstellung eigener Wechsel
6. Verbindlichkeiten gegenüber verbundenen Unternehmen
7. Verbindlichkeiten gegenüber Unternehmen, mit denen ein Beteiligungsverhältnis besteht
8. Sonstige Verbindlichkeiten

E. Rechnungsabgrenzungsposten

1.8.2. Gewinn- und Verlustrechnung (G&V)

Die Gewinn- und Verlustrechnung kann grundsätzlich nach folgenden zwei Kriterien strukturiert sein:

Gesamtkostenverfahren	Umsatzkostenverfahren
+ Umsatzerlöse	+ Umsatzerlöse
± Bestandsveränderung	- Herstellungskosten der erbrachten Leistungen
+ Aktivierte Eigenleistungen	= Bruttoergebnis vom Umsatz
+ Sonstige betriebliche Erträge	+ Sonstige betriebliche Erträge
- Materialaufwand	- Vertriebskosten
- Personalaufwand	- Verwaltungskosten
- Abschreibungen	- Sonstige betriebliche
- Sonstiger betrieblicher Aufwand	Aufwendungen
= BETRIEBSERFOLG	**= BETRIEBSERFOLG**

+ Erträge aus Beteiligungen

+ Zinsen, Wertpapier- und ähnliche Erträge

+ Erträge aus Abgang und Zuschreibung zu Finanzanlagen

- Aufwendungen aus Beteiligungen

- Abschreibungen auf sonstige Finanzanlagen und auf Wertpapiere des Umlaufvermögens

- Zinsen und ähnliche Aufwendungen

= FINANZERFOLG

= Ergebnis der gewöhnlichen Geschäftstätigkeit (EGT)

+ Außerordentliche Erträge

- Außerordentliche Aufwendungen

= Außerordentliches Ergebnis

- Steuern vom Einkommen und vom Ertrag

= JAHRESÜBERSCHUSS/JAHRESFEHLBETRAG

+ Auflösung von Rücklagen

- Zuweisung von Rücklagen

± Gewinnvortrag (Verlustvortrag)

= BILANZGEWINN/BILANZVERLUST

Beim Gesamtkostenverfahren wird die gesamte Betriebsleistung (= Fakturenerlöse ± Bestandsveränderungen + aktivierte Eigenleistungen) den Gesamtkosten gegenübergestellt.

Beim Umsatzkostenverfahren wird nur der Fakturenerlös den anteiligen Herstellungskosten gegenübergestellt.

Abschließend noch einige ergänzende Informationen:

	Gesamtkostenverfahren	Umsatzkostenverfahren
Informationsgehalt	Niedriger	Höher
Praktische Umsetzbarkeit	Einfacher, weil bestehende Kostenpläne unverändert übernommen werden können	Schwieriger, insbesondere wenn keine Kostenstellen und keine Kostenrechnung installiert sind
Internationale Usance		
• Deutschland	Überwiegend	-
• Restl. Westeuropa	-	Überwiegend

1.8.3. Pflichtvorschriften, Größenmerkmale, Anhang und Lagebericht

Neben den Pflichtvorschriften für Bilanz und G&V sieht der Gesetzgeber - je nach Rechtsform und Größe des Unternehmens - eine Reihe weiterer verpflichtender Bestimmungen vor, und zwar:

- Prüfpflicht
- Anhang*)
- Publizitätspflicht
- Lagebericht*)

*) *Liegt dem Jahresabschluss bei*

Zu den einzelnen Punkten anschließend noch einige Informationen.

Welche Erfordernisse sind für den Jahresabschluss notwendig?

Vollkaufleute (Einzelunternehmen, Personengesellschaften)	Zusatz für Kapitalgesellschaften und Kapitalgesellschaften & Co.		
	Kleine GmbH und kleine GmbH & Co.	Kleine, mittelgroße AG, mittelgroße GmbH und GmbH & Co., kleine GmbH mit Aufsichtsrat	Große Kap.-Ges. (GmbH, AG) und große Kap.-Ges. & Co.
• Jahresabschluss: Bilanz G&V	• Jahresabschluss: Bilanz G&V Anhang • Registerpublizität	• Jahresabschluss: Bilanz G&V Anhang • Lagebericht • Pflichtprüfung • Registerpublizität	• Jahresabschluss: Bilanz G&V Anhang • Lagebericht • Pflichtprüfung • Publizität

Publizitätspflichtige Unternehmen haben die Einreichung spätestens neun Monate nach dem Bilanzstichtag vorzunehmen.

Größenmerkmale für Kapitalgesellschaften

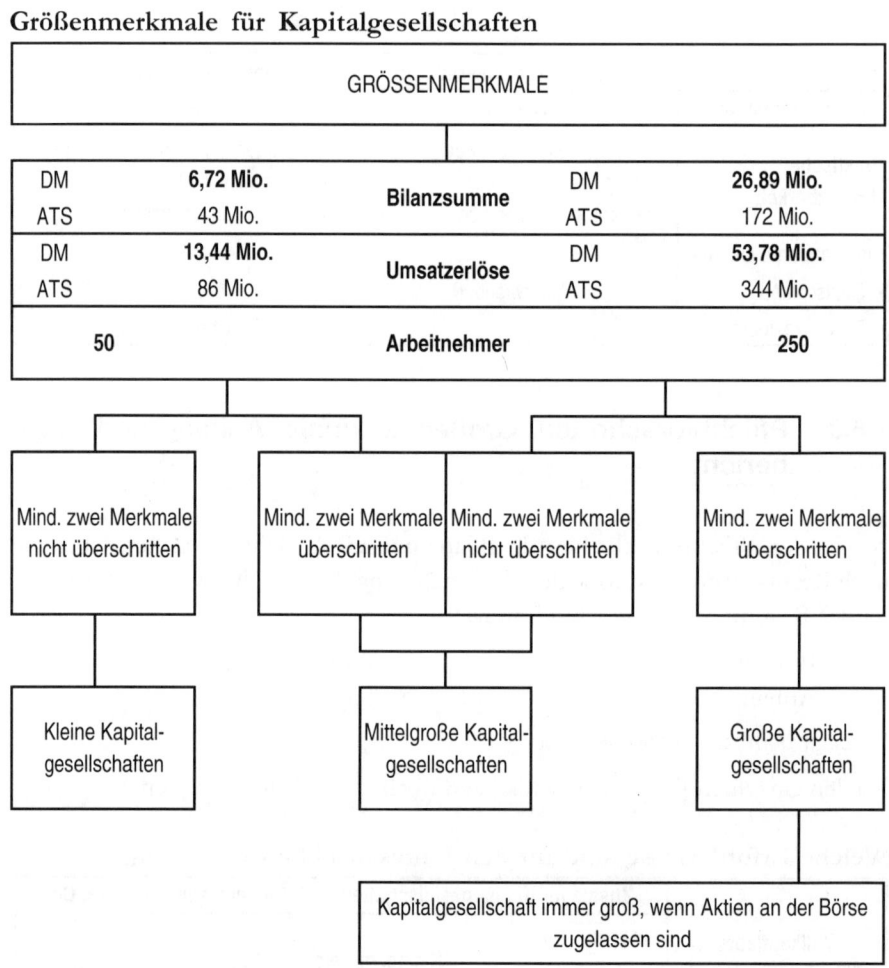

Personengesellschaften ohne natürliche Person als persönlich haftender Gesellschafter werden wie eine Kapitalgesellschaft behandelt.

Die unrunden Beträge wurden offensichtlich durch eine Euro-Umrechnung verursacht.

Anhang

Der Anhang ist ein Teil des Jahresabschlusses. Im Anhang werden bestimmte Bilanz- und G&V-Positionen näher erläutert. Die folgende Checkliste zeigt das deutlich.

Checkliste für Anhang (Auszug, unvollständig)
• Forderungen mit Restlaufzeit von mehr als einem Jahr
• Verbindlichkeiten mit Restlaufzeit bis zu einem Jahr
• Verbindlichkeiten mit Restlaufzeit größer gleich fünf Jahre
• Grundwert bei bebauten Grundstücken
• Darstellung des Anlagespiegels
• Abschreibungen des Geschäftsjahres
• Aufgliederung der Zuführung und Auflösung unversteuerter Rücklagen
• Materialaufwand und Personalaufwand, aufgegliedert beim Umsatzkostenverfahren
• Leasingverbindlichkeiten des Folgejahres und der folgenden fünf Jahre
• Wesentliche Verluste aus Anlagenabgang
• Beziehungen zu verbundenen Unternehmen
• Erträge und Aufwendungen aus Gewinngemeinschaften und sonstigen verbundenen Unternehmen
• Durchschnittliche Zahl der Arbeitnehmer, getrennt nach Arbeitern und Angestellten
• Aufwendungen für Abfertigungen und Pensionen, getrennt nach Vorstandsmitgliedern, leitenden Angestellten und sonstigen Arbeitnehmern
• Überschuldung nach Insolvenzrecht
• Bilanzierungs- und Bewertungsmethoden
• Erläuterung über Überschuldung im Sinne des Insolvenzrechts (KonTraG in Deutschland, URG in Österreich)

Lagebericht

Der Jahresabschluss der Kapitalgesellschaften wird durch den so genannten Lagebericht ergänzt, wobei keine größenabhängigen Erleichterungen vorgesehen sind. Es gilt die **Generalnorm**, wonach ein möglichst **getreues Bild der Vermögens-, Finanz- und Ertragslage** zu vermitteln ist. Im Lagebericht soll auch auf besondere Vorgänge, die nach dem Schluss des Geschäftsjahres eingetreten sind, eingegangen werden. Schließlich sind die zu erwartenden Forecasts mit Angaben zu Forschung und Entwicklung zu beschreiben.

1.9. Internationale Rechnungslegung

Immer häufiger streben vor allem international tätige Unternehmen eine Integration von externem und internem Rechnungswesen an. Ausgelöst wurde diese Entwicklung durch die zunehmende Internationalisierung der externen Rechnungslegung. Im Zuge dieser Entwicklung bilanzieren immer mehr Unternehmen nach internationalen Rechnungslegungsgrundsätzen. Zwei der bekanntesten Standards sind:

*   **IAS** = International Accounting Standards
*   **US-GAAP** = US-Generally Accepted Accounting Principles

Grund für diese Entwicklung sind der Wunsch nach Steigerung der Transparenz und Akzeptanz der Ergebnisse sowie Wirtschaftlichkeitsüberlegungen. Die internationalen Rechnungslegungssysteme IAS und US-GAAP sind primär auf die Informationsbedürfnisse der Gesellschafter und weniger auf den Gläubigerschutz (= primäres Ziel des HGB) ausgerichtet. Die wirtschaftliche Leistungsfähigkeit des Unternehmens wird bei deutschen und österreichischen Rechnungslegungsvorschriften, die größtenteils aus dem HGB (= Handelsgesetzbuch) hergeleitet werden, nicht hinterfragt.

Die nachstehende Tabelle zeigt die Unterschiede zwischen herkömmlichen (auf Basis HGB) und internationalen (auf Basis IAS bzw. US-GAAP) Rechnungslegungsverfahren auf.

UNTERSCHIEDE:	HGB	IAS/US-GAAP
Oberstes Rechnungziel	Gläubigerschutz	Gesellschafterinteressen
Gewinnermittlung	Ausschüttungsfähiger Gewinn	Wirtschaftliche Leistungsfähigkeit
Grundprinzip	Betonung des Vorsichtsprinzips	Betonung des "true and fair view" (ein den tatsächlichen Verhältnissen entsprechendes Bild)
Gewinnrealisierung bei langfristiger Fertigung	Realisationsprinzip	POC-Methode

HGB = Handelsgesetzbuch
US-GAAP = US-amerikanische Generally Accepted Accounting Principles
POC-M = Percentage of Completion-Method
IAS = International Accounting Standards

Sowohl IAS als auch US-GAAP sehen eine Kapitalflussrechnung als ergänzenden Bestandteil des Jahresabschlusses zwingend vor. Schon dadurch alleine wird der Informationsgehalt der Bilanz wesentlich erhöht.

2.

Kennzahlen sind als Träger

- betriebswirtschaftlicher,
- finanzwirtschaftlicher,
- marktwirtschaftlicher,
- technischer und
- ökologischer

Informationsinhalte schon immer von großer Bedeutung gewesen. Die Quellen für die Kennzahlenermittlung sind

- einerseits externe Jahresabschlüsse und
- andererseits (betriebs-)interne Informationen.

Wie führt man eine Kennzahlenanalyse durch?

Graphische Zusammenfassung für den Anfänger

In der folgenden Graphik wird der Ablauf bei der Kennzahlenanalyse dargestellt:

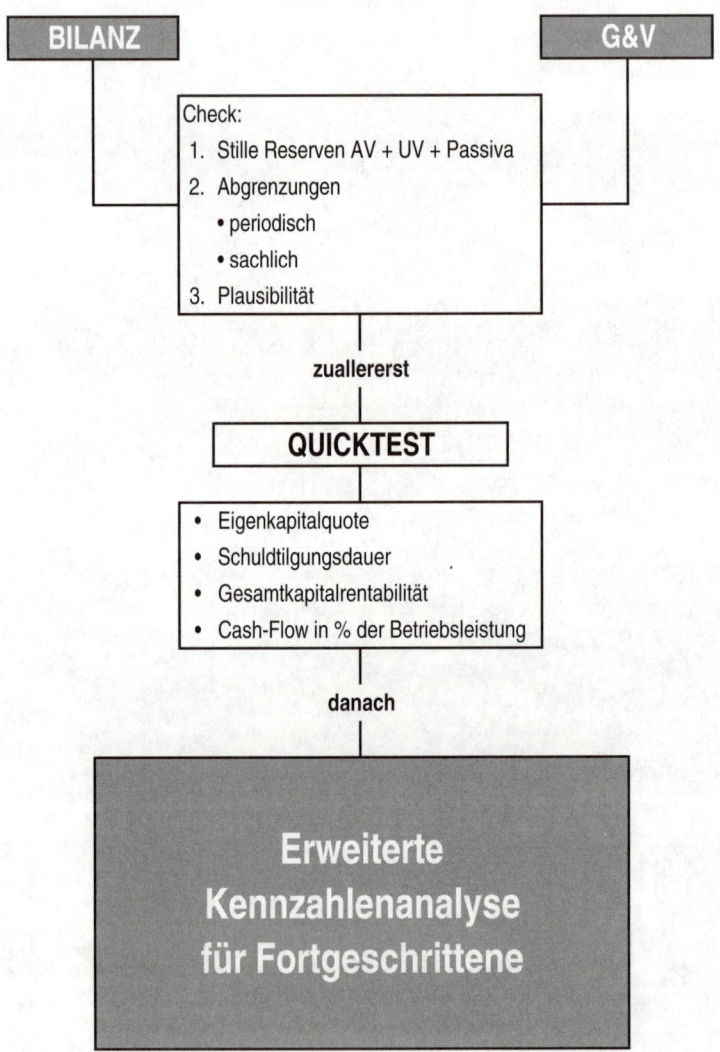

Dieser Ablauf ist immer zweckmäßig!

Der Quicktest mit seinen vier Megakennzahlen hat sich in der Praxis sehr bewährt, weil:

- Eindeutige, einfache und damit **rasche** Durchführung
- Klare Ergebnisse durch Notensystem

Die Ergebnisse des Quicktest (vier Kennzahlen) korrelieren immer mit den Ergebnissen einer erweiterten Kennzahlenanalyse (20 bis 30 Kennzahlen oder noch mehr). Die erweiterte Kennzahlenanalyse liefert wichtige Zusatzinformationen (z.B. Ursache für eine bestimmte Situation), an der Grundaussage des Quicktest ändert sie nichts.

2.1. Zuallererst: Gehen Sie die Checkliste für die Aufbereitung des Zahlenmaterials durch!

Jede Kennzahlenanalyse beginnt mit einer Aufbereitung des Zahlenmaterials. Bilanz- und G&V-Daten müssen unter Berücksichtigung der Informationen im Anhang untergliedert bzw. zusammengefasst, abgegrenzt, ergänzt und schließlich so strukturiert werden, dass möglichst viele aussagefähige und sinnvoll verwertbare Kennzahlen gebildet werden können.

Bilanzdaten-Check für Kennzahlenanalyse

1. Auflösung stiller Reserven im Anlagevermögen.
2. Auflösung stiller Reserven im Umlaufvermögen.
3. Auflösung von Rückstellungen mit Eigenkapitalcharakter.
4. Auflösung von Rücklagen (Eigenkapitalcharakter).
5. Die betrieblichen Erlöse (Betriebsleistung) sind immer 100%.
6. Die G&V als stufenweise Deckungsbeitragsrechnung aufbauen, damit Break-Even-Informationen nicht verloren gehen.
7. Mindestgliederung der variablen Kosten beachten!
8. Mindestgliederung der fixen Kosten beachten!
9. Die außerordentlichen Aufwendungen und Erträge müssen eliminiert (ausgeschieden) werden (außerordentliches Ergebnis).
10. Der Finanzerfolg (Saldo aus Zinsaufwand, Zinsertrag und Beteiligungserträgen) muß separiert ausgewiesen werden.
11. Für die Kennzahlenanalyse sollte als Saldo der G&V immer das Ergebnis der gewöhnlichen Geschäftstätigkeit (= EGT) herangezogen werden. Dieses Ergebnis beinhaltet den Betriebserfolg und den Finanzerfolg, berücksichtigt aber nicht das außerordentliche Ergebnis und die Ertragsteuern.
12. Bei unterjähriger Kennzahlenermittlung dürfen die so genannten Jahresanpassungsfaktoren nicht vergessen werden, wenn Bilanz- und Erfolgspositionen zusammentreffen.
    Beispiel: Für kumulierte Perioden von einem, zwei, sechs bzw. zwölf Monaten betragen die entsprechenden Jahresanpassungsfaktoren 12, 6, 2 bzw. 1. Mit diesen Faktoren sind die Erfolgspositionen zu multiplizieren.
13. Wurden stille Reserven aufgelöst, darf auf die Bildung latenter Ertragsteuerrückstellungen nicht vergessen werden.

Zu den einzelnen Positionen sind noch Erläuterungen notwendig:

1. **Auflösung stiller Reserven im Anlagevermögen**
   Die stillen Reserven des Anlagevermögens beinhalten ausschließlich die Differenz aus einer zu kurzen steuerlichen Abschreibungsdauer gegenüber einer richtigen. Differenzen zwischen Anschaffungs- und

Wiederbeschaffungswerten dürfen bei einer Kennzahlenanalyse nie in den stillen Reserven Berücksichtigung finden (Nominalwertprinzip). Anders bei der Kostenrechnung und Unternehmensbewertung: Hier ist es Pflicht, die Anschaffungswerte in Wiederbeschaffungswerte umzuwandeln.

Exakte Aufrollung des gesamten Anlagevermögens: Jedes Anlagegut wird einzeln erfasst, kleine Güter werden zweckmäßigerweise in Jahresbeträgen zusammengefasst.

Bei dieser Methode kann die steuerliche Abschreibungsdauer korrigiert werden, wenn dies notwendig erscheint.

> ☞ **Achtung:** Ertragsstarke Firmen neigen zu einer besonders kurzen Abschreibungsdauer, ertragsschwache Unternehmen schreiben meist extrem lang ab.
> Siehe auch Kennzahl "Abschreibungsquote" aus dem Analysebereich "Investition".

Beispiel

Ausgangssituation:

- Buchwert des Sachanlagevermögens zum 31.12.1999 .... 150.000 GE
- Buchmäßige Normal-AfA beträgt 1999 .... 55.000 GE
- Sonder-AfA gab es 1999 .... keine

Aufgabe:

- Ermittlung des berichtigten Buchwertes und der berichtigten Normal-AfA

Lösungshinweise:

				Blatt			
				Bezugsjahr 1999			

ANLAGENBEWERTUNG
(Werte in 1.000 GE)

Kostenstelle ↑
m²

Anlagegut	Ansch.-jahr	Ansch.-wert	Tages-neuwert	Nutzungs-dauer Gesamt	Korrig. Abschrei-bung	Rest-nutzungs-dauer	Korrig. Restwert	
Drehbank	1995	100		10	10,0	5	50,0	
Büroeinrichtung	1994	200		13	15,4	7	107,8	
Säulenbohrmaschine	1988	50		15	3,3	3	10,0	
Computer	1997	120		4	30,0	1	30,0	
Reihenfolge im Ablauf ②	③	④		⑥	⑦	⑤	⑧	①
Gesamt		470			**58,7**		**197,8**	

Erläuterungen:

a) Reihenfolge im Ablauf beachten, insbesondere Restnutzungsdauer vor Gesamtnutzungsdauer!

b) Nie Ansätze wählen, die höher sind als die Anschaffungskosten!

c) Gesamtnutzungsdauer =
(Bezugsjahr - Anschaffungsjahr + 1) + Restnutzungsdauer

Ergebnis:

- Stille Reserven im Sachanlagevermögen (für Bilanzanalyse):
Berichtigtes Sachanlagevermögen .... 197.800 GE
  - Buchmäßiges Sachanlagevermögen .... 150.000 GE
  = Stille Reserven im Sachanlagevermögen .... 47.800 GE

Die berichtigte Normal-AfA ist um 3.700 GE höher als die buchmäßige AfA (58.700 - 55.000); sie verkürzt somit das Ergebnis um 3.700 GE.

2. Auflösung stiller Reserven im Umlaufvermögen

Wenn die stillen Reserven in den Vorratsbeständen und Halbfabrikaten zu Beginn und am Ende einer Periode unterschiedlich hoch sind, hat das auch Auswirkungen auf die G&V-Positionen "Materialeinsatz" bzw. "Bestandsveränderung Halbfabrikate" und damit auf den Jahreserfolg.

Beispiel:

Bilanz 1997		Bilanz 1998		Bilanz 1999	
Aktiva	**Passiva**	**Aktiva**	**Passiva**	**Aktiva**	**Passiva**
Ausgewiesene Vorräte (Rohst.) 1.000		Ausgewiesene Vorräte (Rohst.) 1.000		Ausgewiesene Vorräte (Rohst.) 1.000	
+ Stille Reserven (nicht ausgewiesen) 400		+ Stille Reserven (nicht ausgewiesen) 300		+ Stille Reserven (nicht ausgewiesen) 500	

Veränderungen in der G&V:

G&V 1998		G&V 1999	
Aufwand	**Ertrag**	**Aufwand**	**Ertrag**
+ Erhöhung des MES (Rohstoffe) bzw. WES 100		- Verminderung des MES (Rohstoffe) bzw. WES 200	

Reduzieren sich die stillen Reserven bei den Vorräten, dann erhöht sich der Material- (MES) bzw. Wareneinsatz (WES) um den Differenzbetrag und umgekehrt.

3. **Auflösung von Rückstellungen mit Eigenkapitalcharakter bei den Verbindlichkeiten (z.B. Garantierückstellungen)**
An der Höhe der Garantierückstellungen (Verbindlichkeiten) bzw. ihrer Dotierung (= Neubildung der Garantierückstellung, steht im Aufwand der G&V und kürzt somit den Gewinn) kann man feststellen, ob sich das Unternehmen ärmer oder reicher darstellen will, als es tatsächlich ist.

4. **Auflösung von Rücklagen**
Steuerbegünstigte Rücklagen und andere Rücklagen mit Eigenkapitalcharakter sind gegen Eigenkapital aufzulösen (siehe auch Kapitel 1.6. "Glossarium der Bilanzpositionen").

5. **Die betrieblichen Erlöse sind immer 100%**
Bestandsverminderungen bei unfertigen Arbeiten bzw. bei Halb- und Fertigwaren müssen unbedingt bei den Erlösen abgezogen werden. Ein Addieren zum Materialeinsatz (wie das manchmal in der Praxis vorkommt) ist deshalb ein großer Fehler, weil die Basiszahl Betriebsleistung (= 100%) falsch wäre und damit auch alle Prozentwerte der Kostenpositionen und Deckungsbeiträge unrichtig sind. In der Folge wäre dann ein Kennzahlenvergleich nicht möglich, und auch die Break-Even-Analyse würde zu unrichtigen Ergebnissen führen. Das folgende Beispiel veranschaulicht das deutlich.

Demo-Beispiel:

Bilanz 1997		Bilanz 1998		Bilanz 1999	
Aktiva	Passiva	Aktiva	Passiva	Aktiva	Passiva
Halbfabrikate 1.000		Halbfabrikate 1.200		Halbfabrikate 800	

Veränderungen in der G&V:

G&V 1998		G&V 1999	
Aufwand	Ertrag	Aufwand	Ertrag
MES 3.000	Fakturenerlöse 5.000	MES 3.000	Fakturenerlöse 6.000
	Bestandserhöhung		Bestandsminderung
	Halbfabrikate **200**		Halbfabrikate **-400**
	Betriebsleistung 5.200		Betriebsleistung **5.600**

Falsch:

G&V 1999	
Aufwand	**Ertrag**

Aufwand		Ertrag	
MES	3.000	Fakturenerlöse	6.000
+ Bestands-			
verminderung	400		
MES	3.400		

6. Die G&V als stufenweise DB-Rechnung aufbauen!

Die Gewinn- und Verlustrechnung soll möglichst als stufenweise Deckungsbeitragsrechnung aufgebaut werden, weil man dann auch eine approximative Break-Even-Analyse mit ihren dynamischen Aussagen erhält. Der notwendige zeitliche Mehraufwand ist gering.

Wählt man die Form der stufenweisen Deckungsbeitragsrechnung, dann kann man problemlos den Cash-Flow-Point, den Break-Even-Point und den Zielumsatz errechnen.

Stufenweise Erfolgsrechnung	Mio GE	%
BETRIEBSLEISTUNG	**200**	100,0%
- Materialaufwand und Aufwand für bezogene Leistungen	100	50,0%
- Verkaufsprovisionen	10	5,0%
- Sonstige variable Kosten	6	3,0%
= DECKUNGSBEITRAG I [DBU]	**84**	**[42,0%]**
- Personalkosten	40	20,0%
- Sonstige Fixkosten, ausgabenwirksam	28	14,0%
- Fremdkapitalzinsen	4	2,0%
= DB II ("Cash-Flow")	**12**	**6,0%**
- Dotierung Pensionsrückstellung	1	0,5%
- Abschreibung	6	3,0%
= Ergebnis vor ESt. (EGT)	**5**	**2,5%**
Cash-Flow-Point	**171**	**85,7%**
Break-Even-Point	**188**	**94,0%**
Zielumsatz (Plan-Umsatzrendite = 5%)	**214**	**106,8%**

Cash-Flow-Point:

Der Cash-Flow-Point ist jener Umsatz, den man zur Erwirtschaftung der ausgabenwirksamen Kosten benötigt. Die nichtausgabenwirksamen Kostenbestandteile bleiben hier ungedeckt als Verlust übrig. Für kurz- und mittelfristige Betrachtungen hat der Cash-Flow-Point (auch Out Of Pocket Point genannt) durchaus seine Berechtigung.

Formel:
$$\frac{\text{Ausgabenwirksame Jahresfixkosten}}{\dfrac{DBU}{100}}$$

Durch Einsetzen in die Formel ergibt sich ein Cash-Flow-Point von

$$\frac{(40 + 28 + 4) \times 1 \text{ Mio}}{0,42} = 171 \text{ Mio GE}$$

Probe:

171 Mio GE x 0,42	= 72 Mio GE	Deckungsbeitrag
	-72 Mio GE	ausgabenwirksame Fixkosten
	= 0 Mio GE	Cash-Flow
	-7 Mio GE	nichtausgabenwirksame Fixkosten
	= -7 Mio GE	**Periodenverlust**

Break-Even-Point:

Der Break-Even-Point ist der Mindestumsatz, also jener Umsatz, bei dem sämtliche Kosten voll abgedeckt sind, jedoch kein Gewinn erwirtschaftet wird.

Formel:
$$\frac{\text{Gesamte Jahresfixkosten}}{\text{Deckungsbeitrag in \% v. Umsatz (DBU)}} \times 100$$

oder
$$\frac{\text{Gesamte Jahresfixkosten}}{\dfrac{DBU}{100}}$$

Durch Einsetzen in die Formel ergibt sich ein Mindestumsatz von

$$\frac{(40 + 28 + 4 + 1 + 6) \times 1 \text{ Mio}}{0,42} = 188 \text{ Mio GE}$$

Probe:

188 Mio GE x 0,42	= 79 Mio GE	Deckungsbeitrag
	-79 Mio GE	Fixkosten
	= 0 Mio GE	**Periodenerfolg**

☞ **Achtung:** In wirtschaftlich schwierigen Zeiten, wenn Umsatzsteigerungen kaum oder nur mit erheblichem Einsatz realisierbar sind, müssen die Ergebnisse der Break-Even-Analyse in modifizierter Form interpretiert werden. Vorschläge dazu finden sich im Kapitel 3.

Zielumsatz:

Langfristiges Ziel eines gesunden Unternehmens kann es nicht sein, sich mit dem Break-Even-Point zu begnügen oder gar nur den Cash-Flow-Point anzupeilen. Es gilt vielmehr, Gewinne zu erwirtschaften.

Als Zielumsatz wird jener Umsatz (Betriebsleistung) verstanden, der neben den gesamten Kosten auch einen bestimmten Gewinn inkludiert. Dieser (Plan-)Gewinn kann entweder als absoluter Wert oder als Prozentsatz vom Umsatz (= Planumsatzrendite) angegeben sein.

$$\text{Wenn Planumsatzrendite:} \quad \cfrac{\text{Gesamte Jahresfixkosten}}{\cfrac{\text{DBU}}{100} - \cfrac{\text{Umsatzrendite (UR)}}{100}} \qquad \cfrac{79 \text{ Mio}}{0,42 - 0,05} = 213,5 \text{ Mio GE}$$

$$\text{Wenn Plangewinn absoluter Wert:} \quad \cfrac{\text{Gesamtjahresfixkosten} + \text{Plangewinn}}{\cfrac{\text{DBU}}{100}} \qquad \cfrac{79 \text{ Mio} + 8 \text{ Mio}}{0,42} = 207,1 \text{ Mio GE}$$

Unterstellt man einen (absoluten) Jahresplangewinn von 8 Mio GE bzw. eine Planumsatzrendite von 5% und setzt man in obige Formeln ein, dann ergeben sich Zielumsätze von 207,1 Mio GE bzw. 213,5 Mio GE.

Probe:

	207,1 bzw. 213,5 Mio GE x 0,42 DBU-Faktor =	87,0 bzw.	89,7
-	Fixkosten p.a.	-79,0	-79,0
=	Periodengewinn in Mio GE	8,0	10,7
			(=5% UR
			von 213,5)

Zusammenfassende Erkenntnisse

Die Erkenntnisse aus der Break-Even-Analyse werden nochmals übersichtlich zusammengefasst:

		CASH (ausgabenw. Kosten)		BREAK (Mindestumsatz)		ZIEL (5% Umsatzrendite)	
		Mio GE	%	Mio GE	%	Mio GE	%
Wenn Betriebsleistung ...	Cash-Flow-Point	171	100%				
	Break-Even-Point			188	100%		
	Zielumsatz					213,7	100%
Deckungsbeitrag (DBU)		72	(42,0%)	79	(42,0%)	89,7	(42,0%)
- Ausgabenw. Fixkosten (DZ 1)		72		72		72,0	
= Cash-Flow		0		7		17,7	
- Nicht ausgabenw. Fixkosten (DZ 2 - DZ 1)		7		7		7,0	
= Gewinn (+) / Verlust (-)		-7		0		10,7	5%
Erläuterungen		Beim Cash-Flow-Point ist der Cash-Flow null. Der Verlust ist so hoch wie die nicht ausgabenwirksamen Kosten.		Beim Break-Even-Point ist der Gewinn null. Der Cash-Flow ist gleich groß wie die nicht ausgaben-wirksamen Kosten.		Der Gewinn in Prozent zum Zielumsatz beträgt 5%.	

Auch ein Gewinnschwellendiagramm zeigt übersichtlich die Sachverhalte auf:

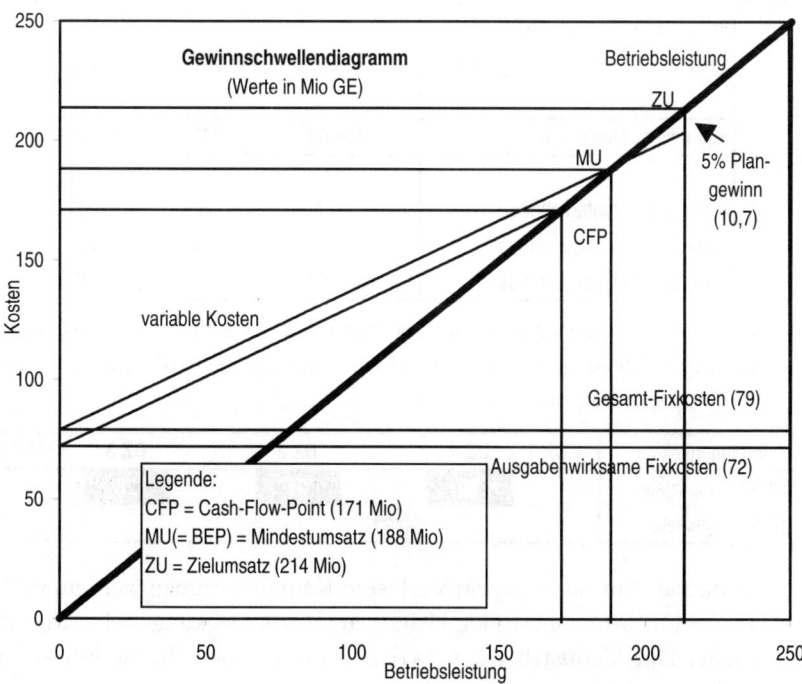

☞ **Achtung:** Dieses Denken in drei Umsatzkategorien kann auch in der Kostenrechnung zur Interpretation der Artikel- bzw. Auftrags-deckungsbeiträge je Engpassstunde oder je Fertigungsstunde angewen-det werden. Man stellt die Plan- bzw. Ist-Deckungsbeiträge je Fertigungs-stunde den so genannten Plan-Deckungszielen/Fertigungsstunde ge-genüber. Es werden dann zweckmäßigerweise mindestens folgende drei Plan-Deckungsziele verwendet:

- Deckungsziel 1/Fh = Cash-Flow-Ziel
- Deckungsziel 2/Fh = Break-Even-Ziel
- Deckungsziel 3/Fh = Unternehmensziel (DZ 2 + Plangewinn)

Die folgende Tabelle zeigt, wie in einem Installationsunternehmen die Plan-Deckungsziele je Montagestunde und Profitcenter ermittelt werden:

	Sparte (Werte in GE)		
	Lüftung	Heizung	Sanitär
Budgetiertes Quartals-DZ 1 = ausgabenwirksame Fixkosten	200.000	200.000	138.000
Budgetiertes Quartals-DZ 2 = gesamte Fixkosten	250.000	232.000	156.000
Budgetiertes Quartals-DZ 3 = gesamte Fixkosten + Plangewinn	280.000	240.000	168.000
Budgetierte Montagestunden	10.000	8.000	6.000
Plan-DZ 1 / Montagestunde	20	25	23
Plan-DZ 2 / Montagestunde	25	29	26
Plan-DZ 3 / Montagestunde	28	30	28

Weist nun zum Beispiel die Nachkalkulation eines Lüftungsauftrages einen DB/Montagestunde von 23 GE aus, dann ist folgende Interpreta-tion empfehlenswert:

Interpretationsskala	< DZ 1	DZ 1		DZ 2		DZ 3	> DZ 3
Soll-Deckungsziele		20		25		28	
Ist-Deckungsziele			23				

Bei diesem Auftrag muss ein Verlust in Kauf genommen werden, weil der erzielte DB/Montagestunde kleiner ist als das Deckungsziel 2/Montage-stunde. Der Verlust beträgt 2 GE/Montagestunde. Immerhin konnten die ausgabenwirksamen Kosten zur Gänze abgedeckt und sogar um 3 GE/ Montagestunde überschritten werden.

☞ **Achtung:** Für Entscheidungen im Bereich kurzfristige Preisuntergrenze gilt: Solange die variablen Kosten durch den Preis gedeckt sind, ist die Annahme des Auftrages sinnvoll.

7. Keine Angst vor fix und variabel!

In der Praxis wird die Erfolgsrechnung oft deshalb nicht als stufenweise Deckungsbeitragsrechnung aufgebaut, weil man sich scheut, für die einzelnen Kostenarten die Reagibilitätsgrade festzulegen. Unter Reagibilität versteht man das Verhalten der Kostenarten bei Veränderungen des Beschäftigungsgrades. Weil die Break-Even-Analyse innerhalb einer Bilanzanalyse nur approximativ sein muss, braucht man auch die Reagibilitätsgrade nicht übergenau festzulegen.

In der Folge einige Tipps, die für die Trennung der Kosten in ihre fixen und variablen Bestandteile meistens genügen dürften.

- Einzelkosten sind immer variabel.
- Gemeinkosten sind überwiegend fix.

$$\text{Reagibilitätsgrad (r)} = \frac{\text{Kostenzuwachs (k)}}{\text{Beschäftigungszuwachs (b)}}$$

r = 1   Variable Kosten

r = 0   Fixe Kosten

r = 0,4   Teilvariable Kosten
(hier: steigt die Beschäftigung um 10%, dann steigt die Kostenart nur um 4%)

r = 1,2   Überproportionale Kosten (z.B. Überstundenlohn oder Materialkosten bei erhöhtem Ausschuss)

Gemeinkostenart	Mögliche Reagibilitätsgrade			
	Einzel-handel	Groß-handel	Dienstlg.-Gewerbe	Erzeugung, Produktion
• Hilfs- und Betriebsstoffe	-	-	1	1
• Verpackungsmaterial	1	1	1	1
• Personalkosten im Fertigungsbereich	-	-	1	0
• Strom	0	0	0,1	0,2
• Instandhaltung Maschinen	0	0	0,5	0,7

Alle übrigen Gemeinkostenarten sind meistens fix oder überwiegend fix. Manchmal sagt man statt Reagibilitätsgrad auch Variator (V). Es ist allerdings zu beachten, dass Variator = 10 x Reagibilitätsgrad.

Beispiel: r = 0,7 ist identisch mit V = 7

In einigen Branchen gibt es die eine oder andere Kostenart, die sich infolge ihrer Größe bzw. Bedeutung nicht so ohne weiteres in fix und variabel verteilen lässt. Hier kann durch einfache statistische Methoden rasch Klarheit über die Reagibilität solcher Kostenarten gewonnen werden. Die praktische Vorgangsweise wird im Kapitel 10 gezeigt.

Bei welchen Kostenarten werden zur Bestimmung der Reagibilität statistische Methoden verwendet? Beispiele sind:

- Energiekosten in einer Flaschenglasfabrik,
- Heizöl in einer Heißmischgutanlage zur Bitumenkieserzeugung,
- Fertigungslöhne in einer Weberei oder Spinnerei usw.

Die variablen Kosten sollen mindestens wie folgt gegliedert werden:

- Einzelkosten, aufgelistet nach Positionen,
- variable Gemeinkosten, global.

Einzelkosten sind immer variabel. Gemeinkosten sind überwiegend fix. Je nach Branche sind nur 1% bis 12% der Gesamtgemeinkosten variabel. Personalkosten sind im Einzel- und Großhandel immer fix (außer etwaige umsatzabhängige Gehaltsbestandteile), in der Industrie großteils fix (Bereitschaftskosten) und im Handwerk überwiegend variabel (direkte Fertigungs- oder Montagelohnkosten).

Nebenstehende Graphik zeigt Gliederungsmöglichkeiten der Gesamtkosten - getrennt nach den vier Hauptbranchengruppen - auf.

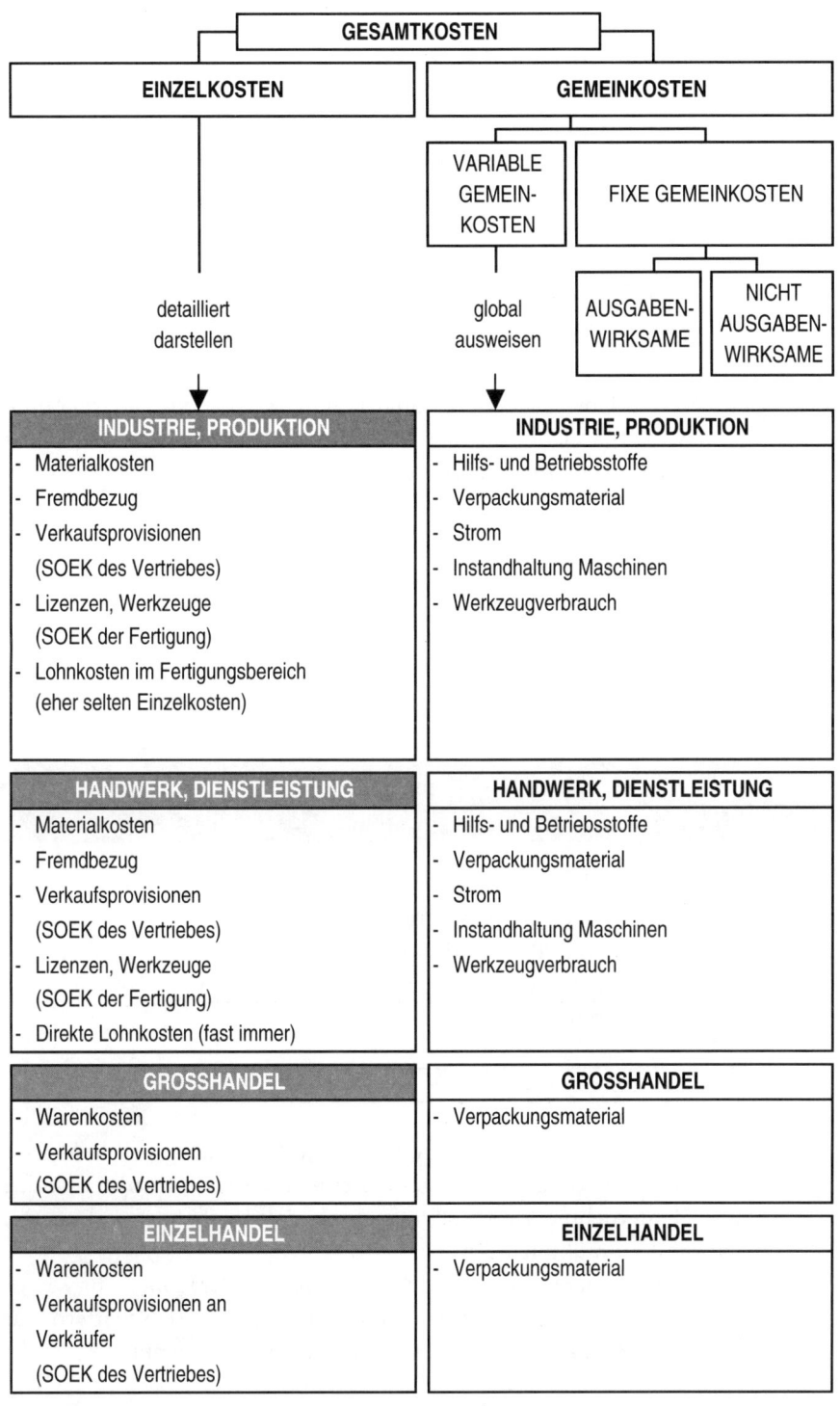

8. Die Fixkosten sollen mindestens folgende Gliederung aufweisen:

- **Ausgabenwirksame Fixkosten**
  - Personalkosten fix (inklusive kalkulatorischer Unternehmerlohn bei Einzelunternehmungen und Personengesellschaften)
  - Fremdkapitalzinskosten
  - Sonstige ausgabenwirksame Gemeinkosten
- **Nichtausgabenwirksame Fixkosten**
  - Abschreibung
  - Dotierung Pensionsrückstellungen
  - Sonstige nichtausgabenwirksame Gemeinkosten (in der Praxis eher selten)

Eine stärkere Untergliederung hängt von der Größe der Unternehmung bzw. davon ab, welche Kennzahlen langfristig beobachtet werden sollen. Manchmal ist - der Zielsetzung entsprechend - eine ganz andere Gliederung zweckmäßig.

Beispiel:
- Sofort abbaubar
- Nach einem Monat abbaubar
- Nach drei Monaten abbaubar
- Nicht abbaubar
  usw.

 Achtung: Bei Einzelunternehmungen und Personengesellschaften auf den Unternehmerlohn nicht vergessen!

Vorgangsweise:

	Monatsbruttobezug eines vergleichbaren (meist höchstbezahlten) Mitarbeiters
+	Dispositionszuschlag (20% bis 40%)
=	Zwischensumme
x	13, 14, 15 (je nach Usance)
=	Unternehmerlohn p.a.

Wenn in den Aufwendungen der G&V die Kranken- und Pensionsversicherungsbeiträge des Unternehmers nicht enthalten sind, ist obiger "Unternehmerlohn p.a." mit einem entsprechenden Faktor (Nebenkosten) zu multiplizieren.

Ohne die Unternehmerlohn-Korrektur würde das Ergebnis sehr von der Rechtsform abhängig sein. Eine OHG mit vielen Gesellschaftern wäre dann nicht mit einer GmbH derselben Branche vergleichbar.

9. Die außerordentlichen Aufwendungen und Erträge müssen eliminiert werden

EGT (= Ergebnis der gewöhnlichen Geschäftstätigkeit)

+ Außerordentliche Erträge

- Außerordentliche Aufwendungen

= AUSSERORDENTLICHES ERGEBNIS

- Steuern vom Einkommen und Ertrag

= Jahresüberschuss/Jahresfehlbetrag

Als außerordentliche Erträge und Aufwendungen sind Posten auszuweisen, die außerhalb der gewöhnlichen Geschäftstätigkeit anfallen.

Das können z.B. extrem hohe Versicherungsvergütungen, Forderungsverzicht aus Gründen der Sanierung oder hohe Gewinne bzw. Verluste aus Anlagenverkäufen sein.

Im so genannten "Anhang" werden die wesentlichen Posten des außerordentlichen Ergebnisses erläutert.

Einige typische außerordentliche (a.o.) Aufwands- und Ertragspositionen sind:

A.o. Aufwand	A.o. Ertrag
Steuern aus Vorperioden	Steuererträge aus Vorperioden
Restbuchwert verkaufter Anlagen	Erträge aus Anlagenverkäufen
Aufwendungen aus Vorperioden	Erträge aus Vorperioden
Sonder-AfA	Auflösung von Rücklagen
Dotierung zu Rücklagen	Versicherungsvergütung*)
Betriebsfremde Aufwendungen	Betriebsfremde Erträge
Überhöhte Dotierung zu Rückstellungen	Auflösung von überhöhten Rückstellungen

*) Außerordentlich nur bei Großschäden, wenn die Versicherungsvergütung ein Mehrfaches des Versicherungsaufwandes beträgt. Bei Kleinschäden sind die Versicherungsvergütungen nicht außerordentlich, sondern ordentlich, auch wenn diese Position in der G&V als außerordentlich ausgewiesen wird. Schließlich zahlt man ja Versicherungsprämien, um im Schadensfall entschädigt zu werden. Aus betriebswirtschaftlicher Sicht ist nicht die Versicherungsvergütung an sich außerordentlich, sondern die Höhe der Vergütung - gemessen am Versicherungsaufwand - ist ausschlaggebend für die Zuordnung "ordentlich" oder "außerordentlich".

11. Das betriebswirtschaftlich berichtigte Ergebnis sollte vor Ertragsteuern dargestellt werden, insbesondere, wenn man an einem außerbetrieblichen (externen) Kennzahlenvergleich interessiert ist

> **EGT (= Ergebnis der gewöhnlichen Geschäftstätigkeit)**
> + Außerordentliche Erträge
> - Außerordentliche Aufwendungen
> = AUSSERORDENTLICHES ERGEBNIS
> - Steuern vom Einkommen und Ertrag
> = JAHRESÜBERSCHUSS/JAHRESFEHLBETRAG

Gründe:

a) Ertragsteuern verzerren oft das echte Ergebnis (z.B. durch die Rechtsform, durch die Ausnutzung eines Verlustvortrages, durch steuertaktische Maßnahmen usw.).

b) Branchenkennzahlen im Analysebereich Erfolg, welche Banken, Universitäten und andere Institutionen publizieren, werden überwiegend vor Ertragsteuern angegeben.

Bei internen Rechnungen (z.B. Investitionsrechnung) können (und müssen auch manchmal) die Ertragsteuern angesetzt werden.

12. Achtung, bei unterjähriger Betrachtung auf die Jahresanpassungsfaktoren nicht vergessen!

Werden Kennzahlen unterjährig ermittelt (z.B. monatlich, quartalsmäßig), dann sind noch einige Punkte zusätzlich zu beachten:

a) Treffen bei einer Kennzahl Bilanz- und Erfolgspositionen zusammen, dann sind die Erfolgspositionen auf das ganze Jahr linear hochzurechnen. Man verwendet dazu so genannte Jahresanpassungsfaktoren.

Monat		Jahresanpassungsfaktoren, kumulativ			
entweder	oder	monatlich	viertel-jährlich	Trimester	halb-jährlich
Januar	1	12	-	-	-
Februar	2	6	-	-	-
März	3	4	4	-	-
April	4	3	-	3	-
Mai	5	2,4	-	-	-
Juni	6	2	2	-	2
Juli	7	1,714	-	-	-
August	8	1,5	-	1,5	-
September	9	1,333	1,333	-	-
Oktober	10	1,2	-	-	-
November	11	1,091	-	-	-
Dezember	12	1	1	1	1

Anhand der Kennzahl "Schuldtilgungsdauer" soll die richtige Berücksichtigung der Unterjährigkeit demonstriert werden.

Formel:

$$\frac{\text{Gesamtschulden - liquide Mittel}}{\text{Jahres-Cash-Flow}} = \text{Schuldtilgungsdauer in Jahren}$$

Ganzjährig:

$$\frac{2.100 - 100}{500} = 4 \text{ Jahre}$$

Semestral:

$$\frac{2.100 - 100}{250 \times 2} = 4 \text{ Jahre}$$

Quartalsmäßig:

$$\frac{2.100 - 100}{125 \times 4} = 4 \text{ Jahre}$$

Monatlich:

$$\frac{2.100 - 100}{41,7 \times 12} = 4 \text{ Jahre}$$

Sollte der Monats-Cash-Flow zum Beispiel 60 betragen, dann ist der linear hochgerechnete Jahres-Cash-Flow 720, auch wenn er später tatsächlich niedriger oder höher sein sollte. Die Schuldtilgungsdauer würde sich dann wie folgt ermitteln:

$$\frac{2.100 - 100}{60 \times 12} = 2,8 \text{ Jahre}$$

b) Bei unterjähriger Kennzahlenermittlung ist es üblich, die kumulierte Periodenkennzahl (z.B. Januar bis Mai) zu errechnen, weil sie informativer ist als die isolierte Periodenkennzahl (z.B. nur Mai).

c) Beim Soll-Ist-Vergleich von unterjährigen Kennzahlen darf der Jahresplangewinn nicht linear auf die unterjährige Periode zurückgerechnet werden, außer der Umsatzverlauf ist kontinuierlich. Es sind vielmehr die unterjährigen Planperiodenerfolge nach den Gesetzen der Deckungsbeitragsrechnung zu ermitteln. Nur mit plausiblen Vorgabewerten ist ein Soll-Ist-Vergleich sinnvoll.

Beispiel:

Ein Kaufhaus plant eine gesamte Jahres-Betriebsleistung von 50 Mio GE. Der Umsatzverlauf ist stark schwankend. Der Hauptumsatz wird im vierten Quartal getätigt. Die Deckungsbeitragsrate beträgt 40%. Im vierten Quartal fallen sprungfixe Personalkosten von 1 Mio GE an. Insgesamt wird ein Gewinn von 3 Mio GE erzielt. Die Umsatzrendite beträgt somit 6%. Die Periodenerfolge schwanken zwischen -0,4 Mio GE und +2,2 Mio GE.

| Quartal | Plan-Betriebs-leistung | DB (DBU = 0,4) | Abzüglich Fixkosten | | Plan-Erfolg | |
			absolut	relativ (sprungfix)	je Periode	kumulativ
1	9	3,6	4,0	-	-0,4	-0,4
2	11	4,4	4,0	-	+0,4	+0,0
3	12	4,8	4,0	-	+0,8	+0,8
4	18	7,2	4,0	1,0	+2,2	+3,0
Gesamt	**50**	**20,0**	**16,0**	**1,0**	**+3,0**	

Es wäre falsch, einen sich nach Ablauf des ersten Quartals ergebenden tatsächlichen Ist-Verlust von -0,3 Mio GE einem linear zurückgerechneten Quartalsgewinn von +0,75 Mio GE gegenüberzustellen. Richtig ist vielmehr, den Perioden-Ist-Verlust von 0,3 Mio GE dem Perioden-Plan-Verlust von 0,4 Mio GE gegenüberzustellen. Trotz des Ist-Verlustes ergibt sich eine günstige Abweichung von 0,1 Mio GE.

13. Auf die latenten Ertragsteuern nicht vergessen!

Sofern Auflösungen stiller Reserven im Anlage- und Umlaufvermögen oder bei den Rückstellungen (Punkt 1, 2 und 4 der Checkliste) "fiktive" Steuerbelastungen nach sich ziehen würden, sind die so genannten latenten Ertragsteuern rückzustellen. Für eine Approximativrechnung gilt: 40% der "ertragsteuerrelevanten" Auflösung erhöhen die Rückstellungen (für latente Ertragsteuern), die restlichen 60% erhöhen das buchmäßige Eigenkapital.

14. Zusammenfassung

Die Empfehlungen der Punkte 1 bis 13 sind unbedingt zu befolgen, weil sonst unerwünschte Effekte entstehen, die eine Verzerrung des Kennzahlenbildes nach sich ziehen könnten.

Erfolgt die Umwertung des Zahlenmaterials nicht, dann wird der Kennzahlenermittlung eine so genannte verkürzte Bilanz zugeführt. An der Kennzahl "Eigenkapitalquote" soll graphisch gezeigt werden, zu welchen Fehlinterpretationen man ohne Umwertung des Zahlenmaterials kommen kann:

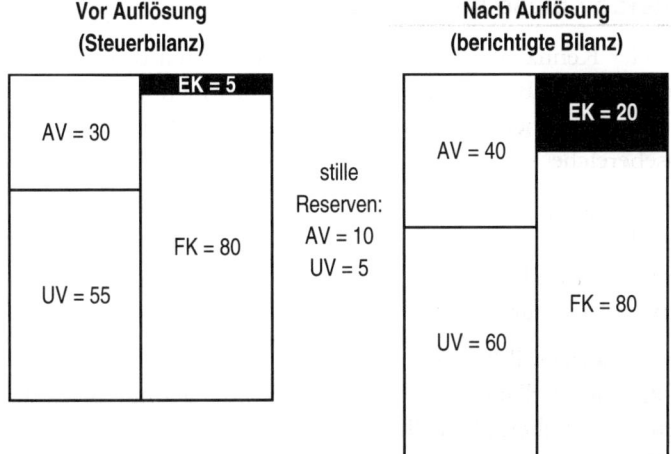

Die Eigenkapitalquote vor Auflösung der stillen Reserven im Anlage- und Umlaufvermögen beträgt 5,9%, was als "zu wenig" interpretiert werden müsste, nach Auflösung 20%, was als "befriedigend" angesehen werden kann.

In obiger Darstellung werden latente Ertragsteuern nicht berücksichtigt. Gemäß den Empfehlungen in Punkt 13 würde das Eigenkapital (EK) dann nicht 20, sondern nur 14 (5 + 9) und das Fremdkapital (FK) nicht 80, sondern 86 (80 + 6) betragen.

2.2. Danach: Machen Sie den Quicktest!

Was ist der Quicktest?

Der Quicktest ist ein Schnelltest. Obwohl nur vier Kennzahlen herangezogen werden, ist die Aussage bereits grundsätzlich richtig. Würde man 20, 30 oder mehr Kennzahlen verwenden, so würde sich am Ergebnis kaum etwas ändern. Mehr Kennzahlen haben allerdings den Vorteil, dass etwaige Fehlerquellen oder Ursachen für besonders günstige Entwicklungen rascher erkannt werden.

Welche Kennzahlen?

Die vier Quicktest-Kennzahlen sind:

- Eigenkapitalquote
- Schuldtilgungsdauer
- Gesamtkapitalrentabilität
- Cash-Flow-Leistungsrate (= Cash-Flow in % der Betriebsleistung)

Warum gerade diese Kennzahlen?

Wenn nur vier Kennzahlen verwendet werden, dürfen diese nicht störanfällig sein und müssen darüber hinaus das gesamte Informationspotential des Jahresabschlusses weitestgehend ausschöpfen. Das geschieht dadurch, dass aus jedem der Analysebereiche

- Finanzierung,
- Liquidität,
- Rentabilität und
- Aufwandstruktur/Erfolg

eine Kennzahl ausgewählt wird.

Wie die folgenden Erläuterungen beweisen, ist die geringe Störanfälligkeit bei diesen Kennzahlen ebenfalls voll gegeben:

- **Eigenkapitalquote** und **Schuldtilgungsdauer** zeigen eindeutig auf, ob das Unternehmen absolut (gemessen an der Bilanzsumme) bzw. relativ (gemessen am Cash-Flow) zu viele Schulden (Verbindlichkeiten, Fremdkapital) hat oder nicht.
- Die **Gesamtkapitalrentabilität** ist ebenfalls nicht störanfällig. Bei dieser Kennzahl kann es keine prozentualen Eskapaden wie etwa bei der Eigenkapitalrentabilität geben. Ist die Eigenkapitalrentabilität sehr hoch (z.B. 60%), so ist das nicht immer positiv interpretierbar, dann nämlich, wenn die Eigenkapitalquote extrem niedrig ist. Bei der Gesamtkapitalrentabilität ist ein solcher "Ausreißer" nicht denkbar, weil es beim "Gesamtkapital" (Eigen- und Fremdkapital zusammen) keine Hebelwirkungen (=Leverage-Effekt) gibt.
  Beispiel:
  Ein mittelständisches Unternehmen hat ein sehr geringes Eigenkapital von nur 1.000 GE. Der Jahresgewinn ist ebenfalls sehr klein; er beträgt 500 GE. Die Eigenkapitalrentabilität beträgt 50%, ein Wert, der normalerweise sehr gut ist, aber in diesem Extremfall nicht aussagefähig, sondern eher irreführend ist.
- Die **Cash-Flow-Leistungsrate** ist durch das Eliminieren der Abschreibungen weniger störanfällig als etwa die Umsatzrendite (= Gewinn [EGT] in % des Umsatzes bzw. der Betriebsleistung). Die Höhe der Abschreibungen hängt nämlich manchmal von steuer- und/oder finanztaktischen Maßnahmen ab, was die Aussagekraft des Gewinnes beeinträchtigen kann.

Was sagen die vier Quicktest-Kennzahlen eigentlich aus?

Diese wichtige Frage wird durch die nebenstehende Tabelle beantwortet. Dort wird auch aufgezeigt, welche zwei Kennzahlen der "finanziellen Stabilität" und welche zwei der "Ertragslage" zuzuordnen sind.

Analysebereich		Kennzahl	Formel	Aussage über die ...
Finanzielle Stabilität	Finanzierung	Eigenkapital-quote	$\dfrac{\text{Eigenkapital}}{\text{Gesamtkapital}} \times 100$	Kapitalkraft
	Liquidität	Schuldtilgungs-dauer in Jahren	$\dfrac{\text{Fremd-kapital} - \text{flüssige Mittel}}{\text{Jahres-Cash-Flow}} \times 100$	Verschuldung
Ertragskraft	Rentabilität	Gesamtkapital-rentabilität	$\dfrac{\text{Betriebs-ergebnis} + \text{Fremdkapital-zinsen}}{\text{Bilanzsumme}} \times 100$	Rendite
	Erfolg	Cash-Flow-Leistungsrate	$\dfrac{\text{Cash-Flow}}{\text{Betriebsleistung}} \times 100$	Finanzielle Leistungs-fähigkeit

☞ **Achtung:** Durch den Quicktest kann auch die häufig gestellte Frage "Hat das untersuchte Unternehmen zu viele Schulden?" eindeutig beantwortet werden.

- Die Eigenkapitalquote gibt Auskunft, ob man absolut (in GE oder in % der Bilanzsumme) zu viele Schulden hat oder nicht.
- Die Schuldtilgungsdauer informiert, ob das Unternehmen relativ (im Verhältnis zum Jahres-Cash-Flow) zu viele Schulden hat oder ein gesundes Verhältnis aufweist.

Beurteilungsskala und Note

Für eine treffsichere Beurteilung empfiehlt sich die Verwendung umseitiger Beurteilungsskala. Die fünfteilige Notenskala ermöglicht es, für jede Kennzahl eine Note zwischen 1 (sehr gut) und 5 (insolvenzgefährdet) zu vergeben. Die Gesamtnote erhält man durch Addition der vier Einzelnoten und Division der Gesamtsumme durch vier.

Zusätzlich sollte noch je eine Durchschnittsnote für die

- finanzielle Stabilität und
- für die Ertragskraft

gebildet werden, weil dann ein drohendes Problem früher erkannt wird und rascher mit dem Gegensteuern begonnen werden kann.

Kennzahl	Beurteilungsskala (Note)				
	sehr gut (1)	gut (2)	mittel (3)	schlecht (4)	insolvenz-gefährdet (5)
Eigenkapital-quote	> 30%	> 20%	> 10%	< 10%	neg.
Schuldtilgungs-dauer in Jahren	< 3 J.	< 5 J.	< 12 J.	> 12 J.	> 30 J.
Zwischennote 1: FINANZIELLE STABILITÄT	arithmetischer Notendurchschnitt aus Eigenkapitalquote und Schuldtilgungsdauer				
Gesamtkapital-rentabilität	> 15%	> 12%	> 8%	< 8%	neg.
Cash-Flow-Leistungsrate	> 10%	> 8%	> 5%	< 5%	neg.
Zwischennote 2: ERTRAGSKRAFT	arithmetischer Notendurchschnitt aus Gesamtkapitalrentabilität und Cash-Flow-Leistungsrate				
GESAMTNOTE	arithmetischer Notendurchschnitt aus allen vier Kennzahlen				

Quicktest-Beispiel

Obige Beurteilungsskala soll nun praktisch getestet werden. Analyseobjekt ist die in den Kapiteln 1.4. und 1.5. vorgestellte Demo-Kunststoffspritzerei.

Damit die vier Quicktest-Kennzahlen ermittelt werden können, benötigt man folgende Informationen:

1. **Aus der Bilanz**
   * Eigenkapital
   * Gesamtkapital (= Bilanzsumme)
   * Flüssige Mittel
   * Fremdkapital

   naw = nicht ausgabenwirksam
   new = nicht einnahmenwirksam

2. **Aus der G&V**
   * Betriebsleistung
   * Fremdkapitalzinsen
   * Ergebnis der gewöhnlichen Geschäftstätigkeit (EGT)
   * Cash-Flow (= EGT + naw Aufwand - new Ertrag)

Auf den nächsten beiden Seiten wird demonstriert, wie der Quicktest "händisch" durchgeführt wird.

Bilanz zum ..... (Datum)			
Aktiva		**Passiva**	

Aktiva			Passiva			
Anlagevermögen			**Eigenkapital**		20	A)
- Grund	3					
- Gebäude	5		**Fremdkapital, langfristig**			
- Maschinen	2		- Hypothekarkredit	10		
- Sonst. Sachanlagevermögen	10	20	- Pensionsrückstellung	10	20	E)
Umlaufvermögen			**Fremdkapital, kurzfristig**			
- Vorräte	60		- Lieferantenverbindlichkeiten	25		
- Kundenforderungen	15		- Kontokorrentkredit	30		
- Sonstige Forderungen	3		- Sonstige Verbindlichkeiten	5	60	E)
- Liquide Mittel	D) 2	80				
Bilanzsumme		100	**Bilanzsumme**		100	B)

Gewinn- und Verlustrechnung für das Geschäftsjahr		
Umsatzerlöse	210	
± Bestandsveränderung	-10	
+ Aktivierte Eigenleistungen		
+ Sonstige betriebliche Erträge		
= Betriebsleistung	200	F)
- Materialaufwand und Aufwendungen für bezogene Leistungen	100	
= Deckungsbeitrag (= Rohgewinn)	100	
- Personalaufwand	40	
- Dot. Pensionsrückstellung	1	H)
- Abschreibungen auf Sachanlagen	6	H)
- Sonstige betriebliche Aufwendungen	44	
= B E T R I E B S E R F O L G - Earnings Before Interest and Tax (= EBIT)	9	
+ Erträge aus Beteiligungen, Zinserträge, Wertpapiererträge und ähnliche Erträge		
± Erträge bzw. Aufwendungen aus Finanzanlagen und aus Wertpapieren des Umlaufvermögens		
- Zinsen und ähnliche Aufwendungen	4	G)
= F I N A N Z E R F O L G	4	
= ERGEBNIS DER GEWÖHNLICHEN GESCHÄFTSTÄTIGKEIT (= EGT)	5	C) H)

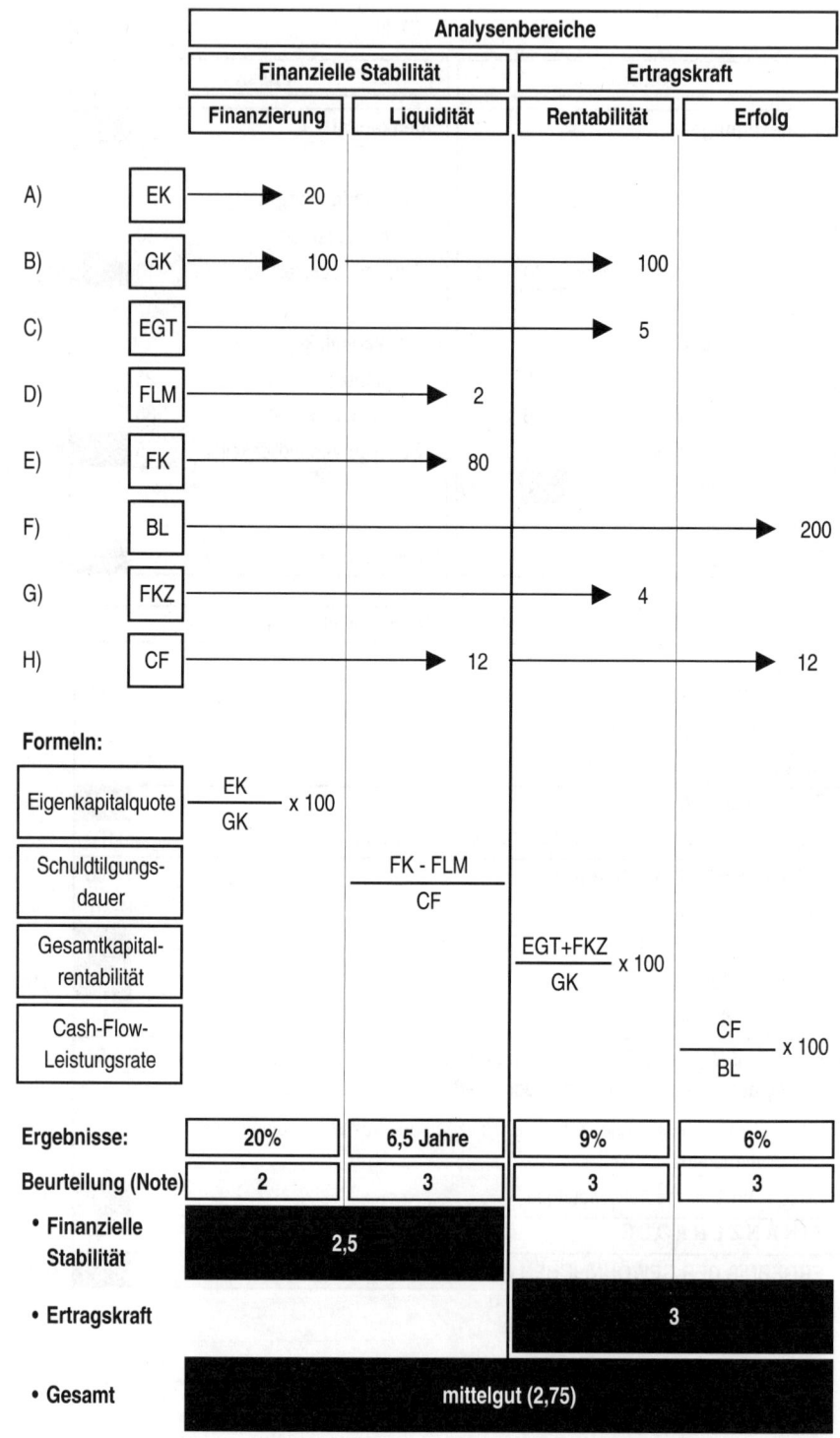

Interpretation des Quicktest-Beispiels

Es handelt sich um ein mittelgut geführtes Unternehmen, weil in drei Bereichen die Note "befriedigend" und in einem Bereich die Note "gut" erreicht werden konnte.

Das Unternehmen hat weder absolut noch relativ zu viele Schulden (= Verbindlichkeiten bzw. Fremdkapital). Die finanzielle Stabilität (Durchschnittsnote 2,5) ist etwas besser als die Ertragskraft (Durchschnittsnote 3), weil die Eigenkapitalquote ganz gut und die Schuldtilgungsdauer befriedigend ist.

Warum?

Eine Eigenkapitalquote von 20% ist ein ganz guter Wert, daher müssen auch die restlichen 80% Fremdkapital akzeptabel sein. Man kann deshalb sagen, das Unternehmen hat absolut nicht zu viele Schulden.

Die Schuldtilgungsdauer ist mit 6,5 Jahren durchaus befriedigend. Die Gesamtschulden können also theoretisch (fiktiv) in 6,5 Jahren aus "eigener Kraft", nämlich durch den Cash-Flow und die flüssigen Mittel abgedeckt (ausgeglichen) werden. Weil das Verhältnis zwischen Gesamtschulden abzüglich flüssige Mittel einerseits und Jahres-Cash-Flow andererseits befriedigend ist, hat das Unternehmen auch relativ nicht zu viele Schulden.

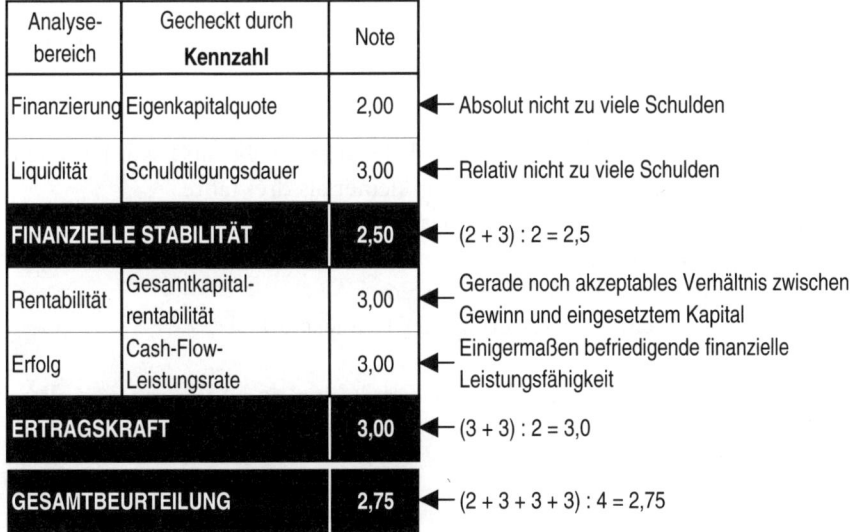

Analysebereich	Gecheckt durch Kennzahl	Note	
Finanzierung	Eigenkapitalquote	2,00	◄— Absolut nicht zu viele Schulden
Liquidität	Schuldtilgungsdauer	3,00	◄— Relativ nicht zu viele Schulden
FINANZIELLE STABILITÄT		**2,50**	◄— (2 + 3) : 2 = 2,5
Rentabilität	Gesamtkapitalrentabilität	3,00	◄— Gerade noch akzeptables Verhältnis zwischen Gewinn und eingesetztem Kapital
Erfolg	Cash-Flow-Leistungsrate	3,00	Einigermaßen befriedigende finanzielle Leistungsfähigkeit
ERTRAGSKRAFT		**3,00**	◄— (3 + 3) : 2 = 3,0
GESAMTBEURTEILUNG		**2,75**	◄— (2 + 3 + 3 + 3) : 4 = 2,75

Die Ertragskraft könnte besser sein!

Warum?

Die Gesamtkapitalrentabilität zeigt auf, dass ein vernünftiges Verhältnis zwischen Gewinn und Gesamtkapitaleinsatz (= Eigen- und Fremdkapital zusammen) besteht.

Der erwirtschaftete Cash-Flow, ausgedrückt in GE, sagt wenig aus. Erst wenn man ihn der Betriebsleistung gegenüberstellt, erkennt man, dass die so genannte Selbstfinanzierungskraft beim Testbetrieb mit 6% gerade noch akzeptabel, aber eigentlich verbesserungswürdig ist.

Wo hier die Hebel zu einer Verbesserung der Ertragskraft angesetzt werden müssen, kann aus einer erweiterten Kennzahlenanalyse mit größerem Tiefgang abgeleitet werden.

2.3. Checkliste mit Interpretationsempfehlungen für Quicktest

Die folgenden fünf Interpretationsempfehlungen sind primär für den Anfänger gedacht. Zusätzliche Informationen für Fortgeschrittene und Spezialisten finden sich in den Kapiteln 3 bis 5.

1. **Eigenkapitalquote**

    Die Eigenkapitalquote sollte ausreichen, ca. drei bis vier Jahresverluste (etwa in der Höhe von 3% der Betriebsleistung) abdecken zu können. Unterstellt man einen Kapitalumschlag von 2 (Umsatz ist doppelt so hoch wie die Bilanzsumme), dann ergibt sich eine Mindest-Eigenkapitalquote zwischen 18% (drei Verlustjahre x 3% [Verlust in % der BL] x 2 [Kapitalumschlag]) und 24% (vier Verlustjahre x 3% [Verlust in % der BL] x 2 [Kapitalumschlag]).

2. **Schuldtilgungsdauer:**

    Die Schuldtilgungsdauer sollte möglichst nicht größer als zwölf Jahre sein. Bei sehr guten Firmen ist sie sogar kleiner als drei Jahre.

    Ist die Schuldtilgungsdauer größer als zwölf Jahre, dann ist
    * eine Verstärkung der Eigenkapitalbasis (durch Einlagen bzw. geringere Entnahmen bzw. Ausschüttungen)
    * und/oder eine Verbesserung der Ertragskraft

    anzustreben.

    Das folgende Schaubild zeigt die Ermittlung und Interpretation dieser wichtigen Kennzahl:

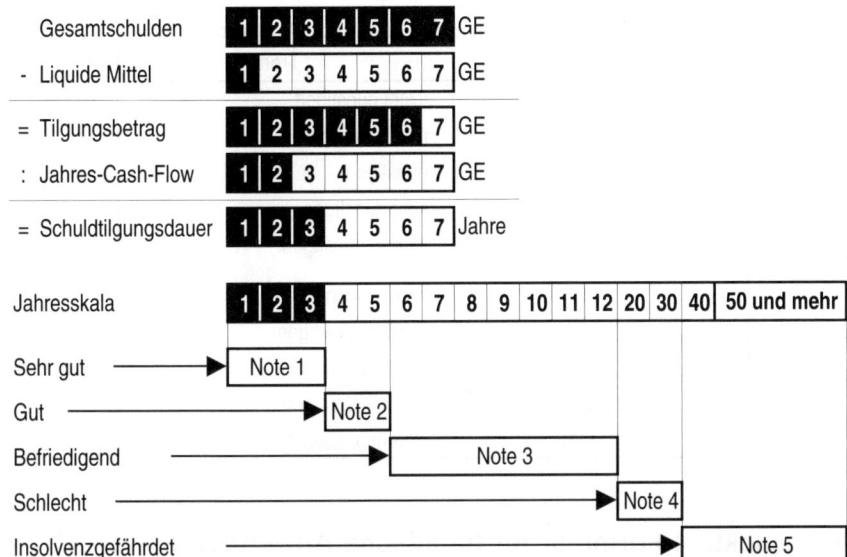

3. Gesamtkapitalrentabilität

Die Gesamtkapitalrentabilität spiegelt wider, mit welcher Effizienz das im Unternehmen eingesetzte Gesamtkapital, unabhängig von seiner Finanzierung, arbeitet. Je höher der Prozentsatz, desto günstiger.

4. Die Cash-Flow-Leistungsrate
(= Cash-Flow in % der Betriebsleistung)

Der Cash-Flow aus dem Ergebnis (= Cash-Flow für Kennzahlen) ist nur bei leicht wachsenden oder sinkenden Umsätzen ein wahrheitsgetreuer Maßstab. Bei starkem Umsatzanstieg, etwa in der Gründungsphase, gibt dieser Indikator die wirkliche Zahlungsfähigkeit zu hoch an. Umgekehrt ist bei starkemUmsatzrückgang mehr Geld in der Kassa, als man aufgrund des obigen Cash-Flow erwarten darf.

5. Achtung, Trend beachten!

Neben der Kennzahlenbeurteilung sollte unbedingt auch der Kennzahlentrend beobachtet werden:

Wenn die Quicktestnote um ... steigt oder fällt ...	... dann spricht man von einem ... Trend
+ 0,25	leicht günstigen
+ 0,50	recht günstigen
+ 0,75	günstigen
+ 1,00	sehr günstigen
$\geq 1,00$	extrem günstigen
- 0,25	leicht ungünstigen
- 0,50	recht ungünstigen
- 0,75	ungünstigen
- 1,00	sehr ungünstigen
$\leq 1,00$	extrem ungünstigen

2.4. Quicktest-Formular für händische Anwendung

Teil 1: Grundlagen

Bilanz zum .....

Aktiva	Passiva

Anlagevermögen   **Eigenkapital**   A)
- Grund   (inkl. Rücklagen)
- Gebäude   **Fremdkapital, langfristig**
- Maschinen   - Hypothekarkredit
- Sonst. Sachanlagevermögen   - Pensionsrückstellung   E)

Umlaufvermögen   **Fremdkapital, kurzfristig**
- Liquide Mittel   D)   - Lieferantenverbindlichkeiten
- Kundenforderungen   - Kontokorrentkredit
- Sonstige Forderungen   - Sonstige Verbindlichkeiten   E)
- Vorräte

Bilanzsumme   **Bilanzsumme**   B)

Gewinn- und Verlustrechnung für das Geschäftsjahr		
Umsatzerlöse		
± Bestandsveränderung		
+ Aktivierte Eigenleistungen		
+ Sonstige betriebliche Erträge		
= **Betriebsleistung**		F)
- Materialaufwand und Aufwendungen für bezogene Leistungen		
= **Deckungsbeitrag (Rohertrag)**		
- Personalaufwand		
- Dot. Pensionsrückstellung		H)
- Abschreibungen auf Sachanlagen		H)
- Sonstige betriebliche Aufwendungen		
= **B E T R I E B S E R F O L G - Earnings Before Interest and Tax (= EBIT)**		
+ Erträge aus Beteiligungen, Zinserträge, Wertpapiererträge und ähnliche Erträge		
± Erträge bzw. Aufwendungen aus Finanzanlagen und aus Wertpapieren des Umlaufvermögens		
- Zinsen und ähnliche Aufwendungen		G)
= **F I N A N Z E R F O L G**		
= **ERGEBNIS DER GEWÖHNLICHEN GESCHÄFTSTÄTIGKEIT (= EGT)**		C)H)

Kennzahl/ Beurteilungsschema:	sehr gut (1)	gut (2)	mittel (3)	schlecht (4)	insolvenz- gefährdet (5)
Eigenkapitalquote	> 30%	> 20%	> 10%	< 10%	negativ
Schuldtilgungsdauer	< 3 J.	< 5 J.	> 30 J.	< 30 J.	> 30 J.
Gesamtkapitalrentabilität	> 15%	> 12%	> 8%	< 8%	negativ
Cash-Flow-Leistungsrate	> 10%	> 8%	> 5%	< 5%	negativ

Teil 2: Berechnungen und Ergebnisse

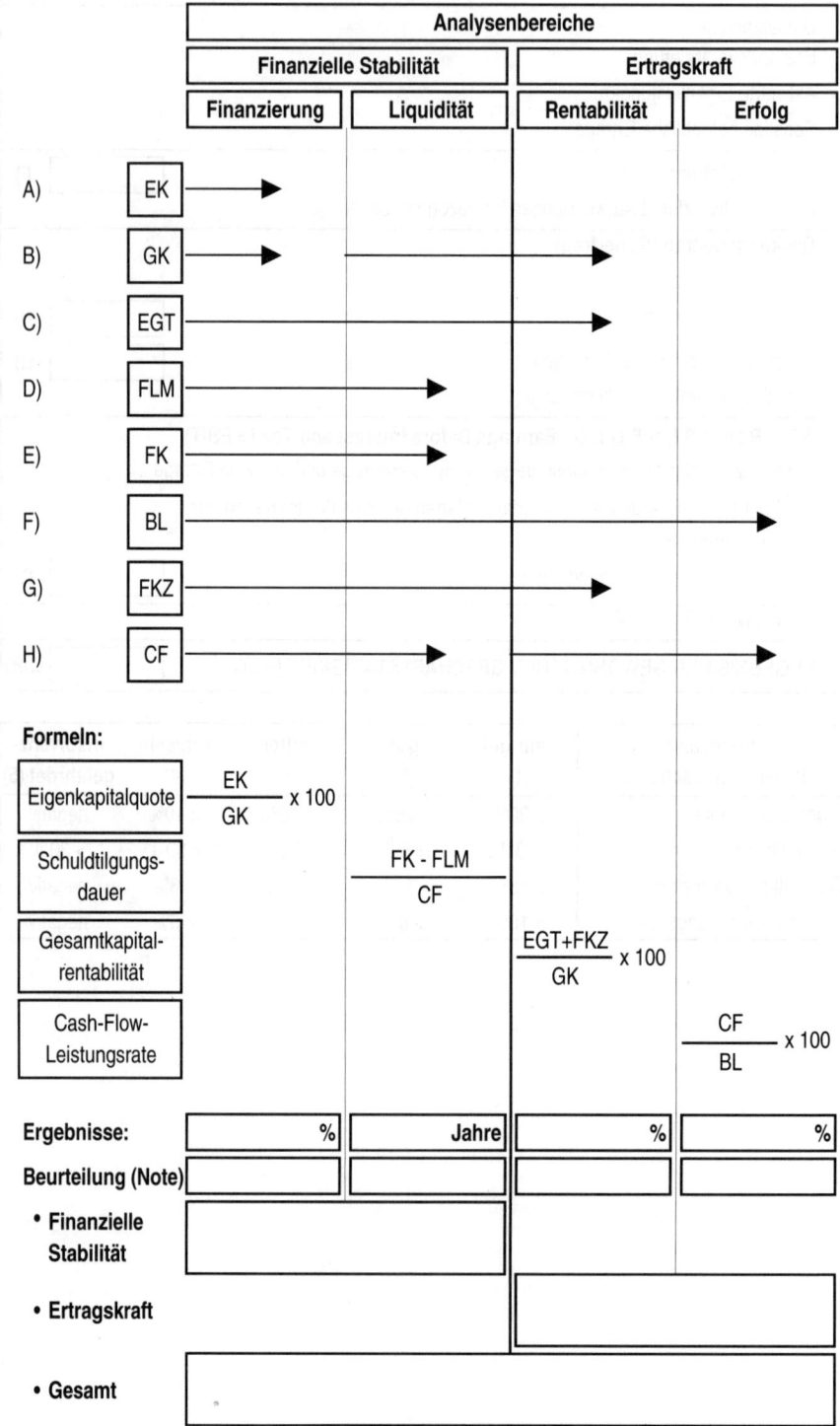

2.5. PC-Quicktest durch das Tabellenkalkulationsprogramm Excel

In diesem Kapitel wird demonstriert, wie man den Quicktest mit dem bekannten Spreadsheet-Programm Excel durchführen kann.

In der Folge werden stichwortartig einige Informationen zusammengestellt, die dem Anwender die Arbeit erleichtern sollen:

- Die Bilanzpositionen werden von E 5 bis E 8 eingegeben.
- Für die Erfolgspositionen sind die Felder F 11 bis F 14 vorgesehen.
- Mit dem hier dargestellten Arbeitsblatt können zwei Perioden durchgerechnet werden.
- Bei unterjähriger Analyse (z.B. monatlich oder vierteljährlich) ist darauf zu achten, dass bei stromgrößenorientierten Kennzahlen (z.B. Schuldtilgungsdauer) die Erfolgskomponente (hier der Cash-Flow) linear auf das ganze Jahr hochzurechnen ist. Nähere Details können aus Punkt 12 der Checkliste "Aufbereitung des Zahlenmaterials" entnommen werden (siehe Kapitel 2.1.).

Auf der nächsten Seite ist das Excel-Arbeitsblatt für den Quicktest abgebildet.

	B	C	D	E	F	G	H	I	J
2	**Quicktest**								
3		Werte in **GE**		**Vorjahr**		**Laufendes Jahr**			
4	**EINGABE**			Bilanz-positionen	Erfolgs-positionen	Bilanz-positionen	Erfolgs-positionen		
5	Flüssige Mittel	(FLM)		1		2			
6	Vorräte			56		60			
7	Eigenkapital	(EK)		25		20			
8	Fremdkapital	(FK)		74		80			
9	**Gesamtkapital**	**(GK)**		99		100			
10									
11	Betriebsleistung	(BL)			190		200		
12	Fremdkapitalzinsen	(FKZ)			3		4		
13	Cash-Flow vor Steuern	(CF)			11		12		
14	Erg. d. gew.Geschäftstätigk.	(EGT)			5		5		
15									
16	**ERGEBNISSE**			**Vorjahr**		**Laufendes Jahr**			
17	Eigenkapital-quote	$\frac{EK*100}{GK}$		25,3%		20,0%			
18	Schuldtilgungs-dauer in Jahren	$\frac{(FK-FLM)}{CF}$		6,6 J.		6,5 J.			
19	Gesamtkapital-rentabilität	$\frac{(EGT+FKZ)*100}{GK}$		8,1%		9,0%			
20	Cash-Flow Leistungsrate	$\frac{CF*100}{BL}$		5,8%		6,0%			
21									
22	**BEURTEILUNG/NOTE**			**Vorjahr**		**Laufendes Jahr**			
23	Eigenkapitalquote			2,00		2,00			
24	Schuldtilgungsdauer in Jahren			3,00		3,00			
25	**FINANZIELLE STABILITÄT**			**2,50**		**2,50**			
26	Gesamtkapitalrentabilität				3,00		3,00		
27	Cash-Flow Leistungsrate				3,00		3,00		
28	**ERTRAGSKRAFT**				**3,00**		**3,00**		
29	**G E S A M T**			**2,75**		**2,75**			
30									
31	**BEURTEILUNGSSKALA**								
32	**Kennzahl/ Beurteilungsschema:**		sehr gut (1)	gut (2)	mittel (3)	schlecht (4)	insolvenz-gefährd. (5)		
33	Eigenkapitalquote		> 30%	> 20%	> 10%	< 10%	negativ	**Finanzielle**	
34	Schuldtilgungsdauer		< 3 J.	< 5 J.	< 12 J.	< 30 J.	> 30 J.	**Stabilität**	
35	Gesamtkapitalrentabilität		> 15%	> 12%	> 8%	< 8%	negativ	**Ertrags-**	
36	Cash-Flow in % der BL		> 10%	> 8%	> 5%	< 5%	negativ	**kraft**	

Das Unternehmen weist in beiden Perioden die Quicktest-Gesamtnote von 2,75 auf. Das ist mit "befriedigend" zu interpretieren.

3.

Nach der Philosophie dieses Kapitels lässt sich jede Unternehmung in eine der acht Kategorien einordnen:

Finanzielle Stabilität	+		Finanzielle Stabilität	+
Ertragskraft	+		Ertragskraft	+
Interne Kennzahlen	+		Interne Kennzahlen	-

Finanzielle Stabilität	+		Finanzielle Stabilität	-
Ertragskraft	-		Ertragskraft	+
Interne Kennzahlen	+		Interne Kennzahlen	+

Finanzielle Stabilität	+		Finanzielle Stabilität	-
Ertragskraft	-		Ertragskraft	-
Interne Kennzahlen	-		Interne Kennzahlen	+

Finanzielle Stabilität	-		Finanzielle Stabilität	-
Ertragskraft	+		Ertragskraft	-
Interne Kennzahlen	-		Interne Kennzahlen	-

Erweiterte Kennzahlenanalyse für Fortgeschrittene

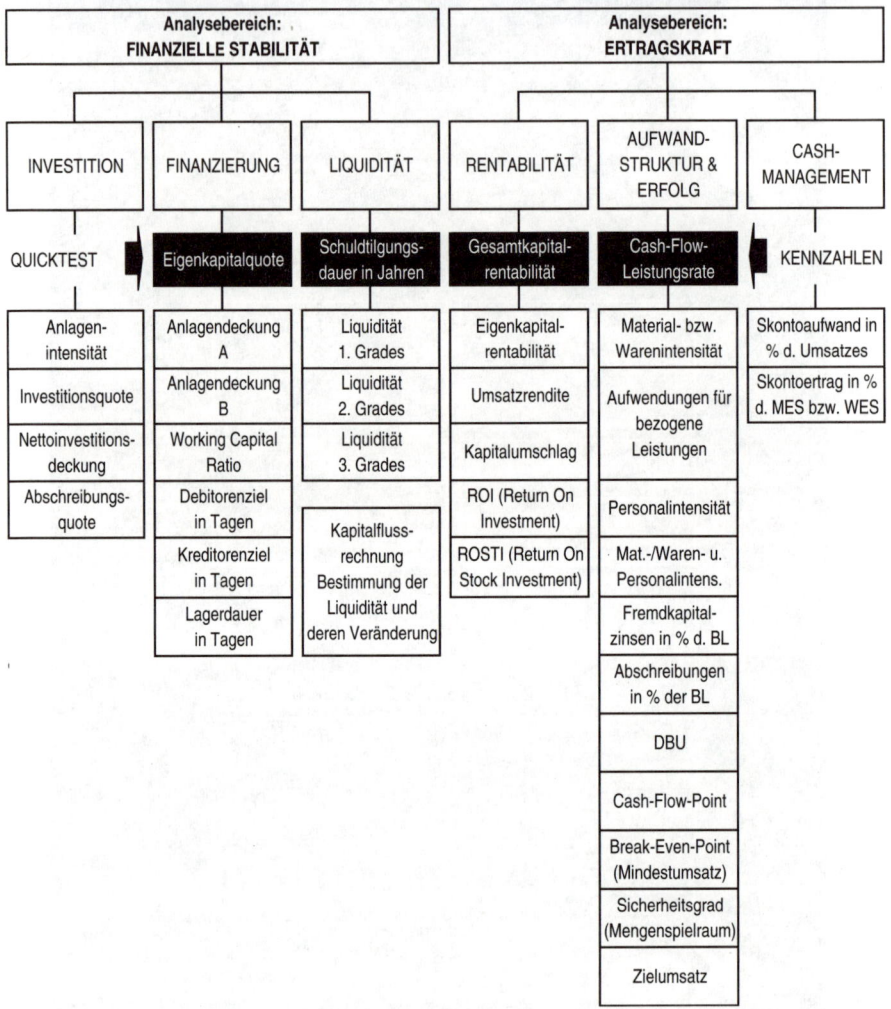

Die Quicktest-Kennzahlen, die aus vier verschiedenen Analysebereichen abgeleitet werden und daher das betriebliche Informationspotential gut abdecken, sind invers gedruckt.

Der **Quicktest** eignet sich **sehr gut** für eine **erste Beurteilung**. **Will man** aber die **Ursachen** für gewisse Entwicklungen **kennenlernen** und **Fehlerquellen aufdecken**, dann muss die **Kennzahlenanalyse** eine **stärkere Tiefengliederung** aufweisen.

Zwei besonders wichtige Kennzahlen werden auf der nächsten Seite graphisch dargestellt.

○ Eigenkapitalquote - absolute Verschuldung

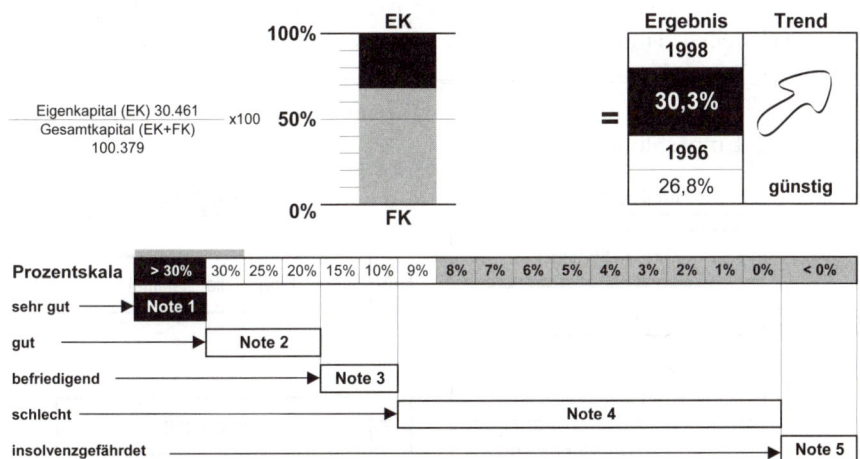

○ Schuldtilgungsdauer - relative Verschuldung

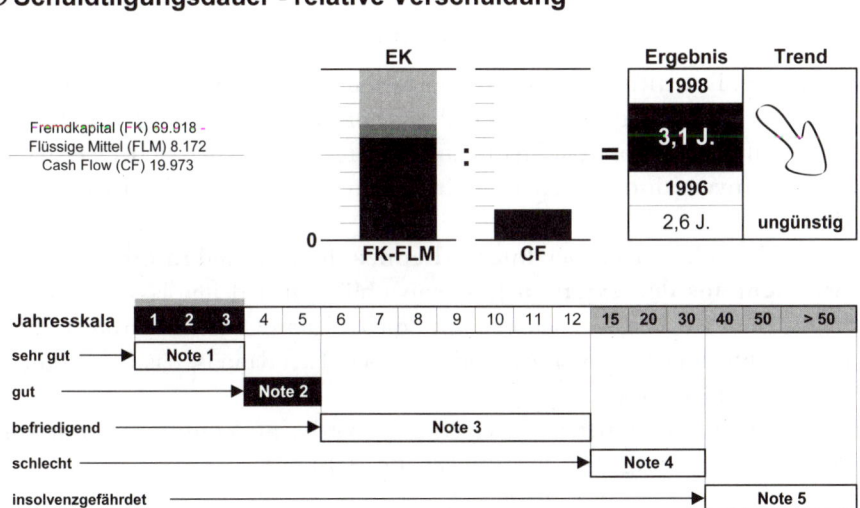

3.1. Empfohlenes Instrumentarium zur Fehlerdiagnose

Verwendet man Kennzahlen als Diagnoseinstrument für die Erkennung der Schwachstellen, dann sollten nicht nur vier, sondern 20 bis 40 Kennzahlen aus den externen Jahresabschlüssen eingesetzt werden.

Im Kapitel 1.1. hat der Autor bezüglich der Bildung von Analysebereichen folgende Empfehlung gegeben:

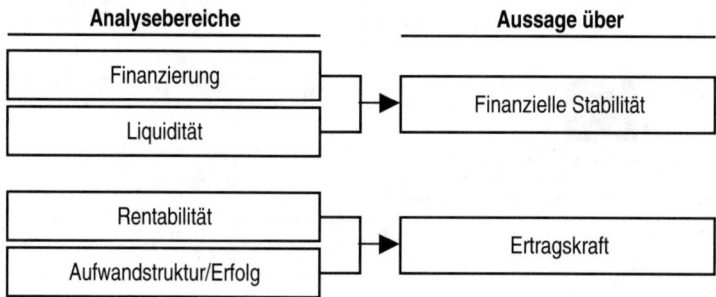

Manchmal ist es **zweckmäßig**, einen **fünften Analysebereich** für

Investition

zu bilden. Das trifft besonders für anlagenintensive Betriebe und/oder Unternehmen zu, die häufig investieren, dadurch hohe Geldbeträge binden und an einer Wirtschaftlichkeitskontrolle im Investitionsbereich interessiert sind. Der **Analysebereich Investition** bereichert die Informationen über die **finanzielle Stabilität**.

Schließlich sollten aber auch **interne Kennzahlen**, das sind **Informationen**, die sich **nicht aus den externen Jahresabschlüssen** herleiten lassen (etwa Auftragsstand in Wochen, Wertschöpfung je Beschäftigtem, Überstunden und Krankentage je Abteilung usw.), berücksichtigt werden. Erst dann ist das Erkenntnisbild aus Kennzahlen vollständig.

Will man also etwas tiefer einsteigen bzw. wird **eine Vollinformation angestrebt**, dann ist **folgende Strukturierung denkbar**:

a) Kennzahlen aus externen Jahresabschlüssen

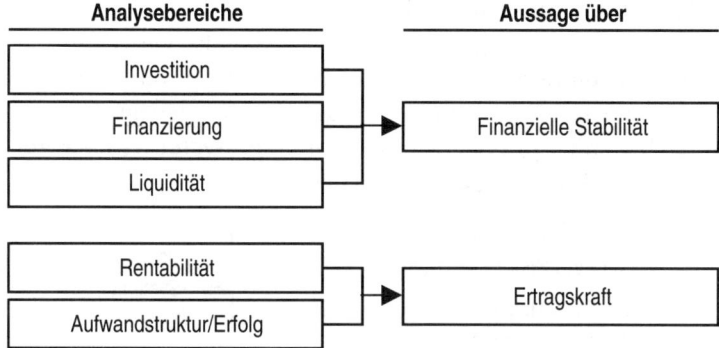

b) Kennzahlen aus internen Informationen

Die im Kapitel 1.1. vorgestellte vierteilige **Beurteilungsmatrix** ist jetzt durch den Einbezug der internen Kennzahlen **achtteilig** geworden:

Finanzielle Stabilität	+		Finanzielle Stabilität	+
Ertragskraft	+		Ertragskraft	+
Interne Kennzahlen	+		Interne Kennzahlen	-

Finanzielle Stabilität	+		Finanzielle Stabilität	-
Ertragskraft	-		Ertragskraft	+
Interne Kennzahlen	+		Interne Kennzahlen	+

Finanzielle Stabilität	+		Finanzielle Stabilität	-
Ertragskraft	-		Ertragskraft	-
Interne Kennzahlen	-		Interne Kennzahlen	+

Finanzielle Stabilität	-		Finanzielle Stabilität	-
Ertragskraft	+		Ertragskraft	-
Interne Kennzahlen	-		Interne Kennzahlen	-

Die Diagnose ist mit diesem Kennzahleninstrumentarium gut durchführbar. Die Therapie kann nun gezielt einsetzen.

Die höchste Stufe im Umgang mit Kennzahlen wäre die Verwendung eines der bekannten **Kennzahlensysteme**, ausgehend von einer Spitzenkennzahl, die dann mathematisch und sachlogisch in weitere Kennzahlen zerlegt wird. In diesem Anwenderbuch werden **praxiserprobte monetäre Systeme, aber auch strategische Systeme kurz vorgestellt**, nämlich

3.2. Kennzahlen aus externen Jahresabschlüssen - Formeln, Hinweise, Interdependenzen, Interpretation

3.2.1. Analysebereich 1: Investitionskennzahlen

Diesem Analysebereich können folgende Kennzahlen zugeordnet werden:

- Anlagenintensität
- Investitionsquote
- Nettoinvestitionsdeckung
- Abschreibungsquote

3.2.1.1. Anlagenintensität

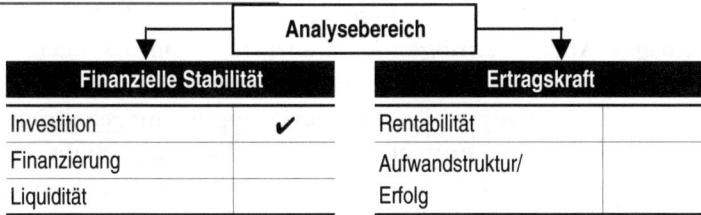

Finanzielle Stabilität		Ertragskraft	
Investition	✔	Rentabilität	
Finanzierung		Aufwandstruktur/	
Liquidität		Erfolg	

Synonyme Bezeichnung:

* Anlagevermögen in % des Gesamtvermögens

Formel:

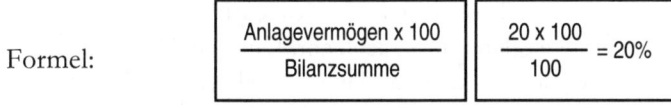

$$\frac{\text{Anlagevermögen} \times 100}{\text{Bilanzsumme}} \qquad \frac{20 \times 100}{100} = 20\%$$

Die Anlagenintensität drückt das Anlagevermögen in einem Prozentsatz des Gesamtvermögens (= Bilanzsumme) aus.

Bilanz zum ..... (Datum)				
Aktiva		**Passiva**		
Anlagevermögen			Eigenkapital	20
- Grund	3			
- Gebäude	5		**Fremdkapital, langfristig**	
- Maschinen	2		- Hypothekarkredit	10
- Sonst. Sachanlagevermögen	10	20	- Pensionsrückstellung	10	20
Umlaufvermögen			**Fremdkapital, kurzfristig**	
- Vorräte	60		- Lieferantenverbindlichkeiten	25
- Kundenforderungen	15		- Kontokorrentkredit	30
- Sonstige Forderungen	3		- Sonstige Verbindlichkeiten	5	60
- Liquide Mittel	2	80		
Bilanzsumme		100	**Bilanzsumme**	100

Wie hoch ist sie in den Hauptbranchen?

Hauptbranche	Approx. Beurteilung, Grobbewertung		
	gut	mittel	schlecht
Industrie (Erzeugung)	> 40%	20 - 40%	< 20%
Gewerbe (Handwerk)	< 20%	20 - 40%	> 40%
Großhandel	< 15%	15 - 30%	> 30%
Einzelhandel	< 15%	15 - 30%	> 30%

Was bedeutet niedriges und hohes Anlagevermögen?

* **Je niedriger** das Anlagevermögen, **desto flexibler** ist das Unternehmen bei Anpassungen an unterschiedliche Beschäftigungsgrade. Bei Unterbeschäftigung schlägt das Problem der Leerkosten (= nicht ausgenutzte Fixkosten) nicht so stark auf den Erfolg durch wie bei anlagenintensiven Betrieben. Andererseits können personalintensive Unternehmen mit nied-

riger Anlagenintensität in der Anpassung bei Beschäftigungsrückgängen durch den starren Personalkostenblock auch sehr unflexibel sein.

- **Niedriges Anlagevermögen** kann aber auch - insbesondere bei Produktionsbetrieben - unvorteilhaft sein. Dann nämlich, wenn durch jahrelange Investitionsstopps das **Anlagevermögen ausgezehrt** wird, dadurch der **technische Fortschritt (Rationalisierung) nicht mitvollzogen wird** und in Zukunft Ertragseinbußen nur mit hohen Investitionsausgaben verhindert werden können.
- **Niedriges Anlagevermögen** ist manchmal auch ein **Signal für größere Leasing-Engagements**.
- **Hohes Anlagevermögen** kann durch **Fehlinvestitionen** entstanden sein; die Umsatzrendite ist dann meist schlecht. Durch die hohe Kapitalbindung wird die Ertragskraft kleiner und manchmal auch die **Liquidität negativ beeinflusst. Andererseits** kann eine hohe Anlagenintensität auch durch **erfolgreiche Rationalisierungsinvestition** begründet sein, was fast immer mit einer guten Umsatzrendite - eventuell um ein Jahr phasenverschoben - einhergeht.

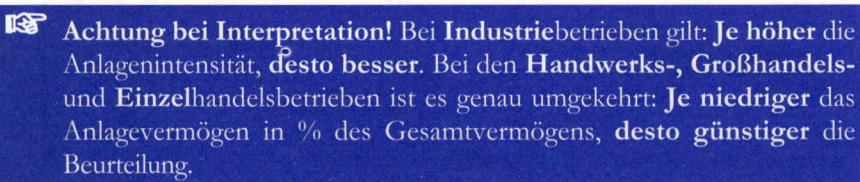

☞ Achtung bei Interpretation! Bei **Industrie**betrieben gilt: **Je höher** die Anlagenintensität, **desto besser**. Bei den **Handwerks-, Großhandels- und Einzel**handelsbetrieben ist es genau umgekehrt: **Je niedriger** das Anlagevermögen in % des Gesamtvermögens, **desto günstiger** die Beurteilung.

3.2.1.2. Investitionsquote

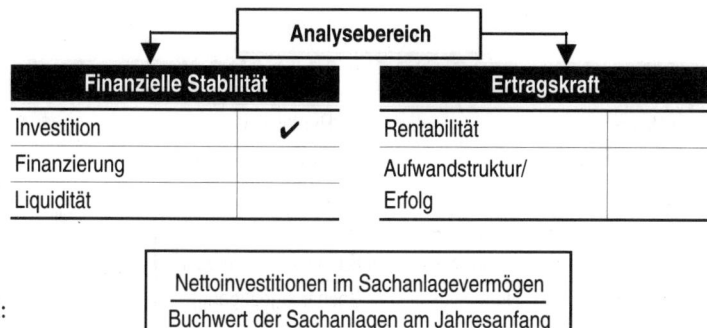

Analysebereich			
Finanzielle Stabilität		**Ertragskraft**	
Investition	✔	Rentabilität	
Finanzierung		Aufwandstruktur/	
Liquidität		Erfolg	

Formel:

$$\frac{\text{Nettoinvestitionen im Sachanlagevermögen}}{\text{Buchwert der Sachanlagen am Jahresanfang}}$$

Wie hoch ist sie in den Hauptbranchen?

Für diese Kennzahl gibt es keine Branchenvergleichswerte. Sie kann nur intern über mehrere Jahre beobachtet werden.

Was sagt die Investitionsquote aus?

Die Investitionsquote zeigt auf, wie stark die Investitionsaktivitäten der Unternehmung sind. Man wird sie also vor allem in Unternehmungen verwenden, bei denen eine permanente Überwachung der Investitionsaktivitäten dringend notwendig ist: anlagenintensive Unternehmungen und solche, die schon einige Investitionsflops hinter sich haben.

Grundsätzlich gilt:

Je höher die Investitionsquote, desto mehr wurde investiert.

3.2.1.3. Nettoinvestitionsdeckung

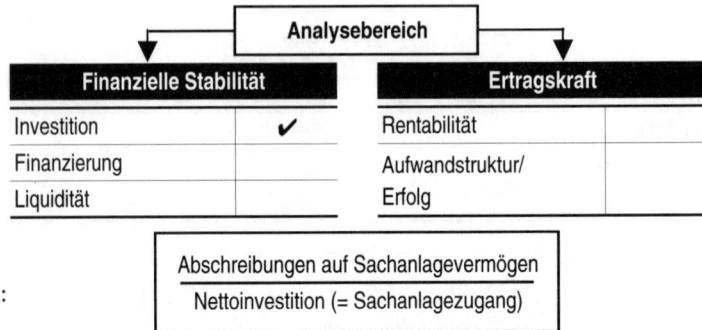

Formel:

$$\frac{\text{Abschreibungen auf Sachanlagevermögen}}{\text{Nettoinvestition (= Sachanlagezugang)}}$$

Wie hoch ist sie in den Hauptbranchen?
Für diese Kennzahl gibt es keine Branchenvergleichswerte. Sie kann und sollte aber intern beobachtet werden.

Was sagt die Nettoinvestitionsdeckung aus?
Die Nettoinvestitionsdeckung drückt aus, in welchem Ausmaß die Investitionen aus Abschreibungen finanziert werden konnten. Weiters wird signalisiert, ob neben den notwendigen Ersatzinvestitionen echte Neuinvestitionen getätigt worden sind. Diese Kennzahl beurteilt also die Investitionen unter dem Aspekt der Substanzerhaltung. Die Erhaltung und Verbesserung des betrieblichen Leistungspotentials ist nur gegeben, wenn mittel- und langfristig über die Abschreibungen hinaus investiert wird.

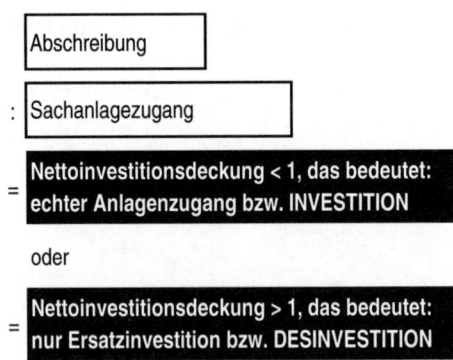

3.2.1.4. Abschreibungsquote

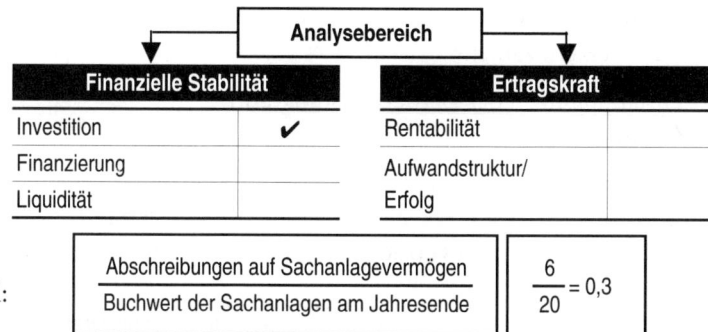

	Analysebereich		
Finanzielle Stabilität		**Ertragskraft**	
Investition	✔	Rentabilität	
Finanzierung		Aufwandstruktur/	
Liquidität		Erfolg	

Formel:
$$\frac{\text{Abschreibungen auf Sachanlagevermögen}}{\text{Buchwert der Sachanlagen am Jahresende}} \qquad \frac{6}{20} = 0{,}3$$

Bilanz zum ..... (Datum)			
Aktiva		**Passiva**	
Anlagevermögen		Eigenkapital	20
- Grund	3		
- Gebäude	5	**Fremdkapital, langfristig**	
- Maschinen	2	- Hypothekarkredit	10
- Sonst. Sachanlagevermögen	10 20	- Pensionsrückstellung	10 20
Umlaufvermögen		**Fremdkapital, kurzfristig**	
- Vorräte	60	- Lieferantenverbindlichkeiten	25
- Kundenforderungen	15	- Kontokorrentkredit	30
- Sonstige Forderungen	3	- Sonstige Verbindlichkeiten	5 60
- Liquide Mittel	2 80		
Bilanzsumme	100	**Bilanzsumme**	100

Gewinn- und Verlustrechnung für das Geschäftsjahr (Periode)	
Umsatzerlöse	210
± Bestandsveränderung	-10
+ Aktivierte Eigenleistungen	
+ Sonstige betriebliche Erträge	
= **Betriebsleistung**	**200**
- Materialaufwand und Aufwendungen für bezogene Leistungen	100
= **Rohgewinn**	**100**
- Personalaufwand	40
- Dot. Pensionsrückstellung	1
- Abschreibungen auf Sachanlagen	6
- Sonstige betriebliche Aufwendungen	44
= **B E T R I E B S E R F O L G - Earnings Before Interest and Tax (= EBIT)**	**9**
+ Erträge aus Beteiligungen, Zinsenerträge, Wertpapiererträge und ähnliche Erträge	
± Erträge bzw. Aufwendungen aus Finanzanlagen und aus Wertpapieren des Umlaufvermögens	
- Zinsen und ähnliche Aufwendungen	4
= **F I N A N Z E R F O L G**	**4**
= **ERGEBNIS DER GEWÖHNLICHEN GESCHÄFTSTÄTIGKEIT (= EGT)**	**5**

Wie hoch ist sie in den Hauptbranchen?

Auch für diese Kennzahl gibt es keine direkten Branchenvergleichswerte. Man kann aber indirekt Richtwerte für die Abschreibungsquote festlegen, wenn die beiden bekannten Kennzahlen

- Abschreibung in % der Betriebsleistung und
- Kapitalumschlag

miteinander multipliziert werden und man dieses Produkt anschließend durch die bekannte Kennzahl "Anlagenintensität" dividiert, wobei sich letztere selbstverständlich nur auf das Sachanlagevermögen (nicht auf das Finanzanlagevermögen) bezieht.

	Gute Durchschnittswerte			
	Industrie (Erzg.)	Gewerbe (Handw.)	Groß- handel	Einzel- handel
Abschreibungen in % der BL (bekannt)	7,0	3,0	2,0	1,0
x Kapitalumschlag (bekannt)	1,75	2,0	2,5	3,0
= Zwischensumme (AfA auf Bilanzniveau)	12,25	6,0	5,0	3,0
: Anlagenintensität (bekannt)	40,0	20,0	15,0	15,0
= Abschreibungsquote (Richtwerte)	0,31	0,30	0,33	0,20

Was sagt die Abschreibungsquote aus?

Mit dieser Kennzahl kann festgestellt werden, ob die Abschreibung in einem guten Verhältnis zum Sachanlagevermögen steht oder nicht.

 Abschreibungsquote und tatsächliche Gewinnsituation: Manchmal weist die Abschreibungsquote auch auf die tatsächliche Gewinnsituation hin. Eine extrem niedrige Abschreibungsquote kann einen zu hohen Gewinn bedeuten und umgekehrt.

3.2.2. Analysebereich 2: Finanzierungskennzahlen

Diesem Analysebereich können folgende Kennzahlen zugeordnet werden:

- **Eigenkapitalquote*)**
- Anlagendeckung A und B
- Working Capital-Ratio (= Working Capital in % des Umlaufvermögens)
- Lagerdauer in Tagen
- Debitorenziel in Tagen
- Kreditorenziel in Tagen

*) Die Eigenkapitalquote ist besonders aussagefähig und nicht störanfällig; sie ist daher eine der vier Quicktest-Kennzahlen.

3.2.2.1. Eigenkapitalquote

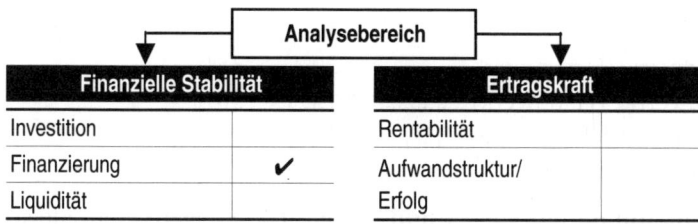

Analysebereich		
Finanzielle Stabilität		**Ertragskraft**
Investition		Rentabilität
Finanzierung	✔	Aufwandstruktur/
Liquidität		Erfolg

Synonyme Bezeichnungen:
- Eigenkapitalintensität
- Eigenkapitalausstattung

Formel:

$$\frac{\text{Berichtigtes Eigenkapital} \times 100}{\text{Gesamtkapital}} \qquad \frac{20 \times 100}{100} = 20\%$$

Die **Eigenkapitalquote** drückt das **berichtigte Eigenkapital in % zur Bilanzsumme** aus. Berichtigtes Eigenkapital heißt: Erhöhung um stille Reserven im Anlage- und Umlaufvermögen, Erhöhung um Rücklagen und um jenen Teil der Rückstellungen, die Eigenkapitalcharakter haben. Für die stillen Reserven sind latente Ertragsteuern zu berücksichtigen (Bildung einer entsprechenden Rückstellung).

Bilanz zum ..... (Datum)				
Aktiva			**Passiva**	
Anlagevermögen			**Eigenkapital**	20
- Grund	3			
- Gebäude	5		**Fremdkapital, langfristig**	
- Maschinen	2		- Hypothekarkredit	10
- Sonst. Sachanlagevermögen	10	20	- Pensionsrückstellung	10	20
Umlaufvermögen			**Fremdkapital, kurzfristig**	
- Vorräte	60		- Lieferantenverbindlichkeiten	25
- Kundenforderungen	15		- Kontokorrentkredit	30
- Sonstige Forderungen	3		- Sonstige Verbindlichkeiten	5	60
- Liquide Mittel	2	80		
Bilanzsumme		100	**Bilanzsumme**	100

Wie hoch ist sie in den Hauptbranchen?
(Richtwerte von erfolgreichen und erfolgreichsten [Benchmark-]Unternehmungen)

- Industrie (Erzeugung) .... ≥ 20% > 35%
- Gewerbe (Handwerk) .... ≥ 15% > 30%
- Großhandel .... ≥ 15% > 30%
- Einzelhandel .... ≥ 10% > 20%

Die **Eigenkapitalquote** sollte **mindestens 20%** betragen, dann sind sowohl die Bankdirektoren als auch die Eigentümer zufrieden. Besser wären 25% bis 30% oder noch mehr. Man sieht es nämlich in Bankkreisen gerne, wenn **mit** dem **Eigenkapital mindestens drei Verlustjahre abgedeckt** werden könnten.

Unterstellt man, dass sich das Gesamtkapital jährlich zweimal umschlägt, dann können bei einer 20-prozentigen Eigenkapitalquote drei Verlustjahre mit einem Verlust von je 3,3% vom Umsatz abgedeckt werden, bei einer 30-prozentigen Eigenkapitalquote vier Verlustjahre mit einem Verlust von je 3,75% vom Umsatz usw.

Ein Kapitalumschlag von 2 bedeutet, dass die Betriebsleistung zweimal so groß wie die Bilanzsumme ist.

Auch die hier demonstrierte Industrietestfirma (Kunststoffspritzerei) weist einen Kapitalumschlag von 2 auf, weil die Betriebsleistung 200 GE und die Bilanzsumme 100 GE betragen. Die geforderte Mindest-Eigenkapitalquote von 20% bedeutet 20% von der Bilanzsumme bzw. 10% von der Betriebsleistung, weil der Kapitalumschlag 2 ist. Ein Eigenkapital, das 10% der Betriebsleistung beträgt, vermag einen Verlust von 10% der Betriebsleistung abzudecken, also z.B. drei Jahre einen Verlust von je 3,3% oder vier Jahre einen Verlust von je 2,5% usw.

Allgemein gilt:

      Anzahl der Verlustjahre
  x   Durchschnittlicher Jahresverlust in % vom Umsatz
  =   Aufgelaufener Verlust in % vom Umsatz
  x   Kapitalumschlag
  =   **Notwendige Eigenkapitalquote**

Verschuldungsgrad, Eigenkapitalquote und Risiko

Von der Höhe der Eigenkapitalquote hängt auch die Höhe des Verschuldungsgrades ab. Die Formel für den Verschuldungsgrad lautet:

$$V = \frac{\text{Fremdkapital}}{\text{Eigenkapital}}$$

Daraus ergeben sich zwischen Eigenkapitalquote und Verschuldungsgrad folgende Zusammenhänge:

Eine Eigenkapitalquote von ...	... entspricht einem Verschuldungsgrad von ...
10%	9
20%	4
30%	2,33
40%	1,5
50%	1
60%	0,67
70%	0,43

Der Verschuldungsgrad spielt bei der Ermittlung des marktrisikobehafteten Zinsfußes (siehe Kapitel 7.3.6.) eine wichtige Rolle. Grundsätzlich gilt: **Je höher der Verschuldungsgrad, desto höher ist das Risiko und damit der Marktzinsfuß.**

3.2.2.2. Anlagendeckung A

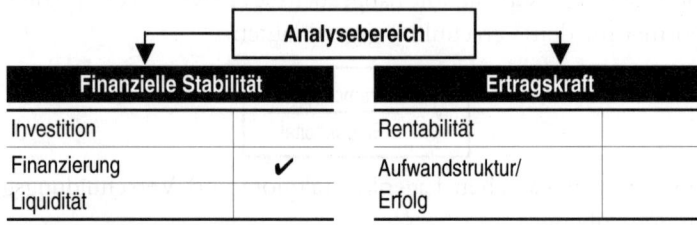

Analysebereich			
Finanzielle Stabilität		**Ertragskraft**	
Investition		Rentabilität	
Finanzierung	✔	Aufwandstruktur/	
Liquidität		Erfolg	

Synonyme Bezeichnungen:

- Anlagendeckung 1
- Anlagendeckungsgrad A oder 1
- Anlagendeckung mit Eigenkapital

Formel:
$$\frac{\text{Berichtigtes Eigenkapital} \times 100}{\text{Anlagevermögen}} \qquad \frac{20 \times 100}{100} = 20\%$$

Bilanz zum ..... (Datum)			
Aktiva		**Passiva**	
Anlagevermögen		**Eigenkapital**	**20**
- Grund	3		
- Gebäude	5	**Fremdkapital, langfristig**	
- Maschinen	2	- Hypothekarkredit	10
- Sonst. Sachanlagevermögen	10 **20**	- Pensionsrückstellung	10 **20**
Umlaufvermögen		**Fremdkapital, kurzfristig**	
- Vorräte	60	- Lieferantenverbindlichkeiten	25
- Kundenforderungen	15	- Kontokorrentkredit	30
- Sonstige Forderungen	3	- Sonstige Verbindlichkeiten	5 **60**
- Liquide Mittel	2 **80**		
Bilanzsumme	**100**	**Bilanzsumme**	**100**

Wie hoch ist sie in den Hauptbranchen?

Hauptbranche	Approx. Beurteilung, Grobbewertung		
	gut	mittel	schlecht
Industrie (Erzeugung)	> 70%	10 - 70%	< 10%
Gewerbe (Handwerk)	> 60%	10 - 60%	< 10%
Großhandel	> 120%	10 - 120%	< 10%
Einzelhandel	> 80%	10 - 80%	< 10%

Was sagt die Anlagendeckung A aus?

Die Anlagendeckung A drückt aus, zu wie viel Prozent das Anlagevermögen durch Eigenkapital abgedeckt (finanziert) wird.

Graphische Darstellung bei gut finanzierten Erzeugungs- und Handwerksbetrieben:

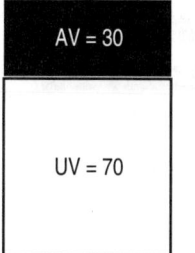
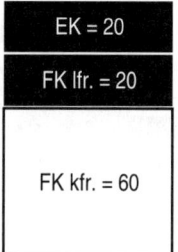

Anlagendeckung A: 66%
(20 : 30 x 100)

Anlagendeckung B: 133%
(40 : 30 x 100)

3.2.2.3. Anlagendeckung B

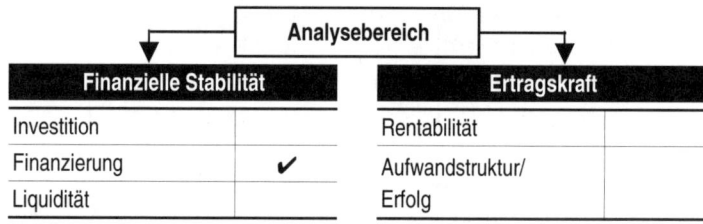

Finanzielle Stabilität		Ertragskraft	
Investition		Rentabilität	
Finanzierung	✔	Aufwandstruktur/	
Liquidität		Erfolg	

Synonyme Bezeichnungen:
- Anlagendeckung 2
- Anlagendeckungsgrad B oder 2
- Anlagendeckung mit Eigenkapital und langfristigem Fremdkapital

Formel: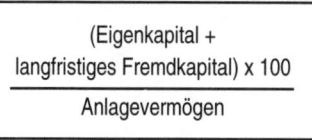

$$\frac{(\text{Eigenkapital} + \text{langfristiges Fremdkapital}) \times 100}{\text{Anlagevermögen}} \qquad \frac{(20 + 20) \times 100}{20} = 200\%$$

oder bei Überschuldung:

$$\frac{\text{Langfristiges Fremdkapital} \times 100}{\text{Anlagevermögen} + \text{nicht durch Eigenkapital gedeckter Fehlbetrag bzw. negatives EK}}$$

Bilanz zum ..... (Datum)					
Aktiva			**Passiva**		
Anlagevermögen			**Eigenkapital**		20
- Grund	3				
- Gebäude	5		**Fremdkapital, langfristig**		
- Maschinen	2		- Hypothekarkredit	10	
- Sonst. Sachanlagevermögen	10	20	- Pensionsrückstellung	10	20
Umlaufvermögen			**Fremdkapital, kurzfristig**		
- Vorräte	60		- Lieferantenverbindlichkeiten	25	
- Kundenforderungen	15		- Kontokorrentkredit	30	
- Sonstige Forderungen	3		- Sonstige Verbindlichkeiten	5	60
- Liquide Mittel	2	80			
Bilanzsumme		100	**Bilanzsumme**		100

Wie hoch ist sie in den Hauptbranchen?

Hauptbranche	Approx. Beurteilung, Grobbewertung		
	gut	mittel	schlecht
Industrie (Erzeugung)	> 150%	110 - 150%	< 110%
Gewerbe (Handwerk)	> 140%	110 - 140%	< 110%
Großhandel	> 200%	120 - 200%	< 120%
Einzelhandel	> 170%	110 - 170%	< 110%

Was sagt die Anlagendeckung B aus?

Die Anlagendeckung B drückt aus, zu wie viel Prozent das Anlagevermögen durch Eigenkapital und langfristiges Fremdkapital abgedeckt (finanziert) wird. Weil das gesamte Anlagevermögen und ein Teil des Umlaufvermögens unbedingt langfristig finanziert sein sollte, muss die Anlagendeckung B mindestens > 110% sein. Bei den gut finanzierten Unternehmungen ist sie es auch.

3.2.2.4. Working Capital und Working Capital Ratio

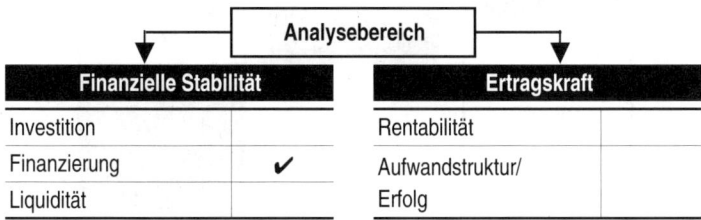

Formeln:

Working Capital (WC)

(Kurzfristiges) Umlaufvermögen (innerhalb eines Jahres liquidier- bzw. abbaubar)
- (kurzfristiges) Fremdkapital (innerhalb eines Jahres rückzahlbar)
= Working Capital

Working Capital Ratio (WCR)

$$\frac{\text{Working Capital} \times 100}{\text{Kurzfristiges Umlaufvermögen}} \qquad \frac{(80 - 60) \times 100}{80} = 25\%$$

Die Working Capital Ratio zeigt auf, wie viel Prozent des Umlaufvermögens langfristig und damit günstiger finanziert sind.

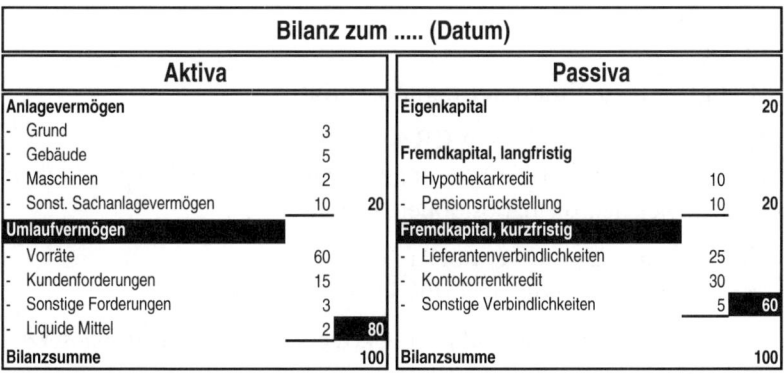

Bilanz zum ..... (Datum)

Aktiva			Passiva		
Anlagevermögen			**Eigenkapital**		20
- Grund	3				
- Gebäude	5		**Fremdkapital, langfristig**		
- Maschinen	2		- Hypothekarkredit	10	
- Sonst. Sachanlagevermögen	10	20	- Pensionsrückstellung	10	20
Umlaufvermögen			**Fremdkapital, kurzfristig**		
- Vorräte	60		- Lieferantenverbindlichkeiten	25	
- Kundenforderungen	15		- Kontokorrentkredit	30	
- Sonstige Forderungen	3		- Sonstige Verbindlichkeiten	5	60
- Liquide Mittel	2	80			
Bilanzsumme		100	**Bilanzsumme**		100

Wie hoch ist sie in den Hauptbranchen?

In gut finanzierten Unternehmungen beträgt die Working Capital Ratio zwischen 30% und 50%.

Das **Working Capital** sollte **unbedingt positiv** sein und **möglichst 30% bis 50% des Umlaufvermögens** betragen. Es kann - so wie die Gesamtliquidität (Liquidität 3. Grades) - eine **Aussage über eingetretene Liquiditätsveränderungen** machen.

Beim Testbetrieb ist das Working Capital - wie man sieht - nicht ausreichend, weil es nur 25% des Umlaufvermögens abdeckt.

Graphische Darstellung (WCR zu niedrig)

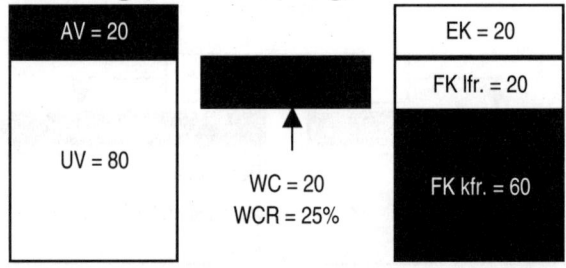

Working Capital und langfristiges Finanzierungspotential

Die Aussage des **Working Capital** in Bezug auf das **langfristig zur Verfügung stehende Finanzierungspotential** kann bei **interner Analyse** (bei externer Analyse fehlen die notwendigen Informationen) wie folgt **verbessert** werden:

> **Working Capital**
> + Nicht ausgenutzte langfristige Kreditmöglichkeiten
> - Langfristige Verbindlichkeiten, die kurzfristig fällig werden
> + Kurzfristige Verbindlichkeiten, die als langfristig zu betrachten sind (Verlängerungszusage liegt vor)
> - Teile des Umlaufvermögens, die zu langfristig gebundenem Vermögen werden
> + Langfristige Vermögensteile, die sich in kurzfristiges Umlaufvermögen umwandeln
> + Ausstehende Einlagen und Nachschüsse, die kurzfristig eingefordert werden können
> = **Langfristiges Finanzierungspotential**

Interdependenzen zwischen WCR und Mobilität

Die Mobilität (MOB) und die Working Capital Ratio (WCR) speisen ihre Formeln mit den gleichen Bilanzpositionen, nämlich:

* Kurzfristiges Umlaufvermögen (UV)
* Kurzfristiges Fremdkapital (FK kfr.)

Wird für UV ein Wert von 80 und für FK kfr. ein solcher von 60 angesetzt, dann ergibt sich ein

$$\textbf{WCR} \text{ von } \left[\frac{UV - FK_{kfr.}}{UV} \times 100 \right] = 25\% \text{ bzw. eine } \textbf{MOB} \text{ von } \left[\frac{UV \times 100}{FK_{kfr.}} \right] = 133\%$$

Beide Werte sind unbefriedigend.

Jede der beiden Kennzahlen lässt sich jeweils von der anderen herleiten, und zwar:

$$\text{Mobilität} = \frac{WCR}{100 - WCR} + 100 \qquad\qquad WCR = \frac{MOB - 100}{MOB}$$

3.2.2.5. Cash-Flow-Zyklus

Die Kennzahlen Debitorenziel, Kreditorenziel und Lagerdauer sind deshalb von Bedeutung, weil sie aufzeigen, wie schnell die einzelnen Geldströme durch das Unternehmen fließen. Von der **Durchsatzgeschwindigkeit** wird nicht nur die **Liquidität**, sondern auch die **Ertragskraft stark beeinflusst.**

Der sogenannte **Cash-Flow-Zyklus** befasst sich mit allen Bereichen des Unternehmens, konzentriert sich aber meistens auf folgende vier Positionen der Bilanz:

- Flüssige Mittel
- Vorräte
- Kundenforderungen
- Lieferantenverbindlichkeiten

Bilanz zum ..... (Datum)					
Aktiva			**Passiva**		
Anlagevermögen			Eigenkapital		20
- Grund	3				
- Gebäude	5		Fremdkapital, langfristig		
- Maschinen	2		- Hypothekarkredit	10	
- Sonst. Sachanlagevermögen	10	20	- Pensionsrückstellung	10	20
Umlaufvermögen			Fremdkapital, kurzfristig		
- Vorräte	60		- Lieferantenverbindlichkeiten	25	
- Kundenforderungen	15		- Kontokorrentkredit	30	
- Sonstige Forderungen	3		- Sonstige Verbindlichkeiten	5	60
- Liquide Mittel	2	80			
Bilanzsumme		100	Bilanzsumme		100

Gewinn- und Verlustrechnung für das Geschäftsjahr (Periode)	
Umsatzerlöse	210
± Bestandsveränderung	-10
+ Aktivierte Eigenleistungen	
+ Sonstige betriebliche Erträge	
= B E T R I E B S L E I S T U N G	200
- Materialaufwand und Aufwendungen für bezogene Leistungen	100
= Rohgewinn	100
- Personalaufwand	40
- Dot. Pensionsrückstellung	1
- Abschreibungen auf Sachanlagen	6
- Sonstige betriebliche Aufwendungen	44
= B E T R I E B S E R F O L G - Earnings Before Interest and Tax (= EBIT)	9
+ Erträge aus Beteiligungen, Zinsenerträge, Wertpapiererträge und ähnliche Erträge	
± Erträge bzw. Aufwendungen aus Finanzanlagen und aus Wertpapieren des Umlaufvermögens	
- Zinsen und ähnliche Aufwendungen	4
= F I N A N Z E R F O L G	4
= ERGEBNIS DER GEWÖHNLICHEN GESCHÄFTSTÄTIGKEIT (= EGT)	5

Das in Vorräten und Kundenforderungen gebundene Geld bringt keine Zinsen. Es soll daher so niedrig wie möglich gehalten werden.

Bei diesem **Check** handelt es sich um **Cash-Management**. Ein kurzer **Exkurs über den Cash-Flow-Zyklus** und den **Nettokapitalbedarf für das Umlaufvermögen** scheint hier angebracht.

Der Cash-Flow-Zyklus für die Kunststoffspritzerei kann aus vorseitigem Jahresüberschuss wie folgt hergeleitet werden:

	Basiswerte aus		Verweildauer in	
	Bilanz	G&V	Tagen	Jahren
+ Vorräte (nur Rohstoffe)	60	100 [a]	219	0,6
+ Kundenforderungen	15	210 [b]	26	0,1
= Zwischensumme	75		245	0,7
- Lieferantenverbindlichkeiten	25	100 [c]	91	0,2
= Cash-Flow-Zyklus			154	0,4
= Nettokapitalbedarf f. d. UV	50			

a) Materialeinsatz
b) Fakturenerlöse
c) Materialeinsatz und gegebenenfalls Aufwendungen für bezogene Leistungen

Für die **Berechnung der Verweildauer** werden den **Vorräten** der **Materialeinsatz** gegenübergestellt, den **Kundenforderungen** der **Fakturenerlös** und
den **Lieferantenverbindlichkeiten** wieder der **Materialeinsatz**.
Bei der Bilanzposition "Vorräte" wurde unterstellt, dass es sich ausschließlich um
Rohstoffe handelt und dass zum Bilanzstichtag keine Halb- und Fertigfabrikate
lagernd waren. Die Verweildauer in Tagen ergibt sich, wenn man die jeweilige
Bilanzposition durch die G&V-Position dividiert und anschließend mit 365
multipliziert. Dividiert man die Verweildauer in Tagen durch 365, dann erhält
man die Verweildauer in Jahren.

Beurteilung des Cash-Flow-Zyklus

Die durchschnittliche Verweildauer der Vorräte und Kundenforderungen beträgt 245 Tage bzw. beinahe ein dreiviertel Jahr. Davon wird ein gutes Drittel,
nämlich 91 Tage bzw. ein Vierteljahr, von den Lieferantenverbindlichkeiten
finanziert, so dass der **gesamte Cash-Flow-Zyklus 154 Tage** bzw. fünf
Monate beträgt.
Die Verweildauer von 219 Tagen bei den Vorräten scheint verbesserungsfähig.
Hier muss eine Lageranalyse mit dem Ziel einer wirtschaftlichen Planverweil-
dauer durchgeführt werden. Die Verweildauer der Kundenforderungen ist gut;
hier sind kaum Verbesserungen zu erwarten. Bei den Lieferantenverbindlichkeiten
ist zu prüfen, ob die Möglichkeit der Skontoausnutzung nicht vorteilhafter ist als
die derzeitige Zielkauflösung.

Nettokapitalbedarf für das Umlaufvermögen

Der Bruttokapitalbedarf für Vorräte und Kundenforderungen beträgt 75 GE,
der Nettokapitalbedarf nach Abzug der Lieferantenverbindlichkeiten 50 GE. Zu
diesem Wert gelangt man auch, wenn die entsprechenden G&V-Positionen
(bezogen auf das gesamte Geschäftsjahr) mit den Jahresverweildauer-Faktoren

multipliziert werden. Man nennt diese Rechnung **"Kapitalbedarfsrechnung aus dem Umsatzprozess unter Berücksichtigung der Verweildauer"**.

	Werte aus Jahres-G&V (Umsatzprozess)	Verweildauer in		Kapital-bedarf
		Tagen	Jahren	
+ Vorräte (nur Rohstoffe)	100	219	0,6	60
+ Kundenforderungen	210	26	0,07	15
= Zwischensumme **(Bruttokapitalbedarf für Umlaufvermögen)**				**75**
- Lieferantenverbindlichkeiten	100	91	0,25	25
= Nettokapitalbedarf für das Umlaufvermögen				**50**

Die allgemeine Formel für die Ermittlung des Kapitalbedarfes aus dem Umsatzprozess lautet also:

> Relevante G&V-Position
> x   Jahresverweildauer
> = **Kapitalbedarf**

In Wirklichkeit wird der tatsächliche Kapitalbedarf ein wenig kleiner sein, weil in den Kundenforderungen Cash-Flows enthalten sind, die natürlich nicht finanziert werden müssen.

> ☞ Obiger Berechnungsmodus ist für Kapitalbedarfsrechnungen, Investitionsrechnungen (zur Bestimmung des investitionsrelevanten Umlaufvermögens) und bei Planbilanzen eine wichtige Grundlage, die von Banken und sonstigen Geldgebern gern gesehen wird, weil sie leicht kontrollier- und nachvollziehbar, plausibel und wirklichkeitsnah ist.

Nach diesem Exkurs wieder zurück zu den drei Kennzahlen.

3.2.2.6. Lagerdauer in Tagen

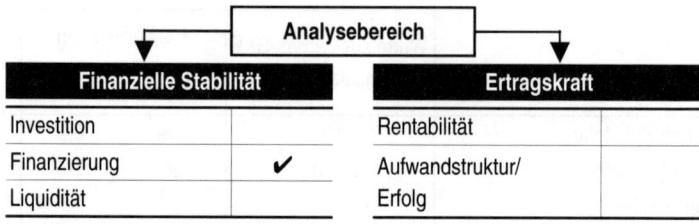

Synonyme Bezeichnung:
• Verweildauer Vorräte

Formel:

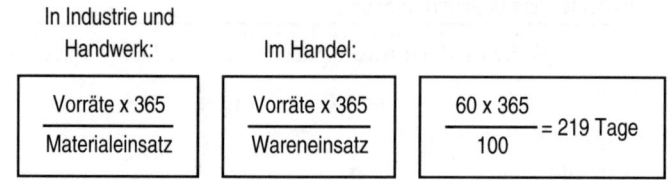

Wie hoch ist sie in den Hauptbranchen?

Hauptbranche	Approx. Beurteilung, Grobbewertung		
	gut	mittel	schlecht
Industrie (Erzeugung)	< 120 Tg.	120 - 180 Tg.	> 180 Tg.
Gewerbe (Handwerk)	< 50 Tg.	50 - 100 Tg.	> 100 Tg.
Großhandel	< 50 Tg.	50 - 100 Tg.	> 100 Tg.
Einzelhandel	< 100 Tg.	100 - 150 Tg.	> 150 Tg.

Obige Richtwerte können in praxi stark schwanken.

Achtung: Probleme bei der durchschnittlichen Lagerdauer in Industrie- und Handwerksbetrieben

Die Kennzahl "Lagerdauer in Tagen" ist bei Industrie- und Handwerksbetrieben meist nicht richtig, weil sich hier der Lagerbestand wie folgt zusammensetzt:

1. Roh-, Hilfs- und Betriebsstoffe
2. Unfertige Erzeugnisse
3. Fertigerzeugnisse
4. Handelsware

Dieser heterogene Lagerbestand wird dem Materialeinsatz gegenübergestellt, obwohl der Lagerbestand zu Einstandspreisen (Rohstoffe) und Herstellungskosten (unfertige und fertige Erzeugnisse) bewertet ist, während der Materialeinsatz immer nur zu Einstandspreisen angesetzt wird.

Anders ausgedrückt:

Die Lagerdauer kann nur getrennt nach den oben angeführten vier Lager-kategorien ermittelt werden, wenn sie aussagefähig sein soll. Dem Materialeinsatz dürfen nur die Bestände aus Roh-, Hilfs- und Betriebsstoffen gegenübergestellt werden, keineswegs aber die Bestände aus unfertigen Erzeugnissen und Fertigerzeugnissen. Sollte auch ein Handelswarenbestand vorrätig sein, müsste der Einsatz in "Rohstoffe" sowie "Handelsware" untergliedert und anschließend den beiden entsprechenden Vorratspositionen gegenübergestellt werden.

Eigentlich hängt die Soll- oder Plan-Lagerdauer von folgenden Faktoren ab:

- **Länge der Wiederbeschaffungszeit**
- **Schwankung der Kundennachfrage**
- **Gewünschter Servicegrad**

Aufgrund dieser betriebsindividuellen Informationen kann **für jedes Unternehmen eine individuelle Soll-Lagerdauer auf statistischer Basis** errechnet werden. Das sieht dann so aus:

Tabelle Plan-Umschlagshäufigkeit (siehe Kapitel 16.12.) bzw. Soll-Lagerdauer, wenn der Sicherheitsgrad 95% betragen soll und die Bestellmenge identisch mit der durchschnittlichen Nachfrage während der Wiederbeschaffungszeit ist

Schwankung der (Kunden-) Nachfrage	Wiederbeschaffungszeit (Bestellmenge)		
	2 Wochen (2-Wochen-Bedarf)	1 Monat (1-Monats-Bedarf)	2 Monate (2-Monats-Bedarf)
Niedrig (V = 0,4)	11,7 x [31 Tage]	7,3 x [50 Tage]	4,4 x [83 Tage]
Mittel (V = 1)	7,1 x [51 Tage]	4,6 x [79 Tage]	2,9 x [126 Tage]
Hoch (V = 1,6)	5,1 x [72 Tage]	3,4 x [107 Tage]	2,2 x [166 Tage]

V = Variationskoeffizient (= Standardabweichung/Ø Monatsnachfrage)

Die Soll-Lagerdauer ergibt sich als Quotient aus 365/Plan-Umschlagshäufigkeit. Die statistischen Grundlagen zu dieser Tabelle und viele weitere Informationen finden sich in den Kapiteln 12 und 16.12.

3.2.2.7. Debitorenziel in Tagen

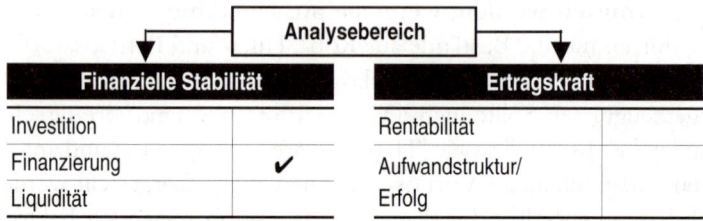

Synonyme Bezeichnung:

* Verweildauer Debitoren

Formel:

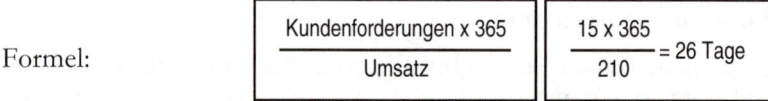

$$\frac{\text{Kundenforderungen} \times 365}{\text{Umsatz}} \qquad \frac{15 \times 365}{210} = 26 \text{ Tage}$$

Wie hoch ist sie in den Hauptbranchen?

Hauptbranche	Approx. Beurteilung, Grobbewertung		
	gut	mittel	schlecht
Industrie (Erzeugung)	< 30 Tg.	30 - 80 Tg.	> 80 Tg.
Gewerbe (Handwerk)	< 30 Tg.	30 - 80 Tg.	> 80 Tg.
Großhandel	< 20 Tg.	20 - 80 Tg.	> 80 Tg.
Einzelhandel	< 5 Tg.	5 - 25 Tg.	> 25 Tg.

Was sagt das Debitorenziel in Tagen aus?

Diese Kennzahl zeigt auf, nach wie viel Tagen die Kunden durchschnittlich ihre Rechnungen bezahlen. Die Höhe dieser Kennzahl hängt sehr davon ab, wie straff das Mahnwesen organisiert ist.

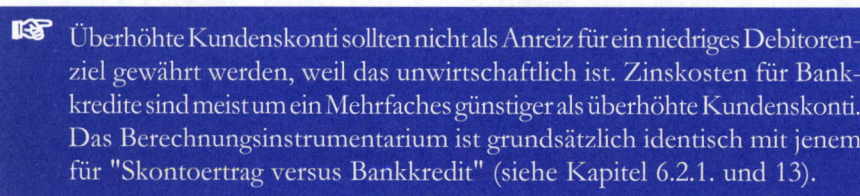

Überhöhte Kundenskonti sollten nicht als Anreiz für ein niedriges Debitorenziel gewährt werden, weil das unwirtschaftlich ist. Zinskosten für Bankkredite sind meist um ein Mehrfaches günstiger als überhöhte Kundenskonti. Das Berechnungsinstrumentarium ist grundsätzlich identisch mit jenem für "Skontoertrag versus Bankkredit" (siehe Kapitel 6.2.1. und 13).

3.2.2.8. Kreditorenziel in Tagen

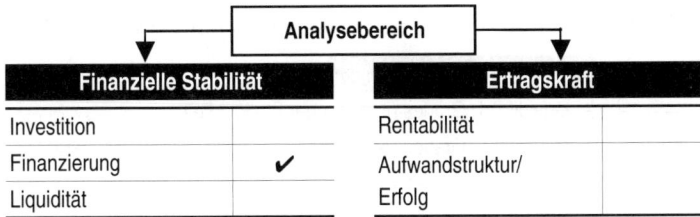

Synonyme Bezeichnung:

- Verweildauer Kreditoren

Formel:

$$\frac{\text{Lieferantenverbindlichkeiten} \times 365}{\text{Wareneinsatz} + \text{Materialeinsatz} + \text{Fremdleistung}} \qquad \frac{25 \times 365}{100} = 91 \text{ Tage}$$

Wie hoch ist sie in den Hauptbranchen?

Hauptbranche	Approx. Beurteilung, Grobbewertung		
	gut	mittel	schlecht
Industrie (Erzeugung)	< 40 Tg.	40 - 100 Tg.	> 100 Tg.
Gewerbe (Handwerk)	< 40 Tg.	40 - 100 Tg.	> 100 Tg.
Großhandel	< 30 Tg.	30 - 90 Tg.	> 90 Tg.
Einzelhandel	< 20 Tg.	20 - 60 Tg.	> 60 Tg.

Was sagt das Kreditorenziel in Tagen aus?

Diese Kennzahl zeigt auf, nach wie viel Tagen die Lieferantenverbindlichkeiten durchschnittlich bezahlt werden.

Das Kreditorenziel wird bzw. sollte dann niedrig sein, wenn die Lieferanten attraktive Skontoerträge gewähren. Attraktiv sind die Skontoerträge dann, wenn

- die Skontobezugsspanne nur wenige Tage beträgt und
- der gewährte Skontoertrag sehr hoch ist.

Weitere Informationen siehe Kapitel 6.2.1. und 13.

3.2.3.　Analysebereich 3: Liquiditätskennzahlen

Diesem Analysebereich können folgende Kennzahlen zugeordnet werden:

- **Schuldtilgungsdauer*)**
- Liquidität 1. Grades (Kassa- oder Barliquidität)
- Liquidität 2. Grades (Acid-Test)
- Liquidität 3. Grades (Mobilität)
- Veränderung der Liquidität durch Kapitalflussrechnung

*) Die Schuldtilgungsdauer ist besonders aussagefähig und nicht störanfällig; sie ist daher eine der vier Quicktest-Kennzahlen.

3.2.3.1.　Schuldtilgungsdauer in Jahren

Analysebereich			
Finanzielle Stabilität		**Ertragskraft**	
Investition		Rentabilität	
Finanzierung		Aufwandstruktur/	
Liquidität	✔	Erfolg	

Synonyme Bezeichnungen:
- Fiktive Fremdkapitalrückzahlung in Jahren
- Dynamischer Verschuldungsgrad
- Entschuldungsdauer
- Effektiv-Verschuldungsgrad

Formel:

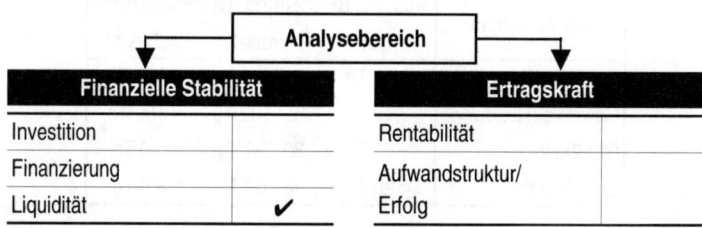

$$\frac{\text{Fremdkapital - flüssige Mittel}}{\text{Cash-Flow}} \qquad \frac{80 - 2}{12} = 6,5 \text{ Jahre}$$

Bilanz zum ..... (Datum)			
Aktiva		**Passiva**	
Anlagevermögen		Eigenkapital	20
- Grund	3		
- Gebäude	5	**Fremdkapital, langfristig**	
- Maschinen	2	- Hypothekarkredit	10
- Sonst. Sachanlagevermögen	10 · 20	- Pensionsrückstellung	10 · **20**
Umlaufvermögen		**Fremdkapital, kurzfristig**	
- Vorräte	60	- Lieferantenverbindlichkeiten	25
- Kundenforderungen	15	- Kontokorrentkredit	30
- Sonstige Forderungen	3	- Sonstige Verbindlichkeiten	5 · **60**
- **Liquide Mittel**	**2** · 80		
Bilanzsumme	100	**Bilanzsumme**	100

Gewinn- und Verlustrechnung für das Geschäftsjahr (Periode)	
Umsatzerlöse	210
± Bestandsveränderung	-10
+ Aktivierte Eigenleistungen	
+ Sonstige betriebliche Erträge	
= **B E T R I E B S L E I S T U N G**	**200**
- Materialaufwand und Aufwendungen für bezogene Leistungen	100
= **Rohgewinn**	**100**
- Personalaufwand	40
- **Dot. Pensionsrückstellung**	**1**
- **Abschreibungen auf Sachanlagen**	**6**
- Sonstige betriebliche Aufwendungen	44
= **B E T R I E B S E R F O L G** - Earnings Before Interest and Tax (= EBIT)	**9**
+ Erträge aus Beteiligungen, Zinsenerträge, Wertpapiererträge und ähnliche Erträge	
± Erträge bzw. Aufwendungen aus Finanzanlagen und aus Wertpapieren des Umlaufvermögens	
- Zinsen und ähnliche Aufwendungen	4
= **F I N A N Z E R F O L G**	**4**
= **ERGEBNIS DER GEWÖHNLICHEN GESCHÄFTSTÄTIGKEIT (= EGT)**	**5**

Wie hoch ist sie in den Hauptbranchen?

(Richtwerte von erfolgreichen und erfolgreichsten [Benchmark-]Unternehmen)

- Industrie (Erzeugung) .... ≤ 5 Jahre ≤ 3 Jahre
- Gewerbe (Handwerk) .... ≤ 5 Jahre ≤ 3 Jahre
- Großhandel .... ≤ 6 Jahre ≤ 3 Jahre
- Einzelhandel .... ≤ 7 Jahre ≤ 3 Jahre

Finanziell besonders gut ausgestattete Betriebe mit einer hohen Cash-Flow-Leistungsrate erzielen eine Schuldtilgungsdauer zwischen einem und drei Jahren, manchmal eine noch niedrigere.
Ist die **Schuldtilgungsdauer größer als zwölf Jahre**, dann ist

- eine Verstärkung der Eigenkapitalbasis und/oder
- eine Verbesserung der Ertragskraft anzustreben.

Bei einer Schuldtilgungsdauer von mehr als 30 Jahren ist rasches Handeln geboten, weil in diesem Fall die relative (dynamische) Verschuldung bedenklich hoch ist.

Was sagt die Schuldtilgungsdauer in Jahren aus?

Die Schuldtilgungsdauer ist eine **sehr aussagefähige Kennzahl. Weltweit** ist sie **in fast allen Bonitätsmodellen integriert**. Auch das österreichische Reorganisationsgesetz, das URG, welches zur Eindämmung der Insolvenzwelle seit Herbst 1997 für Kapitalgesellschaften relevant ist, sieht u.a. neben der Eigenkapitalquote die Schuldtilgungsdauer als Frühwarnindikator an. Sie sagt aus, **nach wie vielen Jahren das Unternehmen aus eigener Kraft** imstande wäre, seine **Schulden** zu **bezahlen**. Anders ausgedrückt: Die Schuldtilgungsdauer **zeigt auf, wie stark** das Unternehmen **von** seinen **Kreditgebern abhängig** ist. Eine hohe Schuldtilgungsdauer deutet auf hohe Abhängigkeit, eine niedrige auf geringe Abhängigkeit hin.

> ☞ Zur **Beantwortung** der häufig gestellten Frage **"Hat das Unternehmen zu hohe Schulden?"** kann die **Schuldtilgungsdauer** ebenfalls herangezogen werden. Ist sie kleiner als fünf Jahre, kann man grundsätzlich sagen, dass man relativ (gemessen an dem jährlich erwirtschafteten Cash-Flow) nicht zu hohe Schulden hat. Diese Erkenntnisse sind in der Praxis von großer Bedeutung.

3.2.3.2. Liquidität 1., 2. und 3. Grades

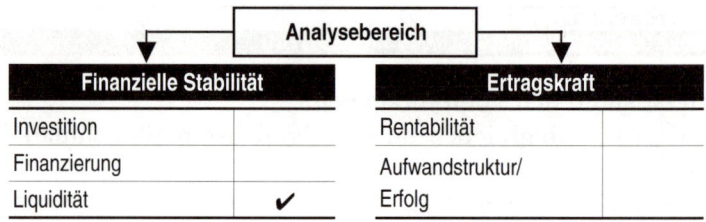

Synonyme Bezeichnungen:
- Liquidität 1. Grades: **Kassenliquidität, Barliquidität, Absolute Liquidity Ratio**
- Liquidität 2. Grades: **Net Quick Ratio, Acid-Test**
- Liquidität 3. Grades: **Gesamtliquidität, Mobilität, Current Ratio**

Formeln:
Liquidität 1. Grades:

$$\frac{\text{Flüssige Mittel} \times 100}{\text{Kurzfristiges Fremdkapital}} \qquad \frac{2 \times 100}{60} = 3\%$$

Liquidität 2. Grades:

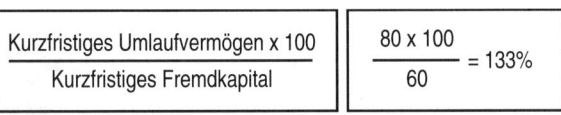

$$\frac{(\text{Kfr. UV - Vorräte -}\;\text{- geleistete Anzahlungen}) \times 100}{\text{Kurzfristiges Fremdkapital}} \qquad \frac{(80 - 60) \times 100}{60} = 33\%$$

Liquidität 3. Grades:

$$\frac{\text{Kurzfristiges Umlaufvermögen} \times 100}{\text{Kurzfristiges Fremdkapital}} \qquad \frac{80 \times 100}{60} = 133\%$$

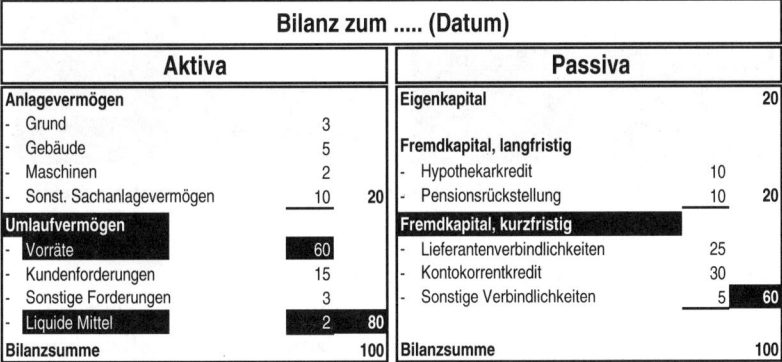

Bilanz zum ..... (Datum)

Aktiva			Passiva		
Anlagevermögen			**Eigenkapital**		20
- Grund	3				
- Gebäude	5		**Fremdkapital, langfristig**		
- Maschinen	2		- Hypothekarkredit	10	
- Sonst. Sachanlagevermögen	10	20	- Pensionsrückstellung	10	20
Umlaufvermögen			**Fremdkapital, kurzfristig**		
- Vorräte	60		- Lieferantenverbindlichkeiten	25	
- Kundenforderungen	15		- Kontokorrentkredit	30	
- Sonstige Forderungen	3		- Sonstige Verbindlichkeiten	5	60
- Liquide Mittel	2	80			
Bilanzsumme		100	**Bilanzsumme**		100

Bei allen drei **Liquiditätskennzahlen** handelt es sich um **stichtagsbezogene Werte**, die **stark beeinflusst werden können**, so dass wenige Tage vor oder nach dem Stichtag eine ganz andere Situation vorherrschen kann. Für den Bilanzanalytiker ist bei diesen Kennzahlen also **größte Vorsicht** geboten. **In Verbindung mit anderen Kennzahlen** kommt ihnen jedoch eine **gewisse Bedeutung** zu.

Wie hoch ist sie in den Hauptbranchen?

Für die **Liquidität 1. Grades** gibt es keinen repräsentativen Branchenvergleich, weil es sich um eine extrem stichtagsbezogene Kennzahl handelt, die stark beeinflusst (manipuliert) werden kann; schon wenige Tage vor oder nach dem Stichtag kann eine ganz andere Situation vorherrschen. Für den Bilanzanalytiker ist also bei der Liquidität 1. Grades größte Vorsicht geboten. In Verbindung mit anderen Kennzahlen (z.B. Kreditorenziel, Debitorenziel usw.) kommt ihr jedoch eine gewisse Bedeutung zu.

Sinnvoll ist es, diese Kennzahl monatlich zu erheben und über Jahre hindurch die Entwicklungstendenz zu beobachten (Ist-Ist-Vergleich).

Liquidität 2. Grades

Diese Kennzahl dient zur Beurteilung, in welchem Umfang das kurzfristige Fremdkapital durch flüssige Mittel und Forderungen gedeckt ist. Weiters wird die **Frage beantwortet, wie groß** die **Zahlungsbereitschaft** des Unternehmens ist. Grundsätzlich gilt: Ist der Kennzahlenwert **größer als 100**, kann die **Liqui-**

dität als **ausreichend** angesehen werden, ist der Kennzahlenwert **kleiner als 100**, dann ist die **Liquidität** als **knapp** zu bezeichnen.

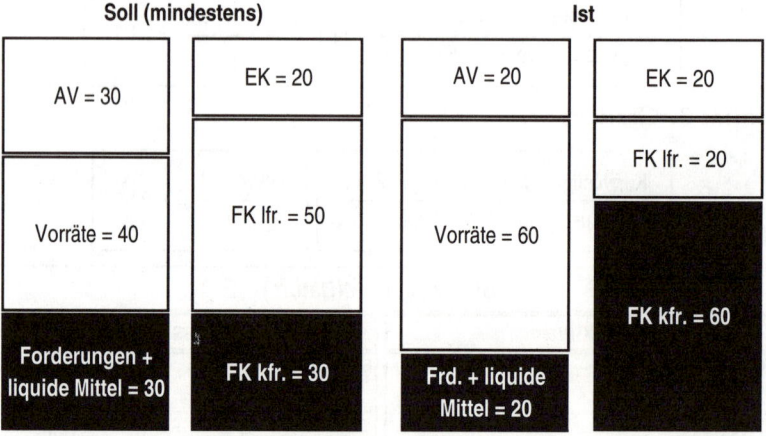

Die Liquidität 2. Grades ist im Ist-Zustand mit 33% nicht ausreichend. Der Acid-Test ist also unbefriedigend.

Wie hoch sollte die Liquidität 3. Grades sein?

Ist der Kennzahlenwert **größer als 150%,** kann die **Mobilität** als **ausreichend** bezeichnet werden, ist sie kleiner als 150%, dann ist die **Mobilität knapp**.

Graphische Darstellung der Mobilität

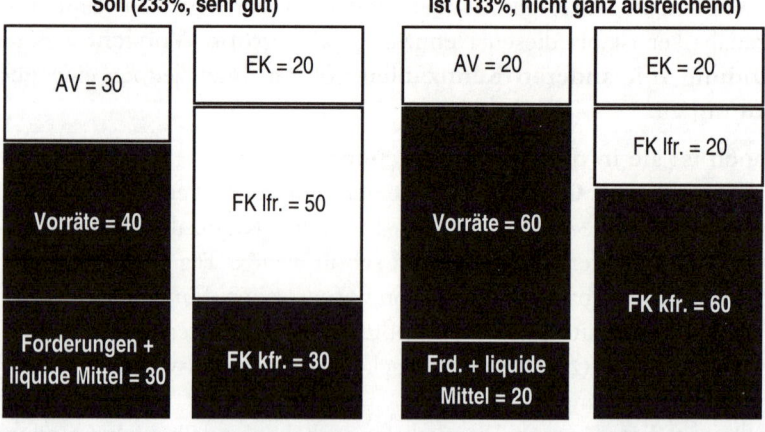

☞ Interdependenzen zwischen Mobilität und Working Capital Ratio. Auf die Zusammenhänge wird im Kapitel 3.2.2.4. hingewiesen.

3.2.3.3. Kapitalflussrechnung

Veränderung der Liquidität durch Kapitalflussrechnung

Die informative Aussage über die Liquidität erhält man durch die Kapitalflussrechnung, die bei Wahl des Finanzmittelfonds "flüssige Mittel" die Veränderung der Liquidität und deren Ursachen übersichtlich aufzeigt. Das Grundsätzliche zum Procedere der Kapitalflussrechnung wird im Kapitel 3.4. besprochen. An dieser Stelle soll ein Zahlenbeispiel, das auf dem Fallbeispiel im Kapitel 4.2. basiert, die Vorgangsweise bei der Kapitalflussrechnung aufzeigen.

Fallbeispiel

Es werden die Bilanzen 1999 und 2000 des Produktions-Testbetriebes herangezogen, weshalb die Kapitalflussrechnung nur für das Jahr 2000 erstellt werden kann.

BILANZ	1999		2000	
	1000 GE	%	1000 GE	%
Sachanlagevermögen	500		460	
Finanzanlagevermögen	620		640	
Σ ANLAGEVERMÖGEN	1.120	35,4%	1.100	34,4%
Rohstoffe	480		520	
Halbfabrikate	300		310	
Fertigfabrikate	180		330	
Kundenforderungen	640		660	
Sonstiges Umlaufvermögen	240		160	
Liquide Mittel	200		120	
Σ UMLAUFVERMÖGEN	2.040	64,6%	2.100	65,6%
ΣΣ A K T I V A	3.160	100,0%	3.200	100,0%
Σ EIGENKAPITAL	740	23,4%	740	23,1%
Abfertigungs- u. Pensionsrückst., lfr.	580		640	
Sonstige Rückstellungen, kfr.	480		470	
Darlehen (Bankverbindlichk., lfr.)	140		70	
Bankverbindlichkeiten, kfr.	210		150	
Lieferantenverbindlichkeiten, kfr.	400		490	
Sonst. Verbindlichkeiten, kfr.	610		640	
Σ FREMDKAPITAL	2.420	76,6%	2.460	76,9%
ΣΣ P A S S I V A	3.160	100,0%	3.200	100,0%
G E S A M T K A P I T A L	3.160	100,0%	3.200	100,0%

GEWINN- UND VERLUSTRECHNUNG (G&V)	1999		2000	
	1000 GE	%	1000 GE	%
Umsatzerlöse	4.380	96,5%	4.020	91,8%
- Skontoaufwand	0	0,0%	0	0,0%
± Bestandsveränderung	0	0,0%	160	3,7%
+ Sonst. betriebl. Erträge	160	3,5%	200	4,6%
= BETRIEBSLEISTUNG	4.540	100,0%	4.380	100,0%
- Materialeinsatz	-1.180	-26,0%	-1.050	-24,0%
- Fremdleistungen	-120	-2,6%	-140	-3,2%
= DECKUNGSBEITRAG (DBU)	3.240	71,4%	3.190	72,8%
- Personalkosten	-1.950	-43,0%	-1.955	-44,6%
- Geschäftsführerbezüge	-80	-1,8%	-85	-1,9%
± Aufl./Dot. Abfert.- u. Pens.Rückst.	0	0,0%	-60	-1,4%
- Sonst. betriebl. Aufwendungen	-820	-18,1%	-840	-19,2%
- Abschreibungen	-220	-4,8%	-200	-4,6%
= BETRIEBSERFOLG	170	3,7%	50	1,1%
- Zinsaufwand, kurzfristig	-27	-0,6%	-16	-0,4%
- Zinsaufwand, langfristig	-13	-0,3%	-6	-0,1%
+ Zinserträge	38	0,8%	40	0,9%
± Sonst. Finanzergebnis	80	1,8%	60	1,4%
= Finanzerfolg	78	1,7%	78	1,8%
= E G T	248	5,5%	128	2,9%
± A.o. Ergebnis	0	0,0%	50	1,1%
- Ertragsteuer	-80	-1,8%	-40	-0,9%
= JAHRESÜBERSCHUSS	168	3,7%	138	3,2%
± Aufl./Dot. unversteuerter Rücklagen	-40	-0,9%	60	1,4%
± Aufl./Zuw. Gewinn- bzw. Kapitalrückl.	-20	-0,4%	-20	-0,5%
± Gewinn-/Verlustvortrag	40	0,9%	40	0,9%
= BILANZGEWINN / -VERLUST	148	3,3%	218	5,0%
CASH FLOW hier:	468	10,3%	388	8,9%

Das EGT wurde in beiden Jahren zur Gänze ausgeschüttet.

1. Folgende Positionen werden durch einen reinen Bilanzvergleich (Mittelverwendung und Mittelherkunft) zwischen 1999 und 2000 ermittelt:
   - Vorräte
   - Halb- und Fertigfabrikate
   - Kundenforderungen
   - Sonstiges kurzfristig gebundenes Umlaufvermögen
   - Lieferantenverbindlichkeiten
   - Sonstige kurzfristige Verbindlichkeiten
2. Folgende Positionen aus 2000 werden einfach in die entsprechende Zeile gesetzt:
   - EGT
   - Abschreibung
   - Buchwert aus verkauften Anlagevermögen
   - Dotierung bzw. Auflösung zur Abfertigungs- und Pensionsrückstellung
   - Dotierung bzw. Auflösung sonstiger langfristiger Verbindlichkeiten
   - Ertragsteuer
   - A.o. Einnahmen bzw. Ausgaben

KAPITALFLUSSRECHNUNG	1999		2000	
	Mittel-		Mittel-	
	Verwend.	Herkunft	Verwend.	Herkunft
E G T		248		128
+ Abschreibungen		220		200
+ Buchwert verkaufter Sachanlagen		0		0
+ Buchwert u. Abschr. verk. Finanzanl.		0		0
± Dot./Aufl. Abfert.- u. Pens.Rückst.		0		60
± Dot./Aufl. Sonst. Verbindlichk. lfr.		0		0
= CASH FLOW aus dem Ergebnis		468		388
- Ertragsteuer	-80		-40	
± A.o. Ergebnis		0		50
+ BW verk.Sachanlagen (im a.o.Erg.)		0		30
± Veränderung Rohstoffe			-40	
± Veränderung Handelsware				0
± Veränderung Halbfabrikate			-10	
± Veränderung Fertigfabrikate			-150	
± Veränderung Kundenforderungen			-20	
± Veränderung Sonstiges UV				80
± Veränderung Sonstige Rückst.			-10	
± Veränderung Lieferantenverbindl.				90
± Veränderung Sonstige Verbindl. kfr.				30
= CASH FLOW aus lfd. Geschäftstätigkeit				398
- Investitionen SV	-220		-190	
- Investitionen FV		0	-20	
± Tilgung / Aufnahme Darlehen			-70	
± Veränderung Sonstige Verbindl. lfr.		0		0
- Ausschüttung	-168		-138	
+ Einzahlungen		0		0
= Veränderung der Liquidität			-20	
± AB Liq. Mittel - Bankverbindl. kfr.			-10	
= EB Liq. Mittel - Bankverbindl. kfr.	-10		-30	

Die Liquidität (= Differenz zwischen liquiden Mittel und kurzfristigen Bankverbindlichkeiten) war 1999 mit -10 GE leicht negativ. Sie hat sich 2000 um weitere 20 GE auf -30 GE verschlechtert.

123

3. Bei den restlichen Positionen

- Investitionen,
- Darlehen,
- sonstige langfristige Verbindlichkeiten und
- Veränderungen im Eigenkapitalbereich

sind noch kurze Umrechnungen notwendig, die auf folgenden Formeln basieren:

Investitionen:
a) Aus dem Anlagespiegel
b) Laut Formel

	Sachanlage-vermögen
Endbestand	460
- Anfangsbestand	-500
+ Abschreibungen	200
+ Restwerte verkaufter Anlagen	30
= **Anlagenzugang (Investitionen)**	**190**

Darlehen:
In die Spalte "Mittelherkunft" kommen aufgenommene Darlehen; unter "Mittelverwendung" Tilgungen.

Eigenkapitalbereich:
a) Veränderungen (Entnahmen/Einlagen bzw. Ausschüttungen/Einzahlungen) aus der detaillierten Eigenkapitaldarstellung
b) Laut Formel

	Eigen-kapital
Anfangsbestand	740
+ Jahresüberschuss	138
- Endbestand	740
= **Entnahme**	**138**

3.2.4. Analysebereich 4: Rentabilitätskennzahlen

Diesem Analysebereich können folgende Kennzahlen zugeordnet werden:

- **Gesamtkapitalrentabilität*)**
- Eigenkapitalrentabilität
- Return On Investment (ROI)
- Return On Stock Investment (ROSTI)

*) Die Gesamtkapitalrentabilität ist besonders aussagefähig und nicht störanfällig; sie ist daher eine der vier Quicktest-Kennzahlen.

3.2.4.1. Gesamtkapitalrentabilität

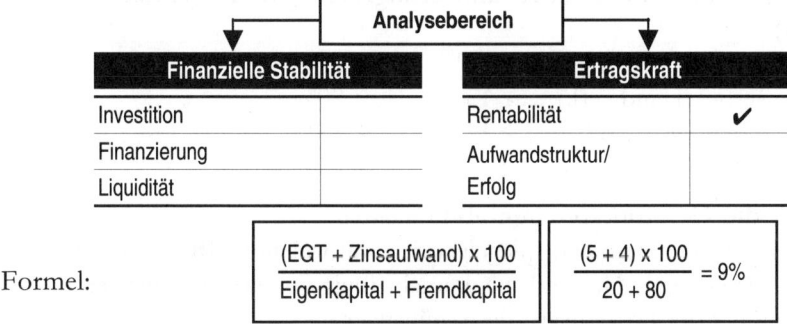

	Analysebereich		
Finanzielle Stabilität		**Ertragskraft**	
Investition		Rentabilität	✔
Finanzierung		Aufwandstruktur/	
Liquidität		Erfolg	

Formel:

$$\frac{(EGT + Zinsaufwand) \times 100}{Eigenkapital + Fremdkapital} \qquad \frac{(5 + 4) \times 100}{20 + 80} = 9\%$$

EGT = Ergebnis der gewöhnlichen Geschäftstätigkeit

Bilanz zum ..... (Datum)			
Aktiva		**Passiva**	
Anlagevermögen		**Eigenkapital**	**20**
- Grund	3		
- Gebäude	5	**Fremdkapital, langfristig**	
- Maschinen	2	- Hypothekarkredit	10
- Sonst. Sachanlagevermögen	10 20	- Pensionsrückstellung	10 **20**
Umlaufvermögen		**Fremdkapital, kurzfristig**	
- Vorräte	60	- Lieferantenverbindlichkeiten	25
- Kundenforderungen	15	- Kontokorrentkredit	30
- Sonstige Forderungen	3	- Sonstige Verbindlichkeiten	5 **60**
- Liquide Mittel	2 80		
Bilanzsumme	**100**	**Bilanzsumme**	**100**

Gewinn- und Verlustrechnung für das Geschäftsjahr (Periode)	
Umsatzerlöse	210
± Bestandsveränderung	-10
+ Aktivierte Eigenleistungen	
+ Sonstige betriebliche Erträge	
= B E T R I E B S L E I S T U N G	200
- Materialaufwand und Aufwendungen für bezogene Leistungen	100
= Rohgewinn	100
- Personalaufwand	40
- Dot. Pensionsrückstellung	1
- Abschreibungen auf Sachanlagen	6
- Sonstige betriebliche Aufwendungen	44
= B E T R I E B S E R F O L G - Earnings Before Interest and Tax (= EBIT)	9
+ Erträge aus Beteiligungen, Zinserträge, Wertpapiererträge und ähnliche Erträge	
± Erträge bzw. Aufwendungen aus Finanzanlagen und aus Wertpapieren des Umlaufvermögens	
- Zinsen und ähnliche Aufwendungen	4
= F I N A N Z E R F O L G	4
= ERGEBNIS DER GEWÖHNLICHEN GESCHÄFTSTÄTIGKEIT (= EGT)	5

Wie hoch ist sie in den Hauptbranchen?

(Richtwerte von erfolgreichen und erfolgreichsten [Benchmark-]Unternehmen)

- Industrie (Erzeugung) ...... $\geq 12\%$ $\geq 25\%$
- Gewerbe (Handwerk) ..... $\geq 15\%$ $\geq 20\%$
- Großhandel .... $\geq 12\%$ $\geq 15\%$
- Einzelhandel .... $\geq 14\%$ $\geq 15\%$

Was sagt die Gesamtkapitalrentabilität aus?

Die Gesamtkapitalrentabilität spiegelt wider, mit welcher Effizienz das im Unternehmen eingesetzte Gesamtkapital, unabhängig von seiner Finanzierung, arbeitet. Je höher der Prozentsatz, desto günstiger.

Leverage-Effekt

Das Verhältnis von Eigenkapitalrendite zu Gesamtkapitalrendite wird als Leverage-Faktor bezeichnet. Dieser Effekt besagt, dass zwischen Eigen- und Gesamtkapitalrentabilität eine Hebelwirkung besteht. Solange der Fremdkapitalzinssatz niedriger ist als die Gesamtkapitalrentabilität, steigt die Eigenkapitalrentabilität bei Zuführung von Fremdkapital (positiver Leverage-Effekt). Ist hingegen die Gesamtkapitalrentabilität niedriger als der Fremdkapitalzinssatz, dann sinkt die Eigenkapitalrendite mit zunehmender Verschuldung (negativer Leverage-Effekt).

Ziel dieses Fallbeispieles ist es - von einem Ist-Zustand ausgehend - den **positiven und negativen Leverage-Effekt und seine Ursachen aufzuzeigen.**

Ist-Zustand

(Gesamtkapitalrentabilität = 9%, Fremdkapitalzinsen = 5%)

Bilanzsumme	100	Fremdkapital	80	Eigenkapital	20
Gesamtertrag*)	9	Fremdkapitalzinsen	4	EGT	5
Gesamtkapital-rentabilität	9%	Zinssatz	5%	Eigenkapital-rentabilität	25%

*) *Fremdkapitalzinsen + EGT*

Positiver Leverage-Effekt

(Erhöhung des Fremdkapitalanteils bei unverändert günstigem Durchschnitts-Zinssatz)

Bilanzsumme	100	Fremdkapital	90	Eigenkapital	10
Gesamtertrag*)	9	Fremdkapitalzinsen	4,5	EGT	4,5
Gesamtkapital-rentabilität	**9%**	**Zinssatz**	**5%**	**Eigenkapital-rentabilität**	**45%**

*) Fremdkapitalzinsen + EGT

Die Eigenkapitalrendite steigt von 25% auf 45%.

Negativer Leverage-Effekt

(Erhöhung des Fremdkapitalanteils bei gleichzeitigem Anstieg des durchschnittlichen Zinssatzes auf 10%)

Bilanzsumme	100	Fremdkapital	90	Eigenkapital	10
Gesamtertrag*)	9	Fremdkapitalzinsen	9	EGT	0
Gesamtkapital-rentabilität	**9%**	**Zinssatz**	**10%**	**Eigenkapital-rentabilität**	**0%**

*) Fremdkapitalzinsen + EGT

Die Eigenkapitalrendite sinkt von 25% auf 0%.

Erkenntnis

Durch Erhöhung des Fremdkapitalanteils von 80% auf 90% verbessert sich die Eigenkapitalrentabilität von 25% auf 45%, weil der Zinsfuß für das Fremdkapital mit 5% günstig ist. Kostet hingegen das Fremdkapital 10%, dann verschlechtert sich die Eigenkapitalrendite von 25% auf 0%, wenn der Fremdkapitalanteil von 80% auf 90% erhöht wird.

3.2.4.2. Eigenkapitalrentabilität

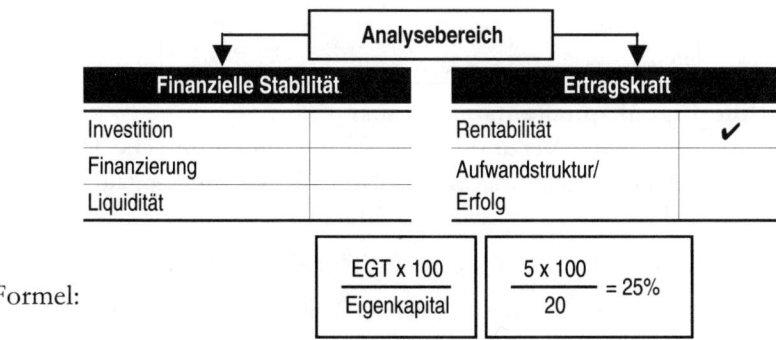

Formel:

$$\frac{EGT \times 100}{Eigenkapital} \qquad \frac{5 \times 100}{20} = 25\%$$

EGT = Ergebnis der gewöhnlichen Geschäftstätigkeit

Bilanz zum ..... (Datum)			
Aktiva		**Passiva**	

Anlagevermögen			**Eigenkapital**		**20**
- Grund	3		**Fremdkapital, langfristig**		
- Gebäude	5		- Hypothekarkredit	10	
- Maschinen	2		- Pensionsrückstellung	10	20
- Sonst. Sachanlagevermögen	10	20	**Fremdkapital, kurzfristig**		
Umlaufvermögen			- Lieferantenverbindlichkeiten	25	
- Vorräte	60		- Kontokorrentkredit	30	
- Kundenforderungen	15		- Sonstige Verbindlichkeiten	5	60
- Sonstige Forderungen	3				
- Liquide Mittel	2	80			
Bilanzsumme		100	**Bilanzsumme**		100

Gewinn- und Verlustrechnung für das Geschäftsjahr (Periode)	
Umsatzerlöse	210
± Bestandsveränderung	-10
+ Aktivierte Eigenleistungen	
+ Sonstige betriebliche Erträge	
= **BETRIEBSLEISTUNG**	**200**
- Materialaufwand und Aufwendungen für bezogene Leistungen	100
= **Rohgewinn**	**100**
- Personalaufwand	40
- Dot. Pensionsrückstellung	1
- Abschreibungen auf Sachanlagen	6
- Sonstige betriebliche Aufwendungen	44
= **BETRIEBSERFOLG** - Earnings Before Interest and Tax (= EBIT)	**9**
+ Erträge aus Beteiligungen, Zinserträge, Wertpapiererträge und ähnliche Erträge	
± Erträge bzw. Aufwendungen aus Finanzanlagen und aus Wertpapieren des Umlaufvermögens	
- Zinsen und ähnliche Aufwendungen	4
= **FINANZERFOLG**	**4**
= **ERGEBNIS DER GEWÖHNLICHEN GESCHÄFTSTÄTIGKEIT (= EGT)**	**5**

Wie hoch ist sie in den Hauptbranchen?

Hauptbranche	Approx. Beurteilung, Grobbewertung		
	gut	mittel	schlecht
Industrie (Erzeugung)	> 30%	10 - 30%	< 10%
Gewerbe (Handwerk)	> 30%	10 - 30%	< 10%
Großhandel	> 20%	10 - 20%	< 10%
Einzelhandel	> 30%	10 - 30%	< 10%

Was sagt die Eigenkapitalrentabilität aus?

Diese Kennzahl zeigt die Verzinsung des Eigenkapitals auf. Die Höhe der Eigenkapitalrentabilität hängt stark vom Verhältnis der Gesamtkapitalrentabilität zum Fremdkapital-Zinssatz ab (Leverage-Effekt).

Ein Ansteigen (Sinken) der Eigenkapitalrentabilität kann bedeuten:

* Sinken (Ansteigen) der Fremdkapitalverzinsung
* Verbesserung (Verschlechterung) des Betriebsergebnisses
* Geringere (höhere) Eigenkapitalquote
* Kombination aus zwei oder allen drei Faktoren

3.2.4.3. Return On Investment (ROI)

Analysebereich			

Finanzielle Stabilität		Ertragskraft	
Investition		Rentabilität	✔
Finanzierung		Aufwandstruktur/	
Liquidität		Erfolg	

Synonyme Bezeichnungen:
- ROI
- ROCE (= Return On Capital Employed = Rendite des eingesetzten Kapitals)

	Umsatzrendite	x	Kapitalumschlag	=

Formel:

$$= \frac{EGT \times 100}{Betriebsleistung} \times \frac{Betriebsleistung}{Bilanzsumme} \qquad \frac{5 \times 100}{200} \times \frac{200}{100} = 5\%$$

EGT = Ergebnis der gewöhnlichen Geschäftstätigkeit

Bilanz zum ..... (Datum)					
Aktiva			**Passiva**		
Anlagevermögen			Eigenkapital		20
- Grund	3				
- Gebäude	5		Fremdkapital, langfristig		
- Maschinen	2		- Hypothekarkredit	10	
- Sonst. Sachanlagevermögen	10	20	- Pensionsrückstellung	10	20
Umlaufvermögen			Fremdkapital, kurzfristig		
- Vorräte	60		- Lieferantenverbindlichkeiten	25	
- Kundenforderungen	15		- Kontokorrentkredit	30	
- Sonstige Forderungen	3		- Sonstige Verbindlichkeiten	5	60
- Liquide Mittel	2	80			
Bilanzsumme		100	Bilanzsumme		100

Im Jahr 1919, also vor mehr als 80 Jahren, hat der US-amerikanische Du-Pont-Konzern sein selbst entwickeltes Kennzahlensystem vorgestellt. Weil Gewinnmaximierung das Hauptziel von Du Pont war, wurde der ROI (Return On Investment) als Zielkennzahl ausgewählt.

Gewinn- und Verlustrechnung für das Geschäftsjahr (Periode)	
Umsatzerlöse	210
± Bestandsveränderung	-10
+ Aktivierte Eigenleistungen	
+ Sonstige betriebliche Erträge	
= **BETRIEBSLEISTUNG**	**200**
- Materialaufwand und Aufwendungen für bezogene Leistungen	100
= **Rohgewinn**	**100**
- Personalaufwand	40
- Dot. Pensionsrückstellung	1
- Abschreibungen auf Sachanlagen	6
- Sonstige betriebliche Aufwendungen	44
= **BETRIEBSERFOLG** - Earnings Before Interest and Tax (= EBIT)	9
+ Erträge aus Beteiligungen, Zinserträge, Wertpapiererträge und ähnliche Erträge	
± Erträge bzw. Aufwendungen aus Finanzanlagen und aus Wertpapieren des Umlaufvermögens	
- Zinsen und ähnliche Aufwendungen	4
= **FINANZERFOLG**	**4**
= **ERGEBNIS DER GEWÖHNLICHEN GESCHÄFTSTÄTIGKEIT (= EGT)**	**5**

Der Return On Investment ist eine wichtige Kennzahl, die **aufzeigt, ob zwischen Umsatz, Umsatzrendite** (Gewinn in % vom Umsatz bzw. Return On Sales) und **bereitgestelltem Kapital** (Bilanzsumme) ein **gesundes Verhältnis** besteht.

Wie hoch ist sie in den Hauptbranchen?

Kennzahl	Hauptbranche	Approx. Beurteilung, Grobbewertung		
		gut	mittel	schlecht
UR Umsatz-rendite	Industrie (Erzeugung)	> 5%	1 - 5%	< 1%
	Gewerbe (Handwerk)			
	Großhandel			
	Einzelhandel			
x **KU** Kapital-umschlag	Industrie (Erzeugung)	> 1,75	1,75 - 1	< 1
	Gewerbe (Handwerk)	> 2	2 - 1	< 1
	Großhandel	> 2,5	2,5 - 1,25	< 1,25
	Einzelhandel	> 3	3 - 1,5	< 1,5
= **ROI** Return On Investment (ROI)	Industrie (Erzeugung)	> 8,75%	8,75 - 1%	< 1%
	Gewerbe (Handwerk)	> 10%	10 - 1%	< 1%
	Großhandel	> 12,5%	12,5 - 1,25%	< 1,25%
	Einzelhandel	> 15%	15 - 1,5%	< 1,5%

Banken erwarten - je nach Betriebsgröße - eine Umsatzrendite zwischen 2% und 6%. Bei kleineren Unternehmen wird in der Regel die Umsatzrendite höher sein als bei größeren. Ausnahmen bestätigen diese Regel (z.B. große Hightech- oder Telekom-Konzerne).

> ☞ Beträgt der Kapitalumschlag bei Produktionsbetrieben weniger als 1,2, dann ist unbedingt zu prüfen, ob bereitgestelltes Vermögen abgebaut werden kann. Folgende Kontrollkennzahlen können dabei hilfreich sein:

	Gute Durchschnittswerte			
	Industrie (Erzeugung)	Gewerbe (Handwerk)	Großhandel	Einzelhandel
Anlagenintensität	40%	20%	15%	15%
Debitorenziel	30 Tg.	30 Tg.	20 Tg.	5 Tg.
Lagerdauer	120 Tg.	50 Tg.	50 Tg.	100 Tg.

Wichtige historische ROI-Information

Eigentlich ist die klassische ROI-Formel falsch. Es ist trotzdem zweckmäßig, mit dieser klassischen Formel zu rechnen, weil alle mit ihr in dieser Form rechnen. Der externe Vergleich wäre sonst gestört.

Richtig heißt die Formel aber:

> ROI (richtig) =
> =((EGT+Fremdkapitalzinsen)/Gesamtkapital) x 100

EGT = Ergebnis der gewöhnlichen Geschäftstätigkeit

Es handelt sich hier um einen Übernahmefehler aus dem angelsächsischen Anwenderbereich, der dadurch entstanden ist, dass vor Jahrzehnten im Du-Pont-Schema die einzelnen Divisionen kein Fremdkapital aufnehmen durften; daher konnten damals auch keine Fremdkapitalzinsen anfallen.

Bekanntlich ist der ROI die Spitzenkennzahl der Du-Pont-Kennzahlenpyramide.

Graphische Darstellung des ROI

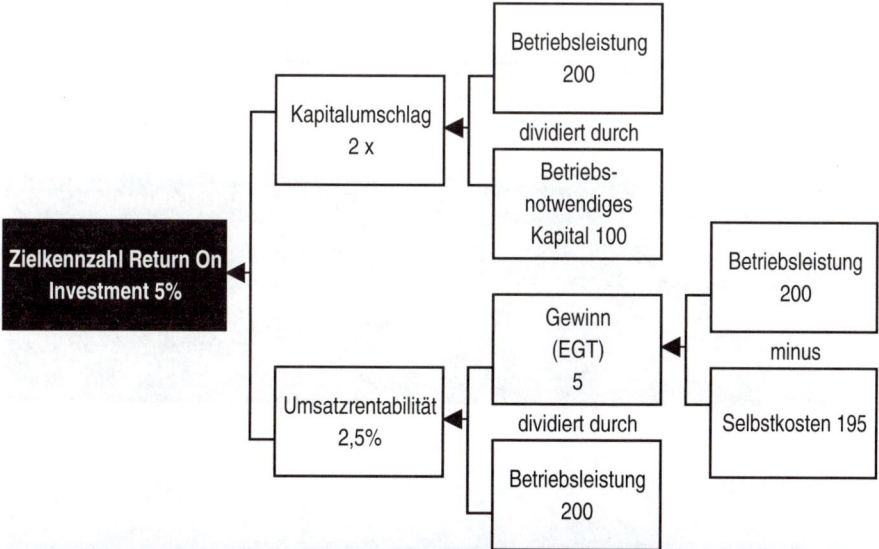

In der Praxis hat sich dieses Schema in einer etwas tieferen Ausprägung und mit Soll-Ist- bzw. Ist-Ist-Vergleich gut bewährt (siehe Kapitel 6.2.2. und 6.2.5.).

Welche Kombinationen zwischen Umsatzrendite und Kapitalumschlag geben einen ROI von 5%?

ISO-ROI-Kurve = 5%

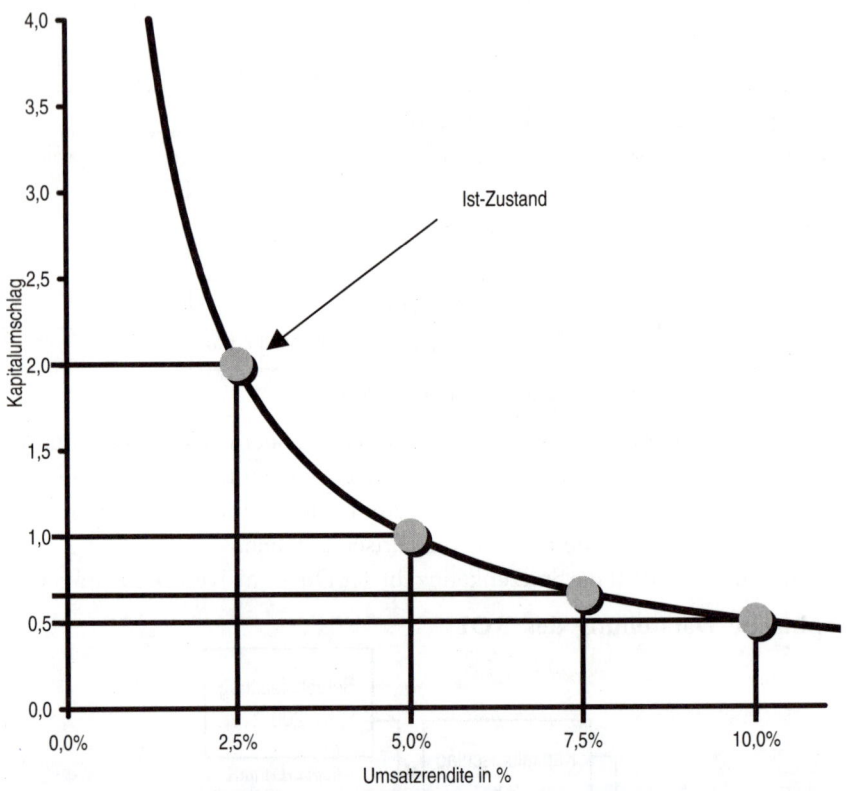

☞ Ein **besonders übersichtlicher ROI-Entscheidungsbaum**, der sich gut für den Soll-Ist-Vergleich eignet, findet sich im Kapitel **6.2.5.** "Jahresplanbilanz eines Großhandelsbetriebes mit monatlichem Soll-Ist-Vergleich" (Kennzahlenauswertung mit dem **Excel-Programm BigKenn)**. Der Vorteil bei dieser Darstellung liegt im raschen Erkennen der Abweichungen, was eine effiziente Gestaltung der **Ursachenanalyse** ermöglicht.

3.2.4.4.   Return On Stock Investment (ROSTI)

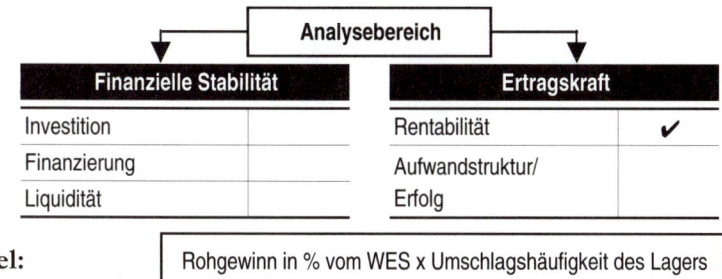

Formel: | Rohgewinn in % vom WES x Umschlagshäufigkeit des Lagers |

Warum ROSTI?

Wie andere Aktiva sollten auch die Vorratsbestände einen Beitrag zur Rentabilität des Unternehmens leisten. Eine Methode, um den Return On Investment in der Lagerwirtschaft zu messen, ist die Berechnung des Return On **Stock** Investment (ROSTI) bzw. des Rohgewinns aus Lagerinvestitionen (RGLI).

Was sagt der ROSTI aus?

Der ROSTI drückt die Rentabilität des Lagerbestandes (Stock) aus. Er sagt aus, wie viel Hunderstel GE je GE Lagerwert in einem Jahr erwirtschaftet wurden.

> ☞ Das Arbeiten mit dem **ROSTI** ist nur in **Einzelhandels- und Groß-handelsunternehmungen zweckmäßig**. Dort kann der ROSTI auf die Warengruppe bis hinunter zu jedem Artikel ermittelt werden. Die Rentabilität eines Artikels ergibt sich aus einer Kombination des Deckungsbeitrags- und der Nutzungsintensität (= Lagerumschlag). Artikel mit einem niedrigen DB bzw. DBU können trotzdem rentabel sein, wenn sie eine hohe Umschlagsrate haben und umgekehrt. Bei Dienstleistungs- und Produktionsbetrieben ist die "ROSTI-Philosophie" nicht sinnvoll anwendbar.

Dieses Fallbeispiel zeigt, wie der ROSTI ermittelt wird:

Artikelgruppe	Betriebs-leistung	Waren-einsatz	Rohgewinn bzw. Spanne	Aufschlag in % vom WES	Ø Bestand	Lager-umschlag	ROSTI
A	134	100	34	34%	20	5 x	170
B	48	30	18	60%	10	3 x	180
C	18	10	8	80%	10	1 x	80
Gesamt	200	140	60		40		
Ø				43%		3,5 x	150

Rohgewinn	+	-	=				
Lagerumschlag		+			:		=
ROSTI (Return On Stock Investment)				+		x	=

> ☞ **Je höher der ROSTI, desto besser!**

Synonyme Bezeichnungen:
- Lagerrentabilität
- RGLI (= Rohgewinn aus Lagerinvestitionen)

Interpretation
1. Durchschnittlich wird je GE Lagerbestand ein Rohgewinn p.a. von 1,5 GE erzielt (ROSTI 150).
2. Das günstigste Verhältnis zwischen Lagerumschlag und Aufschlag in % vom Wareneinsatz ist bei der Artikelgruppe B festzustellen (ROSTI 180), das ungünstigste bei der Artikelgruppe C (ROSTI 80).
3. Bei der Artikelgruppe C sollte der Lagerumschlag und/oder Aufschlag in % vom Wareneinsatz erhöht werden, um den niedrigen ROSTI anzuheben. Als Instrument für die Erhöhung des Lagerumschlages bietet sich eine Lageranalyse auf statistischer Basis an. Bei dieser Lageranalyse werden die durchschnittliche Wiederbeschaffungszeit ebenso wie die Schwankung der Nachfrage und der gewünschte Servicegrad berücksichtigt (siehe auch Fallbeispiele in den Kapiteln 6 und 12).

3.2.5. Analysebereich 5: Aufwandstruktur, Erfolg

Diesem Analysebereich können folgende Kennzahlen zugeordnet werden:

- **Cash-Flow-Leistungsrate*)**
- Skontoaufwand in % des Umsatzes
- Material- bzw. Warenintensität
- Aufwendungen für bezogene Leistungen
- Skontoertrag in % des MES/WES
- Personalintensität
- Fremdkapitalzinsen in % der BL
- Abschreibung in % der BL
- Sonst. Aufwand in % der BL
- Umsatzrendite
- Break-Even-Analyse
- Deckungsbeitragsrate (DBU)
- Cash-Flow-Point
- Break-Even-Point
- Sicherheitsgrad
- Zielumsatz

*) *Die Kennzahl Cash-Flow-Leistungsrate ist besonders aussagefähig und nicht störanfällig; sie ist daher eine der vier Quicktest-Kennzahlen.*

3.2.5.1. Cash-Flow-Leistungsrate

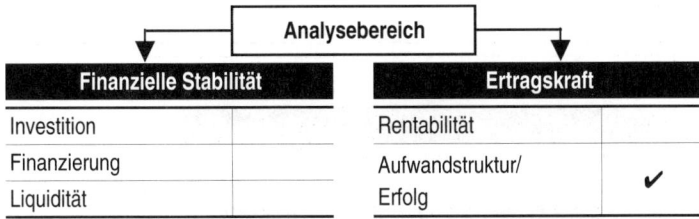

Analysebereich			
Finanzielle Stabilität		**Ertragskraft**	
Investition		Rentabilität	
Finanzierung		Aufwandstruktur/	✔
Liquidität		Erfolg	

Synonyme Bezeichnungen:
* Cash-Flow in % der Betriebsleistung
* Cash-Flow-Rate

Formel:
$$\frac{(EGT + nichtausgabenwirksame\ Kosten) \times 100}{Betriebsleistung} \qquad \frac{(5 + 7) \times 100}{200} = 6\%$$

EGT = Ergebnis der gewöhnlichen Geschäftstätigkeit

Nichtausgabenwirksame Kosten sind Abschreibungen und gegebenenfalls die langfristigen Teile von Rückstellungsdotierungen.

Gewinn- und Verlustrechnung für das Geschäftsjahr (Periode)	
Umsatzerlöse	210
± Bestandsveränderung	-10
+ Aktivierte Eigenleistungen	
+ Sonstige betriebliche Erträge	
= B E T R I E B S L E I S T U N G	**200**
- Materialaufwand und Aufwendungen für bezogene Leistungen	100
= Rohgewinn	**100**
- Personalaufwand	40
- Dot. Pensionsrückstellung	1
- Abschreibungen auf Sachanlagen	6
- Sonstige betriebliche Aufwendungen	44
= B E T R I E B S E R F O L G - Earnings Before Interest and Tax (= EBIT)	**9**
+ Erträge aus Beteiligungen, Zinserträge, Wertpapiererträge und ähnliche Erträge	
± Erträge bzw. Aufwendungen aus Finanzanlagen und aus Wertpapieren des Umlaufvermögens	
- Zinsen und ähnliche Aufwendungen	4
= F I N A N Z E R F O L G	**4**
= ERGEBNIS DER GEWÖHNLICHEN GESCHÄFTSTÄTIGKEIT (= EGT)	**5**

Wie hoch ist sie in den Hauptbranchen?

(Richtwerte von erfolgreichen und erfolgreichsten (Benchmark-]Unternehmen)
* Industrie (Erzeugung) .... ≥ 9% ≥ 20%
* Gewerbe (Handwerk) .... ≥ 9% ≥ 18%
* Großhandel .... ≥ 5% ≥ 15%
* Einzelhandel .... ≥ 6% ≥ 12%

Wie hoch ist die Cash-Flow-Leistungsrate in der Sachgütererzeugung der einzelnen Länder (Ø 1986-1997)

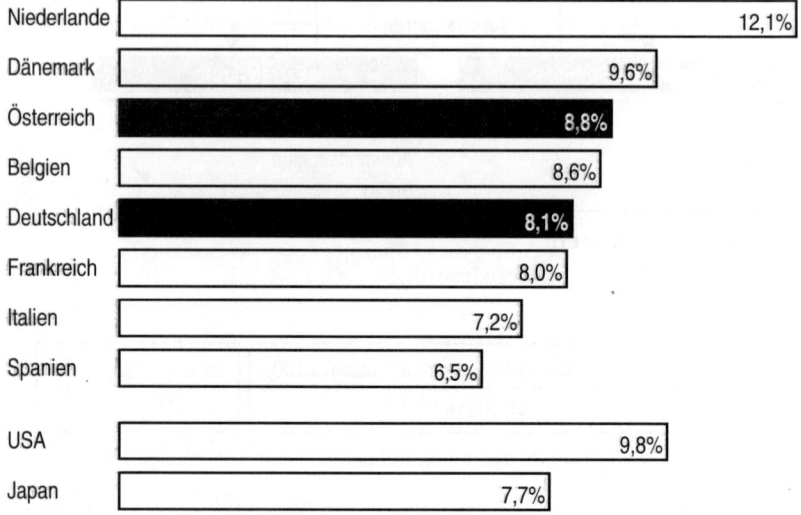

Niederlande	12,1%
Dänemark	9,6%
Österreich	8,8%
Belgien	8,6%
Deutschland	8,1%
Frankreich	8,0%
Italien	7,2%
Spanien	6,5%
USA	9,8%
Japan	7,7%

Quelle: Wirtschaftsforschungsinstitut, Wien

Was sagt die Cash-Flow-Leistungsrate aus?

Die Cash-Flow-Leistungsrate zeigt auf, wie viel Prozent der Betriebsleistung für

- Investitionen,
- Schuldtilgung und
- Gewinnausschüttung

zur Verfügung stehen. Mit ihr kann die finanzielle Leistungsfähigkeit des Unternehmens festgestellt werden.

Ermittlung des Cash-Flow

Der Begriff "Cash-Flow" kann vielfältig interpretiert werden. Die einfachste Form **"Cash-Flow aus dem Ergebnis" ist für die Kennzahlen relevant** und stellt sich so dar:

Ergebnis der gewöhnliche Geschäftstätigkeit (= EGT)
+ Zuführung Rückstellungen, die langfristig zu keinen Ausgaben führen (z.B. Pensionsrückstellungen)
- Auflösung Rückstellungen, die langfristig zu keinen Einnahmen führen
+ Abschreibungen
= **Cash-Flow aus dem Ergebnis (für Kennzahlen relevant)**

Eine weitere Cash-Flow-Definition im Rahmen der Kapitalflussrechnung (Cash-Flow aus der laufenden Geschäftstätigkeit) findet sich in den Kapiteln 3.4. und 6.2.

☞ Der Cash-Flow aus dem Ergebnis für Kennzahlen ist nur bei **mäßig wachsenden oder sinkenden Umsätzen ein wahrheitsgetreuer Maßstab. Bei starken Umsatzanstiegen,** etwa in der Gründungsphase, geben diese Indikatoren die **wirkliche Zahlungsfähigkeit zu hoch** an. Umgekehrt ist bei **starken Umsatzrückgängen mehr Geld in der Kasse,** als man aufgrund des obigen Cash-Flow erwarten darf. Abhilfe bringen in diesen Fällen:

- kürzere Perioden (Monat, Quartal), um die Spitzenwerte zu kennen;
- ein erweiterter Cash-Flow, nämlich der Cash-Flow aus der laufenden Geschäftstätigkeit (= Cash-Flow aus dem Ergebnis +/- Veränderungen im kurzfristigen Umlaufvermögen und bei den kurzfristigen Verbindlichkeiten).

3.2.5.2. Skontoaufwand in % des Umsatzes

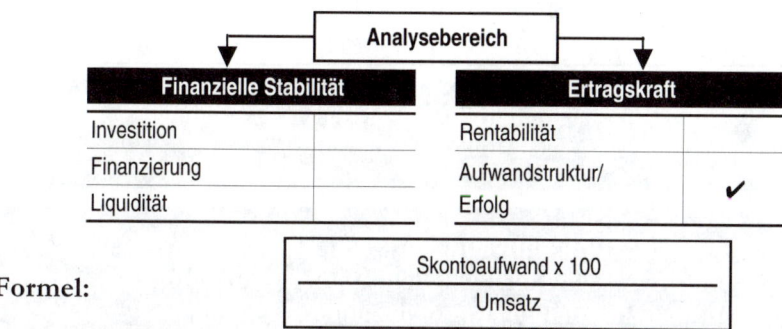

Formel:

$$\frac{\text{Skontoaufwand} \times 100}{\text{Umsatz}}$$

Die Kennzahl "Kundenskonto in % des Umsatzes" kann meistens nicht direkt aus dem Jahresabschluss abgeleitet werden, weil der Kundenskonto mit dem Fakturenumsatz kompensiert wird. Die notwendige Detailinformation erhält man **mit großer Wahrscheinlichkeit** aus dem Anhang.

Die folgende Tabelle zeigt, wie hoch der Kundenskonto - in Abhängigkeit von der durchschnittlichen Verweildauer und den tolerierten Zahlungskonditionen - maximal sein dürfte.

Zahlungskonditionen

	(Szenario 1)	**(Szenario 2)**
Offiziell:	30 Tage .... netto	60 Tage .... netto
	10 Tage 3%	30 Tage 2%
Toleriert:	45 Tage .... netto	75 Tage .... netto
	15 Tage 3%	45 Tage 2%

Tabelle: Interdependenzen zwischen Verweildauer Kundenforderungen und Kundenskonto

Szenario 1		Szenario 2	
Bei einer **durch-schnittlichen** Verweildauer der Kundenforderungen von ..... Tagen	..... dürfte der Skontoaufwand **in %** **des Umsatzes** höchstens ..... % betragen	Bei einer **durch-schnittlichen** Verweildauer der Kundenforderungen von ..... Tagen	..... dürfte der Skontoaufwand **in %** **des Umsatzes** höchstens ..... % betragen
10 Tg.	3,0%	40 Tg.	2,0%
15 Tg.	3,0%	45 Tg.	2,0%
20 Tg.	2,5%	50 Tg.	1,7%
25 Tg.	2,0%	55 Tg.	1,3%
30 Tg.	1,5%	60 Tg.	1,0%
35 Tg.	1,0%	65 Tg.	0,7%
40 Tg.	0,5%	70 Tg.	0,3%
45 Tg.	0,0%	75 Tg.	0,0%
50 Tg.	0,0%	80 Tg.	0,0%

 Es ist **immer** mit den tolerierten (nicht offiziellen) Zahlungskonditionen zu rechnen; die offiziellen sind nicht relevant.

 Sollte der Ist-Skontoaufwand stark von obigen Sollwerten abweichen, ist die Ursache festzustellen, und es sind sofort Korrekturmaßnahmen einzuleiten (Kunden zahlen verspätet und beanspruchen trotzdem - ungerechtfertigt - Skonto).

3.2.5.3.   Materialintensität, Warenintensität

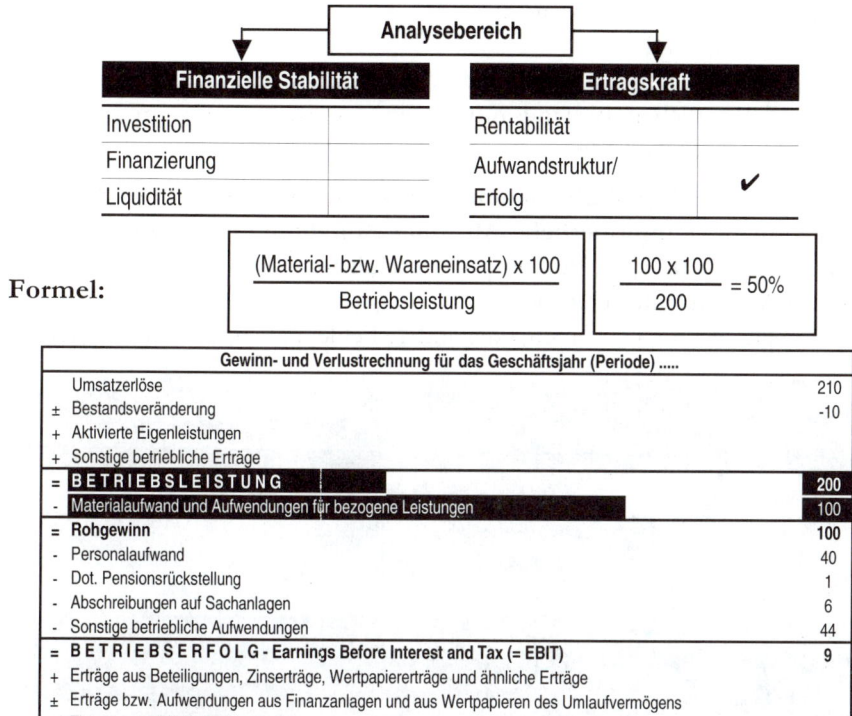

Analysebereich		
Finanzielle Stabilität		**Ertragskraft**
Investition		Rentabilität
Finanzierung		Aufwandstruktur/
Liquidität		Erfolg ✔

Formel:
$$\frac{(\text{Material- bzw. Wareneinsatz}) \times 100}{\text{Betriebsleistung}} \qquad \frac{100 \times 100}{200} = 50\%$$

Gewinn- und Verlustrechnung für das Geschäftsjahr (Periode)	
Umsatzerlöse	210
± Bestandsveränderung	-10
+ Aktivierte Eigenleistungen	
+ Sonstige betriebliche Erträge	
= **BETRIEBSLEISTUNG**	**200**
- Materialaufwand und Aufwendungen für bezogene Leistungen	100
= **Rohgewinn**	**100**
- Personalaufwand	40
- Dot. Pensionsrückstellung	1
- Abschreibungen auf Sachanlagen	6
- Sonstige betriebliche Aufwendungen	44
= **BETRIEBSERFOLG - Earnings Before Interest and Tax (= EBIT)**	9
+ Erträge aus Beteiligungen, Zinserträge, Wertpapiererträge und ähnliche Erträge	
± Erträge bzw. Aufwendungen aus Finanzanlagen und aus Wertpapieren des Umlaufvermögens	
- Zinsen und ähnliche Aufwendungen	4
= **FINANZERFOLG**	**4**
= **ERGEBNIS DER GEWÖHNLICHEN GESCHÄFTSTÄTIGKEIT (= EGT)**	**5**

Wie hoch ist sie in den Hauptbranchen?

Die Material- bzw. Warenintensität ist eine der wenigen Kennzahlen, die stark branchenabhängig ist. Selbst innerhalb einer Branche schwankt sie noch immer stark, weil die Fertigungstiefe (Eigenfertigung/Fremdbezug) unterschiedlich sein kann und bei Handelsbetrieben der Standort (exklusives Innenstadtgeschäft/ normales Geschäft am Stadtrand oder in der Provinz) eine wesentliche Rolle spielt.

Was sagt die Waren- bzw. Materialintensität aus?

Die Material- bzw. Warenintensität drückt die Material- bzw. Warenkosten (Einsatz) in % zur Betriebsleistung aus.

☞ **Achtung, wichtiger Check: Wie entwickelte sich die Material- bzw. Warenintensität während der letzten Jahre?**

Die **Materialkosten** (der Materialeinsatz) bzw. **der Wareneinsatz** sollten **bei jeder Bilanzanalyse besonders beachtet** werden, weil

- der Material- bzw. Wareneinsatz die größte oder zweitgrößte Aufwandsposition ist und
- die Richtigkeit des Material- bzw. Warenwertes sehr von der Genauigkeit der körperlichen Bestandsaufnahmen am Anfang und am Ende des Berichtsjahres abhängt.

Daher ist hier eine **Plausibilitätskontrolle zwingend** durchzuführen. Konkret wird empfohlen, **kontinuierliche Ab- oder Zunahmen der Material- bzw. Warenintensität ab +/- 2 Prozentpunkten jährlich kritisch zu analysieren.** Eventuell wurden unterschiedliche Bewertungsansätze bei den einzelnen Bestandsaufnahmen vorgenommen, oder andere Fehler haben sich eingeschlichen.

☞ **Kontinuierlich fallende Material-** und **Warenintensitäten** lassen auf eine **Verlustverdeckung** schließen. Der tatsächlich erwirtschaftete Gewinn ist niedriger als der ausgewiesene; es werden stille Reserven bei den Vorräten aufgelöst, bzw. es erfolgt eine Überbewertung der Vorratsbestände.

Kontinuierlich steigende Material- und Warenintensitäten lassen auf eine **Gewinnverdeckung** schließen. Der tatsächlich erwirtschaftete Gewinn ist höher als der ausgewiesene. Es werden stille Reserven bei den Vorräten gebildet, bzw. es erfolgt eine Unterbewertung der Vorräte.

Besondere Vorsicht bei Unternehmensbewertungen
Bei allen Unternehmensbewertungen, gleichgültig ob auf historischen Werten basierend oder zukunftsorientiert, ist eine strenge Beobachtung der Waren- bzw. Materialintensität im Zeitverlauf ein absolutes MUSS. **Kann für eine höhere, kontinuierlich stattfindende Reduktion der Materialintensität kein plausibler Grund gefunden werden, dann sind die Erfolge**, die Hauptbasis für den Unternehmenswert, **inakzeptabel. Würde man diese Tatsache ignorieren, wäre eine ungerechtfertigte Überbewertung die Folge.**

Materialintensität: Entwicklung beobachten!
Die folgenden Tabellen zeigen, welche Fehleinschätzung der Ertragskraft möglich ist, wenn der Beobachtung der Materialintensität im Zeitverlauf keine Bedeutung beigemessen wird. Statt der in der Bilanz ausgewiesenen Gewinne müssen eventuell schon Verluste in Kauf genommen werden.

Verdächtige Entwicklung der Materialintensität

Jahr	Betriebs-leistung in GE (= 100%)	Material-intensität im Zeit-verlauf	Material-einsatz in GE	Gewinn in GE
1995	1.000	50%	500	48
1996	1.100	48%	528	52
1997	1.050	46%	483	52
1998	1.120	44%	493	55
1999	1.150	41%	472	57

Normale Entwicklung der Materialintensität

Jahr	Betriebs-leistung in GE (= 100%)	Material-intensität im Zeit-verlauf	Material-einsatz in GE	Gewinn in GE	Verlust in GE
1995	1.000	50%	500	48	
1996	1.100	49%	539	41	
1997	1.050	48%	504	31	
1998	1.120	50%	560		12
1999	1.150	48%	552		23

☞ Es ist nicht unmöglich, aber eher unwahrscheinlich, dass sich die Material-intensität eines Produktionsbetriebes innerhalb von fünf Jahren von 50% auf 41% reduziert.

Plausible Gründe für eine starke Reduktion der Materialintensität im Zeitverlauf sind z.B.:

- Wesentliche Änderungen des Produktionsprogramms bzw. des Sales-Mix, etwa mit dem Ziel, deckungsbeitragsstarke Produkte bzw. Warengruppen zu forcieren.
- Meist gilt der Grundsatz: Je höher der Stückdeckungsbeitrag, desto niedriger die Material- bzw. Warenkosten.
- Erfolgreich durchgeführte Wertanalysen (leider eher selten).
- Günstigere Einkaufsquellen, ohne den Einkaufsvorteil an die Kunden weitergeben zu müssen.
- Neue Produktionsverfahren (nach erfolgreicher Investition bzw. Innovation), ohne einen eventuellen Rationalisierungsnutzen im Materialbereich (etwa bedingt durch starken Konkurrenzdruck) an die Kunden voll weitergeben zu müssen.
- Teile der Produkte, die man bisher fremd zugekauft hat, werden nun wieder selbst erzeugt (Umschichtung von Fremdbezug auf Eigenfertigung).

3.2.5.4. Aufwendungen für bezogene Leistungen in % der Betriebsleistung

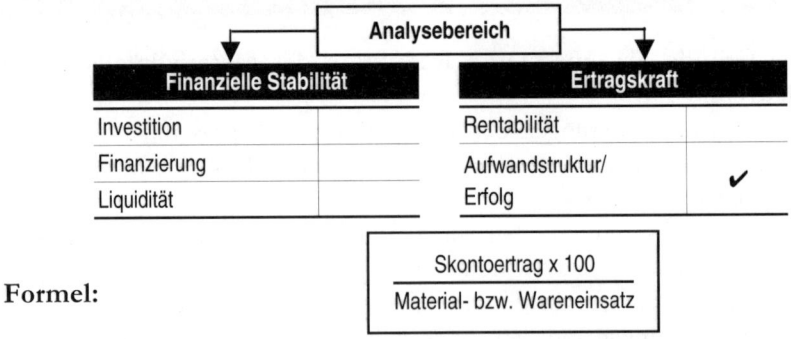

Formel:

$$\frac{\text{Aufwendungen für bezogene Leistungen x 100}}{\text{Betriebsleistung}}$$

Bei Handwerks- und Industriebetrieben können die Aufwendungen für bezogene Leistungen (Verzinker, Isolierer, Oberflächenbearbeitung usw.) gemessen am Materialeinsatz relativ hoch sein. In solchen Fällen ist es zweckmäßig, den Aufwand für bezogene Leistungen getrennt von den Materialkosten darzustellen. In der Kennzahl "Materialintensität" können Materialkosten und Aufwand für bezogene Leistungen zusammen in ein Prozentverhältnis zur Betriebsleistung gesetzt werden; sie können aber auch einzeln der Betriebsleistung gegenübergestellt werden.

3.2.5.5. Skontoertrag in % des Material-/Wareneinsatzes

Formel:

$$\frac{\text{Skontoertrag x 100}}{\text{Material- bzw. Wareneinsatz}}$$

Diese Kennzahl kann meist nicht aus dem Jahresabschluss abgeleitet werden, weil der Lieferantenskonto mit dem Waren- bzw. Materialeinsatz kompensiert wird. Die notwendige Detailinformation erhält man aus dem Anhang.

Die folgende Tabelle zeigt, wie hoch der Skontoertrag - in Abhängigkeit von durchschnittlicher Verweildauer und tolerierter Zahlungskondition - mindestens sein muss.

Zahlungskonditionen

	(Szenario 1)	**(Szenario 2)**
Offiziell:	30 Tage .... netto	60 Tage .... netto
	10 Tage 3%	30 Tage 2%
Toleriert:	45 Tage .... netto	75 Tage .... netto
	15 Tage 3%	45 Tage 2%

Tabelle: Interdependenzen zwischen Lieferanten-Verweildauer und Skontoertrag

Bei einer **durchschnittlichen** Verweildauer der Lieferantenverbindlichkeiten von ..... Tagen	Szenario 1	Szenario 2
	..... müsste der Skontoertrag **in % des Einsatzes** mindestens ..... % betragen	
10 Tg.	3,0%	
15 Tg.	3,0%	
20 Tg.	2,5%	
25 Tg.	2,0%	
30 Tg.	1,5%	
35 Tg.	1,0%	
40 Tg.	0,5%	2,0%
45 Tg.	0,0%	2,0%
50 Tg.	0,0%	1,7%
55 Tg.		1,3%
60 Tg.		1,0%
65 Tg.		0,7%
70 Tg.		0,3%
75 Tg.		0,0%
80 Tg.		0,0%

☞ Sollte der Ist-Skontoertrag von den oben genannten Soll-Skontoerträgen abweichen, muss die Ursache festgestellt und beseitigt werden.

3.2.5.6.   Personalintensität

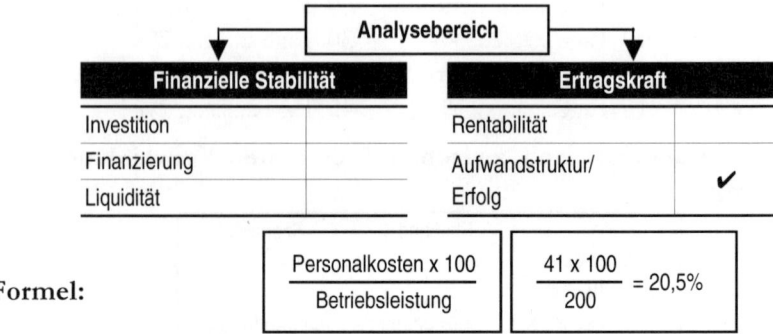

	Analysebereich	

Finanzielle Stabilität		**Ertragskraft**	
Investition		Rentabilität	
Finanzierung		Aufwandstruktur/	✔
Liquidität		Erfolg	

Formel:

$$\frac{\text{Personalkosten x 100}}{\text{Betriebsleistung}} \qquad \frac{41 \text{ x } 100}{200} = 20,5\%$$

Synonyme Bezeichnung:
* **Personalkosten in % der Betriebsleistung**

Gewinn- und Verlustrechnung für das Geschäftsjahr (Periode)	
Umsatzerlöse	210
± Bestandsveränderung	-10
+ Aktivierte Eigenleistungen	
+ Sonstige betriebliche Erträge	
= B E T R I E B S L E I S T U N G	200
- Materialaufwand und Aufwendungen für bezogene Leistungen	100
= Rohgewinn	100
- Personalaufwand	40
- Dot. Pensionsrückstellung	1
- Abschreibungen auf Sachanlagen	6
- Sonstige betriebliche Aufwendungen	44
= B E T R I E B S E R F O L G - Earnings Before Interest and Tax (= EBIT)	9
+ Erträge aus Beteiligungen, Zinserträge, Wertpapiererträge und ähnliche Erträge	
± Erträge bzw. Aufwendungen aus Finanzanlagen und aus Wertpapieren des Umlaufvermögens	
- Zinsen und ähnliche Aufwendungen	4
= F I N A N Z E R F O L G	4
= ERGEBNIS DER GEWÖHNLICHEN GESCHÄFTSTÄTIGKEIT (= EGT)	5

Wie hoch ist sie in den Hauptbranchen?

Auch die Personalintensität ist - wie die Waren- bzw. Materialintensität - sehr stark branchenabhängig. Als grobe Richtlinie können folgende Prozentsätze - bezogen auf die Betriebsleistung - herangezogen werden:

Hauptbranche	Approx. Beurteilung, Grobbewertung		
	gut	mittel	schlecht
Industrie (Erzeugung)	< 25%	25 - 40%	> 40%
Gewerbe (Handwerk)	< 25%	25 - 45%	> 45%
Großhandel	< 12%	12 - 22%	> 22%
Einzelhandel	< 7%	7 - 20%	> 20%

Was sagt die Personalintensität aus?

Die Personalintensität drückt die Personalkosten in % der Betriebsleistung aus.

> ☞ **Entwicklung der Personalintensität beobachten!**
> Die Entwicklung der Personalintensität sollte unbedingt über einen längeren Zeitraum beobachtet werden. Die Personalkosten sind nämlich bei den meisten Unternehmen neben den Material- bzw. Warenkosten die größte Kostenart, die obendrein relativ rasch beeinflussbar (z.B. abbaufähig) ist.

> ☞ **Unternehmerlohn nicht vergessen!**
> Bei Einzelunternehmungen und Personengesellschaften scheinen die mitarbeitenden, voll haftenden Eigentümer **nicht** im Personalaufwand auf; der steuerliche Gewinnausweis ist daher zu hoch.

Die **Berechnung** eines angemessenen **kalkulatorischen Unternehmerlohns** ist einfach.

Es ist das Bruttogehalt eines vergleichbaren Managers einschließlich aller Nebenkosten anzusetzen. Schließlich wird auf das Ganze noch ein 20- bis 40-prozentiger Dispositionszuschlag hinzugerechnet.

In Österreich kann das z.B. so aussehen:

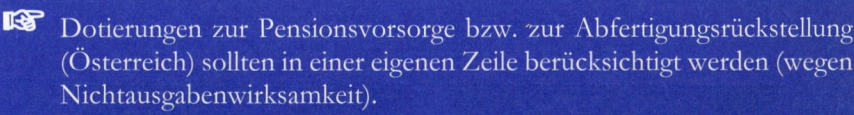

	Bruttogehalt vergleichbarer Manager p.m.	40.000	ATS
x	14 Gehälter x 1,3 Nebenkostenfaktor[*]	728.000	ATS
+	25% Dispositionszuschlag	182.000	ATS
=	Kalk. Unternehmerlohn	910.000	ATS

*) *Gehaltsnebenkosten sind nicht zu berücksichtigen, wenn Krankenkassen und Pensionsbeiträge des Unternehmens im Aufwand enthalten sind.*

> ☞ Dotierungen zur Pensionsvorsorge bzw. zur Abfertigungsrückstellung (Österreich) sollten in einer eigenen Zeile berücksichtigt werden (wegen Nichtausgabenwirksamkeit).

3.2.5.7. Konsolidierte Beobachtung von Material- und Personalintensität bzw. Waren- und Personalintensität

Die **Material- bzw. Warenintensität** ist eine der wenigen Kennzahlen, die **stark branchenabhängig** ist. Selbst in der gleichen Branche schwankt sie noch immer stark, **weil die Fertigungstiefe** (Eigenfertigung/Fremdbezug) **unterschiedlich** sein kann und bei Handelsbetrieben der Standort (exklusives Innenstadtgeschäft, normales Geschäft am Stadtrand oder in der Provinz) eine wesentliche Rolle spielt. Betriebe mit niedriger Material- bzw. Warenintensität haben häufig eine höhere Personalintensität und umgekehrt. Es ist plausibel, dass zwischen Material- und Warenintensität einerseits und Personalintensität andererseits ein gewisser Zusammenhang besteht. Deshalb ist es meistens sinnvoll, die Material-

bzw. Warenintensität und die Personalintensität zunächst einzeln, anschließend aber auch zusammen zu betrachten.

Beispiele

Ein Bauunternehmen kann entweder Mauerblöcke und Fahrbeton zukaufen oder diese Produkte selbst erzeugen. Kauft das Unternehmen zu, hat es höhere Materialkosten und geringere Personalkosten, erzeugt es selbst, dann ist es gerade umgekehrt.

Ein Einzelhandelsgeschäft in einer vornehmen Gegend hat einen höheren Rohgewinn und damit eine geringere Warenintensität als ein gleichartiges Geschäft am Stadtrand oder am Land. Dafür werden die Personalkosten und gewisse Sachkosten (z.B. Miete, Beleuchtung) im City-Geschäft höher sein.

Die Beispiele ließen sich beliebig fortsetzen. Die Erkenntnisse daraus sind:

1. Vergleiche zuerst Material- bzw. Warenintensität und Personalintensität einzeln!
2. Sollte im Branchenvergleich die Materialintensität um einige Prozentpunkte höher sein und dafür die Personalintensität um einige Prozentpunkte niedriger, dann zähle Material- und Personalintensität zusammen und vergleiche dann nochmals! **Ergibt sich jetzt noch immer eine größere Abweichung, muss analysiert und reagiert werden. Die Ursache liegt dann meist im Personal- und nicht im Materialbereich.**

3.2.5.8.   Fremkapitalzinsen in % der Betriebsleistung

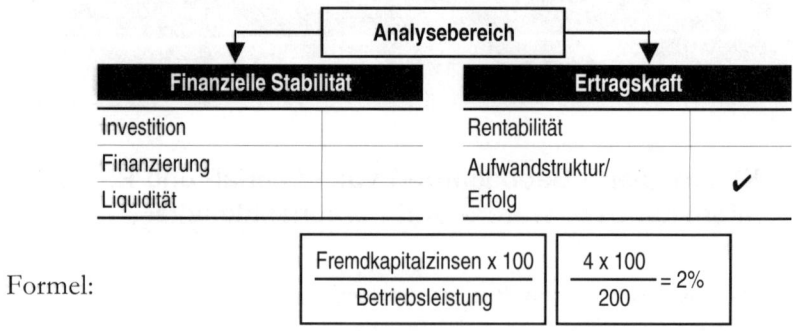

Formel:

Gewinn- und Verlustrechnung für das Geschäftsjahr (Periode)	
Umsatzerlöse	210
± Bestandsveränderung	-10
+ Aktivierte Eigenleistungen	
+ Sonstige betriebliche Erträge	
= **BETRIEBSLEISTUNG**	**200**
- Materialaufwand und Aufwendungen für bezogene Leistungen	100
= Rohgewinn	100
- Personalaufwand	40
- Dot. Pensionsrückstellung	1
- Abschreibungen auf Sachanlagen	6
- Sonstige betriebliche Aufwendungen	44
= **BETRIEBSERFOLG** - Earnings Before Interest and Tax (= EBIT)	9
+ Erträge aus Beteiligungen, Zinserträge, Wertpapiererträge und ähnliche Erträge	
± Erträge bzw. Aufwendungen aus Finanzanlagen und aus Wertpapieren des Umlaufvermögens	
- Zinsen und ähnliche Aufwendungen	**4**
= **FINANZERFOLG**	4
= **ERGEBNIS DER GEWÖHNLICHEN GESCHÄFTSTÄTIGKEIT (= EGT)**	5

Wie hoch ist sie in den Hauptbranchen?

Hauptbranche	Approx. Beurteilung, Grobbewertung		
	gut	mittel	schlecht
Industrie (Erzeugung)			
Gewerbe (Handwerk)	< 2%	2 - 4%	> 4%
Großhandel			
Einzelhandel			

Wenn die Fremdkapitalzinsen mehr als 3% der Betriebsleistung betragen, sollte nach den Ursachen geforscht werden. **Fremdkapitalzinsen von mehr als 4% sind ein Alarmzeichen.** Es sind dann Kredithöhe und Kreditkonditionen zu überprüfen. Eventuell sollten mehr Wechselkredite und begünstigte Investitionskredite in Anspruch genommen werden.

Mit Hilfe der Kennzahlen "Eigenkapitalquote" und "Schuldtilgungsdauer" kann meistens eindeutig festgestellt werden, ob die Kredite zu hoch oder die Konditionen schlecht sind bzw. ob beide Faktoren verbessert werden müssen. **Wenn die Eigenkapitalquote kleiner 10% oder gar negativ ist bzw. die Schuldtilgungsdauer 20 Jahre oder mehr beträgt, dann sind hohe Fremdkapitalzinsen die logische Folge. Bei einer Eigenkapitalquote von 20% oder mehr bzw. bei einer Schuldtilgungsdauer von weniger als fünf Jahren müssten die Fremdkapitalzinsen in % der Betriebsleistung eigentlich deutlich unter 3% (0,5% bis 2,5%) liegen; wenn nicht, sind wahrscheinlich die Kreditkonditionen ungünstig bzw. überprüfungsbedürftig.**

3.2.5.9. Abschreibungen in % der Betriebsleistung

Formel:

$$\frac{\text{Abschreibungen x 100}}{\text{Betriebsleistung}} \qquad \frac{6 \times 100}{200} = 3\%$$

Gewinn- und Verlustrechnung für das Geschäftsjahr (Periode)	
Umsatzerlöse	210
± Bestandsveränderung	-10
+ Aktivierte Eigenleistungen	
+ Sonstige betriebliche Erträge	
= **BETRIEBSLEISTUNG**	**200**
- Materialaufwand und Aufwendungen für bezogene Leistungen	100
= **Rohgewinn**	**100**
- Personalaufwand	40
- Dot. Pensionsrückstellung	1
- Abschreibungen auf Sachanlagen	6
- Sonstige betriebliche Aufwendungen	44
= **BETRIEBSERFOLG** - Earnings Before Interest and Tax (= EBIT)	9
+ Erträge aus Beteiligungen, Zinserträge, Wertpapiererträge und ähnliche Erträge	
± Erträge bzw. Aufwendungen aus Finanzanlagen und aus Wertpapieren des Umlaufvermögens	
- Zinsen und ähnliche Aufwendungen	4
= **FINANZERFOLG**	**4**
= **ERGEBNIS DER GEWÖHNLICHEN GESCHÄFTSTÄTIGKEIT (= EGT)**	**5**

Wie hoch ist sie in den Hauptbranchen?

Hauptbranche	Approx. Beurteilung, Grobbewertung		
	gut	mittel	schlecht
Industrie (Erzeugung)	> 7%	3 - 7%	< 3%
Gewerbe (Handwerk)	< 3%	3 - 5%	> 5%
Großhandel	< 2%	2 - 4%	> 4%
Einzelhandel	< 1%	1 - 3%	> 3%

Allgemeine Bemerkungen

Die Abschreibungen in % der Betriebsleistung sind in ihrer absoluten Höhe und in Bezug auf die Entwicklung im Zeitverlauf zu kontrollieren. Diese Kennzahl müsste bei Einzelhandels- und Großhandelsbetrieben zwischen 1,3% und 2,4% liegen, bei Handwerks-, Dienstleistungs- und Produktionsbetrieben zwischen 3% und 7%. Sollten die Prozentsätze stark unterschritten werden oder im Zeitverlauf stark rückgängig sein, dann besteht die Gefahr, dass das Unternehmen investitionsmäßig ausgehungert wird. Eine andere Erklärung für niedrige Abschreibungen könnte durch verstärktes Leasing gegeben sein. Leasing-Aufwendungen werden manchmal in den Positionen "Mietaufwendungen" oder "sonstiger Aufwand" versteckt. Laut Rechnungslegungs- bzw. Bilanzrichtliniengesetz ist allerdings die Zuordnung der Leasing-Aufwendungen eindeutig geregelt.

> ☞ Größere Leasing-Engagements sollten vor Durchführung der Kennzahlen-analyse offengelegt werden, weil man sonst den Verkürzungseffekt (geringes Anlagevermögen und dadurch geringere Bilanzsumme), den Leasing bei Nichtausweisung in der Bilanz nach sich zieht, nicht richtig abschätzen kann.

Zu hohe Abschreibungen können durch schlechte Auslastung, zu hohe Anlagen-intensität oder durch Fehlinvestitionen verursacht werden. In diesem Fall ist zu prüfen, ob alle Anlagengüter betriebsnotwendig sind und ob etwaige nicht-betriebsnotwendige Anlagen veräußert werden können.

3.2.5.10. Sonstiger Aufwand in % der Betriebsleistung

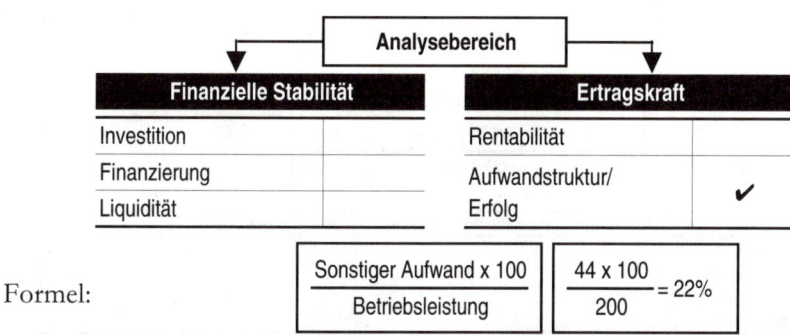

Formel:

$$\frac{\text{Sonstiger Aufwand} \times 100}{\text{Betriebsleistung}} \qquad \frac{44 \times 100}{200} = 22\%$$

Gewinn- und Verlustrechnung für das Geschäftsjahr (Periode)	
Umsatzerlöse	210
± Bestandsveränderung	-10
+ Aktivierte Eigenleistungen	
+ Sonstige betriebliche Erträge	
= **BETRIEBSLEISTUNG**	**200**
- Materialaufwand und Aufwendungen für bezogene Leistungen	100
= **Rohgewinn**	**100**
- Personalaufwand	40
- Dot. Pensionsrückstellung	1
- Abschreibungen auf Sachanlagen	6
- Sonstige betriebliche Aufwendungen	44
= **BETRIEBSERFOLG - Earnings Before Interest and Tax (= EBIT)**	9
+ Erträge aus Beteiligungen, Zinserträge, Wertpapiererträge und ähnliche Erträge	
± Erträge bzw. Aufwendungen aus Finanzanlagen und aus Wertpapieren des Umlaufvermögens	
- Zinsen und ähnliche Aufwendungen	4
= **FINANZERFOLG**	**4**
= **ERGEBNIS DER GEWÖHNLICHEN GESCHÄFTSTÄTIGKEIT (= EGT)**	**5**

Wie hoch ist er in den Hauptbranchen?

Hauptbranche	Approx. Beurteilung, Grobbewertung		
	gut	mittel	schlecht
Industrie (Erzeugung)	< 7%	7 - 20%	> 20%
Gewerbe (Handwerk)	< 11%	11 - 14%	> 14%
Großhandel	< 6%	6 - 15%	> 15%
Einzelhandel	< 12%	12 - 13%	> 13%

3.2.5.11. Umsatzrendite

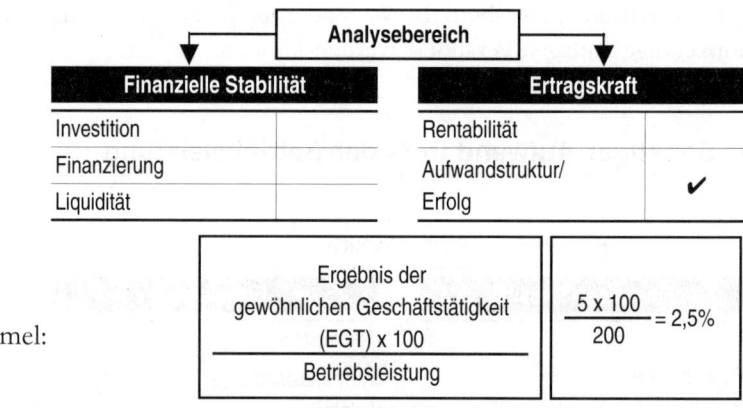

Formel:

$$\frac{\text{Ergebnis der gewöhnlichen Geschäftstätigkeit (EGT)} \times 100}{\text{Betriebsleistung}} \qquad \frac{5 \times 100}{200} = 2,5\%$$

Gewinn- und Verlustrechnung für das Geschäftsjahr (Periode)	
Umsatzerlöse	210
± Bestandsveränderung	-10
+ Aktivierte Eigenleistungen	
+ Sonstige betriebliche Erträge	
= BETRIEBSLEISTUNG	200
- Materialaufwand und Aufwendungen für bezogene Leistungen	100
= Rohgewinn	100
- Personalaufwand	40
- Dot. Pensionsrückstellung	1
- Abschreibungen auf Sachanlagen	6
- Sonstige betriebliche Aufwendungen	44
= BETRIEBSERFOLG - Earnings Before Interest and Tax (= EBIT)	9
+ Erträge aus Beteiligungen, Zinserträge, Wertpapiererträge und ähnliche Erträge	
± Erträge bzw. Aufwendungen aus Finanzanlagen und aus Wertpapieren des Umlaufvermögens	
- Zinsen und ähnliche Aufwendungen	4
= FINANZERFOLG	4
= ERGEBNIS DER GEWÖHNLICHEN GESCHÄFTSTÄTIGKEIT (= EGT)	5

Die Umsatzrendite kann durch die Abschreibungen verzerrt sein. Oft wird die Nutzungsdauer von Sachanlagen bewusst aus Gründen der Steuerschonung verkürzt. Manchmal, wenn die Ertragskraft eines Unternehmens nicht gut ist, wird die Nutzungsdauer des Sachanlagevermögens verlängert, um bessere Ergebnisse auszuweisen.

Weil die Umsatzrendite störanfällig sein kann, wurde im Quicktest nicht sie, sondern die Cash-Flow-Leistungsrate herangezogen.

3.2.5.12. Break-Even-Analyse

Durch die Aufspaltung der Aufwendungen in ihre variablen und fixen Bestandteile und durch die zusätzliche Trennung der fixen Aufwendungen in ausgabenwirksame und nichtausgabenwirksame kann in wenigen Minuten eine stufenweise Deckungsbeitragsrechnung mit Break-Even-Analyse durchgeführt werden.

Die Kennzahlen der Break-Even-Analyse:
- Deckungsbeitragsrate (DBU)
- Cash-Flow-Point (CFP)
- Break-Even-Point (BEP)
- Sicherheitsgrad (= Mengenspielraum)
- Zielumsatz (ZU)

Was ist variabel? Was ist fix?
Die genannten fünf dynamischen Kennzahlen können nur dann ermittelt werden, wenn die Aufwendungen der G&V in ihre fixen und variablen Bestandteile untergliedert werden. Die fixen Bestandteile werden anschließend noch in ausgabenwirksame und nichtausgabenwirksame geteilt. Schließlich wird noch bestimmt, welcher Plangewinn angestrebt wird.
Wie diese Untergliederung im Einzelnen durchgeführt wird, kann aus den Punkten 6, 7 und 8 der "Checkliste für die Aufbereitung des Zahlenmaterials" (siehe Kapitel 2.1.) entnommen werden.
Die Aufteilung der Aufwendungen laut G&V des Testbetriebes in ihre variablen und fixen Bestandteile wird anschließend durchgeführt:

G&V Kunststoffspritzerei				
Aufwandsart	r	Aufwendungen		
		gesamt	variabel	fix
Materialeinsatz	1	100	100	0
Personalkosten	0	40	0	40
Fremdkapitalzinsen	0	4	0	4
Verkaufsprovisionen	1	10	10	0
Energie	0,2	5	1	4
Instandhaltung Maschinen	0,7	4	3	1
Werkzeugverbrauch	1	2	2	0
Sonstiger Aufwand	0	23	0	23
Abschreibungen	0	6	0	6 *)
Dot. Pensionsrückstellungen	1	0	0	1 *)
Gesamt		**195**	**116**	**79**

*) Diese beiden Positionen sind nicht ausgabenwirksam.

Das "r" steht für Reagibilitätsgrad. Unter Reagibilität versteht man das Verhalten der einzelnen Aufwands- bzw. Kostenarten bei Veränderung des Beschäftigungsgrades bzw. Umsatzes. Wenn r = 1, dann handelt es sich um linear variable Kosten, wenn r = 0, um fixe. Beträgt r zum Beispiel 0,2, dann handelt es sich um teilvariable Kosten, die sich bei einer zehnprozentigen Steigerung der Beschäftigung nur um 2% erhöhen. Näheres zum Reagibilitätsgrad kann dem Kapitel 2.1. entnommen werden.

3.2.5.13. Deckungsbeitragsrate (DBU)

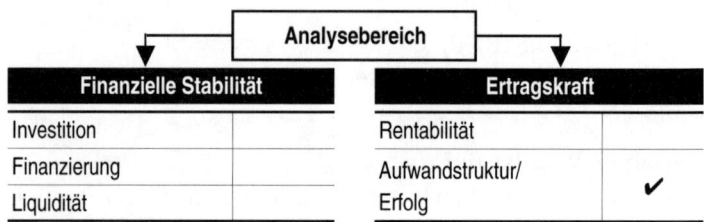

Synonyme Bezeichnungen:

- DB in % der Betriebsleistung (BL)
- DBU-Faktor
- DBU (Deckungsbeitrag in % vom Umsatz)
- Rohgewinn (stellt als Unterschiedsbetrag zwischen Betriebleistung und Einsatz die erste Stufe des DB dar) in % der BL

Formeln:

DBU = $\dfrac{\text{Deckungsbeitrag}}{\text{Betriebsleistung}} \times 100$

DBU-Faktor = $\dfrac{\text{Deckungsbeitrag}}{\text{Betriebsleistung}}$

Die stufenweise Deckungsbeitragsrechnung ist für den Testbetrieb (Kunststofferzeugung) durchgeführt worden.

Stufenweise Deckungs-beitragsrechnung	Testbetrieb	
	Mio. GE	%
Betriebsleistung	200	100%
- Variable Aufwendungen *)	116	58%
= Deckungsbeitrag 1 [DBU]	84	[42%]
- Fixe Aufwendungen, die zu Ausgaben werden *)	72	36%
= DB 2 ["Cash-Flow"]	12	6%
- Nichtausgabenwirksame Aufwendungen *)	7	3,5%
= Gewinn vor ESt.	5	2,5%

*) Es wird unterstellt, dass es sich um so genannte Zweckaufwendungen (= Kosten) handelt.

Die Betriebsleistung setzt man immer mit 100% an. An ihr werden sämtliche Aufwands- bzw. Kostengruppen und Zwischensummen prozentual gemessen. Viele dieser Prozentsätze sind wichtige Kennzahlen und Indikatoren.

Der Deckungsbeitrag 1 ergibt sich als Unterschiedsbetrag zwischen Betriebsleistung und variablen Aufwendungen. Die variablen Aufwendungen leiten sich aus der G&V der Kunststoffspritzerei ab.

Der DBU-Faktor steht in Klammer; er drückt den Deckungsbeitrag in % des Umsatzes bzw. der Betriebsleistung aus. Hier beträgt der DBU 42%, das heißt, je GE Betriebsleistung wird ein Deckungsbeitrag von 0,42 GE erwirtschaftet. Dieser Wert ist für eine Kunststoffspritzerei "normal" bzw. "eher hoch".

Der Deckungsbeitrag 2 ist ein "Cash-Flow", wenn man unterstellt, dass die gesamte Betriebsleistung einnahmenwirksam ist. Diese Unterstellung kann, muss aber nicht realistisch sein.

Der Gewinn vor Ertragsteuern ergibt sich schließlich, wenn man vom Deckungsbeitrag 2 die nichtausgabenwirksamen Aufwendungen (hier: Abschreibungen und Bildung von Pensionsrückstellungen) abzieht.

Der Gewinn vor Ertragsteuern beträgt 5 Mio GE. Stellt man diesen Gewinn der Betriebsleistung gegenüber, dann erhält man die Umsatzrendite, die im Fallbeispiel mit 2,5% ein Mittelwert ist.

Es ist notwendig, die Deckungsbeitragsrate intern permanent zu beobachten. Sie signalisiert Veränderungen in der "Qualität" der Erlöse und der variablen Kosten, insbesondere der Material- und Fremdbezugskosten bzw. der Warenkosten.

Wie hoch ist der DBU in den einzelnen Hauptbranchen?

Hauptbranche	Approx. Beurteilung, Grobbewertung			
	gut	mittel	schlecht	
Industrie (Erzeugung)	> 65%	50 - 65%	< 50%	*)
Gewerbe (Handwerk)	> 35%	27 - 35%	< 27%	**)
Großhandel	> 40%	30 - 40%	< 30%	
Einzelhandel	> 40%	20 - 40%	< 20%	

*) Unter der Annahme, dass Fertigungslohnkosten fix
**) Unter der Annahme, dass direkte Personalkosten variabel

Deckungsbeitragsrate und Break-Even-Analyse

Ohne Deckungsbeitragsrate kann keine Break-Even-Analyse durchgeführt werden.

> ☞ Erst das Arbeiten mit **DBU-Faktoren macht** die Interpretation jeder **G&V dynamisch.** Daher soll die **G&V für die Kennzahlenermittlung immer als stufenweise DB-Rechnung** aufbereitet werden.

Wichtige Zusatzfunktion des DBU-Faktors in Handwerks-, Gewerbe- und Dienstleistungsbetrieben

Der DBU-Faktor ist bei Handwerks-, Gewerbe- und Dienstleistungsbetrieben eine wichtige Kennzahl zur Eingrenzung eventueller Verlustpotentiale. Bei diesen Betrieben ist es in der Praxis üblich, die direkten Lohnkosten (= Lohnkosten für direkte Kundenauftragsstunden) als variabel anzusehen, obwohl das meistens nicht stimmt.

Interpretationsempfehlung

Ist die **Umsatzrendite niedrig oder gar negativ und der DBU ≥ 27%, dann** liegt die Ursache für die schlechte Ertragskraft mit hoher Wahrscheinlichkeit in **zu hohen Fixkosten.**

Wenn der **DBU bei unbefriedigender Umsatzrendite ≤ 25%** beträgt, dann heißt die Diagnose fast immer

- **zu schlechte Preise,**
- **zu hohe Materialkosten,**
- **zu hohe direkte Lohnkosten** durch zu hohes Lohnniveau oder schlechte Arbeitsintensität (= Leistungserbringung erfolgt zu langsam).

Wenn ein Handwerksbetrieb Verluste ausweist, obwohl sein DBU 35% oder mehr beträgt, muss die Fehlerursache bei den Fixkosten (zu hoch) liegen, weil der Deckungsbeitrag zufriedenstellend ist.
Beträgt der DBU hingegen nur 23%, ist eine Verlusterzielung fast immer die logische Folge. Als Verlustursachen sind dann vor allem zu hohe Materialkosten (schlechter Einkauf), zu hohe Lohnkosten (überhöhte Stundenlöhne, niedrige Arbeitsintensität oder beides) oder zu niedrige Preise (falsche Kalkulation oder starke Konkurrenz) zu nennen.

DBU-Faktor als Indikator zum Eingrenzen der Verlustpotentiale in Handwerksbetrieben

Das folgende Fallbeispiel zeigt eine gesunde und zwei kranke Ertragsstrukturen bei Handwerksbetrieben auf. Durch das Wissen um die Höhe des DBU kann man den Suchbereich zum Auffinden der Verlustursache rasch eingrenzen.

> ☞ Weil bei Industriebetrieben die Lohnkosten im Fertigungsbereich meist Bereitschaftscharakter haben, also zeitabhängig bzw. fix sind, gilt die hier gegebene DBU-27%-Empfehlung bei dieser Branchengruppe ebenso wenig wie bei Einzelhandels- und Großhandelsbetrieben.

	GESUND		KRANK, WEIL, ...			
			Fixkosten zu hoch		DB zu niedrig	
	GE 1.000	%	GE 1.000	%	GE 1.000	%
Betriebsleistung	1.000	100%	1.000	100%	1.000	100%
- Materialkosten						
- Fremdleistungen						
- Direkte Lohnkosten	670	67%	650	65%	770	77%
- Sondereinzelkosten						
- Variable Gemeinkosten						
= Deckungsbeitrag [DBU]	330	[33%]	350	[35%]	230	[23%]
- Fixkosten	280	28%	400	40%	280	28%
= Gewinn [Umsatzrendite]	50	[5%]				
= Verlust [negative UR]			-50	-[5%]	-50	-[5%]

Interpretation

Der gesunde Handwerksbetrieb ist deshalb O.K., weil der DBU mit 33% größer 27% ist und die Fixkosten mit 28% normal sind.

Beim ersten kranken Handwerksbetrieb ist der DBU mit 35% noch besser als beim gesunden Konkurrenten, aber die Fixkosten sind viel zu hoch. Die Fehlerursache sollte daher hier bei den Fixkosten beginnen, weil ein DBU von 35% kaum verbesserungsfähig sein wird.

Anders beim zweiten kranken Handwerksbetrieb: Bei einem DBU von nur 23% kann kaum ein Gewinn erzielt werden, auch wenn die Fixkosten "normal" sind. Die Verlustpotentiale schlummern in diesem Fall eindeutig in der Betriebsleistung (zaghafte Vorkalkulation wegen starker Konkurrenz) und/oder den Materialkosten (schlechter Einkauf) bzw. in den direkten Personalkosten (zu hohe Lohnkosten und/oder schlechte Arbeitsintensität bzw. Arbeitsmoral).

3.2.5.14. Cash-Flow-Point in % der Betriebsleistung

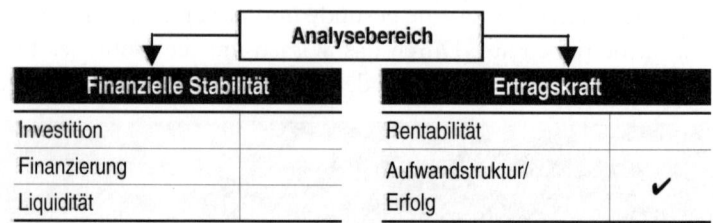

Analysebereich	
Finanzielle Stabilität	**Ertragskraft**
Investition	Rentabilität
Finanzierung	Aufwandstruktur/
Liquidität	Erfolg ✔

Formeln:

$$CFP = \boxed{\frac{\text{Ausgabenwirksame Jahresfixkosten}}{\text{DBU-Faktor}}} \quad \boxed{\frac{72}{42} = 171}$$

$$CFP \text{ in \% der BL} = \boxed{\frac{CFP \times 100}{BL}} \quad \boxed{\frac{171 \times 100}{200} = 85\%}$$

Stufenweise Deckungs-beitragsrechnung	Testbetrieb	
	Mio. GE	%
Betriebsleistung	200	100,0%
- Variable Aufwendungen	116	58,0%
= Deckungsbeitrag 1 [DBU]	84	[42%]
- Fixe Aufwendungen, die zu Ausgaben werden	72	36,0%
= DB 2 ["Cash-Flow"]	12	6,0%
- Nichtausgabenwirksame Aufwendungen	7	3,5%
= Gewinn vor ESt.	5	2,5%

Break-Even-Analyse	Testbetrieb	
	Mio. GE	%
Cash-Flow-Point	171	85,7%
Break-Even-Point	188	94,0%
Sicherheitsgrad (Mengenspielraum)	12	6,0%
Zielumsatz, wenn Plan-umsatzrendite 5% sein soll	214	107,0%

Wie hoch ist er in den Hauptbranchen?

Für diese Kennzahl gibt es keine direkten Branchenvergleichswerte. Der **Cash-Flow-Point in % der Betriebsleistung** sollte jedenfalls kleiner 100% sein, sonst wurde der Cash-Flow-Point nicht erreicht (= negativer Cash-Flow).

Was sagt der Cash-Flow-Point aus?

Der Cash-Flow-Point zeigt auf, wie hoch der Umsatz sein müsste, um nur die ausgabenwirksamen Kosten zu erwirtschaften. Nicht ausgabenwirksam sind die

Abschreibungen und jener Teil von Rückstellungsdotierungen, die langfristig sind.

Der Cash-Flow-Point ist eine Art Untergrenze für kurzfristige Betrachtungen. Ist die Betriebsleistung niedriger als der Cash-Flow-Point, dann fließt Geld aus dem Betrieb ab, was durch Einlagen, Aufnahme von Krediten bzw. durch Abbau von Umlaufvermögen (Vorräte, Kundenforderungen) wieder aufgefüllt werden muss. Hierbei wird unterstellt, dass sämtliche Vermögensbestandteile und das Fremdkapital unverändert bleiben; diese Unterstellung ist ein wenig praxisfremd.

> ☞ Der Cash-Flow-Point, manchmal auch "Out Of Pocket Point" genannt, kann keinen Finanzplan ersetzen, weil er nur eine finanzwirtschaftliche Durchschnittsbetrachtung darstellt.

3.2.5.15. Break-Even-Point in % der Betriebsleistung

Analysebereich			
Finanzielle Stabilität		**Ertragskraft**	
Investition		Rentabilität	
Finanzierung		Aufwandstruktur/	✔
Liquidität		Erfolg	

Formeln:

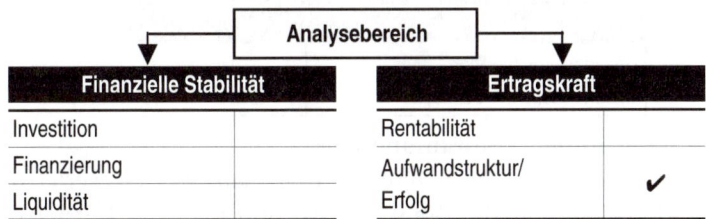

$$BEP = \frac{\text{Gesamte Jahresfixkosten}}{\text{DBU-Faktor}} \quad\quad \frac{72 + 7}{42} = 188$$

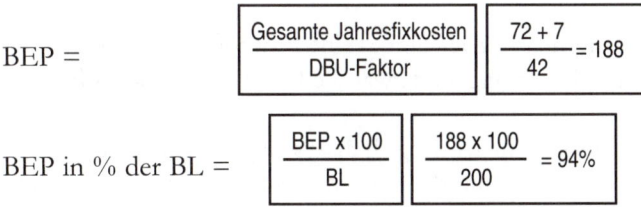

$$BEP \text{ in \% der BL} = \frac{BEP \times 100}{BL} \quad\quad \frac{188 \times 100}{200} = 94\%$$

Stufenweise Deckungs-beitragsrechnung	Testbetrieb	
	Mio. GE	%
Betriebsleistung	200	100,0%
- Variable Aufwendungen	116	58,0%
= Deckungsbeitrag 1 [DBU]	84	[42%]
- Fixe Aufwendungen, die zu Ausgaben werden	72	36,0%
= DB 2 ["Cash-Flow"]	12	6,0%
- Nichtausgabenwirksame Aufwendungen	7	3,5%
= Gewinn vor ESt.	5	2,5%

Break-Even-Analyse	Testbetrieb	
	Mio. GE	%
Cash-Flow-Point	171	85,7%
Break-Even-Point	188	94,0%
Sicherheitsgrad (Mengenspielraum)	12	6,0%
Zielumsatz, wenn Plan-umsatzrendite 5% sein soll	214	107,0%

Wie hoch ist er in den Hauptbranchen?

Für diese Kennzahl stehen keine direkten Branchenvergleichswerte zur Verfügung. Grundsätzlich sollte der **Break-Even-Point in % der Betriebsleistung** jedoch kleiner als 100% sein, sonst wurde der Mindestumsatz nicht erreicht (Verlust).

Für erfolgreiche Unternehmungen gibt es eine Empfehlung für den Break-Even-Point in % der Betriebsleistung, und zwar die Kennzahl **Sicherheitsgrad** (siehe nächste Seite).

Da in Zeiten der Rezession auch geringe Umsatzsteigerungen nicht leicht realisiert werden können, ist es notwendig, die Erkenntnisse der Break-Even-Analyse auch alternativ zu interpretieren, und zwar:

In welchem Umfang müssen die Fixkosten gesenkt bzw. muss die Deckungsbeitragsrate (DBU) erhöht werden, damit beim individuellen Preis-Kosten-Gefüge der gewünschte Plangewinn bzw. die angestrebte Plan-Umsatzrendite erreicht wird?

Anwendungsbeispiel

Die Betriebsleistung kann nicht erhöht werden. Die Plan-Umsatzrendite soll 3% betragen.

- **Szenario 1:** Um wie viel müssen die Fixkosten gesenkt werden?
  Antwort: Um 160.000 GE
- **Szenario 2:** Um wie viel muss der DBU erhöht werden?
  Antwort: Um 8 Prozentpunkte

- **Szenario 3:** Um wie viel müssen die Fixkosten gesenkt werden, wenn der DBU nur um 4 Prozentpunkte erhöht werden kann?
  Antwort: Um 80.000 GE
- **Szenario 4:** Um wie viel muss der DBU erhöht werden, wenn die Fixkosten nur um 100.000 GE gesenkt werden können?
  Antwort: Um 3 Prozentpunkte

STUFENWEISE DB-RECHNUNG	Ist		Szenario 1		Szenario 2		Szenario 3		Szenario 4	
	1.000GE	%	1.000GE	%	1.000GE	%	1.000GE	%	1.000GE	%
Betriebsleistung	2.000	100%	2.000	100%	2.000	100%	2.000	100%	2.000	100%
- Variable Kosten	700	35%	700	35%	540	27%	620	31%	640	32%
= DB (DBU)	1.300	(65%)	1.300	(65%)	1.460	(73%)	1.380	(69%)	1.360	(68%)
- Fixkosten	1.400	70%	1.240	62%	1.400	70%	1.320	66%	1.300	65%
= EGT	-100	-5%	60	3%	60	3%	60	3%	60	3%
Break-Even-Point	2.154	107,7%	1.908	95,4%	1.918	95,9%	1.913	95,7%	1.912	95,6%
Sicherheitsgrad		-7,7%		4,6%		4,1%		4,3%		4,4%

Die gegenüber dem Ist-Zustand veränderten Fixkosten bzw. DBU-Faktoren wurden invers dargestellt.

Sicherheitsgrad

Der Sicherheitsgrad gibt an, um wie viel Prozent der Umsatz zurückgehen kann, bevor der Break-Even-Point (= Mindestumsatz) erreicht ist. **Der Sicherheitsgrad soll mehr als 10% betragen.** Die erfolgreichsten Betriebe (Benchmarks) weisen sogar einen Sicherheitsgrad um die 25% aus. Das ist der Fall, wenn die Fixkosten höchstens 90% bzw. gar nur 75% des Deckungsbeitrages betragen oder - anders ausgedrückt - wenn 10% bzw. 25% vom Deckungsbeitrag nach Abzug der Fixkosten für den Gewinn übrigbleiben.

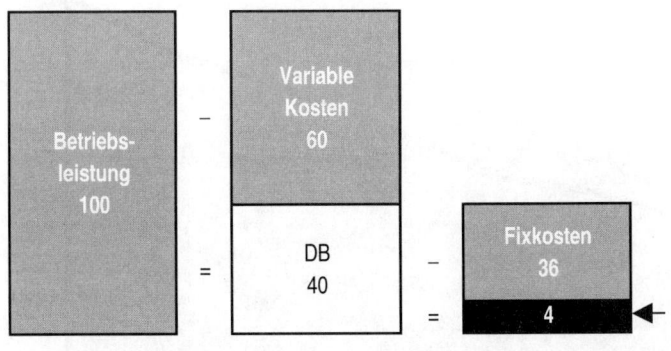

hier: 10% Sicherheitsgrad = Gewinn = 4
25% Sicherheitsgrad = Gewinn = 10

Ein Sicherheitsgrad von weniger als 3% ist alarmierend, weil bereits kleine Umsatzrückgänge das Unternehmen in die Verlustzone schlittern lassen können. **Vorsicht ist geboten!**

Formel:

$$Sicherheitsgrad = 100 - \frac{Break\text{-}Even\text{-}Point \times 100}{Betriebsleistung}$$

Der Sicherheitsgrad sollte permanent beobachtet werden, weil es nicht nur auf die Höhe des Gewinnes ankommt, sondern auch darauf, mit welcher Sicherheit er erzielt wird.

Folgende Faktoren erhöhen den Sicherheitsgrad und verbessern ihn damit:

- Erhöhung der Betriebsleistung (durch höhere Verkaufspreise, höhere Verkaufsmengen oder durch beides),
- Senkung des Break-Even-Point (durch höhere Verkaufspreise, niedrigere Fixkosten, höhere Deckungsbeitragsrate).

Synonyme Bezeichnung:

- Mengenspielraum

Break-Even-Point-Erreichung

Eine vernünftige Ergänzung findet die Sicherheitsgrad-Philosophie durch eine laufende Kontrolle des kumulativen Ist-Umsatzes am Break-Even-Point. Durch die Break-Even-Point-Erreichungsformel

$$\frac{Kumulierter\ Ist\text{-}Umsatz}{Break\text{-}Even\text{-}Point} \times 100$$

wird der bisher erzielte Ist-Umsatz in % des Mindestumsatzes ausgedrückt. Diese permanente (monatliche) Erfolgskontrolle eignet sich sehr gut für eine graphische Darstellung:

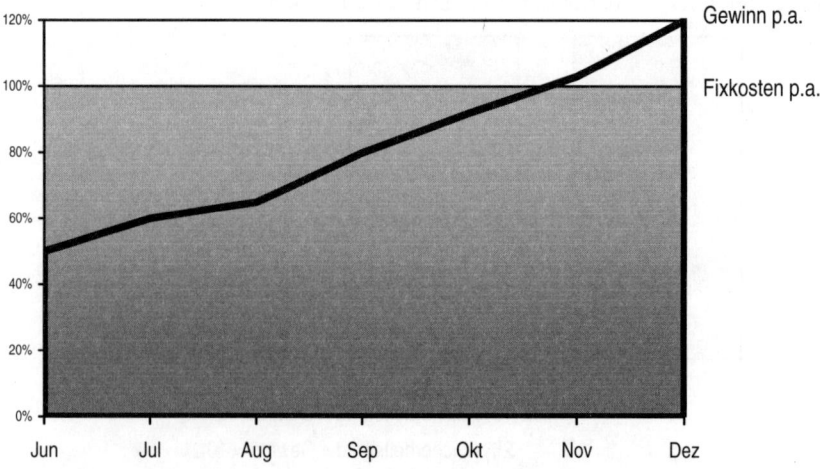

☞ Die Fixkosten könnten auch monatlich dargestellt werden; der graue Fixkostenbereich steigt dann stufenförmig an. Man erhält damit auch eine Aussage über die kumulierten Monatserfolge.
In obiger Graphik werden die Jahresfixkosten im November vom Deckungsbeitrag erreicht; ab diesem Zeitpunkt ist der Deckungsbeitrag zur Gänze Gewinn.

Interdependenzen zwischen Sicherheitsgrad, DBU-Faktor und Umsatzrendite

Die Zusammenhänge zwischen Sicherheitsgrad, DBU-Faktor und Umsatzrendite werden durch folgende Formeln transparent:

Sicherheitsgrad	x	DBU-Faktor	=	**Umsatzrendite**
oder Umsatzrendite	:	DBU-Faktor	=	**Sicherheitsgrad**
oder Umsatzrendite	:	Sicherheitsgrad	=	**DBU-Faktor**

Setzt man in obige Formeln ein, dann ergeben sich Werte, die mit jenen in der Prozentspalte der stufenweisen Deckungsbeitragsrechnung übereinstimmen:

$6,0^{*)}$	x	$0,42^{**)}$	=	2,5% Umsatzrendite
2,5	:	$0,42^{**)}$	=	6,0% Sicherheitsgrad$^{*)}$
2,5	:	$6\%^{*)}$	=	0,42 DBU-Faktor$^{**)}$

$^{*)}$ Der **Sicherheitsgrad** errechnet sich durch Subtraktion des Break-Even-Point in % der Betriebsleistung von 100.

$^{**)}$ Der **DBU-Faktor** ergibt sich, wenn man den DB in % der Betriebsleistung durch 100 dividiert.

3.2.5.16. Zielumsatz in % der Betriebsleistung

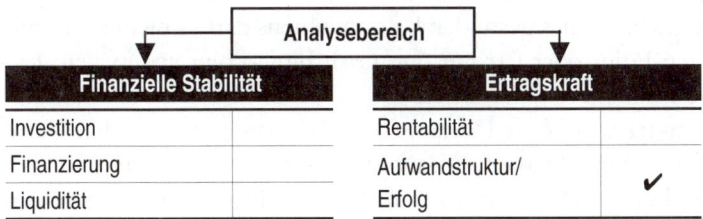

Formeln:

Zielumsatz, wenn Plan-Umsatzrendite vorgegeben ist:

$$\frac{\text{Gesamte Jahresfixkosten}}{\dfrac{\text{DBU}}{100} - \dfrac{\text{Plan-Umsatzrendite (UR)}}{100}} \qquad \frac{79}{0,42 - 0,05} = 214$$

Zielumsatz, wenn Plangewinn vorgegeben ist:

$$\frac{\text{Gesamte Jahresfixkosten} + \text{Plangewinn}}{\text{DBU-Faktor}} \qquad \frac{79 + 11}{0,42} = 214$$

Zielumsatz in % der Betriebsleistung:

$$\frac{\text{Zielumsatz} \times 100}{\text{BL}} \qquad \frac{214 \times 100}{200} = 107\%$$

Stufenweise Deckungs-beitragsrechnung	Testbetrieb	
	Mio. GE	%
Betriebsleistung	200	100%
- Variable Aufwendungen	116	58%
= Deckungsbeitrag 1 [DBU]	84	[42%]
- Fixe Aufwendungen, die zu Ausgaben werden	72	36%
= DB 2 ["Cash-Flow"]	12	6%
- Nichtausgabenwirksame Aufwendungen	7	3,5%
= Gewinn vor ESt.	5	2,5%

Break-Even-Analyse	Testbetrieb	
	Mio. GE	%
Cash-Flow-Point	171	85,7%
Break-Even-Point	188	94,0%
Sicherheitsgrad (Mengenspielraum)	12	6,0%
Zielumsatz, wenn Plan-Umsatzrendite 5% sein soll	214	107,0%

Was sagt der Zielumsatz aus?

Langfristiges Ziel eines gesunden Unternehmens darf es nicht sein, lediglich den Break-Even-Point oder gar nur den Cash-Flow-Point anzupeilen. Es gilt vielmehr, Gewinne zu erwirtschaften.

Als Zielumsatz wird jener Umsatz (Betriebsleistung) verstanden, der einen bestimmten Gewinn inkludiert. Dieser (Plan-)Gewinn kann entweder als absoluter Wert oder in einem Prozentsatz zum Umsatz (Plan-Umsatzrendite) angegeben werden.

3.3. Plausibilitätskontrolle durch Wachstumsanalyse

Bei der Wachstumsanalyse werden alle relevanten Positionen der Bilanz und Erfolgsrechnung (G&V) von mindestens zwei Perioden gegenübergestellt. Alle Werte der älteren (ersten) Periode erhalten den Index 100, die Werte der Folgeperioden werden in ein Prozentverhältnis zur ersten Periode gesetzt. Ein Index von 121 bedeutet 21% Anstieg, ein Index von 80 20% Rückgang.

Die folgende Tabelle zeigt eine Wachstumsanalyse, die anschließend kurz kommentiert wird.

Wachstumsanalyse	Werte in Mio GE			Index		
	VVJ	VJ	LJ	VVJ	VJ	LJ
Bilanz:						
Anlagevermögen	14	17	20	100	121	143
Umlaufvermögen						
Kundenforderungen	25	20	15	100	80	60
Vorräte	49	56	60	100	114	122
Sonstiges	7	6	5	100	86	71
Eigenkapital	25	25	20	100	100	80
Fremdkapital, lfr.	15	25	20	100	167	133
Fremdkapital, kfr.	55	49	60	100	89	109
Bilanzsumme	95	99	100	100	104	105
G&V:						
Betriebsleistung	180	190	200	100	106	111
Materialeinsatz	95	97	100	100	102	105
SOEK des Vertriebes	12	15	16	100	125	133
Deckungsbeitrag	**73**	**78**	**84**	**100**	**107**	**115**
Personalkosten	36	38	41	100	106	114
Abschreibungen	5	6	6	100	120	120
Sonst. Aufwand	25	26	28	100	104	112
Fremdkapitalzinsen	3	3	4	100	100	133
Gewinn vor ESt.	4	5	5	100	125	125

Kommentar zur Wachstumsanalyse

1. Die stärksten Veränderungen im laufenden Jahr (LJ) gegenüber dem Basisjahr (= Vorvorjahr VVJ, Index 100) waren im Anlagevermögen (143), bei SOEK des Vertriebes (133), Fremdkapitalzinsen (133), Vorräte (122) und langfristiges Fremdkapital (133) sowie Kundenforderungen (60) zu verzeichnen.

2. Die Bilanzsumme steigt weniger stark an als die Betriebsleistung (dadurch steigt der Kapitalumschlag, was günstig zu bewerten ist).

3. Die Erhöhung des Anlagevermögens geht mit der Erhöhung der Abschreibungen nur im VJ konform (O.K.).

4. Es wurden echte Investitionen und nicht nur Ersatzinvestitionen getätigt.

5. Die Kundenforderungen konnten durch ein strafferes Mahnwesen verringert werden (gut).

6. Die Vorratsbestände haben sich durch die verstärkte Ausnutzung von Rabattangeboten erhöht. Der Materialeinsatz ist daher im Zeitverlauf nicht so stark angestiegen wie die Betriebsleistung. Anders ausgedrückt: Durch die Rabattausnutzungen, die nicht an den Kunden weitergegeben werden mussten, hat sich der Deckungsbeitrag erhöht (gut).

7. Die Personalkosten sind etwas stärker angestiegen wie die Betriebsleistung (schlecht).

8. Die Sondereinzelkosten des Vertriebes sind durch die Einführung eines leistungsorientierten Provisionssystems prozentual angestiegen. Ohne dieses Provisionssystem wäre wahrscheinlich die Erhöhung der Betriebsleistung nicht so stark ausgefallen (daher: gut).

9. Insgesamt waren alle dispositiven Maßnahmen im untersuchten Zeitraum erfolgreich, weil der Gewinn vor Ertragsteuern um 25% angestiegen ist.

10. Die Reduktion des Eigenkapitals kann durch Ertragsteuern und höhere Entnahmen bzw. Ausschüttungen verursacht worden sein (Analyse wird empfohlen).

3.4. Kapitalflussrechnung als Ergänzung des Jahresabschlusses

Übersichtliche Ableitung des Cash-Flow aus der G&V
In der Folge werden zwei Ermittlungsverfahren zum finanzwirtschaftlichen Cash-Flow gezeigt.

Finanzwirtschaftlicher Cash-Flow, **direkte Ermittlung:**

   Finanzwirksame Erträge
- Finanzwirksame Aufwendungen
- Mehrung kurzfristiger Aktiva (Vorräte, Forderungen usw., jedoch ohne Geldfonds, d.h. Kassa, Bank, Postscheck)
+ Minderung kurzfristiger Aktiva
- Minderung kurzfristiger Passiva
+ Mehrung kurzfristiger Passiva

= **Finanzwirtschaftlicher Cash-Flow**

Quelle: Perridon/Steiner, Finanzwirtschaft der Unternehmung

Finanzwirtschaftlicher Cash-Flow, **indirekte Ermittlung:**

   Jahresüberschuss/-fehlbetrag
+ Finanzunwirksame Aufwendungen
- Finanzunwirksame Erträge
+ Bestandsveränderungen mit Einnahmenwirkung
- Bestandsveränderungen mit Ausgabenwirkung

= **Finanzwirtschaftlicher Cash-Flow**

Quelle: Perridon/Steiner, Finanzwirtschaft der Unternehmung

Die indirekte Ermittlungsmethode ist praktikabler als die direkte; deshalb ist die indirekte Methode stark verbreitet.

Die handelsrechtliche Rechnungslegung sieht derzeit keine eigenständige zeitraumbezogene Rechnung zur Finanzlage vor, welche die für die Beurteilung des dynamischen Aspekts der Finanzlage bedeutsamen finanzwirtschaftlichen Stromgrößen abbildet (= Kapitalflussrechnung). Trotzdem ergänzen immer mehr Steuerberater die Jahresabschlüsse um Kapitalflussrechnungen, weil sie für Unternehmer und Geschäftsführer sehr informativ sind; natürlich auch für Banker, die sich die Kapitalflussrechnung immer selbst erstellen.

In der internationalen Rechnungslegung, wie z.B.

IAS = International Accounting Standards

und

US-GAAP = US-Generally Accepted Accounting Principles

wird die Kapitalflussrechnung als Bestandteil des Jahresabschlusses **zwingend vorgeschrieben**. Immer häufiger bilanzieren vor allem international tätige Unternehmen nach oben zitierten Standards.

Der gesamte Cash-Flow bzw. Kapitalfluss eines Unternehmens kommt aus drei Bereichen (Quellen), und zwar:

± Cash-Flow aus der **laufenden Geschäftstätigkeit**
  (= Cash-Flow aus dem **operativen Bereich**)
± Cash-Flow aus der **Investitionstätigkeit**
  (= Cash-Flow aus dem **Investitionsbereich**)
± Cash-Flow aus der **Finanzierungstätigkeit**
  (= Cash-Flow aus **Finanzierungsaktivitäten**)
= **Veränderung der flüssigen Mittel**
+ Anfangsbestand der flüssigen Mittel
= **Endbestand der flüssigen Mittel**

Zusammen mit den Informationen des Jahresabschlusses liefert die Geldfluss- bzw. Kapitalflussrechnung gute Informationen über:

• die Fähigkeit, Zahlungsüberschüsse zu erwirtschaften,
• die Fähigkeit, alle Zahlungsverpflichtungen zu erfüllen und das Eigenkapital aufzubauen,
• die Auswirkungen von Investitions- und Finanzierungsaktivitäten auf die Finanzlage und letztlich
• die Gründe für den Unterschied zwischen Jahresergebnis und Nettogeldfluss aus der laufenden Geschäftstätigkeit.

Cash-Flow aus der laufenden Geschäftstätigkeit

Die Geldflüsse aus laufender Geschäftstätigkeit sind ein Schlüsselindikator dafür, inwieweit das Unternehmen in der Lage war, Geldmittel zur Aufrechterhaltung der laufenden Geschäftstätigkeit, für Investitionen, zur Kredittilgung und

zur Dividendenzahlung ohne Inanspruchnahme von Mitteln aus dem Finanzierungs-
bereich zu schaffen. Als Erfolgsindikator ist jedoch der Zahlungssaldo aus
laufender Geschäftstätigkeit ungeeignet.

Cash-Flow aus dem operativen Bereich

      Jahresüberschuss/-fehlbetrag

-   Gewinn (+ Verlust) aus dem Verkauf von Anlagevermögen
- + Abschreibungen auf das Anlagevermögen
-   Zuschreibungen auf das Anlagevermögen*)
- + Dotierung (- Auflösung) langfristiger Rückstellungen

= **Cash-Flow aus dem Ergebnis**

-   Erhöhung (+ Senkung) von Vorräten inkl. geleisteter Anzahlungen, aktive
    Rechnungsabgrenzungsposten
- + Erhöhung (- Senkung) von erhaltenen Anzahlungen, passive Rechnungs-
    abgrenzungsposten
-   Erhöhung (+ Senkung) von Forderungen L+L, Konzernforderungen aus
    Lieferungen und Leistungen (L+L) und sonstiges Umlaufvermögen
- + Erhöhung (- Senkung) von Verbindlichkeiten L+L, Schuldwechsel, Kon-
    zern- und sonstige Verbindlichkeiten
- + Erhöhung (- Senkung) kurzfristiger Rückstellungen

= Cash-Flow aus dem operativen Bereich

*) *Darunter versteht man das Rückgängigmachen früher getätigter Abschreibungen,
wenn der Grund dafür weggefallen ist.*

Cash-Flow aus Investitionstätigkeit

-   Investitionen auf das Anlagevermögen (Geldabfluss für Investitionen)
- + Abgänge aus dem Anlagevermögen (Geldzufluss aus dem Verkauf: Rest-
    buchwerte + Gewinne (- Verluste) aus dem Abgang von Anlagevermögen

= Cash-Flow aus Investitionstätigkeit

Der Cash-Flow aus Investitionsaktivitäten ist meistens negativ, weil die Auszah-
lungen für Investitionen die Einzahlungen aus Anlagenverkäufen fast immer
übersteigen.

 Grundsätzlich sollte die Finanzierung eines Unternehmens aus dem ope-
rativen Teil erfolgen. Deshalb ist ein **negativer Saldo zwischen dem
Cash-Flow aus Investitionsaktivitäten und dem operativen Cash-
Flow mittel- und langfristig zu vermeiden.**

Cash-Flow aus Finanzierungsaktivitäten

+ Einzahlungen aus Kapitalerhöhungen (inkl. Agio)

+ Einzahlungen aus Gesellschaftszuschüssen

- Ausschüttungen an Gesellschafter (Gewinnausschüttung, Rückzahlung von Kapital)

= **Cash-Flow (von den) an die Gesellschafter(n)**

+ Einzahlungen aus kurzfristigen Kreditaufnahmen (inkl. Kredite im Konzern)

+ Einzahlungen aus Anleihen, Darlehen und langfristigen Krediten (inkl. Darlehen im Konzern)

= Cash-Flow aus Finanzierungsaktivitäten

Ist der Cash-Flow aus Finanzierungsaktivitäten positiv (Überschuss), so kann er für die Gewinnausschüttung an die Gesellschafter und/oder für die Schuldentilgung verwendet werden.

Die Zwischensumme "Cash-Flow (von den) an die Gesellschafter(n)" ermöglicht eine Trennung in Eigen- und Fremdfinanzierung.

Fallbeispiel

In einem Produktionsbetrieb stellt sich die Kapitalflussrechnung grundsätzlich wie folgt dar (Angaben in 1.000 GE):

Jahresüberschuss	4
+ Abschreibungen	6
+ Dotierung Pensionsrückstellung	1
= Cash-Flow aus dem Ergebnis	11
- Erhöhung von Vorräten	4
+ Senkung von Kundenforderungen	5
+ Senkung sonstiger Forderungen	2
+ Erhöhung von Lieferantenverbindlichkeiten	2
- Senkung von sonstigen Verbindlichkeiten	2
= Cash-Flow aus dem operativen Bereich	14
- Investitionen auf das Sachanlagevermögen	9
- Tilgung langfristiger Kredite	6
- Ausschüttungen	9
= Veränderung der Liquidität	**-10**

Gegenüber dem Vorjahr hat sich die Liquidität um 10.000 GE verschlechtert.

> ☞ Eine Zunahme der "Veränderung der flüssigen Mittel" ist als "Liquiditätsverbesserung", eine Abnahme als "Liquiditätsverschlechterung" zu interpretieren.

Weitere Fallbeispiele zur Kapitalflussrechnung finden sich in den Kapiteln 3.2.3.3., 6.2.2., 6.2.4. und 6.2.5.

Cash-Flow für den Konzernabschluss

Die bisherigen Ausführungen bezogen sich ausschließlich auf den Einzelabschluss. Bei der Berechnung des Konzern-Cash-Flow müssen die Formeln für den Einzelabschluss geringfügig erweitert werden. Die Konzern-Cash-Flow-Berechnung beinhaltet nämlich gegebenenfalls Sondereinflussfaktoren (z.B. Akquisitionen, Verkäufe von Tochterunternehmungen, Veränderung des Konsolidierungskreises usw.).

3.5. Interpretationsempfehlungen für erweiterte Kennzahlenanalyse

Analysebereich: Investition

Hauptgruppe	Untergruppe	Bezeichnung der Kennzahl	Synonyme Bezeichnungen	Formel	Approx. Grobbewertung	Branchengruppen			
						Industrie, Erzeugung	Handwerk, Dienstleistung	Großhandel	Einzelhandel
Finanzielle Stabilität	Investition	Anlagevermögen in % des Gesamtvermögens	Anlagenintensität	$\dfrac{\text{Anlagevermögen} \times 100}{\text{Bilanzsumme}}$	gut	>40%	<20%	<15%	<15%
					mittel	20-40%	20-40%	15-30%	15-30%
					schlecht	<20%	>40%	>30%	>30%
		Investitionsquote		$\dfrac{\text{Nettoinvestitionen im Sachanlagevermögen}}{\text{Buchwert der Sachanlagen am Jahresanfang}}$		*)	*)	*)	*)
		Nettoinvestitionsdeckung		$\dfrac{\text{Abschreibung auf Sachanlagevermögen}}{\text{Nettoinvestitionen (= Sachanlagezugang)}}$		*)	*)	*)	*)
		Abschreibungsquote		$\dfrac{\text{Abschreibung auf Sachanlagevermögen}}{\text{Buchwert der Sachanlagen am Jahresende}}$	gut	>0,31	>0,30	>0,33	>0,20
					mittel	*)	*)	*)	*)
					schlecht	*)	*)	*)	*)

*) Kein Durchschnittswert möglich, weil Streuung innerhalb der Gruppe zu groß ist

☞ Die unterschiedliche Hypothese zwischen Industriebetrieben einerseits und Handwerks-, Groß- und Einzelhandelsunternehmen andererseits ist zu beachten! Wenn Industriebetriebe nicht oder nur wenig investieren, ist das ein Makel. Bei Handwerks- und Handelsbetrieben hingegen ist es eine Tugend, wenig zu investieren.

Anlagevermögen in % des Gesamtvermögens

Je niedriger das Anlagevermögen, desto flexibler ist das Unternehmen bei Anpassungen an unterschiedliche Beschäftigungsgrade. Bei Unterbeschäftigung schlägt das Problem der Leerkosten (= nicht ausgenutzte Fixkosten) nicht so stark auf den Erfolg durch wie bei anlagenintensiven Betrieben. Andererseits können personalintensive Unternehmen mit niedriger Anlagenintensität in der Anpassung bei Beschäftigungsrückgängen durch den starren Personalkostenblock auch sehr unflexibel sein.

Niedriges Anlagevermögen kann aber auch - insbesondere bei Produktions- betrieben - unvorteilhaft sein. Dann nämlich, wenn durch jahrelange Investitions- stopps das Anlagevermögen ausgezehrt wird, dadurch der technische Fortschritt (Rationalisierung) abnimmt und in Zukunft Ertragseinbußen nur mit hohen Investitionsausgaben verhindert werden können.

Niedriges Anlagevermögen ist manchmal ein Signal für größere Leasing-Enga- gements.

Hohes Anlagevermögen kann durch Fehlinvestitionen entstanden sein. Durch die hohe Kapitalbindung wird die Ertragskraft kleiner und manchmal auch die Liquidität negativ beeinflusst. Andererseits kann eine hohe Anlagenintensität auch durch erfolgreiche Rationalisierungsinvestitionen entstanden sein, was positiv zu beurteilen wäre.

Investitionsquote

Diese Kennzahl sagt aus, wie stark die Investitionsaktivitäten der Unternehmung sind.

Nettoinvestitionsdeckung

Diese Kennzahl drückt aus, in welchem Ausmaß die Investitionen aus Abschrei- bungen finanziert werden konnten.

Weiters wird signalisiert, ob neben den notwendigen Ersatzinvestitionen echte Neuinvestitionen getätigt worden sind. Grundsätzlich gilt:

- Wenn Nettoinvestitionsdeckung < 1, dann echter Anlagenzuwachs.
- Wenn Nettoinvestitionsdeckung > 1, dann nur Ersatzinvestition.

Abschreibungsquote

Mit dieser Kennzahl kann festgestellt werden, ob die Abschreibung in einem guten Verhältnis zum Sachanlagevermögen steht oder nicht. Ein kontinuierlich steigender Wert lässt Investitionsschwächen erkennen.

 Abschreibungsquote und tatsächliche Gewinnnsituation
Manchmal weist die Abschreibungsquote auf die tatsächliche Gewinnsituation hin. Eine extrem niedrige Abschreibungsquote kann einen zu hohen Gewinnausweis bedeuten und umgekehrt.

Analysebereich: Finanzierung

Hauptgruppe	Untergruppe	Bezeich-nung der Kennzahl	Syno-nyme Bezeich-nungen	Formel	Approx. Grob-bewertung	Branchengruppen			
						Industrie, Erzeugung	Handwerk, Dienstleistung	Großhandel	Einzelhandel
Finanzielle Stabilität	Finanzierung	Eigen-kapital-quote in %	Eigenkapital-intensität, Eigenkapital-ausstattung	Eigenkapital x 100 / Bilanzsumme	gut	>20%	>15%	>15%	>10%
					mittel	>10%	>10%	>10%	<10%
					schlecht	<10%	<10%	<10%	<7%
		Anlagen-deckung A	Anlagen-deckung I	Eigenkapital x 100 / Anlagevermögen	gut	>70%	>60%	>120%	>80%
					mittel	10-70%	10-60%	10-120%	10-80%
					schlecht	<10%	<10%	<10%	<10%
		Anlagen-deckung B	Anlagen-deckung II	(Eigenkapital + langfr. Fremd-kapital) x 100 / Anlagevermögen	gut	>150%	>140%	>200%	>170%
					mittel	110-150%	110-140%	120-200%	110-170%
					schlecht	<110%	<110%	<120%	<110%
		Working Captial Ratio	Net Working Capital, WC in % des Umlauf-vermögens	(Kurzfr. UV - kurzfr. Verbind-lichkeiten) x 100 / Kurzfr. Umlauf-vermögen	gut	>40%	>40%	>40%	>40%
					mittel	10-40%	10-40%	10-40%	10-40%
					schlecht	<10%	<10%	<10%	<10%
		Debito-renziel in Tagen	Verweil-dauer Debitoren	Debitoren x 365 / Umsatz	gut	<30Tg.	<30Tg.	<20Tg.	<5Tg.
					mittel	30-80Tg.	30-80Tg.	20-80Tg.	5-25Tg.
					schlecht	>80Tg.	>80Tg.	>80Tg.	>25Tg.
		Kredito-renziel in Tagen	Verweil-dauer Kredi-toren	Lieferanten-verbindlich-keiten x 365 / Materialeinsatz + Fremdleistungen	gut	<40Tg.	<40Tg.	<30Tg.	<20Tg.
					mittel	40-100Tg.	40-100Tg.	30-90Tg.	20-60Tg.
					schlecht	>100Tg.	>100Tg.	>90Tg.	>60Tg.
		Lager-dauer in Tagen	Verweil-dauer Vorräte	Vorräte x 365 / Material-einsatz	gut	<120Tg.	<50Tg.	<50Tg.	<100Tg.
					mittel	120-180Tg.	50-100Tg.	50-100Tg.	100-150Tg.
					schlecht	>180Tg.	>100Tg.	>100Tg.	>150Tg.

Eigenkapitalquote

Die Eigenkapitalquote drückt das berichtigte Eigenkapital in % zur Bilanzsumme aus. Berichtigtes Eigenkapital heißt: Erhöhung um stille Reserven im Anlage- und Umlaufvermögen, Erhöhung um Rücklagen und um jenen Teil der Rückstellungen, der Eigenkapitalcharakter hat (z.B. übervorsichtig angesetzte Rückstellungen).

Die Eigenkapitalquote sollte mindestens 20% betragen, dann sind sowohl die Bankdirektoren als auch die Eigentümer zufrieden. Besser wären 25% bis 30% oder noch mehr. Man sieht es in Bankkreisen gerne, wenn mit dem Eigenkapital mindestens drei Verlustjahre abgedeckt werden könnten. Wird unterstellt, dass sich das Gesamtkapital jährlich zweimal umschlägt, dann können bei einer 20-prozentigen Eigenkapitalquote drei Verlustjahre mit einem Verlust von je 3,3% vom Umsatz abgedeckt werden, bei einer 30-prozentigen Eigenkapitalquote vier Verlustjahre mit einem Verlust von je 3,75% vom Umsatz usw. Allgemein gilt:

> Anzahl der Verlustjahre
> x Ø Jahresverlust in % vom Umsatz
> = Aufgelaufener Verlust in % vom Umsatz
> x Kapitalumschlag
> = Notwendige Eigenkapitalquote

Deckungsgrad A

Die Anlagendeckung A drückt aus, zu wie viel Prozent das Anlagevermögen durch Eigenkapital abgedeckt (finanziert) wird.

Deckungsgrad B

Das Anlagevermögen sollte immer langfristig, also durch Eigenkapital und langfristiges Fremdkapital finanziert werden (= Anlagendeckung II > 100%).

Working Capital Ratio

Das Working Capital sollte unbedingt positiv sein und möglichst 30% bis 50% des Umlaufvermögens betragen. Die Working Capital Ratio zeigt auf, wie viel Prozent des Umlaufvermögens langfristig und damit günstiger finanziert werden.

Das Working Capital kann - so wie die Gesamtliquidität (Liquidität 3. Grades) - eine Aussage über eingetretene Liquiditätsveränderungen machen. Darüber hinaus kann es zur Ermittlung des langfristigen Finanzierungspotentials verwendet werden (siehe auch Kapitel 3.2.2.4.).

Kredite, die de jure eine Laufzeit von maximal einem Jahr haben (z.B. Kontokorrentkredite), sind als kurzfristig anzusehen, jene mit einer De-jure-Laufzeit von mehr als einem Jahr als langfristig (z.B. Hypothekarkredite). Hypothekarkredite mit einer Restlaufzeit von weniger als einem Jahr sind von "langfristig" auf "kurzfristig" umzustellen.

Anteil der Bankkredite an den Gesamtkrediten

Steigen die Bankkredite in % zu den Gesamtverbindlichkeiten im Zeitverlauf stark an, dann ist das meistens ein schlechtes Zeichen. Ausnahme: Umschichtung von Lieferanten- auf Bankverbindlichkeiten, wenn die Ausnutzung von Skontoerträgen wirtschaftlich erscheint (siehe auch Kennzahl 7 der multiplen Diskriminanzanalyse nach Beermann im Kapitel 4.1.2.).

Analysebereich: Liquidität

Hauptgruppe	Untergruppe	Bezeich-nung der Kennzahl	Syno-nyme Bezeich-nungen	Formel	Approx. Grob-bewertung	Branchengruppen			
						Industrie, Erzeugung	Handwerk, Dienstleistung	Großhandel	Einzelhandel
Finanzielle Stabilität	Liquidität	Liquidität 1. Grades	Kassa oder Barliquidität (Absolute Liquidity Ratio)	$\dfrac{\text{Flüssige Mittel} \times 100}{\text{Kurzfristige Verbindlichkeiten}}$	gut	*)	*)	*)	*)
					mittel	*)	*)	*)	*)
					schlecht	*)	*)	*)	*)
		Liquidität 2. Grades	Net Quick Ratio, Acid-Test	$\dfrac{(\text{Kurzfristiges UV - Vorräte - geleist. Anzahlungen}) \times 100}{\text{Kurzfristige Verbindlichkeiten}}$	gut	>110%	>110%	>110%	>110%
					mittel	90-110%	90-110%	90-110%	90-110%
					schlecht	<90%	<90%	<90%	<90%
		Liquidität 3. Grades	Gesamt-liquidität, Mobilität, Current Ratio	$\dfrac{\text{Kurzfristiges Umlaufvermögen} \times 100}{\text{Kurzfristige Verbindlichkeiten}}$	gut	>150%	>150%	>150%	>150%
					mittel	120-150%	120-150%	120-150%	120-150%
					schlecht	<120%	<120%	<120%	<120%
		Schuld-tilgungs-dauer in Jahren	Fikt. Fremd-kapitalrück-zahlung in Jahren, dyn. Verschul-dungsgrad	$\dfrac{\text{Fremdkapital - flüssige Mittel}}{\text{Cash-Flow}}$	gut	<5 J.	<5 J.	<6 J.	<7 J.
					mittel	<12 J.	<12 J.	<12 J.	<12 J.
					schlecht	>12 J.	>12 J.	>12 J.	>12 J.

*) *Kein Durchschnittswert möglich, weil Streuung innerhalb der Gruppe zu groß ist*

Liquiditätskennzahlen allgemein

Bei sämtlichen vier **Liquiditätskennzahlen** handelt es sich um **stichtags-bezogene** Werte, die stark beeinflusst werden können, so dass wenige Tage vor oder nach dem Stichtag eine ganz andere Situation vorherrschen kann. **Für den Bilanzanalytiker ist also bei diesen Kennzahlen größte Vorsicht geboten.** In Verbindung mit anderen Kennzahlen kommt ihnen jedoch eine gewisse Bedeutung zu.

Schuldtilgungsdauer

Die Schuldtilgungsdauer ist sehr aussagefähig. Weltweit ist sie in fast allen Bonitätsmodellen integriert. Sie sagt aus, nach wie vielen Jahren das Unternehmen aus eigener Kraft imstande wäre, seine Schulden zu bezahlen. Bei gut geführten Unternehmungen ist die Schuldtilgungsdauer kleiner als fünf Jahre, bei sehr gut geführten kleiner als drei Jahre. Benchmarks sind sogar negativ (= extrem günstig).

173

Nähere Details zur Schuldtilgungsdauer können dem Kapitel 3.2.3.1. entnommen werden.

Liquidität 2. Grades

Diese Kennzahl dient zur Beurteilung, in welchem Umfang die kurzfristigen Verbindlichkeiten durch flüssige Mittel und Forderungen gedeckt sind. Weiters wird die Frage beantwortet, wie groß die Zahlungsbereitschaft des Unternehmens ist. Grundsätzlich gilt: Ist der Kennzahlenwert größer als 100, dann kann die Liquidität als ausreichend angesehen werden, ist der Kennzahlenwert kleiner als 100, ist die Liquidität als knapp anzusehen.

Liquidität 3. Grades

Ist der Kennzahlenwert größer als 150, kann die Mobilität als ausreichend bezeichnet werden, ist er kleiner als 120, dann ist die Mobilität knapp.

Analysebereich: Rentabilität

Hauptgruppe	Untergruppe	Bezeichnung der Kennzahl	Synonyme Bezeichnungen	Formel	Approx. Grobbewertung	Branchengruppen			
						Industrie, Erzeugung	Handwerk, Dienstleistung	Großhandel	Einzelhandel
Finanzielle Stabilität	Rentabilität	Eigenkapitalrentabilität in %		$\dfrac{\text{EGT} \times 100}{\text{Eigenkapital}}$	gut	>30%	>30%	>20%	>30%
					mittel	10-30%	10-30%	10-20%	10-30%
					schlecht	<10%	<10%	<10%	<10%
		Gesamtkapitalrentabilität in %		$\dfrac{(\text{EGT} + \text{Zinsaufwand}) \times 100}{\text{Gesamtkapital}}$	gut	>12%	>15%	>12%	>14%
					mittel	>8%	>8%	>8%	>8%
					schlecht	<8%	<8%	<8%	<8%
		Umsatzrendite in %	Umsatzgewinnrate	$\dfrac{\text{EGT} \times 100}{\text{Betriebsleistung}}$	gut	>5%	>5%	>5%	>5%
					mittel	1-5%	1-5%	1-5%	1-5%
					schlecht	<1%	<1%	<1%	<1%
		Kapitalumschlag		$\dfrac{\text{Betriebsleistung}}{\text{Gesamtkapital}}$	gut	>1,75%	>2%	>2,5%	>3%
					mittel	1-1,75%	1-2%	1,25-2,5%	1,5-3%
					schlecht	<1%	<1%	<1,25%	<1,5%
		Return On Investment	ROI	$\dfrac{\text{Betriebsergebnis} \times 100}{\text{Gesamtkapital}}$	gut	>8,75%	>10%	>12,5%	>15%
					mittel	1-8,75%	1-10%	1,25-12,5%	1,5-15%
					schlecht	<1%	<1%	<1,25%	<1,5%
		Return On Stock Investment	ROSTI	Rohgewinn in % vom Wareneinsatz x Umschlagshäufigkeit des Lagers	gut	nur für Einzel- und Großhandel relevant		>800	>1100
					mittel			120-800	150-1100
					schlecht			<120	<150
		Betriebsleistung je GE Personalaufwand		$\dfrac{\text{Betriebsleistung}}{\text{Personalaufwand}}$	gut	*)	*)	*)	*)
					mittel				
					schlecht				
		Veredelungsleistung je GE Personalaufwand		$\dfrac{\text{Betriebsleistung} - \text{Material- u. Wareneinsatz} - \text{Fremdarbeit}}{\text{Personalaufwand}}$	gut	*)	*)	*)	*)
					mittel				
					schlecht				

*) *Kein Durchschnittswert möglich, weil Streuung innerhalb der Gruppe zu groß ist*

Eigenkapitalrentabilität

Diese Kennzahl zeigt die Verzinsung des Eigenkapitals auf. Die Höhe der Eigenkapitalrentabilität hängt stark vom Verhältnis der Gesamtkapitalrentabilität zum Fremdkapital-Zinssatz ab.

Ein Ansteigen (Sinken) der Kennzahl kann bedeuten:

- Sinken (Ansteigen) der Fremdkapitalverzinsung
- Verbesserung (Verschlechterung) des Betriebsergebnisses
- Geringere (höhere) Eigenkapitalquote
- Kombination aus allen drei Faktoren

Gesamtkapitalrentabilität

Die Gesamtkapitalrentabilität spiegelt wider, mit welcher Effizienz das im Unternehmen eingesetzte Gesamtkapital (= Eigenkapital und Fremdkapital) - unabhängig von seiner Finanzierung - arbeitet. Je höher der Prozentsatz, desto günstiger.

Das Verhältnis Eigenkapitalrendite zu Gesamtkapitalrendite wird als Leverage-Faktor bezeichnet. Der Leverage-Effekt besagt, dass zwischen Eigenkapital- und Gesamtkapitalrentabilität eine Hebelwirkung besteht. Solange der Fremdkapitalzinssatz niedriger ist als die Gesamtkapitalrentabilität steigt die Eigenkapitalrentabilität bei Zuführung von Fremdkapital (positiver Leverage-Effekt). Ist hingegen die Gesamtkapitalrentabilität niedriger als der Fremdkapitalzinssatz, dann sinkt die Eigenkapitalrendite bei Fremdkapitalzuführung (negativer Leverage-Effekt).

ROI = Umsatzrendite x Kapitalumschlag

Detaillierte Informationen finden sich im Kapitel 3.2.4.3.

Return On Stock Investment (ROSTI), manchmal auch Lagerrentabilität genannt

Der ROSTI drückt die Rentabilität des Lagerbestandes (Stock) aus und besagt, wie viel Hundertstel GE Rohgewinn je GE Lagerbestand in einem Jahr erwirtschaftet werden bzw. werden sollten.

Betriebs- bzw. Veredelungsleistung je GE Personalaufwand

Die letzten beiden Kennzahlen geben Auskunft über

- die Personalkostenintensität und
- die Wertschöpfung, die je Geldeinheit Personalaufwand erzielt wird.

Aus ihnen lässt sich approximativ ableiten, ob rationell gearbeitet wurde bzw. ob Rationalisierungsmaßnahmen gegriffen haben oder nicht.

Die Veredelungsleistung je GE Personalaufwand ist informativer, weil die Wertschöpfung die Produktivität besser ausdrückt als die Betriebsleistung (z.B. Zusatzerlöse, die durch Umschichtung auf Fremdarbeit erzielt werden, würden die erste der zwei Kennzahlen günstiger erscheinen lassen, als sie tatsächlich ist).

Analysebereich: Aufwandstruktur und Erfolg

Hauptgruppe	Untergruppe	Bezeichnung der Kennzahl	Synonyme Bezeichnungen	Formel	Approx. Grobbewertung	Branchengruppen			
						Industrie, Erzeugung	Handwerk, Dienstleistung	Großhandel	Einzelhandel
Ertragskraft	Aufwandsstruktur und Erfolg	Cash-Flow-Leistungsrate	Cash-Flow in % der Betriebsleistung, CF-Rate	Cash-Flow x 100 / Betriebsleistung	gut	>9%	>9%	>5%	>6%
					mittel	>5%	>5%	>3%	>5%
					schlecht	<5%	<5%	<5%	<5%
		Material- bzw. Wareneinsatz in % der Betriebsleistung	Material- bzw. Warenintensität	(Material- und Wareneinsatz + Fremdleistung) x 100 / Betriebsleistung	gut	<35%	<35%	<60%	<60%
					mittel	35-50%	35-50%	60-70%	60-80%
					schlecht	>50%	>50%	>70%	>80%
		Personalaufwand **) in % der Betriebsleistung	Personalintensität	Personalkosten x 100 / Betriebsleistung	gut	<25%	<25%	<7%	<12%
					mittel	25-40%	25-45%	7-20%	12-20%
					schlecht	>40%	>45%	>20%	>20%
		Material- bzw. Waren- und Personalintensität		(MES/WES + Fremdleistung + Personalkosten) x 100 / Betriebsleistung	gut	<73%	<75%	<77%	<78%
					mittel	73-76%	75-78%	77-80%	78-87%
					schlecht	>76%	>78%	>80%	>87%
		Fremdkapitalzinsen in % der Betriebsleistung		Zinsaufwand x 100 / Betriebsleistung	gut	<2%	<2%	<2%	<2%
					mittel	2-4%	2-4%	2-4%	2-4%
					schlecht	>4%	>4%	>4%	>4%
		Abschreibung in % der Betriebsleistung		Abschreibung x 100 / Betriebsleistung	gut	>7%	<3%	<2%	<1%
					mittel	3-7%	3-5%	2-4%	1-3%
					schlecht	<3%	>5%	>4%	>3%
		Sonst. Aufwand in % der Betriebsleistung		Sonst. Aufwand x 100 / Betriebsleistung	gut	*)	*)	*)	*)
					mittel	*)	*)	*)	*)
					schlecht	*)	*)	*)	*)
		Deckungsbeitrag in % der Betriebsleistung	Deckungsbeitragsrate, DBU	Deckungsbeitrag x 100 / Betriebsleistung	gut	>65%	>35%	>40%	>40%
					mittel	50-65%	27-35%	30-40%	20-40%
					schlecht	<50%	<27%	<30%	<20%

*) *Kein Durchschnittswert möglich, weil Streuung innerhalb der Gruppe zu groß ist*
**) *Ohne Dotierungsbeträge von Pensions- und Abfertigungsrückstellung, weil diese Beträge nicht ausgabenwirksam sind und daher seperat erfasst werden*

Cash-Flow-Leistungsrate

Die Cash-Flow-Leistungsrate bzw. der Cash-Flow in % der Betriebsleistung, manchmal auch Cash-Flow-Rate genannt, drückt die finanzielle Leistungsfähigkeit des Betriebes aus. Näheres kann in Kapitel 3.2.5.1. nachgelesen werden.

Material- und Warenintensität

Material- bzw. Warenintensität im Zeitverlauf prüfen! Abweichungen ab ±2 Prozentpunkten müssen auf Plausibilität geprüft werden. Eventuell wurden unterschiedliche Bewertungsansätze bei den einzelnen Inventuren vorgenommen. **Besonders "verdächtig" sind permanent fallende Materialintensitäten.** Nähere Details können in Kapitel 3.2.5.3. nachgelesen werden.

Personalintensität

Personalintensität ebenfalls im Zeitverlauf genau beachten, weil:
1. große Kostenposition und
2. meistens rasch beeinflussbar (z.B. abbaubar).

 Bei Einzelunternehmungen und Personengesellschaften Unternehmerlohn checken und gegebenenfalls berücksichtigen!

Material- und Personalintensität

Manchmal ist es zweckmäßig, Material- bzw. Wareneinsatz und Personalaufwand in summa der Betriebsleistung gegenüberzustellen. Etwaige Abweichungen sind meistens im Personalbereich und nicht im Materialbereich zu suchen.

Fremdkapitalzinsen in % der Betriebsleistung

Sind die Fremdkapitalzinsen in % der Betriebsleistung wesentlich höher als gute Durchschnittswerte von Vergleichsbetrieben, sind Kredithöhe und Konditionen zu prüfen, insbesondere wenn die Eigenkapitalquote mehr als 15% beträgt! Wichtige Hinweise können in Kapitel 3.2.5.8. nachgelesen werden.

Abschreibungen in % der Betriebsleistung

Positive und negative Abweichungen von guten Durchschnittswerten der Abschreibungen müssen analysiert werden. Die Gründe für Abweichungen (z.B. investitionsmäßige Aushungerung, schlechte Auslastung, Fehlinvestition, Leasing usw.) werden in Kapitel 3.2.5.9. beschrieben.

DBU-Faktor

Der DBU-Faktor drückt aus, wie viele Hundertstel GE Deckungsbeitrag je GE Nettoerlös erwirtschaftet werden. Weitere Informationen können dem Kapitel 3.2.5.13. entnommen werden.

Hauptgruppe	Untergruppe	Bezeichnung der Kennzahl	Synonyme Bezeichnungen	Formel	Approx. Grobbewertung	Branchengruppen			
						Industrie, Erzeugung	Handwerk, Dienstleistung	Großhandel	Einzelhandel
Ertragskraft	Aufwandsstruktur/Erfolg	Cash-Flow-Point		$$\frac{\text{Ausgabenwirksame Jahresfixkosten}}{\text{DBU} / 100}$$		*)	*)	*)	*)
		Break-Even-Point		$$\frac{\text{Gesamte Jahresfixkosten}}{\text{DBU} / 100}$$		*)	*)	*)	*)
		Sicherheitsgrad	Mengenspielraum	$$100 - \frac{\text{Mindestumsatz} \times 100}{\text{Betriebsleistung}}$$	gut	>10%	>10%	>10%	>10%
					mittel	3-10%	3-10%	3-10%	3-10%
					schlecht	<3%	<3%	<3%	<3%
		Zielumsatz		**entweder:** $$\frac{\text{Gesamte Jahresfixkosten}}{\text{DBU} / 100}$$ - Planumsatzrendite / 100 **wenn Planumsatzrendite vorgegeben ist** **oder:** $$\frac{\text{Gesamte Jahresfixkosten} + \text{Plangewinn}}{\text{DBU} / 100}$$ **wenn Plangewinn vorgegeben ist**		*)	*)	*)	*)

*) *Kein Durchschnittswert möglich, weil Streuung innerhalb der Gruppe zu groß ist*

Der **Cash-Flow-Point** ist jener Umsatz, der zur Erwirtschaftung der ausgabenwirksamen Kosten notwendig ist. Die nichtausgabenwirksamen Kosten (z.B. Abschreibungen) bleiben hier ungedeckt.

Der **Break-Even-Point** ist jener Umsatz, der zur Erwirtschaftung sämtlicher Kosten (also auch der nicht ausgabenwirksamen Abschreibungen) notwendig ist; deshalb nennt man den Break-Even-Point auch Mindestumsatz.

Der **Sicherheitsgrad** gibt an, wo sich das Unternehmen im Gewinnschwellendiagramm befindet. Bei einem positiven Sicherheitsgrad befindet sich das Unternehmen in der Gewinnzone, bei einem negativen in der Verlustzone. Grundsätzlich sollte ein Sicherheitsgrad von 10% oder mehr angestrebt werden. Dieser Sicherheitspolster wird von Fachleuten als ausreichend angesehen.

Beim **Zielumsatz** wird neben den Gesamtkosten auch ein Plangewinn verdient. Der Plangewinn kann in einem Fixbetrag oder in einem Prozentsatz zur Betriebsleistung (= Umsatzrendite) angegeben werden.

Weiterführende Informationen zu allen Positionen der Break-Even-Analyse finden sich im Kapitel 3.2.5.12.

Analysebereich: Cash-Management

Haupt-gruppe	Unter-gruppe	Bezeichnung der Kennzahl	Formel
Ertragskraft	Cash-Management	Skontoaufwand in % des Umsatzes	$\dfrac{\text{Skontoaufwand} \times 100}{\text{Umsatz}}$
		Skontoertrag in % des MES bzw. WES	$\dfrac{\text{Skontoertrag} \times 100}{\text{Material- bzw. Wareneinsatz}}$

Diese beiden Kennzahlen können meist nicht direkt aus der G&V abgelesen werden, weil

- der Kundenskonto mit den Umsatzerlösen und
- der Lieferantenskonto mit den Material- bzw. Wareneinsätzen

saldiert wird. Die Höhe des Kundenskontos bzw. des Lieferantenskontos ist deshalb zu hinterfragen, weil ein wichtiges Cash-Reservepotential angesprochen werden kann, das unbedingt genutzt werden sollte. Einschlägige Hinweise finden sich manchmal im Anhang des Jahresabschlusses.

3.6. Kennzahlen, die sich nicht aus Jahresabschlüssen ableiten lassen

Für eine Vollinformation müssen neben den Kennzahlen, die sich aus externen Jahresabschlüssen ableiten, auch interne Kennzahlen verwendet werden. Wichtig ist, dass die Kennzahlen-Checkliste überschaubar bleibt. In der Praxis hat es sich als günstig erwiesen, mit wenigen Kennzahlen zu beginnen und diese im Laufe der Monate, je nach Erfordernis, vorsichtig zu ergänzen. Grundsätzlich gilt:

"Weniger kann mehr sein."

Die folgende Checkliste ist auf einen Produktionsbetrieb aus der Textilbranche zugeschnitten, kann aber problemlos auf andere Industriebetriebe bzw. Handwerks-, Großhandels- und Einzelhandelsbetriebe adaptiert werden.

Alle Kontrollpunkte und Kennzahlen sind fünf Analysebereichen zugeordnet worden, und zwar:

- Umsatz, Verkauf
- Produktion
- Personal
- Lager, Einkauf
- Kosten

Die Bereiche "Markt", "Technologie" und "Öffentlichkeit" wurden hier nicht angesprochen, weil sie kein Thema dieses Buches sind. In der Praxis wird man mindestens für den "Markt" einen eigenen Analysebereich bilden müssen.

Die Anregung zu dieser Checkliste haben die Autoren aus der ZVEI-Schriftenreihe "Leitfaden für die Unternehmensplanung" bekommen. Besonders praxisgerecht ist die Tatsache, dass neben den Kontrollpunkten auch die vorgeschlagenen Kontrollzeiträume, die verantwortlichen Stellen, die zulässige Toleranz und die mit der Analyse beauftragten Stellen festgelegt werden (Controlling).

> ☞ Diese Art der Darstellung eignet sich sehr gut für ein effizientes Kennzahlen-Controlling. Sie kann bei Bedarf ergänzt und erweitert werden.

3.6.1. Kennzahlen-Checklisten: Umsatz, Verkauf, Produktion und Personal

UMSATZ

Kontrollbereich Kontrollpunkt Kennzahl	Dimension	Empfohlener Kontrollzeitraum	Durchführende Stelle	Zulässige Abweichung in %	Mit der Abweichungsanalyse beauftragt	Bemerkungen
• Auftragseingang nach Ländern	GE + t	wöchentlich	Auftragsbearb.	20	Controlling	
• Monatl. Auftragseingang nach Ländern	GE + t	monatlich	Auftragsbearb.	15	Controlling	
davon: (Neukunden)	(GE + t)	(monatlich)	(Auftragsbearb.)	15	(Controlling)	
davon: (A-Kunden)	(GE + t)	(monatlich)	(Auftragsbearb.)	15	(Controlling)	
• Monatl. Umsatz nach Ländern	GE + t	monatlich	Verkauf	15	Controlling	Frühwarnindikatoren
davon: (Neukunden)	(GE + t)	(monatlich)	(Verkauf)	15	(Controlling)	
davon: (A-Kunden)	(GE + t)	(monatlich)	(Verkauf)	15	(Controlling)	
• Aufgelaufener Auftragseingang n. Ländern	GE + t	monatlich	Auftragsbearb.	15 - 3	Controlling	15% Abweichung für den ersten Monat der Planperiode zulässig, pro Monat 1% weniger Abweichung als Ziel. Jahresauftragseingang und Jahresumsatz dürfen maximal 3 % Abweichung haben.
davon: (Neukunden)	(GE + t)	(monatlich)	(Auftragsbearb.)	15 - 3	(Controlling)	
davon: (A-Kunden)	(GE + t)	(monatlich)	(Auftragsbearb.)	15 - 3	(Controlling)	
• Aufgelaufener Umsatz nach Ländern	GE + t	monatlich	Verkauf	15 - 3	Controlling	
davon: (Neukunden)	(GE + t)	(monatlich)	(Verkauf)	15 - 3	(Controlling)	
davon: (A-Kunden)	(GE + t)	(monatlich)	(Verkauf)	15 - 3	(Controlling)	
• Aufgelaufener Umsatz nach Sortimenten	GE + t	monatlich	Verkauf	17 - 5	Controlling	Die Bemerkungen zum kumulierten Gesamtauftragseingang bzw. Umsatz gelten entsprechend. Bei mengenmäßigen Umsatzabweichungen ist die Verbindung zum Produktionsplan zu beachten.
• Aufgelaufene Umsatzmengen nach Sortimenten	t	Quartal	Verkauf	10 - 5	Controlling	
• Umsatz nach Kunden und Ländern	GE + t	Quartal	Verkauf	15	Controlling	
• Aufgelaufener Umsatz nach Kunden	GE + t	Quartal	Verkauf		Controlling	

GE = Geldeinheiten   t = Tonnen

Kennzahlen-Checkliste (Fortsetzung)

Kontrollbereich Kontrollpunkt Kennzahl	Dimension	Empfohlener Kontrollzeitraum	Durchführende Stelle	Zulässige Abweichung in %	Mit der Abweichungsanalyse beauftragt	Bemerkungen
EINKAUF						
• Marktanteile nach Ländern	%	monatlich	Marketing	5	Chef (Contr.)	Checklisten und Ist-Ist-Vergleich
• Preise/Rabatte nach Ländern	GE	Quartal	Verkauf	1	Controlling	eventuelle Branchenvergleiche Ist-Ist-Vergleich
• Preise/Rabatte bei A-Kunden	GE	Quartal	Verkauf	1	Controlling	Ist-Ist-Vergleich
• Vertriebskosten	GE	monatlich	Verkauf, KORE	5	Controlling	
• Verkaufsprogramm	Mengengerüst	jährlich	Prod.-Planung		Controlling	
• Reklamationen nach Ländern	Stück	monatlich	Verkauf		Chef (Contr.)	Checklisten
• Kundenbesuche nach Ländern	Zahl	Quartal	Verkauf	5	Chef (Contr.)	
• Analyse neuer Kunden nach Ländern		jährlich	Verkauf		Chef (Contr.)	
• Erfolgskontrolle von Maßnahmen		n. Abschl. d. Maßnahmen	hängt von der Maßnahme ab		Controlling	Checklisten
• Gewinn nach Produktgruppen	% vom Umsatz	monatlich	KORE	5	Controlling	
• Umsatz je Mitarbeiter laufend	GE	monatlich	Controlling		Controlling	
kumuliert	GE	monatlich	Controlling		Controlling	

GE = Geldeinheiten   t = Tonnen   KORE = Kostenrechnung

Kennzahlen-Checkliste (Fortsetzung)

Kontrollbereich Kontrollpunkt Kennzahl	Dimension	Empfohlener Kontrollzeitraum	Durchführende Stelle	Zulässige Abweichung in %	Mit der Abweichungsanalyse beauftragt	Bemerkungen
PRODUKTION						
• Auftragsbestand	GE + t + Nm.	monatlich	Produktions-DISPO	10	Controlling	Auch Auftragsreichweite in Wochen oder Monaten
• Produktionsmengen nach Sortimenten (Artikelgruppen)	t + Nm.	monatlich	Produktions-DISPO	5	Controlling	
• Produktionswerte nach Sortimenten (Artikelgruppen)	GE	monatlich	KORE	5	Controlling	
• Verbrauch von Rohstoffen	GE + t	monatlich	FIBU/KORE	3	Controlling	Planwerte
• Verbrauch von Hilfs- und Betriebsstoffen	GE	Quartal	techn. Einkauf	3	Controlling	
• Maschinenauslastung	Masch. Stc.	monatlich	Technik	5	Controlling + KORE	
• Beschäftigung	Lohn-Std.	monatlich	Technik, KORE	5	Controlling	
• Ausschuss in Mengen	t	monatlich	Technik, KORE		Controlling	Ist-Ist-Vergl. über mehrere Jahre müssen positive Tendenz zeigen
• Terminüberschreitungen	Produktionswert x Tage	monatlich	Produktions-DISPO		Controlling	Neudefinition, daher lfd. notwendig

FIBU = Finanzbuchhaltung   GE = Geldeinheiten   t = Tonnen   Nm. = Nummer   KORE = Kostenrechnung

Kennzahlen-Checkliste (Fortsetzung)

Kontrollbereich Kontrollpunkt Kennzahl	Dimension	Empfohlener Kontrollzeitraum	Durchführende Stelle	Zulässige Abweichung in %	Mit der Abweichungsanalyse beauftragt	Bemerkungen
PERSONAL						
• Angestellte nach Bereichen u. Abteilungen	Zahl	monatlich	Personalabteilung	3		
• Lohnempfänger nach Bereichen u. Abteilungen	Zahl	monatlich	Personalabteilung	3	Controlling	
• Angefallene Überstunden nach Bereichen u. Abteilungen	Stunden	monatlich	Personalabteilung	3	Controlling	
• Krankenstand	%	monatlich	Personalabtlg.		Controlling	Ist-Ist-Vergleich
• Karenzen	Tage	monatlich	Personalabtlg.		Controlling	
• Urlaub	Tage	monatlich	Personalabtlg.		Controlling	
• Gemietetes Personal	Stunden	monatlich	Personalabtlg.		Controlling	
• Engpasspersonal nach Tätigkeiten, Bereichen u. Abteilungen	Zahl	monatlich	Personalabteilung		Controlling	Engpässe können während des Jahres wechseln; Neudefinition daher lfd. notwendig

3.6.2. Kennzahlen-Checkliste: Lager, Einkauf

Materialeinkaufsvolumen
* Anzahl der Bestellungen (getrennt nach A-, B-, C-Artikel)
* Gesamtwert der Bestellungen (getrennt nach A-, B-, C-Artikel)
* Durchschnittlicher Wert je Bestellung (getrennt nach A-, B-, C-Artikel)

Bestellobligo (Bestellausstand)

Lagerbestand
(Wert- und eventuell mengenmäßig)
(Getrennt nach A-, B-, C-Artikel)

Lagerreichweite
(In Wochen oder Monaten)
(Getrennt nach A-, B-, C-Artikel)

$$\text{Umschlagshäufigkeit} = \frac{52}{\text{Lagerreichweite in Wochen}}$$

$$\text{oder} \quad \frac{12}{\text{Lagerreichweite in Monaten}}$$

Das folgende Demo-Beispiel zeigt, wie die Aussage über den Lagerbestand erhöht werden kann, wenn zur Lagerbestands- oder -dispositionsliste neben dem Lagerbestand die Reichweite dieses Bestandes in Tagen, Wochen oder Monaten ausgedruckt wird. Man erkennt dann sofort, welche Lagerbestände zu niedrig, zu hoch bzw. gerade richtig sind.
Eine graphische Darstellung der Lagerreichweite - etwa durch "*" oder Histogramme - hat sich in der Praxis gut bewährt.

Art.Nr.	Bezeichnung	Bestand	Reichweite in Wochen
451	CD Mozart Klavierkonzert	37	4 ****
466	CD Mozart Klavierkonzert	17	6 ******
467	CD Mozart Klavierkonzert	81	2 **
488	CD Mozart Klavierkonzert	43	3 ***
491	CD Mozart Klavierkonzert	22	4 ****
537	CD Mozart Klavierkonzert	30	5 *****

Interpretation:
Trotz des hohen Lagerbestandes von 81 C-Dur Klavierkonzerten KV 467 reicht dieser Vorrat nur für zwei Wochen. Offensichtlich ist dieses Konzert ein "Renner", was bei dem bekannten Mittelsatz auch nicht weiter verwundert. Das eher

düstere, unheilvoll klingende d-Moll Konzert KV 466 verkauft sich nicht so gut. Der relativ niedrige Lagerbestand von 17 reicht für volle sechs Wochen. Durch die Lagerreichweite kommt eine gewisse Dynamik in die Bestandsliste; sie macht die Lagerbestände transparenter. Für eine vollwertige Lager- und Bestelldisposition ist die Lagerreichweite alleine nicht ausreichend. Dazu sind noch einige andere Informationen notwendig, die im Kapitel 12 genau beschrieben werden, und zwar Meldemenge, Bestellmenge usw.

Lieferantenstruktur

Beanstandungsquote
(Getrennt nach A-, B-, C-Artikel)

Verzugsquote
(Getrennt nach A-, B-, C-Artikel)

Preisnachlassquote
(Getrennt nach A-, B-, C-Artikel)

Rabattquote
(Getrennt nach A-, B-, C-Artikel)

Preisabweichungen
(Getrennt nach A-, B-, C-Artikel)

Mengenabweichungen

Kosten je Bestellakt*)
(Davon relevant)

Durchschnittliche Wiederbeschaffungszeit in Tagen*)
(Getrennt nach A-, B-, C-Artikel)

Nachfrageschwankung (Variationskoeffizient)*)
(Getrennt nach A-, B-, C-/X-, Y-, Z-Artikel)

Lieferbereitschaft (Servicegrad)*)
(Getrennt nach A-, B-, C-/X-, Y-, Z-Artikel)

Über- bzw. Unterlager*)
(Getrennt nach A-, B-, C-Artikel)

Nur bei Handelsbetrieben:
Return On Stock Investment (ROSTI)**)
(Getrennt nach Warengruppen und/oder A-, B-, C-Artikel)

*) Nähere Informationen können dem Kapitel 12 entnommen werden.
**) Nähere Informationen können dem Kapitel 3.2.4.4. entnommen werden.

3.6.3. Kennzahlen-Checkliste: Kosten

Materialeinzelkosten
- Verbrauchsmenge
- Verbrauchswert
- Mengenabweichung
- Preisabweichung
- Gesamtabweichung

SOEK (= Sonder-Einzelkosten) der Fertigung
- Planmäßig (= kalkuliert)
- Außerplanmäßig (= nicht kalkuliert)

SOEK des Vertriebes
- Provisionskosten in % des Verkaufserlöses
- Eigene Vertreter (einzeln und Gesamtdurchschnitt)
- Fremde Vertreter (einzeln und Gesamtdurchschnitt)
- Sonstige SOEK des Vertriebes

Hilfs- und Betriebsstoffe
- Verbrauch
- Abweichung

Personalkosten
- Nach Bereichen getrennt
- Davon Überstunden

Instandhaltungskosten
- Eigen, Materialkosten
- Eigen, Personalkosten
- Fremd
- Abweichung

Sonstige Gemeinkosten
- Getrennt nach Hauptkostenarten und Kostenstellen
- Gemeinkosten-Abweichungsanalyse
  Ideal wäre: Soll-Kosten- und Ist-Kostenvergleich, getrennt nach Kostenstellen und gesamt.
  Mindestens aber: Soll-Kosten nach Kostenstellen, Soll-Kosten-/Ist-Kostenvergleich für den Gesamtbetrieb; siehe auch Kapitel 10.

3.7. Kennzahlensysteme

Wann spricht man von Kennzahlensystemen? Was können sie?

Von Kennzahlensystemen spricht man dann, wenn einzelne Kennzahlen mathematisch oder sachlogisch miteinander verknüpft werden. Der Sinn solcher Verknüpfungen liegt darin, dass man die Ursachen für Kennzahlenentwicklungen besser, weil analytischer, erforschen kann. Die Kennzahlen in einem Kennzahlensystem müssen also zueinander in einer vernünftigen Beziehung stehen und sollen den Analysebereich möglichst objektiv und vollständig erfassen. Für ein Kennzahlensystem sind daher nur Kennzahlen brauchbar, die diese Forderung erfüllen, wichtige Sachverhalte quantifizieren können und außerdem eine Steuerung von Entwicklungen durch eine analytische Ursachenerforschung ermöglichen.

Die Kennzahlensysteme können in

- monetäre und
- strategische

untergliedert werden. Jeder der beiden Hauptgruppen können viele unterschiedliche Systeme zugeordnet werden. In diesem Buch werden je drei näher vorgestellt, die sich in der westeuropäischen Praxis durchgesetzt haben.

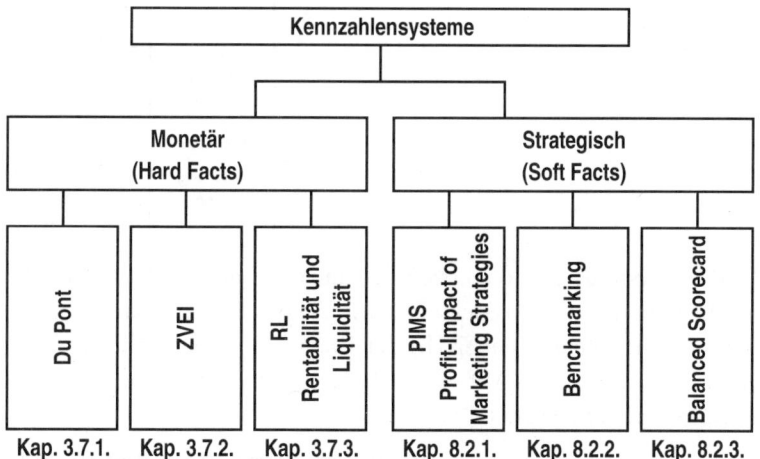

Die monetären Kennzahlensysteme werden gleich anschließend, die strategischen im Kapitel 8 behandelt.

3.7.1. Das Du-Pont-Kennzahlensystem (monetäres System)

Das wohl älteste und bekannteste Kennzahlensystem ist das Du-Pont-System, das bereits seit 1919 Verwendung findet. Als Spitzenkennzahl verwendet das Du-Pont-System den Return On Investment (ROI). Die Kennzahlenpyramide des Du-Pont-Schemas hat folgendes Aussehen:

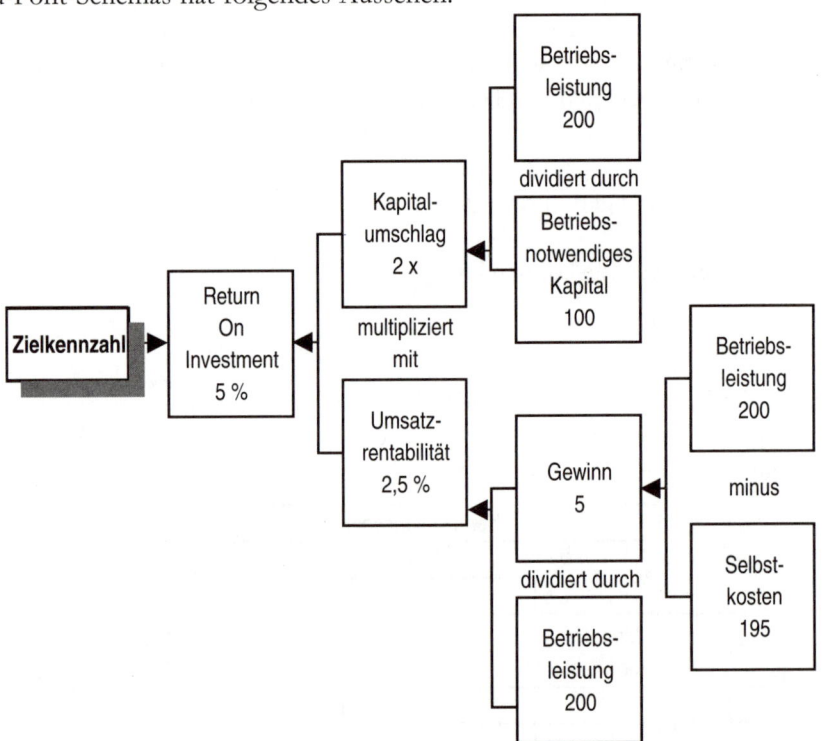

Das Du-Pont-System ist sehr übersichtlich und anschaulich. Es eignet sich gut für die optische Darstellung von Sachverhalten. Da das System relativ klein ist, kann die Analyse nicht sehr tief gehen. In der Praxis wird man daher viele wichtige Kennzahlen vermissen. Als Mittel zur Planung, Steuerung und Kontrolle ist es deshalb nur begrenzt geeignet.

☞ Wie man aus der Pyramide ersieht, ergibt sich der ROI dadurch, dass man Gewinn und Gesamtkapital gegenüberstellt:

$$ROI_{(klassisch)} = \frac{Gewinn \times 100}{Betriebsleistung} \times \frac{Betriebsleistung}{Gesamtkapital}$$

oder:

$$ROI_{(klassisch)} = \frac{Gewinn \times 100}{Gesamtkapital}$$

Es ist zweckmäßig, mit dieser klassischen Formel zu rechnen, weil sie alle verwenden. Der externe Vergleich wäre sonst gestört. Richtig heißt die Formel aber:

$$ROI_{(richtig)} = \frac{(\text{Gewinn} + \text{Fremdkapitalzinsen}) \times 100}{\text{Gesamtkapital}}$$

Bei der klassischen Formel hat sich nämlich ein Übernahmefehler aus dem angelsächsischen Anwenderbereich eingeschlichen, der dadurch entstanden ist, dass vor Jahrzehnten im Du-Pont-Schema die einzelnen Divisionen kein Fremdkapital aufnehmen durften. Daher konnten damals auch keine Fremdkapitalzinsen anfallen.

3.7.2. Das ZVEI-Kennzahlensystem (monetäres System)

Das ZVEI-Kennzahlensystem ist eine Gemeinschaftsarbeit des betriebswirtschaftlichen Ausschusses des Zentralverbandes der elektrotechnischen Industrie in Deutschland, die erstmals 1970 veröffentlicht wurde. Da das Kennzahlensystem branchenneutral ist, kann es von Erzeugungsbetrieben aller Branchen angewendet werden.

Das ZVEI-Kennzahlensystem ist gegenüber dem Du-Pont-System sehr umfangreich. Es besteht aus 60 Haupt- und 64 Hilfskennzahlen. Es enthält eine

- Wachstumsanalyse und eine
- Strukturanalyse.

ZVEI-Kennzahlensystem

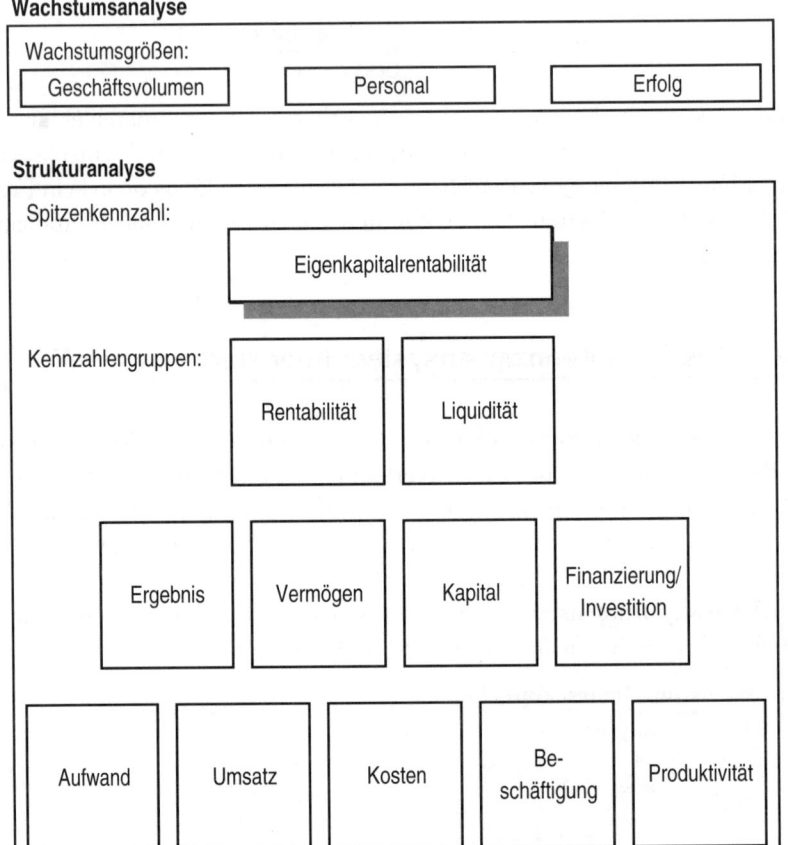

Quelle: ZVEI-Kennzahlensystem - Ein Instrument zur Unternehmenssteuerung, Frankfurt 1989

Die Wachstumsanalyse bringt einen Vergleich von Zahlen der Berichtsperiode mit Zahlen der Vorperiode. Folgende Wachstumsgrößen werden hiebei beobachtet:

- Geschäftsvolumen
- Personal
- Erfolg

Beim Geschäftsvolumen werden Auftragsstand, Umsatzerlöse und Wertschöpfung unter die Lupe genommen, beim Personal der Personalaufwand und die Anzahl der Mitarbeiter, beim Erfolg das umsatzbezogene Ergebnis vor Zinsen und Steuern (= EBIT; Earnings Before Interest and Tax), das Ergebnis der gewöhnlichen (ordentlichen) Geschäftstätigkeit (= EGT), der Jahresüberschuss und der Cash-Flow.

Die Kennzahlen der Strukturanalyse sind mathematisch verknüpft. Ausgehend von der Spitzenkennzahl "Eigenkapitalrentabilität" werden Ertragskraft und betriebliche Risiken in den Analysesektoren

- Rentabilität,
- Ergebnisbildung,
- Kapitalstruktur und
- Kapitalbindung

untersucht.

Das ZVEI-Kennzahlensystem bringt für die Praxis zahlreiche wertvolle Anregungen. Es benötigt durch seine Komplexität einen relativ hohen Zeitaufwand. Dieser kann aber meistens durch entsprechende Vereinfachungen wesentlich reduziert werden.

Literaturhinweise finden sich im Kapitel 3.8.

3.7.3. Das RL-Kennzahlensystem (monetäres System)

Das RL-Kennzahlensystem setzt sich aus den Bestandteilen Rentabilität (R) und Liquidität (L) zusammen.

Der allgemeine Teil des RL-Kennzahlensystems wird für alle Unternehmungen in gleicher Weise benötigt. Der so genannte Sonderteil dient der firmenindividuellen Vertiefung und Detaillierung der im allgemeinen Teil enthaltenen Zahlen.

Die Steuerung des Unternehmens erfolgt mit den Instrumenten des Soll-Ist-Vergleiches und des Zeitvergleiches. Es werden insgesamt 38 Kennzahlen verwendet, für die unterschiedliche Analysezeiträume vorgeschlagen werden (jährlich, vierteljährlich, monatlich und wöchentlich). Die **beiden Spitzenkennzahlen im allgemeinen Teil** sind das **"ordentliche Ergebnis"** und die **"liquiden Mittel"**.

Das RL-Kennzahlensystem

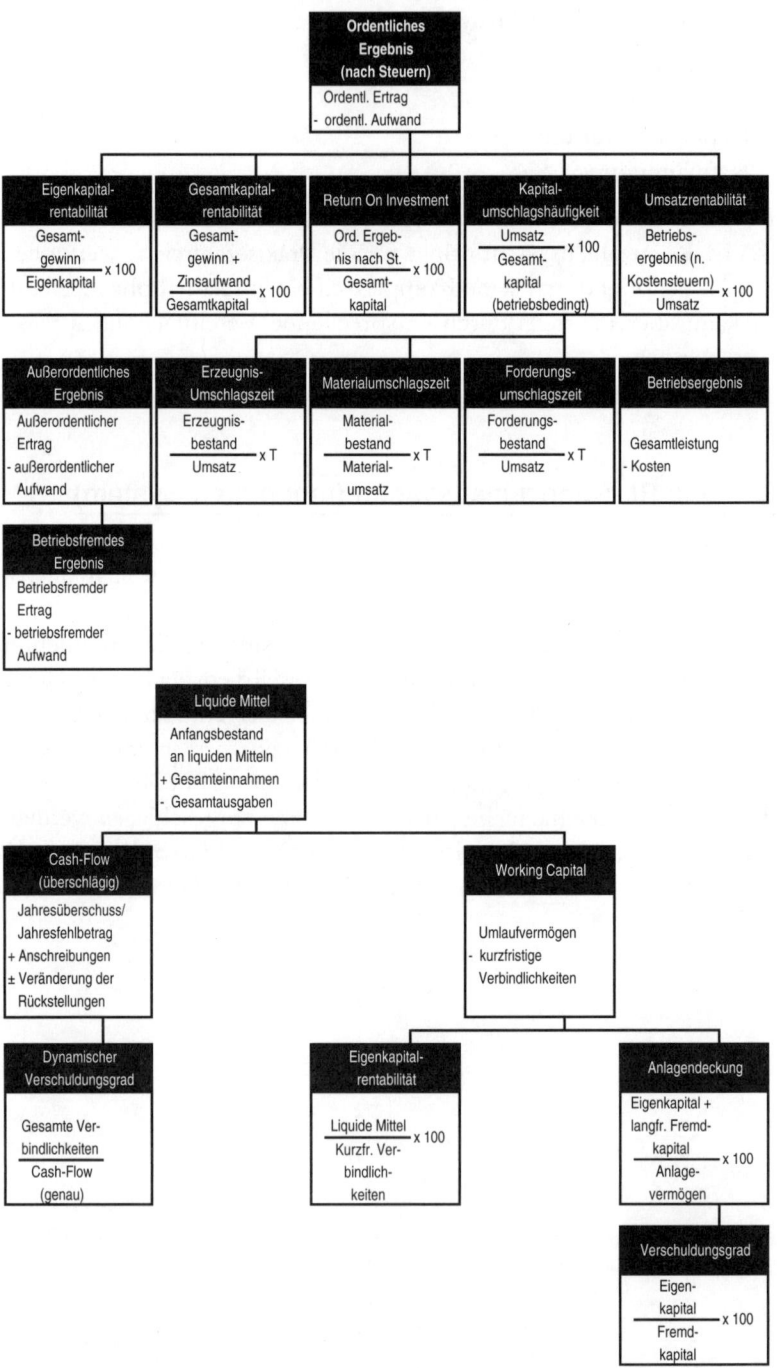

Quelle: Reichmann, T., Controlling mit Kennzahlen, München 1990

Ziel des am Controlling orientierten RL-Kennzahlensystems ist es, der Geschäftsleitung jederzeit die Auswirkungen von Umsatz-, Kosten- und Finanzierungsveränderungen vor Augen zu führen bzw. Entscheidungen im Investitionsbereich transparent zu machen und die Verbindung zu den einzelnen Funktionsbereichen (Beschaffung, Produktion, Absatz, Logistik) herzustellen.

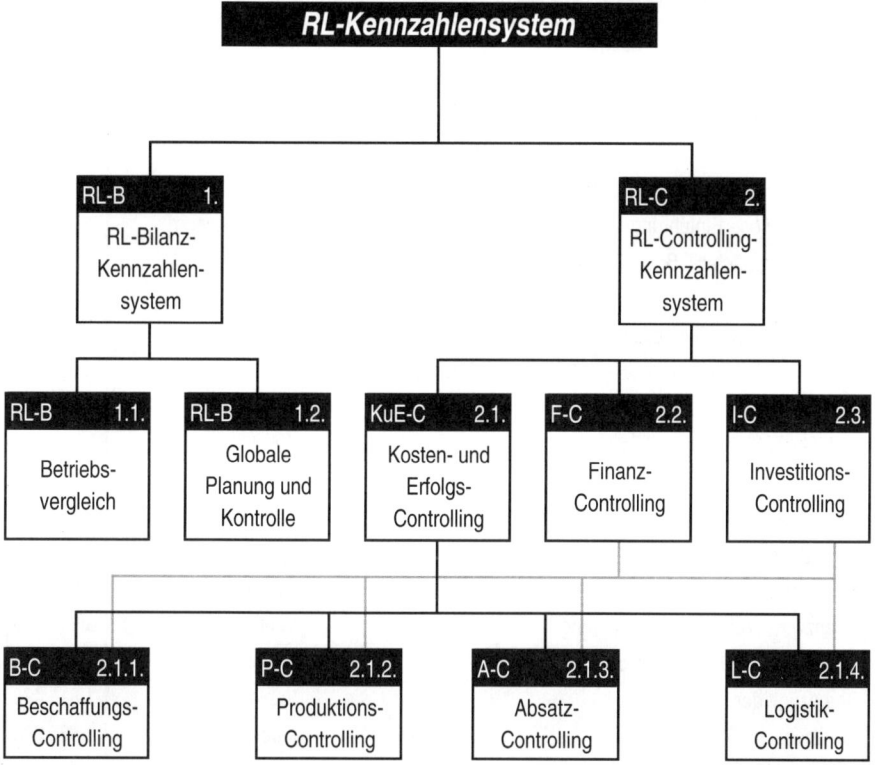

Quelle: Reichmann, T., Controlling mit Kennzahlen, München 1990

3.8. Top-Literatur für den Geschäftsführer

Bereich: Bilanz und Kennzahlenanalyse

Titel	Autor	Verlag	Auflage	Seiten
Bilanzanalyse	Baetge	IDW-Verlag	1/98	750
Aufsichtsrat-Informationssystem	Chini	Manz	1/86	214
Bilanz- und Erfolgsanalyse	Helbling	Haupt	9/94	583
Bilanzanalyse	Leffson	Poeschl	1/84	214
Bilanzanalyse	Gräfer		4/88	240
Bilanzanalyse und Bilanzpolitik	Baetge	IWD-Verlag	1/89	394
Bilanzen lesen - Einführung	Kralicek	Ueberreuter	2/99	100
Bilanzierung nach HGB, US-GAAP und IAS im Vergleich	Eggloff	Gabler	1/99	140
Bilanzierung und Bilanzanalyse	Wagenhofer	Linde	4/93	233
Der Jahresabschluß nach US-GAAP	Grünberger	Orac	99	107
Die Bilanzanalyse - Lehrbuch zur Beurteilung von Einzel- und Konzernabschlüssen	Küting, Weber	Schäffer Poeschl	5/00	552
Die Umstellung der Rechnungslegung auf IAS/US-GAAP	Auer	Ueberreuter	1/98	331
Finanzierungshandbuch	Christians	Gabler	2/88	856
Finanzwirtschaft der Unternehmung	Perridon, Steiner	Vahlen	6/91	620
Grundlagen der Finanzwirtschaft	Kralicek	Ueberreuter	1/91	111
Grundzüge der Finanzanalyse	Buchner	Vahlen	1/81	426
Jahresabschluß und Jahresabschlußanalyse	Coenenberg	Moderne Industrie	1/88	883
Konzernabschlüsse	Prachner, Coopers & Lybrand	Ueberreuter	1/98	352
Krisendiagnose durch Bilanzanalyse	Hauschildt (Hrsg.)	Dr. Otto Schmidt KG	1/88	266
Lexikon der Wirtschaftsformeln und Kennzahlen	Fischbach	Moderne Industrie	1/99	314
ZVEI-Kennzahlensystem	ZVEI-Arbeitskreis	Schriftenreihe ZVEI	1/89	229

Das Lieblingsbuch des Autorenteams zu diesem Themenkreis wurde invers dargestellt.

4.

Neuere Ansätze der Bilanzanalyse

Ziel des Kapitels ist es, Antworten auf folgende Fragen zu geben:

- Welche Methoden werden in der Praxis zur Insolvenzprognose bzw. Frühwarnung verwendet? Was können sie? Welchen Zeiteinsatz erfordern sie?

- Kann man wirklich das Scheitern eines Unternehmens vorhersagen?

- Was bedeuten die folgenden Begriffe?
  - Multiple Diskriminanzanalyse
  - Diskriminanzfunktion
  - Faktorenanalyse
  - Scoring-Modell
  - Künstliche Neuronale Netze
  - Neuron
  - Rating-Modell

Alle multiplen Diskriminanzanalysen nach der vereinfachten Methode und der Methode Beermann in diesem Kapitel wurden mit dem großen Excel-Kennzahlenprogramm

BigKenn

errechnet. Nähere Details zu diesem Programm finden sich in den Kapiteln 15 und 16.

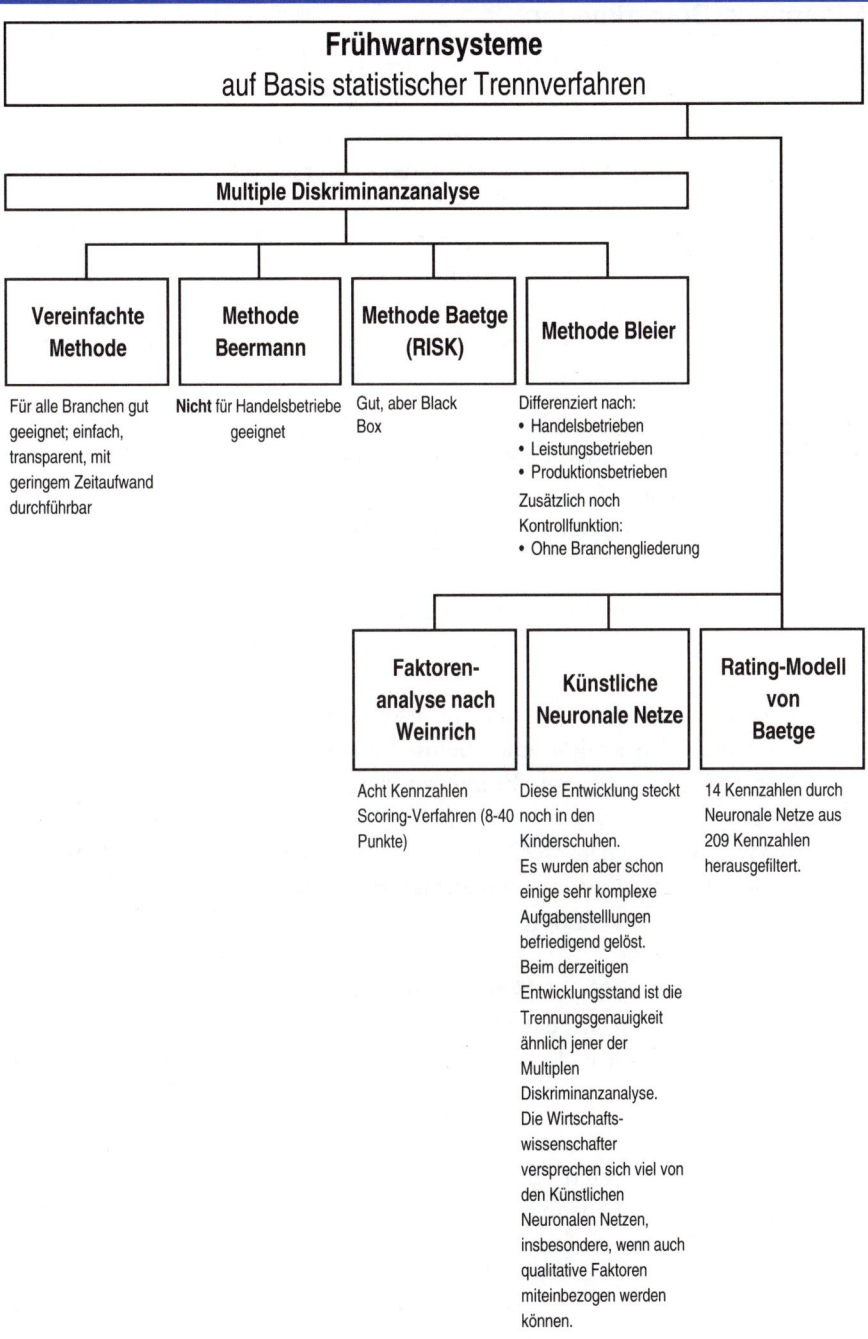

Frühwarnsysteme
auf Basis statistischer Trennverfahren

Multiple Diskriminanzanalyse

Vereinfachte Methode	Methode Beermann	Methode Baetge (RISK)	Methode Bleier
Für alle Branchen gut geeignet; einfach, transparent, mit geringem Zeitaufwand durchführbar	**Nicht** für Handelsbetriebe geeignet	Gut, aber Black Box	Differenziert nach: • Handelsbetrieben • Leistungsbetrieben • Produktionsbetrieben Zusätzlich noch Kontrollfunktion: • Ohne Branchengliederung

Faktorenanalyse nach Weinrich	Künstliche Neuronale Netze	Rating-Modell von Baetge
Acht Kennzahlen Scoring-Verfahren (8-40 Punkte)	Diese Entwicklung steckt noch in den Kinderschuhen. Es wurden aber schon einige sehr komplexe Aufgabenstelllungen befriedigend gelöst. Beim derzeitigen Entwicklungsstand ist die Trennungsgenauigkeit ähnlich jener der Multiplen Diskriminanzanalyse. Die Wirtschaftswissenschafter versprechen sich viel von den Künstlichen Neuronalen Netzen, insbesondere, wenn auch qualitative Faktoren miteinbezogen werden können.	14 Kennzahlen durch Neuronale Netze aus 209 Kennzahlen herausgefiltert.

Allgemeine Bemerkungen

Seit vielen Jahrzehnten sind Wirtschaftswissenschafter auf der ganzen Welt bemüht, aus externen Jahresabschlüssen den Niedergang eines Unternehmens vorhersagen zu können. Seit mehr als 30 Jahren (1968: Altmann) werden dafür überwiegend Multiple Diskriminanzanalysen, später auch Faktorenanalysen und seit neuestem so genannte Künstliche Neuronale Netze verwendet.

Die Erfolge sind teilweise recht beachtlich. Die meisten Großbanken in Westeuropa und in den USA verwenden Frühwarnsysteme, die auf externen Jahresabschlüssen (Bilanzen) basieren.

In Deutschland werden mathematisch-statistische Jahresabschlüsse auf Basis Multipler Diskriminanzanalysen u.a. bei

- der Deutschen Bundesbank,
- dem Deutschen Sparkassen- und Finanzverband,
- der Bayerischen Vereinsbank AG,
- der Allgemeinen Kreditversicherungs AG

verwendet. Auch viele österreichische Banken bedienen sich dieser Methoden. Neben hervorragenden Professoren wie Küting, Weber, Leffson, Hauschild, Peridon, Steiner und Baetge, die neue Entwicklungen in der Bilanzanalyse befürworten und dadurch vorantreiben, gibt es natürlich auch Skeptiker, die den realen Nutzen von Frühwarnsystemen auf statistischer Basis in Zweifel stellen. Faktum bleibt, dass die Bilanzanalyse und -beurteilung abgerundeter wird, wenn man neben Kennzahlen so genannte Bonitätsindikatoren (z.B. Diskriminanzfunktionen) heranzieht. Selbst wenn die Vorhersage einer Unternehmenskrise mittels Diskriminanzfunktionen in Zweifel gestellt würde, ist das Studium der **Entwicklung der Bonitätsindikatoren aufschlussreich. Der signalisierte Trend ist nämlich immer aussagefähig.**

Welche Methoden sind für Westeuropa relevant?
Welche Ziele werden angestrebt?
In Westeuropa, speziell in Deutschland und Österreich, haben sich folgende publizierte Verfahren bewährt und sind daher relativ häufig im Einsatz:

- Multiple Diskriminanzanalyse
  - Vereinfachte Methode
  - Methode Beermann
  - Methode Bleier
  - RISK (Baetge)
- Faktorenanalyse
  - Methode Weinrich

- Reine Scoring-Modelle
  - Das Saarbrückener Modell (einfach, ähnlich wie Quicktest)
  - RSW-Verfahren (zur Beurteilung der Rendite, der Sicherheit und des Wachstums für börsennotierte Aktiengesellschaften)
- Rating-Modelle
  - BBR Baetge-Bilanz-Rating ®

Die Analyseverfahren der Banken (z.B. bankeigene Diskriminanzanalysen) werden meist nicht bzw. nicht vollständig publiziert, damit die Geschäftskunden ihre Bilanzen nicht darauf abstimmen können.

Die Untersuchungen bei der Bayerischen Vereinsbank AG haben gezeigt, dass die meisten Kennzahlen nicht voneinander unabhängig, sondern hoch korrelativ sind. Daraus kann abgeleitet werden, dass das Informationspotential des Jahresabschlusses mit ganz wenigen (nicht korrelativen) Kennzahlen dargestellt werden kann.

Mit der Korrelationsanalyse, der Faktorenanalyse und der Clusteranalyse können die nicht stark korrelierenden Kennzahlengruppen (Faktoren) ermittelt werden, die das Informationspotential des Jahresabschlusses annähernd abdecken. Es sind dies:

- Rentabilität
- Finanzkraft
- Liquidität
- Kapitalstruktur
- Anlagendeckung
- Kurzfristige Verschuldung
- Zahlungsverhalten

Diese sieben Kennzahlengruppen decken sich übrigens weitgehend mit jenen vier bzw. fünf Gruppen, die uns bereits vom Quicktest bzw. der erweiterten Kennzahlenanalyse her bekannt sind.

Die vereinfachte und Beermann'sche Diskriminanzanalyse sowie das Saarbrückner Scoring-Modell lassen sich einfach umsetzen. Die anderen Methoden sind etwas anspruchsvoller, weil die Datenerfassung relativ umfangreich ist.

Gemeinsames Ziel aller einschlägigen Untersuchungen der Insolvenzforschung ist, eine mehr oder weniger große Anzahl aussagefähiger Kennzahlen für eine Zukunftsbeurteilung zu finden. Die Vorgangsweise besteht darin, einige Dutzend insolvent gewordener Unternehmungen einer ebenso großen Anzahl an solventen Unternehmen der gleichen Branche, Größe und am gleichen Standort gegenüberzustellen. Auf diese Weise wird eine Reihe von Kennzahlen erarbeitet, die für jede der beiden Gruppen typische Werte aufzeigen. Diese ausgewählten Kennzahlen werden anschließend mit Hilfe verschiedener statistischer Methoden (z.B. Multiple Diskriminanzanalyse, Faktorenanalyse, Clusteranalyse) gewichtet. Abschließend werden Trennwerte gebildet, das sind Normwerte, auf deren Basis eine Einstufung in verschiedene Bonitätsklassen möglich ist.

Wie funktioniert die Multiple Diskriminanzanalyse?

1. Aus einer Vielzahl bekannter Kennzahlen werden diejenigen ausgewählt, die in die Rechnung einbezogen werden sollen.
2. Danach werden die Gewichte der einzelnen Kennzahlen unter der Bedingung bestimmt, dass die Schnittfläche zwischen den beiden Verteilungskurven für solvente und insolvente Unternehmungen minimiert wird.

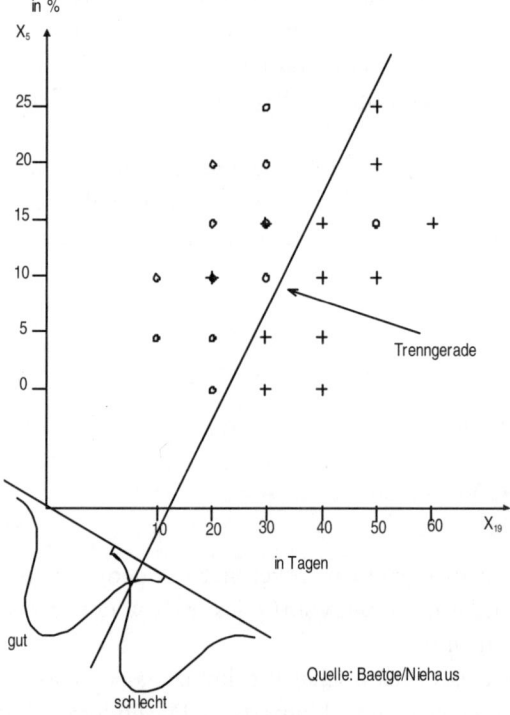

Quelle: Baetge/Niehaus

3. Nun wird jene Kennzahlenkombination ausgewählt, bei der eine Trennung in "voraussichtlich nicht scheiternde" und "voraussichtlich scheiternde" Unternehmungen möglich ist. Die Trennung ist umso besser möglich, je größer die Abstände zwischen den zwei Gruppenmittelwerten sind und umso geringer die Streuung der Klassifikationselemente innerhalb einer Unternehmergruppe ist.
4. Abschließend werden die Grenzen für mehrere verschiedene Bonitätsklassen festgelegt. Während die gesunden Unternehmungen der ersten Bonitätsklasse zugeordnet werden, erfolgt die Zuordnung mittelguter, schlechter bzw. insolvenzgefährdeter Unternehmungen in höheren Bonitätsklassen.

Weil die empirischen Daten nicht genau getrennt werden können, müssen zwangsweise geringe Fehlklassifikationen in Kauf genommen werden.

4.1. Vorstellung der einzelnen Methoden

4.1.1. Multiple Diskriminanzanalyse, vereinfachte Methode

Die vereinfachte Methode **eignet sich besonders gut für den eiligen Anwender** und jene, die sich bisher mit Bonitätsindikatoren noch nicht befasst haben. Bei ihr werden **sechs ausgewählte, einfach zu ermittelnde Kennzahlen mit Gewichtungsfaktoren multipliziert.** Anschließend werden die Produkte addiert. Bei der **Summe der aufaddierten Produkte** handelt es sich um die **Diskriminanzfunktion.**
Die vereinfachte Methode **orientiert sich sehr stark am Ertrag** (Gewinn und Cash-Flow). In der **Kennzahl 1** wird der **Jahres-Cash-Flow** den **Verbindlichkeiten** gegenübergestellt (reziproker Wert der Quicktest-Kennzahl Schuldtilgungsdauer), in den **Kennzahlen 3 und 4** wird der **Jahresgewinn vor Ertragsteuern** angesprochen.
Grundsätzlich gilt bei der vereinfachten Methode: **je höher die Diskriminanzfunktion, desto besser.** Der **Trennwert** (Cut Off Point) ist 0,3. **Ab +1** kann ein Unternehmen als **mittelgut, ab +1,5** als **gut, ab +2,2** als **sehr gut** und **ab +3** als **extrem gut** klassifiziert werden. Ist die **Diskriminanzfunktion negativ,** dann ist das Unternehmen als **(insolvenz)gefährdet** einzustufen, insbesondere bei Werten, die -1 unterschreiten und sich gar -2 oder -3 nähern.
Die verwendeten Kennzahlen, die Gewichtungsfaktoren sowie die Interpretationshinweise sind in umseitigem Schaubild dargestellt.

Multiple Diskriminanzfunktion, vereinfachte Methode

Kenn-zahl	Formel	Kennzahlen-werte	Gewichtungs-faktor	Scores
1	$\dfrac{\text{Cash-Flow p.a.}}{\text{Verbindlichkeiten}}$		x 1,5	
2	$\dfrac{\text{Bilanzsumme}}{\text{Verbindlichkeiten}}$		x 0,08	
3	$\dfrac{\text{EGT p.a.}}{\text{Bilanzsumme}}$		x 10	
4	$\dfrac{\text{EGT p.a.}}{\text{Betriebsleistung p.a.}}$		x 5	
5	$\dfrac{\text{Vorräte}}{\text{Betriebsleistung p.a.}}$		x 0,3	
6	$\dfrac{\text{Betriebsleistung p.a.}}{\text{Bilanzsumme}}$		x 0,1	
> 3	extrem gut			
> 2,2	sehr gut			
> 1,5	gut			
> 1	mittelgut			
> 0,3	schlecht			
≤ 0,3	leicht insolvenzgefährdet			
≤ 0	insolvenzgefährdet			
≤ -1	stark insolvenzgefährdet			

4.1.2. Multiple Diskriminanzanalyse nach Beermann

Die Methode Beermann kann **nur bei Handwerks- und Produktionsbetrieben, nicht** aber **bei Handelsbetrieben eingesetzt** werden. Hier sind insgesamt **zehn ausgewählte Kennzahlen** mit Gewichtungsfaktoren zu multiplizieren und anschließend zu addieren. Die Summe der addierten Produkte aus Kennzahlenwert mal Gewichtungsfaktor ergibt die Diskriminanzfunktion. **Grundsätzlich gilt bei der Methode Beermann: je niedriger die Diskriminanzfunktion, desto besser.** Der **Trennwert** (Cut Off Point), also jener Wert, bei dem sich gute und schlechte Unternehmen unterscheiden, liegt bei **0,3**.

Zu einigen Kennzahlen der Methode Beermann sind **kurze Erläuterungen** notwendig:

- **Bankverbindlichkeiten/Verbindlichkeiten**: diese siebente Kennzahl weist einen positiven Gewichtungsfaktor auf, was **bei Anstieg "ungün-

stig" bedeutet. Diese Tatsache ist auch in der Praxis als schlecht zu bewerten, weil erfahrungsgemäß Bankinstitute erst später von einer Krise erfahren als die Lieferanten. **Einzige Ausnahme:** Die Bankverbindlichkeiten steigen nur deshalb, weil die Lieferantenverbindlichkeiten um den gleichen Betrag fallen. Dieses Szenario ergibt sich, wenn **von Zielkauf auf Skontoausnutzung umgestellt wird.** Obwohl die Kennzahl 7 keine Hebelwirkung aufweist, trennt sie stark.

- **Bei den Kennzahlen 5, 8** und **9** verwendet Beermann mit Absicht **nicht** die **Betriebsleistung, sondern** den **Umsatz.** Insolvente Betriebe scheitern meist nicht daran, dass sie nicht genügend produzieren können, sondern dass ihre Ware nicht in ausreichendem Maß absetzbar ist.
- Abschließend wird darauf hingewiesen, dass auch Beermann eine der Schuldtilgungsdauer ähnliche Kennzahl verwendet, nämlich die Kennzahl 2: **Cash-Flow/Verbindlichkeiten.** Diese Kennzahl hat eine Hebelwirkung und trennt stark.

Die Methode Beermann korreliert mit der vereinfachten Methode gut. Die Trendentwicklung der Diskriminanzfunktionen verläuft bei diesen beiden Frühwarnsystemen oft völlig parallel. Die absolute Klassifikation ist bei Beermann "strenger" als bei der vereinfachten Methode. Es kann manchmal vorkommen, dass eine Unternehmung bei Beermann als "gefährdet" eingestuft wird, während sie die vereinfachte Methode nur als "schlecht" klassifiziert.

Die verwendeten Kennzahlen, die Gewichtungsfaktoren und Hinweise zur Interpretation können der nachstehenden Tabelle entnommen werden.

Multiple Diskriminanzanalyse nach Beermann

Kenn-zahl	Formel	Kennzahlen-wert	Gewichtungs-faktor	Scores
1	$\dfrac{\text{AfA auf Sachanlageverm. p.a.}}{\text{Sachanlage AB + Zugang}}$		x 0,217	
2	$\dfrac{\text{Cash-Flow p.a.}}{\text{Verbindlichkeiten}}$		x -0,063	
3	$\dfrac{\text{Zugang Sachanlageverm.}}{\text{AfA auf Sachanlageverm.}}$		x 0,012	
4	$\dfrac{\text{Verbindlichkeiten}}{\text{Bilanzsumme}}$		x 0,077	
5	$\dfrac{\text{EGT p.a.}}{\text{Umsatz p.a. - Skontoaufw. p.a.}}$		x -0,105	
6	$\dfrac{\text{EGT p.a.}}{\text{Bilanzsumme}}$		x -0,813	
7	$\dfrac{\text{Bankverbindlichkeiten}}{\text{Verbindlichkeiten}}$		x 0,165	
8	$\dfrac{\text{Umsatz p.a. - Skontoaufw. p.a.}}{\text{Bilanzsumme}}$		x 0,061	
9	$\dfrac{\text{Vorräte}}{\text{Umsatz p.a. - Skontoaufw. p.a.}}$		x 0,268	
10	$\dfrac{\text{EGT p.a.}}{\text{Verbindlichkeiten}}$		x 0,124	
< 0	extrem gut			
< 0,2	sehr gut			
< 0,25	gut			
< 0,29	mittelgut			
< 0,31	schlecht			
≥ 0,31	leicht insolvenzgefährdet			
≥ 0,33	insolvenzgefährdet			
≥ 0,35	stark insolvenzgefährdet			

AB = Anfangsbestand

4.1.3. Multiple Diskriminanzanalyse nach Bleier

Das Insolvenz-Früherkennungssystem von Bleier basiert ebenfalls auf einer Multiplen Diskriminanzanalyse. Es unterscheidet sich von den anderen Diskriminanzanalysen (z.B. vereinfachte Methode, Beermann usw.) vor allem durch einen **extrem hohen Informationsgehalt.** Allerdings ist auch der Erhebungsaufwand um vieles größer. Die Anwendung der Methode Bleier erfordert gute Kenntnisse im Rechnungswesen.

Die Bezeichnung Diskriminanzanalyse deutet schon darauf hin, dass es sich um ein Verfahren zur Trennung bzw. Klassifikation von Objekten (hier Unternehmen) und deren Zuordnung zur (Teil-)Menge der gesunden oder der insolvenzgefährdeten Unternehmen handelt. Zur Erklärung der Unterschiede dienen **bei Bleier Kennzahlen aus drei aufeinanderfolgenden Jahresabschlüssen.**

Die **konkrete Zielsetzung** des Einsatzes **der Diskriminanzanalyse für** Zwecke der **Insolvenzfrüherkennung** besteht in der **Ermittlung und Gewichtung jener Kennzahlenkombinationen, welche** die **Zugehörigkeit** eines Unternehmens **zur Gruppe der insolvenzgefährdeten** möglichst **frühzeitig aufzeigen.**

Die Methode **Bleier** liefert **folgende Informationen:**

- Cash-Flow-Rechnung
- Kapitalflussrechnung
- Diskriminanzfunktion für Erzeugungsbetriebe
- Diskriminanzfunktion für Leistungsbetriebe
- Diskriminanzfunktion für Handelsbetriebe
- Diskriminanzfunktion ohne Branchengliederung

Die **Cash-Flow-Rechnung** und **Kapitalflussrechnung** werden von Bleier in der Erwartung verwendet, dass die Elemente aus solchen dynamischen Rechnungen eine bessere Prognosefähigkeit aufweisen als reine Bilanzkennzahlen. **Bei der Kapitalflussrechnung wird der Fonds "Nettogeldvermögen" verwendet,** der nahezu frei von bilanzpolitischen Bewertungsverzerrungen ist.

Cash-Flow-Rechnung nach Bleier

Die folgende Abbildung zeigt, nach welchem Schema die Cash-Flow-Rechnung durchgeführt wird. Bleier wählt den **ertragswirtschaftlichen Cash-Flow nach der direkten Ermittlungsmethode.** Er verzichtet bewusst auf die Beständeveränderungen. Die Teilung in "Cash-Flow I" und "Cash-Flow II" wird deshalb durchgeführt, um eine rechtsformneutrale Vergleichbarkeit zu gewährleisten.

Nr.		Erfolgsposition	
01		Umsatzerlöse	
02	+	Sonstige ordentliche Erlöse	
14	±	Beteiligungs- und Nebenerträge	
15	+	Zinserträge	
04	+	Aktivierte Eigenleistungen	
06	-	Rohstoffeinsatz	
08	-	Fremdleistungen	
10	-	Personalaufwand	
12	-	Sonstiger Betriebsaufwand	
17	-	Zinsaufwand	
	=	**Cash-Flow I**	
22	-	Steuern und Abgaben	
26	-	Geschäftsführerbezüge	
62	-	Privatentnahmen (+ Privateinlagen)	
63	-	Privatsteuern	
	=	**Cash-Flow II**	

Die Nummern beziehen sich auf den Eingaberaster, der auf Seite 222 abgebildet ist.

Die Kapitalflussrechnung nach Bleier

Nr.		Jahresabschluss-Position		
01		Umsatzerlöse		
02	+	Sonstige ordentliche Erlöse		
14	±	Beteiligungs- und Nebenerträge		
15	+	Zinserträge		
21	+	Sonstige a.o. Erträge		
	Σ	**Umsatzeinnahmen**		
06	-	Rohstoffeinsatz		
37	-	Roh-, Hilfs- und Betriebsstoffe		
37	+	Roh-, Hilfs- und Betriebsstoffe (Vorjahr)		
08	-	Fremdleistungen		
10	-	Personalaufwand (einschließlich GF-Bezüge)		
17	-	Zinsaufwand		
22	-	Steuern und Abgaben		
12	-	Sonstiger Betriebsaufwand		
04	+	Aktivierte Eigenleistungen		
	Σ	**Umsatzausgaben**		
28	-	Sachanlagevermögen		
30	-	Finanzanlagevermögen		
11	-	Ordentliche Abschreibungen von Sachanlagen		
16	-	Abschreibungen von Finanzanlagen		
23	-	A.o. Abschreibungen		
28	+	Sachanlagevermögen (Vorjahr)		
30	+	Finanzanlagevermögen (Vorjahr)		
	Σ	**Nettoanlageinvestition**		
62	-	Privatentnahmen (+ Privateinlagen)		
63	-	Privatsteuern		
	Σ	**Eigenfinanzierung**		
52	+	Darlehen		
52	-	Darlehen (Vorjahr)		
	Σ	**Langfristige Fremdfinanzierung**		
	=	**Veränderung des Nettogeldvermögens**		

In einer Kapitalflussrechnung stehen im Gegensatz zur Bilanz nicht Bestände, sondern Zahlungsströme im Mittelpunkt der Betrachtungen. Der **Informationsgehalt** einer **Bilanzanalyse** wird **durch** eine **Kapitalflussrechnung meistens stark erweitert. Insbesondere** die **Liquiditätsentwicklung** kann besser unter die Lupe genommen werden als bei der statischen Bilanzanalyse. Ein weiterer

Vorteil liegt darin, dass die von Bleier gewählte Fondskonstruktion "Nettogeld-vermögen" weitgehend frei von bilanzpolitischen Bewertungsverzerrungen ist (z.B. keine Bewertungsproblematik bei Halb- und Fertigfabrikaten).

Weitere Informationen

Bleier untersuchte 1981 insgesamt 120 nicht publizitätspflichtige österreichische Klein- und Mittelbetriebe, und zwar 60 insolvent gewordene Unternehmen sowie 60 (solvente) Vergleichsbetriebe. Den besten Trennwert lieferten Ertrags-kraft-Kennzahlen, mit dem Näherrücken der Insolvenz auch Liquiditätskennzahlen. Offensichtlich müssen Investitions- und Finanzierungsfehler vorerst zu Ertrags-krisen führen, um leider zu spät als ernste Gefahr für die Zahlungsfähigkeit erkannt zu werden.

Die Branchenfunktionen (Leistungsbetriebe, Erzeugungsbetriebe, Handelsbe-triebe) trennen besser als die Firmen ohne Branchengliederung; das ist plausibel. **Für jede der drei Hauptbetriebsformen** können somit **zwei Diskriminanz-funktionen** verwendet werden, und zwar einmal die **spezifische Hauptfunk-tion (Leistung, Erzeugung, Handel)** und **zur Kontrolle die Diskriminanz-funktion ohne Branchengliederung. Bei Mischbetrieben** (z.B. Sanitärinstallation mit stark ausgeprägtem Handel) ist **nur** die **Diskriminanzfunktion ohne Branchengliederung** zu **verwenden.** Dominiert bei einem Mischbetrieb eine Sparte, dann kann man die andere(n) vernachlässigen und wieder beide Funktio-nen zur Beurteilung verwenden.

Bei einigen Formeln sind folgende Besonderheiten zu berücksichtigen:

- Ist die Veränderung des Nettogeldvermögens negativ, so ist -999 einzu-setzen.
- Ist der Cash-Flow II negativ, so ist 999 einzusetzen.
- Sind die betrieblichen Nettoeinnahmen negativ, so ist 999 einzusetzen.
- Bei Überschuldung ist im Nenner der Wert des gesamten Fremdkapitals anzugeben.
- Ist das Eigenkapital negativ, so ist der Wert -999 einzusetzen.

Formblätter für Diskriminanzfunktion und Beurteilungsskala

Auf den nächsten Seiten sind alle Kennzahlen abgebildet, die für die Ermittlung der individuellen Diskriminanzfunktionen notwendig sind. Es gibt **vier Diskriminanzfunktionsblätter** (für Leistungs-, Erzeugungs- und Handelsbe-triebe sowie für "ohne Branchengliederung") und **zwei Hilfsblätter** zur Ermitt-lung der Position **"Umsatzausgaben"** und **"betriebliche Nettoeinnahmen"**.

Multiple Diskriminanzanalyse nach Bleier für Erzeugungsbetriebe

Kenn-zahl	Formel (alle Quotienten x 100)	Aus Periode	Kennzahlen-werte	Gewichtungs-faktor	Scores
1	$\dfrac{\text{Erhaltene Anzahlungen}}{\text{Nicht abgerechnete Leistungen}}$	VVJ		x 0,004063	
2	$\dfrac{\text{Wirtschaftliches Eigenkapital}}{\text{Gesamtkapital}}$	VJ		x 0,044342	
3	$\dfrac{\text{Veränd. d. Nettogeldverm.}}{\text{(Umsatzausgaben/12)}}$	VJ		x 0,000404	
4	$\dfrac{\text{Umlaufverm. - kurzfr. Fremdk.}}{\text{Gesamtkapital}}$	LJ		x 0,013097	
5	$\dfrac{\text{Cash-Flow I}}{\text{Umsatzerlöse}}$	LJ		x 0,114937	
6	$\dfrac{\text{Gesamtes Fremdkapital}}{\text{Cash-Flow II}}$	LJ		x -0,000098	
	KONSTANTE				-0,876003
> 1,7	sehr gut				
> 1	gut				
> 0	mittel				
< 0	schlecht				
< -0,3	sehr schlecht				
< -0,5	insolvenzgefährdet				

Zur Position **"Umsatzausgaben"** sind noch kurze Erläuterungen notwendig:

Nr.		Erfolgsposition	
06		Rohstoffeinsatz	
08	+	Fremdleistungen	
10	+	Personalaufwand	
17	+	Zinsaufwand	
22	+	Steuern und Abgaben	
12	+	Sonstiger Betriebsaufwand	
04	-	Aktivierte Eigenleistungen	
	=	**Umsatzausgaben**	

Multiple Diskriminanzanalyse nach Bleier für Leistungsbetriebe

Kenn-zahl	Formel (alle Quotienten x 100)	Aus Periode	Kennzahlen-werte	Gewichtungs-faktor	Scores
1	$\dfrac{\text{Cash-Flow I}}{\text{Umsatzerlöse}}$	VVJ		x 0,036864	
2	$\dfrac{\text{Wertschöpfung p.a.}}{\text{Anlagevermögen}}$	VVJ		x -0,000851	
3	$\dfrac{\text{Darlehen + kurzfr. Bankverb.}}{\text{Gesamtes Fremdkapital}}$	VVJ		x -0,036077	
4	$\dfrac{\text{Erhaltene Anzahlungen}}{\text{Nicht abger. Leistungen}}$	VJ		x 0,000603	
5	$\dfrac{\text{Ordentlicher Betriebserfolg}}{\text{Gesamtleistung}}$	LJ		x 0,026399	
6	$\dfrac{\text{Umlaufverm. - kurzfr. Fremdk.}}{\text{Gesamtkapital}}$	LJ		x 0,024794	
7	$\dfrac{\text{Fremdk. - bald verfügb. Geldm.}}{\text{Betriebliche Nettoeinnahmen}}$	LJ		x -0,001295	
	KONSTANTE				3,156118
> 2	sehr gut				
> 1	gut				
> 0	mittel				
< 0	schlecht				
< -0,3	sehr schlecht				
< -0,5	insolvenzgefährdet				

Bei Leistungsbetrieben werden die meisten Kennzahlen - nämlich sieben - benötigt.

Multiple Diskriminanzanalyse nach Bleier für Handelsbetriebe

Kenn-zahl	Formel (alle Quotienten x 100)	Aus Periode	Kennzahlen-werte	Gewichtungs-faktor	Scores
1	Wertschöpfung / Anlagevermögen	VVJ		x -0,000331	
2	Ordentlicher Betriebserfolg / Gesamtleistung	VJ		x 0,081629	
3	Fremdk. - bald verfügb. Geldm. / Betr. Nettoeinnahmen	LJ		x -0,000479	
4	Wirtsch. Eigenkapital / Gesamtkapital	LJ		x 0,023051	
5	Wechsel- u. Lieferverbindl. / Vorleistungen	LJ		x -0,025108	
	KONSTANTE				1,130634
> 1,4	sehr gut				
> 1	gut				
> 0	mittel				
< 0	schlecht				
< -0,3	sehr schlecht				
< -0,5	insolvenzgefährdet				

Die Position **"betriebliche Nettoeinnahmen"** errechnet sich wie folgt:

Nr.		Jahresabschluss-Position	
01		Umsatzerlöse	
02	+	Sonstige ordentliche Erlöse	
14	±	Beteiligungs- und Nebenerträge	
15	+	Zinserträge	
21	+	Sonstige a.o. Erträge	
06	-	Rohstoffeinsatz	
37	-	Roh-, Hilfs- und Betriebsstoffe	
37	+	Roh-, Hilfs- und Betriebsstoffe (Vorjahr)	
08	-	Fremdleistungen	
10	-	Personalaufwand	
17	-	Zinsaufwand	
22	-	Steuern und Abgaben	
12	-	Sonstiger Betriebsaufwand	
04	+	Aktivierte Eigenleistungen	
	=	**Betriebliche Nettoeinnahmen**	

Multiple Diskriminanzanalyse nach Bleier für Betriebe ohne Branchengliederung

Kenn-zahl	Formel (alle Quotienten x 100)	Aus Periode	Kennzahlen-werte	Gewichtungs-faktor	Scores
1	Ordentl. Unternehmenserfolg / Wirtschaftl. Eigenkapital	VVJ		x 0,000786	
2	Ordentlicher Betriebserfolg / Gesamtleistung	VJ		x 0,004299	
3	Ordentl. Unternehmenserfolg / Wirtschaftl. Eigenkapital	VJ		x 0,000661	
4	Gesamtes Fremdkapital / Cash-Flow II	LJ		x -0,000060	
5	Ord. Untern.-erf. + Zinsaufw. / Gesamtkapital	LJ		x 0,036286	
6	Umlaufverm. - kfr. Fremdk. / Gesamtkapital	LJ		x 0,008209	
	KONSTANTE				0,374237
> 1,2	sehr gut				
> 0,8	gut				
> 0	mittel				
< 0	schlecht				
< -0,5	sehr schlecht				
< -0,8	insolvenzgefährdet				

Eingaberaster

Im Kapitel 4.2.3.1. findet sich der Eingaberaster für die Bilanz- und Erfolgspositionen.

Wichtig für die **Analyse der Ertragskraft** eines Unternehmens ist die **Aufspaltung des Gesamterfolges nach Ergebnisquellen**. Bleier verwendet drei Ergebnisquellen, und zwar den **ordentlichen Betriebserfolg**, den **ordentlichen Unternehmenserfolg** und den **Bilanzerfolg**. Weil der ordentliche Betriebserfolg wichtig für die Beurteilung der Leistungsfähigkeit eines Unternehmens ist, wurde diese Position rechtsform- und finanzierungsneutral definiert. Es gibt ja bekanntlich Unternehmungen, die über eine rentable Produktion oder Leistungserstellung verfügen, jedoch durch falsche Finanzierung oder durch Beteiligungsverluste insgesamt einen negativen Unternehmenserfolg aufweisen, aber auch solche, wo die Situation genau umgekehrt ist: Der positive Unternehmenserfolg wird durch Beteiligungsgewinne und besonders günstige Finanzierungskonstruktionen erreicht. Diese Unterschiede werden bei Bleier durch die verschiedenen Ergebnisquellen herausgefiltert.

Klassifizierungsregeln

Abschließend werden die von Bleier empfohlenen Klassifizierungsregeln - getrennt nach Branchengruppen - zusammengefasst.

	Die Diskriminanzfunktion muss < bzw. > sein als ...							
	<	>	<	>	<	>	<	>
	Erzeugungs-betrieb		Handels-betriebe		Dienstleistungs-betriebe		Ohne Branchen-gliederung	
Nicht gefährdet	$\bar{x}$ = + 1,78589		$\bar{x}$ = + 1,46061		$\bar{x}$ = + 2,05693		$\bar{x}$ = + 1,20337	
Risiko-klasse								
1		1,7		1,4		2,0		0
2	1,7	0,3	1,4	0,3	2,0	0,3		0
3	0,3	-0,3	0,3	-0,3	0,3	-0,3	0	
4	-0,3		-0,3		-0,3		0	
Insolvenz-gefährdet	$\bar{x}$ = -2,04102		$\bar{x}$ = -1,75274		$\bar{x}$ = -1,64555		$\bar{x}$ = -1,43818	
$\bar{x}$ = Arithmetisches Mittel der Unternehmensgruppe in der Grundlagenuntersuchung								

Klassifizierungstexte

Hat man eine Unternehmung aufgrund ihrer Diskriminanzfunktion(en) einer der **vier Risikoklassen** (RK) zugeordnet, erfolgt die **verbale Beurteilung**. Dafür stellt Bleier **folgende Klassifizierungstexte** zur Verfügung:

RK 1: Aufgrund der zur Analyse bereitgestellten Jahresabschlüsse weist das Unternehmen eine **überdurchschnittliche finanzielle Stabilität** auf. Eine **Insolvenzgefährdung liegt nicht vor.**

RK 2: Aufgrund der zur Analyse bereitgestellten Jahresabschlüsse weist das Unternehmen eine **ausreichende finanzielle Stabilität** auf. Eine **Insolvenzgefährdung liegt nicht vor.**

RK 3: Aufgrund der zur Analyse bereitgestellten Jahresabschlüsse weist das Unternehmen eine **unterdurchschnittliche finanzielle Stabilität** auf. Eine **Insolvenzgefährdung kann nicht ausgeschlossen werden.**

RK 4: Aufgrund der zur Analyse bereitgestellten Jahresabschlüsse ist das Unternehmen **stark insolvenzgefährdet.**

4.1.4. Faktorenanalyse nach Weinrich

Weinrich lehnt die Anwendung multivariater Prognoseverfahren ab und greift auf ein **Punktebewertungsschema** zurück, das auf Faktorenanalysen und verteilungsfreien Tests basiert. Seine **Ausgangsstichprobe** umfasst **32 Unternehmenspaare**, die **Kontrollstichprobe** besteht aus **zwölf Unternehmenspaaren**. **Aus** einem Katalog von **28 Kennzahlen wählt Weinrich acht Kennzahlen nach folgenden Gesichtspunkten aus**:

- Die Kennzahl hat sich **multivariat** bewährt.
- Eine **signifikante Hypothese über die Lage der Verteilung** bei den guten und schlechten Unternehmen **kann gebildet werden**.
- Die **Kennzahlen** sind **voneinander unabhängig**.
- Die **Kennzahlen schöpfen** das **Informationspotential des Jahresabschlusses** weitgehend **aus**.

Kennzahlenkatalog

Diesen Erkenntnissen Rechnung tragend, setzt sich der Kennzahlenkatalog bei Weinrich wie folgt zusammen:

1. Kennzahl: Eigenkapital zu Fremdkapital
2. Kennzahl: Liquide Mittel zu Gesamtkapital
3. Kennzahl: Bald verfügbare Geldmittel abzüglich kurzfristigem Fremdkapital zu Betriebsaufwand vor Abschreibungen
4. Kennzahl: Unternehmensgewinn zuzüglich Fremdkapitalzinsen zu Gesamtkapital
5. Kennzahl: Umsatz zu Gesamtkapital
6. Kennzahl: Fremdkapital zu Cash-Flow
7. Kennzahl: Fremdkapital abzüglich bald verfügbare Geldmittel zu betrieblichen Nettoeinnahmen
8. Kennzahl: Warenverbindlichkeiten zuzüglich Schuldwechsel zu Wareneinkauf

Für jede Kennzahl vergibt Weinrich zwischen einem (sehr gut) und fünf (sehr schlecht) Punkten, je nachdem, in welchem Intervall der Kennzahlenwert liegt. Daraus ergibt sich, dass die günstigste Punktezahl 8 und die ungünstigste 40 ist. Bei der Kennzahl 7 ist die Position "betriebliche Nettoeinnahmen" genauso definiert wie jene bei Bleier (siehe Kapitel 4.1.3.).

Verwendet man kein einschlägiges PC-Programm, ist für die Praxis das nebenstehende Berechnungs- und Interpretationstableau hilfreich.

Faktorenanalyse nach Weinrich

Kenn-zahl	Formel (alle Quotienten x 100)	Kennzahlen-werte	Scores
1	Eigenkapital / Fremdkapital		
2	Liquide Mittel / Gesamtkapital		
3	Bald verfügbare Geldmittel - kurzfr. Fremdkapital / Betriebsaufwand vor Abschreibung		
4	Unternehmensgewinn + Fremdkapitalzinsen / Gesamtkapital		
5	Umsatz / Gesamtkapital		
6	Fremdkapital / Cash-Flow		
7	Fremdkapital - bald verfügbare Geldmittel / Betriebliche Nettoeinnahmen		
8	Verbindlichkeiten L+L + Wechselverbindlichk. / Wareneinkauf		
< 14	sehr gut		
< 24	gut		
< 32	schlecht		
< 40	stark gefährdet		

Kenn-zahl	Punkte-Bewertungsschema für die Auswertung der Kennzahlen												
	1		2			3			4			5	
1	>	43,3	43,3	bis	12,1	12,0	bis	8,5	8,4	bis	-4,7	<	-4,7
2	>	7,5	7,5	bis	2,0	1,9	bis	0,9	0,8	bis	0,2	<	0,2
3	>	-8,8	-8,8	bis	-29,3	-29,4	bis	-46,2	-46,3	bis	-89,9	<	-89,9
4	>	21,3	21,3	bis	7,2	7,1	bis	4,3	4,2	bis	0,9	<	0,9
5	>	257,4	257,4	bis	200,7	200,6	bis	90,7	90,6	bis	62,1	<	62,1
6	<	284,9	284,9	bis	1.210,3	1.210,4	bis	1.451,7	1.451,8	bis	9.989,9	>	9.989,9
7	<	165,3	165,3	bis	1.168,3	1.168,4	bis	1.231,2	1.231,3	bis	9.989,9	>	9.989,9
8	<	9,7	9,7	bis	27,8	27,9	bis	47,9	48,0	bis	79,9	>	79,9

4.1.5.   RISK-Früherkennungssystem nach Baetge

Am Institut für Revisionswesen der Westfälischen Wilhelmsuniversität Münster (Vorstand Prof. Baetge) wurde in Zusammenarbeit mit der Bayerischen Vereinsbank eine Frühwarnmethode entwickelt, die RISK heißt. Die Diskriminanzfunktion von RISK setzt sich aus folgenden drei Kennzahlen zusammen:

1.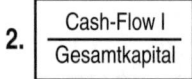

$$\frac{\text{Wirtschaftliches Eigenkapital}}{\text{Bilanzsumme - flüssige Mittel - Immobilien}}$$

Das wirtschaftliche Eigenkapital errechnet sich wie folgt:
Haftendes Eigenkapital
(= gezeichnetes Kapital + Rücklagen + Ergebnisvortrag)
+ Sonderposten mit Rücklagenanteil
+ Gesellschafterdarlehen
- Forderungen an nicht persönlich haftende Gesellschafter
- Ausstehende Einlagen

2.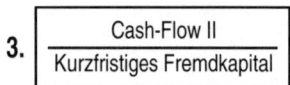

$$\frac{\text{Cash-Flow I}}{\text{Gesamtkapital}}$$

Der Cash-Flow I errechnet sich wie folgt:
Betriebsergebnis
+ Normalabschreibungen
+ Zuführung zu Pensionsrückstellungen

3.

$$\frac{\text{Cash-Flow II}}{\text{Kurzfristiges Fremdkapital}}$$

Der Cash-Flow II ist die Differenz aus finanzwirksamen (einschließlich der außerordentlichen) Erträgen und finanzwirksamen (einschließlich der außerordentlichen) Aufwendungen.

Schade, dass man als Endanwender RISK nicht selbst einsetzen kann, weil die Interpretationshinweise geheim gehalten werden. Die Bayerische Vereinsbank AG fürchtet, dass die Geschäftskunden bei Kenntnis der Beurteilungskriterien ihre Jahresabschlüsse anpassen könnten. Diese Befürchtung ist sicher nicht unberechtigt.

Für den Anwender kann RISK wie folgt beurteilt werden:
interessante Erkenntnisse (akademisch), eigene Anwendung nicht möglich, weil **Black Box.**

4.2. Fallbeispiele

Am **Produktions-Testbetrieb** werden die **vier Frühwarnsysteme angewendet und die Ergebnisse miteinander verglichen**. Vorher werden noch die Jahresabschlussdaten (Bilanz und G&V) in Erinnerung gerufen:

BILANZ	1999		2000	
	1000 GE	%	1000 GE	%
Sachanlagevermögen	500		460	
Finanzanlagevermögen	620		640	
Σ ANLAGEVERMÖGEN	1.120	35,4%	1.100	34,4%
Rohstoffe	480		520	
Halbfabrikate	300		310	
Fertigfabrikate	180		330	
Kundenforderungen	640		660	
Sonstiges Umlaufvermögen	240		160	
Liquide Mittel	200		120	
Σ UMLAUFVERMÖGEN	2.040	64,6%	2.100	65,6%
ΣΣ A K T I V A	3.160	100,0%	3.200	100,0%
Σ EIGENKAPITAL	740	23,4%	740	23,1%
Abfertigungs- u. Pensionsrückst., lfr.	580		640	
Sonstige Rückstellungen, kfr.	480		470	
Darlehen (Bankverbindlichk., lfr.)	140		70	
Bankverbindlichkeiten, kfr.	210		150	
Lieferantenverbindlichkeiten, kfr.	400		490	
Sonst. Verbindlichkeiten, kfr.	610		640	
Σ FREMDKAPITAL	2.420	76,6%	2.460	76,9%
ΣΣ P A S S I V A	3.160	100,0%	3.200	100,0%
G E S A M T K A P I T A L	3.160	100,0%	3.200	100,0%

GEWINN- UND VERLUSTRECHNUNG	1999		2000	
(G&V)	1000 GE	%	1000 GE	%
Umsatzerlöse	4.380	96,5%	4.020	91,8%
- Skontoaufwand	0	0,0%	0	0,0%
± Bestandsveränderung	0	0,0%	160	3,7%
+ Sonst. betriebl. Erträge	160	3,5%	200	4,6%
= BETRIEBSLEISTUNG	4.540	100,0%	4.380	100,0%
- Materialeinsatz	-1.180	-26,0%	-1.050	-24,0%
- Fremdleistungen	-120	-2,6%	-140	-3,2%
= DECKUNGSBEITRAG (DBU)	3.240	71,4%	3.190	72,8%
- Personalkosten	-1.950	-43,0%	-1.955	-44,6%
- Geschäftsführerbezüge	-80	-1,8%	-85	-1,9%
± Aufl./Dot. Abfert.- u. Pens.Rückst.	0	0,0%	-60	-1,4%
- Sonst. betriebl. Aufwendungen	-820	-18,1%	-840	-19,2%
- Abschreibungen	-220	-4,8%	-200	-4,6%
= BETRIEBSERFOLG	170	3,7%	50	1,1%
- Zinsaufwand, kurzfristig	-27	-0,6%	-16	-0,4%
- Zinsaufwand, langfristig	-13	-0,3%	-6	-0,1%
+ Zinserträge	38	0,8%	40	0,9%
± Sonst. Finanzergebnis	80	1,8%	60	1,4%
= Finanzerfolg	78	1,7%	78	1,8%
= E G T	248	5,5%	128	2,9%
± A.o. Ergebnis	0	0,0%	50	1,1%
- Ertragsteuer	-80	-1,8%	-40	-0,9%
= JAHRESÜBERSCHUSS	168	3,7%	138	3,2%
± Aufl./Dot. unversteuerter Rücklagen	-40	-0,9%	60	1,4%
± Aufl./Zuw. Gewinn- bzw. Kapitalrückl.	-20	-0,4%	-20	-0,5%
± Gewinn-/Verlustvortrag	40	0,9%	40	0,9%
= BILANZGEWINN / -VERLUST	148	3,3%	218	5,0%
CASH FLOW hier:	468	10,3%	388	8,9%

Das EGT wurde in beiden Jahren zur Gänze ausgeschüttet.

4.2.1.   Multiple Diskriminanzanalyse, vereinfachte Methode

Bei dieser Methode gibt es keine Probleme, aus dem vorhandenen Zahlenmaterial Berechnungen durchzuführen.

Kenn- zahl	Formel	Kennzahlenwerte		Gewichtungs- faktor	Scores	
		1999	2000		1999	2000
1	$\dfrac{\text{Cash-Flow p.a.}}{\text{Verbindlichkeiten}}$	0,193	0,158	x 1,5	0,290	0,237
2	$\dfrac{\text{Bilanzsumme}}{\text{Verbindlichkeiten}}$	1,306	1,301	x 0,08	0,104	0,104
3	$\dfrac{\text{EGT p.a.}}{\text{Bilanzsumme}}$	0,078	0,040	x 10	0,785	0,400
4	$\dfrac{\text{EGT p.a.}}{\text{Betriebsleistung p.a.}}$	0,054	0,029	x 5	0,273	0,146
5	$\dfrac{\text{Vorräte}}{\text{Betriebsleistung p.a.}}$	0,211	0,265	x 0,3	0,063	0,079
6	$\dfrac{\text{Betriebsleistung p.a.}}{\text{Bilanzsumme}}$	1,437	1,369	x 0,1	0,144	0,137
> 3	extrem gut					
> 2,2	sehr gut					
> 1,5	gut				1,660	
> 1	mittelgut					1,103
> 0,3	schlecht					
≤ 0,3	leicht insolvenzgefährdet					
≤ 0	insolvenzgefährdet					
≤ -1	stark insolvenzgefährdet					

4.2.2.   Multiple Diskriminanzanalyse nach Beermann

Bei den Kennzahlen 1 und 3 wird nach dem "Sachanlage-Anfangsbestand + Zugang" und dem "Zugang Sachanlagevermögen" gefragt. Weil diese Informationen aus der vorliegenden Bilanz 1999 nicht ersichtlich sind, wurde unterstellt, dass eine Investition von 220 GE getätigt worden ist. Die Abschreibungen sind somit zur Gänze reinvestiert worden. Im Jahr 2000 stecken im a.o. Ergebnis 30 GE Buchwert von verkauften Anlagen. Es ergibt sich daher rechnerisch eine Investition von 190 GE.

Multiple Diskriminanzanalyse nach Beermann

Kenn-zahl	Formel	Kennzahlenwert 1999	Kennzahlenwert 2000	Gewichtungs-faktor	Scores 1999	Scores 2000
1	$\dfrac{\text{AfA auf Sachanlageverm. p.a.}}{\text{Sachanlage AB + Zugang}}$	0,3056	0,2899	x 0,217	0,066	0,063
2	$\dfrac{\text{Cash-Flow p.a.}}{\text{Verbindlichkeiten}}$	0,1934	0,1577	x -0,063	-0,012	-0,010
3	$\dfrac{\text{Zugang Sachanlageverm.}}{\text{AfA auf Sachanlageverm.}}$	1,0000	0,9500	x 0,012	0,012	0,011
4	$\dfrac{\text{Verbindlichkeiten}}{\text{Bilanzsumme}}$	0,7658	0,7687	x 0,077	0,059	0,059
5	$\dfrac{\text{EGT p.a.}}{\text{Umsatz p.a. - Skontoaufw. p.a.}}$	0,0566	0,0318	x -0,105	-0,006	-0,003
6	$\dfrac{\text{EGT p.a.}}{\text{Bilanzsumme}}$	0,0785	0,0400	x -0,813	-0,064	-0,033
7	$\dfrac{\text{Bankverbindlichkeiten}}{\text{Verbindlichkeiten}}$	0,1446	0,0894	x 0,165	0,024	0,015
8	$\dfrac{\text{Umsatz p.a. - Skontoaufw. p.a.}}{\text{Bilanzsumme}}$	1,3861	1,2560	x 0,061	0,085	0,077
9	$\dfrac{\text{Vorräte}}{\text{Umsatz p.a. - Skontoaufw. p.a.}}$	0,2192	0,2886	x 0,268	0,059	0,077
10	$\dfrac{\text{EGT p.a.}}{\text{Verbindlichkeiten}}$	0,1025	0,0520	x 0,124	0,013	0,006
< 0	extrem gut					
< 0,2	sehr gut					
< 0,25	gut					0,235
< 0,29	mittelgut					0,263
< 0,31	schlecht					
≥ 0,31	leicht insolvenzgefährdet					
≥ 0,33	insolvenzgefährdet					
≥ 0,35	stark insolvenzgefährdet					

AB = Anfangsbestand

4.2.3. Multiple Diskriminanzanalyse nach Bleier

Es wurde schon erwähnt, dass bei Bleier nicht nur die Werte des laufenden Jahres (LJ), sondern bei gewissen Kennzahlen auch die Werte des Vorjahres (VJ) bzw. Vorvorjahres (VVJ) verwendet werden müssen. Welche Annahmen in Bezug auf

Vorjahres- und Vorvorjahreswerte getroffen wurden, geht aus dem Eingaberaster hervor.

Gut nachvollziehbar sind die Scores für das laufende Jahr (hier: 2000).

Bei der Ermittlung der Scores für das Vorjahr (hier: 1999) wurde unterstellt, dass die Werte für die beiden weiteren nötigen Vorjahre identisch mit den Werten des Jahres 1999 sind.

Um das **"Vollinstrumentarium"** übersichtlich darzustellen, wurde bei der Methode Bleier etwas tiefer strukturiert als bei den anderen Frühwarnsystemen.

4.2.3.1. Eingaberaster

ERFOLGSSTRUKTUR		Werte in 1.000 GE		
Nr.	Jahresabschluss-Position	VVJ	VJ	LJ
01	+ Umsatzerlöse		4.380	4.020
02	+ Sonstige ordentliche Erlöse		100	140
03	± Bestandsveränderungen		-	+160
04	+ Aktivierte Eigenleistungen		60	60
05	**= GESAMTLEISTUNG**		**4.540**	**4.380**
06	- Rohstoffeinsatz		1.180	1.050
07	**= ROHERTRAG**		**3.360**	**3.330**
08	- Fremdleistungen		120	140
09	**= WERTSCHÖPFUNG**		**3.240**	**3.190**
10	- Personalaufwand		1.950	2.015
11	- Ordentliche Abschreibungen von Sachanlagen		220	200
12	- Sonstiger Betriebsaufwand		820	840
13	**= ORDENTL. BETRIEBSERFOLG**		**250**	**135**
14	± Beteiligungs- und Nebenerträge		+80	+60
15	+ Zinserträge		38	40
16	- Abschreibungen von Finanzanlagen		-	-
17	- Zinsaufwand		40	22
18	**= ORDENTL. UNTERNEHMENSERFOLG**	**328**	**328**	**213**
19	+ Anlagenverkaufserlöse		-	55
20	+ Auflösung von Rücklagen und Rückst.		-	60
21	+ Sonstige a.o. Erträge		-	25
22	- Steuern und Abgaben		80	40
23	- A.o. Abschreibungen		-	30
24	- Dotierung von Rücklagen		60	20
25	- Sonstiger a.o. Aufwand		-	-
26	- Geschäftsführerbezüge (Kap.-Ges.)		80	85
27	**= BILANZERFOLG**		**108**	**178**

BILANZSTRUKTUR			Werte in 1.000 GE		
Nr.		Jahresabschluss-Position	VVJ	VJ	LJ
28	+	Sachanlagevermögen lt. Bilanz	500	500	460
29	+	Reaktivierte vorzeitige Abschreibungen	-	-	-
30	+	Finanzanlagevermögen	620	620	640
31	=	ANLAGEVERMÖGEN		1.120	1.100
32	+	Kassa, Bank		200	120
33	+	Wertpapiere des Umlaufvermögens		-	-
34	=	FLÜSSIGE MITTEL		200	120
35	+	Forderungen aus L+L		640	660
36	=	BALD VERFÜGBARE GELDMITTEL		840	780
37	+	Roh-, Hilfs- und Betriebsstoffe	480	480	520
38	+	Halb- und Fertigerzeugnisse		480	640
39	=	VORRÄTE		960	1.160
40	+	Nicht abgerechnete Leistungen		-	-
41	+	Gegebene Anzahlungen		-	-
42	+	Sonstiges Umlaufvermögen		240	160
43	=	UMLAUFVERMÖGEN		2.040	2.100
44	=	GESAMTVERMÖGEN (31 + 43)		3.160	3.200
45	+	Buchmäßiges Eigenkapital		160	160
46	+	Freie, gesetzliche Rücklagen		260	220
47	+	Reaktivierte vorzeitige Abschreibungen		-	-
48	+	Eigenkapitalähnliche Mittel		320	360
49	-	Ausstehende Einlage		-	-
50	=	WIRTSCHAFTLICHES EIGENKAPITAL	740	740	740
51	+	Abfertigungsrückstellung, Pensionsrückstellung		580	640
52	+	Darlehen	140	140	70
53	=	LANGFRISTIGES FREMDKAPITAL		720	710
54	+	Kurzfristige Bankverbindlichkeiten		210	150
55	+	Verbindlichkeiten aus L+L		400	490
56	+	Wechselverbindlichkeiten		-	-
57	+	Rückstellungen		480	470
58	+	Erhaltene Anzahlungen		-	-
59	+	Sonstige Verbindlichkeiten		610	640
60	=	KURZFRISTIGES FREMDKAPITAL		1.700	1.750
61	=	GESAMTKAPITAL (50 + 53 + 60)		3.160	3.200

4.2.3.2. Diskriminanzfunktion für Erzeugungsbetriebe

Kenn- zahl	Formel (alle Quotienten x 100)	Aus Periode	Kennzahlenwerte VJ	Kennzahlenwerte LJ	Gewichtungs- faktor	Scores VJ	Scores LJ
1	Erhaltene Anzahlungen / Nicht abgerechnete Leistungen	VVJ	-	-	x 0,004063	-	-
2	Wirtschaftliches Eigenkapital / Gesamtkapital	VJ	23,42	23,42	x 0,044342	1,038	1,038
3	Veränd. d. Nettogeldverm. / (Umsatzausgaben/12)	VJ	48,81	48,81	x 0,000404	0,020	0,020
4	Umlaufverm. - kurzfr. Fremdk. / Gesamtkapital	LJ	10,76	10,94	x 0,013097	0,141	0,143
5	Cash-Flow I / Umsatzerlöse	LJ	12,51	6,29	x 0,114937	1,438	0,723
6	Gesamtes Fremdkapital / Cash-Flow II	LJ	623,71	1921,88	x -0,000098	-0,061	-0,188
	KONSTANTE					-0,876	-0,876
> 1,7	sehr gut					1,700	
> 1	gut						
> 0	mittel						0,860
< 0	schlecht						
< -0,3	sehr schlecht						
< -0,5	insolvenzgefährdet						

Zu den Positionen

- Veränderungen des Nettogeldvermögens,
- Umsatzausgaben,
- Cash-Flow I und
- Cash-Flow II

sind noch kurze Erläuterungen notwendig:

Veränderung des Nettogeldvermögens
Erzeugungsbetriebe

Nr.		Jahresabschluss-Position (aus Periode 2)	Werte in 1.000 GE VJ	Gesamt
01		Umsatzerlöse	4.380	
02	±	Sonstige ordentliche Erlöse	100	
14	±	Beteiligungs- und Nebenerträge	80	
15	+	Zinserträge	38	
21	+	Sonstige a.o. Erträge	-	
	Σ	**Umsatzeinnahmen**		4.598
06	-	Rohstoffeinsatz	1.180	
37	-	Roh-, Hilfs- und Betriebsstoffe	480	
37	+	Roh-, Hilfs- und Betriebsstoffe (Vorjahr)	480	
08	-	Fremdleistungen	120	
10 + 26	-	Personalaufwand (einschl. GF-Bezüge)	2.030	
17	-	Zinsaufwand	40	
22	-	Steuern und Abgaben	80	
12	-	Sonstiger Betriebsaufwand	820	
04	+	Aktivierte Eigenleistungen	60	
	Σ	**Umsatzausgaben**		-4.210
28	-	Sachanlagevermögen	500	
30	-	Finanzanlagevermögen	620	
11	-	Ordentliche Abschreibungen von Sachanlagen	220	
16	-	Abschreibungen von Finanzanlagen	-	
23	-	A.o. Abschreibungen	-	
28	+	Sachanlagevermögen (Vorjahr)	500	
30	+	Finanzanlagevermögen (Vorjahr)	620	
	Σ	**Nettoanlageinvestition**		-220
62	-	Privatentnahmen (+ Privateinlagen)	-	
63	-	Privatsteuern	-	
	Σ	**Eigenfinanzierung**		-
52	+	Darlehen	140	
52	-	Darlehen (Vorjahr)	140	
	Σ	**Langfristige Fremdfinanzierung**		0
	=	**Veränderung des Nettogeldvermögens**		168

Umsatzausgaben
Erzeugungsbetriebe

Werte in 1.000 GE

Nr.		Jahresabschluss-Position	VJ
06		Rohstoffeinsatz	1.180
08	+	Fremdleistungen	120
10	+	Personalaufwand (ohne Geschäftsführer)	1.950
17	+	Zinsaufwand	40
22	+	Steuern und Abgaben	80
12	+	Sonstiger Betriebsaufwand	820
04	-	Aktivierte Eigenleistungen	60
	Σ	**Umsatzausgaben**	**4.130**

Cash-Flow I und Cash-Flow II

Nr.		Jahresabschluss-Position	VJ	LJ
01		Umsatzerlöse	4.380	4.020
02	+	Sonstige ordentliche Erlöse	100	140
14	±	Beteiligungs- und Nebenerträge	80	60
15	+	Zinserträge	38	40
04	+	Aktivierte Eigenleistungen	60	60
06	-	Rohstoffeinsatz	1.180	1.050
08	-	Fremdleistungen	120	140
10	-	Personalaufwand	1.950	2.015
12	-	Sonstiger Betriebsaufwand	820	840
17	-	Zinsaufwand	40	22
	Σ	**Cash-Flow I**	**548**	**253**
22	-	Steuern und Abgaben	80	40
26	-	Geschäftsführerbezüge	80	85
62	-	Privatentnahmen (+ Privateinlagen)	-	-
63	-	Privatsteuern	-	-
	Σ	**Cash-Flow II**	**388**	**128**

4.2.3.3. Diskriminanzfunktion, ohne Branchengliederung

Kenn-zahl	Formel (alle Quotienten x 100)	Aus Periode	Kennzahlenwerte VJ	Kennzahlenwerte LJ	Gewichtungs-faktor	Scores VJ	Scores LJ
1	Ordentl. Unternehmenserfolg / Wirtschaftl. Eigenkapital	VVJ	44,32	44,32	x 0,000786	0,035	0,035
2	Ordentlicher Betriebserfolg / Gesamtleistung	VJ	5,51	5,51	x 0,004299	0,024	0,024
3	Ordentl. Unternehmenserfolg / Wirtschaftl. Eigenkapital	VJ	44,32	44,32	x 0,000661	0,029	0,029
4	Gesamtes Fremdkapital / Cash-Flow II	LJ	623,71	1921,88	x -0,000060	-0,037	-0,115
5	Ord. Untern.-erf. + Zinsaufw. / Gesamtkapital	LJ	11,65	7,34	x 0,036286	0,423	0,266
6	Umlaufverm. - kfr. Fremdk. / Gesamtkapital	LJ	10,76	10,94	x 0,008209	0,088	0,090
	KONSTANTE					0,374	0,374
> 1,2	sehr gut						
> 0,8	gut					0,936	
> 0	mittel						0,703
< 0	schlecht						
< -0,5	sehr schlecht						
< -0,8	insolvenzgefährdet						

Umseitige Graphik zeigt die Verteilung der beiden Gruppen solvente und insolvente Unternehmen (ohne Branchengliederung) und den Trennwert Z, der bei null liegt (vgl. Bleier 1985, S. 187). Man sieht deutlich die teilweise Überschneidung der Gruppen und die fehlerhaft eingestuften Unternehmen. Die dreidimensionalen Histogramme für die drei Branchenfunktionen (Leistung, Erzeugung, Handel) sind in Kapitel 16.4. abgebildet.

Häufigkeitsverteilung der Diskriminanzfunktion (Z-Wert) für Betriebe ohne Branchengliederung

Histogramm für solvente und insolvente Unternehmen dieser Gruppe

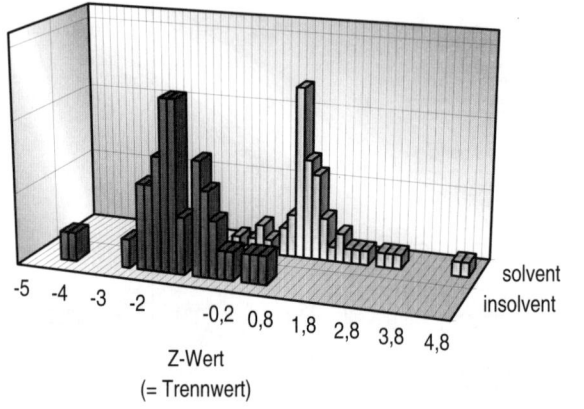

- **Arithmetisches Mittel der Scores:**
  - Gescheiterte Unternehmen   -1,43818
  - Vergleichsunternehmen   +1,20337

4.2.4. Faktorenanalyse nach Weinrich

Weinrich vergibt bekanntlich zwischen acht und 40 Punkte. Die Punktebewertungsmatrix für die acht Kennzahlen ist im Kapitel 4.1.4. abgebildet.

Die **Gesamtpunkteanzahl von 18 bzw. 20**, die das Unternehmen in beiden Analysejahren als **"gut"** (Trend fallend) ausweist, errechnet sich wie folgt:

Faktorenanalyse nach Weinrich

Kenn-zahl	Formel (alle Quotienten x 100)	Kennzahl VJ	Kennzahl LJ	Scores VJ	Scores LJ
1	$\dfrac{\text{Eigenkapital}}{\text{Fremdkapital}}$	30,58	30,08	2	2
2	$\dfrac{\text{Liquide Mittel}}{\text{Gesamtkapital}}$	6,33	3,75	2	2
3	$\dfrac{\text{Bald verfügbare Geldmittel - kurzfr. Fremdkapital}}{\text{Betriebsaufwand vor Abschreibung}}$	-20,14	-23,36	2	2
4	$\dfrac{\text{Unternehmensgewinn + Fremdkapitalzinsen}}{\text{Gesamtkapital}}$	11,65	7,34	2	2
5	$\dfrac{\text{Umsatz}}{\text{Gesamtkapital}}$	138,61	125,63	3	3
6	$\dfrac{\text{Fremdkapital}}{\text{Cash-Flow}}$	623,71	1921,87	2	4
7	$\dfrac{\text{Fremdkapital - bald verfügbare Geldmittel}}{\text{Betriebliche Nettoeinnahmen*)}}$	337,60	848,48	2	2
8	$\dfrac{\text{Verbindlichkeiten L+L + Wechselverbindlichk.}}{\text{Wareneinkauf**)}}$	33,90	44,95	3	3
< 14	sehr gut			18	20
< 24	gut				
< 32	schlecht				
< 40	stark gefährdet				

*) *Durch Einsetzen der entsprechenden Werte in die Tabelle "Betriebliche Nettoein-nahmen" auf Seite 213*

**) *Vereinfacht:*

Wareneinsatz

+ *Bestand an Roh-, Hilfs- und Betriebsstoffen*

- *Bestand an Roh-, Hilfs- und Betriebsstoffen VJ*

= *Wareneinkauf*

4.2.5.   Zusammenfassung der Ergebnisse

Die folgende Graphik zeigt, dass die hier vorgestellten Frühwarnsysteme ziemlich gut miteinander korrelieren. Kleine Unterschiede wird es immer geben.

Die Ergebnisse der Frühwarnsysteme auf einen Blick

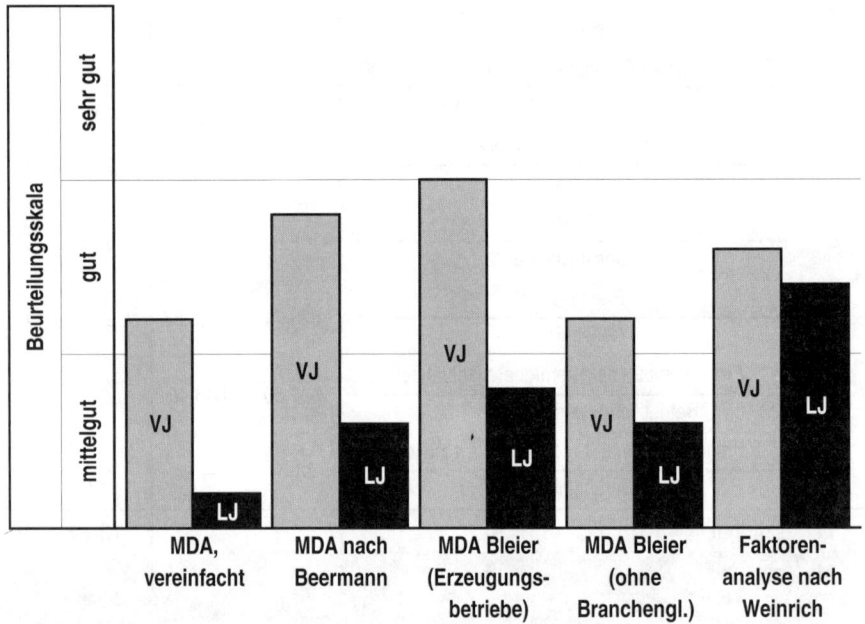

Alle Frühwarnsysteme zeigen das Jahr 2000 (LJ) schlechter als das Jahr davor. **Beermann** bewertet hier etwas **milder** als die vereinfachte Methode. Das ist eher die Ausnahme. Normalerweise bewertet Beermann strenger als die vereinfachte Methode.

Weinrich beurteilt **am mildesten.**

Bleier beurteilt bei der Branchenfunktion **"Erzeugungsbetriebe" eindeutiger als bei "ohne Branchengliederung",** was logisch ist.

Eine noch bessere Korrelation ergibt sich, wenn man den Trend der Ergebnisse über mehrere Perioden beobachtet.

4.3. Aus welchen Analysebereichen beziehen die Frühwarnsysteme ihre Informationen?

Aussage über	Analysebereich	Einfache Bonitätsindikatoren		
		MDA, vereinf.	RISK Bayr. Vereinsbank Prof. Baetge	MDA nach Beermann
FINANZIELLE STABILITÄT	Investition			Zugang auf Sachanlageverm. / AfA auf Sachanlageverm.
				AfA auf Sachanlageverm. / Sachanlagen Anfangsbestand + Zugang
	Finanzierung	Bilanzsumme / Verbindlichkeiten	Wirtschaftliches Eigenkapital / Bilanzsumme - flüssige Mittel - Immobilien	Verbindlichkeiten / Bilanzsumme
		Vorräte / Betriebsleistung		Vorräte / Umsatz - Skontoaufwand
				Bankverbindlich. / Verbindlichkeiten
	Liquidität	Cash-Flow / Verbindlichkeiten	Cash-Flow I / Gesamtkapital	Cash-Flow / Verbindlichkeiten
			Cash-Flow II / Kurzfristiges Fremdkapital	Ergebnis vor ESt. / Verbindlichkeiten
ERTRAGSKRAFT	Rentabilität	Ergebnis vor ESt. / Bilanzsumme		Ergebnis vor ESt. / Bilanzsumme
		Ergebnis vor ESt. / Betriebsleistung		Ergebnis vor ESt. / Umsatz - Skontoaufw. p.a.
		Betriebsleistung / Bilanzsumme		Umsatz - Skontoaufw. p.a. / Bilanzsumme
	Erfolg			

Aussage über	Analysebereich	Anspruchsvolle Bonitätsindikatoren	
		MDA nach Bleier	Faktorenanalyse nach Weinrich
FINANZIELLE STABILITÄT	Investition	$\dfrac{\text{Wertschöpfung}}{\text{Anlagevermögen}} \times 100$	
	Finanzierung	$\dfrac{\text{Wirtschaftl. Eigenkapital}}{\text{Gesamtkapital}}$	$\dfrac{\text{Eigenkapital}}{\text{Fremdkapital}} \times 100$
		$\dfrac{\text{Bankverbindlichk.}}{\text{Gesamtes Fremdkapital}} \times 100$	$\dfrac{\text{Lieferanten-verbindlichkeiten + Schuldwechsel}}{\text{Wareneinkauf}} \times 100$
		$\dfrac{\text{Erhaltene Anzahlungen}}{\text{Nicht abgerechnete Leistungen}} \times 100$	
		$\dfrac{\text{Wechsel- u. Lieferanten-verbindlichkeiten}}{\text{Vorleistungen}} \times 100$	
	Liquidität	$\dfrac{\text{Gesamtes Fremdkapital}}{\text{Cash-Flow II}} \times 100$	$\dfrac{\text{Fremdkapital}}{\text{Cash-Flow II}} \times 100$
		$\dfrac{\text{Fremdkapital - bald verf. Geldmittel}}{\text{Betriebl. Nettoeinnahmen}} \times 100$	$\dfrac{\text{Liquide Mittel}}{\text{Gesamtkapital}} \times 100$
		$\dfrac{\text{Bald verf. Geldmittel}}{\text{Kurzfr. Fremdkapital}} \times 100$	$\dfrac{\text{bald verf. Geldmittel - kurzfr. Fremdkap.}}{\text{Betriebsaufw. vor Abschreibungen}} \times 100$
		$\dfrac{\text{Umlaufvermögen - kurzfr. Fremdkap.}}{\text{Gesamtkapital}} \times 100$	
		$\dfrac{\text{Veränderung d. Nettogeldvermögens}}{\text{Umsatzausgaben} \times \frac{1}{12}} \times 100$	$\dfrac{\text{Fremdkapital - bald verf. Geldmittel}}{\text{Betriebl. Nettoeinnahmen}} \times 100$
ERTRAGSKRAFT	Rentabilität	Gesamtkapitalrentabilität	$\dfrac{\text{Untern.-Gewinn + Fremdkapitalzinsen}}{\text{Gesamtkapital}}$
		Eigenkapitalrentabilität	
		Umsatzrendite	$\dfrac{\text{Umsatz}}{\text{Gesamtkapital}}$
		Kapitalumschlag	
	Erfolg	Cash-Flow-Leistungsrate	

4.4. Künstliche Neuronale Netze

Die Neuronalen Netze, ein Zweig der künstlichen Intelligenz, werden in jüngster Zeit vermehrt für die Beantwortung wirtschaftlicher Fragestellungen verwendet. Der Vorteil Neuronaler Netze als lernende Systeme ergibt sich vor allem in der Lösung schlecht strukturierter Probleme.

Die Architektur eines Künstlichen Neuronalen Netzes kann unterschiedliche Ausprägungsformen haben. Es gibt Dutzende Modelle, z.B.:

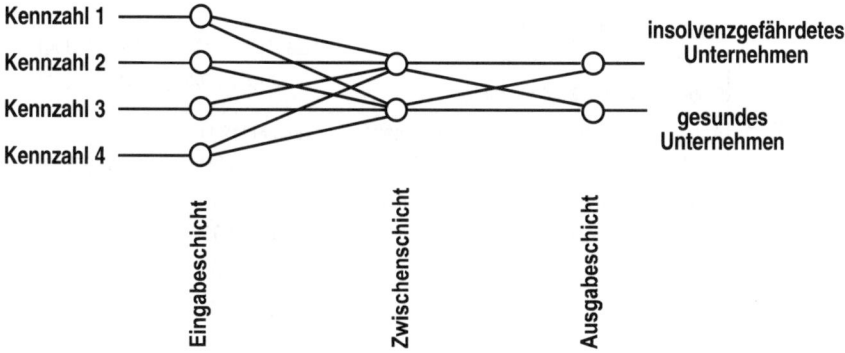

Quelle: Odom/Sharda, 1990, S. 164

In der Eingabeschicht befinden sich in dem verwendeten Beispiel vier Neuronen, in welche die Werte von vier Jahresabschluss-Kennzahlen eingegeben werden. Jedes dieser vier Neuronen der Eingabeschicht sendet ein Signal an jedes der zwei Neuronen der Zwischenschicht. Aufgrund der empfangenen und gewichteten Signale sendet jedes Neuron der Zwischenschicht ein Signal an die Neuronen der Ausgabeschicht. Je nach Höhe des Nettosignals handelt es sich um ein gutes oder insolvenzgefährdetes Unternehmen.

Während die Multiple Diskriminanzanalyse schon häufig in der Kreditwürdigkeitsprüfung als Trennverfahren Anwendung findet, stecken die Arbeiten mit Künstlichen Neuronalen Netzen noch in den Kinderschuhen. Trotzdem haben die Neuronalen Netze schon derzeit etwa die gleiche Trennqualität wie die MDA. In Zukunft - so hoffen jedenfalls die Wirtschaftswissenschaftler - werden Neuronale Netze die MDA überholen. Es gibt bereits eine Reihe vielversprechender Arbeiten, die in den letzten Jahren mit Neuronalen Netzen oft hervorragend, zumindest jedoch zufriedenstellend gelöst werden konnten.

Anwendungen in der betriebswissenschaftlichen Forschung

Bereich	Beschreibung	Autor
Marketing	Ermittlung einer Marktreaktionsfunktion	*Hruschka* (1991, 1993) *Wezel/Baets* (1995)
	Marktsegmentierung	*Hruschka /Natter* (1995) *Balakrishnan/Cooper/* *Jacob/Lewis* (1996) *Zahavi/Levin* (1997)
	Analyse von Marktanteilen und Marktanteilsentwicklungen zur Optimierung des Marketing-Mix	*Gaul/Decker/Wartenberg* (1994) *Agrawal/Schorling* (1996)
	Analyse und Prognose des Kaufverhaltens	Heimel (1994) West/Brockett/Golden (1997)
	Disaggregation aggregierter Verkaufsdaten	*Wartenberg* (1995)
	Preismanagement	*Natter* (1995)
	Positionierungsstudien	*Mazanec* (1995)
	Kundenklassifikation	*Mazanec* (1992) *Flitman* (1997)
	Werbemittelplanung	*Curry/Moutinho* (1993)
	Qualitative Datenanalyse	*Moore/Burbach/Heeler* (1995)
Finanzierung	Aktienkurs-/Aktienrenditeprognose	*Steiner/Wittkemper* (1993) *Baun* (1994) *Lehrbass/Peter* (1996)
	Zinsprognose	*Poddig (1994)*
	Wechselkursprognose	*Poddig/Wallem (1994)*
	Unternehmens- und Länderklassifikation, Klassifizierung von Jahresabschlüssen	*Burger* (1994) *Kerling/Poddig* (1994) *Pytlik* (1994) *Chattopadhyay* (1997)
	Prognose der Zahlungsunfähigkeit von Unternehmen	*Burger/Schellberg* (1994) *Brockett/Cooper/Golden/Xia* (1997)
	Kreditwürdigkeitsprüfung bei Privatkundenkrediten	*Schmidt- von Rhein/* *Rehkugler* (1994) *Dietz/Füser/Schmidtmeier* (1997)
Produktion und Logistik	Maschinensteuerung/Qualitätskontrolle	*Hohler* (1996)
	Produktionsplanung und -steuerung	*May* (1996)
	Tourenplanung	*Somhom/Modares/Enkawa* (1997) *Torki/Somhoma/Enkawa* (1997)

Quelle: Schwanenberg/Helm: Künstl. Neuronale Netze, in: WiSt, H. 7/99

Die Klassifikationsleistung Neuronaler Netze lässt sich vermutlich noch weiter verbessern, insbesondere dann, wenn neben quantitativen auch qualitative Daten analysiert werden.

4.5. Scoring-Verfahren

4.5.1. Das Saarbrückner Modell

Das **Saarbrückner Modell** ist ein einfaches Scoring-Modell, das besonders eiligen Anwendern empfohlen werden kann. Wie beim Quicktest (siehe Kapitel 2.2.) werden zur Beurteilung vier gleichgewichtete Kennzahlen herangezogen, und zwar:

• Eigenkapitalquote	$\dfrac{EK}{GK}$ x 100
• Return On Investment (ROI)	UR x KU
• Cash-Flow-Leistungsrate	$\dfrac{CF}{BL}$ x 100
• Cash-Flow in % d. Gesamtkapitals	$\dfrac{CF}{GK}$ x 100

Legende:
EK = Eigenkapital   *GK = Gesamtkapital*
UR = Umsatzrendite   *KU = Kapitalumschlag*
CF = Cash-Flow   *BL = Betriebsleistung*

Für obige Kennzahlen werden folgende Punkte vergeben:

Eigenkapitalquote (EKQ)

	EKQ	<	0 *) =	0 Punkte
0 ≤	EKQ	≤	20 =	0,5 Punkte
20 <	EKQ	≤	28 =	1 Punkt
28 <	EKQ	≤	38 =	1,5 Punkte
38 <	EKQ	≤	50 =	2 Punkte
	EKQ	>	50 =	2,5 Punkte

*) EK negativ (= nicht durch EK gedeckter Fehlbetrag)

Cash-Flow-Leistungsrate (CFL)

	CFL	≤	0 =	0 Punkte
0 <	CFL	≤	5 =	0,5 Punkte
5 <	CFL	≤	9 =	1 Punkt
9 <	CFL	≤	12 =	1,5 Punkte
12 <	CFL	≤	17 =	2 Punkte
	CFL	>	17 =	2,5 Punkte

Return On Investment (ROI)

	ROI	≤	0 =	0 Punkte
0 <	ROI	≤	3 =	0,5 Punkte
3 <	ROI	≤	5 =	1 Punkt
5 <	ROI	≤	8 =	1,5 Punkte
8 <	ROI	≤	10 =	2 Punkte
	ROI	>	10 =	2,5 Punkte

Cash-Flow in % d. Gesamtkapitals (CFK)

	CFK	≤	0 =	0 Punkte
0 <	CFK	≤	8 =	0,5 Punkte
8 <	CFK	≤	12 =	1 Punkt
12 <	CFK	≤	16 =	1,5 Punkte
16 <	CFK	≤	23 =	2 Punkte
	CFK	>	23 =	2,5 Punkte

Für die Durchführung des Saarbrücker Schnellbeurteilungssystems sind

- drei Bilanzpositionen und
- vier G&V-Positionen

notwendig. Das Saarbrücker Modell korreliert mit dem Quicktest sehr gut. Diese gute Korrelation zwischen den Scores des Saarbrücker Modells und den Quicktest-Noten kann besonders anschaulich bei den sechs Testbilanzen im Kapitel 5 festgestellt werden:

Korrelationen zwischen Saarbrücker Modell und Quicktest

Test-bilanz	Ergebnis Quicktest			Ergebnis Saarbrücker Modell	
	Finan-zielle Stabilität	Ertrags-kraft	Gesamt-note	Gesamt-punkte (Scores)	Interpretation der Gesamtscores
G1	1	1	1	9	überdurchschnittlich ertragsstark
G2	2	1	1,5	7	durchschnittlich ertragsstark
G3	3	1	2	6,5	durchschnittlich ertragsstark
S1	2	4,5	3,25	2,5	außergewöhnlich geringe Ertragsstärke
S2	4	4,5	4,25	1,5	außergewöhnlich geringe Ertragsstärke
S3	5	4,5	4,75	1	außergewöhnlich geringe Ertragsstärke

4.5.2. Das RSW-Verfahren

Das RSW-Verfahren ist eine Analysemethode zur Beurteilung börsennotierter Aktiengesellschaften. Alle börsennotierten deutschen Aktiengesellschaften sämtlicher Wirtschaftszweige werden periodisch untersucht und die diesbezüglichen Ergebnisse publiziert. Das Bewertungsverfahren basiert auf der Auswertung von sechs Kennzahlen, von denen jeweils zwei Kennzahlen den Analysebereichen

- **Rendite** (Eigenkapital- und Betriebsrendite),
- **Sicherheit** (Eigenkapital- und Liquiditätsquote) und
- **Wachstum** (Bilanzsummen- und betriebl. Wachstum)

zugeordnet werden können. Die Kennzahlen werden mit Hilfe statistischer Verfahren zu einem Gesamtwert verdichtet und vergleichbar gemacht. Die RSW-Scores bilden die Grundlage für eine Rangliste. Das RSW-Verfahren wird recht gut bei Küting/Weber, Die Bilanzanalyse (siehe Kapitel 3.8. "Top-Literatur für den Geschäftsführer") beschrieben.

4.6. Rating-Modelle

4.6.1. Grundsätzliches

Einst war "Rating" das Synonym für die Bonitätseinstufung durch eine der beiden US-amerikanischen Rating-Agenturen **Standard&Poor's** (S&P) oder **Moody Investors Service** (Moody's). Heute gibt es eine Vielzahl von Anbietern, die Ratings vornehmen. Nach Umsetzung der so genannten **Basler Vorschriften** werden Unternehmensratings in Zukunft die Eigenmittelkosten der Banken bestimmen. Dem Rating-Verfahren wird damit eine zentrale Bedeutung für jeden Bankkredit und somit für jeden Geschäftsführer zukommen.

Dass Staaten und Großfirmen von nationalen und internationalen Rating-Agenturen (= externes Rating) beurteilt werden, ist schon jahrelang eine Selbstverständlichkeit, dass aber in Zukunft auch KMUs (Klein- und Mittelbetriebe) gerated werden sollen, ist neu.

EU-bedingt ist in den nächsten Jahren geplant, das Rating auch auf Klein- und Mittelbetriebe auszudehnen. In Fachkreisen sind intensive Verhandlungen darüber in Gang, wer diese Ratings für Klein- und Mittelbetriebe kostengünstig und doch professionell durchführen könnte und sollte. Die einschlägigen Verhandlungen sind noch nicht abgeschlossen, es zeichnet sich aber immer mehr ab, dass es eventuell bankinterne Rankings sein werden, die dieses neue Geschäftsfeld abdecken könnten. Fachleute empfehlen jedenfalls den Banken, möglichst bald in institutseigene, interne Ratingsyteme zu investieren, um spätestens 2003 handlungsfähig zu sein.

4.6.2. Baetge-Bilanz-Rating, BBR

Wieder ist es Prof. Baetge, der uns schon vom RISK-Verfahren her bekannt ist, der hier Pionierarbeit geleistet hat und das so genannte **BBR Baetge-Bilanz-Rating ®** aus der Taufe gehoben hat. Dieses sehr interessante Rating für Unternehmungen wird hier kurz vorgestellt, weil es genau zum Thema dieses Kapitels passt. Leider lässt Baetge - so wie bei RISK - nur Bratenduft riechen; **eine eigenständige Durchrechnung ist infolge Fehlens wichtiger unpublizierter Merkmale leider nicht möglich.**

Kurzbeschreibung des BBR-Modells

Das Baetge-Bilanz-Rating scheint ein sehr effizientes Instrument zur Bonitätsbeurteilung einer Unternehmung zu sein. Deshalb ist es grundsätzlich für jeden Geschäftsführer von Interesse. Weil das BBR - wie bereits erwähnt - nicht eigenständig durchgeführt werden kann, wird hier auf eine detaillierte Darstellung verzichtet. Ein kurzer, unvollständiger Überblick soll den Geschäftsführer lediglich informieren, wie kompetent heute Bonitätsbeurteilungen durch Rating-Modelle durchgeführt werden können.

Das Baetge-Bilanz-Rating basiert auf einer empirischen, mathematisch-statistischen Analyse von ca. 12.000 Jahresabschlüssen solventer und später tatsächlich insolvent gegangener Unternehmen. Für die Entwicklung von BBR wurden branchenübergreifend Jahresabschlüsse von Dienstleistern, Handelsunternehmen und Unternehmen des verarbeitenden Gewerbes herangezogen.

Aus einem Kennzahlenkatalog von 209 (!) Kennzahlen wurden mit Hilfe der Künstlichen Neuronalen Netze die zur Trennung von "gesunden" und "kranken" Unternehmen geeignetsten 14 Kennzahlen herausgefiltert und zu einem Bonitätsindex, dem so genannten Neuronalen Netzwert (N-Wert), verdichtet.

Der N-Wert wird auf einer Skala von +10 bis -10 abgetragen. Die Skala ist in sechs Güteklassen und vier Risikoklassen unterteilt. Für jede der Klassen wurde ein Fortbestandsrisiko berechnet. Die Berechnung des Fortbestandsrisikos für jede Klasse ergibt sich aus dem durchschnittlichen Fortbestandsrisiko der Unternehmen in Deutschland von ca. 1 %. Die Risikoklassen sind dadurch charakterisiert, dass sie ein deutlich höheres Fortbestandsrisiko als der Durchschnitt haben. Durch Berücksichtigung von Branchen und die Kalibrierung der Fortbestandsrisiken werden die Ergebnisse weiter optimiert.

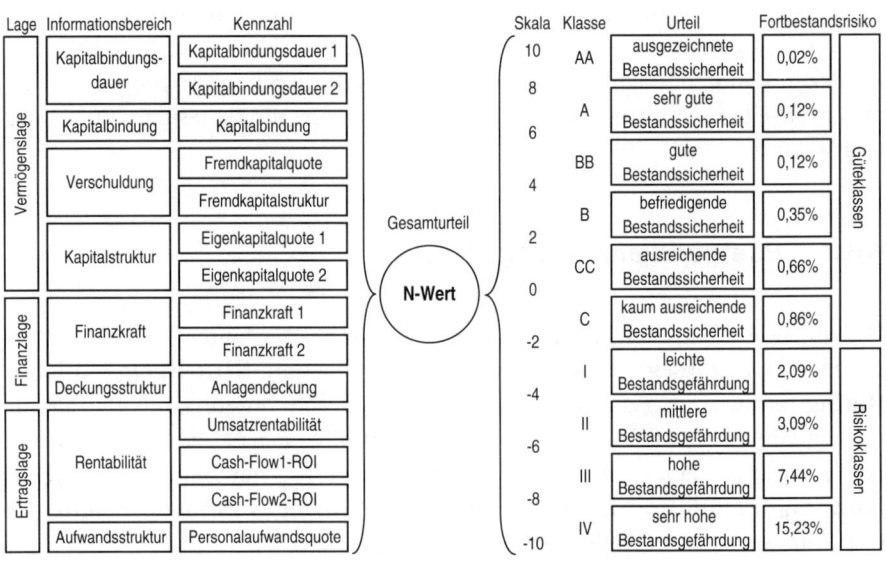

Die 14 BBR-Kennzahlen lassen sich den acht Informationsbereichen des Jahresabschlusses zuordnen, und diese wiederum den drei Bereichen Vermögens-, Finanz- und Ertragslage. Jeder Kennzahl ist eine zugehörige Arbeitshypothese zugeordnet, aus der hervorgeht, ob eher ein niedriger oder hoher Kennzahlenwert positiv zu beurteilen ist. "I" bedeutet **insolvent**, "S" **solvent**.

Definition der Kennzahlen des BBR Baetge-Bilanz-Rating ®

Kennzahlen der Vermögenslage			
Informations-bereich	**Kennnzahl**	**Definition**	**Hypothese**
Kapitalbindungs-dauer	KBD1	(Akzepte + Verbindlichkeiten aus Lieferungen und Leistungen) x 360 : Gesamtleistung	I > S
	KBD2	(Akzepte + Verbindlichkeiten aus Lieferungen und Leistungen) x 360 : Umsatz	I > S
Kapitalbindung	KB	(Kfr. Bankverbindlichkeiten + kfr. Verbindlichkeiten aus Lieferungen und Leistungen + Akzepte + kfr. sonstige Verbindlichkeiten) : Umsatz	I > S
Verschuldung	FKQ	(Kfr. Fremdkapital - erhaltene Anzahlungen) : Bilanzsumme	I > S
	FKS	(Verbindlichkeiten aus Lieferungen und Leistungen + Akzepte + Bankverbindlichkeiten) : (Fremdkapital - erhaltene Anzahlungen)	I > S
Kapitalstruktur	EKQ1	(Wirtschaftliches Eigenkapital - immaterielle Vermögensgegenstände) : (Bilanzsumme - immaterielle Vermögensgegenstände - flüssige Mittel - Grundstücke und Bauten)	I < S
	EKQ2	(Wirtschaftliches Eigenkapital + Rückstellungen) : (Bilanzsumme - flüssige Mittel - Grundstücke und Bauten)	I < S

Kennzahlen der Finanzlage			
Finanzkraft	FINK1	Ertragswirtschaftlicher Cash-Flow : (Fremdkapital - erhaltene Anzahlungen)	I < S
	FINK2	Ertragswirtschaftlicher Cash-Flow : (kfr. Fremdkapital + mfr. Fremdkapital - erhaltene Anzahlungen)	I < S
Deckungsstruktur	AD	Wirtschaftliches Eigenkapital : (Sachanlagevermögen - Grundstücke und Bauten)	I < S

Kennzahlen der Ertragslage			
Rentabilität	UR	Ordentliches Betriebsergebnis : Umsatz	I < S
	CF1-ROI	Ertragswirtschaftlicher Cash-Flow : Bilanzsumme	I < S
	CF2-ROI	(Ertragswirtschaftlicher Cash-Flow + Zuführungen zu den Pensionsrückstellungen) : Bilanzsumme	I < S
Aufwandsstruktur	PAQ	Personalaufwand : Gesamtleistung	I > S

Einige der vom Künstlichen Neuronalen Netz ausgewählten 14 Kennzahlen weichen von der klassischen Definition in den Lehrbüchern ab, da sich das Gesamturteil (N-Wert) gegenüber bilanzpolitischen Maßnahmen als stabil erweisen muss. So darf ein Unternehmen, nur weil es zum Bilanzstichtag als "window-dressing" liquide Mittel aufnimmt, nicht besser bewertet werden. Damit die Beurteilung des Fortbestandsrisikos bei praktiziertem window dressing sich nicht täuschen lässt, werden liquide Mittel von der Bilanzsumme bei den Eigenkapitalquoten abgezogen. Sale and lease back, Auswahlrechte für erhaltene Anzahlungen, Ermessensspielräume bei der Bewertung von Forderungen und die Änderung von Abschreibungsmethoden sind weitere Beispiele von bilanzpolitischen Gestaltungsmöglichkeiten, die ein tragfähiges Gesamturteil nicht beeinflussen dürfen.

Der Informationsbereich Kapitalbindung verdeutlicht, dass die Kombination zweier Kennzahlen eines Informationsbereiches die Klassifikationsleistung des Gesamtergebnisses verbessern kann. Stellt die KBD1 die Akzepte und Verbindlichkeiten aus Lieferungen und Leistungen der Gesamtleistung des Unternehmens gegenüber, so setzt die KBD2 gleiche Verbindlichkeiten in das Verhältnis zu den Umsätzen. Wesentliche Unterscheidung der Nenner sind die Bestandsveränderungen, die implizit berücksichtigt werden.

Die folgende Tabelle zeigt, welche Informationsbereiche des Jahresabschlusses einen starken und welche einen weniger starken Einfluss auf die Beurteilung des Unternehmens haben. Als Grundlage dienten - wie eingangs schon erwähnt - jene 12.000 Jahresabschlüsse, die bei der Entwicklung des BBR zugrunde gelegt worden sind.

Einflussstärke der Informationsbereiche des Jahresabschlusses auf den N-Wert

Positiver Einfluß auf den N-Wert		Negativer Einfluß auf den N-Wert	
Informationsbereich des Jahresabschlusses (Cluster)	Einfluss-stärke	Informationsbereich des Jahresabschlusses (Cluster)	Einfluss-stärke
Rentabilität (UR, CF1-ROI, CF2-ROI)	hoch	Verschuldung (FKQ, FKS)	hoch
Finanzkraft (FINK1, FINK2)	mittel - hoch	Kapitalbindungsdauer (KBD1, KBD2)	mittel - hoch
Kapitalstruktur (EKQ1, EKQ2)	niedrig - mittel	Kapitalbindung (KB)	niedrig - mittel
Deckungsstruktur (AD)	niedrig	Aufwandsstruktur (PAQ)	niedrig

Die Rentabilitätskennzahlen haben den stärksten positiven Einfluss auf den N-Wert, die Verschuldungskennzahlen den stärksten negativen Einfluss.

Sehr interessant beim BBR-Modell ist auch die so genannte "individuelle Sensitivitätsanalyse (INSA)". Die gesamte N-Wert-Änderung von einem Jahr zum nächsten wird 100% gesetzt. Für jede der 14 Kennzahlen wird angegeben, wie viel Prozent der gesamten N-Wert-Änderung durch sie verursacht wird. Das folgende Balkendiagramm zeigt beispielhaft, dass für die gesamt N-Wert-Verbesserung um 1,75 Punkte (= 100%) vor allem die beiden Eigenkapitalquoten EKQ1 und EKQ2 mit 42% bzw. 23% verantwortlich waren.

N-Wert	100% = 1,75 N-Wert-Punkte
EKQ1	42,09%
EKQ2	22,91%
CF2-ROI	7,85%
FINK1	6,93%
FINK2	5,53%
FKQ	5,20%
UR	4,98%
KB	3,79%
CF1-ROI	2,76%
PAQ	1,25%
AD	1,03%
KBD1	0,54%
KBD2	0,43%
FKS	-5,31%

-100%   -80%   -60%   -40%   -20%   0%   20%   40%   60%   80%   100%

Da einzelne Informationsbereiche und Teillagen durch mehrere Kennzahlen bei der Einflussnahme einwirken, können diese Kennzahlen miteinander addiert werden. So ist zu 65% der Verbesserung des Fortbestandsrisikos die Veränderung Eigenkapitalquoten ursächlich. Die N-Wert-Veränderung lässt sich gesamt zu ca. 70% aus der Veränderung der Vermögenslage, zu ca. 13% aus der Veränderung der Finanzlage und ca. 17% aus der Veränderung der Ertragslage erklären. Eine solche Zusammenfassung ermöglicht dem Analysten ein zuverlässiges und Zeit sparendes Aufdecken der Ursachen. Ausgehend von der festgestellten Veränderung können die Sachverhalte über eine so genannte fragengeleitete Bilanzanalyse vom N-Wert über die Kennzahlen, deren Bestandteile bis auf die einzelne Jahresabschlussposition aufgedeckt werden.

Die Nutzungsmöglichkeiten von Ratings lassen sich noch durch direkte Rating-Vergleiche mit Mitbewerbern oder Branchenkennzahlen erweitern. Vorteile solcher Ratings liegen in der hohen Vergleichbarkeit der Daten aufgrund einer gleichen Rechnungslegung der Jahresabschlussdaten. So können Unternehmen sich direkt mit veröffentlichungspflichtigen Mitbewerbern vergleichen. Bei KMUs erweist sich in der Regel ein anonymisierter Branchen-Benchmark als sinnvoll. Durch den Vergleich lassen sich eigene Stärken und Schwächen feststellen und Ressourcen des Unternehmens aufdecken. Eventuelle Investitions- oder Restrukturierungsmaßnahmen lassen sich durch die Auswertung von Planbilanzen beurteilen und intern wie extern zum Beispiel gegenüber Fremdkapitalgebern kommunizieren.

Die folgende Abbildung zeigt noch einmal graphisch die Möglichkeit, wie aus der individuellen Sensitivitätsanalyse fragengeleitet die Ursachen für die Veränderung der Lage bis auf die Jahresabschlusspositionen zurückgeführt werden können. Die Pyramide verdeutlicht das analytische Vorgehen bei der Interpretation des BBR. Ausgehend von der Änderung des Gesamturteils kann über die Informationsbereiche, deren Kennzahlen und deren Kennzahlenbestandteile bis zu den zugehörigen Jahresabschlusspositionen die Ursache der Gesamtentwicklung differenziert und zeitsparend analysiert werden.

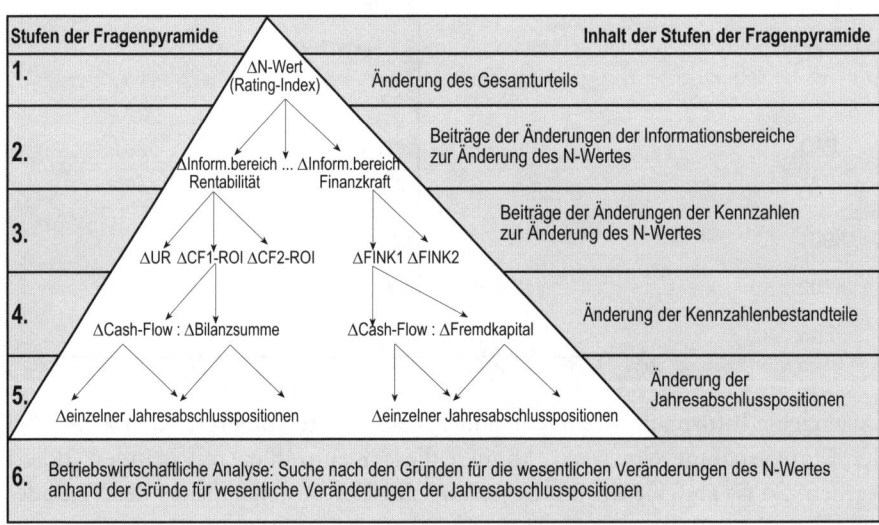

Fragengeleitete Bilanzanalyse zur Interpretation der Ergebnisse des BBR

Eine solche bisher im eigenen Unternehmen im Zeitablauf durchgeführte Analyse kann nun auch mit Vergleichswerten anderer Unternehmen durchgeführt werden. Die Analysemethode ermöglicht die Konzentration auf die wesentlichen Veränderungen der Teillagen, Kennzahlen, Kennzahlenbestandteile und Jahresabschlusspositionen.

Wer sich über dieses vielversprechende Rating-Modell näher informieren will, wird auf das Buch "Bilanzanalyse" von Jörg Baetge verwiesen.

4.7. Top-Literatur für den Geschäftsführer

Bereich: Bonitäts- und Insolvenzfrüherkennung

Titel	Autor	Verlag	Auf-lage	Sei-ten
Bilanzanalyse	Baetge	IDW	1/98	750
Bilanzanalyse und Bilanzpolitik	Baetge	IDW	1/89	394
Fraktionierende Frühdiagnose von Unternehmenskrisen	Leker	Dr. Schmidt	1/93	379
Handbuch der Kreditprüfung	Wiesinger	Service Fachverlag WU Wien	1/87	278
Kreditwürdigkeitsprognosen	Weinrich	Gabler	1/78 ver-griff.	211
Krisendiagnose durch Bilanzanalyse	Hauschildt u.a.	Dr. Schmidt	1/88	266
Prognosemöglichkeit von Kapitalverlusten mit Hilfe von Jahresabschlüssen	Beermann	IDW	1/76	149
Unternehmensanalyse aus dem Jahresabschluß	Bleier	Service Fachverlag WU Wien	1/89	215
Wissensbasierte Unternehmensanalyse	Leins	Gabler	1/93	317

Das Lieblingsbuch des Autorenteams zu diesem Themenkreis wurde invers dargestellt.

Aufsätze zu Neuronalen Netzen

Titel	Autor	Wo?	Wann?
Beurteilung der wirtschaftlichen Lage von Unternehmen mit Hilfe von modernen Verfahren der Jahresabschlußanalyse-Bilanzbonitäts-Rating von Unternehmen mit künstlichen Neuronalen Netzen	Baetge, Jerschensky	Der Betrieb	49. Jg. (1996) H. 32
Klassifikation von Unternehmen (Ein Vergleich von Neuronalen Netzen und Diskriminanzanalyse)	Erxleben, Baetge, Feidicker, Koch, Krause, Mertens	ZfB	62. Jg. (1992) H. 11
Künstliche Neuronale Netze als Analyseinstrument der betriebswirtschaftlichen Forschung	Schwanenburg, Helm	WiSt	H. 7/99
Zur Klassifikation von Unternehmen mit neuronalen Netzen und Diskriminanzanalysen	Burger	ZfB	64. Jg. (1994) H. 9

Aufsätze zur Multiplen Diskriminanzanalyse

Titel	Autor	Wo?	Wann?
Die Diskriminanzanalyse als ein Instrument zur Früherkennung negativer Unternehmensentwicklungen (eine empirische Studie auf der Basis simulierter Daten)	Kühnberger, Eckstein, Woithe	ZfB	66 Jg. (1996) H. 12
Plädoyer für eine theoretische Fundierung der Jahresabschlußanalyse	Burger	ZfB	64. Jg. (1994)

5.

Ziel des Kapitels ist es, Antworten auf folgende Fragen zu geben:

- Wann ist ein Unternehmen als gut bzw. schlecht zu klassifizieren?
- Welche Kennzahlen beeinflussen die Bonität besonders stark bzw. rasch?
- Wie korrelieren die Ergebnisse der Kennzahlenanalyse mit jenen der Diskriminanz- und Faktorenanalyse?
- Kann ein Unternehmen mit einer negativen Eigenkapitalquote (negatives Eigenkapital) trotzdem eine gute Bonität haben?
- Ist eine gute Ertragskraft oder eine stabile Finanzlage wichtiger für eine gute Bonität?

Jahresabschluss-Szenarien von gut und schlecht geführten Unternehmen

Ergebniszusammenfassung

Alle Diagnoseinstrumente korrelieren untereinander recht gut. Quicktest und erweiterte Kennzahlenanalyse weichen voneinander geringfügig ab, weil ersterer auf vier gleich gewichteten Kennzahlen und die erweiterte Analyse auf 23 gewichteten Kennzahlen basiert.

Die MDA nach Beermann klassifiziert die Unternehmen fast immer (auch hier) etwas strenger als die anderen Frühwarnsysteme.

Testbilanz	KENNZAHLEN		INSOLVENZFRÜHWARN-INDIKATOREN				
	Quicktest	Erweiterte Kennzahlenanalyse	MDA vereinfacht	MDA Beermann	MDA Bleier Erzeugung	MDA Bleier ohne Branchen	Faktorenanalyse Weinrich
"Gute" Testbilanzen:							
G1	1	1,3	2,918	0,224	3,446	1,443	13
	sehr gut	gut - sehr gut	sehr gut	gut	extrem gut	sehr gut	sehr gut
	Seite 250	Seite 256	Seite 256	Seite 257	Seite 259	Seite 260	Seite 261
G2	1,5	1,7	2,435	0,282	Bleier und Weinrich wurden für G2 nicht angewendet		
	gut - sehr gut	gut - sehr gut	sehr gut	mittelgut			
	Seite 250	Seite 256	Seite 256	Seite 257			
G3	2	2,1	2,185	0,322	1,350	1,286	18
	gut	gut	gut	leicht insolvenzgefährdet	gut	sehr gut	gut
	Seite 250	Seite 256	Seite 256	Seite 257	Seite 259	Seite 260	Seite 261
"Schlechte" Testbilanzen:							
S1	3,25	3,2	-0,033	0,368	Bleier und Weinrich wurden für S1 nicht angewendet		
	mittel	schlecht	insolvenzgefährdet	stark insolvenzgefährdet			
	Seite 265	Seite 271	Seite 271	Seite 272			
S2	4,25	3,8	-0,449	0,435	-0,798	0,400	24
	schlecht	schlecht	insolvenzgefährdet	stark insolvenzgefährdet	insolvenzgefährdet	mittel	schlecht
	Seite 265	Seite 271	Seite 271	Seite 272	Seite 273	Seite 274	Seite 275
S3	4,75	4,1	-0,647	0,438	-1,960	-1,180	28
	insolvenzgefährdet	schlecht	insolvenzgefährdet	stark insolvenzgefährdet	insolvenzgefährdet	insolvenzgefährdet	schlecht
	Seite 265	Seite 271	Seite 271	Seite 272	Seite 273	Seite 274	Seite 275

Ergebniszusammenfassung

An insgesamt **sechs Testbilanzen** und **-Erfolgsrechnungen von Produktionsbetrieben** soll nun gezeigt werden, **welche Bilanz- und Erfolgspositionen für die Klassifizierung "gut" oder "schlecht" besonders signifikant sind.** Drei der sechs Testbilanzen können gut geführten Unternehmungen zugeordnet werden (G1, G2, G3), drei schlecht geführten Betrieben (S1, S2, S3).

Nach einer kurzen Vorstellung der Test-Jahresabschlüsse wird mit jenen Kennzahlen und Bonitätsindikatoren diagnostiziert, die in den Kapiteln 2 bis 4 erläutert worden sind. Es sind dies:

- **Quicktest (vier Kennzahlen mit Notenskala)**
- **Erweiterte Kennzahlenanalyse (23 Kennzahlen mit Notenskala)**
- **Multiple Diskriminanzanalyse (MDA), vereinfachte Methode**
- **Multiple Diskriminanzanalyse nach Beermann**
- **Multiple Diskriminanzanalyse nach Bleier**
- **Faktorenanalyse nach Weinrich**

5.1. "Gute" Bilanzen

Die folgenden Schaubilder zeigen die Bilanz- und Erfolgsstruktur eines gesunden Produktionsbetriebes in drei verschiedenen Varianten.

Die Betriebsleistung ist für alle drei guten Testbetriebe gleich hoch und setzt sich aus Umsatz (2.100) abzüglich Bestandsminderung (-100) zusammen.

Testbilanz G1

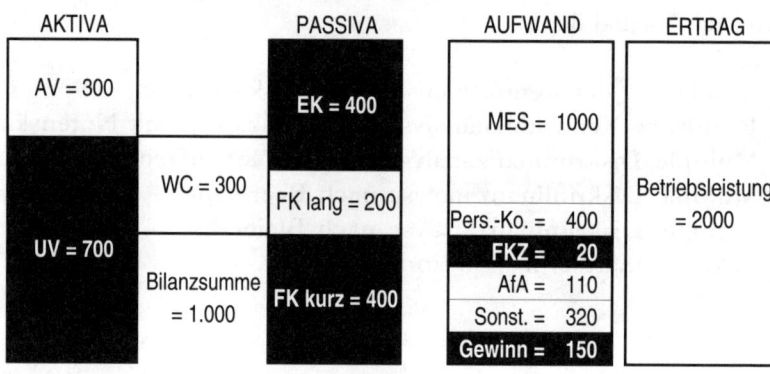

Testbilanz G2

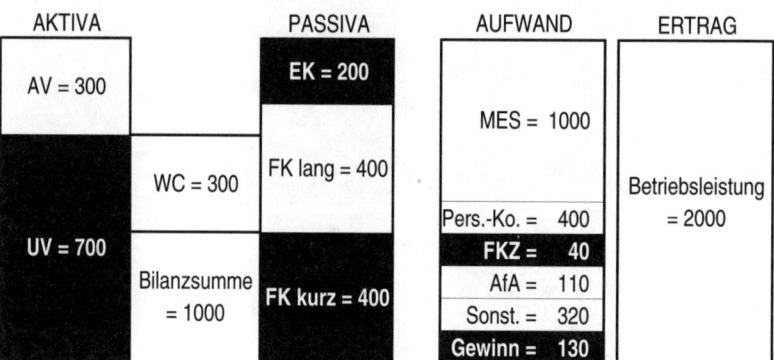

Testbilanz G3

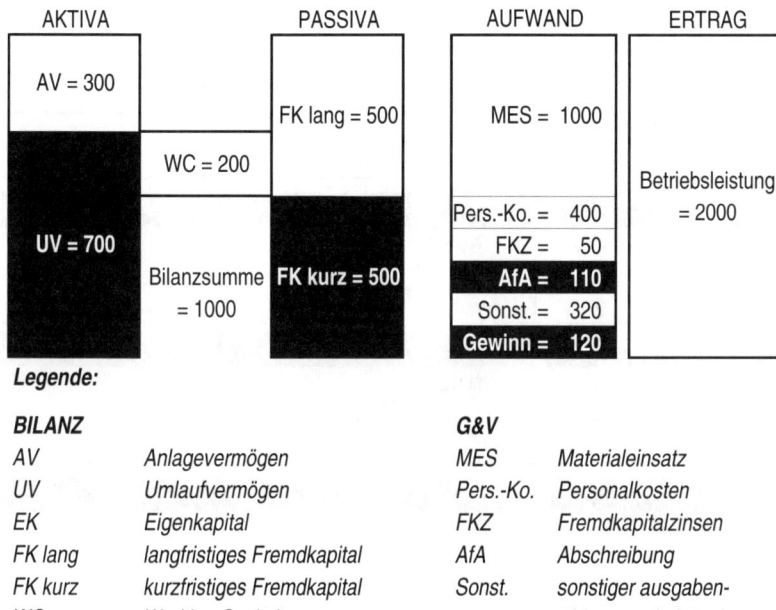

| AKTIVA | PASSIVA | AUFWAND | ERTRAG |

AV = 300

FK lang = 500

WC = 200

MES = 1000

Betriebsleistung = 2000

UV = 700

Pers.-Ko. = 400
FKZ = 50

Bilanzsumme = 1000 | FK kurz = 500

AfA = 110
Sonst. = 320
Gewinn = 120

Legende:

BILANZ

AV	Anlagevermögen
UV	Umlaufvermögen
EK	Eigenkapital
FK lang	langfristiges Fremdkapital
FK kurz	kurzfristiges Fremdkapital
WC	Working Capital

G&V

MES	Materialeinsatz
Pers.-Ko.	Personalkosten
FKZ	Fremdkapitalzinsen
AfA	Abschreibung
Sonst.	sonstiger ausgabenwirksamer Aufwand

Wodurch unterscheiden sich diese drei Testbilanzen?

Anlagevermögen und Umlaufvermögen sind mit jeweils 300 bzw. 700 Geldeinheiten (GE) in sämtlichen Bilanzen gleich hoch. Die drei Testbilanzen unterscheiden sich durch die Höhe der Eigenkapitalausstattung. Damit verbunden sind auch Änderungen des kurzfristigen und langfristigen Fremdkapitals sowie der Fremdkapitalzinsen. Offensichtlich ist es so, dass für das langfristige Fremdkapital 10% Fremdkapitalzinsen bezahlt werden müssen, während das kurzfristige Fremdkapital (z.B. Lieferantenverbindlichkeiten) zinsenlos zur Verfügung steht. Das Umlaufvermögen aller drei guten Testbilanzen beträgt je 700 GE und setzt sich wie folgt zusammen:

Liquide Mittel .... 20 GE
Vorräte .... 400 GE
Debitoren (Kundenforderungen) .... 200 GE
Sonstige Forderungen .... 80 GE

Im kurzfristigen Fremdkapital sind 250 GE Lieferantenverbindlichkeiten enthalten.

5.1.1. Diagnose

5.1.1.1. Quicktest

Kennzahl	Ergebnis	Note				
		1	2	3	4	5
Eigenkapitalquote		> 30%	> 20%	> 10%	> 0%	negativ
Testbilanz **G1**	40%	Note 1				
Testbilanz **G2**	20%		Note 2			
Testbilanz **G3**	0%				Note 4	
Schuldtilgungsdauer		< 3 J.	< 5 J.	< 12 J.	< 30 J.	> 30 J.
Testbilanz **G1**	2,2 J.	Note 1				
Testbilanz **G2**	3,2 J.		Note 2			
Testbilanz **G3**	4,3 J.		Note 2			
FINANZIELLE STABILITÄT						
TESTBILANZ **G1**		NOTE 1				
TESTBILANZ **G2**			NOTE 2			
TESTBILANZ **G3**				NOTE 3		
Gesamtkapitalrentabilität		> 15%	> 12%	> 8%	> 0%	negativ
Testbilanz **G1**	17%	Note 1				
Testbilanz **G2**	17%	Note 1				
Testbilanz **G3**	17%	Note 1				
Cash-Flow in % der BL		> 10%	> 8%	> 5%	> 0%	negativ
Testbilanz **G1**	13%	Note 1				
Testbilanz **G2**	12%	Note 1				
Testbilanz **G3**	11,5%	Note 1				
ERTRAGSKRAFT						
TESTBILANZ **G1**		NOTE 1				
TESTBILANZ **G2**		NOTE 1				
TESTBILANZ **G3**		NOTE 1				
GESAMTBEURTEILUNG						
TESTBILANZ **G1**		NOTE 1				
TESTBILANZ **G2**		NOTE 1,5				
TESTBILANZ **G3**			NOTE 2			

Die **Ertragskraft** ist **ausgezeichnet**, die **finanzielle Stabilität** schwankt **zwischen "sehr gut" und "befriedigend"**. Die **Gesamtbeurteilung** ist daher **"sehr gut" bis "gut"**. Bei der Testbilanz G3 empfiehlt es sich, die Finanzierungskennzahlen besonders zu beachten.

5.1.1.2. Erweiterte Kennzahlenanalyse

Die erweiterte Kennzahlenanalyse wird insgesamt mit 23 Kennzahlen durchgeführt, die - so wie im Kapitel 3 demonstriert - fünf Analysebereichen zugeordnet werden. Für diese Kennzahlen wurde eine Notenskala von 1 (sehr gut) bis 5 (insolvenzgefährdet) erstellt.

Für die Durchschnittsnoten der fünf Analysegruppen und zwei Hauptgruppen wurden die 23 Kennzahlen mit Notenskala gewichtet, und zwar:

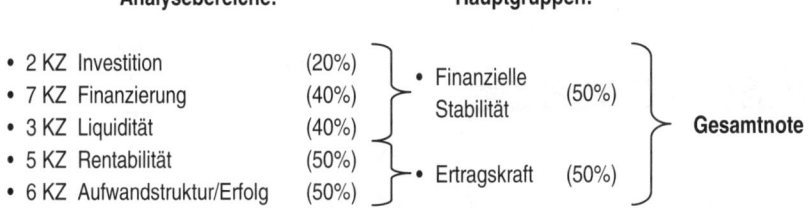

Analysebereiche:		Hauptgruppen:
• 2 KZ Investition (20%)		• Finanzielle Stabilität (50%)
• 7 KZ Finanzierung (40%)		
• 3 KZ Liquidität (40%)		
• 5 KZ Rentabilität (50%)		• Ertragskraft (50%)
• 6 KZ Aufwandstruktur/Erfolg (50%)		

Gesamtnote

Auch jede der 23 Kennzahlen mit Notenskala ist gewichtet, und zwar zwischen 10% und 80%, je nach Bedeutung der Kennzahl.

Bei den Durchschnittsnoten je Analysebereich und Hauptgruppe sowie bei der Gesamtnote handelt es sich also um gewogene bzw. gewichtete Mittelwerte.

Analysebereich: INVESTITION

Kennzahl	Ergebnis	Ge-wichtung	Note 1	2	3	4	5
Anlagenintensität							
Testbilanz G1	30%				Note 3		
Testbilanz G2	30%	(50%)			Note 3		
Testbilanz G3	30%				Note 3		
Abschreibungsquote							
Testbilanz G1	0,4		Note 1				
Testbilanz G2	0,4	(50%)	Note 1				
Testbilanz G3	0,4		Note 1				
GESAMTNOTE, gewichtet							
TESTBILANZ G1				NOTE 2			
TESTBILANZ G2		(20%)		NOTE 2			
TESTBILANZ G3				NOTE 2			

Für einen Produktionsbetrieb (Industrie) ist eine Anlagenintensität von 30% nicht besonders hoch. Deshalb nur die Note 3. Eine Abschreibungsquote von 0,4 zeigt, dass zwischen Abschreibung und Anlagevermögen ein gesundes Verhältnis besteht. Deshalb die Note 1.

Analysebereich: FINANZIERUNG

Kennzahl	Ergebnis	Ge-wichtung	Note 1	2	3	4	5
Eigenkapitalquote							
Testbilanz **G1**	40%		Note 1				
Testbilanz **G2**	20%	(40%)		Note 2			
Testbilanz **G3**	0%					Note 4	
Anlagendeckung A							
Testbilanz **G1**	133%		Note 1				
Testbilanz **G2**	67%	(10%)		Note 2			
Testbilanz **G3**	0%						Note 5
Anlagendeckung B							
Testbilanz **G1**	200%		Note 1				
Testbilanz **G2**	200%	(10%)	Note 1				
Testbilanz **G3**	167%		Note 1				
Working Capital Ratio							
Testbilanz **G1**	43%		Note 1				
Testbilanz **G2**	43%	(10%)	Note 1				
Testbilanz **G3**	29%		Note 1				
Lagerdauer in Tagen							
Testbilanz **G1**	146 Tg.					Note 4	
Testbilanz **G2**	146 Tg.	(10%)				Note 4	
Testbilanz **G3**	146 Tg.					Note 4	
Debitorenziel in Tagen							
Testbilanz **G1**	35 Tg.			Note 2			
Testbilanz **G2**	35 Tg.	(10%)		Note 2			
Testbilanz **G3**	35 Tg.			Note 2			
Kreditorenziel in Tagen							
Testbilanz **G1**	91 Tg.					Note 4	
Testbilanz **G2**	91 Tg.	(10%)				Note 4	
Testbilanz **G3**	91 Tg.					Note 4	
GESAMTNOTE, gewichtet							
TESTBILANZ **G1**			NOTE 1,7				
TESTBILANZ **G2**		(40%)		NOTE 2,2			
TESTBILANZ **G3**					NOTE 3,3		

Weil die Eigenkapitalquote null beträgt, ist auch die Anlagendeckung A null. Trotz dieser "Schönheitsfehler" beträgt die Durchschnittsnote für den Analysebereich Finanzierung für G3 noch immer akzeptable 3,3. Ein Unternehmen kann also auch ohne Eigenkapital - eventuell sogar mit einem Fehlkapital (= negatives Eigenkapital bzw. nicht durch Eigenkapital gedeckter Fehlbetrag) - als gut eingestuft werden, wenn das fehlende Eigenkapital durch ausreichend langfristiges Fremdkapital ersetzt wird. Das ist hier der Fall (Anlagendeckung B: Note 1, Working Capital Ratio: Note 1).

Analysebereich: LIQUIDITÄT

Kennzahl	Ergebnis	Ge-wichtung	Note				
			1	2	3	4	5
Schuldtilgungsdauer in Jahren							
Testbilanz **G1**	2,2 J.		Note 1				
Testbilanz **G2**	3,2 J.	(80%)		Note 2			
Testbilanz **G3**	4,3 J.			Note 2			
Liquidität 2. Grades (Acid-Test)							
Testbilanz **G1**	75%					Note 4	
Testbilanz **G2**	75%	(10%)				Note 4	
Testbilanz **G3**	60%						Note 5
Liquidität 3. Grades (Mobilität)							
Testbilanz **G1**	175%		Note 1				
Testbilanz **G2**	175%	(10%)	Note 1				
Testbilanz **G3**	140%		Note 1				
GESAMTNOTE, gewichtet							
TESTBILANZ **G1**			NOTE 1,3				
TESTBILANZ **G2**		(40%)		NOTE 2,1			
TESTBILANZ **G3**				NOTE 2,2			

Die Liquidität ist insgesamt gesehen in Ordnung. Lediglich der Acid-Test könnte besser sein.

		Note				
		1	2	3	4	5
FINANZIELLE STABILITÄT						
TESTBILANZ **G1**		NOTE 1,6				
TESTBILANZ **G2**	(50%)		NOTE 2,1			
TESTBILANZ **G3**			NOTE 2,6			

Die finanzielle Stabilität ist bei allen drei guten Testbetrieben zufriedenstellend. Der Notendurchschnitt beträgt zwischen 1,6 und 2,6.

Analysebereich: RENTABILITÄT

Kennzahl	Ergebnis	Ge-wichtung	Note				
			1	2	3	4	5
Gesamtkapitalrentabilität							
Testbilanz **G1**	17%		Note 1				
Testbilanz **G2**	17%	(50%)	Note 1				
Testbilanz **G3**	17%		Note 1				
Eigenkapitalrentabilität							
Testbilanz **G1**	38%		Note 1				
Testbilanz **G2**	65%	(20%)	Note 1				
Testbilanz **G3**	*)		*) *Kann nicht gerechnet werden, weil EK null*				
Return On Stock Investment (ROSTI)							
Testbilanz **G1**	-		Kann bei einem Industriebetrieb nicht gerechnet werden				
Testbilanz **G2**	-	(10%)					
Testbilanz **G3**	-						
Kapitalumschlag							
Testbilanz **G1**	2,0 x		Note 1				
Testbilanz **G2**	2,0 x	(10%)	Note 1				
Testbilanz **G3**	2,0 x		Note 1				
Return On Investment (ROI)							
Testbilanz **G1**	15%		Note 1				
Testbilanz **G2**	13%	(10%)	Note 1				
Testbilanz **G3**	12%		Note 1				
GESAMTNOTE, gewichtet							
TESTBILANZ **G1**			NOTE 1				
TESTBILANZ **G2**		(50%)	NOTE 1				
TESTBILANZ **G3**			NOTE 1,7				

Alle Rentabilitätskennzahlen sind hervorragend.

Analysebereich: AUFWANDSTRUKTUR/ERFOLG

Kennzahl	Ergebnis	Ge-wichtung	Note 1	2	3	4	5
Cash-Flow in % der BL							
Testbilanz **G1**	13%		Note 1				
Testbilanz **G2**	12%	(50%)	Note 1				
Testbilanz **G3**	11,5%		Note 1				
Material- (Waren-) u. Personalintensität							
Testbilanz **G1**	70%		Note 1				
Testbilanz **G2**	70%	(10%)	Note 1				
Testbilanz **G3**	70%		Note 1				
Fremdkapitalzinsen in % der BL							
Testbilanz **G1**	1%		Note 1				
Testbilanz **G2**	2%	(10%)		Note 2			
Testbilanz **G3**	2,5%			Note 2			
Umsatzrendite							
Testbilanz **G1**	7,5%			Note 2			
Testbilanz **G2**	6,5%	(10%)		Note 2			
Testbilanz **G3**	6%			Note 2			
Abschreibung in % der BL							
Testbilanz **G1**	5,5%			Note 2			
Testbilanz **G2**	5,5%	(10%)		Note 2			
Testbilanz **G3**	5,5%			Note 2			
Sicherheitsgrad							
Testbilanz **G1**	15%		Note 1				
Testbilanz **G2**	13%	(10%)	Note 1				
Testbilanz **G3**	12%		Note 1				
GESAMTNOTE, gewichtet							
TESTBILANZ **G1**			NOTE 1,2				
TESTBILANZ **G2**		(50%)	NOTE 1,3				
TESTBILANZ **G3**			NOTE 1,3				

Auch der Analysebereich "Aufwandstruktur und Erfolg" gibt bei keinem der drei guten Testbetriebe einen Ansatz zu einer negativen Kritik. Daher die günstige Gesamtbenotung.

		Note 1	2	3	4	5
ERTRAGSKRAFT						
TESTBILANZ **G1**		NOTE 1,1				
TESTBILANZ **G2**	(50%)	NOTE 1,2				
TESTBILANZ **G3**		NOTE 1,5				

Die Gesamtbeurteilung der drei guten Testbetriebe liegt zwischen 1,3 (sehr gut) und 2,1 (gut). Selbst ein Betrieb ohne Eigenkapital kann mit "gut" klassifiziert werden (Testbetrieb G3), wenn die übrigen Finanzierungskennzahlen und die Ertragskraft zufriedenstellend sind.

	Note				
	1	**2**	**3**	**4**	**5**
GESAMTNOTE					
TESTBILANZ **G1**	NOTE 1,3				
TESTBILANZ **G2**	NOTE 1,7				
TESTBILANZ **G3**	NOTE 2,1				

5.1.1.3.   Multiple Diskriminanzanalyse, vereinfachte Methode

Kenn-zahl	Formel	x Gewichtungs-faktor	Testbilanzen		
			G1	G2	G3
1	$\dfrac{\text{Cash-Flow p.a.}}{\text{Verbindlichkeiten}}$	x 1,5	0,650	0,450	0,345
2	$\dfrac{\text{Bilanzsumme}}{\text{Verbindlichkeiten}}$	x 0,08	0,133	0,100	0,080
3	$\dfrac{\text{EGT p.a.}}{\text{Bilanzsumme}}$	x 10	1,500	1,300	1,200
4	$\dfrac{\text{EGT p.a.}}{\text{Betriebsleistung p.a.}}$	x 5	0,375	0,325	0,300
5	$\dfrac{\text{Vorräte}}{\text{Betriebsleistung p.a.}}$	x 0,3	0,060	0,060	0,060
6	$\dfrac{\text{Betriebsleistung p.a.}}{\text{Bilanzsumme}}$	x 0,1	0,200	0,200	0,200
> 3	extrem gut				
> 2,2	sehr gut		2,918	2,435	
> 1,5	gut				2,185
> 1	mittelgut				
> 0,3	schlecht				
≤ 0,3	leicht insolvenzgefährdet				
≤ 0	insolvenzgefährdet				
≤ -1	stark insolvenzgefährdet				

Alle drei Testbilanzen werden von der MDA als gesund klassifiziert. Testbilanz G1 wäre beinahe als "extrem gut" eingestuft worden, Testbilanz G3 wird nur mehr als "gut" klassifiziert. Die Ursachen für die schlechtere Beurteilung der Testbilanzen G2 und G3 gegenüber G1 liegt primär in den Kennzahlen 1 und 3. Durch die abnehmende Eigenkapitalquote mussten bei G2 und G3 stärker verzinsliches Fremdkapital in Anspruch genommen werden. Das verschlechtert Cash-Flow und EGT und damit die Diskriminanzfunktion.

5.1.1.4. Multiple Diskriminanzanalyse nach Beermann

Kenn-zahl	Formel	x Gewichtungs-faktor	Testbilanzen		
			G1	G2	G3
1	$\dfrac{\text{AfA auf Sachanlageverm. p.a.}}{\text{Sachanlage AB*) + Zugang}}$	x 0,217	0,058	0,058	0,058
2	$\dfrac{\text{Cash-Flow p.a.}}{\text{Verbindlichkeiten}}$	x -0,063	-0,027	-0,019	-0,014
3	$\dfrac{\text{Zugang Sachanlageverm.}}{\text{AfA auf Sachanlageverm.}}$	x 0,012	0,012	0,012	0,012
4	$\dfrac{\text{Verbindlichkeiten}}{\text{Bilanzsumme}}$	x 0,077	0,046	0,062	0,077
5	$\dfrac{\text{EGT p.a.}}{\text{Umsatz p.a. - Skontoaufw. p.a.}}$	x -0,105	-0,008	-0,007	-0,006
6	$\dfrac{\text{EGT p.a.}}{\text{Bilanzsumme}}$	x -0,813	-0,122	-0,106	-0,098
7	$\dfrac{\text{Bankverbindlichkeiten}}{\text{Verbindlichkeiten}}$	x 0,165	0,055	0,083	0,099
8	$\dfrac{\text{Umsatz p.a. - Skontoaufw. p.a.}}{\text{Bilanzsumme}}$	x 0,061	0,128	0,128	0,128
9	$\dfrac{\text{Vorräte}}{\text{Umsatz p.a. - Skontoaufw. p.a.}}$	x 0,268	0,051	0,051	0,051
10	$\dfrac{\text{EGT p.a.}}{\text{Verbindlichkeiten}}$	x 0,124	0,031	0,020	0,015
< 0	extrem gut				
< 0,2	sehr gut				
< 0,25	gut		0,224		
< 0,29	mittelgut			0,282	
< 0,31	schlecht				
≥ 0,31	leicht insolvenzgefährdet				0,322
≥ 0,33	insolvenzgefährdet				
≥ 0,35	stark insolvenzgefährdet				

*) AB = Anfangsbestand

Die Methode Beermann ist in der Klassifikation meist etwas strenger als die vereinfachte Methode. Die Testbilanz G1 wird nur mit gut, die Testbilanz G2 als mittelgut und die Testbilanz G3 sogar als leicht insolvenzgefährdet klassifiziert.

Die Beurteilung der Testbilanz G3 ist sicherlich etwas zu streng ausgefallen; es handelt sich hier um einen Grenzfall, der beinahe als "schlecht" klassifiziert worden wäre. Ursache für die starke Verschlechterung in der Beurteilung der Testbilanzen G2 und G3 gegenüber G1 liegt in den Kennzahlen 4 und 7.

$$KZ\,4 = \frac{\text{Verbindlichkeiten}}{\text{Bilanzsumme}} \qquad KZ\,7 = \frac{\text{Bankverbindlichkeiten}}{\text{Verbindlichkeiten}}$$

Das geringer werdende Eigenkapital wurde bei gleich hoher Bilanzsumme durch verzinsliches Fremdkapital (Bankverbindlichkeiten) ersetzt. Eine solche Entwicklung löst bei Beermann einen Alarm aus. Auf die Problematik der Kennzahl 7 im Beermann-Schema ist bereits im Kapitel 4 hingewiesen worden.

5.1.1.5. Multiple Diskriminanzanalyse nach Bleier

Bleier verwendet zwei Funktionen zur Beurteilung eines Unternehmens, nämlich eine der entsprechenden Branchengruppe (hier Erzeugungsbetriebe) und eine zweite ohne Branchengliederung.

1. Funktion:
branchenabhängig

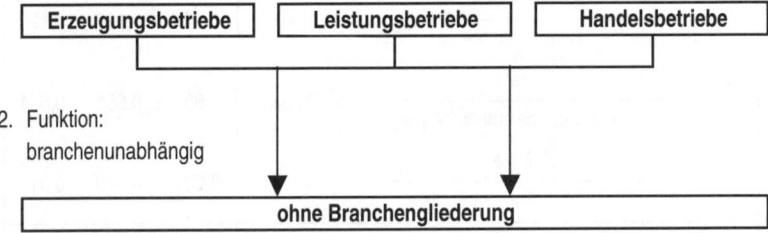

2. Funktion:
branchenunabhängig

Die Branchenfunktion trennt schärfer als die branchenunabhängige, was eigentlich logisch ist. Bei so genannten Mischbetrieben (z.B. Erzeugung und Handel gleich stark) sollte nur die zweite, branchenunabhängige Funktion verwendet werden. Dominiert bei Mischbetrieben eine Branche (z.B. Erzeugung), dann kann und soll selbstverständlich neben der zweiten, branchenunabhängigen Funktion auch die erste Branchenfunktion für die dominante Sparte angewendet werden.

MDA nach Bleier für Erzeugungsbetriebe

Kenn-zahl	Formel (alle Quotienten x 100)	Aus Periode	x Gewichtungs-faktor	Testbilanzen	
				G1	G3
1	Erhaltene Anzahlungen / Nicht abgerechnete Leistungen	VVJ *)	x 0,004063	0,000	0,000
2	Wirtschaftliches Eigenkapital / Gesamtkapital	VJ *)	x 0,044342	1,774	0,000
3	Veränd. d. Nettogeldverm.**) / (Umsatzausgaben/12)	VJ *)	x 0,000404	0,055	0,047
4	Umlaufverm. - kurzfr. Fremdk. / Gesamtkapital	LJ	x 0,013097	0,393	0,262
5	Cash-Flow I / Umsatzerlöse	LJ	x 0,114937	2,120	1,953
6	Gesamtes Fremdkapital / Cash-Flow II	LJ	x -0,000098	-0,020	-0,036
	KONSTANTE			-0,876	-0,876
> 1,7	sehr gut			3,446	
> 1	gut				1,350
> 0	mittel				
< 0	schlecht				
< -0,3	sehr schlecht				
< -0,5	insolvenzgefährdet				

*) Hier vereinfacht: Werte aus laufendem Jahr
**) Ist die Veränderung des Nettogeldvermögens negativ, so ist der Kennzahlenwert -999 einzusetzen.

Die Testbilanz 2 wurde nicht ausgewertet.

In der Branchenfunktion wird die Testbilanz 1 als "extrem gut" und die Testbilanz 3 als "gut" klassifiziert.

In der Funktion ohne Branchengliederung werden beide Testbilanzen als "sehr gut" klassifiziert.

Die Branchenfunktionen korrelieren also recht gut mit der Multiplen Diskriminanzanalyse nach der vereinfachten Methode, die Funktion ohne Branchengliederung ist bei der Testbilanz 3 etwas zu günstig. Das kommt daher, weil hier aus Gründen der Einfachheit alle sechs Kennzahlenwerte aus dem laufenden Jahr (LJ) genommen wurden, obwohl laut Bleier zwei Kennzahlen aus dem Vorjahr (VJ) und eine Kennzahl sogar aus dem Vorvorjahr (VVJ) zu nehmen gewesen wären.

MDA nach Bleier für Betriebe ohne Branchengliederung

Kenn-zahl	Formel (alle Quotienten x 100)	Aus Periode	x Gewichtungs-faktor	Scores	
				G1	G3
1	Ordentl. Unternehmenserfolg / Wirtschaftl. Eigenkapital	VVJ *)	x 0,000786	0,035	0,000
2	Ordentlicher Betriebserfolg / Gesamtleistung	VJ *)	x 0,004299	0,044	0,044
3	Ordentl. Unternehmenserfolg / Wirtschaftl. Eigenkapital	VJ *)	x 0,000661	0,030	0,000
4	Gesamtes Fremdkapital / Cash-Flow II	LJ	x -0,000060	-0,012	-0,022
5	Ord. Untern.-erf. + Zinsaufw. / Gesamtkapital	LJ	x 0,036286	0,726	0,726
6	Umlaufverm. - kfr. Fremdk. / Gesamtkapital	LJ	x 0,008209	0,246	0,164
	KONSTANTE			0,374	0,374
> 1,2	sehr gut			**1,443**	**1,286**
> 0,8	gut				
> 0	mittel				
< 0	schlecht				
< -0,5	sehr schlecht				
< -0,8	insolvenzgefährdet				

*) Hier vereinfacht: Werte aus laufendem Jahr

5.1.1.6. Faktorenanalyse nach Weinrich

Kenn-zahl	Formel (alle Quotienten x 100)	Kennzahl G1	Kennzahl G3	Scores G1	Scores G3
1	$\dfrac{\text{Eigenkapital}}{\text{Fremdkapital}}$	66,67	0,00	1	4
2	$\dfrac{\text{Liquide Mittel}}{\text{Gesamtkapital}}$	2,00	2,00	2	2
3	$\dfrac{\text{Bald verfügbare Geldmittel - kurzfr. Fremdkapital}}{\text{Betriebsaufwand vor Abschreibung}}$	-10,23	-15,64	2	2
4	$\dfrac{\text{Unternehmensgewinn + Fremdkapitalzinsen}}{\text{Gesamtkapital}}$	20,00	20,00	2	2
5	$\dfrac{\text{Umsatz}}{\text{Gesamtkapital}}$	206,00	206,00	2	2
6	$\dfrac{\text{Fremdkapital}}{\text{Cash-Flow}}$	200,00	370,37	1	2
7	$\dfrac{\text{Fremdkapital - bald verfügbare Geldmittel}}{\text{Betriebliche Nettoeinnahmen}}$	118,75	268,97	1	2
8	$\dfrac{\text{Verbindlichkeiten L+L + Wechselverbindlichk.}}{\text{Wareneinkauf*)}}$	25,00	25,00	2	2
< 14	sehr gut			13	
< 24	gut				18
< 32	schlecht				
< 40	stark gefährdet				

*) *Hier vereinfacht: WES = WEK*

Bewertungsmatrix siehe Kapitel 4.1.4.
Die Testbilanz G1 wird laut Weinrich mit "sehr gut", die Testbilanz G3 mit "gut" klassifiziert. Die Testbilanz G2 wurde nicht nach Weinrich analysiert.

5.1.2. Erkenntnisse

Interessant ist die Tatsache, dass die Testbilanz G3 trotz einer Eigenkapitalquote von null sowohl beim Quicktest als auch bei der erweiterten Kennzahlenanalyse und den Bonitätsindikatoren gut abschneidet. Eigenkapital 0 heißt, dass der Betrieb über kein Eigenkapital verfügt, so dass das gesamte Anlagevermögen und Umlaufvermögen durch Fremdkapital finanziert werden muss. Diese Tatsache ist an und für sich nicht günstig zu bewerten. Die Gründe, warum die Testbilanz 3 trotz Fehlens von Eigenkapital gut aussieht, sind:

- genügend langfristiges Fremdkapital, so dass das Working Capital noch immer knapp 30% des Umlaufvermögens beträgt - das ist ein akzeptabler Wert;
- überdurchschnittlich gute Ertragskraft.

Die Fremdkapitalzinsen sind zwar bei der Testbilanz G3 höher als bei der Testbilanz G1, die eine Eigenkapitalquote von 40% aufweist, doch schlägt das infolge des überdurchschnittlich hohen Cash-Flow in % der Betriebsleistung nicht durch; die Ertragskraft ist trotz der stärkeren Belastung mit Fremdkapitalzinsen noch immer "sehr gut".

Trotzdem sollte die Geschäftsleitung bemüht sein, Eigenkapital aufzubauen, weil sie sonst permanent Probleme mit den Banken haben würde, die bei ihren Kunden gerne eine Eigenkapitalquote von mindestens 20% sehen. Näheres dazu kann in den Kapiteln 2.2., 2.3., 3.2.2.1. und 3.5. nachgelesen werden.

5.2. "Schlechte" Bilanzen

Die folgenden Schaubilder zeigen die Bilanz- und Erfolgsstruktur eines kranken Produktionsbetriebes in drei verschiedenen Varianten (S1, S2, S3).

Die Betriebsleistung ist für alle drei schlechten Testbetrieb gleich hoch und setzt sich aus Umsatz (1.660) abzüglich Bestandsverminderung (-60) zusammen.

Testbilanz S1

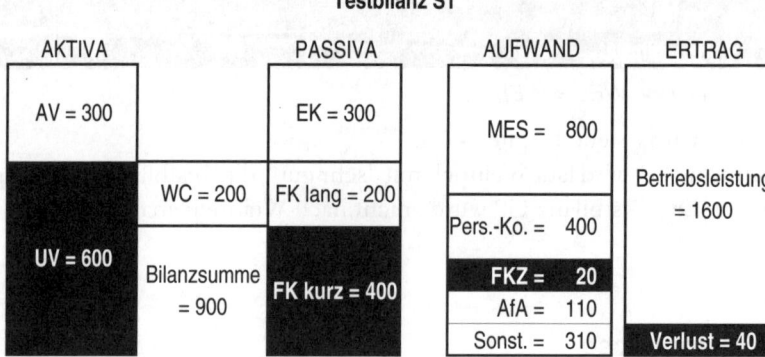

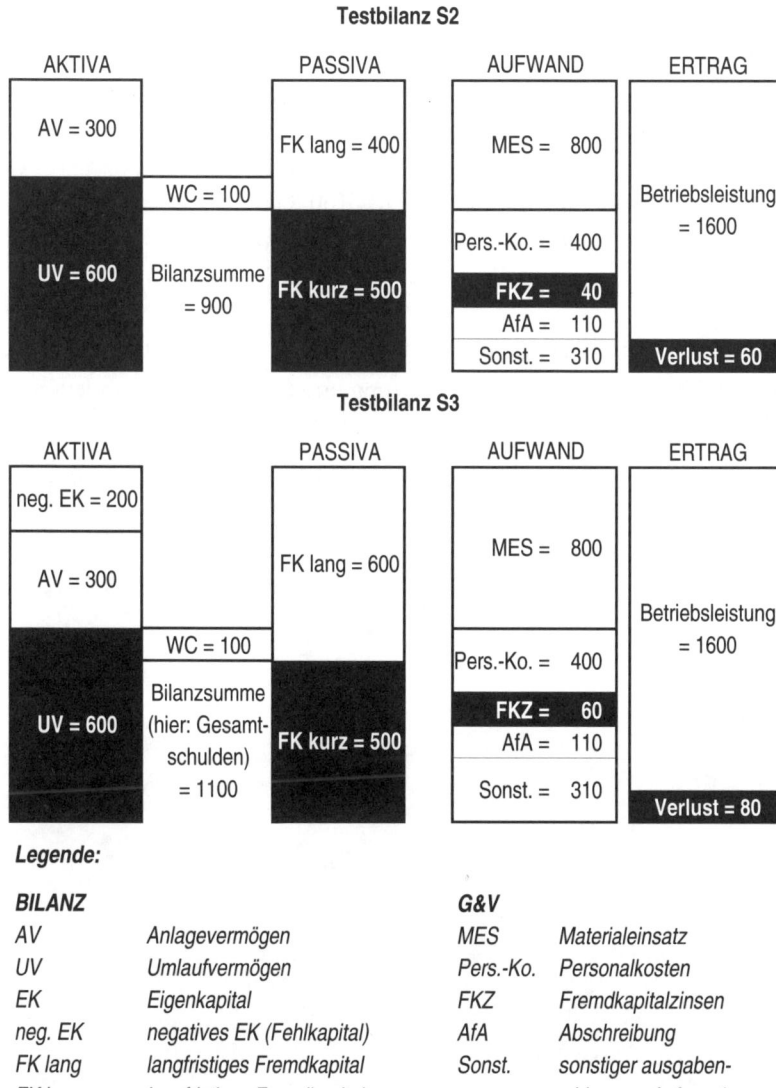

Testbilanz S2

AKTIVA	PASSIVA	AUFWAND	ERTRAG
AV = 300	FK lang = 400	MES = 800	Betriebsleistung = 1600
WC = 100		Pers.-Ko. = 400	
UV = 600	Bilanzsumme = 900 / FK kurz = 500	FKZ = 40	
		AfA = 110	
		Sonst. = 310	Verlust = 60

Testbilanz S3

AKTIVA	PASSIVA	AUFWAND	ERTRAG
neg. EK = 200	FK lang = 600	MES = 800	Betriebsleistung = 1600
AV = 300			
WC = 100		Pers.-Ko. = 400	
UV = 600	Bilanzsumme (hier: Gesamt-schulden) = 1100 / FK kurz = 500	FKZ = 60	
		AfA = 110	
		Sonst. = 310	Verlust = 80

Legende:

BILANZ

AV	Anlagevermögen
UV	Umlaufvermögen
EK	Eigenkapital
neg. EK	negatives EK (Fehlkapital)
FK lang	langfristiges Fremdkapital
FK kurz	kurzfristiges Fremdkapital
WC	Working Capital

G&V

MES	Materialeinsatz
Pers.-Ko.	Personalkosten
FKZ	Fremdkapitalzinsen
AfA	Abschreibung
Sonst.	sonstiger ausgaben- wirksamer Aufwand

Wodurch unterscheiden sich diese drei Testbilanzen S1, S2 bzw. S3 voneinander? Welche Zusammenhänge bestehen zu den Testbilanzen G1 bis G3?

Zwischen den Tesbilanzen S1 bis S3 und den Testbilanzen G1 bis G3 bestehen große Zusammenhänge. Der Grund, dass die Testbilanzen S1 bis S3 gegenüber G1 bis G3 so schlecht sind, liegt in einem Umsatzrückgang von 20%. Das Umlaufvermögen konnte zwar weitgehend dem Umsatzrückgang angepasst werden, doch hat sich die Ertragskraft sehr verschlechtert; der Cash-Flow in % der Betriebsleistung ist um 9 bis 10 Prozentpunkte gesunken.

Das Umlaufvermögen aller drei schlechten Testbilanzen S1 bis S3 ist um 100 GE zurückgegangen und beträgt jetzt nur mehr 600 GE. Es setzt sich wie folgt zusammen:

Liquide Mittel .... 20 GE
Vorräte .... 340 GE
Debitoren (Kundenforderungen) .... 160 GE
Sonstige Forderungen .... 80 GE

Im kurzfristigen Fremdkapital sind 200 GE Lieferantenverbindlichkeiten enthalten.

Die Testbilanzen S1 bis S3 unterscheiden sich, so wie die Testbilanzen G1 bis G3, durch die Höhe der Eigenkapitalausstattung und den damit verbundenen Änderungen bei einigen Bilanz- und Erfolgspositionen.

5.2.1. Diagnose

5.2.1.1. Quicktest

Kennzahl	Ergebnis	Note				
		1	2	3	4	5
Eigenkapitalquote		> 30%	> 20%	> 10%	> 0%	negativ
Testbilanz S1	33,3%	Note 1				
Testbilanz S2	0,0%				Note 4	
Testbilanz S3	-18,2%					Note 5
Schuldtilgungsdauer		< 3 J.	< 5 J.	< 12 J.	< 30 J.	> 30 J.
Testbilanz S1	8,3 J.			Note 3		
Testbilanz S2	17,6 J.				Note 4	
Testbilanz S3	36,0 J.					Note 5

FINANZIELLE STABILITÄT					
TESTBILANZ S1		NOTE 2			
TESTBILANZ S2				NOTE 4	
TESTBILANZ S3					NOTE 5

Gesamtkapitalrentabilität		> 15%	> 12%	> 8%	> 0%	negativ
Testbilanz S1	-2,2%					Note 5
Testbilanz S2	-2,2%					Note 5
Testbilanz S3	-1,8%					Note 5
Cash-Flow in % der BL		> 10%	> 8%	> 5%	> 0%	negativ
Testbilanz S1	4,4%				Note 4	
Testbilanz S2	3,1%				Note 4	
Testbilanz S3	1,9%				Note 4	

ERTRAGSKRAFT					
TESTBILANZ S1				NOTE 4,5	
TESTBILANZ S2				NOTE 4,5	
TESTBILANZ S3				NOTE 4,5	

GESAMTBEURTEILUNG					
TESTBILANZ S1			NOTE 3,25		
TESTBILANZ S2				NOTE 4,25	
TESTBILANZ S3					NOTE 4,75

Die Ertragskraft ist "schlecht" bis "insolvenzgefährdet", die finanzielle Stabilität schwankt zwischen "gut" und "insolvenzgefährdet".

5.2.1.2. Erweiterte Kennzahlenanalyse

So wie bei der Demonstration der drei "guten" Testbilanzen wird die erweiterte Kennzahlenanalyse auch hier mit 23 Kennzahlen durchgeführt. Die Bewertung der "schlechten" Testbilanzen erfolgt mit der gleichen Beurteilungsskala, die auch für die guten Testbilanzen verwendet worden ist.

Analysebereich: INVESTITION

Kennzahl	Ergebnis	Ge-wichtung	Note 1	2	3	4	5
Anlagenintensität							
Testbilanz S1	33%				Note 3		
Testbilanz S2	33%	(50%)			Note 3		
Testbilanz S3	27%					Note 4	
Abschreibungsquote							
Testbilanz S1	0,4		Note 1				
Testbilanz S2	0,4	(50%)	Note 1				
Testbilanz S3	0,4		Note 1				
GESAMTNOTE, gewichtet							
TESTBILANZ S1				NOTE 2			
TESTBILANZ S2		(20%)		NOTE 2			
TESTBILANZ S3				NOTE 2,5			

Dieser Analysebereich ist nahezu gleich gut wie jener bei den guten Testbetrieben, weil keine Investitionsaktivitäten zu verzeichnen waren.

Analysebereich: FINANZIERUNG

Kennzahl	Ergebnis	Ge-wichtung	Note 1	2	3	4	5
Eigenkapitalquote							
Testbilanz S1	33,3%		Note 1				
Testbilanz S2	0,0%	(40%)				Note 4	
Testbilanz S3	-18,2%						Note 5
Anlagendeckung A							
Testbilanz S1	100%		Note 1				
Testbilanz S2	0%	(10%)					Note 5
Testbilanz S3	EK neg.						Note 5
Anlagendeckung B							
Testbilanz S1	167%		Note 1				
Testbilanz S2	133%	(10%)		Note 2			
Testbilanz S3	120%				Note 3		
Working Capital Ratio							
Testbilanz S1	33%		Note 1				
Testbilanz S2	17%	(10%)		Note 2			
Testbilanz S3	17%			Note 2			
Lagerdauer in Tagen							
Testbilanz S1	155 Tg.					Note 4	
Testbilanz S2	155 Tg.	(10%)				Note 4	
Testbilanz S3	155 Tg.					Note 4	
Debitorenziel in Tagen							
Testbilanz S1	35 Tg.			Note 2			
Testbilanz S2	35 Tg.	(10%)		Note 2			
Testbilanz S3	35 Tg.			Note 2			
Kreditorenziel in Tagen							
Testbilanz S1	91 Tg.					Note 4	
Testbilanz S2	91 Tg.	(10%)				Note 4	
Testbilanz S3	91 Tg.					Note 4	
GESAMTNOTE, gewichtet							
TESTBILANZ S1			NOTE 1,7				
TESTBILANZ S2		(40%)			NOTE 3,5		
TESTBILANZ S3					NOTE 3,9		

Der Analysebereich "Finanzierung" ist als gut bis gerade noch akzeptabel einzustufen. Die Verschlechterung der Ertragskraft durch den 20-prozentigen Umsatzrückgang schlägt noch nicht durch. Würde sich die Ertragskraft nicht rasch verbessern, würden sich bereits sämtliche Finanzierungskennzahlen ein Jahr später drastisch verschlechtert darstellen.

Analysebereich: LIQUIDITÄT

Kennzahl	Ergebnis	Ge-wichtung	Note 1	2	3	4	5
Schuldtilgungsdauer in Jahren							
Testbilanz **S1**	8,3 J.				Note 3		
Testbilanz **S2**	17,6 J.	(80%)				Note 4	
Testbilanz **S3**	36,0 J.						Note 5
Liquidität 2. Grades (Acid-Test)							
Testbilanz **S1**	65%					Note 4	
Testbilanz **S2**	52%	(10%)					Note 5
Testbilanz **S3**	52%						Note 5
Liquidität 3. Grades (Mobilität)							
Testbilanz **S1**	150%		Note 1				
Testbilanz **S2**	120%	(10%)		Note 2			
Testbilanz **S3**	120%			Note 2			
GESAMTNOTE, gewichtet							
TESTBILANZ **S1**					NOTE 2,9		
TESTBILANZ **S2**		(40%)				NOTE 3,9	
TESTBILANZ **S3**							NOTE 4,7
FINANZIELLE STABILITÄT							
TESTBILANZ **S1**				NOTE 2,2			
TESTBILANZ **S2**		(50%)			NOTE 3,4		
TESTBILANZ **S3**					NOTE 3,9		

Die Liquidität ist bei Testbilanz S2 gerade noch akzeptabel, bei Testbilanz S3 bereits sehr bedenklich. Der Acid-Test ist bei allen drei Testbilanzen schlecht.

Analysebereich: RENTABILITÄT

Kennzahl	Ergebnis	Ge-wichtung	Note 1	2	3	4	5
Gesamtkapitalrentabilität							
Testbilanz S1	-2,2%						Note 5
Testbilanz S2	-2,2%	(50%)					Note 5
Testbilanz S3	-1,8%						Note 5
Eigenkapitalrentabilität							
Testbilanz S1	-13%						Note 5
Testbilanz S2	*)	(20%)	*) Kann nicht gerechnet werden				
Testbilanz S3	EK neg.						Note 5
Return On Stock Investment (ROSTI)							
Testbilanz S1	-						
Testbilanz S2	-	(10%)	Diese Kennzahl ist nur für Handelsbetriebe relevant				
Testbilanz S3	-						
Kapitalumschlag							
Testbilanz S1	1,8 x		Note 2				
Testbilanz S2	1,8 x	(10%)	Note 2				
Testbilanz S3	1,5 x			Note 3			
Return On Investment (ROI)							
Testbilanz S1	-4,4%						Note 5
Testbilanz S2	-6,7%	(10%)					Note 5
Testbilanz S3	-7,3%						Note 5
GESAMTNOTE, gewichtet							
TESTBILANZ S1							NOTE 4,7
TESTBILANZ S2		(50%)					NOTE 4,4
TESTBILANZ S3							NOTE 4,8

Alle Rentabilitätskennzahlen sind sehr schlecht. Daran ändert auch der relativ gute Kapitalumschlag nichts. Die Ertragskraft ist einfach zu schwach, um das "Rentabilitäts-Ruder" herumzureißen und auf Erfolgskurs zu steuern.

Analysebereich: AUFWANDSTRUKTUR/ERFOLG

Kennzahl	Ergebnis	Ge-wichtung	Note 1	2	3	4	5
Cash-Flow in % der BL							
Testbilanz S1	4,4%					Note 4	
Testbilanz S2	3,1%	(50%)				Note 4	
Testbilanz S3	1,9%					Note 4	
Material- (Waren-) u. Personalintensität							
Testbilanz S1	75%					Note 4	
Testbilanz S2	75%	(10%)				Note 4	
Testbilanz S3	75%					Note 4	
Fremdkapitalzinsen in % der BL							
Testbilanz S1	1,3%		Note 1				
Testbilanz S2	2,5%	(10%)		Note 2			
Testbilanz S3	3,8%				Note 3		
Umsatzrendite							
Testbilanz S1	-2,5%						Note 5
Testbilanz S2	-3,8%	(10%)					Note 5
Testbilanz S3	-5,0%						Note 5
Abschreibung in % der BL							
Testbilanz S1	6,9%			Note 2			
Testbilanz S2	6,9%	(10%)		Note 2			
Testbilanz S3	6,9%			Note 2			
Sicherheitsgrad							
Testbilanz S1	-5%						Note 5
Testbilanz S2	-7,5%	(10%)					Note 5
Testbilanz S3	-10%						Note 5
GESAMTNOTE, gewichtet							
TESTBILANZ S1						NOTE 3,7	
TESTBILANZ S2		(50%)				NOTE 3,8	
TESTBILANZ S3						NOTE 3,9	
ERTRAGSKRAFT							
TESTBILANZ S1						NOTE 4,2	
TESTBILANZ S2		(50%)				NOTE 4,1	
TESTBILANZ S3						NOTE 4,3	

Der Analysebereich "Auftragsstruktur/Erfolg" zeigt die Ursachen für die katastrophale Ertragskraft auf. Fremdkapitalzinsen und Abschreibungen sind noch gut, würden sich aber rapide verschlechtern, wenn die Ertragskraft nicht rasch saniert würde.

	Note				
	1	2	3	4	5
GESAMTNOTE					
TESTBILANZ **S1**			NOTE 3,2		
TESTBILANZ **S2**			NOTE 3,8		
TESTBILANZ **S3**			NOTE 4,1		

Die drei schlechten Testbilanzen S1 bis S3 weisen Gesamtnoten zwischen 3,2 und 4,1 auf.

Die Testbilanzen S2 und S3 werden sowohl in der finanziellen Stabilität als auch in der Ertragskraft und daher auch in der Gesamtbeurteilung als "genügend" klassifiziert. Die Beurteilung aufgrund der erweiterten Kennzahlenanalyse deckt sich relativ gut mit jener des Quicktests.

5.2.1.3. Multiple Diskriminanzanalyse, vereinfachte Methode

Kenn-zahl	Formel	x Gewichtungs-faktor	Testbilanzen		
			S1	S2	S3
1	$\dfrac{\text{Cash-Flow p.a.}}{\text{Verbindlichkeiten}}$	x 1,5	0,175	0,083	0,041
2	$\dfrac{\text{Bilanzsumme}}{\text{Verbindlichkeiten}}$	x 0,08	0,120	0,080	0,080
3	$\dfrac{\text{EGT p.a.}}{\text{Bilanzsumme}}$	x 10	-0,444	-0,667	-0,727
4	$\dfrac{\text{EGT p.a.}}{\text{Betriebsleistung p.a.}}$	x 5	-0,125	-0,188	-0,250
5	$\dfrac{\text{Vorräte}}{\text{Betriebsleistung p.a.}}$	x 0,3	0,064	0,064	0,064
6	$\dfrac{\text{Betriebsleistung p.a.}}{\text{Bilanzsumme}}$	x 0,1	0,178	0,178	0,145
> 3	extrem gut				
> 2,2	sehr gut				
> 1,5	gut				
> 1	mittelgut				
> 0,3	schlecht				
≤ 0,3	leicht insolvenzgefährdet				
≤ 0	insolvenzgefährdet		-0,033	-0,449	-0,647
≤ -1	stark insolvenzgefährdet				

Sowohl die Testbilanz S2 als auch die Testbilanz S3 sind nach der vereinfachten Diskriminanzanalyse als "insolvenzgefährdet" zu klassifizieren. Testbilanz S1 ist ein Grenzfall.

5.2.1.4. Multiple Diskriminanzanalyse nach Beermann

Kenn-zahl	Formel	x Gewichtungs-faktor	Testbilanzen		
			S1	S2	S3
1	$\dfrac{\text{AfA auf Sachanlageverm. p.a.}}{\text{Sachanlage AB + Zugang}}$	x 0,217	0,058	0,058	0,058
2	$\dfrac{\text{Cash-Flow p.a.}}{\text{Verbindlichkeiten}}$	x -0,063	-0,007	-0,004	-0,002
3	$\dfrac{\text{Zugang Sachanlageverm.}}{\text{AfA auf Sachanlageverm.}}$	x 0,012	0,012	0,012	0,012
4	$\dfrac{\text{Verbindlichkeiten}}{\text{Bilanzsumme}}$	x 0,077	0,051	0,077	0,077
5	$\dfrac{\text{EGT p.a.}}{\text{Umsatz p.a. - Skontoaufw. p.a.}}$	x -0,105	0,003	0,004	0,005
6	$\dfrac{\text{EGT p.a.}}{\text{Bilanzsumme}}$	x -0,813	0,036	0,054	0,059
7	$\dfrac{\text{Bankverbindlichkeiten}}{\text{Verbindlichkeiten}}$	x 0,165	0,055	0,073	0,090
8	$\dfrac{\text{Umsatz p.a. - Skontoaufw. p.a.}}{\text{Bilanzsumme}}$	x 0,061	0,114	0,114	0,093
9	$\dfrac{\text{Vorräte}}{\text{Umsatz p.a. - Skontoaufw. p.a.}}$	x 0,268	0,054	0,054	0,054
10	$\dfrac{\text{EGT p.a.}}{\text{Verbindlichkeiten}}$	x 0,124	-0,008	-0,008	-0,009
< 0	extrem gut				
< 0,2	sehr gut				
< 0,25	gut				
< 0,29	mittelgut				
< 0,31	schlecht				
≥ 0,31	leicht insolvenzgefährdet				
≥ 0,33	insolvenzgefährdet				
≥ 0,35	stark insolvenzgefährdet		0,368	0,435	0,438

AB = Anfangsbestand

Alle drei Testbilanzen werden bei der Methode Beermann, so wie bei der vereinfachten Methode, als "insolvenzgefährdet" klassifiziert.

5.2.1.5. Multiple Diskriminanzanalyse nach Bleier

MDA nach Bleier für Erzeugungsbetriebe

Kenn-zahl	Formel (alle Quotienten x 100)	Aus Periode	x Gewichtungs-faktor	Testbilanzen	
				S2	S3
1	Erhaltene Anzahlungen / Nicht abgerechnete Leistungen	VVJ *)	x 0,004063	0,000	0,000
2	Wirtschaftliches Eigenkapital / Gesamtkapital	VJ *)	x 0,044342	0,000	-0,806
3	Veränd. d. Nettogeldverm. **) / (Umsatzausgaben/12)	VJ *)	x 0,000404	-0,404	-0,404
4	Umlaufverm. - kurzfr. Fremdk. / Gesamtkapital	LJ	x 0,013097	0,146	0,119
5	Cash-Flow I / Umsatzerlöse	LJ	x 0,114937	0,512	0,366
6	Gesamtes Fremdkapital / Cash-Flow II	LJ	x -0,000098	-0,176	-0,359
	KONSTANTE			-0,876	-0,876
> 1,7	sehr gut				
> 1	gut				
> 0	mittel				
< 0	schlecht				
< -0,3	sehr schlecht				
< -0,5	insolvenzgefährdet			-0,798	-1,960

*) Hier vereinfacht: Werte aus laufendem Jahr
**) Ist die Veränderung des Nettogeldvermögens negativ, so ist der Kennzahlenwert -999 einzusetzen.

Für die Testbilanz S1 wurde die Methode Bleier nicht angewendet.
In der schärfer trennenden Branchenfunktion sind beide Testbilanzen eindeutig als "insolvenzgefährdet" dargestellt.

MDA nach Bleier für Betriebe ohne Branchengliederung

Kenn-zahl	Formel (alle Quotienten x 100)	Aus Periode	x Gewichtungs-faktor	Scores	
				S2	S3
1	Ordentl. Unternehmenserfolg / Wirtschaftl. Eigenkapital**)	VVJ *)	x 0,000786	0,000	-0,785
2	Ordentlicher Betriebserfolg / Gesamtleistung	VJ *)	x 0,004299	0,003	0,003
3	Ordentl. Unternehmenserfolg / Wirtschaftl. Eigenkapital**)	VJ *)	x 0,000661	0,000	-0,660
4	Gesamtes Fremdkapital / Cash-Flow II	LJ	x -0,000060	-0,108	-0,220
5	Ord. Untern.-erf. + Zinsaufw. / Gesamtkapital	LJ	x 0,036286	0,040	0,033
6	Umlaufverm. - kfr. Fremdk. / Gesamtkapital	LJ	x 0,008209	0,091	0,075
	KONSTANTE			0,374	0,374
> 1,2	sehr gut				
> 0,8	gut				
> 0	mittel			0,400	
< 0	schlecht				
< -0,5	sehr schlecht				
< -0,8	insolvenzgefährdet				-1,180

*) Hier vereinfacht: Werte aus dem laufendem Jahr
**) Ist das Eigenkapital negativ, so ist der Kennzahlenwert -999 einzusetzen.

In der Funktion ohne Branchengliederung weisen zwar beide Testbilanzen eine leicht positive Diskriminanzfunktion auf; sie befindet sich aber im so genannten Überlappungsbereich der Scores, der zwischen -0,752 und +0,597 beträgt. Beim Überlappungsbereich handelt es sich um eine Grauzone, bei der die Prognoseeffizienz nicht so hoch ist wie außerhalb dieser Zone.

Die Branchenfunktionen korrelieren recht gut mit der multiplen Diskriminanzanalyse nach der vereinfachten Methode und nach Beermann. Die Funktion ohne Branchengliederung ist bei Testbilanz S2 etwas zu günstig. Die Ursache dafür wurde schon im Kapitel 5.1.1.5. festgestellt. Außerdem trennt die zweite, branchenunabhängige Funktion nicht so scharf wie die erste, weshalb die indifferente Grauzone größer ist.

5.2.1.6. Faktorenanalyse nach Weinrich

Kenn-zahl	Formel (alle Quotienten x 100)	Kennzahl		Scores	
		S2	S3	S2	S3
1	$\dfrac{\text{Eigenkapital}}{\text{Fremdkapital}}$	0,00	-18,18	4	5
2	$\dfrac{\text{Liquide Mittel}}{\text{Gesamtkapital}}$	2,22	1,82	2	3
3	$\dfrac{\text{Bald verfügbare Geldmittel - kurzfr. Fremdkapital}}{\text{Betriebsaufwand vor Abschreibung}}$	-21,71	-21,43	2	2
4	$\dfrac{\text{Unternehmensgewinn + Fremdkapitalzinsen}}{\text{Gesamtkapital}}$	-2,22	-1,81	5	5
5	$\dfrac{\text{Umsatz}}{\text{Gesamtkapital}}$	186,67	152,73	3	3
6	$\dfrac{\text{Fremdkapital}}{\text{Cash-Flow}}$	1800,00	3666,60	4	4
7	$\dfrac{\text{Fremdkapital - bald verfügbare Geldmittel}}{\text{Betriebliche Nettoeinnahmen}}$	1042,86	1860,00	2	4
8	$\dfrac{\text{Verbindlichkeiten L+L + Wechselverbindlichk.}}{\text{Wareneinkauf*)}}$	25,00	25,00	2	2
< 14	sehr gut				
< 24	gut				
< 32	schlecht			24	28
< 40	stark gefährdet				

*) Hier vereinfacht: WES = WEK

Die Testbilanzen S2 und S3 werden als "schlecht, aber nicht insolvenzgefährdet" klassifiziert. S3 wird als schlechter eingestuft als S2, was den Tatsachen entspricht.

5.2.2. Erkenntnisse

Wer hätte gedacht, dass die Testbilanz S1 trotz der sehr guten Eigenkapitalquote von 33% als "schlecht" eingestuft werden muss? Durch den Umsatzrückgang um 20% ist auch der Deckungsbeitrag um 20% zurückgegangen. Leider konnten die Fixkosten nicht gesenkt werden, weshalb ein Verlust von 2,5% der Betriebsleistung in Kauf genommen werden muss. Die gute Eigenkapitalquote wird sich bei anhaltend schlechter Ertragskraft rasch verringern und bald den Punkt erreichen, wo man sie nicht mehr als gut bezeichnen kann. Die Fremdkapitalzinsen sind den jeweiligen Bankkrediten (Fremdkapital langfristig = langfristiger Bankkredit) angepasst worden.

Für die Bonitätsbetrachtung ist also nicht die Eigenkapitalquote allein maßgebend, sondern mindestens drei weitere Kennzahlen (= kompletter Quicktest):

- Schuldtilgungsdauer
- Gesamtkapitalrentabilität
- Cash-Flow-Leistungsrate

5.3. Sensibilität der Diskriminanzfunktionen

Alle sechs Testbilanzen wurden mit der vereinfachten Methode und der Methode Beermann durchgerechnet. Für vier der sechs Testbilanzen wurden auch die Methode Bleier und die Faktorenanalyse nach Weinrich angewendet. Die Diskriminanzfunktionen korrelieren untereinander und mit der erweiterten Kennzahlenanalyse sehr gut.

Jetzt soll abschließend noch die Frage geklärt werden, welche Kennzahlen die Diskriminanzfunktionen am stärksten beeinflussen, um daraus ableiten zu können, welche Aktivitäten auf die Diskriminanzfunktionen den größten Einfluss ausüben. Weil die gleiche Aktivität bei guten und schlechten Betrieben stark unterschiedliche Auswirkungen auf das Kennzahlenbild hat, wurden die Gruppen der guten Betriebe (G) und jene der schlechten (S) separat betrachtet.

Bei der **MDA nach der vereinfachten Methode** bestimmen eindeutig die **Ertragspositionen**

- **Cash-Flow und**
- **EGT**

die **Höhe der Diskriminanzfunktionen**. Mit nur folgenden zwei Kennzahlen

- Cash-Flow p.a./Verbindlichkeiten und
- EGT p.a./Bilanzusmme

werden bei den guten Betrieben 83% der Diskriminanzfunktions-Veränderung und bei den schlechten immerhin 68% bis 75% erreicht, wie nebenstehende Tabelle zeigt.

MDA vereinfachte Methode	Kenn-zahl	Veränderung der gewichteten Kennzahlen		Kenn-zahl	Veränderung der gewichteten Kennzahlen	
		G2	G3		S2	S3
Cash-Flow p.a./ Verbindlichkeiten	1	-0,200	-0,305	1	-0,092	-0,134
Bilanzsumme/ Verbindlichkeiten	2	-0,033	-0,053	2	-0,040	-0,040
EGT p.a./ Bilanzsumme	3	-0,200	-0,300	3	-0,223	-0,283
EGT p.a./ Betriebsleistung p.a.	4	-0,050	-0,075	4	-0,063	-0,125
Vorräte/ Betriebsleistung p.a.	5	-	-	5	-	-
Betriebsleistung p.a./ Bilanzsumme	6	-	-	6	-	-0,033
ΣΣ (1 - 6)		-0,483	-0,733		-0,418	-0,615
Σ (1 + 3)		-0,400	-0,605		-0,315	-0,417
Σ in % zu ΣΣ		83%	83%		75%	68%

Auch bei der **Methode Beermann** werden die **Veränderungen der Diskriminanzfunktionen stark vom EGT bestimmt**, darüber hinaus spielen **aber auch Eigenkapital** (Verbindlichkeiten/Bilanzsumme) **und Bankverbindlichkeiten** eine Rolle. Die Kennzahlen 4, 6 und 7 des Beermann'schen Schemas, also

- Verbindlichkeiten/Bilanzsumme,
- EGT p.a./Bilanzsumme,
- Bankverbindlichkeiten/Verbindlichkeiten,

beeinflussen die Diskriminanzfunktions-Veränderungen am stärksten. Mit diesen drei Kennzahlen werden sowohl bei den guten Betrieben als auch bei den schlechten 100% der Diskriminanzfunktions-Veränderung erreicht.

MDA Methode Beermann	Kenn-zahl	Veränderung der gewichteten Kennzahlen		Kenn-zahl	Veränderung der gewichteten Kennzahlen	
		G2	G3		S2	S3
AfA auf Sachanlageverm. p.a./ Sachanlage Anfangsbestand + Zugang	1	-	-	1	-	-
Cash-Flow p.a./ Verbindlichkeiten	2	0,008	0,013	2	0,003	0,005
Zugang Sachanlageverm./ AfA auf Sachanlageverm.	3	-	-	3	-	-
Verbindlichkeiten/ Bilanzsumme	4	0,016	0,031	4	0,026	0,026
EGT p.a./ Umsatz p.a. - Skontoaufw. p.a.	5	0,001	0,002	5	0,001	0,002
EGT p.a./ Bilanzsumme	6	0,016	0,024	6	0,018	0,023
Bankverbindlichkeiten/ Verbindlichkeiten	7	0,028	0,044	7	0,018	0,035
Umsatz p.a. - Skontoaufw. p.a./ Bilanzsumme	8	-	-	8	-	-0,021
Vorräte/ Umsatz p.a. - Skontoaufw. p.a.	9	-	-	9	-	-
EGT p.a./ Verbindlichkeiten	10	-0,011	-0,016	10	-	-0,001
ΣΣ (1 - 6)		0,058	0,098		0,066	0,069
Σ (4, 6, 7)		0,060	0,099		0,062	0,084
Σ in % zu ΣΣ		103%	101%		94%	122%

Auch bei Bleier und Weinrich sind es primär Gewinn und Cash-Flow, die am **stärksten Veränderungen der Diskriminanzfunktion beeinflussen**. Auf eine tabellarische Dokumentation dieser Feststellung wird hier aus Platzgründen verzichtet.

Abschließend noch einige interessante Graphiken zur Sensibilität der Diskriminanzfunktion nach der

- vereinfachten Methode und
- Methode Beermann.

Bei beiden Methoden werden

- Cash-Flow und EGT (Vollausschüttung) sowie
- Vorräte, Verbindlichkeiten, Bilanzsumme

verändert und an einem guten Betrieb (G1), der im Basisszenario bei der vereinfachten Methode die Diskriminanzfunktion 2,918 (sehr gut) aufweist, und an einem schlechten Betrieb (S3) mit der Diskriminanzfunktion von -0,647 (insolvenzgefährdet) getestet.

Vereinfachte Methode: guter Betrieb

	Basis	-100	-75	-50	-25	+0	+25	+50	+75	+100
Cash-Flow	260	160	185	210	235		285	310	335	360
Verbindlichkeiten	600									
Bilanzsumme	1000									
EGT	150	50	75	100	125		175	200	225	250
Betriebsleistung	2000									
Vorräte	400									

	Basis	-100	-75	-50	-25	+0	+25	+50	+75	+100
Diskriminanz-funktion	2,918	1,418	1,793	2,168	2,543	2,918	3,293	3,668	4,043	4,418

MDA-Sensibilitätsanalyse bei Veränderung von Cash-Flow und EGT (bei Vollausschüttung)

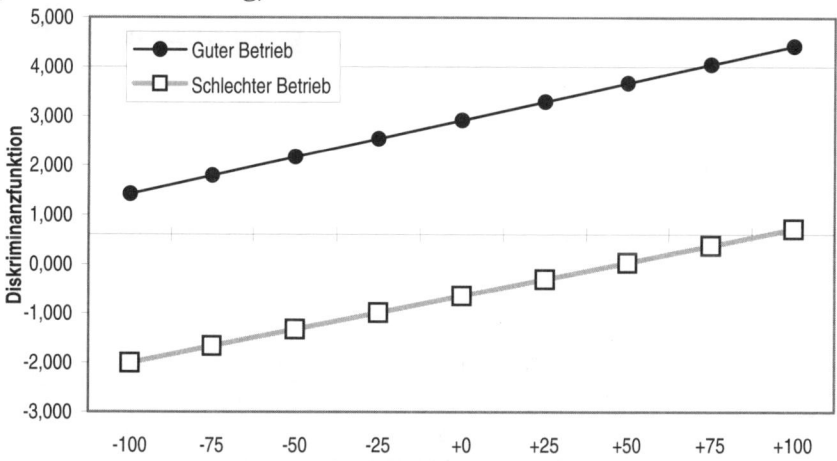

Cash-Flow und EGT, Veränderung in GE

Vereinfachte Methode: schlechter Betrieb

	Basis	-100	-75	-50	-25	+0	+25	+50	+75	+100
Cash-Flow	30	-70	-45	-20	5		55	80	105	130
Verbindlichkeiten	1100									
Bilanzsumme	1100									
EGT	-80	-180	-155	-130	-105		-55	-30	-5	20
Betriebsleistung	1600									
Vorräte	340									

	Basis	-100	-75	-50	-25	+0	+25	+50	+75	+100
Diskriminanz-funktion	-0,647	-2,005	-1,666	-1,326	-0,987	-0,647	-0,308	0,032	0,371	0,711

Anmerkung: Wird nicht ausgeschüttet, verläuft die Kurve ähnlich!

Vereinfachte Methode: guter Betrieb

	Basis	+100	+75	+50	+25	+0	-25	-50	-75	-100
Cash-Flow	260									
Verbindlichkeiten	600	700	675	650	625		575	550	525	500
Bilanzsumme	1000	1100	1075	1050	1025		975	950	925	900
EGT	150									
Betriebsleistung	2000									
Vorräte	400	500	475	450	425		375	350	325	300

Diskriminanz-funktion	2,918	2,678	2,733	2,791	2,852	2,918	2,989	3,064	3,145	3,233

MDA-Sensibilitätsanalyse bei Veränderung von Vorräten, Verbindlichkeiten und Bilanzsumme

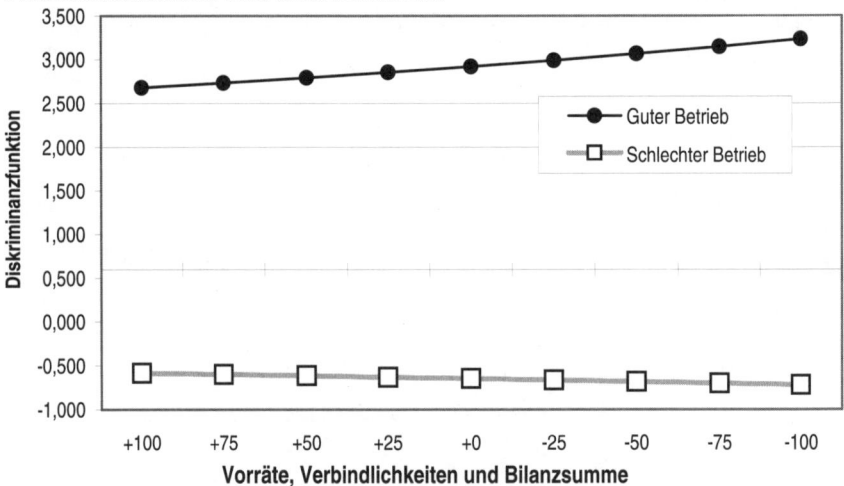

Vereinfachte Methode: schlechter Betrieb

	Basis	+100	+75	+50	+25	+0	-25	-50	-75	-100
Cash-Flow	30									
Verbindlichkeiten	1100	1200	1175	1150	1125		1075	1050	1025	1000
Bilanzsumme	1100	1200	1175	1150	1125		1075	1050	1025	1000
EGT	-80									
Betriebsleistung	1600									
Vorräte	340	440	415	390	365		315	290	265	240

Diskriminanz-funktion	-0,647	-0,583	-0,599	-0,614	-0,630	-0,647	-0,664	-0,682	-0,701	-0,720

Anmerkung: Würden statt der Vorräte die Kundenforderungen verändert werden, hätte das auf die Diskriminanzfunktion kaum einen Einfluss.

Die Erkenntnisse bei der vereinfachten Methode lassen sich wie folgt zusammenfassen:

1. Die Diskriminanzfunktion wird eigentlich nur durch das EGT bzw. den
   Cash-Flow stark beeinflusst.
2. Bei guten Betrieben verändert sich die Diskriminanzfunktion stärker als bei
   schlechten.

Die gleichen Erkenntnisse gewinnt man bei Beermann.

Beermann: guter Betrieb

	Basis	-100	-75	-50	-25	+0	+25	+50	+75	+100
Cash-Flow	260	160	185	210	235		285	310	335	360
Verbindlichkeiten	600									
Bilanzsumme	1000									
EGT	150	50	75	100	125		175	200	225	250
Umsatz	2100									
Bankverbindlichk.	200									
SV Zugang	110									
SV AB + Zugang	410									
AfA	110									
Vorräte	400									
Diskriminanz-funktion	**0,224**	0,301	0,282	0,263	0,243	0,224	0,206	0,187	0,168	0,149

MDA-Sensibilitätsanalyse bei Veränderung von Cash-Flow und EGT (bei Vollausschüttung)

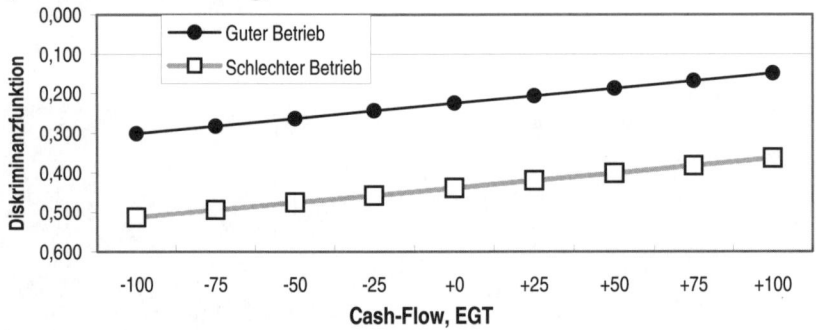

Beermann: schlechter Betrieb

	Basis	-100	-75	-50	-25	+0	+25	+50	+75	+100
Cash-Flow	30	-70	-45	-20	5		55	80	105	130
Verbindlichkeiten	1100									
Bilanzsumme	1100									
EGT	-80	-180	-155	-130	-105		-55	-30	-5	20
Umsatz	1660									
Bankverbindlichk.	600									
SV Zugang	110									
SV AB + Zugang	410									
AfA	110									
Vorräte	340									
Diskriminanz-funktion	**0,438**	0,513	0,494	0,475	0,457	0,438	0,419	0,401	0,382	0,363

Anmerkung: Wird nicht ausgeschüttet, verläuft die Kurve ähnlich!

SV = Sachanlagevermögen, AB = Anfangsbestand

Beermann: guter Betrieb

	Basis	-100	-75	-50	-25	+0	+25	+50	+75	+100
Cash-Flow	260									
Verbindlichkeiten	600	500	525	550	575		625	650	675	700
Bilanzsumme	1000	900	925	950	975		1025	1050	1075	1100
EGT	150									
Umsatz	2100									
Bankverbindlichk.	200									
SV Zugang	110									
SV AB + Zugang	410									
AfA	110									
Vorräte	400	300	325	350	375		425	450	475	500
Diskriminanz-funktion	0,224	0,221	0,222	0,222	0,224	0,225	0,226	0,228	0,230	0,231

MDA-Sensibilitätsanalyse bei Veränderung von Vorräten, Verbindlichkeiten und Bilanzsumme

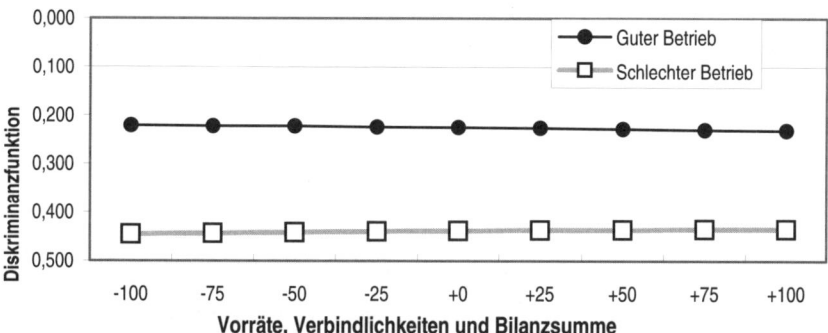

Beermann: schlechter Betrieb

	Basis	-100	-75	-50	-25	+0	+25	+50	+75	+100
Cash-Flow	30									
Verbindlichkeiten	1100	1000	1025	1050	1075		1125	1150	1175	1200
Bilanzsumme	1100	1000	1025	1050	1075		1125	1150	1175	1200
EGT	-80									
Umsatz	1660									
Bankverbindlichk.	600									
SV Zugang	110									
SV AB + Zugang	410									
AfA	110									
Vorräte	340	240	265	290	315		365	390	415	440
Diskriminanz-funktion	0,438	0,445	0,443	0,441	0,439	0,438	0,437	0,436	0,435	0,435

SV = Sachanlagevermögen, AB = Anfangsbestand

6.

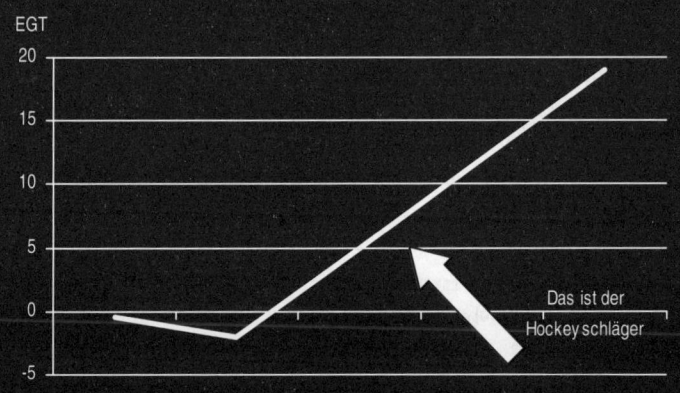

Vorsicht vor dem Hockeyschläger-Effekt!

Das ist der Hockeyschläger

Ist   1. Planjahr   2. Planjahr   3. Planjahr

Planbilanzen - die Budgetierung von Jahresabschlüssen

Warum Planbilanzen?

Planbilanzen werden aus unterschiedlichsten Gründen erstellt, etwa als Grundlage für einen periodischen Soll-Ist-Vergleich - parallel zum Ist-Ist-Vergleich, dessen Informationsgehalt geringer ist. Kritische Analytiker meinen, dass ein Ist-Ist-Vergleich alleine - in Anlehnung an Prof. E. Schmalenbach - heißen könnte, "Schlendrian mit Schlendrian zu vergleichen".

Zur bilanziellen und finanziellen Entscheidungsabsicherung geplanter Maßnahmen, z.B.:
- Vor größeren Investitionsprojekten neben der Investitionsrechnung
- Vor größeren Finanzierungsentscheidungen, beispielsweise Leasing versus Kreditfinanzierung, neben dem Barwertvergleich
- Vor Umschichtung von Lieferantenkrediten auf Bankkredite zwecks Ausnutzung der Skontoerträge
- Vor größeren geplanten Rationalisierungsaktivitäten, ergänzend zu den Wirtschaftlichkeitsrechnungen

Als Grundlage für die zukunftsorientierte Unternehmensbewertung, z.B.:
- Zukunftsorientierte Ertragswertmethode
- Free-Cash-Flow-Methode

Als Instrument zur Verhinderung bzw. Eindämmung von Insolvenzen, z.B.:
- Fortführungsprognose
- Sanierungsszenarien

Warum Planbilanzen?

Dieses Kapitel ist das Kernstück des Diagnoseteils dieses Buches. Es wird anschaulich dargestellt, wie jeder Geschäftsführer mit wenig Zeitaufwand bei praktisch allen Problemstellungen interessante Auskünfte erhält, die ihm die Entscheidung erleichtern. **Planbilanzen** sind meistens ein hervorragendes **Motivationsinstrument**. Es motiviert, wenn man genau weiß, wie verschiedene geplante Aktivitäten das Kennzahlenbild verbessern. Manchmal zeigen Planbilanzen aber auch auf, dass alle noch so großen Anstrengungen nicht (mehr) nützen, weil der Ist-Zustand einfach zu schlecht oder der Nutzen der geplanten Aktivität(en) zu gering ist. Auch in diesem Fall - gerade dann - ist schnelles Handeln ein Gesetz der Vernunft.

So wurde das Kapitel "Planbilanzen" strukturiert (eine Übersicht):

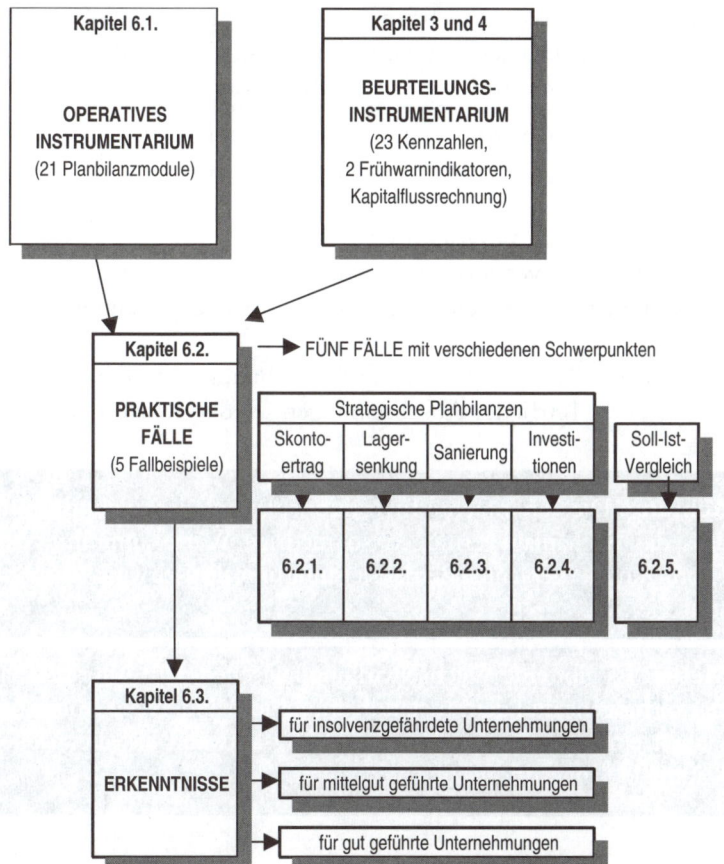

Alle Planbilanzen und Kennzahlenauswertungen in diesem Kapitel sind mit dem Excel-Programm

PlanB

durchgeführt worden. Nähere Details zu diesem Programm finden sich in den Kapiteln 15 und 16.

6.1. Ausgewählte Planbilanzmodule

6.1.1. Sachanlagevermögen

Planung im Normalfall

Die Budgetierung des Sachanlagevermögens ist relativ einfach:

> Anfangsbestand
> + Zugänge (= Investitionen)
> - Abschreibungen
> - Buchwert verkaufter Anlagen
> = **Endbestand** (= Planwert am Ende der 1. Planperiode)

Sollten während der ein- oder mehrjährigen Planungsperiode größere Investitionen vorgesehen sein, dann kann es aus Gründen der Übersichtlichkeit zweckmäßig sein, das Sachanlagevermögen in zwei Zeilen darzustellen, und zwar:

• "altes" Sachanlagevermögen (aus historischen Perioden),
• "neues" Sachanlagevermögen (während der Planperiode).

Vereinfachte Approximativplanung

Sollten keine großen Investitionen geplant, sondern nur unbedingt notwendige Ersatzinvestitionen vorgesehen sein, wird oft folgendes Planungsszenario gewählt:

Investitionen = 80% oder 100% der Abschreibungen, d.h., 80% oder 100% der Abschreibungen werden reinvestiert.

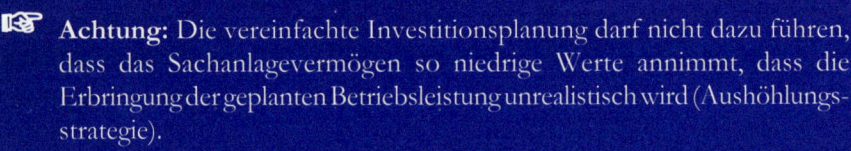

☞ **Achtung:** Die vereinfachte Investitionsplanung darf nicht dazu führen, dass das Sachanlagevermögen so niedrige Werte annimmt, dass die Erbringung der geplanten Betriebsleistung unrealistisch wird (Aushöhlungsstrategie).

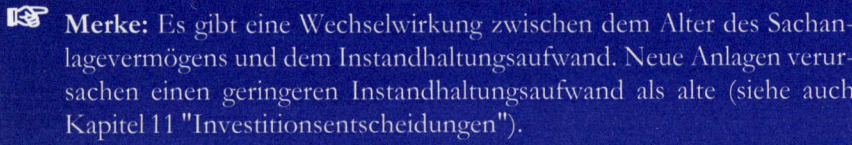

☞ **Merke:** Es gibt eine Wechselwirkung zwischen dem Alter des Sachanlagevermögens und dem Instandhaltungsaufwand. Neue Anlagen verursachen einen geringeren Instandhaltungsaufwand als alte (siehe auch Kapitel 11 "Investitionsentscheidungen").

6.1.2. Vorräte

Wie die Vorratsplanung zu erfolgen hat, hängt von verschiedenen Faktoren ab:
* Branche
  * Produktion
  * Handwerk
  * Großhandel
  * Einzelhandel
* Werden kurzlebige (z.B. extrem modische Artikel mit einem Lebenszyklus von einem Jahr) oder Standardartikel mit einem Lebenszyklus von mehreren Jahren verkauft?
* Wie oft kann bestellt werden (jederzeit oder z.B. nur zweimal jährlich)?
* Wie hoch soll die Lieferbereitschaft (Servicegrad) sein?

Bei Handwerksbetrieben ist die Planung der Vorräte meist untergeordnet, weil

* der Lagerumschlag eher hoch und damit der Lagerbestand niedrig ist und
* meist täglich auftragsbezogen bestellt werden kann.

Hier kann häufig nach folgendem Schema vorgegangen werden:

	Plan-Betriebsleistung Arbeit (= direkte Stunden x Stundensatz)
+	Plan-Betriebsleistung Material (= Materialkosten + Aufschlag)
=	Plan-Gesamtbetriebsleistung (= 100%)
	Plan-Materialkosten (bzw. -intensität) (= %)

Multipliziert man nun die Plan-Materialkosten p.a. mit der durchschnittlichen Plan-Verweildauer in Tagen dividiert durch 365, dann ergeben sich die Plan-Vorratsbestände. Die Plan-Verweildauer wird von der Ist-Verweildauer abgeleitet, wobei planmäßige Veränderungen im Vorratsbereich durch entsprechende Verminderung bzw. Erhöhung der Verweildauer berücksichtigt werden müssen.

Vorräteplanung bei Standardartikeln, ohne Saison und mit jederzeitiger Bestellmöglichkeit

		Gesamt	1	2	3	...	10	11	12
Plan-Umsatz	auf Basis eines	1.000	90	120	110	...	80	100	140
Plan-Einsatz	Sales-Mix	667	60	80	72	...	55	68	93
Plan-Lagerabbau 1. Planjahr		100	5	7	6	...	5	6	8
Plan-Einkauf 1. Planjahr*)		567	55	73	66	...	50	62	85

Basis für die Planung der Vorräte

*) *Wenn die Zeitspanne zwischen Einkauf und Einsatz gering und daher vernachlässigbar ist*

Die Plan-Lagerbestände werden nun wie folgt errechnet:

Ist-Lagerbestand zu Beginn 250
- Plan-Einsatz 1. Periode 60
+ Plan-Einkauf 1. Periode 55
= Plan-Lagerbestand Ende 1. Periode 245
- Plan-Einsatz 2. Periode 80
+ Plan-Einkauf 2. Periode 73
= Plan-Lagerbestand Ende 2. Periode 238
- Plan-Einsatz 3. Periode 72
+ Plan-Einkauf 3. Periode 66
= Plan-Lagerbestand Ende 3. Periode 232
usw.

Vorräteplanung bei Saisonbetrieb mit Standardartikeln, die jederzeit bestellt werden können

	Gesamt	1	2	3	...	10	11	12
Ist-Einkauf Vorjahr (= Verteilungsbasis f. Planjahr)	680	-	100	100	...	120	80	40
Plan-Einkauf 1. Planjahr*) (= 83,38%)	567	-	83	83	...	100	67	33

Basis für die Planung der Vorräte

*) *Wenn die Zeitspanne zwischen Einkauf und Einsatz so groß ist, dass der Einsatz keine geeignete Basis für die Ermittlung der Vorräte darstellt*

Die Plan-Lagerbestände werden nun wie folgt errechnet:

Ist-Lagerbestand zu Beginn 250
- Plan-Einsatz 1. Periode 60
+ Plan-Einkauf 1. Periode .... -
= Plan-Lagerbestand Ende 1. Periode 190
- Plan-Einsatz 2. Periode 80
+ Plan-Einkauf 2. Periode 83
= Plan-Lagerbestand Ende 2. Periode 193
- Plan-Einsatz 3. Periode 72
+ Plan-Einkauf 3. Periode 83
= Plan-Lagerbestand Ende 3. Periode 204
usw.

Vorräte können auch über Plan-Umschlagshäufigkeiten auf statistisch gesicherter Basis geplant werden.

Formel:

$$\varnothing \text{ Soll-Lagerbestand} = \frac{\text{Plan-Waren- bzw. Materialeinsatz}}{\text{Plan-Umschlagshäufigkeit des Lagers}}$$

Die individuelle Plan-Umschlagshäufigkeit kann aus einer der sieben im Kapitel 16.12. abgebildeten Tabellen "Plan-Lagerumschlag" abgelesen werden.

Um die Tabelle "Plan-Lagerumschlag" anwenden zu können, sind folgende Informationen notwendig:

1. Wie ist die Bestellusance (Bestellmenge, ausgedrückt in durchschnittlichen Monatsnachfragen)? Wird z.B. eine Monatsnachfrage oder ein Halbjahresbedarf bestellt? Das hängt auch davon ab, ob es sich um A-, B- oder C-Artikel handelt.
2. Wie stark schwankt die Nachfrage (niedrig, durchschnittlich, stark, extrem stark)? Eine XYZ-Klassifizierung kann hier sinnvoll sein.
3. Wie lange dauert durchschnittlich die Wiederbeschaffungszeit (eine Woche, einen Monat ...)?
4. Mit welchem Servicegrad soll jederzeit geliefert werden können (niedrig, mittel, hoch)?

Detaillierte Hintergrundinformationen gibt es in den Kapiteln 12 und 16.12.

Wird beispielsweise

- ca. ein Halbjahresbedarf (= sechs Monatsnachfragen) bestellt,
- ist die Nachfrageschwankung niedrig,
- beträgt die Wiederbeschaffungszeit drei Wochen und
- soll mit 99% Sicherheit geliefert werden können,

dann ergibt sich laut der entsprechenden Tabelle im Kapitel 16.12. eine Plan-Umschlagshäufigkeit von **2,2 x** .

Ø Bestellmenge: 6,0 Monatsnachfragen	PLAN-LAGERUMSCHLAG

Beachte: Eine **30** prozentige Dispositionsreserve für nicht beeinflussbare Unregelmäßigkeiten (Störfälle) ist in den Planwerten berücksichtigt worden.

Nach-frage-schwan-kung	Servicegrad bzw. Liefer-bereitschaft (LB)	PLAN-UMSCHLAGSHÄUFIGKEITEN, wenn die Liefer- bzw. Wiederbeschaffungszeit im Durchschnitt ... Monate beträgt						
		0,25 Mo	0,5 Mo	0,75 Mo	1 Mo	1,5 Mo	2 Mo	3 Mo
niedrig	84% niedrig	2,6 x	2,6 x	2,5 x	2,5 x	2,4 x	2,4 x	2,3 x
	95% mittel	2,5 x	2,4 x	2,4 x	2,3 x	2,2 x	2,1 x	2,0 x
	99% hoch	2,4 x	2,3 x	**2,2 x**	2,1 x	2,0 x	1,9 x	1,8 x
durch-schnittlich	84% niedrig	2,5 x	2,4 x	2,3 x	2,2 x	2,1 x	2,0 x	1,9 x
	95% mittel	2,3 x	2,1 x	2,0 x	1,9 x	1,8 x	1,7 x	1,6 x
	99% hoch	2,1 x	1,9 x	1,8 x	1,7 x	1,6 x	1,5 x	1,3 x
hoch	84% niedrig	2,3 x	2,2 x	2,1 x	2,0 x	1,9 x	1,8 x	1,7 x
	95% mittel	2,1 x	1,9 x	1,8 x	1,7 x	1,6 x	1,5 x	1,3 x
	99% hoch	1,9 x	1,7 x	1,6 x	1,5 x	1,3 x	1,2 x	1,1 x
extrem hoch	84% niedrig	2,2 x	2,0 x	1,9 x	1,8 x	1,7 x	1,6 x	1,5 x
	95% mittel	1,9 x	1,7 x	1,6 x	1,5 x	1,3 x	1,2 x	1,1 x
	99% hoch	1,7 x	1,5 x	1,3 x	1,2 x	1,1 x	1,0 x	0,9 x

Bezogen auf die kleinen Beispiele auf den Vorseiten bedeutet eine Plan-Umschlagshäufigkeit von 2,2 einen Plan-Lagerbestand von 303 (= 667 : 2,2).
Erkenntnis: Es wird schwierig sein, das Ist-Lager von 250, das jetzt schon niedriger als das statistisch mögliche Plan-Lager von 303 ist, innerhalb weniger Monate auf 204 bzw. 232 zu senken - es sei denn, es gelingt, die Wiederbeschaffungszeit zu reduzieren, oder man begnügt sich mit einem niedrigeren Servicegrad.

6.1.3. Kundenforderungen

Das zu wählende Planungsprocedere für die Budgetierung der Kundenforderungen hängt von folgenden zwei Kriterien ab:

- Sind die kleinsten Planbilanzperioden Monate oder Jahre?
- Verläuft der Jahresumsatz gleichförmig oder diskontinuierlich?

Daraus lassen sich folgende vier mögliche Tatbestände zusammenstellen:

1. Kleinste Periode ein Monat und Umsatzverlauf gleichförmig
2. Kleinste Periode ein Jahr und Umsatzverlauf gleichförmig
3. Kleinste Periode ein Monat und Umsatzverlauf diskontinuierlich
4. Kleinste Periode ein Jahr und Umsatzverlauf diskontinuierlich

6.1.3.1. Einfache Approximativplanung

Ein einfaches Planungsprocedere ist immer für den Tatbestand 2 und manchmal für den Tatbestand 4 verwendbar, insbesondere wenn die Umsatzschwankung nicht sehr hoch ist.
Die Formel für diese Fälle lautet:

$$\left(\frac{\text{Jahresumsatz}}{365} \times \text{geplante Kundenverweildauer in Tg.}\right) + \text{MWSt.*})$$

*) Die Mehrwertsteuer kann vernachlässigt werden, insbesondere bei kurzer Kunden-
verweildauer (≤ 40 Tage).

6.1.3.2. Analytische Planungsmethoden

Etwas aufwendiger ist das Planungsprocedere bei Vorliegen der Tatbestände 3 (immer), 1 (wenn der Umsatz geringe Schwankungen aufweist) und 4 (bei stark schwankendem Umsatzverlauf).
Das aufwendigere Planungsprocedere lohnt sich aber, weil man dabei richtige Plan-Kundenforderungen erhält. Es sind allerdings folgende zusätzliche Informationen notwendig:

- Ist-Kundenforderungen am Beginn der Planungsperiode
- Zwei bis sechs Ist-Monatsumsätze vor Beginn der Planperiode, je nachdem, ob die Zahlungsweise der Kunden prompt oder schleppend erfolgt
- Durchschnittliches Zahlungsverhalten der Kunden - folgendermaßen ausgedrückt:
  X% der Umsätze werden sofort (innerhalb von 15 Tagen) bezahlt, wieviel Prozent der Umsätze nach einem Monat (16 bis 45 Tage) usw.?
- Wie verteilt sich der Plan-Umsatz auf die einzelnen Monate der Planungsperiode?

Beispiel: Planung der Kundenforderungen bei Monatsperioden und stark diskontinuierlichem Umsatzverlauf

Ausgangssituation

- Die Ist-Kundenforderungen zu Beginn der Planungsperiode betragen 7.796 GE.
- Der gesamte Planumsatz von 59.000 GE ist auf die zwölf Monate der Planungsperiode verteilt worden.
- Die Ist-Erlöse der letzten beiden Monate vor Beginn der Planperiode sind bekannt (Monat 11: 5.032 GE, Monat 12: 6.600 GE).
- Das Ist-Zahlungsverhalten der Kunden ist bekannt: 20% zahlen im gleichen Monat, 30% nach einem Monat und 50% nach zwei Monaten.
- Das Zahlungsverhalten der Kunden ändert sich während der Planungsperiode nicht (z.B. während der Urlaubszeit).
- Das Plan-Zahlungsverhalten soll dem Ist-Zahlungsverhalten entsprechen: 20%, 30%, 50%.

Händische Lösung
Einnahmenplanung (Zahlungen der Kunden)

Die Einnahmen-Zahlungsströme der Kunden leiten sich von den Fakturenerlösen und dem Zahlungsverhalten der Kunden ab.

		Monat					
Werte in GE	Gesamt	1	2	3	4	5	6
Fakturenerlöse inkl. MWSt.	59.000	2.360	3.540	4.720	5.900	5.900	7.080
Einnahmen							
• Aus Vormonaten	7.796	4.496	3.300				
• Aus lfd. Monaten bei folgendem Zahlungsverhalten der Kunden:							
20% im gleichen Monat			472	708	944	1.180	1.180	1.416
30% 1 Monat später				708	1.062	1.416	1.770	1.770
50% 2 Monate später					1.180	1.770	2.360	2.950
Gesamte Einnahmen		4.968	4.716	3.186	4.366	5.310	6.136

Werte in GE	Monat					
	7	8	9	10	11	12
Fakturenerlöse inkl. MWSt.	4.720	3.540	5.900	4.720	4.720	5.900
Einnahmen						
• Aus Vormonaten						
• Aus lfd. Monaten bei folgendem Zahlungs-verhalten der Kunden:						
20% im gleichen Monat	944	708	1.180	944	944	1.180
30% 1 Monat später	2.124	1.416	1.062	1.770	1.416	1.416
50% 2 Monate später	2.950	3.540	2.360	1.770	2.950	2.360
Gesamte Einnahmen	6.018	5.664	4.602	4.484	5.310	4.956

Rekonstruktion des Kundenforderungen-Sammelkontos (ohne Veränderung des Zahlungsverhaltens)

Werte in GE			Kundenforderungen		
Monat	Fakturen-erlöse inkl. MWSt.	Plan-Ein-nahmen	Zunahme (Soll)	Abnahme (Haben)	Stand zum Ultimo
1	2.360	4.968		2.608	5.188
2	3.540	4.716		1.176	4.012
3	4.720	3.186	1.534		5.546
4	5.900	4.366	1.534		7.080
5	5.900	5.310	590		7.670
6	7.080	6.136	944		8.614
7	4.720	6.018		1.298	7.316
8	3.540	5.664		2.124	5.192
9	5.900	4.602	1.298		6.490
10	4.720	4.484	236		6.726
11	4.720	5.310		590	6.136
12	5.900	4.956	944		7.080
1-12	59.000	59.716		716	77.050

Die durchschnittliche Verweildauer der Kundenforderungen beträgt im Planjahr:

$$\frac{77.050}{59.000} = 1,31 \text{ Monate, das sind 39 Tage}$$

In den letzten beiden Monaten des Vorjahres betrug die durchschnittliche Verweildauer:

$$\frac{12 \times 7.796}{(5.032 + 6.600) \times 12 / 2} = 1,34 \text{ Monate, das sind 40 Tage}$$

Mit der durchschnittlichen Verweildauer wäre in diesem Beispiel keine gute Planung der Kundenforderungen möglich.

Beweis:

	Fakturenerlöse inkl. MWSt.	Ø Monats-verweildauer	Plan-Kundenforderungen	
			falsch	richtig
Januar	2.360	1,31	3.092	5.188
Februar	3.540	1,31	4.637	4.012
:	:	:	:	:
Dezember	5.900	1,31	7.729	7.080

Die Differenz zwischen richtigen und falschen Plan-Kundenforderungen ist beachtlich. Für die unterjährige Kundenforderungen(KUFO)-Planung eignet sich daher die durchschnittliche Monatsverweildauer bei diskontinierlichem Umsatzverlauf nicht.

Erläuterung zum Rechenprocedere

Das Ist-Zahlungsverhalten wird wie folgt berechnet:
Die Kundenzahlungen im Planungsmonat 2 können nur vom Monat 12 des letzten Jahres stammen, da die Kunden spätestens nach zwei Monaten überweisen. Der Prozentsatz der Kunden, die nach zwei Monaten zahlen, ergibt sich daher aus der Division der Kundenzahlungen im Monat 2 (3.300) durch die Ist-Erlöse vom Monat 12 des letzten Jahres (6.600).

$$\frac{3.300}{6.600} = 0,5 \ (50\%)$$

Die Kundenzahlungen im Planungsmonat 1 stammen von den Monaten 11 und 12 des letzten Jahres. Der Anteil von Monat 11 ist aber nun bereits bekannt (Prozentsatz der Kunden, die nach zwei Monaten zahlen).

$$5.032 \times 0,5 = 2.516$$

Die Kundenzahlungen im Planungsmonat 1, die vom Monat 12 stammen, betragen daher:

$$4.496 - 2.516 = 1.980$$

Der Prozentsatz der Kunden, die nach einem Monat zahlen, ergibt sich jetzt wie vorher:

$$\frac{1.980}{6.600} = 0,3 \ (30\%)$$

Der Prozentsatz jener Kunden, die im gleichen Monat zahlen, ist gleich der Ergänzung auf 100%:

$$100 - 50 - 30 = 20\%$$

Aus den vorherigen Überlegungen ergibt sich Folgendes:

Allgemeine Gleichungssystem

$$I_{12} \times P_n = K_n$$
$$I_{12} \times P_{n-1} + I_{11} \times P_n = K_{n-1}$$
$$\vdots$$
$$I_{12} \times P_1 + I_{11} \times P_2 + \ldots + I_{k+1} \times P_{n-1} + I_k \times P_n = K_1$$
$$P_0 + P_1 + P_2 + \ldots + P_{n-1} + P_n = 1$$

P_i = *Prozentsatz der Kunden, die nach i Monaten zahlen*
  (i = 0, bedeutet sofort)
I_i = *Ist-Erlöse vom letzten Jahr für Monat i*
K_i = *Kundenzahlungen im Monat i*

Die Kunden zahlen spätestens nach n Monaten: k = 13 - n
  Mit dem Beispiel von oben ergibt sich:
  $$n = 2, k = 13 - n = 13 - 2 = 11$$

$$6.600\, P_2 = 3.300$$
$$6.600\, P_1 + 5.032\, P_2 = 4.496$$
$$P_0 + P_1 + P_2 = 1$$

Mathematischer Ansatz durch Matrizenmultiplikation
Ohne Änderung des Zahlungsverhaltens

Ändert sich das Zahlungsverhalten der Kunden während der Planungsperiode nicht, dann können die Plan-Einnahmen durch Matrizenmultiplikation wie folgt ermittelt werden:

$$
\begin{bmatrix}
2.360 & 6.600 & 5.032 \\
3.540 & 2.360 & 6.600 \\
4.720 & 3.540 & 2.360 \\
5.900 & 4.720 & 3.540 \\
5.900 & 5.900 & 4.720 \\
7.080 & 5.900 & 5.900 \\
4.720 & 7.080 & 5.900 \\
3.540 & 4.720 & 7.080 \\
5.900 & 3.540 & 4.720 \\
4.720 & 5.900 & 3.540 \\
4.720 & 4.720 & 5.900 \\
5.900 & 4.720 & 4.720
\end{bmatrix}
\times
\begin{bmatrix}
0{,}20 \\
0{,}30 \\
0{,}50
\end{bmatrix}
=
\begin{bmatrix}
4.968 \\
4.716 \\
3.186 \\
4.366 \\
5.310 \\
6.136 \\
6.018 \\
5.664 \\
4.602 \\
4.484 \\
5.310 \\
4.956
\end{bmatrix}
$$

Mit Änderung des Zahlungsverhaltens

Ändert sich das Zahlungsverhalten der Kunden während der Planungsperiode (etwa während der Urlaubszeit), ist die Matrizenmultiplikation wie folgt zu erweitern. Die veränderten Matrixelemente sind invers gedruckt.

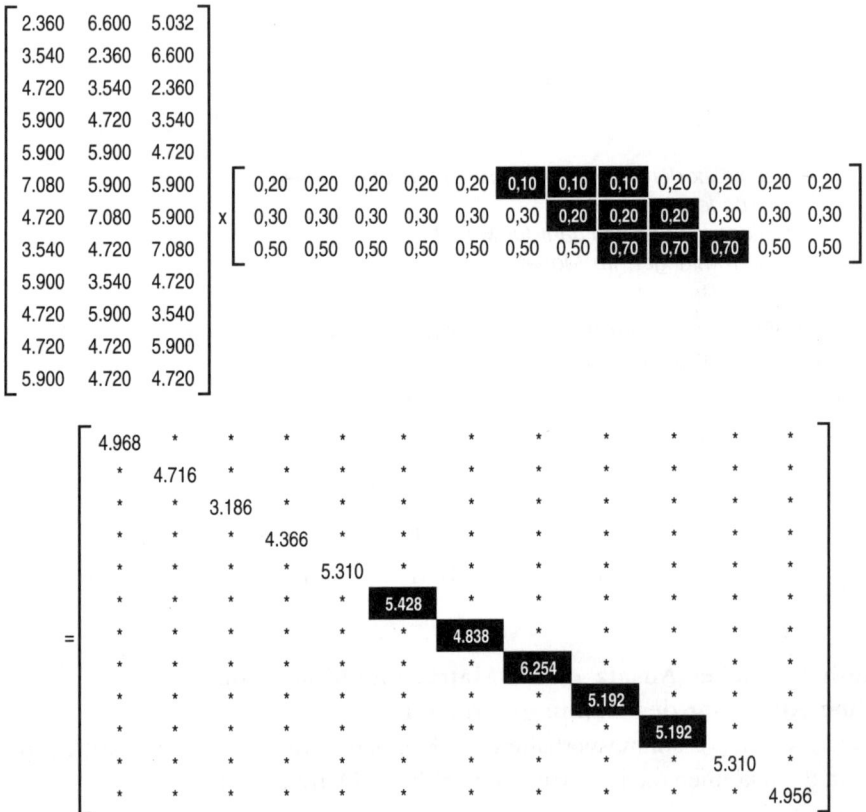

Der Unterschied zwischen den beiden Matrizenansätzen liegt im Vektor 2, der das Zahlungsverhalten der Kunden ausdrückt. Das Zahlungsverhalten der Kunden ist während der Urlaubsmonate (6, 7, 8) schleppender (0,10; 0,20; 0,70).

Eine andere Beschreibung des Zahlungsverhaltens wäre:

	Von allen Fakturen-erlösen fließen zurück:			
	im selben Monat 0-15 Tg.	einen Monat später 16-45 Tg.	zwei Monate später 46-75 Tg.	Gesamte Plan-Einnahmen
April	20%	30%	50%	100%
Mai	20%	30%	50%	100%
Juni	10%	20%	70%	100%
Juli	10%	20%	70%	100%
August	10%	20%	70%	100%
September	20%	30%	50%	100%
Oktober	20%	30%	50%	100%

Die Plan-Kundenforderungen mit Änderung des Zahlungsverhaltens lassen sich wie folgt simulieren:

Werte in GE			Kundenforderungen		
Monat	Fakturen-erlöse inkl. MWSt.	Plan-Ein-nahmen	Zunahme (Soll)	Abnahme (Haben)	Stand zum Ultimo
1	2.360	4.968		2.608	5.188
2	3.540	4.716		1.176	4.012
3	4.720	3.186	1.534		5.546
4	5.900	4.366	1.534		7.080
5	5.900	5.310	590		7.670
6	7.080	5.428	1.652		9.322
7	4.720	4.838		118	9.204
8	3.540	6.254		2.714	6.490
9	5.900	5.192	708		7.198
10	4.720	5.192		472	6.726
11	4.720	5.310		590	6.136
12	5.900	4.956	944		7.080
1-12	**59.000**	**59.716**			

Erläuterungen zur Matrizenmultiplikation

Die erste Matrix ist die "Umsatz"-Matrix. In der i-ten Zeile stehen die relevanten Umsätze zur Berechnung der gesamten Einnahmen des i-ten Monats. Der erste Wert der i-ten Zeile ist gleich dem Umsatz im i-ten Monat.

Der zweite Wert der i-ten Zeile ist gleich dem Umsatz des (i - 1)-ten Monats. Der dritte Wert der i-ten Zeile ist gleich dem Umsatz des (i - 2)-ten Monats.

Die zweite Matrix ist die "Zahlungsverhaltens"-Matrix. In der i-ten Spalte stehen die relevanten Kundenzahlungsverhaltens-Prozentsätze. Der erste Wert der i-ten

Spalte ist gleich dem Prozentsatz jener Kunden, die im i-ten Monat im gleichen Monat bezahlen. Der zweite Wert der i-ten Spalte ist gleich dem Prozentsatz der Kunden, die im (i - 1)-ten Monat nach einem Monat bezahlen usw.

Die gesamten Einnahmen des i-ten Monats erhält man, indem die i-te Zeile der ersten Matrix (relevante Umsätze) mit der i-ten Spalte der zweiten Matrix (relevantes Zahlungsverhalten) skalar multipliziert wird. Die gesamten Einnahmen des ersten Monats ergeben sich daher wie folgt:

$$2.360 \times 0{,}20 + 6.600 \times 0{,}30 + 5.032 \times 0{,}50 = \mathbf{4.968}$$

Die gesamten Einnahmen der zwölf Monate sind gleich den Diagonalelementen der Ergebnismatrix.

Plausibilitätskontrolle
Glaubt man, das richtige Zahlungsverhalten der Kunden zu kennen, dann ist es zweckmäßig, die Richtigkeit an den Ist-Zahlen der Vorperioden zu testen.

6.1.4. Planbilanzrelevantes Working Capital (WC)

Die Kennzahl "Working Capital" ergibt sich aus folgender klassischen Formel:

	Kurzfristiges Umlaufvermögen
-	Kurzfristige Verbindlichkeiten
=	**Working Capital (WC)**

Für die Planbilanz kann obige Kennzahl meist wie folgt reduziert werden:
1. Im kurzfristigen Umlaufvermögen werden nur die beiden Hauptpositionen
   * Kundenforderungen und
   * Vorratsbestände

analytisch geplant. Für die übrigen Positionen des Umlaufvermögens werden folgende Planungsaktivitäten vorgeschlagen:

Restliche Positionen des Umlaufvermögens	Vorgeschlagene Planungsaktivität bzw. Erläuterung
• Kassabestand	• Fixer, betriebsnotwendiger Bestand; eventuell Vorjahresbestand gerundet einsetzen
• Bankguthaben	• Kann normalerweise nicht geplant werden; ist vielmehr eine Residualgröße, die sich aus der Differenz aller geplanten Aktiv- bzw. Passivpositionen ergibt (Pufferposition)
• Sonstige Forderungen	• Je nach Höhe der Position Planungsintensität festlegen!

2. In den kurzfristigen Verbindlichkeiten werden nur die
   * Lieferantenverbindlichkeiten

analytisch geplant. Für die übrigen Positionen der kurzfristigen Verbindlichkeiten werden folgende Planungsaktivitäten empfohlen:

Restliche Positionen der kurzfristigen Verbindlichkeiten	Vorgeschlagene Planungsaktivität bzw. Erläuterung
• Wechsel- verbindlichkeiten	• Ähnlich wie Lieferantenverbindlich- keiten
• Kurzfristige Bankverbindlichkeiten	• Kann normalerweise nicht geplant werden; ist vielmehr eine Residualgröße, die sich aus der Differenz aller geplanten Aktiv- bzw. Passivpositionen ergibt (Pufferposition)
• Sonstige Verbindlichkeiten	• Die größten bzw. wichtigsten Positionen genau planen, die kleinen bzw. weniger wichtigen grob budgetieren

Die klassische Kennzahl für das Working Capital ist manchmal für Planbilanzzwecke wie folgt zu modifizieren bzw. zu vereinfachen:

	Kundenforderungen
+	Vorratsbestände
-	Lieferantenverbindlichkeiten
=	**Planungsrelevantes WC**

Die Budgetierung der Kundenforderungen, Vorratsbestände und Lieferantenverbindlichkeiten kann bei Planbilanzen mit einjährigen Perioden aus dem Umsatzprozess (= G&V) unter Berücksichtigung der Verweildauer (= Prozessgeschwindigkeit) erfolgen.

Beispiel: Handelsbetrieb

Laut Plan-Erfolgsrechnung betragen:

* Plan-Umsatz p.a.   10 Mio GE
* Plan-Einsatz p.a.   3,5 Mio GE

Die geplanten Verweildauern für die drei planungsrelevanten WC-Positionen können wie folgt angenommen werden:

	Verweildauer: (Prozessgeschwindigkeit)
• Kundenforderungen (Debitoren)	30 Tage
• Vorratsbestände	150 Tage
• Lieferantenverbindlichkeiten (Kreditoren)	90 Tage

Planungsrelevantes Working Capital

Die Gleichungen für die drei planungsrelevanten WC-Positionen lauten:

| Kundenforderungen | = 10 Mio GE Umsatz x 30/365 | = 0,82 Mio GE |

| Vorratsbestände | = 3,5 Mio GE Einsatz x 150/365 | = 1,44 Mio GE |

| Lieferantenverbindl. | = 3,5 Mio GE Einsatz x 90/365 | = 0,86 Mio GE |

Das planbilanzrelevante Working Capital beläuft sich daher auf 1,4 Mio GE (= 0,82 Mio + 1,44 Mio - 0,86 Mio).

Beispiel: Produktionsbetrieb (Assembling-Betrieb)

Bei einem Produktionsbetrieb ist die Ermittlung des planbilanzrelevanten WC aus dem Umsatzprozess schon etwas schwieriger.

Ausgangssituation
- Der Fertigungsprozess des Assembling-Betriebes dauert insgesamt vier Monate und untergliedert sich wie folgt:
  - Zwei Monate beträgt die Fertigungszeit bei den Zulieferern.
  - Zwei Monate lang werden die zugelieferten Teile im eigenen Betrieb assembliert.
  - Die fertigen Produkte werden sofort, ohne Zwischenlagerung, ausgeliefert.
- 85% der Kunden zahlen nach fünf Tagen, die restlichen 15% nach 60 Tagen.
- Die Betriebsleistung untergliedert sich wie folgt:
  - 33,3% entfallen auf die Zulieferer, die restlichen
  - 66,7% werden für die Kosten des eigenen Assembling benötigt.
- Mit den insgesamt zehn Zulieferbetrieben wurden folgende Zahlungskonditionen vereinbart:
  - Ein Zulieferer will sein Geld sofort (bei Arbeitsbeginn).
  - Zwei Zulieferer wollen die Hälfte ihrer Lieferforderung sofort (bei Arbeitsbeginn), den Rest unmittelbar nach Lieferung.
  - Sechs Zulieferer wünschen prompte Zahlung bei Lieferung.
  - Ein Zulieferer will sein Geld einen Monat nach Lieferung.
  Jeder der zehn Zulieferanten fakturiert für seine Leistungen den gleichen Betrag, also 10% der gesamten Zulieferkosten.

Ziel: Mit wie viel Prozent der Betriebsleistung wird die Planbilanz durch bilanzplanungsrelevantes Working Capital (WC) belastet?

Die Struktur des im Zeitverlauf anfallenden WC wird in den beiden folgenden Graphiken zunächst grob und anschließend durch eine Balkenauflösung verfeinert dargestellt. In der Zusammenfassung wird das planungsrelevante WC in % der Betriebsleistung ermittelt.

Grobstruktur des Working Capital

Die folgende Graphik zeigt deutlich den Kapitalbedarf aus dem Umsatzprozess vom Arbeitsbeginn der Zulieferer bis zur Zahlung des letzten Kunden auf.

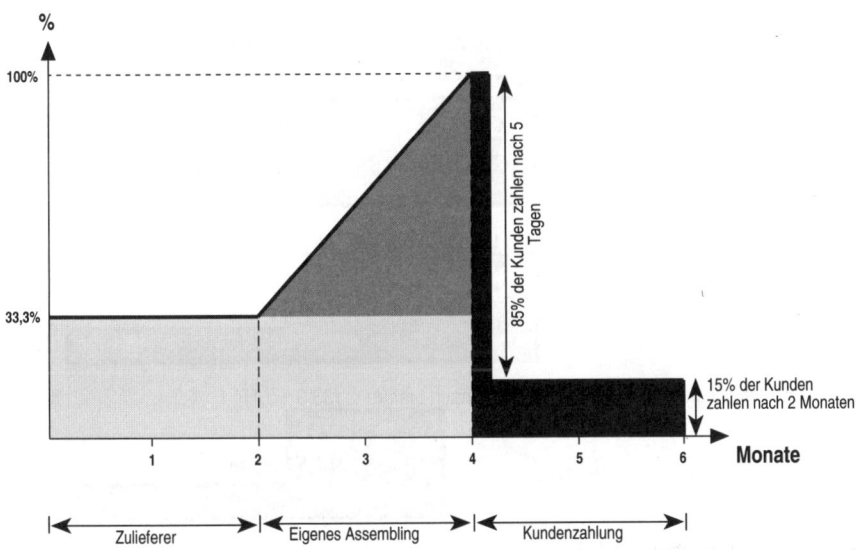

Graphik: Feinstruktur des Working Capital

Zerlegung der einzelnen Fertigungs- und Zahlungsaktivitäten in sieben Balken.

Balken/Variante

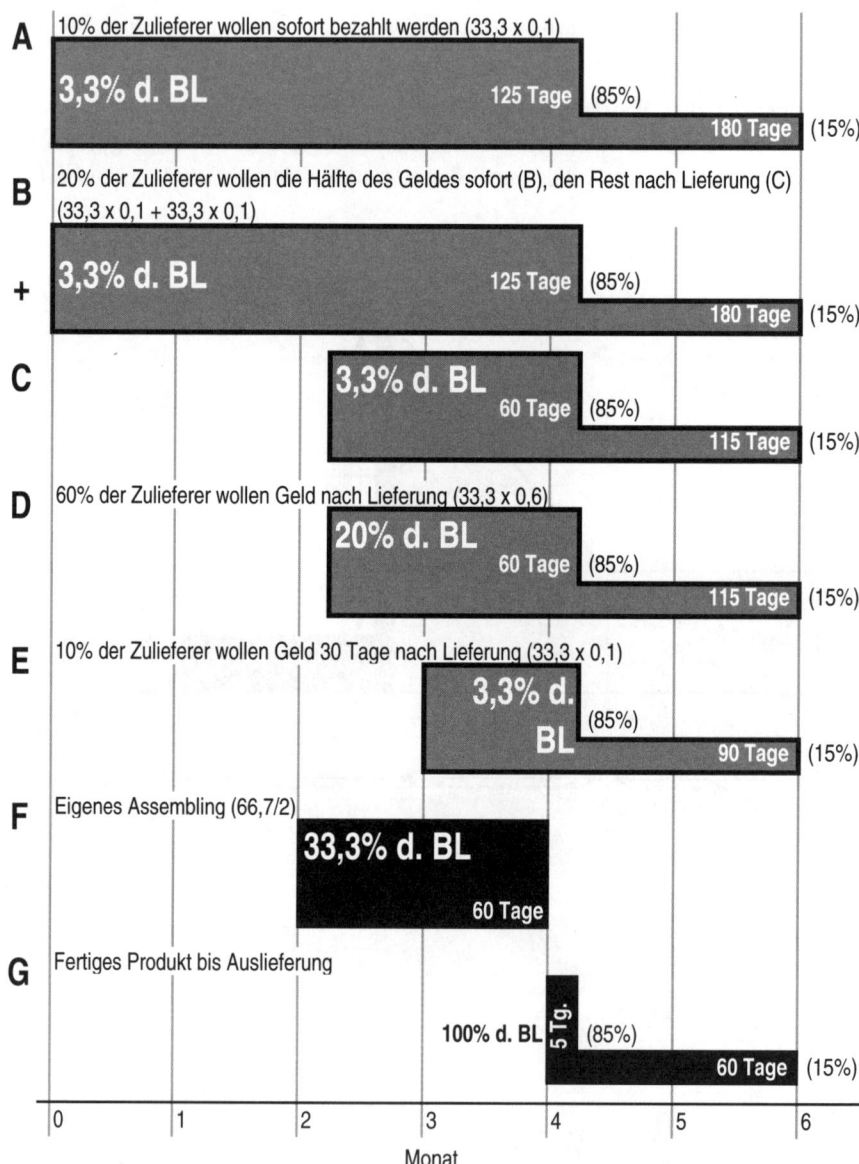

BL = Betriebsleistung

Planungsrelevantes Working Capital in % der Betriebsleistung

Balken	% der BL	Zahlung der Kunden nach 5 Tg. 60 Tg. 85% / 15%		Σ Verweil-tage				Gesamt-Kapitalbindung in % der BL
A	3,3%	2,8%	x	125	/	365	=	0,97%
		0,5%	x	180	/	365	=	0,25%
B	3,3%	2,8%	x	125	/	365	=	0,97%
		0,5%	x	180	/	365	=	0,25%
C	3,3%	2,8%	x	60	/	365	=	0,47%
		0,5%	x	115	/	365	=	0,16%
D	20,0%	17,0%	x	60	/	365	=	2,79%
		3,0%	x	115	/	365	=	0,95%
E	3,3%	2,8%	x	35	/	365	=	0,27%
		0,5%	x	90	/	365	=	0,12%
F	33,3%	33,3%	x	60	/	365	=	5,48%
G	100,0%	85,0%	x	5	/	365	=	1,16%
		15,0%	x	60	/	365	=	2,47%
Planungsrelevantes Working Capital in % der Betriebsleistung:								**16,3%**

Für das Working Capital ist rechnerisch ein Kapitalbedarf von 16,3% der Plan-Betriebsleistung notwendig. Dieser Rechenwert sollte mindestens um 10% auf 18% erhöht werden. Durch diesen Sicherheitsaufschlag sind auch die zu erwartenden Schwankungen abgedeckt.

> **Hinweis:** Der effektive Kapitalbedarf für das planungsrelevante WC ist mit großer Wahrscheinlichkeit etwas niedriger als 16,3% bzw. 18% der Betriebsleistung, weil in den Kundenforderungen ein anteiliger Plan-Cash-Flow integriert ist bzw. sein wird, der nicht finanziert werden muss.

6.1.5.   Eigenkapitaldarstellungen

Eigenkapital bei Kapitalgesellschaften (ohne Genossenschaften)

Grundkapital (AG), Stammkapital (GmbH)

- Davon nicht eingefordert (nur bei GmbH möglich)

= Nennkapital

+ Kapitalrücklagen (werden durch Mittelzufuhr von außen gebildet)

   • Gebundene (Agio)

   • Nicht gebundene (freie Einzahlungen von Gesellschaftern)

+ Gewinnrücklagen (werden durch die Einbehaltung von Gewinnen gebildet)

   • Gesetzliche (ein gewisser Prozentsatz des Reingewinnes)

   • Freie (alle übrigen, aufgrund eines Gesellschafterbeschlusses durchgeführten Gewinneinbehaltungen, sofern sie nachhaltig gebildet werden)

± Bilanzgewinn (+)/Bilanzverlust (-)

   Davon Gewinn-/Verlustvortrag

= Summe Eigenkapital I

+ Unversteuerte Rücklagen (Investitionsbegünstigungen, Bewertungsreserve aufgrund von Sonderabschreibungen)

+ Eventuelle Auflösungen stiller Reserven im Anlage- und Umlaufvermögen sowie bei Verbindlichkeiten

- Latente Ertragsteuern, wenn stille Reserven aufgelöst wurden

= Summe Eigenkapital II, Anfangsbestand (Ist)

± Jahresüberschuss, Plan

- Ausschüttungen, Plan

= Summe Eigenkapital, Endbestand (Plan)

Eigenkapital bei Einzelunternehmungen

Eigenkapital I, lt. Bilanz

+ Unversteuerte Rücklagen

+ Eventuelle Auflösungen stiller Reserven im Anlage- und Umlaufvermögen sowie bei Verbindlichkeiten

- Latente Ertragsteuern, wenn stille Reserven aufgelöst wurden

= Summe Eigenkapital II, Anfangsbestand (Ist)

+ Jahresgewinn, Plan

- Jahresverlust, Plan

+ Privateinlagen, Plan

- Privatentnahmen, Plan

- Privatsteuern, Plan

= Summe Eigenkapital, Endbestand (Plan)

Eigenkapital bei Personengesellschaften

>   Komplementärkapital
> + Kommanditkapital
> - Nicht durch bedungene Einlagen gedeckte Verlustanteile
> + Kapitalrücklagen
> + Gewinnrücklagen

= Summe Eigenkapital I

> + Unversteuerte Rücklagen
> + Eventuelle Auflösungen stiller Reserven im Anlage- und Umlaufvermögen sowie bei Verbindlichkeiten
> - Latente Ertragsteuern, wenn stille Reserven aufgelöst wurden

= Summe Eigenkapital II, Anfangsbestand (Ist)

> ± Jahresüberschuss, Plan
> - Entnahmen Gesellschafter, Plan*)
> - Privatsteuern Gesellschafter, Plan*)
> + Einlagen Gesellschafter, Plan

= Summe Eigenkapital, Endbestand (Plan)

*) *Sind die Entnahmen nicht durch Gewinne gedeckt, haben sie Forderungscharakter und sind im Umlaufvermögen auszuweisen.*

Obige Eigenkapitaldarstellungen sind in Anlehnung an Bertl/Kofler/Mandl, Praxis der neuen Rechnungslegung, Verlag Orac, Wien 1997 durchgeführt worden.

6.1.6. Rückstellungen

In der folgenden Aufstellung werden die gebräuchlichsten Rückstellungsarten aufgelistet, und zwar Rückstellungen für:

- Abfertigungsansprüche (nur in Österreich)
- Pensionsansprüche
- Nicht konsumierten Urlaub
- Jubiläumsgelder
- Produkthaftungsrisiken
- Ungewisse Verbindlichkeiten und direkte Verluste aus schwebenden Geschäften (z.B. Rechts- und Beratungskosten, schwebende Prozesse)
- Steuern
- Latente Steuern (nur, wenn Bilanz- oder Erfolgskorrekturen vorgenommen werden, die zu einer Steuerbelastung führen würden)

6.1.7.   Langfristige Bankverbindlichkeiten

Langfristige Bankverbindlichkeiten sind jene, deren Resttilgungsdauer de jure mehr als ein Jahr betragen.

Die Planung der langfristigen Bankverbindlichkeiten und Darlehen sollte aus Gründen der Übersichtlichkeit tabellarisch erfolgen.

Die Planungsgrundlagen basieren meistens auf Annuitätentilgungen (siehe Kapitel 11 "Investitionsentscheidungen").

6.1.8.   Lieferantenverbindlichkeiten

Die Planung der Lieferantenverbindlichkeiten läuft grundsätzlich so ab wie jene der Kundenforderungen, nur dass hier die geplante Verweildauer vom Planer selbst abhängig ist bzw. beeinflusst werden kann.

Wichtig ist, die Interdependenzen zur Erfolgsposition "Lieferantenskonto" bzw. "Skontoertrag" zu beachten.

Die Basis zur Berechnung der Lieferantenverbindlichkeiten ist der Waren- bzw. Materialeinkauf. Häufig ist die Zeitspanne zwischen Einkauf und Einsatz vernachlässigbar klein. In diesem Fall braucht für die Planung der Lieferantenverbindlichkeiten nur der Einsatz mit dem Jahresverweildauer-Faktor multipliziert werden. Eine Verweildauer von 50 Tagen entspricht einer Jahresverweildauer von 0,137 Jahren (50/365).

Korrelieren Einkauf und Einsatz nicht (z.B. bei Unternehmungen mit stark ausgeprägten Saisonen), muss zunächst der Einsatz in das Einkaufsvolumen umgewandelt werden.

Anschließend erfolgt die Lieferantenplanung auf Basis des Planeinkaufs unter Berücksichtigung der Jahresverweildauer. Letztere wird bei voller Skontoausnutzung niedriger sein als bei Inanspruchnahme des Lieferantenziels.

> ☞ Achtung: Wird eine Lagerreduktion geplant, dann hat dieses Ziel auch Auswirkungen auf die Höhe des Einkaufs und damit auf die Höhe der Lieferantenverbindlichkeiten.

Beispiel

Ausgangssituation

In einem Handelsbetrieb weichen Einsatz und Einkauf - saisonbedingt - stark voneinander ab. Außerdem ist eine drastische Lagersenkung geplant. Wie errechnet sich das Plan-Einkaufsvolumen, die Basis für die Plan-Lieferantenverbindlichkeiten?

- Die Plan-Umsätze verlaufen diskontinuierlich.
- Sales-Mix-bedingt kommt es daher unterjährig zu unterschiedlichen Spannen.
- Der Lagerabbau soll 100 GE betragen.

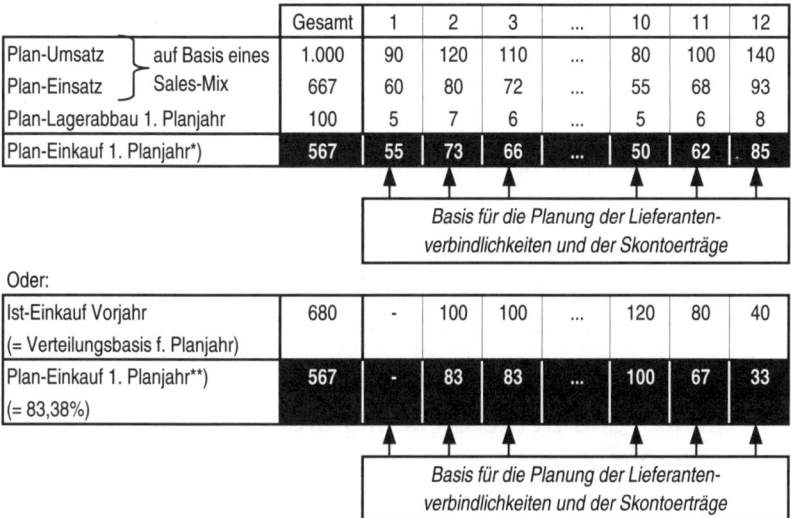

		Gesamt	1	2	3	...	10	11	12
Plan-Umsatz	auf Basis eines	1.000	90	120	110	...	80	100	140
Plan-Einsatz	Sales-Mix	667	60	80	72	...	55	68	93
Plan-Lagerabbau 1. Planjahr		100	5	7	6	...	5	6	8
Plan-Einkauf 1. Planjahr*)		567	55	73	66	...	50	62	85

Basis für die Planung der Lieferantenverbindlichkeiten und der Skontoerträge

Oder:

	Gesamt	1	2	3	...	10	11	12
Ist-Einkauf Vorjahr (= Verteilungsbasis f. Planjahr)	680	-	100	100	...	120	80	40
Plan-Einkauf 1. Planjahr**) (= 83,38%)	567	-	83	83	...	100	67	33

Basis für die Planung der Lieferantenverbindlichkeiten und der Skontoerträge

*) Wenn die Zeitspanne zwischen Einkauf und Einsatz gering und daher vernachlässigbar ist
**) Wenn die Zeitspanne zwischen Einkauf und Einsatz so groß ist, dass der Einsatz keine geeignete Basis für die Ermittlung des Einkaufes und damit der Lieferantenverbindlichkeiten sowie des Lieferantenskontos darstellt

6.1.9. Residualgrößen

Bei der Erstellung von Planbilanzen können beinahe alle Positionen budgetiert werden. Mindestens eine Position ist aber nicht planbar. Man nennt sie Pufferposition oder Residualgröße. Sie ergibt sich als Differenz (Puffer) aus allen geplanten Positionen und stellt die Gleichheit aller geplanten Aktiv- und Passivpositionen her.

Als Residualgröße kommen prinzipiell mehrere Bilanzpositionen in Frage. Das hängt vor allem von der bilanziellen Situation des Unternehmens ab. Meistens sind folgende Pufferpositionen einzeln oder in Verbindung miteinander in Verwendung:

- Liquide Mittel (Kassa, Bankguthaben)
- Kurzfristige Bankverbindlichkeiten
- Lieferantenverbindlichkeiten

Man nennt die ersten zwei Positionen zusammen "Fonds liquide Mittel".

Die Residualgröße darf nicht ungeprüft angesetzt werden, sondern ist auf Realisierbarkeit zu testen. Sind z.B. die kurzfristigen Bankverbindlichkeiten doppelt so hoch wie der Kreditrahmen oder haben die Lieferantenverbindlichkeiten eine Höhe, die einer Verweildauer von 300 Tagen entspricht, dann ist diese Pufferposition nicht realisierbar und daher inakzeptabel. In einem solchen Fall sind die Planprämissen so lange zu ändern, bis die Residualgröße im Akzeptanzbereich liegt. Die notwendigen Änderungen können sein:

- Geringere Investitionen als ursprünglich geplant
- Reduktion des Umlaufvermögens durch Maßnahmen im Einkaufs- und Lagerbereich sowie bei den Kundenforderungen strafferes Mahnen
- Erhöhung des Kreditlimits oder Erwägung von Leasing-Engagements

Die Residualgrößen "Bankguthaben" und "kurzfristige Bankverbindlichkeiten" lassen sich ex post übersichtlich durch eine Kapitalflussrechnung (siehe Kapitel 3 und Kapitel 6.2.) herleiten.

6.1.10. Umsatz und Betriebsleistung eröffnen den Planungsprozess

Jede Bilanzplanung beginnt mit der Umsatzplanung. Erst wenn diese vorliegt, können

- die zur Leistungserstellung notwendigen Aufwendungen,
- die zur Leistungserstellung notwendigen Investitionen,
- das zur Leistungserstellung notwendige Working Capital
- und alle übrigen Positionen (langfristige Bankverbindlichkeiten, außerordentliches Ergebnis und Steuern)

ermittelt werden.
Die Umsatzplanung hängt zunächst davon ab, ob im Unternehmen

- ein Umsatzkostenverfahren oder
- ein Gesamtkostenverfahren

installiert ist.
Mindestens sollte eine Untergliederung in

- Betriebsleistung und
- außerordentliche Erträge

erfolgen.
Die außerordentlichen Erträge (betriebsfremd, periodenfremd) werden dem außerordentlichen Bereich (nach dem EGT) zugeordnet.

In größeren Unternehmungen wird eine Untergliederung der Betriebsleistung wie folgt empfohlen:

Umsatzerlöse
- Erlösberichtigungen
± Bestandsveränderungen
+ Aktivierte Eigenleistungen selbst erstellter Anlagen
+ Sonstige betriebliche Erlöse
___
= **Betriebsleistung**
___

In Handelsbetrieben erfolgt die Planung der Umsatzerlöse mit den Einsätzen und Spannen in der so genannten Sales-Mix-Matrix, getrennt nach Warengruppen und Perioden unter Berücksichtigung eventueller Ausverkäufe und Spitzensaisonen (z.B. Weihnachten usw.). Die prozentualen Spannen und damit Einsätze können - unabhängig von der Höhe des Umsatzes - stark schwanken.

In Handwerksbetrieben hat sich für die analytische Planung der Betriebsleistung folgendes Schema bewährt:

Materialeinzelkosten
+ % Aufschlag Material
___
= **Betriebsleistung Material**
___
Direkte Montagestunden
x Ø verrechenbarer Verkaufspreis/Montagestunde
___
+ = **Betriebsleistung Arbeit**
___
= **Gesamtbetriebsleistung**
___

Diese Rechnung hat den Vorteil, dass sie für die stufenweise DB-Rechnung rasch und problemlos weitergeführt werden kann, und zwar:

Gesamtbetriebsleistung
- Materialeinzelkosten
- Direkte Montagelohnkosten inkl. Personalnebenkosten
___
= **Deckungsbeitrag zur Deckung der Gemeinkosten**
___

Die direkten Montagelohnkosten errechnen sich durch Multiplikation der direkten Montagestunden mit den durchschnittlichen Personalkosten (inklusive Nebenkosten) je Stunde.

6.1.11. Kundenskonto

Die Planung des Kundenskontos ist grundsätzlich nicht schwierig. Der geplante Kundenskonto wird

- entweder mit den Erlösen saldiert (es besteht gesetzliche Saldierungspflicht)
- oder als eigene Zeile geführt.

Für das Führen als eigene Zeile spricht die Übersichtlichkeit und die Möglichkeit einer besseren Nachvollziehbarkeit. Wichtig ist, die Interdependenzen zwischen Kundenskonto und Kundenforderungen zu beobachten. Je höher der Kundenskonto, desto niedriger die Kundenforderungen und umgekehrt.

6.1.12. Waren- bzw. Materialintensität

Die Waren- bzw. Materialeinsatzplanung ist ein Derivat des Sales-Mix bzw. der differenzierten Umsatz- und DB-Planung (siehe Kapitel 6.1.10.). Aufwendungen für Fremdbezug werden wie Materialeinsatz behandelt.

> ☞ Achtung! Der Planer sollte darauf achten, dass die Waren- bzw. Materialintensität, also der prozentuale Anteil des Waren- bzw. Materialeinsatzes an der Betriebsleistung, nicht zu stark einem einseitigen Trend unterliegt. Dann handelt es sich nämlich meistens um einen Planungsfehler. **Kontinuierlich fallende Waren- bzw. Materialintensitäten lassen auf eine Verlustverdeckung schließen, kontinuierlich steigende auf eine Gewinnverdeckung.**
> Nähere Details zu dieser Problematik finden sich im Kapitel 3.

6.1.13. Lieferantenskonto

Die Planung des Lieferantenskontos ist grundsätzlich nicht schwierig. Der geplante Lieferantenskonto wird

- entweder mit dem Einsatz saldiert (es besteht gesetzliche Saldierungspflicht)
- oder als eigene Zeile geführt.

Für das Führen als eigene Zeile spricht die Übersichtlichkeit und die Möglichkeit einer besseren Nachvollziehbarkeit. Wichtig ist, die Interdependenzen zwischen Lieferantenskonto und Lieferantenverbindlichkeiten zu beobachten. Je höher der Lieferantenskonto, desto niedriger die Lieferantenverbindlichkeiten und umgekehrt.

Weitere Informationen zum Lieferantenskonto finden sich in den Kapiteln 3, 6.2.1. und 13.

6.1.14. Personalkosten

Der Personalaufwand ist bei allen Unternehmungen neben dem Waren- und Materialeinsatz die größte Aufwandsposition. Daher kommt der genauen Planung des Personalaufwandes große Bedeutung zu.
Grundsätzlich wird die Planung getrennt nach Angestellten und Arbeitern durchgeführt, weil die Personalnebenkosten für diese beiden Beschäftigungsgruppen unterschiedlich hoch sind.
Auf den folgenden Seiten wird gezeigt, wie die Gehaltskostenplanung in Österreich durchgeführt wird.
Für Deutschland und die Schweiz ist dieses Schema entsprechend zu adaptieren.

Die Gehaltsnebenkosten in Österreich

Die Basis für die Gehaltsnebenkosten ist das jeweilige Brutto-Jahresgehalt (= zwölf Monatsgehälter plus zwei Monatsgehälter für so genannte Sonderzahlungen).
Wie die nachfolgenden Tabellen zeigen, reduzieren sich die Gehaltsnebenkosten ab der Höchstbeitragsgrundlage kontinuierlich. Daher muss die Gehaltsplanung jener Mitarbeiter, die mehr verdienen als die Höchstbeitragsgrundlage, ad personam erfolgen.

Gehaltsnebenkosten 2000 (alle Angaben in ATS)

		Laufende Bezüge				
Bruttobezug p.m.		43.200	45.000	50.000	55.000	60.000
Bruttobezug p.a.	NK in %	518.400	540.000	600.000	660.000	720.000
Pensionsversicherung	12,55%					
Unfallversicherung	1,40%					
Krankenversicherung	3,50%					
Arbeitslosenversicherung	3,00%					
Insolvenz-Entgeltsicherung	0,70%					
Wohnbauförderung	0,50%					
NK bis 43.200 ATS p.m.	21,65%	112.234	112.234	112.234	112.234	112.234
DB-Beitr. 4,5% u. Zuschlag 0,53%	5,03%					
Kommunalsteuer	3,00%					
NK v. Bruttobezug	8,03%	41.628	43.362	48.180	52.998	57.816
Summe Aufwand p.a.		672.262	695.596	760.414	825.232	890.050

Gehaltsnebenkosten 2000 - Sonderzahlungen (alle Angaben in ATS)

		Sonderzahlungen				
Bruttobezug p.m.		43.200	45.000	50.000	55.000	60.000
Bruttobezug p.a.	NK in %	86.400	90.000	100.000	110.000	120.000
Pensionsversicherung	12,55%					
Unfallversicherung	1,40%					
Krankenversicherung	3,50%					
Arbeitslosenversicherung	3,00%					
Insolvenz-Entgeltsicherung	0,70%					
Wohnbauförderung	-					
NK bis 43.200 ATS p.m.	21,15%	18.274	18.274	18.274	18.274	18.274
DB-Beitr. 4,5% u. Zuschlag 0,53%	5,03%					
Kommunalsteuer	3,00%					
NK v. Bruttobezug	8,03%	6.938	7.227	8.030	8.833	9.636
Summe Aufwand p.a.		111.612	115.501	126.304	137.107	147.910

Gehaltsnebenkosten 2000 - laufende Bezüge inklusive Sonderzahlungen (alle Angaben in ATS)

	Gehaltskosten inkl. Sonderzahlungen				
Bruttobezug p.m.	43.200	45.000	50.000	55.000	60.000
Bruttobezug p.a.	604.800	630.000	700.000	770.000	840.000
Pensionsversicherung					
Unfallversicherung					
Krankenversicherung					
Arbeitslosenversicherung					
Insolvenz-Entgeltsicherung					
Wohnbauförderung					
NK bis 43.200 ATS p.m.	130.508	130.508	130.508	130.508	130.508
DB-Beitr. 4,5% u. Zuschlag 0,53%					
Kommunalsteuer					
NK v. Bruttobezug	48.567	50.589	56.210	61.831	67.452
Summe Aufwand p.a.	783.874	811.097	886.718	962.339	1.037.960
Nebenkosten in %	29,61%	28,75%	26,67%	24,98%	23,57%

Liegen die Bruttogehälter zwischen den oben angeführten Bruttobezügen p.m., dann ist der Nebenkosten-Prozentsatz durch Interpolieren festzustellen.

Die Gehaltsnebenkosten erhöhen sich semestral oder jährlich durch Gesetzesänderungen. Die so genannte U-Bahn-Steuer wird nur in Wien eingehoben (Basis: monatlicher Mitarbeiterstand); sie ist in obigem Nebenkosten-Prozentsatz nicht inkludiert.

Die Abfertigungskosten betragen durchschnittlich 2,5% bis 3% der gesamten Personalkosten; sie sind in obigem Nebenkosten-Prozentsatz nicht inkludiert.

Anwendungsbeispiel

Name	Monats-Bruttobezug	Jahres-Bruttobezug	Neben-kosten in %	Jahres-Gehalts-kosten
Herr Müller	30.000			
Herr Berger	35.000			
Zwischensumme	**65.000**	**910.000**	**29,6%**	**1.179.500**
Frau Meier	50.000	700.000	26,7%	886.900

Nach diesem Schema können auch die Nebenkosten für Arbeiter und sonstige Beschäftigungsgruppen - nach entsprechender Anpassung - ermittelt werden.

Auf Unternehmerlohn nicht vergessen!

Bei Einzelunternehmungen und Personengesellschaften darf auf die Bildung eines angemessenen Unternehmerlohnes nicht vergessen werden.

Anwendungsbeispiel

Bruttogehalt des höchstbezahlten Mitarbeiters p.m. .... 40.000 ATS

\+ Dispositionszuschlag 20%

\= Unternehmerlohn p.m. .... 48.000 ATS

\= Unternehmerlohn p.a. (in Österreich x 14) .... 672.000 ATS

Gehaltsnebenkosten sind nicht zu berücksichtigen, wenn die Krankenkassen- und Pensionsbeiträge des Unternehmers im Aufwand enthalten sind.

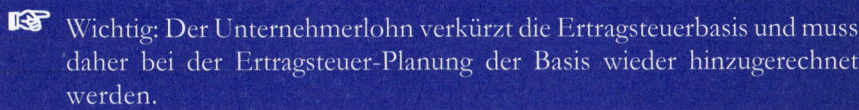

Wichtig: Der Unternehmerlohn verkürzt die Ertragsteuerbasis und muss daher bei der Ertragsteuer-Planung der Basis wieder hinzugerechnet werden.

Die Reagibilität der Personalkosten

In den meisten Branchen können die Personalkosten im Rahmen einer Planbilanz als Bereitschaftskosten und damit als zeitabhängig bzw. fix angesehen werden. Diese Feststellung trifft nicht nur auf Handels-, sondern fast immer auch auf Produktionsbetriebe zu. Lediglich bei Handwerksbetrieben werden die Personalkosten häufig in

- direkte Personalkosten und
- innerbetriebliche Personalkosten

untergliedert. Als direkt werden jene Personalkosten angesehen, die auftragsbezogen und direkt verrechenbar anfallen (z.B. Monteurstunden, Helferstunden usw.). Diese direkten Personalkosten werden bei Handwerksbetrieben oft als variabel, also leistungsabhängig, angesehen. Alle übrigen Personalkosten sind fix (siehe auch Kapitel 3.2.5.6.).

Verkaufsprovisionen und umsatz- bzw. leistungsabhängige Prämien sind selbstverständlich variabel.

Sanierungs- und Rationalisierungsmaßnahmen

Die Personalintensität schwankt zwischen Handels- und Handwerksbetrieben sehr stark. Der Schwankungsbereich geht von 7% bis 45% (siehe Kapitel 3.2.5.6.). Wenn Sanierungsmaßnahmen dringend erforderlich sind, aber auch bei obligatorischen Rationalisierungsmaßnahmen (etwa Rationalisierungsinvestitionsprojekten), sind die Personalkosten fast immer das mit Abstand größte relevante Einsparungspotential.

Viele Sanierungen können nur durch Personalfreisetzungen erzielt werden. Hier kommt es darauf an, klar zu erkennen, wie hoch die notwendige Personalkostensenkung sein muss, um den gewünschten Sanierungseffekt (Plan-Personalintensität) zu erreichen.

6.1.15. Instandhaltungskosten

Die Instandhaltungsplanung in anlagenintensiven Betrieben ist nicht einfach, außer es wird eine präventive Instandhaltungspolitik durchgeführt, so dass die Instandhaltungszeitpunkte und -kosten bekannt sind.

Erfolgt die Reparatur bzw. Instandhaltung erst nach Eintritt des Schadens, dann ist das Wissen über richtige Instandhaltungsverläufe für die Planung der Instandhaltungskosten unerlässlich.

Grundsätzlich kann davon ausgegangen werden, dass die Instandhaltungsverläufe durch eine arithmetische Reihe nachgebildet werden können. Es ist zwischen

- Anlagen mit beweglichen Teilen (z.B. Maschinen) und
- Anlagen mit unbeweglichen Teilen (z.B. Werkshalle)

zu unterscheiden. Die durchschnittlichen, jährlich gleich bleibenden Instandhaltungs-Prozentsätze, bezogen auf die Anschaffungswerte von Anlagen mit beweglichen Teilen, schwanken zwischen 1,5% und 6%. W. Staudinger hat das für zwei Dutzend Maschinentypen in der Elektroindustrie erhoben. Wie Instandhaltungskosten professionell geplant werden können, wird im Kapitel 11 "Investitionsentscheidungen", detailliert gezeigt.

6.1.16. Abschreibungen

Die Basis für die Plan-Abschreibungen sollte der Anlagespiegel sein. Zusätzlich sind jene Abschreibungen hinzuzurechnen, die aufgrund geplanter Investitionen anfallen werden. Etwaige Anlagenverkäufe sind durch das Ausscheiden der entsprechenden Anlagen zu berücksichtigen (Erlöse aus Anlagenverkäufen, Restbuchwert verkaufter Anlagen).

Spielen die Abschreibungen eine untergeordnete Rolle (Abschreibungsquote < 2%), bei gleichzeitig geringer Investitionstätigkeit, können vereinfachend die Abschreibungen des letzten Jahres weitergeführt werden. In diesem Fall ist zu überlegen, ob - ebenfalls aus Gründen der Vereinfachung - die Abschreibungen zur Gänze oder partiell reinvestiert werden können bzw. sollen (siehe auch Kapitel 6.2.).

6.1.17. Fremdkapitalzinsen

Die Basis für die Fremdkapitalzinsen kann langfristiges oder kurzfristiges Fremdkapital sein.

Fremdkapitalzinsen für langfristige Darlehen oder Bankkredite (rechtliche Restlaufzeit > ein Jahr) werden aus den Tilgungsplänen abgeleitet (siehe Kapitel 6.2.4., Kapitel 11. und Kapitel 16.14.).

Die kurzfristigen Bankkredite (rechtliche Restlaufzeit < ein Jahr) sind in der Bilanzplanung meist die Residualgröße (= Pufferposition). Die Berechnung der Fremdkapitalzinsen für kurzfristige Bankkredite wird häufig auf folgende zwei Arten vorgenommen:

1. Kurzfr. Bankkredite, Anfangsbestand x Zinsfuß/100

$$2. \quad \frac{\text{Kurzfr. Bankkredite, Anfangsbestand} + \text{Kurzfr. Bankkredite, Endbestand}}{2} \times \text{Zinsfuß}/100$$

6.1.18. Berücksichtigung der Geldentwertung

Für die Berücksichtigung von Umsatz- und Aufwandsteigerungen durch die Geldentwertung können die Aufzinsungsfaktoren aus den beiden Tabellen

- Aufzinsungstabellen für Jahresperioden $\boxed{(1 + i)^n}$

- Aufzinsungstabellen für Monatsperioden $\boxed{(1 + i)^{\frac{n}{12}}}$

wobei: $i = p/100$
p = Jahreszinsfuß
n = Anzahl der Perioden

verwendet werden (siehe Kapitel 16.14.).

6.1.19. Kritische Plausibilitätsprüfung

Die meisten Bilanzplaner sind dynamisch und besitzen eine gesunde Portion Optimismus. Das ist gut so. Es ist daher verständlich, dass fast alle seriösen Planbilanzen eher zu optimistisch ausfallen. Die Autoren sprechen hier aus eigener, jahrzehntelanger Erfahrung. Das ist eine Tatsache, an der man nicht viel ändern kann. Man sollte aber versuchen, grobe Planungsfehler zu vermeiden, das heißt die Werte aller Positionen der Bilanz und G&V sachlogisch und entwicklungsmäßig prüfen.

Zur sachlogischen Prüfung werden in der Folge Anregungen und Empfehlungen gegeben.

Zur entwicklungsmäßigen Prüfung wird empfohlen, alle Bilanz- und Erfolgspositionen mit einem Index zu versehen, wobei der Index für das letzte Ist-Jahr bzw. das erste Plan-Jahr jeweils 100 ist und die Planwerte der Folgejahre Indizes erhalten, die sich immer auf das letzte Ist- bzw. erste Plan-Jahr beziehen.

Beispiel:

	Indizes			
	IST	PLAN 1	PLAN 2	PLAN 3
Anlagevermögen	100	110	115	111
Umlaufvermögen	100	130	140	160
Eigenkapital	100	100	100	100
Fremdkapital, lfr.	100	90	80	70
Fremdkapital, kfr.	100	125	145	175
Bilanzsumme	100	133	155	180
Betriebsleistung	100	98	95	96
Wareneinsatz	100	94	90	88
Personalaufwand	100	103	106	110
Fremdkapitalzinsen	100	105	111	116
Abschreibungen	100	102	100	103
EGT	negativ	100	240	380

Alle besonders signifikanten Felder sind invers dargestellt.

Bei dieser Indexrechnung drängen sich mehrere Fragen auf, weil manche Entwicklungen unplausibel sind:

1. Warum soll das Umlaufvermögen um 60% steigen, obwohl die Betriebsleistung im gleichen Zeitraum um 4% sinkt?
   - Das Vorratsvermögen ist die Ursache. Warum?
   - Weil der Wareneinsatz planmäßig um 12% sinken soll, liegt die Vermutung nahe, dass stille Reserven des Warenlagers kontinuierlich aufgelöst werden (siehe auch Kapitel 3.2.5.3.).
2. Das EGT war im letzten Ist-Jahr negativ, daher erhält das erste Planjahr, in dem das EGT wieder positiv sein wird, den Index 100.

6.1.20. Der Hockeyschläger-Effekt als Warnsignal

Um diese Planbilanzen akzeptieren zu können, müsste noch einiges genauer hinterfragt werden; z.b.: Wie plausibel ist die extrem günstige Entwicklung des EGT bei gleichzeitigem Umsatzrückgang und noch stärkerem Rückgang des Wareneinsatzes und damit auch der Warenintensität? Immer, wenn die Ist-Entwicklung des EGT negativ und die Plan-Entwicklung extrem günstig darge-stellt wird, spricht man von einem so genannten

Hockeyschläger-Effekt.

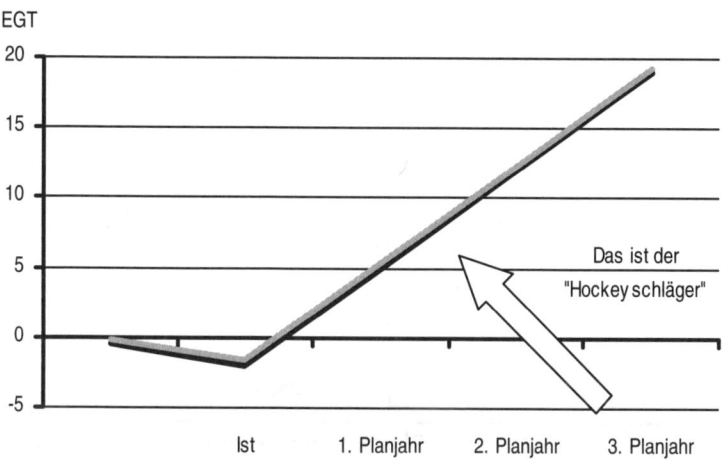

Bei der EGT-Planung kann der Hockeyschläger-Effekt nur dann toleriert wer-den, wenn die Positionen, die zu dieser günstigen Entwicklung führen, streng auf Plausibilität und Realisierbarkeit gecheckt werden und diese Prüfung positiv ausfällt.

6.1.21. Wichtige Planungserkenntnisse aus der Break-Even-Analyse

Die Module der Break-Even-Analyse werden im Kapitel 3.2.5.12. bis 3.2.5.16. unter

- Deckungsbeitragsrate (DBU),
- Cash-Flow-Point in % der Betriebsleistung,
- Break-Even-Point in % der Betriebsleistung, Gewinnschwellendiagramm,
- Sicherheitsgrad (Mengenspielraum),
- Zielumsatz in % der Betriebsleistung

ausführlich erläutert.

6.2. Fallbeispiele

6.2.1. Fallbeispiel: Skontoertrag versus Bankkreditzinsen oder Lieferantenkredit versus Bankkredit

Ausgangssituation

Die Ist-Bilanz eines Großhandelsbetriebes stellt sich wie folgt dar:

Bilanz (vor Skontoausnutzung)					
Aktiva			**Passiva**		
• Anlagevermögen			• Eigenkapital		1,0
Sachanlagevermögen	5,0				
Finanzanlagevermögen	0,0	5,0	• Fremdkapital, langfristig		2,0
• Umlaufvermögen			• Fremdkapital, kurzfristig		
Vorräte	9,0		Bankverbindlichkeiten	10,0	
Kundenforderungen	10,0		Sonstige Verbindlichkeiten	2,8	
Sonstige Forderungen	0,9		Lieferantenverbindlichkeiten	9,2	22,0
Liquide Mittel	0,1	20,0			
Bilanzsumme		25,0	**Bilanzsumme**		25,0

G&V (vor Skontoausnutzung)	
Umsatzerlöse	52,0
+ Sonstige betriebliche Erträge	-
= **Betriebsleistung**	52,0
- Wareneinsatz	36,2
+ Skontoerträge	-
- Personalaufwand	8,0
- Abschreibungen auf Sachanlagen	0,8
- Sonstige betriebliche Aufwendungen	4,3
= **B E T R I E B S E R F O L G**	2,7
- Zinsen und ähnliche Aufwendungen	1,2
= **ERGEBNIS DER GEWÖHNLICHEN GESCHÄFTSTÄTIGKEIT (= EGT)**	1,5

Der Quicktest, der mit dem im Kapitel 2 vorgestellten Excel-Sheet erstellt worden ist, zeigt, dass es sich um ein relativ gesundes Unternehmen (Gesamtnote 3 = mittelgut) handelt.

Fragen

Derzeit wird das Skontoangebot der Lieferanten nicht ausgenutzt. Der Geschäftsführer will wissen, welche Auswirkungen auf das Kennzahlenbild zu erwarten sind, wenn alle Lieferanten unter Skontoausnutzung bezahlt werden. Um diese Frage beantworten zu können, muss zunächst eine Entscheidungsgrundlage vorbereitet werden.

Erarbeitung einer Entscheidungsgrundlage

Das Unternehmen wird von 15 Lieferanten beliefert, die unterschiedliche Konditionen aufweisen, und zwar:

- Kreditziel .... zwischen 30 und 180 Tagen
- Skontosatz .... zwischen 1% und 5%
- Skontofrist .... zwischen 7 und 30 Tagen

Für jeden Lieferanten wird zuerst der so genannte Jahreszinsfuß aus der Formel

$$\frac{365 \text{ Jahrestage}}{\text{Kreditziel in Tagen - Skontofrist in Tagen}} \times \text{Skontosatz in \%}$$

errechnet. Dieser Jahreszinsfuß ist nur ein grober Approximativwert zur Darstellung der Dringlichkeit einer Skontoausnutzung; er drückt keineswegs die tatsächliche Effektivrendite der Skontoausnutzung aus, eignet sich aber gut für eine Festlegung der Förderungswürdigkeit. Als Grundsatz gilt: Je höher der Jahreszinsfuß, desto interessanter (wirtschaftlicher) ist die Skontoausnutzung.

Die folgende Tabelle zeigt die 15 Lieferanten, gereiht nach ihrer Skontoattraktivität:

| Lfd. Nr | Lieferant | INPUT | | | | Rechenfelder | |
		Einkaufs- volumen p.a. in GE	Kreditziel in Tagen	Skontosatz in %	Skontofrist in Tagen	Skontobezugs- spanne	"Approx." Jahres- zinssatz in %*)
1	Gant & Co	900.000	30	3,0%	15	15	73,00%
2	Geier & Wally	600.000	35	5,0%	9	26	70,19%
3	Fuxi GmbH	1.000.000	40	3,0%	20	20	54,75%
4	Pat und Pater	700.000	30	2,0%	15	15	48,67%
5	Brungraber	1.500.000	45	3,0%	22	23	47,61%
6	Dissy Moden	1.200.000	30	3,0%	7	23	47,61%
7	Huber AG	10.000.000	45	3,0%	15	30	36,50%
8	Wulf in der Au	600.000	100	5,0%	30	70	26,07%
9	Graf OHG	300.000	60	3,0%	15	45	24,33%
10	Quintus & Dog	800.000	40	2,0%	10	30	24,33%
11	Bruckmüller	100.000	100	5,0%	15	85	21,47%
12	Schwarz KG	6.000.000	95	4,0%	22	73	20,00%
13	Adel	500.000	30	1,0%	7	23	15,87%
14	Seidl GmbH & Co KG	2.000.000	91	2,0%	11	80	9,13%
15	Haupt & Häupl	10.000.000	180	3,0%	30	150	7,30%

*) *Die skontoattraktivsten Lieferanten sind jene mit den höchsten Jahreszinssätzen.*

Beim Lieferanten Gant & Co beträgt der Jahreszinsfuß 73%, beim Lieferanten Haupt & Häupl nur 7,3%.

Unterstellt man einen Bankkredit-Zinssatz (Grenzzinssatz) von 10% p.a., dann ist es wirtschaftlich, die Lieferanten bis zum 13. Rang mit Skonto zu bezahlen. Hier ist der Bruttojahreszinsfuß nämlich höher als der Bankkredit-Zinssatz von 10%. Als Entscheidungsgrundlage muss nun noch eine zweite Tabelle mit dem Bankkapital-Mehrbedarf, dem Skontoertrag, den Bankzinsen sowie dem Jahresvorteil - jeweils lieferantenbezogen und kumuliert - erstellt werden.

Lfd. Nr	ENTSCHEIDUNGSKRITERIEN							
	Bankkredit-Mehrbedarf in GE		Skontoertrag in GE		FKZ (10%) in GE		Jahresvorteil in GE	
	je Lieferant	kumuliert	je Lieferant	kumuliert	je Lieferant	kumuliert	je Lieferant	kumuliert
1	36.986	36.986	27.000	27.000	3.699	3.699	23.301	23.301
2	42.740	79.726	30.000	57.000	4.274	7.973	25.726	49.027
3	54.795	134.521	30.000	87.000	5.479	13.452	24.521	73.548
4	28.767	163.288	14.000	101.000	2.877	16.329	11.123	84.671
5	94.521	257.808	45.000	146.000	9.452	25.781	35.548	120.219
6	75.616	333.425	36.000	182.000	7.562	33.342	28.438	148.658
7	821.918	1.155.342	300.000	482.000	82.192	115.534	217.808	366.466
8	115.068	1.270.411	30.000	512.000	11.507	127.041	18.493	384.959
9	36.986	1.307.397	9.000	521.000	3.699	130.740	5.301	390.260
10	65.753	1.373.151	16.000	537.000	6.575	137.315	9.425	399.685
11	23.288	1.396.438	5.000	542.000	2.329	139.644	2.671	402.356
12	1.200.000	2.596.438	240.000	782.000	120.000	259.644	120.000	522.356
13	31.507	2.627.945	5.000	787.000	3.151	262.795	1.849	524.205
14	438.356	3.066.301	40.000	827.000	43.836	306.630	-3.836	520.370
15	4.109.589	7.175.890	300.000	1.127.000	410.959	717.589	-110.959	409.411

Sowohl diese als auch die vorseitige Tabelle wurde mit dem im Kapitel 15 vorgestellten **Excel-Programm Skonto'97** erstellt.

Berechnet werden diese vier Rubriken nach folgenden Formeln:

$$\textbf{Bankkredit-Mehrbedarf} = \frac{\text{Bezugsspanne in Tagen}}{365} \times \text{Einkaufsvolumen}$$

$$\textbf{Skontoertrag} = \text{Einkaufsvolumen p.a.} \times \frac{\text{Ertragskontosatz}}{100}$$

$$\textbf{Bankzinsen} = \text{Bankkredit-Mehrbedarf} \times \frac{\text{Fremdkapital-Zinssatz}}{100}$$

$$\textbf{Jahresvorteil} = \text{Skontoertrag} - \text{Bankzinsen}$$

Der gesamte Jahresvorteil könnte 524.200 GE betragen. Die Lieferanten mit dem 14. und 15. Rang würden den Jahresvorteil verringern, weil ihr Jahresbruttozinssatz kleiner ist als der Bankzinsfuß. Der Bankkredit-Mehrbedarf für die Skontierung der Lieferanten bis zum 13. Rang würde rund 2,6 Mio GE betragen.

Lösung

Zunächst einige grundsätzliche Informationen für die Planbilanz. Es wird unterstellt, dass die Abschreibung zur Gänze reinvestiert wird. Durch die Skontoausnutzung (Skontoertrag 787.000 GE) wird ein zusätzlicher Bankkreditbedarf von ca. 2,6 Mio GE benötigt, was eine Erhöhung der Fremdkapitalzinsen (= Bankzinsen) um 263.000 GE bewirkt.

Die **Lieferantenverbindlichkeiten** in der Höhe von ursprünglich 9,2 Mio GE senken sich um den gleichen Betrag, um den die **Bankverbindlichkeiten** ansteigen, nämlich um **2,6 Mio** GE auf 6,6 Mio GE.

Das **Eigenkapital** entwickelt sich wie folgt: Mio GE

Anfangsbestand 1,0
Ist-Ergebnis 1,5
Entnahme..-1,5
Ergebnisverbesserung durch Skontoausnutzung 0,5
Plan-Endbestand 1,5

Bewegungsbilanz in Mio GE			
Aktivazunahme	-	**Passivazunahme**	
		Eigenkapital	0,5
Passivaabnahme		Bankverbindlichkeiten	2,6
Lieferanten	2,6	**Aktivaabnahme**	-
Sonst. Verbindlichkeiten	0,5		
Mittelverwendung	3,1	**Mittelaufbringung**	3,1

Die sonstigen Verbindlichkeiten sind die Pufferposition.

Setzt man aus den einzelnen Planprämissen eine Planbilanz zusammen, führt einen Quicktest durch und vergleicht die Ergebnisse mit jenen der Ist-Bilanz, dann zeigt sich, dass die **Skontoausnutzung** eine **wirtschaftlich günstige Entscheidung** wäre.

Bilanz (ein Jahr später)

Aktiva			Passiva		
• **Anlagevermögen**			• **Eigenkapital**		**1,5**
Sachanlagevermögen	5,0				
Finanzanlagevermögen	0,0	5,0	• **Fremdkapital, langfristig**		2,0
• **Umlaufvermögen**			• **Fremdkapital, kurzfristig**		
Liquide Mittel	0,1		Lieferantenverbindlichkeiten	6,6	
Kundenforderungen	10,0		Sonstige Verbindlichkeiten	2,3	
Vorräte	9,0		Bankverbindlichkeiten	12,6	21,5
Sonstige Forderungen	0,9	20,0			
Bilanzsumme		25,0	**Bilanzsumme**		25,0

G&V (nach Skontoausnutzung)	
Umsatzerlöse	52,0
+ Sonstige betriebliche Erträge	-
= **Betriebsleistung**	52,0
- Wareneinsatz	36,2
+ **Skontoerträge**	**0,8**
- Personalaufwand	8,0
- Abschreibungen auf Sachanlagen	0,8
- Sonstige betriebliche Aufwendungen	4,3
= **B E T R I E B S E R F O L G**	3,5
- **Zinsen und ähnliche Aufwendungen**	**1,5**
= **ERGEBNIS DER GEWÖHNLICHEN GESCHÄFTSTÄTIGKEIT (= EGT)**	2,0

Quicktest und Bonitäts- bzw. Insolvenzfrühwarn-Indikatoren

Quicktest

Werte in **Mio GE**		vor Skonto		nach Skonto	
EINGABE		Bilanz-positionen	Erfolgs-positionen	Bilanz-positionen	Erfolgs-positionen
Flüssige Mittel	(FLM)	0,1		0,1	
Vorräte		9,0		9,0	
Eigenkapital	(EK)	1,0		1,5	
Fremdkapital	(FK)	24,0		23,5	
Gesamtkapital	**(GK)**	25,0		25,0	
Betriebsleistung	(BL)		52,0		52,0
Fremdkapitalzinsen	(FKZ)		1,2		1,5
Cash-Flow vor Steuern	(CF)		2,3		2,8
Erg. d. gew.Geschäftstätigk.	(EGT)		1,5		2,0

ERGEBNISSE		vor Skonto	nach Skonto
Eigenkapital-quote	EK*100 / GK	4,0%	6,0%
Schuldtilgungs-dauer in Jahren	(FK-FLM) / CF	10,4 J.	8,4 J.
Gesamtkapital-rentabilität	(EGT+FKZ)*100 / GK	10,8%	14,0%
Cash-Flow in % der BL	CF*100 / BL	4,4%	5,4%

BEURTEILUNG/NOTE	vor Skonto		nach Skonto	
Eigenkapitalquote	4,00		4,00	
Schuldtilgungsdauer in Jahren	3,00		3,00	
FINANZIELLE STABILITÄT	3,50		3,50	
Gesamtkapitalrentabilität		3,00		2,00
Cash-Flow in % der BL		4,00		3,00
ERTRAGSKRAFT		3,50		2,50
G E S A M T	3,50		3,00	

BEURTEILUNGSSKALA

Kennzahl/ Beurteilungsschema:	sehr gut	gut (2)	mittel (3)	schlecht (4)	insolvenz-gefährd. (5)	
Eigenkapitalquote	> 30%	> 20%	> 10%	< 10%	negativ	**Finanzielle**
Schuldtilgungsdauer	< 3 J.	< 5 J.	< 12 J.	< 30 J.	> 30 J.	**Stabilität**
Gesamtkapitalrentabilität	> 15%	> 12%	> 8%	< 8%	negativ	**Ertrags-**
Cash-Flow in % der BL	> 10%	> 8%	> 5%	< 5%	negativ	**lage**

	B	C	D	E	F	G	H
43	**Bonitäts- bzw. Insolvenzfrühwarn-Indikatoren**						
44	Kennzahl		x Gewichtungs-faktor	vor Skonto		nach Skonto	
45	Cash-Flow p.a. / Verbindlichkeiten		x 1,50	0,144		0,179	
46	Bilanzsumme / Verbindlichkeiten		x 0,08	0,083		0,085	
47	Erg. d. gew. Geschäftst. p.a. / Bilanzsumme		x 10,00	0,600		0,800	
48	Erg. d. gew. Geschäftstätigk. / Betriebsleistung		x 5,00	0,144		0,192	
49	Vorräte / Betriebsleistung p.a.		x 0,30	0,052		0,052	
50	Betriebsleistung p.a. / Bilanzsumme		x 0,10	0,208		0,208	
51	**Insolvenzfrühwarn-Indikator (Diskriminanzfunktion)**			1,231		1,516	
52							
53	*INTERPRETATIONSTABELLE:*						
54	> 3	extrem gut					
55	> 2,2	sehr gut					
56	> 1,5	gut				1,516	
57	> 1	mittelgut		1,231			
58	> 0,3	schlecht					
59	≤ 0,3	leicht insolvenzgefährdet					
60	≤ 0	insolvenzgefährdet					
61	≤ -1	stark insolvenzgefährdet					

Die Gesamt-Quicktestnote würde sich durch Skontoausnutzung innerhalb eines Jahres von 3,5 auf 3 verbessern. Bei längerer Betrachtungsdauer wäre der hier aufgezeigte Vorteil noch größer. Auch die Diskriminanzanalyse nach der vereinfachten Methode bestätigt die Erkenntnisse des Quicktest.

☞ Achtung: Wichtige Grundlagen und praktische Hinweise zum Thema Skontoertrag versus Bankkredit finden sich im Kapitel 13, Finanzwirtschaft und Cash-Management.

6.2.2. Fallbeispiel: Objektive Beurteilung der Auswirkungen einer optimalen Bestell- und Meldemengenpolitik auf das Kennzahlenbild einer Kunststoffspritzerei

Das folgende Fallbeispiel soll aufzeigen, wie günstig sich eine optimale Bestell- und Meldemengenpolitik auf das Kennzahlenbild eines Produktionsbetriebes auswirken kann. Die Einsparungspotentiale sind mit großer Vorsicht angesetzt worden.

Ausgangssituation

Der Geschäftsführer einer Kunststoffspritzerei analysiert den letzten Abschlussbericht und will mit einigen Kennzahlen eine Unternehmensdiagnose erstellen.

Ist-Bilanz und Ist-Erfolgsrechnung

Der letzte Jahresabschluss 1999 wird nachfolgend dargestellt:

Bilanz zum 31.12.1999

Aktiva			Passiva		
• **Anlagevermögen**			• **Eigenkapital**		1.800
Sachanlagevermögen	3.500				
Finanzanlagevermögen	100	3.600	• **Fremdkapital, langfristig**		3.500
• **Umlaufvermögen**			• **Fremdkapital, kurzfristig**		
Vorräte (Rohstoffe)	3.000		Bankverbindlichkeiten	0	
Kundenforderungen	1.900		Lieferantenverbindlichkeiten	2.000	
Sonstige Forderungen	400		Sonstige Verbindlichkeiten	1.700	3.700
Liquide Mittel	100	5.400			
Bilanzsumme		9.000	**Bilanzsumme**		9.000

Gewinn- und Verlustrechnung

	1.000 GE	%
Umsatzerlöse	21.000	102,4%
- Skontoaufwand	-500	-2,4%
= Betriebsleistung	**20.500**	**100,0%**
- Materialeinsatz	-10.500	-51,2%
- Sonstige variable Kosten	-1.650	-8,0%
= Deckungsbeitrag (DBU)	**8.350**	**40,7%**
- Personalaufwand	-3.600	-17,6%
- Geschäftsführerbezüge	-700	-3,4%
- Sonstige betriebliche Aufwendungen	-2.330	-11,4%
- Abschreibungen	-420	-2,0%
= BETRIEBSERFOLG	1.300	6,3%
- Zinsaufwand	-250	-1,2%
+ Zinserträge	0	0,0%
= FINANZERFOLG	-250	-1,2%
= EGT	**1.050**	**5,1%**
± A.o. Ergebnis	0	0,0%
- Ertragsteuer	-350	-1,7%
= JAHRESÜBERSCHUSS	**700**	**3,4%**

Der Quicktest zeigt, dass das Unternehmen im Großen und Ganzen gut arbeitet:

- Eigenkapitalquote 20,0%
- Schuldtilgungsdauer .... 4,8 Jahre
- Gesamtkapitalrentabilität 14,4%
- Cash-Flow-Leistungsrate 7,2%

Analysiert man etwas tiefer und betrachtet etwa den Kapitalumschlag, dann ist dieser mit 2,3-mal eher gut. Das überrascht nicht weiter, weil

- eine Anlagenintensität von 40% und
- ein Debitorenziel von 34 Tagen

günstige Werte sind. Anders sieht es mit der Lagerdauer von 104 Tagen aus. Hier könnte ein verstecktes Gewinnpotential liegen, wenn sich bei einer weiteren Analyse herausstellt, dass ein abbaufähiges Überlager vorhanden ist.

Das Kreditorenziel ist mit 70 Tagen relativ günstig. Gerade deshalb zahlt sich eine Analyse der Skontopolitik aus. Im Kapitel 6.2.1. wird demonstriert, wie hoch der Jahresvorteil bei Skontoausnutzung sein kann, wenn die Verweildauer (= Zeitspanne zwischen Lieferung der Ware bzw. Rechnungsdatum und spätester Zahlungsfrist) relativ gering ist.

Lageranalyse

Der in der Ist-Bilanz ausgewiesene Lagerbestand besteht ausschließlich aus Rohstoffen (hier: Granulaten). Insgesamt werden 200 Granulatarten vorrätig gehalten. Wie eine rasch durchgeführte ABC-Analyse aufzeigt, wird mit 10% der Granulatarten 50% des Einsatzes erreicht, mit weiteren 30% Granulatarten 40% Einsatz und mit den restlichen 60% Granulatarten 10% Einsatz. Tabellarisch ergibt sich somit folgendes Bild:

Rohstoffarten			Typ	Einsatzwerte in %	
	Mengen in %				
Anzahl	für den Typ	kumuliert		für den Typ	kumuliert
20	10	10	A	50	50
60	30	40	B	40	90
120	60	100	C	10	100
200	100		Gesamt	100	

Die graphische Darstellung der ABC-Analyse ist auf der nächsten Seite abgebildet. Die zunächst steile, dann aber flacher werdende Gesamtkurve ist typisch für den ABC-Verlauf.

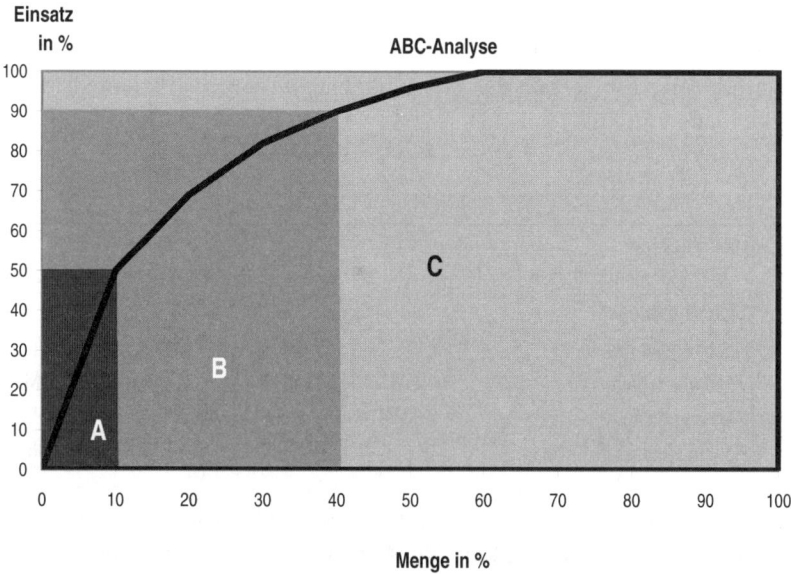

Überprüfung der Bestell- und Meldemengenpolitik

Da an dieser Stelle nur die finanziellen Auswirkungen der Strategien beleuchtet werden sollen, wird darauf verzichtet, die materialwirtschaftlichen Grundlagen näher darzustellen; diese sind im Kapitel 12 ausführlich behandelt.

In der Folge einige Kurzinformationen:

Es existiert eine mengenmäßige Lagerbuchhaltung, in der für alle 200 Granulatarten die Zugänge und Abgänge erfasst und monatlich verdichtet werden. Eine Einkaufs- und Lagerdisposition nach festgelegten Regeln existiert nicht. Fest steht lediglich, dass der Lagerbestand an Rohstoffen (Granulaten) insgesamt 3 Mio GE beträgt. Die Schwankung dieses Lagerbestandes ist nicht sehr groß, weil das Unternehmen keine Saisonartikel herstellt. Der durchschnittliche Lagerumschlag (Materialeinsatz/Lagerbestand) beträgt 3,5.

Der Geschäftsführer will zunächst wissen, wie hoch das Soll-Lager sein könnte, wenn Bestell- und Meldemengen, getrennt nach A-, B- und C-Artikel, vorgegeben werden. Weil die wenigen A-Artikel sehr viel Kapital binden und die vielen C-Artikel nahezu keines, muss die Bestell- und Meldemengenpolitik auf diese Tatsache abgestimmt werden.

Deshalb legt der Geschäftsführer für A-Artikel eine Bestellmenge von einem durchschnittlichen Monatsbedarf, für B-Artikel einen Zweimonatsbedarf und für C-Artikel einen Jahresbedarf fest.

Der **Servicegrad für die Meldemenge** wird von der Geschäftsleitung für A-Artikel mit 84%, für B-Artikel mit 95% und für C-Artikel mit 95% festgelegt.

Die tatsächliche **Wiederbeschaffungszeit** beträgt für die A- und B-Artikel ca. einen Monat, für C-Artikel einen halben Monat.
Nachfolgende Tabelle hält die relevanten Daten für eine effiziente Einkaufs- und Meldemengenpolitik fest:

		Typ		
		A	B	C
Bestellmenge				
- in Ø Monatsnachfragen		1	2	12
Sicherheitslager				durch-
Nachfrageschwankung		niedrig	niedrig	schnittlich
Wiederbeschaffungszeit	(WBZ)	1 Mo.	1 Mo.	0,5 Mo.
Servicegrad	(SG)	84%	95%	95%
Rohstoffeinsatz in 1.000 GE		5.250	4.200	1.050

Aus diesen Zahlen kann unter Zuhilfenahme der Tabellen (siehe Kapitel 16.12.) die **Planumschlagshäufigkeit** auf statistischer Basis errechnet werden. Wie, zeigt nachstehende Berechnung.

	Gesamt	Typ		
		A	B	C
Plan-Umschlagshäufigkeit				
laut Tabelle im				
- Kapitel 16.12., Seite 1163		9,40		
- Kapitel 16.12., Seite 1164			5,10	
- Kapitel 16.12., Seite 1168				1,20
Ist-UH $= \dfrac{\text{Rohstoffeinsatz}}{\text{Ø Ist-Lager}} = \dfrac{10.500}{3.000}$	3,5			
Ø Ist-Lagerbestand in 1.000 GE	3.000			
Soll-Lagerbestand:				
$\dfrac{\text{Rohstoffeinsatz in 1.000 GE}}{\text{Plan-Umschlagshäufigkeit}} =$	2.257	559	823	875
Überlager in 1.000 GE	743			
Überlager in % des Ø Ist-Lagerbestands	**24%**			

Erkenntnis:
Das Ist-Rohstofflager (3.000 GE) kann also, wenn die Therapie (praktische Umsetzung) gelingt, um 24%, das sind rund 0,7 Mio GE, gesenkt werden.

Therapievorschläge für die Umsetzung der geplanten Strategie
Vorschläge zur Festlegung der Meldemenge

Die Meldemenge, auch Mindestlagerbestand genannt, ist für jeden Artikel festzulegen. Bei Erreichen oder Unterschreiten der Meldemenge muss eine Bestellung ausgelöst werden.

Dem in Materialwirtschaft ungeübten Leser wird empfohlen, das Kapitel 12 durchzulesen, bevor er hier weiterarbeitet.

Für die praktische Festlegung der Meldemenge sind in diesem Buch die Meldemengen-Testtabellen vorgesehen.

Für dieses Fallbeispiel sind, gemäß der Aufgabenstellung, folgende 3 Meldemengen-Testtabellen relevant:

Servicegrad	Variations-koeffizient	A-Artikel	B-Artikel	C-Artikel
84%	0,4	Kapitel 16.12. Seite 1171		
95%	0,4		Kapitel 16.12. Seite 1172	
95%	1,2			Kapitel 16.12. Seite 1180

Insgesamt finden sich im Kapitel 16.12. sechzehn verschiedene Meldemengen-Tabellen, und zwar für vier verschiedene Variationskoeffizienten und vier verschiedene Servicegrade.

Normalerweise wird der Lagerhalter die Meldemenge festlegen und bei wesentlichen Veränderungen

- der Bedarfsmenge,
- der Bedarfsschwankung,
- der Wiederbeschaffungszeit und
- des gewünschten Servicegrades

eine Adaptierung vornehmen. Das Adaptierungsintervall muss von Fall zu Fall individuell festgelegt werden. Es könnte z.B. für A-Artikel einen Monat, für B-Artikel ein Quartal und für C-Artikel ein Semester betragen.

Abschließend noch kurze Bedienungshinweise zum Gebrauch der Meldemengen-Tabellen (Checkliste):

1. Es ist die Schwankung der Nachfrage zu schätzen. Dazu müssen aus den Computerlisten oder Lagerkarten die letzten sechs, neun oder zwölf Monatsnachfragen betrachtet werden. Man bekommt bereits nach kurzer Zeit ein recht gutes Schätzungsvermögen für den Variationskoeffizienten. Der Anfänger wird auf Kapitel 12 verwiesen, wo zwölf typische Bedarfsverläufe für vier verschiedene Variationskoeffizienten dargestellt sind.

2. Auf der Lagerkarte oder dem Computerprotokoll scheint die ABC-Codierung, die Wiederbeschaffungszeit in Wochen und der gewünschte Servicegrad auf. Diese Informationen bilden die Grundlagen für die Wahl der richtigen Meldemengen-Tabelle.

3. Man schaut nun, wie groß die Verkäufe dieses Artikels während der letzten vier, sechs, neun bzw. zwölf Monate waren. In der Praxis werden meistens die letzten sechs bzw. neun Monatsnachfragen herangezogen. Die Nachfrage des laufenden Monates, der noch nicht abgeschlossen ist, sollte nicht berücksichtigt werden.

4. Man geht nun in der entsprechenden Zeile der Spalte "Nachfrage" bis zu der Spalte mit der voraussichtlichen Wiederbeschaffungszeit und kann die notwendige Meldemenge ablesen.

   Beispiel: Die Halbjahresnachfrage eines A-Artikels mit geringer Schwankung (V = 0,4) beträgt 60 Einheiten. Es soll mit 84% Sicherheit jederzeit geliefert werden können. Die voraussichtliche Wiederbeschaffungszeit beträgt vier Wochen. Erreicht dieser A-Artikel den Mindestbestand von 14 Stück, dann wird eine Bestellung in Höhe einer durchschnittlichen Monatsnachfrage (hier: zehn Einheiten) getätigt.

Grundlagen für Planbilanzen

Den Geschäftsführer dieser Kunststoffspritzerei interessiert es, die Auswirkungen bei Änderungen in der Bestell- und Meldemengenpolitik auf die Bilanzen kennenzulernen. Es werden die Planprämissen für die Planbilanzen aufgrund der Lageranalyse stichwortartig in Erinnerung gerufen und ergänzt.

Auswirkungen im ersten Jahr
- Der Lagerbestand kann von 3 Mio GE um 0,7 Mio GE, das sind rund 24%, auf 2,3 Mio GE gesenkt werden.
- Die daraus resultierende Zinsersparnis von 30.000 GE wird ebenso wie die Lagerfreisetzung ausschließlich zur Tilgung des Bankkredites verwendet.

Auswirkungen im zweiten Jahr
- Fortsetzung der im Vorjahr begonnenen Politik.
- Durch stärkere Inanspruchnahme von Rabatten und größere Eindeckungen vor Preiserhöhungen kann der Lagerbestand nicht mehr zusätzlich gesenkt werden.
- Durch günstigere Einstandspreise reduziert sich aber die Materialintensität von 51% auf 50%.
- Die Materialkostenersparnis wird zusammen mit der Zinskostenersparnis des Vorjahres (nachhaltige Wirkungsdauer) zur Bezahlung von Lieferantenverbindlichkeiten verwendet. Dadurch ergeben sich auch Skontoerträge in der Höhe von 35.000 GE ([260.000 GE Reduktion Lieferanten-

verbindlichkeiten x 4,5 Lagerumschlag zweites Jahr = skontierfähiges Jahresvolumen] x 3% Skontoertrag).

- Die Reinvestitionen wurden in der Höhe der Jahresabschreibungen (420.000 GE) vorgenommen (nur Ersatz-, keine Neuinvestition).

Planbilanzen

Die geplanten Aktivitäten in der Bestell- und Meldemengenpolitik im ersten Jahr und in der Rabattpolitik im zweiten Jahr werden in den nachfolgenden Tabellen übersichtlich dargestellt.

Mittelverwendung

Verwendung (alle Werte in 1.000 GE)	Ist-Bilanz 31. Dez. 1999	Mittel-verwen-dung 2000	Plan-bilanz Ende 1. Jahr 31. Dez. 2000	Mittel-verwen-dung 2001	Plan-bilanz Ende 2. Jahr 31. Dez. 2001
1 Sachanlagevermögen (Investitionen)	3.500	420	3.500	420	3.500
2 Wertpapiere (Zunahme)	100		100		100
3 Liquide Mittel (Zunahme)	100		100		100
4 Vorräte (Zunahme)	3.000		2.300		2.300
5 Debitoren (Zunahme)	1.900		1.900		1.900
6 Sonst. Forderungen (Zunahme)	400		400		400
7 Bankverbindlichkeiten kurzfr. (Abnahme)					
8 Bankverbindlichkeiten langfr. (Abnahme)		730			
9 Lieferantenverbindlichkeiten (Abnahme)				295	
10 Sonst. Verbindlichkeiten (Abnahme)					
11 Privatentnahmen, Privatsteuern		1.050		1.050	
12 Cash-Flow, negativ					
Gesamt	**9.000**	**2.200**	**8.300**	**1.765**	**8.300**

Die einzelnen Positionen werden in der Folge kurz erläutert.

Zeile 1, Investitionen

Die Investitionen in der Höhe von 420.000 GE sind genauso hoch wie die Jahresabschreibungen. Es wird Substanzerhaltung unterstellt, weshalb die Abschreibungen zur Gänze reinvestiert werden.

Zeile 8, Abnahme langfristige Bankverbindlichkeiten

Die 730.000 GE kommen wie folgt zustande:

Abnahme Vorräte (Zeile 4) .... 700.000 GE
Geringere Fremdkapitalzinsen .... 30.000 GE

Zeile 9, Abnahme Lieferantenverbindlichkeiten

Die 295.000 GE im Wirtschaftsjahr 2001 setzen sich wie folgt zusammen:

Günstigere Einstandspreise durch Rabattausnutzung .... 200.000 GE
Skontoerträge .... 35.000 GE
Geringere Fremdkapitalzinsen .... 60.000 GE

Zeile 11, Privatentnahme (Ausschüttung) und Privatsteuern (Ertragsteuern)

Hier stehen im Wirtschaftsjahr 2000 und 2001 je 1.050.000 GE. Bei diesen Beträgen handelt es sich um den Ist-Erfolg 1999, der hier nur deshalb angesetzt worden ist, um die Kapital- und Erfolgsveränderungen ausschließlich auf die geplanten Aktivitäten zu beschränken.

Hätte man diese Kapitalkürzungen nicht vorgenommen, dann wäre das Ergebnis besser, weil die nicht entnommenen Beträge zur nutzbringenden Senkung anderer Bilanzpositionen hätten verwendet werden können.

Mittelaufbringung (= Finanzierung)

Aufbringung (alle Werte in 1.000 GE)	Ist-Bilanz 31. Dez. 1999	Mittel-aufbrin-gung 2000	Plan-bilanz Ende 1. Jahr 31. Dez. 2000	Mittel-aufbrin-gung 2001	Plan-bilanz Ende 2. Jahr 31. Dez. 2001
1 Restwerte verkaufter Anlagen					
2 Wertpapierverkauf					
3 Liquide Mittel (Abnahme)					
4 Vorräte (Abnahme)		700			
5 Debitoren (Abnahme)					
6 Sonst. Forderungen (Abnahme)					
7 Bankverbindlichkeiten kurzfr. (Zunahme)					
8 Bankverbindlichkeiten langfr. (Zunahme)	3.500		2.770		2.770
9 Lieferantenverbindlichkeiten (Zunahme)	2.000		2.000		1.705
10 Sonst. Verbindlichkeiten (Zunahme)	1.700		1.700		1.700
11 Privateinlage					
12 Cash-Flow		1.500		1.765	
Eigenkapital	1.800		1.830		2.125
Gesamt	**9.000**	**2.200**	**8.300**	**1.765**	**8.300**

Zeile 4, Abnahme Vorräte

Die Lagerreduktion von 700.000 GE ist bereits bei der Kommentierung der Zeile 8 (Mittelverwendung) erwähnt worden.

Zeile 12, Cash-Flow

Hier handelt es sich um die Plan-Cash-Flows laut Erfolgsprognose.

Werden die dynamischen Plan-Mittelverwendungs- und -aufbringungswerte zu den statischen Ist-Bilanzwerten 1999 addiert, dann erhält man die Plan-Bilanz-werte 2000 und 2001.

Die Plan-Erfolgsrechnungen für 2000 und 2001 gehen von der Ist-Erfolgsrech-nung 1999 aus. Es sind nur jene Erfolgspositionen verändert worden, die mit den geplanten Bestell-, Meldemengen- und Rabattaktivitäten im Zusammenhang stehen.

Kennzahlen- und Bonitätsanalyse

Quicktest

Nachfolgend werden die vier Kennzahlen des Quicktests für den Ist-Jahresabschluss und die zwei Plan-Jahresabschlüsse zusammengestellt:

Analyse-bereich	gecheckt durch Kennzahl	Kennzahlenwerte			Noten		
		Ist	Plan		Ist	Plan	
			1 J.	2 J.		1 J.	2 J.
Finanzierung	Eigenkapitalquote	20%	22,1%	25,7%	2	2	2
Liquidität	Schuldtilgungsdauer	4,8 J.	4,2 J.	3,4 J.	2	2	2
FINANZIELLE STABILITÄT					2	2	2
Rentabilität	Gesamtkapital-rentabilität	14,4%	15,7%	18,5%	2	1	1
Erfolg	Cash-Flow-Leistungsrate	7,2%	7,3%	8,6%	3	3	2
ERTRAGSKRAFT					2,5	2	1,5
GESAMTBEURTEILUNG					2,25	2	1,75

Alle vier Kennzahlen würden sich bei Realisierung der geplanten Aktivitäten deutlich verbessern. Es ist daher vom betriebswirtschaftlichen Standpunkt empfehlenswert, durch Einführung einer rationalen Bestell- und Meldemengenpolitik zunächst das Lager zu senken und anschließend durch verstärkte Ausnutzung der von den Lieferanten angebotenen Rabatte eine Senkung der Materialintensität bei gleichzeitiger Inanspruchnahme der Skontoerträge herbeizuführen.

Erweiterte Kennzahlenanalyse

In der folgenden Tabelle werden zunächst die Ist- und die Plan-Jahresabschlüsse mittels Excel-Programm **PlanB** dargestellt. Anschließend erfolgt die eigentliche Kennzahlenanalyse.

GEWINN- UND VERLUSTRECHNUNG		IST 1999		Basis		PLAN 2000		PLAN 2001	
		1000 GE	%	1000 GE	%	1000 GE	%	1000 GE	%
G101	Umsatzerlöse	21.000	102,4%			21.000	102,4%	21.000	102,4%
G102	- Skontoaufwand	-500	-2,4%			-500	-2,4%	-500	-2,4%
G103	± Bestandsveränderung	0	0,0%			0	0,0%	0	0,0%
G104	+ Sonst. betriebl. Erträge	0	0,0%			0	0,0%	0	0,0%
G105	= BETRIEBSLEISTUNG	20.500	100,0%			20.500	100,0%	20.500	100,0%
G106	- Materialeinsatz	-10.500	-51,2%			-10.500	-51,2%	-10.300	-50,2%
G107	- Wareneinsatz	0	0,0%			0	0,0%	0	0,0%
G108	+ Skontoertrag	0	0,0%			0	0,0%	35	0,2%
G109	- Fremdleistungen	0	0,0%			0	0,0%	0	0,0%
G110	- Sonstige variable Kosten	-1.650	-8,0%			-1.650	-8,0%	-1.650	-8,0%
G111	= DECKUNGSBEITRAG (DBU)	8.350	40,7%			8.350	40,7%	8.585	41,9%
G112	- Personalkosten	-3.600	-17,6%			-3.600	-17,6%	-3.600	-17,6%
G113	- Geschäftsführerbezüge	-700	-3,4%			-700	-3,4%	-700	-3,4%
G114	± Aufl./Dot. Abfert.- u. Pens.Rückst.	0	0,0%			0	0,0%	0	0,0%
G115	- Sonst. betriebl. Aufwendungen	-2.330	-11,4%			-2.330	-11,4%	-2.330	-11,4%
G116	+ Nutzen, investitionsrelevant	0	0,0%			0	0,0%	0	0,0%
G117	- Sprungfixe Kosten	0	0,0%			0	0,0%	0	0,0%
G118	- Abschreibungen alt	-420	-2,0%			-420	-2,0%	-420	-2,0%
G119	- Abschreibungen neu	0	0,0%			0	0,0%	0	0,0%
G120	= BETRIEBSERFOLG	1.300	6,3%			1.300	6,3%	1.535	7,5%
G121	- Zinsaufwand, kurzfristig	0	0,0%			0	0,0%	0	0,0%
G122	- Zinsaufwand, langfristig	-250	-1,2%			-219	-1,1%	-194	-0,9%
G123	+ Zinserträge	0	0,0%			2	0,0%	2	0,0%
G124	± Sonst. Finanzergebnis	0	0,0%			0	0,0%	0	0,0%
G125	= FINANZERFOLG	-250	-1,2%			-217	-1,1%	-192	-0,9%
G126	= E G T	1.050	5,1%			1.083	5,3%	1.343	6,6%
G127	± A.o. Ergebnis	0	0,0%			0	0,0%	0	0,0%
G128	- Ertragsteuer (KöSt., Gew.ESt.)	-350	-1,7%			-368	-1,8%	-457	-2,2%
G129	= JAHRESÜBERSCHUSS	700	3,4%			715	3,5%	886	4,3%
G130	± Aufl./Dot. unversteuerter Rücklagen	0	0,0%			0	0,0%	0	0,0%
G131	± Aufl./Zuw. Gewinn- bzw. Kapitalrückl.	0	0,0%			0	0,0%	0	0,0%
G132	± Hinzurechnung Steuerbasis	0	0,0%			0	0,0%	0	0,0%
G133	- Verlustvortrag	0	0,0%			0	0,0%	0	0,0%

KAPITALFLUSSRECHNUNG

		IST 1999		Basis		PLAN 2000 Mittel-		PLAN 2001 Mittel-	
		1000 GE	%	1000 GE	%	Verwend.	Herkunft	Verwend.	Herkunft
K201	E G T	1.050					1.083		1.343
K202	+ Abschreibungen	420					420		420
K203	+ Buchwert verkaufter Sachanlagen	0					0		0
K204	+ Buchw. u. Abschr. verk. Finanzanl.	0					0		0
K205	± Dot./Aufl. Abfert.- u. Pens.Rückst.	0					0		0
K206	± Dot./Aufl. Sonst. Verbindlichk., lfr.	0					0		0
K207	= CASH FLOW aus dem Ergebnis	1.470					1.503		1.763
K208	- Ertragsteuer (KöSt., Gew.ESt.)	-350				-368		-457	
K209	± A.o. Ergebnis	0					0		0
K210	+ BW verk.Sachanlagen (im a.o.Erg.)	0					0		0
K211	± Veränderung Rohstoffe	-					700		0
K212	± Veränderung Handelsware	-					0		0
K213	± Veränderung Halbfabrikate	-					0		0
K214	± Veränderung Fertigfabrikate	-					0		0
K215	± Veränderung Kundenforderungen	-					0		0
K216	± Veränderung Sonst. Umlaufverm.	-					0		0
K217	± Veränderung Sonstige Rückst.	-					0		0
K218	± Veränderung Lieferantenverbindl.	-					0	-295	
K219	± Veränderung Sonst. Verbindl., kfr.	-					0		0
K220	= CASH FLOW aus lfd. Geschäftstät	-					1.835		1.011
K221	- Investitionen Sachanlageverm.	-420				-420		-420	
K222	- Investitionen Finanzanlageverm.	0					0		0
K223	± Aufnahme / Tilgung Darlehen	0				-730			0
K224	± Veränderung Sonstige Verbindl., lfr.	0					0		0
K225	- Ausschüttung	0				-680		-590	
K226	+ Einzahlungen	0					0		0
K227	= Veränderung der Liquidität	-					5		1
K228	± AB Liq. Mittel - Bankverbindl., kfr.	-					100		105
K229	= EB Liq. Mittel - Bankverbindl., kfr.	-					105		106

BILANZ

		IST 1999		Basis		PLAN 2000		PLAN 2001	
		1000 GE	%	1000 GE	%	1000 GE	%	1000 GE	%
B301	Sachanlagevermögen	3.500		3.500		3.500		3.500	
B302	Finanzanlagevermögen	100		100		100		100	
B303	Σ ANLAGEVERMÖGEN	3.600	40,0%	3.600	40,0%	3.600	43,3%	3.600	43,3%
B304	Rohstoffe	3.000		3.000		2.300		2.300	
B305	Handelsware	0		0		0		0	
B306	Halbfabrikate	0		0		0		0	
B307	Fertigfabrikate	0		0		0		0	
B308	Kundenforderungen	1.900		1.900		1.900		1.900	
B309	Sonstiges Umlaufvermögen	400		400		400		400	
B310	*Liquide Mittel*	100		100		105		106	
B311	Σ UMLAUFVERMÖGEN	5.400	60,0%	5.400	60,0%	4.705	56,7%	4.706	56,7%
B312	ΣΣ A K T I V A	9.000	100,0%	9.000	100,0%	8.305	100,0%	8.306	100,0%
B313	Σ EIGENKAPITAL	1.800	20,0%	1.800	20,0%	1.835	22,1%	2.131	25,7%
B314	Abfertigungs- u. Pens.Rückst., lfr.	0		0		0		0	
B315	Sonstige Rückstellungen, kfr.	0		0		0		0	
B316	Bankverbindlichkeiten, lfr.	3.500		3.500		2.770		2.770	
B317	*Bankverbindlichkeiten, kfr.*	0		0		0		0	
B318	Lieferantenverbindlichkeiten, kfr.	2.000		2.000		2.000		1.705	
B319	Sonst. Verbindlichkeiten, kfr.	1.700		1.700		1.700		1.700	
B320	Sonst. Verbindlichkeiten, lfr.	0		0		0		0	
B321	Σ FREMDKAPITAL	7.200	80,0%	7.200	80,0%	6.470	77,9%	6.175	74,3%
B322	ΣΣ P A S S I V A	9.000	100,0%	9.000	100,0%	8.305	100,0%	8.306	100,0%

Die kleinen Differenzen zur Kapitalflussrechnung auf den Seiten 333 und 335 ergeben sich durch die genauere Berechnung der Zinsen.

KENNZAHLENANALYSE

Analysebereich: INVESTITION	IST 1999	2000	2001
Anlagenintensität	40,0%	43,3%	43,3%
Investitionsquote	0,12	0,12	0,12
Investitionsdeckung	1,0	1,0	1,0
Abschreibungsquote	0,12	0,12	0,12

Analysebereich: FINANZIERUNG			
Eigenkapitalquote	20,0%	22,1%	25,7%
Anlagendeckung A	50%	51%	59%
Anlagendeckung B	147%	128%	136%
Working Capital Ratio	31%	21%	28%
Lagerdauer in Tagen	104 Tg.	80 Tg.	82 Tg.
Debitorenziel in Tagen	34 Tg.	34 Tg.	34 Tg.
Kreditorenziel in Tagen	70 Tg.	70 Tg.	61 Tg.

Analysebereich: LIQUIDITÄT			
Schuldtilgungsdauer in Jahren	4,8 J.	4,2 J.	3,4 J.
Liquidität 1. Grades	3%	3%	3%
Liquidität 2. Grades	65%	65%	71%
Liquidität 3. Grades	146%	127%	138%

Analysebereich: RENTABILITÄT			
Gesamtkapitalrentabilität	14,4%	15,7%	18,5%
Eigenkapitalrentabilität	58,3%	59,0%	63,0%
Return On Stock Investment (ROSTI)	-	-	-
Kapitalumschlag	2,3 x	2,5 x	2,5 x
Return On Investment (ROI)	11,7%	13,0%	16,2%

Analysebereich: AUFWANDSTRUKTUR/ERFOLG			
Cash-Flow in % d. BL	7,2%	7,3%	8,6%
Skontoaufwand in % d. Umsatzes	2,4%	2,4%	2,4%
Material- bzw. Warenintensität	51,2%	51,2%	50,2%
Fremdleistungen in % d. BL	0,0%	0,0%	0,0%
Skontoerträge in % d. MES/WES	0,0%	0,0%	0,3%
Personalintensität	21,0%	21,0%	21,0%
Fremdkapitalzinsen in % d. BL	1,2%	1,1%	0,9%
Umsatzrendite	5,1%	5,3%	6,6%
Abschreibung in % d. BL	2,0%	2,0%	2,0%
Deckungsbeitragsrate (DBU)	40,7%	40,7%	41,9%
Cash-Flow-Point in % d. BL	82,4%	82,0%	79,5%
Break-Even-Point in % d. BL	87,4%	87,0%	84,4%
Sicherheitsgrad	12,6%	13,0%	15,6%
Zielumsatz in % d. BL (UR: 5%)	99,7%	99,2%	95,8%

QUICKTEST - BEURTEILUNG / NOTE

Eigenkapitalquote	2		2	2
Schuldtilgungsdauer	2		2	2
FINANZIELLE STABILITÄT	2		2	2
Gesamtkapitalrentabilität		2	1	1
Cash-Flow in % der BL		3	3	2
ERTRAGSKRAFT		2,5	2	1,5
G E S A M T		2,25	2	1,75

Kennzahl/ Beurteilungsschema für Quicktest:		sehr gut (1)	gut (2)	mittel (3)	schlecht (4)	Insolvenz-gefahr (5)
Finanzielle Stabilität	Eigenkapitalquote	> 30%	> 20%	> 10%	< 10%	negativ
	Schuldtilgungsdauer	< 3 J.	< 5 J.	< 12 J.	< 30 J.	> 30 J.
Ertrags- kraft	Gesamtkapitalrentabilität	> 15%	> 12 %	> 8%	< 8%	negativ
	Cash-Flow in % der BL	> 10%	> 8%	> 5%	< 5%	negativ

BENOTUNG DER KENNZAHLEN

Analysebereich: INVESTITION		IST 1999	2000	2001
Anlagenintensität	(50%)	3	2	2
Abschreibungsquote	(50%)	5	5	5
Gesamtnote gewichtet	**[20%]**	**4,0**	**3,5**	**3,5**

günstiger Trend

Analysebereich: FINANZIERUNG				
Eigenkapitalquote	**(40%)**	2	2	1
Anlagendeckung A	(10%)	2	2	2
Anlagendeckung B	(10%)	2	2	2
Working Capital Ratio	(10%)	1	2	1
Lagerdauer in Tagen	(10%)	3	2	2
Debitorenziel in Tagen	(10%)	2	2	2
Kreditorenziel in Tagen	(10%)	3	3	3
Gesamtnote gewichtet	**[40%]**	**2,1**	**2,1**	**1,6**

günstiger Trend

Analysebereich: LIQUIDITÄT				
Schuldtilgungsdauer in J.	**(80%)**	2	2	1
Liquidität 2. Grades	(10%)	-	-	-
Liquidität 3. Grades	(10%)	1	2	1
Gesamtnote gewichtet	**[40%]**	**1,9**	**2,0**	**1,0**

günstiger Trend

Analysebereich: RENTABILITÄT				
Gesamtkapitalrentabilität	**(50%)**	2	1	1
Eigenkapitalrentabilität	(20%)	1	1	1
Return on Stock Investment (ROSTI)	(10%)	-	-	-
Kapitalumschlag	(10%)	1	1	1
Return On Investment (ROI)	(10%)	1	1	1
Gesamtnote gewichtet	**[50%]**	**1,6**	**1,0**	**1,0**

günstiger Trend

Analysebereich: AUFWANDSTRUKTUR/ERFOLG				
Cash-Flow in % d. BL	**(50%)**	3	3	3
Material- bzw. Waren- und Personalintensität	(10%)	1	1	1
Fremdkapitalzinsen in % d. BL	(10%)	1.	1	1
Umsatzrendite	(10%)	2	2	2
Abschreibung in % d. BL	(10%)	5	5	5
Sicherheitsgrad	(10%)	1	1	1
Gesamtnote gewichtet	**[50%]**	**2,5**	**2,5**	**2,5**

gleichbleibender Trend

FINANZIELLE STABILITÄT	**[50%]**	**2,4**	**2,3**	**1,7**

günstiger Trend

ERTRAGSKRAFT	**[50%]**	**2,1**	**1,8**	**1,8**

günstiger Trend

GESAMTNOTE		**2,3**	**2,1**	**1,8**

günstiger Trend

Das untersuchte Unternehmen ist ein Industriebetrieb.

Die Benotung erfolgt nach dem Österreichischen
Schulnotensystem (1=sehr gut, 5=insolvenzgefährdet).

BONITÄTSINDIKATOREN 1
(für alle Betriebstypen)

Multiple Diskriminanzanalyse, vereinfachte Methode

Kenn-zahl	Formel	x Gewichtungs-faktor	IST 1999	2000	2001
1	Cash-Flow p.a. / Verbindlichkeiten	x 1,5	0,306	0,348	0,428
2	Bilanzsumme / Verbindlichkeiten	x 0,08	0,100	0,103	0,108
3	EGT p.a. / Bilanzsumme	x 10	1,167	1,304	1,617
4	EGT p.a. / Betriebsleistung p.a.	x 5	0,256	0,264	0,328
5	Vorräte / Betriebsleistung p.a.	x 0,3	0,044	0,034	0,034
6	Betriebsleistung p.a. / Bilanzsumme	x 0,1	0,228	0,247	0,247
	Insolvenzfrühwarn-Indikator (**Diskriminanzfunktion**)		**2,101**	**2,300**	**2,761**

INTERPRETATIONSTABELLE

> 3	extrem gut			
> 2,2	sehr gut		2,300	2,761
> 1,5	gut	2,101		
> 1	mittelgut			
> 0,3	schlecht			
≤ 0,3	leicht insolvenzgefährdet			
≤ 0	insolvenzgefährdet			
≤-1	stark insolvenzgefährdet			

BONITÄTSINDIKATOREN 2
(nur für Industrie u. Handwerk)

Multiple Diskriminanzanalyse
(nach Beermann)

Kenn-zahl	Formel	x Gewichtungs-faktor	IST 1999	2000	2001
1	AfA auf Sachanlageverm. p.a. / Sachanlage AB+Zugang	x 0,217	0,023	0,023	0,023
2	Cash-Flow p.a. / Verbindlichkeiten	x - 0,063	-0,013	-0,015	-0,018
3	Zugang Sachanlageverm. / AfA auf Sachanlageverm.	x 0,012	0,012	0,012	0,012
4	Verbindlichkeiten / Bilanzsumme	x 0,077	0,062	0,060	0,057
5	EGT p.a. / Umsatz p.a.-Skontoaufw. p.a.	x - 0,105	-0,005	-0,006	-0,007
6	EGT p.a. / Bilanzsumme	x - 0,813	-0,095	-0,106	-0,131
7	Bankverbindlichkeiten / Verbindlichkeiten	x 0,165	0,080	0,071	0,074
8	Umsatz p.a.-Skontoaufw. p.a. / Bilanzsumme	x 0,061	0,139	0,151	0,151
9	Vorräte / Umsatz p.a.-Skontoaufw. p.a.	x 0,268	0,039	0,030	0,030
10	EGT p.a. / Verbindlichkeiten	x 0,124	0,018	0,021	0,027
Insolvenzfrühwarn-Indikator (Diskriminanzfunktion)			**0,260**	**0,241**	**0,218**

INTERPRETATIONSTABELLE

< 0	extrem gut			
< 0,2	sehr gut			
< 0,25	gut		0,241	0,218
< 0,29	mittelgut	0,260		
< 0,31	schlecht			
≥ 0,31	leicht insolvenzgefährdet			
≥ 0,33	insolvenzgefährdet			
≥ 0,35	stark insolvenzgefährdet			

Kurzinterpretation der Kennzahlen:

- Die Rohstoff-Lagerdauer in Tagen sinkt von 104 Tagen (Ist) auf 80 Tage (Plan), also um 24% (gut).
- Die meisten übrigen Kennzahlen würden sich bei Realisierung der geplanten Aktivitäten im Einkaufs-, Meldemengen- und Rabattbereich verbessern.
- Einzige Ausnahme: Working Capital in % des UV, das vorübergehend durch die drastische Reduktion der Vorräte einen kleinen Einbruch erleidet, aber im zweiten Jahr bereits wieder ansteigt.
- Besonders hervorzuheben ist die Entwicklung des ROI, der von 11,7% (Ist) auf 16,2% (Plan zweites Jahr) ansteigen wird.

Graphische Darstellung der ROI-Entwicklung

In den folgenden Abbildungen wird die Entwicklung des ROI von Ist 1999 bis Plan 2000 und von Plan 2000 bis Plan 2001 gezeigt.

In der ersten Periode ist es vor allem der höhere Kapitalumschlag, der den Ist-ROI verbessert, in der zweiten Periode vor allem die Umsatzrentabilität. Der höhere Kapitalumschlag der ersten Periode wird durch die Lagersenkung um 23%, die höhere Umsatzrentabilität in der zweiten Periode und durch die wirtschaftliche Rabatt- und Skontoausnutzung verursacht.

Diese Art der Darstellung eignet sich in der Praxis sehr gut zur Demonstration bzw. für einen Personenkreis, dem man die Vorteilhaftigkeit der geplanten Aktivitäten durch Auswirkungsanalysen auf wichtige Kennzahlen zeigen will.

Zur theoretisch richtigen Interpretation des ROI wird auf die Erläuterungen im Kapitel 3.2.4.3. verwiesen.

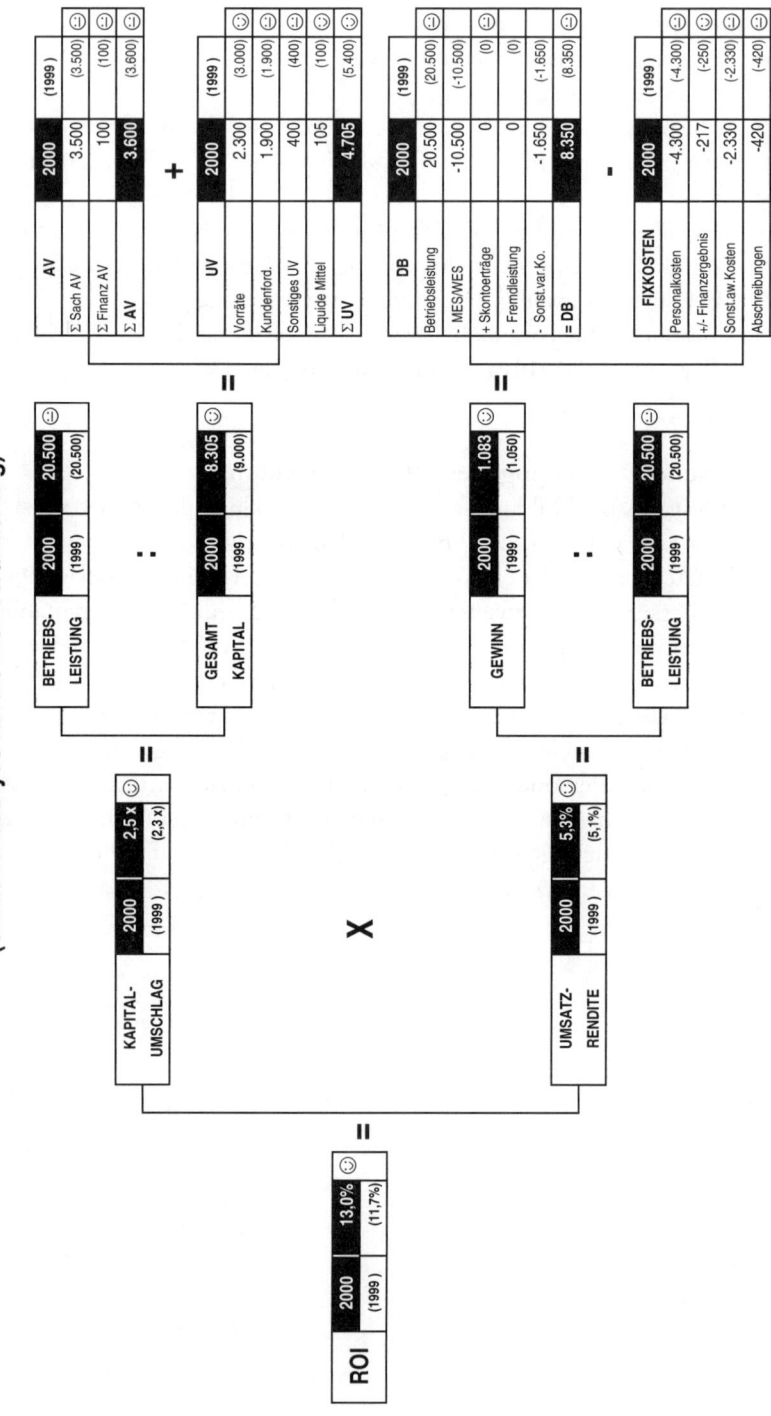

ROI-KENNZAHLENBAUM 2000 : 1999
(Ursachenanalyse für die ROI-Veränderung)

ROI-KENNZAHLENBAUM 2001 : 2000
(Ursachenanalyse für die ROI-Veränderung)

AV	2001	(2000)	
Σ Sach AV	3.500	(3.500)	☹
Σ Finanz AV	100	(100)	☹
Σ AV	3.600	(3.600)	☹

+

UV	2001	(2000)	
Vorräte	2.300	(2.300)	☹
Kundenford.	1.900	(1.900)	☹
Sonstiges UV	400	(400)	☹
Liquide Mittel	106	(105)	☹
Σ UV	4.706	(4.705)	☺

DB	2001	(2000)	
Betriebsleistung	20.500	(20.500)	☹
- MES/WES	-10.300	(-10.500)	☺
+ Skontoerträge	35	(0)	☺
- Fremdleistung	0	(0)	☺
- Sonst.var.Ko.	-1.650	(-1.650)	☹
= DB	8.585	(8.350)	☺

-

FIXKOSTEN	2001	(2000)	
Personalkosten	-4.300	(-4.300)	☹
+/- Finanzergebnis	-192	(-217)	☺
Sonst.aw.Kosten	-2.330	(-2.330)	☹
Abschreibungen	-420	(-420)	☹
= FIXKOSTEN	-7.242	(-7.267)	☺

=

BETRIEBS-LEISTUNG	2001	(2000)	
	20.500	(20.500)	☹

GESAMT KAPITAL	2001	(2000)	
	8.306	(8.305)	☹

=

GEWINN	2001	(2000)	
	1.343	(1.083)	☺

BETRIEBS-LEISTUNG	2001	(2000)	
	20.500	(20.500)	☹

=

KAPITAL-UMSCHLAG	2001	(2000)	
	2,5 x	(2,5 x)	☹

X

UMSATZ-RENDITE	2001	(2000)	
	6,6%	(5,3%)	☺

=

ROI	2001	(2000)	
	16,2%	(13,0%)	☺

6.2.3. Fallbeispiel: Sanierungspläne durch Fortbestandsprognose absichern (Das Arbeiten mit dem Feasibility-Manager)!

Ausgangssituation und Ziel

Ein Großhandelsbetrieb mit technischen Produkten ist stark insolvenzgefährdet und möchte durch eine **Fortbestandsprognose** wissen, ob das Unternehmen sanierungsfähig ist oder nicht. Ein Teil des Umsatzes wird assembliert (daher Fremdleistungen in der G&V). Das Unternehmen wird in der Rechtsform einer GmbH geführt.

Der prekäre Ist-Zustand stellt sich wie folgt dar:

GEWINN- UND VERLUSTRECHNUNG (G&V)		1998		1999	
		1000 GE	%	1000 GE	%
G101	Umsatzerlöse	10.356	95,9%	12.404	99,7%
G102	- Skontoaufwand	-42	-0,4%	-30	-0,2%
G103	± Bestandsveränderung	0	0,0%	0	0,0%
G104	+ Sonst. betriebl. Erträge	481	4,5%	65	0,5%
G105	= BETRIEBSLEISTUNG	10.795	100,0%	12.439	100,0%
G106	- Materialeinsatz	-260	-2,4%	-276	-2,2%
G107	- Wareneinsatz	-6.333	-58,7%	-8.223	-66,1%
G108	+ Skontoertrag	18	0,2%	69	0,6%
G109	- Fremdleistungen	-1.600	-14,8%	-1.014	-8,2%
G110	- Sonstige variable Kosten	0	0,0%	0	0,0%
G111	= DECKUNGSBEITRAG (DBU)	2.620	24,3%	2.995	24,1%
G112	- Personalkosten	-647	-6,0%	-915	-7,4%
G113	- Geschäftsführerbezüge	-642	-5,9%	-665	-5,3%
G114	± Aufl./Dot. Abfert.- u. Pens.Rückst.	0	0,0%	0	0,0%
G115	- Sonst. betriebl. Aufwendungen	-1.157	-10,7%	-1.214	-9,8%
G118	- Abschreibungen	-235	-2,2%	-220	-1,8%
G120	= BETRIEBSERFOLG	-61	-0,6%	-19	-0,2%
G121	- Zinsaufwand, kurzfristig	0	0,0%	0	0,0%
G122	- Zinsaufwand, langfristig	-182	-1,7%	-218	-1,8%
G123	+ Zinserträge	14	0,1%	0	0,0%
G124	± Sonst. Finanzergebnis	0	0,0%	0	0,0%
G125	= Finanzerfolg	-168	-1,6%	-218	-1,8%
G126	= E G T	-229	-2,1%	-237	-1,9%
G127	± A.o. Ergebnis	0	0,0%	0	0,0%
G128	- Ertragsteuer	0	0,0%	0	0,0%
G129	= JAHRESÜBERSCHUSS	-229	-2,1%	-237	-1,9%
G130	± Aufl./Dot. unversteuerter Rücklagen	0	0,0%	0	0,0%
G131	± Aufl./Zuw. Gewinn- bzw. Kapitalrückl.	0	0,0%	0	0,0%
G133	± Gewinn-/Verlustvortrag	0	0,0%	0	0,0%
G134	= BILANZGEWINN / -VERLUST	-229	-2,1%	-237	-1,9%

BILANZ		1998		1999	
		1000 GE	%	1000 GE	%
B301	Sachanlagevermögen	912		769	
B302	Finanzanlagevermögen	0		0	
B303 Σ	**ANLAGEVERMÖGEN**	912	18,9%	769	11,2%
B304	Rohstoffe	0		0	
B305	Handelsware	1.020		1.516	
B306	Halbfabrikate	0		0	
B307	Fertigfabrikate	0		0	
B308	Kundenforderungen	1.229		2.103	
B309	Sonstiges Umlaufvermögen	333		59	
B310	*Liquide Mittel*	783		1.629	
B311 Σ	**UMLAUFVERMÖGEN**	3.365	69,7%	5.307	77,3%
B312 ΣΣ	A K T I V A	4.277	88,6%	6.076	88,5%
B313 Σ	**EIGENKAPITAL**	-551	-11,4%	-788	-11,5%
B314	Abfertigungs- u. Pensionsrückst., lfr.	0		0	
B315	Sonstige Rückstellungen, kfr.	50		17	
B316	Darlehen (Bankverbindlichk., lfr.)	3.435		4.332	
B317	*Bankverbindlichkeiten, kfr.*	0		0	
B318	Lieferantenverbindlichkeiten, kfr.	1.169		2.320	
B319	Sonst. Verbindlichkeiten, kfr.	174		195	
B320	Sonst. Verbindlichkeiten, lfr.	0		0	
B321 Σ	**FREMDKAPITAL**	4.828	100,0%	6.864	100,0%
B322	ΣΣ P A S S I V A	4.277	88,6%	6.076	88,5%
B324	G E S A M T K A P I T A L	4.828	100,0%	6.864	100,0%

Trotz des niedrigen Cash-Flow aus dem Ergebnis und den Erhöhungen der Vorratsbestände und Kundenforderungen konnte die Liquidität um mehr als 0,8 Mio GE erhöht werden. Eine beachtliche Erhöhung der Lieferanten- verbindlichkeiten und die Aufnahme eines Darlehens (= langfristiger Bankkredit) machte dies möglich.

KAPITALFLUSSRECHNUNG		1999	
(Werte in 1000 GE)		Mittel-	
		Verwend.	Herkunft
K201	E G T	-237	
K202	+ Abschreibungen		220
K203	+ Buchwert verkaufter Sachanlagen		0
K204	+ Buchwert u. Abschr. verk. Finanzanl.		0
K205	± Dot./Aufl. Abfert.- u. Pens.Rückst.		0
K206	± Dot./Aufl. Sonst. Verbindlichk., lfr.		0
K207	**= CASH FLOW aus dem Ergebnis**	-17	
K208	- Ertragsteuer	0	
K209	± A.o. Ergebnis		0
K210	+ BW verk. Sachanlagen (im a.o.Erg.)		0
K211	± Veränderung Rohstoffe		0
K212	± Veränderung Handelsware	-496	
K213	± Veränderung Halbfabrikate		0
K214	± Veränderung Fertigfabrikate		0
K215	± Veränderung Kundenforderungen	-874	
K216	± Veränderung Sonstiges UV		274
K217	± Veränderung Sonstige Rückst., kfr.	-33	
K218	± Veränderung Lieferantenverbindl., kfr.		1.151
K219	± Veränderung Sonstige Verbindl., kfr.		21
K220	**= CASH FLOW aus lfd. Geschäftstätigkeit**		26
K221	- Investitionen SV	-77	
K222	- Investitionen FV		0
K223	± Tilgung / Aufnahme Darlehen		897
K224	± Veränderung Sonstige Verbindl., lfr.		0
K225	- Ausschüttung		0
K226	+ Einzahlungen		0
K227	**= Veränderung der Liquidität**		846
K228	± AB Liq. Mittel - Bankverbindl., kfr.		783
K229	*= EB Liq. Mittel - Bankverbindl., kfr.*		1.629

Eine beachtliche Liquiditäts- verbesserung gegenüber 1998.

Beurteilung des Ist-Zustandes

Trotz einer Steigerung der Betriebsleistung um 15% konnte das EGT nicht verbessert werden.

Ursachen

Die Spanne ist um 0,2 Prozentpunkte zurückgegangen, Sach- und Zinsaufwand sind gestiegen.

Beurteilung

Die Quicktest-Gesamtnote beträgt 4,75 bzw. 5. Die Diskriminanzfunktionen nach der vereinfachten Methode bestätigen die schlechten Quicktest-Noten. **Nach dem österreichischen URG besteht Reorganisationsbedarf. Das Unternehmen ist insolvenzgefährdet!**

QUICKTEST - BEURTEILUNG / NOTE

	1998	1999
Eigenkapitalquote	5	5
Schuldtilgungsdauer	5	5
FINANZIELLE STABILITÄT	5	5
Gesamtkapitalrentabilität	5	5
Cash-Flow in % der BL	4	5
ERTRAGSKRAFT	4,5	5
G E S A M T	4,75	5

Multiple Diskriminanzanalyse, vereinfachte Methode

INTERPRETATIONSTABELLE		1998	1999
> 3	extrem gut		
> 2,2	sehr gut		
> 1,5	gut		
> 1	mittelgut		
> 0,3	schlecht		
≤ 0,3	leicht insolvenzgefährdet		
≤ 0	insolvenzgefährdet	-0,247	-0,146
≤-1	stark insolvenzgefährdet		

○ **Eigenkapitalquote - absolute Verschuldung**

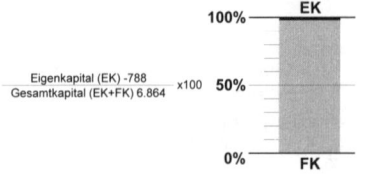

$$\frac{\text{Eigenkapital (EK) -788}}{\text{Gesamtkapital (EK+FK) 6.864}} \times 100$$

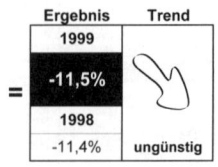

○ **Schuldtilgungsdauer - relative Verschuldung**

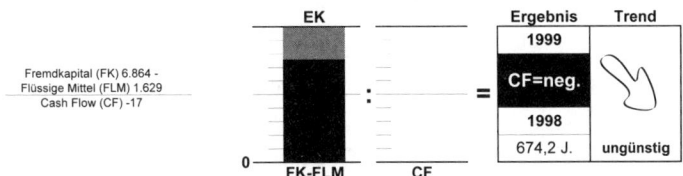

Fremdkapital (FK) 6.864 -
Flüssige Mittel (FLM) 1.629
Cash Flow (CF) -17

Definition der Ziele, mögliche Sanierungspotentiale

Wird unterstellt, dass das Unternehmen ab einer Quicktest-Gesamtnote von mindestens 3,5 als saniert betrachtet werden kann, dann muss ein PC-Programm für die Kennzahlen-Zielwertsuche zur Unterstützung herangezogen werden. Der sogenannte **Feasibility Manager** ist ein Excel-Anwenderprogramm, das speziell für solche Problemstellungen entwickelt wurde.

Step 1: Notwendige Profitveränderung

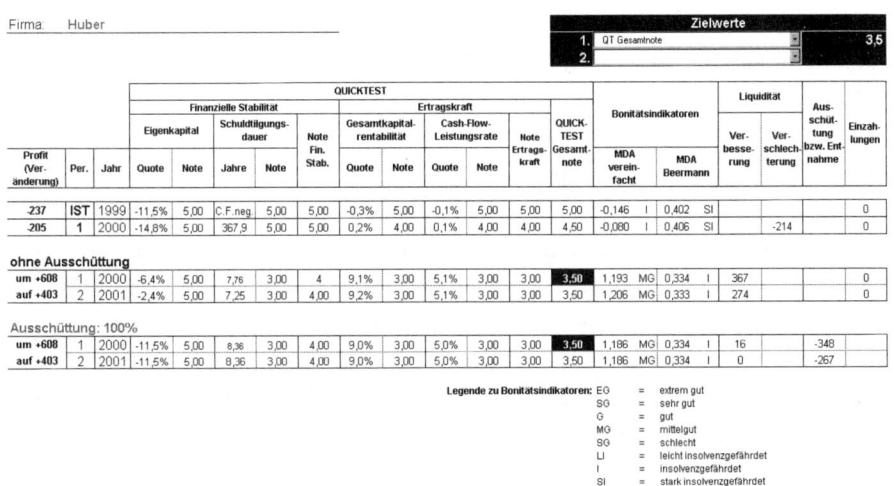

Im **Feasibility Manager** können maximal zwei Zielkennzahlen bestimmt werden. Zur Auswahl stehen folgende 15 Zielwerte:

- Eigenkapitalquote (Wert oder Quicktest-Note)
- Schuldtilgungsdauer (Wert oder Quicktest-Note)
- Quicktest-Note für Finanzielle Stabilität
- Gesamtkapitalrentabilität (Wert oder Quicktest-Note)
- Cash-Flow-Leistungsrate (Wert oder Quicktest-Note)
- Quicktest-Note für Ertragskraft
- Quicktest-Gesamtnote
- MDA vereinfacht (Bonitätsindikator)

- MDA nach Beermann (Bonitätsindikator)
- Veränderung der Liquidität (Absolutbetrag)
- Mindesthöhe der Ausschüttungen (Absolutbetrag)

In einem ersten Vor-Check wird vom Programm überprüft, ob es prinzipiell überhaupt möglich ist, das gesteckte Ziel zu erreichen. Es wird gecheckt, um wieviel der Profit (= EGT bzw. Cash-Flow) erhöht werden müsste, um die gewünschte Mindest-Quicktest-Gesamtnote von 3,5 zu erlangen.

Dabei werden zwei Varianten angeboten:

- Zielerreichung bei Nichtausschüttung
- Zielerreichung bei frei wählbarem Ausschüttungs-Prozentsatz (hier: 100%)

In diesem Beispiel müsste der Profit um etwa 0,6 Mio GE erhöht werden, um auf eine Quicktest-Gesamtnote von 3,5 zu kommen.

Dass bei beiden Ausschüttungsvarianten die gleiche Profiterhöhung angezeigt wird, hängt damit zusammen, dass bei beiden Varianten das Eigenkapital nach Profiterhöhung im ersten Jahr negativ bleibt. Der Quicktest bewertet eine negative Eigenkapitalquote immer mit der Note 5. Wäre die Eigenkapitalquote im Ist-Zustand etwas besser, müsste der Profit bei der Nichtausschüttungs-variante nicht so stark erhöht werden. Sobald das Eigenkapital einen Wert > 0 erreicht, wird diese Kennzahl nämlich mindestens mit der Note 4 bewertet - das würde einen Teil zur Zielerreichung beitragen.

Step 2: Lösungsraum

Nach diesem ersten Check muss dem **Feasibility Manager** "mitgeteilt" werden, wie die geplante Profiterhöhung erreicht werden soll. Der Anwender setzt für folgende vier Parameter die maximalen Grenzen, innerhalb derer nach möglichen Lösungen zu suchen ist:

- Maximale Erhöhung des Umsatzes
- Maximale Erhöhung der Deckungsbeitragsrate (DBU)
- Maximale Verringerung der Personalkosten
- Maximale Verringerung der sonstigen Kosten

> ☞ Erhöhungen bzw. Verringerungen gelten nur für das erste Plan-jahr und bleiben ab dem zweiten Planjahr unverändert.

Graphisch sieht der wichtige Step 2 so aus:

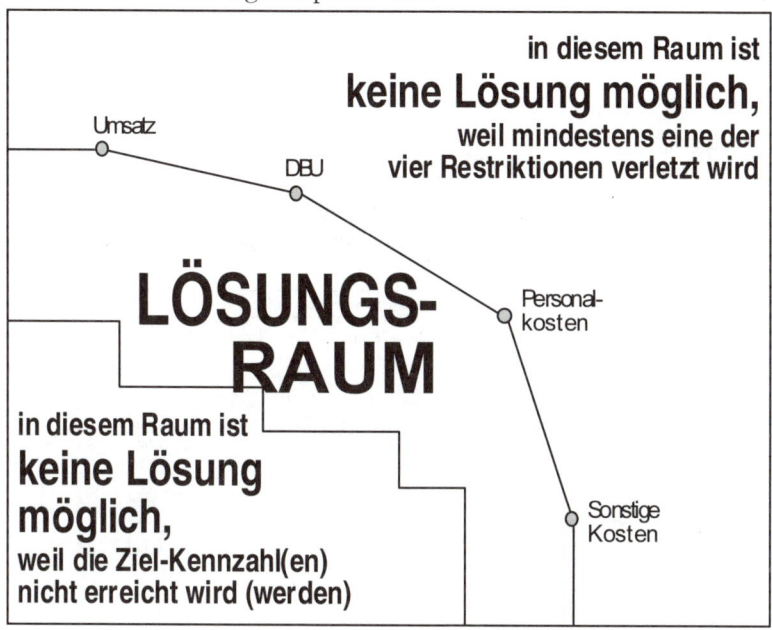

In diesem Beispiel wurden folgende Grenzen festgesetzt:

- Umsatz   0%   bis   +20%
- DBU   0%   bis   +2%
- Personalkosten   0%   (sollten hier unverändert bleiben, weil sie schon im Ist-Zustand für einen Großhandelsbetrieb extrem niedrig sind)
- Sonstige Kosten   0%   bis   -20%

Nach 10 bis 70 Minuten Rechenzeit (abhängig vom PC-System und der Problemstellung) gibt der Feasibility Manager eine Liste aller relevanten Szenarien aus, die den Vorgaben entsprechen. Eine Hand voll bis 256 Varianten kann diese Liste umfassen. Im vorliegenden Beispiel sind es 20 Szenarien, also relativ wenige, welche die Zielkennzahlen erreichen bzw. erfüllen.

☞ Es hätte noch eine zweite Zielkennzahl ausgewählt werden können. Von dieser Möglichkeit ist aber hier nicht Gebrauch gemacht worden.

	A	B	C	D	E	F	G	H	I	J
1			max			Sortieren				
2			von	bis		Zielkennzahl 1	▼	absteigend ▼		
3		Umsatz	+20,00%	0,00%		Zielkennzahl 2	▼	absteigend ▼		
4		DBU	+2,00%	0,00%		Profitveränderung	▼	aufsteigend ▼		
5		PersKo	0,00%	0,00%			Sortieren			Step 2
6		Sonst.Ko	0,00%	-20,00%						
7										
8		Variante für PlanB		10		PlanB				
9		Name PlanB		PlanB10FB		erstellen				

Feasibility - Manager

Step 2 - 20 zulässige Lösungen

Huber

	Szenario Nr.	Aus- schüttung	Veränderung der relevanten Erfolgsparameter um ... %					Profit- ver- änderung um ...	Zielkennzahl
			Umsatz	DBU	PersKo	Sonst.Ko	-		QT Gesamt- note
53	1	0%	+20,00%	+0,00%	0,00%	-20,00%		+837	3,5
54	2	100%	+20,00%	+0,00%	0,00%	-20,00%		+832	3,5
55	3	0%	+10,00%	+2,00%	0,00%	-20,00%		+809	3,5
56	4	100%	+10,00%	+2,00%	0,00%	-20,00%		+804	3,5
57	5	0%	+20,00%	+1,00%	0,00%	-0,00%		+742	3,5
58	6	100%	+20,00%	+1,00%	0,00%	-0,00%		+737	3,5
59	7	0%	+10,00%	+2,00%	0,00%	-10,00%		+687	3,5
60	8	100%	+10,00%	+2,00%	0,00%	-10,00%		+683	3,5
61	9	0%	+10,00%	+1,00%	0,00%	-20,00%		+673	3,5
62	*) 10	100%	+10,00%	+1,00%	0,00%	-20,00%		+669	3,5
63	11	0%	+20,00%	+2,00%	0,00%	-10,00%		+1.012	3,25
64	12	100%	+20,00%	+2,00%	0,00%	-10,00%		+1.006	3,25
65	13	0%	+20,00%	+1,00%	0,00%	-20,00%		+986	3,25
66	14	100%	+20,00%	+1,00%	0,00%	-20,00%		+980	3,25
67	15	0%	+20,00%	+2,00%	0,00%	-0,00%		+890	3,25
68	16	100%	+20,00%	+2,00%	0,00%	-0,00%		+884	3,25
69	17	0%	+20,00%	+1,00%	0,00%	-10,00%		+864	3,25
70	18	100%	+20,00%	+1,00%	0,00%	-10,00%		+859	3,25
71	19	100%	+20,00%	+2,00%	0,00%	-20,00%		+1.127	3
72	20	0%	+20,00%	+2,00%	0,00%	-20,00%		+1.134	2,75
73	21								

*) Für das Szenario 10 sind detaillierte Planbilanzen und Kennzahlen ausgedruckt worden.

Interpretation der Ergebnisse

* Der **Umsatz muss um mindestens 10%** bzw. **20% gesteigert werden** (je nach gleichzeitiger DBU-Erhöhung), um eine Sanierung herbeizuführen bzw. einzuleiten.

* Die **sonstigen Kosten könnten bei 20-prozentiger Umsatzsteigerung gleich hoch bleiben** (Variante 5 und 6 bzw. 15 und 16).

* Durch die vom Anwender festgesetzten Grenzen ist die erforderliche Profiterhöhung bei allen 20 Varianten etwas höher als beim ersten Check (Step 1), da dort ein Niedrigstwert angezeigt wird.

* Wieder zeigt sich, dass die Varianten mit Nichtausschüttung und die Varianten mit 100-prozentiger Ausschüttung gleiche Ergebnisse aufweisen. Das liegt am hohen negativen Eigenkapital des Ist-Zustandes: Trotz Nichtausschüttung bleibt das Eigenkapital im ersten Planjahr negativ und die Note daher 5.

* **Innerhalb der vom Anwender festgesetzten Grenzen gibt es keine weiteren Lösungen! Allein eine Verbesserung des Umsatzes z.B.**

um nur 10% reicht nicht aus, eine Quicktest-Gesamtnote von 3,5 zu erreichen!

Ausgabe der detaillierten Ergebnisse

Jede der 20 Varianten lässt sich auf Knopfdruck im Detail betrachten. **Am realistischsten erscheint das Szenario 10.** Hier ist eine (immer noch sehr starke) Umsatzerhöhung von "nur" 10% erforderlich. Außerdem wird in dieser Variante voll ausgeschüttet. Der DB müßte um 1 Prozentpunkt gesteigert, die sonstigen Kosten um 20% gesenkt werden.

Hier nun die Detailergebnisse des **Szenario 10**:

GEWINN- UND VERLUSTRECHNUNG		IST 1999		Basis		PLAN 2000		PLAN 2001	
		1000 GE	%	1000 GE	%	1000 GE	%	1000 GE	%
G101	Umsatzerlöse	12.404	99,7%			13.644	99,7%	13.644	99,7%
G102	- Skontoaufwand	-30	-0,2%			-33	-0,2%	-33	-0,2%
G103	± Bestandsveränderung	0	0,0%			0	0,0%	0	0,0%
G104	+ Sonst. betriebl. Erträge	65	0,5%			71	0,5%	71	0,5%
G105	= BETRIEBSLEISTUNG	12.439	100,0%			13.683	100,0%	13.683	100,0%
G106	- Materialeinsatz	-276	-2,2%			-300	-2,2%	-300	-2,2%
G107	- Wareneinsatz	-8.223	-66,1%			-8.926	-65,2%	-8.926	-65,2%
G108	+ Skontoertrag	69	0,6%			76	0,6%	76	0,6%
G109	- Fremdleistungen	-1.014	-8,2%			-1.101	-8,0%	-1.101	-8,0%
G110	- Sonstige variable Kosten	0	0,0%			0	0,0%	0	0,0%
G111	= DECKUNGSBEITRAG (DBU)	2.995	24,1%			3.432	25,1%	3.432	25,1%
G112	- Personalkosten	-915	-7,4%			-915	-6,7%	-915	-6,7%
G113	- Geschäftsführerbezüge	-665	-5,3%			-665	-4,9%	-665	-4,9%
G114	± Aufl./Dot. Abfert.- u. Pens.Rückst.	0	0,0%			0	0,0%	0	0,0%
G115	- Sonst. betriebl. Aufwendungen	-1.214	-9,8%			-971	-7,1%	-971	-7,1%
G116	+ Nutzen, investitionsrelevant	0	0,0%			0	0,0%	0	0,0%
G117	- Sprungfixe Kosten	0	0,0%			0	0,0%	0	0,0%
G118	- Abschreibungen alt	-220	-1,8%			-220	-1,6%	-220	-1,6%
G119	- Abschreibungen neu	0	0,0%			0	0,0%	0	0,0%
G120	= BETRIEBSERFOLG	-19	-0,2%			661	4,8%	661	4,8%
G121	- Zinsaufwand, kurzfristig	0	0,0%			0	0,0%	0	0,0%
G122	- Zinsaufwand, langfristig	-218	-1,8%			-217	-1,6%	-217	-1,6%
G123	+ Zinserträge	0	0,0%			31	0,2%	30	0,2%
G124	± Sonst. Finanzergebnis	0	0,0%			0	0,0%	0	0,0%
G125	= FINANZERFOLG	-218	-1,8%			-185	-1,4%	-187	-1,4%
G126	= E G T	-237	-1,9%			476	3,5%	474	3,5%
G127	± A.o. Ergebnis	0	0,0%			0	0,0%	0	0,0%
G128	- Ertragsteuer (KöSt., Gew.ESt.)	0	0,0%			-81	-0,6%	-161	-1,2%
G129	= JAHRESÜBERSCHUSS	-237	-1,9%			394	2,9%	313	2,3%
G130	± Aufl./Dot. unversteuerter Rücklagen	0	0,0%			0	0,0%	0	0,0%
G131	± Aufl./Zuw. Gewinn- bzw. Kapitalrückl.	0	0,0%			0	0,0%	0	0,0%
G132	± Hinzurechnung Steuerbasis	0	0,0%			0	0,0%	0	0,0%
G133	- Verlustvortrag	0	0,0%			-237	-1,7%	0	0,0%

In der Zeile G101 ist die 10-prozentige (nachhaltige) Umsatzerhöhung abzulesen. Die Erhöhung der Deckungsbeitragsrate um 1 Prozentpunkt zeigt die Zeile G111. In der Zeile G115 schließlich kann die Verringerung des sonstigen Aufwands um 20% abgelesen werden.

Hier die Bilanz und die Kapitalflussrechnung des Szenario 10:

BILANZ

		IST 1999		Basis		PLAN 2000		PLAN 2001	
		1000 GE	%	1000 GE	%	1000 GE	%	1000 GE	%
B301	Sachanlagevermögen	769		769		769		769	
B302	Finanzanlagevermögen	0		0		0		0	
B303 Σ	**ANLAGEVERMÖGEN**	769	11,2%	769	11,2%	769	10,9%	769	10,9%
B304	Rohstoffe	0		0		0		0	
B305	Handelsware	1.516		1.516		1.639		1.639	
B306	Halbfabrikate	0		0		0		0	
B307	Fertigfabrikate	0		0		0		0	
B308	Kundenforderungen	2.103		2.103		2.312		2.312	
B309	Sonstiges Umlaufvermögen	59		59		65		65	
B310	*Liquide Mittel*	1.629		1.629		1.499		1.499	
B311 Σ	**UMLAUFVERMÖGEN**	5.307	77,3%	5.307	77,3%	5.515	78,0%	5.515	78,0%
B312	ΣΣ A K T I V A	6.076	88,5%	6.076	88,5%	6.284	88,9%	6.284	88,9%
B313 Σ	**EIGENKAPITAL**	-788	-11,5%	-788	-11,5%	-788	-11,1%	-788	-11,1%
B314	Abfertigungs- u. Pens.Rückst., lfr.	0		0		0		0	
B315	Sonstige Rückstellungen, kfr.	17		17		17		17	
B316	Bankverbindlichkeiten, lfr.	4.332		4.332		4.332		4.332	
B317	***Bankverbindlichkeiten, kfr.***	0		0		0		0	
B318	Lieferantenverbindlichkeiten, kfr.	2.320		2.320		2.528		2.528	
B319	Sonst. Verbindlichkeiten, kfr.	195		195		195		195	
B320	Sonst. Verbindlichkeiten, lfr.	0		0		0		0	
B321 Σ	**FREMDKAPITAL**	6.864	100,0%	6.864	100,0%	7.072	100,0%	7.072	100,0%
B322	ΣΣ P A S S I V A	6.076	88,5%	6.076	88,5%	6.284	88,9%	6.284	88,9%
B324	G E S A M T K A P I T A L	6.864	100,0%	6.864	100,0%	7.072	100,0%	7.072	100,0%

KAPITALFLUSSRECHNUNG

		IST 1999		Basis		PLAN 2000		PLAN 2001	
						Mittel-		Mittel-	
		1000 GE	%	1000 GE	%	Verwend.	Herkunft	Verwend.	Herkunft
K201	E G T	-237					476		474
K202	+ Abschreibungen	220					220		220
K203	+ Buchwert verkaufter Sachanlagen	0					0		0
K204	+ Buchw. u. Abschr. verk. Finanzanl.	0					0		0
K205	± Dot./Aufl. Abfert.- u. Pens.Rückst.	0					0		0
K206	± Dot./Aufl. Sonst. Verbindlichk., lfr.	0					0		0
K207	**= CASH FLOW aus dem Ergebnis**	-17					696		694
K208	- Ertragsteuer (KöSt., Gew.ESt.)	0				-81		-161	
K209	± A.o. Ergebnis	0					0		0
K210	+ BW verk.Sachanlagen (im a.o.Erg.)	0					0		0
K211	± Veränderung Rohstoffe	-					0		0
K212	± Veränderung Handelsware	-				-123		0	
K213	± Veränderung Halbfabrikate	-					0		0
K214	± Veränderung Fertigfabrikate	-					0		0
K215	± Veränderung Kundenforderungen	-				-209		0	
K216	± Veränderung Sonst. Umlaufverm.	-				-6		0	
K217	± Veränderung Sonstige Rückst.	-					0		0
K218	± Veränderung Lieferantenverbindl.	-					208		0
K219	± Veränderung Sonst. Verbindl., kfr.	-					0		0
K220	**= CASH FLOW aus lfd. Geschäftstät.**	-					485		533
K221	- Investitionen Sachanlageverm.	-77				-220		-220	
K222	- Investitionen Finanzlageverm.	0					0		0
K223	± Aufnahme / Tilgung Darlehen	897					0		0
K224	± Veränderung Sonstige Verbindl., lfr.	0					0		0
K225	- Ausschüttung	0				-394		-313	
K226	+ Einzahlungen	0					0		0
K227	**= Veränderung der Liquidität**	-				-130		0	
K228	± AB Liq. Mittel - Bankverbindl., kfr.	-					1.629		1.499
K229	**= EB Liq. Mittel - Bankverbindl., kfr.**	-					1.499		1.499

Umseitige Kennzahlenanalyse zeigt, dass die Quicktest-Gesamtnote ab dem ersten Planjahr (2000) tatsächlich den Wert 3,5 erreicht und in den Folgejahren beibehalten wird. Die Quicktest-Kennzahlen Schuldtilgungsdauer, Gesamtkapital-rentabilität und Cash-Flow-Leistungsrate verbessern sich von Note 5 im Ist-Jahr auf Note 3 in den Planjahren. Der schlechte Wert der Eigenkapitalquote (Note 5) kann durch die Maßnahmen zwar nicht verbessert werden, dennoch ergibt sich im arithmetischen Durchschnitt der vier Noten die erwünschte Quicktest-Ge-samtnote von 3,5. Das gesteckte Ziel wurde also erreicht, **das Unternehmen ist somit sanierungsfähig.**

KENNZAHLENANALYSE

Analysebereich: INVESTITION	IST 1999	2000	2001
Anlagenintensität	11,2%	10,9%	10,9%
Investitionsquote	0,08	0,29	0,29
Investitionsdeckung	2,9	1,0	1,0
Abschreibungsquote	0,29	0,29	0,29

Analysebereich: FINANZIERUNG			
Eigenkapitalquote	-11,5%	-11,1%	-11,1%
Anlagendeckung A	EK neg.	EK neg.	EK neg.
Anlagendeckung B	278%	278%	278%
Working Capital Ratio	52%	50%	50%
Lagerdauer in Tagen	65 Tg.	65 Tg.	65 Tg.
Debitorenziel in Tagen	62 Tg.	62 Tg.	62 Tg.
Kreditorenziel in Tagen	90 Tg.	90 Tg.	90 Tg.

Analysebereich: LIQUIDITÄT			
Schuldtilgungsdauer in Jahren	C.F. neg.	8,0 J.	8,0 J.
Liquidität 1. Grades	64%	55%	55%
Liquidität 2. Grades	150%	141%	141%
Liquidität 3. Grades	210%	201%	201%

(Seitliche Beschriftung: FINANZIELLE STABILITÄT)

Analysebereich: RENTABILITÄT

Gesamtkapitalrentabilität	-0,3%	9,8%	9,8%
Eigenkapitalrentabilität	EK neg.	EK neg.	EK neg.
Return On Stock Investment (ROSTI)	264	277	277
Kapitalumschlag	1,8 x	1,9 x	1,9 x
Return On Investment (ROI)	-3,5%	6,7%	6,7%

Analysebereich: AUFWANDSTRUKTUR/ERFOLG

Cash-Flow in % d. BL	-0,1%	5,1%	5,1%
Skontoaufwand in % d. Umsatzes	0,2%	0,2%	0,2%
Material- bzw. Warenintensität	68,3%	67,4%	67,4%
Fremdleistungen in % d. BL	8,2%	8,0%	8,0%
Skontoerträge in % d. MES/WES	0,8%	0,8%	0,8%
Personalintensität	12,7%	11,5%	11,5%
Fremdkapitalzinsen in % d. BL	1,8%	1,6%	1,6%
Umsatzrendite	-1,9%	3,5%	3,5%
Abschreibung in % d. BL	1,8%	1,6%	1,6%
Deckungsbeitragsrate (DBU)	24,1%	25,1%	25,1%
Cash-Flow-Point in % d. BL	100,6%	79,7%	79,8%
Break-Even-Point in % d. BL	107,9%	86,1%	86,2%
Sicherheitsgrad	-7,9%	13,9%	13,8%
Zielumsatz in % d. BL (UR: 2%)	117,7%	93,6%	93,7%

(Seitliche Beschriftung: ERTRAGSKRAFT)

QUICKTEST - BEURTEILUNG / NOTE

Eigenkapitalquote	5	5	5	
Schuldtilgungsdauer	5	3	3	
FINANZIELLE STABILITÄT	5	4	4	
Gesamtkapitalrentabilität	5	3	3	
Cash-Flow in % der BL	5	3	3	
ERTRAGSKRAFT	5	3	3	
G E S A M T	**5**	**3,5**	**3,5**	

Kennzahl/ Beurteilungsschema für Quicktest:		sehr gut (1)	gut (2)	mittel (3)	schlecht (4)	Insolvenz-gefahr (5)
Finanzielle Stabilität	Eigenkapitalquote	> 30%	> 20%	> 10%	< 10%	negativ
	Schuldtilgungsdauer	< 3 J.	< 5 J.	< 12 J.	< 30 J.	> 30 J.
Ertrags-kraft	Gesamtkapitalrentabilität	> 15%	> 12 %	> 8%	< 8%	negativ
	Cash-Flow in % der BL	> 10%	> 8%	> 5%	< 5%	negativ

BENOTUNG DER KENNZAHLEN

Analysebereich: INVESTITION		IST 1999	2000	2001
Anlagenintensität	(50%)	2	2	2
Abschreibungsquote	(50%)	2	2	2
Gesamtnote gewichtet	**[20%]**	**2,0**	**2,0**	**2,0**

gleichbleibender Trend

Analysebereich: FINANZIERUNG				
Eigenkapitalquote	**(40%)**	4	4	4
Anlagendeckung A	(10%)	5	5	5
Anlagendeckung B	(10%)	2	2	2
Working Capital Ratio	(10%)	1	1	1
Lagerdauer in Tagen	(10%)	3	3	3
Debitorenziel in Tagen	(10%)	4	4	4
Kreditorenziel in Tagen	(10%)	4	5	5
Gesamtnote gewichtet	**[40%]**	**3,5**	**3,6**	**3,6**

gleichbleibender Trend

Analysebereich: LIQUIDITÄT				
Schuldtilgungsdauer in J.	**(80%)**	5	2	2
Liquidität 2. Grades	(10%)	-	-	-
Liquidität 3. Grades	(10%)	1	1	1
Gesamtnote gewichtet	**[40%]**	**4,6**	**1,9**	**1,9**

sehr günstiger Trend

(vertikaler Seitentext: FINANZIELLE STABILITÄT)

Analysebereich: RENTABILITÄT

Gesamtkapitalrentabilität	(50%)	5	3	3
Eigenkapitalrentabilität	(20%)	5	5	5
Return on Stock Investment (ROSTI)	(10%)	3	3	3
Kapitalumschlag	(10%)	3	3	3
Return On Investment (ROI)	(10%)	5	2	2
Gesamtnote gewichtet	**[50%]**	**4,6**	**3,3**	**3,3**

sehr günstiger Trend

Analysebereich: AUFWANDSTRUKTUR/ERFOLG

Cash-Flow in % d. BL	(50%)	5	2	2
Material- bzw. Waren- und				
Personalintensität	(10%)	3	2	2
Fremdkapitalzinsen in % d. BL	(10%)	2	2	2
Umsatzrendite	(10%)	5	2	2
Abschreibung in % d. BL	(10%)	3	3	3
Sicherheitsgrad	(10%)	5	1	1
Gesamtnote gewichtet	**[50%]**	**4,3**	**2,0**	**2,0**

sehr günstiger Trend

FINANZIELLE STABILITÄT	**[50%]**	**3,6**	**2,6**	**2,6**

günstiger Trend

ERTRAGSKRAFT	**[50%]**	**4,5**	**2,7**	**2,7**

sehr günstiger Trend

G E S A M T N O T E		**4,1**	**2,7**	**2,7**

sehr günstiger Trend

(Seitliche Beschriftung: ERTRAGSKRAFT)

Das untersuchte Unternehmen ist ein
Großhandelsbetrieb.

Die Benotung erfolgt nach dem Österreichischen
Schulnotensystem (1=sehr gut, 5=insolvenzgefährdet).

357

BONITÄTSINDIKATOREN 1
(für alle Betriebstypen)

Multiple Diskriminanzanalyse, vereinfachte Methode

Kenn-zahl	Formel	x Gewichtungs-faktor	IST 1999	2000	2001
1	Cash-Flow p.a. / Verbindlichkeiten	x 1,5	-0,004	0,148	0,147
2	Bilanzsumme / Verbindlichkeiten	x 0,08	0,080	0,080	0,080
3	EGT p.a. / Bilanzsumme	x 10	-0,345	0,672	0,671
4	EGT p.a. / Betriebsleistung p.a.	x 5	-0,095	0,174	0,173
5	Vorräte / Betriebsleistung p.a.	x 0,3	0,037	0,036	0,036
6	Betriebsleistung p.a. / Bilanzsumme	x 0,1	0,181	0,193	0,193
Insolvenzfrühwarn-Indikator **(Diskriminanzfunktion)**			**-0,146**	**1,303**	**1,301**

INTERPRETATIONSTABELLE

> 3	extrem gut			
> 2,2	sehr gut			
> 1,5	gut			
> 1	mittelgut		1,303	1,301
> 0,3	schlecht			
≤ 0,3	leicht insolvenzgefährdet			
≤ 0	insolvenzgefährdet	-0,146		
≤-1	stark insolvenzgefährdet			

Auch die Multiple Diskriminanzanalyse nach der vereinfachten Methode für das Szenario 10 zeigt die Verbesserung des Kennzahlenbildes. Der Indikator steigt von -0,146 (= insolvenzgefährdet) auf knapp über +1,3 (= mittelgut).

☞ Auf den Ausdruck der zahlreichen Kennzahlen-Graphiken ist hier aus Platzgründen verzichtet worden. Diese Graphiken können im Kapitel 16.3. an einem anderen Beispiel betrachtet werden.

6.2.4. Fallbeispiel: Investitionsentscheidung

Ausgangssituation

Der Ist-Zustand einer Metallbearbeitungs-GmbH stellt sich wie folgt dar:

GEWINN- UND VERLUSTRECHNUNG		IST 1999	
		1000 GE	%
G101	Umsatzerlöse	21.000	102,4%
G102	- Skontoaufwand	-500	-2,4%
G103	± Bestandsveränderung	0	0,0%
G104	+ Sonst. betriebl. Erträge	0	0,0%
G105	**= BETRIEBSLEISTUNG**	20.500	100,0%
G106	- Materialeinsatz	-10.500	-51,2%
G107	- Wareneinsatz	0	0,0%
G108	+ Skontoertrag	0	0,0%
G109	- Fremdleistungen	0	0,0%
G110	- Sonstige variable Kosten	-1.650	-8,0%
G111	**= DECKUNGSBEITRAG** **(DBU)**	8.350	**40,7%**
G112	- Personalkosten	-3.600	-17,6%
G113	- Geschäftsführerbezüge	-700	-3,4%
G114	± Aufl./Dot. Abfert.- u. Pens.Rückst.	0	0,0%
G115	- Sonst. betriebl. Aufwendungen	-2.330	-11,4%
G116	+ Nutzen, investitionsrelevant	0	0,0%
G117	- Sprungfixe Kosten	0	0,0%
G118	- Abschreibungen alt	-420	-2,0%
G119	- Abschreibungen neu	0	0,0%
G120	= BETRIEBSERFOLG	1.300	6,3%
G121	- Zinsaufwand, kurzfristig	0	0,0%
G122	- Zinsaufwand, langfristig	-250	-1,2%
G123	+ Zinserträge	0	0,0%
G124	± Sonst. Finanzergebnis	0	0,0%
G125	= Finanzerfolg	-250	-1,2%
G126	**= E G T**	1.050	5,1%
G127	± A.o. Ergebnis	0	0,0%
G128	- Ertragsteuer	-350	-1,7%
G129	= JAHRESÜBERSCHUSS	700	3,4%
G130	± Aufl./Dot. unversteuerter Rücklagen	0	0,0%
G131	± Aufl./Zuw. Gewinn- bzw. Kapitalrückl.	0	0,0%
G132	± Hinzurechnung Steuerbasis	0	0,0%
G133	- Verlustvortrag	0	0,0%

BILANZ		IST 1999	
		1000 GE	%
B301	Sachanlagevermögen	3.500	
B302	Finanzanlagevermögen	100	
B303 Σ ANLAGEVERMÖGEN		**3.600**	**40,0%**
B304	Rohstoffe	3.000	
B305	Handelsware	0	
B306	Halbfabrikate	0	
B307	Fertigfabrikate	0	
B308	Kundenforderungen	1.900	
B309	Sonstiges Umlaufvermögen	400	
B310	*Liquide Mittel*	100	
B311 Σ UMLAUFVERMÖGEN		**5.400**	**60,0%**
B312 ΣΣ A K T I V A		**9.000**	**100,0%**
B313 Σ EIGENKAPITAL		**1.800**	**20,0%**
B314	Abfertigungs- u. Pens.Rückst., lfr.	0	
B315	Sonstige Rückstellungen, kfr.	0	
B316	Bankverbindlichkeiten, lfr.	3.500	
B317	*Bankverbindlichkeiten, kfr.*	0	
B318	Lieferantenverbindlichkeiten, kfr.	2.000	
B319	Sonst. Verbindlichkeiten, kfr.	1.700	
B320	Sonst. Verbindlichkeiten, lfr.	0	
B321 Σ FREMDKAPITAL		**7.200**	**80,0%**
B322 ΣΣ P A S S I V A		**9.000**	**100,0%**
B324 G E S A M T K A P I T A L		**9.000**	**100,0%**

QUICKTEST - BEURTEILUNG / NOTE

Eigenkapitalquote	2	
Schuldtilgungsdauer	2	
FINANZIELLE STABILITÄT	**2**	
Gesamtkapitalrentabilität		2
Cash-Flow in % der BL		3
ERTRAGSKRAFT		**2,5**
G E S A M T	**2,25**	

Der Quicktest, der mit dem im Kapitel 2 vorgestellten Excel-Sheet Quicktest erstellt worden ist, zeigt, dass es sich um ein gesundes Unternehmen handelt (Gesamtnote 2,25 = gut).

Frage

Es soll eine Laser-Schneidemaschine angeschafft werden. Ist dieses Investitionsprojekt wirtschaftlich und ist eine Finanzierung ohne Verschlechterung der Liquidität möglich?

Planprämissen

INVESTITIONSAUSGABEN
(Werte in 1.000 GE)

	Sachinvestitionen				investitions-relevantes Working Capital	ΣΣ Sachinvest. + Working Capital
Periode	Grund-stück	Gebäude	Ein-richtung	Gesamt		
0			1.400	1.400		1.400
1				0	200	200
2				0	100	100
3				0		0
4				0		0
5				0		0
Gesamt	**0**	**0**	**1.400**	**1.400**	**300**	**1.700**

Das investitionsrelevante Working Capital betrifft ausschließlich zusätzliche Kundenforderungen und errechnet sich wie folgt:

	1. Planjahr	ab 2. Planj., p.a.
Direkte Laserstunden	1.200	1.800
x Ø VP je Laserstunde	1.000 GE	1.000 GE
= Zusätzlicher Laserumsatz	1,2 Mio GE	0,6 Mio GE
Verweildauer KUFO	60 Tg.	60 Tg.
Zusätzliche Kundenforderungen	0,2 Mio GE	0,1 Mio GE

Die variablen Kosten je Laserstunde betragen 100 GE. Die Nutzungsdauer des Laserschneiders beträgt fünf Jahre. Der Liquidationswert des Laserschneiders am Ende des fünften Jahres beträgt null.

Zur Finanzierung wird ein Kredit in Höhe von 1 Mio GE mit einer fünfjährigen Laufzeit, einer monatlichen Tilgung und einem Jahreszinsfuß von 6% dekursiv aufgenommen.

Die Plan-Instandhaltungskosten wurden analytisch ermittelt und in den einzelnen Jahren wie folgt angesetzt: 56.000, 70.000, 84.000, 98.000 und 112.000 = insgesamt 420.000 GE.

Alle Details zur Berechnung der Instandhaltungskosten können im Kapitel 11.11.3. nachgelesen werden.

Investitionsrelevanter Nutzen (Werte in 1.000 GE)

Periode	investitionsrelevanter (Zusatz)-			Einsparungen (+) / (sprungfixe) Ausgaben (-)				Liqui-dations-erlös (+)	invest. rel. Gesamt-nutzen vor ESt.
	-Erlös (+)	DBU (+)	-DB (+)	Personal-kosten	Instand-haltungs-kosten	Miete	Sonstige		
1	1.200	90,0%	1.080	-555	-56	-120	-150		199
2	1.800	90,0%	1.620	-555	-70	-120	-150		725
3	1.800	90,0%	1.620	-555	-84	-120	-150		711
4	1.800	90,0%	1.620	-555	-98	-120	-150		697
5	1.800	90,0%	1.620	-555	-112	-120	-150		683
E5 (WC)								300	300
E5 (Grund)									0
E5 (Geb.)									0
E5 (Einr.)									0
Gesamt	8.400		7.560	-2.775	-420	-600	-750	300	3.315

DBU = Deckungsbeitrag in Prozent vom Umsatz; DB=Deckungsbeitrag; WC = Working Capital

Investitionsrelevanter Nutzen nach Ertragsteuer (Werte in 1.000 GE)

Periode	invest. relevanter Nutzen vor ESt.	Basis für Ertragsteuer					invest. relevante Ertrag-steuer-basis	ESt. % Satz	invest. relevante Ertrag-steuer	invest. relevanter Nutzen nach ESt.
		AfA		Investitions-begünsti-gung (-)	Restbuch-wert verkaufter Anlagen (-)	FKZ für Invest-kredit (-)				
		Gebäude (-)	Ein-richtung (-)							
1	199	-280				-60	-141	34,0%	-48	247
2	725	-280				-49	396	34,0%	135	590
3	711	-280				-38	393	34,0%	134	577
4	697	-280				-26	391	34,0%	133	564
5	683	-280				-13	390	34,0%	132	551
E5 (WC)	300						300		0	300
E5 (Grund)	0						0		0	0
E5 (Geb.)	0						0	0,0%	0	0
E5 (Einr.)	0						0	0,0%	0	0
Gesamt	3.315	0	-1.400	0	0	-187	1.728		486	2.829

Der Ausgangswert für die Ermittlung der Ertragsteuerbasis ist der investitionsrelevante Nutzen vor Ertragsteuer. Dieser Ausgangswert wird nun noch um folgende Positionen reduziert: AfA Gebäude, AfA Einrichtung, etwaige Dotierungen zu (investitionsbegünstigten) Rücklagen, etwaige Restbuchwerte verkaufter Anlagen und Fremdkapitalzinsen für Invest-Kredite.

Das am Ende der Betrachtungsdauer rückfließende Working Capital (WC) wird selbstverständlich nicht versteuert.

Lösung

Speist man eine Investitionsrechnung mit obigen Planprämissen, erhält man befriedigende Ergebnisse, die für eine Realisierung des Investitionsprojektes sprechen.

Nun soll noch durch Planbilanzen festgestellt werden, welchen Einfluss das Laserprojekt auf das Kennzahlenbild hat, und ob die Liquidität bei der geplanten Finanzierung durch einen Investkredit in der Höhe von 1 Mio GE nicht schlechter wird.

Planbilanzen für fünf Jahre

Verbindet man die Ist-Bilanz mit den Planprämissen des Laserschneider-Projektes, dann ergeben sich folgende fünf Planbilanzen, Plan-Erfolgsrechnungen und Plan-Kapitalflussrechnungen.

GEWINN- UND VERLUSTRECHNUNG		IST 1999		PLAN 2000	
		1000 GE	%	1000 GE	%
G101	Umsatzerlöse	21.000	102,4%	22.200	102,3%
G102	- Skontoaufwand	-500	-2,4%	-500	-2,3%
G103	± Bestandsveränderung	0	0,0%	0	0,0%
G104	+ Sonst. betriebl. Erträge	0	0,0%	0	0,0%
G105	= BETRIEBSLEISTUNG	20.500	100,0%	21.700	100,0%
G106	- Materialeinsatz	-10.500	-51,2%	-10.500	-48,4%
G107	- Wareneinsatz	0	0,0%	0	0,0%
G108	+ Skontoertrag	0	0,0%	0	0,0%
G109	- Fremdleistungen	0	0,0%	-120	-0,6%
G110	- Sonstige variable Kosten	-1.650	-8,0%	-1.650	-7,6%
G111	= DECKUNGSBEITRAG (DBU)	8.350	40,7%	9.430	43,5%
G112	- Personalkosten	-3.600	-17,6%	-4.155	-19,1%
G113	- Geschäftsführerbezüge	-700	-3,4%	-700	-3,2%
G114	± Aufl./Dot. Abfert.- u. Pens.Rückst.	0	0,0%	0	0,0%
G115	- Sonst. betriebl. Aufwendungen	-2.330	-11,4%	-2.656	-12,2%
G116	+ Nutzen, investitionsrelevant	0	0,0%	0	0,0%
G117	- Sprungfixe Kosten	0	0,0%	0	0,0%
G118	- Abschreibungen alt	-420	-2,0%	-420	-1,9%
G119	- Abschreibungen neu	0	0,0%	-280	-1,3%
G120	= BETRIEBSERFOLG	1.300	6,3%	1.219	5,6%
G121	- Zinsaufwand, kurzfristig	0	0,0%	-23	-0,1%
G122	- Zinsaufwand, langfristig	-250	-1,2%	-305	-1,4%
G123	+ Zinserträge	0	0,0%	1	0,0%
G124	± Sonst. Finanzergebnis	0	0,0%	0	0,0%
G125	= Finanzerfolg	-250	-1,2%	-327	-1,5%
G126	= E G T	1.050	5,1%	892	4,1%
G127	± A.o. Ergebnis	0	0,0%	0	0,0%
G128	- Ertragsteuer	-350	-1,7%	-248	-1,1%
G129	= JAHRESÜBERSCHUSS	700	3,4%	645	3,0%
G130	± Aufl./Dot. unversteuerter Rücklagen	0	0,0%	-164	-0,8%
G131	± Aufl./Zuw. Gewinn- bzw. Kapitalrückl.	0	0,0%	0	0,0%
G132	± Hinzurechnung Steuerbasis	0	0,0%	0	0,0%
G133	- Verlustvortrag	0	0,0%	0	0,0%

☞ Der investitionsrelevante Zusatzumsatz und die dadurch entstehenden Aufwendungen sind den entsprechenden Positionen zugeordnet worden (G101, G109, G112, G115, G119 und G122). Die Kennzahlenanalyse wird dadurch genauer. Eilige Anwender können dem "Gesamtnutzen" in der Zeile G116 ansetzen.

PLAN 2001		PLAN 2002		PLAN 2003		PLAN 2004	
1000 GE	%	1000 GE	%	1000 GE	%	1000 GE	%
22.800	102,2%	22.800	102,2%	22.800	102,2%	22.800	102,2%
-500	-2,2%	-500	-2,2%	-500	-2,2%	-500	-2,2%
0	0,0%	0	0,0%	0	0,0%	0	0,0%
0	0,0%	0	0,0%	0	0,0%	0	0,0%
22.300	100,0%	22.300	100,0%	22.300	100,0%	22.300	100,0%
-10.500	-47,1%	-10.500	-47,1%	-10.500	-47,1%	-10.500	-47,1%
0	0,0%	0	0,0%	0	0,0%	0	0,0%
0	0,0%	0	0,0%	0	0,0%	0	0,0%
-180	-0,8%	-180	-0,8%	-180	-0,8%	-180	-0,8%
-1.650	-7,4%	-1.650	-7,4%	-1.650	-7,4%	-1.650	-7,4%
9.970	**44,7%**	9.970	**44,7%**	9.970	**44,7%**	9.970	**44,7%**
-4.155	-18,6%	-4.155	-18,6%	-4.155	-18,6%	-4.155	-18,6%
-700	-3,1%	-700	-3,1%	-700	-3,1%	-700	-3,1%
0	0,0%	0	0,0%	0	0,0%	0	0,0%
-2.670	-12,0%	-2.684	-12,0%	-2.698	-12,1%	-2.712	-12,2%
0	0,0%	0	0,0%	0	0,0%	0	0,0%
0	0,0%	0	0,0%	0	0,0%	0	0,0%
-420	-1,9%	-420	-1,9%	-420	-1,9%	-420	-1,9%
-280	-1,3%	-280	-1,3%	-280	-1,3%	-280	-1,3%
1.745	7,8%	1.731	7,8%	1.717	7,7%	1.703	7,6%
-33	-0,1%	-11	0,0%	0	0,0%	0	0,0%
-294	-1,3%	-283	-1,3%	-271	-1,2%	-258	-1,2%
0	0,0%	1	0,0%	6	0,0%	13	0,1%
0	0,0%	0	0,0%	0	0,0%	0	0,0%
-327	-1,5%	-292	-1,3%	-265	-1,2%	-245	-1,1%
1.418	6,4%	1.439	6,5%	1.452	6,5%	1.458	6,5%
0	0,0%	0	0,0%	0	0,0%	0	0,0%
-469	-2,1%	-476	-2,1%	-481	-2,2%	-483	-2,2%
949	4,3%	962	4,3%	971	4,4%	975	4,4%
-38	-0,2%	-38	-0,2%	-38	-0,2%	-38	-0,2%
0	0,0%	0	0,0%	0	0,0%	0	0,0%
0	0,0%	0	0,0%	0	0,0%	0	0,0%
0	0,0%	0	0,0%	0	0,0%	0	0,0%

KAPITALFLUSSRECHNUNG

		IST 1999		PLAN 2000	
		1000 GE	%	Mittel-Verwend.	Herkunft
K201	E G T	1.050			892
K202	+ Abschreibungen	420			700
K203	+ Buchwert verkaufter Sachanlagen	0			0
K204	+ Buchw. u. Abschr. verk. Finanzanl.	0			0
K205	± Dot./Aufl. Abfert.- u. Pens.Rückst.	0			0
K206	± Dot./Aufl. Sonst. Verbindlichk., lfr.	0			0
K207	= CASH FLOW aus dem Ergebnis	1.470			1.592
K208	- Ertragsteuer	-350		-248	
K209	± A.o. Ergebnis	0			0
K210	+ BW verk.Sachanlagen (im a.o.Erg.)	0			0
K211	± Veränderung Rohstoffe	-			0
K212	± Veränderung Handelsware	-			0
K213	± Veränderung Halbfabrikate	-			0
K214	± Veränderung Fertigfabrikate	-			0
K215	± Veränderung Kundenforderungen	-		-200	
K216	± Veränderung Sonstiges UV	-			0
K217	± Veränderung Sonstige Rückst.	-			0
K218	± Veränderung Lieferantenverbindl.	-			0
K219	± Veränderung Sonst. Verbindl., kfr.	-			0
K220	= CASH FLOW aus lfd. Geschäftstät.	-			1.145
K221	- Investitionen SV	-420		-1.820	
K222	- Investitionen FV	0			0
K223	± Tilgung / Aufnahme Darlehen	0			823
K224	± Veränderung Sonstige Verbindl., lfr.	0			0
K225	- Ausschüttung	0		-700	
K226	+ Einzahlungen	0			0
K227	= Veränderung der Liquidität	-		-552	
K228	± AB Liq. Mittel - Bankverbindl., kfr.	-			100
K229	= EB Liq. Mittel - Bankverbindl., kfr.	-		-452	

Die Liquidität verschlechtert sich im ersten Jahr planmäßig um 552.000 GE, weil der langfristige Investkredit nur 1 Mio GE beträgt. Ab dem zweiten Jahr verbessert sich die Liquidität kontinuierlich. Die Finanzierbarkeit ist also gegeben.

PLAN 2001		PLAN 2002		PLAN 2003		PLAN 2004	
Mittel-Verwend.	Herkunft	Mittel-Verwend.	Herkunft	Mittel-Verwend.	Herkunft	Mittel-Verwend.	Herkunft
	1.418		1.439		1.452		1.458
	700		700		700		700
	0		0		0		0
	0		0		0		0
	0		0		0		0
	0		0		0		0
	2.118		2.139		2.152		2.158
-469		-476		-481		-483	
	0		0		0		0
	0		0		0		0
	0		0		0		0
	0		0		0		0
	0		0		0		0
	0		0		0		0
-100	0		0		0		0
	0		0		0		0
	0		0		0		0
	0		0		0		0
	0		0		0		0
	1.549		1.662		1.671		1.675
-420		-420		-420		-420	
	0		0		0		0
-188		-200		-211		-224	
	0		0		0		0
-700		-700		-700		-700	
	0		0		0		0
	241		342		340		331
-452		-212			131		471
	-212		131		471		802

367

BILANZ		IST 1999		PLAN 2000	
		1000 GE	%	1000 GE	%
B301	Sachanlagevermögen	3.500		4.620	
B302	Finanzanlagevermögen	100		100	
B303 Σ	**ANLAGEVERMÖGEN**	3.600	40,0%	4.720	46,2%
B304	Rohstoffe	3.000		3.000	
B305	Handelsware	0		0	
B306	Halbfabrikate	0		0	
B307	Fertigfabrikate	0		0	
B308	Kundenforderungen	1.900		2.100	
B309	Sonstiges Umlaufvermögen	400		400	
B310	*Liquide Mittel*	100		0	
B311 Σ	**UMLAUFVERMÖGEN**	5.400	60,0%	5.500	53,8%
B312 ΣΣ	A K T I V A	9.000	100,0%	10.220	100,0%
B313 Σ	**EIGENKAPITAL**	1.800	20,0%	1.745	17,1%
B314	Abfertigungs- u. Pens.Rückst., lfr.	0		0	
B315	Sonstige Rückstellungen, kfr.	0		0	
B316	Bankverbindlichkeiten, lfr.	3.500		4.323	
B317	*Bankverbindlichkeiten, kfr.*	0		452	
B318	Lieferantenverbindlichkeiten, kfr.	2.000		2.000	
B319	Sonst. Verbindlichkeiten, kfr.	1.700		1.700	
B320	Sonst. Verbindlichkeiten, lfr.	0		0	
B321 Σ	**FREMDKAPITAL**	7.200	80,0%	8.475	82,9%
B322 ΣΣ	P A S S I V A	9.000	100,0%	10.220	100,0%
B324	G E S A M T K A P I T A L	9.000	100,0%	10.220	100,0%

QUICKTEST - BEURTEILUNG / NOTE	IST 1999	2000	2001	2002	2003	2004
Eigenkapitalquote	2	3	3	2	2	2
Schuldtilgungsdauer	2	3	2	2	2	1
FINANZIELLE STABILITÄT	2	3	2,5	2	2	1,5
Gesamtkapitalrentabilität	2	3	1	1	1	1
Cash-Flow in % der BL	3	3	2	2	2	2
ERTRAGSKRAFT	2,5	3	1,5	1,5	1,5	1,5
G E S A M T	2,25	3	2	1,75	1,75	1,5

Die günstige Kennzahlenentwicklung zeigt, dass es sich um ein **förderungswürdiges Investitionsprojekt** handelt, das möglichst bald realisiert werden sollte.

PLAN 2001		PLAN 2002		PLAN 2003		PLAN 2004	
1000 GE	%	1000 GE	%	1000 GE	%	1000 GE	%
4.340		4.060		3.780		3.500	
100		100		100		100	
4.440	44,2%	4.160	42,1%	3.880	39,0%	3.600	36,0%
3.000		3.000		3.000		3.000	
0		0		0		0	
0		0		0		0	
0		0		0		0	
2.200		2.200		2.200		2.200	
400		400		400		400	
0		131		471		802	
5.600	55,8%	5.731	57,9%	6.071	61,0%	6.402	64,0%
10.040	100,0%	9.891	100,0%	9.951	100,0%	10.002	100,0%
1.993	19,9%	2.256	22,8%	2.527	25,4%	2.802	28,0%
0		0		0		0	
0		0		0		0	
4.135		3.935		3.724		3.500	
212		0		0		0	
2.000		2.000		2.000		2.000	
1.700		1.700		1.700		1.700	
` 0		0		0		0	
8.047	80,1%	7.635	77,2%	7.424	74,6%	7.200	72,0%
10.040	100,0%	9.891	100,0%	9.951	100,0%	10.002	100,0%
10.040	100,0%	9.891	100,0%	9.951	100,0%	10.002	100,0%

Diskriminanzfunktionen

Sowohl die vereinfachte Methode als auch die Methode Beermann bestätigen die
Erkenntnisse aus dem Quicktest. Das Investitionsprojekt ist wirtschaftlich. Die
Liquidität verschlechtert sich während der ersten zwei Jahre, verbessert sich aber
ab dem dritten Planjahr kontinuierlich, so dass die Liquidität (= Differenzbetrag
zwischen flüssigen Mitteln und kurzfristigen Bankverbindlichkeiten) Ende des
fünften Planjahres um ca. 0,7 Mio GE höher ist als zu Beginn des ersten
Planjahres.

Multiple Diskriminanzanalyse, vereinfachte Methode

Kenn-zahl	Formel	x Gewichtungs-faktor	IST 1999	2000	2001	2002	2003	2004
1	Cash-Flow p.a. / Verbindlichkeiten	x 1,5	0,306	0,282	0,395	0,420	0,435	0,450
2	Bilanzsumme / Verbindlichkeiten	x 0,08	0,100	0,096	0,100	0,104	0,107	0,111
3	EGT p.a. / Bilanzsumme	x 10	1,167	0,873	1,412	1,455	1,459	1,457
4	EGT p.a. / Betriebsleistung p.a.	x 5	0,256	0,206	0,318	0,323	0,326	0,327
5	Vorräte / Betriebsleistung p.a.	x 0,3	0,044	0,041	0,040	0,040	0,040	0,040
6	Betriebsleistung p.a. / Bilanzsumme	x 0,1	0,228	0,212	0,222	0,225	0,224	0,223
	Insolvenzfrühwarn-Indikator (Diskriminanzfunktion)		2,101	1,711	2,487	2,567	2,591	2,608

INTERPRETATIONSTABELLE

> 3	extrem gut						
> 2,2	sehr gut			2,487	2,567	2,591	2,608
> 1,5	gut	2,101	1,711				
> 1	mittelgut						
> 0,3	schlecht						
≤ 0,3	leicht insolvenzgefährdet						
≤ 0	insolvenzgefährdet						
≤-1	stark insolvenzgefährdet						

Multiple Diskriminanzanalyse
(nach Beermann)

Kenn-zahl	Formel	x Gewichtungs-faktor	IST 1999	2000	2001	2002	2003	2004
1	AfA auf Sachanlageverm. p.a. / Sachanlage AB+Zugang	x 0,217	0,023	0,029	0,030	0,032	0,034	0,036
2	Cash-Flow p.a. / Verbindlichkeiten	x - 0,063	-0,013	-0,012	-0,017	-0,018	-0,018	-0,019
3	Zugang Sachanlageverm. / AfA auf Sachanlageverm.	x 0,012	0,012	0,031	0,007	0,007	0,007	0,007
4	Verbindlichkeiten / Bilanzsumme	x 0,077	0,062	0,064	0,062	0,059	0,057	0,055
5	EGT p.a. / Umsatz p.a.-Skontoaufw. p.a.	x - 0,105	-0,005	-0,004	-0,007	-0,007	-0,007	-0,007
6	EGT p.a. / Bilanzsumme	x - 0,813	-0,095	-0,071	-0,115	-0,118	-0,119	-0,118
7	Bankverbindlichkeiten / Verbindlichkeiten	x 0,165	0,080	0,093	0,089	0,085	0,083	0,080
8	Umsatz p.a.-Skontoaufw. p.a. / Bilanzsumme	x 0,061	0,139	0,130	0,135	0,138	0,137	0,136
9	Vorräte / Umsatz p.a.-Skontoaufw. p.a.	x 0,268	0,039	0,037	0,036	0,036	0,036	0,036
10	EGT p.a. / Verbindlichkeiten	x 0,124	0,018	0,013	0,022	0,023	0,024	0,025
	Insolvenzfrühwarn-Indikator (Diskriminanzfunktion)		0,260	0,309	0,244	0,238	0,235	0,232

INTERPRETATIONSTABELLE

< 0	extrem gut						
< 0,2	sehr gut						
< 0,25	gut			0,244	0,238	0,235	0,232
< 0,29	mittelgut	0,260					
< 0,31	schlecht	0,309					
≥ 0,31	leicht insolvenzgefährdet						
≥ 0,33	insolvenzgefährdet						
≥ 0,35	stark insolvenzgefährdet						

Graphische Darstellung der ROI-Entwicklung

Der ROI-Baum zeigt auf, dass bei Realisierung des geplanten Laserprojektes fast auf der ganzen Linie Verbesserungen zu erwarten sind.

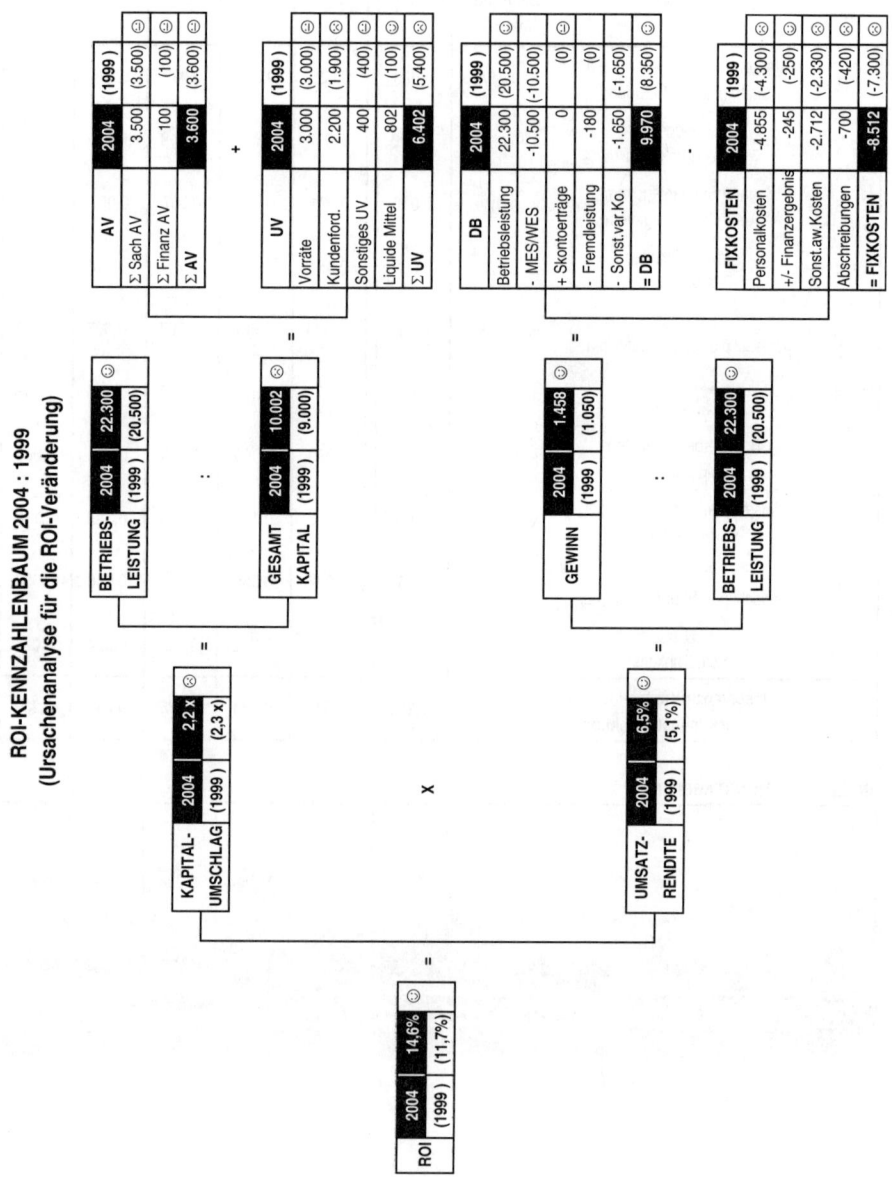

6.2.5. Fallbeispiel: Jahresplanbilanz eines Großhandelsbetriebes mit monatlichem Soll-Ist-Vergleich

Ausgangssituation und Ziel

Ein Großhandelsbetrieb erstellt eine Planbilanz mit einem Planungshorizont von einem Jahr. Der Soll-Ist-Vergleich soll monatlich erfolgen.
Der Ist-Zustand stellt sich wie folgt dar:

Jahresabschluss und G&V, stark verdichtet (Werte in 1.000 GE)

ANLAGEVERMÖGEN	60.210	BETRIEBSLEISTUNG		251.865
UMLAUFVERMÖGEN ohne L.M.	71.778	- WES etc.		-189.134
Liquide Mittel (L.M.)	647	= DECKUNGSBEITRAG		62.731
= AKTIVA	132.635	(DB in % d. BL bzw. DBU)		(0,25)
EIGENKAPITAL	18.481	- Personalaufwand		-35.202
Bankverbindlichk., kurzfr.	44.689	- Dot. Pensionsrückstellungen		-670
Bankverbindlichk., langfristig	29.801	- Sonst. ausgabenw. Aufwand		-23.399
Sonst. Fremdkapital	39.664	- Abschreibung		-7.449
= FREMDKAPITAL	114.154	-/+ Finanzerfolg		-5.012
= PASSIVA	132.635	= EGT		-9.001

Die Ertragskraft ist mit einem EGT von -3,6% der Betriebsleistung (-3,6% Umsatzrendite) bzw. einer Cash-Flow-Rate von -0,4% der Betriebsleistung
insolvenzgefährdet.
Die Eigenkapitalquote ist mit 14% noch einigermaßen befriedigend. Zu beachten ist allerdings, dass ohne rasche Sanierungsaktivitäten das Eigenkapital nach zwei Jahren zur Gänze aufgebraucht sein wird. Vollkommen unbefriedigend ist die Schuldtilgungsdauer durch den negativen Cash-Flow.
Insgesamt kann der Ist-Zustand des Unternehmens als
schlecht bis insolvenzgefährdet
interpretiert werden. Die finanzielle Stabilität ist etwas günstiger als die Ertragskraft:

Finanzielle Stabilität		Ertragskraft			Legende:	
EKQ	SCHTD	GKR	CF%BL		EKQ	Eigenkapitalquote
13,9%	neg.	-2,5%	-0,4%		SCHTD	Schuldtilgungsdauer
3,00	5,00	5,00	5,00		GKR	Gesamtkapitalrentabilität
Note: 4,0		Note: 5,0			CF%BL	Cash-Flow in % der Betriebsleistung
Note: 4,5						

Note: 1 = sehr gut ,5 = insolvenzgefährdet

Angesichts der wenig erfreulichen Ausgangssituation soll die Planung Sanierungscharakter haben. Folgende drei Sanierungsmaßnahmen sollen das Kennzahlenbild rasch verbessern:

- Grundstücksverkauf
- Kosteneinsparungen
- Vollausnutzung des Lieferantenskontos

Erfolgsprognose erstes Halbjahr 2000

Erfolgsrechnung und Break-Even-Analyse

PLANWERTE

	1999	(Ist)	1	/2000
	1.000 GE	%	1.000 GE	%
= UMSATZ	249.200	98,9%	12.420	99,8%
- Skontoaufwand	-412	-0,2%	-12	-0,1%
+ Sonst. betriebliche Erträge	3.077		38	
= BETRIEBSLEISTUNG	251.865	100%	12.446	100%
- Wareneinsatz	-190.989	-75,8%	-9.263	-74,4%
+ Skontoerträge	3.645	1,4%	221	1,8%
- Provisionsaufwand	-1.390	-0,6%	-3	0,0%
- Schadensfälle	-400	-0,2%	0	0,0%
= DECKUNGSBEITRAG 1 (DBU)	62.731	24,9%	3.401	27,3%
- Personalaufwand	-35.202	-14,0%	-2.962	-23,8%
- Dotierung Pensionsrückstellung (2%)	-670	-0,3%	-59	-0,5%
- Mieten	-5.639	-2,2%	-482	-3,9%
- Sonstiger betrieblicher Aufwand	-17.760	-7,1%	-1.301	-10,5%
- Abschreibungen	-7.449	-3,0%	-592	-4,8%
= **Betriebserfolg (EBIT)**	**-3.989**	-1,6%	**-1.995**	-16,0%
- Fremdkapitalzinsen, kurzfristig (9%)	-3.550	-1,4%	-335	-2,7%
- Fremdkapitalzinsen, langfristig	-2.125	-0,8%	-191	-1,5%
+ Zinserträge Bankguthaben (p=3%) u. WP-Erträg	217	0,1%	13	0,1%
+ Verzugszinsenerträge	446	0,2%	33	0,3%
= **Finanzerfolg**	**-5.012**	-2,0%	**-481**	-3,9%
= **Ergebnis d. gew. Geschäftstätigkeit (EGT)**	**-9.001**	-3,6%	**-2.476**	-19,9%
+ a.o. Ertrag (Anlagenverkauf)		0,0%		
- a.o. Aufwand (BW verkaufter Anlagen)	-218	-0,1%		
- Körperschaftsteuer (KÖSt.)	0	0,0%		
= **Jahres-/Periodenüberschuß**	**-9.219**	-3,7%	**-2.476**	-19,9%
+ Auflösung unversteuerter Rücklagen	1.000			
- Zuweisung zu unversteuerten Rücklagen				
- Verlustvortrag aus dem Vorjahr	-7.285			
= Bilanzverlust	-15.504	-6,2%		

CASH-FLOW-POINT	255.406	101,4%	19.123	153,6%
BREAK-EVEN-POINT	288.004	114,3%	21.506	172,8%
ZIELUMSATZ bei 2% UMSATZRENDITE	313.150	124,3%	23.205	186,4%

Zur besseren Übersicht wird mit den Ist-Werten 1999 begonnen. Anschließend folgen die Planmonate mit jeweils kumulativen Werten.

KUMULIERT

1-2	/2000	1-3	/2000	1-4	/2000	1-5	/2000	1-6	/2000
1.000 GE	%	1.000 GE	%	1.000 GE	%	1.000 GE	%	1.000 GE	%
31.043	99,6%	61.165	99,7%	87.630	99,7%	111.723	99,8%	134.564	99,6%
-22	-0,1%	-40	-0,1%	-105	-0,1%	-128	-0,1%	-150	-0,1%
148	0,5%	209	0,3%	334	0,4%	377	0,3%	748	0,6%
31.169	100%	61.334	100%	87.859	100%	111.972	100%	135.162	100%
-23.372	-75,0%	-47.339	-77,2%	-67.887	-77,3%	-85.995	-76,8%	-104.087	-77,0%
656	2,1%	1.137	1,9%	1.764	2,0%	2.222	2,0%	2.674	2,0%
-9	0,0%	-15	0,0%	-66	-0,1%	-106	-0,1%	-136	-0,1%
0	0,0%	0	0,0%	-29	0,0%	-38	0,0%	-38	0,0%
8.444	27,1%	15.117	24,6%	21.641	24,6%	28.055	25,1%	33.575	24,8%
-5.970	-19,2%	-8.986	-14,7%	-12.020	-13,7%	-14.852	-13,3%	-17.688	-13,1%
-119	-0,4%	-180	-0,3%	-240	-0,3%	-297	-0,3%	-354	-0,3%
-945	-3,0%	-1.404	-2,3%	-1.895	-2,2%	-2.373	-2,1%	-2.833	-2,1%
-2.661	-8,5%	-3.601	-5,9%	-5.738	-6,5%	-7.583	-6,8%	-8.888	-6,6%
-1.184	-3,8%	-1.776	-2,9%	-2.368	-2,7%	-2.960	-2,6%	-3.552	-2,6%
-2.435	**-7,8%**	**-830**	-1,4%	**-620**	-0,7%	**-10**	0,0%	**260**	0,2%
-810	-2,6%	-1.357	-2,2%	-1.878	-2,1%	-2.413	-2,2%	-2.909	-2,2%
-382	-1,2%	-573	-0,9%	-764	-0,9%	-955	-0,9%	-1.146	-0,8%
25	0,1%	37	0,1%	49	0,1%	62	0,1%	74	0,1%
66	0,2%	99	0,2%	132	0,2%	165	0,1%	198	0,1%
-1.101	**-3,5%**	**-1.794**	-2,9%	**-2.461**	-2,8%	**-3.141**	-2,8%	**-3.783**	-2,8%
-3.537	**-11,3%**	**-2.624**	-4,3%	**-3.081**	-3,5%	**-3.151**	-2,8%	**-3.523**	-2,6%
								24.000	
								-6.684	
-3.537	**-11,3%**	**-2.624**	-4,3%	**-3.081**	-3,5%	**-3.151**	-2,8%	**13.793**	10,2%
39.413	126,4%	**64.045**	104,4%	**89.779**	102,2%	**111.550**	99,6%	**133.620**	98,9%
44.224	141,9%	**71.980**	117,4%	**100.369**	114,2%	**124.549**	111,2%	**149.343**	110,5%
47.749	153,2%	**78.336**	127,7%	**109.239**	124,3%	**135.353**	120,9%	**162.420**	120,2%

Auffallend ist der diskontinuierliche Umsatzverlauf und die schwankenden Deckungsbeitragsraten - Tatsachen, die durch Saisongeschäfte und unterschiedliche Sales-Mix-Kombinationen begründet werden können.

Bilanz	1999	(Ist)	1	/2000
	1.000 GE	%	1.000 GE	%
Sachanlagevermögen	58.259		57.917	
Finanzanlagevermögen	1.951		1.951	
Anlagevermögen	*60.210*	*45%*	*59.868*	*42%*
Liquide Mittel(Kassa,Bankguthaben)	**647**		**500**	
Handelsware	44.070		54.348	
Forderungen aus L+L	16.692		18.467	
Sonstige Forderungen	8.312		8.302	
Rechnungsabgrenzung	2.704		2.715	
Umlaufvermögen	*72.425*	*55%*	*84.332*	*58%*
AKTIVA	**132.635**	**100%**	**144.200**	**100%**
Eigenkapital	*18.481*	*14%*	*16.005*	*11%*
Pensionsrückstellung	3.923		3.982	
Sonstige Rückstellungen	1.573		1.573	
Bankverbindlichkeiten, kurzfr.	**44.689**		**63.344**	
Bankverbindlichkeiten, langfristig	29.801		29.669	
Verbindlichkeiten aus L+L	23.808		21.101	
Wechselverbindlichkeiten	2.418		583	
Sonst. Verbindlichkeiten	7.942		7.942	
Fremdkapital	*114.154*	*86%*	*128.194*	*89%*
PASSIVA	**132.635**	**100%**	**144.200**	**100%**

☞ **Hinweis:** Für den Soll-Ist-Vergleich ist - so wie hier - die kumulative Darstellung der Erfolgspositionen zweckmäßig. Für den wichtigen **Plausibilitätscheck** sollte das gesamte Sheet nochmals ausgedruckt werden, diesmal aber mit den einzelnen Monatswerten. Etwaige unplausible Entwicklungen fallen bei dieser Betrachtungsweise eher auf als bei einer kumulativen.

E2	/2000	E3	/2000	E4	/2000	E5	/2000	E6	/2000
1.000 GE	%	1.000 GE	%	1.000 GE	%	1.000 GE	%	1.000 GE	%
57.575		57.233		56.741		58.149		50.973	
1.951		1.951		1.951		1.951		1.951	
59.526	40%	59.184	39%	58.692	40%	60.100	42%	52.924	41%
500		500		500		500		500	
57.635		53.866		52.784		52.165		49.342	
21.401		26.290		25.069		19.971		17.648	
8.292		7.354		7.346		7.338		7.312	
2.727		2.739		2.751		2.762		2.774	
90.555	60%	90.749	61%	88.450	60%	82.736	58%	77.576	59%
150.081	100%	149.933	100%	147.142	100%	142.836	100%	130.500	100%
14.944	10%	15.857	11%	15.400	10%	15.330	11%	32.274	25%
4.042		4.103		4.163		4.220		4.277	
1.573		1.573		1.573		1.573		1.573	
72.929		69.489		71.256		66.122		45.733	
29.669		29.669		29.669		29.669		22.224	
18.398		20.717		14.484		15.325		13.845	
583		583		2.655		2.655		2.655	
7.942		7.942		7.942		7.942		7.919	
135.137	90%	134.076	89%	131.743	90%	127.506	89%	98.226	75%
150.081	100%	149.933	100%	147.142	100%	142.836	100%	130.500	100%

Monats-Quicktest (Planung)

Der Kennzahlentrend ist insgesamt günstig.

Eine betriebswirtschaftliche Interpretation der Monatskennzahlen ist nicht sinnvoll; sie dienen ausschließlich dem monatlichen Soll-Ist-Vergleich. Dafür sind sie aber von großer Bedeutung, weil die günstigen und ungünstigen Abweichungen richtig dargestellt werden.

	Kennzahlen während des Planungszeitraumes					
	1-1/2000	1-2/2000	1-3/2000	1-4/2000	1-5/2000	1-6/2000
Finanzielle Stabilität						
• Eigenkapitalquote	11,1%	10,0%	10,6%	10,5%	10,7%	24,7%
• Schuldtilgungsdauer	neg.	neg.	neg.	neg.	500,1 J.	127,5 J.
• **Note**	**4,00**	**4,50**	**4,00**	**4,00**	**4,00**	**3,50**
Ertragskraft						
• Gesamtkapitalrentabilität	-16%	-9,4%	-1,9%	-0,9%	0,4%	0,8%
• Cash-Flow in % der BL	-15%	-7,2%	-1,1%	-0,5%	0,1%	0,3%
• **Note**	**5,00**	**5,00**	**5,00**	**5,00**	**4,00**	**4,00**
Quicktest-Gesamtnote	**4,50**	**4,75**	**4,50**	**4,50**	**4,00**	**3,75**

Soll-Ist-Vergleich des ersten Halbjahres

Erfolgsrechnung und Break-Even-Analyse	Planwerte 1-6/2000		Ist-Werte 1-6/2000		SOLL-IST-VERGLEICH ABWEICHUNG		
	GE 1.000	%	GE 1.000	%	GÜNSTIG	UN-GÜNSTIG	INDEX
= UMSATZ	134.564	100%	134.925	100%	361	-	100
- Skontoaufwand	-150	-0,1%	-169	-0,1%	-	-19	113
+ Sonst. betriebl. Erträge	748	0,6%	582	0,4%	-	-166	78
= BETRIEBSLEISTUNG	135.162	100%	135.338	100%	176	-	100
- Wareneinsatz	-104.087	-77,0%	-103.023	-76,1%	1.064	-	99
+ Skontoerträge	2.674	2,0%	937	0,7%	-	-1.737	35
- Provisionsaufwand	-136	-0,1%	-547	-0,4%	-	-411	402
- Schadensfälle	-38	0,0%	49	0,0%	87	-	-130
= DB 1, DBU	33.575	24,8%	32.754	24,2%	-	-821	98
- Personalaufwand	-17.688	-13,1%	-17.467	-12,9%	221	-	99
- Dot. Pensionsrückstellung	-354	-0,3%	0	0,0%	354	-	0
- Mieten	-2.833	-2,1%	-2.582	-1,9%	251	-	91
- Sonstiger betrieblicher Aufwand	-8.888	-6,6%	-9.547	-7,1%	-	-659	107
- Abschreibungen	-3.552	-2,6%	-3.552	-2,6%	0	0	100
= Betriebserfolg (EBIT)	260	0,2%	-394	-0,3%	-	-654	-151
- Fremdkapitalzinsen, kurzfristig	-2.909	-2,2%	-1.663	-1,2%	1.246	-	57
- Fremdkapitalzinsen, langfristig	-1.146	-0,8%	-1.161	-0,9%	-	-15	101
+ Zinserträge	74	0,1%	7	0,0%	-	-67	10
+ Verzugszinsenerträge	198	0,1%	97	0,1%	-	-101	49
= Finanzergebnis	-3.783	-2,8%	-2.720	-2,0%	1.063	-	72
= Ergebnis der gewöhnlichen Geschäftstätigkeit (EGT)	-3.523	-2,6%	-3.114	-2,3%	409	-	88
+ a.o. Erträge (Anlagenverkauf)	24.000	17,8%	24.407	18,0%	407	-	102
- a.o. Aufwand (BW verkaufter Anlagen)	-6.684	-4,9%	-6.684	-4,9%	-	-	100
- KÖSt.		0,0%	0	0,0%	-	-	-
= Periodenüberschuß	13.793	10,2%	14.609	10,8%	816	-	106
CASH-FLOW-POINT	133.620	98,9%	133.528	98,7%			
BREAK-EVEN-POINT	149.343	110,5%	148.205	109,5%			
ZIELUMSATZ 2% UMSATZRENDITE	162.420	120,2%	161.555	119,4%			

Neben den günstigen und ungünstigen Abweichungen wird auch die Entwicklung aller Erfolgspositionen durch einen Index (Plan = 100) dargestellt. Insgesamt ist das Halbjahresergebnis (EGT) besser als geplant.

Ursachen für die Hauptabweichungen

- Der DB 1 ist 0,8 Mio GE niedriger als geplant (32,8 Mio GE statt 33,6 Mio GE), die gesamten Fixkosten sind erfreulicherweise um 1,2 Mio GE niedriger als geplant (35,9 Mio GE statt 37,1 Mio GE).
- Für die Verschlechterung des Deckungsbeitrages 1 sind in erster Linie die nicht realisierten Skontoerträge zu nennen (0,9 Mio GE statt 2,7 Mio GE). Der niedrigere Wareneinsatz (103,0 Mio GE statt 104,1 Mio GE) verrin-

gert zwar die negative DB-1-Abweichung, konnte sie aber nicht ins Positive wenden.

- Bei den Fixkosten sind die Personalkosten um 0,2 Mio GE (17,5 Mio GE statt 17,7 Mio GE) niedriger. Das Finanzergebnis ist um 1 Mio GE besser (2,7 Mio GE statt 3,8 Mio GE). Allerdings ist das hier kein Vorteil, eher ein Nachteil, der durch das nicht volle Ausnutzen der geplanten Skontoerträge entstanden ist.

Kapitalflussrechnungen

Aus den Veränderungen der einzelnen Bilanzpositionen (= Bestände an Vermögensteilen und Schulden) ergibt sich die Bewegungsbilanz.

Die Kapitalflussrechnung inklusive Soll-Ist-Vergleich wird anschließend dargestellt und anhand der Halbjahreswerte erläutert:

KAPITAL-FLUSSRECHNUNG 1-6/2000 (Werte in 1.000 GE)	Planwerte		Ist-Werte		SOLL-IST-VERGLEICH	
	MITTEL-		MITTEL-		ABWEICHUNG	
	V	A	V	A	GÜNSTIG	UN-GÜNSTIG
= **Periodenüberschuß**		13.793		14.609	816	-
+ Dot.Pensionsrückstellung		354		0		
+ Abschreibungen		3.552		3.552	-	-
+ Restbuchwerte		6.684		6.684	-	-
= **Cash-Flow aus dem Ergebnis**		24.383		24.845	462	-
+ Abnahme/- Zunahme Working-Capital:						
- Zunahme Vorräte	-5.272		-4.584		688	-
- Zunahme Forderungen aus L+L	-956		-156		800	-
+ Zunahme/- Abnahme Lieferanten- u. Wechselverbindlichkeiten	-9.726			2.141		11.867
+ Abnahme sonstige Forderungen		930		679	-	251
+ Zunahme/- Abnahme sonst. Verbindlichkeiten und sonst. Rückstellungen	-23			53	76	
= **Cash-Flow aus dem operativen Bereich**		9.336		22.978	13.642	-
- Investitionen Sachanlagevermögen	-2.950		-3.704		-	754
+ Kreditaufnahme					-	-
- Kredittilgung	-7.577		-7.577		0	0
- Ausschüttung					-	-
= **Veränderung der Liquidität**		-1.191	11.697		12.888	-
-/+ **AB "Liquide Mittel (+)/ Bankverbindl. kurzfristig (-)"**		-44.042		-44.042		
= **EB "Liquide Mittel (+)/ Bankverbindl. kurzfristig (-)"**		-45.233		-32.345	12.888	0

AB = Anfangsbestand	V = Mittelverwendung
EB = Endbestand	A = Mittelaufbringung

Ausgehend vom Periodenüberschuss der Erfolgsrechnung wird zuerst der liquiditätsunwirksame Teil (hier: Dotierung der Pensionsrückstellungen, Abschreibung und Restbuchwerte verkaufter Anlagen) wieder hinzugerechnet, um zum ordentlichen Cash-Flow aus dem Ergebnis zu gelangen.

Die weiteren Zeilen der Kapitalflussrechnung zeigen die Verwendung des Cash-Flow wie folgt:

Es werden die Beständedifferenzen zwischen der Ist-Bilanz zum 31.12.1999 und der Ist-Bilanz zum 30.6.2000 gebildet, die schrittweise dem Cash-Flow zugerechnet oder in Abzug gebracht werden.

Der Cash-Flow aus dem operativen Bereich ergibt sich, wenn man vom Cash-Flow aus dem Ergebnis die wichtige zur Betriebsaufrechterhaltung benötigte Position, das Working Capital, abzieht bzw. hinzurechnet.

Die Beständedifferenzen zwischen Ist- und Plan-Werten zeigen, dass für die Finanzierung des Working Capital 15 Mio GE benötigt werden:

| | Ist-Bilanz 31.12.1999 | Plan-Bilanz 30.06.2000 | Plan-Mittel- | |
			-verwendung (Aktiva +/ Passiva -)	-aufbringung (Aktiva -/ Passiva +)
Vorräte	44.070	49.342	5.272	
Forderungen aus L+L	16.692	17.648	956	
Verbindlichkeiten aus L+L und Wechselverbindlichkeiten	-26.226	-16.500	9.726	
Sonstige kurzfr. Forderungen	11.016	10.086		-930
Sonstige kurzfr. Verbindlichkeiten	-7.942	-7.919	23	
Working Capital	**37.610**	**52.657**	**15.047**	

Schließlich werden noch die für den langfristigen Bereich benötigten Mittel in Abzug gebracht, und zwar

- für Investitionen und
- für Kredittilgungen.

Als Saldo erhält man die Veränderung der Liquidität, die sich planmäßig im ersten Halbjahr um 1,2 Mio GE verschlechtert.

Weil die geplante totale Ausnutzung der Lieferantenskonti tatsächlich nur partiell durchgeführt wurde, ist die Liquidität um etwa 12 Mio GE höher als geplant. Werden Anfangsbestand und Veränderung der Liquidität addiert, dann muss dieser Endbestand mit dem Saldo aus den Zeilen (Kassa, Bankguthaben) abzüglich kurzfristige Bankverbindlichkeiten übereinstimmen:

- Laut Kapitalflussrechnung 1-6/2000, letzte drei Zeilen (Saldo aus liquiden Mitteln und kurzfristigen Bankverbindlichkeiten)

	Plan-Werte	Ist-Werte
Anfangsbestand	-44.042	-44.042
Veränderung der Liquidität	-1.191	11.697
= Endbestand	**-45.233**	**-32.345**

- Laut Bilanz zum 30.6.2000

	Plan-Werte	Ist-Werte
Liquide Mittel	500	601
Kurzfristige Bankverbindlichkeiten	-45.733	-32.946
= Endbestand	**-45.233**	**-32.345**

Bilanzen

	Plan 1-6/2000		Ist 1-6/2000		Abweichung in 1.000 GE		Plan = 100
	GE 1.000	%	GE 1.000	%	GÜNSTIG	UN-GÜNSTIG	INDEX
Sachanlagevermögen	50.973		51.726				
Finanzanlagevermögen	1.951		1.951				
Anlagevermögen	*52.924*	*41%*	*53.677*	*41%*	-	753	101
Liquide Mittel							
(Kassa, Bankguthaben)	*500*		*601*		101	-	120
Handelsware	49.342		48.654		688	-	99
Forderungen aus L+L	17.648		16.848		800	-	95
Sonstige Forderungen	7.312		7.740		-	428	106
Rechnungsabgrenzung	2.774		2.597		177	-	94
Umlaufvermögen	*77.576*	*59%*	*76.440*	*59%*			
AKTIVA	*130.500*	*100%*	*130.118*	*100%*			
Eigenkapital	*32.274*	*25%*	*33.090*	*25%*	816	-	103
Pensionsrückstellung	4.277		3.923		354	-	92
Sonstige Rückstellungen	1.573		1.425		148	-	91
Bankverbindlichkeiten	45.733		32.946		12.787	-	72
Bankverbindlichkeiten, langfristig	22.224		22.224		0	-	100
Lieferantenverbindlichkeiten	13.845		25.769		-	11.924	186
Wechselverbindlichkeiten	2.655		2.598		57	-	98
Sonst. Verbindlichkeiten	7.919		8.143		-	224	103
Fremdkapital	*98.226*	*75%*	*97.028*	*75%*			
PASSIVA	*130.500*	*100%*	*130.118*	*100%*			

Die **beiden größten Abweichungen** hängen eng miteinander zusammen und betreffen die nicht hundertprozentig realisierte Lieferantenskontoausnutzung. Alle übrigen Abweichungen halten sich in tolerierbaren Grenzen; der Index bestätigt dies.

Kennzahlenanalyse

- Besonders effektive und zur Demonstration gut geeignete Kennzahlen für eine rasche und treffsichere Beurteilung

Quicktest-Note

	Plan 1-6/2000		Ist 1-6/2000		Soll-Ist-Vergleich	
					günstig	un-günstig
Eigenkapitalquote	2		2		☺	
Schuldtilgungsdauer	5		5		☺	
Finanzielle Stabilität	**3,5**		**3,5**		☺	
Gesamtkapitalrentabilität		4		4		☺
Cash-Flow-Leistungsrate		4		4		☺
Ertragskraft		4		4		☺

GESAMT	3,75	3,75	☺

Tatsächlich wurde ein leicht besseres Ergebnis eingefahren als geplant; für eine Änderung der Kennzahlensituation reicht die Verbesserung aber nicht. Bei der Schuldtilgungsdauer und der Gesamtkapitalrentabilität kamen die Unterjährigkeitsfaktoren (siehe Kapitel 2.1.) zur Anwendung.

ROI-Graphik

Der ROI-Kennzahlenbaum zeigt anschaulich die Ursachen für die ROI-Veränderung auf. Die Ist-Werte sind aus Gründen der Übersicht invers dargestellt. Bei der Kennzahl "Kapitalumschlag" sind die Unterjährigkeitsbedingungen zu berücksichtigen, weil der ROI von einem Jahreskapitalumschlag ausgeht (siehe auch Kapitel 2.1.).

Ob die Abweichung der relevanten ROI-Positionen günstig, gleichbleibend oder ungünstig ist, kann aus der Mundstellung des Smileys abgelesen werden:

Ursache für die günstige ROI-Abweichung ist die Verbesserung der Umsatzrentabilität von planmäßigen -2,6% auf tatsächliche -2,3%.

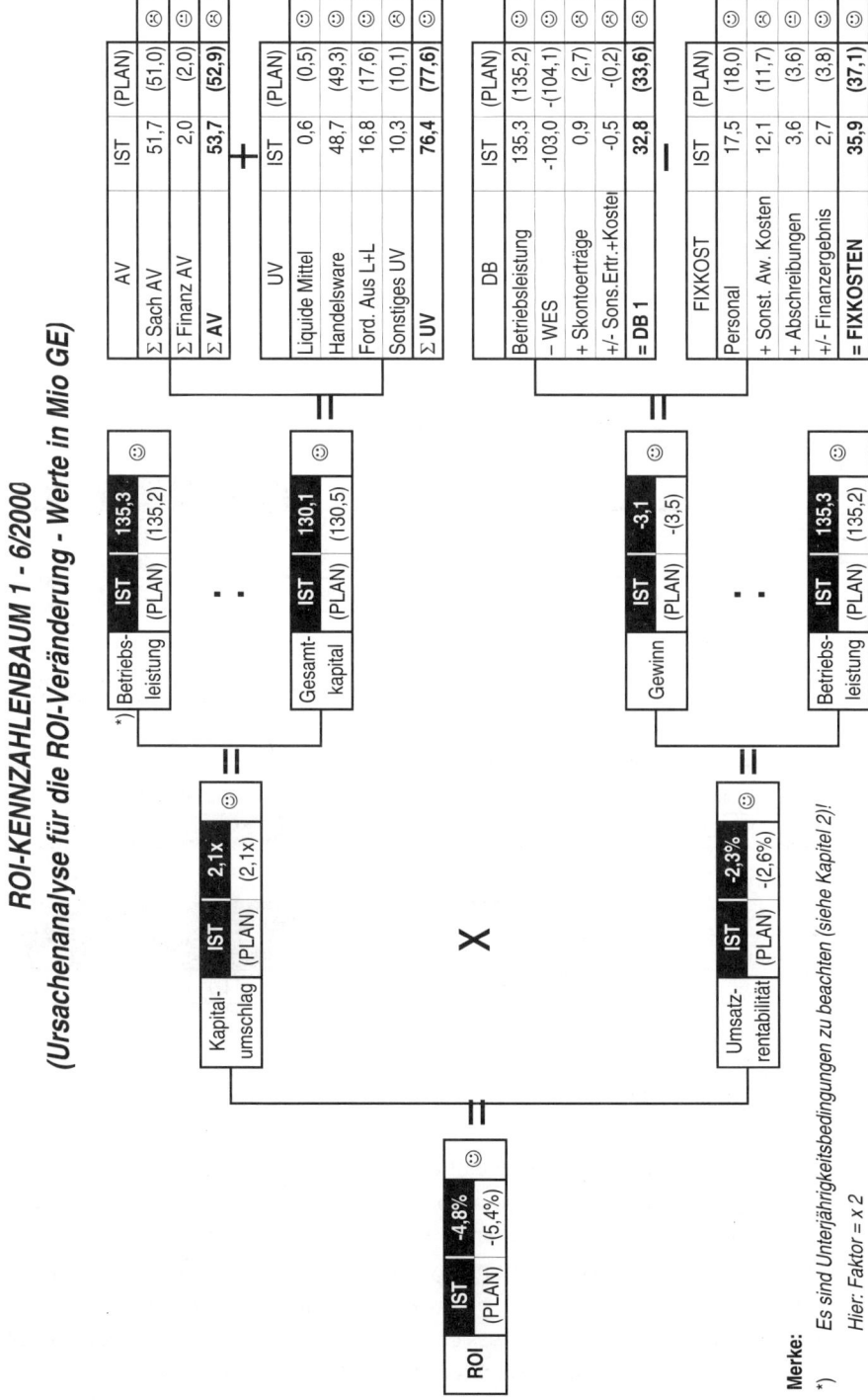

ROI-KENNZAHLENBAUM 1 - 6/2000
(Ursachenanalyse für die ROI-Veränderung - Werte in Mio GE)

Merke:

*) Es sind Unterjährigkeitsbedingungen zu beachten (siehe Kapitel 2)!

Hier: Faktor = x 2

ROSTI-Graphik

Der ROSTI-Kennzahlenbaum zeigt anschaulich die Ursachen für die ROSTI-Veränderungen auf. Die Ist-Werte sind aus Gründen der Übersicht invers dargestellt. Bei der Kennzahl "Lagerumschlag" sind die Unterjährigkeitsbedingungen zu berücksichtigen, weil der ROSTI von einem Jahreslagerumschlag ausgeht (siehe auch Kapitel 2.1.).

Ob die Abweichung der relevanten ROSTI-Positionen günstig, gleichbleibend oder ungünstig ist, kann aus der Mundstellung des Smileys abgelesen werden:

Ursache für die günstige ROSTI-Abweichung ist die Verbesserung des Rohaufschlages von planmäßigen 29,3% auf tatsächliche 31%.

RETURN ON STOCK INVESTMENT (ROSTI) 1-6/2000 (Ursachenanalyse für die ROSTI-Veränderung)

	(Plan)		Ist		
Umsatz	(134,6 Mio GE)	-	134,9 Mio GE	-	
– Wareneinsatz	(-104,1 Mio GE)	100,0%	-103,0 Mio GE	100,0%	
= ROHGEWINN	(30,5 Mio GE)	**29,3%**	31,9 Mio GE	**31,0%**	☺

X

	(Plan)	Ist	
Wareneinsatz (6 Mo)	(-104,1 Mio GE)	-103,0 Mio GE	
Wareneinsatz (12 Mo)	(-208,2 Mio GE)	-206,0 Mio GE	
: Lagerbestand	(49,3 Mio GE)	48,7 Mio GE	
= LAGERUMSCHLAG	(**4,22 x**)	**4,23 x**	☺

=

	(Plan)	Ist	
= ROSTI	(124)	131	☺
	GE/100 Rohgewinn p.a. je GE Ø Lagerbestand		

6.3. Erkenntnisse

Planbilanzen sind hervorragend geeignet, objektiv aufzuzeigen, wie vorteilhaft sich eine geplante Maßnahme bzw. Aktivität auf das Kennzahlenbild auswirkt. Wenn sich die Kennzahlen durch eine strategische Maßnahme stark verbessern, dann ist das für jeden Manager sehr motivierend. Insbesondere für Unternehmen mit Liquiditätsproblemen oder sogar insolvenzgefährdete Firmen können die Erkenntnisse aus Planbilanzen die Aussichtslosigkeit geplanter Sanierungsaktivitäten bereits in einem Frühstadium erkennen lassen. Unangenehme, aber manchmal nicht vermeidbare Maßnahmen, wie der Gang zum Ausgleichs- oder Konkursrichter, können dank Planbilanzen zum frühestmöglichen Zeitpunkt erfolgen.

In den Kapiteln 6.2.1. bis 6.2.4. sind vier verschiedene strategische Aktivitäten durch Planbilanzen und Kennzahlen für eine Entscheidung vorbereitet worden, und zwar:

- Wie vorteilhaft ist die Ausnutzung des Lieferantenskontos wirklich?
- Was bewirkt eine Lagersenkung?
- Was bewirkt eine einmalige, nachhaltige Kostensenkung im ersten Jahr?
- Was kann eine rentable Investition bewirken?

Diese Ergebnisse zeigen eindeutig, wie sich durch die geplante Aktivität das Kennzahlenbild verändert. Auf diese Weise erhält man zum frühestmöglichen Zeitpunkt wichtige Informationen, die gegebenenfalls die geplante Entscheidung beeinflussen können.

Das Arbeiten mit "Was-wäre-wenn-Tabellen"

Systematisiert man die Analyse der geplanten Aktivitäten, dann ergeben sich sehr interessante Erkenntnisse, die hier kurz zusammengefasst werden. Detaillierte Informationen dazu können dem Buch "Planbilanzen", Ueberreuter 1997, entnommen werden.

Zunächst muss für das untersuchte Unternehmen ein Bonitätsstatus erstellt werden. Das geschieht am raschesten durch den Quicktest. Man unterscheidet vier Bonitätsstufen, und zwar:

- Gutes Unternehmen: Quicktest-Gesamtnote $\leq$ 1,5
- Mittelgutes Unternehmen: Quicktest-Gesamtnote > 1,5 $\leq$ 3
- Schlechtes Unternehmen   Quicktest-Gesamtnote > 3 $\leq$ 4,5
- Insolvenzgefährdetes Unternehmen: Quicktest-Gesamtnote   > 4,5

Weiters spielen noch folgende Faktoren eine wichtige Rolle:

- Ausschüttungs- bzw. Entnahmepolitik (voll bzw. gar nicht)
- Voraussichtliche Entwicklung von Umsatz und Einsatz
- Voraussichtliche Entwicklung sonstiger Aufwand
- DBU (Rohgewinn in % vom Umsatz)
- Kapitalumschlag (Verhältnis zwischen Umsatz und Bilanzsumme)

Ist ein Unternehmen in Bezug auf Bonität, Struktur und voraussichtlicher Entwicklung klassifiziert, kann mit ziemlicher Genauigkeit vorhergesagt werden, welche der üblichen Standardvarianten eine mehr oder weniger große Veränderung des Kennzahlenbildes nach sich zieht. Man kann dann sofort feststellen, welche Aktivitäten bei einem insolvenzgefährdeten Betrieb zu einer Sanierung führen und welche nicht, oder welche Aktivitäten ein gutes Unternehmen mindestens setzen muss, um gut zu bleiben.

Für eine solche Aussage muss zunächst bestimmt werden, wann ein insolvenzgefährdetes Unternehmen als saniert gelten kann, ein mittelgutes mittelgut und ein
gutes Unternehmen gut bleibt. Auch hier kann die Quicktest-Gesamtnote helfen:

- ein insolvenzgefährdetes Unternehmen gilt als saniert, wenn die
  Quicktest-Gesamtnote $\leq$ **3,75**
- ein mittelgutes Unternehmen bleibt mittelgut, wenn die
  Quicktest-Gesamtnote $\leq$ **3,25**
- ein gutes Unternehmen bleibt gut, wenn die
  Quicktest-Gesamtnote $\leq$ **1,75**

ist bzw. bleibt.

Für folgende drei Standardaktivitäten sind etwa 500 Planbilanzszenarien erstellt
worden. Die Ergebnisse werden in der umseitigen Tabelle verdichtet wiedergegeben:

Insolvenzgefährdeter Betrieb, keine Ausschüttung

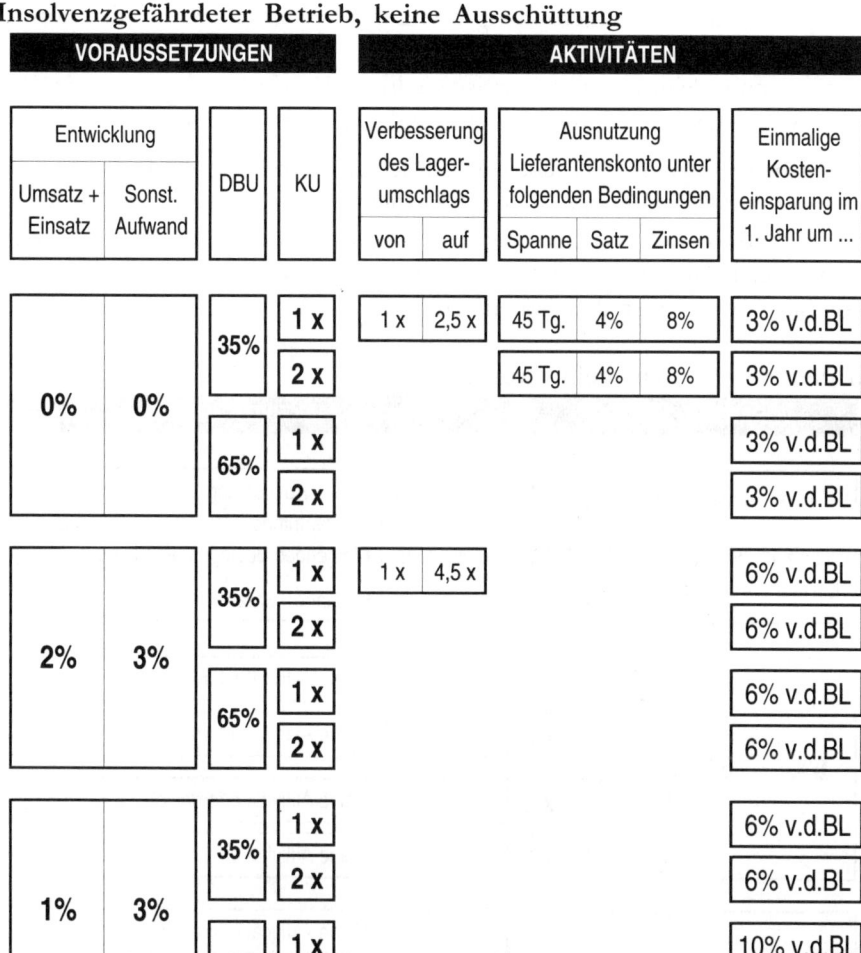

Besonders schwer hat es ein insolvenzgefährdeter Betrieb, sanierungsfähig zu werden, wenn

- Umsatz und Einsatz um höchstens 1% p.a. steigen, während der
- sonstige Aufwand um 3% p.a. steigt,
- wenn der DBU (Rohgewinn) hoch ist (etwa 65%) und der
- Kapitalumschlag ≥ 1,8 beträgt.

In diesem Fall würde nur eine einmalige, nachhaltige Kostensenkung im ersten Jahr um ca. 10% der Betriebsleistung die Sanierung bringen. Ein ziemlich aussichtsloses Unterfangen.

Gute Chancen haben insolvenzgefährdete Unternehmungen,

- wenn die Aufwanderhöhungen voll im Preis abgedeckt werden können (etwa 0%/0% oder 1%/1%),
- wenn sie einen vergleichsweise niedrigen DBU aufweisen (etwa 35%),
- wenn der Kapitalumschlag um 1 oder weniger beträgt.

Bei solchen insolventen Betrieben müsste der Lagerumschlag von 1 auf 2,5 erhöht werden **oder** 4% Lieferantenskonto bei einer Bezugsspanne von 45 Tagen und einem Bankzinsfuß von maximal 8% lukriert werden **oder** eine einmalige, nachhaltige Kostensenkung im ersten Jahr um 3% erzwungen werden **oder** eine Kombination aus allen drei Aktivitäten.

Mittelguter Betrieb, keine Ausschüttung

VORAUSSETZUNGEN				AKTIVITÄTEN				
Entwicklung		DBU	KU	Verbesserung des Lager-umschlags		Ausnutzung Lieferantenskonto unter folgenden Bedingungen		Einmalige Kosten-einsparung im 1. Jahr um ...
Umsatz + Einsatz	Sonst. Aufwand			von	auf	Spanne	Satz	Zinsen	
0%	0%	35%	1 x	Keine Aktivität erforderlich!				
			2 x	Keine Aktivität erforderlich!				
		65%	1 x	Keine Aktivität erforderlich!				
			2 x	Keine Aktivität erforderlich!				
2%	3%	35%	1 x	Keine Aktivität erforderlich!				
			2 x	Keine Aktivität erforderlich!				
		65%	1 x	Keine Aktivität erforderlich!				
			2 x	2 x	3,5 x	45 Tg.	3%	10%	3% v.d.BL
1%	3%	35%	1 x	Keine Aktivität erforderlich!				
			2 x	2 x	3 x	45 Tg.	2%	10%	3% v.d.BL
		65%	1 x	1 x	2 x	70 Tg.	4%	8%	3% v.d.BL
			2 x						3% v.d.BL

Mittelguter Betrieb, Vollausschüttung

VORAUSSETZUNGEN				AKTIVITÄTEN					
Entwicklung		DBU	KU	Verbesserung des Lager- umschlags		Ausnutzung Lieferantenskonto unter folgenden Bedingungen			Einmalige Kosten- einsparung im 1. Jahr um ...
Umsatz + Einsatz	Sonst. Aufwand			von	auf	Spanne	Satz	Zinsen	
0%	0%	35%	1 x	Keine Aktivität erforderlich!					
			2 x	Keine Aktivität erforderlich!					
		65%	1 x	Keine Aktivität erforderlich!					
			2 x	Keine Aktivität erforderlich!					
2%	3%	35%	1 x	Keine Aktivität erforderlich!					
			2 x	2 x	2,5 x	70 Tg.	2%	10%	3% v.d.BL
		65%	1 x	1 x	1,5 x	70 Tg.	2%	10%	3% v.d.BL
			2 x			45 Tg.	3%	10%	3% v.d.BL
1%	3%	35%	1 x	1 x	1,5 x	70 Tg.	2%	10%	3% v.d.BL
			2 x	2 x	3 x	45 Tg.	2%	10%	3% v.d.BL
		65%	1 x	1 x	3,5 x	70 Tg.	4%	8%	6% v.d.BL
			2 x						6% v.d.BL

Mittelgute Betriebe haben es gegenüber insolvenzgefährdeten leichter, mittelgut zu bleiben, insbesondere wenn sie nicht ausschütten.

Guter Betrieb, Vollausschüttung

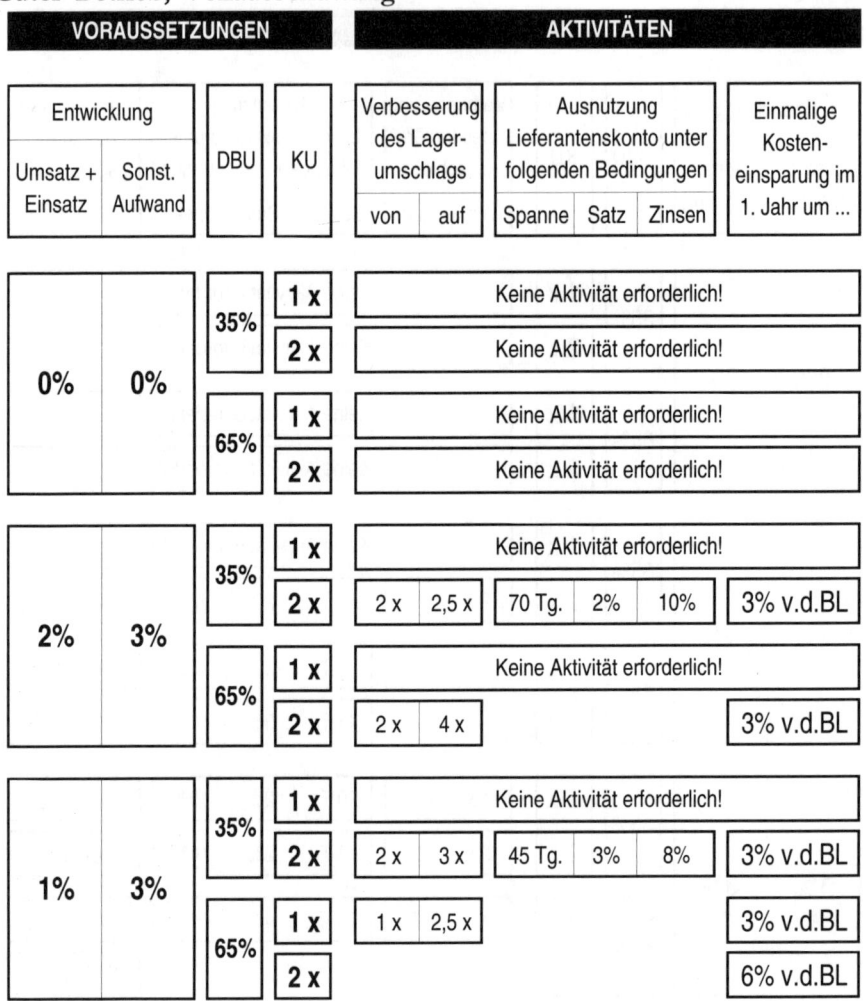

VORAUSSETZUNGEN				AKTIVITÄTEN				
Entwicklung		DBU	KU	Verbesserung des Lager-umschlags		Ausnutzung Lieferantenkonto unter folgenden Bedingungen		Einmalige Kosten-einsparung im 1. Jahr um ...
Umsatz + Einsatz	Sonst. Aufwand			von	auf	Spanne	Satz	Zinsen

0%	0%	35%	1 x	Keine Aktivität erforderlich!			
			2 x	Keine Aktivität erforderlich!			
		65%	1 x	Keine Aktivität erforderlich!			
			2 x	Keine Aktivität erforderlich!			
2%	3%	35%	1 x	Keine Aktivität erforderlich!			
			2 x	2 x	2,5 x	70 Tg.	2%	10%	3% v.d.BL
		65%	1 x	Keine Aktivität erforderlich!			
			2 x	2 x	4 x			3% v.d.BL
1%	3%	35%	1 x	Keine Aktivität erforderlich!			
			2 x	2 x	3 x	45 Tg.	3%	8%	3% v.d.BL
		65%	1 x	1 x	2,5 x			3% v.d.BL
			2 x					6% v.d.BL

Die guten Betriebe brauchen - selbst wenn sie voll ausschütten - kaum Aktivitäten zu setzen, um gut zu bleiben. Auch hier gilt offenbar die These:

Die Reichen werden immer reicher.

Für alle Bonitätsstufen gilt die folgende interessante Erkenntnis, die durchaus plausibel erscheint:

Besonders signifikant ist, dass die Sanierungsfähigkeit grundsätzlich bei Betrieben mit einem niedrigeren Kapitalumschlag und einem niedrigeren DBU deutlich höher ist als bei jenen mit hohem Kapitalumschlag und hohem DBU.

Begründet wird diese grundsätzliche Erkenntnis wie folgt:

- Bekanntlich gilt: je höher der Kapitalumschlag, desto günstiger. Deshalb ist bei einem hohen Kapitalumschlag ein Teil des möglichen Sanierungspotentials schon verbraucht.
- Ein niedriger DBU bedeutet: hoher Waren- bzw. Materialeinsatz. Steigen die Umsätze und Einsätze weniger stark als die restlichen Aufwendungen (z.B. 2%/3% oder 1%/3%), wirkt diese Preis-Kosten-Schere im Zeitverlauf milder als bei einem hohen DBU (hier: 65%).

Hintergrundinformationen und zahlreiche Fallbeispiele zu den Aktivitäten "Lagersenkung" und "Skontoertrag" finden sich in den Kapiteln 6, 12 und 13.

7.

Drei Fakten machen die Unternehmensbewertung in der Praxis schwierig:

- Die Entwicklung einer Einnahmen-Überschuss-Rechnung aus dem Rechnungswesen
- Die Prognose der Einnahmen- und Ausgabenströme
- Die Bemessung des Kapitalisierungszinssatzes einschließlich des Risikozuschlages

Die Bewertungsmethoden bzw. -verfahren selbst sind einfach und schnell durchführbar.

Unternehmens-bewertung

Ablauf eines Unternehmensverkaufes

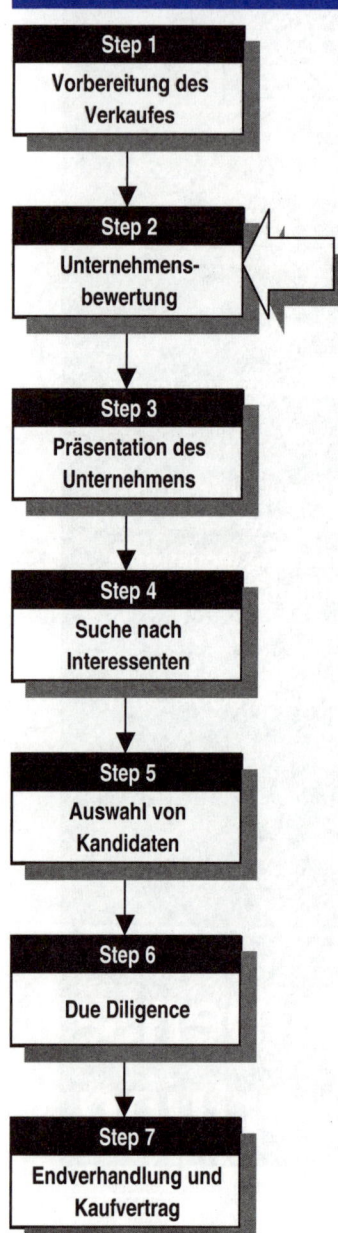

Step 1
Vorbereitung des Verkaufes

Step 2
Unternehmensbewertung

Step 3
Präsentation des Unternehmens

Step 4
Suche nach Interessenten

Step 5
Auswahl von Kandidaten

Step 6
Due Diligence

Step 7
Endverhandlung und Kaufvertrag

Bei der Unternehmensbewertung ist es wie bei der Investitionsrechnung. Gemessen an der Gesamtzeit, die für einen Unternehmenskauf oder die Beurteilung eines Investitionsprojektes erforderlich ist, nimmt das eigentliche Rechnen nur wenig Zeit in Anspruch (etwa 1% bis 5%). Das muss deshalb festgehalten werden, weil man beim Durcharbeiten der entsprechenden Kapitel leicht den Eindruck gewinnen könnte, dass sich alles ausschließlich ums Rechnen dreht.

- Letter Of Intent

- Sorgfältige Prüfung aller relevanten Daten und Fakten in allen Unternehmensbereichen. Die Ergebnisse der Due-Diligence-Prüfung haben Einfluss auf die Höhe des Verkaufspreises bei den Endverhandlungen.

Spielregeln der Unternehmensbewertung

Die Unternehmensbewertung liefert wichtige Grundlagen und Argumente für die Preisverhandlungen. Das Bewertungsprocedere ist international festgelegt und findet seinen Niederschlag in den nationalen berufsständischen Empfehlungen der Wirtschaftsprüfer, Steuerberater und Fachinstitute:

- In Deutschland: HFA 2/1983 des Instituts der Wirtschaftsprüfer
- In Österreich: KFS/BW1 (FGA Nr. 74) aus 1989 des Fachsenats für Betriebswirtschaft und Organisation des Instituts für Betriebswirtschaft, Steuerrecht und Organisation der Kammer der Wirtschaftstreuhänder, Wien
- In der Schweiz hat die schweizerische Treuhandkammer 1994 eine Fachmitteilung zur Durchführung von Unternehmensbewertungen erlassen

Die nationalen Unterschiede zwischen den Empfehlungen bzw. Fachgutachten sind eher gering (z.B. empfehlen die Deutschen für die Erfolgsprognose eine sogenannte Dreiphasenmethode, die Österreicher begnügen sich mit zwei Phasen usw.). Weil das österreichische Fachgutachten weniger umfangreich, aber dennoch sehr informativ ist, wurde es im Kapitel 16.7. abgedruckt. Grundsätzlich sind die deutschen und österreichischen Gutachten inhaltlich gleich.

Die deutsche Empfehlung HFA 2/1983 fasst die wesentlichen Punkte in folgenden 15 "Grundsätzen" zusammen:

Grundsatz ...

- der Bewertung der wirtschaftlichen Unternehmenseinheit
- der Bewertung nachhaltig entziehbarer, verfügbarer Einnahmenüberschüsse
- der Bewertung der vorhandenen Ertragskraft
- der Bewertung des Eigenkapitals
- der gesonderten Bewertung des nicht betriebsnotwendigen Vermögens
- des Stichtagsprinzips
- der Vergangenheitsanalyse
- der Zukunftsbezogenheit der Bewertung
- der erfolgsorientierten Substanzerhaltung
- der Substanzbezogenheit des Erfolges
- eindeutiger Bewertungsansätze
- der Berücksichtigung von Synergie-Effekten
- zur Bewertung des Managementfaktors
- der Unbeachtlichkeit des Vorsichtsprinzips
- der Verwendung abgesicherter Bewertungsunterlagen

7.1. Entwicklung und Bedeutung

Die Unternehmensbewertung als betriebs- und finanzwirtschaftliches Spezial-modul war bis vor 40 Jahren nicht sehr stark ausgeprägt. Damals waren Firmen-käufe oder -verkäufe eher selten. Die meisten Unternehmungen wurden inner-halb der Familie weitergegeben. Nach effizienten Unternehmenswertmethoden bestand damals keine echte Nachfrage. Dementsprechend spärlich war auch die Literatur. Ein halbes Dutzend schmaler Bücher, eher Broschüren, mit teilweise falschen Formeln behandelte das Thema.

In der Zeiten der Globalisierung hat sich das Interesse an "gestandenen" Unter-nehmensbewertungsmethoden schlagartig erhöht. Es gibt kaum einen Zweig in der Betriebswirtschaft und Finanzwirtschaft, der sich in den letzten Jahren so dynamisch entwickelt hat wie die Unternehmensbewertung. Das hat auch seinen Niederschlag in der erstklassigen Fachliteratur zu diesem Thema gefunden. Dutzende, ja Hunderte Fachbücher mit bis zu 1000 Seiten Umfang bestätigen die rasante Entwicklung.

7.2. Anlässe für eine Unternehmensbewertung

Die zehn häufigsten Anlässe für die Durchführung einer Unternehmensbewertung sind:

- Kauf und Verkauf von Unternehmen oder Beteiligungen
- Zuführung von Eigen- oder Fremdkapital
- Fusionen
- Entflechtung von Unternehmen
- Börseneinführung
- Privatisierung von verstaatlichten Unternehmen
- Ausscheiden von Gesellschaftern aus einer Personengesellschaft
- Erbauseinandersetzungen, Erbteilungen
- Kreditwürdigkeitsprüfungen, Bonitätsbewertungen und Ratings
- Beurteilung des Managements am Unternehmensmehr- bzw. Unternehmens-minderwert als Differenz zwischen den Unternehmenswerten am Tag des Eintritts und am Tag des Ausscheidens

7.3. Relevante Bewertungsmethoden in Westeuropa

Aus der großen Zahl der Bewertungsmethoden werden hier nur die **relevanten Methoden näher betrachtet**. **Für** einen **Praktiker** scheint wahrscheinlich **folgende Grobunterteilung** zielführend:

Multiplikatoren-methoden	Methoden auf Basis historischer Daten	Zukunftsorientierte Verfahren
Einfach, schnell aber **sehr** ungenau	Zu stark vergangen-heitsbezogen, laufen aus	Liegen derzeit stark im Trend; hier wird grund-sätzlich wie bei einer Investitionsrechnung vorgegangen

7.3.1. X-Times-Earnings, X-Times-Cash-Flow oder X-Times-Sale (die Multiplikatorenmethoden)

Die **Multiplikatorenmethoden** eignen sich nicht für die Ermittlung eines seriösen Unternehmenswertes, sondern nur

- zur **Abschätzung eines groben potentiellen Marktpreises,**
- zur **Plausibilitätskontrolle** eines errechneten Unternehmenswertes,
- zur Ermittlung des so genannten **Fortführungswertes nach der Detailplanungsperiode** bei zukunftsorientierten Ertragswertmethoden,
- als Instrument zur **Durchsetzung von Verhandlungspositionen.**

Die Multiplikatormethoden sind nur bei "branchentypischen" Kleinunternehmen mit homogener Erlös- und Kostenstruktur anwendbar. Diese einschränkenden Bedingungen werden nicht von allen Bewertungsobjekten erfüllt; in diesen Fällen dürfen Multiplikatoren nicht für die Bewertung verwendet werden.
Die Multiplikatoren können sich auf unterschiedlichste Bezugsgrößen beziehen, wobei dabei die Branche auch eine Rolle spielen kann, z.B.:

- Gewinnmultiplikatoren
- Cash-Flow-Multiplikatoren
- Umsatzmultiplikatoren
- Quadratmeter Verkaufsfläche bei Supermärkten
- Quadratmeter Gerüste bei Gerüstefirmen
- Hektoliter-Absatz bei Bierbrauereien
- Anzahl der Pay-TV-Anschlüsse bei Privatfernsehgesellschaften
usw.

7.3.1.1. Gewinnmultiplikatoren in Deutschland

Für Deutschland wurden 1996 von Barthel Gewinnmultiplikatoren erhoben, die in der folgenden Tabelle abgebildet worden sind. Als Bezugsgröße wurde der von Sondereinflüssen bereinigte Jahresgewinn vor Steuern berücksichtigt. Als Sondereinflüsse sieht Barthel

* außerordentliche Aufwendungen,
* außerordentliche Erträge,
* nicht betriebswirtschaftlich gerechtfertigte Saldierungen,
* Bildung oder Auflösung stiller Reserven,
* Bildung oder Auflösung steuerlich nicht anerkannter Rückstellungen

an.

Branche	Gewinnmultiplikatoren für Deutschland		
	Mindestsatz	Mittelsatz	Höchstsatz
Bauindustrie	3,75	5,50	7,50
Chemische Industrie	9,00	11,50	14,00
Handwerksbetriebe	4,00	5,75	7,25
Maschinenbau	4,50	6,00	7,50
Pharmaindustrie	10,00	12,50	14,25

Quelle: Barthel, Handbuch der Unternehmensbewertung, Loseblattwerk, Verlag Jüngling, 1996

Neben den hier abgebildeten fünf Branchen ermittelte Barthel noch zusätzliche Gewinnfaktoren für zahlreiche weitere Branchen, z.B.:

* Buchhandel
* Buchverlage
* Computerhandel
* Computerhersteller
* Apotheken
* Elektrotechnik
* Feinkeramikindustrie
* Gaststätten
* Getränkeindustrie
* Glasindustrie
* Großhandel
* Handelsvertretungen

* Kfz-Handel
* Kioske
* Metallverarbeitung
* Möbelhandel
* Möbelindustrie
* Nahrungsmittel
* Optiker
* Papierverarbeitung
* Schmuckindustrie
* Software-Entwicklung
* Spielwarenindustrie
* Zeitungen

Anwendungsbeispiel

Beträgt der ordentliche Jahreserfolg vor Steuern in einem deutschen Maschinenbauunternehmen durchschnittlich 100.000 GE, dann bewegt sich der Marktpreis laut Barthel zwischen 450.000 GE und 750.000 GE.

Kurs-Gewinn-Verhältnis (KGV) oder Price Earning Ratio

Die bekannte Kernnzahl "**Kurs-Gewinn-Verhältnis**" ist nichts anderes als ein Multiplikator. Bei diesem Multiplikator handelt es sich um den reziproken Wert des Zinsfußes, der ausdrückt, mit dem Wievielfachen der nachhaltig erzielbare Jahresgewinn multipliziert werden muss, um den Ertragsbarwert zu erhalten.

$$E = \frac{e}{i} \; ; \; i = \frac{p}{100} \; ; \; KGV = \frac{1}{i}$$

Nachhaltig erzielbarer Jahresgewinn in Mio GE (e)	Kapitali- sierungs- zinssatz (p)	Ertrags- barwert in Mio GE (E)	Multiplikator: Kurs-Gewinn- Verhältnis bzw. Price Earning Ratio (KGV bzw. PER)
10	8%	125	12,5
10	9%	111	11,1
10	10%	100	10
10	11%	91	9,1
10	12%	83	8,3

Interpretation

Ein nachhaltig erzielbarer Jahresgewinn (e) von 10 Mio GE, kapitalisiert mit 8%, ergibt einen Ertragsbarwert von 125 Mio GE. Dieser Ertragsbarwert (E) entspricht dem 12,5 fachen nachhaltig erzielbaren Jahresgewinn (e). Der Multiplikator wird auch KGV oder PER genannt.

In der Folge werden einige KGV-Faktoren aus verschiedenen Quellen dargelegt:

Autor	Faktor
Rationalisierungskuratorium der Deutschen Wirtschaft e.V., Arbeitskreis Mittelstand: Unternehmensbewertung, S. 15	4-7 Bei stark wachsenden technologieintensiven Unternehmen oder Unternehmen der Pharma- oder Kosmetikbranche auch sehr viel höher
Ballwieser, W./Schmid, H.: Charakteristika und Problembereiche von Management Buy-Outs, Teil II, WISU, 19. Jg. (1990), S. 361	4-7
Gösche, A.: Es gibt nicht den Wert schlechthin, Handelsblatt vom 29. April 1992, Beilage Mergers & Acquisitions, S. B10	Chemie 7-10 Elektronik 10-12 Feinmechanik 4-6 Kunststoffverarbeitung 6-8 Maschinenbau 4-8 Nahrungsmittel 5-7 Pharma 10-12 Werkzeugbau 6-8

Obige KGV-Faktoren schwanken - je nach Branche - zwischen den Werten 4 und 12.

 Eine Faustregel besagt, dass das KGV nicht höher sein sollte als das erwartete prozentuale Gewinnwachstum. Ein KGV von 15 verlangt also ein Gewinnwachstum von ebenfalls mindestens 15, sonst liegt eine Überbewertung vor (Quelle: Finanzzeitung F&W, 1. Oktober 1997).

7.3.1.2. Umsatzmultiplikatoren in Deutschland

Barthel hat auch Umsatzmultiplikatoren für deutsche Unternehmungen erhoben, mit denen ein **potentieller Marktpreis für den Good Will** ermittelt werden kann. Diesem Marktpreis-Good-Will muss noch ein gesondert zu ermittelnder Substanzwert (betriebsnotwendiges Vermögen abzüglich branchenübliche Schulden) hinzugerechnet werden, weil:

UNTERNEHMENSWERT = SUBSTANZWERT + GOOD WILL

Wirtschaftszweige	Good-Will-Erfahrungssätze in % v. Umsatz lt. Barthel		
	Mindestsatz	Mittelsatz	Höchstsatz
Herstellung von Oberbekleidung	2	11	20
Chemische Industrie	40	54	72
Pharmaindustrie	42	58	76
Herstellung von Betonfertigteilen	0	4	10
Metallerzeugung u. -bearbeitung	5	20	35
Maschinenbau	15	25	35
Sanitär und Heizung	16	24	35
Glaser	29	36	44
Pharmazeutischer Großhandel	42	58	71
Apotheken	25	32	51

Quelle: Barthel, Handbuch der Unternehmensbewertung, Loseblattwerk, Verlag Jüngling, 1996

Neben den hier angegebenen zehn Branchen ermittelte Barthel noch zusätzliche Umsatzmultiplikatoren für zahlreiche weitere Branchen, die nachfolgend in alphabetischer Reihenfolge angeführt werden:

- Allgemeinmedizin
- Architekturbüros
- Augenarzt
- Augenoptiker
- Bäckereien
- Baugewerbe
- Bestattungsindustrie
- Brauereien
- Buchverlage
- Cafés
- Chemische Reinigungen
- Chirurg
- Damen- und Herrenfriseure
- Dermatologie
- Detekteien
- Diskotheken/Tanzlokale
- Ehevermittlungsindustrie
- Einzelhandel Lebensm./ Getr./Tabakw.
- Einzelhandel mit Antiquitäten
- Einzelhandel mit Bekleidung
- Einzelhandel mit Büchern
- Einzelhandel mit Computern
- Einzelhandel mit Möbeln
- Innere Medizin
- Kfz-Handel
- Kfz-Werkstätten
- Kinderarzt
- Kosmetiksalons
- Krankenversicherungen
- Kreditbanken
- Labormedizin
- Lebensversicherungen
- Lederverarbeitung
- Lungenheilkunde
- Maler
- Möbelherstellung
- Neurochirurgie
- Neurologie
- Nuklearmedizin
- Obst-/Gemüseverarbeitung
- Omnibus-Überland-Verkehr
- Orthopädie
- Papierverarbeitung
- Patentanwaltskanzleien
- Praktischer Arzt
- Private Paketdienste
- Radiologie

- Einzelhandel mit Schuhen
- Einzelhandel mit Tabakwaren
- Einzelhandel mit Zeitschriften
- Eisdielen
- Elektrizitätsversorgung
- Elektroinstallation
- F&E Gentechnik
- Fahrschulen (Kfz)
- Filmtheater
- Forstwirtschaften
- Frauenarzt
- Gärtnereien
- Gaststätten
- Gebäudereinigungen
- Getränkehandel/Bierverlag
- Getränkeherstellung
- Großhandel mit Getränken
- Großhandel mit Obst, Gemüse
- Großhandel mit Tabakwaren
- Handelsvertretungen
- Heilpraktiker
- Herstellung von Büromaschinen
- Herstellung von DV-Geräten
- Herstellung von Keramik
- Herstellung von Kfz-Zubehör
- Herstellung von Musikinstrum.
- Herstellung von Schuhen
- Herstellung von Spielwaren
- HNO-Arzt
- Hoch- und Tiefbau
- Hotels
- Imbisshallen
- Immobilienmakler
- Ingenieurbüros
- Inkassobüros
- Rechtsanwalts-Landpraxen
- Rechtsanwalts-Stadtpraxen
- Recycling von Schrott
- Reisebüros
- Reparatur von Büromaschinen
- Restaurants
- Sägewerke
- Schlachtereien
- Schmuckherstellung
- Softwarehäuser
- Speditionen
- Sportgerätehersteller
- Stahl-/Leichtmetallbau
- Steuerberater-Praxen Ost/Land
- Steuerberater-Praxen Ost/Stadt
- Steuerberater-Praxen West/Land
- Steuerberater-Praxen West/Stadt
- Steuerberater-Praxen Zonenrand/ Land
- Steuerberater-Praxen Zonenrand/ Stadt
- Stukkateurgewerbe
- Tanzschulen
- Textilgewerbe
- Tierarztpraxen
- Urologie
- Vermietung von Baumaschinen
- Versicherungsagenturen
- Versicherungsmakler
- Wäschereien
- Winzereien
- Wirtschaftsprüferpraxen
- Zahnarztpraxen
- Zeitarbeitsunternehmen
- Zeitungsverlage

☞ **In Österreich können grundsätzlich obige Umsatzmultiplikatoren ebenfalls verwendet werden. In einigen Branchen ist allerdings Vorsicht geboten,** weil bei diesen vollkommen andere Marktverhältnisse vorherrschen. Z.B. bewertet Barthel den Marktwert-Good-Will einer deutschen Apotheke mit 25% bis 51% des Umsatzes; in Österreich wären hier 80% bis 100% anzusetzen.

Die Umsatzmultiplikatoren sind grundsätzlich weniger hoch einzuschätzen als die Gewinnmultiplikatoren, weil die möglichen Störungen bei dieser Basis noch größer sind. Deshalb werden in der Praxis **Umsatzmultiplikatoren** meist **nur in Branchen** verwendet, **die innerhalb der Branche eine homogene Struktur aufweisen,** z.B.:

- Apotheken
- Ärzte
- Steuerberater
- Wirtschaftsprüfer
- Rauchfangkehrer
- Handel mit Tabakwaren
  usw.

Anwendungsbeispiel

Beträgt der **Umsatz** eines **deutschen Glasereibetriebes jährlich 1,0 Mio. GE** und der **Substanzwert 0,2 Mio. GE,** dann ist mit einem **Marktpreis zwischen 0,49 Mio GE und 0,64 Mio GE** zu rechnen:

	von	bis
Good Will	0,29 Mio GE	0,44 Mio GE
Substanzwert	0,20 Mio GE	0,20 Mio GE
Gesamter Marktwert	0,49 Mio GE	0,64 Mio GE

7.3.2. Bewertungsmethoden auf Basis historischer Werte

Diese Methoden haben einen rückläufigen Trend und laufen in der Bewertungspraxis langsam aus. Die heute noch in der Bewertungspraxis häufig vorkommenden Verfahren, die auch in diesem Kapitel behandelt werden, lassen sich wie folgt untergliedern:

Bewertungsmethoden auf Basis historischer Werte				
Mittelwert-methode	Schweizer Verfahren (= spezielles Mittelwert-verfahren)	Methode der temporären Übergewinn-kapitalisierung (alte UEC-Methode, in Österreich: FGA Nr. 45 aus 1972)	Methode Schnettler für ertragsschwache Unternehmungen	Liquidationswert als Untergrenze

Darüber hinaus gibt es noch eine Reihe **fiskalischer Bewertungsmethoden**, deren **betriebswirtschaftlicher Gehalt eher schwach** ist; sie werden hier nicht näher erläutert: **Berliner Verfahren, Stuttgarter Verfahren, Wiener Verfahren** usw.

7.3.2.1. Mittelwertmethode, Schweizer Verfahren

Diese beiden Verfahren dürfen nur angewendet werden, wenn der Ertragsbarwert (E) größer ist als der Substanzwert (S), also bei so genannten **rentablen** Unternehmen.

Weil der Trend eindeutig zu den Ertragswertmethoden geht, gibt es für die klassische Mittelwertmethode seit einigen Jahren eine modifizierte Variante, oft **Schweizer Verfahren** genannt. Beim Schweizer Verfahren wird der Ertragsbarwert doppelt so stark gewichtet wie bei der Mittelwertmethode. Den Namen trägt dieses Verfahren, weil es in der Schweiz der klassischen Mittelwertmethode meistens vorgezogen wird.

Formel

Mittelwertmethode: **Schweizer Verfahren:**

$$U = \frac{S + E}{2} \quad \text{bzw. modifiziert} \quad \frac{S + 2E}{3}$$

Nur gültig, wenn S < E. Wenn S > E, dann U = E.

E = e/i Ertragsbarwert (einer ewigen Rente)
S = Substanzwert
(Überschuss des betriebsnotwendigen Vermögens über die Verbindlichkeiten, Going-Concern-Unterstellung; oder Eigenkapital + Rücklagen + stille Reserven, unter der Annahme der Betriebsfortführung)
e = Nachhaltiger Zukunftserfolg p.a.
p = Zinssatz
i = Kapitalisierungszinssatz = p/100

Können für die Zukunft gleichbleibende Periodenerfolge (e) unterstellt werden, ergibt sich der Ertragswert (E) als Barwert einer ewigen Rente (e/i).

Fallbeispiel: Mittelwertmethode, Schweizer Verfahren

Ausgangssituation

S = 1.250 GE   e = 162,2 GE
E = 1.622 GE   i = 0,1; d.h. p = 10%

Weil E > S, sind sowohl Mittelwertmethode als auch Schweizer Verfahren nach den klassischen Formeln rechenbar.

Ergebnisse Mittelwertmethode

$$U = \frac{1.250 + 1.622}{2} =$$

U = 1.436

Sensibilitätsanalyse

9,00%	**10,00%**	11,00%
1.526	1.436	1.362

Ergebnisse Schweizer Verfahren

$$U = \frac{1.250 + 3.244}{3} =$$

U = 1.498

Sensibilitätsanalyse

9,00%	**10,00%**	11,00%
1.618	1.498	1.400

7.3.2.2.   Methode der temporären Übergewinnkapitalisierung

Der Gesamtwert der Unternehmung (U) setzt sich bei dieser Methode aus dem Substanzwert (S) und dem Firmenwert (Good Will) zusammen.

U = Substanzwert + Good Will

Formel für temporäre Übergewinnkapitalisierung

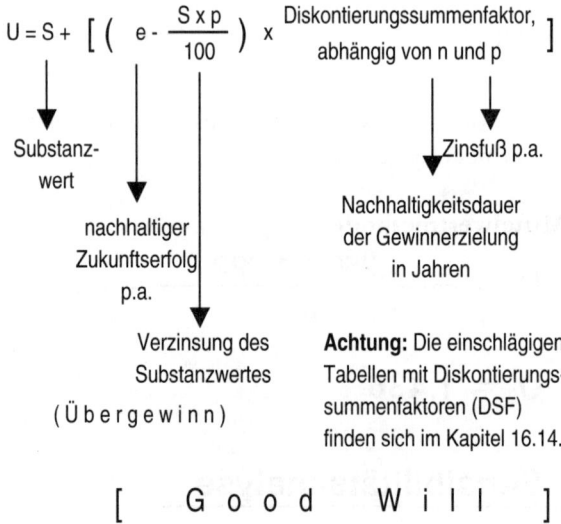

$$U = S + \left[\left(e - \frac{S \times p}{100} \right) \times \text{Diskontierungssummenfaktor, abhängig von n und p} \right]$$

Substanz-
wert

nachhaltiger
Zukunftserfolg
p.a.

Verzinsung des
Substanzwertes

(Übergewinn)

Zinsfuß p.a.

Nachhaltigkeitsdauer
der Gewinnerzielung
in Jahren

Achtung: Die einschlägigen
Tabellen mit Diskontierungssummenfaktoren (DSF)
finden sich im Kapitel 16.14.

[G o o d   W i l l   ]

Die **Übergewinnmethode** stellt eine **Sonderform der Mehrphasenmethode** dar, bei der die Erfolge, welche die Normalverzinsung übersteigen, nur für einen begrenzten Zeitraum (Übergewinndauer = n) angesetzt werden. Dieser Methode liegt insbesondere die Überlegung zugrunde, dass Erfolge, die über eine normale Verzinsung des eingesetzten Kapitals hinausgehen, vielfach der Ausdruck überdurchschnittlicher Unternehmerleistung, einer guten Konjunkturlage oder einer Monopolstellung sind, und dass diese Einflußfaktoren nur zeitlich begrenzt wirksam sind.

Wichtige Hinweise:

- Wenn die Verzinsung des Substanzwertes größer ist als der nachhaltige Zukunftserfolg, dann handelt es sich um ein unrentables Unternehmen, für das die Methode der temporären Übergewinnkapitalisierung ungeeignet ist.
- Wenn der Substanzwert negativ ist, dann wird die Verzinsung des Substanzwertes (S x p/100) mit null angesetzt.

Good Will
Barwert des mit n Jahren temporär begrenzten Übergewinnes. Der Good Will muss positiv sein. Er wird dem Substanzwert hinzugerechnet.

Bad Will oder Ill Will
Den negativen Barwert des mit n Jahren temporär begrenzten "Untergewinnes" nennt man Bad Will oder Ill Will. Bad Will tritt also ein, wenn der nachhaltige

Zukunftserfolg p.a. (e) negativ ist oder nicht mehr ausreicht, eine angemessene Verzinsung des Substanzwertes (S) sicherzustellen.

Die Methode der temporären Übergewinnkapitalisierung ist nur anwendbar, wenn ein Good Will erzielt wird; man spricht dann von einem rentablen Unternehmen. Muss ein **Bad Will (Ill Will)** in Kauf genommen werden (man spricht von einem **unrentablen Unternehmen**), und ist dieser **nicht allzu hoch**, dann bietet sich oft die **Methode Schnettler** als alternatives Bewertungsverfahren an. Ist das Unternehmen **stark unrentabel**, so dass auch die Methode Schnettler nicht mehr eingesetzt werden kann, bleibt als **Untergrenze** der Bewertung nur mehr der **Liquidationswert**.

Beim **Liquidationswert** handelt es sich um den **Substanzwert unter der Annahme der Nichtweiterführung des Betriebes**; hier wird also für die Bewertung **kein Going-Concern-Prinzip** unterstellt.

Wichtige Hinweise:

- **Bei unrentablen Unternehmungen darf der Substanzwert nie um den Bad Will vermindert werden!** Eine solche Vorgangsweise wäre von der "Philosophie" her unrichtig.

U = S + Good Will	richtig
U = S - Bad Will	unzulässig
Wenn "Bad Will", dann zuerst: • Methode Schnettler	kann richtig (zulässig) sein
oder (wenn nötig): • Liquidationswert	als Bewertungsuntergrenze fast immer richtig

- **Wenn der Unternehmenswert nach der Methode der temporären Übergewinnkapitalisierung errechnet werden kann, sind die Unternehmenswerte nach der Methode Schnettler und der Liquidationswert irrelevant!**

Fallbeispiel: Methode der temporären Übergewinnkapitalisierung

Ausgangssituation

Der Substanzwert (S) beträgt 1.250 GE, der nachhaltige Zukunftserfolg (e) 162 GE p.a. Die Nachhaltigkeitsdauer des Zukunftserfolges (n) kann mit fünf Jahren angesetzt werden, weil ein objektbedingter Good Will (z.B. langjährige Marktpräsenz, guter Standort usw.) angenommen werden kann. Der Zinsfuß (p) beträgt 10%.

Hinweis:

Unternehmungen, die ihren Gewinn primär durch die überragende Persönlichkeit des Unternehmers erzielen, fallen in die Gruppe des subjektbedingten Good Will. Die Nachhaltigkeitsdauer der Gewinnerzielung ist dann niedriger anzusetzen als beim objektbedingten Good Will.

Ergebnis:

$$U = 1.250 + [162 - (1.250 \times 10{,}0\%) \times 3{,}791] =$$

U = 1.391

Sensibilitätsanalyse

n \ p	9,00%	10,00%	11,00%
4	1.371	1.368	1.365
5	1.395	1.391	1.388
6	1.417	1.412	1.407

Der Diskontierungssummenfaktor 3,791 (n = 5 Jahre, p = 10%) wurde der Tabelle **DSF 10%** im Kapitel 16.14. entnommen. Der Unternehmenswert beträgt 1.391 GE. Wie die Sensibilitätsanalyse zeigt, ist er nicht sehr anfällig auf Änderungen beim Zinssatz (p) und ebenso wenig bei der Nachhaltigkeitsdauer (n).

20-Punkte-Checkliste zur Durchführung der Methode der temporären Übergewinnkapitalisierung

1. Immer die **letzten drei bis fünf Steuerbilanzen** als Berechnungs- bzw. Planungsgrundlage heranziehen.
2. Für den Zeitraum zwischen Bewertungsdurchführung und letzter Steuerbilanz Umsätze und Aufwendungen (insbesondere Material und Personal feststellen. **Die neuesten Trends müssen unbedingt berücksichtigt werden!**
3. **Anlagenbewertung immer auf Basis von Tagesneuwerten durchführen.**

Anlagenbewertung für die Unternehmensbewertung (Substanzwert) auf Basis Tagesneuwerten - exakte Methode (Werte in 1.000 GE)

								Blatt	
								Bezugsjahr 2000	
								Kostenstelle	

Anlagegut	Ansch.-jahr	Ansch.-wert	Tages-neuwert	Nutzungs-dauer insges.	Kalk. Ab-schreibung	Rest-nutzungs-dauer	Kalk. Rest-wert		
Drehbank	1996	100	125	10	12,5	5	62,5		
Büroeinrichtung	1995	200	260	13	20,0	7	140,0		
Säulenbohrmaschine	1989	50	75	15	5,0	3	15,0		
Computer	1998	120	80	4	20,0	1	20,0		
Reihenfolge im Ablauf ②	③	④		⑥	⑦	⑤	⑧	①
Gesamt			540		57,5		237,5		

Erläuterungen:

a) Reihenfolge im Ablauf beachten, insbesondere Restnutzungsdauer vor Gesamtnutzungsdauer eintragen!

b) Gesamtnutzungsdauer = (Bezugsjahr - Anschaffungsjahr +1) + Restnutzungsdauer.

c) Die Berechnung der Tagesneuwerte wurde hier wie folgt vorgenommen: Tagesneuwert = [(Bezugsjahr - Anschaffungsjahr + 1) x 0,05 x Anschaffungswert] + Anschaffungswert.

   Der Tagesneuwert sollte nicht mehr als das 1,5fache des Anschaffungswertes betragen (siehe Säulenbohrmaschine). Computer (Soft- und Hardware) sind von obiger Empfehlung ausgenommen; deren Tagesneuwerte werden wahrscheinlich sogar niedriger werden. Ebenso extrem hochpreisige Anlagegüter; hier sollte bei den Herstellern nachgefragt und die exakten Werte verwendet werden.

4. **Steuerliche AfA ausscheiden** und durch kalkulatorische Abschreibung (= Derivat der Anlagenbewertung) ersetzen!

5. **Nicht betriebsnotwendiges Vermögen** (z.B. ein Grundstück, das nicht betrieblich genutzt wird) muss **ausgesondert** werden.

☞ Erweiterungsgrundstück und Reserveanlagegüter sind **betriebsnotwendig!**

6. Für **"Beteiligungen"** (immaterielles Anlagevermögen) ist gegebenenfalls eine **eigene Unternehmensbewertung durchzuführen**, wenn die Werte entsprechend hoch sind, so dass sie eine eigene Bewertung rechtfertigen!

7. Etwaige **stille Reserven im Umlaufvermögen** sind **aufzulösen**. Dabei müssen **auch** die **Erfolgsauswirkungen** (Waren- bzw. Materialeinsatz, Bestandsveränderungen) **berücksichtigt** werden.

Fall A:

	Lt. Bilanz	Tatsächlich	Stille Reserve
Anfangsbestand Rohstoffe	100	200	100
+ Zukauf Rohstoffe	300	300	
- Endbestand Rohstoffe	120	240	120
= **Einsatz Rohstoffe**	**280**	**260**	**-20**

Erfolgsverbesserung: 20 (weniger Einsatz)

Fall B:

	Lt. Bilanz	Tatsächlich	Stille Reserve
AB Halb- u. Fertigerzeugnisse	250	310	60
- EB Halb- u. Fertigerzeugnisse	210	285	75
= **Bestandsverringerung Halb- und Fertigerzeugnisse**	**40**	**25**	**-15**

Erfolgsverbesserung: 15 (mehr Betriebsleistung)

8. Bei der Bewertung ist davon auszugehen, dass das **Unternehmen weitergeführt wird (= Going-Concern-Prämisse).**

9. Bei Einzelunternehmungen und Personengesellschaften ist **ein kalkulatorischer Unternehmerlohn zu berücksichtigen.** In Österreich gilt: Bruttomonatsgehalt eines vergleichbaren Angestellten + 20% bis 40% Dispositionszuschlag x 14 (Monatsbezüge p.a.) x 1,3 (Nebenkostenfaktor); wählt man dieses Procedere, dann sind etwaige Aufwendungen für die gewerbliche Kranken- und Pensionsversicherungsanstalt auszuscheiden, weil sie schon im Nebenkostenfaktor von 1,3 enthalten sind.

10. **Latente Ertragsteuern** für steuerlich relevante Bewertungskorrekturen gegenüber der Steuerbilanz **berücksichtigen!** In Deutschland muss neben der Einkommen- bzw. Körperschaftsteuer auch die Gewerbeertragsteuer berücksichtigt werden. Letztere gibt es in Österreich seit einigen Jahren nicht mehr.

11. **Material- und Warenintensität unbedingt im Zeitverlauf auf Entwicklung beobachten!** Sinkende Material- und Warenintensität lässt häufig auf eine Auflösung stiller Reserven in den Vorräten schließen. Erkennt man eine solche Entwicklung nicht, dann ist der Ertragswert zu hoch: Es würde der Käufer durch einen zu hohen Unternehmenwert geschädigt werden (siehe auch Kapitel 3.2.5.3.).

12. Es dürfen **nur ordentliche Erlöse und Aufwendungen angesetzt** werden, die **außerdem nachhaltig in die Zukunft wirken.** Es empfiehlt

sich, einen eigenen Nachhaltigkeits-Check durchzuführen; die Prüfung auf "ordentlich" allein genügt nicht.

13. Es ist genau zu prüfen, ob **Synergieeffekte** (= Verbundeffekte) wirksam werden oder nicht (z.B. ein Käufer aus der gleichen Branche hat schon ein gut funktionierendes Rechnungswesen, das er auch für das neue Objekt einsetzen kann usw.). Manchmal kann es auch zu negativen Synergien kommen (**siehe auch Kapitel 7.3.5.**).

☞ Etwaige **Synergieeffekte** dürfen **nicht überschätzt** werden.

14. Der **Liquidationswert** ist **immer** die **Bewertungsuntergrenze**.
15. Für die **Hauptprodukte** (A-Artikel) ist **festzustellen**, in **welcher Phase des Lebenszyklus** sie sich befinden (Einführungsphase, Wachstumsphase, Reifephase, Sättigungsphase, Degenerationsphase).

Das geschieht am einfachsten mit einer artikelbezogenen Beobachtung von Verkaufsmenge und Verkaufspreis im Zeitverlauf.

Beispiel:

Produkt-name	1999			2000		
	Verkaufte Einheiten	Gesamt-erlös in GE	Ist-VP je Stück	Verkaufte Einheiten	Gesamt-erlös in GE	Ist-VP je Stück
MX 17	1.000	80.000	80	1.250	101.250	81
MB 09	usw.					

16. **Welchen Zustand** haben **Marketing, Finanzbuchhaltung, Kostenrechnung, Produktionsplanung und Unternehmensplanung** in der zu bewertenden Unternehmung?
17. Sind Visionen und Strategien schriftlich festgehalten? Gibt es eine Balanced Scorecard (BSC)? Wie hoch ist der Zielerreichungsgrad bei den einzelnen Perspektiven? (Siehe auch Kapitel 8.2.3.)
18. Werden **Planbilanzen** erstellt? Wenn ja, für wie viele Jahre? Wie entwickeln sich die Ertrags- und Finanzierungs- und Liquiditätskennzahlen planmäßig?
19. Zu jeder Unternehmensbewertung gehört auch eine **Kennzahlenanalyse**. Das Errechnen von **Bonitätsindikatoren** im Zeitverlauf ist in den meisten Fällen opportun. Der Nutzen ist zweifach:

   • Abrundung des Bonitätsbildes (korrelieren Bonitätsindikatoren mit den Kennzahlen bzw. Quicktestnoten?)
   • Plausibilitätskontrolle (Erkennen etwaiger Strukturbrüche und/oder "Ungereimtheiten")

20. Als **weiterführende Checklisten** werden folgende vier empfohlen, die auch in Kapitel 7.5. erwähnt sind, und zwar:

   • Berens/Brauner, Due Diligence bei Unternehmensakquisitionen, Schäffer Poeschel

- Arbeitskreis Unternehmensbewertung (AKU), Erhebungsbogen zur Unternehmensbewertung, IdW
- Born, Arbeitsmappe: Unternehmensanalyse und Unternehmensbewertung, Schäffer
- Friedrich, Erfolgreicher Unternehmensverkauf, Gabler

Die Autoren stellen sich vor Unternehmensbewertungen immer eine individuelle Checkliste zusammen. Das Muster einer solchen Due-Diligence-Checkliste ist im Kapitel 16.7. abgebildet; sie umfasst 80 Check-Points, zugeordnet auf zehn Analysebereiche.

7.3.2.3. Methode Schnettler für unrentable Unternehmen

Die Methode Schnettler dient zur **Bewertung ertragsschwacher bzw. so genannter "unrentabler" Unternehmen**, also jener Betriebe, deren künftige Gewinne keine angemessene Verzinsung des Substanzwertes erwarten lassen. Manchmal sind Unternehmungen nur deshalb unrentabel, weil bei der Ermittlung des abschreibungsbedürftigen Sachanlagevermögens etwas zu hoch bewertet wurde, um den Substanzwert zu vergrößern. Es wird dabei allerdings nicht bedacht, dass auch die kalkulatorischen Abschreibungen ansteigen und der nachhaltige Zukunftserfolg p.a. sinkt. Zusätzlich erhöhen sich die Zinsen für den Substanzwert. **Durch diesen Doppeleffekt** werden sie **unrentabel**, weil der nachhaltige Zukunftserfolg nicht ausreicht, die gesamte Substanzwertverzinsung abzudecken.
Hier kann die Methode von Prof. Schnettler oft helfen, einen gerade noch akzeptablen Wert zu erhalten. Setzt man in seine Formel ein, dann reduziert sich das abschreibungsbedürftige Anlagevermögen und damit der ursprüngliche Substanzwert bei gleichzeitiger linearer Reduktion der kalkulatorischen Abschreibungen so lange, bis der Übergewinn (nachhaltiger Zukunftserfolg p.a. minus Verzinsung des Substanzwertes) null ergibt.

> ☞ **Wichtiger Hinweis:**
> **Von der Höhe der prozentualen Senkung des abschreibungsbedürftigen Anlagevermögens hängt es in der Praxis ab, ob der nach Schnettler ermittelte Unternehmenswert akzeptiert werden kann oder nicht.** Keineswegs darf nämlich der Grundsatz der Substanzerhaltung verletzt werden.

Formel nach Prof. Schnettler

$$U = \frac{r \times 100 + k \times d}{p + d}$$

r = *Nachhaltiger Zukunftserfolg vor Abschreibungen p.a.*
k = *Substanzwert ohne abschreibungsbedürftige Anlagen*
d = *Abschreibungssatz in % des abschreibungsbedürftigen Anlagevermögens*
p = *Kapitalisierungszinssatz*

Fallbeispiel: Methode Schnettler

Ausgangssituation
Es wird vom Fallbeispiel 7.3.2.2. "Temporäre Übergewinnkapitalisierung" ausgegangen. Der Substanzwert ist um 1.000 GE auf 2.250 GE erhöht worden, um
ein unrentables Unternehmen zu simulieren.

Ergebnisermittlung

$$U = S + \left\{ \left(e - \frac{S \times p}{100} \right) \times \begin{array}{c} \text{Diskontierungssummenfaktor (DSF),} \\ \text{abhängig von n und p} \end{array} \right\}$$

$$U = 2.250.000 + [(162.000 - 225.000) \times \dots]$$

$$\dots e < \frac{S \times p}{100} \longrightarrow$$

$$\longrightarrow \boxed{\textbf{unrentabel}}$$

Daher: Methode Schnettler.
Der reduzierte Substanzwert von 2.056 GE ist exakt jener Grenzwert, bei dem
die Methode der temporären Übergewinnkapitalisierung gerade noch angewendet werden kann; der nachhaltige Zukunftserfolg ist gleich groß wie die Verzinsung des reduzierten Substanzwertes. Es liegt daher weder ein Good Will noch
ein Bad Will vor. Der reduzierte Substanzwert ist der Unternehmenswert.
Der Unternehmenswert nach Prof. Schnettler beträgt **2.056 GE. Dieser Wert
ist akzeptabel, weil das zu Tageswerten angesetzte Anlagevermögen nur
um 15,8% gesenkt werden musste und daher der Grundsatz der Substanzerhaltung nicht verletzt worden ist.** Die Schwankungen in der Schätzpraxis
bei Sachanlagen sind nämlich wesentlich größer als 16%. **Würde die notwendige Anlagenreduktion 40% oder mehr betragen, dann wäre das Schnettler-**

Ergebnis nicht mehr akzeptabel. In diesem Fall wäre der **Liquidationswert** zu berechnen.

Methode Schnettler (alle Werte in GE 1000)

Nachhaltiger Zukunftserfolg	e	163
22% Abschreibungen auf 1.230 abschreibungsbedürftiger Anlagen		275
nachhaltiger Zukunftserfolg vor Abschreibungen	r	437
Substanzwert ohne abschreibungsbedürftige Anlagen	K	1.020
Substanzwert inklusive abschreibungsbedürftige Anlagen	S	2.250
Abschreibungsprozentsatz	d	22%
Kapitalisierungszinssatz p.a.	p	10%

$$U = \frac{r \times 100 + K \times d}{p + d} =$$

$$U = \frac{(437 \times 100) + (1.020 \times 22)}{10,00 + 22,32} =$$

$$U = \frac{43.701 + 22.752}{32,32} =$$

U = 2.056

Verprobung (alle Werte in GE 1000):

U = 194 weniger als Substanzwert
abschreibungsbedürftiges Anlagevermögen nicht   1.230 =100%
    -194

sondern   1.037 = (84,31%)
daher auch Abschreibung nicht   275
sondern   231 = (84,31%)

U =   2.250   U = 2.056 + (206 - 206) = **2.056**
    -194
U =   2.056

Sensibilitätsanalyse

9,00%	10,00%	11,00%
2.122	2.056	1.995

7.3.2.4.   Liquidationswert

Beim Liquidationswert handelt es sich um jenen Wert, der bei Auflösung des Unternehmens und Einzelveräußerung der vorhandenen Substanz erzielt werden kann. Anders ausgedrückt: Es handelt sich um den **Substanzwert unter der Annahme der Nichtweiterführung des Betriebes**. Dieser unterscheidet sich vom Substanzwert bei Weiterführung (Going-Concern-Prinzip) des Unternehmens in der Praxis meist wesentlich. Wird ein Betrieb nicht weitergeführt, dann sind bei der Bewertung der Aktiven in der Regel wesentliche Abschläge und bei der Bewertung der Passiven Zuschläge vorzunehmen (z.B. 100% der Abfertigungsrückstellung statt 50%, Bildung einer fiktiven Rückstellung für die Abwicklungskosten der Liquidation usw.).

☞ **Der Liquidationswert ist fast immer die absolute Untergrenze der Unternehmensbewertung**, gleichgültig, welche Werte bei anderen Methoden errechnet werden. **Ausnahme:** Als Wertuntergrenze kann der Liquidationswert nur gelten, wenn das Unternehmen im Sinne des Gewinnmaximierungsprinzips rational geführt wird. **Wird es weitergeführt, obwohl der zu erwartende Zukunftserfolg dadurch unter den gegenwärtigen Liquidationswert sinkt, dann ist dieser Liquidationswert nicht mehr die Untergrenze des Gesamtwertes der Unternehmung.** Der Liquidationsanteil kann also nicht generell als Untergrenze für den Unternehmenswert angesehen werden.
Wenn ein mit Verlust arbeitendes Unternehmen tatsächlich fortgeführt wird, kann der Minderheitsbeteiligte für seinen Anteil nicht mit dem Liquidationswert rechnen, sondern mit weniger. **Die allgemeine Aussage, der tiefste Wert sei stets der Liquidationswert, gilt im Falle von Minderheitsanteilen nicht.**

Fallbeispiel: Liquidationswert

Die folgende Darstellung zeigt, wie sich der Liquidationswert von den Buchwerten des Jahresabschlusses unterscheiden kann:

Liquidationswert (alle Werte in GE 1000)

lfd. Nr.	Bilanzposition	Steuer-Bilanz	Liquid. Bilanz
1	Sachanlagevermögen	460	850
2	Finanzanlagevermögen	640	640
3	Vorräte	520	350
4	Halb-und Fertigerzeugnisse	640	300
5	Debitoren	660	720
6	Liquide Mittel	160	200
7	Sonstige Forderungen	120	60
8	**Summe (1 - 7) AKTIVA**	**3.200**	**3.120**
9	Bankverbindlichkeiten	220	300
10	Lieferantenverbindlichkeiten	490	280
11	Vorsorge für Abfertigungen	640	1.500
12	Sonstige Rückstellungen	470	400
13	Sonstige Verbindlichkeiten	640	300
14	**Summe (9 - 13) PASSIVA**	**2.460**	**2.780**
15	**Überschuß (vorläufig)**	**740**	**340**

vorläufiger Überschuß	340
- Kosten des Sozialplanes	0
- Kosten der Liquidationsentwicklung	-250
= verbleibt Liquidationswert	**90**

7.3.3. Zukunftsorientierte Bewertungsmethoden

7.3.3.1. Die Philosophie der modernen Unternehmensbewertung

Unter der Voraussetzung ausschließlich finanzieller Ziele leitet sich der **Wert eines Unternehmens aus seinen nachhaltig erzielbaren Zukunftser-folgen ab. Er ergibt sich grundsätzlich als Barwert dieser Zukunftser-folge (Ertragswert).** Verfügt das Unternehmen über nicht betriebsnotwendige Vermögensgegenstände, müssen diese unter Beachtung der damit zusammen-hängenden Schulden einer gesonderten Bewertung unterzogen werden. Der resultierende Wert ist dem Ertragswert hinzuzufügen.

Der Ertragswertermittlung kann

- ein **zahlungsstromorientiertes** oder
- ein **periodenerfolgsorientiertes** Verfahren

zugrunde gelegt werden.

Bei Anwendung des zahlungsstromorientierten Verfahrens ergibt sich der Wert des Unternehmens aus dem Barwert der zukünftigen Geldüberschüsse (Differenz aus Einnahmen und Ausgaben).

Ein Unternehmen ist jedoch im Gegensatz zu einem einzelnen Investitionsobjekt eine komplexe Gesamtheit, deren künftige Zahlungsströme nur für einen kurzen Zeitraum genau geplant werden können. Da sich im Hinblick auf die Vielzahl der auf die Zahlungsströme einwirkenden Einflussgrößen häufig kompensatorische Effekte ergeben, so dass Periodenerfolge und Geldüberschüsse weitgehend übereinstimmen, bilden die aus den künftigen Erträgen und Aufwendungen abgeleiteten Periodenerfolge in der Regel eine geeignete Grundlage der Ertragswertermittlung. Erkennbare Unterschiede zwischen Einnahmen und Erträgen bzw. zwischen Ausgaben und Aufwendungen in den einzelnen Perioden können zu einer Kombination des periodenerfolgsorientierten mit dem zahlungsstromorientierten Verfahren führen (z.B. Ersatz von Abschreibungen durch Investitionsausgaben für Großanlagen).

Für die invers dargestellten Methoden sind im Anschluss je ein Fallbeispiel durchgerechnet worden.

Zu einigen Stichwörtern der vorseitigen Abbildung sind noch kurze Erläuterungen notwendig.

Netto- und Bruttoansatz
Der Discounted Cash-Flow (DCF) kann als Netto- oder Brutto-Cash-Flow ausgeprägt sein.
Beim Nettoansatz werden Zahlungen an die Eigentümer mit dem risikoangepassten so genannten CAPM-Zinsfuß diskontiert; das entspricht in etwa dem Ertragswertverfahren.
Beim Bruttoansatz wird zunächst der Wert des gesamten Kapitals (Eigen- und Fremdkapital) ermittelt. Anschließend wird von diesem Gesamtwert der Marktwert des Fremdkapitals in Abzug gebracht, um den Unternehmenswert der Eigentümer zu erhalten.
Der Bruttoansatz hat drei verschiedene Ausprägungsformen, von denen der in der Bewertungspraxis am häufigsten anzutreffende

Free Cash-Flow

näher beschrieben werden soll.

Adjusted Present Value ist ein neuer, vielversprechender Ansatz, aber derzeit ebenso wenig gebräuchlich wie der **Total-Cash-Flow**-Ansatz; das kann sich allerdings bei der rapiden Entwicklung dieser Methoden rasch ändern.

WACC (Weighted Average Cost of Capital)
Der gewogene Kapitalkostensatz entspricht hier den gewichteten Durchschnittskosten von Eigen- und Fremdkapital nach Berücksichtigung einer entsprechenden Ertragsteuerersparnis.

Formel:

$$\text{WACC} = [\text{Fremdkapitalzinssatz} \times (1 - \text{Ertragsteuersatz})]$$
$$\times \text{Fremdkapitalanteil}$$
$$+ \text{Eigenkapitalkosten} \times \text{Eigenkapitalanteil}$$

Das konkrete Berechnungsprocedere kann im Fallbeispiel nachvollzogen werden.

7.3.3.2. Die Free-Cash-Flow-Methode oder das Shareholder-Value-Konzept

Grundsätzliches

In der US-amerikanischen aber auch in der westeuropäischen Bewertungspraxis setzt sich immer mehr die rein zukunftsorientierte Free-Cash-Flow-Methode durch, die auf einer Reihe logischer und praxisnaher Annahmen basiert und daher dem wahren Wert eines Unternehmens ziemlich nahe kommt.

Der Grundgedanke dieses vom amerikanischen Wirtschaftsprofessor Rappaport 1986 in seinem Buch **"Shareholder Value"** vorgestellten Konzeptes ist es, dass der Unternehmenserfolg am ökonomischen Wert gemessen werden soll, der für die Eigentümer geschaffen wird. Anders ausgedrückt: **Das Management sollte einzig und allein danach trachten, den Unternehmenswert und damit den Aktienkurs zu steigern, um so das Vermögen der Aktionäre zu mehren.** Shareholder Value bedeutet aber auch eine Änderung in der Kultur eines Unternehmens in Richtung mehr Transparenz, einer gewissen Offenheit und einer gewissen Kommunikationsfreudigkeit.

Die bekannte amerikanische Beratungsgesellschaft **Coopers & Lybrand** hat Unternehmungen, die sich am Shareholder Value orientieren, mit anderen, die sich nicht daran messen, verglichen. Das Ergebnis war ziemlich eindrucksvoll: **Während 100 Dollar, die 1982 in den breiten Aktienmarkt investiert wurden, zehn Jahre später rund 400 Dollar Wert waren, vervielfachte sich der gleiche in Shareholder-Value-Unternehmen gesteckte Geldbetrag auf zirka 900 Dollar** (österr. "Wirtschaftswoche", Nr. 25/1996).

Fallbeispiel: FCF-Methode

Ausgangssituation

Der Metallbearbeitungsbetrieb, der überlegt, eine Laser-Schneidemaschine anzuschaffen (siehe Fallbeispiel im Kapitel 6.2.4.), soll verkauft werden. Es stellt sich somit die Frage nach dem Unternehmenswert. Da der Kaufinteressent ein amerikanischer Konzern ist, soll die Free-Cash-Flow-Methode zum Einsatz kommen.

Free Cash-Flow

Die Free Cash-Flows für die nächsten fünf Jahre können aus der Plan-Kapitalflussrechnung 2000 bis 2004 des Fallbeispiels im Kapitel 6.2.4. hergeleitet werden. Die relevanten Werte lassen sich wie folgt zusammenfassen:

Free Cash-Flow nach Ertragsteuern aus den Plan-Kapitalflussrechnungen des Fallbeispiels im Kapitel 6.2.4.

	Werte in 1.000 GE				
	2000	2001	2002	2003	2004
EGT	892	1.418	1.439	1.452	1.458
+ Abschreibungen	700	700	700	700	700
= **Cash-Flow aus dem Ergebnis**	**1.592**	**2.118**	**2.139**	**2.152**	**2.158**
- Ertragsteuern	248	469	476	481	483
- Erhöhung Kundenforderungen	200	100	-	-	-
= **Cash-Flow aus dem laufenden Geschäft**	**1.144**	**1.549**	**1.663**	**1.671**	**1.675**
- Investitionen	1.820	420	420	420	420
= **Free Cash-Flow nach Ertragsteuern**	**-676**	**1.129**	**1.243**	**1.251**	**1.255**

Unternehmenswert FCF

Die Free Cash-Flows nach Ertragsteuer werden nun noch um die ertragsteuerberichtigten Fremdkapitalzinsen erhöht. Die neue Zwischensumme "Free Cash-Flow vor Zinsen, nach ESt." wird nun noch mit dem WACC-Zinssatz von 6,4% abgezinst. Man erhält den diskontierten FCF nach ESt., dem ein so genannter Fortführungswert hinzuzurechnen ist. Abschließend ist noch der Saldo aus "Bankverbindlichkeiten abzgl. flüssiger Mittel" zu Planungsbeginn (2000) in Abzug zu bringen. Das Ergebnis ist der Unternehmenswert nach der Free-Cash-Flow-Methode.

	±	±	-	=	±	=	±	-	=	x	=
Jahr	CF aus lfd. Geschäftstätigkeit vor ESt.	A.o. Ergebnis	Investitionen	FCF vor ESt.	ESt.	FCF nach ESt.	Zinsen	Ø ESt. auf Zinsen: 34,0%	FCF vor Zinsen (nach ESt.)	Abzinsungsfaktor: WACC 6,4%	diskont. FCF nach ESt.
2000	1.392	0	-1.820	-428	-248	-676	327	-111	-460	0,940	-433
2001	2.018	0	-420	1.598	-469	1.129	327	-111	1.345	0,883	1.188
2002	2.139	0	-420	1.719	-476	1.243	292	-99	1.436	0,830	1.192
2003	2.152	0	-420	1.732	-481	1.251	265	-90	1.426	0,780	1.113
2004	2.158	0	-420	1.738	-483	1.255	245	-83	1.417	0,733	1.039

CF ... Cash-Flow	+ **FORTFÜHRUNGSWERT**	16.134	0,733	11.832
FCF ... Free-Cash-Flow	= **BARWERT DER FREE-CASH-FLOWS**			15.930
ESt. ... Ertragsteuer	± Bankverbindlichkeiten - Liquide Mittel (Ende 1999)			-3.400
	= **UNTERNEHMENSWERT**			**12.530**

Ermittlung des Fortführungswertes (FFW):

Anzahl der Jahre zur Ermittlung des Ø FCF	5	Wachstumsrate p.a. in %	0,0%
Ø FCF vor Zinsen (2000 bis 2004)	1.033	Zinsfuß für ewige Rente in %	6,4%

$$FFW = \frac{\text{Ø FCF} \times (1 + \text{Wachstumsrate})}{\text{Zinsfuß für ewige Rente} - \text{Wachstumsrate}} = \frac{1.033 \times 1,000}{0,064 - 0,000} = 16.134$$

Zum Kapitalisierungszinssatz WACC und Fortführungswert sind noch kurze Erläuterungen notwendig.

Der Kapitalisierungszinsfuß

Die Höhe des Kapitalisierungszinsfußes hängt von der Zusammensetzung der Kapitalstruktur, also vom Verhältnis zwischen Eigen- und Fremdkapital ab. **Die Kosten des Fremdkapitals müssen bei der Free-Cash-Flow-Methode nach Steuern errechnet werden.**

Der Eigenkapitalkostensatz setzt sich aus mehreren Komponenten zusammen, und zwar:

Ermittlung des Eigenkapitalkostensatzes

	Basiszinssatz (Sekundärmarktrendite)	4,0%
-	Geldentwertungsrate (Ende 1999)	-1,0%
+	50% allgemeine Risikoprämie auf die als risikolos geltende Sekundärmarktrendite	2,0%
+	Zuschlag auf unternehmensspezifisches Risiko	1,0%
	(bei börsennotierender AG durch so genannten Beta-Faktor)	
+	Zuschlag für Immobilität	1,0%
±	....	0,0%
=	**Eigenkapitalkostensatz**	**7,0%**

Der Beta-Faktor misst die Sensitivität einer Aktie an Kursveränderungen des Gesamtmarktes. Der Beta-Faktor gibt die Beziehung der Kursentwicklung zwischen einer Aktie und dem Aktienindex an. Er ist eine wichtige Kennzahl über die Sensibilität des Aktienkurses auf eine Veränderung des Indexkurses.

Aufgrund des Beta-Faktors lassen sich folgende vier Gruppen von Aktien bilden:

Beta-Faktor:

> 1 bedeutet: Die Aktie bewegt sich in größeren Schwankungen als der gesamte Aktienmarkt

= 1 bedeutet: Die Aktie bewegt sich gleich dem Gesamtmarkt

< 1 bedeutet: Die Aktie bewegt sich geringer als der gesamte Aktienmarkt

= 0 bedeutet: Die Aktie bewegt sich unabhängig von der Gesamtmarktentwicklung

Weist eine Aktie den Beta-Faktor von 1,5 auf, dann bedeutet das, dass die Aktie bei einem Anstieg bzw. Rückgang 1,5-mal so stark steigt bzw. fällt wie der gesamte Aktienmarkt. Steigt der Gesamtmarkt um 10%, so wird die Aktie um 15% steigen. Durch den Beta-Faktor erhält man auch gute Hinweise für ein Risiko-Ertrags-Mix-Portfolio. Wird eine Hausse erwartet, so nimmt man Aktien mit hohen Beta-Werten in das Depot, in ungewissen Zeiten setzt man den Mischwert der Aktien so an, dass das Portfolio einen Beta-Faktor von ca. 1 erhält. Müssen Kursrückgänge befürchtet werden, dann verkauft man entweder die

Aktien oder versucht, Aktien ins Depot zu bekommen, deren Beta-Faktor weit unter 1 liegt.

Für nicht börsennotierte Aktiengesellschaften gibt es keine Beta-Faktoren. Deshalb ist es bei diesen Betrieben schwierig, einen Zuschlagsatz für das unternehmensspezifische Risiko festzulegen. Es wird empfohlen, einen Versuch mit so genannten Analogiemethoden (siehe Kapitel 7.3.6. "Risikobeurteilung") zu machen.

Der **durchschnittliche Kapitalkostensatz** (gewogenes Mittel bzw. **WACC**) wird dann beispielsweise wie folgt ermittelt:

Finanzierungs-quellen	1000 GE	%	Kosten		Ø Kapital-kostensatz
			vor ESt.	nach ESt.	
Eigenkapital	4.950	56,6%	7,0%	7,0%	4,0%
Bankkredite, lfr.	600	6,9%	5,0%	3,3%	0,2%
Bankkredite, kfr.	3.188	36,5%	9,0%	5,9%	2,2%
Schuldwechsel	0	0,0%	5,0%	3,3%	0,0%
Sonst.Verb.	0	0,0%	0,0%	0,0%	0,0%
GESAMT	8.738	100,0%	-	-	**6,4%**

Im Sinne des Shareholder-Value-Konzeptes beträgt der durchschnittliche Kapitalkostensatz nach Ertragsteuer (WACC) 6,4%.

Fortführungswert

Der erwartete Free Cash-Flow eines Unternehmens lässt sich auf zwei Perioden (Phasen) verteilen:

> Barwert der Free Cash-Flows **während** der Detail-prognoseperiode (Phase 1)
> + Barwert der Free Cash-Flows **nach** der Detailprognoseperiode (Phase 2)
> = **Barwert der zukünftigen Free Cash-Flows**

Der erste Barwert wird aus detaillierten Jahres-Cash-Flows ermittelt.

Der zweite Barwert bestimmt den Fortführungswert. Entweder legt man den FCF des letzten Jahres der Phase 1 zugrunde und ermittelt den Barwert einer ewigen Rente gemäß der Formel

$$\frac{FCF \text{ p.a.}}{i}$$

$$\text{wobei: } i = \frac{p}{100} \text{ und } p = \text{WACC-Prozentsatz}$$

oder man berücksichtigt auch das Wachstum der Cash-Flows; die Berücksichtigung der wachsenden Cash-Flows ist realistischer als das Ignorieren derselben. Die Formel hat dann folgendes Aussehen:

$$\text{Fortführungs(bar)wert} = \frac{\text{FCF p.a.} \times (1 + \text{WR})}{i - \text{WR}}$$

FCF p.a = Free Cash-Flow im ersten Jahr nach der Phase 1 (= Detailprognose)
WACC = Gewichteter Kapitalkostensatz (Weighted Average Cost of Capital)
WR = Die erwartete ewige Wachstumsrate der Free Cash-Flows

Da der Fortführungsbarwert die Höhe des Free Cash-Flow stark beeinflussen kann, sollen einige Graphiken diesen wichtigen Wert etwas transparenter machen. Konkret sollen folgende Fragen beantwortet werden:

1. Wie verhalten sich die FCF-Barwerte aus Detailprognoseperiode und Fortführungswert zueinander, wenn:
   - Detailprognoseperiode 3, 4, 5 ... 20 Jahre
   - Kapitalisierungszinsfuß (WACC) 6% bzw. 9%
   - Wachstumsrate 0% bzw. 1%?

2. Hängt die Höhe des Unternehemenswertes nach der FCF-Methode von der Länge der Detailprognoseperiode ab?

Der erste Fragenkomplex wird mit vier Schaubildern beantwortet:

WACC = 6%
Wachstumsrate = 0%

% Detailprognoseperiode FCF-Barwert										% Forführungswert FCF-Barwert
Jahre										
3	4	5	6	7	8	9	10	15	20	
16%										84%
21%										79%
25%										75%
30%										70%
33%										67%
37%										63%
41%										59%
44%										56%
58%										42%
69%										31%

WACC = 6%
Wachstumsrate = 1%

% Detailprognoseperiode FCF-Barwert										% Forführungswert FCF-Barwert
Jahre										
3	4	5	6	7	8	9	10	15	20	
14%										86%
18%										82%
22%										78%
26%										74%
29%										71%
33%										67%
36%										64%
39%										61%
54%										46%
65%										35%

WACC = 9%
Wachstumsrate = 0%

% Detailprognose-periode FCF-Barwert	Jahre										% Forführungswert FCF-Barwert
	3	4	5	6	7	8	9	10	15	20	
23%											77%
29%											71%
35%											65%
40%											60%
45%											55%
50%											50%
54%											46%
58%											42%
73%											27%
82%											18%

WACC = 9%
Wachstumsrate = 1%

% Detailprognose-periode FCF-Barwert	Jahre										% Forführungswert FCF-Barwert
	3	4	5	6	7	8	9	10	15	20	
21%											79%
27%											73%
32%											68%
37%											63%
42%											58%
47%											53%
51%											49%
55%											45%
70%											30%
80%											20%

Erkenntnisse:

- Je höher der WACC-Zinsfuß und je niedriger die Wachstumsrate, desto niedriger ist der Fortführungswert in % zum gesamten Unternehmenswert und umgekehrt.

Die zweite Frage kann so beantwortet werden:

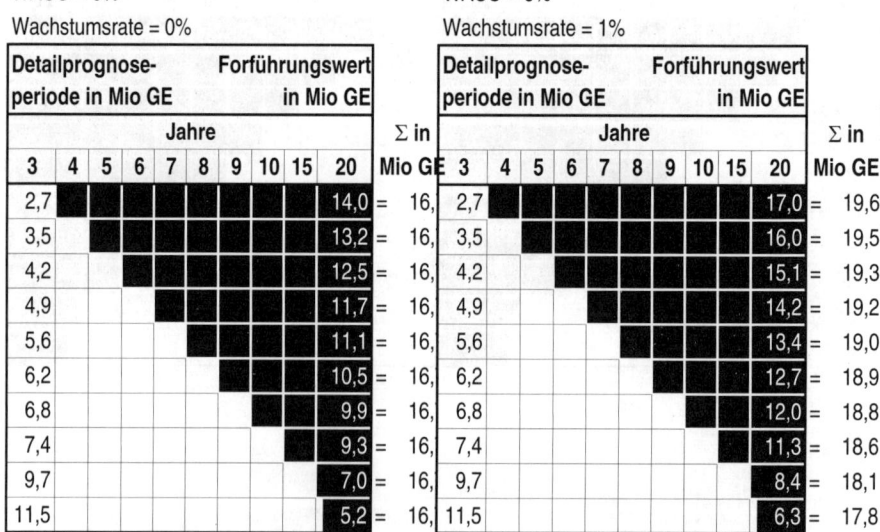

WACC = 6%
Wachstumsrate = 0%

Detailprognose-periode in Mio GE	Jahre										Forführungswert in Mio GE	Σ in Mio GE
	3	4	5	6	7	8	9	10	15	20		
2,7											14,0	= 16,
3,5											13,2	= 16,
4,2											12,5	= 16,
4,9											11,7	= 16,
5,6											11,1	= 16,
6,2											10,5	= 16,
6,8											9,9	= 16,
7,4											9,3	= 16,
9,7											7,0	= 16,
11,5											5,2	= 16,

WACC = 6%
Wachstumsrate = 1%

Detailprognose-periode in Mio GE	Jahre										Forführungswert in Mio GE	Σ in Mio GE
	3	4	5	6	7	8	9	10	15	20		
2,7											17,0	= 19,6
3,5											16,0	= 19,5
4,2											15,1	= 19,3
4,9											14,2	= 19,2
5,6											13,4	= 19,0
6,2											12,7	= 18,9
6,8											12,0	= 18,8
7,4											11,3	= 18,6
9,7											8,4	= 18,1
11,5											6,3	= 17,8

- Bei einer Wachstumsrate von 0% ist der Unternehmenswert immer gleich hoch, gleichgültig wie lang die Detailprognoseperiode ist. (siehe Tabelle: Wachstumsrate 0%).

- **Bei einer positiven Wachstumsrate wird der gesamte Unternehmenswert mit zunehmender Länge der Detailprognoseperiode logischerweise immer kleiner** (siehe Tabelle: Wachstumsrate 1%).

7.3.3.3. Die Ertragswertmethode

Grundsätzliches

Die berufsständischen Empfehlungen der Steuerberater und Wirtschaftsprüfer sowohl in Deutschland als auch in Österreich schlagen in ihren Fachgutachten zur Unternehmensbewertung (HFA 2/1983 bzw. FGA Nr. 74 aus 1989) die zukunftsorientierte Ertragswertmethode als "amtliche" Bewertungsmethode vor. Das österreichische FGA Nr. 74, das im Kapitel 16.7. vollinhaltlich abgedruckt ist, stellt es dem Bewerter frei, eventuell auch die Methode der temporären Übergewinnkapitalisierung (FGA Nr. 45 aus 1972) anzuwenden.

Bei der zukunftsorientierten Ertragswertmethode wird vom EGT (= Ergebnis der gewöhnlichen Geschäftätigkeit) ausgegangen, das um die relevante Ertragsteuer reduziert wird. Dazu wird das EGT mit dem Faktor (1 - Ertragsteuersatz / 100) multipliziert. Die Planerfolge nach Ertragsteuer werden abgezinst. Den Planerfolgsbarwerten wird am Ende der Detailprognoseperiode

- entweder ein Fortführungsbarwert
- oder ein Liquidationsbarwert

hinzugerechnet, je nachdem, ob das Unternehmen am Ende der Detailprognoseperiode weiterbestehen kann oder nicht. Meistens ist für das Fortbestehen ein einigermaßen günstiges Bonitätsbild maßgeblich (z.B. Quicktestgesamtnote < 3, günstiger Entwicklungstrend.

Fallbeispiel: Ertragswertmethode

Auch hier wird - wie bei der Free-Cash-Flow-Methode - der Metallbearbeitungsbetrieb aus Kapitel 6.2.4. als Bewertungsobjekt herangezogen. Als Abzinsungszinsfuß wurden ebenso 6,4% angesetzt wie bei der FCF-Methode. Am Ende der fünfjährigen Detailprognoseperiode wurde ein Fortführungswert berücksichtigt.

Werte in 1.000 GE

	±	-	=	x	=
Jahr	Plan-EGT	relevanter ESt. Satz: 34,0%	Planerfolg nach ESt.	Ab-zinsungs-Faktor: 6,4%	Ertrags-barwert
2000	892	-303	589	0,940	553
2001	1.418	-482	936	0,883	827
2002	1.439	-489	950	0,830	788
2003	1.452	-494	958	0,780	748
2004	1.458	-496	962	0,733	706

+ Liquidations- bzw. Fortführungswert	12.500	0,733	9.166

= UNTERNEHMENSWERT `12.788`

Der Fortführungswert beträgt Ende fünftes Jahr gemäß der Formel

$$\frac{\text{Ø Jahresgewinn nach ESt., abgerundet}}{\text{WACC-Zinsfuß 6,4\%}} = \frac{800}{6,4} = \textbf{12,5 Mio GE}$$

Durch Abzinsung mit dem Faktor 0,733 (p = 6,4%, n = 5 Jahre) erhält man den Fortführungsbarwert Anfang erstes Jahr, nämlich 9,166 Mio GE.

7.3.4. Bewertung von Unternehmensanteilen

Gilt es, Unternehmensanteile zu bewerten, dann gibt es dafür ein eigenes Proce-dere. Die Basis ist immer der Wert des Unternehmens als Ganzes.

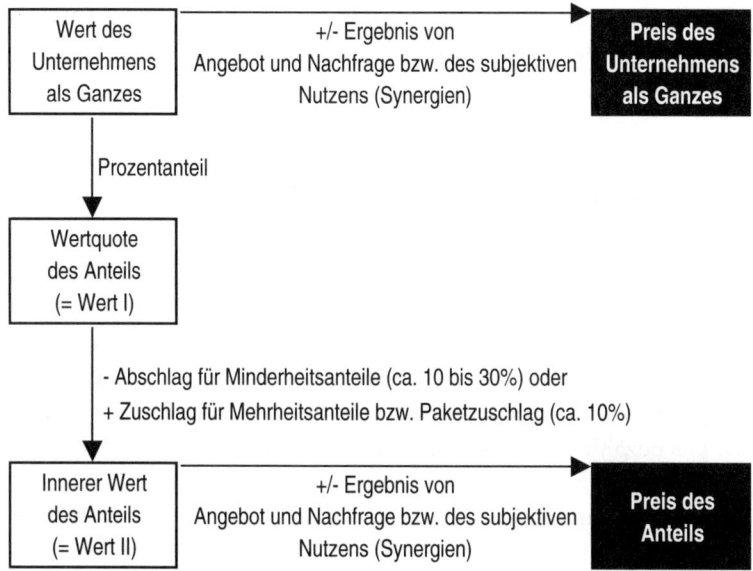

Bei Unternehmensanteilen sind in Bezug auf die **Beteiligungsverhältnisse** folgende **fünf Stufen** zu unterscheiden:

- Einfache Minderheit
- Qualifizierte Minderheit (Sperrminorität)
- Einfache Mehrheit
- Qualifizierte Mehrheit
- Alleinbeteiligter

Von Stufe zu Stufe steigt in der Regel die subjektive Einschätzung der Anteile. Der prozentuale Zuschlag oder Abzug vom aliquoten Wert kann nicht grundsätzlich fix bestimmt werden, sondern richtet sich im Einzelfall nach den folgenden Faktoren:

- Größe des Unternehmens
- Anzahl und Streuung der Aktien
- Verkäuflichkeit der Aktien
- Branche
- Mitbestimmungsrecht des Minderheitsbeteiligten

Minderheitsanteile werden in der Regel weniger wert sein als die entsprechende Prozentquote am Gesamtwert, Mehrheitsanteile oft mehr als eine entsprechende Quote. Der Verkehrswert eines Anteils von 75% liegt sicher höher als 75% des Gesamtwertes der Unternehmung.

Manchmal kann es auch zu Minderheitszuschlägen kommen, etwa bei der Abfindung "lästiger" Gesellschafter oder wenn jemand durch den

Kauf einer Minderheit eine Mehrheit erhält. Der Erwerber dieser Minderheit zeigt somit Bereitschaft, mit einem Paketzuschlag auf das Minderheitspaket einen Mehrpreis zur Erreichung einer bestimmten Beteiligungsquote zu bezahlen.

7.3.5. Berücksichtigung von Synergien

Besonders für den Kaufinteressenten ist die Frage nach eventuellen Synergiepotentialen, die sich durch Zusammenlegung bzw. Integration ergeben (können), von großer Bedeutung. Bei hohen Synergien wird der Käufer besonderes Interesse am Kaufobjekt haben und gegebenenfalls einen höheren Kaufpreis zahlen als den objektivierten Wert. Der interne Zinsfuß ist schließlich ausschlaggebend dafür, wie viel bezahlt werden kann, so dass es für den Käufer noch wirtschaftlich ist.

Bei der Quantifizierung der Synergiepotentiale ist grundsätzlich folgende Strukturierung empfehlenswert:

Synergieeffekte aus Kostensenkungspotentialen
(Personal- und Sachkosteneinsparungen durch Zusammenlegungen, Dezentralisierungen, Rationalisierungen, Know-How-Transfer)

+ **Synergieeffekte aus Umsatzpotentialen**
(Zusatz-DB durch Neukunden und neue Absatzkanäle, Know-How-Transfer)

- **Negative Synergieeffekte**
(z.B. Abfindung freigesetzter Mitarbeiter, Kosten eines eventuellen Sozialplanes, Abwanderung unzufriedener Kunden)

= **Zwischensumme**

- Umzugs- und Aufbaukosten

- Kosten, die durch Umsetzung der Synergien entstehen (Integrationskosten)

= **Gesamte Nettosynergie**

Manchmal sind die Integrationskosten höher als die Zwischensumme aus den einzelnen Synergiepotentialen abzüglich etwaiger negativer Synergieeffekte. Dann ist die gesamte Nettosynergie negativ (= Dyssynergie).

Bei der Quantifizierung der Synergiepotentiale sollte man große Vorsicht walten lassen. Da Synergieeffekte normalerweise erst als Ergebnis einer erfolgreichen Unternehmensintegration entstehen, ergibt sich ein erhebliches Risiko, das unbedingt berücksichtigt werden muss. Bei sehr vielen Unternehmungen, die zu euphorisch an die Aufdeckung vermeintlicher Synergieeffekte herangegangen sind, gab es danach Ernüchterung und ein böses Erwachen. **Also: Synergieeffekte ja, aber mit großer Vor- und Umsicht.**

7.3.6. Risikobeurteilung

Die moderne Unternehmensbewertung ist eine Zukunftsrechnung. Zwangsläufig wird mit mehr oder weniger unsicheren Daten gerechnet. Die Entscheidungen, die aufgrund der Berechnungen getroffen werden, sind daher mit Risiko behaftet.

Durch verschiedene Berechnungsmethoden kann man zwar das Risiko nicht ausschalten, man kann es aber transparenter machen und dadurch die Entscheidungsgrundlagen wesentlich verbessern.

Als seriöse Instrumente der Risikomessung bei Unternehmensbewertungen haben sich vor allem

- das CAPM-Modell und
- die Risikoanalyse durch Monte-Carlo-Simulation

in der Praxis gut bewährt.

Unter CAPM versteht man das Capital Asset Pricing Model, ein Zinsfußmodell, das die jeweiligen Marktverhältnisse und die Kapitalstruktur des zu bewertenden Unternehmens relativ gut berücksichtigt. Das Instrumentarium des CAPM ist der Aktienanalyse entliehen. Man versucht, durch so genannte Beta-Faktoren einen möglichst richtigen Risikozuschlag für den relevanten Marktzinsfuß zu erhalten. Bekanntlich hängt von der Höhe des Zinsfußes die Höhe des Unternehmenswertes ab. Je höher der Zinsfuß, desto kleiner der Unternehmenswert.

Ein ganz anderes Instrument zur Beurteilung des Risikos ist die so genannte Risikoanalyse, die auf einer Monte-Carlo-Simulation basiert und 1965 vom US-amerikanischen Harvard-Professor David Hertz erstmals vorgestellt worden ist.

7.3.6.1.　Das Capital Asset Price Model (CAPM)

Das Risiko einer Finanzanlage, also z.B. einer Aktie, zerfällt in folgende zwei Hauptfaktoren:

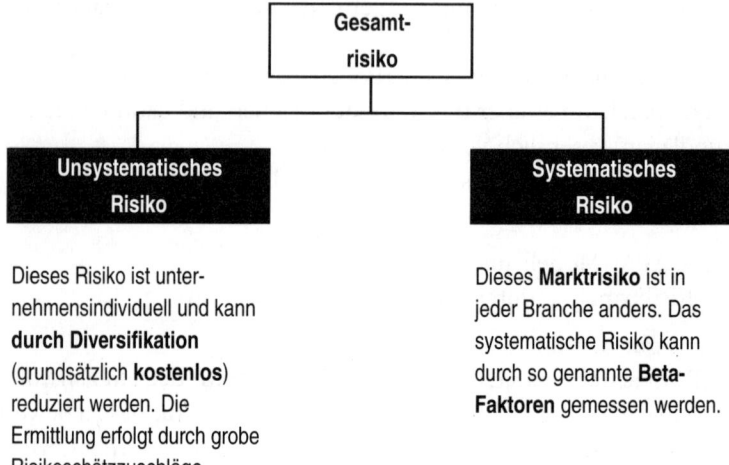

Dieses Risiko ist unternehmensindividuell und kann **durch Diversifikation** (grundsätzlich **kostenlos**) reduziert werden. Die Ermittlung erfolgt durch grobe Risikoschätzzuschläge.

Dieses **Marktrisiko** ist in jeder Branche anders. Das systematische Risiko kann durch so genannte **Beta-Faktoren** gemessen werden.

Für die **Ermittlung** der **Beta-Faktoren** gibt es **einige Möglichkeiten**:

Das **Capital Asset Pricing Model (CAPM) ist immer grob nachvollziehbar und überprüfbar**, was positiv gesehen werden muss. **Die strukturierte Vorgehensweise stellt sicher, dass die Risikozuschläge theoretisch fundiert und im Groben recht brauchbar sind.**
Das **Rechnen mit dem CAPM-Ansatz ist jedenfalls besser als das Verwenden pauschaler Erfahrungs-Risikozuschläge.**

7.3.6.1.1. Historische Aktienrenditen

Am häufigsten wird der Beta-Faktor aus historischen Aktienrenditen börsennotierter Unternehmn abgeleitet. Ein gewisser Nachteil besteht darin, dass gleichbleibende Verhältnisse in Zukunft unterstellt werden, was nicht sein muss und auch meistens nicht ist.

Ausgangssituation: historische Aktienrenditen

In der nachstehenden Tabelle sind die Aktienrenditen (AR) und Marktportfoliorenditen (MPR) eines börsennotierten Unternehmens gegenübergestellt worden. Die Datenbasis betrifft die letzten sieben abgelaufenen Jahre.

Periode	Jahr	MPR (in %)	AR (in %)
1	1993	5	2
2	1994	7	9
3	1995	9	6
4	1996	7	10
5	1997	6	2
6	1998	8	7
7	1999	9	10

Der risikolose Kapitalmarktzins (= etwa Sekundärmarktrendite für Bundesanleihen) beträgt 5%; er wird sich wahrscheinlich in nächster Zeit nicht ändern. Die zukunftsbezogene Aktienrendite (AR) wird voraussichtlich 12% betragen.

Fragen:
1. Wie hoch ist der Beta-Faktor?
2. Wie hoch ist die Rendite der Eigenkapitalquote (R_{EK}), auch Diskontierungszinsfuß genannt?

Berechnungen historische Aktienrenditen
Frage 1:

Formel:

$$\beta = \frac{n \cdot \Sigma\, x \cdot y - \Sigma\, x \cdot \Sigma\, y}{n \cdot \Sigma\, x^2 - (\Sigma\, x)^2}$$

Ausgangssituation:

Periode	Jahr	MPR (in %) x	AR (in %) y
1	1993	5	2
2	1994	7	9
3	1995	9	6
4	1996	7	10
5	1997	6	2
6	1998	8	7
7	1999	9	10
Σ		51	46

Berechnungen:

x^2	y^2	$x \cdot y$
25	4	10
49	81	63
81	36	54
49	100	70
36	4	12
64	49	56
81	100	90
385	374	355

MPR = Marktportfoliorendite; AR = Aktienrendite

Setzt man in obige Formel ein, dann ergibt sich aus den historischen Renditen der letzten sieben Jahre durch einfache lineare Regression ein historisch-empirischer Beta-Faktor von 1,479.

$$\beta = \frac{7 \cdot 355 - 51 \cdot 46}{7 \cdot 385 - 2601} = \frac{2485 - 2346}{2695 - 2601} = \frac{139}{94} = \mathbf{1{,}479}$$

Frage 2:
Die vom Unternehmen am Kapitalmarkt erwartete Rendite der Eigenkapital-geber (= Diskontierungszinsfuß K_{EK}) setzt sich wie folgt zusammen:

    Risikofreier Zinssatz i_{rf} (= Basisverzinsung) 5,0%
 + Risikoprämien der Aktie

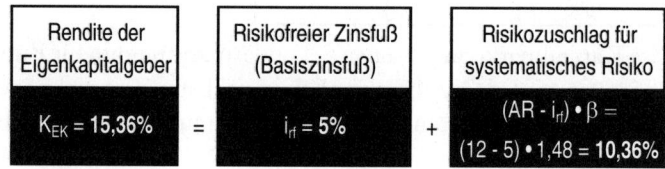

Rendite der Eigenkapitalgeber		Risikofreier Zinsfuß (Basiszinsfuß)		Risikozuschlag für systematisches Risiko
$K_{EK} = 15{,}36\%$	=	$i_{rf} = 5\%$	+	$(AR - i_{rf}) \cdot \beta =$ $(12 - 5) \cdot 1{,}48 = \mathbf{10{,}36\%}$

Da der am Kapitalmarkt erwartete Diskontierungszinsfuß 15,36% beträgt, müssten bei einer Unternehmensbewertung die Free Cash-Flows mit Abzinsungsfaktoren für 15,36% abgezinst werden.

7.3.6.1.2. Analogiemethoden

Bei der Bewertung nicht an der Börse notierter Unternehmen können die so genannten Analogiemethoden angewendet werden. Man vergleicht das nicht notierte Unternehmen mit einem möglichst gleichartigen an der Börse notierten - oder besser noch mit mehreren (Branchen-Beta). Für einen solchen Vergleich sind neben der Branchenzugehörigkeit u.a. auch die Betriebsgröße und die Kapitalstruktur wichtige Faktoren. Der Verschuldungsgrad spielt nämlich beim Betafaktor eine wichtige Rolle. Je geringer die Eigenkapitalquote, desto höher das Kapitalrisiko und je höher daher der Beta-Faktor.

Ausgangssituation: Analogiemethoden
Unterstellt man vereinfachend, dass die Fremdkapitalkosten dem risikofreien Zinsfuß (i_{rf}) entsprechen, dann lässt sich der Beta-Faktor des verschuldeten Unternehmens (β_v) wie folgt darstellen:

$$\beta_v = \beta_u \cdot [\, 1 + (1 - s) \cdot \frac{FK}{EK} \,]$$

bzw. der Beta-Faktor des unverschuldeten Unternehmens (β_u):

$$\beta_u = \frac{\beta_v}{1 + (1 - s) \cdot \dfrac{FK}{EK}}$$

b_v = Beta-Faktor des verschuldeten Unternehmens, abhängig vom Verschuldungsgrad
  FK/EK
b_u = Beta-Faktor des unverschuldeten Unternehmens (Verschuldungsgrad 0% bzw.
  Eigenkapitalquote 100%)
FK = Marktwert des Fremdkapitals (kann identisch mit Buchwert sein)
EK = Marktwert des Eigenkapitals (in der Regel kein Buchwert, sondern aktueller
  Börsenkurswert)
s = Ertragsteuerprozentsatz

Sollte Fremdkapitalkosten und risikofreier Zinsfuß nicht identisch sein, dann müssten obige Formeln etwas erweitert werden.

Fallbeispiel: Analogiemethoden
Führen wir das Fallbeispiel "historische Aktienrendite" weiter und wird bei diesem Unternehmen ein Verschuldungsgrad von 2 (= Eigenkapitalquote von 33,3%) unterstellt, dann sinkt der Beta-Faktor von 1,48 auf 0,638 - wenn das Unternehmen schuldenfrei ist.

$$\beta_u = \frac{1,48}{1 + (1 - 0,34) \cdot \dfrac{2}{1}} = \mathbf{0,638}$$

Die Beta-Faktoren für die verschuldeten Unternehmen (Verschuldungsgrad 1, 3, 4, 5) betragen dann gemäß nachstehender Formel:

$$\beta_v = \beta_u \cdot [\ 1 + (1 - s) \cdot FK/EK\ ]$$

$\beta_{VG=1} = 0,638 \cdot [\ 1 + 0,66 \cdot 1\ ] = \mathbf{1,06}$
$\beta_{VG=3} = 0,638 \cdot [\ 1 + 0,66 \cdot 3\ ] = \mathbf{1,9}$
$\beta_{VG=4} = 0,638 \cdot [\ 1 + 0,66 \cdot 4\ ] = \mathbf{2,32}$
$\beta_{VG=5} = 0,638 \cdot [\ 1 + 0,66 \cdot 5\ ] = \mathbf{2,74}$

In der nachstehenden Tabelle werden alle relevanten Ergebnisse übersichtlich zusammengestellt.

Verschuldungs-grad (FK/EK)	Eigenkapital-quote	Beta-Faktor	Risiko-zuschlag 7% (12%-5%)
0	100%	0,638	4,5%
1	50%	1,06	7,4%
2	33,3%	1,48	10,4%
3	25%	1,9	13,3%
4	20%	2,32	16,2%
5	16,7%	2,74	19,2%

7.3.6.1.3. Beta-Faktoren-Tabellen

Es gibt zahlreiche Tabellen mit Beta-Faktoren, gelistet nach Branchen und Firmen, z.B.:

Für die USA:
- Industries-Betas für die USA
- S & P 500 Stocks + Beta

Für Deutschland:
- Branchen-Betas für die BRD (Deutsche Börse AG)

Für Österreich:
- Branchen-Betas für Österreich (Fischer/Maringer, von der Finanzierungs-garantiegesellschaft m.b.H. unterstützte Forschungsarbeit)

7.3.6.1.4. Praxisbezogene Literatur zu Beta-Faktoren

Relativ ausführliche und verständliche Beiträge zur praktischen Anwendung der Beta-Faktoren finden sich in:

- Mandl/Rabl, Unternehmensbewertung, Ueberreuter
- Henselmann/Kniest, Unternehmensbewertung, Neue Wirtschaftsbriefe
- Uhlir/Steiner, Wertpapieranalyse, 3. Auflage, Physica
- Mayerhofer, Aktien, Economica

7.3.6.2. Risikoanalyse durch Monte-Carlo-Simulation

Grundsätzliches

Warum Risikoanalyse?

Naturgemäß gibt es bei den einzelnen Planprämissen jeder Unternehmensbewertung auf Basis von Zukunftserfolgen immer gewisse Unsicherheiten, was die Erwartung dieser Werte betrifft. Hier kann die mittels **Monte-Carlo-Simulation durchgeführte Risikoanalyse helfen, das Risiko transparent zu machen.**

Der amerikanische Harvard-Professor David Hertz hat sie entwickelt und im Jahre 1965 vorgestellt.

Zielsetzung und Erläuterung

Prinzipiell untersucht die Risikoanalyse die einzelnen relevanten Erfolgskomponenten der Unternehmensbewertung, wie

- zu zahlender Unternehmenswert,
- Umsatz im ersten Jahr,
- Marktsteigerungsrate (in den Folgejahren),
- Fortführungswert am Ende der Betrachtungsdauer,
- variable Kosten/GE Umsatz,
- ausgabenwirksame Jahresfixkosten und
- wirtschaftliche Nutzungs- bzw. Betrachtungsdauer (eventuell auch Nachhaltigkeitsdauer der Gewinnerzielung) in Jahren.

Von allen Faktoren wird eine Wahrscheinlichkeitsverteilung verlangt. Aus jeder Verteilung greift der Computer mittels Zufallszahl einen beliebigen Wert heraus. Man nennt dieses Procedere "Monte-Carlo-Simulation". **Die Kombination dieser Werte ergibt eine bestimmte Kennzahl für die Vorteilskriterien des Unternehmenswertes. Der gleiche Vorgang wird sehr oft (z.B. 1.000- oder 5.000-mal) wiederholt und die Häufigkeit des Eintretens eines bestimmten internen Zinsfußes oder Kapitalwertes für das Vorteilskriterium gezählt. Schließlich ergibt sich ein Risikoprofil, das bei richtiger Interpretation eine gute Entscheidungsgrundlage sein kann.**

Excel-Programm

Die Autoren haben ein Excel-Programm

RISIKOANALYSE
für Unternehmensbewertung

geschrieben, das hier kurz vorgestellt wird. Eine detaillierte Beschreibung der Risikoanalyse mit mathematischem Hintergrund erfolgt im Kapitel 15.7.3.

Zwei unterschiedliche Zielwerte

Es besteht die Möglichkeit, zwischen **zwei unterschiedlichen Varianten** zu wählen.

Bei der **ersten Variante (Unternehmenswert bekannt)** berechnet das Programm für einen vorgegebenen Unternehmenswert den internen Zinsfuß, der bei vorgegebener Eintrittswahrscheinlichkeit erwartet werden darf.

Soll jedoch ein bestimmter, festgelegter interner Zinsfuß bei einer vorgegebenen Eintrittswahrscheinlichkeit erreicht werden, ist die **zweite Variante** zu wählen **(Unternehmenswert unbekannt)**. Das Programm berechnet dann den zu zahlenden Unternehmenswert bzw. den Kaufpreis, der diesen Vorgaben entspricht.

Gegenüberstellung der Abfragen

Nachfolgend werden die Abfragen der beiden Varianten gegenübergestellt:

UNTERNEHMENSWERT	
bekannt	unbekannt
Zu zahlender Unternehmenswert (= Kaufpreis)	
bekannt	unbekannt
Betriebsleistung im 1. Jahr	
Marktsteigerungsrate in % p.a. (wahlweise für jedes Jahr unterschiedlich)	
Fortführungswert	
Variable Kosten je GE Umsatz	
Fixe Kosten inkl. Ertragsteuern p.a. (wahlweise für jedes Jahr unterschiedlich)	
Betrachtungsdauer in Jahren (Dauer der Detailprognoseperiode)	
Zinsfuß für dynamischen Kapitalrückfluss	
Interner Zinsfuß bei vorgegebener Eintrittswahrscheinlichkeit	
unbekannt	bekannt

Gewichtung der relevanten Inputs

Für jede eingegebene Größe kann ein Variationsbereich (Intervall) festgelegt werden. Innerhalb dieses Intervalls kann mit Hilfe der Gewichtung bestimmt werden, welche Werte wahrscheinlicher bzw. unwahrscheinlicher sind. Es können bis zu drei Werte im Variationsbereich (der erste Wert ist der pessimistische, der mittlere der wahrscheinliche und der letzte der optimistische) mit verschiedenen Gewichten belegt werden. Der Variationsbereich kann aber auch nur durch zwei Werte (pessimistisch und optimistisch) festgelegt werden. Die Gewichtung erfolgt in Prozentangaben, die Summe der Einzelgewichte muss 100 ergeben.

Für jeden Eingabeparameter wird vom Programm eine Zufallszahl zwischen 0 und 100 ermittelt. Danach wird jeder Zufallszahl entsprechend der Gewichtung der entsprechende Inputwert zugeordnet.

Soll eine einzelne Größe nicht variiert werden (Fixgröße), ist für den wahrscheinlichen Wert eine Gewichtung von 100 zu wählen, die pessimistischen und optimistischen Werte- und Gewichtungszellen für diese Größe müssen leer bleiben.

7.3.6.2.1. Fallbeispiel: Unternehmenswert unbekannt

Bei der Variante "Unternehmenswert unbekannt" kann ein bestimmter interner Zinsfuß bei einer vorgegebenen Eintrittswahrscheinlichkeit festgelegt werden. Der zu zahlende Unternehmenswert (Kaufpreis) ergibt sich dann nach der Simulation aus diesen Vorgaben.

Druck der Simulationsergebnisse

Nachdem das Programm die Simulation durchgeführt hat, schlägt es automatisch den Bereich vor, in dem sich die internen Zinsfüße aller durchgeführten Iterationen befinden und wählt außerdem eine vernünftige Schrittweite, damit die Wahrscheinlichkeitstabelle nicht zu groß wird.

EINGABE (Werte in 1000 ATS)			
Gewünschter interner Zinsfuß		15,00	
bei einer Wahrscheinlichkeit von		90%	
	pessi-mistisch	wahr-scheinlich	opti-mistisch
Betrachtungsdauer in Jahren (Detailprognoseperiode)		5	
Gewichtung		100%	
Betriebsleistung im 1. Jahr in 1000 ATS	10.500	11.000	11.500
Gewichtung	20%	60%	20%
Variable Kosten / 1000 ATS Betriebsleistung	0,410	0,400	0,390
Gewichtung	20%	60%	20%
Fortführungswert	2.500	5.000	6.000
Gewichtung	20%	60%	20%

	Marktsteigerungsrate in % p.a.			Fixe Kosten p.a.		
	pessi-mistisch	wahr-scheinlich	opti-mistisch	pessi-mistisch	wahr-scheinlich	opti-mistisch
1. Jahr	–	–	–	6.000	6.200	6.500
Gewichtung	–	–	–	20%	60%	20%
2. Jahr	5,00%	8,00%	13,00%	6.100	6.300	6.600
Gewichtung	20%	60%	20%	20%	60%	20%
3. Jahr	3,00%	6,00%	10,00%	6.200	6.400	6.700
Gewichtung	20%	60%	20%	20%	60%	20%
4. Jahr	4,00%	7,00%	11,00%	6.300	6.500	6.800
Gewichtung	20%	60%	20%	20%	60%	20%
5. Jahr	5,00%	8,00%	13,00%	6.400	6.600	6.900
Gewichtung	20%	60%	20%	20%	60%	20%

ERGEBNISSE (nach 1.000 Simulationen)

	70%	80%	90%	95%
Plangewinn Jahr 1	428,60	25,99	169,54	118,92
Plangewinn Jahr 2	706,99	744,83	530,00	530,91
Plangewinn Jahr 3	1.141,13	1.056,05	1.014,17	673,08
Plangewinn Jahr 4	1.686,03	1.494,38	1.551,82	1.302,89
Plangewinn Jahr 5	5.845,54	6.314,21	5.575,89	5.715,55
Zu zahlender Unternehmenswert	**4.874,00**	**4.874,00**	**4.874,00**	**4.874,00**
Kapitalrückfluß nominell (in Jahren)	4 - 5	4 - 5	4 - 5	4 - 5
Kapitalrückfluß bei 15,4% Verzinsung	4 - 5	4 - 5	> 5	> 5
interner Zinsfuß vor ESt.	**18,71**	**17,17**	**15,00**	**13,08**

RISIKOPROFIL

Interner Zinsfuß von	bis	Einzel- Wahrscheinlichkeit	Summen-	Interpretation (nach Prof. Krelle)
<	2	0,00	100,00	völlig sicher
2	4	0,00	100,00	völlig sicher
4	6	0,10	99,90	außerordentlich wahrscheinlich
6	8	0,10	99,80	außerordentlich wahrscheinlich
8	10	0,60	99,20	außerordentlich wahrscheinlich
10	12	1,70	97,50	außerordentlich wahrscheinlich
12	**14**	**4,30**	**93,20**	**außerordentlich wahrscheinlich**
14	**16**	**7,10**	**86,10**	**sehr wahrscheinlich**
16	**18**	**10,50**	**75,60**	**recht wahrscheinlich**
18	20	14,30	61,30	sehr möglich
20	22	17,90	43,40	immerhin möglich
22	24	16,60	26,80	unwahrscheinlich
24	26	11,70	15,10	recht unwahrscheinlich
26	28	8,20	6,90	außerordentlich unwahrscheinlich
28	30	4,80	2,10	außerordentlich unwahrscheinlich
30	32	1,60	0,50	außerordentlich unwahrscheinlich
32	34	0,50	0,00	völlig unmöglich
34	36	0,00	0,00	völlig unmöglich
>	36	0,00	0,00	völlig unmöglich

Die Einzel- und Summenwahrscheinlichkeit sind relative Häufigkeiten (einzeln und kumuliert). Sie entstehen durch Umwandlung der absoluten Häufigkeiten und stellen die geschätzte Dichtefunktion der Wahrscheinlichkeitsverteilung dar. Der für die Entscheidung relevante Bereich wird durch Grautöne besonders hervorgehoben. Die Kernaussage der Risikoanalyse ist: Mit einer relativ hohen Wahrscheinlichkeit (zwischen 76% und 93%) darf bei einem Kaufpreis von 4.874.000 GE eine Verzinsung (= interner Zinsfuß) zwischen 12% und 18% erwartet werden; dieses Renditenziel war ja mit einer Eintrittswahrscheinlichkeit von 90% erwünscht.

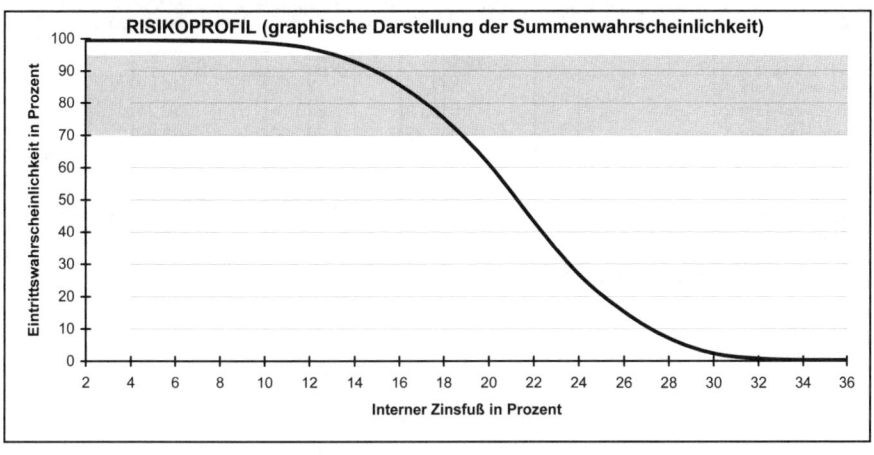

7.3.6.2.2. Fallbeispiel: Unternehmenswert bekannt

Wenn der Unternehmenswert bekannt ist, wird grundsätzlich wie bei einer Investition simuliert; nur die Termini technici unterscheiden sich.

EINGABE (Werte in 1000 ATS)

Zu zahlender Unternehmenswert (Kaufpreis)		5.000	

	pessi-mistisch	wahr-scheinlich	opti-mistisch
Betrachtungsdauer in Jahren (Detailprognoseperiode)		5	
Gewichtung		*100%*	
Betriebsleistung im 1. Jahr in 1000 ATS	10.500	11.000	11.500
Gewichtung	*20%*	*60%*	*20%*
Variable Kosten / 1000 ATS Betriebsleistung	0,410	0,400	0,390
Gewichtung	*20%*	*60%*	*20%*
Fortführungswert	2.500	5.000	6.000
Gewichtung	*20%*	*60%*	*20%*

	Marktsteigerungsrate in % p.a.			Fixe Kosten p.a.		
	pessi-mistisch	wahr-scheinlich	opti-mistisch	pessi-mistisch	wahr-scheinlich	opti-mistisch
1. Jahr	–	–	–	6.000	6.200	6.500
Gewichtung	*–*	*–*	*–*	*20%*	*60%*	*20%*
2. Jahr	5,00%	8,00%	13,00%	6.100	6.300	6.600
Gewichtung	*20%*	*60%*	*20%*	*20%*	*60%*	*20%*
3. Jahr	3,00%	6,00%	10,00%	6.200	6.400	6.700
Gewichtung	*20%*	*60%*	*20%*	*20%*	*60%*	*20%*
4. Jahr	4,00%	7,00%	11,00%	6.300	6.500	6.800
Gewichtung	*20%*	*60%*	*20%*	*20%*	*60%*	*20%*
5. Jahr	5,00%	8,00%	13,00%	6.400	6.600	6.900
Gewichtung	*20%*	*60%*	*20%*	*20%*	*60%*	*20%*

ERGEBNISSE (nach 1.000 Simulationen)

	70%	80%	90%	95%
Plangewinn Jahr 1	347,50	75,85	249,27	549,11
Plangewinn Jahr 2	619,52	675,14	250,21	909,68
Plangewinn Jahr 3	862,22	730,90	533,80	768,42
Plangewinn Jahr 4	962,45	1.052,82	1.045,77	1.209,30
Plangewinn Jahr 5	7.298,65	7.102,57	6.958,04	4.457,54
Zu zahlender Unternehmenswert	5.000,00	5.000,00	5.000,00	5.000,00
Kapitalrückfluß nominell (in Jahren)	4 - 5	4 - 5	4 - 5	4 - 5
Kapitalrückfluß bei 15,4% Verzinsung	4 - 5	4 - 5	> 5	> 5
interner Zinsfuß vor ESt.	17,72	15,99	14,02	12,35

RISIKOPROFIL

Interner Zinsfuß von	bis	Einzel- Summen- Wahrscheinlichkeit		Interpretation (nach Prof. Krelle)
<	2	0,00	100,00	völlig sicher
2	4	0,00	100,00	völlig sicher
4	6	0,20	99,80	außerordentlich wahrscheinlich
6	8	0,10	99,70	außerordentlich wahrscheinlich
8	10	0,60	99,10	außerordentlich wahrscheinlich
10	12	2,90	96,20	außerordentlich wahrscheinlich
12	14	6,00	90,20	sehr wahrscheinlich
14	16	10,30	79,90	recht wahrscheinlich
16	18	12,10	67,80	wahrscheinlich
18	20	16,40	51,40	durchaus möglich
20	22	15,50	35,90	immerhin möglich
22	24	13,80	22,10	recht unwahrscheinlich
24	26	12,30	9,80	sehr unwahrscheinlich
26	28	5,80	4,00	außerordentlich unwahrscheinlich
28	30	2,40	1,60	außerordentlich unwahrscheinlich
30	32	1,30	0,30	außerordentlich unwahrscheinlich
32	34	0,30	0,00	völlig unmöglich
34	36	0,00	0,00	völlig unmöglich
>	36	0,00	0,00	völlig unmöglich

Die Einzel- und Summenwahrscheinlichkeit sind relative Häufigkeiten (einzeln und kumuliert). Sie entstehen durch Umwandlung der absoluten Häufigkeiten und stellen die geschätzte Dichtefunktion der Wahrscheinlichkeitsverteilung dar. Bei einem Kaufpreis von 5 Mio GE darf **sehr** bzw. **recht wahrscheinlich** mit einem internen Zinsfuß zwischen 12% und 16% gerechnet werden. 18% Rendite, wie bei der Variante "Unternehmenswert unbekannt" sind hier nicht mehr grau gekennzeichnet, weil die Summenwahrscheinlichkeit bereits kanpp unter 70% liegt. Die Reaktion der Risikoanalyse auf eine Erhöhung des Unternehmenswertes um 126.000 GE (von 4.874.000 auf 5 Mio GE) ist also sehr sensibel.

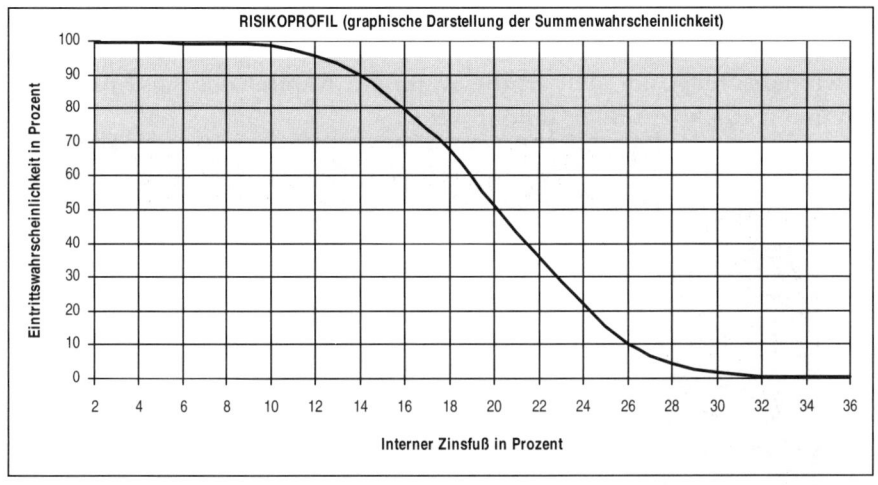

7.3.6.3. Anonymer Risikoaufschlag versus konkreter Gewinnabschlag

Dieser für den Bewertungspraktiker sehr informative Beitrag geht auf einen Aufsatz von Röhrenbacher in der österreichischen Steuer- und Wirtschaftskartei (SWK, Heft 32, 1991) zurück.

Es ist eine **weit verbreitete Praxis, bei der Unternehmensbewertung die Unsicherheit der Ausgangsdaten durch einen Risikozuschlag in der Höhe einiger Prozentpunkte zu berücksichtigen.**

Die Problematik bei dieser Usance besteht darin, dass weder Käufer noch Verkäufer genau wissen, um welchen Betrag sich der ursprüngliche Unternehmenswert durch den prozentuellen Risikozuschlag verringern wird.

Beispiel

Beträgt der Diskontierungszinsfuß 6%, der Risikozuschlag 2 Prozentpunkte und der nachhaltige Zukunftsgewinn 1 Mio GE p.a., dann ist der Ertragsbarwert, definiert als Barwert einer ewigen Rente:

$$\textbf{Ohne}\text{ Risikozuschlag}\quad \frac{1\text{ Mio GE}}{0,06} = 16,7\text{ Mio GE}$$

$$\textbf{Mit}\text{ Risikozuschlag}\quad \frac{1\text{ Mio GE}}{0,08} = 12,5\text{ Mio GE}$$

Wer hätte gedacht, dass ein Risikozuschlag von nur 2 Prozentpunkten den ursprünglichen Unternehmensbarwert um 4,2 Mio GE oder 25 Prozent reduziert?

Röhrenbacher regt daher sehr praxisnah an, **statt anonymer Risikozuschläge Gewinnabschläge** bei der Unternehmensbewertung einzuführen. Ein prozentualer Gewinnabschlag ist für Käufer und Verkäufer viel konkreter und daher zielführender.

Gewinnabschlag, der sich ergibt, wenn ein Kapitalisierungszinssatz um einen Risikozuschlag erhöht wird

		Risikozuschlag (in Prozentpunkten)					
		1%	2%	3%	4%	5%	6%
Kapitalisierungszinssatz (in Prozent, ohne Zuschlag)	1%	50,00%	66,67%	75,00%	80,00%	83,33%	85,71%
	2%	33,33%	50,00%	60,00%	66,67%	71,43%	75,00%
	3%	25,00%	40,00%	50,00%	57,14%	62,50%	66,67%
	4%	20,00%	33,33%	42,86%	50,00%	55,56%	60,00%
	5%	16,67%	28,57%	37,50%	44,44%	50,00%	54,55%
	6%	14,29%	25,00%	33,33%	40,00%	45,45%	50,00%
	7%	12,50%	22,22%	30,00%	36,36%	41,67%	46,15%
	8%	11,11%	20,00%	27,27%	33,33%	38,46%	42,86%
	9%	10,00%	18,18%	25,00%	30,77%	35,71%	40,00%
	10%	9,09%	16,67%	23,08%	28,57%	33,33%	37,50%
	11%	8,33%	15,38%	21,43%	26,67%	31,25%	35,29%
	12%	7,69%	14,29%	20,00%	25,00%	29,41%	33,33%

Quelle: SWK, Heft 32, 1991.

7.3.7. Letter Of Intent

Rechtlich unverbindliche Vereinbarung zwischen Käufer und Verkäufer. Der Letter Of Intent sollte folgende Inhalte aufweisen (in Anlehnung an Eiffel/ Mölzer):

- Genaue Definition des Bewertungsobjektes
- Namen der Vertragspartner
- Transaktionsform (Share Deal oder Asset Deal)
- Verpflichtung des Verkäufers, dem Käufer eine Due Diligence zu ermöglichen
- Verpflichtung des Verkäufers zu einer Exklusivverhandlung
- Kaufpreisbandbreite (aus jetziger Sicht vor Due Diligence)
- Zahlungsmodalitäten (sofort oder verzögert)
- Zeitplan für die Due Diligence und Fristen für die Angebotslegung des Käufers
- Beendigung der Verhandlungen, wenn keine Einigung erzielt wird
- Vorbehalte/erforderliche Zustimmungen der Organe
- Ausschluss von Schadensersatzfolgen bei Scheitern der Gespräche
- Geheimhaltungsverpflichtung

7.3.8. Due Diligence

Der Begriff "Due Diligence" kommt aus der US-amerikanischen Unternehmens-
bewertungspraxis und bedeutet "sorgsame Erfüllung, im Verkehr erforderliche
Sorgfalt". **Due Diligence steckt den Rahmen der Sorgfaltsintensität bei
der Durchführung einer Unternehmensbewertung ab.**
**Unter Due Diligence versteht man eine weitgehend rechtliche Prüfung
einer Unternehmung im Rahmen eines Unternehmenskaufes.**
Oft wird Due Diligence als Sammelbegriff für sämtliche Aufgaben und Arbeiten
verstanden, die in rechtlicher Sicht mit der unterschriftsreifen Vorbereitung eines
Unternehmenskaufes verbunden sind.
Es ist zweckmäßig **für die Due-Diligence-Prüfung, strukturierte Checklisten** zu verwenden. Besonders gute Checklisten finden sich in

- Berens/Brauner, Due Diligence
- Friedrich, Erfolgreicher Unternehmensverkauf
- Born, Arbeitsmappe: Unternehmensanalyse und Unternehmensbewertung
- AKU, Erhebungsbogen zur Unternehmensbewertung

Diese Werke scheinen auch im Literaturverzeichnis (Kapitel 7.5.) auf.
Auch die Autoren verwenden Checklisten. Das Muster einer solchen ist im
Kapitel 16.7. abgebildet; sie umfasst 80 Checkpoints, untergliedert in zehn
Analysebereiche.
Die Strukturierung der Due-Diligence-Checklisten ist weitgehend gleich. Die
folgende Untergliederung lehnt sich an Berens/Brauner an, deren Checkliste 27
Seiten und ca. 500 Punkte umfasst.

Basis Due Diligence
- Grundsätzliche Unternehmensdaten

Strategische Due Diligence
- Geschäftspolitische Zielsetzungen und Gesamtstrategie
- Strategische Auswirkungen durch den neuen Unternehmensverbund

Externe Due Diligence
- Volkswirtschaftliche Analysen über relevante Länder (kann bei KMUs
  entfallen)
- Rechtliche und politische Rahmenbedingungen

Finanzielle und steuerliche Due Diligence
- Organisation des Rechnungswesens
- Jahres- und Planabschlüsse
- Steuerliche Analyse

Rechtliche Due Diligence
- Interne und externe Rechtsstrukturen
- Rechtsstreitigkeiten

Marketing Due Diligence
* Brancheninformationen
* Absatz (Kunden, Produkte, Preise etc.)

Technische Due Diligence
* Leistungserstellung
* Beschaffung von Rohstoffen
* Forschung und Entwicklung (F&E)

Umwelt Due Diligence
* Produkte, Produktionsprozesse
* Altlasten
* Luft
* Wasser
* Gefahrstoffe
* Abfall

Personal Due Diligence
* Qualität und Motivation des Managements und der Mitarbeiter

Organisation und IT Due Diligence
* Organisation
* Informationstechnologie

7.3.9. Glossar zur Unternehmensbewertung

Kein Bereich der Betriebswirtschaftslehre hat sich während der letzten Jahre so dynamisch entwickelt wie die Unternehmensbewertung. Durch diese rasante Entwicklung haben sich viele neue Termini technici etabliert. Das folgende Glossar soll dem Leser einen groben Überblick verschaffen.

Glossar

Terminus technicus	Erläuterung	Siehe auch ...
Asset Deal	Verkauf von Aktiva und Passiva.	
Bad Will, Ill Will	Reicht der nachhaltige Zukunftserfolg nicht aus, eine angemessene Verzinsung des Substanzwertes sicherzustellen, dann spricht man von einem unrentablen Unternehmen. Ein unrentables Unternehmen erzielt keinen Good Will, sondern einen Bad Will. Es ist unzulässig, den Bad Will vom Substanzwert zu subtrahieren, um zu einem Unternehmenswert zu gelangen. Eventuell kann die Methode Schnettler angewendet werden.	7.3.2.2.
Berufsständische Bewertungsempfehlungen	Für Europa, Deutschland, Österreich und die Schweiz gibt es zur Unternehmensbewertung Fachgutachten und Empfehlungen, die von den einschlägigen Spezialisten (Wirtschaftsprüfer, Steuerberater, Fachsenate) gegeben werden.	7.3.10., 7.3.11.
Beta-Faktor	Dieser Ausdruck kommt aus der Aktienbewertungspraxis und bestimmt die Höhe des risikobehafteten, so genannten CAPM-Marktzinsfußes.	7.3.3.2., 7.3.6.1., 7.3.6.1.3., 7.3.6.1.4.
CAPM, Capital Asset Pricing Model	Dieser Zinssatz drückt die Renditeforderung der Eigenkapitalgeber aus und baut auf kapitalmarkttheoretischen Modellen auf.	
Deal Breaker	Die Hauptgefahrenpotentiale (Deal Breaker), die den Aquisitionsauftrag gefährden können, sind stichwortartig - in Anlehnung an Gomez/Weber 1989 - zusammengestellt worden: • Fehlende strategische Analyse • Mangelhafte Due Diligence • Überschätzung von Synergiepotentialen • Widerstand der Mitarbeiter • Mangelnde Informationspolitik • Verbürokratisierung mittelständischer Unternehmen nach Übernahme durch einen Konzern • Inkompatible Organisations- und Unternehmenskulturen • Sprachbarrieren • Feindliche Übernahmen	
Disconted Cash-Flow-Methoden (DCF)	Diese zahlungsstromorientierten Methoden sind derzeit stark im Trend. Die Free-Cash-Flow-Methode ist die verbreitetste.	7.3.3.
Due Diligence	Rechtliche Sorgfaltsprüfung im Rahmen des Unternehmenskaufes.	7.3.8.

Glossar (Fortsetzung)

Terminus technicus	Erläuterung	Siehe auch ...
Dyssynergie	Manchmal sind die Integrationskosten höher als die Zwischensumme aus den einzelnen Synergiepotentialen abzüglich etwaiger negativer Synergieeffekte. Dann ist die **gesamte Nettosynergie negativ (= Dyssynergie).**	7.3.5.
Earn Out	**Variable Gestaltung der Kaufpreismodalitäten**, um das Käufer- bzw. Verkäuferrisiko zu senken. Dieses Nachbesserungsmodell macht einen Teil (meist den kleineren Teil) des Kaufpreises von der künftigen Entwicklung des Unternehmens abhängig. Den Autoren sind einige **Earn Outs** bekannt; der **variable Teil** schwankte dort **zwischen 10% und 25%**, die **Entwicklungsdauer zwischen 0,5 und 2 Jahren.**	
Ertragswert	Barwert der nachhaltig erzielbaren Jahresgewinne.	7.3.2., 7.3.3.3.
Fortführungswert, Continuing Value, Terminal Value, Residual Value	Kann bei einer Unternehmung **unendliche Lebensdauer unterstellt** werden, dann ist bei den zukunftsorientierten Bewertungsmethoden **nach** der so genannten **Detailprognoseperiode (fünf bis zehn Jahre)** ein **Fortführungswert** anzusetzen. **Sollte das Unternehmen** nach der Detailprognose-Periode **nicht fortführungswert** sein, weil z.B. unrentabel, ist statt des Fortführungswertes der **Liquidationswert** anzusetzen.	7.3.3.2.2.
Free Cash-Flow	Ist eine der zahlreichen Discounted-Cash-Flow-Methoden (DCF). Geht vom Cash-Flow aus der laufenden Geschäftstätigkeit vor Ertragsteuern aus, berücksichtigt weiters das a.o.Ergebnis, die Investitionen und Fremdkapitalzinsen sowie die Ertragsteuern. Die Abzinsung der Free Cash-Flows erfolgt mit dem WACC-Zinssatz. Weil fiktiv Schuldenfreiheit des Unternehmens unterstellt wird, sind die Barwerte der Free Cash-Flows durch das Hinzuzählen der Fremdkapitalzinsen zunächst etwas höher, werden aber abschließend um die Bankverbindlichkeiten abzüglich liquide Mittel (zum Bewertungsstichtag) reduziert.	7.3.3.2.2.
Good Will	Siehe Übergewinn.	7.3.2.2.
Letter Of Intent	**Rechtlich unverbindliche Vereinbarung** zwischen Käufer und Verkäufer einer Unternehmung.	7.3.7.
Leveraged Buy-Out (LBO)	Hier handelt es sich um eine Sonderform des MBO, die dadurch gekennzeichnet ist, dass der Unternehmenskauf mit sehr hohem Fremdkapitaleinsatz und nur geringer Eigenkapitalquote finanziert wird. Liegt die Gesamtkapitalrentabilität über dem Fremdkapitalzins, so hat der hohe Fremdkapitalanteil eine positive Wirkung auf die Eigenkapitalrentabilität (positiver Leverage-Effekt).	

Glossar (Fortsetzung)

Terminus technicus	Erläuterung	Siehe auch ...
Liquidationswert	Der **Liquidationswert** wird bei den zukunftsorientierten Bewertungsmethoden **am Ende der Detailprognose-Periode angesetzt, wenn nur endliche Lebensdauer unterstellt** werden kann (z.B. weil die Bonität des Unternehmens sehr schlecht ist). **Liquidationswert** ist aber auch jener Wert, der als **Untergrenze einer Bewertung** anzusetzen ist, wenn eine Fortführung des Unternehmens - aus welchen Gründen auch immer - nicht zweckmäßig ist. Man könnte den Liquidationswert auch als Substanzwert bei aufgehobener Going-Concern-Prämisse definieren. **Manchmal kann der Unternehmenswert auch niedriger sein als der Liquidationswert.**	7.3.2.4.
Management Buy-In (MBI)	Darunter versteht man den **Kauf eines Unternehmens durch fremde** (von anderen Betrieben kommende) **Top-Manager.**	
Management Buy-Out (MBO)	Darunter versteht man den **Kauf eines Unternehmens durch jene Top-Manager, die schon bisher in diesem Unternehmen tätig waren**. Charakteristisch für ein MBO sind: • Ein großer Finanzierungsbedarf mit einem hohen Fremdfinanzierungsanteil für die Übernahme der Geschäftsanteile. • Weil die Fremdfinanzierung des Kaufpreises gegenüber dem Kreditgeber nicht durch persönliche Sicherheiten der zukünftigen Eigentümer, sondern durch die Substanz und die Ertragskraft des erworbenen Unternehmens gedeckt ist, spielt die Einschätzung der Leistungsfähigkeit des Managements eine bedeutende Rolle; eine lange Nachhaltigkeit der Gewinnerzielung ist nämlich für eine positive Abwicklung von fundamentaler Bedeutung. • Die zukünftigen Eigentümer leisten auf den Gesamtkaufpreis aus eigener Kraft meist nur einen Anteil von 5% bis 10%. • Die Kreditlaufzeit für die Fremdfinanzierung des Kaufpreises beträgt mindestens fünf Jahre und ist auf die geplanten (freien) Cash-Flows des Unternehmens abgestimmt. • Der Kredit wird aus dem Cash-Flow sowie aus freigesetzten Reserven des Umlauf- und Anlagevermögens getilgt.	

Glossar (Fortsetzung)

Terminus technicus	Erläuterung	Siehe auch ...
Nachhaltigkeitsdauer der Gewinnerzielung	Bei den Bewertungsmethoden, die den Übergewinn berücksichtigen, wird die Erzielung des Übergewinnes nur auf eine gewisse Anzahl von Jahren unterstellt. Je nachdem, ob **subjektbedingter** oder **objektbedingter Good Will** vorherrscht, wird die **Nachhaltigkeitsdauer der Gewinnerzielung** in der Praxis **zwischen drei und acht Jahren** angenommen. Subjektbedingter Good Will bedeutet, dass die Gewinnerzielung sehr von der Persönlichkeit des Unternehmers abhängt, beim objektbedingten Good Will stehen Standort, Marktpräsenz usw. im Vordergrund.	7.3.2.2.
Risikoberücksichtigung	Das Risiko kann durch • besonders vorsichtige Planung, • Wahl eines erhöhten Zinsfußes, der auch das Risiko abdeckt (CAPM), • Risikoanalyse durch Monte-Carlo-Simulation berücksichtigt werden.	7.3.6.
Share Deal	Verkauf von Beteiligungsrechten.	
Spin-Off	Wenn sich ein **Konzern von Randbereichen seiner Hauptaktivitäten trennt**, spricht man von einem Spin-Off. Unternehmensteile bzw. Tochtergesellschaften werden aus dem Konzern eliminiert und als selbständige Unternehmen weitergeführt. Die Weiterführung erfolgt manchmal mit dem eigenen Management; dann handelt es sich wieder um eine **Sonderform des MBO**. Ein Spin-Off wird meist dann durchgeführt, wenn ein bestimmter Nebengeschäftsbereich für sich gesehen profitabel ist, aber im Firmenverbund nicht die geforderten Mindest-Margen erreicht.	
Start-Up	**Unternehmensgründung** auf der "grünen Wiese".	
Substanzwert	Unterschiedswert zwischen betrieblich notwendigen Aktiva und Passiva. Bei der Bewertung ist das Going-Concern-Prinzip (Betrieb wird weitergeführt) anzuwenden. Nicht betriebsnotwendige Vermögensbestandteile dürfen nicht im Substanzwert enthalten sein, sondern sind separiert anzusetzen.	7.3.2.
Takeover	**Mehrheitserwerb börsennotierter Publikums-gesellschaften durch andere Unternehmungen oder Investoren.** Bei einem so genannten **"Friendly Takeover"** billigt das Management der Zielgesellschaft - im Gegensatz zu einem so genannten **"Hostile Takeover"** - die Übernahme.	

Glossar (Fortsetzung)

Terminus technicus	Erläuterung	Siehe auch ...
Übergewinn	Wird auch Good Will genannt. Es ist jener Teil des nachhaltigen Zukunftserfolges, der nach einer angemessenen Verzinsung des Substanzwertes **übrig bleibt**, daher: Übergewinn.	7.3.2.2.
Vertraulichkeits-erklärung	Verpflichtung des Kaufinteressenten, die präsentierten Daten vertraulich (geheim) zu behandeln.	
WACC-Zinsfuß, Weighted Average Cost of Capital	Gewogener Kapitalisierungszinsfuß aus Eigen- und Fremdkapital für die Abzinsung der Free Cash-Flows.	7.3.3.2.2.

7.3.10. Berufsständische Bewertungsempfehlungen

Land	Kommision, Fachsenat, Institiut	Empfehlung Fachgutachten Nr.	aus dem Jahr
Europa	UEC (wurde 1986 aufgelöst)		1980
	FEE (Nachfolgeorganisation von UEC)		
Deutschland	Institut der Wirtschaftsprüfer (IdW)	HFA 2*)	1983
Österreich	Fachsenat der Wirtschaftstreuhänder, Wien	KFS 1 FGA 74*)	1989
Schweiz	Schweizerische Treuhandkammer	Fachmitteilung zur Unternehmens-bewertung	1994

*) Das IdW in Deutschland hat bereits das HFA 2/1983 überarbeitet; ein Entwurf neuer Richtlinien liegt bereits vor (Stand: Herbst 2000). Die neuen Bewertungsstandards werden auf Cash-Flows (Discounted Cash-Flows [DCF] bzw. Free Cash-Flows [FCF]) basieren. Die gleichen Anregungen gibt es in Österreich: Gerade wird das FGA Nr. 74 (KFS/BW1) der Kammer der Wirtschaftstreuhänder einer Überarbeitung unterzogen (Stand: Herbst 2000).

7.3.11. Welche Bewertungsmethoden wurden während der letzten Jahre in Deutschland, Österreich und der Schweiz verwendet?

Die Beantwortung dieser Frage ist von großer praktischer Bedeutung. Erfahrungsgemäß dauert es häufig Jahre, manchmal sogar Jahrzehnte, bis sich moderne und bessere Verfahren durchsetzen. Hier helfen Untersuchungen, die einen klaren Überblick geben, welche Methoden im Einsatz sind.

*   Die **Untersuchungen von Egger zwischen 1975 und 1987** zeigt folgende Ergebnisse **für Österreich**:

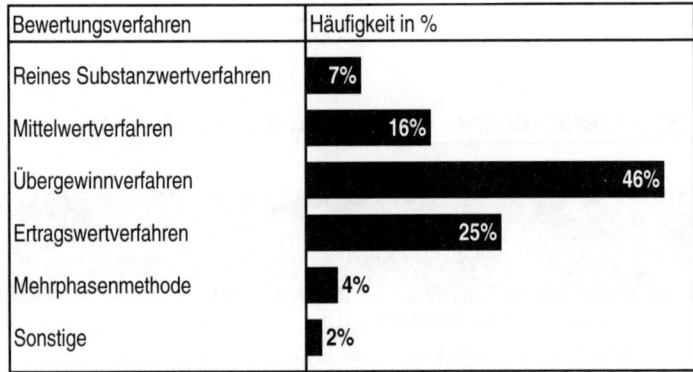

Bewertungsverfahren	Häufigkeit in %
Reines Substanzwertverfahren	7%
Mittelwertverfahren	16%
Übergewinnverfahren	46%
Ertragswertverfahren	25%
Mehrphasenmethode	4%
Sonstige	2%

Die Übergewinnmethode (FGA 45, 47 und 50) war in Österreich bis 1989 die "offizielle" Bewertungsmethode. Erst 1989 wurde sie durch das FGA 74 (zukunftsorientierte Ertragswertmethode) abgelöst. **Eine Befragung heute würde eindeutig zu Gunsten der Ertragswertverfahren enden.**

*   **Eine 1980 von Bollhalder bei schweizerischen Revisionsgesellschaften** durchgeführte Umfrage zeigt auf, dass **am häufigsten**
    *   die **Mittelwertmethode**, insbesondere das **Schweizer Verfahren**, bei dem der Ertragswert doppelt so stark wie der Substanzwert gewichtet wird, sowie
    *   die **Methode der temporären Übergewinnkapitalisierung** (alte UEC-Methode, FGA 45)
        verwendet werden.

Eher selten kamen reine Ertragswert- oder Substanzwert-Verfahren zum Einsatz.

- **Die Erhebungen von Peemöller/Bömelburg/Denkmann im Jahr 1993 bei deutschen Bewertungsspezialisten** zeigt folgendes Bild:

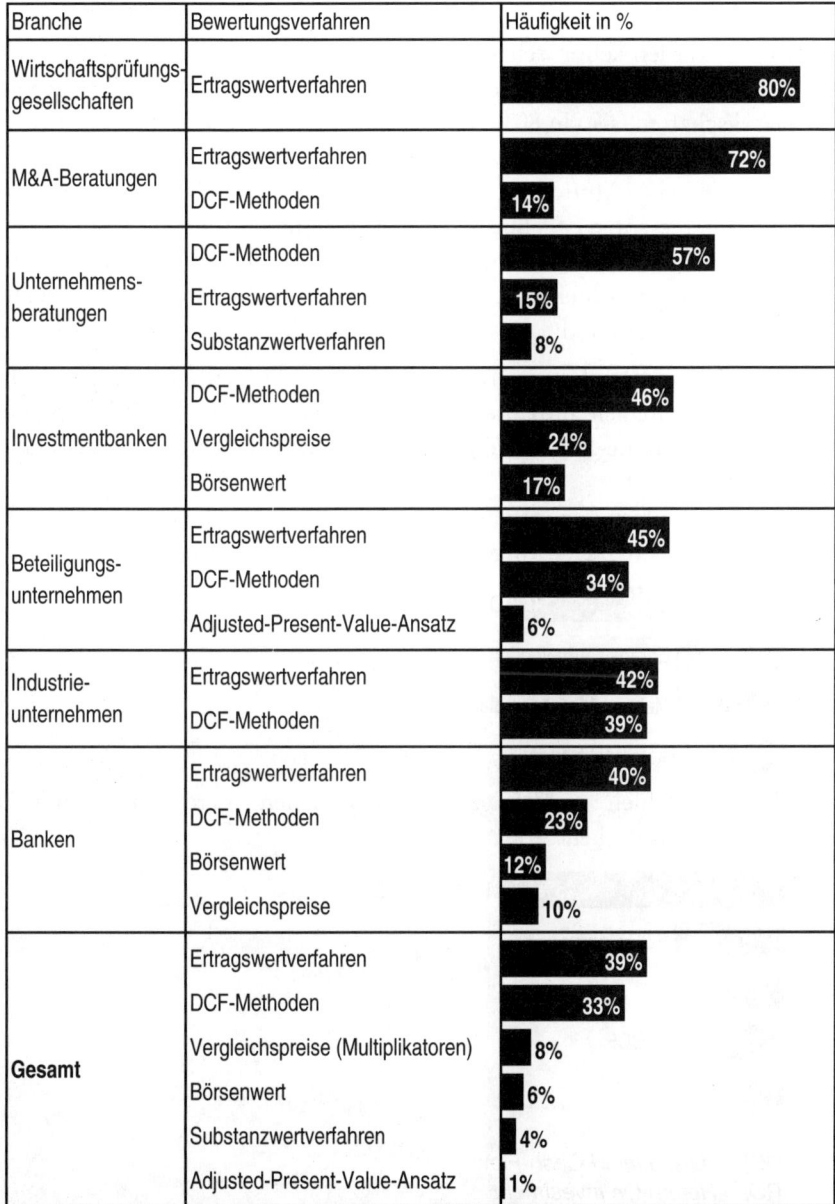

Branche	Bewertungsverfahren	Häufigkeit in %
Wirtschaftsprüfungs-gesellschaften	Ertragswertverfahren	80%
M&A-Beratungen	Ertragswertverfahren	72%
	DCF-Methoden	14%
Unternehmens-beratungen	DCF-Methoden	57%
	Ertragswertverfahren	15%
	Substanzwertverfahren	8%
Investmentbanken	DCF-Methoden	46%
	Vergleichspreise	24%
	Börsenwert	17%
Beteiligungs-unternehmen	Ertragswertverfahren	45%
	DCF-Methoden	34%
	Adjusted-Present-Value-Ansatz	6%
Industrie-unternehmen	Ertragswertverfahren	42%
	DCF-Methoden	39%
Banken	Ertragswertverfahren	40%
	DCF-Methoden	23%
	Börsenwert	12%
	Vergleichspreise	10%
Gesamt	Ertragswertverfahren	39%
	DCF-Methoden	33%
	Vergleichspreise (Multiplikatoren)	8%
	Börsenwert	6%
	Substanzwertverfahren	4%
	Adjusted-Present-Value-Ansatz	1%

Der jeweilige Rest auf 100% entfällt auf andere Verfahren. Die hohe Präsenz der Ertragswertverfahren bei den Wirtschaftsprüfern ist auf die Empfehlung HFA 2/83 des IdW zurückzuführen. Andere Bewertungsspezialisten fühlen sich an die IdW-Empfehlung nicht so stark gebunden und verwenden auch zukunftsorientierte (DCF-)Verfahren.

7.4. Unternehmenswertorientierte Entlohnungssysteme für Führungskräfte

In den USA werden schon seit langem Spitzenmanager wertorientiert - meist nach der Entwicklung des Aktienkurses - entlohnt (in 400 der 500 größten Aktiengesellschaften, also in 80% der Betriebe). Diese zu begrüßende Entwicklung greift nun auch auf Europa über. In Deutschland wurde 1997 eine einschlägige Befragung bei 42 Mutterunternehmungen aus dem DAX 100 durchgeführt. Die äußerst interessanten Ergebnisse dieser Befragung sind von Pellens/Crasselt/Rockholz in ihrem Buch "Unternehmenswertorientierte Entlohnungssysteme" (siehe auch Literaturempfehlung, Kapitel 7.5.) festgehalten worden. Die Hauptaussagen dieser Studie sind:

- Drei Viertel der befragten Groß-Aktiengesellschaften orientieren ihre Geschäftstätigkeit am Unternehmenswert. Der Rest verwendet noch bestimmte Rendite- oder Erfolgsziele, peilt aber auch eine Wertorientierung an.
- Für die Unternehmensbewertung werden - geordnet nach ihrer Anwendungshäufigkeit - folgende Verfahren verwendet:

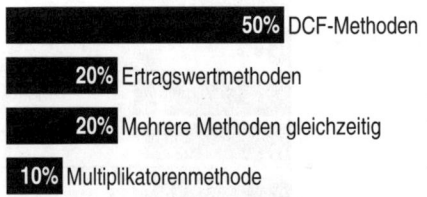

- Als Kennzahlen zur Erfolgsbeurteilung dienen - gereiht nach ihrer Anwendungshäufigkeit:

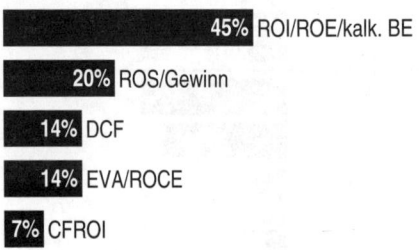

DCF = Discounted Cash-Flow
ROI = Return On Investment
ROE = Return On Earnings
kalk. BE = kalkulatorisches Betriebsergebnis
ROS = Return On Sales
EVA = Eonomic Value Added
ROCE = Return On Capital Employed
CFROI = Cash-Flow Return On Investment

- Die folgende Graphik zeigt jene Bezugsgrößen und ihre Anwendungshäufigkeit, auf deren Basis ca. die Hälfte der variablen Gehälter berechnet werden:

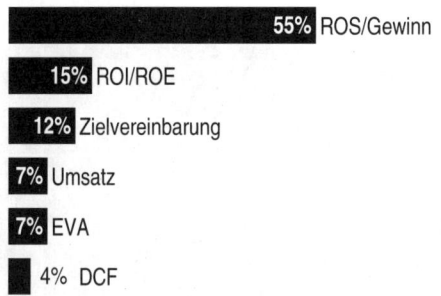

In US-amerikanischen Großunternehmungen ist die Zusammensetzung der Managergehälter ganz anders als in deutschen Großbetrieben:

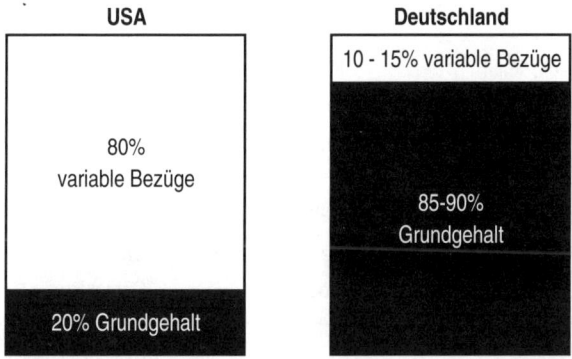

Im Laufe der nächsten Jahre werden sich Deutschland, Österreich und die Schweiz zunehmend an die USA annähern.

7.5. Top-Literatur für den Geschäftsführer

Titel	Autor	Verlag	Auf-lage	Sei-ten
Due Diligence bei Unternehmensakquisitionen	Berens, Brauner (Hrsg.)	Schäffer Poeschel	1/99	415
Unternehmensbewertung	Mandl, Rabl	Ueberreuter	1/97	455
Unternehmensbewertung und Steuern	Helbling	IdW	9/98	842
Unternehmensbewertung - quo vadis?	Egger (Hrsg.) Ballwieser, Brogyani, Mandl, Pichler, Wagner	Linde	1/99	128
Arbeitsmappe: Unternehmensanalyse und Unternehmensbewertung (Checkliste)	Born	Schäffer	1/91	120
Creating Shareholder Value	Rappaport	Free Press	1/86	270
Erfolgreicher Unternehmensverkauf	Friedrich	Gabler	1/98	171
Erhebungsbogen zur Unternehmensbewertung	Arbeitskreis Unter-nehmensbewertung (AKU)	IdW	1/88	24
Kauf und Verkauf von Unternehmungen	Bertl, Mandl, Ruppe	Orac	1/93	196
Mergers & Acquisitions im Mittelstand	Gösche	Gabler Praxis	1/91	199
Mergers and Acquisitions	Johnson	Prentice Hall	1/99	213
Risk Analysis & Modeling (Simulation Add-In for Microsoft Excel)		Palisade	93	200
Simulation in der Investitionsrechnung	Kersten	Gabler	1/96	207
Unternehmensbewertung der Mittel- und Kleinbetriebe	Behringer	ESV	1/99	231
Unternehmensbewertung in Theorie und Praxis	Bellinger, Vahl	Gabler	2/92	484
Unternehmensbewertung: Praxisfälle mit Lösungsskizzen	Henselmann, Kniest	nwb	1/99	307
Unternehmenswert	Copeland, Koller, Murrin	Campus	1/93	439
Unternehmenswertorientierte Entlohnungssysteme	Pellens (Hrsg.)	Schäffer Poeschel	1/98	191
Valuation - Measuring and Managing the value of Companies	Copeland, Koller, Murrin	John Wiley & Sons	1/90	428

Die Lieblingsbücher des Autorenteams zu diesem Themenkreis wurden invers darge-stellt. Es ist kein Zufall, dass alle Highlights nur ein bis drei Jahre alt sind.

8.

Visionen, Strategien, strategische Kennzahlensysteme

Ohne guten Chef geht gar nichts!

Gut durchdachte Konzepte und die besten Führungsinstrumente werden nie die Management- und Coaching-Kompetenzen des Chefs ersetzen. **Der wichtigste Erfolgsfaktor ist und bleibt die persönliche Führungsfähigkeit und die Vorbildwirkung des Chefs.**

Gute Strategiekonzepte erfordern ein besonders hohes Maß an Kompetenz und Führungsstärke. Weil diese beiden Tugenden nicht überall anzutreffen sind, scheitern auch viele Strategieentwicklungen, oder es wird erst gar nicht das richtige Strategiekonzept erstellt.

Ein vielschichtiger Hinterfragungsprozess ist die solide Grundlage für eine erfolgreiche Umsetzung der Strategien

Balanced Scorecard unterstützt diesen Prozess

1. FINANZPERSPEKTIVE

- Wie schätzen die Anteilseigner (Eigentümer, Gesellschafter, Aktionäre) das Unternehmen ein?
- Wie bewerten Anteilseigner unseren Erfolg?

2. MARKT- UND KUNDENPERSPEKTIVE

- Wie stehen wir vor den (unseren) Kunden da?
- Wie müssen wir unsere Kunden betrachten, um unsere Visionen umsetzen zu können?

VISIONEN und STRATEGIEN

3. PROZESSPERSPEKTIVE

- In welchen Geschäftsprozessen müssen wir hervorragend sein?
- Welche internen Prozesse müssen wir optimieren, um die Kunden zufrieden stellen zu können?

4. INNOVATIONS-, LERN- UND WACHSTUMSPERSPEKTIVE

- Wie können wir uns weiter verbessern und Werte schaffen?
- Wie muss die Organisation entwickelt werden, um die Ziele zu erreichen?

8.1. Einleitung

- Grundlage jeder Strategie ist die Vision des Unternehmers.
- Die **Vision** beschreibt, wie das Unternehmen in Zukunft aussehen müsste bzw. sollte. Die Vision ist der Antrieb für das Erreichen größerer Veränderungen.

Beispiel - Vision eines Unternehmens für Antriebstechnik:

Als führendes Unternehmen für Antriebstechnik in Deutschland schaffen wir die Voraussetzungen für signifikante Wettbewerbsvorteile unserer Kunden.
Wir sind ihr kompetentester und daher unverzichtbarer Partner. Der Maßstab unseres Handelns ist

"allerhöchste Kundenzufriedenheit".

☞ Für **Kundenzufriedenheit** reicht reines Erfüllen der Kundenerwartungen **nicht** (mehr) aus. Viele Mitbewerber erfüllen die Erwartungen ebenso. Die **Kundenerwartungen** müssen daher **übertroffen** werden, wenn echte **Kundentreue** oder **Kundenloyalität** angestrebt wird.

- Die **Strategie** ist die Planung und Durchführung eines Gesamtkonzeptes, nach dem das Unternehmen im Wettstreit mit anderen ein bestimmtes Ziel zu erreichen sucht.
- **Nur wenige haben analytisch nachvollziehbare Strategien.**
  Viele Unternehmen geben vor, über eine hervorragende Strategie zu verfügen. Geschäftsberichte zeigen jedoch, dass bei den Konzepten der meisten Unternehmen nicht von einer wirklichen Strategie gesprochen werden kann. Das echt strategische Denken ist im mittelständischen Betrieben noch nicht stark ausgeprägt. Eine effiziente Strategieentwicklung lässt sich auch nicht so einfach realisieren wie die Einführung einer operativen Maßnahme. Trotzdem: Starten Sie einen neuen Versuch zu einer durchdachten Strategieentwicklung. Der Einsatz lohnt sich nicht nur, er ist auf Sicht fürs Überleben notwendig!
- **Optimierung des Unternehmensportfolios.**
  Aufgabe des Managements ist die Maximierung des Shareholder Value. Dazu gilt es, das eingesetzte Kapital optimal zu steuern. **Die Unternehmensleitung muss entscheiden, in welche Geschäfte investiert wird, welche "gemolken" und welche verkauft werden; das sind wichtige strategische Entscheidungen.**

- **Fehlende Strategien bei Unternehmenszusammenschlüssen.**
  In Zeiten der Globalisierung schließen sich viele Unternehmungen in der Hoffnung zusammen, dass sie nach der Fusion gestärkt und somit konkurrenzfähiger dastehen als zuvor. Die Praxis zeigt aber ein anderes Bild: 60% von Unternehmensakquisitionen machen sich nicht bezahlt, und 80% der Akquisitionen erreichen das angestrebte Ziel nicht. Im Wesentlichen werden in diesen Fällen die "strategischen Spielregeln" nicht oder nicht ernsthaft genug beachtet. Zwei Hauptgründe sind die Ursache für das Porzellan, das hier - meist unnötig - zerschlagen wird:

  1. Das Potential des Akquisitionspartners wurde zu positiv eingeschätzt.
  2. Die erwarteten Synergien sind niedriger als vorhergesagt oder bestehen überhaupt nicht.

- **Langfristige Wettbewerbsvorteile durch die richtigen Strategien.**
  In Zeiten von weitgehend gesättigten Märkten und steigenden Standards der Serviceleistungen zwischen den Wettbewerbern suchen Unternehmen vermehrt nach langfristigen Wettbewerbsvorteilen. Diejenigen Bereiche entlang der Wertschöpfungskette müssen herausgefiltert werden, wo Verbesserungsmaßnahmen die stärksten Auswirkungen auf die Kosten- und Leistungsposition haben.

8.2. Strategische Modelle

Strategische Modelle gibt es bereits seit mehr als 50 Jahren. Die wichtigsten Meilensteine in tabellarischer Übersicht:

Modelle mit nichtmonetären Werteangaben (Messgrößen)			
Jahr	Autor	Name des Modells	Erläuterungen
vor 1950	Harvard Business School	Klassisches Strategie-formulierungs-modell	Erste, bahnbrechende Arbeit dieser Art Vier Punkte: 1. Chancen und Bedrohungen in den Umfeldern 2. Interne Stärken und Schwächen 3. Wertesystem des Top-Managements 4. Die Erwartungen der Gesellschaft hinsichtlich des Verhaltens der Unternehmen
ca. 1950	General Electric		Acht Messgrößen: • Profitabilität • Personalentwicklung • Marktposition • Mitarbeitereinstellung • Produktivität • Öffentl. Verantwortung • Produktführerschaft • Balance zwischen lfr. und kfr. Zielen
	Boston Consulting Group	9-Felder-Matrix, auch Directional Policy Matrix	Multifaktorenanalyse mit den Messgrößen: • Marktanteil • Marktattraktivität • Marktwachstum • Wettbewerbsposititon
1972	General Electric	PIMS	Siehe Kapitel 8.2.1.

Die drei bekanntesten strategischen Kennzahlenmodelle bzw. -systeme werden hier kurz vorgestellt:

- PIMS-Kennzahlensystem
- Benchmarking
- Balanced Scorecard

8.2.1. PIMS-Kennzahlensystem (Profit-Impact of Marketing Strategies)

Das internationale Kennzahlensystem PIMS gibt es seit 1972. In einer umfassenden Datenbank sind Informationen über die strategischen Geschäftseinheiten großer Unternehmen gespeichert. Die PIMS-Organisation wird ihr Konzept in Zukunft auch für mittelständische Unternehmungen anwendbar machen.

Mit PIMS kann man strategische Problemstellungen lösen. Viele tausend strategische Geschäfteinheiten (z.B. Profitcenters) aus zahlreichen Branchen ermöglichen, Wirkungszusammenhänge für strategische Unternehmensführungsprobleme eindeutig zu erkennen. Pro Geschäftseinheit stehen ca. 500 Daten (Einflussfaktoren) zur Verfügung, mit denen sich ca. 80% des ROI-Unterschiedes zwischen zwei Geschäftseinheiten aufklären lässt.

Der Erfolg einer Geschäftseinheit wird durch die Rentabilität und den Cash-Flow ausgedrückt. Die Rentabilität wird durch folgende zwei Kennzahlen bestimmt:

- Return On Investment (ROI)
- Return On Sales (ROS)

Der ROI hat beim PIMS-Kennzahlensystem eine eigene Definition, und zwar:

ROI = Betriebsgewinn (vor Ertragsteuern und Fremdkapitalzinsen = EBIT*) in % des investierten Kapitals

*) *EBIT = Earnings Before Interest and Tax*

Das investierte Kapital ist aber hier nicht identisch mit der um stille Reserven berichtigten Bilanzsumme, sondern setzt sich aus dem Anlagevermögen zu Buchwerten und dem Working Capital (kurzfristiges Umlaufvermögen abzüglich kurzfristige Verbindlichkeiten) zusammen.

Beim **Return On Sales** handelt es sich um den Nettobetriebsgewinn (vor Ertragsteuern und Fremdkapitalzinsen = EBIT), ausgedrückt in einem Prozentsatz zum Umsatz.

Die Hauptaussagen des PIMS-Kennzahlensystems sind:

1. Die Kenntnis des "Machbaren" wird wesentlich erhöht. Sowohl strategische als auch operative Ziele können realistischer formuliert werden als bisher.
2. Es wird aus den Erfahrungen und Fehlern vergleichbarer Unternehmungen (mit ähnlicher Struktur) systematisch gelernt.
3. Durch das Simulieren eigener Strategien und Aktionen sowie das Studium ihrer Auswirkungen können optimale Strategievarianten ermittelt werden.
4. Nicht nur die eigenen, sondern auch die Strategien der relevanten Konkurrenten und ihre Auswirkungen auf die eigene Unternehmung können berechnet werden.
5. Bei Unternehmenskäufen können die derzeitigen strategischen Positionen der Akquisitionskandidaten bzw. Kooperationspartner analysiert und auf ihre Nachhaltigkeit bzw. zukünftige Entwicklung hin untersucht werden.

Zum Zwecke der permanenten Überwachung und Neuorientierung muss das PIMS-Programm jährlich angewendet werden; die praktischen Voraussetzungen dafür sind seitens der weltweit tätigen PIMS-Organisation gegeben.

8.2.2. Benchmarking

Benchmarking stellt ein Contolling-Instrument dar, das vor allem in den USA durch den außerordentlich guten Erfolg bei vielen Großunternehmen für Aufsehen sorgte. Heute ist Benchmarking auch in Westeuropa etabliert und nicht nur in Großbetrieben, sondern ebenso in mittleren, ja sogar in Kleinbetrieben im praktischen Einsatz.
Benchmarking ist eine Art Betriebsvergleich bzw. eine Konkurrenzanalyse mit den Klassenbesten. Benchmarking geht aber viel weiter. Durch einen systematischen und kontinuierlichen Vergleich mit "den Besten der Besten" wird die Wettbewerbsorientierung in allen Unternehmensbereichen verankert, wodurch mit Wettbewerbsvorteilen gegenüber der Konkurrenz gerechnet werden kann.

Definition von Benchmarking
Benchmarks bedeutet sinngemäß "Vorbilder". In der Literatur wird Benchmarking wie folgt definiert:

- **Benchmarking** ist der **kontinuierliche Prozess, Produkte, Dienstleistungen und Praktiken** gegen den stärksten Mitbewerber oder jene Firmen, die als Industrieführer angesehen werden, **zu messen** (Camp 1994, S. 13).
- **Benchmarking** ist ein **kontinuierlicher Prozess**, bei dem **Produkte, Dienstleistungen** und insbesondere **Prozesse** und **Methoden betrieblicher Funktionen** über mehrere Unternehmen hinweg **verglichen** werden (Horvath/Herter 1992, S. 5).
- **Benchmarking** bezeichnet den **Prozess fortlaufenden Vergleichens und Messens der eigenen Organisation mit weltweit führenden anderen Organisationen mit dem Ziel, der eigenen Organisation bei der Verbesserung der Leistungsfähigkeit zu helfen** (APQC 1992).

Die dritte Definition geht auf das American Productivity & Quality Center (APQC) zurück und wurde von über 100 Unternehmen gemeinsam erarbeitet. Benchmarking ist also ein kontinuierlicher Management-Prozess und nicht eine einmalige Tätigkeit. Die Spitzenleistungen der Besten müssen permanent als Vergleichsmaterial herangezogen werden.

Benchmarking-Arten
Die folgende Tabelle zeigt die verschiedenen Benchmarking-Arten mit ihren Vor- und Nachteilen:

Typ	Definition	Vorteile	Nachteile
Internes Benchmarking	Vergleich und Analyse ähnlicher Tätigkeiten oder Funktionen innerhalb eines Unternehmens mit assoziierten Unternehmen	• Datenerfassung relativ einfach • Gute Ergebnisse für diversifizierte, herausragende Unternehmen	• Begrenzter Blickwinkel • Interne Vorurteile
Wettbewerbs-orientiertes Benchmarking	Vergleich und Analyse von Produkten, Dienstleistungen, Prozessen und Methoden bei direkten Konkurrenten	• Geschäftsrelevante Informationen • Vergleichbare Produkte, Prozesse • Eigene Positionierung im Wettbewerb	• Schwierige Datenerfassung • Branchenorientierte Sichtweise • Gefahr der Adaption nicht optimaler Praktiken
Funktionales Benchmarking	Vergleich und Analyse von Arbeitsabläufen, Prozessen und Funktionsrealisierungen von Unternehmen und Organisationen, die in keinem Wettbewerbsverhältnis stehen	• Höchstes Potential zum Finden innovativer Lösungen • Erweiterung des Ideenspektrums • Bereitwilligere Akzeptanz von Lösungsmöglichkeiten • Zugang zu entsprechenden Datenbanken	• Zeitaufwendige Analyse • Eventuell schwierige Transformation der Praktiken auf die eigene Funktion

Quelle: Lasch/Trost, ZfB, 67. Jg. (1997), H. 7, Seite 693

Die Stufen (Phasen) im Benchmarking-Prozess

1. Schritt: Planungsphase

In der Planungsphase werden die **Ist-Daten erfasst** und die **Einsatzfaktoren analysiert**. Konkret werden in dieser Phase folgende Tätigkeiten durchgeführt:

- Festlegung des Benchmarking-Objektes
- Bildung eines Benchmarking-Teams
- Identifizierung vergleichbarer Unternehmen (Benchmarking-Partner)
- Nach welcher Methode soll die Datenzusammenstellung erfolgen?
- Datensammlung
- Beschreiben und Erfassen der wesentlichen Prozesse und Funktionen
- **Erfassen** der **wesentlichen Einsatzfaktoren**
- **Bildung von Kennzahlen**
- **Gegenüberstellung dieser Kennzahlen mit jenen des Benchmarking-Partners**

2. Schritt: Analysephase

In dieser wichtigen Phase werden die Leistungsunterschiede zwischen eigenem Unternehmen und Benchmarking-Partner analysiert und die so genannte **Deckungs- oder Leistungslücke ermittelt.** Die Planungsphase ist von folgenden Aktivitäten geprägt:

- **Ermittlung** der **relevanten Deckungslücken**
- **Erkennen** der **Ursachen** der **Deckungslücken**
- **Zuordnung** der **Deckungslücke zu Einsatzfaktoren**
- **Prognose der zukünftigen Leistungsfähigkeit des eigenen Betriebes** und des Branchenbesten

3. Schritt: Umsetzungsphase

In dieser letzten Phase des Benchmarking-Prozesses werden **Maßnahmen aus den Erkenntnissen der Planungsphase erarbeitet** und die Benchmarking-Analyse periodisch wiederholt. Die Hauptaktivitäten dieser Phase lassen sich wie folgt zusammenfassen:

- Besprechung der Ergebnisse der Benchmarking-Studie
- Streben nach Akzeptanz
- Formulierung von Zielen
- Entwickeln von Aktionsplänen
- Durchführung gezielter Aktionen mit Fortschrittskontrolle
- Vornahme von notwendigen Anpassungen

Gründe für das oftmalige Scheitern von Benchmarking-Projekten

Viele, mit großer Motivation gestartete Benchmarking-Projekte enden aus den folgenden Gründen unbefriedigend:

- Zu viele Informationen werden gesammelt, ihre Aussagen sind zu allgemein und eine Konzentration auf das Wesentliche gelingt nicht.
- Auswahl der falschen Benchmarks (= Leistungsziffern für den Vergleich mit den Klassenbesten).
- Die Dynamik der Märkte wird zu wenig berücksichtigt.
- Die Verhaltensweisen der nicht ausdrücklich einbezogenen Konkurrenten werden vernachlässigt.
- Fehlbesetzung des Benchmarking-Teams, vor allem im Hinblick auf Praxisnähe.

Sinnhaftigkeit von Benchmarking

In einer Umfrage des International Benchmarking Clearinghouse (IBC), an der Vertreter von Unternehmen unterschiedlichster Branchen und Größenordnungen teilnahmen, wird die Sinnhaftigkeit von Benchmarking wie folgt eingeschätzt:

	Ja	Nein
Benchmarking ist für Unternehmen eine Überlebensfrage	79%	8%
Die meisten Unternehmen wissen nicht, wie Benchmarking gemacht werden soll	95%	2%
Benchmarking ist nur mit Unterstützung des Top-Managements erfolgreich	89%	6%
Kleine Unternehmen können sich Benchmarking nicht leisten	8%	79%

8.2.3. Balanced Scorecard (BSC)

Es ist unbestritten, dass es einseitig wäre, eine Unternehmung alleine durch finanzielle Steuerungsgrößen zu führen. Misst man Strategien nur an ihren finanziellen Wirkungen, dann kommt die Steuerungsinformation viel zu spät. Misst man andererseits Strategien nur an weichen, strategischen Kriterien, dann bleibt die Steuerungsinformation zu unverbindlich. Deshalb wurde in Amerika vor einigen Jahren von den beiden Harvard-Professoren Kaplan und Norton ein **strategisches Managementinstrument** namens **"Balanced Scorecard"** entwickelt, das sich bei sehr großen Unternehmungen zunehmender Beliebtheit erfreut und allmählich auch die mittelständische Wirtschaft erfasst.

Kaplan und Norton beschreiben ihre praktischen Erfahrungen mit ihrem System sehr ausführlich in ihrem gleichnamigen Buch (siehe Kapitel 8.4., "Top-Literatur für den Geschäftsführer").

Das Balanced-Scorecard-System ist eine sinnvolle Ergänzung der monetären Kennzahlensysteme. Es schließt nämlich eine bisher große Lücke in der Anwendung des strategischen Managements.

Bekanntlich ist jede Planung ohne kurzfristige Kontrolle wenig effizient. **Balanced Scorecard kontrolliert die Strategie kurzfristig und vermag es daher, rechtzeitig Abweichungen von der geplanten Strategie aufzuzeigen.** Wenn monetäre Kennzahlensysteme das erkennen, ist es für wichtige Handlungsaktivitäten manchmal schon zu spät. Deshalb nennt man die **monetären Kennzahlen** auch **Spätindikatoren** und die **strategischen BSC-Kennzahlen Frühindikatoren.**

Zwei Leitsätze der BSC

1. WHAT YOU MEASURE IS WHAT YOU GET!
2. IF YOU CAN'T MEASURE IT, YOU CAN'T MANAGE IT.

Anders ausgedrückt: Sollen Strategien nicht im amorphen Raum dahingleiten, sondern effizient und greifbar sein, dann **muss** man sie **messbar** machen.

Die vier Perspektiven der BSC

1. Finanzziele:	**Was soll den Kapitalgebern (Aktionäre, Eigentümer) geboten werden?** Zielt auf **zukunftsgerichtete, finanzwirtschaftliche, wertorientierte Steuergrößen**, z.B.:

- Umsatzziele
- DB-Ziele
- Umsatzrendite (ROS)
- Cash-Flow
- Cash-Flow-Leistungsrate
- CFROI
- Kapitalrendite (ROI, ROCE)
- EVA usw.

2. Kundenziele:	**Wie sollen uns unsere Kunden wahrnehmen?** Zielt auf **kundenspezifische Leistungstreiber** am Markt, z.B. pünktliche Lieferung (On Time Delivery), innovative Produkte, kurze Durchlaufzeiten usw.
3. Geschäftsprozesse und Ressourcen:	**Bei welchen internen Prozessen müssen wir uns erheblich verbessern bzw. die Besten sein, um die Finanz- und Kundenziele zu erreichen?** Zielt auf **Erfüllung der Erwartungen der Ansprechgruppen**.
4. Lernen, Wachstum, Innovation:	**Welche internen Kompetenzen müssen wir aufbauen, um die anderen drei Ziele sicher zu erreichen?** Zielt auf **Umsetzung des Lern- und Entwicklungspotentials**.

Es müssen gleichzeitig alle vier Perspektiven wahrgenommen werden, weil zwischen den einzelnen Zielen starke Interdependenzen bestehen.

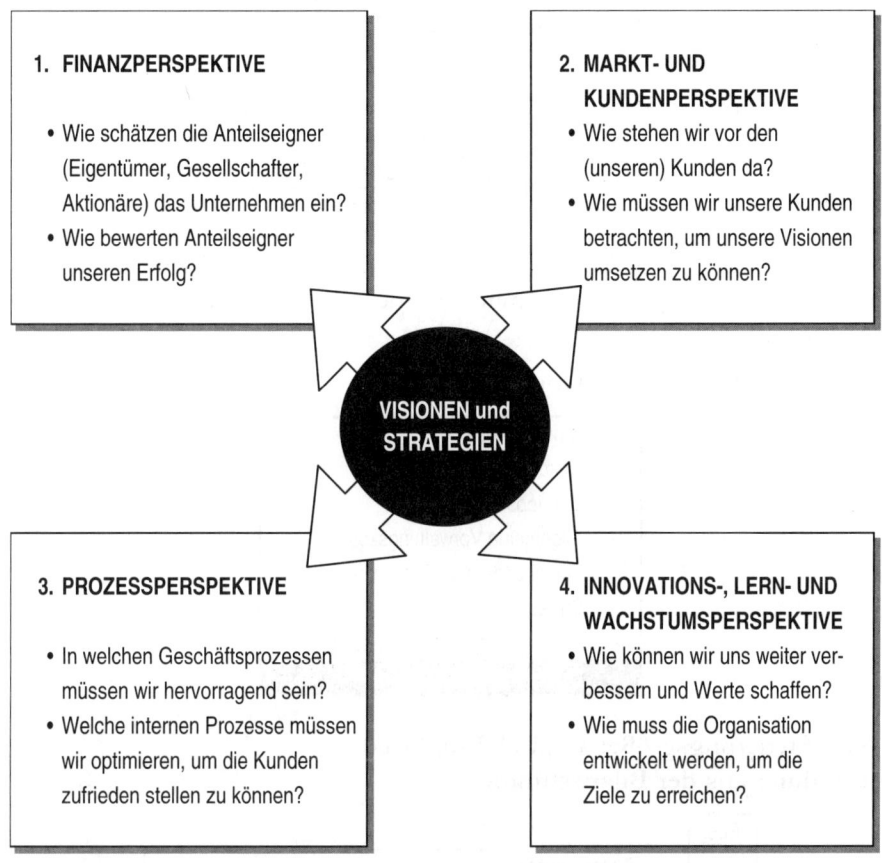

1. FINANZPERSPEKTIVE

- Wie schätzen die Anteilseigner (Eigentümer, Gesellschafter, Aktionäre) das Unternehmen ein?
- Wie bewerten Anteilseigner unseren Erfolg?

2. MARKT- UND KUNDENPERSPEKTIVE

- Wie stehen wir vor den (unseren) Kunden da?
- Wie müssen wir unsere Kunden betrachten, um unsere Visionen umsetzen zu können?

VISIONEN und STRATEGIEN

3. PROZESSPERSPEKTIVE

- In welchen Geschäftsprozessen müssen wir hervorragend sein?
- Welche internen Prozesse müssen wir optimieren, um die Kunden zufrieden stellen zu können?

4. INNOVATIONS-, LERN- UND WACHSTUMSPERSPEKTIVE

- Wie können wir uns weiter verbessern und Werte schaffen?
- Wie muss die Organisation entwickelt werden, um die Ziele zu erreichen?

8.2.3.1. Wertorientierte Steuergrößen zur Kontrolle der Finanzziele

Die **Umstellung** des externen Rechnungswesens **auf** die US-amerikanischen Vorschriften (**IAS oder GAAP**) hat **viele Konzerne** (z.B. Daimler-Benz) und Großfirmen dazu **veranlasst, gleichzeitig neue Kennzahlen für die Steuerung des operativen Geschäftes einzuführen**. Die neuen Steuerungskennzahlen haben sich sowohl im strategischen als auch im operativen Controlling gut bewährt. Es sind dies die Kennzahlen:

- **Return On Capital Employed (ROCE)**
- **Cash-Flow Return On Investment (CFROI)**
- **Economic Value Added (EVA)**

Es wurde besonders beachtet, dass **alle Kenngrößen aus dem Jahresabschluss des Konzerns und seiner Geschäftsbereiche** entnommen werden können.

8.2.3.1.1. Return On Capital Employed (ROCE)

Diese Kennzahl drückt die Rendite des eingesetzten Kapitals aus.

Formel:

$$ROCE = \frac{Operating\ Profit}{Capital\ Employed}$$

Es ist darauf zu achten, dass die Kennzahlenwerte exakt nach den US-amerikanischen Bewertungsprinzipien ermittelt werden, da sonst Aussagefähigkeit und Vergleichbarkeit leiden.

Neue Steuerungsgröße: Operating Profit

	Umsatzerlöse
-	Unkosten
-	Vertriebskosten
-	Allgemeine Verwaltungskosten
-	Forschungs- und Entwicklungskosten
-	Strukturaufwand
+/-	Sonstige Erträge/Aufwendungen
=	**Operating Profit US-GAAP**

Neue Steuerungsgröße: Capital Employed
Ermittlung aus der Bilanzsumme

Pos.	
1	**Total Assets**
2	- Zahlungsmittel
3	- Wertpapiere
4	- Finanzforderungen
5	- Finanzanlagen
6	= **Financial Assets (Pos. 2 bis 5)**
7	- **Kurz- und langfristige Deferred Tax Assets**
8	- Forderungen aus Absatzfinanzierung
9	- Vermietete Gegenstände
10	= **Assets der Finanz- u. Leasingaktivität (Pos. 8 + 9)**
11	- Verbindlichkeiten aus Lieferungen u. Leistungen
12	- Erhaltene Anzahlungen
13	- Passivierte Verpflichtungen laufendes Geschäft
14	- Wertberichtigungspositionen zu betrieblichen Aktiva
15	= **Abzugskapital (Pos. 11 bis 14)**
16	= **Capital Employed (Pos. 1 - 6 - 7 - 10 -15)**

468

8.2.3.1.2. Cash-Flow Return On Investment (CFROI)

Der CFROI dient als Maßstab zur Beurteilung eines Unternehmens, das die Rentablität des eingesetzten Kapitals messen will.

Formel:

$$CFROI = \frac{\text{Cash-Flow}}{\text{Investiertes Kapital}} \times 100$$

Jedes Geschäft soll langfristig einen Cash-Flow erwirtschaften, der höher ist als die Kapitalkosten. Wie beim ROCE sind auch hier beide Kennzahlenwerte durch die US-amerikanische Bewertungsrichtlinien genau definiert.

Neue Steuerungsgröße: Cash-Flow US-GAAP

Operating Profit US-GAAP
+ Abschreibungen auf Anlagevermögen (nach US-GAAP)
-/+ Ergebnis auf Anlagenabgang
+/- Veränderungen Rückstellungen
- Erhöhung (+ Verringerung) Working Capital
-/+ Zug./Abg. Anlagevermögen (ohne Beteiligungen) brutto
-/+ Zugang/Abgang Beteiligungen brutto
-/+ Veränderungen Forderungen aus Absatzfinanzierung
= Free Cash-Flow (vor Ertragsteuern u. Finanzergebnis)
+/- Finanzergebnis (sofern zahlungswirksam)
- Ertragsteuern (sofern zahlungswirksam)
= Free Cash-Flow (nach Ertragsteuern u. Finanzergebnis)
+/- Zugang/Abgang Anlagevermögen (ohne Beteiligungen)
+/- Zugang/Abgang Anlagevermögen Beteiligungen
+/- Veränderungen Forderungen aus Absatzfinanzierung
+/- Sonstiges
= Cash-Flow aus der Geschäftstätigkeit
+ Ertragsteuern
+ Rückstellungsverbrauch
+ Erhöhung (- Verringerung) Working Capital
= Brutto-Cash-Flow US-GAAP
- Ertragsteuern
- Rückstellungsverbrauch
- Abschreibungen auf Anlagevermögen (nach US-GAAP)
-/+ Veränderungen Rückstellungen
+/- Ergebnis aus dem Verkauf von Anlagevermögen
-/+ Fremden Gesellschaftern zustehendes Ergebnis
+/- Sonstiges
= Jahresüberschuss/Net Income US-GAAP

Die neue Steuerungsgröße **"Capital Employed"** (eingesetztes Kapital) ist bereits im Kapitel 8.2.3.1.1. definiert worden.

8.2.3.1.3. Economic Value Added (EVA)

Mit dem EVA wird jener Wert gemessen, den eine Unternehmung in einer Periode zusätzlich geschaffen hat.

Formel:

$$EVA = NOPAT - NOA \times C$$

NOPAT *(Net Operating Profit After Tax) = betrieblicher Gewinn nach Steuern zuzüglich in der NOA enthaltene Aufwands- und Ertragsbestandteile (z.B. Aufwendungen für Leasingraten)*
NOA *(Net Operating Assets) = Vermögen, das zur Durchführung der betrieblichen Tätigkeit notwendig ist. Das entspricht dem betriebsnotwendigen Kapital zuzüglich dem Barwert der nicht rückgestellten Leasingraten für betrieblich notwendige Leasinggüter.*
C *= Kapitalkosten (Fremdkapitalzinsen + Eigenkapitalzinsen); siehe auch WACC im Kapitel 7.*

Ist der EVA positiv (> 0), dann ist der Unternehmenserfolg größer als die mit dem eingesetzten Kapital alternativ erzielbare Kapitalmarktverzinsung. Beim EVA-Modell wird die Fähigkeit des Unternehmens, mit Investitionen einen echten Mehrwert zu schaffen, in den Mittelpunkt der Analyse gerückt. Unter EVA wird der Übergewinn verstanden, den ein Unternehmen nach Abzug der Eigen- und Fremdkapitalzinsen in einer Periode erwirtschaftet. Helbling zeigt in seinem Buch "Unternehmensbewertung", 9. Auflage 1998 (siehe Literaturverzeichnis, Kapitel 7.5.) auf Seite 144 unter Berufung auf die ALU-SUISSE LONZA, die seit 1998 täglich (!) ihren EVA errechnet, ein sehr anschauliches Beispiel, das nachfolgend wiedergegeben wird.

EVA-Beipiel

	Beispiel A	Beispiel B
Sachanlagevermögen (Buchwert)	140	60
Nettoumlaufvermögen (Buchwert)	60	30
Good Will (Differenz zwischen Markt- und Buchwert)	100	10
Investiertes Kapital (adjustiert)	300	100
EBDIT (= Earnings Before Depreciation Interest and Tax)	40	18
Erhaltungsinvestitionen	-5	-2
Nettoumlaufvermögen (ohne Wachstum)	-5	-1
Steuern	-7	-2
Net Free Cash-Flow	23	13
Kapitalkosten (12%)	-36	-12
EVA	-13	1

Beispiel A zeigt, dass der EVA-Wert trotz des hohen Net Free Cash-Flows negativ ist, Shareholder Value also vernichtet wird. Würden im Beispiel A die Kapitalkosten anstatt 12% nur 7% betragen, wäre der EVA-Wert mit +2 leicht positiv. Beispiel B weist einen positiven EVA aus.

Die Hauptkennzahlen der Finanzperspektive hängen stark vom eingesetzten Vermögen und vom erzielten Profit ab. **Beim eingesetzten Vermögen spielt das Nettoumlaufvermögen (= Working Capital) eine wesentliche Rolle.** Kaplan/Norton schlagen daher **zur Messung der Entwicklung des Working Capital die Kennzahl "Cash-to-Cash-Zyklus"** vor:

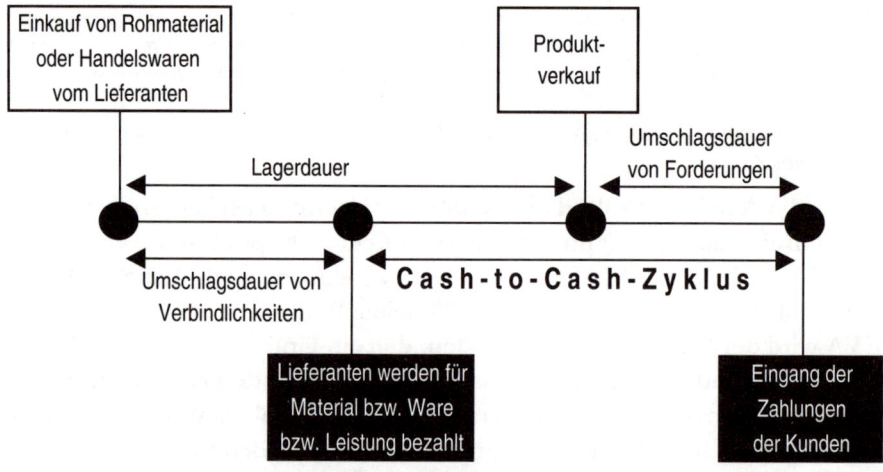

8.2.3.2. Steuergrößen der Kundenziele

☞ Die Bedeutung der Kennzahl "Kundenzufriedenheit" kann nicht genug hervorgehoben werden. Für **Kundenzufriedenheit** reicht reines Erfüllen der Kundenerwartungen **nicht** aus. Viele Mitbewerber erfüllen die Erwartungen ebenso. Die **Kundenerwartungen** müssen daher **übertroffen** werden, wenn echte **Kundentreue** oder **Kundenloyalität** und damit Kundenzufriedenheit angestrebt wird.

Im BSC sollen **Ergebnis- bzw. Kernkennzahlen und Leistungstreiber ausgewogen nebeneinander** stehen. Leistungstreiber beantworten die Frage, was ein Unternehmen tun muss, um die geplanten Ergebniskennzahlen nachhaltig zu erreichen.

Markt- und Kundenziele

Ergebnis- bzw. Kernkennzahlen	Leistungstreiber	
• Kundenzufriedenheit	• **Kurze Durchlaufzeiten**	• Anzahl der Neukunden
• Kundentreue	**(Manufacturing Cycle**	• Kundenkontakte
• Marktanteil	**Effectiveness, MCE)**	• Auftragsstand (Menge und Wert)
• Kundenakquisition	• **Pünktliche Lieferung**	• Anzahl Garantieaufträge
	(On Time Delivery, OTD)	• Anzahl Reparaturen
	• Innovative Produkte	• Debitorenausfälle
	• Serviceeigenschaften	• Wie lange dauert die Garantie-
	• Imagekomponenten	und Reklamationsbearbeitung?
	• Mitarbeiterverhalten	• Anzahl der verlorenen Kunden
	im Kundenkontakt	• Anzahl Reklamationen
	• Bestelleingänge	• Beurteilung Neuprodukte
	• Verteilerbereiche	• Preisdifferenz zur Konkurrenz

Die Kundenperspektive zeigt auf, wie der Kunde die Unternehmensleistungen beurteilt. **Typische Kennzahlen** sind die aus der Sicht des Kunden bewertete **Lieferpünktlichkeit** und der so genannte **Kundenzufriedenheits-Index.**

Die **Kernkennzahlen der Markt- und Kundenperspektive** lassen sich sehr anschaulich und verständlich in einer **Kausalkette** anordnen:

*) *Dieser Aspekt darf mittelfristig nicht vernachlässigt werden, denn* **zufriedene Kunden sind nicht unbedingt auch rentable Kunden.**

Für die **Kundenzufriedenheit** wird häufig **der Leistungstreiber OTD (= On Time Delivery, pünktliche Lieferung)** herangezogen. Sie sollte auf Kundenauswertungen basieren bzw. zugeschnitten sein.

Grundsätzlich sind hohe OTD-Werte gut bzw. positiv zu werten. Hohe OTD-Werte können aus folgenden Gründen entstehen:

1. Kürzere Durchlaufzeiten (dann ist die OTD wirklich gut)
2. Höhere Lagerbestände (dann ist eine hohe OTD nur bedingt gut)

Die Ursache für die höhere und damit bessere OTD-Kennzahl ist also durch die operative Kennzahl "Umschlagshäufigkeit" (UH) festzustellen.

Daher Interpretationsempfehlung für OTD:

* Wenn OTD größer und UH gleich hoch oder ebenfalls höher: sehr gut, weil offenbar Prozessdurchlauf kürzer
* Wenn OTD größer, aber UH niedriger: weniger gut, weil besseres OTD-Ergebnis auf Kosten eines höheren Lagers erzielt worden ist

8.2.3.3. Steuergrößen der Geschäftsprozesse und Ressourcen

Kennzahlen aus der Prozessperspektive zeigen, wie effizient die Unternehmensprozesse ablaufen. Zur Anwendung gelangen **vorrangig Kennzahlen** bezüglich **Produktivität, Qualität** und **Durchlaufzeiten**.

Geschäftsprozesse und Ressourcen

Ergebnis- bzw. Kernkennzahlen	Leistungstreiber
• Produkt- bzw. leistungsbezogenes Image (Index lt. Befragung)	• **Maschinenauslastung (First Pass Yields, FPY)**
• Durchlaufzeit der Auftragsabwicklung	• **Fehlerquotenminimierung**
• Abgewickelte Aufträge	• **Lieferbereitschaft in Tagen**
	• **Anzahl der Verbesserungsvorschläge**
	• Ausschussmenge
	• Durchlaufzeit im Vergleich zur Konkurrenz
	• Pünktlichkeit der Bereitstellung
	• Stillstands- und Rüstzeiten
	• Gefahrene Leerkilometer
	• Energieverbrauch/Produktionseinheit
	• Anzahl der Terminreklamationen
	• Anzahl erfüllte Sonderwünsche
	• Anzahl der Kundenbestellungen pro Produkt

Im BSC sollen Ergebnis- bzw. Kernkennzahlen und Leistungstreiber ausgewogen nebeneinander stehen. Leistungstreiber beantworten die Frage, was ein Unternehmen tun muss, um die geplanten Ergebniskennzahlen nachhaltig zu erreichen.

Für die Prozessperspektive bieten sich zur Messung der Effektivität und Qualität **drei neue, typische BSC-Kennzahlen** an: **MCE, FPY und BET**.

Messung der Produktionszyklus-Effektivität durch MCE
Viele Kunden schätzen kurze Lieferzeiten hoch ein (Kundenzufriedenheit). Dieses Ziel der kurzen Verlaufzeit kann ein Unternehmen durch zwei Aktivitäten erreichen:

1. **Entweder** hohe Lagerhaltung, damit jede Bestellung sofort durch die Lieferung fertiger Produkte erfüllt werden kann, **oder**
2. Fertigung kleiner Just-In-Time-Lose in Verbindung mit zuverlässiger, fehlerfreier und rascher Auftragsabwicklung.

Weil der Trend eindeutig in Richtung der zweiten Aktivität geht, ist die **Senkung der Zyklus- und Durchlaufzeiten ein wichtiges Ziel** in der Prozessperspektive. Häufig wird dazu die Kennzahl **MCE (= Manufacturing Cycle Effectiveness)** verwendet, welche die Produktionszyklus-Effektivität misst.

Formel:

$$MCE = \frac{\text{Be- oder Verarbeitungszeit}}{\text{Durchlaufzeit}}$$

Durchlaufzeit = Be- oder Verarbeitungszeit + Prüfzeit + Transportzeit + Warte- und Lagerungszeit

☞ **Je näher MCE bei 1 liegt, umso besser.**

Messung der Prozessqualität durch FPY
Die Prozessqualität kann durch die Kennzahl **FPY (= First Pass Yields)**, also **Ausbeute beim ersten Durchlauf**, gemessen werden. Der Gedanke bei dieser Qualitätskennzahl ist, dass **der echte Grad an Prozessqualität bereits beim ersten Durchlauf gemessen werden muss** und nicht erst nach zahlreichen Nachbesserungen. Es versteht sich von selbst, dass die **Ausbeute nur gute (= fehlerfreie) Stück** beinhalten darf.

Messung der Produktentwicklungszeit durch BET
Die Kennzahl **Break-Even-Time (BET)** misst die **Effektivität eines Produktentwicklungszyklus**. Dabei wird **die Zeit zwischen dem Beginn der Produktentwicklungsarbeit und dem Zeitpunkt, zu dem der Gewinn aus dem Produkt die gesamten aufgelaufenen Produktentwicklungskosten abgedeckt hat**, gemessen.

BET = **Summe aufgelaufene Produktentwicklungskosten abzüglich Perioden-DB aus obigem Produkt**
Wenn DB = Produktionsentwicklungskosten, ist BET erreicht; man muss dann nur mehr die Anzahl der Perioden (Monate) zusammenzählen (BET = z.B. 17 Monate oder 28 Monate usw.)

8.2.3.4. Steuergrößen für Lernen, Wachstum und Innovation

Die **Innovations- und Mitarbeiterperspektive** informiert über die (technischen) **Kernkompetenzen des Unternehmens**, über das **Know-How seiner Mitarbeiter** und über den **Innovationsgehalt der organisatorischen Konzepte**. Besonders **wichtige Kennzahlen** sind die **Entwicklungszeit bis zur Produktreife**, der **Umsatzanteil der Neuprodukte**, das **Durchschnittsalter der Produkte** usw.

Innovation, Lernen, Wachstum

Ergebnis- bzw. Kernkennzahlen	Leistungstreiber
• Entwicklungszeit bis zur Produktreife • Umsatzanteil der Neuprodukte • Durchschnittsalter der Produkte • Mitarbeiterzufriedenheit (Messung einmal p.a. durch Mitarbeiterbefragung) • Personaltreue und -loyalität • Mitarbeiterproduktivität	• **Entwicklungserfolg u. -geschwindigkeit (Break-Even-Time, BET)** • **Anzahl neuer reifer Produkte** • **Anzahl neuer Testprodukte** • **Anzahl neuer Patente** • **Umsatz aus Neuprodukten** • **Verhältnis F&E zu Produktion** • Nutzung intelligenter Kompetenzen • Anzahl neuer Produkte/Periode im Vergleich zur Konkurrenz • Produktentwicklungsdauer im Vergleich zur Konkurrenz • Imagegrad im Vergleich zur Konkurrenz • Seminartage/Periode/Abteilung • Fluktuationsrate Stamm-Mitarbeiter • Ungewollte Kündigungen

Im BSC sollen Ergebnis- bzw. Kernkennzahlen und Leistungstreiber ausgewogen nebeneinander stehen. Leistungstreiber beantworten die Frage, was ein Unternehmen tun muss, um die geplanten Ergebniskennzahlen nachhaltig zu erreichen.

Gut ausgebildete Mitarbeiter können viel bewirken

Wie wichtig die gezielte Aus- und Weiterbildung der Mitarbeiter ist, wird durch die nachstehende Ursachen-Wirkungs-Kette auf BSC-Ebene demonstriert:

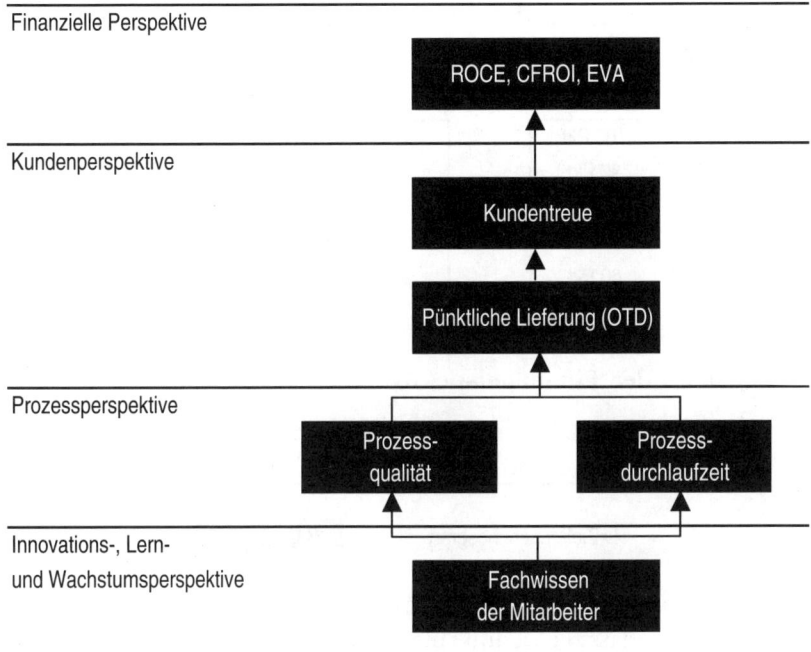

8.2.3.5. Kleines Fallbeispiel: Ergebnispräsentation mit BSC

Beispiel einer Ergebnispräsentation mit BSC

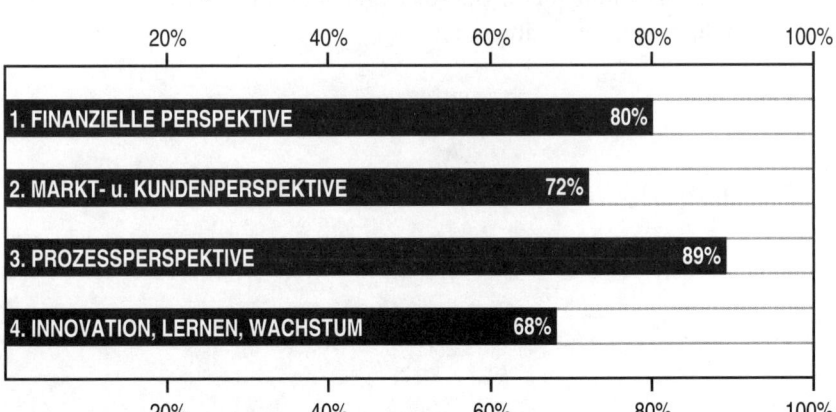

. Die Skalen (0 bis 100) drücken den **Zielerreichungsgrad in % zum Plan** (= 100%) aus.

Um die Einzelkennzahlen und Leistungstreiber additiv zu machen, muss für jede Kennzahl und jeden Leistungstreiber eine Scoring-Umrechnung erfolgen.

Beispielhafte Festlegung der Scores (Zielerreichungs-Prozentsätze) für die Kernkennzahlen der Finanzperspektive

z.B. ROCE

> 20%	100 Pkt.
> 16%	90 Pkt.
> 13%	80 Pkt.
> 10%	70 Pkt.
> 8%	60 Pkt.
< 8%	45 Pkt.

oder Umsatzwachstum

> 15%	100 Pkt.
> 12%	90 Pkt.
> 10%	80 Pkt.
> 8%	70 Pkt.
> 6%	60 Pkt.
< 6%	50 Pkt.

usw.

Ist-Kennzahlen der Finanzperspektive

• ROCE	11%	d.s.	70 Pkt.
• Umsatzwachstum	13%	d.s.	90 Pkt.
		Σ	160 Pkt.
Ø Zielerreichungsgrad		Ø	**80 Pkt.**

In derselben Art ist grundsätzlich mit den drei anderen Perspektiven zu verfahren. Voraussetzung ist, dass die signifikantesten Kennzahlen ausgewählt und durch eine möglichst objektive Scoring-Zuordnung additiv gemacht werden. **Die Festlegung der Scores für jede Kernkennzahl ist die schwierigste Aufgabe, alles andere ist einfach.** Viele Dutzend Kernkennzahlen und Leistungstreiber sind für BSC grundsätzlich relevant. Aus diesem Pool sollten nur 15, allerhöchstens 20 ausgewählt werden. Motto: Weniger ist mehr!

Wem die Balkendarstellung für die BSC nicht gefällt, kann selbstverständlich auch andere Darstellungsformen wählen, z.B.:

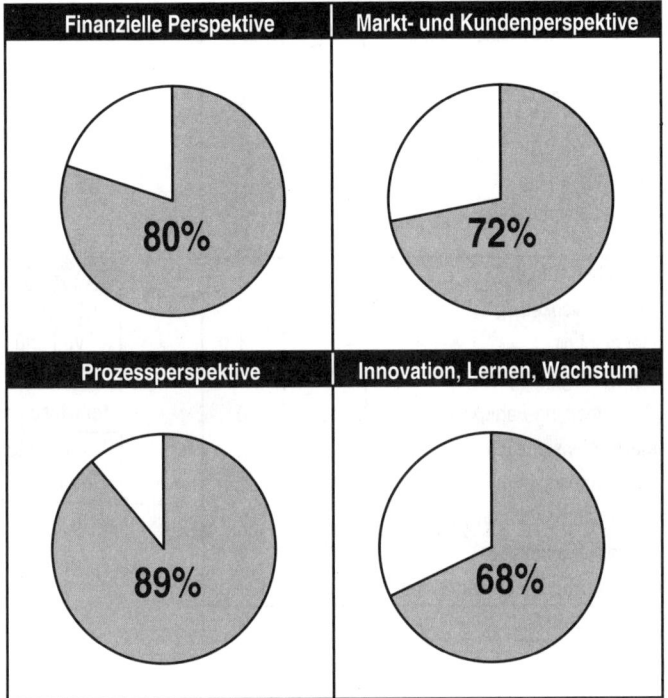

8.2.3.6. Vergleich zwischen Du Pont (ROI) und BSC

Wird das seit mehr als 80 Jahren in Verwendung stehende Du-Pont-System
(ROI) dem kaum zehn Jahre alten Balanced-Scorecard-System (BSC) gegenübergestellt, dann sieht man deutlich, welche Quantensprünge in 70 Jahren
Weiterentwicklung gemacht wurden.
Die zehn Anforderungskriterien wurden mit je 0 bis 2 Punkten gewichtet. Es
können also bei voller Erfüllung aller Anforderungen maximal 20 Punkte erreicht
werden. Das klassische Du-Pont-Schema schneidet mit 8 Punkten - das entspricht einem Erfüllungsgrad von 40% - relativ schlecht ab, das moderne BSC-
System mit 15 Punkten (= 75% Erfüllungsgrad) vergleichsweise recht gut.

Im Vergleich stehende Kennzahlen-systeme / Anforderungs-kriterien an ein Kennzahlensystem	Du-Pont-Schema (ROI)	Balanced Scorecard (BSC)
1 Einfacher Aufbau	2	1
2 Verständlichkeit	2	2
3 Genauigkeit	2	1
4 Anpassungsfähigkeit	0	2
5 Benchmarking-Fähigkeit	2	0
6 Mehrdimensionalität	0	2
7 Kundenorientierung	0	2
8 Mitarbeiterorientierung	0	2
9 Prozessorientierung	0	2
10 Allg. und indiv. Kennzahlenteil	0	1
Gesamtpunkte	**8**	**15**

Legende:
2 Punkte:
voll erfüllt
1 Punkt:
teilweise erfüllt
0 Punkte:
nicht erfüllt

8.3. Top-Literatur für den Geschäftsführer

Bereich: Strategie

Titel	Autor	Verlag	Auf-lage	Sei-ten
Strategische Unternehmensplanung Strategische Unternehmensführung	Hahn, Taylor (Hrsg.)	Physica	8/99	1173
Strategische Unternehmensführung	Herbek	Ueberreuter	1/00	318
Vertriebsszenarien 2005 - Verkaufen im 21. Jahrhundert	Belz, Bussmann u.a.	Ueberreuter	1/00	287
Das große Handbuch der Strategiekonzepte	Simon (Hrsg.)	Campus	1/00	425
Handbuch der strategischen Instrumente	Elbling, Kreuzer	Ueberreuter	1/94	269
Strategisches Management	Bea, Haas	UTB Lucius & Lucius	2/97	608
Strategisches Management	Lobriser, Abplanalp	Versus	2/98	468

Die Lieblingsbücher des Autorenteams zu diesem Themenkreis wurden invers darge-stellt.

Bereich: Balanced Scorecard

Titel	Autor	Verlag	Auf-lage	Sei-ten
Performance Drivers (a practical guide to using the balanced scorecard)	Olve, Roy, Wetter	John Wiley & Sons	97	347
Balanced Scorecard	Kaplan, Norton	Harvard Business School Press	1/96	322
Balanced Scorecard	Friedag, Schmidt	Haufe	1/99	262
Balanced Scorecard & Controlling	Weber, Schäffer	Gabler	1/99	280
Die Balanced Scorecard im Handel	Eschenbach, Haddad	Service Fachverlag	1/99	234
Performance Management	Jetter	Schaeffer Poeschel	1/00	304

Das Lieblingsbuch des Autorenteams zu diesem Themenkreis wurde invers dargestellt.

Aufsätze zu Balanced Scorecard

Titel	Autor	Wo?	Wann?
Balanced Scorecard, ein Werkzeug zur Umsetzung von Strategien	Horvath, Kaufmann	Harvard Business Manager	5/98
Führung im Konzern mit der Balanced Scorecard	Weber, Schäffer	KRP	43. Jg. 1999 H. 3
Entwicklung einer Balanced Scorecard, untersucht am Beispiel des Retailgeschäfts einer Bank	Harengel, Hess	KRP	43. Jg. 1999 H. 4
Performance Management und Balanced Scorecard	Brunner, Sprich	i o Management	1998 Nr. 6
Balanced Scorecard und Economic Value Added	Matheis, Schalch	i o Management	1999 Nr. 4

Aufsätze zu Benchmarking

Titel	Autor	Wo?	Wann?
Benchmarking im Handel allzu selten	Schröder	Harvard Business Manager	1998 H. 2
Benchmarking bei industriellen Dienstleistungen	Buttler, Fries, Lambusch, Link	KRP	43. Jg. 1999 H. 1
Mit Benchmarking zur Spitze im Maschinenbau	Brokemper, Gleich	i o Management	1997 Nr. 12

481

9.

prof•it [´profit] **I** *s* **1.** Gewinn *m*, Profit *m*: **sell at a** ~ mit Gewinn verkaufen; ~ **margin** Gewinnspanne *f*; ~ **sharing** Gewinnbeteiligung *f.* **2.** *fig.* Nutzen *m*, Vorteil *m*: **turn s.th. to** ~ aus et. Nutzen ziehen. **II** *v/i* **3. (by, from)** Nutzen *od.* Gewinn ziehen (aus), profitieren (von).

Englische und amerikanische Fachtermini

Englische und amerikanische Fachtermini

In Zeiten der Globalisierung kommt ein Geschäftsführer an guten Englisch-kenntnissen nicht mehr vorbei. Weil die in diesem Buch verwendeten Ausdrücke größtenteils nicht in normalen Dictionaries zu finden sind, wurden sie hier schwerpunktmäßig (nicht nach Kapitel geordnet) zusammengefasst. Die einzelnen Schwerpunkte sind:

- Bilanzpositionen
- G&V-Positionen
- Rechtsformen
- Kennzahlen
- Du-Pont-Kennzahlenpyramide (ROI)
- Geschäftsbericht
- Kostenrechnung und Kalkulation
- Planbilanz und Kapitalflussrechnung
- Investitionsrechnung und Risikoanalyse
- Unternehmensbewertung
- Materialwirtschaft
- Operations Research (OR), Statistische Methoden, Leibrenten
- Balanced Scorecard (BSC)

9.1. Bilanzpositionen

9.1.1. Laut Schema in diesem Buch

Bilanz zum ... balance sheet year end ...		Bilanz per ... balance sheet as at ...		
Aktiva **assets**		**Passiva** **liabilities**		

Anlagevermögen
  fixed assets
  long-term assets
		Eigenkapital
		  stockholder's equity net worth
		  share capital
				20

¨ Grund
¨ land
	3	**Fremdkapital, langfristig**
		  long-term liabilities
		  long-term debt		

- Gebäude - buildings	5	¨ Hypothekarkredit bank loan	10	
- Maschinen - machines	2			

- Sonst. Sachanlagevermögen
- other assets
	10 20	- Pensionsrückstellung
		  accrued expenses for pension
		  provision for pension
			10	20

Umlaufvermögen
  current assets
		Fremdkapital, kurzfristig
		  Current liabilities		

- Vorräte
- stock/inventory
	60	- Lieferantenverbindlichkeiten
		  accounts payable
		  supplier debts
			25	

- Kundenforderungen - accounts receivable	15	- Kontokorrentkredit bank loans & overdraft	30	
- Sonstige Forderungen - sundry debtors	3			

- Liquide Mittel
- cash and due from banks
  (cash and cash equivalents)
	2 80	- Sonstige Verbindlichkeiten
		  other liabilities
		  sundry creditors
			5	60

Bilanzsumme
  total assets
	100	**Bilanzsumme**
		  total liabilities and net worth
				100

9.1.2. Weitere (zusätzliche) Bilanzpositionen

Abfertigungsrückstellung .... reserve for severance pay
Abgrenzung und sonstige
  Abgrenzungsposten .... prepaid expenses and other accruals
    and deferrals
Agio .... additional paid up capital, surplus
Aktiva, Aktivposten in der Bilanz .... assets
Aktiva hoher Liquiditätsstufe .... short term assets, liquid assets
Aktiva, Sollbestand .... calculated assets
Aktivierte Eigenleistung .... own work capitalized
Anlagen, Ausrüstung .... equipment
Anlagenabgänge .... property disposals
Anlagegüter .... capital goods
Anlagevermögen .... plant, property, equipment
Anlagevermögen, wertberichtigt .... net book amount
Anlagewerte, immaterielle .... intangible assets
Anschaffungskosten .... acquisition cost
Anzahlungen .... down payment
Außerordentliche Posten .... extraordinary items
Bankguthaben .... deposits with banks
Bankverbindlichkeiten .... notes payable, banks
Bestandskonten .... balance sheet accounts, permanent
    accounts
Bestandsrechnung .... stock accounts
Beteiligungen .... investments in subsidiaries
Betriebsausstattung .... equipment
Betriebseinrichtung .... furniture, fixtures and fittings
Buchwert .... book value
Buchwert nach Abschreibung
  (wertberichtigter Wert) .... written down/reduced value
Dividendenverpflichtung .... dividend payable
Dotierung Wertberichtigung (Rück-
  stellung) für Forderungsverluste .... provision for loan losses
Durchschnittspreisverfahren .... average cost method
Einlage .... paid up capital
Einzelwertberichtigung .... specific allocations
Entnahme .... withdrawal
Eventualverbindlichkeiten .... contingencies, contingent liabilities
Firmenwert .... good will
Forderungen .... receivables
Forderungsabschreibungen .... write-offs

Fremdkapital	loan capital, borrowed capital
Garantiefonds	guarantee fund
Halbfabrikate	semi-manufactured goods
Herstellkosten der verkauften Waren	costs of sales
Hypothekarkredit	mortgage
Immobilien, Grundstücke	real estate, property
Inventur	inventory-taking
Investitionsfreibetrag	investment allowance
Investitionsbegünstigung	investment allowance
Kapitalstruktur	capital structure
Kontenplan	chart of account
Kontenrahmen	uniform systems of accounts
Konzernbilanz, konsolidierte	consolidated balance sheet
Lieferantenkredit	trade credit
Nettovermögen	net assets
Passiva	liabilities
Passivierung	credit entry
Pauschale Risikovorsorge	unreserved debts, allocation to general risk
Pensionsfonds	pension fund
Rechnungsabgrenzung	accrued expense, deferred income
Rücklage	appropriation of retard earnings
Rücklage, frei verfügbare	general reserve
Rücklage, gesetzliche	capital reserve, legal reserve
Rückstellung	accrued expenses, provision
Rückstellung für KöSt.	provision for corporation tax
Soll und Haben	debit and credit
Sollbestand	nominal balance
Stammkapital (Grundkapital)	capital stock, non-disposable stock
Stille Reserven	unrealized capital gains
Tageswert	market value, current value
Teilwert	worth as a going-concern, going-concern value, current value
Transitorien	deferrals
Tratte	draft
Umrechnungsdifferenzen	exchange/currency adjustments
Vermögensbilanz	current statement, statement of condition
Vermögensstatus	financial statement
Vorsorge	provisions
Wechselforderungen	customers' acceptance liability, notes receivable

Wechselverbindlichkeiten .... liability on acceptances, notes payable
Wertberichtigung, Wertminderung ...... accumulated depreciation, allowance, provision
Wertberichtigung für
  Forderungsverluste .... allowance for possible credit losses
Wertpapiere (Marktwert) .... investment securities (market value)
Wieder einbringlich
  gewordene Forderungen .... recoveries
Zukaufteile .... purchases

☞ **Bitte beachten Sie auch die Gegenüberstellung der Bilanzpositionen gemäß dem Schema deutscher Kapitalgesellschaften (§ 266 dHGB) in Deutsch - Englisch - Amerikanisch - Französisch. Quelle: Handelsblatt, 11.3.1992 (Kapitel 16.9.).**

9.2. G&V-Positionen

9.2.1. Laut Schema in diesem Buch

Gewinn- und Verlustrechnung für das Geschäftsjahr (Periode) ..... income statement profit and loss statement year end	
Umsatzerlöse	
sales, invoices	210
± Bestandsveränderung	
inventory variation	-10
+ Aktivierte Eigenleistungen	
internally produced and capitalized assets, own work capitalized	
+ Sonstige betriebliche Erträge	
other operating income	
= **B E T R I E B S L E I S T U N G**	
p r o d u c t i o n	**200**
- Materialaufwand und Aufwendungen für bezogene Leistungen	
costs of material	100
= **Rohgewinn**	
gross margin, gross profit on sales	**100**
- Personalaufwand	
personnel expenses (wages, salaries, employee compensation)	40
- Dot. Pensionsrückstellung	
provision for pension	1
- Abschreibungen auf Sachanlagen	
depreciation	6
- Sonstige betriebliche Aufwendungen	
other operating expenses	44
= **B E T R I E B S E R F O L G**	
earnings before interest and tax (= EBIT)	**9**
+ Erträge aus Beteiligungen, Zinsenerträge, Wertpapiererträge	
investment income, interest income, receipts from bonds	
- Zinsen und ähnliche Aufwendungen	
interest charges/expenses	4
= **F I N A N Z E R F O L G**	
financial result	**4**
= **ERGEBNIS DER GEWÖHNLICHEN GESCHÄFTSTÄTIGKEIT (= EGT)**	
profit or loss on ordinary activities	**5**

9.2.2. Weitere (zusätzliche) G&V-Positionen

Absatz	sales
Abschreibung, linear	straight-line depreciation
Abschreibung nach Anschaffungswerten	historic-cost depreciation
Abschreibung nach Wiederbeschaffungswerten	depreciation on replaced value, replacement-cost depreciation
Abschreibung, normal	regular depreciation
Abschreibung, ordentlich	depreciation according to plan
Abschreibung, zusätzliche	additional depreciation
Abschreibung (Teilwert) immaterieller Anlagenwerte	amortization
Abschreibung für Substanzverzehr	depletion
Ausgaben	expenditure
Betriebsaufwand	operational expenses
Betriebsstoffe	supplies
Einmaliger Aufwand	non-recurring expenses
Erfolg	results from operating
Ertrag, Erlös	revenue
Gehaltsnebenkosten	other employee benefits
Geringwertige Wirtschaftsgüter	low-value item
Gewinn aus fortgesetzter Geschäfts- tätigkeit vor (nach) Gewinnsteuer	income from continuing before (net of) tax
Gewinn-/Verlustvortrag	income/loss carried forward
Gewinnvortrag	retained earnings, undistributed profits
Investitionszuschüsse	investment grants
Konzerninterne Umsätze	intercompany sales
Mieten	rentals
Reinverlust	net loss
Rohmaterial	raw material
Soll und Haben	debit and credit
Sonstige Erträge	other operating income
Verlust aus Verwertung	loss on disposals
Vertrieb und Werbung	selling and advertising
Verwaltungsaufwand und allgemeiner Aufwand	administrative and general expenses
Zinsertrag	interest income, interest yield

9.3. Rechtsformen

Aktiengesellschaft, AG ....corporation, joint stock company,
                                       public limited company

Einzelfirma ....sole proprietorship

Gesellschaft mit beschränkter
  Haftung, GmbH ....(private) limited liability company (ltd.)

Kapitalgesellschaft ....company

Kommanditgesellschaft, KG ....limited partnership

Körperschaft ....corporation

Offene Handelsgesellschaft, OHG ......general partnership

Personengesellschaft.. ....partnership

> ☞ **Bitte beachten Sie auch die Gegenüberstellung der G&V-Positionen gemäß dem Schema deutscher Kapitalgesellschaften (§ 275 dHGB) in Deutsch - Englisch - Amerikanisch - Französisch. Quelle: Handelsblatt, 11.3.1992 (Kapitel 16.9.).**

9.4. Kennzahlen

9.4.1. Laut Schema in diesem Buch

Analysebereich: Investition - INVESTMENT (capital expenditures)

Bezeichnung der Kennzahl	ratio title	Formel	ratio
Anlage-vermögen in % des Gesamt-vermögens	fixed assets as % of total assets	$\dfrac{\text{Anlagevermögen} \times 100}{\text{Bilanzsumme}}$	$\dfrac{\text{fixed assets} \times 100}{\text{total assets}}$
Investitions-quote	rate of investment (investment ratio)	$\dfrac{\text{Nettoinvestitionen im Sachanlagevermögen}}{\text{Buchwert der Sachanlagen am Jahresanfang}}$	$\dfrac{\text{net-additions to fixed assets}}{\text{initial fixed assets (book value)}}$
Netto-investitions-deckung	rate of depreciation	$\dfrac{\text{Abschreibung auf Sachanlagevermögen}}{\text{Nettoinvestitionen } (= \text{Sachanlagezugang})}$	$\dfrac{\text{depreciation}}{\text{net-additions to fixed assets}}$
Ab-schreibungs-quote	depreciation per period	$\dfrac{\text{Abschreibung auf Sachanlagevermögen}}{\text{Buchwert der Sachanlagen am Jahresende}}$	$\dfrac{\text{depreciation}}{\text{terminal fixed assets (book value)}}$

Analysebereich: Finanzierung - FINANCING

Bezeichnung der Kennzahl	ratio title	Formel	ratio
Eigenkapital-quote in %	net worth as % of total assets	$\dfrac{\text{Eigenkapital} \times 100}{\text{Bilanzsumme}}$	$\dfrac{\text{net worth} \times 100}{\text{total assets}}$
Deckungs-grad A in %	coverage ratio A as %	$\dfrac{\text{Eigenkapital} \times 100}{\text{Anlagevermögen}}$	$\dfrac{\text{stockholders equity} \times 100}{\text{capital assets}}$
Deckungs-grad B in %	coverage ratio B as %	$\dfrac{(\text{Eigenkapital} + \text{lfr. Fremdkapital}) \times 100}{\text{Anlagevermögen}}$	$\dfrac{(\text{stockholders equity} + \text{long-term liabilities}) \times 100}{\text{capital assets}}$
Working Capital in % des Umlauf-vermögens	working capital ratio as % of current assets	$\dfrac{(\text{Kfr. Umlaufvermögen} - \text{kfr. Verbindlichkeiten}) \times 100}{\text{Kfr. Umlaufvermögen}}$	$\dfrac{(\text{short-term current assets} - \text{short-term liabilities}) \times 100}{\text{short-term current assets}}$
Debitoren-ziel in Tagen	average collection period for outstanding receipts	$\dfrac{\text{Debitoren} \times 365}{\text{Umsatz}}$	$\dfrac{\text{accounts receivable} \times 365}{\text{sales}}$
Kreditoren-ziel in Tagen	average collection period for settlement outstanding debts	$\dfrac{\text{Lieferanten-verbindlichkeiten} \times 365}{\text{Materialeinsatz} + \text{Fremdleistung}}$	$\dfrac{\text{accounts payable} \times 365}{\text{material costs} + \text{external production costs}}$
Lagerdauer in Tagen	storage in days	$\dfrac{\text{Vorräte} \times 365}{\text{Materialeinsatz}}$	$\dfrac{\text{raw materials} \times 365}{\text{material costs}}$

494

Analysebereich: Liquidität - LIQUIDITY

Bezeichnung der Kennzahl	ratio title	Formel	ratio
Liquidität 1. Grades	absolute liquidity ratio	$$\frac{\text{Flüssige Mittel} \times 100}{\text{Kfr. Verbindlichkeiten}}$$	$$\frac{\text{cash} \times 100}{\text{current liabilities}}$$
Liquidität 2. Grades	net quick ratio	$$\frac{(\text{Kfr. Umlaufvermögen} - \text{Vorräte} - \text{geleistete Anzahlungen}) \times 100}{\text{Kfr. Verbindlichkeiten}}$$	$$\frac{(\text{short-term current assets} - \text{inventories} - \text{down payment}) \times 100}{\text{short-term liabilities}}$$
Liquidität 3. Grades	current ratio	$$\frac{\text{Kurzfristiges Umlaufvermögen} \times 100}{\text{Kfr. Verbindlichkeiten}}$$	$$\frac{\text{short-term current assets} \times 100}{\text{short-term liabilities}}$$
Schuld-tilgungs-dauer in Jahren	debt-redemption in years	$$\frac{\text{Fremdkapital} - \text{flüssige Mittel}}{\text{Cash-Flow}}$$	$$\frac{\text{long-term liabilities} - \text{cash}}{\text{cash flow}}$$

Analysebereich: Rentabilität - PROFITABILITY

Bezeichnung der Kennzahl	ratio title	Formel	ratio
Eigenkapital-rentabilität in %	rate of return on equity	$\dfrac{\text{Betriebsergebnis x 100}}{\text{Eigenkapital}}$	$\dfrac{\text{net profit x 100}}{\text{net worth}}$
Gesamt-kapital-rentabilität in %	rate of return on total assets	$\dfrac{(\text{Betriebsergebnis} + \text{Zinsaufwand}) \text{ x } 100}{\text{Bilanzsumme}}$	$\dfrac{(\text{net profit} + \text{interest}) \text{ x } 100}{\text{total assets}}$
Umsatz-rendite in %	rate of return on sales	$\dfrac{\text{Betriebsergebnis x 100}}{\text{Betriebsleistung}}$	$\dfrac{\text{net profit x 100}}{\text{sales}}$
Kapital-umschlag	investment turnover	$\dfrac{\text{Betriebsleistung}}{\text{Bilanzsumme}}$	$\dfrac{\text{sales}}{\text{total assets}}$
Return On Investment (ROI)	return on investment	$\dfrac{\text{Betriebsergebnis x 100}}{\text{Bilanzsumme}}$	$\dfrac{\text{net profit x 100}}{\text{total assets}}$
Betriebs-leistung je GE Personal-aufwand	rate of production productivity	$\dfrac{\text{Betriebsleistung}}{\text{Personalaufwand}}$	$\dfrac{\text{production}}{\text{wages and salaries}}$
Veredelungs-leistung je GE Personal-aufwand	production rate cost adjusted	$\dfrac{\text{Betriebsleistung} - \text{Material- u. Wareneinsatz} - \text{Fremdarbeit}}{\text{Personalaufwand}}$	$\dfrac{\text{sales} - (\text{material costs} + \text{costs of goods sold}) - \text{external labour costs}}{\text{wages and salaries}}$

Analysebereich: Erfolg - **PROFIT**

Bezeichnung der Kennzahl	ratio title	Formel	ratio
Material- bzw. Waren- einsatz in % der Betriebs- leistung	costs material and goods as % of production	$\dfrac{\text{(Material- u. Wareneinsatz + Fremdleistung) x 100}}{\text{Betriebsleistung}}$	$\dfrac{\text{(material costs + costs of goods sold + external production costs) x 100}}{\text{production}}$
Personal- aufwand in % der Betriebs- leistung	labour costs as % of production	$\dfrac{\text{Personalaufwand x 100}}{\text{Betriebsleistung}}$	$\dfrac{\text{wages x 100}}{\text{production}}$
Fremd- kapitalzinsen in % der Betriebs- leistung	loan capital interest as % of production	$\dfrac{\text{Zinsaufwand x 100}}{\text{Betriebsleistung}}$	$\dfrac{\text{interest charges x 100}}{\text{production}}$
Ab- schreibung in % der Betriebs- leistung	depreciation as % of production	$\dfrac{\text{Abschreibung x 100}}{\text{Betriebsleistung}}$	$\dfrac{\text{depreciation x 100}}{\text{production}}$
Deckungs- beitrag in % der Betriebs- leistung	profit margin as % of production	$\dfrac{\text{Deckungsbeitrag x 100}}{\text{Betriebsleistung}}$	$\dfrac{\text{profit margin x 100}}{\text{production}}$
Cash-Flow in % der Betriebs- leistung	cash flow as % of production	$\dfrac{\text{Cash-Flow x 100}}{\text{Betriebsleistung}}$	$\dfrac{\text{cash flow x 100}}{\text{production}}$

9.4.2. Weitere (zusätzliche) Positionen zu Kennzahlen

Basisjahr (Index) .... base year
Bilanzkennzahlen .... balance sheet ratios
Bonitätsbeurteilung .... credit rating
Branche .... line of business, industry
Durchschnittswerte .... averages
Eigenkapitalrentabilität .... return on equity ratio
Einzelhandel .... retail trade
Finanzkennziffern .... activity ratios, financial ratios
Fluktuationsziffer .... labour turnover
Forderungen, Umschlaghäufigkeit .... receiveable turnover
Frühindikator .... forecast, leading indicator
Frühwarnsystem .... early warning system
Gewerbe (Handwerk) .... small businesses
Gewinn vor Steuern .... profit before taxes
Gewinnschwelle .... break even point
Gewinnschwellenanalyse .... break even analysis
Großhandel .... wholesale trade
Industrie (Erzeugung) .... industry production
Investitionsquote .... investment ratio
Kennzahlen der G&V-Rechnung .... income statement ratios
Kombinierte Bilanz-
   und G&V-Kennzahlen .... interstatement ratios
Kreditwürdigkeit .... credit-worthiness
Leistungskennzahl .... standard of performance
Liquidität 2. Grades .... acid-test ratio
Multiplikator .... multiplier
Nettoumlaufvermögen. .... working capital
Quotient, Bruch .... ratio
Rentabilität des Eigenkapitals .... return on capital employed (ROCE)
Unternehmenswert .... economic value added (EVA)
Verschuldungsgrad .... debt equity ratio, debt ratio

9.5. Du-Pont-Kennzahlenpyramide (Zielkennzahl: ROI)

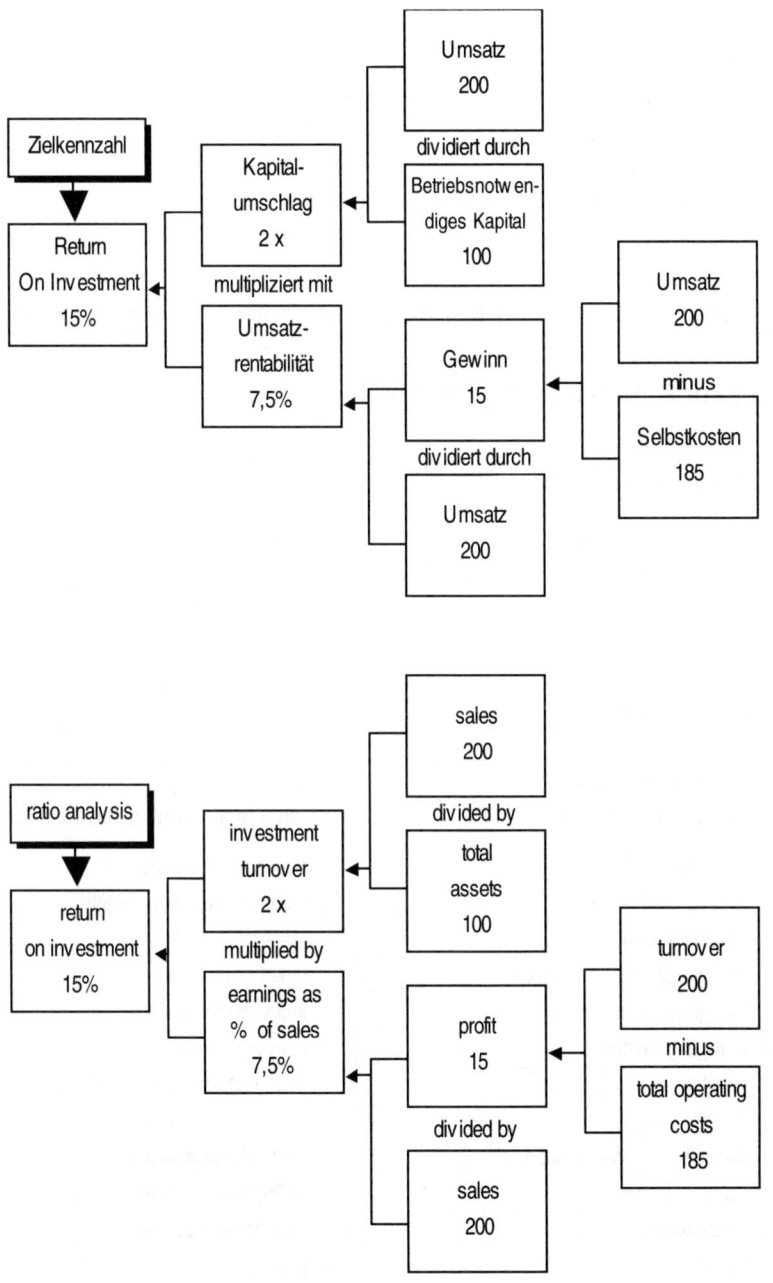

9.6. Wichtige Positionen in einem Geschäftsbericht

Auftragsbestand .... order book
Auftragseingang .... orders received, order
Geschäftsbericht .... annual report
Jahresabschluss .... annual accounts
Lagerbestand
  (in Produktionstagen gerechnet) .... stock cover
Ist-Wert .... true value

9.7. Wichtige Positionen bei Kostenrechnung und Kalkulation

9.7.1. Laut Schema in diesem Buch

Grenzkostenrechnung		**direct costing**	
Erlös (Verkaufspreis)		sales price	
- Einzelkosten	} Grenzkosten	- direct costs	} marginal costs
- Variable Gemeinkosten		- variable indirect costs	
= Deckungsbeitrag		= profit margin	
- Fixkosten (Zeitkosten)		- fixed costs (period costs)	
= Gewinn/Verlust		= profit/loss	

	Zuschlagskalkulation			**job order costing**	
	(Vollkostenrechnung)			**(absorption costing, full costing)**	
	Materialeinzelkosten			direct material costs	
	+ Materialgemeinkosten			+ material related overheads	
1	= Materialkosten		1	= material costs	
	Fertigungslohneinzelkosten			direct labor costs	
	+ Fertigungsgemeinkosten			+ indirect labor costs	
2	= Fertigungskosten		2	= conversion costss	
3	Herstellkosten 1 + 2		3	manufacturing costs, 1 + 2	
				costs of production	
	+ Verwaltungsgemeinkosten			+ costs of administration	
	+ Vertriebskosten			+ selling and distribution costs	
	= Selbstkosten			= total operating costs	
	+ Gewinn			+ profit	
	- Verlust			- loss	
	= Erlös (Verkaufspreis)			= sales (sales price)	

Abweichungsanalyse .... variations analysis
- Beschäftigungsabweichung .... - employment variations
- Preisabweichung .... - price variations
Durchschnittskosten .... average cost
Entscheidungsrelevante Kosten .... differential cost
Ist-Kostenrechnung .... actual costing
Kalkulatorische Kosten .... calculated/imputed cost
Kapazität .... capacity
Kostenrechnung .... cost accounting
Kostenstelle .... cost center
Kostenstellenrechnung .... cost center accounting
Kostenträger .... cost units
Kostenträgerrechnung .... cost allocation
Maschinenstundensatz .... machine hour rate
Plan-Kostenrechnung .... standard costing
Zielkostenrechnung .... target costing

9.7.2. Weitere (zusätzliche) Positionen bei Kostenrechnung und Kalkulation

Abbau (von Arbeitskräften) .... redundancy
Abweichung... deviation
Anreizsystem (leistungsbezogenes
  Entlohnungssystem) .... incentive system
Anschaffungskosten,
  Herstellungskosten .... historic costs, initial costs,
                                                                cost of purchase, original costs
Auftragsfertigung .... jobbing production,
                                                                one-off-production
Aufwand (Kosten) .... outlay
Aufwand, außerordentlicher .... sundry expenditure
Betriebsergebnis..................................... operating result
betriebsfremd .... non-operational
Betriebsgewinn .... operating profit, trading profit,
                                                                operating surplus
Betriebskosten .... expenses, operating costs, running costs
Betriebsverlust .... operating loss
Budgetierung (Finanzplanung) .... budgeting
Deckungsbeitrag..................................... contribution margin, profit contribution
Einzelauftragsrabatt .... non-cumulative quantity discount
Einzelhandelspreis .... retail price

Einzelkalkulation .... job costing

Einzelkosten (variable Kosten) .... direct cost

Engpass .... bottleneck

Erfolgskontrolle .... internal control

Ertrag, außerordentlicher .... sundry revenue

Fertigungskosten .... assembly costs

Fertigungskostenstelle .... productive burden center

Fertigungslöhne .... direct labour (cost)

Fertigungsplanung .... production planning, industrial planning, manufacturing planning, industrial engineering

Fertigungsverfahren
  (Herstellungsverfahren) .... manufacturing process

Fixkosten .... fixed costs, constant costs

Forschung und Entwicklung .... research and development

Garantie .... warranty

Gemeinkosten .... overheads, general expenses

Gemeinkostenzuschlag .... on cost, overhead rate

Gesamtkosten, durchschnittliche. .... average total costs

Gewinnschwellendiagramm .... break even chart

Grenzkosten .... marginal costs

Grenzkostenrechnung .... marginal costing

Gründungskosten (einer Firma) .... preliminary expenses

Grundsteuer .... real estate/property tax

Haftpflichtversicherung .... liability insurance

Instandhaltungsmaßnahmen .... maintenance engineering

Isogewinnkurve .... isoprofit curve

Isokostenkurve .... isocost line, outlay contour

Ist-Kosten .... actual costs

Kalkulatorische Kosten .... imputed/calculated costs

Kalkulationszuschlag, Handelsspanne .. markup

Kapazität, brachliegende .... surplus/unused capacity

Kapazitätsauslastungsgrad .... operating rate, capacity utilization rate

Kosten, durchschnittliche .... average costs

Kosten, (un)vermeidbare .... (un)avoidable costs

Kostenanalyse, Kostenplanung .... cost analysis, analysis of expenses

Kostenaufstellung .... cost breakdown

Kostenbestandteil .... cost element

Kostendegression .... economies of scale

Kosten-Nutzen-Analyse .... cost benefit analysis

Kostenrechnung .... cost accounting, costing, cost control
Kostenstelle .... cost centre
Kostenstellenrechnung .... cost centre accounting
Kostenträger .... cost unit, unit of cost
Kostenträgerrechnung .... cost unit accounting
Kostenumlage (Zuteilung) .... cost allocation
Kuppelprodukte .... joint products
Leistungslöhne .... efficiency wages, payment by results
Mengenrabatt .... quantity rebate, quantity discount
Nachfrage, unelastische .... inelastic demand
Nachfrageelastizität .... elasticity of demand
Plankostenrechnung .... budget accounting
Produktionsprogramm
    (Leistungs-, Verkaufsprogramm) ...... product mix
Rabatt .... trade discount, rebate
Selbstkosten des Umsatzes*) .... cost of goods sold
Spanne .... margin
Sozialversicherungsbeitrag .... social welfare tax
Stückerlös (Durchschnittserlös) .... average revenue
Stückkosten .... unit costs, average costs
Überstunden .... overtime
Überstundenlohn .... overtime pay
Umsatzsteuer .... sales tax
Unternehmerlohn .... earnings of management,
    proprietor's takings
Verkaufsförderung .... sales promotion
Vermögensteuer .... (personal) property tax
Vermögensteuer, allgemeine .... capital gains tax, wealth tax
Vertreterorganisation
    (Mitarbeiter Außendienst) .... sales force
Vollkostenrechnung .... absorption costing, full cost pricing,
    full cost principle
Warengruppe .... product line
Wiederbeschaffungskosten .... replacement cost
Wiederbeschaffungswert .... replacement value
Zinsen, aufgelaufene .... accrued interest
Zins, einfacher .... simple interest

*) *Handelswareneinsatz bei Handelsbetrieben,*
   Herstellungskosten (der verkauften Waren) bei Produktionsbetrieben

9.8. Wichtige Positionen in der Planbilanz und Kapitalflussrechnung

Anlagenabgänge .... property disposals
Beteiligung (an einer Unternehmung) .. interest
Bewegungsbilanzen .... funds statement
Eigenfinanzierung .... equity financing
Ertragswert eines Aktivums .... capitalized value
Erwerb, Ankauf .... acquisition
Finanzierung .... funding
Finanzierungskosten .... cost of funds
Finanzinvestition (Geldanlage) .... financial investment
Finanzplanung .... financial management, budgeting
Finanzstromanalyse (Kontrolle der
   Zahlungsein- und -ausgänge) .... funds flow analysis
Finanzwirtschaft, betriebliche .... financial management
Fonds .... fund
Fremdfinanzierung .... debt financing
Fusion .... merger
Geldentwertung .... depreciation of money, inflation
Gesamtausgaben .... total expenditures
Investitionen .... investment activities
Kapitalflussrechnung durch Aufzeich-
   nen der Umsätze in Matrixform .... articulation statement
Kapitalflussrechnung .... statement of changes in financial
                                       position, funds statement
Kreditlimit .... credit limit
Kundenforderungen .... accounts receivable
Laufzeit .... term
Liquidation .... liquidation, winding up
Liquidationswert .... saleable value
Mittelaufbringung (-verwendung) .... funds provided from (used for)
Mittelaufbringung aus der
   Betriebstätigkeit .... provided from operating
Plan .... plan, scheme, project, schedule
  - abändern .... to modify
  - angespannter .... tight
  - bestätigter .... confirmed
  - bilanzierter .... balanced
  - detaillierter .... detailed
  - gekürzter .... shortened
  - kurzfristiger .... short-term

- langfristiger .... long-term
- laufender .... current
- mittelfristiger .... medium-term
- unterstützen .... to promote
- vereiteln .... to thwart
- verwirklichen .... to realize
- zusammengefasster .... aggregated
Planbilanz .... plan balance sheet
Rationalisierung .... rationalization
Restwert .... residual value
sanieren .... to restore, to reconstruct
Sanierung .... restoration, reconstruction
Soll-Ausgaben .... budgeted expenditures
Steuerforderungen .... tax rebate
Tilgungsfreie Periode .... grace period
Veränderung im Geschäftsjahr .... change in fiscal year
Veränderungen im Working Capital ... changes in working capital
Verbraucherpreisindex .... retail price index
Wiederbeschaffungskosten .... replacement costs
Wiederbeschaffungswert .... replacement value
Zielkauf (Skonto). .... sale on deferred terms
Zunahme (Abnahme) .... increase (decrease)

9.9. Wichtige Positionen in der Investitionsrechnung und Risikoanalyse

9.9.1. Laut Schema in diesem Buch

KAPITALWERT (net present value)

Barwert der Investitionsausgaben (present value capital expenditure)

Periode (period)	Investitions- ausgaben (capital expenditure)	Zinsfuß 10% (rate 10%)	
		Aufzinsungs- bzw. Abzinsungsfaktor (interest/discount factor)	Barwert (present value capital expenditure)
0	1.400	1,0000	1.400
1	200	0,9091	182
2	100	0,8264	83
3	0	0,7513	0
4	0	0,6830	0
5	0	0,6209	0
Gesamt (total)	1.700		1.664

Barwert der investitionsrelevanten Nutzen (present value net cash flow)

Periode (period)	investitions- relevanter Nutzen nach ESt. (net cash flow)	Zinsfuß 10% (rate 10%)	
		Abzinsungsfaktor (discount factor)	Barwert (present value net cash flow)
1	247	0,9091	224
2	590	0,8264	488
3	577	0,7513	434
4	564	0,6830	385
5	851	0,6209	528
Gesamt (total)	2.829		2.060

Kapitalwert bei 10% (present value net cash flow at 10%)	395

Interner Zinsfuß versus Kapitalwert
(relation between discount rate and net present value)

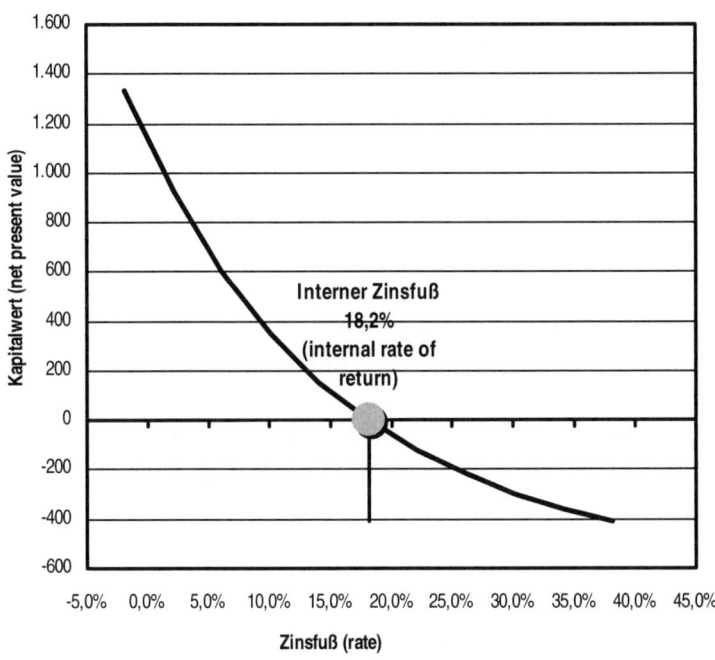

ANNUITÄTENTILGUNG (annuity repayment) unter folgenden Bedingungen:

Darlehen: 1.000   Laufzeit: 5 Jahre Verzinsung: 6% dekursiv
volume of credit: 1.000   term of credit in years: 5   annual rate of interest: 6%

Periode (period)	Darlehen (volume of credit)	Zinstilgung (interests)	Tilgungsquote (repayment)	Annuität (annuity)
1	1.000	60	177	237
2	823	49	188	237
3	635	38	199	237
4	435	26	211	237
5	224	13	224	237
Gesamt (total)	3.116	187	1.000	1.187

RISIKOANALYSE ....RISK ANALYSIS

Eingabe ....input
- Fixe Kosten (in GE per Jahr) ....fixed costs
- Investitionsausgaben ....initial cash flow in period zero
- Liquidationserlös ....residual value
- Marktanteil (in Prozent p.a.) ....market share
- Marktgrösse (in Einheiten) ....market size (in units)
- Nutzungsdauer (in Jahren) ....durable/useful life (in years)
- Variable Kosten (per Einheit) ....operating costs (per unit)
- Verkaufspreis (per Einheit) ....selling price (per unit)
Ergebnisse...results (output)
- Durchschnittliche Cash-Flows ....average cash flows
- Einzelwahrscheinlichkeit....................probability
- Kumulierte Wahrscheinlichkeit..........cumulative probability
- Zu erwartende
  Kapitalrückflussdauer ....expected payback period
- Zu erwartende Verzinsung ....expected rate of return

9.9.2. Weitere (zusätzliche) Positionen in der Investitions- rechnung

Anlaufzeit ....initial period
Annuität ....annuity
Arithmetische Reihe ....arithmetic progression
Barwert..collection value
Barwertrechnung ....discounted cash flow method
Darlehen..loan
Darlehenszinsen ....interest on loans
Diagramm ....chart
Diskontierung..discounting
Ersatzinvestition....................................replacement investment
Erweiterungsinvestition ....increased investment
Fehlinvestition ....misalloction
Geometrische Reihe...............................geometric progression
Gewinn vor Steuern ....profit before taxes
Grenzsteuersatz......................................marginal rate of taxation
Instandhaltungsmaßnahmen ....maintenance provision
Interner Zinsfuß ....internal rate of return
Investitionsausgaben ....capital expenditure
Investitionsfreibetrag ....investment allowances
Investitionskontrolle ....(public) investment control

Investitionsplanung .... capital budgeting
Investitionsrechnung .... capital expenditure account
Investitionsvergünstigung .... investment allowances
Investitionszuschüsse .... investment grants
Kleinste Quadrate, zweistufig .... two-stage least squares
Lebensdauer .... durable/useful life (of an asset)
Machbarkeitsstudie .... feasibility study
Nettoinvestitionsausgaben .... net investment spending
nominell .... nominal
Nutzen .... utility
Nutzungsdauer .... period of usefulness, economic life
Quadratwurzel .... square root
Rendite .... yield
Rückflusszeit .... pay out time
Tilgung .... amortization, settlement
Zinseszinsen .... compound interest

9.10. Wichtige Positionen zur Unternehmensbewertung

Anhängige Prozesse .... pending legal action
Barwert der negativen Übergewinne .. bad will, ill will
Barwertfaktor bei n Jahren
    und p Prozent einer Rente .... cash value factor of an annuity
                                                                  for n years at the rate of p percent
Detailprognoseperiode .... forecasted period
Einheitswert .... assessed value of property, standard
                                                                  value
Endverhandlung .... final negotiation
Ertragswert .... earning value
Erwerb aller Anteile .... acquiring all the shares, buy out
Erwerb von Mehrheitsanteilen .... acquiring the majority shares/stake
Erwerb von Minderheitsanteilen .... acquiring the minority shares/stake
Fortführungswert .... continuing value, terminal value,
                                                                  residual value
Fusionen .... mergers
Gewinnabschlag .... profit reduction
Gewinnmultiplikatoren .... profit-multipliers, earnings-multipliers
Investitionsprämien und
    Investitionsfreibeträge .... investment tax credits and
                                                                  investment allowances
Kammer der Wirtschaftstreuhänder .... chamber of certified public accountants

Kapitalisierungsfaktor .... capitalization factor
Kaufvertrag .... contract of purchase, sales contract
Künftiger Jahresgewinn (Prognose) ..... annual profits forecast
Latente Steuern .... latent taxes
Liquidationswert .... total value of assets in liquidation
                                             proceedings
Mehrheit .... majority
  - absolute .... absolute
  - anteilsmäßige .... proportional
  - arbeitsfähige .... working
  - einfache .... simple
  - geringe .... small
  - große .... large
  - knappe .... narrow
  - relative .... relative
Minderheit .... minority
Mobilenleasing .... leasing of movable goods
Multiplikatorenmethode .... multiplier-method
Nachhaltige Gewinnerzielungs-
  möglichkeit (Ertragskraft) .... continuous earning capacity
Nachhaltigkeitsdauer
  des Übergewinnes .... number of years during which the excess
                                              profit will presumably be realized
Risikozuschlag .... extra risk charge, risk premium
Sperrminorität .... vetoing minority
Substanzwert des betriebs-
  notwendigen Eigenkapitals .... current market value of the necessary
                                              equity
Substanzwert des betriebs-
  notwendigen Vermögens .... value of the necessary asset
Synergie .... synergy
Synergieeffekt .... synergy effects
Übergewinn .... super profit
Umwandlungen .... transformations
Unternehmensbewertung .... valuation of business enterprises
Unternehmenserwerb .... acquisition of business enterprises
Verlustvorträge .... losses carried forward
Wert des nicht betriebs-
  notwendigen Vermögens .... value of the assets not essential
                                              for the running of the business
Zukünftiger Gewinn .... future profit

☞ **Siehe auch Glossar zur Unternehmensbewertung, Kapitel 7.3.9.**

9.11. Wichtige Positionen in der Materialwirtschaft

Anfangs(lager)bestand .... initial inventory
Beschaffung .... purchasing
Beschaffungswirtschaft .... procurement management
Bestellkosten .... ordering costs
Bestellmenge .... ordering quantity
Bestellpunkt .... order point
Eigenfertigung - Fremdbezug .... make-or-buy decisions
Einkaufskosten .... purchase costs
Einkaufspreis .... purchase price, trade price
Einstandspreis .... cost price
Ersatzlieferung .... replacement
Fehlmengenkosten .... out of stock costs
Folgekosten .... subsequent costs
Glockenkurve .... bell-shaped curve
Häufigkeitsverteilung .... frequency distribution
Höchstlagerbestand .... maximum inventory
Lagerbestand .... stock cover
Lagerbestandsveränderungen .... inventory changes
Lagerdispositionen .... stockpiling behaviour
Lagerfinanzierung .... inventory loan
Lagerhalter .... stock keeper
Lagerhaltung .... stock keeping
Lagerhaltungskosten .... inventory costs
Lagerhaltungssysteme .... inventory control systems
Lagerumschlagshäufigkeit .... stock turnover, inventory turnover,
stock sales ratio
Lagerwirtschaft .... inventory management
Lagerzyklus .... inventory investment cycle
Lagrange-Optimierung .... la grange optimization
Lebenszykluskurve .... lifecycle-curve
Lieferbedingungen .... terms of delivery
Lieferbereitschaft .... service level delivery
Lieferzeit .... lead time
Materialplanung .... materials analysis
Materialwirtschaft .... materials management
Mengenrabatt .... quantity discount
Mittelwert (arithmetischer) .... mean
Meldemenge .... recorder level
Nachbestellung .... repeat order
Nachfrage .... demand

Nachfrage, abgeleitete .... derived demand
Nachfrage, aufgeschobene .... deferred demand
Nachfrage, bekannt - unbekannt .... dependent/independent demand
Nachfrage, gleichbleibende .... steady demand
Normalverteilung, Gauss'sche .... normal distribution
Normalverteilungskurve .... normal distribution curve
Optimale Bestellmenge .... optimal order quantity
Quadratwurzel .... square root
Sicherheitslager .... safety stock
Standardabweichung .... standard deviation
Stichprobe .... sample
Wahrscheinlichkeit .... probability
Wahrscheinlichkeitsrechnung .... probability calculus
Wahrscheinlichkeitsverteilung .... probability distribution
Wirtschaftlicher Lagerbestand .... optimum stocking level

9.12. Wichtige Positionen bei praktischen Operations-Research-Anwendungen

9.12.1. Laut Schema in diesem Buch

Engpass .... bottleneck
Entscheidungsbaum .... decision tree
Entscheidungsbaumverfahren .... decision tree technique
Entscheidungsfindung .... decision-making
Entscheidungsmodell .... decision model
Entscheidungsprozess .... decision-making process
Entscheidungsregeln .... decision rules
Erwartungswert (Statistik) .... expected value
Gewinnmaximierung .... profit maximization
Gleichung .... equation
Gleichungssystem, simultanes .... simultaneous equation
Grenznutzen .... final utility, marginal utility, terminal utility
Hochrechnung .... estimation
Kapazität, brachliegende .... surplus capacity
Kapitalrückfluss .... pay off, pay back
Leistungsreserven .... slack
Lineare Optimierung .... linear programming
Lösungsbereich, zulässiger .... feasible region
Matrixelement .... cell

Matrix-Schreibweise .... matrix-notation
Nutzen, größtmöglicher .... maximum benefit
Nutzenmaximierung .... utility maximization
Nutzenmaximum, absolutes .... maximization, bliss point
Opportunitätskosten .... opportunity costs
Produktionsperiode .... working period
Produktionsplan .... production plan
Produktionsplanung, endgültige .... final production planning
Produktionsprogramm .... production program
Spaltenvektor .... column vector
Spannweite. .... range
Schattenpreis .... shadow price
Überstunden .... overtime
Überstundenlohn .... overtime pay
Unsicherheit .... uncertainty
Wachstum .... growth
Zuordnung .... assignment

9.12.2. Weitere (zusätzliche) Positionen zu statistischen Methoden, Leibrenten und Operations Research

Abzinsung, Abzinsungsfaktor .... discounting, discount factor
Arithmetisches Mittel .... mean
Aufzinsung, Aufzinsungsfaktor .... accumulation, accumulation factor
Barwert .... present value
Barwert einer nachschüssigen Rente .... present value of ordinary annuity
Chi-Quadrat-Test .... chi square test
Einmalbetrag .... one time-value
Endwert .... final value
Exponentialverteilung
   versus Simulationsverfahren .... exponential distribution
                                                                  vs. simulation method
Exponentielle Glättung,
   1. und 2. Ordnung .... exponential smoothing,
                                                                  first and second-order
Gewichtetes Mittel .... weighted average
Graphische Darstellung .... graphic presentation
Kapitalwiedergewinnungsfaktor .... capital recovery factor
Kontinuierliche Rente .... continuous time series
Lebenserwartung .... life expectancy
Leibrente .... life annuity

Leibrententabelle .... life annuity-table
Machbarkeitsstudie .... feasibility study
Mehrperioden- .... multi-period
Methode der gewichteten,
   gleitenden Durchschnitte .... weight moving average
Methode der
   gleitenden Durchschnitte .... moving average
Mittlere absolute Differenz .... mean absolute deviation (MAD)
Normalverteilung .... normal distribution
Poissonverteilung .... Poisson distribution
Preisindex für die Lebenshaltung .... average cost of living index
Regressionsgerade .... line of regression, regression line,
                                         best fit line
Standardabweichung .... standard deviation,
                                         mean square deviation
Statistische Methoden .... statistical methods
Statistische Prüfverfahren .... testing procedure
Sterberate .... failure rate
Sterbetafel .... graduated life table, mortaly chart
Sterbewahrscheinlichkeit .... expected mortality
Streuungsmaß .... measure of dispersion
Tilgungsplan .... call/redemption/amortization schedule
Trendverfahren .... trend-methods
Überlebensrate .... survival rate
Varianz .... variance
Variationskoeffizient .... coefficient of variation
Verbundene Leben (Versicherung) ...... joint life policy
Warteschlangenproblem .... waiting queue, waiting line

9.13. Wichtige Positionen der Balanced Scorecard (BSC) laut Schema in diesem Buch

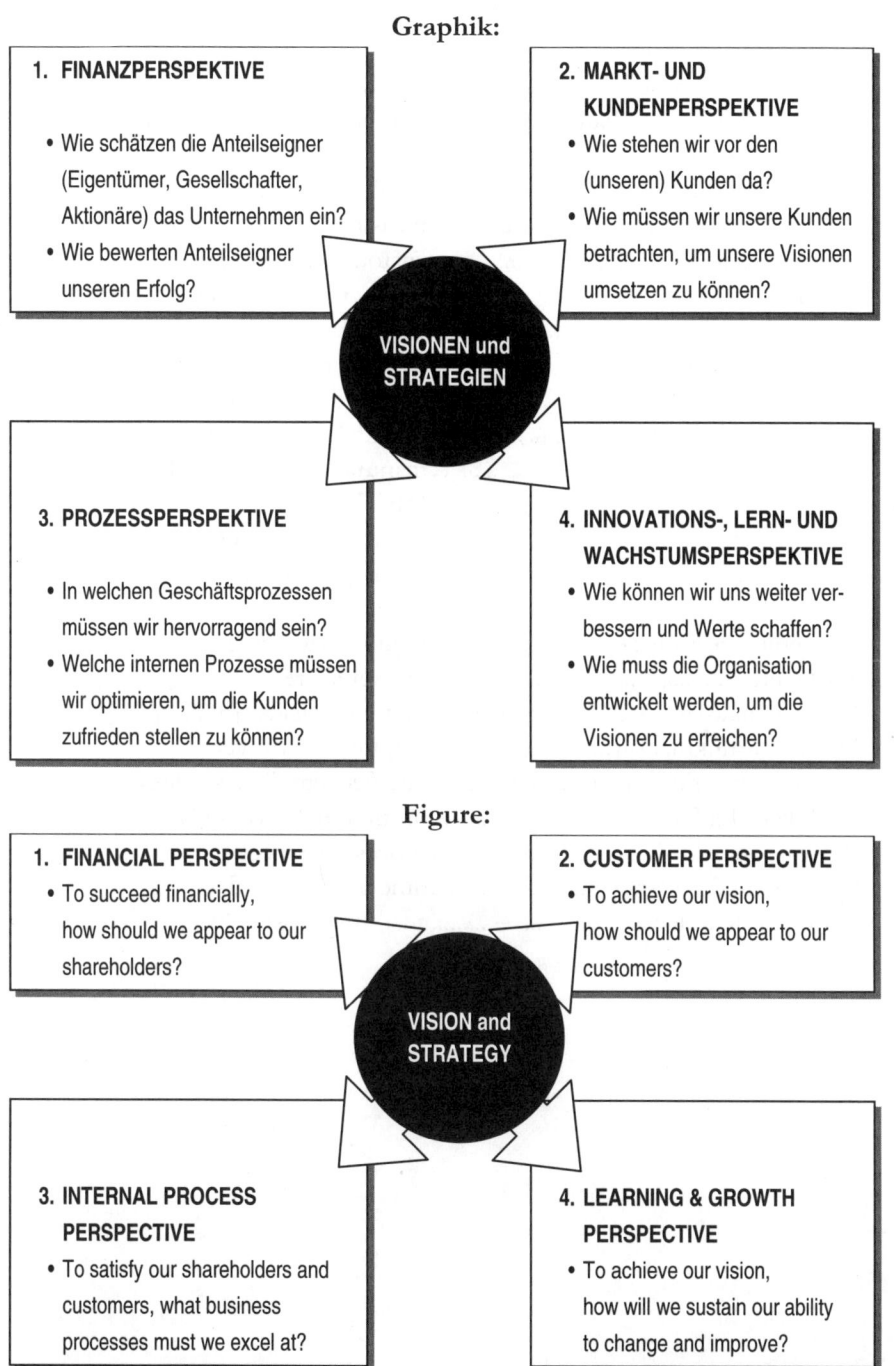

Graphik:

1. FINANZPERSPEKTIVE

- Wie schätzen die Anteilseigner (Eigentümer, Gesellschafter, Aktionäre) das Unternehmen ein?
- Wie bewerten Anteilseigner unseren Erfolg?

2. MARKT- UND KUNDENPERSPEKTIVE

- Wie stehen wir vor den (unseren) Kunden da?
- Wie müssen wir unsere Kunden betrachten, um unsere Visionen umsetzen zu können?

VISIONEN und STRATEGIEN

3. PROZESSPERSPEKTIVE

- In welchen Geschäftsprozessen müssen wir hervorragend sein?
- Welche internen Prozesse müssen wir optimieren, um die Kunden zufrieden stellen zu können?

4. INNOVATIONS-, LERN- UND WACHSTUMSPERSPEKTIVE

- Wie können wir uns weiter verbessern und Werte schaffen?
- Wie muss die Organisation entwickelt werden, um die Visionen zu erreichen?

Figure:

1. FINANCIAL PERSPECTIVE

- To succeed financially, how should we appear to our shareholders?

2. CUSTOMER PERSPECTIVE

- To achieve our vision, how should we appear to our customers?

VISION and STRATEGY

3. INTERNAL PROCESS PERSPECTIVE

- To satisfy our shareholders and customers, what business processes must we excel at?

4. LEARNING & GROWTH PERSPECTIVE

- To achieve our vision, how will we sustain our ability to change and improve?

Anteil der akademisch
  gebildeten Mitarbeiter .... share of employees
                                                    with university degrees (%)
Anteil der Mitarbeiter unter x Jahren .. share of employees below age x (%)
Anzahl neuer Patente .... number of new patents
Anzahl neuer Produkte .... number of new products
Anzahl schwebender Patente .... number of patents pending
Entwicklungszeit
  bis zur Produktionsreife .... break even time (BET)
Kennzahlen und Leistungstreiber .... measures and performance drivers
Kundenperspektive .... customer perspective
Kundenbesuche .... number of visits to customers
Kundentreue .... customer loyalty
Kundentreue-Index .... customer loyalty-index
Kundenzufriedenheit .... customer satisfaction
Kundenzufriedenheits-Index .... satisfied customer-index
Kurze Durchlaufzeiten .... manufacturing cycle effectiveness
                                                    (MCE)
Lagerumschlag .... inventory turnover
Lernen, Wachstum und Personal .... learning, growth,
                                                    human resources
Markenimage-Index .... brand image-index
Marktanteil .... market share
Maschinenauslastung, 1. Durchgang .... first pass yields (FPY)
Mitarbeiterfluktuation .... employee turnover
Mitarbeiterzufriedenheits-Index .... satisfied employee-index
Pünktliche Lieferung .... on time delivery (OTD)
Prozessperspektive .... process perspective
Seminar- und Kurstage .... time in training (days)
Verlorene Kunden .... customers lost

9.14. Top-Literatur für den Geschäftsführer

Titel	Autor	Verlag	Auflage (Jahr)	Seiten
Accounting and Auditing in the U.S. and Austria - Rechnungslegung und -prüfung in den USA und Österreich	Prachner, Prachner, Schmatzer	Manz	1/91	404
Der Mini-Eichborn - Wirtschaftsenglisch Englisch - Deutsch	Eichborn	Siebenpunkt	(1993)	270
Langenscheidts Geldwörterbuch Englisch - Deutsch/Deutsch - Englisch	Willmann, Türck, Messinger	Langenscheidt	(1994)	1388
Pons - Fachwörterbuch Marketing Englisch - Deutsch/Deutsch - Englisch	Collin u.a.	Klett	(1991)	269
Unternehmenserwerb - Leitfaden für die Praxis - Acquisition of Business Enterprises	Brugger	Manz	1/90	212
Wirtschaftswörterbuch Band 1: Englisch - Deutsch Band 2: Deutsch - Englisch	Schäfer	Vahlen	4/92 4/94	825 913
Wirtschaftswörterbuch Deutsch - Englisch	Murugiah u.a.	Verlag Die Wirtschaft	(1993)	603

Kostenrechnung, Kalkulation und Erfolgsrechnung

Vorderseite Kostenstellenblatt

Kostenstelle:	KBA 2-Farben	erstellt im Okt. '00	888

Planwerte (erstellt am: 10.10.2000 - 00:00:00)

Arbeitsplatzbesetzung (pro Schicht)	Tätigkeit in der Kosten- stelle in %	Brutto-Std.- lohn (KV+HZ)	Jahres- anwesenheits- stunden	Jahres- anwesenheits-lohn (inkl. Üstd.)	Jahres-Zulagen					
					Schicht		Staub		Mehrfarben	
					Anzahl	Betrag	Anzahl	Betrag	Anzahl	Betrag
○ Fachkräfte:										
• Fachkraft 1	100%	132	1.835	262.218	-	0	248	32.736	0	0
• Fachkraft 2	100%	162	1.835	321.813	900	72.900	248	40.176	0	0
• Fachkraft 3	100%	193	1.835	383.395	1.775	171.288	248	47.864	0	0
• Fachkraft 4	50%	131	918	130.214		0	124	16.244	0	0
○ Helfer:										
• Helfer 1	50%	133	918	132.202	450	29.925	124	16.492	0	0

○ Anlagevermögen*) der Kostenstelle in ATS 1.000	Anschaffungswert	Wiederbeschaf- fungswert	kalk. Ab- schreibung	kalk. Restwert	Ø	
					GND	RND
(lt. detaillierter Erhebung)	0	0	0	0	0	0

Basisdaten

○ Installierte Kilowatt	49	Anzahl der Schichten	1	2	3
Betriebsstunden p.a.	3.285	Jahres-SOLL-Kapazität in Std.	1.835	3.670	5.505
Kosten pro Kilowattstunde in ATS	1,18	Beschäftigungsgrad in %	98%	98%	98%
Flächenbedarf in m²	202	Jahres-IST-Kapazität in Std.	1.798	3.597	5.395
Wärme, Miete, Jahreskosten/m²	794	Nutzungsgrad in %	87%	87%	87%
		Anzahl der Masch. Std. / Jahr (Bez.Gr.)	1.564	3.129	4.693

Plan-Jahresgemeinkosten von 10/00 bis 09/01 in GE 1.000

Kostenart	r	bei 1-Schichtbetrieb				bei 2-Schichtbetrieb				bei 3-Schichtbetrieb			
		Gesamt	var.	fix, aw	fix, naw	Gesamt	var.	fix, aw	fix, naw	Gesamt	var.	fix, aw	fix, naw
Jahresanwesenheitslohn (inkl. Üstd.)	0,0	410	0	401	9	820	0	802	18	1.230		1.203	27
Staub	0,0	51	0	51		102	0	102		154		154	
Schicht	0,0	0	0	0		93	0	93		276		276	
Mehrfarben	0,0	0	0	0		0	0	0		0		0	
Personalnebenkosten	0,0	352	0	352		763	0	763		1.233		1.233	
10 Direkte Personalkosten		813	0	804	9	1.778	0	1.760	18	2.892	0	2.865	27
11 Gemeinkostenmaterial	1,0	124	124	0		249	249	0		373	373	0	0
12 Strom	0,6	114	38	76		152	76	76		190	114	76	0
13 Gerätemieten	0,0	2.220	0	2.220		2.220	0	2.220		2.220	0	2.220	0
14 Instandhaltung und Reparaturen	0,7	90	39	50		129	79	50		168	118	50	0
15 Sachversicherungen	0,0	29	0	29		29	0	29		29	0	29	0
16 Restliche Sachgemeinkosten	0,0	3	0	3		3	0	3		3	0	3	0
17 Direkte Fertigungsgemeinkosten		2.580	202	2.378	0	2.781	403	2.378	0	2.983	605	2.378	0
18 Miete (inkl. Heizg. und Reinigung)	0,0	160	0	160		160	0	160		160	0	160	0
19 Kalkulatorische Abschreibung	0,0	0	0	0	0	0	0	0	0	0	0	0	0
20 Kalkulatorische Verzinsung	0,0	0	0	0	0	0	0	0	0	0	0	0	0
21 Kalkulatorische Wagnisse	1,0	10	10	0	0	20	20	0	0	30	30	0	0
22 Kalkulatorische Kosten		170	10	160	0	180	20	160	0	190	30	160	0
23 Zwischensumme		3.563	212	3.342	9	4.740	423	4.299	18	6.065	635	5.404	27
24 Umlage Nebenkostenst.der Fertg.	0,0	685	0	667	18	686	1	667	18	686	1	667	18
25 Umlage allg. Abteilungskosten	0,0	222	0	184	38	222	0	184	38	222	0	184	38
26 Fertigungskosten		4.470	212	4.194	64	5.647	424	5.150	73	6.973	636	6.255	82
27 Umlage Verwaltungsgemeinkosten	0,0	779	0	727	52	779	0	727	52	779	0	727	52
28 Umlage Vertriebsgemeinkosten	0,2	1.836	152	1.610	74	1.988	304	1.610	74	2.140	456	1.610	74
29 Vollkosten, Grenzkosten, Fixkosten p.a. in GE 1.000		7.085	364	6.531	190	8.414	728	7.488	198	9.892	1.092	8.593	207
30 Selbstkosten, Grenzkosten, Fixkosten je Masch. Std. in GE		4.529	233	4.175	121	2.689	233	2.393	63	2.108	233	1.831	44

*) *Hier werden keine direkten Kapitalkosten (kalk. Abschreibungen, kalk. Zinsen) angesetzt, weil diese Maschine geleast ist.*

Aufgaben und Hauptziele der Kostenrechnung

Die Kostenrechnung ist ein Entscheidungs- und Kontrollinstrument, weil sie wichtige Grundlagen für die Planung und Steuerung des Unternehmensgeschehens liefert.

Die entscheidungsorientierte Kosten-, Leistungs-, Erlös- und Ergebnisrechnung muss viele Aufgaben erfüllen, die laut Prof. Männel (siehe "Top-Literatur für den Geschäftsführer", Kapitel 10.12.) in folgende fünf Hauptbereiche untergliedert werden können:

- Kostenstellenbezogene Kostenerfassung und Kostenplanung
- Kalkulation
- Fundierung von Entscheidungen
- Erfolgsrechnung
- Kostenmanagement und Kostenpolitik

In drei Fallbeispielen wird zunächst gezeigt, welche Möglichkeiten mit einer flexiblen Kostenrechnung rasch und einfach realisierbar sind. Der Schwerpunkt liegt bei den Fallbeispielen in der übersichtlichen Darstellung und im Versuch, da und dort neue "Praxisdenkansätze" zu geben. Anschließend werden wichtige Module der Kostenrechnung besprochen sowie der aktuelle Trend stichwortartig aufgezeigt.

Weiterführende Literatur für primär praxisinteressierte Manager wird im Kapitel 10.12. "Top-Literatur für den Geschäftsführer", vorgestellt.

Links ist die Vorderseite eines Kostenstellenblattes einer Druckerei abgebildet, die im Mehrschichtbetrieb arbeitet. Der Informationsgehalt ist ziemlich hoch. Auf der Rückseite des Kostenstellenblattes, die auf Seite 555 abgebildet ist, sind Dutzende Selbstkosten-Stundensätze - in Abhängigkeit vom Nutzungsgrad und der Schichtanzahl - angeführt.

10.1. Fallbeispiel 1: Schuhfabrik

Ausgangssituation und Ziel

Eine Schuhfabrik erzeugt drei Schuhtypen, und zwar Damenschuhe, Herrenschuhe und Stiefel.

Es gibt zwei Fertigungskostenstellen, nämlich die Stepperei, wo die Oberteile hergestellt werden, und die Bodenabteilung, wo die Montage der Sohlen und Absätze erfolgt.

Darüber hinaus gibt es noch die Kostenstellen Materialverwaltung sowie Verwaltung und Vertrieb.

Die Maschinenbearbeitung steht hier im Vordergrund, weshalb die Fertigungsgemeinkosten nicht auf die Fertigungslöhne, sondern vielmehr auf die Maschinenstunden bezogen werden.

Arbeitsvorbereitung und Verkauf geben die Materialkosten, Bearbeitungszeiten und die erzielbaren Nettoerlöse bekannt. Derzeit werden jährlich 2.000 Damenschuhe, 1.000 Herrenschuhe sowie 1.000 Stiefel erzeugt und verkauft.

	DA	HE	STI
Materialkosten/Paar in GE	50	100	200
Bearb. Zeit/Paar in h			
• Stepperei	0,5	1	2
• Bodenabteilung	0,5	0,75	0,25
Nettoerlös/Paar in GE	139	255	427

Aufgrund der vorhandenen Informationen sollen folgende Ziele erarbeitet werden:

1. Betriebsabrechnungsbogen und Kalkulationssätze
2. Artikelkalkulation
3. Förderungswürdigkeit der Artikel
4. Jahreserfolgsrechnung
5. Wochenerfolgsrechnung
6. Gemeinkosten-Abweichungsrechnung
7. Kapazitätsauslastung

10.1.1. BAB und Kalkulationssätze

Die Abbildung zeigt den Betriebsabrechnungsbogen (BAB) der Schuhfabrik in komprimierter Form. In der Zeile "Summe" stehen die Gemeinkosten, die in ihre fixen und variablen Bestandteile untergliedert worden sind.
In den nächsten vier Zeilen stehen die Bezugsgrößen für die Zuschlags- bzw. Verrechnungssätze. Für die Materialgemeinkosten ist die Basis das Fertigungsmaterial (Materialeinzelkosten), für die Fertigungskosten sind die Maschinenstunden die Grundlage. Für die Verwaltungs- und Vertriebsgemeinkosten werden die Herstellkosten bzw. Grenzherstellkosten als Aufschlagsbasis herangezogen.

Betriebsabrechnungsbogen (BAB) für Schuhfabrik (Werte in 1.000 GE)

| Kostenarten | Gesamt | | | Fertigungsbereiche | | | | | | Material | | | Verwaltung u. Vertrieb | | |
| | | | | Stepperei | | | Boden | | | | | | | | |
	Ges.	var.	fix	Ges.	var.	fix	Ges.	var.	fix	Ges.	var.	fix	Ges.	var.	fix
Hilfsstoffe															
Betriebsstoffe															
Reinigungsmat.															
Büromaterial															
Werkzeuge															
Bruttolöhne															
Gehälter															
Personalnebenk.															
Strom															
Instandh. Maschinen															
Instandh. Gebäude															
Instandh. Fuhrpark															
Treibstoffe															
Postgebühren															
Beratungskosten															
⋮															
Werbung															
Miete															
Leihmiete															
Versicherung															
Gewerbesteuer															
Sonstiges															
Zusatzkosten															
• Kalk. Personalkosten															
• Kalk. Abschreibung															
• Kalk. Wagnis															
Summe Gemeink.	560	130	430	168	40	128	152	20	132	80	40	40	160	30	130
Fertigungsmaterial	400	400								400	400				
Maschinenstunden				4.000	4.000		2.000	2.000							
Herstellkosten										800					
Grenzherstellkosten											500				
Zuschlags- bzw. Verrechnungssätze				42/h	10/h		76/h	10/h		20%	10%		20%	6%	
Gesamtkosten/Fixk.	960	530	430			128			132			40			130

523

Die **Herstellkosten** in der Höhe von 800.000 GE setzen sich aus den Fertigungskosten (168.000 GE + 152.000 GE) und den Materialgemeinkosten (80.000 GE) sowie den Fertigungsmaterial-Einzelkosten (400.000 GE) zusammen. Die **Grenzherstellkosten** in der Höhe von 500.000 GE ermitteln sich sinngemäß gleich (40.000 + 20.000 + 40.000 + 400.000 GE).

Dividiert man die Gemeinkosten laut BAB durch die Bezugsgrößen, erhält man die Zuschlags- und Verrechnungssätze. Die Selbstkosten einer Maschinenstunde in der Stepperei belaufen sich auf 42 GE, in der Bodenabteilung auf 76 GE. Die Materialgemeinkostenzuschläge auf Basis Fertigungsmaterial belaufen sich auf 20%, die V&V-Gemeinkosten auf Basis Herstellkosten ebenfalls auf 20%.

Die Grenzkosten einer Maschinenstunde betragen sowohl in der Stepperei als auch in der Bodenabteilung 10 GE. Die Grenzmaterialgemeinkosten auf Basis Fertigungsmaterial belaufen sich auf 10%. Die variablen Verwaltungs- und Vertriebsgemeinkosten auf Basis Grenzherstellkosten sind 6%.

10.1.2. Artikelkalkulation

Die Kalkulation wird auf Basis des klassischen Zuschlagskalkulationsschemas durchgeführt:

> Fertigungsmaterial (Einzelkosten)
> + Materialgemeinkosten
> + Fertigungskosten Stepperei
> + Fertigungskosten Boden
> _____
> = Herstellkosten
> + Verwaltungs- und Vertriebsgemeinkosten
> _____
> = Selbstkosten

Die detaillierten Berechnungen werden auf der nächsten Seite durchgeführt.

Bei der Vollkostenrechnung erzielen nur die Stiefel einen Gewinn, während die Herren- und Damenschuhe Verluste ausweisen.

Die Stück-Deckungsbeiträge bzw. Paar-Deckungsbeiträge sind für den Damenschuh 70 GE, für den Herrenschuh 120 GE und für die Stiefel 170 GE.

ARTIKEL-KALKULATION	Verrechnungssätze		Damenschuhe (je Paar)			Herrenschuhe (je Paar)			Stiefel (je Paar)			Gesamt in 1.000 GE		
	Vollk.	Grenzk.	Std.	Vollk.	Grenzk.	Std.	Vollk.	Grenzk.	Std.	Vollk.	Grenzk.	Std.	Vollk.	Grenzk.
Fertigungsmaterial/Paar				50,00	50,00		100,00	100,00		200,00	200,00		400,00	400,00
Materialgemeinkosten	20%	10%		10,00	5,00		20,00	10,00		40,00	20,00		80,00	40,00
Fertigungskosten Stepperei/Paar	42/h	10/h	0,50	21,00	5,00	1,00	42,00	10,00	2,00	84,00	20,00	4000,00	168,00	40,00
Fertigungskosten Boden/Paar	76/h	10/h	0,50	38,00	5,00	0,75	57,00	7,50	0,25	19,00	2,50	2000,00	152,00	20,00
Herstellkosten/Paar				**119,00**	**65,00**		**219,00**	**127,50**		**343,00**	**242,50**		**800,00**	**500,00**
Verwaltungs- u. Vertriebsgemeinkosten	20%	6%		23,80	3,90		43,80	7,65		68,60	14,55		160,00	30,00
Selbstkosten/Paar **Grenzkosten/Paar**				**142,80**	**68,90**		**262,80**	**135,15**		**411,60**	**257,05**		**960,00**	**530,00**
Nettoerlös (VP)/Paar				138,90	138,90		255,15	255,15		427,05	427,05		960,00	960,00
Paar-Erfolg				**- 3,90**			**- 7,65**			**+ 15,45**				
Paar-DB				**70,00**			**120,00**			**170,00**			**430,00**	
Erzeugte Paar			2.000			1.000			1.000			4.000		

525

Jetzt muss noch festgestellt werden, was mit diesen Deckungsbeiträgen abgedeckt wird. Man nennt das **Bestimmung der absoluten Förderungswürdigkeit**. Zunächst wird angenommen, dass von den Jahresgesamtfixkosten in der Höhe von 430.000 GE 60.000 GE nicht ausgabenwirksam sind. Der Plangewinn ist 54.000 GE; das entspricht einer Umsatzrendite von 5%.

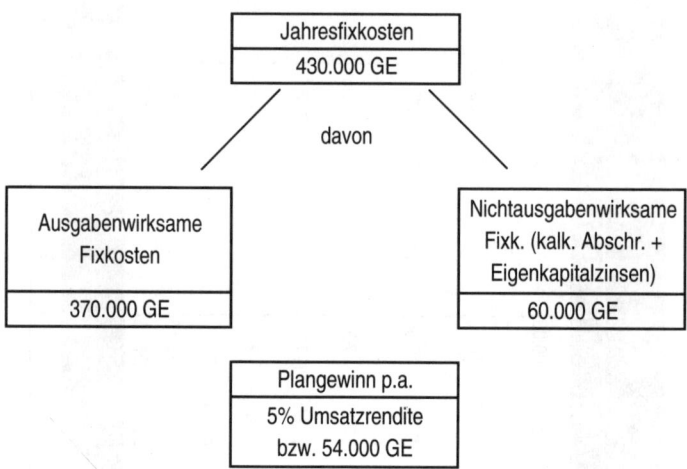

Die Plandeckungsziele je Engpassstunde werden in der folgenden Tabelle aus obigen Zahlen ermittelt:

Ermittlung der Deckungsziele

	Wenn STEPPEREI-Engpass	Wenn BODEN-Engpass
Deckungsziel 1 p.a. (ausgabenwirksame Fixkosten p.a.)	370.000 GE	
Deckungsziel 2 p.a. (Gesamtfixkosten p.a.)	430.000 GE	
Deckungsziel 3 p.a. (Gesamtfixkosten + Plangewinn p.a.)	484.000 GE	
Maximale Jahreskapazität	**4.000 Ma.Std.**	**2.000 Ma.Std.**
DZ 1/Engp.Ma.Std. (CASH-FLOW-ZIEL)	92,50	185,00
DZ 2/Engp.Ma.Std. (BREAK-EVEN-ZIEL)	107,50	215,00
DZ 3/Engp.Ma.Std. (UNTERNEHMENSZIEL)	121,00	242,00

Die Deckungsziele 1, 2 und 3 werden im Kapitel 10.2.2. näher erläutert.

Die abschließende **Interpretation der Kalkulationsergebnisse zeigt, dass die absolute Förderungswürdigkeit stark davon abhängt, in welcher der beiden Fertigungskostenstellen ein Engpass besteht.**

	DAMEN		HERREN		STIEFEL	
1. Bearbeitungszeit (Paar):						
• in Stepperei	0,5 Ma.Std.		1,0 Ma.Std.		2,0 Ma.Std.	
• in Bodenabteilung	0,5 Ma.Std.		0,75 Ma.Std.		0,25 Ma.Std.	
2. Paar-Deckungsbeitrag						
NETTO-VP	138,90 GE		255,15 GE		427,05 GE	
- Grenzkosten	- 68,90 GE		- 135,15 GE		- 257,05 GE	
= Deckungsbeitrag	**70,00 GE**		**120,00 GE**		**170,00 GE**	
3. Erreichtes Deckungsziel						
wenn STEPPEREI-Engp.	SOLL	IST	SOLL	IST	SOLL	IST
						85,00
DZ 1/Stepp.Std.	92,50		92,50		92,50	
DZ 2/Stepp.Std.	107,50		107,50		107,50	
				120,00		
DZ 3/Stepp.Std.	121,00		121,00		121,00	
		140,00				
4. Erreichtes Deckungsziel						
wenn BODEN-Engp.	SOLL	IST	SOLL	IST	SOLL	IST
		140,00		**160,00**		
DZ 1/BO.Std.	185,00		185,00		185,00	
DZ 2/BO.Std.	215,00		215,00		215,00	
DZ 3/BO.Std.	242,00		242,00		242,00	
						680,00

10.1.3. Die relative Förderungswürdigkeit der Artikel

In der folgenden Tabelle wird die relative Förderungswürdigkeit der drei Artikel ermittelt. Die richtige Rangfolge ergibt sich, wenn man den Stück- bzw. Paar-DB durch die jeweilige Engpassstunde dividiert. Je nachdem, ob die Stepperei oder die Bodenabteilung Engpass ist, ergeben sich unterschiedliche Förderungswürdigkeiten. Das ist plausibel, weil - mit Ausnahme des Damenschuhs - die anderen zwei Produkte die Kostenstellen unterschiedlich beanspruchen.

Rang der Förderungs- würdigkeit	RICHTIGE ENTSCHEIDUNG				FALSCHE ENTSCHEIDUNG auf Vollkosten- basis
	wenn Stepp.-Engp.		wenn Boden-Engp.		
	Artikel-DB		Artikel-DB		
	Stepp.-Engp.Std.		Boden-Engp.Std.		
1.	DA	70 / 0,5 = 140	ST	170 / 0,25 = 680	ST 15,45
2.	HE	120 / 1 = 120	HE	120 / 0,75 = 160	DA - 3,90
3.	ST	170 / 2 = 85	DA	70 / 0,5 = 140	HE - 7,65

Zu einer vollkommen falschen Einschätzung gelangt man, wenn der Gewinn bzw. Verlust laut Vollkostenrechnung für die Entscheidung herangezogen wird. Die Entscheidungsregeln zur Bestimmung der relativen Förderungswürdigkeit der Artikel basieren hier auf der Annahme, dass ausschließlich selbst erzeugt wird und ein Fremdbezug nicht in Frage kommt. Sollte ein Fremdbezug relevant sein, gilt eine andere Entscheidungsregel, die im Kapitel 10.8. erläutert wird.

10.1.4. Jahreserfolgsrechnung

Multipliziert man die einzelnen Positionen der Zuschlagskalkulation je Artikel mit den im Jahr erzeugten Mengen (Paare), dann ergibt sich folgendes Jahreserfolgsszenario:

	Gesamt in 1.000 GE		
	Std.	Vollk.	Grenzk.
Fertigungsmaterial		400	400
Materialgemeinkosten		80	40
Fertigungskosten Stepperei	4.000	168	40
Fertigungskosten Boden	2.000	152	20
Herstellkosten		800	500
Verwaltungs- und Vertriebsgemeinkosten		160	30
Selbstkosten		960	
Grenzkosten			530
Nettoerlös (VP)		960	960
Periodenerfolg		0	
Perioden-DB			430
Erzeugte Stk. (Paare)	4.000		

Obige Zahlen werden noch zu einer stufenweise Deckungsbeitragsrechnung verdichtet:

	1.000 GE	%
Nettoerlös	960	100
- Grenzkosten	530	55
= Deckungsbeitrag [DBU]	430	[45]
- Fixkosten	430	45
= Erfolg	0	-

Wie die Berechnungen zeigen, wurde in der untersuchten Jahresperiode weder ein Gewinn noch ein Verlust erzielt; es ist also genau der Mindestumsatz erreicht worden.

Kontrollrechnung: $MU = \dfrac{\Sigma\,FK}{DBU} = \dfrac{430.000}{0,45} \approx$ **960.000** (stimmt)

10.1.5. Wochenerfolgsrechnung

Die folgende Berechnung hat **nur prinzipiellen Charakter**. Sie soll aufzeigen, wie einfach eine kurzfristige Erfolgsrechnung auf Basis von Stückdeckungsbeiträgen und Periodenfixkosten aufgebaut werden kann. In diesem Fallbeispiel wurde unterstellt, dass die Veränderung der Halb- und Fertigwaren nicht sehr relevant ist und approximativ über die Abweichung der Soll- und Ist-Maschinenstunden überwacht werden kann.

KURZFRISTIGE ERFOLGSRECHNUNG						Prod.Wo. 11	
Paar	Artikel	Deckungsbeitrag		Fert.Std./Einh.		Fert.Std. gesamt	
		Einh.	Gesamt	Stepp.	Boden	Stepp.	Boden
40	Herren	120	4.800	1,00	0,75	40,00	30,00
10	Stiefel	170	1.700	2,00	0,25	20,00	2,50
30	Damen	70	2.100	0,50	0,50	15,00	15,00
2	Herren	120	240	1,00	0,75	2,00	1,50
82	Summe		8.840			77,00	49,00
-	Periodenfixkosten		8.600				
=	Periodengewinn		**240**				
±	Gewinn bisher		160				
±	Gewinn kumulativ		**400**				
Maschinenstunden SOLL der laufenden Periode						80,00	40,00
Unter- (-) bzw. Über- (+) deckung lfd. Periode						- 3,00	9,00
Unter- (-) bzw. Über- (+) deckung bisher						-	- 11,00
Unter- (-) bzw. Über- (+) deckung kumulativ						- 3,00	- 2,00

Die erzeugten oder fakturierten Artikel werden mit dem Deckungsbeitrag pro Paar multipliziert. Der Periodendeckungsbeitrag wird um die Periodenfixkosten vermindert; man erhält den Periodenerfolg (hier: Gewinn). Durch Hinzuzählen des bisherigen Erfolges erhält man den kumulativen Erfolg (hier: ebenfalls Gewinn). Parallel zu dieser Erfolgsrechnung auf Basis von Deckungsbeiträgen werden die Maschinenstunden überwacht, damit man bei großer Unter- bzw. Überdeckung rasch handeln kann.

10.1.6. Gemeinkosten-Abweichungsrechnung

Das Szenario für das kleine Beispiel basiert auf folgenden Annahmen:
1. Der Betriebsabrechnungsbogen im Kapitel 10.1.1. ist ein Plan-BAB.
2. Am Ende der Planperiode stellt sich Folgendes heraus:
   - die Ist-Leistung in der Stepperei betrug 3.600 Std.
   - die Ist-Leistung in der Bodenabteilung betrug 2.100 Std.
   - die Ist-Kosten in der Stepperei betrugen 161.000 GE
   - die Ist-Kosten in der Bodenabteilung betrugen 155.000 GE

Abweichungsrechnung:

	Stepperei		Boden	
Plan-Grenzkosten/h	10 GE		10 GE	
x Ist-Leistung	3.600 h		2.100 h	
= Soll-Grenzkosten		36.000 GE		21.000 GE
+ Plan-Fixkosten		128.000 GE		132.000 GE
= Soll-Kosten		164.000 GE		153.000 GE
- Ist-Kosten		161.000 GE		155.000 GE
= Günstige Abweichung		3.000 GE		
= Ungünstige Abweichung				2.000 GE

Die ungünstigen bzw. günstigen Abweichungen ergeben sich, wenn man die Ist-Kosten den Soll-Kosten gegenüberstellt. Bei den Soll-Kosten handelt es sich um die Plan-Kosten unter Berücksichtigung der Ist-Leistung. Weil die Ist-Leistung in der Stepperei um 400 Maschinenstunden geringer war, sind auch die Soll-Grenzkosten um 4.000 GE kleiner (400 Stunden mal Plangrenzkosten/h = 10 GE). **Zählt man zu den Soll-Grenzkosten die Plan-Fixkosten der Jahresperiode dazu, dann erhält man die Soll-Kosten.** Weil die Ist-Kosten um 3.000 GE niedriger sind als die Soll-Kosten, spricht man von einer günstigen Abweichung. Prinzipiell die gleiche Rechnung wird für die Bodenabteilung angestellt; hier muss eine ungünstige Abweichung in Kauf genommen werden, weil die Ist-Kosten um 2.000 GE höher sind als die Soll-Kosten.

10.1.7. Kapazitätsauslastung

Abschließend wird noch die Kapazitätsauslastung beim Ist-Fertigungsprogramm ermittelt. Wie aus der folgenden Tabelle ersehen werden kann, **sind beim Ist-Fertigungsprogramm sowohl die Stepperei als auch die Bodenabteilung voll ausgelastet.**

Ist-Fertigungs-programm	Kapazitätsbindung je Paar		Kapazitätsbindung insgesamt	
	STE	BO	STE	BO
2000 DA	0,50 h	0,50 h	1.000 h	1.000 h
1000 HE	1,00 h	0,75 h	1.000 h	750 h
1000 STI	2,00 h	0,25 h	2.000 h	250 h
			4.000 h	2.000 h
	Maximale Kapazität		4.000 h	2.000 h
	Restliche Kapazität		0 h	0 h

10.2. Fallbeispiel 2: Installationsunternehmen

Ausgangssituation und Ziel

Ein mittelgroßes Installationsunternehmen mit den Sparten (Profitcenters)

* Lüftung,
* Heizung,
* Sanitär

erwartet für das Wirtschaftsjahr 2001 eine Plan-Betriebsleistung zwischen 40 und 50 Mio GE. Es sind ca. 50 Monteure und Helfer beschäftigt.
Die Geschäftsleitung hat folgende Zielvorgaben an das innerbetriebliche Rechnungswesen:

* Umsatz-, Kosten- und Gewinnplanung 2001
* Erarbeitung von Kalkulationsgrundlagen für 2001
* Einrichtung einer kontinuierlichen Nachkalkulation
* Einrichtung einer Monatserfolgsrechnung aus den Zahlen der Nachkalkulation
* Installierung einer Erfolgsanalyse aus den Zahlen der Nachkalkulation
* Installierung einer Profitcenteranalyse aus den Zahlen der Nachkalkulation.

10.2.1. Umsatz-, Kosten- und Gewinnplanung

Die Umsatz-, Kosten- und Gewinnplanung wird in einer fünfstufigen Analyse durchgeführt:

1. **Spartenleistung ARBEIT für die Profitcenters Lüftung, Heizung und Sanitär**

PC KST	LÜ	HZG	SAN
Vorfertigung	3.000	12.000	-
Montage	9.000	13.000	36.000
Gesamt dir.Std.	12.000	25.000	36.000
Ø VP/dir.Std.	396	309	300
Spartenleistung Arbeit in 1.000 GE	4.752	7.725	10.800

PC = Profitcenter; KST = Kostenstelle

Die "Plan-Spartenleistungen ARBEIT" ergeben sich, wenn man die direkt verrechenbaren Plan-Kundenauftragsstunden mit dem durchschnittlichen Verkaufspreis je direkter Stunde multipliziert.

2. **Welches Verhältnis besteht zwischen Arbeitserlös und Materialerlös?**
Das Verhältnis zwischen Arbeits- und Materialerlös ist in den einzelnen Profitcenters unterschiedlich:

Sparten-leistung	PROFITCENTER					
	LÜ		HZG		SAN	
	GE	%	GE	%	GE	%
Arbeit	396	48	309	52	300	54
Material	437	52	291	48	256	46
SUMME	833	100	600	100	556	100

In der Tabelle werden die Relationen sowohl in GE pro direkter Stunde als auch in Prozent dargestellt.

3. Wie hoch ist der Materialerlös und der Materialeinsatz in den drei Profitcenters?

	Lüftung		
	dir. Std. x	Ø Mat. Erl./Std.	=
Materialerlös	12.000	437	**5.248.000**
Materialaufschlag			11,11%
Materialabschlag			10%
Materialeinsatz			**4.720.000**

Der Materialerlös ergibt sich, wenn man die direkten Planstunden LÜFTUNG mit dem durchschnittlichen Materialerlös je direkter Stunde multipliziert.

Vom Plan-Materialerlös ist die Rückrechnung auf den Plan-Materialeinsatz einfach möglich. Zunächst muss der Materialaufschlag (hier 11,11%) in einen Materialabschlag umgerechnet werden. Dies geschieht durch folgende Rechenoperation:

$$\frac{11,11}{100 + 11,11} \times 100 = 10\%$$

Wenn der Materialabschlag 10% beträgt, muss der Materialeinsatz 90% betragen. Der Materialeinsatz ergibt sich daher, wenn der Materialerlös mit 0,9 multipliziert wird.

Das gleiche Procedere wird für die Profitcenters HEIZUNG und SANITÄR angewendet:

	Heizung		
	dir. Std. x	Ø Mat. Erl./Std.	=
Materialerlös	25.000	291	**7.275.000**
Materialaufschlag			12,10%
Materialabschlag			10,8%
Materialeinsatz			**6.490.000**

	Sanitär		
	dir. Std. x	Ø Mat. Erl./Std.	=
Materialerlös	36.000	256	**9.200.000**
Materialaufschlag			3,6%
Materialabschlag			3,5%
Materialeinsatz			**8.880.000**

4. Zusammenstellung der budgetierten Kosten und direkten Stunden aus den Kostenstellenblättern

In der folgenden Tabelle werden die Ergebnisse der Kostenstellenblätter in verdichteter Form wiedergegeben. Die Kostenstellen Vorfertigung und Montage erbringen Leistungen für die Profitcenters Lüftung, Heizung und Sanitär.

Kosten-stelle	Prognosekosten in 1.000 GE nach Umlage der Hilfsbereiche				Budgetierte direkte Stunden		
	Gesamt	Variabel	Fixkosten		Vor-fertigung	Montage	Gesamt
			Gesamt	davon NAW			
Lüftung	2.005	-	2.005	129	-3.000	-9.000	12.000
Heizung	2.725	-	2.725	95	-12.000	-13.000	25.000
Sanitär	4.540	-	4.540	376	-	-36.000	36.000
Vorfertigung	3.150	2.250	900	200	15.000	-	
Montage	11.890	9.860	2.030	200	-	58.000	
GESAMT	**24.310**	**12.110**	**12.200**	**1.000**			**73.000**

In der Vorfertigung beträgt der Selbstkosten-Stundensatz 210 GE und der Grenzkosten-Stundensatz 150 GE, in der Montage 205 GE bzw. 170 GE.

5. Stufenweise Deckungsbeitragsrechnung

Alle bisher bekannten Informationen werden in eine Erfolgsprognose für 2001 eingebracht. Die Erfolgsprognose basiert auf einer stufenweisen Deckungsbeitragsrechnung; sie zeigt nicht nur auf, wie hoch der Plangewinn 2001 für den Gesamtbetrieb sein wird, sondern auch, welchen Anteil die einzelnen Profitcenters daran haben werden.

Erfolgsprognose 2001
Stufenweise DB-Rechnung und Break Even-Analyse

| | PROFITCENTER | | | | | | | | | Gesamtbetrieb | | |
| | Lüftung | | | Heizung | | | Sanitär | | | | | |
	1.000 GE	%	GE je dir.Std.	1.000 GE	%	GE je dir.Std.	1.000 GE	%	GE je dir.Std.	1.000 GE	%	GE je dir.Std.
Spartenleistung ARBEIT	4.752	47,5	396	7.725	51,5	309	10.800	54,0	300	23.277	51,7	319
+ Spartenleistung MATERIAL	5.248	52,5	437	7.275	48,5	291	9.200	46,0	256	21.723	48,3	298
= Sparten-/Betriebsleist. GESAMT	10.000	100,0	833	15.000	100,0	600	20.000	100,0	556	45.000	100,0	616
- Materialkosten	4.720	47,2	393	6.490	43,3	260	8.880	44,4	247	20.090	44,6	275
- Var. Fertigungs- u. Montagekost.	1.980	19,8	165	4.010	26,7	160	6.120	30,6	170	12.110	26,9	166
= DECKUNGSBEITRAG I (DBU) (DZ)	3.300	(33,0)	(275)	4.500	(30,0)	(180)	5.000	(25,0)	(139)	12.800	(28,4)	(175)
- Ausgabenwirksame Fixkosten (DZ)	2.300	23,0	(192)	3.600	24,0	(144)	5.300	26,5	(147)	11.200	24,9	(153)
= DB II ("CASH-FLOW")	1.000	10,0	83	900	6,0	36	-300	-1,5	-8	1.600	3,6	
- Nichtausgabenwirks. Fixkosten (DZ)	200	2,0	(16)	300	2,0	(12)	500	2,5	(14)	1.000	2,2	(14)
= PLANERFOLG vor Ertragst. (DZ)	800	8,0	(67)	600	4,0	(24)	-800	-4,0	-(22)	600	1,3	
BREAK-EVEN-POINT	7.576	75,8		13.000	86,7		23.200	116,0				
SICHERHEITSGRAD	-	24,2		-	13,3		-	-16,0	-			
CASH-FLOW-POINT	6.970	69,7		12.000	80,0		21.200	106,0				
ZIELUMSATZ												
bei Umsatzrendite 8%	10.000	100,0										
bei Umsatzrendite 4%				15.000	100,0							
bei Plangewinn 400.000 GE							24.800	124,0				

Der Gesamtgewinn (vor Ertragsteuern) beträgt 600.000 GE. Dieser verteilt sich wie folgt:

Lüftung...Gewinn 800.000 GE

Heizung ....Gewinn 600.000 GE

Sanitär ....Verlust 800.000 GE

Der DBU (= Deckungsbeitrag I in % der Sparten- bzw. Betriebsleistung) beträgt für den Gesamtbetrieb 28,4% sowie für die Profitcenters Lüftung, Heizung und Sanitär 33%, 30% bzw. 25%.

Der Sicherheitsgrad, der bekanntlich bei gesunden Firmen höher als 10% sein sollte, signalisiert, dass die Sparten Lüftung und Heizung mit 24,2% bzw. 13,3% tief in der Gewinnzone liegen. Weitere Details zur Interpretation der Break-Even-Analyse können dem Kapitel 3.2.5.12. entnommen werden.

> ☞ Einige GE-Werte je direkter Stunde sind in Klammer gesetzt. Damit soll signalisiert werden, dass diese Beträge bei der anschließenden Ermittlung der so genannten Deckungsziele (DZ) eine wichtige Rolle spielen.

10.2.2. Kalkulationsgrundlagen

Das Kalkulationsschema für die Nachkalkulation des Installationsbetriebes soll prinzipiell wie folgt ablaufen:

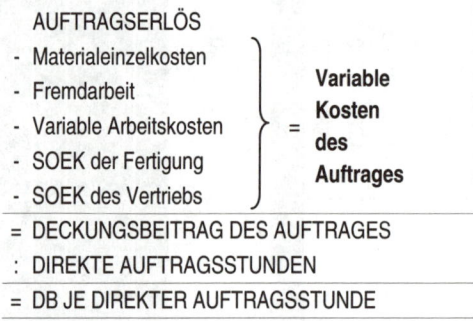

AUFTRAGSERLÖS

- Materialeinzelkosten
- Fremdarbeit
- Variable Arbeitskosten
- SOEK der Fertigung
- SOEK des Vertriebs

= Variable Kosten des Auftrages

= DECKUNGSBEITRAG DES AUFTRAGES

: DIREKTE AUFTRAGSSTUNDEN

= DB JE DIREKTER AUFTRAGSSTUNDE

Die Positionen Fremdarbeit, SOEK (Sondereinzelkosten) der Fertigung und SOEK des Vertriebes fallen nicht bei jedem Auftrag an, die Materialeinzelkosten und die variablen Arbeitskosten hingegen schon. Für die praktische Arbeit sind **die Positionen "variable Arbeitskosten" und "DB je direkter Auftragsstunde" von besonderer Bedeutung**.

Um die variablen Arbeitskosten zu erhalten, müssen die direkten Auftrags-stunden mit dem Grenzkosten-Stundensatz multipliziert werden. Die **Grenzkosten-Stundensätze für die drei Profitcenters** lassen sich aus der stufenweisen Erfolgsprognose herleiten; sie betragen:

Lüftung .... 165 GE/direkter Stunde
Heizung .... 160 GE/direkter Stunde
Sanitär .... 170 GE/direkter Stunde

Der Deckungsbeitrag je direkter Auftragsstunde ist eine wichtige Kenn-zahl. Mit ihr kann festgestellt werden, ob der Auftrag sehr gut, mittel oder schlecht ist bzw. welche Kostenbestandteile abgedeckt werden und welche nicht. Um den Deckungsbeitrag je direkter Auftragsstunde gut interpretieren zu können, müssen sogenannte **Soll-Deckungsbeiträge** bzw. **Plan-Deckungs-ziele budgetiert** werden. In der Praxis wird **meistens** mit **drei Deckungs-zielen** operiert; denkbar wären aber auch fünf oder zehn Deckungsziele.

Deckungsziel 1 (Cash-Flow-Ziel)

Im Deckungsziel 1 sind die gesamten ausgabenwirksamen Fixkosten enthalten. Es handelt sich also um die Prognose-Gesamtfixkosen abzüglich der nichtausgabenwirksamen kalkulatorischen Abschreibungen und etwaiger sonsti-ger nichtausgabewirksamer Kosten. Das Deckungsziel 1 sollte möglichst nicht unterschritten werden, wenn man mittelfristig keine Liquiditätsverschlechterung in Kauf nehmen will; man nennt es deshalb auch Cash-Flow-Ziel.

Deckungsziel 2 (Break-Even-Ziel)

Im Deckungsziel 2 sind die gesamten Fixkosten abgedeckt. Wird das Deckungsziel gerade erreicht, sind zwar alle Fixkosten gedeckt, darüber hinaus **wird jedoch kein Gewinn erzielt**; deshalb heißt das Deckungsziel 2 auch Break-Even-Ziel.

Deckungsziel 3 (Unternehmensziel)

Das Deckungsziel 3 beinhaltet den gesamten Fixkostenblock zuzüglich eines Plangewinnes, dessen Höhe von der Unternehmensleitung festzu-legen ist. Das Deckungsziel 3 heißt deshalb Unternehmensziel, weil es das Ziel jeder Unternehmensleitung ist, Gewinne zu erwirtschaften.

Deckungsziele je direkter Planstunde für das Profitcenter Lüftung:

Profitcenter: Lüftung	Vertei-lungs-schlüssel	Prognosekosten 2001 in 1.000 GE			
		Gesamt	Variabel	Fixkosten	
				Gesamt	Davon naw
Kostenstelle Lüftung		2.005	-	2.005	129
Anteilige Vorfertigung	3/15*)	630	450	180	40
Anteilige Montage	9/58*)	1.845	1.530	315	31
GESAMT		4.480	1.980	2.500	200

*) *Siehe budgetierten direkte Stunden bei Vorfertigung, Montage und Lüftung (Seite 534)*

PLAN-DECKUNGSZIELE FÜR 2001

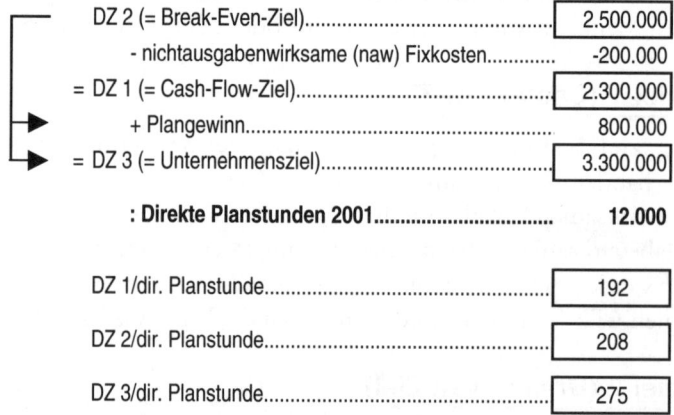

DZ 2 (= Break-Even-Ziel)..	2.500.000
- nichtausgabenwirksame (naw) Fixkosten.............	-200.000
= DZ 1 (= Cash-Flow-Ziel)...	2.300.000
+ Plangewinn..	800.000
= DZ 3 (= Unternehmensziel).......................................	3.300.000

| : Direkte Planstunden 2001.................................. | **12.000** |

DZ 1/dir. Planstunde...	192
DZ 2/dir. Planstunde...	208
DZ 3/dir. Planstunde...	275

Die Plan-Deckungsziele für Heizung und Sanitär werden nicht separiert darge-stellt. Zusammenfassend ergibt sich folgendes Bild:

Profit-center	Deckungsziele/Std.			DBU
	1	2	3	
LÜ	192	208	275	0,33
HEI	144	156	180	0,30
SAN	147	161	172	0,25

Weil es nicht Unternehmensziel sein kann, im Profitcenter Sanitär einen Sparten-verlust in der Höhe von 4% der Spartenleistung hinzunehmen, basiert das DZ 3 hier auf einem Plangewinn von 400.000 GE. Ohne diese Maßnahme würde der kuriose Fall eintreten, dass das Deckungsziel 3 (mit einem Wert von 139 GE je direkter Planstunde) kleiner wäre als das DZ 2, ja sogar kleiner als das DZ 1.

10.2.3. Einrichtung einer kontinuierlichen Nachkalkulation

Insgesamt sind im Januar 14 und im Februar 16 Aufträge fertig gestellt und nachkalkuliert worden. Jedes Profitcenter wurde noch - umsatzabhängig - in fünf Untergruppen untergliedert:

AG / PC	Werte in 1.000 GE				
	1	2	3	4	5
LÜ	< 20	< 50	< 100	< 500	> 500
HEI	< 20	< 80	< 150	< 500	> 500
SAN	< 15	< 50	< 100	< 300	> 300

AG = Auftragsgröße; PC = Profitcenter

Interessant ist die Tatsache, dass der Ist-Deckungsbeitrag je direkter Stunde nicht immer mit dem Ist-DBU korreliert. Das ist auch verständlich, weil bei jedem Auftrag die Materialintensität und der mögliche Materialaufschlag unterschiedlich hoch ist.

Beispiel:

Profit-center	Auftrags-nummer	Ist-DB je dir. Std.	erreich-tes DZ	Ist-DBU	Soll-DBU	Korre-lation
LÜ 1	655	133	< 1	0,2667	0,3300	JA
LÜ 4	449	330	> 3	0,3000	0,3300	NEIN
HZG 4	503	131	< 1	0,2933	0,3000	NEIN
HZG 5	246	196	> 3	0,2542	0,3000	NEIN
SAN 2	910	160	1 -2	0,3636	0,2500	NEIN
SAN 4	880	140	< 1	0,3208	0,2500	NEIN

☞ **Bei der Bestimmung der Förderungswürdigkeit eines Auftrages ist immer der Deckungsbeitrag je direkter Engpassstunde maßgebend und nicht die Deckungsbeitragsrate (DBU).**

10.2.4. Monatserfolgsrechnung

Alle Nachkalkulationsblätter werden nach Profitcenters sortiert und fließen in eine Monatserfolgsrechnung - getrennt nach Profitcenters - ein.
Stellvertretend für alle soll umseitig die Monatserfolgsrechnung Februar 2001 für das Profitcenter Lüftung dargestellt werden.

1. Im Februar sind fünf Aufträge mit 930 Stunden abgerechnet worden.
2. Weil aber im Februar aufgrund der genauen Zeitaufzeichnungen 1.030 direkte Stunden angefallen sind, ergibt sich eine Bestandserhöhung von 100 direkten Stunden.
3. Multipliziert man diese Bestandserhöhung mit dem durchschnittlichen Deckungsbeitrag je direkter Stunde, der aufgrund der fünf fertig gestellten und abgerechneten Aufträge erzielt worden ist (238 GE/dir. Std.), dann erhält man die Bestandserhöhung von 23.800 GE, um die der Deckungs-beitrag der abgerechneten Aufträge erhöht werden muss. Es ist auch denkbar, dass der durchschnittliche DB/dir. Std. aus den Nachkalkulations-blättern eines längeren Zeitraumes gebildet wird.
4. Der um die Bestandserhöhungen berichtigte Deckungsbeitrag wird um die ausgabenwirksamen Monatsfixkosten reduziert; man erhält dann den Cash-Flow-ähnlichen Monatsdeckungsbeitrag 2. Die ausgabenwirksamen Monatsfixkosten sind jeden Monat gleich hoch; sie entstammen der Jahres-prognose.
5. Reduziert man den Monats-DB 2 um die nichtausgabenwirksamen Monats-fixkosten, dann erhält man den Monatserfolg, hier einen Monatsgewinn. Die nichtausgabenwirksamen Monatsfixkosten sind ebenfalls jeden Mo-nat gleich hoch.
6. Neben dem Monats-Cash-Flow und dem Monatserfolg wird noch der kumulative Monats-Cash-Flow und -erfolg (hier Januar und Februar) ausgedruckt.

Monatserfolgsrechnung (Was haben die einzelnen Kunden zum Monatserfolg beigetragen?)				Jahr: 2001 Monat: Februar Sparte: Lüftung			
Tag	Auftr Nr.	Auftrags-gruppe	Kunde	Netto-erlös	Material-kosten	Deckungs-beitrag	Ist-Fer.Std.
5.	655	Lüftg. 1	Müller	15.000	6.000	4.000	30
		je FH:	1100	500	200	133	
9.	901	Lüftg. 2	Vondrak	45.000	13.000	22.000	60
		je FH:	1130	750	217	367	
15.	888	Lüftg. 3	Kaiser	75.000	38.000	22.300	90
		je FH:	1235	833	422	248	
20.	449	Lüftg. 4	Kappl	110.000	61.000	33.000	100
		je FH:	1200	1100	610	330	
27.	595	Lüftg. 5	Krüger	600.000	353.000	140.100	650
		je FH:	1060	923	543	216	

Monatserfolgsrechnung (Zusammenfassung)	Jahr: 2001 Monat: Februar Sparte: Lüftung			
	Netto-erlös	Material-kosten	Deckungs-beitrag	Ist-Fer.Std.
Gesamt fertige Aufträge	845.000	471.000	221.400	930
Durchschnitt je dir. Std.	909	506	238	-
Durchschnitt in Prozent	100	56	26	-
+ Bestandserhöhungen	-	-	23.800	100
- Bestandsverminderungen	-	-	-	-
= Berichtigter Monats-DB 1	-	-	245.200	-
- Aw. Monatsfixkosten	-	-	191.700	
= Monats-DB 2 ("Cash-Flow")	-	-	53.500	-
- Naw. Monatsfixkosten	-	-	16.700	
= Monatsgewinn	-	-	36.800	
DB 2 ("Cash-Flow"), kumulativ	-	-	71.450	-
Gewinn kumulativ	-	-	38.050	
Direkte Stunden kumuliert	-	-	-	2.405
Bestandsveränd. kumuliert	-	-	-	-500

7. Die kumulierten direkten Stunden sind die 1.475 im Januar und 930 im Februar abgerechneten Stunden. Tatsächlich sind aber im Januar und Februar zusammen nur 1.905 direkte Stunden geleistet worden, so dass sich eine kumulierte Bestandsverminderung von 500 Stunden ergibt. Diese setzt sich wiederum aus einer Bestandsverminderung von 600 Stunden im Januar und einer Bestandserhöhung von 100 Stunden im Februar zusammen.

8. Vergleicht man den Ist-Monatsgewinn von 36.800 GE und den kumulierten Monatsgewinn von 38.050 GE mit dem Plangewinn (800.000 GE p.a. bzw. 67.000 GE p.m.), dann ist eine ungünstige Abweichung festzustellen. Für diese Beurteilung muss selbstverständlich auch berücksichtigt werden, ob der Umsatzverlauf kontinuierlich oder diskontinuierlich verlaufen ist. Bei diskontinuierlichem Umsatzverlauf müssen die Jahresplanerfolge auf unterjährige Periodenerfolge zurückgerechnet werden, um einen aussagefähigen Soll-Ist-Vergleich durchführen zu können. Der Umsatzverlauf im Profitcenter Lüftung verläuft kontinuierlich.

9. Ein Soll-Ist-Vergleich ist auch beim erwirtschafteten Nettoerlös, den Materialkosten und dem Deckungsbeitrag möglich.

10. Die 1.905 tatsächlich geleisteten direkten Stunden zeigen, dass man sich im Rahmen der Planung bewegt, eher etwas im Rückstand ist.

Selbstverständlich gibt es auch eine Monatserfolgsrechnung für den Gesamtbetrieb. Hier ergeben sich die Bestandserhöhungen bzw. -verminderungen durch

Addition der Bestandsveränderungen der drei Profitcenters und können nicht über den Durchschnitts-Deckungsbeitrag je direkter Stunde hochgerechnet werden, weil die Struktur jeder Sparte anders ist.

Im Januar musste der Installationsbetrieb leider einen Verlust von knapp 180.000 GE in Kauf nehmen. Sogar der Cash-Flow-ähnliche Deckungsbeitrag 2 war mit 95.000 GE negativ.

Monatserfolgsrechnung	Jahr: 2001 Monat: Januar Sparte: Gesamtbetrieb			
	Netto-erlös	Material-kosten	Deckungs-beitrag	Ist-Fer.Std.
Gesamt fertige Aufträge	3.493.000	1.667.900	925.500	5.470
Durchschnitt je dir. Std.	639	305	169	-
Durchschnitt in Prozent	100	48	26	-
+ Bestandserhöhungen	-	-	108.000	1.000
- Bestandsverminderungen	-	-	195.600	900
= Berichtigter Monats-DB 1	-	-	837.900	-
- Aw. Monatsfixkosten	-	-	933.400	-
= Monats-DB 2 ("Cash-Flow")	-	-	-95.500	-
- Naw. Monatsfixkosten	-	-	83.400	-
= Monatsverlust	-	-	-178.900	-
DB 2 ("Cash-Flow") kumulativ	-	-	-95.500	-
Verlust kumulativ	-	-	-178.900	-
Direkte Stunden kumuliert	-	-	-	5.470
Bestandsverändung kumuliert	-	-	-	100

Im Februar konnte zwar ein kleiner Gewinn erzielt werden, kumuliert beträgt der Verlust aber immer noch 156.800 GE. Wenigstens der kumulative DB 2 ist nun mit 10.000 GE positiv.

Monatserfolgsrechnung	Jahr: 2001 Monat: Februar Sparte: Gesamtbetrieb			
	Netto-erlös	Material-kosten	Deckungs-beitrag	Ist-Fer.Std.
Gesamt fertige Aufträge	4.564.000	2.023.000	1.233.700	7.910
Durchschnitt je dir. Std.	577	256	156	-
Durchschnitt in Prozent	100	44	27	-
+ Bestandserhöhungen	-	-	23.800	100
- Bestandsverminderungen	-	-	218.600	1.500
= Berichtigter Monats-DB 1	-	-	1.038.900	-
- Aw. Monatsfixkosten	-	-	933.400	-
= Monats-DB 2 ("Cash-Flow")	-	-	105.500	-
- Naw. Monatsfixkosten	-	-	83.400	-
= Monatsgewinn	-	-	22.100	-
DB 2 ("Cash-Flow") kumulativ			10.000	
Verlust kumulativ	-	-	-156.800	-
Direkte Stunden kumuliert	-	-	-	13.380
Bestandsveränd. kumuliert	-	-	-	-1.300

Die Philosophie mit den Bestandsveränderungen auf Basis der Differenzstunden zwischen abgerechneten und tatsächlich geleisteten direkten Stunden, hochgerechnet mit dem durchschnittlichen Ist-Deckungsbeitrag des Profitcenters und Abrechnungsmonats, funktioniert in der Praxis recht gut, wenn die Zeitwirtschaft des Unternehmens ordentlich organisiert ist. **Der Vorteil dieser Abrechnungsmethode liegt darin, dass eine stichtagsbezogene körperliche Aufnahme nicht notwendig ist. Diese verzögert oft die Monatserfolgsrechnung erheblich oder verhindert sie überhaupt. Natürlich wird man die Entwicklung der Bestandsveränderungen im Zeitverlauf genau studieren und im Falle der Unplausibilität rasch reagieren.** Die Gründe liegen bei extrem langen Aufträgen meist im Bereich der Zeitwirtschaft, deshalb sollten Großaufträge in Teilaufträge zergliedert werden. **Je kürzer die durchschnittliche Fertigungsdauer eines Auftrages, desto weniger störanfällig ist die hier vorgeschlagene Philosophie der Bestandsveränderungen.**
Kann sich die Unternehmensleitung nicht für diese Abrechnungstechnik entschließen, dann bleiben ihr die beiden klassischen Verfahren als Alternative, nämlich

- entweder das **Gesamtkostenverfahren**
- oder das **Umsatzkostenverfahren.**

Beim Gesamtkostenverfahren werden die Bestandsveränderungen als Korrekturposten vom Umsatz zur Betriebsleistung berücksichtigt.

Beim Umsatzkostenverfahren werden dem Verkaufsumsatz die umsatzabhängigen (variablen) Kosten gegenübergestellt. Die Fixkosten werden hier - unabhängig von der Höhe des Umsatzes - als Periodenkosten (Bereitschaftskosten) angesetzt. **Beide Verfahren haben Vor- und Nachteile. Das hier vorgestellte (gemischte) Verfahren versucht, die Vorzüge der beiden klassischen kurzfristigen Erfolgsrechnungsmethoden zu vereinen. Zunächst wird der Deckungsbeitrag gemäß Umsatzkostenverfahren ermittelt. Danach werden die Bestandsveränderungen durch einen "speziellen DB" berücksichtigt, und schließlich wird der Periodenfixkostenblock in Abzug gebracht. Bei den Materialkosten findet bei Klein- und Mittelbetrieben in der Regel kein Soll-Ist-Vergleich statt. Es bietet sich aber an, die abgerechneten Materialkosten laut Monatserfolgsrechnung permanent mit den Materialeinkäufen bzw. theoretischen Materialeinsätzen laut Finanzbuchhaltung zu vergleichen. Das gleiche gilt bei den Gemeinkosten, die erfahrungsgemäß überwiegend fix sind.** Bei den nichtausgabenwirksamen Monatsfixkosten wird es in der Regel während des Wirtschaftsjahres keine Abweichungen geben (Ausnahme: unvorhergesehene Großinvestitionen). Die ausgabenwirksamen Monatsfixkosten sind in der Monatserfolgsrechnung ein Zwölftel des Jahresbudgets. Hier empfiehlt sich ein Soll-Ist-Vergleich mit den entsprechenden Aufwandssalden der Finanzbuchhaltung. Bezogen auf das demonstrierte Fallbeispiel, stellt sich die Abweichungsrechnung wie folgt dar:

PC	Im Januar u. Februar abgerechn. Stunden	Bestands-veränderg. in Stunden	Im Januar u. Februar geleistete Stunden
LÜ	2.405	-500	1.905
HZG	5.380	-1100	4.280
SAN	5.595	300	5.895
GESAMT	13.380	-1300	12.080

Die 12.080 geleisteten Stunden wurden von der Vorfertigung mit 2.140 und Montage mit 9.940 Stunden erbracht. Es ist nun ein Leichtes, die so genannten Soll-Kosten (= Plan-Kosten unter Annahme der Ist-Beschäftigung) zu errechnen und den Ist-Kosten gegenüberzustellen.
Wie die folgende Tabelle zeigt, ergibt sich eine günstige Abweichung von 54.100 GE:

In den Monaten 1 und 2/2001

insgesamt geleistete Stunden:		12.080
Davon:	Kst. VORFERTIGUNG	2.140
	Kst. MONTAGE	9.940

Ermittlung der SOLL-Kosten für 1 + 2/01

	2.140 Std. Vorfertigung x Grenz.Std.Satz 150[*)]...... GE		321.000
+	9.940 Std. Montage x Grenz.Std.Satz 170[*)]...... GE		1.689.800
+	Fixkosten für 2 Monate... GE		2.033.300
= Σ	SOLL-KOSTEN 1 + 2/93 (ohne Mat.K.)............... GE		4.044.100
- Σ	IST-KOSTEN 1 + 2/93 (ohne Mat.K.).................... GE		3.990.000
=	GÜNSTIGE ABWEICHUNG (ohne Mat.K.)...................... GE		54.100

*) Prognose

10.2.5. Erfolgsanalyse

Alle abgerechneten Aufträge im Bezugsmonat werden nach ihrer Förderungs-würdigkeit in Gruppen zusammengefasst. Für jede Gruppe wird ein eigenes Erfolgsanalyseblatt ausgedruckt. Insgesamt gibt es fünf Gruppen, und zwar:

1. **Aufträge mit einem DZ/dir. Std. > 3**
   Hier handelt es sich um die allerbesten Aufträge, die mehr erwirtschaften als den Plangewinn.
2. **Aufträge, bei denen das DZ/dir. Std. zwischen 2 und 3 liegt**
   Diese Aufträge erwirtschaften sämtliche Kosten, aber nur einen Teil des Plangewinnes.
3. **Aufträge, deren DZ/dir. Std. zwischen 1 und 2 liegt**
   Diese Aufträge erwirtschaften sämtliche ausgabenwirksamen Kosten, aber nur einen Teil der Abschreibungen und etwaigen sonstigen nichtausgaben-wirksamen Kosten.
4. **Aufträge, deren DZ/dir. Std. < 1**
   Diese Aufträge erwirtschaften nicht einmal die ausgabenwirksamen Ko-sten zur Gänze.
5. **Aufträge, deren DZ/dir. Std. negativ ist.**

10.2.6. Profitcenteranalyse

Bei der Profitcenteranalyse werden **monatlich und kumuliert je Profitcenter und Subprofitcenter** (z.B. Lüftung 1, Lüftung 2, Lüftung 3 usw.) **folgende Informationen** ausgedruckt:

- Name der Kunden, die im Bezugsmonat abgerechnet worden sind, mit dem Fertigstellungsdatum
- Abgerechneter Nettoerlös, insgesamt und je direkter Stunde
- Abgerechnete Materialkosten, insgesamt und je direkter Stunde
- Abgerechneter Deckungsbeitrag, insgesamt und je direkter Stunde
- Abgerechnete Ist-Fertigungsstunden bzw. direkte Stunden

Dieses Instrumentarium ist für einen effizienten Soll-Ist-Vergleich sehr gut geeignet. Bei zwei oder mehr Engpass-Kostenstellen könnte man sogar - wie bei Serienproduktionsbetrieben - ein gewinnmaximales Produktionsprogramm mit den Methoden der linearen Optimierung (siehe Kapitel 14) durchrechnen. Die Produkte sind die Profitcenter und Subprofitcenter, die Mengen sind die direkten Stunden. Die Deckungsbeiträge je direkter Stunde sind ebenso bekannt wie die Engpass-Inanspruchnahme der Profitcenter und Subprofitcenter an den Engpass-Kostenstellen.

10.3. Fallbeispiel 3: Betriebswirtschaftlich gerechtfertigter Nachforderungsbetrag bei unverschuldeter Bauzeitverlängerung

Ausgangssituation
Eine Haustechnikfirma, nämlich jener Installationsbetrieb, dessen Kalkulationsusancen im Kapitel 10.2. vorgestellt worden sind, hat folgendes Problem:
Vor ca. 1,5 Jahren erhielt das Unternehmen gegenüber allen Mitbewerbern als Bestbieter einen Auftrag zugesprochen. **Die Baudauer sollte zehn Monate betragen**; auf dieser Annahme basierte die Angebotskalkulation. **Durch verschiedene Umstände, die nicht durch das Haustechnikunternehmen verursacht worden sind, betrug die Ist-Bauzeit 15 Monate, wurde also um fünf Monate oder 50% überschritten.** Das Haustechnikunternehmen will nun vom Auftraggeber, die ihm durch die unverschuldete Bauzeitverlängerung entstandenen Kosten vergütet erhalten.

10.3.1. Die Auftragskalkulation

Bei der Vorkalkulation wurden folgende Planprämissen unterstellt:

1. **Montagedauer**
   Die Soll-Montagedauer laut Bauzeitplan und Angebot beträgt zehn Monate (Januar bis Oktober 1999).
2. **Direkte Stunden**
   Es wurden insgesamt 7.000 direkte Stunden geplant.

3. **Verkaufspreis einer direkten Stunde**
   Der Verkaufspreis je direkter Stunde beträgt 300 GE.
4. **Materialaufschlag**
   Der Aufschlag auf die Materialkosten beträgt 10%.
5. **Personalkosten einer direkten Stunde**
   Die durchschnittlichen Personalkosten (inklusive Nebenkosten) betragen 160 GE je Montagestunde.
6. **Plangewinn und Wagnis**
   Der Plangewinn und das Wagnis werden gemeinsam mit 3% vom Angebotspreis bzw. von der Auftragssumme (= Gesamterlös) angesetzt.

10.3.2. Stufenweise Deckungsbeitragsrechnung

Nach der Vorstellung der originären Kalkulationsprämissen wird das Kalkulationsergebnis als stufenweise Deckungsbeitragsrechnung dargestellt.

	1.000 GE	%
Arbeitserlös (7.000 dir. Std. x 300)	2.100	51,5
+ Materialerlös (Mat.K. + 10% Aufschlag)	1.980	48,5
= Gesamterlös des Auftrages	**4.080**	**100,0**
- Direkte Personalkosten (7.000 dir. Std. x 160)	1.120	27,5
- Materialkosten	1.800	44,1
= DECKUNGSBEITRAG [DBU]	**1.160**	**[28,4]**
- Fixkosten des Auftrages, wenn die Umsatzrendite 3% sein soll	1.038	25,4	⇐ Resultante
= Plangewinn und Wagnis	**122**	**3,0**

Die Betriebsleistung ARBEIT ergibt sich als Produkt der Multiplikation

- direkte Stunden (7.000) x Ø Stundensatz (300 GE).

Die Betriebsleistung MATERIAL ergibt sich durch Hinzurechnung eines

- zehnprozentigen Aufschlages auf die Materialkosten.

10.3.2.1. Variable Kosten

Von der Gesamtbetriebsleistung (Arbeit und Material) werden die variablen Kosten abgezogen, um den Deckungsbeitrag zu erhalten.
Als variabel werden

- die Materialkosten (netto, ohne Aufschlag) und
- die direkten Personalkosten (inklusive Nebenkosten)

angesehen. Alle übrigen Kosten, also die gesamten Gemeinkosten, dienen der Aufrechterhaltung der Betriebsbereitschaft und sind daher fix.

Setzt man den Deckungsbeitrag in ein Prozentverhältnis zur Gesamtbetriebsleistung (= 100%), dann ergibt sich die Deckungsbeitragsrate (= DBU). Die
Deckungsbeitragsrate beträgt 28,4%.

10.3.2.2. Fixkosten

In der Vorkalkulation wurden für den Gewinn und das Wagnis 3% der Betriebsleistung angesetzt.
Die Fixkosten laut Vorkalkulation lassen sich damit eindeutig definieren, und
zwar:

DECKUNGSBEITRAG		1.160.000
- Plangewinn und Wagnis		122.000
= SUMME FIXKOSTEN DES AUFTRAGES		**1.038.000**
: Anzahl Monate Soll-Baudauer	(01-99 - 10-99)	10
= Monatsfixkosten des Auftrages		**103.800**

Die Fixkosten sind zeitabhängige Kosten, die auf jeden Fall - auch bei Leistungs-
rückgängen - anfallen, weil sie der Aufrechterhaltung der Betriebsbereitschaft
dienen. In der Bauwirtschaft teilt man die Fixkosten häufig in folgende zwei
Gruppen:

- Zeitgebundene Kosten der Baustelle (Baustellenregie)
- Geschäftsgemeinkosten (Zentralregie)

Zu den zeitgebundenen Kosten der Baustelle gehören:

- Gehälter für das Baustellenpersonal mit den gehaltsgebundenen Kosten
- Lohnkosten für Hilfsarbeiten (Botengänge, Zeugwarte, Bewachung der
  Baustelle, Reinigung der Räume) inklusive Sozialkosten
- Reisekosten des Baustellenpersonals
- Kosten des Betriebes von Personenkraftwagen und Baustellenbussen
- Sonstige laufende Kosten der Baustelle wie Miete, Beheizung, Beleuch-
  tung, Reinigung und Telefon
- Kosten des Betriebes besonderer Anlagen wie beispielsweise Unterkünfte,
  Küchen, Kantinen, Stromerzeugungs- und Wasserversorgungsanlagen

Die Geschäftsgemeinkosten

Sie umfassen alle Kosten, die im Hauptbüro (Zentrale) des Unternehmens und
seinen Niederlassungen und Filialbüros, auf Lagerplätzen und in Hilfsbetrieben
anfallen, bei letzteren jedoch nur insoweit, als sie nicht dem Verursacher der
Kosten angelastet werden können.

Zu den Geschäftsgemeinkosten gehören vor allem:

- Personellen Kosten inklusive einer allfälligen Vergütung für die Leistungen des mitarbeitenden Unternehmers (kalkulatorischer Unternehmerlohn)
- Steuern (keine Ertragsteuern), Abgaben, Gebühren, Umlagen, Beiträge an Berufsvertretungen und Fachvereinigungen
- Bürokosten (Kommunikations-, Papier- und sonstige Kosten)
- Kosten der EDV-Anlage
- Miet- und Pachtzinse für die dem Gesamtbetrieb dienenden Anlagen
- Kapitalkosten unter Ausschluss der Bauzinsen und der bei den Gerätekosten verrechneten Verzinsung
- Personenkraftwagen und Reisekosten
- Versicherungen (ohne Haftpflichtversicherung)
- Kosten freiwilliger Sozialleistungen des Gesamtbetriebes
- Werbungskosten und Schulung von Mitarbeitern

> ☞ Die Begriffe "Baustellenregie" und "Zentralregie" sind betriebswirtschaftlich nicht üblich. Es handelt sich um Termini technici des Baunormenausschusses, der sich vorwiegend aus Technikern zusammensetzt.

10.3.3. Der Montageverlauf

10.3.3.1. Der Soll-Montageverlauf

Die folgende Tabelle zeigt den Soll-Montageverlauf in Montagestunden je Monat auf. Als Verteilungsbasis diente der so genannte Bauzeit- und Montageplan.

Monat	Per.	In %		In Std.	
		je Mon.	kumuliert	je Mon.	kumuliert
Jan. 99	1	5%	5%	350	350
Feb. 99	2	6%	11%	420	770
Mär. 99	3	11%	22%	770	1.540
Apr. 99	4	13%	35%	910	2.450
Mai. 99	5	16%	51%	1.120	3.570
Jun. 99	6	13%	64%	910	4.480
Jul. 99	7	14%	78%	980	5.460
Aug. 99	8	9%	87%	630	6.090
Sep. 99	9	6%	93%	420	6.510
Okt. 99	10	7%	100%	490	7.000
Gesamt		**100%**		**7.000**	

10.3.3.2. Der Soll-Erfolgsverlauf

Die folgende Tabelle zeigt den Soll-Erfolgsverlauf in 1.000 GE je Monat auf,
wenn keine Verzögerungen aufgetreten wären:

Monat	Per.	Erlös	Var. Kosten 71,6%	DB	Fixe Kosten	Lfd. Monat		Kumuliert	
			−	=	−	Gewinn	Verlust	Gewinn	Verlust
Jan. 99	1	204	146	58	104		46		46
Feb. 99	2	245	175	70	104		34		80
Mär. 99	3	449	321	128	104	24			56
Apr. 99	4	530	380	151	104	47			9
Mai. 99	5	653	467	186	104	82		73	
Jun. 99	6	530	380	151	104	47		120	
Jul. 99	7	571	409	162	104	59		178	
Aug. 99	8	367	263	104	104	1		178	
Sep. 99	9	245	175	70	104		34	145	
Okt. 99	10	286	204	81	104		23	122	
Gesamt		4.080	2.920	1.160	1.038	122		122	

10.3.3.3. Der Ist-Montageverlauf

Der Ist-Monatgeverlauf in Montagestunden laut Zeitaufzeichnungen (Bau-
tagebücher) ist in der folgenden Tabelle abgebildet.

Monat	Per.	In %		In Std.	
		je Mon.	kumuliert	je Mon.	kumuliert
Jan. 99	1	1%	1%	70	70
Feb. 99	2	1%	2%	70	140
Mär. 99	3	2%	4%	140	280
Apr. 99	4	3%	7%	210	490
Mai. 99	5	7%	14%	490	980
Jun. 99	6	12%	26%	840	1.820
Jul. 99	7	8%	34%	560	2.380
Aug. 99	8	12%	46%	840	3.220
Sep. 99	9	5%	51%	350	3.570
Okt. 99	10	4%	55%	280	3.850
Nov. 99	11	2%	57%	140	3.990
Dez. 99	12	3%	60%	210	4.200
Jan. 00	13	12%	72%	840	5.040
Feb. 00	14	19%	91%	1.330	6.370
Mär. 00	15	9%	100%	630	7.000
Gesamt		100%		7.000	

Die Ist-Bauzeit dauerte um fünf Monate länger als geplant, betrug also 15 Monate. Die geplanten direkten 7.000 Stunden wurden nicht überschritten.

10.3.3.4. Der Ist-Erfolgsverlauf

Monat	Per.	Erlös	− Var. Kosten 71,6%	= DB	− Fixe Kosten	Lfd. Monat Gewinn	Lfd. Monat Verlust	Kumuliert Gewinn	Kumuliert Verlust
Jan. 99	1	41	29	12	104		92		92
Feb. 99	2	41	29	12	104		92		184
Mär. 99	3	82	58	23	104		81		265
Apr. 99	4	122	88	35	104		69		334
Mai. 99	5	286	204	81	104		23		357
Jun. 99	6	490	350	139	104	35			321
Jul. 99	7	326	234	93	104		11		332
Aug. 99	8	490	350	139	104	35			297
Sep. 99	9	204	146	58	104		46		343
Okt. 99	10	163	117	46	104		57		400
Nov. 99	11	82	58	23	104		81		481
Dez. 99	12	122	88	35	104		69		550
Jan. 00	13	490	350	139	104	35			514
Feb. 00	14	775	555	220	104	117			398
Mär. 00	15	367	263	104	104	1			397
Gesamt		4.080	2.920	1.160	1.557		397		397

10.3.3.5. Graphische Darstellung des Soll- und Ist-Montageverlaufes

Die umseitige Graphik zeigt deutlich, wie der Baufortschritt planmäßig verlaufen sollte und wie er tatsächlich verlaufen ist. Statt der geplanten zehn Monate hat die Montage tatsächlich 15 Monate, also bis Ende März 2000 gedauert. Die direkten Montagestunden verliefen zwar trotz Verzögerung planmäßig, doch die zeitabhängigen Fixkosten, die während der fünf Verlängerungsmonate angefallen sind, sind ungedeckt, weil nicht kalkuliert, und können daher nachgefordert werden.

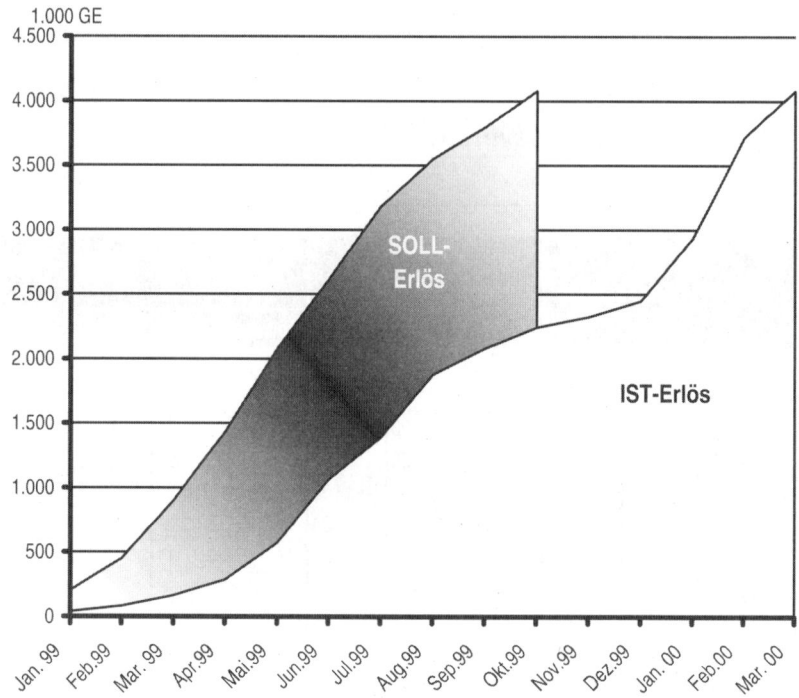

10.3.4. Betriebswirtschaftlich angemessener Abgeltungsbetrag

Wird der Soll-Gewinn, der während der Soll-Bauzeit angefallen wäre, mit den Ist-Verlusten während der Ist-Bauzeit saldiert, dann ergibt sich die Erfolgsabweichung aus der Bauzeitverlängerung.

Durch Aufzinsung der durch die Bauzeitverlängerung entstandenen Mehrkosten (Fixkosten) mit 10% erhält man den Barwert der gesamten Nachforderung zum 31.3.2000.

Der betriebswirtschaftlich angemessene Abgeltungsbetrag beträgt somit

569.000 GE

Die einschlägigen Berechnungen können der nebenstehenden Tabelle entnommen werden:

Monat/Jahr	Per.	Nominelle Werte in 1.000 GE			Auf-zinsungs-faktor p = 10%	Barwert 1.000 GE
		Ergebnis Plan	Ergebnis Ist	Ergebnis Differenz		
Jan. 99	1	-46	-92	-46	1,1176	-52
Feb. 99	2	-34	-92	-58	1,1088	-64
Mär. 99	3	24	-81	-104	1,1000	-115
Apr. 99	4	47	-69	-116	1,0913	-127
Mai. 99	5	82	-23	-104	1,0827	-113
Jun. 99	6	47	35	-12	1,0741	-13
Jul. 99	7	59	-11	-70	1,0656	-74
Aug. 99	8	1	35	35	1,0572	37
Sep. 99	9	-34	-46	-12	1,0488	-13
Okt. 99	10	-23	-57	-35	1,0405	-36
Nov. 99	11		-81	-81	1,0323	-83
Dez. 99	12		-69	-69	1,0241	-71
Jan. 00	13		35	35	1,0160	36
Feb. 00	14		117	117	1,0080	118
Mär. 00	15		1	1	1,0000	1
Gesamt		**122**	**-397**	**-519**		**-569**

Die monatlichen Aufzinsungsfaktoren für 10% können dem Kapitel 16.14. entnommen werden.

Wären durch die Bauzeitverlängerung auch zusätzliche direkte Fertigungsstunden angefallen (durch die so genannte "Leistungsverdünnung"), könnten auch diese als Nachforderung geltend gemacht werden.

10.4. Kostenstellenblatt für Druckmaschine

Auf den nächsten beiden Seiten sind die Vorder- und Rückseite eines Kostenstellenblattes (Planung) für eine Zweifarben-Druckmaschine abgebildet. Die Formularblätter wurden anlässlich einer Kostenplanung in einer österreichischen Druckerei vom Autorenteam in grober Anlehnung an DI Kimberger vom Verband Druck und Medientechnik (Vorderseite) entwickelt.

Auf der Vorderseite sind im oberen Teil alle für die Kostensätze notwendigen Basisdaten zusammengefasst worden.

Vorderseite - Kostenstellenblatt

Kostenstelle:	KBA 2-Farben	erstellt im Okt. '00	888

Arbeitsplatzbesetzung (pro Schicht)	Tätigkeit in der Kosten-stelle in %	Brutto-Std.-lohn (KV+HZ)	Jahres-anwesenheits-stunden	Jahres-anwesenheits-lohn (inkl. Üstd.)	Jahres-Zulagen					
					Schicht		Staub		Mehrfarben	
					Anzahl	Betrag	Anzahl	Betrag	Anzahl	Betrag
○ **Fachkräfte:**										
• Fachkraft 1	100%	132	1.835	262.218	-	0	248	32.736	0	0
• Fachkraft 2	100%	162	1.835	321.813	900	72.900	248	40.176	0	0
• Fachkraft 3	100%	193	1.835	383.395	1.775	171.288	248	47.864	0	0
• Fachkraft 4	50%	131	918	130.214	-	0	124	16.244	0	0
○ **Helfer:**										
• Helfer 1	50%	133	918	132.202	450	29.925	124	16.492	0	0

(erstellt am: 10.10.2000 - 00:00:00)
Planwerte

○ **Anlagevermögen*) der Kostenstelle in ATS 1.000**	Anschaffungswert	Wiederbeschaf-fungswert	kalk. Ab-schreibung	kalk. Restwert	Ø	
					GND	RND
(lt. detaillierter Erhebung)	0	0	0	0	0	0

Basisdaten

○ Installierte Kilowatt	49		Anzahl der Schichten	1	2	3
Betriebsstunden p.a.	3.285		Jahres-SOLL-Kapazität in Std.	1.835	3.670	5.505
Kosten pro Kilowattstunde in ATS	1,18		Beschäftigungsgrad in %	98%	98%	98%
Flächenbedarf in m²	202		Jahres-IST-Kapazität in Std.	1.798	3.597	5.395
Wärme, Miete, Jahreskosten/m²	794		Nutzungsgrad in %	87%	87%	87%
			Anzahl der Masch. Std. / Jahr (Bez.Gr.)	1.564	3.129	4.693

Plan-Jahresgemeinkosten von 10/00 bis 09/01 in GE 1.000

Kostenart	r	bei 1-Schichtbetrieb				bei 2-Schichtbetrieb				bei 3-Schichtbetrieb			
		Gesamt	var.	fix, aw	fix, naw	Gesamt	var.	fix, aw	fix, naw	Gesamt	var.	fix, aw	fix, naw
Jahresanwesenheitslohn (inkl. Üstd.)	0,0	410	0	401	9	820		802	18	1.230		1.203	27
Staub	0,0	51	0	51		102		102		154		154	
Schicht	0,0		0	0		93		93		276		276	
Mehrfarben	0,0	0	0	0		0		0		0		0	
Personalnebenkosten	0,0	352	0	352		763		763		1.233		1.233	
10 Direkte Personalkosten		**813**	**0**	**804**	**9**	**1.778**	**0**	**1.760**	**18**	**2.892**	**0**	**2.865**	**27**
11 Gemeinkostenmaterial	1,0	124	124	0		249	249	0		373	373	0	0
12 Strom	0,6	114	38	76		152	76	76		190	114	76	0
13 Gerätemieten	0,0	2.220	0	2.220		2.220	0	2.220		2.220	0	2.220	0
14 Instandhaltung und Reparaturen	0,7	90	39	50		129	79	50		168	118	50	0
15 Sachversicherungen	0,0	29	0	29		29	0	29		29	0	29	0
16 Restliche Sachgemeinkosten	0,0	3	0	3		3	0	3		3	0	3	0
17 Direkte Fertigungsgemeinkosten		**2.580**	**202**	**2.378**	**0**	**2.781**	**403**	**2.378**	**0**	**2.983**	**605**	**2.378**	**0**
18 Miete (inkl. Heizg. und Reinigung)	0,0	160	0	160		160	0	160		160	0	160	0
19 Kalkulatorische Abschreibung	0,0	0	0	0	0	0	0	0	0	0	0	0	0
20 Kalkulatorische Verzinsung	0,0	0	0	0	0	0	0	0	0	0	0	0	0
21 Kalkulatorische Wagnisse	1,0	10	10	0		20	20	0	0	30	30	0	0
22 Kalkulatorische Kosten		**170**	**10**	**160**	**0**	**180**	**20**	**160**	**0**	**190**	**30**	**160**	**0**
23 Zwischensumme		3.563	212	3.342	9	4.740	423	4.299	18	6.065	635	5.404	27
24 Umlage Nebenkostenst.der Fertg.	0,0	685	0	667	18	686	1	667	18	686	1	667	18
25 Umlage allg. Abteilungskosten	0,0	222	0	184	38	222	0	184	38	222	0	184	38
26 Fertigungskosten		**4.470**	**212**	**4.194**	**64**	**5.647**	**424**	**5.150**	**73**	**6.973**	**636**	**6.255**	**82**
27 Umlage Verwaltungsgemeinkosten	0,0	779	0	727	52	779	0	727	52	779	0	727	52
28 Umlage Vertriebsgemeinkosten	0,2	1.836	152	1.610	74	1.988	304	1.610	74	2.140	456	1.610	74
29 Vollkosten, Grenzkosten, Fixkosten p.a. in GE 1.000		**7.085**	**364**	**6.531**	**190**	**8.414**	**728**	**7.488**	**198**	**9.892**	**1.092**	**8.593**	**207**
30 Selbstkosten, Grenzkosten, Fixkosten je Masch. Std. in GE		**4.529**	**233**	**4.175**	**121**	**2.689**	**233**	**2.393**	**63**	**2.108**	**233**	**1.831**	**44**

*) Hier werden keine direkten Kapitalkosten (kalk. Abschreibungen, kalk. Zinsen) angesetzt, weil diese Maschine geleast ist.

Rückseite - Kostenstellenblatt

KOSTENSTELLE 888, KBA 2-Farben, SELBSTKOSTEN-STUNDENSÄTZE 2000/01

unter Berücksichtigung relevante Beschäftigungs- und Leistungsgrade - Sensibilitätsanalyse

Fertigungsstunden p.m.

B° / N°	1,0	1,1	1,2	1,3	1,4	1,5	1,6	1,7	1,8	1,9	2,0	2,1	2,2	2,3	2,4	2,5	2,6	2,7	2,8	2,9	3,0
95	142	157	171	185	199	214	228	242	256	270	285	299	313	327	342	356	370	384	399	413	427
90	135	148	162	175	189	202	216	229	243	256	270	283	297	310	324	337	351	364	378	391	405
85	127	140	153	166	178	191	204	217	229	242	255	267	280	293	306	318	331	344	357	369	382
80	120	132	144	156	168	180	192	204	216	228	240	252	264	276	288	300	312	324	336	348	360
75	112	124	135	146	157	169	180	191	202	214	225	236	247	259	270	281	292	303	315	326	337

Selbstkosten / Fh

B° / N°	1,0	1,1	1,2	1,3	1,4	1,5	1,6	1,7	1,8	1,9	2,0	2,1	2,2	2,3	2,4	2,5	2,6	2,7	2,8	2,9	3,0
95	4.167	3.860	3.605	3.389	3.204	3.044	2.903	2.779	2.669	2.571	2.482	2.406	2.337	2.274	2.216	2.163	2.114	2.068	2.026	1.986	1.950
90	4.385	4.062	3.792	3.565	3.369	3.200	3.052	2.921	2.805	2.701	2.607	2.527	2.454	2.387	2.326	2.270	2.218	2.170	2.125	2.084	2.045
85	4.629	4.287	4.002	3.761	3.554	3.374	3.217	3.079	2.956	2.846	2.747	2.662	2.585	2.514	2.449	2.390	2.335	2.284	2.237	2.193	2.152
80	4.904	4.541	4.237	3.981	3.761	3.571	3.404	3.257	3.126	3.009	2.904	2.814	2.732	2.657	2.588	2.525	2.466	2.412	2.362	2.315	2.272
75	5.216	4.828	4.504	4.231	3.996	3.793	3.615	3.459	3.319	3.194	3.082	2.986	2.898	2.818	2.745	2.677	2.615	2.557	2.504	2.454	2.408

Fertigungsstunden p.a.

B° / N°	1,0	1,1	1,2	1,3	1,4	1,5	1,6	1,7	1,8	1,9	2,0	2,1	2,2	2,3	2,4	2,5	2,6	2,7	2,8	2,9	3,0
95	1.708	1.879	2.050	2.221	2.392	2.563	2.733	2.904	3.075	3.246	3.417	3.588	3.758	3.929	4.100	4.271	4.442	4.613	4.783	4.954	5.125
90	1.618	1.780	1.942	2.104	2.266	2.428	2.590	2.751	2.913	3.075	3.237	3.399	3.561	3.722	3.884	4.046	4.208	4.370	4.532	4.694	4.855
85	1.529	1.681	1.834	1.987	2.140	2.293	2.446	2.599	2.751	2.904	3.057	3.210	3.363	3.516	3.669	3.821	3.974	4.127	4.280	4.433	4.586
80	1.439	1.583	1.726	1.870	2.014	2.158	2.302	2.446	2.590	2.733	2.877	3.021	3.165	3.309	3.453	3.597	3.740	3.884	4.028	4.172	4.316
75	1.349	1.484	1.618	1.753	1.888	2.023	2.158	2.293	2.428	2.563	2.697	2.832	2.967	3.102	3.237	3.372	3.507	3.642	3.776	3.911	4.046

	p.a.	p.m.
Fertigungsstunden 1999:	4.260	355
PLAN-Fertigungsstunden 99/00:	4.380	365

Ø Nutzungsgrad: 1/99-9/00: 82,1%
Verrechnungssatz bisher: 2.150
Ø Nutzungsgrad neu: 87,0%
Selbstkosten / Fh neu: 2.191

Die Plan-Bezugsgröße ist die Maschinenstunde. Die Maschinenstunden sind analytisch geplant worden und hängen von folgenden Faktoren ab:

- Anzahl der Schichten (hier: eine, zwei bzw. drei)
- Jahres-Sollkapazität bei Ein-, Zwei-, Drei-Schicht-Betrieb (hier 1.835, 3.670, 5.505 Std.)
- Beschäftigungsgrad (hier: 98%)
- Nutzungsgrad (hier: 87%)

Die Jahres-Sollkapazität für den Ein-Schicht-Betrieb rechnet sich wie folgt:

```
      Kalendertage ................................................ 365
   -  Samstage ........................................................ 52
   -  Sonntage ........................................................ 52
   -  Feiertage (nicht Samstag oder Sonntag) ................. 11
   -  Feiertage, kollektivvertraglich (Hl. Abd., Silv.) ........ 2
   =  Soll-Kapazität/Schicht in Tagen ..................... 248
   x  Ø Anwesenheit/Mitarb./Schicht ................... 7,4 Std.
   =  Soll-Kapazität/Schicht in Std. ................... 1.835
```

Unter **Beschäftigungsgrad** versteht man das Verhältnis der Ist-Kapazitätsstunden zu den Soll-Kapazitätsstunden. Die Ist-Kapazitätsstunden müssen bei einem Beschäftigungsgrad von 98% 1.798 je Schicht und Jahr betragen.

Der **Nutzungsgrad**, auch Leistungsgrad genannt, ist das Verhältnis der Fertigungsstunden zu den Ist-Kapazitätsstunden in Prozent. Er sagt, wie viel Prozent der Ist-Kapazität tatsächlich verkauft werden konnten - oder komplementär ausgedrückt, wie viel Prozent der Ist-Kapazität zur Aufrechterhaltung der Betriebsbereitschaft, zur Beseitigung von Mängeln bzw. für organisatorische Nebentätigkeiten aufgewandt werden müssen. Wird die Jahres-Ist-Kapazität mit dem Leistungsgrad multipliziert, erhält man die Plan-Bezugsgröße, hier die Plan-Maschinenstunden.

Das Verständnis der Zusammenhänge zwischen dem Beschäftigungsgrad, dem Nutzungsgrad und der Leistung je Maschinenstunde ist für die Beurteilung der Kostensituation sowie die Planung und Durchführung von Rationalisierungsmaßnahmen von grosser Bedeutung.

Um diese wichtigen Zusammenhänge plakativ zu demonstrieren, wird auch die **Rückseite des Kostenstellenblattes** abgebildet. Hier wird gezeigt, wie sich die Sollkosten je Maschinenstunde verändern, wenn sich

- die Anzahl der Schichten (1,0, 1,1, ... 3,0) und
- der Nutzungsgrad (95%, 90%, 85%, 80%, 70%)

ändern. Die Schwankungsbreite ist beachtlich groß.

Alle Kombinationen aus Anzahl der Schichten und Nutzungsgrad, die zu keinen vollkostendeckenden Sollkostensätzen führen, sondern geringer sind, werden invers ausgedrückt; nur alle nichtinversen Kombinationen sind vollkostendeckend bzw. sogar gewinnbringend.

Ergebnis:
Das Ergebnis der Kostenstellenrechnung findet sich auf der Vorderseite, unten. Insgesamt sind es zwölf Werte, und zwar:

- Selbstkosten (Vollkosten),
- Grenzkosten (variable Kosten),
- fixe Kosten, ausgabenwirksam,
- fixe Kosten, nicht ausgabenwirksam

pro Maschinenstunde und Ein-, Zwei- bzw. Drei-Schicht-Betrieb.

10.5. Statistische Kostenauflösung oder "Was ist fix und was ist variabel?"

10.5.1. Ziel und Anwendungsgebiete

Voraussetzung für die Realisierung einer Teilkostenrechnung (Grenzkostenrechnung, Deckungsbeitragsrechnung) ist die Aufgliederung der Kosten in ihre variablen und fixen Bestandteile. Bei vielen Kostenarten ist die Bestimmung der Reagibilität nicht schwierig. Jeder weiß, dass Fertigungsmaterialkosten und Sondereinzelkosten des Vertriebes variabel und Mietkosten fix sind. **Es gibt aber auch eine Reihe teilvariabler Kostenarten, bei denen die Bestimmung des Reagibilitätsgrades nicht mehr gefühlsmäßig, sondern nur durch statistische Kostenauflösung bestimmt werden kann.** Typische teilvariable Kostenarten sind z.B. Energiekosten, Personalkosten, Instandhaltungskosten usw.
Zur Berechnung wendet man die Methode der kleinsten Quadrate an, die um eine Korrelationsrechnung erweitert werden kann, wenn zusätzliche Informationen gewünscht werden.

10.5.2. Fallbeispiel: Reagibilitätsbestimmung für Stromkosten in einem Bearbeitungszentrum

Ausgangssituation
Für ein **Bearbeitungszentrum** soll der **Reagibilitätsgrad** für die **Kostenart Strom** ermittelt werden.

10.5.2.1. Strukturierung des Problems

Als Grundlagen für die statistischen Berechnungen sind **ein Jahr lang die monatlichen Stromkosten und die monatlichen Maschinenstunden erhoben** worden.

Das **Erhebungsprotokoll** hat folgendes Aussehen:

Erhebungsprotokoll		
Monat	Perioden-leistung (Masch.Std.)	Strom-kosten in GE
1	100	2.500
2	110	2.600
3	90	2.400
4	80	2.300
5	120	2.700
6	100	2.500
7	70	2.200
8	90	2.400
9	125	2.750
10	130	2.800
11	85	2.350
12	100	2.500
Σ	1.200	30.000
$\emptyset$	100	2.500

10.5.2.2. Lösung durch Streupunktdiagramm

Die graphische Lösung ist sehr anschaulich. Die eine Achse enthält eine Skala mit den Monats-Maschinenstunden, die andere eine Skala mit den Monats-Stromkosten. Anschließend werden die zwölf (Streu-)Punkte eingezeichnet und eine Gerade durch die Streupunkte gesetzt. Wird die Gerade verlängert, stößt sie bei der Stromkostenskala genau auf 1.500 GE. Weil die durchschnittlichen Gesamtstromkosten p.m. 2.500 GE betragen, sind 60% der Stromkosten fix und 40% variabel.

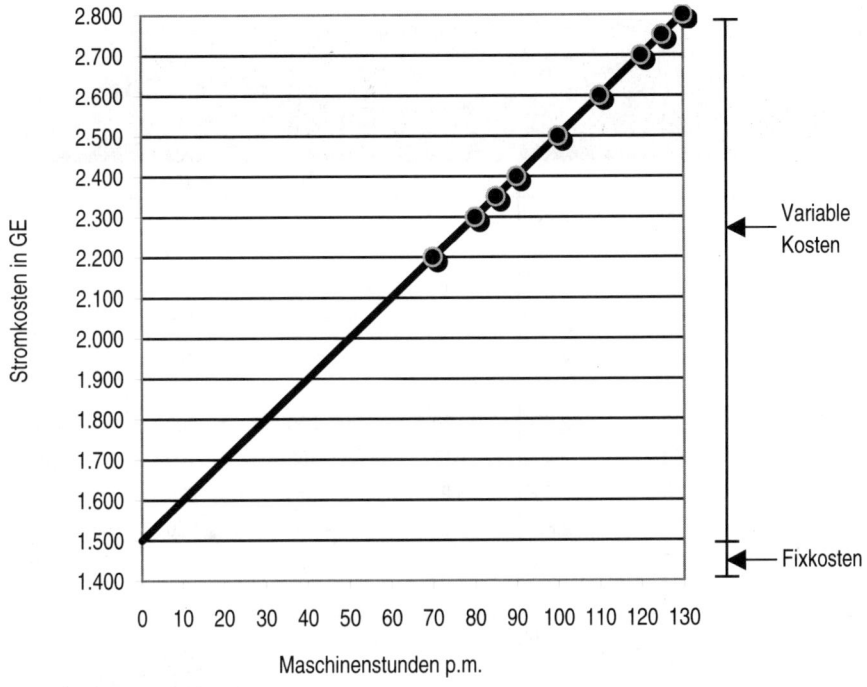

10.5.2.3. Lösung durch statistische Kostenauflösung

Mit der Methode der kleinsten Quadrate wird die so genannte Regressionsgerade errechnet. Dieses Verfahren benützt die Gleichung einer Geraden: $y = a + b\,(x)$, wobei a das fixe Element und b den Grad der Proportionalität darstellt. Die Anwendung der Methode der kleinsten Quadrate wird folgendermaßen durchgeführt:

Mathematische Kostenauflösung

Monat	Monats- leistung in Einh.	Teilbe- wegliche Kosten in GE	Abweichung d. Leistung vom Monats Ø	Abweichung d. teilbewegl. Kosten vom Monats Ø	Abweichung der Leistung quadriert	GE
			A	B	C = (A x A)	D = (A x B)
1	100	2.500				
2	110	2.600	+ 10	+ 100	100	+ 1.000
3	90	2.400	- 10	- 100	100	+ 1.000
4	80	2.300	- 20	- 200	400	+ 4.000
5	120	2.700	+ 20	+ 200	400	+ 4.000
6	100	2.500				
7	70	2.200	- 30	- 300	900	+ 9.000
8	90	2.400	- 10	- 100	100	+ 1.000
9	125	2.750	+ 25	+ 250	625	+ 6.250
10	130	2.800	+ 30	+ 300	900	+ 9.000
11	85	2.350	- 15	- 150	225	+ 2.250
12	100	2.500				
Σ	1.200	30.000			3.750	+ 37.500
Ø	100	2.500				

$$\frac{37.500}{3.750} = 10 \text{ GE}$$

variable Kosten / Einheit

1. Zunächst muss der proportionale Anteil der teilbeweglichen Stromkosten je Maschinenstunde ermittelt werden. Dazu ist es notwendig, den Monats- durchschnitt der Stromkosten und der Maschinenstunden während der untersuchten Periode (hier ein Jahr) zu bilden. Monatlich sind durchschnitt- lich 100 Maschinenstunden und 2.500 GE Stromkosten angefallen.
2. Nun muss der Unterschied zwischen Ist-Maschinenstunden und Durch- schnitts-Maschinenstunden ermittelt werden (Spalte A).
3. Als nächstes muss die Abweichung der tatsächlichen Ist-Stromkosten von den Durchschnitts-Stromkosten gebildet werden (siehe Spalte B).
4. Jetzt müssen zunächst die monatlichen Stundenabweichungen quadriert (siehe Spalte C) und anschließend die monatlichen Maschinenstunden- abweichungen mit den monatlichen Stromkostenabweichungen (siehe Spalte D) multipliziert werden.
5. Der proportionale Stromkostenanteil je Maschinenstunde wird durch folgende Rechnung bestimmt:

$$\frac{\Sigma \text{ Spalte D (= } \Sigma \text{ Maschinenstundenabweichung x } \Sigma \text{ Stromkostenabweichung)}}{\Sigma \text{ Spalte C (= } \Sigma \text{ quadrierte Maschinenstundenabweichung)}}$$

Setzt man in die Formel ein, dann ergibt sich:

$$\frac{37.500}{3.750} = 10$$

Der Fixkostenanteil wird wie folgt bestimmt:

	Durchschn. Stromkosten/Monat	2.500 GE
:	Durchschn. Masch.Std. p.m.	100 Masch.Std.
=	Durchschn. Stromkosten/Std.	25 GE
-	Variabler Anteil Stromkosten/Std.	10 GE (40%)
=	Fixer Anteil Stromkosten/Std.	15 GE (60%)

Wenn die Gleichung einer Geraden benutzt wird, stellt sich die Berechnung wie folgt dar:

$y = a + b(x)$

$b = \dfrac{37.500}{3.750} = 10$ (= variable Stromkosten/Std.)

$y = 2.500$ GE (= Ø Stromkosten/Monat)

$x = 100$ Monatsstunden (= Ø Maschinenstunden/Monat)

$2.500 = a + 10 \times 100$

$\quad\ \ = a + 1.000$

$a = 2.500 - 1.000$

$a = 1.500$ (= fixer Stromkostenanteil/Monat)

Energieverbrauch	Stromkosten p.a.	%
Variabler Anteil	12.000 GE	40
Fixer Anteil	18.000 GE	60
Gesamt	**30.000 GE**	**100**

Abschließend soll noch gezeigt werden, wie stark der Zusammenhang zwischen Leistung (hier: Maschinenstunden) und teilvariabler Kostenart (hier: Stromkosten) ist:

KORRELATIONSRECHNUNG

	x	y	x · y	x · x	y · y
1	100	2.500	250.000	10.000	6.250.000
2	110	2.600	286.000	12.100	6.760.000
3	90	2.400	216.000	8.100	5.760.000
4	80	2.300	184.000	6.400	5.290.000
5	120	2.700	324.000	14.400	7.290.000
6	100	2.500	250.000	10.000	6.250.000
7	70	2.200	154.000	4.900	4.840.000
8	90	2.400	216.000	8.100	5.760.000
9	125	2.750	343.750	15.625	7.562.500
10	130	2.800	364.000	16.900	7.840.000
11	85	2.350	199.750	7.225	5.522.500
12	100	2.500	250.000	10.000	6.250.000
Summe	1.200	30.000	3.037.500	123.750	75.375.000

Der nach der Formel

$$r = \frac{n \Sigma\, xy - (\Sigma\, x)(\Sigma\, y)}{\sqrt{[\, n \Sigma\, x^2 - (\Sigma\, x)^2\,][\, n \Sigma\, y^2 - (\Sigma\, y)^2\,]}}$$

$$= \frac{12 \times 3.037.500 - 1.200 \times 30.000}{\sqrt{(12 \times 123.750 - 1.200^2) \times (12 \times 75.375.000 - 30.000^2)}}$$

$$= \frac{450.000}{450.000} = 1$$

ermittelte Korrelationskoeffizient zeigt, dass zwischen Maschinenstunden und Stromkosten ein sehr enger Zusammenhang besteht, weil er den Wert 1 hat.

Abschließend noch einige Worte zum Korrelationskoeffizienten. In der Praxis wird dieser Koeffizient wie folgt interpretiert bzw. beurteilt:

Korrelationskoeffizient	Beurteilung
Kleiner als 0,30	Geringer Zusammenhang von zweifelhafter Bedeutung
Von 0,30 bis 0,50	Mäßiger Zusammenhang
Von 0,50 bis 0,70	Deutlicher Zusammenhang, praktisch verwertbar
Von 0,70 bis 0,90	Geradezu enger Zusammenhang
0,90 und darüber	Sehr enger Zusammenhang und sehr hohe Abhängigkeit der beiden Variablen

10.6. Isogewinnkurven

Ziel und Anwendungsgebiete

Der Preis wird vom Markt bestimmt. Diese Feststellung ist eindeutig und unumstößlich. Einen gewinnbringenden Angebotspreis kann man auch mit der allerbesten Deckungsbeitragsrechnung mit höchstem Feinheitsgrad nicht errechnen bzw. erzwingen. Andererseits sollen die Verkaufspreise nicht allein von den Verkäufern festgelegt werden. **Erstrebenswert ist es, wenn die Verkaufspreise von den Verkäufern gemeinsam mit den Kostenrechnern und Controllern erarbeitet werden.**

Zwischen Technikern, Verkäufern und dem Rechnungswesen gibt es oft unterschiedliche Vorstellungen über die mögliche Höhe der Verkaufspreise einzelner Artikel. Die Verkäufer wünschen meist einen besonders niedrigen Preis und stellen dafür eine hohe Absatzmenge in Aussicht, wollen sich dabei aber nicht gerne festlegen. Die Betriebswirte empfehlen eher höhere Verkaufspreise, sind aber meist nicht sicher, wie weit eine Preisreduktion eventuell doch wirtschaftlich wäre. Diese Probleme - auch Zielkonflikte genannt - findet man in jeder Unternehmung.

Für einen neutralen Vorschlag haben sich in der Praxis so genannte Isogewinnkurven bewährt. Die Isogewinnkurve (iso = gleich) **zeigt alle Preis-Mengen-Kombinationen auf, die den gleichen Jahresdeckungsbeitrag erwirtschaften.** Jede Preis-Mengen-Kombination, die ihren Kreuzungspunkt oberhalb (rechts) der Isogewinnkurve hat, bringt mehr Jahresdeckungsbeitrag als eine Kombination mit einem Kreuzungspunkt unterhalb (links) der Isogewinnkurve.

Fallbeispiel

In einem chemischen Betrieb herrscht große Uneinigkeit zwischen Verkäufern und Controllern in Bezug auf die Preisgestaltung der Hauptprodukte. Man einigt sich, **für sämtliche A-Artikel Isogewinnkurven** zu erstellen.

Vom umsatzträchtigsten Artikel sind folgende Werte bekannt:

- Die Grenzkosten je Tonne betragen 300 GE.
- In der letzten Periode sind 600 Tonnen abgesetzt worden.
- Im letzten abgelaufenen Geschäftsjahr wurde von diesem Artikel ein Gesamt-DB von 570.000 GE erzielt.
- Verkäufer und Controller sind sich einig, dass der Soll-Perioden-deckungsbeitrag um 30.000 GE höher sein, also 600.000 GE betragen sollte.

Es stellt sich nun die Frage, welche Verkaufspreise notwendig sind, um bei 360 t, 420 t, 540 t, 660 t, 720 t, 780 t und 840 t den Soll-Jahresdeckungsbeitrag von 600.000 GE zu erwirtschaften.

Basisdaten für Isogewinnkurve

Soll-Perioden-DB	Verkauf-bare t	Soll-DB je t	Grenz-kosten je t	Not-wendiger VP je t	
600.000	360	1.667	300	1.967	
600.000	420	1.429	300	1.729	
600.000	480	1.250	300	1.550	
600.000	540	1.111	300	1.411	
600.000	**600**	**1.000**	**300**	**1.300**	**= IST**
600.000	660	909	300	1.209	
600.000	720	833	300	1.133	
600.000	780	769	300	1.069	
600.000	840	714	300	1.014	

Isogewinnkurve

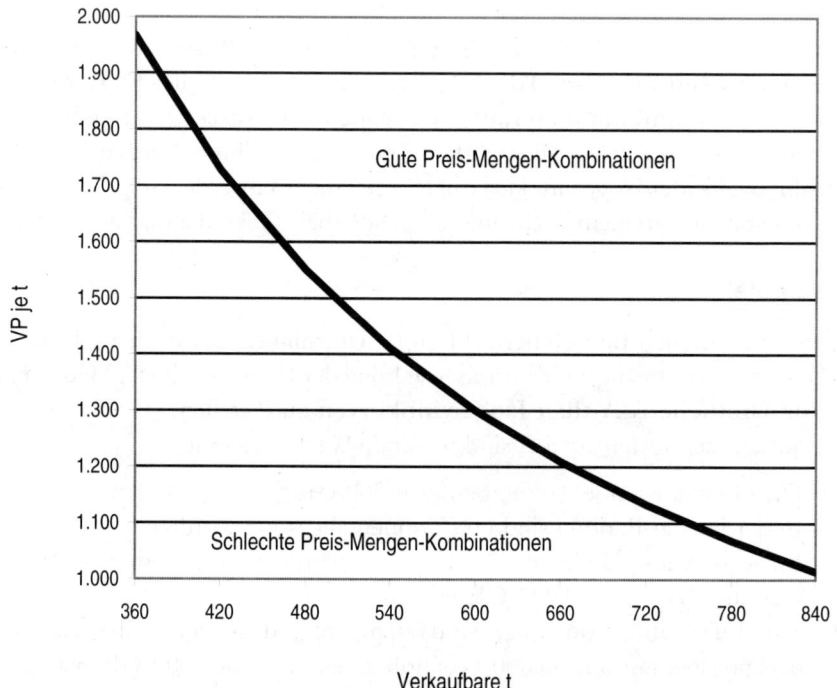

Der notwendige Soll-Deckungsbeitrag je Tonne ergibt sich, wenn man den gewünschten Soll-Periodendeckungsbeitrag für diesen Artikel in der Höhe von 600.000 GE durch die verkaufbaren Tonnen dieses Artikels dividiert.

Werden zum Soll-Deckungsbeitrag je Tonne die Grenzkosten je Tonne dazugezählt, erhält man den notwendigen Verkaufspreis je Tonne. Interessant ist die Feststellung, dass der notwendige Tonnen-Verkaufspreis bei 360 verkaufbaren Jahrestonnen beinahe doppelt so hoch ist wie bei 840 Jahrestonnen.

Denkbar wäre, dass die Grenzkosten je Tonne bei höheren Jahresverkaufstonnen durch Mengenrabatte niedriger werden.

10.7. Break-Even-Analyse und kritische Mengen

Ziel- und Anwendungsgebiete

Durch die Break-Even-Analyse können die sogenannten "Was-wäre-wenn"-Fragen rasch und genau beantwortet werden.

Die Haupteinsatzgebiete der Break-Even-Analyse sind:

1. Ist-Erfolgsanalyse für den Gesamtbetrieb und die einzelnen Profitcenters
2. Plan-Erfolgsanalyse für den Gesamtbetrieb und die einzelnen Profitcenters

3. Planbilanzen
4. Verschiedene Wirtschaftlichkeitsberechnungen (Beispiel: Ab welcher Leistung ist der Einsatz einer großen Anlage wirtschaftlicher als jener einer kleineren? usw.)

Die ersten drei Einsatzgebiete sind bereits in den Kapiteln 2.1. und 3.2.5.12. dargestellt worden. Über den vierten Einsatzpunkt, den man auch "kritische Mengen" oder "kostenorientierter Verfahrensvergleich" nennt, folgt hier ergänzend ein kleines Anwendungsbeispiel.

Fallbeispiel

Ausgangssituation

Ein Bauunternehmer benötigt für eine große Tiefbaustelle einen Künettenbagger. Jährlich müssen 7.000 m³ Erdreich ausgehoben werden. Zwei große Baggerfirmen legen ihre Angebote, die nach eingehender Analyse wie folgt gegenübergestellt werden können:

	Großer Bagger	Mittelgroßer Bagger
• **Fixe (zeitabhängige) Jahreskosten** (kalk. Abschreibungen, Zinskosten, Teile der Instandh.-Kosten, Versicherung usw.)	100.000 GE	70.000 GE
• **Variable (beschäftigungsabh.) Kosten/m³** (Treibstoff, Bereifung, Teile der Instandh.-Kosten, Pers.-Kosten Baggerführer usw.)	20 GE	25 GE
• **Jahresmaximalkapazität** (bei Ein-Schicht-Betrieb)	12.000 m³	9.000 m³

Der Bauherr zahlt pro Kubikmeter Erdreich 60 GE. **Welcher der beiden Bagger ist bei einer Jahresleistung von 7.000 m³ Erdreich wirtschaftlicher?**

Strukturierung des Problems und Lösung

Der relevant erzielbare Deckungsbeitrag je Kubikmeter beträgt beim

- Großen Bagger .... 40 GE (60 abzgl. 20)
- Mittelgroßen Bagger ..... 35 GE (60 abzgl. 25)

Die **Mindestkubikmeter** zur Kostendeckung betragen gemäß der Formel

$$\frac{\Sigma\ \text{Jahresfixkosten}}{\text{DB/m}^3} = \textbf{Mindestkubikmeter}$$

für den **großen Bagger 2.500 m³** und **für den mittelgroßen 2.000 m³**. Das war aber nicht gefragt. Gefragt war, **welcher der beiden Bagger bei einer Jahresleistung von 7.000 m³ wirtschaftlicher ist**. Die Lösungsformel lautet:

$$\frac{\text{Differenz der Gesamtjahresfixkosten}}{\text{Differenz der DB/m}^3} = \text{kritische Menge (m}^3)$$

Setzt man **in obige Formel** ein, dann erhält man eine **kritische Menge von 6.000 m³. Bei dieser Menge sind die Jahreskosten beider Bagger gleich hoch. Ab 6.001 m³ ist der große Bagger wirtschaftlicher, weil er je Kubikmeter einen um 5 GE höheren DB erzielt.**
Im Fallbeispiel ist also der große Bagger wirtschaftlicher als der mittelgroße, weil die Jahresleistung von 7.000 m³ höher ist als die kritische Menge.

Probe:

	Großer Bagger	Mittel-großer Bagger
Jahresfixkosten	100.000 GE	70.000 GE
+ Variable Kosten	120.000 GE	150.000 GE
(6.000 m³ x Grenzkosten/m³)		
= Jahresgesamtkosten bei kritischer Menge von 6.000 m³	220.000 GE	220.000 GE

10.8. Eigenfertigung versus Fremdbezug

Ziel und Anwendungsgebiete
Durch richtige Entscheidungen in diesem Bereich können jährlich große Geldbeträge eingespart werden.
Beim Entscheidungsproblem Eigenfertigung versus Fremdbezug muss man mindestens **folgende drei Ausgangssituationen** unterscheiden:

1. **Entscheidung bei freien (ungenutzten) Kapazitäten**
2. **Entscheidung, wenn nur ein Engpass zu beachten ist**
3. **Entscheidung bei zwei oder mehr Engpässen**

Bei freien, ungenutzen Leistungskapazitäten sind die eigenen Grenzherstellkosten mit den Anbotspreisen des Zulieferers zu vergleichen. Sind die eigenen Grenzherstellkosten niedriger als der Anbotspreis, dann wird man die Leistung selbst erbringen und umgekehrt.
Liegt nur ein Engpass vor, dann sind diejenigen Aufträge bzw. Artikel selbst zu erzeugen, bei denen die Differenz zwischen Deckungsbeitrag bei Fremdvergabe zugunsten des Deckungsbeitrages bei Selbstherstellung am größten ist.

Die beiden Deckungsbeiträge werden voneinander subtrahiert und der restliche Deckungsbeitrag durch die Engpass-Kapazitätseinheiten dividiert. **Jene Aufträge bzw. Artikel, bei denen der restliche Deckungsbeitrag je Engpass-Kapazitätseinheit am höchsten ist, sollte selbst hergestellt werden.**

Das Entscheidungsproblem Eigenfertigung versus Fremdbezug lässt sich **nicht nur im Fertigungsbereich** gut anwenden, **sondern auch bei folgenden Problemen:**

- **Eigenfuhrpark versus Frächter**
- **Eigenmaschinen versus Leihmaschinen**
- **Eigenpersonal versus Leihpersonal**
- **Eigenwäscherei versus Fremdwäscherei usw.**

Bei zwei oder mehr Engpässen ist die kostengünstigste **Lösung nur mit** dem Instrumentarium der **linearen Optimierung** ermittelbar. Diese spezielle Problemstellung wird im Kapitel 14.5.2. behandelt.

10.8.1. Fallbeispiel 1: Eigenfertigung versus Fremdbezug bei einem Engpass in einem Produktionsbetrieb

Ausgangssituation

Ein Produktionsbetrieb hat einen Auftrag über

1.000 Einheiten Artikel A,
1.000 Einheiten Artikel B,
1.000 Einheiten Artikel C

zu fertigen. Der Liefertermin muss unbedingt eingehalten werden, weil sonst hohe Verzugsstrafen (= Pönale) drohen.

Es ist kein Fertiglagerbestand von den Artikeln A, B und C vorrätig.

Artikel A bindet je Einheit eine Stunde in der Engpasskostenstelle, Artikel B zwei Stunden und Artikel C eine halbe Stunde. An Engpasszeit stehen bis zum Auslieferungstermin insgesamt 1.500 Stunden zur Verfügung. Die erzielbaren Nettostückerlöse betragen für den Artikel A 100 GE, den Artikel B 200 GE und den Artikel C 240 GE.

Die Grenzherstellkosten je Einheit würden bei Eigenerzeugung für den Artikel A 50 GE, für den Artikel B 110 GE und für den Artikel C 200 GE betragen. Sämtliche Artikel können auch fremd bezogen werden. Die Anbotspreise der Lieferer betragen für den Artikel A 60 GE/Einheit, für den Artikel B 150 GE/Einheit und für den Artikel C 190 GE/Einheit.

Da der Gesamtauftrag 3.500 Engpassstunden bindet, muss ein Teil des Auftrages fremd bezogen werden. Welche Artikel sollen selbst erzeugt und welche fremd zugekauft werden, wenn man den höchsten Deckungsbeitrag bzw. die niedrigsten Kosten anstrebt?

	Eigenfertigung			Fremdbezug		
	Art. A	Art. B	Art. C	Art. A	Art. B	Art. C
Nettoerlös	100	200	240	100	200	240
- Grenzher- stellkosten	50	110	200	60	150	190
= Deckungs- beitrag	50	90	40	40	50	50
- Umlage Fremd-DB	40	50	50	←⌐	←⌐	←⌐
= Restlicher DB	10	40	-10!			
Engpasskosten- stelle (Gesamt- kapazität 1.500 Stunden)	1	2	0,5			
Restl. DB/Engp.- Stunde	10	20	negativ *)			

*) *In jedem Fall (also auch bei genügend eigener freier Kapazität) fremd vergeben,
weil Angebotspreis des Lieferanten bei Artikel C niedriger ist als eigene Grenzherstellkosten des Artikel C.*

Aus dem **Lösungstableau** kann **folgende richtige Lösung** abgeleitet werden:

    750 Artikel B   **(Eigenfertigung)**
    250 Artikel B   **(Fremdbezug)**
 1.000 Artikel A   **(Fremdbezug)**
 1.000 Artikel C   **(Fremdbezug)**

Interpretation der Lösung
Der Artikel C sollte in jedem Fall (also auch bei genügend eigener freier Kapazität)
fremd vergeben werden, weil der Anbotspres des Lieferanten niedriger ist als die
eigenen Grenzherstellkosten (Signal: negativer restlicher Deckungsbeitrag!).
Vom Artikel B sind so viele Einheiten selbst zu erzeugen, wie es die Engpasskapazität
zulässt. Der restliche Deckungsbeitrag je Engpassstunde ist nämlich hier mit 40
GE am größten. Unter Berücksichtigung der Engpasskapazität bis zum Liefertermin können 750 Einheiten Artikel B selbst erzeugt werden. Die restlichen 250
Einheiten Artikel B sind, ebenso wie sämtliche 1.000 Artikel A, fremd zu
beziehen.
**Der Gesamtdeckungsbeitrag für die richtige Lösung beträgt 170.000 GE.
Unter den hier skizzierten Bedingungen gibt es keine andere Lösung mit
einem höheren Deckungsbeitrag als 170.000 GE.**

Beweis für die richtige Entscheidung

Normalerweise wird die relative Förderungswürdigkeit eines Artikels durch den Quotienten der Formel

$$\frac{\text{Stückdeckungsbeitrag}}{\text{Engpassinanspruchnahme je Stück in Engpasseinheiten}}$$

bestimmt. Diese wichtige Feststellung wurde bereits im Kapitel 10.1. getroffen. Ohne Abzug des Deckungsbeitrages aus Fremdbezug würden die Artikel C und A selbst hergestellt werden, weil sie den höchsten Deckungsbeitrag je Engpassstunde erwirtschaften.

	A	B	C
Eigen-DB/Stück	50	90	40
Engpassstunden	1	2	0,5
DB/Engpassstunde	50	45	80

Dass eine **Entscheidung auf dieser Basis falsch** wäre, geht aus der folgenden Tabelle anschaulich hervor:

1.000 Artikel C Eigenfertigung	DB 40 =	DB	40.000
1.000 Artikel A Eigenfertigung	DB 50 =	DB	50.000
1.000 Artikel B Fremdbezug	DB 50 =	DB	50.000
		DB	**140.000**

Der Gesamtdeckungsbeitrag bei dieser (falschen) Entscheidung ist um 30.000 GE geringer als bei der richtigen Entscheidung, weil der Gesamtdeckungsbeitrag der richtigen Lösung 170.000 GE beträgt.

Es versteht sich von selbst, dass eine **etwaige Entscheidung auf Vollkostenbasis ebenfalls grundsätzlich unrichtig ist.**

10.8.2. Fallbeispiel 2: Eigenfuhrpark versus Frächter in einem Bauunternehmen

Ausgangssituation

Ein Bauunternehmer besitzt einen **Silo-LKW**, der prinzipiell **für folgende zwei Auftragsarten eingesetzt** wird:

1. **Zementtransport für eigene Betonstein- und Fahrbetonerzeugung**
2. **Steinmehltransport für eigene Heißmischguterzeugung**

Bei der Leistungsart **Zementtransport** fallen 60 Einsatzkilometer und zwei Einsatzstunden an, beim **Steinmehltransport** 100 Kilometer und drei Einsatzstunden.

Während der Saison müssen täglich von beiden Auftragsarten bis zu insgesamt zehn Touren gefahren werden. **Die Kapazität des eigenen Silo-LKWs reicht also nicht aus, so dass auch Frächter eingesetzt werden müssen.**

Die Frage ist nun: Welche Tour soll in Engpasszeiten durch Frächter und welche durch den eigenen Silo-LKW gefahren werden, damit der Gesamtgewinn am größten ist?

Berechnungsgrundlagen

Im **Kostenstellenblatt** auf der nächsten Seite werden zunächst die **relevanten Kosten des eigenen Silo-LKW** ermittelt. **Relevant sind** unter diesen Bedingungen **sämtliche kilometerabhängigen Kosten und jene Personalkosten des Chauffeurs, die auf die Einsatzzeit entfallen.** Alle übrigen zeitabhängigen Kosten, wie Versicherung, Zinskosten, anteilige Verwaltungskosten usw., sind nicht relevant, weil sie unabhängig von der Einsatzentscheidung anfallen. **Die relevanten kilometerabhängigen Kosten betragen 2,70 GE/Einsatzkilometer, die relevanten zeitabhängigen Kosten 40 GE/Einsatzstunde.**

Kostenstellenblatt für LKW

Kostenstelle	Anschaffungsjahr	1998	Kalkuliert	
Silo-LKW	Anschaffungswert	440000 GE	am:	1/2000
	Wiederbesch. Wert	480.000 GE		
	Nutzungsdauer	10 Jahre	von:	Krali
	Liquidationserlös	GE		
Sonstiges	Fahrer	Hr. Dieselbrummer		
	Kennzeichen			
	Kapazität	10 Tonnen		

		Kosten in 1.000 GE		
		Gesamt	km-abhängig	zeitabh.
Personalkosten	AWStd.:___ (_____GE)			
	LNK _____%			
	Üstd.:_____ (_____GE)		relevant	80
	LNK _____%	95		
	Fahrgeld		nicht relevant	(15)	nicht rel.
	Trennung			
	Prämie			
Dieselverbrauch	__ l/100 km 1l = ____ GE	40	40	
Ölverbrauch	__ l/100 km 1l = ____ GE	2	2	
Ölverbrauch	__ l/p.a. 1l = ____ GE			
Hydrauliköl	__ Liter 1l = ____ GE			
Instandhaltung	__ h eigene Werkstätte			
	Fremdwerkst.	25	25	
	Material	4	4	
Bereifung	1 Garnitur/_____km	12	12	
	1 Garnitur/_____GE			
Steuern	_____GE p.m.	2	(2)	nicht rel.
Garage		4	(4)	nicht rel.
Versicherung		11	(11)	nicht rel.
Kalk. Abschreibung		48	24	(24)	nicht rel.
Kalk. Zinsen	7% v. WBW/2 bzw. RBW	17	(17)	nicht rel.
Verwaltung-Betr.allg.		6	(6)	nicht rel.
SUMME	**relevant**	( )	107	80
Einsatzkilometer/Einsatzstunden		( )	40.000	2.000
	Prognosekostensatz	( )	2,68	40,--	relevant
	Verrechnungssatz	( )	2,70	40,--	relevant

LNK = Lohnnebenkosten; AWStd. = Anwesenheitsstunden;
WBW = Wiederbeschaffungswert; RBW = Restbuchwert

Lösung

Für die richtige Einsatzentscheidung sind folgende Grundsätze zu beachten:

1. Die relevanten Kosten des Silo-LKW je Fuhre und Leistungsart sind zu ermitteln.
2. Die eigenen relevanten Kosten sind von den relevanten Kosten des Frächters (Angebotspreis) abzuziehen.
3. Die restlichen relevanten Kosten (= Differenz der relevanten Kosten) sind durch die Einsatzstunden zu dividieren.
4. Die Leistungsart mit dem höchsten Quotienten ist die förderungswürdigste für den Eigeneinsatz des Silo-LKW.
5. Die Entscheidungen sind falsch bzw. können falsch sein, wenn man zwar die eigenen relevanten Kosten errechnet, diese aber nicht vom Angebotspreis der Frächter in Abzug bringt bzw. wenn man Vollkostenvergleiche anstellt.

Die Entscheidungsgrundlagen auf einen Blick

	Leistungsart	
	Zement	Steinmehl
Kilometer je Leistungsart	60	100
Einsatzstunden je Leistungsart	2	3
Relevante Eigenfuhrparkkosten		
• km.-abhängig	162,-	270,-
• zeitabhängig	80,-	120,-
• Gesamt	242,-	390,-
Anbotspreis des Frächters	320,-	570,-

Richtige Entscheidungen durch Entscheidungstableau

	Leistungsart	
	Zement	Steinmehl
Anbotspreis des Frächters	320,-	570,-
- Relevante Eigenfuhrparkkosten	242,-	390,-
= Differenz relevante Kosten/Leistungsart	78,-	180,-
: Einsatzstunden	2 h	3 h
= Differenz relevante Kosten/Einsatzstunde	39,-	60,-
Priorität bei richtiger Entscheidung	2.	1.

Aus dem Entscheidungstableau ist ersichtlich, dass in Engpasszeiten Steinmehl immer mit dem eigenen Silo-LKW transportiert werden soll, Zement hingegen durch Frächter. Bei zehn Fuhren können bei richtiger Entscheidung 1.020 GE eingespart werden [(180 - 78) x 10].

Entscheidungsgrundlagen: Eigenfuhrpark - Frächter

	Relevante Eigenfuhrparkko. versus Frächterkosten	Differenzkosten	Stundenbindung je Fuhre	Differenzkosten je Stunde
Eigenfuhrpark:				
• Zement	242	78	2	39
• Steinmehl	390	180	3	60
Frächter:				
• Zement	320			
• Steinmehl	570			

	Verfügbare Engpasskapazität
	40
Eigenfuhrpark:	
• 10 Steinmehl	10
• 5 Zement	0
Frächter:	
• 7 Zement	0

Die Wochenkapazität des eigenen Silo-LKW beträgt 40 Stunden. Insgesamt müssen zehn Steinmehl-Touren und zwölf Zement-Touren gefahren werden. Es sollten sämtliche zehn Steinmehl-Touren und fünf der zwölf Zement-Touren selbst gefahren und die restlichen sieben Zement-Touren fremd vergeben werden; das ist die kostengünstigste Lösung.

10.9. Verlustquellen aufdecken durch differenzierte Abweichungsanalyse

Ziel

In der modernen, controllingorientierten Kosten- und Ergebnisrechnung spielt die Abweichungsrechnung eine besonders wichtige Rolle, weil für die Manager nicht nur das Periodenergebnis interessant ist, sondern auch die (negativen und positiven) Ursachen, die zu dem Ergebnis geführt haben. Oft weicht das Ist- vom Plan-Ergebnis nicht ab, weil sich die einzelnen Abweichungsarten gegenseitig aufheben. Ohne detaillierte Abweichungsanalyse würde man glauben, alles sei in

Ordnung. Dieser Glaube könnte für das Unternehmen unangenehme Folgen haben, weil man keinen Anlass sieht, die nicht sichtbaren Fehlerquellen sofort auszuschalten. Fehlerquellen erkennt man aber nur durch eine differenzierte Abweichungsanalyse.

Die wichtigsten Abweichungsarten
Die nachstehende Tabelle fasst die **wichtigsten Abweichungsarten** zusammen und gibt Hinweise darüber, in welchem Kapitel dieses Buch nähere Einzelheiten über einige Abweichungsarten nachgelesen werden können.

Abweichungsart		Einzelheiten siehe
EINZELKOSTEN	- Abweichung	
GEMEINKOSTEN	- Abweichung	Kapitel 10.1.6.
PREIS	- Abweichung	
(Verkaufs- u. Materialpreis)		
VERBRAUCHS	- Abweichung	
BESCHÄFTIGUNGS	- Abweichung	Kapitel 10.4.
INTENSITÄTS	- Abweichung	
LOSGRÖSSEN	- Abweichung	Kapitel 12.2.3.3.
MISCHUNGS	- Abweichung	Kapitel 14.5.3.
VERFAHRENS	- Abweichung	Kapitel 10.7.
PRODUKTIONSPROGRAMM	- Abweichung	Kapitel 14.5.2.

10.10. Typische Unterscheidungsmerkmale zwischen Kostenrechnung und Investitionsrechnung

Kostenrechnung und Investitionsrechnung sind zwei wichtige Säulen für den betrieblichen Entscheidungsprozess. Weil in der Praxis oft die Unterschiede nicht so klar sind, werden in der folgenden Tabelle fünf typische Unterscheidungsmerkmale herausgearbeitet:

Unterscheidungs-merkmal	Kostenrechnung	Investitionsrechnung
Bezugspunkt	Gesamtbetrieb	Ein einzelnes Investitionsobjekt
Rechnungsgrößen	Kosten und Erlöse	Ausgaben und Einnahmen
Kontinuität der Durchführung	Wird kontinuierlich, meist in monatlichen Intervallen durchgeführt	Wird fallweise (nur bei Bedarf), also diskontinuierlich durchgeführt
Planungshorizont	Wird für die (meist einjährige) Planungsperiode durchgeführt	Wird für die gesamte (meist mehrjährige) Nutzungsdauer durchgeführt
Rechenziel	Kurz- und mittelfristige Planung, Steuerung und Kontrolle des Gesamtunternehmens	Feststellung der absoluten und relativen Vorteilhaftigkeit eines Investitionsobjektes durch internen Zinsfuß, Kapitalwert und Kapitalrückfluss, eventuell durch Risikoanalyse

10.11. Aktuelle Entwicklungen in der Kostenrechnung

Es gibt in den letzten Jahren in folgenden Bereichen der Kostenrechnung eine Entwicklung, die ein dynamischer Geschäftsführer im Auge behalten sollte:

* Prozesskostenrechnung
* Target Costing
* Logistikkostenrechnung
* Qualitätskostenrechnung
* CIM und Kostenrechnung
* Expertensysteme und Kostenrechnung

Anschließend werden alle fünf Bereiche stichwortartig erläutert, um einen groben Überblick zu geben. Für einen tieferen Einstieg empfehlen sich vor allem das "Handbuch Kostenrechnung" von Männel und die beiden Target-Costing-Bücher von Horvath (Hrsg.) und Gleich (siehe Kapitel 10.12. "Top-Literatur für den Geschäftsführer"). Zahlreiche Praxisbeiträge über die neuesten Entwicklungen in der Kostenrechnung erscheinen regelmäßig in der "Kostenrechnungspraxis" (KRP) und im "io-Management". Diese beiden Fachzeitschriften kommen zweimonatlich bzw. monatlich heraus (siehe Kapitel 10.12.).

10.11.1. Prozesskostenrechnung (PKR)

Die Prozesskostenrechnung kommt aus den USA, wo sie Activity Based Costing (ABC) heißt. Im Prinzip geht es um Folgendes: die herkömmlichen Kalkulationsmethoden sind volumenorientiert und verzerren die Kostenzuordnung beachtlich, wenn sie auf Produkte mit unterschiedlicher Größe angewendet werden. Deshalb sollte man die Kosten im Verhältnis der durch das Produkt verursachten Aktivitäten zuordnen; das ist verursachungsgerechter und wird eigentlich in Europa von einigen "fortschrittlichen" Unternehmungen bereits seit Jahrzehnten praktiziert. Die meisten Produktionsfirmen verwenden allerdings die klassische Zuschlagskalkulation für Industriebetriebe. Bei diesem Kalkulationsschema, das im Kapitel 10.1. (Fallbeispiel Schuhfabrik) angewendet worden ist, werden die Gemeinkosten den Produkten nicht sehr verursachungsgemäß zugeordnet. Die durch das Schema vorgegebenen Bezugsgrößen sind größtenteils unrichtig:

1. Die Materialgemeinkosten sind sicher nicht von der Höhe des Materialeinsatzes abhängig. Der Materialeinsatz ist beim Stiefel viermal so hoch wie beim Damenschuh. Fallen deshalb viermal so hohe Personalkosten oder Raumkosten der Lagerhaltung an? Sicher nicht. Ein besserer Zuordnungsschlüssel für Materialgemeinkosten könnte die Menge erzeugter Schuhpaare, unabhängig vom Materialeinsatz, sein.

2. Die **Verwaltungs- und Vertriebsgemeinkosten** sind nicht von der Höhe der Herstellkosten abhängig, weil die Herstellkosten stark von der Höhe der Materialkosten geprägt sind. **Eine bessere Bezugsgröße** wären wahrscheinlich die

   - **Fertigungskosten für die Verwaltungskosten und die**
   - **Anzahl der verkauften Paare (eventuell Äquivalenzpaare) für die Vertriebsgemeinkosten.**

Obwohl die hier in Bezug auf den Nutzen einer Prozesskostenrechnung angestellten Überlegungen unvollständig und eher oberflächlich sind, ergeben sich gegenüber dem traditionellen Ansatz (siehe Kapitel 10.1.) wesentliche Änderungen in den Ergebnissen. So gesehen ist Activity Based Costing wichtig, wenn die Ergebnisse der Kostenrechnung für Entscheidungen dienen sollen. Die ABC-Veränderungen bei der Schuhkalkulation sind so stark, dass sich sogar das gewinnmaximale Produktionsprogramm, das normalerweise nicht sehr sensibel ist, anders zusammensetzt.

Laut Kapitel 14.5.2.3. beträgt die gewinnmaximale Produktkombination bei den Deckungsbeiträgen von 70 GE, 120 GE bzw. 170 GE für Damen-, Herrenschuhe und Stiefel:

    3.000 Damenschuhe
      300 Herrenschuhe
    1.100 Stiefel

Der Gesamt-DB beträgt 433.000 GE. Kapazitäten sind weder in der Stepperei noch in der Bodenabteilung frei.

TRADITIONELLE VERSUS ABC-KALKULATION (Kapitel 10.1., Fallbeispiel Schuhfabrik)

| | DAMENSCHUHE (JE PAAR) | | | | HERRENSCHUHE (JE PAAR) | | | | STIEFEL (JE PAAR) | | | |
| | TRADITIONELL | | ABC | | TRADITIONELL | | ABC | | TRADITIONELL | | ABC | |
	Vollk.	Grenzk.	Vollk.	Grenzk.	Vollk.	Grenzk.	Vollk.	Grenzk.	Vollk.	Grenzk.	Vollk.	Grenzk.
Fertigungsmaterial	50	50	50	50	100	100	100	100	200	200	200	200
+ MGK	10	5	20	10	20	10	20	10	40	20	20	10
+ Fertigungskosten STE			21	5			42	10			84	20
+ Fertigungskosten BO			38	5			57	7,50			19	2,50
= Herstellkosten	119	65	129	70	219	127,50	219	127,50	343	242,50	323	232,50
+ Verwaltungsgemeink.	11,90	-	14,75*)	-	21,90	-	24,75*)	-	34,30	-	25,75*)	-
+ Vertriebsgemeink.	11,90	3,90	20,00**)	7,50	21,90	7,65	20,00**)	7,50	34,30	14,55	20,00**)	7,50
= Selbstkosten/Grenzk.	142,80	68,90	163,75	77,50	262,80	135,15	263,75	135,00	411,60	257,05	368,75	240,00

Unterschiede:

	Damen Vollk.	Damen Grenzk.	Herren Vollk.	Herren Grenzk.	Stiefel Vollk.	Stiefel Grenzk.
- ABC ist höher in GE	20,95	8,60	0,95			
- ABC ist niedriger in GE				0,15	42,85	17,05
- ABC ist höher in %	14,70	12,50	0,40			
- ABC ist niedriger in %				0,11	10,40	6,60

*) 25% (80.000 GE) der Fertigungskosten STE + BO (320.000 GE) (siehe Seite 525)
**) 80.000 GE/4.000 Paar Schuhe = 20 GE (siehe Seite 525)

Werden die Gemeinkosten prozessorientiert (ABC) zugeordnet, dann ergeben sich folgende Deckungsbeiträge je Paar:

	DB (ABC)	Neue, DB-maximale Produkt-Mengen-Kombination
DA	61,40	571 Paar
HE	120,15	2.000 Paar
ST	187,05	857 Paar

Der Gesamt-DB bei der neuen Produkt-Mengen-Kombination ist um 2.660 GE, das sind 0,6%, höher als bei der alten. Restkapazitäten sind hier keine frei.

Die Gemeinkosten steigen von Jahr zu Jahr, und damit die Fixkosten. Mit steigenden Fixkosten erhöhen sich auch die Deckungsbeiträge, und hier ergibt sich zunehmend ein echtes Problem. Keine Angst, die PKR ersetzt die DB-Rechnung nicht! Die **DB-Rechnung** ist nach wie vor **wichtige Grundlage für kurz- und mittelfristige Entscheidungen**. Aber für strategische Langfristentscheidungen hat die DB-Rechnung Probleme damit, immer größer werdende Produkt- bzw. Auftragsdeckungsbeiträge richtig, nämlich verursachungsgemäß zu interpretieren. Hier springt die PKR in die Presche. In der PKR werden die großen Gemeinkostenblöcke der einzelnen Bereiche nicht auf Kostenstellen, sondern verursachungsgerechter auf einzelne Teilprozesse verteilt. Dadurch kann die Produktkalkulation genauer durchgeführt werden, was zu besseren Preis- und Sortimentsentscheidungen führt.

Die Zusammenfassung der Gemeinkosten nach Prozessen erhöht außerdem die Transparenz und fördert so das Kostenbewusstsein. Ein Benchmarking ist viel effizienter durchführbar, weil etwa fünf verschiedene Teilprozesssätze im Einkauf (z.B. Rahmenverträge abschließen oder Gemeinkostenmaterial bestellen) viel mehr ausdrücken als z.B. ein Materialgemeinkostensatz von 6,5%.

Kostenstelle Einkauf

Teil-prozess-nummer	Teilprozess	Gebundene Jahres-kapazität	Anteilig zugeordnete Kosten	Prozess-menge p.a.	Prozess-kostensatz
1	Rahmenverträge abschließen	0,5 MJ	400.000	100	4.000
2	Abrufe über Rahmenverträge	1,5 MJ	1.200.000	3.000	400
3	Bestellungen Serien-material Einzelbestellung	3 MJ	2.400.000	1.000	2.400
4	Bestellungen Gemeinkostenmaterial	2 MJ	1.600.000	2.000	800
5	Kontakte mit Lieferanten halten	1 MJ	800.000	160	5.000
Σ		8 MJ	6.400.000		

MJ = Mannjahre

Die Teilprozesse werden anschließlich in Hauptprozesse verdichtet.

In der Produktkalkulation wird nun die jeweilige Prozessmenge mit den entsprechenden Prozesskosten multipliziert und dem Produkt angelastet; das ist wesentlich verursachungsgerechter als ein so genannter Materialgemeinkostenzuschlag in einem Prozentsatz vom Materialeinsatz.

Die PKR erlaubt also die Planung, Steuerung und Kontrolle der Gemeinkosten und eine verursachungsgemäße Zuordnung in der Kalkulation. Sie

- führt Tätigkeitsanalysen durch,
- ermittelt Teilprozesse,
- verdichtet Teilprozesse in Hauptprozesse,
- bestimmt so genannte Kostentreiber und
- ermittelt schließlich die Prozesskostensätze.

Der Grundgedanken der PKR besteht primär darin, die großen und von Jahr zu Jahr größer werdenden Gemeinkostenblöcke in den indirekten Bereichen produkt- und leistungsbezogenen Prozessen zuzuordnen.

Die **PKR** ist kein neues Kostenrechnungssystem, sondern eine **Erweiterung der traditionellen Kostenrechnung um eine Prozessanalyse**.

PKR ist eine **Vollkostenrechnung mit Kostenanalyse** in den Gemeinkosten-bereichen. Sie zielt nicht auf die Optimierung kurz- und mittelfristiger Entscheidungen ab und steht somit nicht in Konkurrenz zur DB-Rechnung; sie ergänzt diese lediglich im Langfristbereich (z.B. Sortimentsnetzpolitik). Durch PKR können strategische Fehler vermieden und unwirtschaftliche Strukturen und Abläufe aufgezeigt werden. Die genaue Kenntnis der Prozesse aber ist ein wichtiger erster Schritt für Kostensenkungsmaßnahmen.

10.11.2. Target Costing

Die Unterschiede bzw. Zusammenhänge zwischen Target Costing und Prozesskostenrechnung stellt Horvath (Hrsg.) wie folgt dar:

Target Costing versus Prozesskostenrechnung

Target Costing	Prozesskostenrechnung
Integrierte Produkt- und Kostenplanungsmethodik in der Entwicklungsphase	Kostenrechnungsverfahren für Gemeinkosten (Planung, Steuerung und Verrechnung von Gemeinkosten-Prozessen)
Untersuchung der vom Markt gewünschten Leistungen und des erzielbaren Preises	Analyse der abteilungsübergreifenden Prozesse im Gemeinkostenbereich und deren Cost Driver
Bestimmung der erlaubten Kosten	Zuordnung von Teilprozessen aus den Kostenstellen einschließlich deren Kapazitäten und Kosten
Herunterbrechen der Target Costs über Produktfunktionen auf Produktkomponenten	Strukturierung des gesamten Gemeinkostenvolumens nach Prozessen, deren Kosten und Kosteneinflussfaktoren
Planung der Komponentenkosten differenziert nach: • Fremdbezugskosten • Fertigungskosten • Verrechnete F&E-Kosten • Verrechnete Investitionen • Verrechnete Gemeinkosten	Verwendung der Prozesskosten: • Für die Budgetplanung und -steuerung in den Gemeinkostenbereichen • Für das Kostenmanagement • Für die verursachungsgerechte Produktkalkulation • Im Rahmen des Target Costing, um Neuprodukte gemeinkostenoptimal zu gestalten
Festlegung des Feindesigns	Aufbau eines integrierten Gemeinkostenmanagements auf Basis von Prozesskosten

Quelle: Mayer, Reinhold in: Horvath (Hrsg.), Target Costing, Schäffer Poeschel, 1999

Die ständige Zunahme der Gemeinkosten in den indirekten Bereichen (z.B. F&E, Buchhaltung, Logistik, Arbeitsvorbereitung, Produktionsplanung, Qualitätssicherung, Auftragsabwicklung, Vertrieb usw.) zwingt zu einem Umdenken bzw. Ergänzungsdenken in der Kostenrechnung. Die Leistungen (Prozesse) sind in den indirekten Bereichen ebenso wichtig für den Gesamterfolg wie das effiziente Produzieren. Bei den traditionellen Kostensystemen steht aber nur für die Tätigkeitsbereiche der Produktion und Fertigung ein ernsthaftes Mengengerüst zur Verfügung; alle Hilfsbereiche werden mehr oder weniger willkürlich, also eher falsch und damit verzerrend, den Produkten und Leistungen zugeordnet.

Target Costing "zwingt" zu Kostenanalysen, weil man gleichsam unter dem Preisdruck der Konkurrenz steht. Not macht bekanntlich erfinderisch. Beim Target Costing ist der Kostenvergleich der Teilprozesse sehr hilfreich bei den Bemühungen, Kostenpotentiale zu reduzieren.

Beim Durchforsten der Kalkulationen ergeben sich sowohl bei den Produkt- als auch bei den Montagestandardkosten große Differenzen zu den Zielkosten, die rasch abgebaut werden sollten.

Produkt- und Montagekostensenkung durch Target Costing

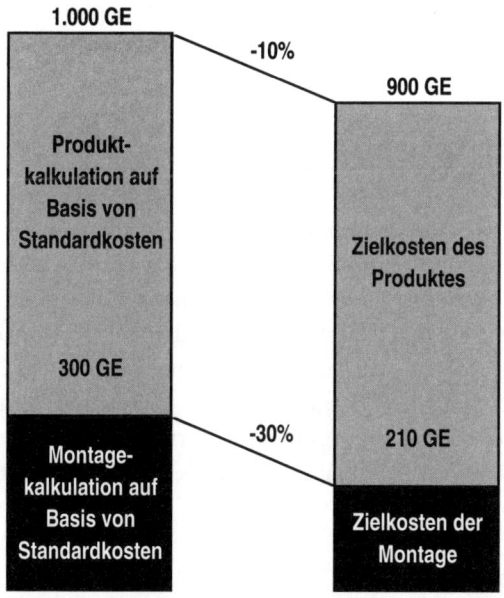

Weil der Preis eines Produktes nicht kalkuliert werden kann, sondern vom Markt bestimmt wird, hat sich Target Costing entwickelt. Hier lautet die sehr praxisnahe, einfache Zielsetzung:

"Wie viel darf das Produkt bzw. der Auftrag kosten?"

Beispiel:

Target Price bzw. Zielverkaufspreis
(= am Markt erzielbarer Preis)
- geplanter Gewinn
= TARGET COSTS (= Zielkosten)

10.11.3. Logistikkostenrechnung

Activity Based Costing (ABC) oder Prozesskostenrechnung beschäftigt sich mit der prozess- oder aktivitätsbezogenen kostenmäßigen Erfassung von Gemeinkostenbereichen. Ein erheblicher Teil dieser Gemeinkosten, nämlich ein Viertel bis ein Drittel, entfällt auf die Logistik (siehe Männel, Handbuch Kostenrechnung, Seite 879). Eine Logistikkostenrechnung deckt somit einen wesentlichen Teil des Erfahrungs- und Erkenntnisstandes einer Prozesskostenrechnung ab. Auch hier geht es um verursachungsgemäßere Kostenzuordnung auf die Artikel, um die so genannte logistikgerechte Kalkulation.

10.11.4. Qualitätskostenrechnung

Fast alle Kaufentscheidungen sind stark von Qualität und Preis geprägt. Die Qualität hat erheblichen Einfluß auf die Kosten. Umfragen in der Maschinenbauindustrie haben ergeben, dass die "Qualitätskosten" einen fünf bis fünfzehnprozentigen Anteil an den Herstellkosten haben. Die Aufgabe der Qualitätskostenrechnung ist es, auf eine Ausgewogenheit zwischen den Qualitätserfordernissen des Marktes und den betrieblichen Möglichkeiten zu achten. Weil es in keinem Kostenrechnungssystem eine Kostenart "Qualitätskosten" gibt, erfordert die Auseinandersetzung mit "Qualitätskosten" eine Sonderrechnung auf Basis des vorhandenen Kostenrechnungssystems (siehe Männel, Handbuch Kostenrechnung, Seite 900).

10.11.5. CIM und Kostenrechnung

Unter CIM (Computer Integrated Manufacturing) versteht man die computergestützte, integrierte Verarbeitung von Informationen für spezielle technische und betriebswirtschaftliche Planungs-, Steuerungs- und Kontrolltätigkeiten in Industrieunternehmungen.

In traditionellen Industriebetrieben sind die Funktionsbereiche (z.B. Einkauf, Materialverwaltung, Konstruktion, Kostenrechnung und Kalkulation, Fertigung, Vertrieb usw.) streng voneinander abgegrenzt, was zu zeitaufwendigen Abstimmungsarbeiten führt. Ziel von CIM in der Kostenrechnung ist, sogenannte Datenketten unter Einbeziehung aller Unternehmensprozesse vom Entwurf über die Fertigung bis zur Auslieferung der Produkte zu bilden und dadurch den Ablauf wesentlich zu beschleunigen. Alle CIM-Konzepte sollten um einen Kostenrechnungsbaustein erweitert werden, um Produktionsmaßnahmen betriebswirtschaftlich beurteilen zu können.

10.11.6. Expertensysteme und Kostenrechnung

Wissensbasierte Systeme beginnen seit einigen Jahren zögernd im Bereich Kostenrechnung Einzug zu halten. Expertensysteme in der entscheidungsorientierten Kostenrechnung können den Anwender bei Analysen aktiv in Form "intelligenter" Hinweise auf besonders beachtenswerte Datenkonstellationen aufmerksam machen. Dies geschieht mit Hilfe von Daten- und Methodenbanken (siehe Männel, Handbuch Kostenrechnung, Seite 1210).
Für das Controlling so wichtigen Ursachenanalysen können mit wissenbasierten Systemen effizient gelöst werden. Auch die Multiplen Diskriminanzanalysen (klassische analytische Trennverfahren) werden neuerdings durch Neuronale Netze (künstliche Intelligenz) schrittweise ersetzt.

10.12. Top-Literatur für den Geschäftsführer

Bereich: Kostenrechnung, Kalkulation, Erfolgsrechnung

Titel	Autor	Verlag	Auf-lage	Sei-ten
Costing, An Introduction	Drury	Chapman & Hall	3/94	494
Gabler Lexikon Wirtschaftlichkeitsrechnung	Oppitz	Gabler	1/94	632
Gewinnmanagement	Deyhle, Bösch	Moderne Industrie	5/85	698
Grundlagen der Kalkulation	Kralicek	Ueberreuter	1/94	111
Handbuch Kostenrechnung	Männel	Gabler	1/92	1.532
Know-How der Unternehmensplanung	Michel	Sauer + Industrielle Organisation	1/86	480
Kosten- und Leistungsrechnung für Fortgeschrittene, Intensivkurs	Röhrenbacher	Service Fachverlag WU Wien	1/87	300
Kosten-, Leistungs-, Erlös- und Ergebnisrechnung	Männel	Gabler	6/90	255
Kostenrechnung 1-3	Schönfeld	Poeschel	7/79	466
Kostenrechnung und Controlling	Seicht (Hrsg.)	Linde	2/94	392
Kostenrechnung und Kostenanalyse	Coenenberg	Moderne Industrie	2/93	534
Kostenrechnungshandbuch	Mandl	Orac	1/78	288
Kostenrechnungslexikon	Fäßler, Rehkugler, Wegenast	Moderne Industrie	3/73	512
Moderne Kosten- & Leistungsrechnung	Seicht	Linde	1/76	576
Modernes Kostenmanagement	Männel, Müller (Hrsg.)	Gabler	1/95	176
Neue Konzepte für das Kostenmanagement	Vikas	Gabler	2/93	224
PC-gestützte Kostenrechnung	Männel	Gabler	1/91	204
Systeme der Kostenrechnung	Schweitzer, Küpper	Moderne Industrie	4/85	476

Bereich: Kostenauflösung

Titel	Autor	Verlag	Auflage	Seiten
Break-even Analysen Grundmodell, Varianten, Erweiterungen	Schweitzer, Trossmann	Poeschel	1/86	314
Kosten und Leistungsrechnung für Fortgeschrittene, Intensivkurs	Röhrenbacher	Service Fachverlag WU Wien	1/87	300

Bereich: Break-Even-Analyse

Titel	Autor	Verlag	Auflage	Seiten
Break-even-Analysen - Grundmodell, Varianten, Erweiterungen	Schweitzer, Trossmann	Poeschel	1/86	314
Gewinnmanagement	Deyhle, Bösch	Moderne Industrie	5/85	698

Bereich: Eigenfertigung versus Fremdbezug

Titel	Autor	Verlag	Auflage	Seiten
Entscheidung zwischen Eigenfertigung und Fremdbezug in der Praxis	Männel	Neue Wirtschaftsbriefe	1/73	297
Industriebetriebslehre (EF/FB: Seite 543-577)	Jacob	Gabler	2/83	852

Bereich: Target Costing

Titel	Autor	Verlag	Auflage	Seiten
Target Costing	Horvath (Hrsg.)	Schäffer/Poeschel	1/99	
Target Costing für die montierende Industrie	Gleich	Vahlen	99	

Periodika, die sich regelmäßig mit Kostenrechnungsproblemen befassen

Titel	Verlag	Erscheint
io Management	Betriebswissen-schaftliches Institut der ETH Zürich	monatlich
KRP Kostenrechnungspraxis	Gabler	2-monatlich
RWZ Rechnungswesen aktuell	Orac	monatlich
WISU das Wirtschaftsstudium	Lange, Düsseldorf	monatlich
ZfB Zeitschrift für Betriebswirtschaft	Gabler	monatlich

11.

Das Problem bei der Investitionsrechnung besteht nicht im Rechnen, sondern im Strukturieren. Die Autoren schätzen, dass sich der Zeitaufwand bei der Beurteilung von Investitionsprojekten wie folgt verteilt:

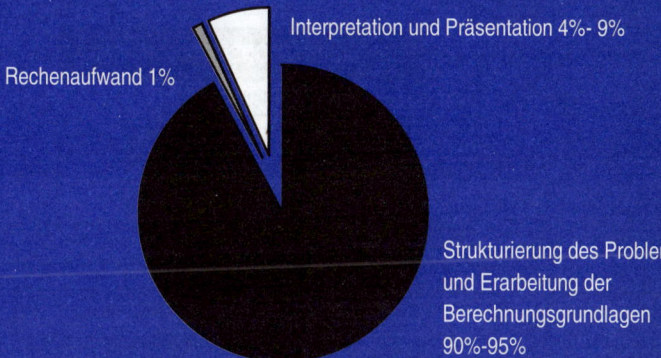

Interpretation und Präsentation 4%- 9%

Rechenaufwand 1%

Strukturierung des Problems und Erarbeitung der Berechnungsgrundlagen 90%-95%

Also, keine Angst vor dem Rechnen! Das ist untergeordnet.

Investitions-
entscheidungen

Alle Lösungsinstrumente der Investitionsrechnung

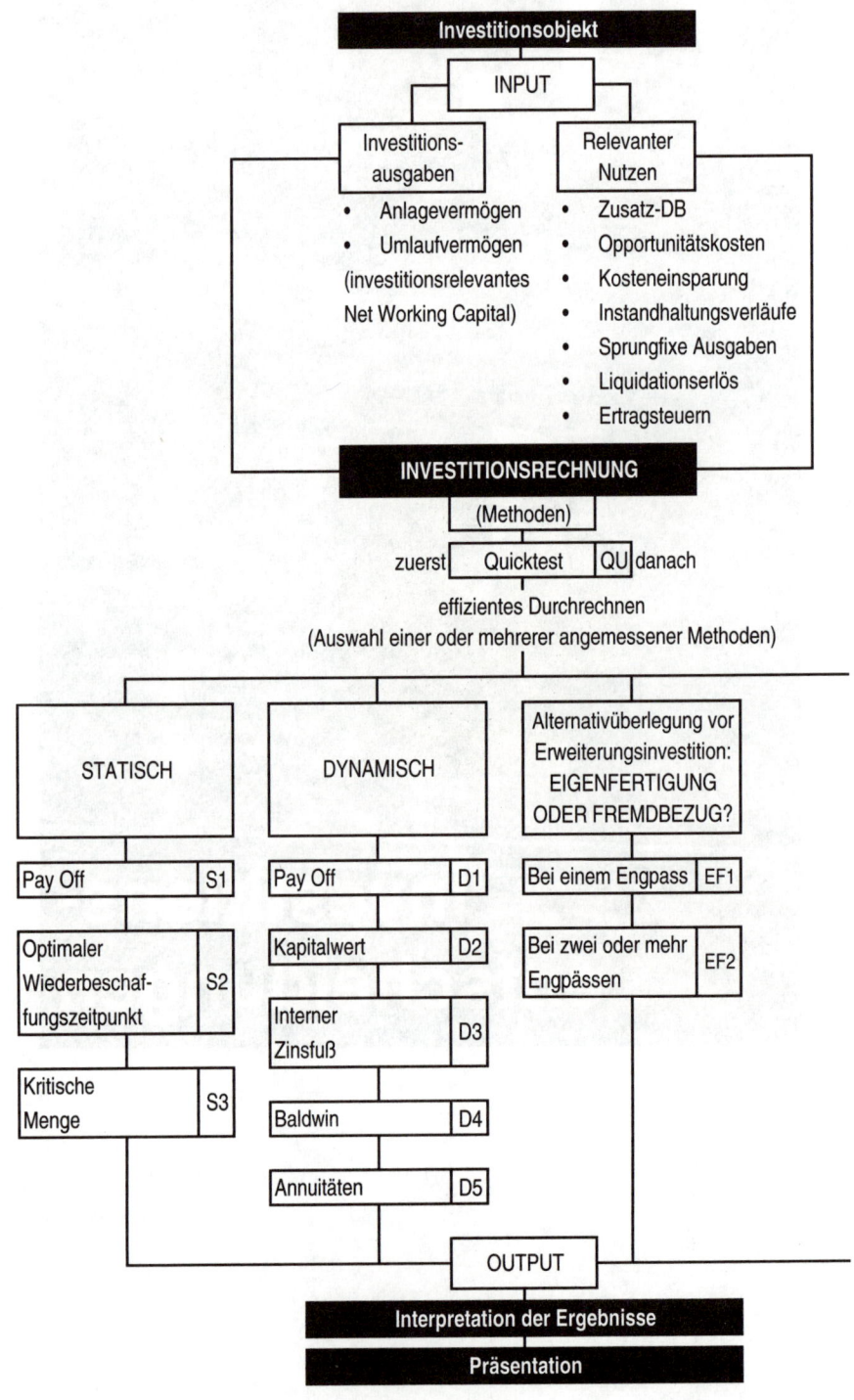

Alle Lösungsinstrumente der Investitionsrechnung

☞ Das Schema zeigt die vielen Lösungsinstrumente der Investitionsrechnung auf. Alle hier angeführten Input- und Output-Module
werden in diesem Buch praxisbezogen dargestellt und erläutert.

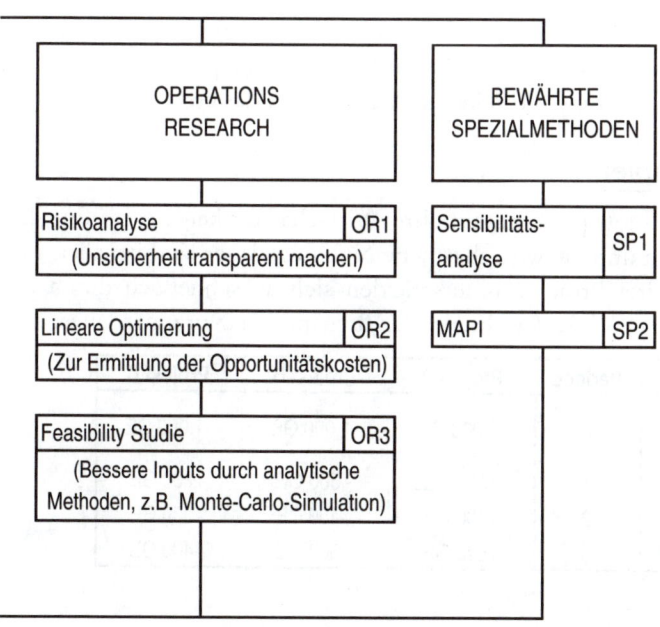

Einleitung, Zielsetzung

Investitionsentscheidungen und mit ihnen der gesamte Prozess der Entscheidungs-vorbereitung gehören zu den wichtigsten unternehmerischen Aufgaben, weil durch sie langfristig große Geldbeträge gebunden werden. Bei Fehlentscheidun-gen leiden sowohl die Rentabilität als auch die Liquidität über mehrere Jahre, im Extremfall kann sogar die Existenz gefährdet sein.

In der Praxis ist die Qualität der Investitionsentscheidung Grundvoraussetzung für eine günstige Unternehmensentwicklung. Leider gibt es viele Betriebe, die Vorbereitung und Durchführung von Investitionen mangelhaft und sorglos behandeln und deshalb scheitern.

Ziel dieses Kapitels ist es, **den Geschäftsführer vor typischen Praxisfehlern zu warnen**, so dass gravierende, die Existenz des Unternehmens gefährdende Fehlentscheidungen, sofern sie aus dem Bereich "Strukturierung des Problems - Aufbereitung des Zahlenmaterials - Auswahl des richtigen Instrumentariums" stammen, vermieden werden können. Die Entscheidung selbst wird dem Ge-schäftsführer nicht abgenommen.

11.1. Worum geht es eigentlich bei der Investitionsrechnung?

Aufgabe der Investitionsrechnung ist es, die Ausgaben- und Einnahmenströme während der Nutzungsdauer, verteilt auf Jahresperioden, so gegenüberzustellen, dass die Einnahmenüberschüsse (= investitionsrelevante(r) Cash-Flow(s) bzw. Nutzen) der einzelnen Jahre eine Aussage in Bezug auf die Vorteilhaftigkeit des Investitionsprojektes erlauben. Ein kleines Beispiel soll das erläutern.

Einführungsbeispiel

Es sind drei Investitionsprojekte auf ihre Wirtschaftlichkeit zu prüfen. Die Investitionsausgaben und die wirtschaftliche Nutzungsdauer sind bei allen Pro-jekten gleich. Die drei Projekte unterscheiden sich ausschließlich durch den Nutzen(= Cash-Flow)-Verlauf während der dreijährigen Nutzungsdauer:

Beispiel	Periode	Projekt A	Projekt B	Projekt C
Investitions-ausgaben	0	-1.000 GE	-1.000 GE	-1.000 GE
Investitions-relevanter Cash-Flow	1	+300 GE	+500 GE	+200 GE
	2	+400 GE	+400 GE	+300 GE
	3	+500 GE	+300 GE	+400 GE

Der Inhalt der nebenstehenden Tabelle wird hier graphisch dargestellt:

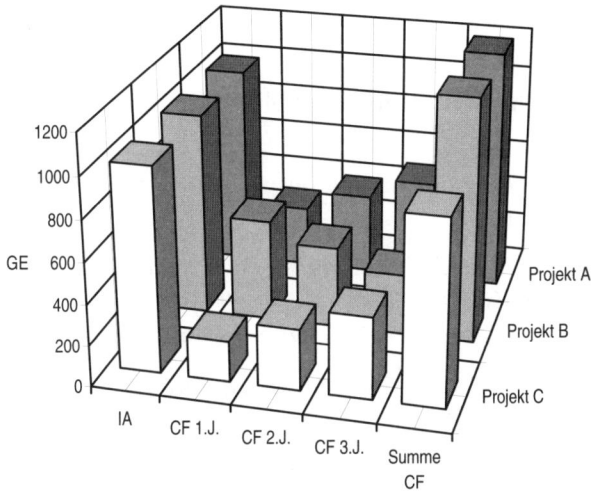

Interpretation

Die Lösung erfolgt zunächst statisch, das heißt ohne Berücksichtigung des Zeitfaktors, und anschließlich dynamisch, also unter Berücksichtigung einer finanzmathematischen Verzinsung.

- **Statische Aussage (laut obigem Schaubild)**

  Die einzig mögliche Aussage bei statischer Betrachtung lautet:

  - Der **Kapitalrückfluss** für die Investitionsausgaben (IA) bei Projekt

	A	B	C
erfolgt	Ende 3. Jahr	Anfang 3. Jahr	nach Ende des 3. Jahres

  Die **relative Förderungswürdigkeit** der drei Investitionsprojekte

	A	B	C
ist daher	2. Rang	1. Rang	3. Rang (auf jeden Fall unwirtschaftlich)

- **Dynamische Aussage (aufgrund von Zinseszinsrechnungen)**

  - Der **Kapitalrückfluss** für die Investitionsausgaben

	A	B	C
erfolgt	> 3 Jahre	2-3 Jahre	> 3 Jahre

  - Die **Verzinsung** der Investitionsausgaben (IA)

	A	B	C
beträgt	8,90%	10,70%	-4,60%

Wie man zu den Ergebnissen der dynamischen Methoden kommt, wird in Kapitel 11.4.3. genau erläutert.

11.2. Wie wird ein Investitionsproblem strukturiert?

Eine gute Strukturierung des Investitionsproblems ist aus folgenden Gründen von großer Bedeutung:

1. Überprüfung (Plausibilitätskontrolle) und Vollständigkeitskontrolle aller Eingabedaten (Inputs)
2. Gute Nachvollziehbarkeit (besonders wichtig für die Projektprüfer)

In der Praxis hat sich für die Strukturierung von Investitionsproblemen die **Tabellenform gut bewährt.**

Zunächst muss ein Fragenkatalog erstellt werden, der beim Interview mit den sachkundigen Auskunftspersonen auszufüllen ist. Der ausgefüllte Fragenkatalog bildet die Grundlage für das Strukturierungstableau. Dieses ist wieder die Basis für die eigentliche Investitionsrechnung.

Die **grundsätzliche Vorgangsweise beim Strukturieren** wird an je einem Investitionsprojekt für einen Handelsbetrieb bzw. einen Industriebetrieb demonstriert.

Strukturierung in einem Handelsbetrieb

(Annahme: Eine neue Filiale soll eröffnet werden.)

Fragenkatalog (Mindest-Checkliste)

1. Wie hoch sind die Investitionsausgaben?
2. Wie hoch ist das investitionsrelevante Working Capital?
3. Wie lange kann das Investitionsprojekt genutzt werden? (Nicht die Lebensdauer, sondern die Nutzungsdauer ansetzten!)
4. Welcher Liquidationswert kann für das Investitionsprojekt nach der Nutzungsdauer erwartet werden?
5. Ist eine Valorisierung der investitionsrelevanten Einnahmen und Ausgaben notwendig oder kann sie vernachlässigt werden?
6. Mit welchem Sales-Mix (Umsätze und Spannen getrennt nach Warengruppen) rechnet man während der Nutzungsdauer? (Wie verläuft der Trend?)
7. Welche Ausgaben (Verpackungsmaterial, Personal, Raumkosten, Werbung, Instandhaltung, sonstige relevante ausgabenwirksame Gemeinkosten) werden während der Nutzungsdauer anfallen?
8. Wie lange wird die Bauzeit betragen?
9. Sind Eröffnungsaktionen geplant (Initialwerbung)?

10. Wie wird die Konkurrenz auf die geplante Filialeröffnung reagieren? (Wie hoch werden die Preisnachlässe während der Eröffnungsphase sein?)
11. Wie hoch ist der Ertragsteuersatz?
12. Werden steuerliche Investitionsbegünstigungen in Anspruch genommen?
13. Wie hoch ist ein eventueller Verlustvortrag?
14. Wie werden die Kunden auf die neue Filiale reagieren? (Kundenzufriedenheit)
15. Verbessert die neue Filiale das Firmenimage?

Die letzten beiden Soft-Fragen gehen nicht direkt in die Berechnungen ein, wohl aber indirekt. Bei positiver Beantwortung haben sie einen günstigen Einfluss auf die Fragen 6 und 10.

Strukturierungstableau für Handelsbetrieb

	-	+	+	-							=
Periode	Investitions-ausgaben	Liqui-dations-wert	DB lt. Sales-Mix	Fixe Ausgaben							Investitions-relevanter Cash-Flow vor ESt.
	AV | NWC			Personal	Raum	Instandhaltung	Werbung (initial | normal)		Sonstiges	
0											
1											
2											
3											
4											
5											
6											
7											
8											

AV = Anlagevermögen
NWC = Net Working Capital (= Umlaufvermögen - zinsenloser Lieferantenkredit)

Sales-Mix für das erste Jahr

Warengruppe	1	2	3	4	5	6	7	8	9	10	Σ Ø
Plan-U											
Plan-DBU	0,	0,	0,	0,	0,	0,	0,	0,	0,	0,	0,
Plan-DB											

Strukturierung in einem Industriebetrieb

(Annahme: Ersatzinvestition einer Maschine.)

Fragenkatalog (Mindest-Checkliste)

1. Wie hoch sind die Investitionsausgaben?
2. Wie hoch ist das investitionsrelevante Working Capital?
3. Wie lange kann das Investitionsprojekt genutzt werden? (Nicht die Lebensdauer, sondern die Nutzungsdauer ansetzen!)
4. Welcher Liquidationswert kann für das Investitionsprojekt nach der Nutzungsdauer erwartet werden?
5. Ist eine Valorisierung der investitionsrelevanten Einnahmen und Ausgaben notwendig oder kann sie vernachlässigt werden?
6. Wie werden Energie- und Instandhaltungskosten verlaufen?
7. Muss eine Anlaufzeit berücksichtigt werden? Wenn ja, wie lange und mit welchem Produktionsausfall?
8. Hat die neue Maschine eine höhere Leistung als die alte? Wenn ja, welche? Ist die Mehrleistung am Markt absetzbar? Wenn ja, zu welchem Preis?
9. Ist die Fertigungsqualität bei der neuen Maschine höher als bei der alten? Wenn ja, wird die bessere Qualität vom Kunden bezahlt oder durch Zusatzumsätze belohnt oder durch beides oder überhaupt nicht?
10. Wie hoch ist der Ertragsteuersatz?
11. Werden steuerliche Investitionsbegünstigungen in Anspruch genommen?
12. Wie hoch ist ein eventueller Verlustvortrag?

Strukturierungstableau für Industriebetrieb

	-		+	+		-			=
Periode	Investitions-ausgaben		Liqui-dations-wert	Zusatz-DB		Fixe Ausgaben			Investitionsrelevanter Cash-Flow vor ESt.
	AV	NWC		aus Menge	aus Preis (Qualität)	Personal	Energie	Instandhaltung	Sonstiges	
0										
1										
2										
3										
4										
5										
6										

AV = Anlagevermögen
NWC = Net Working Capital (= Umlaufvermögen - zinsenloser Lieferantenkredit)

11.3. Wichtige Begriffe zur Ermittlung der investitionsrelevanten Grundlagen

Investitionstermini	Erläuterungen, Empfehlungen und Hinweise
Investitionsrelevantes Umlaufvermögen	Dieser Teil der Investitionsausgaben fließt am Ende der Nutzungsdauer bzw. der n-jährigen Betrachtungsdauer zur Gänze zurück.
Lebensdauer, Nutzungsdauer oder Betrachtungsdauer?	Nie steuerliche Abschreibungsdauer, sondern immer effektive individuelle Nutzungsdauer ansetzen! Am Ende der Nutzungs- bzw. Betrachtungsdauer ist der Liquidationswert zu berücksichtigen!
Ertragsteuern	Aufpassen, ob ein eventueller Verlust des Investitionsprojektes voll im ersten Jahr genutzt werden kann. Wenn nicht, Verlustvortrag auf mehrere Jahre simulieren! Liquidationserlöse müssen mit (Rest-)Buchwerten verkaufter Anlagen saldiert werden.
Zusatz-Deckungsbeitrag	Achtung: Umsatzerhöhungen verringern oft den DBU (= DB in % des Umsatzes). Bei simultaner Fertigung: Opportunitätskosten aus dem Dualprogramm der linearen Optimierung ansetzen! (Siehe auch Kapitel 14.5.2.)
Veränderungen bei den fixen Ausgaben	
• Instandhaltung	Formeln für praxisnahe Instandhaltungsverläufe verwenden! (Siehe Kapitel 11.11.3.)
• Personal	Richtige Gehalts- und Lohnnebenkosten ansetzen!
Liquidationswert Gebäude	Eventuell Formel verwenden, welche die progressive Altersentwertung berücksichtigt (Just/Bruckner, Verkehrswert von Grundstücken gemäß Bundesbaugesetz, Düsseldorf 1961).
Initialwerbung	Zusätzlich zur "normalen" Werbung.
Probebetrieb während Anlaufphase	Besonders bei Maschineninvestitionen relevant! Temporär geringere Ausbeute und höherer Ausschuss.

11.4. Das Instrumentarium der Investitionsrechnung

11.4.1. Investitionsausgaben und investitionsrelevanter Nutzen

Bevor mit der eigentlichen **Investitionsrechnung begonnen** werden kann, sind die wichtigen und meist zeitaufwendigen **Vorerhebungen zur Ermittlung der Investitionsausgaben und des relevaten Nutzens durchzuführen.**

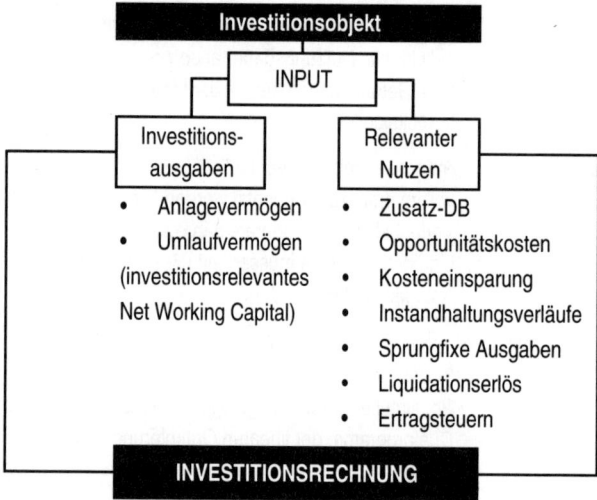

Zu den Inputs

*   investitionsrelevantes Net Working Capital und
*   Ertragsteuern

werden gleich anschließend Erläuterungen gegeben.

Die Opportunitätskosten werden ausführlich im Kapitel 14.5.2. beschrieben; die Instandhaltungsverläufe und die Ermittlung eines Gebäudeliquidationswertes werden sehr praxisbezogen im Raststätten-Fallbeispiel (siehe Kapitel 11.9.2.) dargestellt.

Bei den meisten Investitionsprojekten muss neben der Sachinvestition auch das investitionsrelevante Umlaufvermögen bereitgestellt werden. Dieses Umlaufvermögen umfasst die Positionen "Kundenforderungen" und "Vorräte"; es kann gegebenenfalls um zinsenlose Lieferantenkredite verringert werden. Am Ende der Betrachtungs- oder Nutzungsdauer fließt das investitionsrelevante Umlaufvermögen bzw. das Net Working Capital in voller Höhe als Liquidationserlös zurück.

Anschließend werden die Formeln zur Berechnung der einzelnen Positionen des Umlaufvermögens bzw. das Net Working Capital dargestellt:

Plan-KUFO

$$\frac{\text{Investitionsrel. Zusatzumsatz p.a. x Verweildauer in Tagen}}{365}$$

+ Plan-Rohstoffbestände

$$\frac{\begin{array}{c}(\text{Investitionsrel. Zusatzumsatz p.a. x Materialintensität} / 100)\\ \text{x Verweildauer in Tagen}\end{array}}{365}$$

+ Plan-Fertigwarenbestände

$$\frac{\begin{array}{c}(\text{Investitionsrel. Zusatzumsatz p.a.}\\ \text{- Plan-Cash-Flow für Zusatzbetriebsleistung})\\ \text{x Verweildauer in Tagen}\end{array}}{365}$$

+ Plan-Halbfabrikatebestände

$$\frac{\dfrac{\left(\begin{array}{c}\text{Zusätzliche}\\ \text{Materialkosten} \quad + \quad \begin{array}{c}\text{Investitionsrel.}\\ \text{Zusatzumsatz p.a.}\\ - \text{ Plan-Cash-Flow}\\ \text{für Zusatz-}\\ \text{betriebsleistung)}\\ - \text{ Zusätzliche}\\ \text{Materialkosten p.a.}\end{array}\end{array}\right) \times \begin{array}{c}\text{Verweildauer in}\\ \text{Tagen}\end{array}}{2}}{365}$$

= INVESTITIONSRELEVANTES UMLAUFVERMÖGEN

- Plan-Lieferantenverbindlichkeiten (zinsenlos)

$$\frac{\text{Investitionsrel. Zusatzeinsatz p.a. x Verweildauer in Tagen}}{365}$$

= INVESTITIONSRELEVANTES NET WORKING CAPITAL

Schema für Ermittlung der Ertragsteuern

Jahr	investitionsrelevanter Nutzen vor ESt.	AfA	Basis für Ertragsteuer				Ertragsteuer	
			Investitionsbegünstigung	Restbuchwert verk. Anlagen	Fremdkapitalzinsen	BASIS	%	Betrag
1	80	10	150		20	-100	40	-40
2	100	10			16	74	40	30
3	90	10			12	68	40	27
4	80	10			8	62	40	25
5	70	10			4	56	40	22
Ende 5 (UV)	120					120		0
Ende 5 (Grund)	300					300		0
Ende 5 (Gebäude)	200			70		130	40	52
Gesamt	1.040	50	150	70	60	710		116

☞ Die Steuerersparnis im ersten Jahr darf nur dann angesetzt werden, wenn sie relevant ist, d.h., wenn der Periodengewinn des Gesamtbetriebes mindestens so hoch ist wie die negative Ertragsteuerbasis. Ist der Periodengewinn kleiner, muss die negative Ertragsteuer über zwei oder gegebenenfalls mehrere Perioden verteilt werden.

Beim rückfließenden Umlaufvermögen (Ende fünftes Jahr) fällt selbstverständlich keine Ertragsteuer an, ebenso wenig beim Liquidationswert Grund. Der Liquidationswert für Gebäude ist hingegen nach Abzug des entsprechenden Restbuchwertes voll ertragsteuerpflichtig.

11.4.2. Alle Instrumente auf einen Blick

Das Instrumentarium der Investitionsrechnung ist sehr vielschichtig und umfangreich. Das zeigt das folgende Schema deutlich:

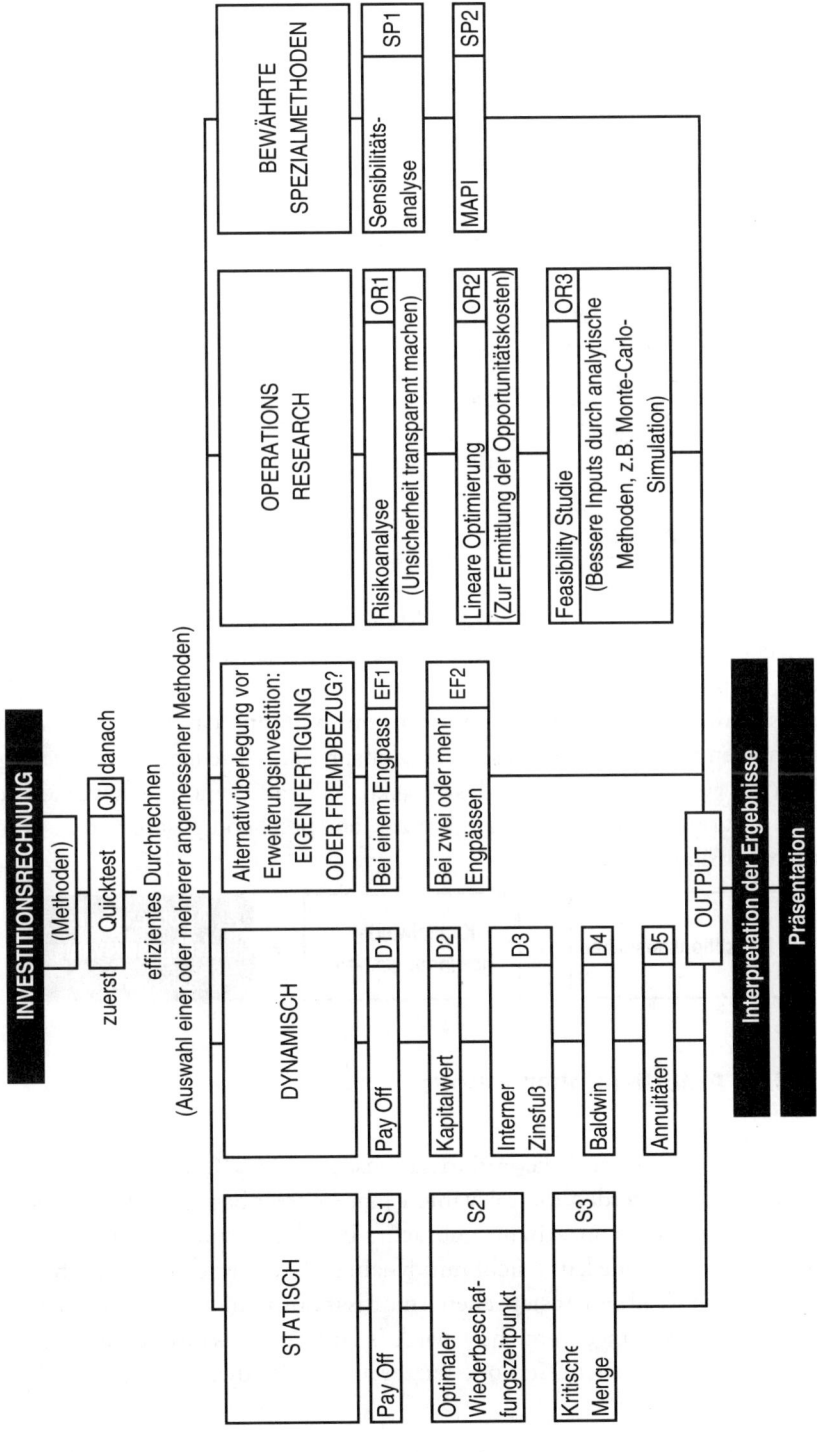

11.4.3. Die dynamischen Methoden

Die dynamischen Investitionsrechnungsmethoden sind:

- Quicktest
- Amortisationsmethode (Pay Off Method)
- Kapitalwertmethode (Present Value Method)
- Interne Zinsfußmethode (Internal Rate Of Return Method)
- Modifizierte interne Zinsfußmethode (Modified Internal Rate Of Return, auch Baldwin-Methode genannt)
- Annuitätenmethode

Alle Methoden werden kurz erklärt und anschließend in einigen Fallbeispielen zahlenmäßig durchgerechnet.

11.4.3.1. Quicktest

Für eine erste Aussage ist der Quicktest sehr empfehlenswert. Es müssen die **Investitionsausgaben mit** dem entsprechenden **Kapitalwiedergewinnungsfaktor multipliziert** werden. Beim **Produkt** handelt es sich um den **jährlich durchschnittlichen investitionsrelevanten Nutzen.** Ist der zu erwartende Jahresnutzen höher, dann ist das Investitionsprojekt vorteilhaft. Ist er niedriger, dann sollte von der Realisierung des Projektes Abstand genommen werden oder die Investitionsausgaben bzw. der Nutzen entsprechend gesenkt bzw. erhöht werden (Sensibilitätsanalyse).

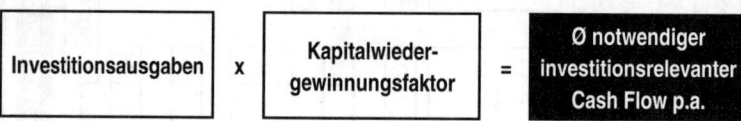

11.4.3.2. Amortisationsmethode

Bei dieser Methode wird die Amortisationsdauer (Pay Off Period) in Jahren festgestellt. Dazu werden die relevanten Jahresnutzenbeträge solange von den Investitionsausgaben in Abzug gebracht, bis diese voll gedeckt sind. Die Amortisationsmethode kann nicht nur dynamisch, sondern auch statisch durchgeführt werden. Weil bei der statischen Amortisationsmethode auf eine Abzinsung der Jahresnutzenbeträge verzichtet wird, ist die Amortisationsdauer (Pay Off Period) bei der statischen Methode kürzer als bei der dynamischen.

11.4.3.3. Kapitalwertmethode

Der Kapitalwert (Net Present Value) ist der Differenzbetrag zwischen dem Barwert der Investitionsausgaben und dem Barwert der investitionsrelevanten Cash-Flows. Anders ausgedrückt: **Er ist die Summe der auf den Zeitpunkt null abgezinsten Aus- und Einzahlungen. Je höher der gewählte Zinssatz, desto geringer ist der Kapitalwert und umgekehrt.**

$$K_0 = \sum_{0}^{n} \frac{Z_t}{(i+1)^t} = \sum_{0}^{n} \frac{Z_t}{q^t} = 0$$

K_0 = Barwert
Z_t = Aus- und Einzahlungen in Periode t
p = Prozentsatz (z.B. 10)
n = Laufzeit der Investition
i = p/100 (z.B. 0,1)
q = 1 + i (z.B. 1,1)

Bei 10%:

$$K_0 = -\frac{100}{1,1^0} + \frac{30}{1,1^1} + \frac{40}{1,1^2} + \frac{50}{1,1^3} =$$

$$= -100 + 27 + 33 + 38 =$$

$$= \quad \textbf{-2 Barwert (= negativer Kapitalwert)}$$

Der Kapitalwert kann positiv oder negativ sein. Ist er positiv, dann spricht das für eine Realisierung des Investitionsprojektes, weil die mit einem bestimmten vorgegebenen Zinsfuß abgezinsten investitionsrelevanten Nutzenbeträge höher sind als der Barwert der Investitonsausgaben.

11.4.3.4. Interne Zinsfußmethode

Der interne Zinsfuß (Internal Rate Of Return) zeigt auf, welche Effektivrendite beim Investitionsprojekt erwartet werden darf. **Der interne Zinsfuß ist jener Zinsfuß, bei dem der Kapitalwert null ist.** Für die händische Ermittlung des internen Zinsfußes müssen zunächst zwei Kapitalwertmethoden durchgeführt werden, wobei die Versuchszinssätze so zu wählen sind, dass der Kapitalwert einmal negativ und einmal positiv ist. Aus diesen beiden Ergebnissen wird durch lineares Interpolieren (siehe Kapitel 14.4.6.) der interne Zinsfuß ermittelt. Die beiden Versuchszinssätze dürfen nicht zu weit auseinander liegen, weil sonst der interne Zinsfuß zu ungenau sein würde. Streng mathematisch gesehen ist lineares

Interpolieren eigentlich nicht zulässig, weil es sich um keine lineare Funktion handelt.

Bei der internen Zinsfußmethode wird unterstellt, dass der investitionsrelevante Rückfluss mit dem internen Zinsfuß wiederveranlagt werden kann. Diese Unterstellung ist nicht immer realistisch.

$$K_0 = \sum_{0}^{n} \frac{Z_t}{(i+1)^t} = \sum_{0}^{n} \frac{Z_t}{q^t} = 0$$

$$K_0 = -\frac{100}{q^0} + \frac{30}{q^1} + \frac{40}{q^2} + \frac{50}{q^3} = 0$$

Obige Gleichung muss durch Ausprobieren mit verschiedenen Werten für q erfüllt sein. Durch Ausprobieren bzw. lineares Interpolieren erhält man schließlich den internen Zinsfuß von 9,1%.

$q = 1,1 \quad (10\%) \dots\dots K_0 = -2$

$q = 1,08 \quad (8\%) \dots\dots K_0 = +2$

$q = 1,091 \quad (9,1\%) \dots\dots K_0 = 0$

11.4.3.5. Modifizierte interne Zinsfußmethode

Die interne Zinsfußmethode wird in der Praxis am häufigsten angewendet. Ein wesentlicher Nachteil dieser Methode besteht jedoch darin, dass eine Wiederveranlagung der Rückflüsse zum internen Zinsfuß unterstellt wird. Diese Unterstellung ist dann praxisfremd, wenn die internen Zinsfüße extrem hoch oder extrem niedrig sind bzw. stark vom Wiederveranlagungszinsfuß (z.B. Gesamtkapitalrentabilität) abweichen.

In diesen Fällen muss die modifizierte interne Zinsfußmethode, nach ihrem Autor auch Baldwin-Methode genannt, angewendet werden. **Die Baldwin-Methode hebt die Prämisse der Wiederveranlagung der Rückflüsse zum internen Zinsfuß auf und unterstellt, dass die freigesetzten Rückflüsse nicht zum internen Zinsfuß, sondern zu einem vom Investor bestimmbaren Kalkulationszinsfuß (z.B. der Prozentsatz der Gesamtkapitalrentabilität) veranlagt werden.**

Die rechnerische Vorgangsweise besteht darin, dass die investitionsrelevanten Cash-Flows zunächst mit dem Kalkulationszinsfuß auf das Ende der Nutzungsdauer aufzuzinsen sind. Die Summe des Endwertes wird anschließend durch die Investitionsausgaben dividiert. Aus dem Quotienten wird die n-te Wurzel bezüglich der Laufzeit gezogen; man erhält den modifizierten internen Zinsfuß.

$$r^* = \sqrt[n]{\frac{\sum\limits_{1}^{n} Z_t (1+i)^{n-t}}{Z_0}} - 1$$

r^* = modifizierter interner Zinsfuß
Z_t = Aus- oder Einzahlung in Periode t
n = Laufzeit der Investition

$$r^* = \sqrt[3]{\frac{30 \times 1{,}1^2 + 40 \times 1{,}1^1 + 50 \times 1{,}1^0}{100}} - 1$$

$$= \sqrt[3]{\frac{36 + 44 + 50}{100}} - 1 = \sqrt[3]{\frac{130}{100}} - 1$$

$r^* = 0{,}091 \ (= 9{,}1\%)$

Der modifizierte interne Zinsfuß beträgt 9,1%. Hier ist gegenüber der klassischen internen Zinsfußmethode kein Unterschied festzustellen, weil die Differenz zwischen internem Zinsfuß (9,1%) und Wiederveranlagungszinsfuß (10%) zu gering ist. Hätte man auf zwei Dezimalstellen gerechnet, dann wäre der Baldwin-Prozentsatz geringfügig höher als der interne Zinsfuß ausgewiesen worden.

11.4.3.6. Annuitätenmethode

Die Annuität einer Investition erhält man durch Transformierung des Kapitalwertes in eine Reihe gleich hoher Zahlungen zu den einzelnen Zahlungszeitpunkten des Planungszeitraumes der Investition. Diese Transformation erfolgt mit Hilfe der Kapitalwiedergewinnungsfaktoren, auch Annuitätsfaktoren genannt (daher der Name). Man kann also sagen, dass die Annuitätenmethode eine Variante der Kapitalwertmethode ist. Eine Anwendungsmöglichkeit wurde bereits beim Quicktest gezeigt. Eine andere Anwendungsmöglichkeit wäre, die Kapitalwerte aus zwei oder mehr zu vergleichenden Investitionsprojekten mit unterschiedlicher Nutzungsdauer in vergleichbare Annuitäten umzuwandeln.

11.5. Zinstafeln und Renditendiagramm

Zinstafeln und Renditendiagramm sind für die praktische Investitionsrechnung - sofern man sie händisch durchführt - unerlässlich.
Im Kapitel 16.14. sind die bekannten vier Zinsfaktoren formelmäßig und tabellarisch zusammengefasst worden.

Interdependenzen zwischen den vier Zinstafeln

Die Zusammenhänge zwischen den vier Zinstafeln können wie folgt beschrieben werden:

- **Abzinsungsfaktor:** reziproker Wert des Aufzinsungsfaktors
- **Diskontierungssummenfaktor:** kumulierte Abzinsungsfaktoren
- **Kapitalwiedergewinnungs- bzw. Annuitätsfaktor:** reziproker Wert des Diskontierungssummenfaktors

Kennt man die Zusammenhänge, dann können zum Beispiel die **Abzinsungs- und Kapitalwiedergewinnungsfaktoren für n = 3 Jahre, p = 10% ohne Formel, nur mit einem einfachen Taschenrechner** ermittelt werden. Das geht dann so:

Aufzinsungsfaktoren

1. Man zinst auf:	1,0	x	1,1	=	1,1	(1. J.)
	1,1	x	1,1	=	1,21	(2. J.)
	1,21	x	1,1	=	1,33	(3. J.)

Abzinsungsfaktoren

2. Man zinst ab	1,0	:	1,1	=	0,909	(1. J.)
(reziproker Wert	1,0	:	1,21	=	0,826	(2. J.)
der Aufzinsungs-	1,0	:	1,33	=	**0,752 (3. J.) Ergebnis**
faktoren):						

Diskontierungssummenfaktoren

3. Man kumuliert die Abzinsungsfaktoren:	0,909	(1. J.)
	1,735	(2. J.)
	2,487	(3. J.)

Kapitalwiedergewinnungsfaktoren

4. Reziproker Wert	1,0	:	0,909	=	1,100	(1. J.)
der Diskontierungs-	1,0	:	1,735	=	0,576	(2. J.)
summenfaktoren:	1,0	:	2,487	=	**0,402 (3. J.) Ergebnis**

Die Ergebnisse können mit den relevanten Tabellen "Abzinsungsfaktor" bzw. "Kapitalwiedergewinnungsfaktor" im Kapitel 16.14. verglichen werden; sie sind selbstverständlich identisch.

Einige typische Anwendungsfälle für Zinsfaktoren

Faktor	Anwendungsfälle (unvollständige Aufzählung)
Aufzinsungsfaktor	Z.B. bei der Baldwin-Methode oder bei Investitionsprojekten mit mehrjähriger Baudauer (Aufzinsen der Investitionsausgaben auf den Zeitpunkt 0)
Abzinsungsfaktor	Z.B. zur individuellen Abzinsung der unterschiedlich hohen investitionsrelevanten Jahres-Cash-Flows
Diskontierungssummenfaktor	Z.B. zur Abzinsung von gleich hohen investitionsrelevanten Jahres-Cash-Flows
Kapitalwiedergewinnungsfaktor	Z.B. zur Ermittlung des jährlich durchschnittlich notwendigen Jahres-Cash-Flows (Quicktest 1) oder zur Transformation des Kapitalwertes in eine Reihe gleich hoher Jahreszahlungen während des Planungszeitraumes der Investition

Renditendiagramm

Mit dem folgenden **Diagramm** lassen sich rasch **erste Approximativ-Renditen** ermitteln. Ein gewisser **Nachteil** besteht darin, dass **während der Nutzungsdauer** ein gleich hoher Cash-Flow unterstellt werden muss. Diese Annahme ist meistens **unrealistisch. Trotzdem hat das Renditendiagramm für einen Quicktest oder die Bestimmung eines nicht zu weit vom internen Zinsfuß entfernten ersten Versuchszinsfußes seine volle Berechtigung.**

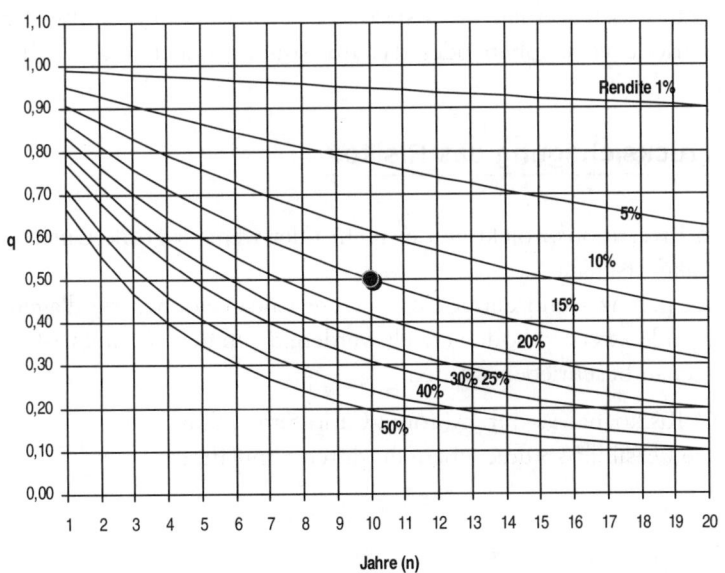

$$q = \frac{\text{Investitionsausgaben}}{\text{Summe des Einnahmenüberschusses}}$$

Anwendungsbeispiel

Investitionsausgaben:	1 Mio GE
Nutzungsdauer:	10 Jahre
Liquidationserlös:	keiner
Jahres-Cash-Flow:	0,2 Mio GE

$$q = \frac{1\ \text{Mio}}{2\ \text{Mio}} = 0,5$$

Daher:

Zinsfuß (Rendite) =   15%

(Der Kreuzungspunkt aus q = 0,5 und n = 10 Jahre liegt genau auf der 15%-Linie.)

11.6. Realisationsfolge bei mehreren Investitionsprojekten

Rang	Projekt	(Modifizierter) interner Zinsfuß	Investitions- ausgaben	(Restliches) Investitionsbudget
	Jahresbudget			100
1	A	25%	40	(60)
2	B	20%	62	(-2)
3	C	17%	22	

Die Reihung erfolgt nach Förderungswürdigkeit. Die Projekte mit den höchsten internen Zinsfüßen werden favorisiert. Das Projekt 3 muss entweder in die nächste Periode verschoben oder das Investitionsbudget um 24 GE erhöht werden.

11.7. Berücksichtigung des Risikos

Bei jedem Investitionsprojekt gibt es mehr oder weniger große Unsicherheiten bei den Zukunftschancen.

Mehr Transparenz - und damit eine bessere Entscheidungsgrundlagen - kann durch folgende zwei Methoden erzielt werden, die in den Kapiteln 14.5.5.6 und 14.5.5.3. genau beschrieben werden:

- Die Risikoanalyse durch Monte-Carlo-Simulation
- Eine Feasibility-Studie, ebenfalls durch Simulation

11.8. Fehlerspiegel

Fehlerart	Erläuterung
Investitionsrelevantes (zusätzliches) Umlaufvermögen bzw. Net Working Capital wird vergessen.	Siehe Fallbeispiele im Kapitel 11.
Investitionsrelevantes Umlaufvermögen fließt am Ende des Betrachtungszeitraumes nicht als Liquidationserlös zurück.	Schlampigkeitsfehler, der den internen Zinsfuß verschlechtert. Wirkt sich durch die Abzinsung meistens nicht sehr stark auf das Ergebnis aus.
Es wird unterstellt, dass der Zusatznutzen während der gesamten Nutzungsdauer gleich (unverändert) verläuft.	Diese Unterstellung stimmt praktisch nie; sie darf nur bei Kleininvestitionen toleriert werden. Es ist zweckmäßig, den Zusatznutzen tabellarisch aufzubauen. (Siehe Kapitel 11.2. und 11.9.2.)
Es werden statische Methoden verwendet (z.B. Kostenvergleichsmethode, Gewinnvergleichsmethode).	Schlecht, weil keine Berücksichtigung, wann Nutzen erwartet werden darf. Dadurch kann das Ergebnis stark verzerrend sein. Ausnahme: Pay Off Period (diese wird häufig nicht nur dynamisch, sondern auch statisch durchgeführt).
Fehlen einer Investitionskontrolle.	Jede Planung ohne Kontrolle ist gefährlich!
Es werden nicht nur die investitionsrelevanten Erfolgsveränderungen berücksichtigt, sondern auch andere.	Achtung: Kalk. Raumkosten und anteilige Verwaltungskosten sind meistens nicht investitionsrelevant; sie dürfen daher nicht oder nur in Ausnahmefällen in der Investitionsrechnung angesetzt werden!
Zusatz-DB, einsparbare Ausgaben usw. werden überschätzt.	Konkurrenz reagiert mit Preisreduktion. Eigen-DB daher zwangsweise auch niedriger.
Es werden folgende Positionen fälschlich angesetzt: • AfA normal und/oder Sonder-AfA • Fremdkapitalzinsen • Investitionsabhängige Dotierung zu steuermindernden Rücklagen	Diese Positionen dürfen nur indirekt in die Investitionsrechnung eingehen, und zwar zur Ermittlung der Ertragsteuerbasis. (Siehe Kapitel 11.4.1. und 11.9.2.)
Der Zusatznutzen wird auf die technische Maximalkapazität berechnet.	Unbedingt Absatzrestriktionen berücksichtigen! Diese liegen meist weit unter der technischen Maximalkapazität. Während Probelauf geringere Ausbeute und höherer Ausschuss zu erwarten.
Zur Finanzierung werden keine begünstigten Investitionskredite bzw. Investitionsförderungen verwendet.	Die Verwendung begünstigter Kredite bzw. Zuschüsse und Förderungen ist Pflicht. Nicht bequem sein!

Fehlerspiegel, Fortsetzung

Fehlerart	Erläuterung
Vor einer Investition wird nicht geprüft, ob eventuell ein Fremdbezug wirtschaftlicher ist als eine Investition.	Entscheidungsmodule "Eigenfertigung - Fremdbezug" einsetzen! Bei einem Engpass gilt, dass jene Artikel oder Aufträge selbst erzeugt werden sollten, die den höchsten restlichen DB (= Eigen-DB abzüglich Fremd-DB, bezogen auf die Engpass-Std.) erwirtschaften (siehe Kapitel 10.8.1.); alle anderen sollten fremd bezogen werden. Bei zwei oder mehr Engpässen Entscheidung mit linearer Planungsrechnung fällen! (Siehe Kapitel 14.5.2.)

11.9. Fallbeispiele

11.9.1. Kleines Einführungsbeispiel

Ausgangssituation und Fragen

Es soll eine Maschine gekauft werden. Es liegen zwei Angebote vor, die bereits - wie im Kapitel 11.2. gezeigt - entsprechend strukturiert sind. Der Informationsstand stellt sich wie folgt dar:

	Maschine 1	Maschine 2
Investitionsausgaben	100 GE	120 GE
Nutzungsdauer	3 Jahre	4 Jahre
Investitionsrelevanter Nutzen		
• im 1. Jahr	30 GE	40 GE
• im 2. Jahr	40 GE	40 GE
• im 3. Jahr	50 GE	40 GE
• im 4. Jahr	-	40 GE
Liquidationserlös Ende 3. bzw. 4. Jahr	0	0
Ertragsteuern	keine	keine
Erwarteter Mindestzinsfuß	10%	10%

Quicktest

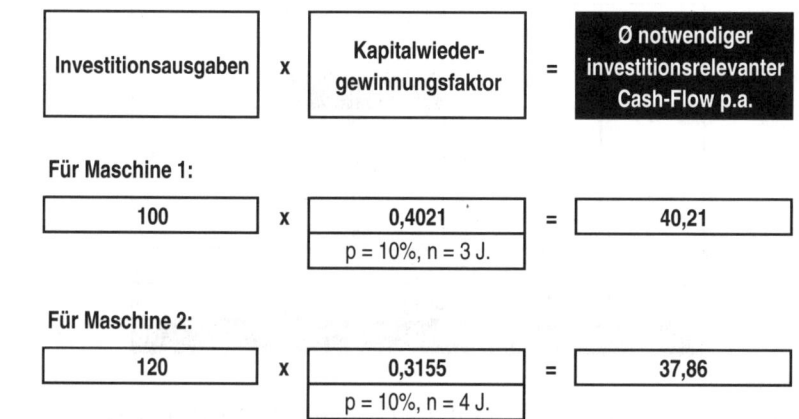

Für Maschine 1:

100	x	0,4021	=	40,21
		p = 10%, n = 3 J.		

Für Maschine 2:

120	x	0,3155	=	37,86
		p = 10%, n = 4 J.		

Die Kapitalwiedergewinnungsfaktoren können aus den gleichnamigen Tabellen im Kapitel 16.14. abgelesen werden.

Ergebnis

Maschine 2 erfüllt die Investitionskriterien, Maschine 1 nicht. Warum?

Maschine 2:   **37,9 < 40**   (Kriterium eindeutig erfüllt)
Maschine 1:   **40,2 > 40**   (Kriterium **nicht erfüllt**, aber beinahe)

Kapitalwertmethode

Für Maschine 1:

Jahr	Investitions-relevanter Cash-Flow	Abzinsungs-faktor AB 10%	Barwert des Nutzens
1	30	0,909	27
2	40	0,826	33
3	50	0,751	38
Gesamt	120		98
Abzüglich Barwert Investitionsausgaben			-100
= Kapitalwert (Net Present Value)			-2

Für Maschine 2:

Jahr	Investitions-relevanter Cash-Flow	Abzinsungs-faktor AB 10%	Barwert des Nutzens
1	40	0,909	36
2	40	0,826	33
3	40	0,751	30
4	40	0,683	27
Gesamt	**160**		**126**
Abzüglich Barwert Investitionsausgaben			-120
= Kapitalwert (Net Present Value)			6

Ergebnis

Durch die Kapitalwertmethode wird das Quicktest-Ergebnis bestätigt: Maschine 1 erreicht die 10%-Hürde nicht, weshalb ein negativer Kapitalwert von 2 GE in Kauf genommen werden muss. Maschine 2 hat einen positiven Kapitalwert von 6 GE und sollte daher angeschafft (investiert) werden.

Interne Zinsfußmethode

Der Kapitalwert bei der Maschine 1 ist bei einer Abzinsung von 10% mit 2 GE negativ. Es muss daher mit einem zweiten, niedrigeren Versuchszinsfuß (8%) eine neue Kapitalwertberechnung vorgenommen werden. Bei einer achtprozentigen Verzinsung der Flows ergibt sich ein positiver Kapitalwert von 2 GE.
Durch lineares Interpolieren (siehe Kapitel 14.4.6.) wird aus den beiden Versuchszinssätzen 10% und 8% der interne Zinsfuß von 9,1% errechnet.

Zweiter Versuchszinssatz (8%) für Maschine 1

Jahr	Investitions-relevanter Cash-Flow	Abzinsungs-faktor AB 8%	Barwert des Nutzens
1	30	0,926	28
2	40	0,857	34
3	50	0,794	40
Gesamt	**120**	.	**102**
Abzüglich Barwert Investitionsausgaben			-100
= Kapitalwert (Net Present Value)			2

Das prinzipiell gleiche Procedere wird auch bei Maschine 2 durchgeführt, wobei sich hier ein interner Zinsfuß aus dem linearen Interpolieren zwischen 10% und 15% von 12,7% ergibt.

Zweiter Versuchszinssatz (15%) für Maschine 2

Jahr	Investitions-relevanter Cash-Flow	Abzinsungs-faktor AB 15%	Barwert des Nutzens
1	40	0,870	35
2	40	0,756	30
3	40	0,658	26
4	40	0,572	23
Gesamt	**160**		**114**
= Kapitalwert (Net Present Value)			-120
= Kapitalwert (Net Present Value)			**-6**

Ergebnis

Auch die interne Zinsfußmethode weist die Maschine 2 mit 12,7% günstiger aus als die Maschine 1 mit 9,1%.

Modifizierte interne Zinsfußmethode (Baldwin)

Wird unterstellt, dass die investitionsrelevanten Rückflüsse nur mit 10% wieder-veranlagt werden können, dann beträgt der interne Zinsfuß bei der Maschine 2 nicht 12,7%, sondern 11,4% (modifizierter interner Zinsfuß).

Berechnung nach Baldwin

Periode	Investitions-ausgaben	Investitions-relevanter Cash-Flow	Kapital-rückfluss AUF 10%	Barwert des Nutzens
0	120		1,000	
1		40	1,331	53
2		40	1,210	48
3		40	1,100	44
4		40	1,000	40
Gesamt	**120**	**160**		**185**

Die n-te Wurzel kann durch

- Aufzinsungsfaktoren oder
- PC

festgestellt werden:

$$\left(1+\frac{P_e}{100}\right)^4 = \frac{\sum \text{Endwerte}}{\text{Investitionsausgaben}} = \frac{185.000}{120.000} = 1,5417$$

$$\left(1+\frac{P_e}{100}\right) = \sqrt[4]{1,5417} = 1,114$$

$$P_e = 11,4\%$$

Die 4. Wurzel aus 1,5417 kann mit unterschiedlichen Methoden errechnet werden:

1. **Mittels Aufzinsungstabelle**

   Der Faktor 1,5417 kann durch Interpolieren der Tabellenwerte

   AUF 10%, 4 J. = 1,4641

   und **AUF 12%, 4 J.** = 1,5735

   festgestellt werden. Die 4. Wurzel aus 1,5417 beträgt 1,114. Reduziert man diesen Wert gemäß obiger Gleichung um 1 und multipliziert den Rest mit 100, dann ergibt sich der gewünschte Prozentsatz 11,4%.

2. **Mittels PC**

Excel-Formel:	=1,5417^(1/4)
Ergebnis:	1,114294

In der Praxis hätte man bei diesem Fallbeispiel die Baldwin-Methode nicht anwenden müssen, weil die internen Zinsfüsse relativ knapp beim Wiederveranlagungszinsfuß liegen. Sind die Unterschiede jedoch größer (z.B. 5 bis 10 Prozentpunkte), dann empfiehlt es sich immer, die Baldwin-Methode anzuwenden, weil die einzelnen Investitionsprojekte eventuell anders gereiht werden können als bei der internen Zinsfußmethode.

Kapitalrückfluss (Pay Off Period)

Maschine	Amortisationszeit		Nutzungs-dauer
	statisch	dynamisch p = 10%	
1	2-3 Jahre	3-4 Jahre	3 Jahre
2	3 Jahre	3-4 Jahre	4 Jahre

Man erkennt deutlich, dass die dynamische Amortisationszeit bei Maschine 1 höher ist als die Nutzungsdauer, was ungünstig interpretiert werden muss. Bei Maschine 2 ist der Vergleich befriedigend; es sollte daher Maschine 2 investiert werden.

Annuitätenmethode

Die Annuitätenmethode musste hier deshalb nicht durchgeführt werden, weil der Kapitalwert bei Maschine 1 negativ ist. Es wäre daher auch die jährliche Annuität negativ, was für diese Maschine ein Ausscheidungskriterium ist.

Wäre der Kapitalwert bei beiden Maschinen positiv, dann hätte man die Annuitäten durch Multiplikation der Kapitalwerte mit den entsprechenden Kapitalwiedergewinnungsfaktoren (für Maschine 1: KAP 10%, drei Jahre, und für Maschine 2: KAP 10%, vier Jahre) ermitteln und vergleichen könnnen. **Nicht die Kapitalwerte (wegen unterschiedlicher Nutzungsdauer), sondern die Annuitäten müssen verglichen werden. In die Maschine mit der höheren Annuität wäre in diesem Fall zu investieren.**

- Maschine 1:   -2 x 0,4021 = negativ, daher nicht wirtschaftlich
- Maschine 2:   6 x 0,3155 = 1,9

Differenzinvestition

Bei der Differenzinvestition wird der interne Zinsfuß aus der Differenz der Investitionsausgaben und der Differenz der Jahresnutzenbeträge ermittelt. **Der interne Zinsfuß aus der Differenzinvestition liefert zur internen Zinsfußmethode eine wichtige Zusatzinformation,** nämlich: **Das** aufgrund der internen Zinsfußmethode **präferierte Investitonsprojekt** sollte **nur dann realisiert werden, wenn die Differenzinvestitionsausgaben aus beiden Investitionsprojekten mindestens mit dem internen Zinsfuß der Differenzinvestition angelegt** werden kann.

Jahr	Maschine 1 Investitionsausgaben	Maschine 1 Cash-Flow	Maschine 2 Investitionsausgaben	Maschine 2 Cash-Flow	Bei 20% Abzinsungsfaktor	Bei 20% Barwert	Bei 30% Abzinsungsfaktor	Bei 30% Barwert
0	100.000		120.000		1,0000	-20.000	1,0000	-20.000
1		30.000		40.000	0,8333	8.333	0,7692	7.692
2		40.000		40.000	0,6944	0	0,5917	0
3		50.000		40.000	0,5787	-5.787	0,4552	-4.552
4				40.000	0,4823	19.290	0,3501	14.005
Gesamt	100.000	120.000	120.000	160.000		1.836		-2.854

Lineares Interpolieren:

20% ...	1.836
30% ...	-2.854
10% ...	4.691
1% ...	469

$$\frac{1.836}{469} = 3,9\%$$

$$\frac{-2.854}{469} = -6,1\%$$

Rendite = 20% + 3,9% = **23,9%** oder 30% - 6,1% = **23,9%**

Erkenntnis: Es sollte die Maschine 1 trotzdem (obwohl der interne Zinsfuß kleiner ist als bei Maschine 2) gekauft werden, wenn die Differenzinvestition eine Verzinsung von weniger als 23,9% erwarten lässt. Oder anders ausgedrückt: Nur wenn die Differenzinvestition von 20.000 GE mindestens mit 23,9% veranlagt werden kann, ist die Maschine 2 wirklich vorteilhafter als die Maschine 1.

Kapitalwert versus interner Zinsfuß

Die folgende Graphik zeigt den Unterschied zwischen Kapitalwert und internem Zinsfuß auf. Es sind die Prämissen der Maschine 1 herangezogen worden.

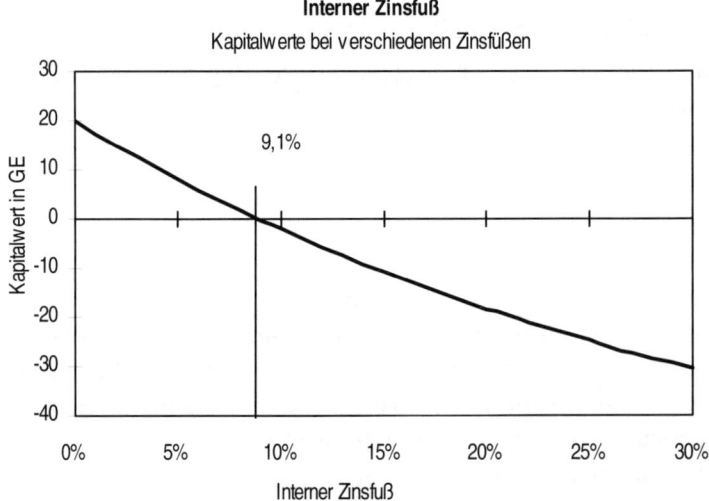

Der interne Zinsfuß ist jener Zinsfuß, bei dem der Kapitalwert null ist. Bei Maschine 1 ist der interne Zinsfuß bekanntlich 9,1%.

11.9.2. Ein komplexes Einführungsbeispiel (Errichtung einer Autobahnraststätte)

Ausgangssituation

Ein Bauunternehmen will diversifizieren. Es wird erwogen, eine Autobahnraststätte zu errichten. Aus der Bilanz des Bauunternehmers kann eine Gesamtkapitalrentabilität von 18% hergeleitet werden.

Schwerpunkte

Die Schwerpunkte in diesem Fallbeispiel sind:

- Ermittlung der geplanten Investitionsausgaben
- Ermittlung des investitionsrelevanten Nutzens

- Interner Zinsfuß, Kapitalwert, modifizierter interner Zinsfuß, Amortisationsdauer
- Sensibilitätsanalyse
- Zielsimulation
- Risikoanalyse durch Monte-Carlo-Simulation

Planprämissen
Investitionsausgaben:

Grund (4000 m²) inkl. Steuern und Notar	2,5 Mio GE
Gebäude (Nutzungsdauer 20 Jahre)	3,6 Mio GE
Einrichtung (Nutzungsdauer 6 Jahre)	2,4 Mio GE
Gesamt-Sachanlagevermögen	**8,5 Mio GE**

Die Finanzierung erfolgt durch einen 5-Mio-Investkredit (7%, 10 Jahre, Tilgung jährlich dekursiv). Der Rest wird durch Eigenmittel aufgebracht.

Neben dem Sachanlagevermögen muss noch das investitionsrelevante Umlaufvermögen (Working Capital) berücksichtigt werden. Kundenforderungen fallen keine an, weil nur Barzahlung akzeptiert wird. Der durchschnittliche Materialvorrat beträgt 396.000 GE unter der Annahme einer

- Materialintensität von 33%
- Auslastung von 50%
- Verweildauer von 30 Tagen

Materialeinsatz p.a.	=	Plan-Nettoerlös x Materialintensität
4.752 Mio GE	=	14,4 Mio GE x 0,33
Materialvorrat	=	4.752.000 / 12 = **396.000 GE**
		oder 4.752.000 x 30 / 365

Die gesamten Investitionsausgaben (AV und UV) betragen daher 8,896 Mio GE.

	Sachinvestitionen					ΣΣ
Periode	Grund-stück	Gebäude	Ein-richtung	Gesamt	Investitions-relevantes Working Capital	Sachinvest. + Working Capital
0	2.500	3.600	2.400	8.500	396	8.896
1				0		0
2				0		0
3				0		0
4				0		0
5				0		0
6				0		0
Gesamt	2.500	3.600	2.400	8.500	396	8.896

Hier wird unterstellt, dass die gesamten Investitionsausgaben in der Periode 0 anfallen, d.h. ziemlich konzentriert um den Starttermin der Investition (= Eröffnungstag der Raststätte); die Baudauer ist offensichtlich nur mit wenigen Wochen oder Monaten veranschlagt worden.

Würde sich die Errichtungsdauer des Gebäudes über mehrere Jahre erstrecken, könnte man Zwischen- und Akontozahlungen in die entsprechenden Vorperioden (bis -5 Perioden möglich) verlagern. Diese Beträge würden dann auf die Periode 0 aufgezinst werden.

Sollte der investitionsrelevante (Zusatz-)Umsatz nicht bereits im 1. Jahr voll wirken, sondern sich erst allmählich entwickeln, dann kann auch in den Perioden 1, 2, 3 usw. anteiliges Working Capital stehen, das dann auf einen Barwert abgezinst wird.

Bei reinen Ersatzinvestitionen wird wahrscheinlich kein investitionsrelevantes Working Capital anfallen, weil investitionsbedingt keine Zusatzumsätze zu erwarten sind.

Betrachtungsdauer, Nutzungsdauer

Weil die Nutzungsdauer bei diesem Investitionsprojekt unterschiedlich hoch ist, wurde die Betrachtungsdauer mit sechs Jahren festgelegt. Am Ende des sechsten Jahres wird ein fiktiver Liquidationserlös für Grund und Gebäude angesetzt. Das investitionsrelevante Umlaufvermögen (Working Capital) fließt am Ende des sechsten Jahres ebenfalls in voller Höhe zurück.

Alternativ könnte man statt der sechsjährigen Betrachtungsdauer auch die gesamte 20-jährige Nutzungsdauer heranziehen. Man müsste dann alle sechs Jahre die Investitionsausgaben für die Einrichtung reinvestieren. Der fiktive Liquidationswert für das Gebäude ist dann am Ende des 20. Jahres null, jedenfalls aber wesentlich niedriger als der Liquidationswert am Ende des sechsten Jahres. Dem interessierten Leser sei gesagt, dass der interne Zinsfuß dieser Alternativrechnung etwa gleich hoch ist wie bei der ursprünglichen. Es zahlt sich also aus, den Betrachtungszeitraum so kurz als möglich anzusetzen.

Investitionsrelevanter Nutzen

Der investitionsrelevante Nutzen setzt sich bei diesem Projekt aus folgenden Erfolgspositionen zusammen:

- Raststättenerlös
- Materialkosten Speisen und Getränke
- Deckungsbeitrag
- Instandhaltungsausgaben
- Fixe Ausgaben (Personal, Energie, Fuhrpark usw.)
- Liquidationserlös
- Ertragsteuern

Investitionsrelevanter Nutzen (Werte in 1.000 GE)

Periode	Investitionsrelevanter (Zusatz)-			Einsparungen (+) / (sprungfixe) Ausgaben (-)		Liqui- dations- erlös (+)	Invest. rel.
	-Erlös (+)	-DBU (+)	-DB (+)	Ausgaben- wirksame Fixkosten	Instand- haltungs- kosten		Gesamt- nutzen vor ESt.
1	14.400	67,0%	9.648	-3.935	-84		5.629
2	14.400	67,0%	9.648	-3.935	-102		5.611
3	14.400	67,0%	9.648	-3.935	-119		5.594
4	14.400	67,0%	9.648	-3.935	-137		5.576
5	14.400	67,0%	9.648	-3.935	-155		5.558
6	14.400	67,0%	9.648	-3.935	-173		5.540
E6 (WC)						396	396
E6 (Grund)						2.500	2.500
E6 (Geb.)						3.060	3.060
E6 (Einr.)							0
Gesamt	86.400		57.888	-23.610	-770	5.956	39.464

DBU = Deckungsbeitrag in Prozent vom Umsatz; DB = Deckungsbeitrag; WC = Working Capital

Die Ermittlung des investitionsrelevanten Nutzens erfolgt tabellarisch, weil dies die übersichtlichste Form der Darstellung ist. Vorher sind aber noch einige Erläuterungen notwendig.

Maximal erzielbarer Erlös (bei theoretisch 100% Auslastung, praktisch nicht möglich)

	250 Tage offen
x	8 Std./Tag Öffnungszeit
x	120 Sitze
x	2 Tischbesetzungen/Std.
x	60 GE Nettoerlös/Sitz
=	28,8 Mio GE

Plan-Betriebsleistung

Bei 90% Auslastung .... 25,920 Mio GE   (ziemlich unwahrscheinlich)

Bei 80% Auslastung .... 23,040 Mio GE   (unwahrscheinlich)

Bei 70% Auslastung .... 20,160 Mio GE   (möglich)

Bei 60% Auslastung .... 17,280 Mio GE   (durchaus möglich)

Bei 50% Auslastung .... 14,400 Mio GE   (diese Durchschnittsauslastung ist in der Planung unterstellt worden; sie kann mit "einigermaßen wahrscheinlich" bezeichnet werden)

Materialintensität, Deckungsbeitragsrate, Deckungsbeitrag

Die Materialintensität wurde vorsichtig mit 33% angesetzt. Weil es beim Raststätten-projekt keine variablen, sondern nur fixe Gemeinkosten gibt, beträgt die Deckungsbeitragsrate 67%. **Der Deckungsbeitrag bei 50-prozentiger Aus-lastung beträgt daher jährlich 9,648 Mio GE.**

Deckungsbeitragsrate (DBU-Faktor)

Annahme: Die Materialintensität beträgt 33% ... **0,67 = DBU-Faktor**

Bei 100% Auslastung .... 19,296 Mio GE DB   (praktisch nicht möglich)
Bei 90% Auslastung .... 17,366 Mio GE DB   (ziemlich unwahrscheinlich)
Bei 80% Auslastung .... 15,437 Mio GE DB   (unwahrscheinlich)
Bei 70% Auslastung .... 13,507 Mio GE DB   (möglich)
Bei 60% Auslastung .... 11,578 Mio GE DB   (durchaus möglich)
Bei 50% Auslastung ... 9,648 Mio GE DB   (wahrscheinlich, daher in
                                                  Planung unterstellt)

Instandhaltungsausgaben

Die jährlichen Durchschnitts-Instandhaltungskosten werden beim Gebäude mit 1,5% und bei der Einrichtung mit 4% vom Anschaffungswert angesetzt. Die jährlichen Durchschnitts-Instandhaltungskosten (96.000 GE für Einrichtung und 54.000 GE für Gebäude) wurden mit der jeweiligen Nutzungsdauer multipli-ziert, um auf die Instandhaltungskosten zu kommen, die während der gesamten Nutzungsdauer planmäßig anfallen werden. Die gesamten Instandhaltungsko-sten sind nun in arithmetische Reihen umgewandelt worden, die dem Verlauf der Instandhaltungsausgaben sehr ähnlich sind bzw. sein werden. Die genaue Berech-nung der Instandhaltungskosten erfolgt im Kapitel 11.11.3.

Plan-Instandhaltungskosten (Werte in 1.000 GE)

Periode	Instandhaltungskosten für...		
	Anlagen mit beweglichen Teilen	Anlagen mit unbeweglichen Teilen	Gesamt
0	0	0	0
1	59	25	84
2	74	28	102
3	89	31	119
4	103	34	137
5	118	37	155
6	133	40	173
Gesamt	576	194	770

Ausgabenwirksame Jahresfixkosten

		1000 GE p.a.
Personal:	1 Leiter	385
	6 Mitarbeiter	1.603
	1 Reserve	266
	1 Bedienerin	266
Gesamt inkl. Personalnebenkosten		**2.520**
Reinigungsmaterial		25
Strom (Küche u. Beleuchtung)		300
Heizung		90
Werbung		80
Anteilige Verwaltungsgemeinkosten		280
Leasingkosten (LKW u. Caravan)		300
Betriebskosten KFZ für je 30.000 km		120
Sonstiges		220
GESAMT		**3.935**

Liquidationserlös

	1000 GE p.a.
Grund (100% vom Anschaffungswert)	2.500
Gebäude lt. Formel	3.060
Einrichtung	-
GESAMT	**5.560**
Umlaufvermögen (100%)	**396**
SUMME AV + UV	**5.956**

Beim Gebäude wird der Liquidationswert nach sechs Jahren durch eine Formel ermittelt, welche die progressive Altersentwertung gut berücksichtigt. Die genaue Berechnung erfolgt im Kapitel 11.11.2.

Ertragsteuern

In der folgenden Tabelle wird die Ertragsteuer für das Raststättenprojekt ermittelt:

Periode	Invest.-relev. Nutzen vor ESt.	Basis für Ertragsteuer AfA Gebäude (-)	Einrichtung (-)	Invest.-begünstigung (-)	Rest-buchw. verk. Anlagen (-)	FKZ für Invest-kredit (-)	Invest.-relev. Ertragsteuerbasis	ESt. % Satz	Invest.-relev. Ertragsteuer	Invest.-relev. Nutzen n. ESt.
1	5.629	-180	-400	-540		-350	4.159	34,0%	1.414	4.215
2	5.611	-180	-400			-325	4.707	34,0%	1.600	4.011
3	5.594	-180	-400			-298	4.716	34,0%	1.603	3.990
4	5.576	-180	-400			-269	4.727	34,0%	1.607	3.968
5	5.558	-180	-400			-238	4.740	34,0%	1.612	3.946
6	5.540	-180	-400			-204	4.756	34,0%	1.617	3.923
E6 (WC)	396						396		0	396
E6 (Grund)	2.500						2.500		0	2.500
E6 (Geb.)	3.060				-2.520		540	34,0%	184	2.876
E6 (Einr.)	0						0	34,0%	0	0
Gesamt	39.464	-1.080	-2.400	-540	-2.520	-1.683	31.241		9.637	29.826

Der Ausgangswert für die Ermittlung der Ertragsteuerbasis ist der investitionsrelevante Nutzen vor Ertragsteuer. Dieser Ausgangswert wird nun noch um folgende Positionen reduziert: AfA Gebäude, AfA Einrichtung, etwaige Dotierungen zu (investitionsbegünstigten) Rücklagen, etwaige Restbuchwerte verkaufter Anlagen und Fremdkapitalzinsen für Investkredite.

Das am Ende der Betrachtungsdauer rückfließende Working Capital (WC) wird selbstverständlich nicht versteuert.

Ein Liquidationserlös aus Grundstücken unterliegt nicht der Ertragsteuer. Für die Ermittlung eines einigermaßen praxisrelevanten Pseudoliquidationswertes für Gebäude sollte man die einschlägige Formel (siehe Kapitel 11.11.2.) anwenden.

Bei der Ermittlung der Ertragsteuern müssen etwaige Investitionsbegünstigungen berücksichtigt werden. Bei diesem Beispiel wurde der in Österreich zulässige Investitionsfreibetrag in Höhe von 9% der abschreibungswürdigen Sachinvestitionsausgaben geltend gemacht: Die normale Abschreibung kann - über die entsprechenden Jahre verteilt - voll in Anspruch genommen werden, so dass insgesamt ein 109-prozentiger Abschreibungseffekt entsteht.

Zur Bestimmung der Fremdkapitalzinsen (FKZ) für Investkredit wurde das im Excel-Programm IR'99 integrierte Hilfsmodul für die Annuitätentilgung aktiviert.

ANNUITÄTENTILGUNG

unter folgenden Bedingungen:
Darlehen: 5.000 GE   Laufzeit: 10 Jahre   Verzinsung: 7% dekursiv

Periode	Darlehen	Zinstilgung	Tilgungs-quote	Annuität
1	5.000	350	362	712
2	4.638	325	387	712
3	4.251	298	414	712
4	3.837	269	443	712
5	3.393	238	474	712
6	2.919	204	508	712
7	2.411	169	543	712
8	1.868	131	581	712
9	1.287	90	622	712
10	665	47	665	712
Gesamt		2.119	5.000	7.119

Klassische dynamische Methoden

Der interne Zinsfuß (Internal Rate Of Return) nach ESt. beträgt 44%.

Barwert der investitionsrelevanten Nutzen

Periode	Invest. relevanter Nutzen nach ESt.	Zinsfuß 40,0%		Zinsfuß 45,0%	
		Abzinsungs-faktor	Barwert in 1.000 GE	Abzinsungs-faktor	Barwert in 1.000 GE
1	4.215	0,7143	3.011	0,6897	2.907
2	4.011	0,5102	2.046	0,4756	1.908
3	3.990	0,3644	1.454	0,3280	1.309
4	3.968	0,2603	1.033	0,2262	898
5	3.946	0,1859	734	0,1560	616
6	9.695	0,1328	1.288	0,1076	1.043
Gesamt	29.826		9.566		8.680

Interner Zinsfuß durch Interpolieren

	1. Versuchszinsfuß: 40,0%	2. Versuchszinsfuß: 45,0%
Barwert der Investitionsausgaben	8.896	8.896
Barwert der investitionsrelevanten Nutzen	9.566	8.680
Barwert Differenz (Werte in 1.000 GE)	**670**	**216**

5% =		886
1% =		177

INTERNER ZINSFUSS	entweder: oder:	40% + 670 / 177 = 45% - 216 / 177 =	**43,8%**

Der Kapitalwert (Net Present Value) beträgt (bei p = 10%) **11,882 Mio GE.**

		Zinsfuß 10,0%	
Periode	Invest.relevanter Nutzen nach ESt.	Abzinsungsfaktor	Barwert
1	4.215	0,9091	3.832
2	4.011	0,8264	3.315
3	3.990	0,7513	2.998
4	3.968	0,6830	2.711
5	3.946	0,6209	2.450
6	9.695	0,5645	5.473
Gesamt	**29.826**		**20.778**

Barwert Investitionsausgaben	**-8.896**

Kapitalwert bei 10,0%	**11.882**

Der modifizierte interne Zinsfuß (Modified Internal Rate of Return) beträgt (bei p = 10%) **27%.**

		Zinsfuß 10,0%	
Periode	Invest. relevanter Nutzen nach ESt.	Aufzinsungs-faktor	Endwert
1	4.215	1,6105	6.788
2	4.011	1,4641	5.873
3	3.990	1,3310	5.311
4	3.968	1,2100	4.802
5	3.946	1,1000	4.341
6	9.695	1,0000	9.695
Gesamt	**29.826**		**36.810** Summe Endwert Rückflüsse

Aus obigen Berechnungen ergibt sich:

1. Summe Barwert der Investitionsausgaben
   bei p = 10 %   8.896

2. Summe Endwert der investitionsrelevanten
   Rückflüsse bei p = 10 %   36.810

3. Quotient aus

   $$\frac{\text{Summe Endwert Rückflüsse}}{\text{Summe Barwert IA}}$$ 4,1378

4. Modifizierter interner Zinsfuß =

   (36.810 / 8.896)^(1/6) - 1 = 0,2671

5. Modifizierter interner Zinsfuß
   (= interner Zinsfuß nach der Baldwin-Methode)

   27%

6. Man erhält obigen Baldwin-Zinsfuß nicht nur durch Wurzelziehen,
   sondern auch durch Suchen des Quotienten 4,1378
   (siehe Punkt 3, oben) in einer Aufzinsungstabelle (n = 6 J., p = ?).
   Der Zinsfuß p kann dort abgelesen werden, wo in der Zeile "n = 6"
   der relevante Quotient (hier: 4,1378) steht.

Aufzinsungsfaktoren (Auszug aus Tabelle)

p \ n	18%	27%	36%	63%
1	1,1800	1,2700	1,3600	1,6300
2	1,3924	1,6129	1,8496	2,6569
3	1,6430	2,0484	2,5155	4,3307
4	1,9388	2,6014	3,4210	7,0591
5	2,2878	3,3038	4,6526	11,5064
6	2,6996	4,1959	6,3275	18,7554
7	3,1855	5,3288	8,6054	30,5713
8	3,7589	6,7675	11,7034	49,8311
9	4,4355	8,5948	15,9166	81,2248
10	5,2338	10,9153	21,6466	132,3964

Die Amortisationsdauer (Pay Off Period) beträgt:
- **statisch   zwei bis drei Jahre**
- **dynamisch   zwei bis drei Jahre** (mit 10% abgezinst)

• Statisch (nominell)

Investitionsausgaben bis Periode 0 (Werte in 1.000 GE)		8896
- Investitionsrelevanter Nutzen (Werte in 1.000 GE)		
1. Periode	4.215	4.681
2. Periode	4.011	670
3. Periode	3.990	**-3.320**

Die statische Amortisationsdauer beträgt zwei bis drei Jahre.

• Dynamisch (mit 10% abgezinst)

Investitionsausgaben bis Periode 0 (Werte in 1.000 GE)		8.896
- Investitionsrelevanter Nutzen (Werte in 1.000 GE)		
1. Jahr	3.832	5.064
2. Jahr	3.315	1.749
3. Jahr	2.998	**-1.249**

Die dynamische Amortisationsdauer beträgt ebenfalls zwei bis drei Jahre.

Graphisch kann die Amortisationsdauer wie folgt dargestellt werden:

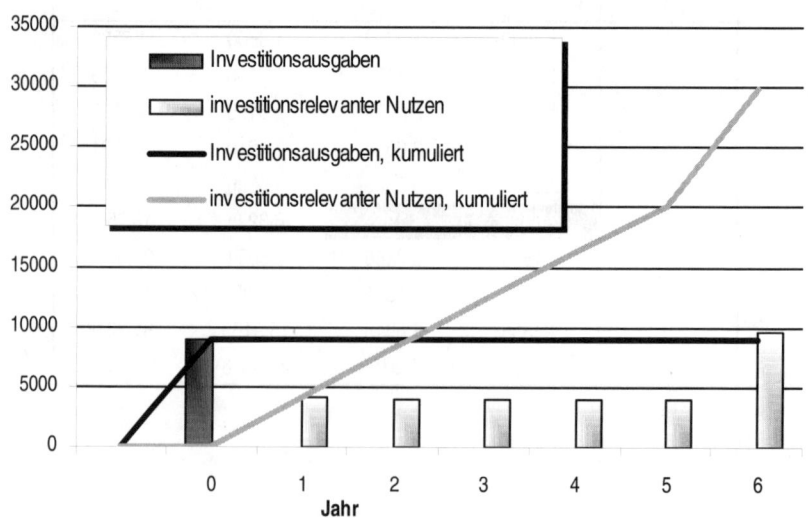

Sensibilitätsanalyse (acht Standardvarianten)

Es werden sämtliche Ergebnisveränderungen angezeigt, die entstehen würden, wenn die Investitionsausgaben und der investitionsrelevante Jahresnutzen um jeweils +/- 10% schwanken.

Sensibilitätsanalyse für acht Standardvarianten		Var. A	Var. B	Var. C	Var. D
		Investitionsausgaben		Investitionsrelevanter Nutzen	
		+10% höher	-10% niedriger	+10% höher	-10% niedriger
Interner Zinsfuß (IRR)	vorher	43,7%	43,7%	43,7%	43,7%
	Veränderung	-4,8%	+5,8%	+5,2%	-5,3%
	nachher	38,9%	49,5%	48,9%	38,4%
Modifizierter interner Zinsfuß (Refinanzierungs- zinsfuß: 10,0%) (MIRR)	vorher	26,7%	26,7%	26,7%	26,7%
	Veränderung	-2,0%	+2,2%	+2,0%	-2,2%
	nachher	24,7%	28,9%	28,7%	24,5%
Kapitalwert (Re- finanzierungszinsfuß: 10,0%) (NPV)	vorher	11.882	11.882	11.882	11.882
	Veränderung	-890	+890	+2.078	-2.078
	nachher	10.993	12.772	13.960	9.804
Amortisationsdauer, statisch (POP)	vorher	2 bis 3 J.	2 bis 3 J.	2 bis 3 J.	2 bis 3 J.
	Veränderung	0 Jahre	-1 Jahr	-1 Jahr	0 Jahre
	nachher	2 bis 3 J.	1 bis 2 J.	1 bis 2 J.	2 bis 3 J.
Amortisationsdauer, dynamisch (Zinsfuß: 10,0%) (POP)	vorher	2 bis 3 J.	2 bis 3 J.	2 bis 3 J.	2 bis 3 J.
	Veränderung	0 Jahre	0 Jahre	0 Jahre	0 Jahre
	nachher	2 bis 3 J.	2 bis 3 J.	2 bis 3 J.	2 bis 3 J.

Sensibilitätsanalyse (Fortsetzung)

		Var. AC	Var. AD	Var. BC	Var. BD
Investitionsausgaben		+10% höher	+10% höher	-10% niedriger	-10% niedriger
Investitionsrelevanter Nutzen		+10% höher	-10% niedriger	+10% höher	-10% niedriger
Interner Zinsfuß (IRR)	vorher	43,7%	43,7%	43,7%	43,7%
	Veränderung	+0,0%	-9,8%	+11,4%	+0,0%
	nachher	43,7%	33,9%	55,1%	43,7%
Modifizierter interner Zinsfuß (Refinanzierungs- zinsfuß: 10,0%) (MIRR)	vorher	26,7%	26,7%	26,7%	26,7%
	Veränderung	+0,0%	-4,2%	+4,3%	+0,0%
	nachher	26,7%	22,5%	31,0%	26,7%
Kapitalwert (Re- finanzierungszinsfuß: 10,0%) (NPV)	vorher	11.882	11.882	11.882	11.882
	Veränderung	+1.188	-2.967	+2.967	-1.188
	nachher	13.070	8.915	14.850	10.694
Amortisationsdauer, statisch (POP)	vorher	2 bis 3 J.	2 bis 3 J.	2 bis 3 J.	2 bis 3 J.
	Veränderung	0 Jahre	0 Jahre	-1 Jahr	0 Jahre
	nachher	2 bis 3 J.	2 bis 3 J.	1 bis 2 J.	2 bis 3 J.
Amortisationsdauer, dynamisch (Zinsfuß: 10,0%) (POP)	vorher	2 bis 3 J.	2 bis 3 J.	2 bis 3 J.	2 bis 3 J.
	Veränderung	0 Jahre	1 Jahr	0 Jahre	0 Jahre
	nachher	2 bis 3 J.	3 bis 4 J.	2 bis 3 J.	2 bis 3 J.

Die Amortisationsdauer wird immer auf ganze Jahre aufgerundet.
IRR = Internal Rate of Return; NPV = Net Present Value; MIRR = Modified Internal
Rate of Return; POP = Pay Off Period

Zielsimulation

Die umseitige Zielsimulation zeigt, dass bei Reduktion des internen Zinsfußes von 44% auf 35% (hier: eine willkürliche Annahme)

- die **ursprünglichen Investitionsausgaben um 19% höher** bzw.
- der **ursprüngliche investitionsrelevante Nutzen um 16% niedriger**

sein könnte.

Ergebnisse und Zielvorstellung

	Ergebnis (Basis)	Zielwert	Zu erreichen durch	
			entweder Erhöhung Investitions- ausgaben	oder Reduktion investitions- relevanter Nutzen
Interner Zinsfuß (IRR)	43,7%	35,0%	+19,4%	-16,3%
Modifizierter interner Zinsfuß (10,0%) (MIRR)	26,7%			
Kapitalwert (10,0%) (NPV)	11.882			
Amortisationsdauer, statisch (POP)	2 bis 3 Jahre			
Amortisationsdauer, dynamisch (10,0%) (POP)	2 bis 3 Jahre			

Alle hier abgebildeten Berechnungen wurden mit dem Excel-Programm "IR'99" durchgeführt, das im Kapitel 15.11.1. näher beschrieben wird.

Risikoanalyse

Naturgemäß gibt es bei den einzelnen Planprämissen jeder Investitionsrechnung gewisse Unsicherheiten, was die Erwartung dieser Werte betrifft. Hier kann eine so genannte Risikoanalyse, die mittels Monte-Carlo-Simulation durchgeführt wird, helfen.

Das Excel-Programm **Risikoanalyse für Investitionsrechnung**, das zur Lösung dieses Fallbeispiels verwendet worden ist, wird im Kapitel 14.5.5.6. und 15.11.2. näher erläutert.

Prinzipiell untersucht die Risikoanalyse die einzelnen relevanten Erfolgskomponenten der Investition, wie Investitionsausgaben, Umsatz im ersten Jahr, Marktsteigerungsrate, Liquidationswert am Ende der Betrachtungsdauer, variable Kosten je GE Umsatz, ausgabenwirksame Jahresfixkosten und wirtschaftliche Nutzungs- bzw. Betrachtungsdauer.

Von allen Faktoren wird eine Wahrscheinlichkeitsverteilung verlangt. Aus jeder Verteilung greift der Computer mittels Zufallszahl einen beliebigen Wert heraus. Die Kombination dieser Werte ergibt eine bestimmte Kennzahl für die Vorteilskriterien der Investition (z.B. interner Zinsfuß, Kapitalwert usw.).

Der gleiche Vorgang wird sehr oft (z.B. 1.000-mal) wiederholt und die Häufigkeit des Eintretens eines bestimmten internen Zinsfußes oder Kapitalwertes für die Entscheidungsbildung gezählt.

Schließlich ergibt sich daraus ein Risikoprofil, das bei richtiger Interpretation eine gute Entscheidungsgrundlage sein kann.

Die komplette Bildschirmmaske für die Computereingabe ist hier abgebildet:

(Werte in GE)	pessi-mistisch	wahr-scheinlich	opti-mistisch
Nutzungsdauer in Jahren		6	
Gewichtung		100%	
Investitionsausgaben Anlagevermögen (AV)		8.500.000	
Gewichtung		100%	
Investitionsausgaben Umlaufvermögen (UV)		396.000	
Gewichtung		100%	
Marktgröße in Einheiten im 1. Jahr	200.000	240.000	250.000
Gewichtung	30%	50%	20%
Mengensteigerung in % p.a.	-1,00%	0,00%	1,00%
Gewichtung	30%	50%	20%
Marktanteil in Prozent		100,00%	
Gewichtung		100%	
Verkaufspreis in GE je Einheit p.a.		60,00	63,00
Gewichtung		80%	20%
Variable Kosten in GE je Einheit im 1. Jahr		19,80	19,50
Gewichtung		80%	20%
Fixe Ausgaben p.a. (ohne Fremdkapitalzinsen)	5.700.000	5.663.000	5.600.000
Gewichtung	30%	50%	20%
Liquidationswert der Investition		5.960.000	
Gewichtung		100%	

Zinsfuß für dynamischen Kapitalrückfluss	18,00%
Anzahl der Simulationsdurchläufe	1.000

Zu einigen Eingabeparametern sind noch kurze Erläuterungen notwendig:

Marktgröße in Einheiten
Bei der wahrscheinlichen Variante kommt man bei einer Auslastung von 50% auf 240.000 Verkaufsakte (= Mahlzeiten je Sitz). Bei der pessimistischen Variante sind es 200.000 Verkaufsakte und bei der optimistischen 250.000.
Die Marktgröße bezieht sich hier nur auf die erzielbaren Verkaufsakte des Unternehmens und nicht auf die Werte des Gesamtmarktes; deshalb wird später auch die Frage nach dem Marktanteil mit 100% beantwortet.

Mengensteigerungsrate (Marktsteigerungsrate)
Die Mengensteigerungsrate zeigt die jährliche Steigerung der Position "Marktgröße in Einheiten" um einen bestimmten (frei wählbaren) Prozentsatz auf. Bei der wahrscheinlichen Variante wurde keine Mengensteigerung unterstellt. Die 1%-Steigerungsrate bei der optimistischen Variante bedeutet 252.500 Verkaufsakte im zweiten Jahr, 255.025 Verkaufsakte im dritten Jahr usw.

Marktanteil

Da bei der Marktgröße nur die eigenen Verkaufsakte angesetzt worden sind, beträgt der Marktanteil auf dieser Basis 100%.

Variable Kosten je Einheit, Verkaufspreis je Einheit

Als Einheit wird hier wieder der Verkaufsakt bzw. die Mahlzeit verstanden. Die durchschnittlichen variablen Kosten je Mahlzeit betragen 19,80 GE (wahrscheinliche Variante: 33% Materialkosten von 60 GE Verkaufspreis). Bei der optimistischen Variante sind die variablen Kosten je Einheit um 0,30 GE niedriger, die Verkaufspreise jedoch um 3 GE höher. Pessimistische Schätzungen gibt es hier keine.

Fixe Ausgaben p.a.

Die Fremdkapitalzinsen für den Hypothekarkredit sind hier bewusst nicht berücksichtigt worden, wohl aber die Ertragsteuern. Die Renditen (= interne Zinsfüße) verstehen sich also "nach ESt.".

Computerausgabe

ERGEBNISSE (nach 1.000 Iterationen)	70%	80%	90%	95%
Cash-Flow Jahr 1	3.315.640,92	3.007.082,31	2.856.931,33	2.728.359,58
Cash-Flow Jahr 2	3.338.823,90	3.203.747,81	2.657.597,83	2.642.619,12
Cash-Flow Jahr 3	3.421.661,70	3.007.825,98	3.069.787,56	2.822.058,12
Cash-Flow Jahr 4	3.056.736,31	3.204.777,44	2.987.970,06	3.091.065,49
Cash-Flow Jahr 5	3.305.730,35	3.120.466,77	2.878.115,31	2.625.349,66
Cash-Flow Jahr 6	9.003.349,68	9.105.380,54	8.976.155,99	8.538.565,07
Investitionsausgaben AV + UV	8.896.000,00	8.896.000,00	8.896.000,00	8.896.000,00
Kapitalrückfluss nominell (in Jahren)	2-3	2-3	3-4	3-4
Kapitalrückfluss bei 18,0% Verzinsung	4-5	4-5	4-5	5-6
Interner Zinsfuß nach Ertragsteuer	34,63	32,40	29,79	28,22

Fortsetzung des Ergebnisausdruckes auf der nächsten Seite.

Computerausgabe, Fortsetzung

Interner Zinsfuß		Einzel-	Summen-	Interpretation
von	bis	Wahrscheinlichkeit		(nach Prof. Krelle)
<	22	0,00	100,00	völlig sicher
22	24	0,00	100,00	völlig sicher
24	26	0,20	99,80	außerordentlich wahrscheinlich
26	28	4,40	95,40	außerordentlich wahrscheinlich
28	**30**	**6,00**	**89,40**	**sehr wahrscheinlich**
30	**32**	**8,30**	**81,10**	**recht wahrscheinlich**
32	**34**	**8,20**	**72,90**	**wahrscheinlich**
34	36	9,10	63,80	sehr möglich
36	38	8,90	54,90	durchaus möglich
38	40	7,50	47,40	durchaus möglich
40	42	10,00	37,40	immerhin möglich
42	44	9,90	27,50	unwahrscheinlich
44	46	9,00	18,50	recht unwahrscheinlich
46	48	9,00	9,50	sehr unwahrscheinlich
48	50	5,50	4,00	außerordentlich unwahrscheinlich
50	52	3,60	0,40	außerordentlich unwahrscheinlich
52	54	0,40	0,00	völlig unmöglich
54	56	0,00	0,00	völlig unmöglich
>	56	0,00	0,00	völlig unmöglich

Recht wahrscheinlich ist ein interner Zinsfuß nach Ertragsteuern zwischen 28% und 34%, weil die Eintrittswahrscheinlichkeit für diese Renditen zwischen 72,9% und 89,4% liegen. Eine Rendite von 38% bis 40% darf nur mit 47,4% Wahrscheinlichkeit erwartet werden, was mit "durchaus möglich" interpretiert werden kann, also nicht sehr wahrscheinlich ist.

Der nominelle Kapitalrückfluss (ohne Berücksichtigung der Verzinsung) beträgt mit 70- bis 80-prozentiger Wahrscheinlichkeit zwei bis drei Jahre, mit 90- bis 95-prozentiger Wahrscheinlichkeit drei bis vier Jahre.

☞ **Treffen Sie keine Entscheidungen, die eine Eintrittswahrscheinlichkeit von weniger als 70% haben, oder überdenken Sie solche Entscheidungen gut.**

Beurteilung und Renditendiagramm

Die Risikoanalyse bestätigt die Erkenntnisse der Investitionsrechnung voll und ganz. **Mit der hohen Wahrscheinlichkeit von 70% bis 95% darf ein interner Zinsfuß nach Ertragsteuern von 28% bis 35% erwartet werden.**

Das folgende Diagramm zeigt sehr anschaulich, mit welcher Wahrscheinlichkeit beim Raststättenprojekt welche Rendite erwartet werden darf:

Diagramm: Rendite und Risiko

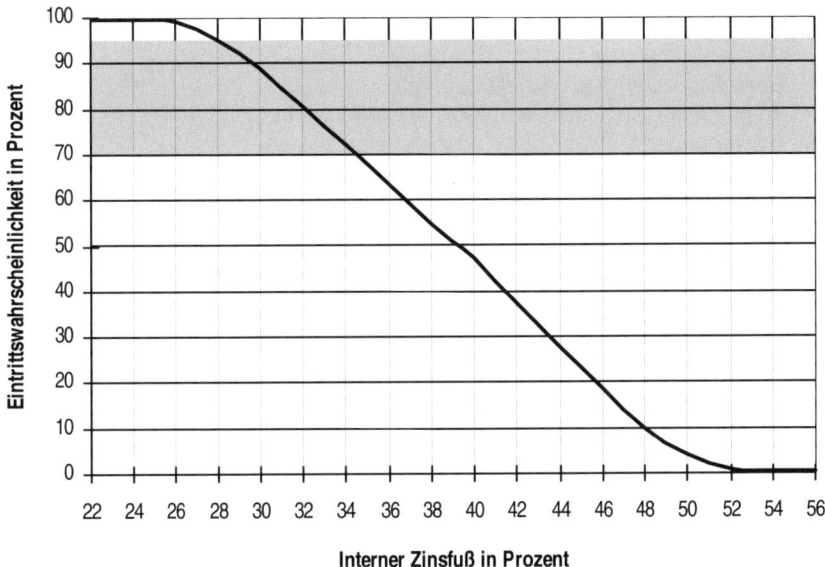

Interner Zinsfuß in Prozent

11.10. MAPI-Methode

Die MAPI-Methode ist eine **amerikanische Investitionsrechnungsmethode**. Sie wurde vom **M**achinery and **A**llied **P**roducts **I**nstitute in Washington unter ihrem Forschungsdirektor Terborgh **speziell für die praktische Anwendung** entwickelt. Das Verfahren versucht, **theoretische Exaktheit und leichte Anwendbarkeit** zu verknüpfen.

Die **grundsätzliche Fragestellung** der MAPI-Methode lautet: **Ist es rentabler** (wirtschaftlicher), eine **alte Anlage sofort oder erst nach Ablauf einer** vom Anwender festzulegenden **Vergleichsperiode** (z. B. ein oder zwei Jahre) zu **ersetzen. Durch die MAPI-Methode können also Ersatzprobleme relativ differenziert gelöst werden.**

Der **Beurteilungsmaßstab** für die Entscheidung ist die so genannte **MAPI-Rentabilitätszahl**. Sie errechnet sich aus dem Verhältnis von zusätzlich erzieltem Gewinn zu zusätzlich eingesetztem Kapital. Die Rentabilitätszahl kann auch als **Dringlichkeitsmaßstab** angesehen werden: je höher sie ist, umso dringlicher ist der Ersatz bzw. umso geringer ist die Möglichkeit eines rentableren Kapitaleinsatzes.

Die Berechnung der MAPI-Rentabilitätszahl (R) erfolgt nach der Formel:

$$R = \frac{a + b - c - d}{e}$$

a = *Betriebsgewinn des nächsten Jahres*
b = *vermiedener Kapitalverzehr des nächsten Jahres*
c = *entstehender Kapitalverzehr des nächsten Jahres*
d = *Erhöhung der Ertragsteuer im nächsten Jahr*
e = *erforderliches zusätzliches Kapital*

Für die Bildung einer Rangordnung der Investitionsvorhaben können die Rentabilitätszahlen (R) bzw. Dringlichkeitsmaßstäbe benutzt werden. Priorität erhalten die Objekte mit den höchsten Dringlichkeitsmaßstäben (Rentabilitätszahlen).

Zur Durchführung der MAPI-Methode gibt es mehrere Diagramme und Formulare, die sehr anwenderfreundlich sind.

In Deutschland, Österreich und der Schweiz ist die Anwendung der **MAPI-Methode** leider **nicht stark verbreitet, weil** die meisten europäischen Betriebe **außerhalb** jener **Schranken** liegen, die für die MAPI-Methode gelten:

	Untere Schranke (%)	MAPI-Diagramme (%)	Obere Schranke (%)
Fremdkapitalanteil	0	25	50
Fremdkapitalzinssatz	0	3	5
Eigenkapitalkostensatz nach Steuern	5	10	15
Ertragsteuersatz	45	50	55

Welches europäische Unternehmen hat eine Eigenkapitalquote von 50% oder gar 75%?

☞ Die MAPI-Formulare eignen sich gut als Checklisten für jede Investition, auch wenn zur Berechnung auf die herkömmlichen Methoden zurückgegriffen wird. Denken Sie an den Einleitungssatz: Nicht das Rechnen, sondern das richtige und vollständige Strukturieren ist der anspruchsvolle Teil der Investitionsrechnung!

11.11. Spezialmodule der Investitionsrechnung

11.11.1. Optimaler Ersatzbeschaffungszeitpunkt

Der optimale Ersatzbeschaffungszeitpunkt ist ein Sonderproblem der Investitionsrechnung. Hier gilt es, den günstigsten Zeitpunkt für die Erneuerung (renew) oder Ersetzung (replacement) von Investitionsgütern, deren Leistung mit der Zeit nachlässt oder die nach einer gewissen Zeit ganz ausfallen, zu bestimmen. Solche Investitionsgüter können Maschinen, Maschinenteile, Kraftfahrzeuge, Katalysatoren usw. sein.

Am Beispiel eines PKW soll die Modellsituation dargestellt und einer Lösung zugeführt werden.

Ausgangssituation

Es soll der günstigste Zeitpunkt für die Neuanschaffung eines Kraftfahrzeuges festgestellt werden. Der Anschaffungspreis inklusive aller Extras und abzüglich des vom Händler gewährten Rabattes beträgt 200.000 GE. Die Jahres-Kilometerleistung schwankt, kann aber durchschnittlich mit 20.000 km veranschlagt werden. Die kilometerabhängigen Kosten pro km belaufen sich während der ersten sechs Jahre auf 2 GE, 2,10 GE, 2,20 GE, 2,30 GE, 2,50 GE und 2,80 GE. Die Wiederverkaufserlöse betragen am Ende des ersten Jahres 150.000 GE und vermindern sich in den Folgejahren um 30.000 GE, 30.000 GE, 30.000 GE, 20.000 GE und 25.000 GE.

Ziel

Das Optimalitätskriterium lautet:

Minimiere

> **Anschaffungskosten**
> **+ Summe der kilometerabhängigen Kosten (relevant)**
> **- Wiederverkaufserlös**

Alles bezogen auf die Laufzeit bzw. die Einsatzkilometer!

Lösungstabelle

Zl.	Periode (Jahr)	1	2	3	4	5	6
1	Kilometerstand am Anfang der Periode	0	15.000	35.000	60.000	80.000	100.000
2	Kilometerstand am Ende der Periode	15.000	35.000	60.000	80.000	100.000	120.000
3	Gefahrene Kilometer in der Periode	15.000	20.000	25.000	20.000	20.000	20.000
4	Möglicher VK am Ende d.Per.lt.Eurotax	150.000	120.000	90.000	60.000	40.000	15.000
5	Kilometerabhängige Kosten p.a.	30.000	42.000	55.000	46.000	50.000	56.000
6	Kilometerabhängige Kosten kumuliert	30.000	72.000	127.000	173.000	223.000	279.000
7	Wertminderung kumuliert	50.000	80.000	110.000	140.000	160.000	185.000
8	Relevante Gesamtkosten kumuliert	80.000	152.000	237.000	313.000	383.000	464.000
9	Relevante Gesamtkosten/km	5,33	4,34	. 3,95	3,91	3,83	3,87

Optimaler Ersatzbeschaffungszeitpunkt

Interpretation

Die Tabelle zeigt auf, dass man leider keine eindeutige Antwort erhält, wann das alte Auto durch ein neues ersetzt werden soll. Das rechnerische Optimum (niedrigste relevante Gesamtkosten je km) ergibt sich im fünften Jahr. Die Unterschiede zum vierten bzw. sechsten Jahr sind aber so gering, dass sie in der Praxis kaum für eine eindeutige Ersatzbeschaffungsentscheidung ausreichen dürften. Man kann sagen, dass ab Ende des dritten Jahres jeder Ersatzbeschaffungstermin **praktisch** akzeptabel ist.

Man könnte nun noch die relevanten Gesamtkosten je km abzinsen, doch würde dies zu keinem wesentlich anderen Entscheidungsbild führen.

☞ In der Praxis sind die meisten Ersatzbeschaffungsprobleme durch den flachen Gesamtkostenverlauf gekennzeichnet, wodurch die tatsächliche Ersatzbeschaffung nicht zum punktuellen Muss wird.

☞ Ein steiler Verlauf der Gesamtkostenkurve ist häufig bei Katalysatoren in chemischen Industriebetrieben festzustellen. Durch den steilen Gesamtkostenverlauf muss dort die Ersatzbeschaffung oft auf die Woche oder gar auf den Tag genau vorgenommen werden, weil sonst hohe Mehrkosten entstehen würden.

11.11.2. Liquidationswert Gebäude

Bei Investitionsobjekten, die zur Gänze oder teilweise baulichen Charakter haben, ist das Wissen um den (fiktiven) Liquidationswert der Baulichkeit von großem Interesse, weil die Betrachtungsdauer bei der Investitionsrechnung meist wesentlich niedriger ist als die mögliche Nutzungsdauer des Gebäudes.

Die **Bestimmung des Gegenwartswertes von Gebäuden** hängt von der **Gesamtnutzungsdauer**, der **Restnutzungsdauer** und dem **Erhaltungszustand** ab. Hier sind bei einer Bewertung **Fachkenntnisse** notwendig, die das Hinzuziehen **eines Baufachmannes** erfordern, **insbesondere** wenn es sich um **größere Gebäudekomplexe** handelt.

Prinzipiell verläuft die **Altersentwertung bei Gebäuden** nicht linear, sondern **progressiv**. Sie kann durch eine von Baufachleuten aufgestellte Formel ermittelt werden (Just/Bruckner, Verkehrswert von Grundstücken gemäß Bundesbaugesetz, 4. Auflage, Werner Verlag).

Die Formel zur Ermittlung des Gebäude-Liquidationswertes ist besonders bei baulich-maschinellen Investitionen sehr nützlich, weil die Nutzungsdauer der baulichen Investition um ein Mehrfaches höher ist als jene der maschinellen. Man kann zum Beispiel nach Beendigung der Maschinen-Nutzungsdauer die Investitionsrechnung abbrechen und für das Gebäude einen entsprechenden Liquidationswert ansetzen. Bei dieser Vorgangsweise wird viel Zeit gespart, ohne dass der interne Zinsfuß oder der Kapitalwert gegenüber einer vollen Durchrechnung bis zum Ende der Gebäude-Nutzungsdauer eine große Veränderung erfährt.

Man kann die Berechnung des Gebäude-Liquidationswertes händisch in wenigen Minuten durchführen; die zu verwendende Formel ist einfach. Die folgende Demonstration bezieht sich auf das Fallbeispiel Kapitel 11.9.2. (Raststätte). Es lässt sich leicht nachvollziehen.

LIQUIDATIONSWERT VON GEBÄUDEN

Ausgangsdaten:

Alter des Gebäudes:	6 Jahre
Geschätzte Nutzungsdauer:	20 Jahre
Neuwert des Gebäudes:	3.600.000 GE

Ergebnis:

$$E = \frac{(A + 20)^2}{140} - 2{,}86$$

E = Entwertung in Prozent des Neubauwertes

A = Alter des Gebäudes in Prozent der Gesamtnutzungsdauer

$$A = \frac{6 \times 100}{20} = \mathbf{30\%}$$

$$E = \frac{(30 + 20)^2}{140} - 2{,}86 = 17{,}86 - 2{,}86 = \mathbf{15\%}$$

Bei einem Neubauwert von   3.600.000 GE   ergibt sich somit
ein Gegenwartswert von   3.060.000 GE

$$3.600.000 - \frac{3.600.000 \times 15}{100} = \mathbf{3.060.000}$$

Ohne diese Formel wäre man linear auf einen Liquidationswert von
2.520.000 GE gekommen.

☞ **Wird kein Neubauwert, sondern der damalige Anschaffungswert angesetzt, muss unbedingt eine Kapitalisierung mittels Bauindex vorgenommen werden!**

11.11.3. Instandhaltungsverläufe

Das Wissen um einen realistischen Verlauf der Instandhaltungsausgaben ist für die Investitionsrechnung von großer Bedeutung.

Mit zunehmendem Alter steigen erfahrungsgemäß die Reparaturkosten stetig an. Der **Instandhaltungsverlauf** kann laut empirischen Untersuchungen von Patterson durch eine **arithmetische Reihe nachgebildet** werden. Die Soll-Instandhaltungsausgaben steigen daher (arithmetisch) Jahr für Jahr um den gleichen Betrag. Voraussetzung für die Anwendung der Patterson-Formel ist, dass die Gesamtinstandhaltungskosten während der Nutzungsdauer bekannt sind (= durchschnittliche Instandhaltungskosten p.a. x Nutzungsdauer).

Die nebenstehende Grafik stellt lineare und arithmetische Instandhaltungsverläufe bei Anlagen mit beweglichen Teilen (fünf bzw. zehn Jahre Nutzungsdauer) sowie mit unbeweglichen Teilen (20 Jahre Nutzungsdauer) gegenüber.

Instandhaltungsverläufe (kumulativ)

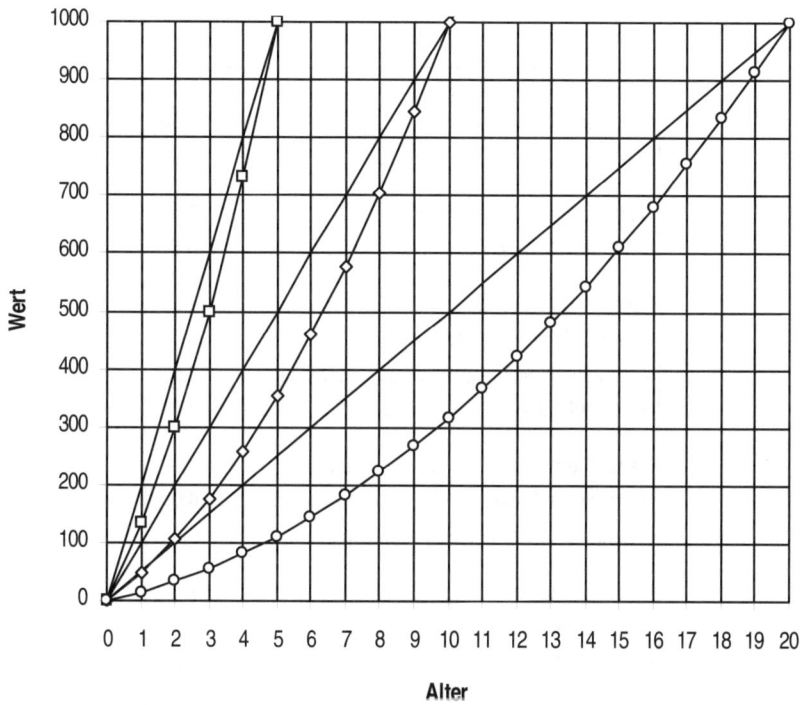

—□— 5 Jahre, bewegl. Teile   —◇— 10 Jahre, bewegl. Teile   —○— 20 Jahre, unbewegl. Teile

Die folgende Tabelle wurde von **Staudinger** erstellt, der für 23 Maschinenarten **jährliche Instandhaltungsprozentsätze** ermittelt hat, die, auf den Wiederbeschaffungswert der Anlage bezogen, bis zum Ende der Nutzungsdauer jährlich eine gleiche Instandhaltungsrate beinhaltet. Die Instandhaltungsprozentsätze sind aus der Praxis "elektrotechnischer Großbetriebe" abgeleitet worden.

Jährlich gleichbleibende Instandhaltungsprozentsätze bezogen auf den Wiederbeschaffungswert (laut Staudinger)

Maschinenart	Instandh. in % p.a.
Einspindelbohrmaschinen	1,5
Mehrspindelbohrmaschinen	2,5
Bohrwerk	4,0
Gewindeschneidemaschine	3,0
Gewindewalzmaschine	3,5
Einfache Drehbank	2,5
Leit- und Zugspindeldrehbank	3,0
Vielstahldrehbank	3,5
Revolverdrehbank	4,0
Kleine Presse	2,5
Hydraulische Presse	4,0
Exzenter-, Kurbel- und Säulenpresse	4,0
Einspindelautomat	2,5
Mehrspindel- und Rundtischautomat	4,5
Futterautomat	5,0
Hebelfräsmaschine	2,0
Horizontal-, Vertikal-, Universalfräsmaschine	3,5
Räummaschine, klein	4,0
Räummaschine, schwer	4,5
Automatische Presse	6,0
Tiefziehpresse	5,5
Friktionsspindelpresse	6,0
Stufenpresse	5,0

Beträgt die Nutzungsdauer einer Einspindelbohrmaschine z.B. zehn Jahre, dann betragen laut Staudinger (siehe Tabelle) die Instandhaltungskosten während der gesamten Nutzungsdauer der Einspindelbohrmaschine 15% des Wiederbeschaffungswertes (1,5% p.a. x 10 Jahre Nutzungsdauer).

Jetzt gilt es noch, die gesamten Instandhaltungskosten auf die einzelnen Jahre der Nutzung so zu verteilen, dass man von einem realistischen Instandhaltungsverlauf sprechen kann. Wie bereits erwähnt, hat Patterson herausgefunden, dass sich **viele Instandhaltungsverläufe mit einer arithmetischen Reihe gut nachbilden** lassen. Er hat weiters herausgefunden, dass die **jährliche Steigerungsrate bei**

Anlagen mit beweglichen Teilen (z.B. Maschinen) 25% und bei solchen mit unbeweglichen Teilen (z.B. Gebäude) 12,5% beträgt.

Für die Berechnung des jeweils ersten Gliedes der arithmetischen Reihe müssen folgende Formeln verwendet werden:

- Bei Anlagen mit **nur unbeweglichen** Teilen

$$I_f \text{ für das 1. Jahr} = \frac{A}{\frac{n}{2}\left(2 + \frac{n-1}{8}\right)}$$

I_f = Instandhaltungsfaktor
A = Ausgangswert (entweder Anschaffungswerte oder besser Wiederbeschaffungswert)
n = Nutzungsdauer in Jahren

Die **Folgewerte** der arithmetischen Reihe sind **jeweils um 12,5% p.a. höher als der Erstjahreswert.**

- Bei Anlagen mit **beweglichen** Teilen

$$I_f \text{ für das 1. Jahr} = \frac{A}{\frac{n}{2}\left(2 + \frac{n-1}{4}\right)}$$

Die **Folgewerte** der arithmetischen Reihe sind **jeweils um 25% p.a. höher als der Erstjahreswert.**

Die beiden folgenden Tabellen weisen die Instandhaltungsfaktoren für Anlagen mit beweglichen und unbeweglichen Teilen aus:

Instandhaltungsfaktoren für Anlagen mit beweglichen Teilen, wenn A = 1000						
Nutzungs-jahr	Nutzungsdauer in Jahren					
	5	6	7	8	9	10
1	133	103	82	67	56	47
2	167	128	102	83	69	59
3	200	154	122	100	83	71
4	233	179	143	117	97	82
5	267	205	163	133	111	94
6		231	184	150	125	106
7			204	167	139	118
8				183	153	129
9					167	141
10						153
Summe	1000	1000	1000	1000	1000	1000

Instandhaltungsfaktoren für Anlagen mit unbeweglichen Teilen, wenn A = 1000						
Nutzungs-jahr	Nutzungsdauer in Jahren					
	15	16	17	18	19	20
1	36	32	29	27	25	23
2	40	36	33	30	28	26
3	44	40	37	34	31	29
4	49	44	40	37	34	31
5	53	48	44	40	37	34
6	58	52	48	44	40	37
7	62	56	51	47	43	40
8	67	60	55	51	46	43
9	71	65	59	54	50	46
10	76	69	63	57	53	49
11	80	73	66	61	56	51
12	84	77	70	64	59	54
13	89	81	74	67	62	57
14	93	85	77	71	65	60
15	98	89	81	74	68	63
16		93	85	77	71	66
17			88	81	74	69
18				84	77	71
19					81	74
20						77
Summe	1000	1000	1000	1000	1000	1000

PC-Ermittlung der Instandhaltungsausgaben

Verwendet man das im Kapitel 15.11.1. vorgestellte Excel-Programm **IR'99**, dann benötigt man keine Tabellen, sondern erhält nach einer kurzen Abfrage die Instandhaltungsausgaben für den relevanten Planungszeitraum ausgedruckt.
Bezogen auf das Fallbeispiel Kapitel 11.9.2. (Raststätte) ergibt sich folgendes Bild:

PLANUNG DER INSTANDHALTUNGSKOSTEN
Grundlagen für den Instandhaltungsverlauf

Periode	Anlagen mit ...							
	beweglichen Teilen				unbeweglichen Teilen			
	Anschaffungswert (AW) (Werte in 1.000 GE)	Nutzungsdauer (ND)	Instandh. Kosten p.a. in % des AW (IK%)	Jahre Garantie	Anschaffungswert (AW) (Werte in 1.000 GE)	Nutzungsdauer (ND)	Instandh. Kosten p.a. in % des AW (IK%)	Jahre Garantie
0	2.400	6	4,0%	0	3.600	20	1,5%	0
1								
2								
3								
4								
5								
6								

Plan-Instandhaltungskosten (Werte in 1.000 GE)

Periode	Instandhaltungskosten für ...		
	Anlagen mit beweglichen Teilen	Anlagen mit unbeweglichen Teilen	Gesamt
0	0	0	0
1	59	25	84
2	74	28	102
3	89	31	119
4	103	34	137
5	118	37	155
6	133	40	173
Gesamt	576	194	770

Wird vom Lieferer im ersten Jahr oder während der ersten Jahre Garantie gewährt, so ändert das am Instandhaltungsverlauf nichts; während der Garantiezeit fallen dann allerdings keine Plan-Instandhaltungskosten an, danach werden die höheren Plan-Instandhaltungskosten des zweiten oder dritten Jahres angesetzt.

11.12. Top-Literatur für den Geschäftsführer

Bereich: Investitionsrechnung

Titel	Autor	Verlag	Auf-lage	Sei-ten
Investition	Blohm, Lüder	Vahlen	7/91	356
Fall- und Projektstudien zur Investitionsrechnung	Adelberger, Günther	Vahlen	1/82	324
Finanzwirtschaft der Unternehmung	Perridon, Steiner	Vahlen	6/91	620
Fundamentals of Financial Management	Van Horne	Prentice Hall	6/86	670
Grundlagen der Investitions- und Wirtschaftlichkeitsrechnung	Däumler	Neue Wirtschaftsbriefe	3/82	277
Investition und Finanzierung	Seicht	Linde	8/95	542
Investition und Finanzierung	Swoboda	UTB für Wissenschaft	4/92	238
Investitionslexikon	Lücke	Vahlen	2/90	431
Investitionsplanung	Lüder	Vahlen	1/77	348
Investitionsrechnung	Walther	WRW	1/96	66
Leitfaden zur Investitionsrechnung	Däumler	Neue Wirtschaftsbriefe	1/90	173
Lexikon Wirtschaftlichkeitsrechnung	Oppitz	Gabler	1/95	629
Optimale Investitionspolitik	Michel	Sauer	1/79	320
Sonderprobleme der Investitions- und Wirtschaftlichkeitsrechnung	Däumler	Neue Wirtschaftsbriefe	1/81	222

Das Lieblingsbuch des Autorenteams zu diesem Themenkreis wurde invers dargestellt.

Bereich: Gebäudewert

Titel	Autor	Verlag	Auf-lage	Sei-ten
Die Bewertung von Unternehmungen und Unternehmungsanteilen	Viel, Bredt, Renard	Verlag des Schweizerischen Kaufmänn. Vereins	5/75	152
Ermittlung des Bauwertes von Gebäuden und des Verkehrswertes von Grundstücken	Ross, Brachmann	Th. Oppermann	25.	596
Verkehrswert von Grundstücken gemäß Bundesbaugesetz	Just, Brückner	Werner	4.	216

Bereich: Risikoanalyse

Titel	Autor	Verlag	Auf-lage	Sei-ten
Operations Research II Methoden der Entscheidungsbewertung bei Risiko	Runzheimer	Gabler	2/88	250
Risk Analysis & Modeling (Simulation Add-In for Microsoft Excel)		Palisade	93	200
Simulation in der Investitionsrechnung	Kersten	Gabler	1/96	207

12.

Wirtschaftlich disponieren, einkaufen, bestellen und lagern

BESTELL- UND LAGERDISPO FÜR DIE

EINZELHANDEL	GROSSHANDEL

Computergestützte Warenwirtschaftssysteme (CWWS)

Welcher Nutzen darf erwartet werden?

1. Prüfung der Lieferscheine und Eingangsrechnungen

2. Wareneingangserfassung

3. Preisauszeichnung, Preispflege

4. Maschinelle Angebotserstellung

5. Differenziertere Kalkulation

6. Permanente Bestandskontrolle

7. Genauere Warenausgangskontrolle

8. Erstellung einer optimalen Bestellvorschlagsliste

9. Erstellung der Ausgangsrechnungen

10. Kreditverkaufsabrechnung

11. Abverkaufsanalyse, Werbeerfolgskontrollen

12. Sortimentsanalyse nach WG, ABC, XYZ

13. Erstellung von Reports (MIS) und Listen (Penner, Renner usw.)

☞ **Die CWWS-Systeme werden in diesem Buch nicht behandelt. Beachten Sie aber die Entscheidungshilfe bei der Anschaffung eines CWWS-Systems im Kapitel 12.1.1. (Fallbeispiel).**

HAUPTBRANCHENGRUPPEN (Übersicht)

HANDWERK	INDUSTRIE

Allgemeine (klassische) Dispo-Programme für optimale Bestell-, Losgrößen- und Meldemengen

Auftragsgesteuerte Disposition (bedarfsgesteuerte)	Plangesteuerte Disposition (programmgesteuerte)	Verbrauchsgesteuerte Disposition (bestandsgesteuerte)	

Einzel-bedarfs-disposition	Sammel-bedarfs-disposition

- Kein Dispositionsrisiko (außer evtl. Zusatzbedarf für Ausschuss)
- Normalerweise können weder Über- noch Fehlbestände auftreten, auch Sicherheitsbestände erübrigen sich

Plangesteuerte Disposition:
- Voraussetzung: nach Perioden differenzierter, genauer Produktionsplan, einschl. Stücklisten
- Bei genauer Erfüllung der Voraussetzungen sind nur geringe Sicherheitslagerbestände notwendig
- **Nettobedarfsrechnung:**
  Bruttoproduktionsbedarf
  + Zusatzbedarf
  = Gesamtbedarf
  + Vormerkbestand
  - Lagerbestand
  - Werkstattbestand
  - Bestellbestand
  = Nettobedarf

Verbrauchsgesteuerte Disposition:
- Voraussetzung: richtige Bestandfortschreibung, weil der Zeitpunkt der (Nach-)Bestellung vom (Melde-)Bestand abhängt
- Geringer Dispositionsaufwand, Unsicherheiten werden durch Sicherheitslagerbestände aufgefangen

Bestellpunkt-verfahren (Mengensteuerung)	Bestellrhythmus-verfahren (Terminsteuerung)

Bestellpunktverfahren (Mengensteuerung):
- Meldebestandsverfahren, in der Praxis stark verbreitet
- Folgende Strategien sind denkbar:
  - s, q
  - s, S
- Häufiges (besser: permanentes) Anpassen an den nachhaltig veränderten Bedarfsverlauf (Mengen, Schwankungen)

Bestellrhythmusverfahren (Terminsteuerung):
- Periodischer Bestellzyklus
- Folgende Strategien sind denkbar:
  - t, S
  - t, s, q
  - t, s, S
- Weniger Dispositionsaufwand als bei Bestellpunktverfahren
- Höheres Sicherheitslager notwendig als bei Bestellpunktverfahren

Hinweis: Nähere Details zu Sicherheitslager und Strategien finden sich in den Kapiteln 12.3.3.8., 12.5.3. Und 12.6. Details zu Bestellmengen, Losgrößen und Meldemengen finden sich in den Kapiteln 12.6. und 12.3.3.

☞ **In diesem Kapitel werden die verbrauchsgesteuerten Dispositionsverfahren vorrangig behandelt; deshalb inverse Kennzeichnung.** Beachten Sie auch die Entscheidungshilfe bei der Anschaffung eines allgemeinen, klassischen Lagerdispositionsprogramms im Kapitel 12.1.2. (Fallbeispiel).

12.1. Erfolgspotential Materialwirtschaft

In Zeiten, in denen nicht mehr so leicht zweistellige Umsatzzuwächse erwartet werden dürfen, muss vieles genauer und analytischer betrachtet werden als früher. Das betrifft vor allem die Kostenrechnung mit den neuen Denkansätzen bezüglich Prozessentwicklung und Target Costing, aber auch die Materialwirtschaft. **Die Materialwirtschaft mit Einkauf, Disposition und Lagerung birgt ein enormes Gewinnpotential in sich, das durchaus Investitionen gestattet, die den Erfolg fast garantieren, zumindest aber ziemlich wahrscheinlich erwarten lassen.**

Solche Investitionen können die **Disposition verbessern** oder die **Lagerung rationeller gestalten.** Zur **Dispositionsverbesserung** werden Investitionen in **EDV und computergestützte Warenwirtschaftssysteme (CWWS)** getätigt. Ob eine solche Investition im Einzelnen wirtschaftlich ist, muss durch eine Investitionsrechnung bestimmt werden. Während die Investitionsausgaben meistens rasch ermittelt werden können, erfordert die richtige Nutzenrechnung (= relevante Vorteile durch die Investition) profunde einschlägige Kenntnisse. In diesem Kapitel werden daher alle wichtigen Module der Materialwirtschaft an zahlreichen Fallbeispielen - auf den Punkt gebracht - demonstriert. Diese Module sind Voraussetzung für Wirtschaftlichkeit im Einkaufs- und Lagerbereich, wozu auch ein effizienter EDV-Einsatz gehört.

Natürlich ist die materialwirtschaftliche Organisation stark branchenabhängig. **Aufgrund der individuellen Nebenbedingungen können in einigen Branchen sehr viele der hier vorgestellten Instrumente angewendet werden, in anderen weniger.** Die Grundsatzprobleme sind aber immer die gleichen:

mit einem niedrigen Lagerbestand möglichst immer lieferfähig sein.

Grundsätzlich kann zur Waren- und Materialdisposition

- ein **computergestütztes Warenwirtschaftssystem (CWWS)** für Einzelhandels- und Großhandelsfirmen oder aber
- ein **allgemeines klassisches Lagerhaltungsprogramm**, gut geeignet für Erzeugungs- und Dienstleistungsbetriebe,

eingesetzt werden. **Wie** die **Wirtschaftlichkeit** einer solchen Investition relativ rasch **festgestellt** werden kann, **zeigen** die folgenden **zwei Fallbeispiele.**

INVESTITIONSENTSCHEIDUNGEN IM EINKAUFS-/LAGERBEREICH	
Für Einzel- und Großhandelsbetriebe	Für Handwerks-, Großhandels- und Erzeugungsbetriebe
CWWS	**klassische DISPO-Software**

12.1.1. Fallbeispiel: Wann ist ein computergestütztes Warenwirtschaftssystem (CWWS) profitabel?

Ausgangssituation

Ein Handelunternehmen überlegt, ein CWWS anzuschaffen. Die Investitionsausgaben sind rasch ermittelt. Aufwendiger ist die Bestimmung des investitionsrelevanten Nutzens. Ein Teil der insgesamt 19 Nutzenpotentiale kann erst ab dem zweiten Jahr freigesetzt werden, einige Nutzenpotentiale überhaupt nicht (Eventualnutzen). Personalkosten oder -einsparungen wurden mit 25 DM pro Stunde berücksichtigt.

Investitionsausgaben

(Alle Werte in DM)	CWWS mit 1 Kassa
• Kasse	15.000
• PC	15.000
• Software	5.000
• Umbauarbeiten	2.000
• Büromöbel	1.000
• Personaleinschulung	1.000
• Stammdatenerfassung	9.000 *)
• Systeminstallation	1.000
• Sonstiges	1.000
Σ Investitionsausgaben	50.000

*) Ca. 2,5 Mann-Monate

Die Nutzungsdauer kann mit sechs Jahren angesetzt werden. Der Liquidationswert am Ende der Nutzungsdauer beträgt null.

Investitionsrelevanter Nutzen

(Alle Werte in DM)	CWWS mit 1 Kassa	
	Pos. Nutzen	Neg. Nutzen
• Wartung/Reparatur		-6.000
• Sachversicherungen		-1.000
• Datenfernübertragung		-3.000
• Maschinelle Angebotserstellung		
• Schnellere Auftragsabwicklung	6.000	
• Echte Zusatzaufträge (Zusatz-U x DBU)	11.000	
• Differenziertere Kalkulation	eventuell	
• Permanente Bestandskontrolle		
• Verringerung von Fehlbeständen	4.000	
• Genauere Warenausgangskontrolle		
• Reduzierung von Kassierfehlern	1.000	
• Sortimentsanalyse nach WG, ABC, XYZ		
• Lagerreduktion (Penner- und Rennerliste)	10.000 (ab 2.J.)	
• Artikelstammdaten verwalten		-2.000 (ab 2.J.)
• Lieferantenstammdaten verwalten		
• Erstellung einer optimalen Bestellvorschlagsliste	bereits bei Sortimentsanalyse berücksichtigt	
• Prüfung der Eingangsrechnung, Lieferscheine	4.000 (ab 2.J.)	-3.000 (ab 2.J.)
• Wareneingangserfassung	5.000 (ab 2.J.)	-3.000 (ab 2.J.)
• Preisauszeichnung, Preispflege	11.000	-5.000
• Kundenstammdaten verwalten (für Werbung)	10.000 (ab 2.J.)	-6.000 (ab 2.J.)
• Kreditverkaufsabrechnung	eventuell	
• Erstellung der Ausgangsrechnungen	3.000	-3.000
• Erstellung von Reports (MIS) und Listen	eventuell	
• Abverkaufsanalyse, Werbeerfolgskontrollen	eventuell	
Σ Jährlicher Gesamtnutzen 1. Jahr	36.000	-18.000 = 18.000
(Σ Zusatznutzen ab 2. Jahr)	29.000	-14.000 = 15.000

Diese Zusammenstellung wurde in grober Anlehnung an Ahlert/Olbrich (siehe Top-Literatur für den Geschäftsführer) durchgeführt.

Wirtschaftlichkeit

Die Wirtschaftlichkeit ist in sechs verschiedenen Szenarien mittels einer Investitionsrechnung durchgeführt worden. Alle Szenarien gehen von Investitionsausgaben von 50.000 DM aus und berücksichtigen keinen Liquidationswert am Ende der Nutzungsdauer. Die Szenarien unterscheiden sich durch verschiedene, teilweise verzögerte Nutzenerwartungen. Beim Szenario 6 ist die Nutzungsdauer kürzer angesetzt worden als bei den übrigen (fünf statt sechs Jahre).

Nutzen in 1.000 DM

Jahr	Szenario					
	1	2	3	4	5	6
1	18	18	18	9	9	18
2	33	18	18	19	9	33
3	33	33	18	19	18	33
4	33	33	18	19	18	33
5	33	33	18	19	33	33
6	33	33	18	19	33	-

Liquidationswert = 0; keine steuerliche Investitionsbegünstigung

	1	2	3	4	5	6
Interner Zinsfuß v. ESt.	30,0%	25,0%	11,3%	9,2%	11,8%	25,6%
Kapitalwert (p = 18%)	17,8	10,7	-8,4	-11,7	-9,8	9,7
Kapitalrückfluss nach ... (p = 18%)	3-4 J.	4-5 J.	> 6 J.	> 6 J.	> 6 J.	3-4 J.

Erkenntnisse

Die Wirtschaftlichkeit des CWWS hängt sehr vom Nutzungsgrad der angebotenen Funktionen des Herstellers ab.

Wird nur etwa die Hälfte der vom Programmanbieter angebotenen Funktionen genutzt, ist das für eine rentable Investition nicht ausreichend (Szenarien 3, 4 und 5). Auch wenn die gesamten Funktionen erst ab dem fünften Jahr genutzt werden, bleibt die CWWS-Investition ein Flopp.

Eine Verkürzung der Nutzungsdauer um ein Jahr (von sechs auf fünf Jahre) ist für die Wirtschaftlichkeit ohne Belang (Szenario 6).

Je rascher die angebotenen Funktionen umgesetzt werden können, desto höher die Rendite.

Alle Szenarien, die weniger als 18% Rendite vor Ertragsteuer erzielen, haben einen negativen Kapitalwert und eine Payback Period von mehr als sechs Jahren; diese Szenarien sind invers dargestellt worden, weil sie die Wirtschaftlichkeitsbedingungen für die CWWS-Investition nicht erfüllen (Szenarien 3, 4 und 5).

Einige Eventualpotentiale sind nicht quantifiziert worden, ebenso wie einige wichtige, aber nicht quantifizierbare Effekte wie

* höhere Kundenzufriedenheit,
* besseres Kundenservice,
* Imageverbesserung durch "fortschrittlichen Eindruck" beim Kunden.

12.1.2. Fallbeispiel: Wann ist ein allgemeines klassisches Lagerhaltungsprogramm profitabel?

Ausgangssituation

Ein Erzeugungsbetrieb mit geringer Fertigungstiefe überlegt, die händisch geführte Lagerkartei durch ein PC-Materialwirtschaftsprogramm zu ersetzen. Diese längst fällige Investition wurde schon mehrmals verschoben, weil man sich über den zu erwartenden Nutzen nicht einigen konnte.

Die Aufgabenstellung bei diesem Fallbeispiel ist etwas anders als beim vorigen CWWS-Fall.

Die vielfältigen indirekten Wirkungen der EDV-Einführung in der Materialwirtschaft, die durch Umorganisation der Arbeitsabläufe entstehen, werden hier gänzlich vernachlässigt. Die **Nutzenentwicklung konzentriert sich hier ausschließlich auf** zu erwartende

- **relevante Lagersenkungen,**
- **relevante Lieferfähigkeit** (Servicegrad)

und die damit verbundenen **Zinskostenersparnisse** bzw. **Zusatzdeckungsbeiträge**.

Bekannt sind folgende Faktoren:

Betriebsleistung	200,0 Mio GE
Materialkosten	110,0 Mio GE
Rohgewinn (DB)	90,0 Mio GE
Ø Lagerbestand Rohstoffe	27,5 Mio GE

Aus diesen Werten kann

- eine **Ist-Umschlagshäufigkeit** von **4** und
- ein **Ist-DBU-Faktor** von **0,45**

abgeleitet werden.

Durchschnittlich wird derzeit eine **Dreimonatsnachfrage** geordert (**bestellt**). Die Geschäftsleitung strebt eine **hohe Lieferfähigkeit** (Servicegrad) an, weil das die **Kundenzufriedenheit sichert**.

Die **durchschnittliche Wiederbeschaffungszeit** beträgt **zwei Wochen**; sie schwankt zwischen einer und vier Wochen.

Die Nachfrage schwankt mittelstark bis stark.

Zunächst wird approximativ festgestellt, wie sich der gesamte Lagerbestand in

* **Bestellbestand** und
* **Sicherheitslager**

untergliedert:

Einsatz p.a.	110 Mio GE
Ø Bestellmenge (BM)	Dreimonatsnachfragen
	= 27,5 Mio GE
Ø Bestellbestand (50% v. Ø BM)	= 13,7 Mio GE
Bleibt für Sicherheitslager	13,8 Mio GE
Gesamter Ø Lagerbestand	27,5 Mio GE

Graphisch sieht das ungefähr so aus:

Ø Bestell-
menge

SICHERHEITSLAGER

13,7 Mio
13,8 Mio

1. Jahr   2. Jahr

Der durchschnittliche Bestellbestand und das Sicherheitslager sind hier etwa gleich hoch; das ist natürlich rein zufällig.

Als nächstes wird der Ist-Sicherheitsbestand analysiert. Man verwendet dazu die "Sicherheitslagertabelle" laut Kapitel 16.12., in der sich Dutzende Faktoren (Multiplikatoren) befinden. Es gilt nun, den richtigen Faktor unter den entsprechenden Nebenbedingungen auszuwählen.

Die Nebenbedingungen sind hier:

* Nachfrageschwankung .... mittel, V = 0,8
* Wiederbeschaffungszeit .... 2 Wochen
* Gewünschter Servicegrad .... hoch = 95%

Den relevanten Sicherheitslagerfaktor für die Tabelle erhält man durch:

$$\frac{\text{Sicherheitslager}}{\text{Ø Monatsnachfrage}} = \frac{13,8}{9,2} = 1,5$$

Dieser Faktor bedeutet unter obigen Nebenbedingungen einen **Servicegrad von > 99%**. Der Quotient 1,5 findet sich gar nicht in der Sicherheitslagertabelle; Bei 99% Servicegrad, zwei Wochen Wiederbeschaffungszeit und Variationskoeffizient V = 0,8 steht 1,32; Daher bedeutet ein Faktor von 1,5 mehr als eine 99-prozentige Lieferfähigkeit (unnötig hoch, muss abgebaut werden).

Das Ist-Sicherheitslager ist mit einem Servicegrad von mehr als 99% höher als die geforderten 95% und damit abbaubar. Der Faktor für 95% Servicegrad beträgt laut Tabelle 0,93, woraus sich ein Soll-Sicherheitslager von 8,6 Mio GE (9,2 Mio GE Monatsnachfrage x 0,93) ergibt.

Das Überlager beträgt also 5,2 Mio GE (13,8 Mio - 8,6 Mio), was Zinskosteneinsparungen von 0,36 Mio GE p.a. (bei 7%) ergibt; das ist hier der relevante Nutzen.

Bei einem Servicegrad von 95% kann der derzeitige Umsatz gehalten werden, bei einem Servicegrad von 99% könnte mit 0,5 Promille Zusatzverkäufen (=0,1 Mio GE) gerechnet werden; der Zusatz-DB bei diesem Zusatzumsatz würde 0,045 Mio GE betragen.

Wie hoch dürfen also die Investitionsausgaben maximal sein, um eine Mindestrendite vor Ertragsteuer von 20% erwarten zu können?

Der gesamte Nutzen beträgt:

	Zinsertrag durch Lagersenkung	0,360 Mio GE
-	Entgangener DB durch Lagersenkung	0,045 Mio GE
		0,315 Mio GE

$$\text{Maximale Investitionsausgaben} = \frac{\text{Ø Nutzen p.a.}}{\text{Kap.WGF } (p = 20\%, n = 5 \text{ J.})}$$

$$\textbf{0,943 Mio GE} = \frac{315.000}{0,334}$$

In diesem Fallbeispiel dürften also **maximal 0,943 Mio GE in Lager-EDV investiert** werden, wenn die Investition die Wirtschaftlichkeitsbedingungen (hier: 20% vor ESt.) erfüllen soll.

> ☞ **Die vielfältigen indirekten Wirkungen der EDV-Einführung im Bereich "Einkauf/Lager", die durch Umorganisation der Arbeitsabläufe (auch in benachbarten Abteilungen) entstehen, sind hier nicht berücksichtigt worden.**

Einfacher kann die Wirtschaftlichkeit mit der umseitigen Tabelle bestimmt werden.

CHECKLISTE: Maximale Investitionsausgaben für Lagerdispo	A	B	C
	IST	PLAN	Mögliche(r) Lagersenkung (Nutzen p.a.)
1 Betriebsleistung p.a.	200 Mio	200 Mio	-
2 Materialkosten (MES) p.a.	110 Mio	110 Mio	-
3 Ø Lagerbestand Rohstoffe	27,5 Mio	22,3 Mio	**5,2 Mio**
4　Davon: Bestellbestand	13,7 Mio	13,7 Mio	-
5　Rest: Sicherheitslager	**13,8 Mio**	**8,6 Mio**	5,2 Mio
6 SiLa-Faktor (SiLa/MES/12)	**1,5**	**0,93**	
7 Jährlicher Nutzen aus Zinsaufwand (p = 7%)			**0,36 Mio**
8 Umschlagshäufigkeit	4 x	4,9 x	
9 Ø Bestellmenge (in Monatsnachfragen)	3 Mo-NF	3 Mo-NF	
10 Servicegrad (SG) 70% = niedrig 84% = normal 95% = hoch 99% = sehr hoch	> 99%	95%	
11 Ø Wiederbeschaffungszeit	2 Wo	2 Wo	
12 Nachfrageschwankung (V) V = 0,4 = niedrig V = 0,8 = mittelstark V = 1,2 = hoch V = 1,6 = sehr hoch	V = 0,8	V = 0,8	

SICHERHEITSLAGER-FAKTOREN

| Sicherheitslager | = Ø Monatsnachfrage | x | Tabellen-Faktor |

V	SG	Lieferzeit bzw. Wiederbeschaffungszeit					
		1 Tag	1 Wo	2 Wo	1 Mo	1,5 Mo	2 Mo
0,4	70%	0,04	0,10	0,15	0,21	0,26	0,30
	84%	0,08	0,20	0,28	0,40	0,49	0,57
	95%	0,12	0,33	0,47	0,66	0,81	0,93
	99%	0,18	0,47	0,66	0,93	1,14	1,32
0,8	70%	0,08	0,21	0,30	0,42	0,51	0,59
	84%	0,15	0,40	0,57	0,80	0,98	1,13
	95%	0,25	0,66	•0,93	1,32	1,61	1,86
	99%	0,35	0,93	•1,32	1,86	2,28	2,63
1,2	70%	0,12	0,31	0,44	0,63	0,77	0,89
	84%	0,23	0,60	0,85	1,20	1,47	1,70
	95%	0,37	0,99	1,40	1,97	2,42	2,79
	99%	0,53	1,40	1,97	2,79	3,42	3,95
1,6	70%	0,16	0,42	0,59	0,84	1,03	1,19
	84%	0,30	0,80	1,13	1,60	1,96	2,26
	95%	0,50	1,32	1,86	2,63	3,22	3,72
	99%	0,70	1,86	2,63	3,72	4,56	5,26

MAXIMALE INVESTITIONSAUSGABEN

Ø Nutzen p.a. [*)]

Kapitalwiedergewinnungs-faktor (p = 20%; n = 5 J.)

$$\frac{0{,}36 \text{ Mio}}{0{,}334} = 1{,}078 \text{ Mio GE}$$

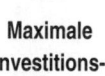

Maximale Investitions-ausgaben

*)　Hier wird ausschließlich die Zinsersparnis aufgrund der planmäßigen Lagersenkung berücksichtigt.

In dieser Checkliste mit Ergebnisermittlung wird der positive Nutzen aus Zinseinsparungen berücksichtigt. Der negative Nutzen aus geringer DB-Einbuße wegen geringerer Lieferfähigkeit bleibt hier unberücksichtigt; deshalb sind bei der Checkliste die maximalen Investitionsausgaben etwas höher. Ebenfalls unberücksichtigt bleiben etwaige indirekte Nutzen, die durch Umorganisation der Arbeitsabläufe meist entstehen.

Würden also die gesamten Investitionsausgaben < 1,078 Mio GE betragen, dann würden die Zinseinsparungen durch die Lagersenkung eine ausreichende Rendite erwarten lassen. Zu den Gesamtinvestitionsausgaben zählen:

- Hardware
- Software
- Organisationskosten
- Erstellen der Artikel- und Lieferantendatei
- **Ca. 50% der Hard- und Softwarekosten für Betrieb und Wartung (Barwert einer Fünf-Jahres-Rente)**

Auf die letzte Position darf **nicht vergessen** werden. Selbstverständlich könnte man diese Position dadurch eliminieren, dass man die Jahresnutzen um die jährlichen Wartungs-, Service- und Betriebskosten (Toner für Drucker, Papier, CD-ROMS usw.) reduziert.

Nach diesem Ausflug in die Investitionsentscheidungstechnik wieder zurück zu den eigentlichen Problemen der Einkaufs- und Materialwirtschaft.

12.2. Ziele, Zielkonflikte und Anwendungsgebiete

Kaum ein Unternehmen kann ruhigen Gewissens sagen, dass sein Lagerbestand optimal ist. Obwohl die Vorräte fast immer eine der größten Aktivpositionen sind, lässt die Bestandssteuerung durch eine effiziente Bestell- und Meldemengenpolitik häufig zu wünschen übrig. Das hat Auswirkungen auf die Lagerumschlagskennzahlen, die umso niedriger werden, je schlechter disponiert wird; einzige Ausnahme: wirtschaftliche Rabattausnutzung. Diese ist dann wirtschaftlich, wenn der Rabattvorteil größer ist als die Zinskosten für die durch den Kauf der Rabattmenge höheren Lagerbestände.

Oberstes Ziel in der Einkaufs- und Lagerpolitik ist, eine **Verbesserung des Servicegrades bei gleichzeitiger Lagersenkung** zu erreichen. Diesem Wunschziel kommt man einen entscheidenden Schritt näher, wenn es gelingt, die Zusammensetzung der Bestände an die tatsächliche Nachfrage anzupassen. Das ist aber in der Praxis nicht einfach, weil es in der **Materialwirtschaft viele Zielkonflikte** (hohe Lieferfähigkeit, niedrige Kapitalbindung, wirtschaftliche Rabattausnutzung) gibt.

	Zuordnung der Ziele (= Zielkonflikte)			
Die wichtigsten Ziele	**Bestand**		**Erfolg**	
	lager-erhöhend	lager-senkend	erfolgsver-bessernd	erfolgsver-schlechternd
1. Günstige Einstandspreise, prinzipiell				
2. Günstige Einstandspreise aufgrund von Rabattausnutzung	höherer Servicegrad	günstige Einstandspreise	geringere Materialkosten, mehr DB	höhere Fremdkapitalzinsen, höheres Wagnis
3. Günstige Einstandspreise aufgrund von Eindeckungen vor Preiserhöhungen	höherer Servicegrad	günstige Einstandspreise	geringere Materialkosten, mehr DB	höhere Fremdkapitalzinsen, höheres Wagnis
4. Hohe Lieferbereitschaft (SG > 95%)	höherer Servicegrad		mehr DB durch Zusatzverkäufe	höhere Fremdkapitalzinsen, höheres Wagnis
5. Niedrige Lieferbereitschaft (SG 75% bis 90%)		niedriger Servicegrad	geringere Fremdkapitalzinsen, geringeres Wagnis	weniger DB, weil weniger Zusatzverkäufe
Zusammenfassung der Auswirkungen	schlechtere **Liquidität**	bessere **Liquidität**	besserer **Erfolg**	schlechterer **Erfolg**

SG = Servicegrad

Nur das Ziel 1 ist eindeutig als vorteilhaft anzusehen, weil sich beim Aushandeln günstiger Einstandspreise sowohl die Liquidität als auch der Erfolg gleichzeitig verbessern. Das ist natürlich nichts Neues, aber trotzdem eine interessante Erkenntnis. Bei allen anderen Zielen heben sich die Vor- und Nachteile teilweise auf, weil die Zielkonflikte so groß sind. Das ist auch der Grund, dass selbst sehr gut geführte Betriebe häufig einerseits über starke Überlager klagen, gleichzeitig aber gewisse Positionen nicht sofort liefern können.

Der erste Schritt zur Lagersenkung ist eine Erhebung des Ist-Zustandes, insbesondere auf Bestell- und Meldemengenusancen, die kritisch analysiert werden sollten. Diese **Analyse beschränkt sich aus Zeitgründen** meist **auf angemessene Stichproben.** Dabei werden die in diesem Kapitel vorgeschlagenen Test-Tabellen und Formulare hilfreich sein, nämlich:

- **Plan-Umschlagshäufigkeit**
  (zur Ermittlung des abbaufähigen Überlagerpotentials)
- **Soll-Sicherheitslager**
- **Soll-Meldemenge**
  (Soll-Mindestlagerbestand)
- **Ermittlung des Überlagerpotentials**
  bei Roh-, Hilfs- und Betriebsstoffen sowie Handelsware

Selbstverständlich kann auch die Abbaufähigkeit der Halb- und Fertigfabrikate ermittelt werden. Das Procedere für diese Berechnungen ist aber zu umfangreich, um es im Rahmen dieses Buches darzustellen.

12.3. Grundsätzliches

12.3.1. Welche Dispositionsverfahren werden in der Praxis verwendet?

Es gibt folgende **drei Dispositionsverfahren,** die in dem Schaubild auf Seite 660 übersichtlich dargestellt werden, und zwar

1. auftragsgesteuerte,
2. plangesteuerte,
3. verbrauchsgesteuerte.

Die ersten zwei Verfahren werden hier nicht näher behandelt, weil zum auftragsbezogenen nicht viel zu sagen ist und beim plangesteuerten die Methode der Stücklistenauflösung den Rahmen dieses Buches sprengen würde.

Alle Ausführungen und Fallbeispiele beziehen sich auf die verbrauchsgesteuerten Dispositionsverfahren, die immer in Großhandelsbetrieben, häufig in Handwerks- und Einzelhandelsfirmen und manchmal in Produktionsunternehmen (insbesondere in jenen mit niedriger Fertigungs-

tiefe, weshalb keine Stücklistenauflösung notwendig ist) anzutreffen sind.

12.3.2. Wie untergliedern sich die Materialbedarfsarten und die Dispositionsverfahren?

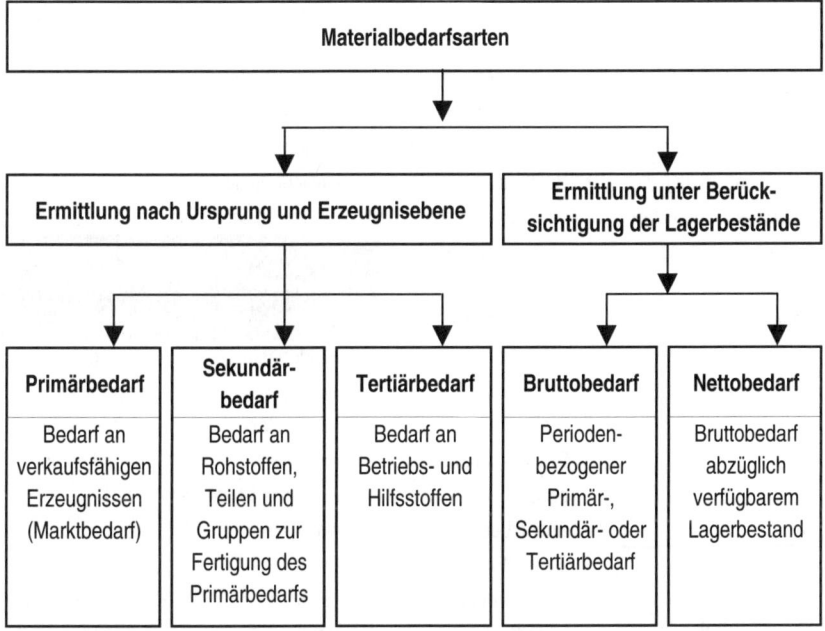

DISPOSITIONSVERFAHREN		
Auftragsgesteuerte Disposition (bedarfsgesteuerte)	**Plangesteuerte Disposition (programmgesteuerte)**	**Verbrauchsgesteuerte Disposition (bestandsgesteuerte)**

Auftragsgesteuerte Disposition (bedarfsgesteuerte)

Einzel-bedarfs-disposition	Sammel-bedarfs-disposition

- Kein Dispositionsrisiko (außer evtl. Zusatzbedarf für Ausschuss)
- Normalerweise können weder Über- noch Fehlbestände auftreten, auch Sicherheitsbestände erübrigen sich

Achtung:
Nähere Details zu Sicherheitslager und Strategien finden sich in den Kapiteln 12.3.3.8., 12.5.3. und 12.6.

Plangesteuerte Disposition (programmgesteuerte)

- Voraussetzung: nach Perioden differenzierter, genauer Produktionsplan, einschl. Stücklisten
- Bei genauer Erfüllung der Voraussetzungen sind nur geringe Sicherheitslagerbestände notwendig
- **Nettobedarfsrechnung:**
  Bruttoproduktionsbedarf
  + Zusatzbedarf
  = Gesamtbedarf
  + Vormerkbestand
  - Lagerbestand
  - Werkstattbestand
  - Bestellbestand
  = Nettobedarf

Verbrauchsgesteuerte Disposition (bestandsgesteuerte)

- Voraussetzung: richtige Bestandsfortschreibung, weil der Zeitpunkt der (Nach-)Bestellung vom (Melde-)Bestand abhängt
- Geringer Dispositionsaufwand, Unsicherheiten werden durch Sicherheitslagerbestände aufgefangen

Bestellpunkt-verfahren (Mengensteuerung)	**Bestellrhythmus-verfahren (Terminsteuerung)**

Bestellpunktverfahren (Mengensteuerung)

- Meldebestandsverfahren, in der Praxis stark verbreitet
- Folgende Strategien sind denkbar:
  - s, q
  - s, S
- Häufiges (besser: permanentes) Anpassen an den nachhaltig veränderten Bedarfsverlauf (Mengen, Schwankungen)

Bestellrhythmusverfahren (Terminsteuerung)

- Periodischer Bestellzyklus
- Folgende Strategien sind denkbar:
  - t, S
  - t, s, q
  - t, s, S
- Weniger Dispositionsaufwand als bei Bestellpunktverfahren
- Höheres Sicherheitslager notwendig als bei Bestellpunktverfahren

☞ **In diesem Kapitel werden die verbrauchsgesteuerten Dispositionsverfahren vorrangig behandelt; deshalb inverse Kennzeichnung.**

12.3.3. Das Instrumentarium zur wirtschaftlichen Disposition

Für eine wirtschaftliche Disposition in den Bereichen Einkauf, Produktion und Lagerung gibt es bei verbrauchsgesteuerter Disposition folgende sechs Hauptmodule:

- Bestellmengen
- Losgrößen
- Bedarfsvorhersage
- Sicherheitslager
- Meldemengen
- Überlager

12.3.3.1. Wirtschaftliche Bestellmengen

Die Gretchenfragen bei der wirtschaftlichen Lagerhaltung lauten:

1. Wann muss bestellt werden?
2. Wie viel muss bestellt werden?

Die Frage "Wie viel?" wird durch die Bestellformeln bzw. Bestellregeln beantwortet.

Man unterscheidet

- die wirtschaftliche Bestellmenge im Normalfall,
- die wirtschaftliche Bestellmenge bei besonderen Situationen.

Als besondere Situationen werden

- die wirtschaftliche Bestellmenge vor Preiserhöhungen sowie
- die wirtschaftliche Bestellmenge bei Rabattgewährung

behandelt, weil diese zwei Bestellarten in der Praxis häufig anzutreffen sind.

Zunächst werden in kleinen Fallbeispielen die für die Praxis wichtigsten Bestell- und Losgrößenformeln kurz dargestellt. Anschließend wird die Sensibilität dieser Formeln besprochen, weil es praktisch wissenswert ist, um wie viel Prozent die wirtschaftlichen Bestellmengen und Losgrößen unter- bzw. überschritten werden können, ohne dass die Gesamtkosten der Dispositionen um mehr als zum Beispiel 5% ansteigen. Danach werden die Fehler in der Praxis sowie die Erkenntnisse und Konsequenzen daraus aufgezeigt. Abschließend werden alle Bestell- und Losgrößenformeln an kleinen Beispielen erprobt.

Fallbeispiel: Wirtschaftliche Bestellmenge

Ausgangssituation
Von einem Artikel sind folgende Charakteristika bekannt:

- Einstandspreis/Stück (E)..................................10 GE
- Jahresbedarf (J).....................................160 Stück
- Relevante Bestellkosten je Bestellakt (B) ....5 GE
- Lagerhaltungsgrenzzinsfuß p.a. (p) 10%

Frage
Wie hoch ist die wirtschaftliche Bestellmenge?

Lösung durch Probieren
Es werden die Gesamtkosten der Lagerung p.a. (GK), die sich aus Lagerkosten (LK) und Bestellkosten (BK) zusammensetzen, für Bestellungen von 80, 40 und 20 Stück simuliert:

- **1. Versuch: kein Optimum, weil LK > BK**

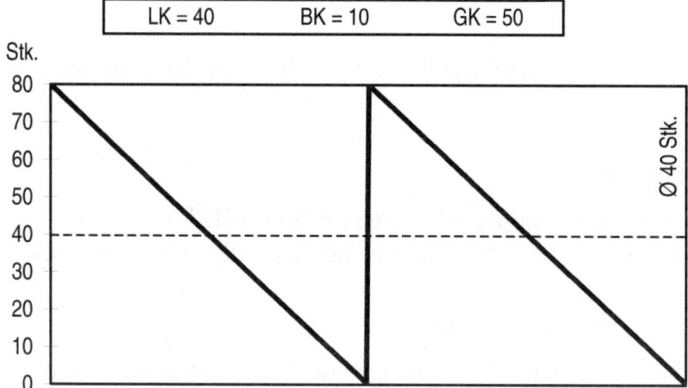

- **2. Versuch: Optimum, weil LK = BK**

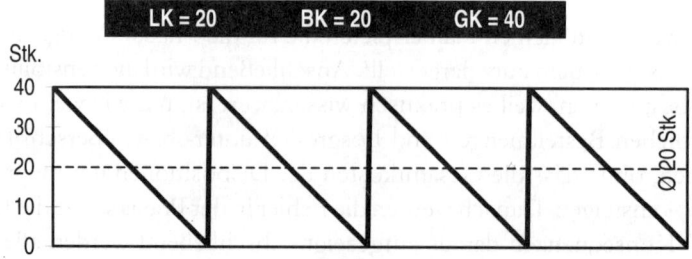

- **3. Versuch: kein Optimum, weil LK < BK**

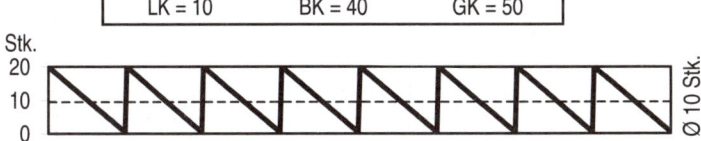

| LK = 10 | BK = 40 | GK = 50 |

Lösung durch klassische Bestellmengenformel

$$x_{opt} = \sqrt{\frac{200 \times J \times B}{E \times p}}$$

x_{opt} = wirtschaftliche Bestellmenge
J = Jahresbedarf in Einheiten
B = relevante Kosten je Bestellakt
E = Einstandspreis je Einheit
p = Lagerhaltungsgrenzzinsfuß p.a.

☞ **Die klassische Bestellformel liefert nur dann exakte Werte, wenn der Jahresbedarf einigermaßen gleichförmig nachgefragt wird.**

Setzt man in die Formel ein, dann ergibt sich:

$$x_{opt} = \sqrt{\frac{200 \times J \times B}{E \times p}} = \sqrt{\frac{200 \times 160 \times 5}{10 \times 10}} = 40 \,\text{Stk.}$$

Die folgende Tabelle zeigt auf, wie sich die Jahresgesamtkosten bei unterschiedlichen Bestellmengen verändern und dass bei der wirtschaftlichen Bestellmenge von 40 Stück die Gesamtkosten am niedrigsten sind:

Anzahl der Bestellungen im Jahr	Stück je Bestellung	Einstands- preis je Bestellung (1 Stk. = 10 GE)	Mittlere Lager- haltung in GE	Relev. Bestell- kosten p.a. (je Bestellakt = 5 GE)	Gesamt- zinsen für Ø Lagerhaltung (10% p.a.)	Gesamtkosten p.a. (= relevante Bestellkosten + Zinsk. in GE)
8	20	200	100	40	10	50
2	80	800	400	10	40	50
4	40	400	200	20	20	40

Anzahl der Bestellungen im Jahr	Stück je Bestellung	Bestellabweichung in % vom Optimum	Jahresmehrkosten gegenüber dem Optimum	
			in GE	in %
8	20	-50	10	25
2	80	200	10	25
4	40	0	0	0

Die wirtschaftliche Bestellmenge entspricht einem Vierteljahresbedarf.

Graphische Darstellung der wirtschaftlichen Bestellmenge

Typisch ist der flache Gesamtkurvenverlauf, der beweist, dass Bestellabweichungen vom Optimum in der Höhe zwischen 20 bis 30% kaum höhere Gesamtkosten verursachen. Diese Erkenntnis ist für die Bestelldisposition von großer Bedeutung.

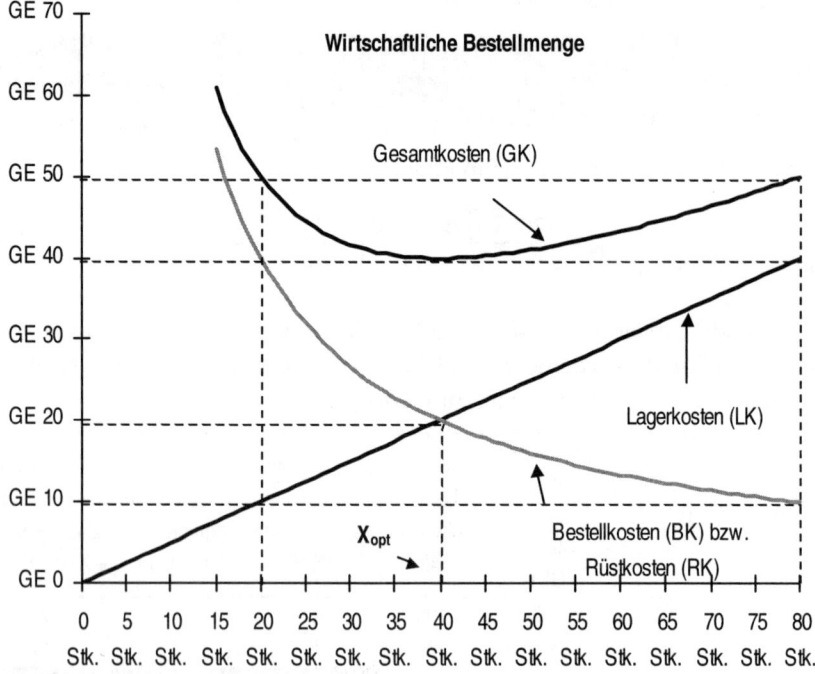

Bestellfixe Kosten

Es dürfen nur die relevanten bestellfixen Kosten angesetzt werden. Relevant sind nur die Sachkosten des Bestellaktes und nicht die Personalkosten. Häufig sind die Personalkosten zehnmal höher als die bestellrelevanten Sachkosten.

Fallbeispiel: Ermittlung der bestellrelevanten Kosten

Ausgangssituation

Im folgenden Kostenstellenblatt "Einkauf" werden die gesamten Gemeinkosten in die bestell- und nicht bestellrelevanten Anteile zerlegt. Es zeigt sich, dass nicht alle, sondern nur ein kleiner Teil der Sachkosten bestellrelevant ist.

Kostenstellenblatt "Einkauf"

	Gemeinkosten in 1.000 GE		
	Gesamt	bestell-relevant	nicht bestell-relevant
Personalkosten Einkäufer	820	0	820
Telefon- und Faxkosten	40	35	5
Postporto	10	10	0
Geringwertige Wirtschaftsgüter	5	0	5
Abschreibungen für Investitionsgüter im Einkauf	5	0	5
EDV-Leasing	30	0	30
EDV-Verbrauchsmaterial	15	10	5
EDV-Wartungskosten	10	0	10
Raumkosten	50	0	50
Schulungskosten für Einkäufer	5	0	5
Büromaterial Formulare	10	5	5
Gesamte Gemeinkosten Einkauf	1.000	60	940
Anzahl der Bestellungen		12.000	
Relevante Kosten/Bestellakt in GE	83,33	5,00	78,33

Erkenntnis

Die relevanten Bestellfixkosten je Bestellakt betragen 5 GE, das sind nur 6% der gesamten Bestellfixkosten. **Würde man fälschlich die 17-mal höheren gesamten Bestellfixkosten je Bestellakt (83,33 GE) in die Bestellformel einsetzen, so würde sich die Bestellmenge um das Vierfache erhöhen.**

Lagerhaltungsgrenzzinsfuß

Unter Lagerhaltungsgrenzzinfuß wird jener Zinsfuß verstanden, der für das Unternehmen zum Zeitpunkt der Bestellung relevant ist.

> ☞ **Merke:**
>
> - **Der Durchschnittszinsfuß oder**
> - **ein besonders niedriger Zinsfuß für einen Förderkredit**
>
> sind meistens nicht relevant.

Relevant ist z.B. für ein Unternehmen, das den Kreditrahmen voll ausgeschöpft oder überschritten hat, der Überziehungszinsfuß; dieser beträgt oft 14% bis 20%! Relevant kann auch jener Zinsfuß sein, der sich bei der Kennzahl "Gesamt-rentabilität" ergibt, damit sich diese wichtige Kennzahl nicht verschlechtert. Ist die Gesamtkapitalrentabilität kleiner als der relevante Bankzinsfuß, ist letzterer als Lagerhaltungsgrenzzinfuß anzusetzen.

Sondersituation: Wagniskosten
Es kommt immer wieder vor, dass einige Artikel mit wesentlich höheren Wagnis-kosten behaftet sind als die anderen. Die Wagniskosten können folgende Ursa-chen haben:

- Besonders hohes modisches Risiko
- Besonders hohes Risiko der technischen Veralterung
- Besonders hohes Verderbrisiko
- Besonders hohes Diebstahlrisiko

Gelingt es, die Extremrisiken zu quantifizieren und in einem Prozentsatz auszu-drücken, dann ist eine vorsichtigere (niedrigere) Bestellmenge, die das höhere Risiko berücksichtigt, die Folge; es muss nur der Lagerhaltungsgrenzzinsfuß im Nenner des Wurzelbruches um den entsprechenden Risikoprozentsatz erhöht werden.

12.3.3.2. Einige Sonderfälle der Bestellmenge

Wirtschaftliche Bestellmenge vor Preiserhöhungen
Hier geht es darum, sich vor Preiserhöhungen optimal einzudecken. Das Opti-mum ist gefunden, wenn die Einsparungen zum niedrigeren, alten Preis gleich hoch sind wie die Zinskosten für die Eindeckungsmenge.

$$x_{opt} = \frac{100 \times J}{p} \times \underbrace{\left(\frac{S_1}{S_0} - 1 \right)}_{\text{Teuerungsrate in \%}}$$

J = Jahresbedarf in Einheiten; p = Lagerhaltungsgrenzzinssatz p.a.;
S_1 = neuer, bereits erhöhter Preis je Einheit; S_0 = alter, noch nicht erhöhter Preis je Einheit

Fallbeispiel: Wirtschaftliche Bestellmenge vor Preiserhöhungen

Ausgangssituation

Wie soll sich der Einkäufer eindecken, wenn er erfährt, dass eine fünfprozentige Preiserhöhung unmittelbar bevorsteht?

Berechnung

$$x_{opt} = \frac{100 \times J}{p} \times \left(\frac{S_1}{S_0} - 1 \right)$$

$$x_{opt} = \frac{100 \times 160}{10} \times \left(\frac{10,5}{10} - 1 \right) = 80 \, \text{Stk.}$$

Die optimale Eindeckungsmenge beträgt 80 Stück.

Wirtschaftliche Bestellmenge bei Rabattgewährung

Ob statt der wirtschaftlichen Bestellmenge laut normaler Bestellformel die höhere Rabattmenge bestellt werden soll, kann einfach und rasch durch die folgende Mindestrabattsatz-Formel festgestellt werden.

Originär:

$$R_{min} = \frac{x_{opt} \times p}{2 \times J} \times \left(\frac{x_{opt}}{RM} + \frac{RM}{x_{opt}} - 2 \right)$$

Oder durch Kürzung:

$$R_{min} = \frac{p \left(x_{opt} - RM \right)^2}{2 \times J \times RM}$$

R_{min} = *Mindestrabattsatz, ab dem sich unter Berücksichtigung der für diesen Rabattsatz geltenden Abnahmemenge (RM) die Ausnutzung des Rabattes lohnt (Prozent)*

RM = *Rabattmenge bzw. Mindestmenge, ab der ein Rabatt gewährt wird*
J = *Jahresbedarf in Einheiten*
p = *Lagerhaltungsgrenzzinssatz p.a.*

Entscheidungsregeln:

Wenn R_{min} < Rabatt des Lieferanten, Rabatt ausnützen!
Wenn R_{min} > Rabatt des Lieferanten, Rabatt nicht ausnützen!

Fallbeispiel: Wirtschaftliche Bestellmenge bei Rabattgewährung

Ausgangssituation

Die normale Bestellmenge des bereits bekannten Testartikels beträgt 40 Stück. Ist es sinnvoll, eine Rabattmenge (RM) von 200 Stück zu bestellen, wenn der Lieferant 5% Rabatt gewährt?

Berechnungen und Ergebnis

$$R_{min} = \frac{x_{opt} \times p}{2 \times J} \times \left(\frac{x_{opt}}{RM} + \frac{RM}{x_{opt}} - 2 \right)$$

$$R_{min} = \frac{40 \times 10}{2 \times 160} \times \left(\frac{40}{200} + \frac{200}{40} - 2 \right)$$

$$R_{min} = 1{,}25 \times 3{,}2 = 4$$

Weil der Mindestrabattsatz kleiner ist als der vom Lieferanten angebotene Rabatt, sollte der Rabatt ausgenutzt werden.

Beweis

Wie nachfolgend bewiesen wird, sollte der Rabatt ausgenutzt werden:

	$x_{opt} = 40$			RM = 200		
Lagerhaltungs-kosten	$\frac{40 \times 10}{2}$ x 0,10 =		20	$\frac{200 \times 9,5}{2}$ x 0,10 =		95
Bestellkosten	$\frac{160}{40}$ x 5 =		20	$\frac{160}{200}$ x 5 =		4
Einstandspreis	160 x 10 =		1.600	160 x 9,5 =		1.520
Gesamt-kosten p.a.			1.640			1.619

Bei Bezug der fünfmal höheren Rabattmenge von 200 Stück erspart man sich gegenüber der normalen Bestellmenge von 40 Stück jährlich 21 GE.

Wirtschaftliche Bestellmenge bei Raum- und Geldengpässen

Diese beiden Sonderfälle werden hier nicht behandelt, weil es den Rahmen dieses Buches sprengen würde.

Hier wird auf die empfohlene Literatur im Kapitel 12.9. verwiesen (z.B. Wissebach).

12.3.3.3. Wirtschaftliche Losgröße

Das Problem der wirtschaftlichen Losgröße ist prinzipiell das gleiche wie jenes der wirtschaftlichen Bestellmenge. Statt der relevanten Bestellkosten je Bestellakt werden die relevanten Rüstkosten je Los angesetzt, statt des Einstandspreises je Einheit die Grenzherstellkosten je Einheit.

Bei unendlicher Produktionsgeschwindigkeit rechnet sich die wirtschaftliche Losgröße (x_{opt}) wie folgt:

$$x_{opt} = \sqrt{\frac{200 \times J \times R}{GHK \times p}}$$

R   = relevante Rüstkosten/Los
GHK = Grenzherstellkosten/Einheit

Bei endlicher Fertigungsgeschwindigkeit muss der Nenner des Wurzelbruches um einen Faktor erweitert werden:

$$0 < \frac{AG}{FG} < 1$$

Die Notwendigkeit der Lagerhaltung ergibt sich nur dann, wenn die Fertigungsgeschwindigkeit (FG) größer ist als die Absatzgeschwindigkeit (AG).
Die klassische Losgrößenformel muss nun wie folgt modifiziert werden:

$$x_{opt} = \sqrt{\frac{200 \times J \times R}{GHK \times p \times \left(1 - \dfrac{AG}{FG}\right)}}$$

12.3.3.4. Dynamische bzw. gleitende Losgröße

Es ist schon erwähnt worden, dass die Wurzelformel nur dann befriedigende Ergebnisse liefert, wenn der Jahresbedarf (J) einigermaßen gleichförmig verläuft, also nicht großen Schwankungen unterworfen ist.
Die dynamische Losgrößenermittlung, die in der Praxis nur mit Computer durchgeführt werden kann, hebt die unrealistische Annahme bezüglich des linearen Verlaufes des Jahresbedarfs auf und ersetzt sie durch wirklichkeitsnahe Prämissen.

Fallbeispiel: Dynamische Losgröße

Ausgangssituation
Anhand des Testartikels soll gezeigt werden, wie sich die wirtschaftliche Bestellmenge bei unregelmäßiger Nachfrage gegenüber einem konstanten Bedarf ändert.

Dynamische Losgröße bei konstanter Nachfrage

Inhalt	Erläute-rung	Monat					
		1	2	3	4	5	6
Kundennachfrage	in Stück	13	13	14	13	13	14
Kundennachfrage, kumuliert	in Stück	13	26	40	53	66	80
Lagerdauer	in Monaten	0,5	1,5	2,5	3,5	4,5	5,5
Σ Lagerhaltungs-kosten	0,0833 GE je Stück und Monat	0,54	1,62	2,92	3,79	4,87	6,41
Σ Lagerhaltungs-kosten, kumuliert		0,54	2,16	5,08	8,87	13,74	20,15
Relevante Rüstkosten	je Bestellakt	5	5	5	5	5	5
Gesamtkosten	je Bestellung	5,54	7,16	10,08	13,87	18,74	25,15
Gesamtkosten	je Stück	0,43	0,27	0,25	0,26	0,28	0,31
WIRTSCHAFTLICHE LOSGRÖSSE		**40 Stk.**					

Hier stimmt die wirtschaftliche Bestellmenge mit der Wurzelformel überein. Die niedrigsten Stückkosten werden bei einer Losgröße von 40 Stück erzielaut

Dynamische Losgröße bei stark schwankendem Bedarf

Inhalt	Erläute-rung	Monat					
		1	2	3	4	5	6
Kundennachfrage	in Stück	20	30	10	5	5	10
Kundennachfrage, kumuliert	in Stück	20	50	60	65	70	80
Lagerdauer	in Monaten	0,5	1,5	2,5	3,5	4,5	5,5
Σ Lagerhaltungs-kosten	0,0833 GE je Stück und Monat	0,833	3,75	2,08	1,46	1,87	4,58
Σ Lagerhaltungs-kosten, kumuliert		0,833	4,583	6,663	8,123	9,993	14,573
Relevante Rüstkosten	je Bestellakt	5	5	5	5	5	5
Gesamtkosten	je Bestellung	5,83	9,58	11,66	13,12	14,99	19,57
Gesamtkosten	je Stück	0,29	0,192	0,194	0,20	0,21	0,24
WIRTSCHAFTLICHE LOSGRÖSSE		**50 Stk.**					

Hier beträgt die wirtschaftliche Losgröße 50 Stück, weicht also von der klassischen Formel um zehn Stück oder 25% ab.

12.3.3.5. Sensibilität der optimalen Bestellmengen und Losgrößen

Die Graphik "Wirtschaftliche Bestellmenge" auf Seite 664 zeigt deutlich den flachen Verlauf der Gesamtkostenkurve im Optimalbereich. Diese Erkenntnis ist für die Praxis von großem Interesse. Sie bedeutet, dass Abweichungen von der wirtschaftlichen Bestellmenge bzw. Losgröße von ca. +/-30% nur Mehrkosten von ca. 5% verursachen, also praktisch toleriert werden können. Würde man hingegen statt der wirtschaftlichen Bestellmenge die dreifache oder vierfache Menge bestellen, dann entstünden gegenüber den minimalen Kosten bei der wirtschaftlichen Bestellmenge Mehrkosten von 67% bzw. von 113%. Solche Mehrkosten sind wirtschaftlich nicht mehr vertretbar.

Die Mehrkosten bei Abweichungen von der optimalen Bestellmenge können durch folgende Formel ermittelt werden.

$$\% \text{Mehrkosten} = 50 \cdot \left[\left(\frac{x_{opt}}{x_{tats}} + \frac{x_{tats}}{x_{opt}} \right) - 2 \right]$$

x_{opt} = optimale Bestellmenge laut Formel
x_{tats} = tatsächliche Bestellmenge

Die folgende Tabelle enthält für einige prozentuale Gesamtkostenerhöhungen die oberen und unteren Toleranzgrenzen, ausgedrückt in Prozent zur wirtschaftlichen Bestell- bzw. Losgröße:

Erhöhung der Gesamtkosten in %	Obere Toleranzgrenze in % von x_{opt}	Untere Toleranzgrenze in % von x_{opt}
1	115	87
5	137	73
10	156	64
25	200	50
67	300	33
113	400	25

12.3.3.6. Fehler bei der Bestellmengenpolitik

Folgende Hauptfehler werden in der Praxis bei der Anwendung der Bestellformeln oft begangen:

1. Statt der relevanten Kosten (= Sachkosten) je Bestellakt werden meist die Gesamtkosten des Bestellaktes angesetzt. Letztere sind häufig durch die Personalkosten zehnmal höher als die relevanten Kosten. Die Personalkosten sind aber nur in Ausnahmefällen relevant.

2. Ähnlich verhält es sich bei den Lagerhaltungskosten, die viel zu hoch angesetzt werden. Relevant sind hier nur die Grenzzinskosten und etwaige Wagniskosten. Die Raum- und Personalkosten der Lagerhaltung sind nur selten relevant.

3. Durch intuitive Festlegung der Bestellmengen entstehen erhebliche Mehrkosten, insbesondere dann, wenn die tatsächliche Dispositionsmenge von der optimalen um mehr als 50% abweicht.

Erkenntnisse und Konsequenzen

Für den Praktiker sind bei der Anwendung der Bestellmengen- bzw. Losgrößenformeln folgende drei Fakten zu beachten:

1. Weil die relevanten Kosten (nur Sachkosten, keine Personalkosten) des Bestellaktes sehr gering sind, dann ist das Rechnen mit den Bestellformeln nicht immer zweckmäßig, weil der Bestellvorschlag nur den Bedarf einiger Tage abdeckt. Eine so geringe Bestellmenge wird in der Praxis häufig nicht akzeptiert, weil man nicht zweimal wöchentlich denselben Artikel bestellen will. Es empfiehlt sich dann, eine Bestellmenge in der Höhe eines x-fachen Monatsbedarfes zu ordern (z.B. den 0,5fachen Monatsdurchschnittsbedarf oder den einfachen usw.).

   Diese Empfehlung gilt nicht für die Losgrößenformeln, weil hier die relevanten Losfixkosten im Gegensatz zu den relevanten Bestellkosten immer ein wertmäßig hoher Betrag sind, der eine akzeptable Losgröße in der Höhe zwischen etwa zwei Wochen- bis zwölf Monatsnachfragen erwarten lässt.

2. Die klassische Bestellmengenformel ist immer anzuwenden, wenn mit der Rabattformel der notwendige Mindestrabattsatz (R_{min}) ausgerechnet werden soll, ab der die Ausnutzung des Rabattes wirtschaftlich ist. Das x_{opt}, das in der Rabattformel vorkommt, ist nämlich nicht etwa die Ist-Bestellmenge, sondern die wirtschaftliche Bestellmenge.

3. Abänderungen von der rechnerisch ermittelten optimalen Bestell- bzw. Losgröße um ±20% bis ±30% können in der Praxis bedenkenlos durchgeführt werden, weil die Mehrkosten der Abweichung wegen des flachen Gesamtkostenverlaufes im Bereich des Optimums nur sehr klein sind.

12.3.3.7. Meldemengen bzw. Mindestbestände

Die Frage "Wann bestellen?" wird in der Praxis durch die Meldemengen beantwortet. Hat der Lagerbestand die Meldemenge bzw. den Mindestlagerbestand
erreicht, dann muss der Disponent eine neue Bestellung veranlassen.
Die Meldemenge setzt sich aus der durchschnittlichen bzw. voraussichtlichen
Nachfrage während der Wiederbeschaffungszeit und aus dem so genannten
Sicherheitslager zusammen. Die Höhe des Sicherheitslagers hängt entscheidend
von mindestens folgenden drei Faktoren ab:

- Länge der Wiederbeschaffungszeit
- Schwankung der Kundennachfrage
- Höhe des Servicegrades bzw. der Lieferbereitschaft

Das Sicherheitslager erfüllt eine Pufferfunktion. Durch den Puffer werden die
Schwankungen der Kundennachfrage während der Wiederbeschaffungszeit mit
einer gewissen Wahrscheinlichkeit (Servicegrad bzw. Lieferbereitschaft) aufgefangen.
Wird unterstellt, dass die Nachfrage normal verteilt ist, dann kann das Sicherheitslager durch die Standardabweichung ermittelt werden. Zur Standardabweichung
wird auf die Ausführungen im Kapitel 14.3.2.2. verwiesen.

12.3.3.8. Das Sicherheitslager

Wird der Wert einer Standardabweichung (s) als Sicherheitslager vorrätig gehalten, dann kann mit 84% Sicherheit jederzeit geliefert werden, sofern die
Wiederbeschaffungszeit einen Monat beträgt. Hält man sich zwei Standardabweichungen als Sicherheitslager vorrätig, dann kann bei einer Wiederbeschaffungszeit von einem Monat mit beinahe 98% Sicherheit jederzeit geliefert werden. Bei
drei Standardabweichungen ist der Servicegrad nahezu 100%.
Wird als Meldemenge nur die durchschnittliche bzw. voraussichtliche Nachfrage
während der Wiederbeschaffungszeit angesetzt und verzichtet man auf ein
Sicherheitslager, dann kann mit 50-prozentiger Wahrscheinlichkeit jederzeit eine
Nachfrage befriedigt werden. Ein Servicegrad von 50% wäre allerdings in der
Praxis undenkbar, weil er zu niedrig ist. Daher kommt man ohne Sicherheitslager
nicht aus, wenn die Lagerdisposition effizient sein soll.
Weil in der Praxis nicht nur mit 84%, 98% bzw. 99,9% jederzeit geliefert werden
soll, sondern auch bei 70%, 95%, 99% usw., ist für die entsprechende Umrech-
nung eine Normalverteilungstabelle heranzuziehen (siehe Kapitel 14.3.4.1.).

> ☞ Das Sicherheitslager für eine 95-prozentige Lieferbereitschaft muss mehr als dreimal höher sein als bei einem Servicegrad von nur 70%. Zu dieser Erkenntnis gelangt man bei Betrachtung der z(Φ)-Faktoren (0,524 bei 70% Lieferbereitschaft bzw. 1,645 bei 95% Servicegrad).

Graphisch sieht das so aus:

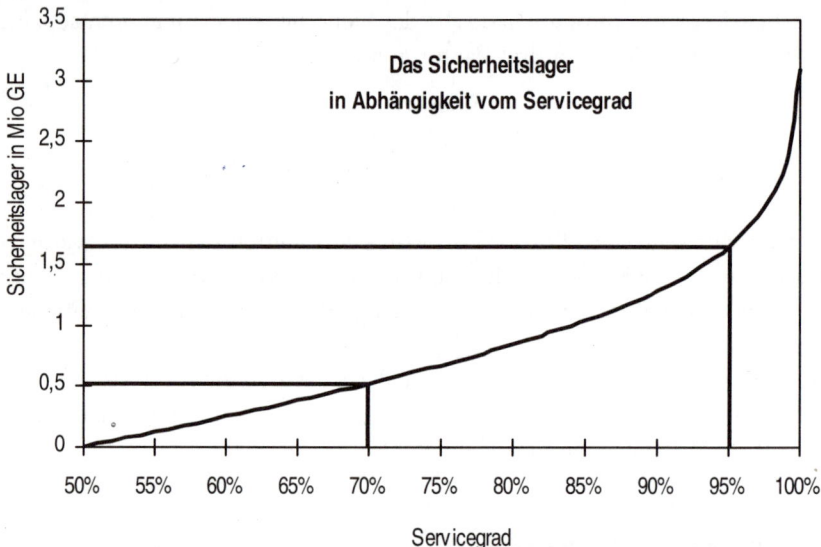

Weil die Höhe des Sicherheitslagers nicht nur vom gewünschten Servicegrad abhängt, sondern auch von der Länge der Wiederbeschaffungszeit, die mit dem Sicherheitslager überbrückt werden muss, ist die Standardabweichung (s) mit der Wurzel aus der Wiederbeschaffungszeit in Monaten zu multiplizieren. Beträgt die Wiederbeschaffungszeit eine Woche statt einen Monat, dann ist das halbe Sicherheitslager (Wurzel aus 0,25 Monaten) und nicht ein Viertel notwendig.

Aus der folgenden Tabelle können die relevanten Multiplikatoren zur Bestimmung des Sicherheitslagers abgelesen werden:

SG \ WBZ	Wiederbeschaffungszeit in Monaten (s x Wurzel aus WBZ in Monaten)									
	0,25 (0,50 s)	0,50 (0,71 s)	0,75 (0,87 s)	1,00 (1,00 s)	1,25 (1,12 s)	1,50 (1,22 s)	1,75 (1,32 s)	2,00 (1,41 s)	2,25 (1,50 s)	2,50 (1,58 s)
84% (1,00 s)	0,500	0,707	0,866	1,000	1,118	1,225	1,323	1,414	1,500	1,581
80% (0,84 s)	0,421	0,595	0,729	0,842	0,941	1,031	1,114	1,191	1,263	1,331
90% (1,28 s)	0,641	0,907	1,110	1,282	1,433	1,570	1,696	1,813	1,923	2,027
95% (1,65 s)	0,823	1,163	1,425	1,645	1,839	2,015	2,176	2,326	2,468	2,601
99% (2,33 s)	1,163	1,645	2,014	2,326	2,601	2,849	3,077	3,289	3,489	3,678
99,9% (3,09 s)	1,545	2,185	2,676	3,090	3,455	3,784	4,088	4,370	4,635	4,886

12.3.3.9. Variationskoeffizient und XYZ-Klassifikation

Der Variationskoeffizient (V) drückt die Schwankung der Kundennachfrage aus. Er leitet sich aus folgender Formel ab:

$$V = \frac{s}{m} = \frac{\text{Standardabweichung}}{\varnothing \text{ Monatsnachfrage}}$$

Je kleiner der Variationskoeffizient, desto niedriger die Nachfrageschwankung und umgekehrt. In der Praxis wird der Variationskoeffizient wie folgt interpretiert:

Interpretation des Variationskoeffizienten (XYZ-Klassifikation)

Schwankung der Nachfrage	Variations-koeffizient	XYZ-Klassifikation	Erläuterung der XYZ-Klassifikation
niedrig	0,4	X	Regelmäßiger, relativ konstanter Verbrauch
mittel	0,8	Y	Schwankender Verbrauch, aber Trend bzw. Saisoneinflüsse erkennbar
hoch	1,2	Z	Völlig unregelmäßiger Verbrauch, keine Gesetzmäßigkeit erkennbar

Zum besseren Verständnis werden in der folgenden Tabelle typische Bedarfsverläufe für vier verschiedene Variationskoeffizienten (V) dargestellt:

V / m_i	Typische Bedarfsverläufe						$\Sigma\, m_i$	m
	1	2	3	4	5	6		
0,4	3	6	3	8	4	5	29	4,8
	61	16	48	62	75	43	305	50,8
	659	303	295	535	242	573	2.607	434,5
0,8	6	2	0	5	1	6	20	3,3
	60	12	6	24	91	82	275	45,8
	158	88	484	83	734	412	1.959	326,5
1,2	2	0	0	5	8	1	16	2,7
	7	52	0	8	3	45	115	19,2
	42	11	234	210	730	94	1.321	220,2
1,6	5	0	8	0	0	0	13	2,2
	74	3	4	2	1	24	108	18,0
	14	107	60	48	71	717	1.017	169,5

Fallbeispiel: Berechnung der Soll-Meldemenge

Ausgangssituation

Es soll die Meldemenge für jenen Standardartikel gerechnet werden, der bei dem Fallbeispiel "Dynamische Losgröße" im Kapitel 12.2.3.4. die stark schwankende Nachfrage aufweist, nämlich:

Periode	1	2	3	4	5	6
Nachfrage in Stück	20	30	10	5	5	10

Die Wiederbeschaffungszeit beträgt einen Monat bzw. eine Woche. Der Servicegrad soll 95% bzw. 99% betragen.

Gefragt ist nach dem Variationskoeffizienten und den vier Soll-Meldemengen, die sich aus der Permutation der zwei Wiederbeschaffungszeiten und der zwei Servicegrade ergeben.

Berechnung der Standardabweichung (s) und des Variationskoeffizienten (V)

n	m_i	$m_i - \overline{m}$	$(m_i - \overline{m})^2$
1	20	7	49
2	30	17	289
3	10	-3	9
4	5	-8	64
5	5	-8	64
6	10	-3	9
Σ	80	2	484
$\overline{m}$	13		

$$s = \sqrt{\frac{\sum (m_i - \overline{m})^2}{n-1}} = \sqrt{\frac{484}{5}} = 10 \, \text{Stk.}$$

$$V = \frac{s}{\overline{m}} = \frac{10}{13} = 0,8$$

$n =$ *Monat*

$m_i =$ *Ist-Monatsnachfrage*

$m_i - \overline{m} =$ *Abweichung der Ist-Nachfrage vom Monatsdurchschnitt*

$\overline{m} =$ *Monatsdurchschnitt*

Interpretation

Hält man ein Sicherheitslager von zehn Stück vorrätig, dann kann mit 84% Sicherheit jederzeit geliefert werden, wenn die Wiederbeschaffungszeit einen Monat beträgt (z(Φ)-Faktor = 1).

Der Variationskoeffizient beträgt 0,77 bzw. aufgerundet 0,8. Das bedeutet eine mittelstark schwankende Nachfrage.

Ergebnis

Die vier Meldemengen, in Abhängigkeit von der Wiederbeschaffungszeit und den gewünschten Servicegraden, lassen sich wie folgt darstellen:

WBZ	Ge-wünschter SG	Ø Nachfrage während WBZ	Standard-abweichung (s)	z (Φ)-Faktor	Wurzel aus WBZ in Mo	Sicherheits-lager (S)	Soll-Melde-menge (SMM)
			Sicherheitslager				
		+	x	x	=	=	
1 Mo	95%	13	10	1,645	1	17	30
1 Mo	99%	13	10	2,326	1	23	36
1 Wo	95%	3	10	1,645	0,5	8	11
1 Wo	99%	3	10	2,326	0,5	12	15

12.3.3.10. Bedarfsvorhersage durch exponentielle Glättung

Die Qualität der Meldemengenpolitik hängt stark davon ab, wie gut es gelingt, den Zukunftsbedarf zu prognostizieren. Das effizienteste Kurzfrist-Prognose-verfahren ist die exponentielle Glättung. Sie ist weltweit in allen besseren Lagerhaltungsprogrammen integriert. Das Procedere bei der exponentiellen Glättung ist im Kapitel 14.3.3.3. genau beschrieben.

12.3.3.11. Soll-Lagerbestand und Überlager

Unter Überlager versteht man jenen Teil des Lagers, der eigentlich nicht vorrätig sein müsste, wenn richtig disponiert worden wäre.
Der durchschnittliche Soll-Lagerbestand ergibt sich aus folgender Formel:

$$\frac{\text{Wirtschaftl. Bestellmenge bzw. Losgröße}}{2} + \text{Sicherheitslager}$$

Die Höhe des Sicherheitslagers hängt mindestens von folgenden drei Faktoren ab:

- Länge der Wiederbeschaffungszeit
- Schwankung der Kundennachfrage
- Höhe des gewünschten Servicegrades

Auf die Berücksichtigung der Unregelmäßigkeit bei der Wiederbeschaffungszeit als vierter Faktor wird hier bewusst aus Gründen der Übersichtlichkeit verzichtet. Wie sich das durchschnittliche Soll-Lager prinzipiell zusammensetzt, geht aus der folgenden Graphik hervor. Es wird in der folgenden Graphik unterstellt, dass sich das Überlager ausschließlich aus den unterschiedlichen Bestellmengen von 1.200 bzw. 400 ergibt, während das Soll-Sicherheitslager identisch mit dem Ist-Sicherheitslager ist.

LAGERBESTAND

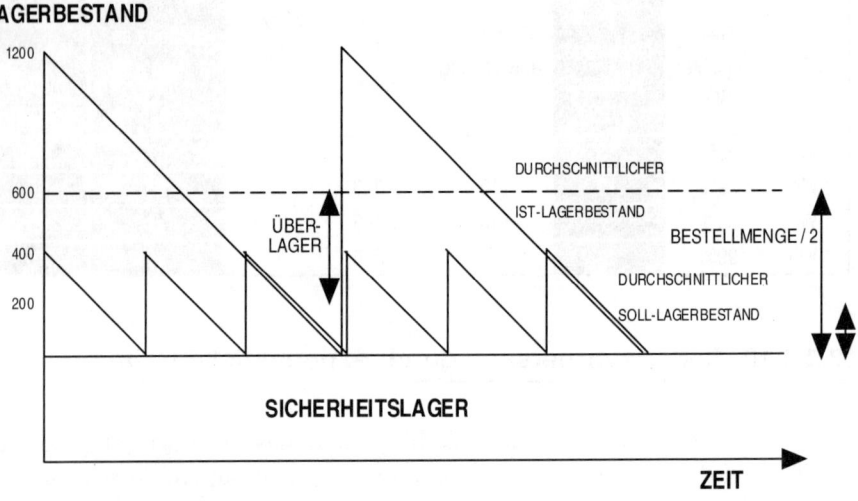

Der Soll-Lagerbestand kann auf verschiedene Arten ermittelt werden; hier werden folgende drei demonstriert:

- **Die rechenintensive Variante auf statistischer Basis**
  Weil diese zu lange dauert, wird sie in der Praxis nicht verwendet; auf ihr basieren aber die beiden anderen Rechenmethoden. Man sollte sie daher nachvollziehen können - eventuell durch Erstellung eines kleinen Excel-Sheets, um stichprobenweise eine genaue Berechnung des Soll-Lagerbestandes durchzuführen.
- **Die Berechnung über die Plan-Umschlagshäufigkeit aus Testtabellen** (siehe Kapitel 16.12.).
- **Die Verwendung eines Formulars zur Ermittlung des Überlagers für händischen Gebrauch und PC-Anwendung (siehe Seite 685).**

Das Überlager ergibt sich bei allen Rechenarten durch Vergleich des durchschnittlichen Soll-Lagers mit dem durchschnittlichen Ist-Lager.

12.4. Fallbeispiele zur Ermittlung des Überlagers

12.4.1. Berechnung durch statistische Formel

Ausgangssituation

Durchschnittliche Monatsnachfrage .... 13 Stück
Variationskoeffizient 0,8
Sicherheitslager bei 95% Servicegrad und
1 Monat Wiederbeschaffungszeit laut Tabelle 17
Bestellmenge (eine durchschnittliche Nachfrage während
der Wiederbeschaffungszeit) 13
Standardabweichung 10

Es wird derselbe Artikel herangezogen, der im Fallbeispiel zu Kapitel 12.2.3.9. (Ermittlung der Soll-Meldemenge) zur Demonstration verwendet worden ist.

Formel für Soll-Lagerbestand

Der durchschnittliche Soll-Lagerbestand ergibt sich aus folgender Formel:

$$\frac{\text{Wirtschaftl. Bestellmenge bzw. Losgröße}}{2} + \text{Sicherheitslager}$$

Die Berechnung des Soll-Lagerbestandes und des Überlagers

Berechnung auf statistischer Basis

Ø Soll-Lagerbestand	=	$\dfrac{\text{Wirtschaftliche Bestellmenge}}{2}$	+	Sicherheitslager
	=	$\dfrac{13}{2}$	+	10 x 1,1645
24 (theor. ohne Dispo.-Res.)	=	7	+	17

Wird nun noch als Dispositionsreserve für nicht beeinflussbare Störfälle 43% (= 30% in hundert bzw. 30/70) aufgeschlagen, erhält man einen realistischen Soll-Lagerbestand von 35.

Weil der Ist-Lagerbestand 40 Stück beträgt, ist das Überlager 5. Anders ausgedrückt: Das Überlager beträgt 12,5% des Ist-Lagers.

12.4.2. Berechnung durch Testtabelle Plan-Umschlagshäufigkeit

Zunächst ist eine Aufstellung der relevanten Spezifikationen des Artikels zu machen, um zu wissen, welche Plan-Umschlagshäufigkeits-Testtabelle verwendet werden muss:

Wiederbeschaffungszeit .... ein Monat

Bestellmenge .... einfache durchschnittliche Nachfrage während der Wiederbeschaffungszeit (= eine Monatsnachfrage)

Gewünschter Servicegrad 95%

Variationskoeffizient .... 0,8 (durchschnittlich)

Zur Ermittlung der Plan-Umschlagshäufigkeit, die unter den vorgegebenen Bedingungen 4,6 beträgt, ist folgende Testtabelle "Plan-Umschlagshäufigkeit" zu verwenden:

Ø Bestellmenge = eine Monatsnachfrage

In dieser Testtabelle sucht man dann den gesuchten Wert unter:

V = 0,8 (durchschnittlich)	SG = 95%	WBZ = 1 Mo

Aus der Plan-Umschlagshäufigkeit wird nun der durchschnittliche Soll-Lagerbestand ermittelt.

Dieser ergibt sich aus:

$$\text{Soll-Lagerbestand} = \frac{\text{Waren- bzw. Materialeinsatz}}{\text{Plan-Umschlagshäufigkeit}}$$

Der Jahresbedarf des Artikels beträgt 160 Stück. Bei einer Plan-Umschlagshäufigkeit von 4,6 beträgt der durchschnittliche Soll-Lagerbestand 35 Stück. Dieses Ergebnis ist kongruent mit der vorhergehenden Berechnung auf statistischer Basis.

Ein kleines **Praxisbeispiel** soll die Anwendung der Testtabellen "Plan-Umschlagshäufigkeit zur Bestimmung des Überlagers" demonstrieren.

Ausgangssituation

Ein Ersatzteil-Großhändler weist in seiner Bilanz ein Vorratslager von 2,5 Mio GE und einen Wareneinsatz von 2,5 Mio GE aus. Die Ist-Umschlagshäufigkeit beträgt daher 1.

Berücksichtigt man, dass in dem Vorratslager ein Warenposten in der Höhe von 0,5 Mio GE enthalten ist, der sich nur innerhalb von fünf Jahren verkaufen lässt, dann ist die disponible Umschlagshäufigkeit etwas höher, nämlich 1,2.

	Gesamt-Lagerbestand	Sonderposten	**Restlicher Lagerbestand**
Lagerwert	2.500.000	500.000	**2.000.000**
Wareneinsatz	2.500.000	100.000	**2.400.000**
Ist-Umschlagshäufigkeit	1x		**1,2x**

Der Geschäftsführer will nun wissen, um welchen Betrag das Ist-Lager realistisch gesenkt werden kann.

Lösung durch Testtabelle "Plan-Umschlagshäufigkeit"
Die Frage nach dem relevanten Überlager wird hier mit Hilfe des Plan-Ist-Vergleiches der Umschlagshäufigkeit beantwortet.
Das **Procedere** bei der Ermittlung der **Plan-Umschlagshäufigkeit** mittels **Testtabellen läuft wie folgt ab**:

1. Zunächst sind einige Fragen zu beantworten bzw. Parameter festzulegen.

Frage	Eingabeparameter	Bemerkung
a) Wie hoch soll der Ø Servicegrad (SG) sein?	95%	hoch
b) Wie hoch ist die Ø Nachfrageschwankung (V)?	1,6	extreme Nachfrageschwankung
c) Wie lange ist die Ø Wiederbeschaffungszeit (WBZ)?	1 Monat	normal
d) Wie viel wird Ø bestellt? (BM)	1 Monatsnachfrage	

Der Servicegrad und die Nachfrageschwankung wurden aus Sicherheitsgründen eher hoch angesetzt. Im Durchschnitt wird ein Servicegrad von 95% nicht notwendig sein, sondern ein niedrigerer ausreichen. Auch bei der Wahl des hohen Variationskoeffizienten von 1,6 war ein Sicherheitsdenken vorherrschend. Hätte man stichprobenweise bei einigen Artikeln aus den jeweils letzten sechs Monatsnachfragen die tatsächlichen Variationskoeffizienten errechnet, so könnte man gegebenenfalls einen niedrigeren Wert als 1,6 (etwa 1,2 oder 0,8) ansetzen. **Diese Stichprobenberechnungen gehen sehr schnell.**

2. Anschließend muss die entsprechende Testtabelle mit den **"Plan-Umschlagshäufigkeiten"** ausgewählt werden. Die Auswahl hängt von der durchschnittlichen Bestellmenge, ausgedrückt in Monatsnachfragen, ab. Insgesamt stehen in diesem Buch sieben Testtabellen zur Verfügung (siehe Kapitel 16.12.), und zwar von der 0,5fachen bis zur zwölffachen durchschnittlichen Monatsnachfrage als durchschnittliche Bestellmenge.

In diesem Fall ist die Verwendung der Tabelle auf Seite 1163 zweckmäßig, weil eine durchschnittliche Monatsnachfrage bestellt wird.

Die **Soll-Umschlagshäufigkeit** beträgt laut dieser Tabelle **2,7**.

3. **Das (etwa innerhalb von zwei Jahren) effektiv abbaubare Lager (= Überlager) kann nun wie folgt errechnet werden:**

Lagerwert schwer verkäuflicher Sonderposten	500.000	GE
+ Lagerwert restliches Soll-Lager		
Formel: $\dfrac{WES}{Plan\text{-}UH} = \dfrac{2.400.000}{2,7}$	889.000	GE
= Soll-Lager (inkl. Sonderposten)	1.389.000	GE
- Ist-Lager (inkl. Sonderposten)	2.500.000	GE
= **Abbaufähiges Überlager**	**1.111.000**	**GE**

Die Berechnung zeigt, dass der Ist-Lagerbestand von 2,5 Mio GE um ca. 44%, das sind etwa 1,1 Mio GE, gesenkt werden könnte. Dieses Ergebnis ist nicht utopisch, weil die Prämissen sehr vorsichtig angesetzt worden sind (hohe Nachfrageschwankung und hohe Lieferbereitschaft). Außerdem sind die Plan-Umschlagshäufigkeiten in den Testtabellen um 30% reduziert - für Störfälle, die immer wieder auftreten und unbeeinflussbar sind.

12.4.3. Ermittlung des relevanten Überlagers durch Formular

Ausgangssituation

Auch ohne PC kann man stichprobenweise eine seriöse Lager- und Bestelldisposition für ausgewählte Artikel händisch durchführen, wenn man über das entsprechende Formular verfügt. Auf den Seiten 684 und 685 sind **zwei Testformulare für den händischen Gebrauch abgebildet, und zwar ein ausgefülltes und ein leeres**. Mit einem Tabellenkalkulationsprogramm (z.B. Excel) kann die Arbeit erheblich erleichtert werden; der notwendige Programmieraufwand ist nur gering.

Das Formular ist als Arbeitstabelle konzipiert worden. Der Anwender braucht nur einige Werte bzw. Informationen eintragen und kann anschließend ohne Verwendung irgendwelcher Tabellen - nur mit einem Taschenrechner ausgestattet - den Lagertest durchführen:

Der Artikel TESTI hatte während der letzten sechs Monate folgende Nachfrage zu verzeichnen: 60, 12, 10, 24, 42, 50. Die Ist-Bestellmenge beträgt 50, die Ist-Meldemenge 100. Die Lieferzeit beim derzeit präferierten Lieferanten beträgt vier Wochen. Es gibt aber auch andere Lieferanten, die den gleichen Artikel mit einer Lieferzeit von einer, zwei, drei bzw. sechs Wochen liefern. Der durchschnittliche Ist-Lagerbestand beträgt 100.

Der Geschäftsführer will wissen, **wie hoch das Sicherheitslager, die Soll-Meldemenge, der Soll-Lagerbestand und das Über- bzw. Unterlager bei Servicegraden von 70%, 80%, 90%, 95% und 99% sowie bei Wiederbeschaffungszeiten von einer, zwei, drei bzw. sechs Wochen sind.**

Die folgende Aufstellung erläutert die Symbole der Arbeitstabelle:

n = *Monat*

m_i = *Ist-Monatsnachfrage*

$\overline{m}$ = *Monatsnachfrage-Durchschnitt*

$m_i - \overline{m}$ = *Abweichung der Ist-Nachfrage vom Monatsdurchschnitt*

s = *Standardabweichung*

V = *Variationskoeffizient*

$\varnothing$ *NF wd. LZ bzw. WBZ* = *durchschnittliche Nachfrage während der Wiederbeschaffungszeit in der entsprechenden Lieferzeitspalte*

s *x Faktor* = *Standardabweichung mal Faktor*

TESTFORMULAR ZUR BESTIMMUNG DES ÜBERLAGERS (für händischen Gebrauch) — TESTI

n	m_i	$m_i - \bar{m}$
1	60	27
2	12	-21
3	10	-23
4	24	-9
5	42	9
6	50	17
S	198	
: n = 6	6	
= $\bar{m}$ = 33	33	
Summe ohne Vorz.		106
: n - 1 = MAF		21,2
x 1,25 = s		27
Variationskoeffizient $V = s/\bar{m}$		0,8

Wenn Lieferzeit (LZ) bzw. Wiederbeschaffungszeit (WBZ)

	Service-grad	1 Woche Faktor	1 Woche s x Faktor	2 Wochen Faktor	2 Wochen s x Faktor	3 Wochen Faktor	3 Wochen s x Faktor	4 Wochen Faktor	4 Wochen s x Faktor	6 Wochen Faktor	6 Wochen s x Faktor
Sicherheitslager (S)	70%	0,262	7	0,372	10	0,456	12	0,524	14	0,639	17
	80%	0,421	11	0,595	16	0,729	20	0,842	23	1,031	28
	90%	0,641	17	0,907	24	1,110	30	1,282	35	1,570	42
	95%	0,823	22	1,163	31	1,425	38	1,645	44	2,015	54
	99%	1,163	31	1,645	44	2,014	54	2,326	63	2,849	77
Ø NACHFRAGE WD. LZ bzw. WBZ			8		17		25		33		50
Soll-Meldemenge (MW-MM)	70%		15		27		37		47		67
	80%		19		33		45		56		78
	90%		25		41		55		68		92
	95%		30		48		63		77		104
	99%		39		61		79		96		127
SOLL-BESTELLMENGE						33					
SOLL-BESTELLMENGE / 2						17					
Soll-Lagerbestand BM/2 + S	70%		24		27		29		31		34
	80%		28		33		37		40		45
	90%		34		41		47		52		59
	95%		39		48		55		61		71
	99%		48		61		71		80		94
Ø IST-LAGERBESTAND			100		100		100		100		100
Über (+) bzw. Unterlager (-)	70%		76		73		71		69		66
	80%		72		67		63		60		55
	90%		66		59		53		48		41
	95%		61		52		45		39		29
	99%		52		39		29		20		6
IST-BESTELLMENGE									50		
IST-MELDEMENGE									100		

TESTFORMULAR ZUR BESTIMMUNG DES ÜBERLAGERS (für händischen Gebrauch)

TESTI

Wenn Lieferzeit (LZ) bzw. Wiederbeschaffungszeit (WBZ)

Service-grad	1 Woche Faktor	1 Woche s x Faktor	2 Wochen Faktor	2 Wochen s x Faktor	3 Wochen Faktor	3 Wochen s x Faktor	4 Wochen Faktor	4 Wochen s x Faktor	6 Wochen Faktor	6 Wochen s x Faktor
70%	0,262		0,372		0,456		0,524		0,639	
80%	0,421		0,595		0,729		0,842		1,031	
90%	0,641		0,907		1,110		1,282		1,570	
95%	0,823		1,163		1,425		1,645		2,015	
99%	1,163		1,645		2,014		2,326		2,849	

n	m_i	$m_i - \overline{m}$
1		
2		
3		
4		
5		
6		
7		
8		
9		
10		
11		
12		
S		

Sicherheitslager (S)

Ø NACHFRAGE WD. LZ bzw. WBZ

Soll-Meldemenge (Soll-MM)

SOLL-BESTELLMENGE

SOLL-BESTELLMENGE / 2

Soll-Lagerbestand BM / 2 + S

Ø IST-LAGERBESTAND

Über- (+) bzw. Unterlager (-)

IST-BESTELLMENGE

IST-MELDEMENGE

: n = $\overline{m}$

Summe ohne Vorz.

: n - 1 = MAF

x 1,25 = s

Variationskoeffizient $V = s / \overline{m}$

Berechnungen und Ergebnisse

Zuerst wird die Standardabweichung nach einem Näherungsverfahren (MAF-Methode) ermittelt, anschließend der Variationskoeffizient. Der Variationskoeffizient von 0,8 weist darauf hin, dass die Nachfrage beim Artikel TESTI mittelstark schwankt.

Danach werden die Sicherheitslager für fünf verschiedene Lieferzeiten und fünf verschiedene Servicegrade ermittelt. Dies geschieht dadurch, dass die Standardabweichung von 27 (Approximativwert) mit dem jeweiligen vorgedruckten Faktorwert multipliziert wird. Die Höhe des Faktorwertes hängt von der Länge der Lieferzeit ab. Bei vier Wochen Lieferzeit (= ein Monat) sind die Faktoren kongruent mit den Faktoren einer Normalverteilungstabelle. Beträgt die Lieferzeit nicht vier Wochen, sondern eine, zwei, drei oder sechs Wochen, dann müssen die Faktoren bei Vier-Wochen-Lieferzeit mit den Wurzeln aus 0,25 (= 0,5), 0,5 (= 0,707), 0,75 (= 0,866) bzw. 1,5 (= 1,22) multipliziert werden.

Die Soll-Meldemenge ergibt sich, wenn man zum jeweiligen Sicherheitslager die durchschnittliche Nachfrage während der Lieferzeit dazuzählt Zur Ermittlung der Soll-Bestellmenge wird hier keine Bestellformel angewendet, sondern empfohlen, eine durchschnittliche Monatsnachfrage zu bestellen.

Der durchschnittliche Soll-Lagerbestand ergibt sich, wenn man zur halben Soll-Bestellmenge (hier also 17) **das entsprechende Sicherheitslager hinzurechnet.**

Das Über- bzw. Unterlager ergibt sich, wenn man vom durchschnittlichen Ist-Lagerbestand den Soll-Lagerbestand abzieht. In diesem Beispiel gibt es nur Überlagerbestände.

Die **Erkenntnisse aus dem händischen Test** können folgendermaßen **zusammengefasst** werden:

1. Sowohl die Ist-Bestellmenge als auch die Ist-Meldemenge sind höher als die entsprechenden Soll-Werte; sie sollten aber in Zukunft etwas gesenkt werden.
2. Beträgt die Lieferzeit vier Wochen und strebt man einen hohen Servicegrad von 95% an, dann sollten bei Absinken des Lagers auf 77 Einheiten 33 Einheiten bestellt werden und nicht 50 beim Absinken auf 100 Einheiten.
3. Bei dieser Politik kann der durchschnittliche Ist-Lagerbestand um ca. 40% gesenkt werden.

☞ **Die Bestellmenge ist in diesem Kapitel identisch mit der Meldemenge.**

12.5. Testtabellen zur Ermittlung der Plan-Umschlagshäufigkeit, des Soll-Sicherheitslagers und der Soll-Meldemenge

Diese Testtabellen werden den Anwender bei seinen Bemühungen, das Überlagerpotential auszuloten und durch statistisch gesicherte Meldemengen nachhaltig abzubauen, unterstützen. Insgesamt gibt es 24 Tabellen, und zwar:

- Sieben Tabellen zur Ermittlung der Plan-Umschlagshäufigkeit (siehe Kapitel 16.12.)
- Eine Tabelle zur Ermittlung des Soll-Sicherheitslager (siehe Kapitel 16.12.)
- 16 Tabellen zur Ermittlung der Soll-Meldemenge (siehe Kapitel 16.12.)

Die erste und zweite Tabellengruppe (Plan-Umschlagshäufigkeit und Soll-Sicherheitslager) sind **Diagnosetabellen**, weil mit ihnen das statistisch ermittelte Überlagerpotential festgestellt werden kann. Ist dieses Potential geortet, folgt die Therapie (hier: nachhaltige Lagersenkung). Ein gutes **Therapieinstrument** sind die **Soll-Meldemengentabellen**, weil in der Praxis häufig **zu hohe Mindestlagerbestände die Ursache für überhöhte Lagerbestände sind**.

Die Testtabellen sind übersichtlich erstellt und mit Anwendungsbeispielen versehen, so dass der Anwender keine großen Handlingprobleme haben wird.

12.5.1. Testtabellen für die Ermittlung der statistisch gesicherten Plan-Umschlagshäufigkeit

Die sieben Testtabellen **"Plan-Umschlagshäufigkeit"** sind im Kapitel 16.12. abgebildet und decken folgende Bereiche breitflächig ab:

Tabelle	Ø Bestellmenge in Monatsnachfragen	Nachfrageschwankung (Variationskoeffizient)	Servicegrad	Siehe Seite
1	0,5 Mo	niedrig	niedrig	1162
2	1 Mo	(V = 0,2 bis 0,6)	84%	1163
3	2 Mo	durchschnittlich		1164
4	3 Mo	(V = 0,6 bis 1,0)	mittel	1165
5	4 Mo	hoch (V = 1,0 bis 1,4)	95%	1166
6	6 Mo	extrem hoch	hoch	1167
7	12 Mo	(V > 1,4)	99%	1168

☞ In allen Tabellenwerten ist eine 30-prozentige Dispositionsreserve für nicht beeinflussbare Unregelmäßigkeiten (Störfälle) berücksichtigt worden. Dadurch sind diese Plan-Umschlagshäufigkeiten besonders realistisch.

Die Plan-Umschlagshäufigkeiten laut Tabelle basieren auf folgender Formel:

$$\frac{12}{\dfrac{WBZ \times BMF}{2} + SF}$$

WBZ = *Wiederbeschaffungszeit in Monaten*
BMF = *Bestellmengenfaktor (= Relation zwischen Bestellmenge und*
Ø Nachfrage wd. WBZ)
SF   = *Sicherheitslagerfaktor laut Tabelle*

Herleitung der Plan-UH-Formel

1. Das Sicherheitslager (S) wird durch Multiplikation der Monatsnachfrage mit dem entsprechenden Monatsfaktor laut Tabelle "Soll-Sicherheits-lager" errechnet:

$$S = \text{Ø Monatsnachfrage} \times \text{Tabellenfaktor}$$

2. Die Umschlagshäufigkeit des Lagers errechnet sich bekanntlich wie folgt:

$$UH = \frac{\text{Wareneinsatz (WES)}}{\text{Ø Lagerbestand}}$$

3. Den durchschnittlichen Soll-Lagerbestand erhält man durch nachfolgende Formel:

$$\text{Ø Lagerbestand} = \underbrace{\frac{\text{Ø MNF}}{2} \times (WBZ \times BMF)}_{\dfrac{x_{opt}}{2}} + S$$

$$= \text{Ø MNF} \times \left(\frac{WBZ \times BMF}{2} + SF \right)$$

Ø MNF= Ø Monatsnachfrage

4. Der Wareneinsatz (WES) bezieht sich immer auf ein Jahr und errechnet sich daher aus:

$$WES = 12 \times MNF$$

5. Die Plan-Umschlagshäufigkeit (UH) des Lagers ergibt sich aus:

$$UH = \frac{12 \times \text{Ø MNF}}{\text{Ø Lagerbestand}} = \frac{12}{\dfrac{WBZ \times BMF}{2} + SF}$$

6. Probe: WBZ = 2 Wo, BMF = 1 (d.h. BM = 2 Wo) für SF: 95% SG, V = 0,8

$$\frac{12}{\dfrac{0,5 \times 1}{2} + 0,93} = 10,17$$

Multipliziert man 10,17 mit 0,7 (= 1 - 0,3 Störfaktor), dann ergibt sich eine Plan-Umschlagshäufigkeit von **7,1**, die identisch mit dem relevanten Tabellen-wert ist (siehe Tabelle "Plan-Umschlagshäufigkeit" im Kapitel 16.12., Seite 1162).

12.5.2. Testtabellen für die statistisch gesicherte Ermittlung der Soll-Meldemengen

Die 16 Testtabellen "Soll-Meldemenge" sind im Kapitel 16.12. abgebildet und decken folgende Bereiche breitflächig ab:

Tabelle	Sicherheits-grad	Variations-koeffizient	Wieder-beschaffungszeit	Siehe Seite
1	70%			1170
2	84%	0,4		1171
3	95%			1172
4	99%		1 Tag	1173
5	70%		1 Woche	1174
6	84%	0,8		1175
7	95%		2 Wochen	1176
8	99%			1177
9	70%		4 Wochen	1178
10	84%	1,2		1179
11	95%		6 Wochen	1180
12	99%			1181
13	70%		8 Wochen	1182
14	84%	1,6		1183
15	95%			1184
16	99%			1185

Der in der Kopfzeile fett ausgedruckte Multiplikator setzt sich wie folgt zusammen:

          Sicherheitslagerfaktor (S) laut Tabelle "Soll-Sicherheitslager"
+   Ø Nachfrage (NFR) während der Perioden

Beispiel
Bei einem Servicegrad von 95%, einem Variationskoeffizienten von 0,8 und einer voraussichtlichen Wiederbeschaffungszeit von zwei Wochen (= 0,5 Monate), ergibt sich in der Kopfspalte folgendes Bild:

	Sicherheitslagerfaktor (S) laut Tabelle	0,93
+	Ø NFR während der Wiederbeschaffungsperiode	0,50
=	**Multiplikator**	**1,43**

Für die Ermittlung der Soll-Meldemenge wird die durchschnittliche Monatsnachfrage mit obigem Faktor multipliziert.

12.5.3. Testtabelle zur Ermittlung des statistisch gesicherten Sicherheitslagers

Die Testtabelle "Sicherheitslager" ist in Kapitel 16.12. abgebildet. Zu dieser Tabelle folgen jetzt einige Erläuterungen:

1. Man beginnt mit dem Tabellenfaktor bei

   - Wiederbeschaffungszeit ein Monat
   - Servicegrad 84% ($z(\Phi)$-Faktor = 1)

   Der Tabellenfaktor ist unter diesen Bedingungen immer identisch mit dem Variationskoeffizienten; deshalb ist er invers dargestellt.

2. Alle weiteren Tabellenfaktoren in der Zeile

   - Servicegrad 84% ($z(\Phi)$-Faktor = 1)

   werden durch Multiplikation des jeweiligen Variationskoeffizienten mit der Wurzel aus Wiederbeschaffungszeit in Monaten errechnet.

3. Alle Tabellenfaktoren in den übrigen Zeilen

   - Servicegrad   70%   ($z(\Phi)$-Faktor = 0,524)
   - Servicegrad   99%   ($z(\Phi)$-Faktor = 2,326)
   - Servicegrad   99,9%   ($z(\Phi)$-Faktor = 3,09)

   werden durch Multiplikation der in der Zeile

   - Servicegrad   84%   ($z(\Phi)$-Faktor = 1)

   stehenden Faktoren mit den entsprechenden $z(\Phi)$-Faktoren ermittelt.

12.5.4. Praktischer Einsatz der Testtabellen

Ein Großhandelsbetrieb will grob sein abbaufähiges Überlager feststellen. Er verwendet dazu die

Testtabellen PLAN-UMSCHLAGSHÄUFIGKEIT.

- Zunächst wird der Wareneinsatz in Hauptgruppen (hier drei) untergliedert.
- Anschließend werden je Warengruppe die relevanten Indikatoren zum Gebrauch der richtigen Testtabelle ermittelt.
- Aus den Testtabellen wird für jede Warengruppe der individuelle Soll-Umschlagsfaktor abgelesen.
- Werden die Wareneinsätze durch die Plan-Umschlagshäufigkeit dividiert, erhält man den Soll-Lagerbestand.
- Schließlich wird das Überlager durch Gegenüberstellung von Soll- und Ist-Lager festgestellaut

Waren-gruppe	Einsatz p.a.	Ø Bestell-menge in Monats-nachfragen	Ge-wünschter Service-grad	Wiederbe-schaffungs-zeit	Nachfrage-schwan-kung	Plan-UH lt. Tabelle	Soll-Lager-bestand in 1000 GE
1	5 Mio	2	95%	1 Wo	durchschn.	5,1	980
2	7 Mio	3	95%	1 Wo	hoch	3,4	2.059
3	8 Mio	4	95%	2 Wo	durchschn.	2,9	2.759
Gesamt	20 Mio		95%				5.798

Ist-Lagerbestand	6.750	100%
Überlager	952	14%

Die Warengruppen können auch ABC-gruppiert oder XYZ-gruppiert bzw. eine Kombination aus beiden sein.

Die Ursachen für das Überlager können stichprobenweise durch die Testtabellen "Soll-Meldemenge" festgestellt werden.

12.6. Die Entwicklung von Lagerstrategien

Ziel

Unter Lagerstategie versteht man ein Bündel von Maßnahmen, die darauf ausgerichtet sind, die dem Lager zufließenden Gütermengen dem Bedarf in kostenminimaler Weise anzupassen.

In der Praxis der optimalen Lagerhaltung lässt sich alles auf folgende **zwei Aktionsparameter** reduzieren:

- Bestellpunkt (Wann soll bestellt werden?)
- Bestellmenge (Wie viel soll bestellt werden?)

Ausprägungen der Bestellzeitpunkt-Parameter können sein:

1. Es wird bestellt, wenn der Lagerbestand den Bestellpunkt erreicht oder unterschritten hat. Für den Bestellpunkt wählt man Symbol s.
2. Es wird alle t-Zeiteinheiten bestellaut
3. Es wird alle t-Zeiteinheiten bestellt, jedoch nur dann, wenn der Lagerbe-stand die Meldemenge s unterschritten hat.

Die Ausprägungen der Bestellmengen-Parameter können sein:

1. Es wird jeweils eine optimale Bestellmenge q bestellaut
2. Es wird jene Menge (variable Auffüllmenge) bestellt, so dass der zum Zeitpunkt der Bestellung vorhandene Ist-Lagerbestand und die zu bestel-lende Menge die Höchstlagermenge S ergeben.

Durch Kombination der drei Bestellzeitpunkt-Parameter mit den zwei Bestell-mengen-Parametern lassen sich insgesamt sechs Hauptlager-Strategien bilden, und zwar:

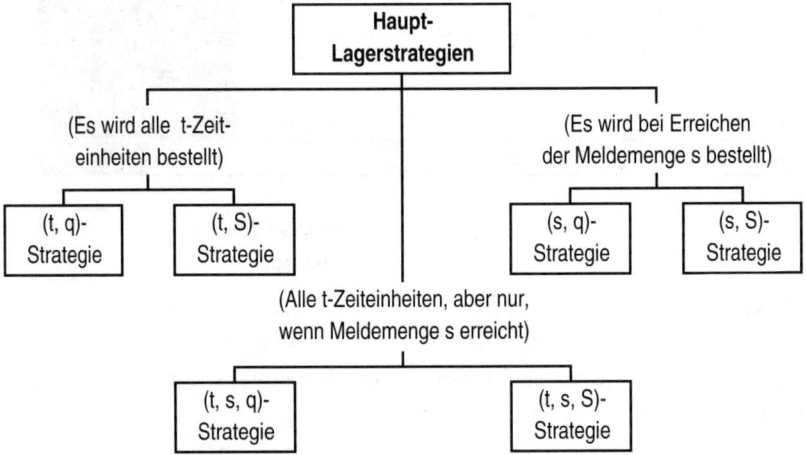

Die Auswahl der günstigsten Lagerstrategie muss durch Probieren, Testen bzw. Simulieren festgelegt werden.

Die folgende Tabelle zeigt die **relevanten Merkmale jeder Strategie** auf:

Merkmal	Strategie					
	s, q	s, S	t, q	t, S	t, s, q	t, s, S
Lagerkontrolle						
a) nach jeder Entnahme	✔	✔				
b) in konstanten Zeitintervallen			✔	✔	✔	✔
Konstante Bestellmenge						
a) nach jeder Kontrolle			✔			
b) nach Erreichen oder Unter- schreiten des Meldebestandes	✔				✔	
Variable Bestellmenge						
a) nach jeder Kontrolle				✔		
b) bei Erreichen oder Unter- schreiten des Meldebestandes			✔			✔

Durch die Lagerstrategien können folgende Ziele realisiert werden:

1. Ein möglichst hoher Servicegrad, damit die Kundennachfrage bzw. der Produktionsprozess von materialwirtschaftlichen Störungen freigehalten werden

2. Möglichst geringe Beschaffungs-, Lagerhaltungs- und Fehlmengenkosten

Die (international) verwendeten Symbole für die Lagerstrategien sind:

s = Bestellpunkt

q = feste Bestellmenge; diese kann durch Formeln (optimal) oder intuitiv bestimmt werden

t = Zeitspanne zwischen zwei Dispositionstagen

S = Höchstlagerbestand, das ist jener fixe Lagerbestand, auf den der Ist-Lagerbestand bei einer (S)-Strategie aufgefüllt wird.

Der Bestellzyklus ist bei der (s, q)-Strategie variabel, weil nach jeder Entnahme kontrolliert wird, ob die Meldemenge s erreicht oder unterschritten ist. Man nennt diese - in der Praxis häufig angewendete Strategie - auch **Two Bin System** (Zwei-Behälter-System). Wenn der erste Behälter leer ist, erfolgt bei gleichzeitiger Bestellung die Materialentnahme aus dem zweiten Behälter. Bei Anlieferung wird zunächst der zweite Behälter wieder aufgefüllt, der Rest geht in den ersten Behälter.

Der Bestellzyklus ist bei der (s, S)-Strategie ebenfalls variabel. Wünscht man eine (s, S)-Strategie mit fixem Bestellzyklus, dann ist eine Erweiterung auf die (t, s, S)-Politik notwendig.

Die (s, q)- und die (s, S)-Lagerstrategien kann man als Bestellpunktverfahren bezeichnen, alle anderen als zyklische Bestellverfahren.

12.7. Checkliste Bewirtschaftungsempfehlungen

Die folgende Tabelle enthält eine Checkliste über Bewirtschaftungsempfehlungen für A- und C-Artikel. Die A-Artikel sind jene, die mit einer geringen Anzahl hohe Geldwerte binden. Im Gegensatz dazu sind die C-Artikel mengenmäßig zahlreich, die Geldbindung ist aber gering. In der Praxis ist es häufig so, dass mit nur 10% der Gesamtartikel 70% des Umsatzes erzielt werden (A-Artikel), während mit etwa 60% der Gesamtartikel nur 10% Umsatz gemacht werden (C-Artikel).

Checkliste Bewirtschaftungsempfehlungen

A-Artikel (Teile)	C-Artikel (Teile)
Servicegrad möglichst differenziert	Hoher Servicegrad
Möglichst exakte Berechnung der Bestellgröße (Losgröße) und Meldemenge	Grobe Errechnung der Bestellgröße (Losgröße) und Meldemenge
Häufiges Überprüfen dieser Größen	Überprüfen dieser Größen einmal oder zweimal im Jahr
Variable Meldemenge, die sich permanent dem Bedarf anpasst	Konstante Meldemenge, die nur einmal jährlich angepasst wird
Bedarfsermittlung mit exponentieller Glättung	Bedarfsermittlung ohne exponentielle Glättung
Periodische Soll-Ist-Vergleiche	Sporadischer Soll-Ist-Vergleich
Besondere Anstrengungen bei Lieferantenauswahl, Preisgestaltung usw.	Keine besonderen Anstrengungen bei der Beschaffung
Bewirtschaftung nach der (s-, q)-Lagerstrategie zweckmäßig. Der Lagerbestand wird nach jeder Entnahme überprüft. Ist die Meldemenge s unterschritten, wird die Bestellmenge (Losgröße) q bestellt bzw. aufgelegt.	Hier genügt eine (t, s, q)- bzw. (t, s, S)-Lagerstrategie. Bei beiden Strategien wird in konstanten Zeitabschnitten t überprüft, ob die Meldemenge s unterschritten worden ist. Wenn nicht, wird nicht bestellt; die nächste Überprüfung erfolgt eine konstante Periode (t) später. Wurde die Meldemenge (s) unterschritten, dann wird entweder die Bestellmenge (Losgröße) q bestellt oder die Differenz auf das Höchstlager (S). Eine S-Strategie ist bei Artikeln mit starker Nachfrageschwankung (V > 1,2, also Z-Artikel) zweckmäßig.

12.8. Zusammenfassung in Schaubildern

12.8.1. Bestellmengen und Losgrößen (Übersicht)

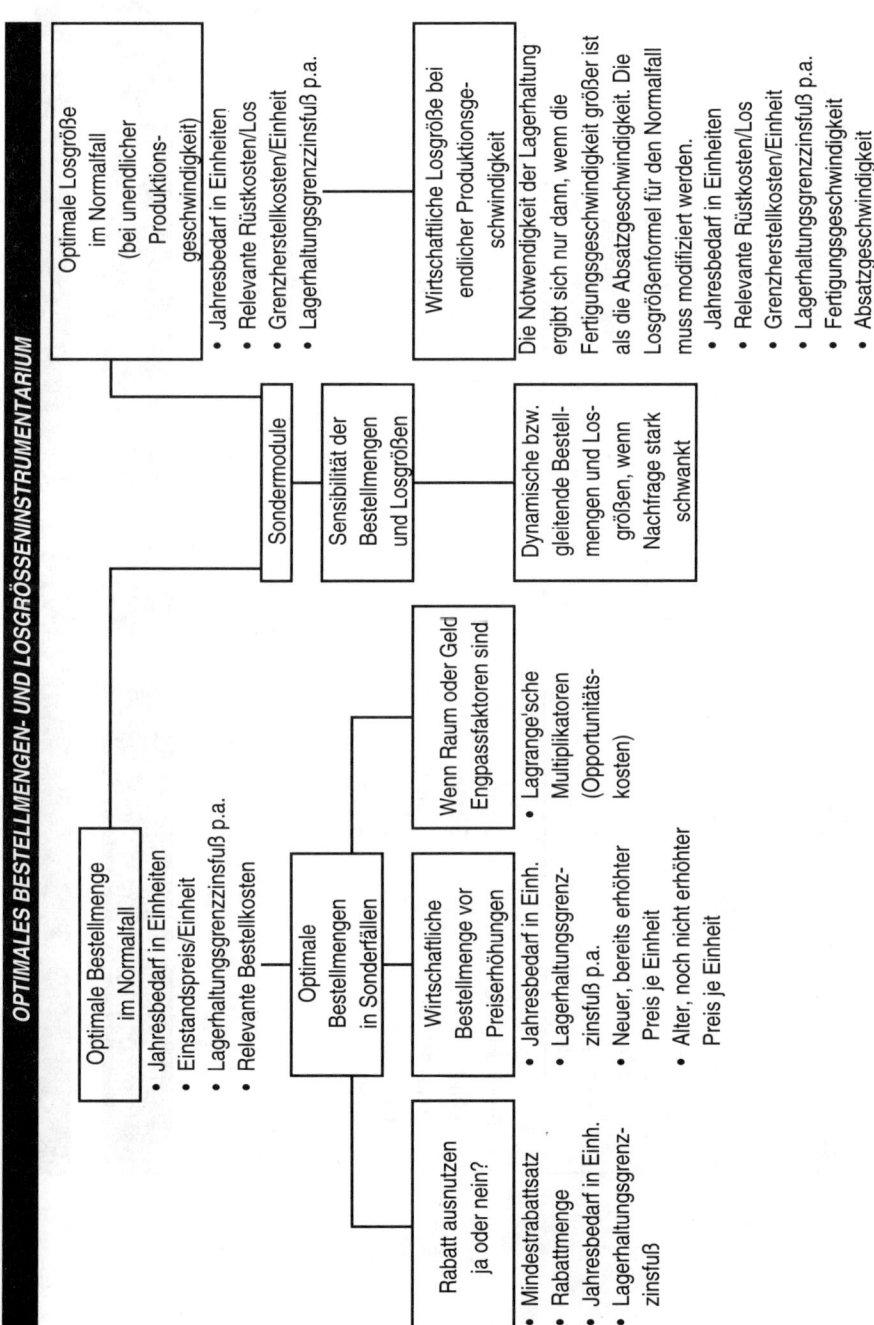

12.8.2. Statistisch gesicherte Meldemengen

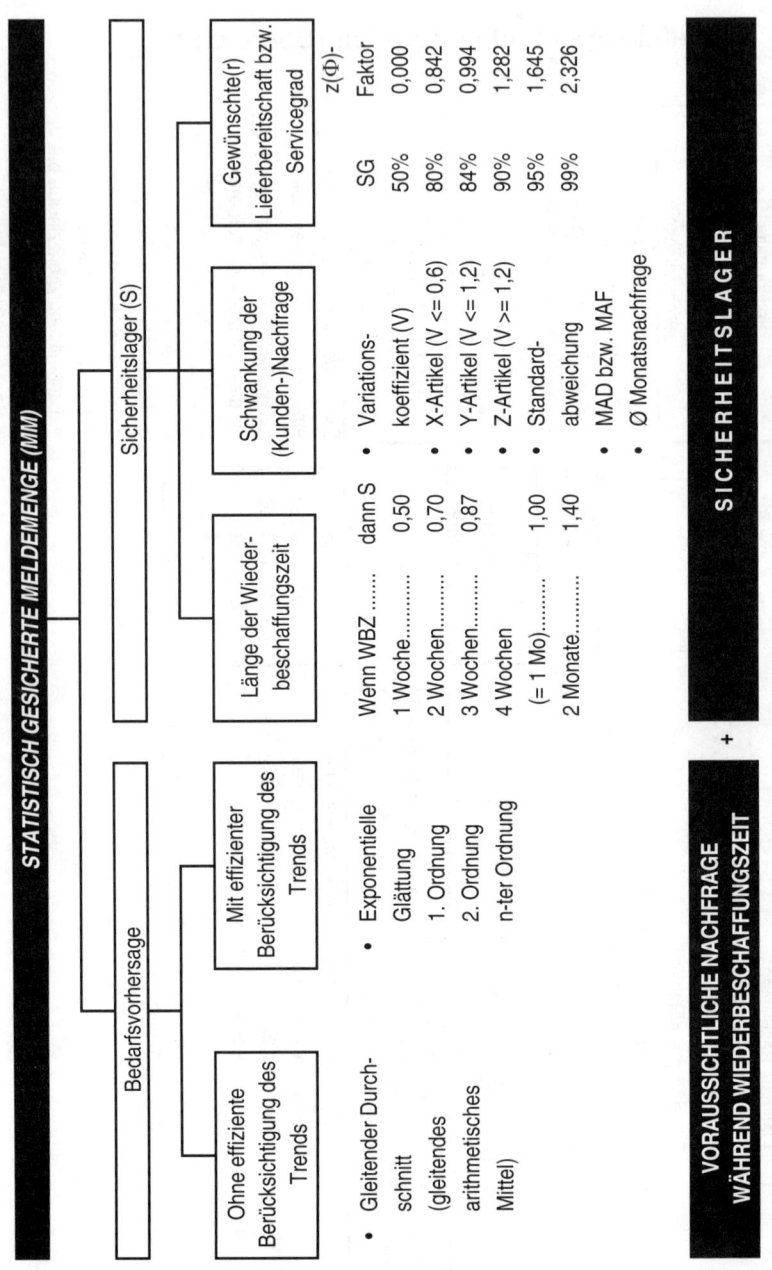

12.8.3. Lageranalyse in Großhandlung (Fallbeispiel)

Ausgangssituation
Der Geschäftsführer eines Großhandelshauses will sich Klarheit über folgende Fragen verschaffen:

1. Wie setzt sich das Lager zusammen? (ABC-Klassifikation)
2. Wie hoch ist der Umsatz, die Spanne, der Einsatz, der Bestand, die Umschlagshäufigkeit und der Return On Stock Investment (ROSTI) in den einzelnen Segmenten?
3. Wie hoch ist die Nachfrageschwankung bei den ABC-Gruppen? (XYZ-Klassifikation)
4. In welcher Größenordnung ist eine Lagersenkung möglich, wenn Servicegrad und Wiederbeschaffungszeit verringert werden?

Lageranalyse (Stock Information System)
Die ersten drei Fragen können mit dem nachfolgend abgebildeten Stock Information System beantwortet werden.

Stock Information System

ABC	XYZ	Nachfrageschwankung			SUMME
		niedrig X	mittel Y	hoch Z	
A	Anzahl	72	217	21	310
	Umsatz in Mio GE	33,5	67,9	7,2	108,6
	- Spanne	7,2	12,8	1,0	21,0
	= Einsatz	26,3	55,1	6,2	87,6
	Bestand in Mio GE	2,6	7,7	0,4	10,7
	UH	10,1	7,2	5,5	8,2
	ROSTI	277	166	250	196
B	Anzahl	391	1.806	536	2.733
	Umsatz in Mio GE	14,9	57,1	15,0	87,0
	- Spanne	3,8	13,7	3,5	21,0
	= Einsatz	11,1	43,4	11,5	66,0
	Bestand in Mio GE	2,8	12,9	3,0	18,7
	UH	4,0	3,4	3,8	3,5
	ROSTI	136	106	117	112
C	Anzahl	560	5.118	3.929	9.607
	Umsatz in Mio GE	1,5	14,6	5,6	21,7
	- Spanne	0,4	3,9	1,4	5,7
	= Einsatz	1,1	10,7	4,2	16,0
	Bestand in Mio GE	0,7	5,6	2,9	9,2
	UH	1,6	1,9	1,4	1,7
	ROSTI	57	70	48	62
Summe	Anzahl	1.023	7.141	4.486	12.650
	Umsatz in Mio GE	49,9	139,6	27,8	217,3
	- Spanne	11,4	30,4	5,9	47,7
	= Einsatz	38,5	109,2	21,9	169,6
	Bestand in Mio GE	6,1	26,2	6,3	38,6
	UH	6,3	4,2	3,5	4,4
	ROSTI	187	116	94	124

ABC-Analyse

Insgesamt sind 12.650 Artikel im Sortiment. Der Jahresumsatz beträgt 217,3 Mio GE. Mit nur 310 Artikeln, das sind knapp 2,5% der Gesamtartikel, werden 50% des Gesamtumsatzes, nämlich 108,6 Mio GE erwirtschaftet (A-Artikel).

Mit weiteren 2.733 Artikeln, das sind knapp 22% der Gesamtartikel, werden 40% des Gesamtumsatzes, nämlich 87 Mio GE erwirtschaftet (B-Artikel).

Mit den restlichen 9.607 Artikeln, das sind 76% der Gesamtartikel, werden schließlich nur 10% des Gesamtumsatzes, nämlich 21,7 Mio GE erzielt.

Wichtige Lagerkennzahlen, getrennt nach ABC

Die Ist-Bewirtschaftung ist prinzipiell befriedigend. Die Umschlagshäufigkeit beträgt bei den A-Artikeln 8,2, bei den B-Artikeln 3,5 und bei den C-Artikeln 1,7, durchschnittlich über alle Artikel 4,4. Das bedeutet, dass man derzeit die A- und B-Artikel aufwendiger disponiert als die C-Artikel. Das ist gut.

Setzt man die Spanne bzw. den Rohgewinn in ein Prozentverhältnis zum Umsatz, dann ist der Spannenprozentsatz bei den C-Artikeln am höchsten, bei den B-Artikeln am zweithöchsten und bei den A-Artikeln am niedrigsten. Diese Feststellung ist typisch und wird bei den meisten Großhandelshäusern nicht viel anders sein.

Der ROSTI (Return On Stock Investment), der sich als Produkt aus Umschlagshäufigkeit mal Spanne in Prozent vom Wareneinsatz ergibt (nähere Erläuterungen im Kapitel 3.2.4.3.), ist bei den A-Artikeln mit 196 am größten, bei den B-Artikeln mit 112 am zweitgrößten und bei den C-Artikeln mit 62 am niedrigsten. Auch das ist grundsätzlich befriedigend, weil man sagen kann, dass je GE durchschnittlichen Lagerbestandes bei A-Artikeln der jährliche Rohgewinn 1,96 GE beträgt, bei den B-Artikeln 1,12 GE und bei den C-Artikeln 0,62 GE.

XYZ-Analyse

72 der 310 A-Artikel weisen eine niedrige Nachfrageschwankung auf und können daher statistisch sehr gut bewirtschaftet werden (X-Artikel).

217 A-Artikel, also der größte Anteil, weisen eine mittelstarke Nachfrageschwankung auf und eignen sich ebenfalls für eine statistische Bewirtschaftung (Y-Artikel). Lediglich 21 A-Artikel haben eine extrem starke Nachfrageschwankung; hier muss man mit der statistischen Disposition vorsichtig sein (Z-Artikel).

Von den 2.733 B-Artikeln können 391 als X-Artikel, 1.806 als Y-Artikel und 536 als Z-Artikel klassifiziert werden.

Die XYZ-Verteilung bei den 9.607 C-Artikeln ist 560, 5.118 und 3.929.

Mögliche Lagersenkung

Mit dem im Kapitel 12.2. vorgestellten Instrumentarium konnten die folgenden Lagersenkungstabellen für die A-, B- und C-Artikel erstellt werden.
Lässt man die Ist-Wiederbeschaffungszeiten mit 15, 24 bzw. 28 Tagen unverändert und senkt lediglich die überhöhten Ist-Servicegrade von 98% (A), 99,9% (B) und 99,99% (C) auf 90% (A), 94% (B) und 99% (C), dann darf eine Lagersenkung von 13,8 Mio GE (2,850 + 7,940 + 3,022) erwartet werden, das sind 36%.

Relevantes Überlager bei A-Artikeln
Bei den A-Artikeln beträgt der Ist-Servicegrad 98% und die Ist-Wiederbeschaffungszeit 15 Tage. Die folgende Tabelle zeigt, um wie viel sich der Ist-Lagerbestand bei A-Artikeln senken lässt, wenn man den Servicegrad um 1 oder mehrere Prozentpunkte und die Wiederbeschaffungszeit um einen oder mehrere Tage reduziert.

Überlager	IST-SERVICEGRAD	98%
A-Artikel	IST-WIEDERBESCHAFFUNGSZEIT	15

Bei SG und von / WBZ von	... beträgt das Über- bzw. Unterlager ... (Werte in 1.000 GE)									
	84%	86%	88%	90%	92%	94%	96%	97%	98%	99%
	0,994	1,080	1,175	1,282	1,405	1,555	1,751	1,881	2,054	2,326
7 Tagen	4.910	4.710	4.488	4.238	3.951	3.601	3.143	2.840	2.436	1.801
8 Tagen	4.750	4.536	4.298	4.031	3.724	3.350	2.861	2.537	2.105	1.426
9 Tagen	4.600	4.372	4.121	3.837	3.512	3.115	2.596	2.252	1.794	1.074
10 Tagen	4.457	4.217	3.952	3.654	3.311	2.892	2.345	1.982	1.500	741
11 Tagen	4.322	4.070	3.792	3.479	3.119	2.680	2.107	1.726	1.220	424
12 Tagen	4.193	3.930	3.639	3.312	2.936	2.478	1.879	1.482	953	121
13 Tagen	4.069	3.795	3.493	3.152	2.761	2.284	1.660	1.247	696	(169)
14 Tagen	3.949	3.665	3.352	2.998	2.592	2.097	1.450	1.021	450	(448)
15 Tagen	3.834	3.540	3.216	2.850	2.430	1.917	1.247	803	IST	(718)

Will man den Ist-Servicegrad von 98% und die Ist-Wiederbeschaffungszeit von 15 Tagen auf 94% bzw. 12 Tage reduzieren, dann lässt sich das Ist-Lager bei den A-Artikeln um ca. 2,5 Mio GE senken.

Relevantes Überlager bei B-Artikeln

Überlager	IST-SERVICEGRAD	99,9%
B-Artikel	IST-WIEDERBESCHAFFUNGSZEIT	24

Bei SG und von WBZ von	... beträgt das Über- bzw. Unterlager ... (Werte in 1.000 GE)									
	84%	90%	92%	94%	96%	97%	98%	99%	99,9%	99,99%
	0,994	1,282	1,405	1,555	1,751	1,881	2,054	2,326	3,090	3,719
16 Tagen	11.727	10.529	10.017	9.393	8.578	8.037	7.318	6.186	3.009	392
17 Tagen	11.599	10.365	9.837	9.194	8.354	7.796	7.055	5.889	2.613	(84)
18 Tagen	11.476	10.205	9.663	9.001	8.136	7.563	6.799	5.600	2.229	(546)
19 Tagen	11.356	10.050	9.493	8.813	7.925	7.335	6.551	5.318	1.856	(995)
20 Tagen	11.239	9.899	9.327	8.630	7.718	7.114	6.309	5.044	1.492	(1.433)
21 Tagen	11.124	9.752	9.166	8.451	7.517	6.898	6.073	4.777	1.137	(1.860)
22 Tagen	11.013	9.608	9.008	8.277	7.321	6.687	5.843	4.517	790	(2.277)
23 Tagen	10.904	9.468	8.854	8.106	7.129	6.481	5.618	4.262	452	(2.685)
24 Tagen	10.797	9.330	8.704	7.940	6.941	6.279	5.398	4.012	IST	(3.084)

Bei den B-Artikeln ist das Lagersenkungspotential gegenüber den A-Artikeln besonders hoch.

Relevantes Überlager bei C-Artikeln

Überlager	IST-SERVICEGRAD	99,99%
C-Artikel	IST-WIEDERBESCHAFFUNGSZEIT	28

Bei SG und von WBZ von	... beträgt das Über- bzw. Unterlager ... (Werte in 1.000 GE)									
	84%	90%	92%	94%	96%	97%	98%	99%	99,9%	99,99%
	0,994	1,282	1,405	1,555	1,751	1,881	2,054	2,326	3,090	3,719
20 Tagen	6.366	5.818	5.584	5.299	4.926	4.679	4.350	3.832	2.379	1.182
21 Tagen	6.320	5.758	5.518	5.226	4.844	4.590	4.253	3.723	2.234	1.007
22 Tagen	6.274	5.699	5.454	5.155	4.764	4.504	4.159	3.616	2.092	837
23 Tagen	6.229	5.642	5.391	5.085	4.685	4.420	4.067	3.512	1.953	670
24 Tagen	6.186	5.586	5.329	5.017	4.608	4.337	3.977	3.410	1.818	507
25 Tagen	6.143	5.531	5.269	4.950	4.533	4.256	3.889	3.310	1.685	347
26 Tagen	6.101	5.477	5.210	4.884	4.459	4.177	3.802	3.212	1.555	190
27 Tagen	6.060	5.424	5.152	4.820	4.387	4.100	3.717	3.116	1.427	37
28 Tagen	6.020	5.372	5.095	4.757	4.316	4.023	3.634	3.022	1.302	IST

Auch bei den C-Artikeln schlummert ein beachtliches Lagerpotential, das nur darauf wartet, abgebaut zu werden.

12.9. Top-Literatur für den Geschäftsführer

Titel	Autor	Verlag	Auflage	Seiten
Bildschirmeinsatz im Einkauf	Grupp	Forkel	2/85	316
La pratique de la gestion des stock	Zermati	Dunod	3/79	146
Lieferantenbewertung - aber wie?	Hartmann	DBV	1/92	151
Materialwirtschaft	Hartmann	DBV	6/93	657
Materialwirtschaft mit EDV	Grupp	Forkel	3/86	206
Aktive Materialwirtschaft in mittelständischen Unternehmen	Grochla, Fieten, Puhlmann	Instituts-Verlag	1/84	131
Audit et gestion des stocks	Beaulieu	unbekannt	-	246
Beschaffung und Materialwirtschaft	Wissebach	NWB	1/77	270
Beschaffungs- und Lagerwirtschaft	Bichler	Gabler	5/90	242
Beschaffungsmarketing	Koppelmann	Springer	1/93	396
Die Materialwirtschaft der Unternehmung	Steinbrüchel	Haupt	1/71	223
Erfolgreicher einkaufen und disponieren	Grunwald	Rudolf Haufe	1/86	226
Erfolgsorientierte Materialwirtschaft durch Kennzahlen	Grochla, Vahle, Fieten, Puhlmann	FBO	1/83	227
Erfolgspotential Materialwirtschaft	Eschenbach	Manz, Beck	1/90	335
Lieferanten-Wertanalyse	Harting	Schäffer Poeschel	2/94	252
Materialwirtschaft	Melzer-Ridinger	Oldenbourg	1/89	215
Materialwirtschaft mit Bildschirmeinsatz	Grupp	Forkel	1/83	248
Materialwirtschaft und Einkauf	Arnolds, Heege, Tussing	Gabler	5/86	356
MBA - Betriebswirtschaft immer dabei	Kralicek	Ueberreuter	3/95	816
Optimale Bestandsplanung im Handel	Bichler, Lörsch	Kohlhammer	1/85	127
Optimale Lagerbewirtschaftung in Industrie, Gewerbe und Handel	Soom	Haupt	1/76	131
Praxis der Materialwirtschaft	Hartmann	VWP	1/90	234
Stücklisten- und Arbeitsplanorganisation mit Bildschirmeinsatz	Grupp	Forkel	3/85	320

Die Lieblingsbücher des Autorenteams zu diesem Themenkreis wurden invers dargestellt.

Bereich: Warenwirtschaftssysteme

Titel	Autor	Verlag	Auflage	Seiten
Integrierte Warenwirtschaftssysteme und Handelscontrolling	Ahlert, Olbrich (Hrsg.)	Schäffer Poeschl	1/94	449
Handelsbetriebslehre	Lerchenmüller	Kiehl	1/92	620

Das Lieblingsbuch des Autorenteams zu diesem Themenkreis wurde invers dargestellt.

13.

Finanzwirtschaft, Cash-Management

Im Finanzmanagement hat die Kapitalflussrechnung eine zentrale Bedeutung. Sie zeigt die liquiditätsrelevanten Veränderungen in G&V und Bilanz übersichtlich auf.

Das hier **abgebildete Schema** der Kapitalflussrechnung ist in **Westeuropa** und den **USA** weit verbreitet. Der **Informationsgehalt** ist **durch** die **sachlogische Strukturierung ziemlich hoch.**

Welche Unterlagen werden benötigt?
Für die Kapitalflussrechnung 2000 benötigt man:

- Den Jahresabschluss **(zumindest die Bilanz) 1999**
- Den Jahresabschluss **(Bilanz und G&V) 2000**

Interpretation im Telegrammstil

- **Cash-Flow aus dem Ergebnis**
  Ist nicht besonders hoch, weil das EGT mit nur ca. 60% der Abschreibung gering ist **(schlecht).**

- **Cash-Flow aus laufender Geschäftstätigkeit**
  Die Veränderungen beim kurzfristigen Umlaufvermögen und den kurzfristigen Verbindlichkeiten - also insgesamt beim Working Capital - halten sich etwa die Waage; deshalb ist der Cash-Flow aus der laufenden Geschäftstätigkeit nur um 10 GE höher als der Cash-Flow aus dem Ergebnis **(gut).**

- **Veränderung der Liquidität**
  Die Liquidität hat sich trotzdem im Jahre 2000 um 20 GE verschlechtert, weil
  - die Investitionen nicht langfristig finanziert wurden,
  - ein größerer Darlehensbetrag getilgt wurde,
  - eine Vollausschüttung vorgenommen worden ist.

  Weil die Liquidität (= liquide Mittel abzüglich kurzfristige Bankverbindlichkeiten) bereits am Beginn des Jahres 2000 mit -10 GE negativ war, betrug sie schließlich Ende 2000 -30 GE; dieser Negativsaldo ist der Vortrag für das Jahr 2001 **(schlecht).**

KAPITALFLUSSRECHNUNG

		2000	
		Mittel-	
		Verwend.	Herkunft
	E G T		128
+	Abschreibungen		200
+	Buchwert verkaufter Sachanlagen		0
+	Buchwert u. Abschr. verk. Finanzanl.		0
±	Dot./Aufl. Abfert.- u. Pens.Rückst.		60
±	Dot./Aufl. Sonst. Verbindlichk. lfr.		0
=	**CASH FLOW aus dem Ergebnis**		**388**
-	Ertragsteuer	-40	
±	A.o. Ergebnis		50
+	BW verk.Sachanlagen (im a.o.Erg.)		30
±	Veränderung Rohstoffe	-40	
±	Veränderung Handelsware		0
±	Veränderung Halbfabrikate	-10	
±	Veränderung Fertigfabrikate	-150	
±	Veränderung Kundenforderungen	-20	
±	Veränderung Sonstiges UV		80
±	Veränderung Sonstige Rückst.	-10	
±	Veränderung Lieferantenverbindl.		90
±	Veränderung Sonstige Verbindl. kfr.		30
=	**CASH FLOW aus lfd. Geschäftstätigkeit**		**398**
-	Investitionen SV	-190	
-	Investitionen FV	-20	
±	Tilgung / Aufnahme Darlehen	-70	
±	Veränderung Sonstige Verbindl. lfr.		0
-	Ausschüttung	-138	
+	Einzahlungen		0
=	**Veränderung der Liquidität**	**-20**	
±	AB Liq. Mittel - Bankverbindl. kfr.	-10	
=	***EB Liq. Mittel - Bankverbindl. kfr.***	***-30***	

Hinweis:
Die Bilanzwerte 1999 und 2000 sowie die G&V-Werte 2000 können dem gleichnamigen Fallbeispiel im Kapitel 3.2.3.3. entnommen werden.

Gesamtbeurteilung:
Nicht besonders gut, aber keineswegs besorgniserregend.

Notwendige Aktivitäten für Verbesserung der Liquidität:
- Verbesserung der Ertragskraft (EGT)
- Langfristige Finanzierung allfälliger Investitionen
- Statt Vollausschüttung vorübergehend nur Teilausschüttung vornehmen

Grundsätzliches

Bei der Analyse des Betriebsgeschehens können unterschiedliche Standpunkte eingenommen werden. Für viele Fragen hat es sich **in der Praxis als vorteilhaft erwiesen**, den **Leistungsbereich** und den **Finanzbereich gedanklich** zu **trennen**. Während beim Leistungsbereich Kosten, Betriebsleistung und Produktionsfaktoren im Mittelpunkt der Betrachtung stehen, sind es **beim Finanzbereich** vorwiegend **Einnahmen und Ausgaben**, also im weitesten Sinn **Cash-Flows**, die interessieren.

Da die **Erhaltung und Sicherung der Liquidität eine der Hauptaufgaben jeder Unternehmensführung** ist, nimmt das **Finanz- und Cash-Management** praktisch eine **besonders wichtige Stellung** ein.

Liquidität und Erfolg laufen manchmal entgegengesetzt. Betriebe mit hohen Gewinnen können eine schlechte Liquidität haben, Unternehmen mit hohen Verlusten überleben, weil die Liquidität gesichert ist (z.B. Deutsche Bahn).

In diesem Kapitel werden einige Praxismodule der Finanzwirtschaft und des Cash-Managements vorgestellt, die für jeden Geschäftsführer von Interesse sein dürften. Es sind dies:

- Leasing versus Kreditkauf
- Factoring
- Kapitalflussrechnung (aus den Jahresabschlüssen)
- Annuitätentilgungen à la carte
- Kapitalbedarfsrechnung (aus dem Umsatzprozess)
- Skontoertrag versus Fremdkapitalzinsen oder Lieferantenkredit versus Bankkredit
- Rabattausnutzung - Wie verändern sich Liquidität und Rentabilität?

13.1. Sonderformen der Fremdfinanzierung

Neben den Bank-, Lieferanten- und Wechselkrediten gibt es auch **Sonderformen der Finanzierung**. Zu diesen Sonderformen gehören vor allem **Leasing** und **Factoring**.

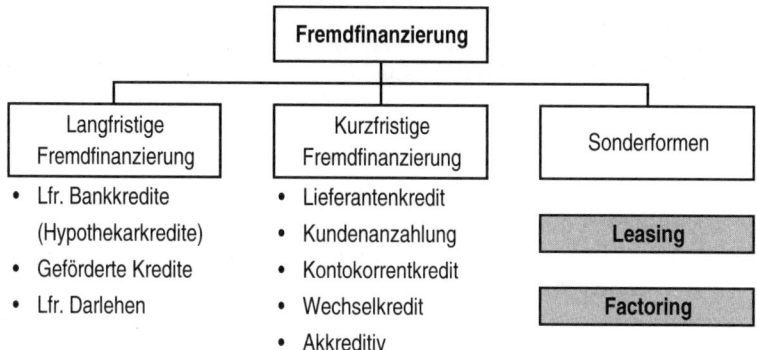

13.1.1. Leasing

Was ist Leasing?

Unter Leasing wird die Vermietung oder Verpachtung von beweglichen oder unbeweglichen Wirtschaftsgütern durch eine Leasinggesellschaft verstanden. Wegen der leichteren Refinanzierung sind die Leasinggesellschaften meist Tochtergesellschaften von Banken oder von großen Herstellerfirmen.

Ablaufprocedere eines Leasinggeschäftes

Ein Leasinggeschäft (Vertrag) wird grundsätzlich wie folgt abgewickelt:

1. Der Leasingnehmer verhandelt direkt mit dem Hersteller.
2. Die Rechnung für das Leasingobjekt geht direkt an den Leasinggeber.
3. Der Leasingnehmer sendet nach Erhalt des Leasingobjektes die Übernahmebestätigung (z.B. Lieferschein) an den Leasinggeber, der die Rechnung dann bezahlt.
4. Der Leasingnehmer zahlt die vereinbarten Leasingraten monatlich (meist am Beginn des Monats im Voraus).
5. Für das Leasingobjekt muss eine Vollkaskoversicherung abgeschlossen werden.

Leasingarten

Es gibt viele Gesichtspunkte, nach denen Leasingverträge untergliedert werden können:

Vergleich der verschiedenen Leasingarten

Gliederungskriterium	Gliederung	Erläuterungen
Nach Stellung des Leasinggebers	• **Direktes** Leasing	Herstellerleasing (oft ein absatzpolitisches Instrumentarium; daher günstig).
	• **Indirektes** Leasing	Finanzierungsgesellschaften (häufig Bankentöchter).
Nach der Kündbarkeit der Verträge	• **Operating** Leasing	Jederzeit kündbar. Investitionsrisiko (durch technischen Fortschritt) trägt Leasinggeber.
	• **Financial** Leasing	Während der so genannten Grundmietzeit grundsätzlich unkündbar. Das Investitionsrisiko liegt beim Leasingnehmer.
Nach vereinbarten Dienstleistungen (DL)	• Leasing **ohne DL**	Wartung, Instandhaltung und meist auch Versicherung ist vom Leasingnehmer zu bezahlen.
	• Leasing **mit DL**	Hier trägt der Leasinggeber die Kosten für Wartung, Instandhaltung und Versicherung. Die Leasingrate ist natürlich höher als bei Leasing ohne DL.
Nach Art des Leasingobjektes	• **Mobilien**leasing	Leasing von beweglichen Wirtschaftsgütern (EDV, Maschinen, PKW usw.). Die Verträge laufen meist zwischen drei und sieben Jahren.
	• **Immobilien**leasing	Leasing von unbeweglichen Wirtschaftsgütern (Lager- und Produktionshallen, Bürogebäude usw.). Die Verträge werden meist auf 15 oder 18 Jahre abgeschlossen.
Nach dem Optionsrecht	• **Ohne** Optionsrecht	Das Leasingobjekt muss nach Ablauf der Grundmietzeit rückerstattet werden.
	• **Mit** Optionsrecht	Nach Ablauf der Grundmietzeit hat der Leasingnehmer einen Anspruch auf • Mietverlängerung oder • Kauf. Bei Optionsverträgen sind die steuerlichen Bestimmungen besonders zu beachten.
Nach Anzahlungshöhe	• **Voll**amortisation	Die (höheren) Leasingraten inkludieren alle Kosten (Investitionen, Verwaltungskosten, Gewinn usw.), die während der Grundmietzeit bezahlt werden müssen.
	• **Teil**amortisation	Die Leasingraten sind hier etwas niedriger, weil nach Ende der Laufzeit noch ein Restbetrag übrig bleibt, der durch den Verkauf des Objektes hereinkommt. Ist der erzielte Liquidationserlös niedriger als der "kalkulierte" Restwert, muss die Differenz vom Leasingnehmer aufgebracht werden.

Sale-Lease-Back-Verfahren (SLBV)

Beim SLBV wird ein bereits bestehendes Objekt (z.B. eine Halle) an eine Leasing-gesellschaft verkauft. Gleichzeitig wird auch ein Leasingvertrag abgeschlossen. Der Verkäufer kann nach Ablauf des Vertrages das Objekt wieder zurücker-werben. **Für Unternehmungen mit einem ausreichenden Verlustvortrag und gleichzeitigem Liquiditätsbedarf ist SLBV besonders relevant.** Barwert-vergleiche mit alternativen Finanzierungsmöglichkeiten und Planbilanzen liefern fast immer eine solide Entscheidungsgrundlage.

Vorteile und Nachteile des Leasing

Vorteile	Nachteile

• **Realisierung der Investition ohne Eigenkapital und Fremdkapitalaufnahme**
Es ist nur die Finanzierung der ersten Leasingrate erforderlich.
 	
• **Steuerersparnis**
Leasingraten sind **Betriebsausgaben** und daher **sofort** absetzbar. Durch den Leasingvertrag werden in der Unternehmung folgende Steuern vermindert:
  • Körperschaftsteuer
    bzw. Einkommensteuer
  • Gewerbeertragsteuer (nicht in Österreich)
  • Gewerbekapitalsteuer (nicht in Österreich)
  • Vermögensteuer (nicht in Österreich)
 	
• **Keine Liquiditätsverschlechterung**
Die Kreditlinien werden nicht zusätzlich belastet.
 	
• **Unveränderter Verschuldungsgrad**
Das Verhältnis zwischen Eigen- und Fremdkapital bleibt gleich. Leasing ist also bilanzneutral und ermöglicht eine günstigere Bilanzoptik **(window dressing). Im Anhang der Bilanz** sind allerdings **alle Eventualverbindlichkeiten**, wie Wechselobligo, Garantien, Leasing und Factoring, anzuführen.
 	
• **Keine Kreditsicherheiten notwendig**
 	
• **Schnellere technische Anpassung**
Nach Ablauf der Grundmietzeit können wieder neue Anlagengegenstände geleast werden. Es wird also die permanente Modernisierung und Rationalisierung gefördert.
 	
• **Eindeutige Kalkulationsgrundlagen**
Die Kosten- und Leistungsrechnung ist bei den Leasingaufwendungen ganz exakt.
	• **Höhere Kosten**
	Leasingraten belasten die Erfolgsrechnung in der Regel stärker als Fremdkapitalzinsen. Durch die steuerlichen Auswirkungen kann allerdings Leasing günstiger sein als Fremdkapital (Kredit).
	
	• **Starre Bindung des Leasingnehmers** bei Financial Leasing während der Grundmietzeit
	
	• **Keine Investitionsbegünstigung**
	Für geleaste Investitionsobjekte gibt es für den Leasingnehmer keine Investitionsprämien oder andere Investitionsbegünstigungen; diese erhält der Leasinggeber.

Fallbeispiel: Barwertvergleich zwischen Financial Leasing und Kreditkauf

Ausgangssituation

Eine Spezialmaschine soll angeschafft werden. Die Investitionsrechnung weist befriedigende Renditen auf. Jetzt ist noch zu klären, welche Finanzierungsform gewählt werden soll: Kreditfinanzierung oder Finanzierungsleasing? Bekannt sind folgende Daten:

Anschaffungswert bei Kauf	12.000 GE
Kreditaufnahme	12.000 GE
Laufzeit des Kredites in Jahren	
(Tilgung jährlich, nachschüssig)	5
Jahreszinssatz für Kredit	7%
Abschreibungsdauer in Monaten	72
Anzahl der Leasingraten	60
Höhe der Leasingrate/Monat	250 GE
Restwert	250 GE
Investitionsbegünstigung	9% vom AW
Kalkulationszinsfuß	10%
Phasenverschiebung bei ESt. (in Jahren)	1
Ertragsteuer-Prozentsatz	34%

Barwert der Ausgaben bei Leasing

Die folgende Tabelle zeigt die Ausgabenströme, die bei Leasing anfallen würden. Durch Multiplikation der Ausgaben nach Ertragsteuern mit den jeweiligen Abzinsungsfaktoren (p = 10%) und Addition der Produkte erhält man den Gesamtbarwert der Ausgaben in der Höhe von 7.953.000 GE.

Barwert der Ausgaben bei Leasing	Ausgabenströme in 1.000 GE							
	t = 0	t = 1	t = 2	t = 3	t = 4	t = 5	t = 6	t = 7
Leasingraten	-3.000	-3.000	-3.000	-3.000	-3.000	-250		
Ertragsteuerersparnis durch Leasingraten		1.020	1.020	1.020	1.020	1.020	85	
Ausgaben nach Ertragsteuern	-3.000	-1.980	-1.980	-1.980	-1.980	770	85	
Abzinsungsfaktor (p = 10%)	0,909	0,826	0,751	0,683	0,621	0,564	0,513	
Barwert der Ausgaben nach Ertragsteuern	**-2.727**	**-1.635**	**-1.487**	**-1.352**	**-1.230**	**434**	**44**	

-7.953

Barwert der Ausgaben bei Kreditkauf

Auch hier sind die Zahlungsströme, die bei Kreditkauf anfallen würden, detailliert zusammengestellt worden. Kredittilgung und Fremdkapitalzinsen sind jährlich ein gleicher Betrag (Annuität). Die Annuitätentilgung ist mit dem im Kapitel 15.13.2. vorgestellten Excel-Programm **Annu'97** ermittelt worden. Der Output hat folgendes Aussehen:

ANNUITÄTENTILGUNG
unter folgenden Bedingungen:

Darlehen: 12.000 GE   Laufzeit: 5 Jahre   Verzinsung: 7% dekursiv

Jahr	Darlehen	Zinstilgung	Tilgungsquote	Annuität
1	12.000,00	840,00	2.086,69	2.926,69
2	9.913,31	693,93	2.232,76	2.926,69
3	7.680,56	537,64	2.389,05	2.926,69
4	5.291,51	370,41	2.556,28	2.926,69
5	2.735,22	191,47	2.735,22	2.926,69
Summe		2.633,44	12.000,00	14.633,44

Der Barwert der Ausgaben nach Ertragsteuern ist bei Kreditkauf niedriger als bei Leasingfinanzierung, weshalb in diesem Fallbeispiel der Kreditfinanzierung der Vorzug eingeräumt werden sollte. Die Hauptursache für die Kreditentscheidung liegt hier in der Investitionsbegünstigung, die aufgrund der Gesetzeslage nur beim Kreditkauf relevant ist.

Barwert der Ausgaben bei Kreditkauf	Ausgabenströme in 1.000 GE							
	t = 0	t = 1	t = 2	t = 3	t = 4	t = 5	t = 6	t = 7
Anschaffungswert	-12.000							
Kreditaufnahme	12.000							
Kredittilgung		-2.087	-2.233	-2.389	-2.556	-2.735		
Fremdkapitalzinsen		-840	-694	-538	-370	-191		
Fremdkapitalzinsen 7%		840	694	538	370	191		
Investitionsbegünstigung		1.080						
Abschreibung (6 Jahre)		2.000	2.000	2.000	2.000	2.000	2.000	
Ertragsteuerminderung		3.920	2.694	2.538	2.370	2.191	2.000	
Ertragsteuerersparnis			1.333	916	863	806	745	680
Ausgaben nach Ertragsteuern		-2.927	-1.594	-2.011	-2.064	-2.121	745	680
Abzinsungsfaktor (p = 10%)		0,909	0,826	0,751	0,683	0,621	0,564	0,513
Barwert der Ausgaben nach Ertragsteuern		-2.660	-1.317	-1.510	-1.410	-1.317	420	349

-7.445

13.1.2. Factoring

Was ist Factoring?

Beim Factoring werden die Kundenforderungen einer Unternehmung an eine Factoring-Bank verkauft. Häufig ist der Factor eine Tochtergesellschaft von größeren Bankinstituten. **Zusätzlich zum Verkauf der Kundenforderungen** wird auch eine so genannte **offene Globalzession** vereinbart. Das Unternehmen und die Factoring-Bank informieren unabhängig voneinander die Kunden der Unternehmung über die Forderungsabtretung, so dass die Kunden nur noch mit schuldbefreiender Wirkung direkt an die Factoring-Bank bezahlen können.

Die wichtigsten Voraussetzungen für Factoring

Damit ein Factor die Kundenforderungen eines Unternehmens ankauft, müssen einige Voraussetzungen erfüllt sein, und zwar:

1. Es können nur Forderungen aufgrund von Warenlieferungen und Leistungen (Dienstleistungen) angekauft werden.
2. Üblicherweise liegt das Jahresumsatzvolumen zwischen 5 und 50 Mio DM. Manchmal akzeptiert die Factor-Bank auch geringere Jahresumsätze. Liegt das Jahresumsatzvolumen deutlich unter 5 Mio DM, rentiert sich das Geschäft für den Factor meistens nicht. Andererseits ist eine Factoring-Entscheidung für eine Unternehmung in der Regel unrentabel, wenn das Jahresumsatzvolumen deutlich über 50 Mio DM liegt. Ausnahmen bestätigen immer die Regel, so dass in jedem Fall eine Wirtschaftlichkeitsrechnung empfehlenswert ist. Solche Ausnahmen können in besonders günstigen oder ungünstigen Factor-Konditionen, in einer besonders niedrigen oder hohen Materialintensität und in einer besonders niedrigen oder hohen Skontierungsmöglichkeit liegen.
3. Die vorwiegend aus Stammkunden bestehende Klientel muss eine gute Bonität haben und sollte ein Zahlungsziel von 120 Tagen nicht überschreiten.
4. Die durchschnittliche Höhe der Ausgangsrechnungen sollte zwischen 500 und 10.000 DM liegen.

Die Funktionenpalette der Factoring-Banken

Neben dem Ankauf von Kundenforderungen bietet der Factor eine breite Palette von Dienstleistungen:

* **Finanzierungsfunktion**
  Die Factoring-Bank finanziert in der Regel 80 bis 90% der bonitätsgeprüften Fakturenerlöse.

- **Delkredere-Funktion**

  Wenn es die Unternehmung wünscht, übernimmt die Factoring-Bank das gesamte Kreditrisiko. Die Kosten dafür betragen 0,2 bis 0,4% der bonitätsgeprüften Umsätze.

- **Dienstleistungsfunktion**

  Die Factoring-Banken bieten eine breite Dienstleistungspalette an, z.B. das Mahnwesen, die Debitoren- und Kreditorenbuchhaltung, die gesamte Finanzbuchhaltung, die Ausgangsrechnungserstellung und -versendung an die Kunden usw. Die Höhe der Gebühren für diese Dienstleistungen schwankt stark; sie ist davon abhängig, welcher Arbeitsumfang für die Factor-Bank entsteht.

Vor- und Nachteile des Factoring

Vorteile	Nachteile
• **Verbesserung der Liquidität** Die Forderungen aus Lieferungen u. Leistungen reduzieren sich erheblich, weil die Factoring-Bank die angekauften Forderungen mit 80 bis 90% bevorschusst. Erfahrungsgemäß zahlen die Kunden bei Factoring schneller, wodurch sich auch die Fremdkapitalzinsen reduzieren. • **Verbesserung der Rentabilität** • **Geringere Fremdkapitalzinsen** durch raschere Bezahlung der Kundenforderungen Wenn mit den frei werdenden Mitteln Skontoerträge aus Lieferantenverbindlichkeiten lukriert werden können, verbessert das die Ertragslage erheblich. • Durch Bonitätsprüfung der Kunden **reduziert sich das Ausfallrisiko** • **Eventualeinsparungen bei Übernahme gewisser Dienstleistungsfunktionen durch den Factor** Hier müssen individuelle Wirtschaftlichkeitsrechnungen durchgeführt werden, weil ein mögliches Einsparungspotential aus diesem Titel von Fall zu Fall ganz anders sein kann.	• **Relativ teuer** Abhängig von der Höhe des Umsatzes betragen die Factoring-Gebühren zwischen 0,7 und 3%. Übernimmt der Factor auch das Delkredere, verlangt er dafür eine Gebühr zwischen 0,2 und 0,4% vom Umsatz. Die Service- bzw. Dienstleistungsgebühren hängen vom Umfang der in Anspruch genommenen Leistungen ab. • **Offene Forderungsabtretung** Viele Unternehmungen haben eine Aversion gegenüber offenen Forderungsabtretungen, denn viele Kunden assoziieren Factoring mit Liquiditätsschwierigkeiten. Die Einstellung der Geschäftsleute zu Sonderformen der Finanzierung hat sich zwar in den letzten Jahren gebessert, doch gibt es auch heute noch immer Unternehmer, die sowohl dem Leasing als auch dem Factoring skeptisch gegenüberstehen. Factoring als Instrument zur Absatzfinanzierung wird von der genannten Gruppe als negativ empfunden.

Das Ablaufprocedere von Factoring

Ein Unternehmen, das Factoring einsetzt, nimmt zunächst einmal einen Aktivtausch vor, und zwar: Forderungen gegen flüssige Mittel. Durch diese Transaktion erhöht sich zwar die Liquidität, doch am Bilanzbild selbst ändert sich nichts. Der bilanzverkürzende und damit wirtschaftlich Effekt entsteht erst durch die Mittelverwendung. Erst eine genaue Wirtschaftlichkeitsberechnung zeigt auf, ob ein so genannter positiver Factoring-Effekt eintritt. Ein positiver Factoring-Effekt ist dann gegeben, wenn der Nutzen aus Factoring größer ist als dessen Kosten.

Für einen positiven (günstigen) Factoring-Effekt sind in der Regel einige grundsätzliche Faktoren notwendig:

1. Mindestens mittlere, besser jedoch hohe Waren- bzw. Materialintensität
2. Hohe Skontierungsmöglichkeiten bei Lieferanten
3. Manchmal kann die Auslagerung von Dienstleistungen oder des Delkredererisikos die Rentabilität des Factoring in Anspruch nehmenden Betriebes steigern, aber nicht immer

Fallbeispiel: Wirtschaftlichkeitsanalyse von Factoring (Kosten-Nutzen-Rechnung)

Für die Kosten-Nutzen-Rechnung eines eventuellen Factoring-Engagements werden die Zahlen jenes Großhandelsbetriebes herangezogen, der bereits im Kapitel 6.2.1. "Skontoertrag versus Bankkreditzinsen" vorgestellt worden ist. Die für das Factoring relevanten Basisdaten werden anschließend übersichtlich zusammengestellt:

Umsatzerlöse	52 Mio GE
Kundenforderungen, durchschnittlich	10 Mio GE
Anzahl der Kunden	1.000
Zahl der Ausgangsrechnungen p.a.	12.000
Warenintensität	69,6%
Einkaufsvolumen p.a.	36,2 Mio GE
Lieferantenkredit, durchschnittlich (das entspricht einer Verweildauer von 101 Tagen)	10 Mio GE
Skontoertrag, durchschn. 15 Tage, 2,25% bezogen auf das Jahreseinkaufsvolumen	ca. 0,8 Mio GE
Debitorenwagnis (Kundenausfälle)	3‰ d. Ums.Erl.
Factor-Gebühr	1% d. Ums.Erl.
Zinsen (auf angekaufte Forderungen)	7%
Habenzinsen (auf Bardepot)	3%
Bardepot in % d. angekauften Ford.Bestandes	10%

Ermittlung der Mittelfreisetzung:

Aus Bonitätsgründen werden nur 80% der Kundenforderungen angekauft	10 Mio x 0,8	8,0 Mio GE
- **Bardepot** (für Skonto und Nachlässe), 10%	8 Mio x 0,1	0,8 Mio GE
= **Gesamte Mittelfreisetzung**		**7,2 Mio GE**

Kosten-Nutzen-Rechnung Factoring

Factoring-Kosten

1% Factor-Gebühr von 52 Mio GE	0,520 Mio GE
7% Zinsen auf 8 Mio GE	0,560 Mio GE
Habenzinsen auf Bardepot	-0,024 Mio GE
Gesamt	**1,056 Mio GE**

Factoring-Nutzen

$$\text{Skontounschädlicher Lieferantenkredit} = \frac{15 \text{ Tg.} \times 36,2 \text{ Mio GE}}{365} = 1,488 \text{ Mio GE}$$

Ø Lieferantenkredit, bisher	10,000 Mio GE
- Lieferantenkredit, neu, bei voller Skontoausnutzung	-1,488 Mio GE
= Lieferantenreduktionspotential	8,512 Mio GE

Weil die gesamte Mittelfreisetzung aus Factoring nur 7,2 Mio GE beträgt, das sind 85% der notwendigen Mittel, können auch nur 85% der Gesamtskontoerträge lukriert werden.

Etwaige Forderungsausfälle würde die Factoring-Bank übernehmen.

Zusammenfassung

Relevanter Nutzen:

• 85% der max. Skontoerträge	0,680 Mio GE
• Verringerung der Forderungsausfälle um zwei Drittel (3‰ v. 52 Mio) x 0,67	0,104 Mio GE

(Annahme: Ein Drittel der Forderungsausfälle entfällt auf jene KUFO, die der Factor aus Bonitätsgründen nicht ankauft.)

Abzüglich relevante Kosten:

• Factor-Gebühr	0,520 Mio GE
• Zinsen	0,536 Mio GE
Hier: negativer Nutzen bzw. Nachteil aus Factoring	**-0,272 Mio GE**

In diesem Fallbeispiel wäre eine Finanzierung durch Factoring nicht von Vorteil. Wahrscheinlich ist die Factor-Gebühr von 1% der Umsatzerlöse bei dieser Betriebsgröße zu hoch. Nur zur Erinnerung: Im Fallbeispiel Kapitel 6.2.1., das auch hier zugrunde gelegt wurde, ist es wirtschaftlich, Skontoertrag auszunützen, weil dieser höher ist als die Fremdkapitalzinsen für den Bankkredit.

> ☞ **Man könnte die Factoring-Aktivitäten in eine Planbilanz und Planerfolgsrechnung einbringen und den Kapitalfluss samt den relevanten Kennzahlen analysieren. Das wurde hier unterlassen.**

13.2. Kapitalflussrechnung

So wie Cash-Flow und Deckungsbeitrag verschiedenartig definiert werden können, hat auch die Kapitalflussrechnung unterschiedliche Formen der Ausprägung. Sie lässt sich in keine starre Norm einordnen.

Schon in den Kapiteln 3.2.3.3. und 3.4. sowie in einigen Fallbeispielen des Kapitels 6. ist die Kapitalflussrechnung - die auf einem Schema basiert, das international stark verbreitet ist - bereits ausführlich vorgestellt worden.

Was ist eine Kapitalflussrechnung?

Die Kapitalflussrechnung ist eine so genannte Bewegungsrechnung. Es wird das für einen bestimmten Zeitraum verfügbare gesamte Finanzierungspotential und die damit verbundenen Dispositionen aufgezeigt. Als Unterschied zum Cash-Flow, der nur das Innenfinanzierungspotential darstellt, bietet die Kapitalflussrechnung eine umfassende Übersicht über die Mittelverwendung und Mittelaufbringung in einer Periode und ermöglicht dadurch eine objektive Beurteilung der finanziellen Gesamtgebarung (sowohl im ordentlichen als auch im außerordentlichen Bereich) des Unternehmens.

Den Ausgangspunkt für die Erstellung der Kapitalflussrechnung bilden immer zwei Jahresabschlüsse (Bilanz am Anfang und am Ende einer Periode). Dabei kann es sich um Ist- oder Plan-Bilanzen handeln. Jede Zunahme der Aktiva und jede Abnahme der Passiva wird dabei als (Finanz-)Mittelverwendung angesehen, während sich jede Verminderung der Aktiva bzw. jede Vermehrung der Passiva als (Finanz-)Mittelaufbringung versteht.

	Mittelverwendung	Mittelaufbringung
Aktiva	Zunahme (+)	Abnahme (-)
Passiva	Abnahme (-)	Zunahme (+)

In folgenden Kapiteln finden sich Informationen bzw. Fallbeispiele zur Kapitalflussrechnung:

Interpretationen, Fallbeispiel	Kap. 3.2.3.3.
Definitionen, Fallbeispiel	Kap. 3.4.
Fallbeispiel	Kap. 6.2.2.3.
Fallbeispiel	Kap. 6.2.2.4.2.
Fallbeispiel	Kap. 6.2.3.
Fallbeispiel	Kap. 6.2.4.
Fallbeispiel	Kap. 6.2.5.

Annuitätentilgung

Die Annuitätentilgung ist ein wichtiges Modul des Finanzmanagements. Für nahezu alle langfristigen Kredite bzw. Darlehen werden in der Praxis Annuitätentilgungspläne erstellt. Das Wissen um die jährlichen Geldbeträge, die zur Tilgung langfristiger Kredite benötigt werden, interessiert immer.

Im Kapitel 14.4.2. wird gezeigt, wie der Tilgungsplan bei jährlicher Tilgung mit Hilfe der Kapitalwiedergewinnungs- bzw. Annuitätenfaktoren erstellt wird. Weil für unterjährige Tilgungen in diesem Buch keine Annuitätsfaktoren abgebildet sind, wird auch die formelmäßige Annuitätentilgung besprochen und an einem Fallbeispiel demonstriert.

Für den Praktiker sind schließlich im Kapitel 16.14. einige Annuitätentilgungstabellen abgebildet worden, und zwar:

Tilgungsdauer	Seite
5 Jahre	1213
7 Jahre	1214
10 Jahre	1215, 1216
15 Jahre	1217, 1218

- In allen Tabellen wurde die jeweilige Annuität in Kapital und Zinsen aufgeteilt.
- Unterjährige Annuitäten (monatlich, vierteljährlich, semestral) sind in Jahresannuitäten zusammengefasst worden.
- Die Kredithöhe wurde mit 1 Mio GE festgesetzt. Durch einfache Multiplikation können die Tabellenwerte an jede Kredithöhe angepasst werden.
- Die Verzinsung erfolgte mit 4%, 6%, 8% und 10%, dekursiv.

13.3. Kapitalbedarfsrechnung aus dem Umsatzprozess

Liegen Planbilanzen vor (siehe die Ausführungen in Kapitel 6), dann ist der Kapitalbedarf in den einzelnen Perioden auf einen Blick zu erkennen. Kapitalflussrechnungen, welche die Geldströme zwischen zwei aufeinander folgenden Bilanzen strukturiert und damit übersichtlich aufzeigen, liefern eine wichtige Zusatzinformation, nämlich:

Was sind die Ursachen für den Kapitalbedarf?

Liegt keine Planbilanz vor, sondern **nur eine Plan-Erfolgsrechnung**, dann kann - zwar **etwas eingeschränkt** - ebenfalls **eine Kapitalbedarfsrechnung** durchgeführt werden, wenn man bei den Kundenforderungen, Vorratsbeständen und Lieferantenverbindlichkeiten die durchschnittliche Verweildauer kennt. Man nennt dieses Verfahren:

Kapitalbedarfsrechnung aus dem Umsatzprozess
unter Berücksichtigung der Verweildauer

Dieses Verfahren geht auf LEHMANN zurück und wurde in Anlehnung an HAHN (siehe Kapitel 13.6. "Top-Literatur für den Geschäftsführer") in einem Fallbeispiel übersichtlich und gut nachvollziehbar dargestellt.

Fallbeispiel

Die Erfolgsstruktur eines Produktionsbetriebes hat folgendes Aussehen:

	in 1.000 GE	in %
BETRIEBSLEISTUNG	6.142	100,0
- Materialeinsatz	1.706	27,8
- Direkte Lohnkosten	1.360	22,1
- Kundenskonto	37	0,6
- Provisionskosten	-	-
- Variable Gemeinkosten	115	1,9
= DECKUNGSBEITRAG I [DBU]	2.924	[47,6]
- Personalkosten fix	320	5,2
- Werbung	34	0,6
- Fremdkapitalzinsen	300	4,9
- Sonst. ausgabenw. Fixkosten	61	1,0
= DB II	2.209	36,0
- Verwaltungskosten ausgabenw.	1.971	32,1
= DB III ("Cash-Flow")	238	3,9
- Abschreibungen	440	7,2
= E R G E B N I S	-202	-3,3
BREAK-EVEN-POINT	6.567	106,9
CASH-FLOW-POINT	5.643	91,9

Die Kapitalbindungsdauer für die einzelnen Positionen des Anlagevermögens und Working Capitals (= Umlaufvermögen abzüglich kurzfristige Verbindlichkeiten) können der folgenden Tabelle entnommen werden:

Position	Verweildauer in	
	Tagen	Jahren
• Grundstück		∞
• Gebäude		30
• Maschinen		4
• Geschäftsausstattung		4
• Fertigungsmaterial	50	0,137
• Unfertige Erzeugnisse	1	0,003
• Fertigerzeugnisse	150	0,411
• Kundenforderungen	75	0,205
• Lieferantenverbindlichkeiten	110	0,3

Die Umrechnung von der Tages- auf die Jahresverweildauer erfolgt, indem man die Verweiltage durch 365 dividiert.

Durch entsprechende Multiplikation der Jahreserfolgswerte (Betriebsleistung, Materialeinsatz, ausgabenwirksame Selbstkosten usw.) mit den Jahresverweilfaktoren erhält man die für das Unternehmen erforderlichen Vermögenswerte, die in Summe den durchschnittlichen Bruttokapitalbedarf (siehe Zeile 11 in umseitigem Formular) ergeben.

Bei der Position "Fertigungsmaterial" wird aus dem Jahresmaterialeinsatz der Kapitalbedarf für den durchschnittlichen Rohstoffbestand ermittelt (Position 5). Auch für den Lieferantenkredit ist der Jahresmaterialeinsatz die Bezugsgröße (Position 13).

Bei den unfertigen Erzeugnissen (Halbfabrikate) wird unterstellt, dass der Materialeinsatz am Anfang des Produktionsbeginnes bereitgestellt werden muss und dass die Wertschöpfung während der Produktionsdauer linear verläuft.

Formular zur Kapitalbedarfsermittlung
(aus dem Umsatzprozess unter Berücksichtigung der Verweildauer)

Pos.	Bezeichnung	Jahres-werte aus G&V	Verweildauer		Kapital-bedarf
			Tage	Jahre	
0.	Grundstücke			∞	2.250
1.	Gebäude	140		30	4.200
2.	Maschinen	250		4	1.000
3.	Geschäftsausstattung	50		4	200
4.	**Anlagenkapitalbedarf**				7.650
	(0 + 1 + 2 + 3)				
5.	Fertigungsmaterial	1.706	50	0,137	234
6.	Handelsware	–	–	–	–
7.	Unfertige Erzeugnisse*)	3.805	1	0,003	11
8.	Fertigerzeugnisse**)	5.904	150	0,411	2.426
9.	Kundenforderungen	6.142	75	0,205	1.259
10.	Kassenbestand	–	–	–	40
11.	**Umlaufkapital, brutto**				3.970
	(5 + 6 + 7 + 8 + 9 + 10)				
12.	**Gesamtkapitalbedarf, brutto**				11.620
	(4 + 11)				
13.	Lieferantenkredit	1.706	110	0,3	511
	(Ziel-Inanspruchnahme)				
14.	Cash-Flow (in Forderungen enthalten)				49
	3,9% v. 1.259				
15.	**"Negativer" Umlaufkapitalbedarf**				560
	(aus dem Umlaufprozess erfolgende				
	Finanzierung)				
	(13 + 14)				
16.	**Gesamtkapitalbedarf, netto**				**11.060**
	(12 - 15)				

*)   *6.142 Erlöse*   Werte in 1.000 GE

      -238 Cash-Flow

    -1.706 Materialeinsatz

     4.198 : 2

    2.099 Ø Wertschöpfung + 1.706 MES = 3.805 Jahresbasis (Pos. 7)

Bei den Fertigerzeugnissen sind die ausgabenwirksamen Selbstkosten die Jahresbasis.

**)   *6.142 Erlöse*

      -238 Cash-Flow

    5.904 ausgabenwirksame Selbstkosten (Pos. 8)

Laut Jahreserfolgsrechnung beträgt der Cash-Flow 3,9% der Betriebsleistung. Weil in den Kundenforderungen (Jahresbasis = Betriebsleistung) 3,9% Cash-Flow integriert sind, die nicht finanziert werden müssen, wird dieser Betrag vom Bruttokapitalbedarf herausgerechnet (Position 14).

Vom Bruttokapitalbedarf (Position 12) werden die Lieferantenkredite (Position 13) und der in den Kundenforderungen enthaltene Cash-Flow (Position 14) abgezogen, um zum Netto-Gesamtkapitalbedarf zu gelangen (Position 16). Der Netto-Gesamtkapitalbedarf muss in diesem Fallbeispiel durch Eigenkapital, Bankkredite und eventuelle Darlehen aufgebracht werden. Können aus diesen Quellen laut Stichtagsbilanz bzw. Status nur etwa 10 Mio GE aufgebracht werden, sind die restlichen 1.060.000 GE der für eine Durchschnittsgebarung fehlende notwendige Zusatzkapitalbedarf.

☞ Der hier ausgewiesene Netto-Gesamtkapitalbedarf ist ein durchschnittlicher Kapitalbedarf, der nur dann repräsentativ ist, wenn die Jahreswerte aus der Erfolgsrechnung einen kontinuierlichen Verlauf zeigen. Bei stark diskontinuierlichen Umsatzverläufen (Saisonbetriebe) nützen diese Durchschnittswerte wenig, weil der effektive Kapitalbedarf in einigen Monaten wesentlich höher und in anderen Monaten wesentlich niedriger sein wird als der Durchschnittsbedarf. In solchen Fällen kann man sich damit behelfen, dass das Formular zur Kapitalbedarfsermittlung in zwei unterjährige Perioden (Saison und Nichtsaison) aufgeteilt wird, die zusammen die gesamte Jahresperiode abbilden. Wichtig ist, dass die unterjährigen Periodenwerte aus der Erfolgsrechnung immer linear auf das ganze Jahr hochgerechnet werden. Auf diese Weise erhält man auch den Spitzenkapitalbedarf während der Saison (Jahresanpassungsfaktoren siehe Kapitel 2.1., Seite 72).

☞ Wichtiger Hinweis: Die hier gezeigte Kapitalbedarfsrechnung lässt sich relativ einfach und schnell durchführen. Geschäftsführer können damit ihren Mehrkapitalbedarf plausibel darstellen. In vielen Fällen wird diese Rechnung der Hausbank zur Aufstockung des Kreditrahmens genügen. Ein großer Vorteil dieser Kapitalbedarfsrechnung aus dem Umsatzprozess liegt in ihrer guten Nachvollziehbarkeit. Sowohl die Erfolgsstruktur als auch die Verweildauer sind in der Regel bekannte Größen. Eine große Gefahr ist damit gebannt: Es kann nicht vorkommen, dass ein viel zu kleiner Kapitalbedarf ermittelt wird - die Hausbank stimmt einer Kreditaufstockung zu - in Kürze ist aber wieder ein Finanzierungsengpass eingetreten, der eine neuerliche Kreditaufstockung notwendig macht, den die Hausbank nun eventuell nicht mehr unterstützt.

13.4. Skontoertrag versus Fremdkapitalzinsen oder Lieferantenkredit versus Bankkredit

Jeder weiß, dass die Ausnutzung eines Lieferantenkredites meistens günstiger ist als die Ziel-Inanspruchnahme. Man hört häufig, dass der Lieferantenkredit ein teurer Kredit sei.

Es ist richtig, dass die Skontopolitik ein wichtiges Modul des Cash-Managements ist. Je nach Konstellation und Skontierungsbedingungen kann die Ertragslage oft wesentlich verbessert werden. Eine Verdopplung der Umsatzrendite ist keine Seltenheit. Im folgenden Fallbeispiel wird genau aufgezeigt, welcher reale Nutzen bei Skontoausnutzung unter Berücksichtung der jeweiligen Nebenbedingungen erwartet werden darf.

Fallbeispiel

Die offiziellen Zahlungskonditionen für ein Großhandelsunternehmen lauten: "Entweder 20 Tage 3% Skonto oder 90 Tage netto".

Tatsächlich würden sich die Hauptlieferanten eine Skontofrist von 22 Tagen bzw. ein Kreditziel von 97 Tagen gefallen lassen. Der Bankzinsfuß beträgt 10% p.a. Das Warenlager schlägt sich jährlich dreimal um. Der Wareneinsatz p.a. beläuft sich auf 3 Mio GE.

Skontoausnutzung – ja oder nein?

Die Ausnutzung eines Lieferantenzieles unter Verzicht auf die Skontoabzugsmöglichkeit stellt meist die teuerste Form der so genannten Außenfinanzierung dar. Dies wird in der nachfolgenden Tabelle anschaulich demonstriert:

Skontoattraktivität auf einen Blick

Kreditziel	Skontosatz	Skontofrist	Skonto-bezugs-spanne	Jahres-zinssatz
4 Wochen	1%	1 Woche	3 Wochen	17,3%
4 Wochen	1%	2 Wochen	2 Wochen	26,0%
4 Wochen	2%	1 Woche	3 Wochen	34,7%
4 Wochen	2%	2 Wochen	2 Wochen	52,0%
4 Wochen	3%	1 Woche	3 Wochen	52,0%
4 Wochen	3%	2 Wochen	2 Wochen	78,0%
6 Wochen	2%	1 Woche	5 Wochen	20,8%
6 Wochen	2%	2 Wochen	4 Wochen	26,0%
6 Wochen	2%	3 Wochen	3 Wochen	34,7%
6 Wochen	3%	1 Woche	5 Wochen	31,2%
6 Wochen	3%	2 Wochen	4 Wochen	39,0%
6 Wochen	3%	3 Wochen	3 Wochen	52,0%

Beginn und Ende der Skontofrist und der Skontobezugsspanne zeigt das folgende Schaubild:

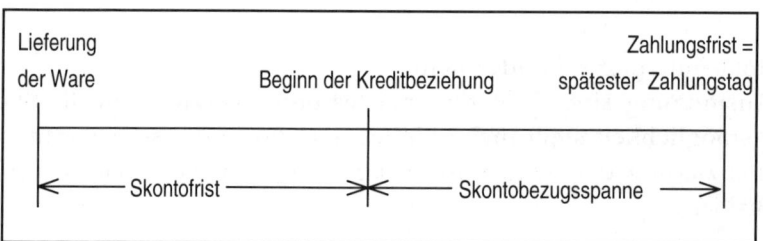

Die Skontorendite steigt mit zunehmendem Skontosatz und fallender Skontobezugsspanne und umgekehrt. Die folgende Graphik zeigt dies deutlich.

Hier kann der Jahreszinssatz abgelesen werden, wenn man den Schnittpunkt aus Skontosatz und Skontobezugsspanne horizontal nach links verschiebt.

Jahreszinssatz bei Skontoausnutzung

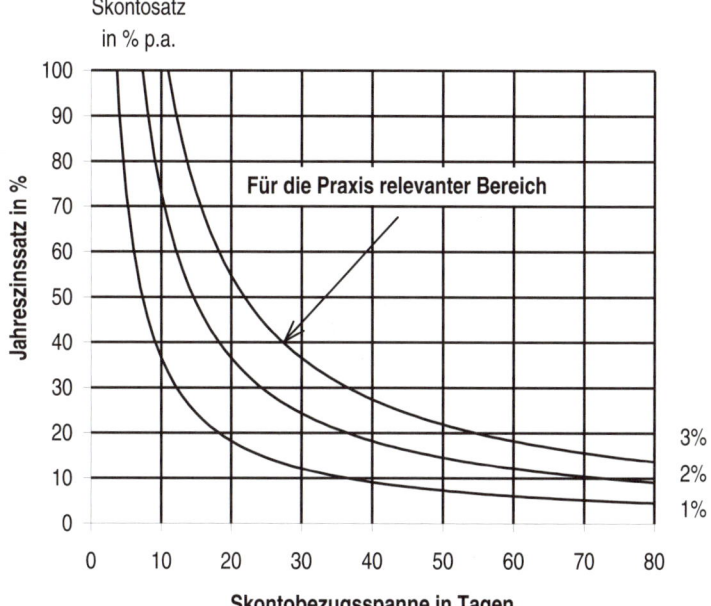

Quelle: *Hielscher/Laubscher, Finanzierungskosten, Knapp Verlag*

Auf das Fallbeispiel bezogen beträgt der Bruttojahreszinssatz 14,6%. **Weil der Bruttojahreszinsfuß höher ist als der Zinsfuß für den Bankkredit (10%), ist in diesem Fall die Skontoausnutzung sinnvoll.**

	Offizielle Kondition	Effektiv toleriert
Kreditziel	90 Tage	97 Tage
Skontosatz	3%	3%
Skontofrist	20 Tage	22 Tage
Skontobezugsspanne	70 Tage	75 Tage
Jahreszinssatz	15,6%	14,6%

☞ Bei der Ermittlung des Jahreszinssatzes ist immer von den effektiven (tolerierten) Konditionen und nicht von den offiziellen Konditionen auszugehen. Der Jahreszinssatz beträgt also nur 14,6% und nicht 15,6%.

Effektivrendite der Skontoausnutzung

Bezogen auf das Beispiel könnte man überschlägig sagen, dass die Rendite bei Skontoausnutzung ca. 4,6% beträgt. Bei der Zahlungsbedingung "22 Tage 3%,

97 Tage netto", beträgt die Jahresrendite 14,6%. Zieht man davon den Bankzinsfuß von 10% p.a. ab, verbleiben die genannten 4,6%.

Eine solche Approximativrechnung ist aber deshalb problematisch, weil ignoriert wird, dass der Lieferantenkredit während der Skontofrist zinsenlos und damit kostenlos ist.

Die richtige Effektivrendite der Skontoausnutzung bei gleichzeitiger Bankkreditaufnahme ermittelt sich wie folgt:

$$Re = \frac{1}{365} \times [365 \times S - B \times (z - s)]$$

Re = effektive Rendite aus Skontoausnutzung
S = Skontosatz in % 3%
B = Bankzinsfuß in % p.a. 10%
z = Kreditziel in Tagen...................... 97 Tage
s = Skontofrist in Tagen...................... 22 Tage

Legt man die Zahlen des Fallbeispiels zugrunde, dann kann in die Formel wie folgt eingesetzt werden:

$$Re = \frac{1}{365} \times [365 \times 3 - 10 \times (97 - 22)]$$
$$Re = 0{,}0027 \times (1.095 - 750)$$
$$Re = 0{,}9452\%$$

Der Überschuss der Skontoerträge über die Bankzinsen beträgt also in diesem Fall tatsächlich nur 0,95% und nicht 4,6%, wie zuvor vereinfachend festgestellt worden ist. Trotz dieser großen Differenz ist die Skontoausnutzung zweckmäßig, weil die Effektivrendite (*Re*) positiv ist.

Ist *Re* negativ, dann sollte der angebotene Skonto nicht ausgenutzt werden, weil die jährlichen Bankzinsen für die Warenbeschaffung die möglichen Skontoerträge übersteigen.

Jährliche Nettoersparnis

Die jährliche Ersparnis bei der Ausnutzung des Skontos ergibt sich aus:

Re x Wareneinsatz p.a.

Setzt man in die Formel ein, dann ergibt sich ein Jahresvorteil bei Skontoausnutzung von **28.400 GE**:

$$0{,}009452 \times 3.000.000 = 28.356\,GE$$

Probe

Skontoertrag bei 3% Skonto
3 Mio GE WES 90.000
- Fremdkapitalzinsen
  (97 - 22)/365 x 3 Mio x 0,1 ...... 61.600
= **Jahresvorteil** **28.400**

Sonderfälle

Sonderfälle für die Berechnung der Effektivrendite ergeben sich dann, wenn

- die Umschlagsdauer des Warenlagers kleiner ist als das Kreditziel (bzw. die Skontofrist) und
- die Umsatzerlöse zu einem anderen als dem Bankzinsfuß angelegt werden können.

Ist die Umschlagsdauer kleiner als das Kreditziel, so ist zu berücksichtigen, dass der Bankzinsfuß nicht für die gesamte Skontobezugsspanne relevant ist.

Ist die Umschlagsdauer kleiner als die Skontofrist, so ist nur der Wiederveranlagungszinsfuß relevant.

Controlling-Check für den Skontoertrag

Bezüglich der Lieferantenskontoausnutzung kann folgende Checkliste erstellt werden:

1. Immer mit Skonto zahlen, wenn der prozentuale Bruttojahresnutzen größer ist als der Bankzinsfuß! (Siehe Tabelle "Skontoattraktivität".)
2. Sollte die Liquidität für eine Skontoausnutzung zu schlecht sein, dann sind Kredite aufzunehmen bzw. ist der bestehende Kreditrahmen auszuweiten; sollte eine Kreditaufnahme nicht möglich sein, ist eine Kosten-Nutzen-Rechnung für Factoring aufzustellen (siehe Kapitel 13.1.2.).
3. Nicht genau nach Ablauf der Skontofrist zahlen, sondern möglichst erst einige Tage später! Toleranzfrist der Lieferanten maximal ausreizen!
4. Möglichst mehr als den gewährten Skontosatz abziehen, eventuell durch Verkürzung der Skontofrist, wenn das wirtschaftlich ist! Nicht immer, aber oft toleriert das der Lieferant. Jedenfalls ist es einen Versuch wert, erhöht es den Ertrag doch erheblich!
5. Bei der Gewährung von Kundenskonti sind die Punkte 1 bis 4 sinngemäß gegenteilig zu interpretieren.

13.5. Wie attraktiv ist ein Mengenrabatt?

Schon im Kapitel 12.3.3.2. wurde eine Formel vorgestellt, mit der die Vorteilhaftigkeit einer Rabattausnutzung ermittelt werden kann. Nützt man eingeräumte Rabattmöglichkeiten aus und wird statt der normalen Bestellmenge die höhere Rabattmenge geordert, dann beeinflusst diese Maßnahme sowohl den Erfolg als auch die Liquidität. Der Erfolg wird - sofern die so genannte Rabattformel richtig angewendet worden ist - besser, die Liquidität aber gleichzeitig knapper. An einem Fallbeispiel soll demonstriert werden, ob die Rabattformel praktisch zu richtigen Ergebnissen führt und mit welcher Erfolgs- und Liquiditätsveränderung bei Rabattausnutzung gerechnet werden muss.

Fallbeispiel

Das gleiche Großhandelsunternehmen wie im Skontobeispiel (Kapitel 13.4.) hat neben der Skontoentscheidung **auch eine Rabattentscheidung zu treffen.**

Die zwei Hauptlieferanten A und B liefern je 50% des Wareneinsatzes, also je 1,5 Mio GE. Normalerweise wird ein 2,25facher Monatsbedarf bestellt. Bei Abnahme eines Halbjahresbedarfes gewähren die Lieferanten 5% Rabatt. Die relevanten Bestellkosten je Bestellakt belaufen sich auf 10 GE, die durchschnittlichen Einstandspreise je Einheit auf 20 GE.

Weitere lieferantenspezifische Informationen können der folgenden Tabelle entnommen werden:

	Lieferant A	Lieferant B
WES in 1.000 GE p.a.	1.500	1.500
Ø Wiederbeschaffungszeit	1 Monat	2 Monate
Schwankung der Nachfrage		
(Variationskoeffizient)	1,2 (hoch)	0,8 (mittel)
Gewünschter Servicegrad	84% (mittel)	95% (sehr hoch)
Ø Bestellmenge, normal	1,5 Monatsnachfragen	3 Monatsnachfragen

Rabattausnutzung - ja oder nein?

Diese Frage kann durch die Anwendung der so genannten **Mindestrabattsatz-Formel** beantwortet werden. Die Mindestrabatt-Problematik wurde bereits im Kapitel 12.3.3.2. formelmäßig und durch ein Beispiel behandelt. Daher kann hier gleich mit dem Rechnen begonnen werden.

Strukturierung des Problems und Rechenabläufe

Zunächst wird formelmäßig errechnet, ob die Rabattausnutzung wirtschaftlich ist oder nicht.

Der stichprobenartig ausgewählte Hauptartikel weist einen Jahresbedarf (J) von 120 Einheiten auf.

Es wird unterstellt, dass die Charakteristika dieses A-Artikels repräsentativ für einen Großteil der A- und B-Artikel sind. Diese vereinfachende Unterstellung musste gemacht werden, um den Rechenaufwand in Grenzen zu halten. In der Praxis wird man Dutzende Stichproben durchführen, die anschließend auf einige Hauptgruppen verdichtet werden. Der weitere Vorgang kann dann so ablaufen, wie hier demonstriert wird.

Zunächst muss die **wirtschaftliche Bestellmenge im Normalfall (x_{opt})** errechnet werden, weil dieser Wert und nicht die tatsächliche Bestellmenge in die so genannte Mindestrabattsatz-Formel (R_{min}) eingehen muss.

$$x_{opt} = \sqrt{\frac{200 \times J \times B}{E \times p}} = \sqrt{\frac{200 \times 120 \times 10}{20 \times 10}} = 35 \, \text{Stück}$$

J = *Jahresbedarf in Einheiten*
B = *relevante Bestellkosten/Bestellakt*
E = *Einstandspreis je Einheit*
p = *Lagerhaltungs-Grenzzinsfuß*

Tatsächlich werden 23 Stück bestellt, das ist der 2,25fache Monatsbedarf. Aufgrund der Mindestrabattsatz-Berechnung (R_{min}) ist es **wirtschaftlich, den Rabatt auszunutzen** und den sechsfachen Monatsbedarf (= 60 Stück Rabattmenge) zu bestellen, weil **R_{min} mit 0,433 kleiner ist als der vom Lieferanten gewährte Rabatt von 5%.**

$$R_{min} = \frac{x_{opt} \times p}{2 \times J} \times \left(\frac{x_{opt}}{RM} + \frac{RM}{x_{opt}} - 2 \right)$$

$$R_{min} = \frac{35 \times 10}{2 \times 120} \times \left(\frac{35}{60} + \frac{60}{35} - 2 \right)$$

$$R_{min} = 1{,}458 \times (0{,}583 + 1{,}714 - 2) = 0{,}433$$

R_{min} = *Mindestrabattsatz (von seiner Höhe hängt es ab, ob der Rabatt ausgenutzt wird oder nicht)*
x_{opt} = *wirtschaftliche Bestellmenge im Normalfall, also wenn kein Rabatt gewährt wird*
p = *Lagerhaltungs-Grenzzinsfuß*
J = *Jahresbedarf in Einheiten*
RM = *Rabattmenge (= Bestellmenge, ab der ein Rabatt gewährt wird)*

Anschließend wird festgestellt, ob die Aussage der Formel richtig ist. Die Probe erfolgt in folgender Tabelle:

Probe (alle Werte in 1.000 GE)	Ohne Rabatt	Mit Rabatt
$$\dfrac{\text{Bestellmenge}}{2} = \dfrac{\dfrac{\text{WES p.a.}}{\text{Bestellhäufigkeit}}}{2}$$	$$\dfrac{\dfrac{3.000 \times 2{,}25}{12}}{2}$$ $$= 281$$	
$$\dfrac{\text{Rabattmenge}}{2}$$		$$\dfrac{1.500}{2} = 750$$
+ Sicherheitslager lt. Berechnung		
a) Ø Monatseinsatz Lieferant A	125	125
Ø Monatseinsatz Lieferant B	125	125
b) Tabellenfaktor für das Sicherheitslager (siehe Kapitel 16.12., Seite 1169)		
bei Lieferant A (WBZ = 1 Mo, V = 1,2; SG = 84%)	1,2	1,2
bei Lieferant B (WBZ = 2 Mo, V = 0,8; SG = 95%)	1,86	1,86
c) Sicherheitslager		
für Lieferant A	150	150
für Lieferant B	232	232
für Lieferanten A + B	**382**	382
= Ø Soll-Lagerbestand	663	1.132
		-663
Mehrlagerbestand bei Rabattausnutzung		469

Der **Mehrlagerbestand bei Rabattausnutzung** bindet Fremdkapital und kostet jährlich 10% Fremdkapitalzinsen (= **47 GE**). Die **Rabattersparnis** bringt einen **Jahresvorteil von 150 GE**. Nach Abzug der Fremdkapitalzinsen von **47 GE** verbleibt bei Rabattausnutzung immer **noch ein Jahresvorteil von 103 GE**. Berücksichtigt man auch die relevanten Bestellkosten, dann ist der Jahresnettovorteil bei Rabattausnutzung sogar noch geringfügig höher.

Die Aussage der Rabattformel stimmt also: Die Rabattausnutzung ist insgesamt vorteilhaft. Der zusätzliche Lagerbestand verschlechtert zwar die Liquidität, ist aber trotzdem durch den Gesamtjahresnutzen mehr als gerechtfertigt.

Notwendiger Mehrumsatz, wenn Rabatte gewährt werden

In vielen Unternehmungen wird nicht nur bei der Gewährung von Kundenskonti, sondern auch bei der Einräumung von Rabatten und sonstigen Preisnachlässen (unwissentlich) großzügig agiert. Die **Tabelle zeigt, welche Mehrumsätze** getätigt werden müssen, **damit** ein **gewährter (Mengen-)Rabatt erfolgsmäßig neutralisiert** wird.

Rabatt bzw. Preissenkung vom Listenpreis	DBU-FAKTOR (vom Listenpreis)									
	0,1	0,15	0,2	0,25	0,3	0,35	0,4	0,45	0,5	0,6
2%	25	15	11	9	7	6	5	5	4	3
3%	43	25	18	14	11	9	8	7	6	5
4%	67	36	25	19	15	13	11	10	9	7
5%	100	50	33	25	20	17	14	13	11	9
10%		200	100	67	50	40	33	29	25	20
15%	negativ		300	150	100	75	60	50	43	33
20%		negativ		400	200	133	100	80	67	50
25%			negativ		500	250	167	125	100	71
30%				negativ		600	300	200	150	100
35%					negativ		700	350	233	140
40%						negativ		800	400	200
45%							negativ		900	300
50%								negativ		500

Anwendungsbeispiel

Weist ein Produkt einen DBU von 0,4 des Listenpreises auf, und gewährt man für dieses Produkt einen Rabatt von 10 %, dann wäre eine Absatzsteigerung von 33% erforderlich, um den durch die Rabattgewährung verlorenen DB auszugleichen.

Formel: $$\text{Notw.Mehrumsatz} = \frac{R\%LP}{DBU - R\%LP}$$

R%LP = Rabatt in Prozent vom Listenpreis

13.6. Top-Literatur für den Geschäftsführer

Titel	Autor	Verlag	Auf-lage	Seit-ten
Finanzwirtschaft der Unternehmung	Perridon, Steiner	Vahlen	6/91	620
Fundamentals of financial management	Van Horne	Prentice-Hall	6/86	670
Von der Bilanz zur Kapitalflußrechnung	Röhrenbacher, Fleischer	Ueberreuter	1/89	352
Betriebliche Finanzwirtschaft	Eilenberger	Oldenbourg	5/94	336
Cash-Management, Instrumente zur Planung, Disposition und Kontrolle der liquiden Mittel	Frotzler	Ueberreuter	1/91	244
Cash-Flow - Cash-Management	Hohenstein	Gabler	2/90	231
Cash-Flow, Gewinn und Eigenkapital	Schwarzecker	Ueberreuter	1/92	264
Finanzierung	Vollmuth	Hanser	1/94	324
Finanzierung der Betriebe	Vormbaum	Gabler	8/90	641
Finanzierungshandbuch	Christians	Gabler	2/88	856
Finanzmanagement	Süchting	Gabler	5/89	566
Finanzwirtschaft	Hahn	Moderne Industrie	2/83	440
Finanzwirtschaft	Amann	Kohlhammer	1/93	208
Grundzüge der Finanzanalyse	Buchner	Vahlen	1/81	426
Liquidität aus Debitoren	Kandlbinder, Popp	Knapp	1/80	138
Managerial Finance	Weston, Copeland	The Dryden Press	9/92	1182
Multinational Financial Management	Shapiro	Allyn and Bacon	4/92	729
Optimale Aufbereitung von Finanzinformationen	Batty	Ueberreuter	1/91	304
Praktische Finanzierungstips	Schröder, Kellner	Wirtschaft, Recht und Steuern	2/87	160
Sanierungen	Baur	Gabler	1/78	261
The Vest Pocket Entrepreneur	Rye	Prentice-Hall	1/95	432
Unternehmungs-Finanzierung	Boemle	skv	10/93	639

Die Lieblingsbücher des Autorenteams zu diesem Themenkreis wurden invers dargestellt.

Bereich: Sonderfinanzierungsformen - Leasing und Factoring

Titel	Autor	Verlag	Auf-lage	Seit-ten
Leasing versus Kredit - eine umfassende betriebswirtschaftliche Analyse	Röhrenbacher, Fleischer	Ueberreuter	2/95	334
Das Leasinggeschäft	Egger, Krejci	Orac	3/00	732
Die Leasingentscheidung bei beweglichen Anlagegütern	Degener	Knapp	1/86	359
Factoring	Schwarz	Deutscher Sparkassen-Verlag	11/89	192
Immobilien-Leasing	Gabele, Kroll, Dannenberger	Gabler	1/91	224
Kauf oder Leasing	Gabele, Weber	Stollfuß	1/85	156
Kaufen oder Leasen	Lettmayer, Ramsauer	Orac	3/00	104
Leasing - Steuerrechtliche, wirtschaftliche und zivilrechtliche Aspekte	Nidetzky, Quantschnigg, Riedl	Ueberreuter	1/89	160
Leasing in Österreich (Information des Verbandes österr. Leasing-Gesellschaften)		Eigenverlag	3/00	30
Leasing oder Kreditfinanzierung?	Krumbholz, Streitferdt	Hanstein	1/75	110

Das Lieblingsbuch des Autorenteams zu diesem Themenkreis wurde invers dargestellt!

Bereich: Lieferantenskonto versus Bankkredit

Titel	Autor	Verlag	Auf-lage	Seit-ten
Finanzierungskosten	Hielscher, Laubscher	Knapp	1/76	113
Finanzwirtschaft	Hahn	Moderne Industrie	2/83	440

14.

Bessere Entschei-
dungen durch:
• ausgewählte statisti-
sche Methoden
• Auf- und Abzinsung
• Leibrenten
• einfach realisierbare
OR-Methoden

Gewinnmaximales Produktionsprogramm

a) Lösungsmatrix bei händischer Durchführung

5. Matrix	x1	x2	x3	x4	x5	x6	x7	x8		RHS
Zeile 1	1	0	0	1	0	0	0	0	=	3.000
Zeile 2	0	0	0	0,7	1	0	0,05	-0,4	=	1.700
Zeile 3	0	0	1	0,1	0	0	0,15	-0,2	=	1.100
Zeile 4	0	1	0	-0,7	0	0	-0,05	0,4	=	300
Zeile 5	0	0	0	-0,1	0	1	-0,15	0,2	=	100
Zeile D	0	0	0	3	0	0	19,5	14	=	433.000

☞ Weil die Fertigungsgleichungen in der Ausgangsmatrix aus Rechenver-
einfahungsgründen in Viertelstunden angesetzt wurden, sind auch die
Opportunitätskosten (shawdow prices) in der Zielfunktionszeile D der
Lösungsmatrix je Viertelstunde angegeben.

b) PC-Lösung

-=*=- RESULTS -=*=-

VARIABLE	VARIABLE VALUE	ORIGINAL COEFFICIENT	COEFFICIENT SENSITIVITY
X1	3000	70	0
X2	300	120	0
X3	1100	170	0

CONSTRAINT NUMBER	ORIGINAL RIGHT-HAND VALUE	SLACK OR SURPLUS	SHADOW PRICE
1	3000	0	3
2	2000	1700	0
3	1200	100	0
4	4000	0	78
5	2000	0	56

OBJECTIVE FUNCTION VALUE: 433000

Das Autorenteam hat im Kapitel 14 ausschließlich Fälle behandelt, die es aus eigener Erfahrung in der Praxis genau kennt und die grundsätzlich für die Mehrheit der Geschäftsführer interessant sind bzw. sein können.

Die einschlägigen Erfahrungen mit OR-Methoden wurden in zahlreichen Aufträgen gesammelt, und zwar vorwiegend aus folgenden Branchen:

- Schuhfabriken
- Flaschenglasfabrik
- Baumwollspinnereien
- Chemische Industrie
- Haustechnik-Dienstleister
- Ersatzteil-Großhandel
- Freizeit-/Sport-Dienstleister

Selbstverständlich mussten die praktischen Fälle zu Demonstrationszwecken stark abgeschwächt werden (drei Produkte statt 300 bis 500, zwei statt zehn Engpassbereiche usw.), doch die jeweils typische Struktur blieb voll erhalten. Natürlich gibt es auch viele Problemstellungen, die nicht so leicht oder überhaupt nicht lösbar sind; von denen wird hier nicht gesprochen.

Im Schaubild links wird die Lösungsmatrix einer deckungsbeitragsmaximalen Produktionsplanung bei händicher Ermittlung und PC-Anwendung gegenübergestellt. Je nach Routine des Anwenders beträgt die Rechenzeit bei händicher Ermittlung ein bis zwei Stunden, bei PC-Anwendung nur eine Sekunde.

14.1. Einleitung

Es gibt kaum einen Zweig in der Betriebswirtschaft, der ohne angewandte Mathematik das Auslangen findet. Sei es die Investitionsrechnung, Produktionsplanung, Logistik, die Bonitätsanalyse, die Unternehmensbewertung, die Kostenrechnung - alle brauchen für bessere oder optimale Lösungen Statistik, Mathematik oder OR.

Die gesamte Betriebswirtschaftslehre lässt sich ohne statistische, mathematische und OR-Methoden nicht mehr vollständig darstellen; beide Gebiete ergänzen sich.

Diese Tatsache muss den Geschäftsführer, der auch für die optimale Entwicklung der Prozesse in seiner Untenehmung verantwortlich ist, nicht ängstigen.

Die Autoren arbeiten seit vielen Jahren, ja Jahrzehnten mit mathematischen Methoden aller Art und kennen daher die Problematik in der Praxis genau. Ohne das Problem verniedlichen zu wollen, kann gesagt werden, dass das Anwenden quantitativer Methoden lang nicht so schwer ist wie viele meinen.

Dieses Kapitel verfolgt zwei Ziele:

1. Einen Überblick über relativ einfach anwendbare Methoden zu geben, die in der Praxis häufig anzutreffen sind.
2. Alles mit einfachst nachvollziehbaren Fallbeispielen zu untermauern und auf den Punkt zu bringen.

Obwohl die Darstellungen mit teilweise sehr detaillierten Anleitungen ausgearbeitet sind, können sie nicht vollständig sein. Das Motto ist:

"Vieles ist relativ leicht möglich!"

Das und nichts anderes sollte hier gezeigt werden.

14.2. Strukturierung

Das Kapitel 14 ist das umfangreichste, weil der Inhalt so heterogen ist. Um den Leser rasch einen umfassenden Überblick zu geben, werden die Inhalte nicht nur im Inhaltsverzeichnis festgehalten, sondern darüber hinaus auch in graphischen Schaubildern.

Kapitel 14 basiert auf folgenden drei Hauptsäulen:

Statistische Methoden	Verzinsung und Leibrenten	Einfach zu realisierendes Operations Research (OR)
14 Fallbeispiele	10 Fallbeispiele	14 Fallbeispiele
15 Abbildungen und Graphiken	2 Abbildungen und Graphiken	13 Abbildungen und Graphiken
11 Tabellen	14 Tabellen	93 Tabellen

Insgesamt sind 38 Fallbeispiele, 30 Graphiken und über 100 Tabellen durchgerechnet bzw. abgebildet worden. Mit diesen Instrumentarium kann man schon einige Probleme lösen.

Bei den **statistischen Methoden** wurden folgende Problembereiche behandelt:

Mittelwerte

Arithmetisches Mittel	Gewichtetes Mittel
FB	FB GRA

Streuungsmasse

Mittlere Absolute Differenz (MAD)	Varianz und Standardabweichung (δ^2, δ)
FB GRA	FB

Variationskoeffizient
FB TAB

Trendverfahren

Regressionsgerade	Methode der gleitenden Durchschnitte
FB GRA TAB	FB GRA

Methode der gewichteten gleitenden Durchschnitte	Exponentielle Glättung (1. Ordnung)
FB	FB GRA TAB GRA TAB

Saisonkomponente
FB GRA TAB GRA

Verteilungen

Normalverteilung	Poisson-Verteilung
GRA GRA GRA FB GRA	FB TAB
GRA TAB GRA TAB	

Exponentialverteilung
FB TAB TAB

Statistische Prüfverfahren

Chi-Quadrat-Test
FB TAB GRA

Legende: FB = Fallbeispiel, TAB = Tabelle, GRA = Graphik

Bei **Verzinsung und Leibrenten** sind folgende Aktivitäten vorgenommen worden:

Verzinsung

- **Alle Formeln**
- **Insgesamt 25 Tabellen** Auf- und Abzinsung, Kapitalwiedergewinnungs- und Diskontierungssummenfaktoren, auch unterjährig (siehe Kapitel 16.14.)
- **Fallbeispiele:**
  - Endwertberechnung eines Einmalbetrages
  - Barwertberechnung eines Einmalbetrages
  - Barwertberechnung mehrerer gleich hoher Geldbeträge
  - Barwertberechnung mehrerer gleich hoher und einiger unterschiedlich hoher Geldbeträge
  - Bewertung einer gleich bleibenden Rente
  - Erstbeurteilung eines Investitionsvorhabens
  - Tilgungsplan mit jährlicher Tilgung
  - Tilgungsplan mit halbjährlicher Tilgung

Leibrenten

- **Leibrententabellen im Kapitel 16.14.**
  - **Für Deutschland (1970/72)**
    - Männer
    - Frauen
    - Verbundene Leben
  - **Für Österreich (1980/82)**
    - Männer
    - Frauen
    - Verbundene Leben
    - Korrekturfaktoren für unterjährige Zahlungsweise
    - Die Lebenserwartung von Männern und Frauen in Österreich, getrennt nach Geburtsjahr
  - **Für Deutschland und Österreich**
    - Die Lebenserwartung von Männern und Frauen in Deutschland und Österreich, jetzt und früher
    - Entwicklung der Leibrentenbarwertfaktoren
- **Fallbeispiele**
  - Umwandlung einer vorschüssigen Leibrente in eine nachschüssige
  - Leibrente, verbundene Rente, monatliche Zahlungsweise

Preisindizes

- Preisindex für Gesamtlebenshaltung in Deutschland
- Verbraucherpreisindex in Österreich

Lineares Interpolieren

- Möglichkeiten und Grenzen, dargestellt in einem Fallbeispiel

Das **einfach zu realisierende Operations Research** wurde schließlich folgendermaßen strukturiert:

Lineares Optimieren

- Gewinnmaximale Produktionsprogramme
- Mehrperiodenmodell
- Eigenfertigung versus Fremdbezug
- Zusatzauftrag: annehmen oder ablehnen?
- Kostenminimale Baumwollmischungen
- Kostenminimales Gemenge in der Flaschenglasproduktion
- Kostenminimale Maschinenbelegung
- Deckungsbeitragsminimale Maschinenbelegung
- Durchlaufminimale Maschinenbelegung

Simulation

- Feasibility Study, ergänzend zur Investitionsrechnung, durch Simulation
- Warteschlangenproblem bei Supermarktkassa: analytische Lösung durch Exponentialverteilung versus Simulation
- Optimale Bestell- und Lagerstrategie durch Lagersimulation
- Risikoanalyse für Investitionsprojekte und Unternehmensbewertungen durch Monte-Carlo-Simulation

14.3. Statistische Methoden für noch bessere Entscheidungen

In diesem Kapitel sollen die wichtigsten statistischen Methoden vorgestellt werden, die man in der Wirtschaftspraxis benötigt. Jede Methode wird nach einer kurzen, einführenden Erklärung mit einem Fallbeispiel erläutert.

14.3.1. Mittelwerte

14.3.1.1. Arithmetisches Mittel

Fallbeispiel: Arithmetisches Mittel

Quartal	Umsatz in Mio GE	Arithmetisches Mittel
I	18	Man bildet die Summe aller
II	21	Werte (hier: Umsätze pro
III	22	Quartal) und dividiert sie
IV	27	durch die Anzahl der
Summe	88	Informationen.

Formel

$$\frac{\text{Summe der Werte}}{\text{Anzahl der Informationen}} \quad \text{bzw.} \quad \overline{x} = \frac{x1 + x2 + \dots + x_n}{n}$$

Beispiel

$$\frac{18 + 21 + 22 + 27}{4} = \frac{88}{4} = 22$$

Interpretation

Das arithmetische Mittel beträgt 22 Mio GE.

Abkürzungen, alternative Bezeichnungen

(Arithmetischer) Durchschnitt, $\overline{m}$, Ø, $\overline{x}$.

14.3.1.2. Gewichtetes Mittel

Wenn den aktuellen Daten mehr Bedeutung zukommen soll als den älteren Werten, so wird **ein gewichtetes Mittel** errechnet.

Fallbeispiel: Gewichtetes Mittel

Quartal	Umsatz in Mio GE		Gewichtungs- faktor		Gewichteter Umsatz
I	18	x	1	=	18
II	21	x	2	=	42
III	22	x	3	=	66
IV	27	x	4	=	108
Summe	**(88)**		**10**		**234**

Man multipliziert die Werte (hier: Umsätze pro Quartal) mit selbst bestimmten Gewichtungsfaktoren und dividiert dann die Summe der Werte (Umsätze) durch die Summe der Gewichtungsfaktoren.
(Quartal IV wird hier mit 40% gewichtet, Quartal III mit 30%, Quartal II mit 20% und Quartal I mit 10%.)

Formel

$$\text{Gewichtetes Mittel} = \frac{\text{Summe der gewichteten Werte}}{\text{Summe der Gewichtungsfaktoren}}$$

bzw.

$$\overline{x}_{gew.} = \frac{(x_1 \cdot f_1) + (x_2 \cdot f_2) + \dots + (x_n \cdot f_n)}{f_1 + f_2 + \dots + f_n}$$

Beispiel

$$\frac{(18 \times 1) + (21 \times 2) + (22 \times 3) + (27 \times 4)}{1 + 2 + 3 + 4} = \frac{234}{10} = 23{,}4$$

Interpretation

Das gewichtete Mittel beträgt 23,4 Mio GE und ist etwas höher als das arithmetische Mittel (22 Mio GE). Dies liegt daran, dass sich diese Umsätze gut entwickeln und die aktuellen, höheren Werte stärker gewichtet wurden als die alten, niedrigen.

Alternative Bezeichnung

Gewogenes Mittel.

Graphische Darstellung

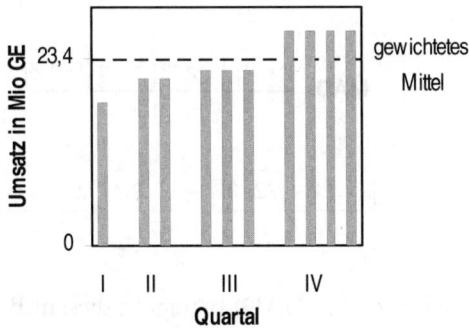

743

14.3.2. Streuungsmasse

14.3.2.1. Mittlere absolute Differenz (MAD)

Die mittlere absolute Differenz (MAD) ist das arithmetische Mittel der (positiven) Abweichungen der beobachteten Werte vom arithmetischen Mittel dieser Werte.

Fallbeispiel: MAD

Quartal	Umsatz in Mio GE	Arithmet. Mittel	Abweichung	AbsolutBetrag
I	18	- 22 =	-4	4
II	21	- 22 =	-1	1
III	22	- 22 =	0	0
IV	27	- 22 =	5	5
Summe	(88)	(88)	(0)	**(10)**

Man subtrahiert das arithmetische Mittel aller Werte von jedem einzelnen Wert, bildet den Absolutbetrag (negative Werte werden in positive umgewandelt), addiert dann die Absolutbeträge und dividiert die Summe durch die Anzahl der Informationen.

Formel

$$MAD = \frac{\text{Summe der absoluten Abweichungsbeträge vom arithmetischen Mittel}}{\text{Anzahl der Informationen}}$$

bzw.

$$MAD = \frac{|x_1 - \bar{x}| + |x_2 - \bar{x}| + ... + |x_n - \bar{x}|}{n}$$

Beispiel

$$MAD = \frac{|18 - 22| + |21 - 22| + |22 - 22| + |27 - 22|}{4} = \frac{4 + 1 + 0 + 5}{4} = 2,5$$

Interpretation

Die mittlere absolute Differenz (MAD) beträgt in diesem Beispiel 2,5 Mio GE. Sie besagt, dass die beobachteten Werte im Durchschnitt um 2,5 Mio GE vom arithmetischen Mittelwert abweichen.

Das ist leicht verständlich. Trotzdem wird in der Praxis die Varianz und die Standardabweichung als Maß für die Streuung der MAD vorgezogen.

Abkürzungen, alternative Bezeichnungen

Der Name MAD kommt aus dem Englischen (Mean Absolute Deviation). Andere Bezeichnungen sind: mittlere Abweichung, MAF (mittlerer absoluter Fehler) oder MD (Mean Deviation).

Graphische Darstellung

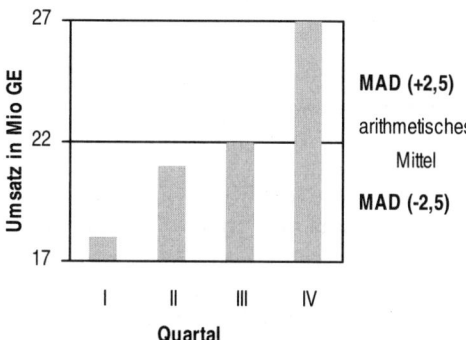

14.3.2.2. Varianz und Standardabweichung

Varianz und Standardabweichung sind statistische Maßzahlen für die Streuung.

Fallbeispiel: Varianz und Standardabweichung

Quartal	Umsatz in Mio GE		Arithmet. Mittel		Abwei- chung	Quadrierte Abweichung
I	18	-	22	=	-4	16
II	21	-	22	=	-1	1
III	22	-	22	=	0	0
IV	27	-	22	=	5	25
Summe	(88)		(88)		(0)	**(42)**

Der Unterschied zur mittleren absoluten Differenz (MAD) besteht darin, dass bei der Varianz die **quadrierten Abweichungen vom Mittelwert** addiert werden (statt der Absolutbeträge der Abweichungen), um die negativen Vorzeichen zu eliminieren. Dividiert man die so erhaltene Summe durch die Anzahl der Informationen, erhält man die **Varianz (s^2)**.

Formel

Summe der quadrierten Abweichungen vom

$$\text{Varianz} = \frac{\text{arithmetischen Mittel}}{\text{Anzahl der Informationen - 1*)}}$$

bzw.:

$$s^2 = \frac{(x_1 - \overline{x})^2 + (x_2 - \overline{x})^2 + ... + (x_n - \overline{x})^2}{n - 1^*)}$$

Beispiel

$$\frac{(-4)^2 + (-1)^2 + 0^2 + 5^2}{4 - 1^*)} = \frac{16 + 1 + 0 + 25}{3} = \frac{42}{3} = 14$$

Um zu den ursprünglichen, nicht quadrierten Einheiten zurückzukommen, zieht man die Wurzel aus der Varianz und erhält die Standardabweichung (s).

Formel

$$\text{Standardabweichung} = \sqrt{\text{Varianz}}$$

bzw.

$$s = \sqrt{\frac{(x_1 - \overline{x})^2 + (x_2 - \overline{x})^2 + ... + (x_n - \overline{x})^2}{n - 1^*)}}$$

*) Da es sich bei den untersuchten Umsatzwerten um eine Stichprobe handelt (Ausschnitt einer Zeitreihe), wird bei der Formel zur Berechnung der Varianz und Standardabweichung von der Anzahl der Informationen (= n) noch 1 abgezogen (also **n - 1 im Nenner**). Dies geschieht aus verschiedenen theoretischen Gründen. In der Statistik spricht man von der **Anzahl der Freiheitsgrade**. Bei höheren n hat dieser Eingriff nur mehr geringfügige Auswirkungen. Deshalb wird üblicherweise erst ab einer Stichprobengröße von n ≥ 30 der Ausdruck n - 1 im Nenner durch n ersetzt.*

Beispiel

$$\sqrt{14} \cong 3,74$$

Interpretation

Die Varianz beträgt 14 Mio GE. Sie ist in quadrierten Einheiten ausgedrückt. Besser interpretierbar ist die Standardabweichung mit einem Wert von rund 3,74 Mio GE. Sie beträgt in etwa das Eineinhalbfache des mittleren Abweichungsbetrags (MAD).

Bei normalverteilter Stichprobe beträgt die Standardabweichung rund das 1,25fache des MAD, da größere Abweichungen vom Mittelwert bei der Standardabweichung stärker gewichtet werden. Deshalb stößt man in der Literatur manchmal auf eine vereinfachende Formel:

$$\text{Standardabweichung} \approx 1,25 \times \text{MAD}$$

Diese Beziehung gilt jedoch nur bei einer annähernd normalverteilten Stichprobe.

Alternative Formel zur Berechnung der Varianz

$$s^2 = \frac{\left(\sum_{i=1}^{n} x_i^2\right) - n \cdot \bar{x}^2}{n-1}$$

Beispiel

$$s^2 = \frac{(18^2 + 21^2 + 22^2 + 27^2) - 4 \cdot 22^2}{4-1} = \frac{1.978 - 1.936}{3} = \frac{42}{3} = 14$$

Wie das Beispiel zeigt, liefert die alternative Formel zur Berechnung der Varianz das gleiche Ergebnis. In der Praxis ist dieses Verfahren einfacher anzuwenden. Durch Ziehen der Wurzel aus der Varianz erhält man die Standardabweichung.

Abkürzungen, alternative Bezeichnungen

Varianz: var (x), σ^2 (Sigma^2).
Standardabweichung: s.d. (Standard Deviation), σ (Sigma).

14.3.2.3. Variationskoeffizient

Ein weiteres Maß für die Streuung ist der Variationskoeffizient. Er gibt die Standardabweichung im Verhältnis zum arithmetischen Mittelwert (als Prozentsatz) an. Das kann beim Vergleich der Streuung verschiedener Datenmengen hilfreich sein.

Fallbeispiel: Variationskoeffizient

Quartal	Umsatz in Mio GE	
I	18	
II	21	
III	22	
IV	27	
Summe	88	
Arithmetisches Mittel	22	
Standardabweichung	3,74	$=(\sqrt{14})$, siehe umseitig

Man dividiert die Standardabweichung (s) durch den arithmetischen Mittelwert und multipliziert mit 100, um das Ergebnis in Prozent auszudrücken. Das arithmetische Mittel des Zahlenbeispiels beträgt 22 Mio GE, die Standardabweichung rund 3,74 Mio GE.

Formel

$$\text{Variationskoeffizient} = \frac{\text{Standardabweichung}}{\text{Arithmetisches Mittel}}$$

bzw.

$$V = \frac{s}{\bar{x}}$$

Beispiel

$$\frac{3,74}{22} \cong 0,17$$

Interpretation

Der Variationskoeffizient beträgt rund 0,17 (oder 17%). Dieser Wert ist relativ niedrig. Ein hoher Variationskoeffizient drückt aus, dass die einzelnen Werte stark verstreut sind bzw. stark schwanken. Nebenstehende Tabelle interpretiert einige Variationskoeffizienten.

Interpretationstabelle für V

V	Interpretation
0,2	Sehr niedrige Schwankung
0,4	Niedrige Schwankung
0,8	Mittelhohe Schwankung
1,2	Hohe Schwankung
1,6	Sehr hohe Schwankung
> 2	Extrem hohe Schwankung

Abkürzung, alternative Bezeichnung

CV (Coefficient of Variation).

Anwendung:

Eine typische Anwendung des Variationskoeffizienten gibt es in der Lagerhaltung, und zwar bei der Bewertung der Nachfrageschwankung. Neben der ABC-Analyse wird auch eine XYZ-Analyse zur eindeutigen Klassifizierung jedes Artikels durchgeführt:

$$\begin{array}{lll}
\text{X-Artikel} & V \leq 0,6 & \\
\text{Y-Artikel} & V \leq 1,2 & > 0,6 \\
\text{Z-Artikel} & V \geq 1,2 &
\end{array}$$

Weitere Informationen zur XYZ-Analyse können im Kapitel 12.3.3.9. und 12.8.3. nachgelesen werden.

14.3.3. Trendverfahren

14.3.3.1. Regressionsgerade nach Methode der kleinsten Quadrate

Um den Trendverlauf einer Datenreihe zu erfassen, trägt man in ein Koordinatensystem die Zeiteinheiten auf die x-Achse und die Einzelwerte zum entsprechenden Zeitpunkt parallel zur y-Achse ein.

Fallbeispiel: Regressionsgerade

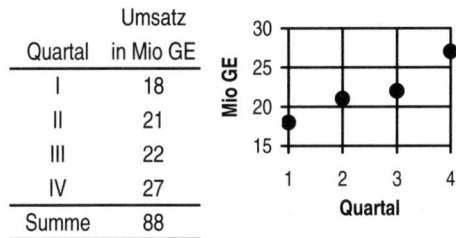

Quartal	Umsatz in Mio GE
I	18
II	21
III	22
IV	27
Summe	88

Deutlich ist der steigende Trend der Umsatzwerte zu erkennen. Nun wird eine Gerade ermittelt, die diesem Trend möglichst nahe kommt, d.h., die einzelnen Umsatzwerte sollen von den Punkten der Geraden die kleinstmöglichen Abweichungen aufweisen. Dabei rechnet man von jedem Wert den quadrierten (daher der Name der Methode), vertikalen Abstand von der Trendgerade und addiert diese Werte. Jetzt kann eine Gerade gezogen werden, deren Summe der quadrierten Abweichungen minimal ist.

Abweichungen von der Trendgeraden

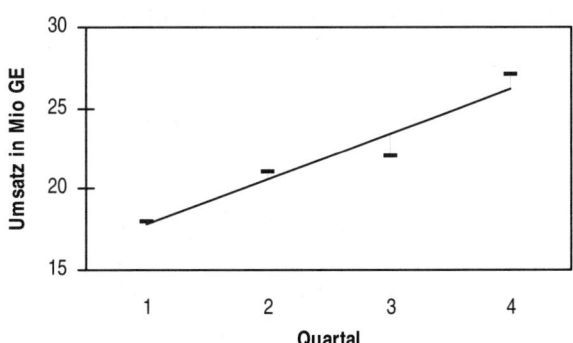

Eine Gerade hat die Form: **y = kx + d**

- **k** ist dabei die Steigung (Regressionskoeffizient). Sie gibt an, um wie viel der y-Wert (in diesem Beispiel Mio GE) bei Erhöhung um eine Zeiteinheit (hier Quartal) steigt bzw. fällt.
- **d** ist ein konstanter Wert (Regressionskonstante), der zum Term kx addiert werden muss.

Die Formeln für k und d zur Ermittlung der Regressionsgeraden nach Methode der kleinsten Quadrate lautet:

Formel

$$k = \frac{\left(\sum_{i=1}^{n} x_i \cdot y_i\right) - n \cdot \bar{x} \cdot \bar{y}}{\left(\sum_{i=1}^{n} x_i^2\right) - n \cdot \bar{x}^2}$$

Beispiel

	x_i	y_i	x_i^2	$x_i y_i$
i = 1	1	18	1	18
i = 2	2	21	4	42
i = 3	3	22	9	66
i = 4	4	27	16	108
Summe	10	88	30	234
Mittelwert	2,5	22		

$$k = \frac{(234) - 4 \times 2,5 \times 22)}{(30) - (4 \times 2,5^2)} = \frac{234 - 220}{30 - 25} = \frac{14}{5} = 2,8$$

Eine Trendgerade mit minimaler Streuung muss durch die Mittelwerte von x und y gehen. So ergibt sich die Formel für die Konstante d:

Formel

$$y = k \cdot \bar{x} + d \quad \text{also: } d = \bar{y} - k \cdot \bar{x}$$

Beispiel

$$d = 22 - 2,8 \bullet 2,5 = 22 - 7 = 15$$

Die Gleichung der Regressionsgeraden lautet demnach:

$$y = 2,8\ x + 15$$

In der folgenden Tabelle werden die bekannten Umsatzwerte (Ist) den durch die Trendgerade ermittelten Umsätzen gegenübergestellt. Setzt man in die Geradengleichung x = 5, x = 6 usw., so ergeben sich die Prognosewerte für die Zukunft.

Quartal	Ist-Umsatz	Umsatz lt. Trend	Abweichung	Abweichung quadriert
1	18	17,8	-0,2	0,04
2	21	20,6	-0,4	0,16
3	22	23,4	1,4	1,96
4	27	26,2	-0,8	0,64
5	?	**29**		**2,80**
6	?	**31,8**		(= minimierte
		↓		Summe der
		etc.		quadrierten
		Zukunfts-		Abweichungen)
		prognose		

Interpretation

Die lineare Trendgerade sagt aus, dass im nächsten Quartal (5) mit einem Umsatz von 29 Mio GE zu rechnen ist. Der Planumsatz wird in jedem weiteren Quartal um 2,8 Mio GE steigen (k = 2,8), so dass er im Quartal 6 bereits 31,8 Mio GE erreicht.

In der Praxis eignet sich der lineare Trend für eine Prognose meistens nur eingeschränkt.

Erforderlich wäre eine größere Menge an bekannten Werten als in diesem Beispiel; mindestens doppelt so viel.

14.3.3.2. Methode der gleitenden Durchschnitte

Ein einfaches Verfahren zur Ermittlung eines Zukunftwerts aus Daten der Vergangenheit ist die Methode der gleitenden Durchschnitte. Man bestimmt, wie viele alte Perioden (n) für die Erstellung des neuen Schätzwerts in die Rechnung eingehen sollen und addiert die Ergebnisse, die in diesem Zeitraum tatsächlich erzielt wurden. Wird davon der arithmetische Mittelwert gebildet, erhält man die Prognose für die folgende Periode.

Fallbeispiel: Methode der gleitenden Durchschnitte

Ausgangssituation

Die monatlichen Umsätze eines Unternehmens sind in einer Tabelle eingetragen. Für die Prognose sollen die jeweils letzten drei Perioden herangezogen werden.

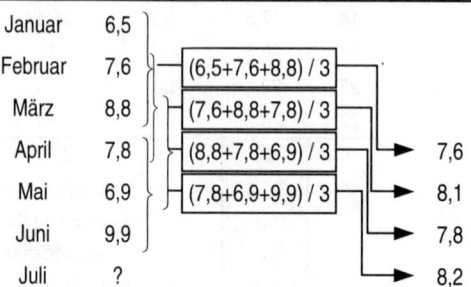

Monat	Tats.Ums. in Mio GE	Mittelwert der jeweils letzten 3 Perioden bilden	Prognosew. in Mio GE
Januar	6,5		
Februar	7,6	(6,5+7,6+8,8) / 3	
März	8,8	(7,6+8,8+7,8) / 3	
April	7,8	(8,8+7,8+6,9) / 3	7,6
Mai	6,9	(7,8+6,9+9,9) / 3	8,1
Juni	9,9		7,8
Juli	?		8,2

Formel

$$\text{Prognosewert} = \frac{\text{Summe der Werte der letzten n Perioden}}{n}$$

bzw.

$$X_{t+1} = \frac{x_t + x_{t-1} + \ldots + x_{t-(n-1)}}{n}$$

Beispiel Juli

$$\frac{9,9_{(Juni)} + 6,9_{(Mai)} + 7,8_{(April)}}{3} = \frac{24,6}{3} = 8,2$$

Interpretation

Je kleiner der Betrachtungszeitraum n gewählt wird, desto schneller reagiert die Prognose auf Sprünge in der Datenreihe. Ein hohes n hingegen glättet den Verlauf der Prognosekurve. Welcher Wert für n angenommen wird, hängt von der Beschaffenheit der Daten ab und davon, wie viele Daten zur Verfügung stehen.

Vergleich: Ist-Werte/Prognosewerte mit Methode der gleitenden Durchschnitte bei unterschiedlichen n

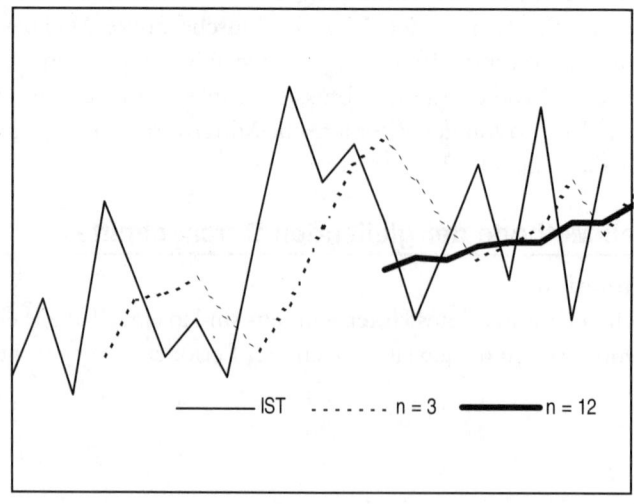

IST ······ n = 3 ━━━ n = 12

Allgemein lässt sich sagen, dass die Methode der gleitenden Durchschnitte bei Datenreihen, die nicht zu stark von Trend- und Saisonschwankungen beeinflusst werden, akzeptable Prognosewerte liefert. Ein niedriges n reagiert eher auf Trendentwicklungen, ist aber stärker von Zufallsschwankungen abhängig. Bei der Methode der gleitenden Durchschnitte werden alle betrachteten alten Perioden gleich gewichtet. Sollen jüngere Daten stärker bewertet werden als ältere, bedient man sich der **Methode der gewichteten gleitenden Durchschnitte**.

Fallbeispiel: Methode der gewichteten gleitenden Durchschnitte

Ausgangssituation

Für die Ermittlung eines Prognosewerts soll drei Perioden (n = 3) in die Vergangenheit geschaut werden. Dabei soll der jüngste Wert mit 60%, der zweite mit 30% und der älteste Wert mit 10% gewichtet werden.

Monat	Tats. Umsatz in Mio GE	Prognose für Juni Gew. Faktor	Prognose für Juni Umsatz x Gew.Fak.	Prognose für Juli Gew. Faktor	Prognose für Juli Umsatz x Gew.Fak.
März	8,8	0,1	0,88		
April	7,8	0,3	2,34	0,1	0,78
Mai	6,9	0,6	4,14	0,3	2,07
Juni	9,9	**Summe:**	**7,36**	0,6	5,94
Juli	?			**Summe:**	**8,79**

Interpretation

Der einzige Unterschied bei diesem Verfahren besteht darin, dass statt des arithmetischen Mittels das gewichtete Mittel der letzten n Perioden errechnet wird, wobei die Gewichtungsfaktoren selbst bestimmt werden können. (Beachten Sie, dass die Summe der Faktoren immer 1 ergeben muss). Der Prognosewert für Juli beträgt 8,79 Mio GE und liegt etwas höher als die Prognose der herkömmlichen Methode (8,2 Mio GE). Der Grund ist der hohe Umsatz im Juni, der hier mit 60%, dort nur mit 33,3% (1/3) gewichtet wird.

14.3.3.3. Exponentielle Glättung (1. Ordnung)

Das Verfahren der exponentiellen Glättung (1. Ordnung) entspricht im Wesen der Methode der gleitenden Durchschnitte. Es enthält demgegenüber einige Vorteile, insbesondere sind weniger Daten zur Erstellung einer Prognose notwendig. Der Prognosewert wird ermittelt, indem zum alten Prognosewert (Vorperiode) die Abweichung dieser letzten Prognose zum tatsächlichen Wert der Vorperiode addiert bzw. subtrahiert wird. Diese Abweichung (Prognosefehler) wird mit einem selbst zu bestimmenden Glättungsfaktor (α) gewichtet, der zwischen 0,1 und 0,9 liegen kann.

Alternative Bezeichnung

Exponential Smoothing

Fallbeispiel: Exponentielle Glättung (1. Ordnung)

Ausgangssituation

Die realen Umsätze einer Firma werden den Prognosewerten, die durch exponentielle Glättung ermittelt wurden, gegenübergestellt. Als Glättungsfaktor α wurde 0,4 bestimmt.

Prognose mit exponentieller Glättung bei Glättungsfaktor $\alpha = 0,4$

Monat	Umsatz in Mio GE	Prognose-wert	Berechnung
Januar	6,5		
Februar	7,6	7,0	= angenommener Wert
März	8,8	7,2	= 7,0 + [0,4 x (7,6 - 7,0)]
April	7,8	7,9	= 7,2 + [0,4 x (8,8 - 7,2)]
Mai	6,9	7,8	= 7,9 + [0,4 x (7,8 - 7,9)]
Juni	9,9	7,5	= 7,8 + [0,4 x (6,9 - 7,8)]
Juli	?	8,4	= 7,5 + [0,4 x (9,9 - 7,5)]

Formel

$$\text{Prognose}_{neu} = \text{Prognose}_{alt} + \underbrace{[\alpha \times (\text{tats. Wert}_{alt} - \text{Prognose}_{alt})]}_{= \text{Prognosefehler}}$$

Beispiel Juli

$$7,5 + [0,4 \times (9,9 - 7,5) \approx \mathbf{8,4}$$

Graphische Darstellung

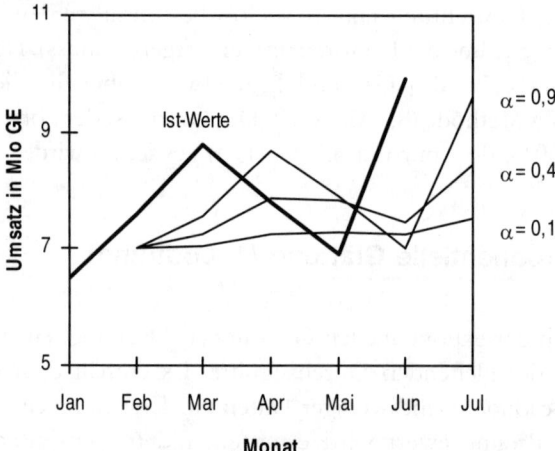

In obiger Graphik werden drei Prognoseumsatzverläufe bei Glättungsfaktoren von 0,1, 0,4 bzw. 0,9 dem Ist-Umsatzverlauf gegenübergestellt.

Interpretation

Je niedriger der Glättungsfaktor angesetzt wird, desto schwächer reagiert die Prognose auf große Sprünge in der Datenreihe. Es werden dabei mehr Daten aus der Vergangenheit berücksichtigt; das Ergebnis ist also unabhängiger von plötzlichen Schwankungen als bei einem hohen Glättungsfaktor.

Gegenüberstellung verschiedener Glättungsfaktoren

Die folgende Tabelle legt die Gewichtung der Vergangenheitswerte bei unterschiedlichen α-Faktoren dar. Die jeweilige Gewichtung nimmt exponentiell ab.

Alter der Daten in Perioden	Gewichtung der Vergangenheitsdaten bei den Glättungsfaktoren	
	$\alpha = 0,1$	$\alpha = 0,5$
Gegenwart	0,1	0,5
1	0,09	0,25
2	0,081	0,125
3	0,0729	0,0625
4	0,0656	0,0313
5	0,0590	0,0156
6	0,0531	0,0078

Gewichtung der Vergangenheitswerte bei unterschiedlichen Glättungsfaktoren

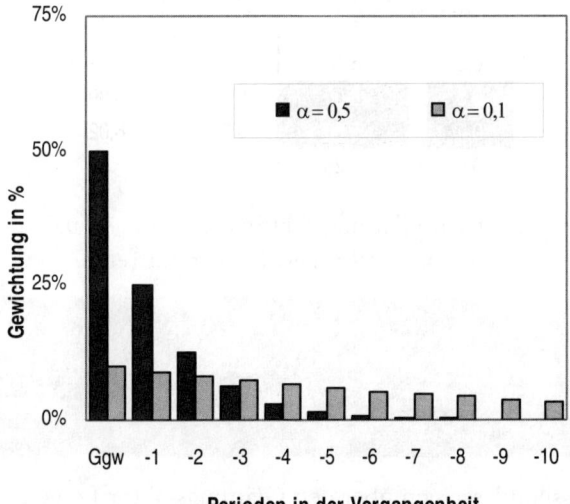

Perioden in der Vergangenheit

In der Praxis wählt man einen **Glättungsfaktor zwischen 0,1 und 0,5**. Bei höheren Gewichtungen ($\alpha > 0,5$) scheint sich der Verlauf der Prognose besser den tatsächlichen Werten anzupassen. Die Prognose "hinkt" dabei aber um eine

Periode nach, was eher unerwünscht ist. Gerade bei stark springenden Daten ist es ratsam, einen kleinen Faktor zu wählen, um Zufallsschwankungen weitgehend auszuschalten.

Der passende α-Faktor wird durch Probieren gefunden. Über einen längeren Zeitraum werden die (absoluten) Abweichungen der Prognosewerte bei verschiedenen α-Faktoren von den tatsächlichen Werten addiert. Anschließend wählt man den Faktor mit der geringsten Abweichungssumme.

Beispiel

Abweichung der Prognosewerte von den tatsächlichen Werten bei Glättungsfaktor $\alpha = 0,4$ (Betrachtungszeitraum März-Juni):

Monat	Umsatz in Mio GE	Prognose- wert	Absolute Abweichung
März	8,8	7,2	1,6
April	7,8	7,9	0,1
Mai	6,9	7,8	0,9
Juni	9,9	7,5	2,4
Summe der Abweichungen:			5,0

Vergleich der Abweichungssummen bei verschiedenen α-Faktoren (Betrachtungszeitraum März bis Juni)

α	Summe der Abweichungen	α	Summe der Abweichungen
0,1	5,35	0,6	5,51
0,2	5,15	0,7	5,72
0,3	5,00	0,8	5,89
0,4	5,00	0,9	6,02
0,5	5,26		

In diesem Beispiel ist ein Glättungsfaktor von 0,3 bzw. 0,4 zu wählen, da bei diesen α-Werten die geringsten Prognosefehler auftreten.

☞ Sollte bei einer solchen Analyse die Abweichungssumme bei einem $\alpha > 0,5$ am geringsten sein, so ist möglicherweise eine andere Prognosemethode vorzuziehen oder ein α-Faktor $< 0,5$ mit einem relativ kleinen Prognosefehler zu wählen.

Zusammenfassend lässt sich über den Glättungsfaktor Folgendes sagen:

Zusammenfassende Charakteristik der Glättungsfaktoren

α	Gewichtungs-verteilung	Auswirkungen der Gewichtungs-verteilung	Klassifi-zierung d. Prognose
Klein (z.B. 0,1)	Annähernd gleichmäßig über lange Perioden	Starke Glättung von Zufallsschwankungen, aber schwache Reaktion auf Strukturver-änderungen der Zeitreihe	Träge
Groß (z.B. 0,5)	Ungleichmäßig, Gewichte kon-zentrieren sich auf die jüngste Vergangenheit	Geringe Glättung von Zufallsschwankungen, aber starke Reaktion auf Strukturver-änderungen der Zeitreihe	Nervös

Ein weiteres Problem ist die **Bestimmung des ersten Prognosewertes**. Er muss vom Manager geschätzt werden. Eventuell kann ein Mittelwert bekannter Daten oder von Schätzungen verschiedener Fachleute angenommen werden.

Vor- und Nachteile der exponentiellen Glättung

Die exponentielle Glättung ist ein relativ junges Prognoseverfahren (Brown hat es 1959 entwickelt). Es wird weltweit eingesetzt und kann als **bestes Kurzfrist-Prognoseverfahren** angesehen werden. Weiterere Vorteile bringt die geringe Zahl an Parametern, die für diese Methode benötigt werden, und die Flexibilität durch die individuelle Bestimmung des α-Glättungsfaktors.

Für langfristige Prognosen ist das Verfahren ungeeignet, da es immer nur eine Periode "vorhersagt".

Auf Trendentwicklungen reagiert die exponentielle Glättung 1. Ordnung sehr langsam. Hier sei auf das Verfahren der **exponentiellen Glättung 2. Ordnung** verwiesen, bei dem ebenfalls von einem Mittelwert 1. Ordnung ausgegangen, zusätzlich aber ein "Mittelwert der Mittelwerte" gebildet wird (Mittelwert 2. Ordnung). Aus beiden Werten wird eine Trendgerade errechnet. Die zuerst ermittelte Prognose wird um den Trendanstieg korrigiert.

Das Verfahren der **exponentiellen Glättung 3. Ordnung** ist um einen Durch-schnitt 3. Ordnung erweitert.

Während die exponentielle Glättung 1. und 2. Ordnung in praxi gut funktionie-ren, gibt es bei der Anwendung der exponentiellen Glättung 3. Ordnung oft Probleme durch hohe Fehlprognosen. Bei der exponentiellen Glättung 2. Ord-nung dürfen die Grenzen dieses hervorragenden Kurzfrist-Prognoseverfahrens erreicht sein; das genügt meistens vollkommen.

14.3.3.4. Saisonkomponente

Wenn die Werte einer Zeitreihe saisonalen Einflüssen ausgesetzt sind, ist zur Erstellung einer Prognose eine Saisonkomponente zu berücksichtigen.

Fallbeispiel: Saisonkomponente

Quartal	Umsatz in Mio GE		
	Jahr 1999	Jahr 2000	Jahr 2001
I	15	18	?
II	19	21	?
III	18	22	?
IV	24	27	?
Summe	76	88	??

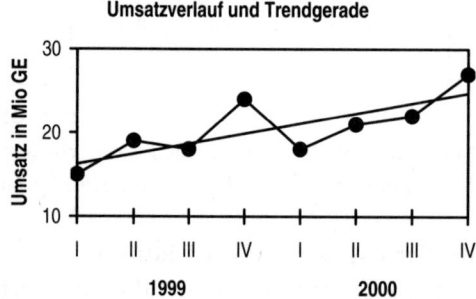

Umsatzverlauf und Trendgerade

Interpretation

In beiden untersuchten Jahren zeigt sich, dass die Umsätze zu Jahresbeginn (Quartal I) jeweils relativ niedrig sind. In den Quartalen II und III steigen sie leicht an, um am Ende des Jahres (Quartal IV) in einer deutlichen Umsatzspitze zu kulminieren. Offenbar unterliegen die Umsätze saisonalen Einflüssen. Darüber hinaus ist in den zwei Jahren ein ansteigender Trend zu beobachten.

Das Verfahren

Zuerst bildet man nach der Methode der kleinsten Quadrate die Formel für die lineare Trendgerade. Sie lautet in diesem Beispiel: $y = 1,2\,x + 15$
Anschließend stellt man die tatsächlichen Umsätze (Spalte A) den entsprechenden y-Werten der Trendgerade (Spalte B) gegenüber und errechnet das Verhältnis der beiden zueinander.

Jahr Quartal	Periode (x)	Tatsächl. Umsatz	Umsatz lt. Trend (y)	Verhältnis (A : B)
1999				
I	1	15	16,2	0,926
II	2	19	17,4	1,092
III	3	18	18,6	0,968
IV	4	24	19,8	1,212
2000				
I	5	18	21,0	0,857
II	6	21	22,2	0,946
III	7	22	23,4	0,940
IV	8	27	24,6	1,098
Arithmet. Durchschnitt der Quartale:			I	0,892
			II	1,019
			III	0,954
			IV	1,155

Interpretation

Das Verhältnis A : B in der rechten Spalte gibt an, wie stark der tatsächliche Umsatz einer Periode von der Trendgerade abweicht. Ein Verhältniswert > 1 besagt, dass in dieser Periode ein überdurchschnittlich hoher Umsatz erreicht wurde, ein Verhältniswert < 1 zeugt von einem unterdurchschnittlichen Umsatzergebnis in dieser Periode.

Zur **Bestimmung der Saisonkomponente** errechnet man einfach den arithmetischen Durchschnitt der Verhältniswerte pro Quartal. Für das erste Quartal beträgt der Schnitt 0,892 (= [0,926 + 0,857] / 2).
Die arithmetischen Durchschnitte müssen mit einen Korrekturfaktor multipliziert werden, so dass ihre Summe genau 4 ergibt, also der Durchschnitt der Durchschnitte genau 1 ist. Der Korrekturfaktor ist in diesem Beispiel:

$$\textbf{Korrekturfaktor (Beispiel)} = \frac{4}{4,019} = \textbf{0,995}$$

Im Durchschnitt nehmen die Umsatzwerte im Quartal I 88,7% (Saisonkomponente = 0,887) des Trendwertes an, im Quartal II liegen sie 1,4% darüber.
Um die Prognose zu erstellen, werden jetzt einfach die Vorschauwerte der Trendgeraden mit den jeweiligen Saisonkomponenten multipliziert:

Periode	Quartal	Prognose lt.Trend	Saisonkom-ponente		Prognose-wert
9	I	25,8	x 0,887	=	22,9
10	II	27,0	x 1,014	=	27,4
11	III	28,2	x 0,949	=	26,8
12	IV	29,4	x 1,149	=	33,8

Interpretation:

Für das erste Quartal im Jahr 2001 wird ein Umsatz von 22,9 Mio GE erwartet. Beim Vergleich der Prognosewerte mit bzw. ohne Saisonkomponente zeigt sich, dass sich der Graph der Prognose mit Saisonkomponente viel besser an die tatsächlichen Umsätze anpasst als die Trendgerade ohne Saisonkomponente.

Prognose mit/ohne Saisonkomponente

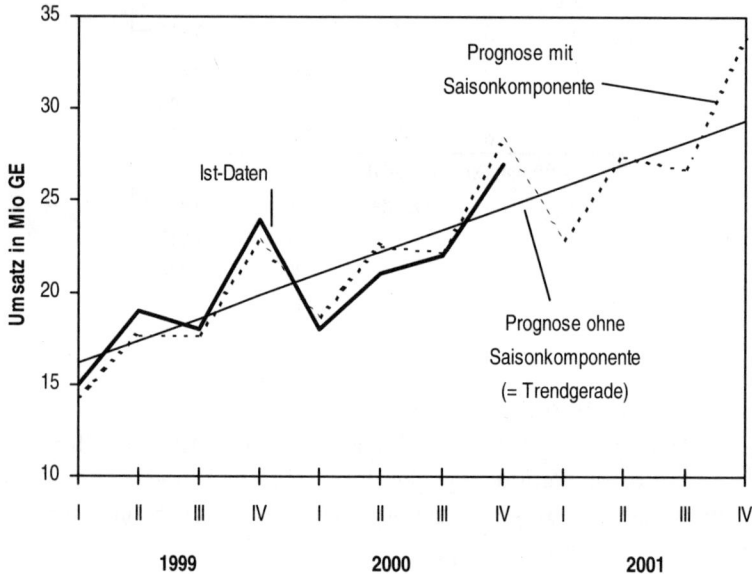

14.3.4. Verteilungen

14.3.4.1. Gaußsche Normalverteilung

Bei der Gaußschen Normalverteilung (Carl Friedrich Gauß, 1777-1855) sind Daten um ihren Mittelwert symmetrisch verteilt, so dass rund

- 68 % der Werte innerhalb von ± 1 Standardabweichung vom Mittelpunkt entfernt liegen;
- 95 % der Werte innerhalb von ± 2 Standardabweichungen vom Mittelpunkt entfernt liegen;
- 99,7% der Werte innerhalb von ± 3 Standardabweichungen vom Mittelpunkt entfernt liegen.

Eintrittswahrscheinlichkeiten bei der Gaußschen Normalverteilung

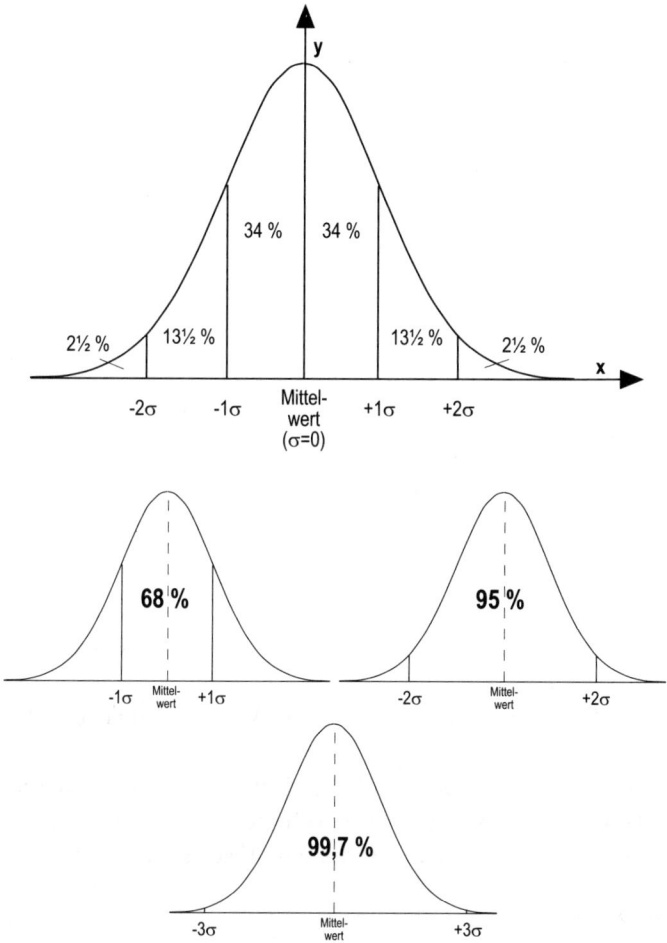

Interpretation

Bei einer normalverteilten Zahlenreihe liegen 34% der Werte im Bereich zwischen -1 und 0 (= Mittelwert) Standardabweichungen. Ebenso viele Werte befinden sich im Bereich zwischen 0 und +1 Standardabweichungen. Die Wahrscheinlichkeit, dass sich ein Wert im Bereich zwischen -2 und -1 bzw. +1 und +2 Standardabweichungen befindet, beträgt je 13½%. Nur 5% der Werte (2½+2½) liegen weiter als zwei Standardabweichungen vom Mittelwert entfernt.

Der Funktionsgraph der Normalverteilung verläuft nach der folgenden Formel:

$$f_{(x)} = \frac{1}{\sigma\sqrt{2\pi}} \times e^{-\frac{1}{2}\left(\frac{x-\mu}{\sigma}\right)^2}$$

μ .... Mittelwert
σ .... Standardabweichung

Der glockenförmige Funktionsgraph schließt mit der x-Achse immer eine Fläche von genau 1 (= 100%) ein. Form und Lage der Glocke können variieren.

Beispiel

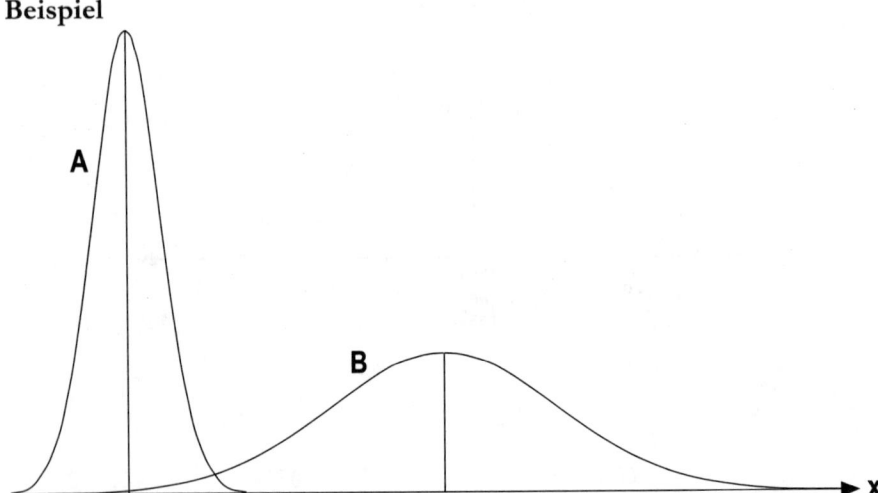

Zwei normalverteilte Datenmengen A und B haben verschiedene Mittelwerte und Standardabweichungen.

Der Mittelwert B ist größer als der Mittelwert A (Glocke B liegt weiter rechts auf der x-Achse).

Die Standardabweichung ist bei der Menge A kleiner als die Standardabweichung der Menge B (Glocke A ist schmäler und höher).

Beide Kurven schließen mit der x-Achse eine Fläche von 1 ein.

Fallbeispiel: Normalverteilung

Ausgangssituation

Die monatliche Nachfrage eines Artikels wurde über zwei Jahre beobachtet:

Jahr	Monat											
	Jan	Feb	Mär	Apr	Mai	Jun	Jul	Aug	Sep	Okt	Nov	Dez
1999	25	17	19	29	23	13	1	10	16	19	31	20
2000	20	22	18	20	25	15	7	12	21	15	37	33

Quicktest: Sind die Werte normalverteilt?

1. Ordnung der Werte in aufsteigender Reihenfolge.
2. Berechnung von Mittelwert (Beispiel 19,5) und Standardabweichung (Beispiel ≅ 8,0).

3. Überprüfung der Symmetrie. Etwa die Hälfte aller Werte sollte über dem Mittelwert liegen, die andere Hälfte darunter. Im Beispiel liegen je zwölf Werte über bzw. unter dem Mittelwert von 19,5. Es liegt eine symmetrische Verteilung vor.

4. Überprüfung der $\pm 1\sigma$-Grenze. Bei einer Normalverteilung ist die Wahrscheinlichkeit, dass sich ein Wert innerhalb von ± 1 Standardabweichungen befindet, 68%. Im Beispiel liegen 17 von 24 Werten innerhalb der Grenzen von $\pm 1\sigma$, das sind 71%: eine gute Annäherung.

5. Überprüfung der $\pm 2\sigma$-Grenze. 95% der Werte befinden sich bei einer Normalverteilung innerhalb von ± 2 Standardabweichungen. Im Beispiel liegen 22 von 24 Werten innerhalb der Grenzen von $\pm 2\sigma$, das sind 92%. Auch diese Annäherung ist akzeptabel.

Zusammenfassend lässt sich sagen, dass es sich bei den Werten des Beispiels um annäherungsweise normalverteilte Zahlen handelt.

Wichtiger Hinweis auf den Chi-Quadrat-Test

Beachtenswert ist auch das Beispiel für den Chi-Quadrat-Test (siehe Kapitel 14.3.5.1.), der statistisch ein höheres Niveau hat als der Quicktest. In Grenzfällen ist der Chi-Quadrat-Test dem Quicktest vorzuziehen.

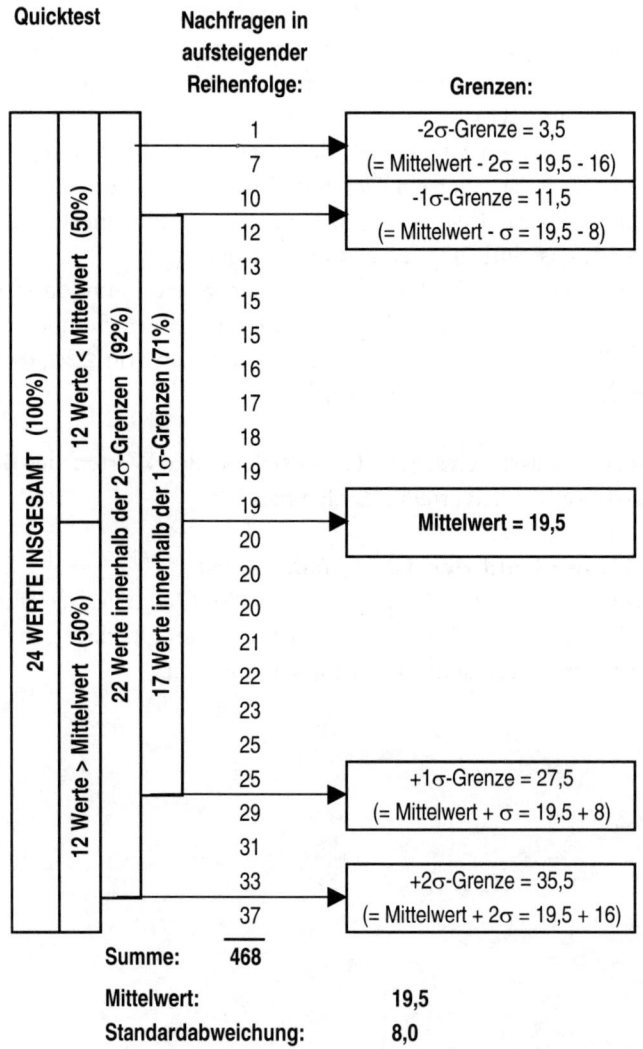

Eine Einteilung der Werte in Klassen ist bei größeren Datenmengen und insbesondere bei Größen, die keine ganzzahligen Werte annehmen, empfehlenswert. Von jeder Klasse wird die Eintrittshäufigkeit bestimmt.

Beispiel

Klasse	Monatliche Nachfrage	Eintrittshäufigkeit	%
a	0-4	1	4%
b	5-9	1	4%
c	10-14	3	13%
d	15-19	7	29%
e	20-24	6	25%
f	25-29	3	13%
g	30-34	2	8%
h	35-39	1	4%
	Summe:	24	100%

Die graphische Darstellung zeigt annähernd die Form einer Normalverteilung:

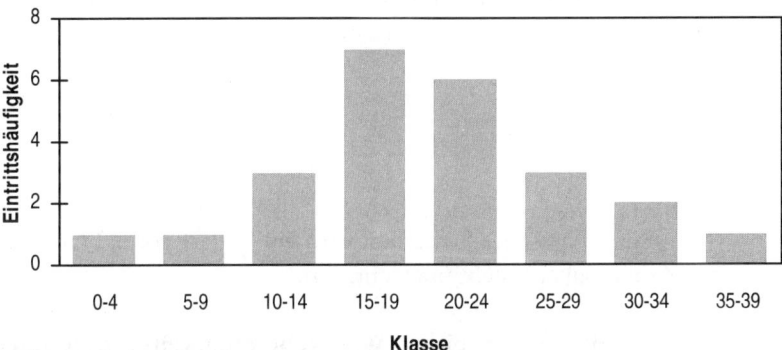

Einseitige Wahrscheinlichkeitsverteilung

Ist von einer Datenmenge bekannt, dass sie (annähernd) normalverteilt ist, lässt sich bei einer Bedarfsvorhersage der maximale Bedarf, der mit einer bestimmten Wahrscheinlichkeit nicht überschritten wird, berechnen. Die Standardabweichung wird mit einem Sicherheitsfaktor multipliziert und zum Mittelwert addiert; das Ergebnis liefert den maximalen Bedarf.

Formel

Max. Bedarf = Mittelwert + (Sicherheitsfaktor x σ)

Die Größe des Sicherheitsfaktors lässt sich aus folgender Tabelle ablesen:

Sicherheitsfaktor	Einseitige statistische Sicherheit	Überschreitungs-wahrscheinlichkeit
1,00	84,13%	15,87%
1,28	90%	10%
1,65	95%	5%
1,96	97,5%	2,5%
2,00	97,72%	2,28%
2,33	99%	1%
2,58	99,5%	0,5%
3,00	99,86%	0,14%
3,29	99,95%	0,05%

Beispiel

Wie hoch ist beim obigen Zahlenbeispiel der maximale Bedarf, wenn die Vorhersage zu 95% statistisch gesichert sein soll?

$$\text{Max. Bedarf} = \underset{\text{Mittelwert}}{19,5} + \underset{\substack{\text{(Sicherheits-} \times \ \sigma) \\ \text{faktor (95\%)}}}{(1,65 \ \times \ 8)} = \mathbf{32,7}$$

Interpretation

Mit 95-prozentiger statistischer Sicherheit wird ein Bedarf von 32 (abgerundet, da nur ganze Zahl möglich) nicht überschritten.

Graphische Darstellung: einseitige Wahrscheinlichkeitsverteilungen

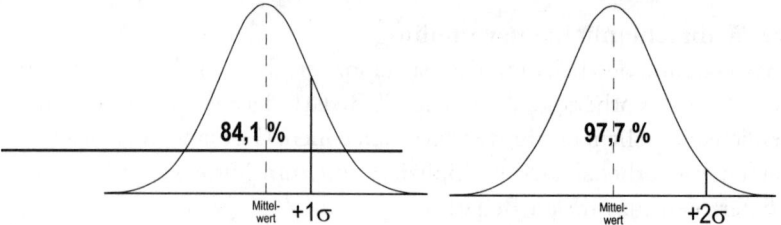

Berechnung der Wahrscheinlichkeiten von normalverteilten Werten mittels Verteilungstabelle

Es soll die Wahrscheinlichkeit dafür berechnet werden, dass ein normalverteilter Wert (mit Mittelwert μ und Standardabweichung σ) kleiner oder gleich einem vorgegebenen Wert x ist.

Zur Berechnung der Wahrscheinlichkeit wird die Tabelle auf Seite 768 verwendet. Dazu muss der Wert von z nach der folgenden Formel ermittelt werden:

$$z = \frac{x - \mu}{\sigma}$$

Der Wert der Tabelle bei z gibt die gewünschte Wahrscheinlichkeit an. Für negative z ergibt sich die Wahrscheinlichkeit wie folgt:

$$1 - \text{Tabellenwert vom postiven z}$$

Beispiel

Es soll die Wahrscheinlichkeit dafür berechnet werden, dass die monatliche Nachfrage des Artikels von dem zuvor behandelten Fallbeispiel kleiner gleich 30 ist.

Der Mittelwert μ der Normalverteilung beträgt 19,5, die Standardabweichung σ ist gleich 8. Jetzt wird z berechnet:

$$z = \frac{30 - 19{,}5}{8} = 1{,}31$$

Die gesuchte Wahrscheinlichkeit liegt laut Normalverteilungstabelle (siehe nächste Seite) bei **90,5%** (90% = zΦ 1,282; 91% = zΦ 1,341).

Tabelle: Normalverteilung

%	z(Φ)	z(D)	%	z(Φ)	z(D)	%	z(Φ)	z(D)
1%	-2,326	0,013	41%	-0,228	0,539	81%	0,878	1,311
2%	-2,054	0,025	42%	-0,202	0,553	82%	0,915	1,341
3%	-1,881	0,038	43%	-0,176	0,568	83%	0,954	1,372
4%	-1,751	0,050	44%	-0,151	0,583	84%	0,994	1,405
5%	-1,645	0,063	45%	-0,126	0,598	85%	1,036	1,440
6%	-1,555	0,075	46%	-0,100	0,613	86%	1,080	1,476
7%	-1,476	0,088	47%	-0,075	0,628	87%	1,126	1,514
8%	-1,405	0,100	48%	-0,050	0,643	88%	1,175	1,555
9%	-1,341	0,113	49%	-0,025	0,659	89%	1,227	1,598
10%	-1,282	0,126	50%	0,000	0,674	90%	1,282	1,645
11%	-1,227	0,138	51%	0,025	0,690	91%	1,341	1,695
12%	-1,175	0,151	52%	0,050	0,706	92%	1,405	1,751
13%	-1,126	0,164	53%	0,075	0,722	93%	1,476	1,812
14%	-1,080	0,176	54%	0,100	0,739	94%	1,555	1,881
15%	-1,036	0,189	55%	0,126	0,755	95%	1,645	1,960
16%	-0,994	0,202	56%	0,151	0,772	96%	1,751	2,054
17%	-0,954	0,215	57%	0,176	0,789	97%	1,881	2,170
18%	-0,915	0,228	58%	0,202	0,806	98%	2,054	2,326
19%	-0,878	0,240	59%	0,228	0,824	99%	2,326	2,576
20%	-0,842	0,253	60%	0,253	0,842	99,1%	2,366	2,612
21%	-0,806	0,266	61%	0,279	0,860	99,2%	2,409	2,652
22%	-0,772	0,279	62%	0,305	0,878	99,3%	2,457	2,697
23%	-0,739	0,292	63%	0,332	0,896	99,4%	2,512	2,748
24%	-0,706	0,305	64%	0,358	0,915	99,5%	2,576	2,807
25%	-0,674	0,319	65%	0,385	0,935	99,6%	2,652	2,878
26%	-0,643	0,332	66%	0,412	0,954	99,7%	2,748	2,968
27%	-0,613	0,345	67%	0,440	0,974	99,8%	2,878	3,090
28%	-0,583	0,358	68%	0,468	0,994	99,9%	3,090	3,291
29%	-0,553	0,372	69%	0,496	1,015	99,91%	3,121	3,320
30%	-0,524	0,385	70%	0,524	1,036	99,92%	3,156	3,353
31%	-0,496	0,399	71%	0,553	1,058	99,93%	3,195	3,390
32%	-0,468	0,412	72%	0,583	1,080	99,94%	3,239	3,432
33%	-0,440	0,426	73%	0,613	1,103	99,95%	3,291	3,481
34%	-0,412	0,440	74%	0,643	1,126	99,96%	3,353	3,540
35%	-0,385	0,454	75%	0,674	1,150	99,97%	3,432	3,615
36%	-0,358	0,468	76%	0,706	1,175	99,98%	3,540	3,719
37%	-0,332	0,482	77%	0,739	1,200	99,99%	3,719	3,891
38%	-0,305	0,496	78%	0,772	1,227			
39%	-0,279	0,510	79%	0,806	1,254			
40%	-0,253	0,524	80%	0,842	1,282			

Die besonders häufig verwendeten Eintrittswahrscheinlichkeiten sind invers dargestellt.

14.3.4.2. Poisson-Verteilung

Viele in der Praxis vorkommende Ereignisse sind poisson-verteilt oder zumindest näherungsweise poisson-verteilt, z.B.:

- Die Anzahl der zwischen 9 und 10 Uhr an einem Bankschalter eintreffenden Kunden
- Die Anzahl der innerhalb von 60 Sekunden ankommenden Telefongespräche in einer Telefonzentrale
- Die Anzahl der bei einer Maschine aufgetretenen Störungen innerhalb eines Monats usw.

Die Poisson-Verteilung (Denis Poisson, 1781-1840) beschreibt die Häufigkeit, mit der ein bestimmtes Ereignis innerhalb einer gewissen Zeitspanne eintritt. Die Ereignisse treten unabhängig voneinander auf.
Die Poisson-Verteilung wird durch folgende Formel definiert:

Formel
Wahrscheinlichkeit, dass die Anzahl der Ereignisse gleich k

$$\frac{\lambda^k}{k! \times e^{\lambda}} \quad \text{für } k = 0, 1, 2, \ldots$$

λ *Parameter der Poisson-Verteilung*
$k!$ = $1 \cdot 2 \cdot 3 \cdot \ldots \cdot k$ (= Fakultät von k) mit $0! = 1$
e ist die so genannte Eulersche Zahl e " 2,71828...
e^{λ} kann bei den meisten Computerprogrammen (z.B. Excel) mit EXP(λ) berechnet werden

Es läßt sich eindeutig feststellen, wie oft das entsprechende Ereignis eintritt. Bei der Poisson-Verteilung können also nur "ganzzahlige" Ereignisse eintreten; man spricht von einer "diskreten" Verteilung. (Im Gegensatz zu einer "stetigen" Verteilung wie der Normalverteilung, bei der die Messwerte jeden beliebigen Wert annehmen können.)
Die Poisson-Verteilung ist durch den Parameter λ eindeutig bestimmt. In der Praxis ist oft bekannt, dass ein Ereignis poisson-verteilt ist. Der dazugehörige Parameter λ kann durch den Mittelwert einer Stichprobe geschätzt werden.

Fallbeispiel: Poisson-Verteilung

Ein Bierflaschenfabrikant vermutet, dass die Anzahl der in einer Stunde fehlerhaft produzierten Bierflaschen poisson-verteilt ist. Das Förderband, über das pro Stunde 1.000 Bierflaschen gehen, wurde dazu 500 Stunden lang beobachtet. Im Durchschnitt waren 2,2 Bierflaschen pro Stunde fehlerhaft. Der Parameter λ der Poisson-Verteilung kann somit mit 2,2 geschätzt werden. Aus der umseitigen

Tabelle können die Wahrscheinlichkeiten der Poisson-Verteilung mit Parameter 2,2 entnommen werden. Daraus lassen sich die erwarteten Eintrittshäufigkeiten berechnen:

Fehler-hafte Flaschen pro Stunde	Beobachtete Eintritts-häufigkeit	Wahrsch. laut Poisson-Verteilung	Erwartete Eintritts-häufigkeit
0	68	0,111	55
1	101	0,244	122
2	144	0,268	134
3	89	0,197	98
4	63	0,108	54
5	20	0,048	24
6	10	0,017	9
7	5	0,005	3
8	0	0,002	1
Summe	500	1,000	500

Die Unterschiede zwischen beobachteter und erwarteter Eintrittshäufigkeit sind nicht sehr groß. Ein Chi-Quadrat-Test (siehe Kapitel 14.3.5.1.) bestätigt die Annahme, dass die Anzahl der fehlerhaften Flaschen pro Stunde poisson-verteilt mit Parameter 2,2 ist. **Wenn von technischer Seite gewährleistet ist, dass eine fehlerhafte Bierflasche nicht weitere nach sich zieht, die Ereignisse also "unabhängig voneinander" auftreten, dann liefert die Poisson-Verteilung in diesem Fall eine brauchbare Annäherung.**

Tabelle

Poisson-Verteilung mit Parameter λ
(Wahrscheinlichkeit, dass die Anzahl der Ereignisse gleich k ist)

k	Parameter λ								
	0,01	0,05	0,10	0,15	0,20	0,25	0,30	0,40	0,50
0	0,990	0,951	0,905	0,861	0,819	0,779	0,741	0,670	0,607
1	0,010	0,048	0,090	0,129	0,164	0,195	0,222	0,268	0,303
2	0,000	0,001	0,005	0,010	0,016	0,024	0,033	0,054	0,076
3	0,000	0,000	0,000	0,000	0,001	0,002	0,003	0,007	0,013

k	Parameter λ								
	0,6	0,7	0,8	0,9	1,0	1,2	1,4	1,6	1,8
0	0,549	0,497	0,449	0,407	0,368	0,301	0,247	0,202	0,165
1	0,329	0,348	0,359	0,366	0,368	0,361	0,345	0,323	0,298
2	0,099	0,122	0,144	0,165	0,184	0,217	0,242	0,258	0,268
3	0,020	0,028	0,038	0,049	0,061	0,087	0,113	0,138	0,161
4	0,003	0,005	0,008	0,011	0,015	0,026	0,039	0,055	0,072
5	0,000	0,001	0,001	0,002	0,003	0,006	0,011	0,018	0,026
6	0,000	0,000	0,000	0,000	0,001	0,001	0,003	0,005	0,008
7	0,000	0,000	0,000	0,000	0,000	0,000	0,001	0,001	0,002

k	Parameter λ								
	2,0	2,2	2,4	2,6	2,8	3,0	3,5	4,0	4,5
0	0,135	0,111	0,091	0,074	0,061	0,050	0,030	0,018	0,011
1	0,271	0,244	0,218	0,193	0,170	0,149	0,106	0,073	0,050
2	0,271	0,268	0,261	0,251	0,238	0,224	0,185	0,147	0,112
3	0,180	0,197	0,209	0,218	0,222	0,224	0,216	0,195	0,169
4	0,090	0,108	0,125	0,141	0,156	0,168	0,189	0,195	0,190
5	0,036	0,048	0,060	0,074	0,087	0,101	0,132	0,156	0,171
6	0,012	0,017	0,024	0,032	0,041	0,050	0,077	0,104	0,128
7	0,003	0,005	0,008	0,012	0,016	0,022	0,039	0,060	0,082
8	0,001	0,002	0,002	0,004	0,006	0,008	0,017	0,030	0,046
9	0,000	0,000	0,001	0,001	0,002	0,003	0,007	0,013	0,023
10	0,000	0,000	0,000	0,000	0,000	0,001	0,002	0,005	0,010
11	0,000	0,000	0,000	0,000	0,000	0,000	0,001	0,002	0,004
12	0,000	0,000	0,000	0,000	0,000	0,000	0,000	0,001	0,002

14.3.4.3. Exponentialverteilung

Die Exponentialverteilung wird hauptsächlich zur Beschreibung folgender zweier Ereignisse verwendet:

1. Die Zeitdifferenz zweier nacheinander eintretender Ereignisse (z.B. an einem Schalter eintreffende Kunden, bei einer Maschine auftretende Störungen usw.). Die Zeitdifferenz wird auch Zwischenankunftszeit genannt.
2. Die Lebensdauer eines Gerätes, wenn Defekte in erster Linie durch äußere Einflüsse und nicht durch Verschleiß verursacht werden.

Die Exponentialverteilung beschreibt also immer jene Zeitdauer, die bis zum Eintreten des nächsten Ereignisses verstreicht. Es können daher nur positive Werte angenommen werden. Die Ereignisse treten unabhängig voneinander auf.

Die Exponentialverteilung ist wie folgt definiert:

Wahrscheinlichkeit, dass das nächste Ereignis in weniger als t Zeiteinheiten eintritt:

$$1 - e^{-\lambda t} \text{ für } t \geq 0$$

λ = Parameter der Exponentialverteilung

Die Exponentialverteilung ist durch den Parameter λ eindeutig bestimmt. In der Praxis ist oft bekannt, dass ein Ereignis exponentialverteilt ist. Der dazugehörige Parameter λ kann durch den reziproken Mittelwert einer Stichprobe geschätzt werden.

Fallbeispiel: Exponentialverteilung

Ausgangssituation
In einem Supermarkt wird an mehreren Tagen zwischen 9 und 10 Uhr beobachtet, wie viele Kunden sich an den Kassen anstellen.

Erhebungsprotokoll

Zeit-spanne in Sek.	Durch-schnitts-zeit-spanne in Sek. (t_i)	Beobachtete Eintritts-häufigkeit	Relative Häufig-keit (h_i)	t_i x h_i
0-20	10	253	0,536	5,36
21-40	30	131	0,278	8,33
41-60	50	59	0,125	6,25
61-80	70	16	0,034	2,37
81-100	90	8	0,017	1,53
101-120	110	5	0,011	1,17
Summe		**472**	**1,000**	**25,00**

Es stellt sich durchschnittlich alle 25 Sekunden (= 25 / 60 = 0,417 Minuten) ein Kunde an einer der Kassen an.

Berechnungen und Erkenntnisse

Das Anstellverhalten soll durch eine Exponentialverteilung angenähert werden. Der Parameter λ der Exponentialverteilung wird mit dem reziproken Mittelwert der Stichprobe 1 / 0,417 = 2,4 geschätzt. Die Wahrscheinlichkeiten der Exponentialverteilung mit Parameter 2,4 können aus der Tabelle auf Seite 775 wie folgt berechnet werden:

Zunächst soll die Wahrscheinlichkeit, dass sich innerhalb der nächsten 20 Sekunden (= 0,333 Minuten) ein Kunde an einer der Kassen anstellt, berechnet werden. Die Zeitspanne t ist in diesem Fall also gleich 0,333 Minuten. t muss jetzt noch mit λ multipliziert werden ($\lambda \cdot t = 2,4 \cdot 0,333 = 0,8$). Die Wahrscheinlichkeit für $\lambda \cdot t = 0,8$ beträgt laut Tabelle auf Seite 775 0,551 (= 55,1%). Aus der Wahrscheinlichkeit kann dann die erwartete Eintrittshäufigkeit berechnet werden. Die Wahrscheinlichkeiten für die übrigen Zeitspannen werden auf die gleiche Weise ermittelt.

Zeit-spanne in Sek.	Beobachtete Eintritts-häufigkeit	$\lambda \times t$	Wahrsch. lt. Expon.-verteilung	Erwartete Eintritts-häufigkeit
0-20	253	0,8	0,551	260
21-40	131	1,6	0,247	117
41-60	59	2,4	0,111	52
61-80	16	3,2	0,050	24
81-100	8	4	0,022	10
101-120	5	4,8	0,010	5
>120	0	-	0,009	4
Summe	472		1,000	472

Die Unterschiede zwischen beobachteter und erwarteter Eintrittshäufigkeit sind nicht sehr groß. Ein Chi-Quadrat-Test (siehe Kapitel 14.3.5.1.) bestätigt die Annahme, dass das Anstellverhalten durch eine Exponentialverteilung mit Parameter 2,4 beschrieben werden kann.

Zusammenhang zwischen Exponential- und Poisson-Verteilung

Interessanterweise gibt es einen Zusammenhang zwischen der Exponential- und der Poisson-Verteilung. Beide Verteilungen beschreiben dieselbe Klasse von zufälligen Ereignissen auf unterschiedliche Art. Bei der Poisson-Verteilung wird die Anzahl der Ereignisse innerhalb einer gewissen Zeitspanne beobachtet, während bei der Exponentialverteilung die Zeitdifferenz zweier nacheinander eintretender Ereignisse betrachtet wird.

In der folgenden Tabelle sind die Beziehungen zwischen den beiden Verteilungen zusammengefasst.

Beziehungstabelle

Poisson-verteiltes Ereignis	=	Exponentialverteiltes Ereignis
In einer Zeiteinheit tritt das Ereignis durchschnittlich λ-mal ein		Der Abstand zwischen zwei aufeinander folgendenen Ereignissen beträgt durchschnittlich $1/\lambda$ Zeiteinheiten
Die Anzahl der in einer Zeiteinheit eintretenden Ereignisse ist poisson-verteilt mit Paramter λ		Die Zeitdifferenz zwischen zwei aufeinander folgenden Ereignissen ist exponentialverteilt mit Paramter λ

Für das Fallbeispiel dieses Kapitels und das des Kapitels 14.3.4.2. bedeutet das Folgendes:

- Die Anzahl der Kunden, die sich innerhalb einer Minute an einer der Kassen anstellen, ist poisson-verteilt mit Parameter 2,4.
- Die Zeitspanne, die zwischen den Auftreten zweier fehlerhafter Flaschen verstreicht, ist exponentialverteilt mit Parameter 2,2.

Praktische Anwendung der Beziehung

Beim Supermarkt-Fallbeispiel ist es wahrscheinlich einfacher und genauer, anstatt der Zwischenankunftszeiten die Anzahl der Kunden zu zählen, die sich innerhalb einer Minute an den Kassen anstellen. Wenn die erhobenen Werte poisson-verteilt mit Parameter 2,4 sind (Überprüfung mit Chi-Quadrat-Test, Kapitel 14.3.5.1.), dann ist die Zwischenankunftszeit exponentialverteilt mit Parameter 2,4.

Tabelle

Exponentialverteilung mit Parameter λ
Wahrscheinlichkeit, dass das nächste Ereignis in weniger als t
Zeiteinheiten eintritt

λ·t	0	1	2	3	4	5	6	7	8	9
0,0.	,000	,010	,020	,030	,039	,049	,058	,068	,077	,086
0,1.	,095	,104	,113	,122	,131	,139	,148	,156	,165	,173
0,2.	,181	,189	,197	,205	,213	,221	,229	,237	,244	,252
0,3.	,259	,267	,274	,281	,288	,295	,302	,309	,316	,323
0,4.	,330	,336	,343	,349	,356	,362	,369	,375	,381	,387
0,5.	,393	,400	,405	,411	,417	,423	,429	,434	,440	,446
0,6.	,451	,457	,462	,467	,473	,478	,483	,488	,493	,498
0,7.	,503	,508	,513	,518	,523	,528	,532	,537	,542	,546
0,8.	,551	,555	,560	,564	,568	,573	,577	,581	,585	,589
0,9.	,593	,597	,601	,605	,609	,613	,617	,621	,625	,628
λ·t	+,00	+,02	+,04	+,06	+,08	+,10	+,12	+,14	+,16	+,18
1,0	,632	,639	,647	,654	,660	,667	,674	,680	,687	,693
1,2	,699	,705	,711	,716	,722	,727	,733	,738	,743	,748
1,4	,753	,758	,763	,768	,772	,777	,781	,786	,790	,794
1,6	,798	,802	,806	,810	,814	,817	,821	,824	,828	,831
1,8	,835	,838	,841	,844	,847	,850	,853	,856	,859	,862
2,0	,865	,867	,870	,873	,875	,878	,880	,882	,885	,887
2,2	,889	,891	,894	,896	,898	,900	,902	,904	,906	,907
2,4	,909	,911	,913	,915	,916	,918	,920	,921	,923	,924
2,6	,926	,927	,929	,930	,931	,933	,934	,935	,937	,938
2,8	,939	,940	,942	,943	,944	,945	,946	,947	,948	,949
λ·t	0	1	2	3	4	5	6	7	8	9
3,.	,950	,955	,959	,963	,967	,970	,973	,975	,978	,980
4,.	,982	,983	,985	,986	,988	,989	,990	,991	,992	,993
5,.	,993	,994	,994	,995	,995	,996	,996	,997	,997	,997
6,.	,998	,998	,998	,998	,998	,998	,999	,999	,999	,999
7,.	,999	,999	,999	,999	,999	,999	,999	1,00	1,00	1,00

14.3.5. Statistische Prüfverfahren

Die Grundlage für jede statistische Untersuchung bildet die Erhebung einer Stichprobe aus der so genannten Grundgesamtheit. Statistische Prüfverfahren befassen sich mit der Frage, ob die aus einer Stichprobe gewonnen Erkenntnisse auf die Grundgesamtheit verallgemeinert werden können.

14.3.5.1. Statistischer Test

Ein wichtiges statistisches Prüfverfahren ist der Test. Ein Test ist ein Verfahren zur Überprüfung von Annahmen über Verteilungen, die das Zustandekommen von Beobachtungsdaten beschreiben. **Liegen die Beobachtungsdaten in Form einer Stichprobe vor, so soll aufgrund eines Tests entschieden werden, ob eine bestimmte Annahme (in der Statistik auch oft Hypothese genannt) als widerlegt zu betrachten ist oder nicht.**
Vor der Testdurchführung muss ein Niveau α (auch Irrtumswahrscheinlichkeit genannt) gewählt werden, welches das Risiko einer Fehlentscheidung quantifiziert: Wenn die Annahme zutrifft, ist α die Wahrscheinlichkeit dafür, dass sie zu Unrecht abgelehnt wird. Diese falsche Entscheidung wird auch Fehler erster Art genannt. Wird eine geringere Irrtumswahrscheinlichkeit gewählt, so steigt das Risiko, dass eine falsche Annahme nicht abgelehnt wird (Fehler zweiter Art). Es können also vier verschiedene Situationen auftreten, die in der folgenden Tabelle angegeben sind:

Annahme wird vom Test ...	Annahme ist zutreffend	Annahme ist falsch
abgelehnt	Fehler 1. Art	richtige Entscheidung
nicht abgelehnt	richtige Entscheidung	Fehler 2. Art

Der Fehler zweiter Art kann normalerweise nicht genau quantifiziert werden. **Es hat sich aber in der Praxis gezeigt, dass bei einer Irrtumswahrscheinlichkeit von 5% die Summe der beiden Fehlerarten in der Regel minimiert wird; die Wahrscheinlichkeit für eine richtige Entscheidung wird somit maximiert.**
Nach der Festlegung der Irrtumswahrscheinlichkeit α kann der Test durchgeführt werden. Dazu wird aus der Stichprobe eine Testgröße berechnet. Liegt diese Testgröße im so genannten kritischen Bereich, so ist die Testannahme als widerlegt zu betrachten, liegt sie außerhalb des kritischen Bereichs, so kann gegen die Testannahme nichts eingewendet werden.

14.3.5.2. Chi-Quadrat-Test (χ^2-Test)

Mit Hilfe des Chi-Quadrat-Tests kann **getestet** werden, **ob beobachtete Daten eine bestimmte Verteilung besitzen. Die gewählte Stichprobe sollte einen Umfang von mindestens 30 Werten haben.** Die Idee des Tests ist, den Wertebereich der Stichprobe in geeignete Klassen zu unterteilen. Die beobachteten Klassenhäufigkeiten werden dann mit den (bei der zu testenden Verteilung) erwarteten Häufigkeiten verglichen. Mit Hilfe der Chi-Quadrat-Verteilung kann festgestellt werden, ob die Unterschiede zwischen den beobachteten und den erwarteten Häufigkeiten signifikant sind oder nicht.

Testdurchführung

1. Schritt: Die in der Verteilung auftretenden Parameter werden mit Hilfe der für den Test benutzten Stichprobe geschätzt. In der folgenden Tabelle sind die Parameter und die entsprechenden Schätzungen der einzelnen Verteilungen zusammengefasst:

Verteilung	Parameter	Schätzung
Normalverteilung	μ	Mittelwert ($\bar{x}$)
	σ^2	Varianz (s^2)
Poisson-Verteilung	λ	Mittelwert ($\bar{x}$)
Exponentialverteilung	λ	1 / Mittelwert ($\bar{x}$)

2. Schritt: Der Wertebereich der Stichprobe wird in Klassen eingeteilt. Jetzt werden die bei der zu testenden Verteilung erwarteten Klassenhäufigkeiten ermittelt. Die Klassenanzahl sollte so gewählt werden, dass die erwarteten Klassenhäufigkeiten alle mindestens gleich 5 sind.

Bei einem **Test auf Normalverteilung** wird dabei wie in dem **folgenden Beispiel** vorgegangen:

Fallbeispiel: Chi-Quadrat-Test

Die monatliche Nachfrage eines Artikels wurde über drei Jahre beobachtet (Stichprobenumfang n = 36):

Jahr	Monat											
	Jan	Feb	Mär	Apr	Mai	Jun	Jul	Aug	Sep	Okt	Nov	Dez
1999	25	17	19	29	23	13	1	10	23	19	31	20
2000	20	22	18	20	25	15	7	12	21	15	37	33
2001	15	22	20	30	22	14	7	7	23	11	33	23

Der Mittelwert der Stichprobe beträgt 19,5; die Standardabweichung beträgt 8,0.(1. Schritt: Schätzung der Parameter μ und σ).

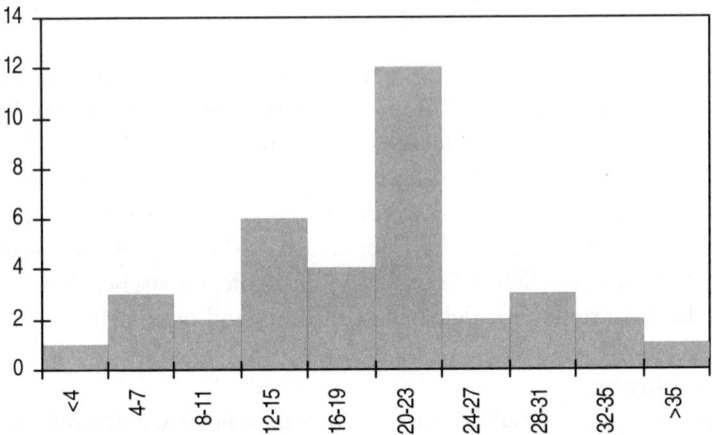

Folgende Einteilung der Klassen kann normalerweise für jede Stichprobe verwendet werden. Die erwartete Wahrscheinlichkeit für die jeweiligen Klassen bleibt gleich, da die Klasseneinteilung vom Mittelwert und Standardabweichung der Stichprobe abhängt. Die erwartete Häufigkeit erhält man, indem die erwartete Wahrscheinlichkeit (p_i) mit dem Stichprobenumfang (n) multipliziert wird.

Klasse		Erwartete Wahrscheinl. (p_i)	Erwartete Häufigkeit (n x p_i)	
< $\bar{m}$ - 2s	< 3,5	0,02280	0,82	⎫
$\bar{m}$ - 2s - $\bar{m}$ -1,5 s	3,5-7,5	0,04400	1,58	⎬ 5,71
$\bar{m}$ -1,5 s - $\bar{m}$ - s	7,5-11,5	0,09190	3,31	⎭
$\bar{m}$ - s - $\bar{m}$ - 0,5s	11,5-15,5	0,14980	5,39	
$\bar{m}$ - 0,5s - $\bar{m}$	15,5-19,5	0,19150	6,89	
$\bar{m}$ - $\bar{m}$ + 0,5s	19,5-23,5	0,19150	6,89	
$\bar{m}$ + 0,5s - $\bar{m}$ + 1s	23,5-27,5	0,14980	5,39	
$\bar{m}$ + 1s - $\bar{m}$ + 1,5s	27,5-31,5	0,09190	3,31	⎫
$\bar{m}$ + 1,5s - $\bar{m}$ + 2s	31,5-35,5	0,04400	1,58	⎬ 5,71
> $\bar{m}$ + 2s	> 35,5	0,02280	0,82	⎭
Summe		**1,00000**	**36,00**	

Ausgehend vom Mittelwert (19,5) werden in beide Richtungen Klassen von jeweils einer halben Standardabweichung (8 / 2 = 4) gebildet. Die ersten und letzten drei Klassen werden zu jeweils einer zusammengefasst, da die einzelnen erwarteten Klassenhäufigkeiten kleiner als 5 sind. Die Klassenanzahl (m) ist somit gleich 6.

3. Schritt: Die erwarteten Klassenhäufigkeiten werden mit den beobachteten verglichen. Die beobachteten Klassenhäufigkeiten (h_i) sind die Anzahl der Stichprobenwerte aus den einzelnen Klassen. Die beiden Häufigkeiten werden mit Hilfe folgender Testgröße statistisch verglichen:

$$\frac{(h_1 - n \times p_1)^2}{n \times p_1} + \frac{(h_2 - n \times p_2)^2}{n \times p_2} + \dots + \frac{(h_m - n \times p_m)^2}{n \times p_m}$$

In der folgenden Tabelle wird gezeigt, wie die Testgröße für das Fallbeispiel berechnet wird:

Klasse	Häufigkeit		Berechnung der Testgröße		
	beob. (h_i)	erw. ($n \times p_i$)	$h_i - n \times p_i$	$(h_i - n \times p_i)^2$	$\frac{(h_i - n \times p_i)^2}{n \times p_i}$
< 11,5	6	5,71	0,29	0,082	0,01
11,5-15,5	6	5,39	0,61	0,369	0,07
15,5-19,5	4	6,89	-2,89	8,375	1,21
19,5-23,5	12	6,89	5,11	26,071	3,78
23,5-27,5	2	5,39	-3,39	11,511	2,13
> 27,5	6	5,71	0,29	0,082	0,01
Summe	**36**	**36,00**			**7,23**

4. Schritt: Der kritische Bereich für die Testgröße wird ermittelt. Dazu wird die Anzahl der Freiheitsgrade benötigt, die wie folgt berechnet wird:

Anzahl der Freiheitsgrade =
= Klassenanzahl - 1 - Anzahl der geschätzten Parameter

Für das Fallbeispiel ist die Anzahl der Freiheitsgrade somit gleich 3 (= 6 - 1 - 2) [6 (Klassen) - 1 - 2 (μ und σ^2)]. **Bei einer Irrtumswahrscheinlichkeit α von 5% ergibt sich laut umseitiger Tabelle ein kritischer Wert von 7,81. Da der Wert der Testgröße mit 7,23 kleiner als der kritische Wert ist, kann gegen die Testannahme nichts eingewendet werden. Die monatliche Nachfrage des Artikels ist also normalverteilt.** Die Abweichungen der Stichprobe von der Normalverteilung können auf Zufall zurückgeführt werden.

Wird als Irrtumswahrscheinlichkeit α aber 10% gewählt, so ergibt sich ein kritischer Wert von 6,25. Die Testgröße wäre mit 7,23 in diesem Fall größer. Daher würde die Annahme, dass die monatliche Nachfrage des Artikels normalverteilt ist, abgelehnt.

Dieses Fallbeispiel zeigt, wie wichtig es ist, eine geeignete Irrtumswahrscheinlichkeit zu wählen. Wie bereits am Anfang erwähnt, ist in den meisten Fällen eine Irrtumswahrscheinlichkeit α von 5% am günstigsten.

Tabelle

Kritische Werte der Testgröße für Chi-Quadrat-Test					
Anzahl der Freiheitsgrade	Irrtumswahrscheinlichkeit α				
	10,0%	5,0%	2,5%	1,0%	0,5%
1	2,71	3,84	5,02	6,63	7,88
2	4,61	5,99	7,38	9,21	10,60
3	6,25	7,81	9,35	11,34	12,84
4	7,78	9,49	11,14	13,28	14,86
5	9,24	11,07	12,83	15,09	16,75
6	10,64	12,59	14,45	16,81	18,55
7	12,02	14,07	16,01	18,48	20,28
8	13,36	15,51	17,53	20,09	21,95
9	14,68	16,92	19,02	21,67	23,59
10	15,99	18,31	20,48	23,21	25,19
11	17,28	19,68	21,92	24,73	26,76
12	18,55	21,03	23,34	26,22	28,30
13	19,81	22,36	24,74	27,69	29,82
14	21,06	23,68	26,12	29,14	31,32
15	22,31	25,00	27,49	30,58	32,80
16	23,54	26,30	28,85	32,00	34,27
17	24,77	27,59	30,19	33,41	35,72
18	25,99	28,87	31,53	34,81	37,16
19	27,20	30,14	32,85	36,19	38,58
20	28,41	31,41	34,17	37,57	40,00
25	34,38	37,65	40,65	44,31	46,93
30	40,26	43,77	46,98	50,89	53,67
35	46,06	49,80	53,20	57,34	60,27
40	51,81	55,76	59,34	63,69	66,77
45	57,51	61,66	65,41	69,96	73,17
50	63,17	67,50	71,42	76,15	79,49
60	74,40	79,08	83,30	88,38	91,95
70	85,53	90,53	95,02	100,43	104,21
80	96,58	101,88	106,63	112,33	116,32
90	107,57	113,15	118,14	124,12	128,30
100	118,50	124,34	129,56	135,81	140,17

Die beiden für das Fallbeispiel relevanten kritischen Werte sind invers gedruckt.

14.4. Zinstabellen, Tilgungspläne, Leibrententabellen, Index-tabellen

14.4.1. Zinstabellen

Zinsfaktoren sind für viele Wirtschaftlichkeitsberechnungen von großer Bedeutung. Investitionsrechnungen, Unternehmensbewertungen, Finanzierungsentscheidungen (z.B. Kreditkauf versus Leasing) und Barwertvergleiche in den unterschiedlichsten Ausprägungsformen können ohne Zinsfaktoren nicht durchgeführt werden.

Wo findet man welche Zinstabellen?
In diesem Buch werden im Kapitel 16.14. folgende Zinstabellen angeboten, mit denen sich nahezu alle Bar- und Endwertprobleme lösen lassen

Zins-tabelle	Periode	Darge-stellte Perioden	Zinstabellen für folgende Zinsprozentsätze	Tabelle siehe Seite
AUF	jährlich	30		
AB	jährlich	30	3% 4% 5% 6% 7% 8% 9% 10% 11% 12% 13% 14%	1188 bis
DSF	jährlich	30	15% 20% 25% 30% 35% 40% 45% 50%	1197
KAP	jährlich	30		
AUF	semestral	30	3% 4% 5% 6% 7% 8% 9% 10% 11% 12% 13% 14%	1198 bis
AB	semestral	30	15% 16% 17%	1202
AUF	viertelj.	30	3% 4% 5% 6% 7% 8% 9% 10% 11% 12% 13% 14%	1203 bis
AB	viertelj.	30	15% 16% 17%	1207
AUF	monatlich	30	3% 4% 5% 6% 7% 8% 9% 10% 11% 12% 13% 14%	1208 bis
AB	monatlich	30	15% 16% 17%	1212

AUF = Aufzinsungsfaktoren

AB = Abzinsungsfaktoren

DSF = Diskontierungssummenfaktoren (= kumulierte Abzinsungsfaktoren)

KAP = Kapitalwiedergewinnungsfaktoren (= Annuitätsfaktoren)

Welche Formeln?

Den Tabellenwerten liegen folgende Formeln zugrunde:

	Auf- zinsungs- faktor	Ab- zinsungs- faktor	Diskon- tierungs- summen- faktor	Kapital- wieder- gewin- nungs- faktor
	AUF	**AB**	**DSF**	**KAP**
Grundformel (nachschüssig)	$(1+i)^n$	$\dfrac{1}{(1+i)^n}$	$\dfrac{(1+i)^n-1}{i\,(1+i)^n}$	$\dfrac{i\,(1+i)^n}{(1+i)^n-1}$

Vorschüssig	Antizipativer Zinsfuß: $i = \dfrac{\dfrac{100 \times p}{100 - p}}{100}$ Dieses "i" wird in die oberen Formeln eingesetzt

Unterjährig

Wenn gegeben: effektiver Jahreszins

Gesucht: Effektivzins Teilperiode

Dann Einsetzen in die Zinsumrechnungsformel:

- allgemein $\left(1+i\right)^{\frac{n}{m}}$

  wobei: $i = p/100$; m = Zinsenperioden pro Jahr

- semestral $\left(1+i\right)^{\frac{n}{2}}$
- vierteljährlich $\left(1+i\right)^{\frac{n}{4}}$
- monatlich $\left(1+i\right)^{\frac{n}{12}}$

Die Formel für den **Kapitalwiedergewinnungsfaktor** ändert sich wie folgt:

$$\frac{\left[\left(1+i\right)^{\frac{1}{m}}-1\right]\left(1+i\right)^{\frac{n}{m}}}{\left(1+i\right)^{\frac{n}{m}}-1}$$

Die Zusammenhänge der vier Faktoren können wie folgt beschrieben werden:

- Der Abzinsungsfaktor ist der reziproke Wert des Aufzinsungsfaktors.
- Der Diskontierungssummenfaktor ergibt sich aus der Kumulierung der Abzinsungsfaktoren.
- Der Kapitalwiedergewinnungs- bzw. Annuitätenfaktor ist der reziproke Wert des Diskontierungssummenfaktors.

Setzt man in obige Formeln ein, dann ergeben sich bei einer zehnprozentigen Verzinsung für die ersten Perioden folgende Werte bzw. Faktoren:

Formeltest für nachschüssige jährliche Zahlungsweise, p = 10%

Jahr	Auf-zinsungs-faktor **AUF** $(1 + i)^n$	Ab-zinsungs-faktor **AB** $\dfrac{1}{(1 + i)^n}$	Diskon-tierungs-summen-faktor **DSF** $\dfrac{(1 + i)^n - 1}{i (1 + i)^n}$	Kapital-wieder-gewin-nungs-faktor **KAP** $\dfrac{i (1 + i)^n}{(1 + i)^n - 1}$
Alle Formeln unterstellen nachschüssige Zahlungsweise; i = p/100				
1	1,1000	0,9091	0,9091	1,1000
2	1,2100	0,8264	1,7355	0,5762
3	1,3310	0,7513	2,4869	0,4021

Formeltest für vorschüssige jährliche Zahlungsweise, p = 10%

Jahr	Auf-zinsungs-faktor **AUF** $\left(1 + \dfrac{\frac{100 \times p}{100 - p}}{100}\right)^n$	Ab-zinsungs-faktor **AB** $\dfrac{1}{\left(1 + \dfrac{\frac{100 \times p}{100 - p}}{100}\right)^n}$
Alle Formeln unterstellen vorschüssige Zahlungsweise		
1	1,1111	0,9000
2	1,2346	0,8100
3	1,3717	0,7290

Formeltest für nachschüssige unterjährige (vierteljährliche) Zahlungsweise, p = 10%

Quartal	Auf-zinsungs-faktor **AUF** $$(1+i)^{\frac{n}{4}}$$	Ab-zinsungs-faktor **AB** $$\frac{1}{(1+i)^{\frac{n}{4}}}$$	Kapital-wieder-gewin-nungs-faktor **KAP** $$\frac{\left[(1+i)^{\frac{1}{4}}-1\right](1+i)^{\frac{n}{4}}}{(1+i)^{\frac{n}{4}}-1}$$
	Alle Formeln unterstellen nachschüssige monatliche Zahlungsweise; $i = p/100$		
1	1,0241	0,9765	1,0241
2	1,0488	0,9535	0,5182
3	1,0741	0,9310	0,3495
4	1,1000	0,9091	0,2653

Für unterjährige Kapitalwiedergewinnungsfaktoren werden keine Tabellen abgedruckt.

Alle übrigen Faktoren können dem Kapitel 16.14. entnommen werden.

Fallbeispiel: Endwertberechnung eines Einmalbetrages

Frage

Ein Geldbetrag von 1 GE soll zu 10% Zinsen angelegt werden. Welcher Wert hat sich bis zum Ende des zehnten Jahres angesammelt?

Antwort

Der Endwert errechnet sich wie folgt:

| 1 x | 2,594 | AUF10 | = | 2,59 |

Fallbeispiel: Barwertberechnung eines Einmalbetrages

Frage

Welchen Wert hat 1 GE in zehn Jahren heute? Zinsen 10%

Antwort

Der Barwert errechnet sich wie folgt:

| 1 x | 0,3855 | AB10 | = | 0,39 |

Fallbeispiel: Barwertberechnung mehrerer gleich hoher Geldbeträge

Frage

Ein Unternehmer wird in den folgenden drei Jahren je 1 Mio GE Gewinn erzielen. Wie hoch ist der Barwert dieser Gewinne heute? Zinsen 10%

Antwort

Der Barwert errechnet sich wie folgt:

| 1 Mio GE x 2,487 | DSF3 | = | 2,487 Mio GE |

Fallbeispiel: Barwertberechnung mehrerer gleich hoher und einiger unterschiedlich hoher Geldbeträge

Frage

Der investitionsrelevante Nutzen, der während der geplanten Nutzungsdauer von fünf Jahren erwartet werden darf, stellt sich wie folgt dar:

Jahr	1	2	3	4	5	5
Nutzen in GE	50	80	100	100	100	60 LE

Wie hoch ist der Barwert des Nutzens ohne und mit Berücksichtigung des Liquidationserlöses (LE); Zinsen 10%?

Antwort: ohne Liquidationserlös

Entweder:

Jahr	Nutzen in GE	AB 10%	Barwert Nutzen
1	50	0,9091	45
2	80	0,8264	66
3	100	0,7513	75
4	100	0,6830	68
5	100	0,6209	62
		Σ	317

Oder:

Jahr	Nutzen in GE	Tafel	10%	Barwert Nutzen
1	50	AB1	0,9091	45
2	80	AB2	0,8264	66
3-5	100 p.a.	DSF3	2,4869	
		x	x	206
		AB2	0,8264	
			Σ	318

Die DSF-Tabellen bieten sich vor allem für jene Fälle an, bei denen der abzuzinsende Jahreswert (z.B. investitionsrelevanter Nutzen) über mehrere Jahre gleich hoch ist. In diesem Beispiel muss der DSF-Wert noch mit dem Abzinsungsfaktor für zwei Jahre AB2 multipliziert werden, um den Barwert für heute zu erhalten.

Antwort: mit Liquidationserlös

Jahr	Nutzen in GE	AB 10%	Barwert Nutzen
1	50	0,9091	45
2	80	0,8264	66
3	100	0,7513	75
4	100	0,6830	68
5	160	0,6209	99
		Σ	354

Natürlich ist der Barwert hier höher als bei der Variante "ohne Liquidationserlös".

Fallbeispiel: Bewertung einer gleich bleibenden ewigen Rente

Frage
Wie hoch ist der Barwert einer ewigen Jahresrente von 1 GE bei einer Verzinsung von 10%?

Antwort
Der Barwert beträgt 10 GE:

$$\frac{1\ GE}{i} \quad i = p/100,\ daher \quad \frac{1\ GE}{0,1} = 10\ GE$$

Fallbeispiel: Erstbeurteilung eines Investitionsvorhabens

Frage
Wie hoch muss der durchschnittliche, investitionsrelevante Nutzen jährlich mindestens sein, damit ein Investitionsprojekt mit

Investitionsausgaben .... 1 Mio GE
Nutzungsdauer.................................. 4 Jahre
Liquidationserlöse Ende 4. Jahr .... null

als gerade noch wirtschaftlich bezeichnet werden kann? Geforderter Zinsfuß 10%.

Antwort

Investitionsausgaben x	KAP10	= Ø notwendiger Nutzen p.a.
1.000.000 GE x	0,3155	= 315.000 GE

Der jährlich notwendige durchschnittliche Nutzen müsste mindestens 315.500 GE betragen, damit das Investitionsprojekt als wirtschaftlich eingestuft werden kann.

14.4.2. Annuitätentilgung, Tilgungspläne

Wird eine Schuld in jährlich gleichbleibenden Beträgen für Rückzahlung der Schuld und Zinsen getilgt, dann spricht man bei diesem Betrag von einer Annuität. Da mit laufender Tilgung die verbleibende Schuld und damit der zu zahlende Zinsbetrag immer geringer wird, steigt der jährliche Tilgungsanteil. **Der Barwert aller Tilgungen und Zinsen ist identisch mit dem aufgenommenen Schuldenbetrag (Kredit).**

Die Annuitätentilgung bzw. die Tilgungspläne sind bei Finanzierungskonzepten, Planbilanzen, Investitionsrechnungen (für die Ermittlung der Ertragsteuerbasis), bei Barwertvergleichen usw. wichtige Grundlagen.

Fallbeispiel: Tilgungsplan mit jährlicher Tilgung

Frage

Ein Kredit von 1.000 GE soll während einer Laufzeit von fünf Jahren in fünf gleichen Beträgen, jeweils am Ende des Jahres, zurückgezahlt werden. Die Verzinsung beträgt 10%.

Antwort

Die jährliche Annuität wird mit Hilfe des Kapitalwiedergewinnungsfaktors (Annuitätsfaktor) ermittelt. Sie ergibt sich aus Kreditbetrag mal Kapitalwiedergewinnungsfaktor.

(n = 5 Jahre, p = 10%, KAP10 = 0,2638)

Jahr	Darlehens-stand zum Jahresanf.	Annuität	Zins-tilgung	Darlehens-tilgung	Darlehens-stand zum Jahresende
	A	B	C = A x 0,1	D = B - C	E = A - D
1	1.000,00	263,80	100,00	163,80	836,20
2	836,20	263,80	83,62	180,18	656,02
3	656,02	263,80	65,60	198,20	457,82
4	457,82	263,80	45,78	218,02	239,80
5	239,80	263,80	24,00	239,80	0,00
Σ		1.319,00	319,00	1.000,00	

Fallbeispiel: Tilgungsplan mit halbjährlicher Tilgung

Frage

Ein Kredit von 1.000 GE soll während der Laufzeit von fünf Jahren in zehn gleichen Beträgen, jeweils am Ende des Semesters, zurückgezahlt werden. Die Verzinsung beträgt 10%.

Antwort

Weil für unterjährige Kapitalwiedergewinnungsfaktoren keine Tabellen ausgedruckt wurden, muss in die Formel

$$\frac{\left[(1+i)^{\frac{1}{m}} - 1\right](1+i)^{\frac{n}{m}}}{(1+i)^{\frac{n}{m}} - 1}$$

eingesetzt werden: m = 2, n = 10, i = 10/100 = 0,1

$$\frac{\left[(1+0,1)^{\frac{1}{2}} - 1\right](1+0,1)^{\frac{10}{2}}}{(1+0,1)^{\frac{10}{2}} - 1} = \frac{\left[1,1^{0,5} - 1\right]1,1^5}{1,1^5 - 1} = \frac{0,0488 \times 1,6105}{0,6105} = \boxed{0,12876}$$

ANNUITÄTENTILGUNG UNTER FOLGENDEN VORAUSSETZUNGEN: KREDIT: 1.000 GE, LAUFZEIT: 10 SEMESTER VERZINSUNG 10%, NACHSCHÜSSIG				
Semester	Darlehen	Zinstilgung	Tilgungsquote	Annuität
1	1.000,00	48,81	79,95	128,76
2	920,05	44,91	83,85	128,76
3	836,20	40,81	87,94	128,76
4	748,26	36,52	92,23	128,76
5	656,03	32,02	96,74	128,76
6	559,29	27,30	101,46	128,76
7	457,83	22,35	106,41	128,76
8	351,42	17,15	111,60	128,76
9	239,82	11,71	117,05	128,76
10	122,76	5,99	122,76	128,76
Summe:		287,57	1.000,00	1.287,57

14.4.3. Leibrententabellen

Während die Dauer von Zeitrenten auf einen bestimmten Zeitraum festgesetzt ist, sind Leibrenten solche Renten, deren Dauer von der Lebenszeit einer Person (Rentenberechtigter) oder mehrerer Personen (z.B. Rentenberechtigter und Ehepartner = Verbindungsrente) abhängt.

Der Anwendungsbereich von Leibrenten ist groß:

- **Unternehmenskauf und -verkauf**
- **Erbschaften**
- **Entschädigungen**
  usw.

Es gibt mehrere Arten, die Leibrenten zu klassifizieren. Werden sie nach den möglichen Auszahlungsmodalitäten eingeteilt, dann ergibt sich folgendes Bild:

Vorschüssige Renten (Pränumerandorenten)

- Sofort beginnende, ganzjährige
- Sofort beginnende, unterjährige
- Aufgeschobene, ganzjährige
- Aufgeschobene, unterjährige

Nachschüssige Renten (Postnumerandorenten)

- Sofort beginnende, ganzjährige
- Sofort beginnende, unterjährige
- Aufgeschobene, ganzjährige
- Aufgeschobene, unterjährige

Die Leibrententabellen in diesem Buch (M = Männer, F = Frauen) enthalten nur vorschüssige Renten, die sofort beginnen. Diese können direkt aus den Tabellen abgelesen werden. Durch kleine "Tricks" können aber auch rasch und einfach

- nachschüssige Leibrenten und
- aufgeschobene Leibrenten

ermittelt werden.

Für **verbundene Leben** stehen die Tabellen **Verbindungsrenten** (VR), für **unterjährige Zahlungsweise** die **Korrekturfaktoren** (KF) zur Verfügung.
Mit diesem versicherungsmathematischen Instrumentarium lassen sich alle gängigen Aufgabenstellungen einfach lösen.

Leibrententabellen							
für Deutschland				für Österreich			
M	F	VR	KF	M	F	VR	KF

Seite	Seite	Seite		Seite	Seite	Seite	Seite
1219	1220	1221		1223	1224	1225	1226
		1222				1226	

1/4 jährl.
1/2 jährl.
monatlich
vorschüssig
nachschüssig

M	= Männer (von 45 bis 100 Jahre, Zinsfuß 3%, 5%, 7%, 9%)
F	= Frauen (von 45 bis 100 Jahre, Zinsfuß 3%, 5%, 7%, 9%)
VR	= Verbindungsrenten (Deutschland 3%, 7%) (Österreich 5%, 9%)
KF	= Korrekturfaktoren (für unterjährige Zahlungsweise)

Korrekturfaktoren für unterjährig zahlbare Leibrenten

Die in diesem Buch abgebildeten Leibrententabellen für Österreich beziehen sich auf jährlich vorschüssige Zahlung. Bei anderer Zahlungsweise können die Tabellenwerte durch

- Reduktion bei Vorschüssigkeit
- bzw. durch Erhöhung bei Nachschüssigkeit

korrigiert werden.

KFV	bei vorschüssiger Zahlungsweise		
Zinsfuß	Halbjährlich	Vierteljährlich	Monatlich
3%	-0,2537	-0,3796	-0,4632
5%	-0,2561	-0,3826	-0,4664
7%	-0,2585	-0,3856	-0,4695
9%	-0,2608	-0,3885	-0,4726

KFN	bei nachschüssiger Zahlungsweise		
Zins-fuß	Halb-jährlich	Viertel-jährlich	Monatlich
3%	+ 0,2463	+ 0,3704	+ 0,4534
5%	+ 0,2439	+ 0,3674	+ 0,4503
7%	+ 0,2415	+ 0,3644	+ 0,4447
9%	+ 0,2392	+ 0,3615	+ 0,4441

Fallbeispiel: Umwandlung einer vorschüssigen Leibrente in eine nachschüssige Leibrente

Der Barwert einer nachschüssigen Leibrente ist der um 1 verminderte Barwert der entsprechenden vorschüssigen Leibrente. Wird also der Barwert einer nachschüssigen Leibrente für einen 55-jährigen Mann bei einem Zinssatz von 5% gesucht, dann ist der Barwert nach der Allgemeinen Deutschen Leibrententabelle 1970/72:

$$11,056 \ (= 12,056 - 1)$$

Fallbeispiel: Leibrente, verbundene Rente, monatliche Zahlungsweise

Ausgangssituation

Ein 60-jähriger Unternehmer verkauft seine Firma in Österreich um 1 Mio GE gegen Leibrente.

Fragen

Wie hoch ist die monatlich vorschüssige Leibrente für 1 Mio GE Unternehmenswert:

a) Für den Unternehmer alleine?
b) Für den Unternehmer mit 50-prozentigem Übergang auf seine 55-jährige Ehefrau?
c) Für die Gattin des Unternehmers alleine?

Der Jahreszinsfuß beträgt 5%.

Antworten
Grundlagen:

Alter des Unternehmers (x) .... 60 Jahre
Alter der Gattin (y) .... 55 Jahre
Gewählter Zinsfuß 5%
Zahlungsweise der Leibrente .... monatlich, vorschüssig
Verwendetes Tafelwerk: Leibrententabellen nach der Sterbetafel 1980/82 für
Österreich

Für a) gilt: **M60** - **KFV12**

(Barwertfaktor für einen 60-jährigen Mann [**M60**], abzüglich Korrekturfaktor
für monatlich vorschüssige Zahlungsweise [**KFV12**])

Für b) gilt: **M60** +[0,5 x (**F55** - **VR5**) - **KFV12**]

(Barwertfaktor für einen 60-jährigen Mann + Zusatzfaktor für 50-prozentigen
Übergang der Leibrente auf die heute 55-jährige Gattin nach Ableben des
Unternehmers, abzüglich Korrekturfaktor für monatlich vorschüssige Zahlungs-
weise)

Für c) gilt: **F55** - **KFV12**

(Barwertfaktor für eine 55-jährige Frau, abzüglich Reduktionsfaktor für monatlich vorschüssige Zahlungsweise)
Rechenprocedere:

	Mann alleine a)	Verbindungs- rente b)	Frau alleine c)
Barwert der Mannesrente lt. Tabellen	11,0142	11,0142	
Barwert der Frauenrente		14,1598	14,1598
Abzüglich Verbindungsrente		- 10,1412	
Abzüglich 50% Witwenrente (14,1598 - 10,1412) x 0,5		- 2,0093	
Abzüglich Korrekturfaktor für monatl. Zahlungsweise	- 0,4664	- 0,4664	- 0,4664
Relevanter Barwertfaktor	**10,5478**	**12,5571**	**13,6934**

Ergebnisinterpretation

Die monatlich vorschüssige Rente beträgt bei einem Unternehmenswert von 1 Mio GE:

- Für den Unternehmer alleine (a) .... **7.901 GE**
- Für den Unternehmer
  bis zu seinem Tod .... **6.636 GE**
  und anschließend für seine Gattin (b) .... **3.318 GE**
- Für die Gattin des
  Unternehmers alleine (c). .... **6.086 GE**

Rechenhinweise

		1 Mio GE	1 Mio GE	1 Mio GE
:	relevanter Barwertfaktor	10,5478	12,5571	13,6934
:	12	**7.901**	**6.636**	**6.086**
:	2		**3.318**	

Bei Verwendung des um zehn Jahre älteren deutschen Tafelwerkes (1970/72) ergeben sich folgende monatliche Leibrenten:

- 8.306
- 6.888 bzw. 3.444
- 6.291

Durch die etwas geringere Lebenserwartung 1970/72 gegenüber 1980/82 (siehe auch Kapitel 14.4.5.) sind die Leibrenten hier geringfügig höher.

Sensibilität bei anderen Zinsfüßen

Nachstehende Tabelle zeigt die Ergebnisse der Fragen

- a) (Mann alleine),
- b) (Verbindungsrente) und
- c) (Frau alleine)

bei einem Zinssatz von 3%, 7% und 9%.

Tabelle: Sensibilität der Monatsleibrenten

Zinssatz	a	b			c
3%	6.721	5.464	/	2.731	4.925
7%	9.123	7.870	/	3.935	7.317
9%	10.377	9.143	/	4.572	8.596

Wie an obigen Ergebnissen zu sehen ist, kommt der Wahl des richtigen Zinsfußes große Bedeutung zu.

14.4.4. Indextabellen (Inflationsabgeltung) und realer Rechnungs-zinsfuß

Gilt es, den Barwert einer Leibrentenverpflichtung rückzustellen, ist aus Gründen der kaufmännischen Vorsicht ein eher niedriger als ein zu hoher Zinssatz anzusetzen.

In den Zinssätzen dient ein nicht unerheblicher Anteil der Inflationsabgeltung. Dieser Anteil entfällt bei wertgesicherten Renten.

Wird für die Inflationsabgeltung ein fester Prozentsatz angenommen (aus Index-tabelle hergeleitet), dann lässt sich der reale Rechenzinsfuß für die Berechnung des Barwertes beispielsweise wie folgt ermitteln:

• Zinssatz für festverzinsliche Wertpapiere	5,50%
• Fester Prozentsatz für Inflationsabgeltung	1,50%
• **Realer Rechnungszinsfuß**	
$\dfrac{1,055}{1,015} - 1 =$	0,0394
gerundet	**3,94%**

☞ **Wichtiger Hinweis für neu abzuschließende Versicherungsklauseln:**
Die Deutsche Bundesbank empfiehlt dringend, bei neuen Wertsicherungs-klauseln den Preisindex für die Lebenshaltung aller privater Haushalte für Deutschland insgesamt zu verwenden. Dieser Preisindex ist auf der nachfolgenden Seite abgebildet.

Indextabellen

Preisindex für die Gesamtlebenshaltung in Deutschland (7. Preisindex für die Gesamtlebenshaltung) Alle privaten Haushalte									

Basis 1991 = 100

	1991	1992	1993	1994	1995	1996	1997	1998	1999	2000
Jan	97,7	103,2	108,0	111,4	113,8	115,6	117,7	119,2	119,4	121,4
Feb	98,2	103,9	108,8	112,1	114,3	116,0	118,0	119,4	119,6	121,8
Mär	98,2	104,3	109,1	112,2	114,3	116,1	117,9	119,3	119,8	122,0
Apr	98,5	104,7	109,4	112,3	114,6	116,1	117,7	119,4	120,2	122,0
Mai	98,9	105,0	109,6	112,6	114,6	116,3	118,2	119,8	120,2	121,9
Jun	99,4	105,3	109,9	112,9	115,0	116,4	118,3	119,9	120,3	122,6
Jul	100,6	105,6	110,4	113,2	115,2	116,6	119,2	120,2	120,9	123,2
Aug	100,6	105,6	110,4	113,4	115,3	116,5	119,3	120,0	120,8	
Sep	100,6	105,5	110,2	113,2	115,2	116,5	119,1	119,8	120,6	
Okt	102,1	105,6	110,2	113,1	115,1	116,5	119,0	119,5	120,4	
Nov	102,6	106,0	110,4	113,2	115,1	116,4	119,0	119,5	120,7	
Dez	102,7	106,1	110,6	113,4	115,4	116,9	119,2	119,6	121,0	
Ø	100,0	105,1	109,8	112,8	114,8	116,3	118,5	119,6	120,3	

Verbraucherpreisindex Österreich										

VPI 1976 (1976 = 100)

	1979	1980	1981	1982	1983	1984	1985	1986	1987	1988	1989
Jan	111,4	117,0	125,2	132,9	138,3	146,1	151,0	155,4	156,0	158,9	162,3
Feb	112,0	118,0	125,9	133,4	138,9	146,8	151,8	155,6	155,8	159,2	163,1
Mär	112,2	118,4	126,9	134,5	139,2	147,3	152,6	155,3	156,1	159,7	163,3
Apr	112,3	118,9	127,7	135,1	139,1	147,3	152,9	155,0	156,4	159,9	163,7
Mai	112,3	119,5	127,6	135,3	138,7	146,9	152,5	154,8	156,9	159,5	164,1
Jun	112,8	120,8	128,4	136,0	139,4	148,2	153,0	155,3	158,3	160,5	164,5
Jul	113,8	121,3	129,2	136,3	140,1	147,9	153,1	155,4	159,1	162,3	166,4
Aug	113,8	122,1	129,9	136,5	140,9	149,3	153,2	155,8	159,9	162,8	167,2
Sep	113,9	121,8	130,2	136,6	141,1	149,0	153,3	155,9	158,9	161,9	165,9
Okt	114,5	122,2	131,0	137,0	141,9	149,3	153,3	155,8	158,6	161,4	165,9
Nov	115,0	122,3	130,3	137,0	142,1	149,7	153,6	155,5	158,1	161,3	165,6
Dez	115,6	123,3	131,2	137,4	142,6	149,8	154,0	155,7	158,3	161,3	165,9
Ø	113,3	120,5	128,7	135,7	140,2	149,1	152,9	155,5	157,7	160,7	164,8

Verbraucherpreisindex Österreich										
VPI 1976 (1976 = 100)										
	1990	**1991**	**1992**	**1993**	**1994**	**1995**	**1996**	**1997**	**1998**	**1999**	**2000**
Jan	167,0	172,6	179,3	186,6	192,4	197,3	200,6	204,7	207,2	208,2	210,6
Feb	168,3	173,8	181,0	187,7	193,6	198,3	201,5	205,5	207,6	208,6	212,0
Mär	168,4	174,3	181,5	188,5	194,2	198,9	202,5	205,7	207,8	208,6	212,7
Apr	168,9	174,5	181,5	188,5	194,1	199,0	202,2	205,7	208,2	208,6	212,4
Mai	169,0	174,6	182,1	188,8	194,4	199,0	202,0	205,9	208,0	209,0	212,7
Jun	169,3	175,7	182,7	189,2	194,7	199,8	203,1	205,9	207,8	208,6	214,3
Jul	171,5	177,7	184,9	191,4	196,9	201,2	204,9	205,9	207,8	208,6	214,5
Aug	172,4	178,8	185,7	192,0	198,1	202,3	206,0	205,9	207,8	209,0	
Sep	172,1	177,6	184,4	190,6	196,6	200,4	204,5	205,9	207,8	208,8	
Okt	172,1	177,0	184,1	190,5	196,1	199,8	204,0	206,6	208,0	209,6	
Nov	171,7	177,1	184,3	190,6	195,9	199,7	204,2	206,8	208,2	209,8	
Dez	171,7	177,0	184,4	191,0	195,5	199,5	204,2	207,0	208,4	211,2	
Ø	170,2	175,9	183,0	189,6	195,2	199,6	203,3	206,0	207,9	209,1	

14.4.5. Neuere Leibrententabellen

Die im Kapitel 16.14. auf den Seiten 1219 bis 1226 abgebildeten Leibrenten-tabellen basieren auf den Sterbetafeln

- 1970/72 (Deutschland) bzw.
- 1980/82 (Österreich)

Inzwischen gibt es natürlich schon neuere Tafelwerke, und zwar:

- 1986/88 (Deutschland) (nicht abgebildet) und
- 1990/92 (Österreich) (nicht abgebildet)
- Periodentafel für Österreich, getrennt nach Geburtsjahrgruppen, gemäß Steuerreformgesetz 2000 (Kapitel 16.14., Seiten 1227 bis 1228)

☞ Die Lebenserwartung steigt alle zehn Jahre um ca. zwei Jahre.

Der folgende Vergleich der älteren mit den neueren Leibrententabellen zeigt den Entwicklungstrend auf, der durch die ständig steigende Lebenserwartung der Deutschen und Österreicher verursacht wird. Übrigens, die Lebenserwartung der Deutschen und Österreicher ist nahezu identisch.

Entwicklung der Lebenserwartung in Jahren

Männer

Jahr	Deutschland		Österreich	
	1970/72	1986/88	1980/82	1990/92
45	27,33	29,89	28,19	30,34
50	23,05	25,50	24,00	26,01
55	19,02	21,37	20,07	21,86
60	15,31	17,55	16,41	18,02
65	12,06	14,05	13,01	14,54
70	9,35	10,90	9,98	11,41
75	7,17	8,21	7,46	8,61
80	5,36	6,06	5,50	6,28
85	3,92	4,43	4,05	4,52
90	2,81	3,25	3,00	3,25

Frauen

Jahr	Deutschland		Österreich	
	1970/72	1986/88	1980/82	1990/92
45	32,14	35,40	33,69	35,69
50	27,65	30,78	29,12	31,08
55	23,32	26,28	24,69	26,58
60	19,12	21,95	20,43	22,21
65	15,18	17,82	16,38	18,01
70	11,63	13,96	12,61	14,09
75	8,59	10,48	9,31	10,54
80	6,16	7,57	6,63	7,51
85	4,37	5,34	4,65	5,18
90	3,15	3,74	3,28	3,60

Im selben Ausmaß, wie die Lebenserwartung steigt, erhöhen sich auch die Leibrenten-Barwertfaktoren, wodurch die Leibrentenbeträge kleiner werden.

Entwicklung der Leibrenten-Barwertfaktoren

Männer (5%, vorschüssig)

Jahr	Deutschland (Monatsfaktor)		Österreich (Jahresfaktor)	
	1970/72	1986/88	1980/82	1990/92
45	14,769	14,9546	14,9462	15,5036
50	13,490	13,7709	13,7542	14,3704
55	12,056	12,4506	12,4458	13,0729
60	10,497	11,0221	11,0142	11,6634
65	8,925	9,4930	9,4524	10,1826
70	7,452	7,8946	7,8472	8,6456
75	6,134	6,3341	6,3340	7,0637
80	4,933	4,9463	5,0260	5,5728
85	3,888	3,7999	3,9818	4,3380
90	3,021	2,9019	3,1655	3,3708

Frauen (5%, vorschüssig)

Jahr	Deutschland (Monatsfaktor)		Österreich (Jahresfaktor)	
	1970/72	1986/88	1980/82	1990/92
45	16,044	16,2750	16,4021	16,8114
50	14,967	15,3025	15,3737	15,8635
55	13,711	14,1499	14,1598	14,7312
60	12,229	12,8062	12,7461	13,3934
65	10,565	11,2692	11,1339	11,8378
70	8,806	9,5511	9,3480	10,1020
75	7,069	7,7282	7,5185	8,2525
80	5,499	5,9763	5,8249	6,4195
85	4,226	4,4685	4,4333	4,8237
90	3,290	3,2867	3,3959	3,6510

☞ Um die deutschen und österreichischen Leibrenten-Barwertfaktoren voll vergleichbar zu machen, muss den deutschen Faktoren der Korrekturfaktor für jährlich vorschüssige Zahlungsweise (0,4664) hinzugerechnet werden, weil dieses Tafelwerk auf monatliche Zahlungsweise der Leibrenten abgestimmt ist und das österreichische auf Jahreszahlung.

14.4.6. Lineares Interpolieren

Fallbeispiel: Lineares Interpolieren

Ausgangssituation

- Investitionsausgaben .... 300 GE
- Investitionsrelevanter Nutzen während
  der nächsten 5 Jahre .... 60, 100, 150, 110, 80 GE
- Σ Barwert obiger Nutzenbeträge

  wenn p =   0%   10%   20%   30%   40%   50%

             500 GE   375 GE   291 GE   234 GE   192 GE   161 GE

Interner Zinsfuß durch lineares Interpolieren

	10%	20%
Σ Barwert Nutzen	375 GE	291 GE
Investitionsausgaben	300 GE	300 GE
Differenz	75 GE	9 GE

                10%

            1% = 8,4 GE

Zinsfuß **entweder:**   10% + 75/8,4 = 19%

        oder: 20% - 9/8,4 = 19%

☞ Die beiden Versuchszinssätze, die zum linearen Interpolieren herangezogen werden, sollten relativ knapp beisammen liegen, weil das lineare Interpolieren hier nur eine grobe Approximation ist. Hält man sich nicht an diese Empfehlung, kann der interne Zinsfuß wesentlich vom richtigen Wert abweichen. Bezogen auf dieses Fallbeispiel ergibt sich dann folgendes Bild:

Versuchsansatz		Interner
1.	2.	Zinsfuß
10%	20%	19,8% ⇐ richtig
0%	20%	19,2%
0%	30%	22,5%
0%	40%	26,0%
0%	50%	29,5%
10%	50%	24,0%

☞ **Achtung: Renditendiagramm**
Damit die Versuchszinssätze nicht zu weit vom internen Zinsfuß entfernt sind, sollte für die Bestimmung des ersten Versuchszinssatzes möglichst das Renditendiagramm verwendet werden, das nachstehend abgebildet ist.

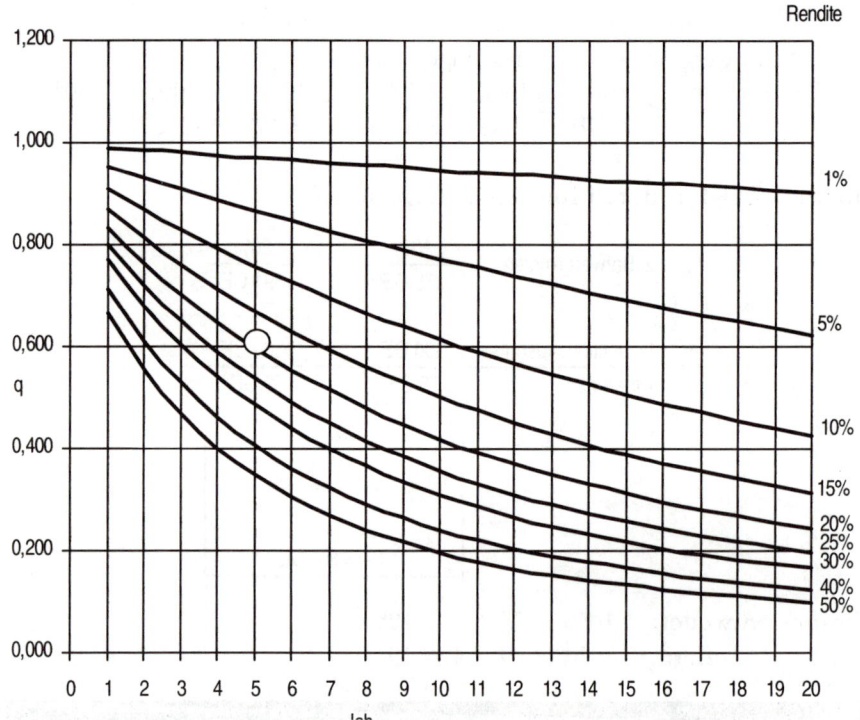

$$q = \frac{\text{Investitionsausgaben}}{\text{Summe der Einnahmenüberschüsse}}$$

Hier: $\qquad q = \frac{300}{500} = 0,6 \approx \mathbf{20\%}$ (n = 5 Jahre)

Der Kreuzungspunkt von q = 0,6 und n = 5 Jahre liegt genau auf der 20%-Renditen-Linie.

14.5. Optimale Entscheidungen durch einfach zu realisierende OR-Methoden

OR heißt Operations Research. Darunter versteht man eine große Anzahl verschiedenster, meist quantitativer Instrumente, die zur optimalen Lösung komplexer betrieblicher Probleme verwendet werden können.

14.5.1. Warum Optimierung?

In der Praxis gibt es viele Probleme, die man nicht gefühlsmäßig lösen kann, wenn man kostenminimale bzw. gewinnmaximale Ergebnisse erwartet. Einige typische Beispiele für Optimierungsaufgaben sind:

- Gewinnmaximale Produktionsprogramme
- Kostenminimale Maschinenzuordnung
- Durchlaufminimale Maschinenbelegung
- Kostenminimale Transporte
- Kostenminimale Mischungen
- Wann wieviel bestellen?
- Beurteilung von Investitionsprojekten bei Unsicherheit
- Feasibility Studies
- Warteschlangenprobleme
- Simulationslösungen

Besonders kluge und praxisinteressierte Mathematiker haben allgemeine und spezielle Lösungsalgorithmen erfunden, die auch vom nicht mathematisch gebildeten Anwender rasch erlernt und einfach gehandhabt werden können; meist sind nur die vier Grundrechenarten notwendig. Ein Geschäftsführer sollte wissen, welche Methoden es gibt, wie man sie handhabt und welche Probleme damit gelöst werden können.

Ein kleines Beispiel soll das verdeutlichen:

30 Aufträge oder Produkte sollen auf 30 Maschinen kostenminimal zugeordnet werden. Wer würde es für möglich halten, dass das Durchspielen aller Möglichkeiten nahezu eine Quintrilliarde Permutationen (nämlich 30 Fakultäten, das ist 30 x 29 x 28 ... x 2 x 1) erfordert? Das wäre selbst für eine Groß-EDV ein unüberwindbares Zeitproblem. Für solche Fälle bieten sich sogenannte **heuristische Verfahren (Näherungsverfahren)** zur Lösungsfindung an. Je nach Problemstruktur wird man bei Zuordnungsproblemen die "ungarische Methode", manchmal auch "Flood'sches Zurechnungsverfahren" genannt, anwenden. Andere heuristische Verfahren, die sich anwenden ließen, heißen "Frequenzverfahren nach Habr" und "Vogel's Approximation Method". Das alles klingt ziemlich wissenschaftlich, ist aber in der Anwendung sehr einfach.

Alle hier genannten heuristischen Methoden haben folgende Eigenschaften:

1. Einfache Rechenalgorithmen
2. Schnelle Lösungen, auch bei händischer Durchführung
3. Optimale Lösungen oder Ergebnisse, die nahe beim Optimum liegen

Diese Feststellung wird später durch Fallbeispiele bewiesen werden.

14.5.2. Gewinnmaximale Produktionsprogramme

14.5.2.1. Einfache Durchführung in der Praxis

In allen anspruchsvolleren Lehrbüchern der Betriebswirtschaftslehre, aber auch in den OR-Fachbüchern wird die lineare Optimierung mehr oder weniger ausführlich behandelt. Die Darstellungsweise ist allerdings meist sehr theoretisch und lädt leider nicht zu praktischen Anwendungsversuchen ein. Deshalb wird dieses interessante und in den Grundzügen gar nicht schwierige Optimierungs-instrument nur von wenigen Betrieben praktisch genutzt.

Die Fallbeispiele in diesem Kapitel sind daher gut nachvollziehbar; sie zielen ausschließlich auf die praktische Anwendung in einigen Standardfällen ab. Für besonders interessierte Geschäftsführer werden im Kapitel 14.6. "Top-Literatur für Geschäftsführer" einige weiterführende anspruchsvolle Praxisbücher vorge-stellt.

Voraussetzungen zur Anwendung der linearen Optimierung in der Praxis
Damit das Verfahren der linearen Optimierung in der Praxis angewendet werden kann, muss eine Reihe von Voraussetzungen erfüllt sein. Die wichtigsten werden stichwortartig aufgezählt:

1. Es muss die Bildung einer Zielfunktion möglich sein. Es muss also ein Vorgang vorliegen, welcher zu maximieren bzw. zu minimieren ist.
2. Die zu optimierende Zielfunktion muss beeinflussbar sein, d.h., es müssen einige Handlungsalternativen zur Verfügung stehen.
3. Das angestrebte Optimum (z.B. Maximierung der Deckungsbeiträge bzw. Minimierung der Kosten) muss unter Einhaltung bestimmter Neben-bedingungen erreicht werden. Bestünden keine Restriktionen, dann müsste nicht optimiert werden.
4. Sowohl die Zielfunktion (Deckungsbeitrag, Kosten, Mengen) als auch die Restriktionen müssen durch eine lineare Funktion (in Form von linearen Gleichungen bzw. linearen Ungleichungen) ausgedrückt werden können. Etwaige nicht lineare Funktionen sind linear anzunähern.
5. Ferner gilt für alle Variablen die so genannte Nichtnegativitätsbedingung. Diese besagt, dass keine negativen Mengen auftreten dürfen - also: $x \geq 0$.

Nicht lineare Funktionen können z.B. bei folgenden Problemkreisen auftreten:

a) Die Verkaufspreise pro Einheit sind von der Absatzmenge abhängig.

b) Transportkosten müssen nicht mengenabhängig sein, sondern können einer Distanzstaffelung unterliegen.

14.5.2.2. Ziel und Nutzen

Die lineare Planungsrechnung als Hilfsmittel zur Erstellung gewinnmaximaler Produktionsprogramme ist für viele Industriebetriebe, aber auch für den einen oder anderen Handwerksbetrieb von großer Bedeutung. Sinnvoll scheint die Anwendung der linearen Optimierung nur bei Unternehmungen mit zwei oder mehr Fertigungs- oder anderen Engpässen. Die Erlöse und variablen Kosten je Erzeugnis bzw. Auftrag müssen ebenso bekannt sein wie die Engpass-Inanspruchnahme je Erzeugniseinheit bzw. je Auftragseinheit.

Der Hauptvorteil der linearen Optimierung im Rahmen der Produktionsplanung liegt darin, dass folgende Fragen exakt beantwortet werden können:

1. Bei welcher Produktmengenkombination ist der Deckungsbeitrag und damit der Gewinn am höchsten?

2. Welche Abteilungen sind Engpässe? In welchen Bereichen sind noch genügend Kapazitäten frei?

3. Wie hoch ist der Grenznutzen bzw. wie hoch sind die Opportunitätskosten der Engpassbereiche?

4. Um wie viel müßten die Verkaufspreise bzw. Deckungsbeiträge jener Artikel erhöht werden, die nicht im Produktionsprogramm aufscheinen (Minderdeckungsbeiträge), damit sie berücksichtigt werden? Welche Produkte fallen teilweise oder zur Gänze aus dem Programm?

5. Um wie viel müssten die Verkaufspreise bzw. Deckungsbeiträge jener Artikel vermindert werden, die im Produktionsprogramm aufscheinen (mögliche Reduktion des Artikeldeckungsbeitrages), damit sie nicht mehr berücksichtigt werden?

6. Welche Produkte sollen auf welchen Maschinen gefertigt werden, damit der Deckungsbeitrag möglichst hoch bzw. die Gesamtdurchlaufzeit möglichst gering ist?

7. Welche Produkte sollen selbst erzeugt, welche besser fremd bezogen werden?

8. Wie weit können die Deckungsbeiträge der im Programmvorschlag enthaltenen Artikel reduziert werden, ohne dass dadurch die Produktmengenkombination eine Veränderung erfährt (Sensibilitätsanalyse)?

9. Welche Auswirkungen hat eine Veränderung der Right Hand Sides (RHS, Verkaufsbeschränkungen und Fertigungsbeschränkungen, aber eventuell auch Rohstoff- und andere Restriktionen) auf das Gesamtergebnis?

Bei der praktischen Arbeit mit der linearen Planungsrechnung ergibt sich häufig die verblüffende Erkenntnis, dass eine maximale Kapazitätsauslastung nicht gleichbedeutend mit höchstem Gewinn sein muss, sondern dass es auf das Zusammenwirken zwischen Deckungsbeiträgen und Kapazitäten im Einzelnen ankommt.

Weil die Ausgangsdaten für die lineare Planungsrechnung (LP) in der Regel vorliegen oder relativ einfach beschafft werden können und die Ergebnisse und Erkenntnisse äußerst vielfältig sind, ist der Einsatz dieses Instrumentes für jeden Geschäftsführer interessant - selbst dann, wenn sich herausstellen sollte, dass aufgrund einer ungünstigen Konstellation durch die LP nur geringe Zusatzdeckungsbeiträge erzielt werden können.

14.5.2.3. Fallbeispiel: Schuhfabrik

Ausgangssituation

Der Geschäftsführer einer Schuhfabrik will prüfen, ob eine Ergebnisverbesserung durch Veränderung der Produktmengenkombination möglich ist. Der Ist-Zustand stellt sich wie folgt dar:

	Paarbezogene Informationen		
	Damen-schuhe	Herren-schuhe	Stiefel
Zeitverbrauch Stepperei je Paar in Maschinenstunden	0,5	1	2
Zeitverbrauch Bodenabteilung je Paar in Maschinenstunden	0,5	0,75	0,25
Deckunsgbeitrag/Paar in GE	70	120	170

Derzeit werden

- 2.000 Damenschuhe,
- 1.000 Herrenschuhe,
- 1.000 Stiefel

im Jahr erzeugt.
Es könnten jährlich maximal

- 3.000 Damenschuhe,
- 2.000 Herrenschuhe,
- 1.200 Stiefel

abgesetzt werden; jedenfalls besteht eine Nachfrage nach diesen Mengen.

In den beiden Fertigungsbereichen stehen folgende Jahreskapazitäten zur Verfügung:

- Stepperei .... max. 4.000 Maschinenstunden
- Bodenabteilung .... max. 2.000 Maschinenstunden

Die Stepperei stellt die Schuhoberteile her, die Bodenabteilung montiert Sohlen und Absätze.

Die Kapazitäten sind im Ist-Zustand voll ausgenutzt; es ist keine Restkapazität frei.

Der gesamte Jahresdeckungsbeitrag beträgt 430.000 GE. Weil sich die Jahresfixkosten auf 424.000 GE belaufen, ergibt sich ein Jahresgewinn von 6.000 GE.

In der folgenden Tabelle wird durch Multiplikation der Ausgangsdaten dargestellt, dass sowohl Stepperei als Bodenabteilung beim Ist-Programm Engpasskostenstellen sind und der Deckungsbeitrag 430.000 GE beträgt.

	Geschäftsjahresbezogene Informationen			
	Damen-schuhe	Herren-schuhe	Stiefel	Gesamt
Maschinenstunden in Stepperei	1.000	1.000	2.000	4.000
Maschinenstunden in Bodenabteilung	1.000	750	250	2.000
Deckungsbeitrag in GE	140.000	120.000	170.000	430.000

Die Kostenrechnung, Kalkulation und Erfolgsrechnung für diese Schuhfabrik wird im Kapitel 10.1. detailliert dargestellt.

Fragen

- Ist eine Erfolgsverbesserung überhaupt möglich, wenn beide Kostenstellen im Ist-Zustand schon zu 100% ausgelastet sind?
- Welche Opportunitätskosten haben die beiden Engpasskostenstellen derzeit? Oder anders ausgedrückt: Wo sind Kapazitätserweiterungen am wirtschaftlichsten?
- Soll ein Zusatzauftrag angenommen oder abgelehnt werden?
- Wie ändert sich die Produktmengenkombination, wenn teilweise Fremdbezug möglich ist?
- Wie ändert sich die Produktmengenkombination, wenn neben den maximalen Verkaufsbeschränkungen auch minimale Verkaufsbeschränkungen eingehalten werden müssen?
- Wie ändert sich die Lösungsmatrix bei Berücksichtigung von alternativen Fremdbezugsmöglichkeiten?
- Wie ändert sich die Lösungsmatrix beim Mehrperiodenmodell mit Berücksichtigung der Lager(grenz)zinskosten?

Weil in der Praxis die Produktionsprogramme viel größer sind als hier dargestellt, kommt aus Zeitgründen immer nur ein Computereinsatz in Frage. Verwendet man einen PC, haben sich in der Praxis kompilierte BASIC- oder FORTRAN-Programme (z.B. das Programm von Erikson/Hall) und Spreadsheet-Programme (z.B. Solver von Excel) gut bewährt. Diese beiden Möglichkeiten zur Beantwortung der anstehenden Fragen werden hier kurz demonstriert.

14.5.2.3.1. Computerlösung

Ausgangsmatrix
Die Ausgangsmatrix für dieses Problem hat folgendes Aussehen:

Sp / ZI	x1	x2	x3		RHS
	Eigenfertigung				**RHS**
	DA	HE	ST		
1	1	0	0	≤	3.000
2	0	1	0	≤	2.000
3	0	0	1	≤	1.200
4	0,5	1	2	≤	4.000
5	0,5	0,75	0,25	≤	2.000
DB	70	120	170	=	MAX

Zeilenlegende zur Ausgangsmatrix:
Zeile

1 Maximale Verkaufsbeschränkung für Damenschuhe
2 Maximale Verkaufsbeschränkung für Herrenschuhe
3 Maximale Verkaufsbeschränkung für Stiefel
4 Maximale Kapazitätsbeschränkung für Stepperei
5 Maximale Kapazitätsbeschränkung für Boden

Der Deckungsbeitrag je Paar steht in der Zielfunktionszeile DB.
Alle gewinnmaximalen Produktionsprogramme weisen grundsätzlich diese typische Ausgangsmatrix auf:

1. Für jedes Produkt ist eine Spalte (Vektor) zu reservieren. In diesem Vektor stehen:
   - in jener Zeile eine Eins, wo in der RHS (Right Hand Side bzw. rechte Seite der Gleichung) die maximal verkaufbare Menge abzulesen ist,
   - in allen Zeilen, wo die Absatzbeschränkungen der übrigen Produkte definiert werden, eine Null,

- in den Zeilen mit den Fertigungsrestriktionen die Inanspruchnahme der Engpasskostenstelle je Produkt, ausgedrückt in Kapazitätseinheiten (z.B. Maschinenstunde, Maschinenminute usw.),
- in der Zielfunktionszeile (= letzte Zeile) der Stück-DB je Produkt.

2. Bis auf die Zielfunktionszeile, die eine Gleichung darstellt, sind die Restriktionen durch Ungleichungen, und zwar durch ≤ gekennzeichnet. Das muss nicht so sein (denkbar wären auch = oder ≥), ist aber fast immer so. Würde man z.B. bei einer Fertigungsbeschränkung die Fertigungskapazität in der RHS statt ≤ ... = setzen, dann würde man unter Umständen gar kein deckungsbeitragsmaximales Programm erhalten, sondern ein schlechteres, weil beim gewinnmaximalen Programm nicht alle Kapazitäten voll ausgenutzt sein müssen.

3. Typisch für dieses Grundmodell, das in der Praxis beinahe immer angewendet werden kann, ist der diagonale Verlauf der Einser von links oben (Zeile 1, Spalte 1) bis rechts unten (hier: Zeile 3, Spalte 3).

☞ Will ein Produktionsunternehmen z.B. 350 (Haupt-)Produkte und 10 Engpaßsskostenstellen optimieren, dann muss die Ausgangsmatrix 350 Spalten (350 Produktvektoren) sowie 361 Zeilen (350 Verkaufsrestriktionszeilen, 10 Fertigungsrestriktionszeilen und eine Zielfunktionszeile) aufweisen.

Die Deckungsbeiträge je Artikel müssen nicht unbedingt aus

    Nettoerlös/Artikel
- Grenzkosten/Artikel
= DB zur Deckung der Fixkosten (fixe Gemeinkosten)

resultieren. Liegt keine Grenz(plan)kostenrechnung vor und sind somit die variablen Gemeinkosten unbekannt, dann kann der Deckungsbeitrag je Artikel ohne Bedenken auch wie folgt definiert werden:

    Nettoerlös/Artikel
- Einzel- und Sondereinzelkosten/Artikel
= DB zur Deckung der Gemeinkosten (variable und fixe Gemeinkosten)/ Artikel

Der vorgeschlagene Produktmix (= Produktmengenkombination) wird bei beiden Zielfunktionen in der Regel vollkommen identisch sein, weil die variablen Gemeinkosten klein sind und außerdem normalerweise nicht entgegengesetzt proportional zu den Einzelkosten anfallen.

PC-Input (Erikson/Hall-Diskette)

Die Werte der Ausgangsmatrix müssen nun in den PC eingegeben werden. Verwendet man das lineare Optimierungsprogramm von Erikson/Hall (siehe

Kapitel 14.6. "Top-Literatur für den Geschäftsführer"), dann wird nach der Anzahl der Variablen (hier: drei, und zwar Damenschuhe, Herrenschuhe und Stiefel), nach der Anzahl der ≤-Beschränkungen (hier: fünf, und zwar drei für die Verkaufsbeschränkungen und zwei für die Fertigungsbeschränkungen) und schließlich nach der Anzahl der = und ≥ -Beschränkungen (hier: jeweils null) gefragt. Anschließend wird erhoben, ob es sich um ein Maximierungsproblem oder ein Minimierungsproblem handelt (hier: Maximierung). Gleichzeitig werden die Deckungsbeiträge je Paar der drei Schuharten eingegeben. Es handelt sich dabei um die Zielfunktion, die maximiert werden soll.

Abschließend werden die maximalen Verkaufsmengen, die je Paar benötigten Fertigungsstunden und die in den beiden Fertigungskostenstellen maximal zur Verfügung stehende Periodenkapazität eingegeben.

Die PC-Lösungsmatrix ist auf der nächsten Seite abgebildet.

Der PC-Input hat folgendes Aussehen:

COMPUTER MODELS FOR MANAGEMENT SCIENCE

LINEAR PROGRAMMING   07-31-1992 - 11:47:15

-=*=- INFORMATION ENTERED -=*=-

NUMBER OF VARIABLES	:	3
NUMBER OF <=CONSTRAINTS	:	5
NUMBER OF =CONSTRAINTS	:	0
NUMBER OF >=CONSTRAINTS	:	0

MAX DB = 70 X1 + 120X2 + 170X3

SUBJECT TO:

```
 1 X1 +   0 X2 +   0 X3    <=  3000
 0 X1 +   1 X2 +   0 X3    <=  2000
 0 X1 +   0 X2 +   1 X3    <=  1200
.5 X1 +   1 X2 +   2 X3    <=  4000
.5 X1 + .75 X2 + .25 X3    <=  2000
```

Diese PC-Ausgangsmatrix ist sachlich identisch mit der Ausgangsmatrix auf Seite 806.

Anzahl der Variablen 3
Anzahl der ≤-Beschränkungen
(less equal constraints) 5
Anzahl der =-Beschränkungen
(equal constraints) 0
Anzahl der ≥-Beschränkungen
(greater equal constraints) 0

Computer-Output (Erikson/Hall-Diskette)

Nach Bruchteilen einer Sekunde erhält man folgende Ergebnisse ausgedruckt:

-=*=- RESULTS -=*=-

VARIABLE	VARIABLE VALUE	ORIGINAL COEFFICIENT	COEFFICIENT SENSITIVITY
X1	3000	70	0
X2	300	120	0
X1	1100	170	0

CONSTRAINT NUMBER	ORIGINAL RIGHT-HAND VALUE	SLACK OR SURPLUS	SHADOW PRICE
1	3000	0	3
2	2000	1700	0
3	1200	100	0
4	4000	0	78
5	2000	0	56

OBJECTIVE FUNCTION VALUE: 433000

-- SENSITIVITY ANALYSIS --

OBJECTIVE FUNCTION COEFFICIENTS

VARIABLE	LOWER LIMIT	ORIGINAL COEFFICIENT	UPPER LIMIT
X1	67	70	NO LIMIT
X2	85	120	124.286
X1	140	170	240

RIGHT-HAND-SIDE VALUES

CONSTRAINT NUMBER	LOWER LIMIT	ORIGINAL VALUE	UPPER LIMIT
1	571.429	3000	3428.572
2	300	2000	NO LIMIT
3	1100	1200	NO LIMIT
4	2166.667	4000	4166.667
5	1875	2000	3062.5

---------- E N D   O F   A N A L Y S I S ----------

Interpretation der PC-Lösung
a) Hauptergebnisse (results)

1. Das gewinnmaximale Produktionsprogramm (variable value) setzt sich aus 3.000 Damenschuhen (x1), 300 Herrenschuhen (x2) und 1.100 Stiefeln (x3) zusammen.

2. Weil alle Produkte im Optimalprogramm aufscheinen (wenn auch teilweise nicht mit der maximal verkaufbaren Menge), finden sich keine so genannten Minderdeckungsbeiträge in der Spalte "coefficient sensitivity". Solche Minderdeckungsbeiträge werden nur ausgedruckt, wenn ein Artikel überhaupt nicht im Optimaltableau Berücksichtigung findet. Dann ist der Minderdeckungsbeitrag für den Vertrieb eine Information, die besagt, um wie viel der Deckungsbeitrag mindestens erhöht werden müsste, dass der entsprechende Artikel im Optimalprogramm berücksichtigt wird.

3. 1.700 Herrenschuhe und 100 Stiefel wären noch absetzbar (slack or surplus), können aber infolge ausgelasteter Kapazitäten nicht produziert werden.

4. Beide Kostenstellen sind zu 100% ausgelastet. **Obwohl schon beim Ist-Zustand beide Engpasskostenstellen voll belegt waren, konnte durch eine andere Produktmengenkombination ein um 0,7% höherer Gesamtdeckungsbeitrag erzielt werden. Das ist beachtlich.**

5. Die Opportunitätskosten (shadow prices) für eine Maschinenstunde betragen in der Stepperei 78 GE und in der Bodenabteilung 56 GE. Die Opportunitätskosten, auch Grenznutzensätze oder Schattenpreise genannt, geben an, wie viel man sich die Erweiterung der Engpasskostenstelle je Engpassstunde kosten lassen dürfte, damit die Erweiterung gerade noch wirtschaftlich ist. Die Opportunitätskosten haben in der Praxis nur innerhalb gewisser Grenzen Gültigkeit. Außerhalb dieser Grenzen ändern sich die Werte. Die Grenzen werden bei der Sensibilitätsanalyse (sensitivity analysis) der RHS-Faktoren (right hand side values) aufgezeigt. Sie liegen in der Stepperei, die eine maximale Periodenkapazität von 4.000 Stunden hat, zwischen 2.167 Stunden (lower limit) und 4.167 (upper limit) Stunden. In der Bodenabteilung, die eine maximale Periodenkapazität von 2.000 Stunden aufweist, liegen die Unter- und Obergrenzen für die Opportunitätskosten zwischen 1.875 Stunden und 3.063 Stunden.

6. Der Gesamtdeckungsbeitrag (objective function value) des optimalen Programms beträgt 433.000 GE. Es gibt keine andere Produktmengenkombination, die einen höheren Periodendeckungsbeitrag erzielen könnte.

b) Sensibilitätsanalyse (sensitivity analysis)

7. Der Deckungsbeitrag je Paar Damenschuhe kann sich um 3 GE auf einen Deckungsbeitrag von 67 GE verringern bzw. beliebig erhöhen (no limit), ohne dass sich dadurch die 3.000 vorgeschlagenen Paar im Optimalprogramm ändern.

Die Deckungsbeiträge beim Herrenschuh dürfen zwischen 85 GE und 124,29 GE, jene beim Stiefel zwischen 140 GE und 240 GE schwanken, ohne dass sich dabei an der vorgeschlagenen Produktmengenkombination etwas ändert.

8. Schließlich noch eine Information über die Sensibilität der maximalen Verkaufsmengen der drei Produkte:

   In der sensitivity analysis der right hand side values werden die ersten drei Zeilen der Ausgangsmatrix (constraint number) wie folgt interpretiert: Die Untergrenze (lower limit) bzw. Obergrenze (upper limit) der ursprünglichen RHS (original value) liegt bei den Damenschuhen (constraint number 1) zwischen 572 und 3.429, bei den Herrenschuhen (constraint number 2) zwischen 300 und unbegrenzt (no limit) und schließlich bei den Stiefeln (constraint number 3) zwischen 1.100 und unbegrenzt.

9. Die Sensibilität der Maschinenstunden in der Stepperei (constraint number 4) und in der Bodenabteilung (constraint number 5) wurde bereits in Punkt 5 besprochen.

Folgende Tabelle zeigt die wichtigsten Daten vor und nach der Optimierung auf einen Blick:

| | | Artikel | | | | | Optimales Produktionsprogramm | | | |
		DA	HE	ST			DA	HE	ST	Σ
Nettoerlös/Paar	EF	139	255	427	Nettoerlös in GE	EF	417.000	76.500	469.700	963.200
	FB					FB				
Variable Kosten je Paar	EF	69	135	257	Grenzkosten in GE	EF	207.000	40.500	282.700	530.200
	FB					FB				
Deckungsbeitrag je Paar	EF	70	120	170	DB in GE	EF	210.000	36.000	187.000	433.000
	FB					FB				
Maximal möglicher Absatz in Paaren	EF	3.000	2.000	1.200	Aufgrund der Fertigungs-restriktionen realisierbare Absatzmenge in Paaren	EF	3.000	300	1.100	4.400
	FB					FB				

| Engpass-kostenstellen | Bezugsgrößeneinheit | Periodenkapazität in Maschinenstunden | | | Folgende Artikel können nicht produziert werden, weil keine Fertigungskapazität zur Verfügung steht: |
			Zur Realisierung des gewinnmaximalen Produktionsprogramms notwendig	Freie Restka-pazität	
Stepperei	Maschinenstunden	4.000	4.000	–	1.700 HE
Bodenabteilung	Maschinenstunden	2.000	2.000	–	100 ST

EF = Eigenfertigung; FB = Fremdbezug

14.5.2.3.2. Händische Lösung

Kein Geschäftsführer wird auf die Idee kommen, ein lineares Optimierungsproblem in der Praxis händisch zu lösen. Andererseits sollte man über das Prinzip des Lösungsalgorithmus grob informiert sein, weil man dann die Zusammenhänge besser versteht und nicht eine Black-Box-Lösung akzeptieren muss.

Die **folgende Anleitung** zur Erstellung der Ausgangsmatrix und händischen Durchrechnung nach dem sogenannten Simplex-Algorithmus bezieht sich auf das **Beispiel Schuhfabrik**.

Ausgangsmatrix

Zeile \ Spalte	DA x_1	HE x_2	ST x_3	Schlupfvariable (≤ 0) x_4	x_5	x_6	x_7	x_8	RHS Beschränkung	
1	1	0	0	1	0	0	0	0	=	3.000
2	0	1	0	0	1	0	0	0	=	2.000
3	0	0	1	0	0	1	0	0	=	1.200
4	2	4	8	0	0	0	1	0	=	16.000
5	2	3	1	0	0	0	0	1	=	8.000
D	-70	-120	-170	0	0	0	0	0	=	0

Inhaltlich ist die Ausgangsmatrix für händische Durchführung identisch mit jener für Computer. Es gibt allerdings einige formale Unterschiede:

- Statt drei Vektoren (Spalten) für die Artikel Damenschuhe, Herrenschuhe und Stiefel benötigt man für die händische Lösung acht Vektoren. Die fünf zusätzlichen Vektoren nennt man Schlupfvariable oder Leerlaufvariable; sie verwandeln die linearen Ungleichungen in lineare Gleichungen. Bezogen auf die erste Zeile bedeutet das: Eine unbestimmte Menge Damenschuhe (x_1) plus einer unbestimmten Restmenge Damenschuhe (x_4) ist gleich 3.000 Damenschuhe. Ist beim Ergebnis der Vektorwert (x_1) 3.000, dann ist der korrespondierende Schlupfvariable-Wert (x_4) 0.
  Die ersten drei Schlupfvariablen (x_4, x_5 und x_6) korrespondieren mit den Produkten x_1, x_2 und x_3. Sie verwandeln die $\leq$-Verkaufsbeschränkungen in =-Bedingungen. Die Schlupfvariablen x_7 und x_8 sind die Ausgleichselemente für die Stepperei (x_7) und die Bodenabteilung (x_8).
- Um einfacher rechnen zu können, wurden die Zeilen 4 und 5 der Computer-Ausgangsmatrix mit 4 multipliziert. Alle Werte in diesen Zeilen sind daher Viertelstunden.
- In der Zielfunktionszeile (D = Deckungsbeiträge) müssen **bei Maximierungsproblemen** die Deckungsbeiträge **negativ** angeschrieben werden.
  Bei der Computermatrix braucht man sich um obige drei "Spezifika" nicht zu kümmern, weil das Computerprogramm - unsichtbar für den Anwender - die entsprechend formalen Umwandlungen durchführt.

Die vier Schritte des Simplex-Verfahrens

1. Das Optimierungsproblem ist entsprechend der Ausgangsmatrix anzuschreiben.

2. In der Zeile D (Deckungsbeiträge) ist die Spalte mit dem größten negativen Element (hier: $x3 = -170$) zu wählen. Man nennt diesen Vektor Pivotspalte. Damit wird sichergestellt, dass das Erzeugnis mit dem höchsten Stück- bzw. Paar-Deckungsbeitrag (hier: Stiefel) zunächst in der Lösung aufscheint.

3. In der Pivotspalte x3 ist eine Zeile nach der so genannten Minimum-Quotientenregel zu suchen. Diese besagt, dass in der Spalte x3 alle Elemente, die größer als 0 sind, auf die in der Zeile dieses Elementes stehende Beschränkung (RHS) zu beziehen sind. Es ist jene Zeile als Pivotzeile zu wählen, in welcher der Quotient am niedrigsten ist. Zur Wahl stehen:

   In Spalte x3 aus Zeile 3: $1.200/1 = \mathbf{1.200}$
   In Spalte x3 aus Zeile 4: $16.000/8 = 2.000$
   In Spalte x3 aus Zeile 5: $8.000/1 = 8.000$

   Der niedrigste Quotient, der Minimum-Quotient, liegt also in Zeile 3. Damit ist gewährleistet, dass eine möglichst große Stückzahl vom Stiefel in die Lösung kommt.
   Man nennt das Kreuzungselement aus Pivotspalte und Pivotzeile Pivotelement. Das Pivotelement muss immer den Wert 1 haben. In dieser Ausgangsmatrix hat es den Wert 1. Hätte es z.B. den Wert 8, dann müsste man vor dem nächsten Rechenschritt die ganze Pivotzeile durch 8 dividieren; man erzwingt dann, dass das Pivotelement 8 zu 1 wird.

4. In der Spalte x3 werden außer dem Element in Zeile 3 (Pivotelement) nun auch alle anderen Elemente eliminiert; sie müssen also "= 0" werden. Dazu multipliziert man die Zeile 3 mit einem passenden Faktor und addiert sie mit den anderen Zeilen. In Zeile 4 steht z.B. in Spalte x3 8. Um diese zu eliminieren, muss die Pivotzeile 3 mit -8 multipliziert werden, damit das Pivotelement -8 wird. Wenn man die multiplizierte Zeile 4 und die Pivotzeile 3 addiert, dann verbleibt in Zeile 4, Spalte x3 eine 0. Sinngemäß hat dasselbe auch mit der Zeile 5 und mit der Zeile D zu geschehen.

Berechnung der neuen Zeilen zur 2. Matrix nach obigen Anweisungen:

	x1	x2	x3	x4	x5	x6	x7	x8		RHS
Zeile 3	0	0	1	0	0	1	0	0	=	1.200
x -8	0	0	-8	0	0	-8	0	0	=	-9.600
Zeile 4	2	4	8	0	0	0	1	0	=	16.000
Neue Zeile 4	2	4	0	0	0	-8	1	0	=	6.400
Zeile 3	0	0	1	0	0	1	0	0	=	1.200
x -1	0	0	-1	0	0	-1	0	0	=	-1.200
Zeile 5	2	3	1	0	0	0	0	1	=	8.000
Neue Zeile 5	2	3	0	0	0	-1	0	1	=	6.800
Zeile 3	0	0	1	0	0	1	0	0	=	1.200
x 170	0	0	170	0	0	170	0	0	=	204.000
Zeile D	-70	-120	-170	0	0	0	0	0	=	0
Neue Zeile D	-70	-120	0	0	0	170	0	0	=	204.000

2. Matrix

2. Matrix	x1	x2	x3	x4	x5	x6	x7	x8		RHS
Zeile 1	1	0	0	1	0	0	0	0	=	3.000
Zeile 2	0	1	0	0	1	0	0	0	=	2.000
Zeile 3	0	0	1	0	0	1	0	0	=	1.200
Zeile 4 neu	2	4	0	0	0	-8	1	0	=	6.400
Zeile 5 neu	2	3	0	0	0	-1	0	1	=	6.800
Zeile D neu	-70	-120	0	0	0	170	0	0	=	204.000

Berechnung der neuen Zeilen zur 3. Matrix nach obigen Anweisungen:

	x1	x2	x3	x4	x5	x6	x7	x8		RHS
Zeile 4	2	4	0	0	0	-8	1	0	=	6.400
: 4	0,5	1	0	0	0	-2	0,25	0	=	1.600
x -1	-0,5	-1	0	0	0	2	-0,25	0	=	-1.600
Zeile 2	0	1	0	0	1	0	0	0	=	2.000
Neue Zeile 2	-0,5	0	0	0	1	2	-0,25	0	=	400
Zeile 4 : 4	0,5	1	0	0	0	-2	0,25	0	=	1.600
x -3	-1,5	-3	0	0	0	6	-0,75	0	=	-4.800
Zeile 5	2	3	0	0	0	-1	0	1	=	6.800
Neue Zeile 5	0,5	0	0	0	0	5	-0,75	1	=	2.000
Zeile 4 : 4	0,5	1	0	0	0	-2	0,25	0	=	1.600
x 120	60	120	0	0	0	-240	30	0	=	192.000
Zeile D	-70	-120	0	0	0	170	0	0	=	204.000
Neue Zeile D	-10	0	0	0	0	-70	30	0	=	396.000

3. Matrix

3. Matrix	x1	x2	x3	x4	x5	x6	x7	x8		RHS
Zeile 1	1	0	0	1	0	0	0	0	=	3.000
Zeile 2 neu	-0,5	0	0	0	1	2	-0,25	0	=	400
Zeile 3	0	0	1	0	0	1	0	0	=	1.200
Zeile 4	0,5	1	0	0	0	-2	0,25	0	=	1.600
Zeile 5 neu	0,5	0	0	0	0	5	-0,75	1	=	2.000
Zeile D neu	-10	0	0	0	0	-70	30	0	=	396.000

Berechnung der neuen Zeilen zur 4. Matrix:

	x1	x2	x3	x4	x5	x6	x7	x8		RHS
Zeile 1	1	0	0	1	0	0	0	0	=	3.000
x 0,5	0,5	0	0	0,5	0	0	0	0	=	1.500
Zeile 2	-0,5	0	0	0	1	2	-0,25	0	=	400
Neue Zeile 2	0	0	0	0,5	1	2	-0,25	0	=	1.900
Zeile 1	1	0	0	1	0	0	0	0	=	3.000
x -0,5	-0,5	0	0	-0,5	0	0	0	0	=	-1.500
Zeile 4	0,5	1	0	0	0	-2	0,25	0	=	1.600
Neue Zeile 4	0	1	0	-0,5	0	-2	0,25	0	=	100
Zeile 1	1	0	0	1	0	0	0	0	=	3.000
x -0,5	-0,5	0	0	-0,5	0	0	0	0	=	-1.500
Zeile 5	0,5	0	0	0	0	5	-0,75	1	=	2.000
Neue Zeile 5	0	0	0	-0,5	0	5	-0,75	1	=	500
Zeile 1	1	0	0	1	0	0	0	0	=	3.000
x 10	10	0	0	10	0	0	0	0	=	30.000
Zeile D	-10	0	0	0	0	-70	30	0	=	396.000
Neue Zeile D	0	0	0	10	0	-70	30	0	=	426.000

4. Matrix

4. Matrix	x1	x2	x3	x4	x5	x6	x7	x8		RHS
Zeile 1	1	0	0	1	0	0	0	0	=	3.000
Zeile 2 neu	0	0	0	0,5	1	2	-0,25	0	=	1.900
Zeile 3	0	0	1	0	0	1	0	0	=	1.200
Zeile 4	0	1	0	-0,5	0	-2	0,25	0	=	100
Zeile 5 neu	0	0	0	-0,5	0	5	-0,75	1	=	500
Zeile D neu	0	0	0	10	0	-70	30	0	=	426.000

Berechnung der neuen Zeilen zur 5. Matrix:

	x1	x2	x3	x4	x5	x6	x7	x8		RHS
Zeile 5	0	0	0	-0,5	0	5	-0,75	1	=	500
: 5	0	0	0	-0,1	0	1	-0,15	0,2	=	100
x -2	0	0	0	0,2	0	-2	0,3	-0,4	=	-200
Zeile 2	0	0	0	0,5	1	2	-0,25	0	=	1.900
Neue Zeile 2	0	0	0	0,7	1	0	0,05	-0,4	=	1.700
Zeile 5 : 5	0	0	0	-0,1	0	1	-0,15	0,2	=	100
x -1	0	0	0	0,1	0	-1	0,15	-0,2	=	-100
Zeile 3	0	0	1	0	0	1	0	0	=	1.200
Neue Zeile 3	0	0	1	0,1	0	0	0,15	-0,2	=	1.100
Zeile 5 : 5	0	0	0	-0,1	0	1	-0,15	0,2	=	100
x 2	0	0	0	-0,2	0	2	-0,3	0,4	=	200
Zeile 4	0	1	0	-0,5	0	-2	0,25	0	=	100
Neue Zeile 4	0	1	0	-0,7	0	0	-0,05	0,4	=	300
Zeile 5 : 5	0	0	0	-0,1	0	1	-0,15	0,2	=	100
x 70	0	0	0	-7	0	70	-10,5	14	=	7.000
Zeile D	0	0	0	10	0	-70	30	0	=	426.000
Neue Zeile D	0	0	0	3	0	0	19,5	14	=	433.000

Lösungsmatrix

5. Matrix	x1	x2	x3	x4	x5	x6	x7	x8		RHS
Zeile 1	1	0	0	1	0	0	0	0	=	3.000
Zeile 2	0	0	0	0,7	1	0	0,05	-0,4	=	1.700
Zeile 3	0	0	1	0,1	0	0	0,15	-0,2	=	1.100
Zeile 4	0	1	0	-0,7	0	0	-0,05	0,4	=	300
Zeile 5	0	0	0	-0,1	0	1	-0,15	0,2	=	100
Zeile D	0	0	0	3	0	0	19,5	14	=	433.000

Weil in der Zielfunktionszeile D kein negatives Element mehr aufscheint, ist der Rechenprozess beendet. Man hat die **optimale Lösung gefunden**.

Interpretation der Lösungsmatrix

☞ Bevor mit der Interpretation der Lösungsmatrix begonnen wird, muss noch eine wichtige grundsätzliche Feststellung getroffen werden:

1. Der Wert eines Spaltenvektors ist entweder null, oder er entspricht einem Wert in der Spalte RHS.
2. Setzt sich der Spaltenvektor aus einer Eins und sonst nur aus Nullen zusammen, dann ist der Wert des Vektors identisch mit dem RHS-Wert, der in jener Zeile steht, in welcher der Spaltenvektor die Eins aufweist.

3. Der Spaltenvektor nimmt den Wert null an, wenn er eine andere Zusammensetzung aufweist als in Punkt 2 beschrieben (z.B. mehrere Einsen oder andere Zahlen).

Nach dieser Feststellung kann mit der **Interpretation der Lösungsmatrix** begonnen werden.

x	Definition des Vektors	Wert des Vektors Spalte RHS
1	Erzeugte Damenschuhe	3.000 Paar
2	Erzeugte Herrenschuhe	300 Paar
3	Erzeugte Stiefel	1.100 Paar
4	Vom DA-Schuh kann noch verkauft werden	0 Paar
5	Vom HE-Schuh kann noch verkauft werden	1.700 Paar
6	Vom STIEFEL kann noch verkauft werden	100 Paar
7	Restkapazität in Stepperei	0 Masch.-Std.
8	Restkapazität in Bodenabteilung	0 Masch.-Std.

Der **Gesamtdeckungsbeitrag** bei diesem Programm beträgt **433.000 GE**. Beim Ergebnis lassen sich die eingangs erwähnten **Schlupf- bzw. Leerlaufvariablen** nochmals **übersichtlich darstellen**:

$$3.000 \ (x1) + \quad 0 \ (x4) = 3.000 \ (RHS)$$
$$300 \ (x2) + \quad 1.700 \ (x5) = 2.000 \ (RHS)$$
$$1.100 \ (x3) + \quad 100 \ (x6) = 1.200 \ (RHS)$$

Neben dem **Primalprogramm** liefert **auch** das so genannte **Dualprogramm** interessante Erkenntnisse:

x	Definition des Vektors	Wert des Vektors Zeile D
1	Minder-DB bei Damenschuh	0,0 GE
2	Minder-DB bei Herrenschuh	0,0 GE
3	Minder-DB bei Stiefel	0,0 GE
4	Mögliche DB-Reduktion bei DA	3,0 GE
5	Mögliche DB-Reduktion bei HE	0,0 GE
6	Mögliche DB-Reduktion bei ST	0,0 GE
7	Opportunitätskosten je Viertelstunde Stepperei-Kapazität	19,5 GE
8	Opportunitätskosten je Viertelstunde Boden-Kapazität	14,0 GE

Verbal können die Dualwerte (Minderdeckungsbeiträge, DB-Reduktionswerte und Opportunitätskosten) wie folgt interpretiert werden:

1. Weil alle drei Produkte im optimalen Programm aufscheinen, gibt es **keine Minderdeckungsbeiträge (x1, x2, x3)**.
2. Beim **Damenschuh** könnte der Paar-**Deckungsbeitrag von 70 GE um 3 GE auf 67 GE** reduziert werden, ohne dass sich dadurch an der Produktmengenkombination etwas ändert (**x4**). Bei den **Herrenschuhen und Stiefeln** ist eine **DB-Reduktion nicht möglich**, ohne dass sich die Produktmengenkombination ändert (**x5, x6**).
3. Man könnte sich die **Erweiterung** der Engpasskostenstelle **Stepperei** (etwa durch Überstunden) **bis zu maximal 19,5 GE je Viertelstunde** kosten lassen (**x7**), damit es zu einer Ergebnisverbesserung kommt. In der **Bodenabteilung** sind die **Opportunitätskosten** mit **14 GE je Viertelstunde** etwas niedriger als in der Stepperei (**x8**).

Selbstverständlich ist das Ergebnis der händischen Lösung identisch mit dem der Computerlösung.

Abschließend folgen noch einige interessante Erkenntnisse und die Sensibilitätsanalyse:

Kontrolle des Gesamt-DB über die Opportunitätskosten

Eine Grunderkenntnis der linearen Optimierung ist, dass man jedes Primalprogramm auch dual formulieren kann. Bezogen auf den Gesamtdeckungsbeitrag heißt das, dass man die Dualwerte in der Zielfunktionszeile D mit den korrespondierenden RHS-Werten multiplizieren und anschließend addieren muss. Es ergibt sich folgendes Bild:

Vektor		RHS-Wert		Dualwert		DB GE
x4	:	3.000	à	3,0	=	9.000
x7	:	16.000	à	19,5	=	312.000
x8	:	8.000	à	14,0	=	112.000
						433.000

Vergleich Grenzpreis zu Nettoerlös bzw. Grenzpreis zu Deckungsbeitrag

Multipliziert man die Dualwerte der Lösungsmatrix mit den korrespondierenden Fertigungszeiten bzw. DB-Reduktionswerten je Paar, dann ergibt sich der Paar-Deckungsbeitrag. Dies ist nicht nur eine gute Kontrollrechnung, sondern wird auch bei der (etwas später gestellten) Frage "Zusatzauftrag annehmen oder ablehnen?" von Bedeutung sein.

Bei Produkt	x1 (DA):					
Stepp.-Kap.	x7 (St)	2 ZE	à	19,50	=	39,00 GE
Boden-Kap.	x8 (Bo)	2 ZE	à	14,00	=	28,00 GE
Leerlaufvar.	x4	1 EINH	à	3,00	=	3,00 GE
					DB	**70,00 GE**

Bei Produkt x2 (HE):

Stepp.-Kap. x7 (St)	4 ZE	à 19,50	= 78,00 GE
Boden-Kap. x8 (Bo)	3 ZE	à 14,00	= 42,00 GE
			DB 120,00 GE

Bei Produkt x3 (Stief)

Stepp.-Kap. x7 (St)	8 ZE	à 19,50	= 156,00 GE
Boden-Kap. x8 (Bo)	1 ZE	à 14,00	= 14,00 GE
			DB 170,00 GE

ZE = Zeiteinheiten (1 ZE = 1 Viertelstunde)

14.5.2.3.3. Vier alternative Berechnungen

Um zu demonstrieren, wie flexibel man bei der linearen Optimierung ist, wenn sich die Ausgangssituation ändert, werden - auf das Schuhfabriksbeispiel aufbauend - **vier weitere Szenarien** berechnet. Diese unterscheiden sich vom Grundmodell wie folgt:

Szenario	Änderungen gegenüber Grundmodell
1	Es sind **auch minimale Verkaufsbeschränkungen** zu berücksichtigen (zwei verschiedene Lösungsansätze)
2	Soll ein **Zusatzauftrag angenommen oder abgelehnt** werden?
3	**Alle Produkte** können **auch fremd bezogen** werden
4	**Mehrperiodenmodell** (z.B. Quartalsplanung)

Ausgangsmatrizen für die vier Szenarien

Szenario 1

Beim Szenario 1 sind neben den bereits definierten maximalen Verkaufsbeschränkungen (3.000 DA, 2.000 HE, 1.200 ST) aufgrund von Verträgen **folgende minimale Absatzverpflichtungen** einzuhalten:

1.000	Damenschuhe
500	Herrenschuhe
800	Stiefel

Dieses Problem kann auf zwei verschiedene Arten gelöst werden:

a) Durch entsprechende ≤- und ≥-Bedingungen

ZL \ SP	x1 DA	x2 HE	x3 ST	RHS	
	Eigenfertigung				
1	1	0	0	≤	3.000
2	1	0	0	≥	1.000
3	0	1	0	≤	2.000
4	0	1	0	≥	500
5	0	0	1	≤	1.200
6	0	0	1	≥	800
7	0,5	1	2	≤	4.000
8	0,5	0,75	0,25	≤	2.000
DB	70	120	170	=	MAX

b) Durch Errechnen des Mindestprogramms und anschließender Optimierung mit den Restkapazitäten

Zunächst werden die notwendigen Maschinenstunden für die Mindesterzeugungsmenge und anschließend die Deckungsbeiträge aus der Mindesterzeugungsmenge errechnet.

Artikel	Mindest- erzeugungs- menge in Paar	Notwendige Maschinenstunden für Mindesterzeugungsmenge		DB in GE aus Mindest- erzeugungs- menge
		Stepperei	Boden	
DA	1.000	500	500	70.000
HE	500	500	375	60.000
ST	800	1.600	200	136.000
Σ bei Mindesterzeugungsmenge		2.600	1.075	266.000
Restkapazität		1.400	925	
Gesamtkapazität		4.000	2.000	

In der **Ausgangsmatrix** müssen **nur mehr die restlichen Verkaufsbeschränkungen** (Differenz zwischen maximalen und minimalen Absatzmengen) **und die verbleibenden Restkapazitäten** (Differenz zwischen Gesamtkapazität und notwendiger Kapazität für die Mindesterzeugungsmenge) berücksichtigt werden.

ZI \ Sp	x1 DA	x2 HE	x3 ST	RHS	
	Eigenfertigung				
1	1	0	0	≤	2.000
2	0	1	0	≤	1.500
3	0	0	1	≤	400
4	0,5	1	2	≤	1.400
5	0,5	0,75	0,25	≤	925
DB	70	120	170	=	MAX

Szenario 2
Soll ein **Zusatzauftrag angenommen oder abgelehnt** werden?
Die Schuhfabrik könnte einen Zusatzauftrag über
- **500 Paar Kinderschuhe und/oder**
- **500 Paar Sandalen**

erhalten.

Bekannt sind folgende Daten:

- **Für Kinderschuhe**
  Der Deckungsbeitrag je Paar beträgt 35,50 GE, die Kapazitätsbindung in der Stepperei und der Bodenabteilung beträgt 0,25 bzw. 0,75 Maschinenstunden.
- **Für Sandalen**
  Der Deckungsbeitrag je Paar beträgt 92,50 GE, die Fertigungszeiten in der Stepperei bzw. Bodenabteilung belaufen sich auf 0,75 bzw. 0,5 Maschinenstunden.

Die **Ausgangsmatrix** stellt sich wie folgt dar:

	x_1	x_2	x_3	x_4	x_5		
SP	Eigenfertigung						**RHS**
ZL	**DA**	**HE**	**ST**	**KI**	**SA**		
1	1	0	0	0	0	≤	3.000
2	0	1	0	0	0	≤	2.000
3	0	0	1	0	0	≤	1.200
4	0	0	0	1	0	≤	500
5	0	0	0	0	1	≤	500
6	0,5	1	2	0,25	0,75	≤	4.000
7	0,5	0,75	0,25	0,75	0,5	≤	2.000
DB	70	120	170	35,5	92,5	=	**MAX**

Szenario 3
Alle Produkte können auch fremd bezogen werden.
Diese Variante ist mit der Grundvariante identisch, nur dass hier auch ein möglicher Fremdbezug in die Rechnung mit einbezogen wird. Sämtliche drei Schuharten können fremd bezogen werden. **Bei Fremdbezug sind die Deckungsbeiträge naturgemäß geringer als bei Eigenfertigung.** Der Zulieferer verlangt für ein Paar Damenschuhe 99 GE, für ein Paar Herrenschuhe 175 GE und für ein Paar Stiefel 267 GE, so dass die Deckungsbeiträge je Paar bei Fremdbezug für die Damenschuhe 40 GE, für die Herrenschuhe 80 GE und für die Stiefel 160 GE betragen. Im Kapitel 10.1. kann nachgelesen werden, dass der erzielbare Verkaufspreis je Paar Damenschuhe GE 139, je Paar Herrenschuhe GE 255 und je Paar Stiefel GE 427 beträgt.

Die **Ausgangsmatrix** hat folgendes Aussehen:

	x1	x2	x3	x4	x5	x6		
Sp	Eigenfertigung			Fremdbezug			RHS	
ZI	DA	HE	ST	DA	HE	ST		
1	1	0	0	1	0	0	≤	3.000
2	0	1	0	0	1	0	≤	2.000
3	0	0	1	0	0	1	≤	1.200
4	0,5	1	2	0	0	0	≤	4.000
5	0,5	0,75	0,25	0	0	0	≤	2.000
DB	70	120	170	40	80	160	=	MAX

Szenario 4

Mehrperiodenmodell (Quartalsplanung) unter Einbeziehung von Fremdkapitalzinsen.

Beim Mehrperioden-Produktionsproblem wird die Jahresperiode in Quartale oder Monate zerlegt. Dadurch wird die Ausgangsmatrix sehr groß, was aber bei PC-Einsatz unproblematisch ist.

Die Zielfunktion beim Mehrperiodenproblem ist sehr praxisnah und etwas differenzierter als beim Einperiodenproblem. Es gilt jetzt, nicht nur den Deckungsbeitrag zu maximieren, sondern die Funktion "Deckungsbeitrag abzüglich Lagerzinskosten". Der Einbezug der Fremdkapitalzinsen in die Zielfunktionszeile ist aus folgendem Grund notwendig: Wenn beispielsweise in der ersten Periode eine größere Menge als benötigt produziert wird, dann ist der Nutzen (Deckungsbeitrag weniger Fremdkapitalzinsen) nicht so hoch, als würde die in der ersten Periode nicht benötigte Mehrmenge in der nächsten oder übernächsten Periode produziert werden.

Ausgangssituation

Grundsätzlich gelten auch hier die Angaben des Schuhfabriksbeispiels. Die dort unterstellte Jahresperiode wird in diesem Fallbeispiel auf vier Quartale aufgeteilt. Bei den Verkaufsbeschränkungen wird eine diskontinuierliche Nachfrage, bei den Fertigungsbeschränkungen eine kontinuierliche Fertigungsleistung unterstellt.

Quartals- und Jahres-RHS

	Einheit	Quartal				Jahres-summe
		1	2	3	4	
Nachfrage DAmenschuhe	Paar	600	600	900	900	3.000
Nachfrage HErrennschuhe	Paar	400	400	600	600	2.000
Nachfrage STiefel	Paar	200	200	400	400	1.200
Σ Fertigungskapazität Stepperei	Ma.Std.	1.000	1.000	1.000	1.000	4.000
Σ Fertigungskapazität Boden	Ma.Std.	500	500	500	500	2.000

Ausgangsmatrix Mehrperioden-Produktionsproblem

Die Lagerung von Damensschuhen (DA) über ein Quartal kostet 3 GE, von Herrenschuhen (HE) 6 GE und von Stiefeln (ST) 10 GE je Quartal. Diese relevanten Lagerhaltungs(grenzzins)kosten werden in der Zielfunktionszeile mit negativen Vorzeichen eingetragen.

Die gegenüber der Grundvariante (Kapitel 14.5.2.3.) erweiterte Zielfunktion lautet nun:

Wie viel Paar der Produkte "Damenschuhe", "Herrenschuhe" und "Stiefel" sollten bei vorgegebenen Quartalsabsatz- und -fertigungsbeschränkungen in den einzelnen Quartalen gefertigt werden, damit Deckungsbeitrag abzüglich relevanter Lagerhaltungszinskosten zusammen optimal (= möglichst hoch) sind?

Bei umseitiger Ausgangsmatrix wird vereinfachend unterstellt, dass zu Beginn des ersten Quartals und am Ende des vierten Quartals kein Lagerbestand vorrätig ist. Die Zeilen- und Spaltenanzahl der Mehrperiodenmatrix vervierfacht sich gegenüber der Jahresmatrix (= Einperiodenmodell). Außerdem weist das Mehrperiodentableau eine ganz typische Struktur auf: Die einzelnen Perioden (hier: Quartale) bilden produktspezifische Blöcke, die über die Lagerbestände miteinander verbunden sind.

☞ Beim Mehrperiodenmodell wird immer etwas weniger Deckungsbeitrag erzielt als beim Einperiodenmodell, weil mehr Restriktionen erfüllt werden müssen. Das Mehrperiodenmodell ist realistischer als das Einperiodenmodell. In der Praxis müssten noch mehr Beschränkungen (z.B. beim qualifizierten Personal, bei den Rüstbedingungen usw.) berücksichtigt werden. Bei sehr vielen Restriktionen und Fertigungs- bzw. Absatzbedingungen wird die optimale Produktionsplanung nicht immer mit einem linearen Modell, sondern öfter auch mit einem Simulationsmodell gelöst.

Ausgangsmatrix des Mehrperiodenmodells

Spalte / Zeile	1. Quartal Fertigung Da	He	St	1. Quartal Lager Da	He	St	2. Quartal Fertigung Da	He	St	2. Quartal Lager Da	He	St	3. Quartal Fertigung Da	He	St	3. Quartal Lager Da	He	St	4. Quartal Fertigung Da	He	St	RHS
1	1			-1																		<= 600
2		1			-1																	<= 400
3			1			-1																<= 200
4	0,5	1	2																			<= 1.000
5	0,5	0,75	0,25																			<= 500
6				1			1			-1												<= 600
7					1			1			-1											<= 400
8						1			1			-1										<= 200
9							0,5	1	2													<= 1.000
10							0,5	0,75	0,25													<= 500
11										1			1			-1						<= 900
12											1			1			-1					<= 600
13												1			1			-1				<= 400
14													0,5	1	2							<= 1.000
15													0,5	0,75	0,25							<= 500
16																1			1			<= 900
17																	1			1		<= 600
18																		1			1	<= 400
19																			0,5	1	2	<= 1.000
20																			0,5	0,75	0,25	<= 500
DB-FKZ	70	120	170	-3	-6	-10	70	120	170	-3	-6	-10	70	120	170	-3	-6	-10	70	120	170	= MAX

Die "ungewöhnlichen" Zeilen 6, 7 und 8 sind wie folgt zu interpretieren:

- Die 1 im Spaltenvektor "2. Quartal, Fertigung, Da" signalisiert, dass im zweiten Quartal vom Produkt "Damenschuhe" maximal 600 Stück abgesetzt werden können.
- Die 1 im Spaltenvektor "1. Quartal, Lager, Da" ist Platzhalter für einen etwaigen Restlagerbestand des Produktes "Damenschuhe" vom ersten Quartal.
- Ist die Summe der Spaltenvektoren "1. Quartal, Lager, Da" und "2. Quartal, Fertigung, Da" größer als die RHS-Menge 600 Paar Damenschuhe, dann muss die Differenz als "-1" im Spaltenvektor "2. Quartal, Lager, Da" aufscheinen.

In den Zeilen 7 und 8 gilt sinngemäß das gleiche wie für das Produkt "Damenschuhe".

Die Zeilen 11, 12 und 13 sind genauso zu interpretieren wie die Zeilen 6, 7 und 8.

Bei den Zeilen 1, 2 und 3 gibt es wegen des fehlenden Anfangslagerbestandes keine vorgelagerten Lagervektoren (Wert 1).

Bei den Zeilen 16, 17 und 18 gibt es wegen des fehlenden Endlagerbestandes keine nachgelagerten Lagervektoren (Wert -1).

Ergebnisse der vier Szenarien

Die Computer-Inputs und -Outputs für die vier Szenarien sind im Kapitel 14.16. von Seite 1236 bis 1244 abgebildet. Die Interpretationen und Erläuterungen beziehen sich auf diese Outputs.

Szenario 1: Nicht nur maximale, sondern auch minimale Absatzbeschränkungen

Für dieses Szenario sind **zwei Lösungsmöglichkeiten aufgezeigt** worden: Werden in der Ausgangsmatrix die ≤- und ≥-Verkaufsbeschränkungen berücksichtigt, dann erhält man **gegenüber der Grundvariante** einen **um 857 GE geringeren Periodendeckungsbeitrag, nämlich 432.143 GE.**

Zum selben Ergebnis kommt man mit der zweiten Lösungsvariante. Hier müssen die notwendigen Maschinenstunden für die Erzeugung der Mindestmenge und der Deckungsbeitrag aus der Mindestmenge hinzugerechnet werden (166.143 GE + 266.000 GE = 432.143 GE).

Szenario 2: Zusatzauftrag annehmen oder ablehnen?

Der Zusatzauftrag für 500 Sandalen soll angenommen, jener für 500 Kinderschuhe abgelehnt werden. Die Annahme der 500 Sandalen würde folgende bestehenden Produkte verdrängen:

      36 Damenschuhe

    300 Herrenschuhe

    29 Stiefel

Nähere Details können den Seiten 1240 und 1241 im Kapitel 16.14. entnommen werden. Dort kann auch abgelesen werden, dass der **Periodendeckungsbeitrag gegenüber** der **Grundvariante um 2.893 GE höher** ist, also **435.893 GE** beträgt.

Die Kapazitäten der Stepperei und Bodenabteilung **sind auch hier voll ausgelastet**; die Opportunitätskosten betragen je Maschinenstunde 77,14 GE bzw. 62,86 GE. Die JA-Entscheidung zur Annahme des Sandalen-Zusatzauftrages bzw. die NEIN-Entscheidung zur Ablehnung des Kinderschuh-Zusatzauftrages hätte auch über die Opportunitätskosten gefällt werden können. Die folgende Tabelle zeigt das Entscheidungsprocedere:

Preisuntergrenze für Zusatzartikel (Kinderschuhe bzw. Sandalen)

Bezugsgrößen	Opportunitäts- kosten je Masch. Std.	Preisuntergrenze für ein Paar Kinderschuhe	Preisuntergrenze für ein Paar Sandalen
Engpass Stepperei			
0,25 Masch.-Std.	78	19,50 GE	-
0,75 Masch.-Std.	78	-	58,50 GE
Engpass Boden			
0,75 Masch.-Std.	56	42,00 GE	-
0,5 Masch.-Std.	56	-	28,00 GE
Opportunitätskosten /Paar		61,50 GE	86,50 GE
+ Grenzkosten /Paar		54,50 GE	57,50 GE
= Preisuntergrenze /Paar		116,00 GE	144,00 GE
Erzielbarer Verkaufspreis /Paar		90,00 GE	150,00 GE
Entscheidung über Aufnahme/Ablehnung der Zusatzartikel		ablehnen!	Aufnahme erwägen

Allerdings wüsste man bei obiger Preisuntergrenze-Berechnung nicht, für wie viele Paar des Kinderschuh-Zusatzauftrages die JA-Entscheidung gilt. Weil sich die Opportunitätskosten verändern, kann man zwar mit der hier gezeigten Methode eine richtige Entscheidung treffen, aber nicht sagen, für welche Menge die Entscheidung gilt bzw. ab welcher Menge eine andere Entscheidung richtig wäre. Man kommt also in der Praxis für eine umfassende Entscheidung um eine lineare Optimierungsrechnung (Erstellung einer neuen Matrix) nicht herum. **Eine neue Matrix ist schnell erstellt und kein wissenschaftliches Unterfangen.**

Szenario 3: Alle drei Produkte können auch fremd bezogen werden

Das Computerprotokoll für diese Variante ist auf den Seiten 1242 und 1243 im Kapitel 16.14. abgebildet. Auf diese Anlage bezieht sich die folgende Interpretation. Das Produktionsprogramm hat sich gegenüber dem originären Fallbeispiel (ohne Fremdbezugsmöglichkeiten) etwas verändert:

1. Das gewinnmaximale Produktionsprogramm erbringt nun einen Deckungsbeitrag von 589.000 GE und setzt sich wie folgt zusammen:

   3.000 Damenschuhe (Eigenfertigung)
     667 Herrenschuhe (Eigenfertigung)
   1.333 Herrenschuhe (Fremdbezug)
   1.200 Stiefel (Fremdbezug)

2. Minderdeckungsbeiträge in der Höhe von je 3,33 GE pro Paar gibt es bei

   • Stiefeln (Eigenerzeugung) und
   • Damenschuhen (Fremdbezug).

Könnte man also den Deckungsbeitrag je Paar Stiefel bei der Eigenerzeugung um 3,33 GE erhöhen, dann würde eine gewisse Menge Stiefel als Eigenerzeugung vorgeschlagen werden. Das gleiche gilt sinngemäß für den Damenschuh (Fremdbezug). Würde der Fremdlieferer pro Paar Damenschuh um mindestens 3,33 GE billiger anbieten, würde er eine gewisse Menge zur Fremdfertigung erhalten.

3. Alle absetzbaren Schuhe können auch ausgeliefert werden (slack or surplus = 0).

4. In der Kostenstelle Stepperei sind 1.833 Maschinenstunden frei, d.h., die Auslastung beträgt nur 54%. Diese freie Kapazität könnte eventuell für Lohnfertigungen verwendet werden, wodurch sich der Gesamt-Periodendeckungsbeitrag entsprechend erhöhen würde. In der Bodenabteilung sind die Kapazitäten voll ausgelastet; die Opportunitätskosten je Maschinenstunde betragen dort 53,33 GE.

5. Nachstehende **Abbildung** zeigt die **wichtigsten Daten vor und nach** der **Optimierung**:

Gewinnmaximales Produktionsprogramm für Schuhfabrik
Alternative: Eigenfertigung - Fremdbezug

		Artikel					Optimales Produktionsprogramm			
		DA	HE	ST			DA	HE	ST	GESAMT
Nettoerlös	EF	139	255	427	Nettoerlös in GE	EF	417.000	170.000	0	587.000
	FB	139	255	427		FB	-	340.000	512.000	852.000
Variable Kosten	EF	69	135	257	Grenzkosten in GE	EF	207.000	90.000	0	297.000
	FB	99	175	267		FB	-	233.000	320.000	553.000
Deckungsbeitrag	EF	70	120	170	DB in GE	EF	210.000	80.000	0	290.000
	FB	40	80	160		FB	-	107.000	192.000	299.000
Maximal möglicher Verkauf in Paaren	EF	3.000	2.000	1.200	Aufgrund der Fertigungsrestriktionen realisierbare Absatzmenge in Paaren	EF	3.000	667	0	3.667
	FB	3.000	2.000	1.200		FB	-	1.333	1.200	2.533

Engpasskostenstellen	Bezugsgrößeneinheit	Periodenkapazität in Maschinenstunden		
		Maximal	Zur Realisierung des gewinnmaximalen Produktionsprogramms notwendig	Freie Restkapazität
Stepperei	Maschinenstunden	4.000	2.167	1.833
Bodenabteilung	Maschinenstunden	2.000	2.000	-

EF = Eigenfertigung; FB = Fremdbezug

Es ist verständlich, dass bei diesem Fallbeispiel die gesamte verkaufbare Menge auch erzeugt wird. Die Lösungsmatrix sagt exakt, welche Artikel selbst erzeugt und welche fremd bezogen werden müssen, damit der Gesamt-DB ein Maximum erreicht.

Szenario 4
Die Computerprotokolle (Excel Solver) sind im Kapitel 16.14. auf Seite 1244 abgebildet. Zusammenfassend können die Ergebnisse wie folgt interpretiert werden:

Interpretation der Ergebnisse

Quartal	Fertigung			Absatz			Lager		
	Da	He	St	Da	He	St	Da	He	St
1	543	220	254	543	220	200	0	0	54
2	600	180	200	600	180	200	0	0	114
3	857	0	400	857	0	400	0	0	0
4	857	0	286	857	0	286	0	0	0
Σ Paar	2857	400	1140	2857	400	1086	0	0	168
	Σ DB 432.571 GE						- Σ FKZ 1.680 GE		
	= Σ optimaler Gewinn 430.891 GE								

Die optimale Produktmengenkombination hat sich beim Mehrperiodenmodell geändert. Dadurch hat sich der Gesamt-DB um 429 GE verringert. Dieser Deckungsbeitrag verkürzt sich nochmals um die Lagerhaltungsgrenzkosten beim Produkt "Stiefel" im 1. und 2. Quartal: (54 + 114) x 10 GE = 1.680 GE.

	Produktionsmenge	
	Bei Mehrperioden-modell	Bei Einperioden-modell
Da	2.857	3.000
He	400	300
St	1.140	1.100
Σ DB	432.571	433.000
- FKZ	-1.680	-
Σ DB 2	430.891	433.000

14.5.3. Minimierung der Rohstoffkosten

14.5.3.1. Ziel und Anwendungsgebiete

In vielen Produktionsbetrieben betragen die Materialkosten 50% der Betriebsleistung und mehr. Es empfiehlt sich daher, bei dieser größten Kostenposition Analysen in Bezug auf mögliche Kostensenkungen anzustellen.

Wie senkt bzw. minimiert man Rohstoffkosten?
Die Höhe der Rohstoffkosten kann - je nach Branche - durch folgende Maßnahmen gesenkt werden:

1. **Umsichtige** und konsequente **Einkaufspolitik** (siehe Kapitel 12)
2. **Verschnittabfälle minimieren**
3. **Mischungen** so durchführen, dass sie **kostenminimal** sind

Eine umsichtige und konsequente Einkaufspolitik sollten alle Unternehmen durchführen. Dazu gehört, dass man **regelmäßig Angebote von mehreren Lieferanten einholt und prüft,** ob die **Ausnutzung von Rabatten** wirtschaftlich ist bzw. mit **welcher Menge man sich vor Preiserhöhungen eindecken soll,** damit Lagerhaltungskosten und Einsparungen zum alten Preis zusammen minimal sind.

Typische Anwender für die zweite Gruppe sind die **Papierindustrie sowie Blech- und Metallverarbeitungsbetriebe (Zuschnitt-, Abläng- und Stanzprobleme** usw.).

Die Anwender für die dritte Gruppe sind z.B. **Glasfabriken** (für die **Ermittlung des optimalen Glasgemenges),** Futtermittelwerke (zur **Ermittlung der optimalen Futtermittelmischung),** Textilfabriken (zur **Ermittlung der optimalen Baumwollmischung),** Getreidemühlen (zur **Ermittlung des optimalen Malters), chemische Industrie** und viele andere.

In diesem Kapitel wird nur die Mischungsoptimierung behandelt. Das Ziel bei den Mischungsproblemen ist immer das gleiche: Es soll die **kostengünstigste Zusammensetzung** gefunden werden, **ohne** dass **eine** der meist zahlreichen **Nebenbedingungen verletzt** wird.

14.5.3.2. Kleines Fallbeispiel: Kostenminimale Baumwollmischungen

Ausgangssituation

Vor dem Hintergrund steigender oder stark schwankender Baumwollpreise gewinnen Maßnahmen zur optimalen Planung des Rohstoffeinsatzes zunehmend in Textilfabriken an Bedeutung, die mit diesem Rohstoff arbeiten (z.B. Baumwollspinnereien). Je größer der Anteil der Baumwollkosten an den Herstellkosten ist, desto stärker rückt dieser Problemkreis bei der betrieblichen Planung in den Vordergrund.

Das **wirtschaftliche Ziel bei der Baumwollmischung** ist, ein **Endprodukt von einer gewissen Faserlänge, Faserfeinheit und Faserfestigkeit** zu erhalten, **wobei** die **Gesamtkosten der Mischung minimal** sein sollen.

Dieses Problem kann relativ einfach mit Hilfe der linearen Planungsrechnung gelöst werden. Bei geschickter Durchführung können die Baumwollkosten gegenüber einer händischen Probier-Lösung um mindestens 1% bis 3% reduziert werden. Das Einsparungspotential ist also sehr hoch.

Beim folgenden Fallbeispiel soll aus vier verschiedenen Baumwollarten mit Einstandspreisen zwischen 30 und 70 Cent per pound (C/lb.) eine kostenminimale Baumwollmischung zusammengestellt werden, die folgende Eigenschaften haben muss:

* Faserlänge: mindestens 0,9, höchstens 1
* Faserfeinheit: mindestens 4, höchstens 5
* Faserfestigkeit: mindestens 65, höchstens 75

Ausgangsmatrix

Die Ausgangsmatrix für dieses Problem hat folgendes Aussehen:

		Baumwollarten				RHS	
		1	2	3	4		
Faserlänge	mindestens	0,8	1	1,2	1,5	$\geq$	0,9
	höchstens	0,8	1	1,2	1,5	$\leq$	1
Faserfeinheit	mindestens	6	3	4	5	$\geq$	4
	höchstens	6	3	4	5	$\leq$	5
Faserfestigkeit	mindestens	60	70	90	80	$\geq$	65
	höchstens	60	70	90	80	$\leq$	75
Einstandspreis in c/lb.		30	50	60	70	=	MIN

Computer-Input

Die Werte der Ausgangsmatrix müssen nun in den Computer eingegeben werden. Verwendet man das lineare Optimierungsprogramm CMMS von Erikson/

Hall (siehe Kapitel 14.6. "Top-Literatur für den Geschäftsführer"), dann fragt das Programm zunächst nach der Anzahl der Variablen (hier: vier Baumwollarten), nach der Anzahl der $\leq$- und $\geq$-Beschränkungen (hier jeweils drei, nämlich Faserlänge, Faserfeinheit und Faserfestigkeit) und schließlich nach der Anzahl der =-Bedingungen (hier: eine für das Gesamtgewicht).

Anschließend wird gefragt, ob es sich um ein Maximierungs- oder Minimierungs-problem handelt (hier: Minimierung).

Gleichzeitig werden die Einstandspreise der vier Baumwollarten in c/lb. einge-geben. Es handelt sich dabei um die Zielfunktion, die minimiert werden soll.

Abschließend werden die Faserlängen-, Faserfeinheits- und Faserfestigkeits-werte der Baumwollarten und die zulässigen Mindest- und Höchstwerte abge-fragt, innerhalb der sich der Lösungsvorschlag unbedingt bewegen muss.

Der PC-Input hat folgendes Aussehen:

COMPUTER MODELS FOR MANAGEMENT SCIENCE

LINEAR PROGRAMMING   07-05-1994 - 11:47:15

-=*=- INFORMATION ENTERED -=*=-

NUMBER OF VARIABLES :   4
NUMBER OF <=   CONSTRAINTS   :   3
NUMBER OF =   CONSTRAINTS   :   1
NUMBER OF >=   CONSTRAINTS   :   3

MIN DB =30   X1   + 50 X2 + 60 X3 + 70 X4
SUBJECT TO:

.8	X1	+ 1 X2	+ 1.2 X3	+ 1.5 X4	<=	1	(FL)
6	X1	+ 3 X2	+ 4 X3	+ 5 X4	<=	5	(FFEI)
60	X1	+ 70 X2	+ 90 X3	+ 80 X4	<=	75	(FFES)
1	X1	+ 1 X2	+ 1 X3	+ 1 X4	=	1	
.8	X1	+ 1 X2	+ 1.2 X3	+ 1.5 X4	>=	.9	(FL)
6	X1	+ 3 X2	+ 4 X3	+ 5 X4	>=	4	(FFEI)
60	X1	+ 70 X2	+ 90 X3	+ 80 X4	>=	65	(FFES)

PC-Output
Nach knapp einer Sekunde erhält man folgenden Ausdruck:

-=*=- RESULTS -=*=-

VARIABLE	VARIABLE VALUE	ORIGINAL COEFFICIENT	COEFFICIENT SENSITIVITY
X1	.629	30	0
X2	.29	50	0
X3	.048	60	0
X4	.032	70	0

CONSTRAINT NUMBER	ORIGINAL RIGHT-HAND VALUE	SLACK OR SURPLUS	SHADOW PRICE
1	1	.1	0
2	5	0	2.903
3	75	10	0
4	1	0	.968
5	.9	0	48.387
6	4	1	0
7	65	0	.161

OBJECTIVE FUNCTION VALUE: 38.548

-- SENSITIVITY ANALYSIS --

OBJECTIVE FUNCTION COEFFICIENTS

VARIABLE	LOWER LIMIT	ORIGINAL COEFFICIENT	UPPER LIMIT
X1	NO LIMIT	30	41.25
X2	43.077	50	55
X3	57.368	60	90
X4	48.571	70	76.25

RIGHT-HAND-SIDE VALUES

CONSTRAINT NUMBER	LOWER LIMIT	ORIGINAL VALUE	UPPER LIMIT
1	.9	1	NO LIMIT
2	4.5	5	5.962
3	64	75	NO LIMIT
4	.931	1	1.016
5	.886	.9	.93
6	NO LIMIT	4	5
7	64.211	65	66.25

---------- E N D   O F   A N A L Y S I S ----------

Interpretation der PC-Lösung

Die Interpretation der Computerlösung erfolgt in nachstehender Tabelle. Hier wird auch gezeigt, dass sich die optimalen Mischungskosten bereits bei kleinsten Veränderungen im Mischungsverhältnis um 1,2% bis 3,3% erhöhen; die optimale Mischung ist also sehr sensibel. Eine kostenminimale Mischung kann mit Sicherheit nur durch lineares Optimieren erreicht werden.

Rohstoffart	Restriktionen	Optimale Mischung durch lineares Optimieren	Händischer Alternativversuch	
			1	2
A		0,629	0,6	0,58
B		0,290	0,3	0,32
C		0,048	0,1	0,06
D		0,032	-	0,04
Gesamtgewicht	$x = 1$	1	1	1
Faserlänge	$0,9 \leq x \leq 1$	0,900	0,9	0,916
Faserfeinheit	$4 \leq x \leq 5$	5,000	4,9	4,88
Faserfestigkeit	$65 \leq x \leq 75$	65,000	66,0	65,8
Kosten	minimal	**38,548**	39,0	39,8
Mehrkosten gegenüber optimaler Lösung	in c/lb.		0,452	1,252
	in %		1,17	3,25

Bei kritischer Analyse des optimalen Ergebnisses wird man erfreut feststellen, dass **keine der Minimal- und Maximalbegrenzungen verletzt** worden sind, dass sich der Lösungsvorschlag also innerhalb der vorgegebenen Grenzen bewegt und somit akzeptabel ist. **Unter diesen Bedingungen gibt es keine Baumwollmischung, die geringere Kosten als 38,55 c/lb. verursacht.**

Weiterführende Überlegungen

Grundsätzlich könnte man auch die verfügbaren Bestände der Baumwollarten in die Rechnung mit einbeziehen, was die Baumwolldisposition (Einkauf) noch zusätzlich verbessern würde.

14.5.3.3. Großes Fallbeispiel: Kostenminimale Baumwollmischungen

Ausgangssituation

Beim folgenden Fallbeispiel sollen aus sieben verschiedenen Baumwollarten mit Einstandspreisen zwischen 90,2 und 105 c/lb. acht kostenminimale

Baumwollmischungen zusammengestellt werden, die folgende Eigenschaften haben müssen.

Qualitätsrestriktionen

Restriktion / Variante	Faserlänge min.	Faserlänge max.	Faserfeinheit min.	Faserfeinheit max.	Faserfestigkeit min.	Faserfestigkeit max.
1	1,125	1,219	3,5	4,2	85,0	100,0
2	1,125	1,219	4,0	4,1	85,0	100,0
3	1,140	1,180	3,5	4,2	85,0	100,0
4	1,125	1,219	3,5	4,2	87,0	91,0
5	1,140	1,180	4,0	4,1	87,0	91,0
6	1,140	1,180	4,0	4,2	87,5	91,0
7	1,140	1,180	4,1	4,3	88,0	90,0
8	1,150	1,170	4,1	4,2	89,0	91,0

Die acht Mischungsvarianten unterscheiden sich in den minimal bzw. maximal tolerierten Werten für Faserlänge, Faserfeinheit und Faserfestigkeit.

Die sieben Rohstoffarten, die für die Mischungsoptimierung zur Verfügung stehen, weisen folgende Einstandspreise, Faserlängen, Faserfeinheiten und Faserfestigkeiten auf:

Spezifikationen der Rohstoffe

Rohstoffart	Einstandspreis in c/lb.	Faser-Länge	Faser-Feinheit	Faser-Festigkeit
x1	96,00	1 3/16	4,2	90
x2	105,00	1 5/32	4,3	90
x3	105,00	1 5/32	4,2	88
x4	104,00	1 5/32	4,0	86
x5	90,20	1 1/8	4,5	93
x6	94,50	1 1/8	4,4	90
x7	90,75	1 1/8	4,3	87

Für jede der acht Varianten ist eine kostenminimale Mischung zu errechnen. Anschließend sollen die Ergebnisse auf ihre Plausibilität geprüft werden.

Ausgangsmatrix

Die Ausgangsmatrix für die erste Mischungsvariante stellt sich wie folgt dar:

Ausgangsmatrix Variante 1		Baumwollarten							Rechte Seite der Gleichung
		1	2	3	4	5	6	7	
Faserlänge	mindestens	1,187	1,156	1,156	1,156	1,125	1,125	1,125	≥ 1,125
	höchstens	1,187	1,156	1,156	1,156	1,125	1,125	1,125	≤ 1,219
Faserfeinheit	mindestens	4,2	4,3	4,2	4	4,5	4,4	4,3	≥ 3,5
	höchstens	4,2	4,3	4,2	4	4,5	4,4	4,3	≤ 4,2
Faserfestigkeit	mindestens	90	90	88	86	93	90	87	≥ 85
	höchstens	90	90	88	86	93	90	87	≤ 100
Einstandspreis in c/lb.		96	105	105	104	90,2	94,5	90,75	MIN

Die Computereingaben und -ergebnisse für alle Mischungsvarianten sind im Kapitel 16.14. (Seiten 1245 bis 1260) abgebildet. Zusammenfassend ergibt sich folgendes Bild:

		Optimale (= kostenminimale) Mischungen durch lineares Optimieren							
		Var. 1	Var. 2	Var. 3	Var. 4	Var. 5	Var. 6	Var. 7	Var. 8
Rohstoffart	x1	-	-	9,0%	10,0%	20,0%	30,0%	24,2%	66,1%
	x2	-	-	-	-	-	-	-	-
	x3	-	-	-	-	-	-	-	-
	x4	33,3%	66,7%	30,3%	30,0%	60,0%	40,0%	-	12,9%
	x5	-	-	-	-	-	-	12,1%	2,4%
	x6	-	-	-	-	-	-	-	-
	x7	66,7%	33,3%	60,6%	60,0%	20,0%	30,0%	63,7%	18,5%
Gesamt		100%	100%	100%	100%	100%	100%	100%	100%
Faserlänge		1,135	1,146	1,140	1,140	1,156	1,156	1,140	1,170
Faserfeinheit		4,20	4,10	4,20	4,20	4,10	4,15	4,30	4,20
Faserfestigkeit		86,67	86,33	86,97	87,00	87,00	87,50	88,45	89,00
Minimale Kosten		95,167	99,583	95,242	95,250	99,750	97,625	91,954	95,918

Interpretation der Ergebnisse und Plausibilitätsprüfung
ad Variante 1

Rohstoff (Baumwollart) 7 scheint mit einem Zwei-Drittel-Anteil in der Mischung auf, da er sehr billig ist. Rohstoff 4 nimmt das restliche Drittel in Anspruch. Dieser Rohstoff ist zwar teuer, aber erforderlich, um die Faserfeinheitsrestriktionen einzuhalten. Die MAX-Grenze liegt hier bei 4,2, der Rohstoff 7 weist jedoch mit 4,3 einen höheren Wert auf. Dies wird durch den niedrigen Feingehalt des Rohstoffes 4 (4,0) ausgeglichen.

ad Variante 2

Der Unterschied zur Variante 1 liegt in einer Einschränkung der Faserfeinheit (statt 3,5 bis 4,2 nun 4,0 bis 4,1). Das Ergebnis ist ähnlich zu interpretieren wie jenes der Variante 1, nur findet man jetzt den Rohstoff 4 mit zwei Drittel und den Rohstoff 7 mit einem Drittel in der Mischung. Dies ist dadurch zu erklären, dass die Feinheitsrestriktionen eingeengt wurden, die ja schon in Variante 1 eine Berücksichtigung des teuren Rohstoffes 4 verlangten. Durch die Restriktionseinengung ist nun ein noch höherer Anteil dieses Rohstoffes notwendig. Die Gesamtkosten dieser Mischung sind sehr hoch, da der Rohstoff 4 beträchtlich teurer ist als Rohstoff 7.

ad Variante 3

Gegenüber Variante 1 wurde die Faserlänge von 1,125 bis 1,219 auf 1,14 bis 1,18 verändert. Jetzt ist der Rohstoff mit 9% in der Mischung vertreten.
Dies ist durch die Tatsache erklärbar, dass dieser Rohstoff die größte Faserlänge (1,1875) aufweist und die MIN-Grenze der Faserlänge von 1,125 auf 1,14 hinaufgesetzt worden ist. Ansonsten ähnelt das Ergebnis dem der Variante 1.

ad Variante 4

Gegenüber Variante 1 wird bei dieser Variante die Faserfestigkeitsrestriktion von 85 bis 100 auf 87 bis 91 verändert. Das Ergebnis ähnelt jenem der Variante 3. Diesmal wurde aber Rohstoff 1 mit 10% in die Mischung aufgenommen, da er relativ billig ist und eine hohe Festigkeit (90) aufweist. Die Rohstoffe 4 und 7 haben relativ niedrige Festigkeitswerte (86 bzw. 87); die Restriktionen verlangen aber eine Faserfestigkeit von mindestens 87, was durch Beimengung von Rohstoff 1 erreicht wird. Warum, so fragt man sich, gehen dann nicht die Rohstoffe 5 oder 6 in die Mischung ein, da diese beiden ebenfalls hohe Faserfestigkeit aufweisen (93 bzw. 90) und zudem noch billiger sind? Hier scheitert es an der hohen Faserfeinheit der beiden Rohstoffe; beide liegen mit 4,5 bzw. 4,4 weit über dem Restriktionsmaximum von 4,2, während der Rohstoff 1 mit 4,2 innerhalb der Restriktionsbreiten bleibt.

ad Variante 5

Hier wurden nun alle Restriktionsänderungen, die bei den Varianten 2 bis 4 jeweils nur bei einer Restriktion (Länge, Feinheit oder Festigkeit) vorgenommen wurden, zusammen angesetzt. Es handelt sich also um eine beträchtliche Einschränkung der Lösungsmöglichkeit, was sich auch in den hohen Gesamtkosten dieser Mischung widerspiegelt.
Rohstoff 4 ist mit 60% deshalb relativ stark in der Mischung vertreten, da seine Feinheit mit 4,0 die niedrigste ist und alle anderen Rohstoffe über der Maximalgrenze der Feinheitsrestriktionen liegen.

Der Anteil des Rohstoffes 1 ist auf die MIN-Grenze der Festigkeitsrestriktionen zurückzuführen, die bei 87 liegt. Die Festigkeiten der Rohstoffe 4 und 7 liegen mit 86 bzw. 87 insgesamt gesehen darunter, was durch die Festigkeit von 90 beim Rohstoff 1 ausgeglichen wird (ähnlich wie bei Variante 4).

ad Variante 6

Hier wird im Vergleich zu Variante 5 die MAX-Grenze der Faserfeinheit wieder erhöht, die Restriktionen also erleichtert, gleichzeitig aber die Faserfestigkeitsrestriktion durch Erhöhung ihres MIN-Wertes von 87 auf 87,5 eingeschränkt. Sofort verliert Rohstoff 4 20 Prozentpunkte Anteil, da er ja extrem teuer ist. Aufgrund der immer noch relativ niedrigen MAX-Grenze der Feinheitsrestriktionen ist er aber trotzdem noch vertreten. Rohstoff 1 gewinnt 10 Prozentpunkte Anteil aufgrund seiner hohen Faserfestigkeit. Weil die MIN-Grenze dieser Restriktion erhöht wurde, ist mehr Rohstoff 1 erforderlich. Rohstoff 7 gewinnt einen 10 Prozentpunkte-Anteil, weil die Kosten günstig sind.

ad Variante 7

Eine äußerst interessante Variante! Hier wurden gegenüber der Variante 1 die Restriktionen für Faserlänge, Faserfestigkeit eingeengt und die Restriktionen für Faserfeinheit erweitert. Letzere kann jetzt statt zwischen 3,5 und 4,2 (Variante 1) zwischen 4,1 und 4,3 betragen. Durch die Erhöhung der Faserfeinheit sind die Gesamtkosten der Mischung gegenüber der Variante 1 deutlich gesunken. Warum sind die Kosten so niedrig? Nun, der teure Rohstoff 4 ist gänzlich aus der Mischung verschwunden. Man braucht ihn nicht mehr dazu, die maximale Faserfeinheit möglichst niedrig zu halten. Hier hilft nun der billigere Rohstoff 1, der mit 4,2 Feinheit bereits unter der MAX-Grenze liegt.

Wie zu erkennen ist, hat sich erstmals der Rohstoff 5 mit 90,2 c/lb. als der billigste aller Rohstoffe mit 12,1% Anteil eingeschlichen. Seine hohe Feinheit von 4,5 wird von der eben genannten Feinheit des Rohstoffes 1 ausgeglichen, um die Restriktionen nicht zu verletzen. Der Anteil an den Rohstoffen 5 und 7 wäre noch höher ausgefallen, wenn die MIN-Grenze der Faserlängenrestriktionen herabgesetzt worden wäre, da diese beiden billigen Rohstoffe mit jeweils 1,125 unter dieser Grenze von 1,14 liegen. Als Ausgleich dient der Rohstoff 1, der mit 1,1875 die höchste Faserlänge überhaupt aufweist.

Entscheidend für die günstigen Gesamtkosten ist aber sicherlich das Hinaufsetzen der MAX-Grenze der Feinheitsrestriktion. Es ist nicht schwer zu erraten, dass die Gesamtkosten weiter sinken würden, wenn man diese Restriktionen noch weiter erhöht, also auf 4,4 oder gar 4,5 setzt. Diesem verständlichen Wunsch stehen aber höchstwahrscheinlich Qualitätsrestriktionen entgegen.

ad Variante 8

Bei dieser Variante sind sämtliche drei Toleranzgrenzen der Variante 1 stark eingeengt worden. Die Faserlängenwerte sind von 1,125 bis 1,219 (Variante 1) auf 1,15 bis 1,17 gesetzt worden. Die Feinheitswerte liegen nun statt bei 3,5 bis 4,2 (Variante 1) zwischen 4,1 und 4,2. Auch die Faserfestigkeit beträgt nun nicht zwischen 85 und 100 (Variante 1), sondern nur 89 bis 91.

Der Rohstoff 5 ist wieder mit 2,4% präsent. Er erfüllt eigentlich keine der Restriktionen, ist aber sicher aufgrund der günstigen Kosten in der Mischung vorhanden. Rohstoff 1 ist mit 66,1% sehr stark vertreten. Die Restriktionen werden von diesem Rohstoff im Großen und Ganzen eingehalten, lediglich die Faserlänge überschreitet die MAX-Grenze, was aber durch die niedrigen Werte der anderen Rohstoffe leicht ausgeglichen werden kann. Am wichtigsten aber ist, dass er mit seiner Feinheit von 4,2 die MAX-Grenze dieser wohl entscheidendsten Restriktion nicht überschreitet. Zudem ist der Rohstoff 1 relativ preisgünstig. Der 18,5-prozentige Mischungsanteil des Rohstoffes 7 ist durch den günstigen Einstandspreis erklärbar. Rohstoff 4 ist mit 12,9% vertreten. Er dient nur dazu, die Feinheitsrestriktionen einzuhalten, denn der hohe Einstandspreis würde sicherlich keine Präsenz in der Mischung rechtfertigen.

Insgesamt sind also vier Rohstoffe in der Mischung vertreten. Zusammenfassend kann gesagt werden, dass zwei davon (Rohstoff 5 und Rohstoff 7) aufgrund ihres günstigen Einstandspreises aufscheinen, während die beiden anderen (Rohstoff 1 und Rohstoff 4) dazu da sind, die Restriktionen einzuhalten.

Erkenntnisse

Obwohl bei der letzten Variante (8) die Restriktionen enger gesetzt worden sind als bei allen anderen, liegen die Kosten nur knapp über dem Wert der Variante 1. Entscheidend dafür ist der MAX-Wert der Faserfeinheitsrestriktion, der bei Variante 8 mit 4,2 gleich hoch ist wie bei Variante 1. Es hat sich nämlich eindeutig herausgestellt, dass die Kosten bei jenen Mischungsvarianten am höchsten sind, wo die MAX-Grenze dieser Restriktion niedrig sind und umgekehrt. Der letzte Satz findet Bestätigung, wenn man die Ergebnisse der Variante 2, 5 und 6 im Gegensatz zum Ergebnis der Variante 7 betrachtet. Dies darf auch weiters nicht verwundern, denn die MIN-MAX-Werte der Feinheitsrestriktionen liegen bei Variante 1 zwischen 3,5 und 4,2. Rohstoff 4 weist als einziger mit 4,0 eine Feinheit auf, die unter der MAX-Grenze liegt. Zwei weitere Rohstoffe (1 und 3) liegen mit 4,2 genau an der MAX-Grenze. Alle anderen Rohstoffe haben höhere Werte als 4,2.

Es soll nun noch die Tatsache untersucht werden, dass die drei Rohstoffe 2, 3 und 6 nie in die optimale Mischung aufgenommen worden sind. Die Rohstoffe 2 und 3 sind mit 105 c/lb. die teuersten überhaupt. Sie ähneln mit ihren Länge-, Feinheits- und Festigkeitswerten den billigeren Rohstoffen 1 und 7, was ihr Nichtvorkommen voll erklärt. Rohstoff 6 ist zwar relativ preisgünstig, hat aber mit 4,4 einen so hohen Festigkeitswert, dass andere Rohstoffe vorgezogen werden.

In allen acht Varianten konnte gezeigt werden, dass sich geringfügige Änderungen bei den Kapazitätsgrenzen sehr stark auf die Höhe der Kosten auswirken können. Die Schlüsselrestriktion ist bei der hier vorliegenden Konstellation die Faserfeinheit. Diese Erkenntnis wird man beim Einkauf durch die Bildung einer Relation zwischen Einstandspreis und Faserfeinheit berücksichtigen müssen.

Die folgende Graphik zeigt die Schlüsselrestriktion **"Faserfeinheit" mit ihren shadow prices (Opportunitätskosten).**

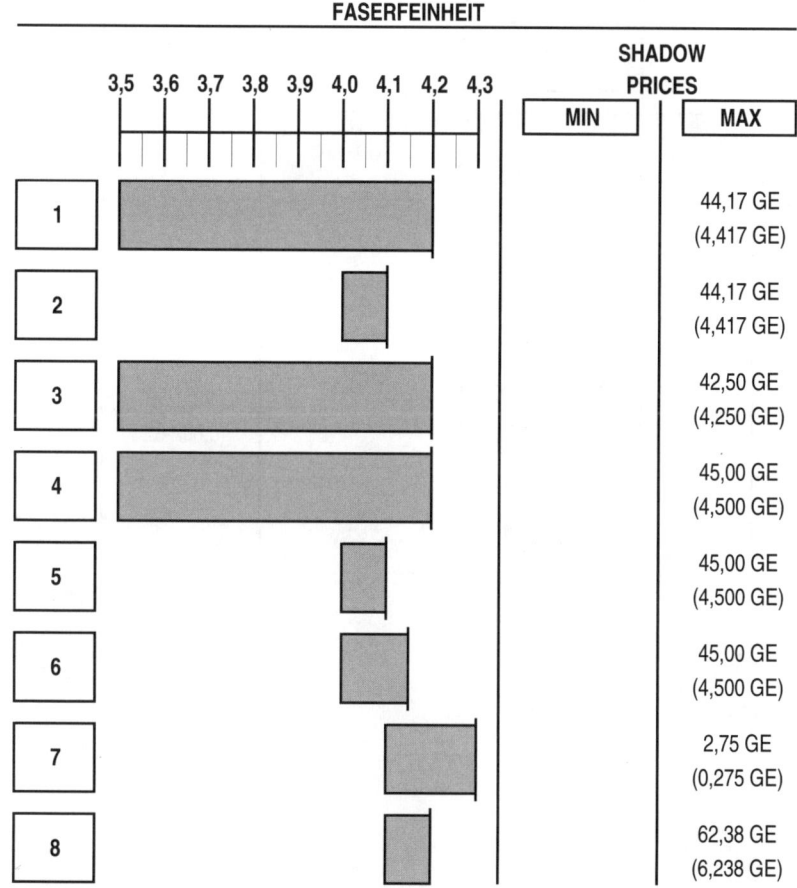

Die **graphische Darstellung** der beiden anderen Restriktionen

- **Faserlänge**
- **Faserfestigkeit**

wird in den **folgenden beiden Abbildungen** gezeigt:

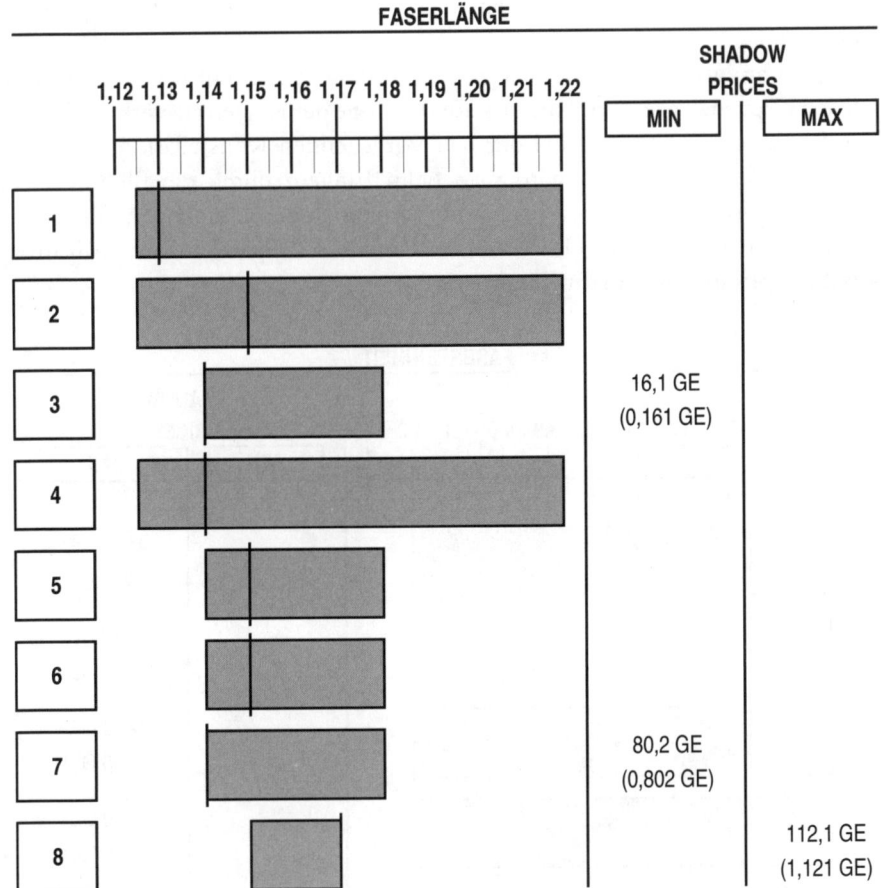

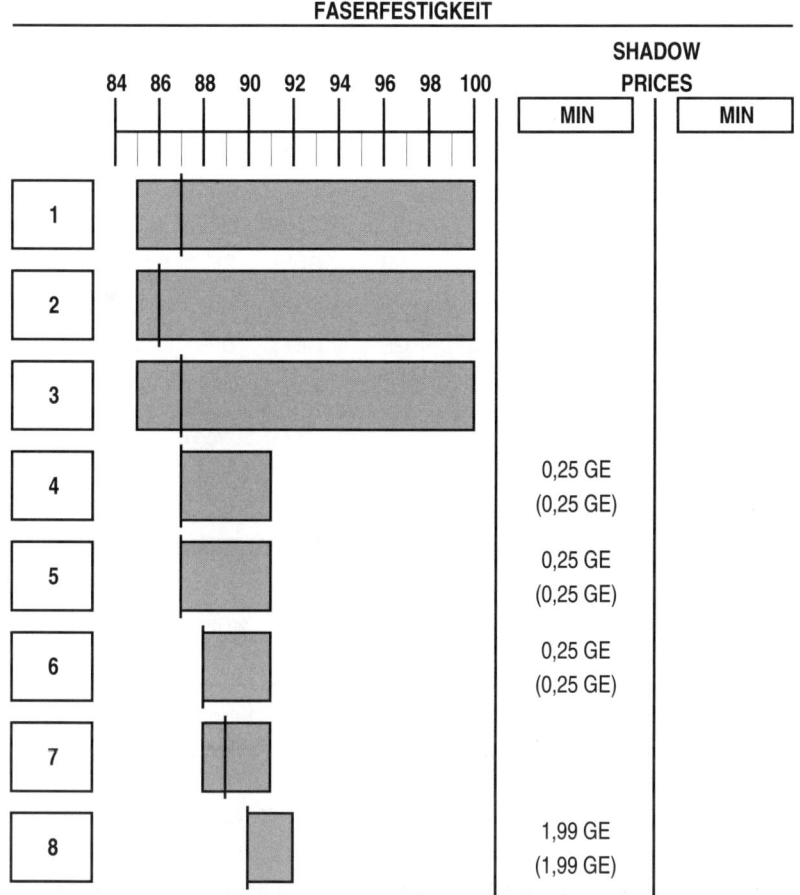

Um die shadow prices aller drei Restriktionen vergleichen zu können, muss man die Werte in Klammer, bei denen die unterschiedlichen Restriktionsgrößen auf einen gemeinsamen Bezugswert gebracht wurden, heranziehen.

Anschließend werden nochmals für alle acht Varianten jene in der Mischung aufscheinenden Rohstoffe mit ihrem Prozentanteil an der Mischung und die übrigen, nicht in der Mischung aufscheinenden Rohstoffe mit ihren "Mehrkosten", ausgedrückt in GE, tabellarisch dargestellt:

Zusammenfassung der Ergebnisse

Roh-stoffe	Variante							
	1	2	3	4	5	6	7	8
1	-0,83 GE	-0,83 GE	9,0%	10,0%	20,0%	30,0%	24,2%	66,1%
2	-14,25 GE	-14,25 GE	-13,75 GE	-13,50 GE	-13,50 GE	-13,50 GE	-11,76 GE	-11,76 GE
3	-9,83 GE	-9,83 GE	-9,50 GE	-9,50 GE	-9,50 GE	-9,50 GE	-11,49 GE	-9,50 GE
4	33,3%	66,7%	30,3%	30,0%	60,0%	40,0%	-9,94 GE	12,9%
5	-8,28 GE	-8,28 GE	-7,95 GE	-6,95 GE	-6,95 GE	-6,95 GE	12,1%	2,4%
6	-8,17 GE	-8,17 GE	-8,00 GE	-7,50 GE	-7,50 GE	-7,50 GE	-4,03 GE	-4,03 GE
7	66,7%	33,3%	60,6%	60,0%	20,0%	30,0%	63,7%	18,5%

Fettdruck: Fettgedruckte und mit Prozentzahlen versehene Werte indizieren, dass der entsprechende Rohstoff in der Mischung vorhanden ist. Der Wert gibt an zu welchem Prozentsatz.

Normaldruck: Nicht hervorgehobene, mit dem Zusatz GE versehene Werte indizieren, dass der entsprechende Rohstoff nicht in der Mischung enthalten ist. Der eingetragene Wert gibt an, um wie viel GE der Rohstoff billiger sein müsste, um in der Mischung aufzuscheinen.

Sensibilitätsanalyse

Abschließend wird - zur Abrundung des Bildes - eine Sensibilitätsanalyse durchgeführt. **Aus Platzgründen wird nur die Mischungsvariante 1 interpretiert.** Nach den Hauptergebnissen (results), die im Kapitel 16 für sämtliche acht Mischungsvarianten abgebildet sind, wird die Sensibilitätsanalyse ausgedruckt. Diese untergliedert sich in folgende zwei Teile:

- Sensibilität der Rohstoffarten (objective function coefficients)
- Sensibilität der RHS-Werte (right hand side values)

a) Sensibilität der Rohstoffarten

In dieser Tabelle wird gezeigt, in welchem Bereich der jeweilige Einstandspreis einer der sieben Variablen (Rohstoffart) schwanken kann, ohne das Mischungsverhältnis zu verändern. Rohstoff x1 z.B. müsste billiger als 95,167 sein, um in der Mischung aufzuscheinen. Rohstoff x4, der in der Mischung aufscheint, darf nicht weniger als 91,575 und nicht mehr als 106,5 kosten, um das Mischungsverhältnis unverändert zu lassen.

-- SENSITIVITY ANALYSIS --

OBJECTIVE FUNCTION COEFFICIENTS

VARIABLE	LOWER LIMIT	ORIGINAL COEFFICIENT	UPPER LIMIT
X1	95.167	96	NO LIMIT
X2	90.75	105	NO LIMIT
X3	95.167	105	NO LIMIT
X4	91.575	104	106.5
X5	81.917	90.2	NO LIMIT
X6	86.333	94.5	NO LIMIT
X7	-%0000704	90.75	92

b) Sensibilität der RHS-Werte

In dieser Tabelle werden die Restriktionen (Gleichungen und Ungleichungen der Matrix) untersucht. Die RHS (Right Hand Side = rechte Seite der Gleichung) der ersten Gleichung (constraint number) könnte bei 1,135 statt der original 1,219 liegen, ohne dass die Basis verändert wird (vergleiche "results", Spalte "slack or surplus": der Originalwert 1,219 kann um 0,084 sinken - ergibt 1,135).

Die zweite Restriktion (Faserfeinheit < 4,2) stellt für die Lösung eine Schranke dar (d.h. das Ergebnis der Faserfeinheit in der Lösungsmatrix ist genau 4,2). Dies erkennt man daran, dass in der Spalte "slack or surplus" der Wert 0 aufscheint. In der Sensibilitätsanalyse werden für diesen RHS-Wert Schwankungen im Bereich zwischen 4,0 bis 4,3 zugelassen, ohne dass sich die Zusammensetzung der optimalen Basis verändert. Der shadow price (siehe: "results") zeigt an, dass der Zielfunktionswert um 44,167 pro Einheit fallen (bei Herabsetzung der RHS) bzw. steigen (bei Erhöhung der RHS) wird. Würde man also z.B. die RHS der Faserfeinheitsrestriktion auf 4,3 erhöhen, würde die Mischung um 4,4167 billiger (weil Ein-Zehntel-Sprung). Genauso verhält es sich bei der =-Restriktion (Nr. 4). Schwankungen im Bereich von 0,993 (99,3%) bis 1,05 (105%) lassen eine Lösung zu. Der shadow price ist hier deshalb so hoch, weil die Einheit immer 1 ist und die Erhöhung der RHS um 1 einer 100-prozentigen Erhöhung entspricht. Würde man die RHS dieser Restriktion also auf 1,01 setzen, ergäbe sich eine Erhöhung des Zielfunktionswertes um 2,80667.

RIGHT-HAND-SIDE VALUES

CONSTRAINT NUMBER	LOWER LIMIT	ORIGINAL VALUE	UPPER LIMIT
1	1.135	1.219	NO LIMIT
2	4	4.2	4.3
3	86.667	100	NO LIMIT
4	.993	1	1.05
5	NO LIMIT	1.125	1.135
6	NO LIMIT	3.5	4.2
7	NO LIMIT	85	86.667

---------- E N D   O F   A N A L Y S I S ----------

> ☞ **Achtung:** Alle Ergebnisse der Sensibilitätsanalyse sind nur bei Änderung eines einzelnen Wertes innerhalb der angegebenen Grenzen (lower/upper limit) gültig! Es gibt allerdings Programme, bei denen sich die Sensibilitätsanalyse auf mehrere gleichzeitig geänderte Daten bezieht.

14.5.3.4. Fallbeispiel: Gemengeoptimierung in der Flaschen-glasindustrie

Ausgangssituation

Ein Glasgemenge wird aus neun Rohstoffen hergestellt. Jeder Rohstoff hat eine chemische Zusammensetzung, die permanent durch Laboranalysen überprüft wird. Die einzelnen Chemikalien dürfen im Glasgemenge nur in einem gewissen, relativ knappen Prozentsatzbereich enthalten sein. Bekannt sind:

1. Die chemische Zusammensetzung der Rohstoffe
2. Der vorgeschriebene Prozent-Bereich für die Chemikalien in der Mischung
3. Der Preis je Einheit für jeden Rohstoff

Zunächst eine Tabelle mit den chemische Zusammensetzung der neun Rohstoffe:

Roh-stoffe	CHEMISCHE BESTANDTEILE LT. ANALYSE IN %								
	Chem.A	Chem.B	Chem.C	Chem.D	Chem.E	Chem.F	Chem.G	Chem.H	Chem.I
ROH R	98,5	0,65	0,03	0,014	-	-	0,23	0,22	-
ROH S	95,69	2,4	0,18	0,06	0,05	0,12	0,53	0,67	-
ROH T	0,49	0,36	0,27	-	1,05	53,15	0,05	0,09	0,05
ROH U	0,05	0,03	0,07	-	12,15	41,86	0,03	0,01	0,07
ROH V	33,32	15,19	0,31	0,62	4,38	43,85	0,37	0,89	0,75
ROH W	-	-	-	-	-	-	58,5	-	-
ROH X	-	-	-	-	-	-	42,28	-	36,63
ROH Y	-	-	47,5	-	-	-	-	-	-
ROH Z	68,39	17,82	0,12	0,05	-	0,4	1,1	11,14	-

Rohstoff R besteht also zu 98,5% aus Chemikalie A, zu 0,65% aus Chemikalie B, usw.

Die Addition dieser Prozentzahlen ergibt bei keinem Rohstoff 100%, sondern immer etwas weniger. Beim Differenzbetrag auf 100% handelt es sich um andere Chemikalien, die für diese Mischung keine Bedeutung haben und deshalb nicht berücksichtigt wurden.

Die unbedingt einzuhaltenden Unter- bzw. Obergrenzen für die Chemikalien sind:

Chem.	Min.	Max.
A	71,70%	71,90%
B	2,20%	2,30%
C	0,25%	0,27%
D	0,03%	0,05%
E	2,20%	2,40%
F	10,10%	10,30%
G	12,20%	12,40%
H	0,70%	0,80%
I	0,05%	0,07%

Zu diesen Unter- und Obergrenzen muss erklärt werden, dass sich die Prozentwerte nur auf die neun gegebenen Chemikalien beziehen; die zuvor besprochenen Restchemikalien werden hier also nicht berücksichtigt. Anders ausgedrückt: Die Chemikalie A muss mit 71,7% bis 71,9% im Vergleich zu den anderen acht Chemikalien (B bis I) vorhanden sein und nicht mit 71,7% bis 71,9% in der Gesamtmischung.

Die Preise für die einzelnen Rohstoffe betragen:

Rohstoff	Preis/EH
R	0,4770
S	0,3360
T	0,2750
U	0,3120
V	1,2490
W	2,7600
X	1,7150
Y	14,2000
Z	0,4870

Es soll ein kostenminimales Gemenge, das sich an die vorgegebenen Restriktionen hält, hergestellt werden. Das Ergebnis ist zu interpretieren und auf Plausibilität zu prüfen.

Computerlösung

Dieses Problem kann (nur) durch lineares Optimieren gelöst werden. Dazu muss ein lineares Optimierungsmodell mit der Zielfunktion und den Restriktionen aufgestellt werden.

Die Zielfunktion lautet:

$$MIN = 0{,}477R + 0{,}336S + 0{,}275T + 0{,}312U + 1{,}249V + 2{,}76W + 1{,}715X + 14{,}2Y + 0{,}487Z$$

Bei den Zielfunktionswerten handelt es sich um die Einstandspreise für die neun Rohstoffe.

Zusätzlich sind 18 Bedingungen (Restriktionen) zur Einhaltung der Unter- und Obergrenzen für die neun Chemikalien erforderlich.

98,5 +	95,69 +	0,49 +	0,05 +	33,32			+ 68,39	≥	71,7
98,5 +	95,69 +	0,49 +	0,05 +	33,32			+ 68,39	≤	71,9
0,65 +	2,4 +	0,36 +	0,03 +	15,19			+ 17,82	≥	2,2
0,65 +	2,4 +	0,36 +	0,03 +	15,19			+ 17,82	≤	2,3
0,03 +	0,18 +	0,27 +	0,07 +	0,31		+ 47,5 +	0,12	≥	0,25
0,03 +	0,18 +	0,27 +	0,07 +	0,31		+ 47,5 +	0,12	≤	0,27
0,014 +	0,06		+	0,62			+ 0,05	≥	0,03
0,014 +	0,06		+	0,62			+ 0,05	≤	0,05
	0,05 +	1,05 +	12,15 +	4,38				≥	2,2
	0,05 +	1,05 +	12,15 +	4,38				≤	2,4
	0,12 +	53,15 +	41,86 +	43,85			+ 0,4	≥	10,1
	0,12 +	53,15 +	41,86 +	43,85			+ 0,4	≤	10,3
0,23 +	0,53 +	0,05 +	0,03 +	0,37 +	58,5 + 42,28		+ 1,1	≥	12,2
0,23 +	0,53 +	0,05 +	0,03 +	0,37 +	58,5 + 42,28		+ 1,1	≤	12,4
0,22 +	0,67 +	0,09 +	0,01 +	0,89			+ 11,14	≥	0,7
0,22 +	0,67 +	0,09 +	0,01 +	0,89			+ 11,14	≤	0,8
	0,05 +	0,07 +	0,75	+ 36,63				≥	0,05
	0,05 +	0,07 +	0,75	+ 36,63				≤	0,07

Da es sich bei den Unter- bzw. Obergrenzen um Prozentwerte handelt, muss in einer zusätzlichen Gleichung unterstellt werden, dass die Summe 100% ergibt. Diese 100% beziehen sich - wie zuvor schon erwähnt - nur auf die neun Chemikalien und nicht auf die Restchemikalien. Man errechnet also, zu wie viel

Prozent ein Rohstoff aus den gegebenen neun Chemikalien besteht (durch Addition der Anteile zu jeder Chemikalie) und setzt alle diese Werte gleich 100%:

99,644R + 99,7S + 55,51T + 54,27U + 99,68V + 58,5W + 78,91X + 47,5Y + 99,02Z = 100

Fasst man alle Informationen zusammen, lässt sich die **Ausgangsmatrix** für die kostenminimale Gemengemischung wie folgt zusammenstellen:

Ausgangsmatrix

Z \ SP.		1	2	3	4	5	6	7	8	9	= ≥ ≤	RHS
		ROH R	ROH S	ROH T	ROH U	ROH V	ROH W	ROH X	ROH Y	ROH Z		
Chem.A	1	98,5	95,69	0,49	0,05	33,32	-	-	-	68,39	≥	71,7
	2	98,5	95,69	0,49	0,05	33,32	-	-	-	68,39	≤	71,9
Chem.B	3	0,65	2,4	0,36	0,03	15,19	-	-	-	17,82	≥	2,2
	4	0,65	2,4	0,36	0,03	15,19	-	-	-	17,82	≤	2,3
Chem.C	5	0,03	0,18	0,27	0,07	0,31	-	-	47,5	0,12	≥	0,25
	6	0,03	0,18	0,27	0,07	0,31	-	-	47,5	0,12	≤	0,27
Chem.D	7	0,014	0,06	-	-	0,62	-	-	-	0,05	≥	0,03
	8	0,014	0,06	-	-	0,62	-	-	-	0,05	≤	0,05
Chem.E	9	-	0,05	1,05	12,15	4,38	-	-	-	-	≥	2,2
	10	-	0,05	1,05	12,15	4,38	-	-	-	-	≤	2,4
Chem.F	11	-	0,12	53,15	41,86	43,85	-	-	-	0,4	≥	10,1
	12	-	0,12	53,15	41,86	43,85	-	-	-	0,4	≤	10,3
Chem.G	13	0,23	0,53	0,05	0,03	0,37	58,5	42,28	-	1,1	≥	12,2
	14	0,23	0,53	0,05	0,03	0,37	58,5	42,28	-	1,1	≤	12,4
Chem.H	15	0,22	0,67	0,09	0,01	0,89	-	-	-	11,14	≥	0,7
	16	0,22	0,67	0,09	0,01	0,89	-	-	-	11,14	≤	0,8
Chem.I	17	-	-	0,05	0,07	0,75	-	36,63	-	-	≥	0,05
	18	-	-	0,05	0,07	0,75	-	36,63	-	-	≤	0,07
Σ Mischung	19	99,644	99,7	55,51	54,27	99,68	58,5	78,91	47,5	99,02	=	100
Z = Kosten/kg		**0,477**	**0,336**	**0,275**	**0,312**	**1,249**	**2,76**	**1,715**	**14,2**	**0,487**	**=**	**0**

Das PC-Programm zur linearen Optimierung (CMMS von Erikson/Hall) kommt nach Eingabe der Zielfunktion und der Restriktionen zu folgendem **Ergebnis**:

Rohstoff	kg
R	-
S	732,390
T	55,482
U	173,260
V	-
W	200,199
X	1,504
Y	1,851
Z	26,048

Um ein genaueres Ergebnis zu erhalten, wurden alle Werte der RHS mit 1.000 multipliziert.

Das Gemisch weist ein Gesamtgewicht von 1.190,734 kg auf und kostet 909,499 GE. Der PC-Input und -Output für dieses Beispiel ist im Kapitel 16.14. auf den Seiten 1261 bis 1263 abgebildet.

In der folgenden Tabelle wird überprüft, ob alle Restriktionen eingehalten worden sind:

Ergebnis-Zusammenfassung

Chem. / Rohst.	Chem. A	Chem. B	Chem. C	Chem. D	Chem. E	Chem. F	Chem. G	Chem. H	Chem. I	
Rohst.S	732,390	732,390	732,390	732,390	732,390	732,390	732,390	732,390		KG Rohst.
	95,69%	2,40%	0,18%	0,06%	0,05%	0,12%	0,53%	0,67%		Anteil Chem.
	700,824	17,577	1,318	0,439	0,366	0,879	3,882	4,907		KG Chem.
Rohst.T	55,482	55,482	55,482		55,482	55,482	55,482	55,482	55,482	KG Rohst.
	0,49%	0,36%	0,27%		1,05%	53,15%	0,05%	0,09%	0,05%	Anteil Chem.
	0,272	0,200	0,150		0,583	29,489	0,028	0,050	0,028	KG Chem.
Rohst.U	173,260	173,260	173,260		173,260	173,260	173,260	173,260	173,260	KG Rohst.
	0,05%	0,03%	0,07%		12,15%	41,86%	0,03%	0,01%	0,07%	Anteil Chem.
	0,087	0,052	0,121		21,051	72,527	0,052	0,017	0,121	KG Chem.
Rohst.W							200,199			KG Rohst.
							58,50%			Anteil Chem.
							117,115			KG Chem.
Rohst.X							1,504		1,504	KG Rohst.
							42,28%		36,63%	Anteil Chem.
							0,636		0,551	KG Chem.
Rohst.Y			1,851							KG Rohst.
			47,50%							Anteil Chem.
			0,879							KG Chem.
Rohst.Z	26,048	26,048	26,048	26,048		26,048	26,048	26,048		KG Rohst.
	68,39%	17,82%	0,12%	0,05%		0,40%	1,10%	11,14%		Anteil Chem.
	17,814	4,642	0,031	0,013		0,104	0,287	2,902		KG Chem.
Summe kg Chemikal.	718,997	22,471	2,500	0,452	22,000	102,998	122,000	7,876	0,700	**Gesamt** 999,994
in %	71,900%	2,247%	0,250%	0,045%	2,200%	10,300%	12,200%	0,788%	0,070%	100%

Abschließend noch kurze Erläuterungen zu der Tabelle:

KG Rohst.:   Kilogrammwert, mit dem der Rohstoff in der Mischung aufscheint

Anteil Chem.:   Der Rohstoff besteht zu diesem Prozentsatz aus der entsprechenden Chemikalie

KG Chem.:   Kilogrammwert der Chemikalie in der Mischung

$$\left(KG\ Rohstoff \times \frac{Anteil\ Chemie}{100} \right)$$

Wie man sieht, beträgt der Kilogrammanteil der neun Chemikalien in der Mischung genau 1.000 kg. Die 0,006-Abweichung ist auf Rundungsdifferenzen zurückzuführen. Die restlichen 190,734 kg bestehen aus den Restchemikalien, die für die Unter- bzw. Obergrenzen der Prozentanteile nicht relevant waren. Die Probe ergibt also folgende Prozentverteilung der neun Chemikalien:

Kontrolle der Restriktionen

Chemikalie	Untergrenze	Soll-Wert	Obergrenze
A	71,700%	**71,900%**	71,900%
B	2,200%	**2,247%**	2,300%
C	0,250%	**0,250%**	0,270%
D	0,030%	**0,045%**	0,050%
E	2,200%	**2,200%**	2,400%
F	10,100%	**10,300%**	10,300%
G	12,200%	**12,200%**	12,400%
H	0,700%	**0,788%**	0,800%
I	0,050%	**0,070%**	0,070%

Der **Soll-Wert** liegt **immer im zulässigen Bereich. Nie** wurde eine **Unter-bzw. Obergrenze verletzt.**

Warum fehlen einige Rohstoffe in der Mischung?

Es gibt zwei Gründe, warum ein Rohstoff in die Mischung aufgenommen wird. Entweder er ist besonders billig oder seine chemische Zusammensetzung ist so beschaffen, dass er für die Einhaltung der Restriktionen unabkömmlich ist.

Der Rohstoff Y liefert dafür ein gutes Beispiel. Er ist zwar mit 14,2 GE mit Abstand der teuerste Rohstoff und trotzdem in der Mischung enthalten. Dies ist dadurch zu erklären, dass er zu 47,5% aus der Chemikalie C besteht, während alle anderen Rohstoffe diese Chemikalie gar nicht oder nur zu einem verschwindenden Teil (unter 0,33 Prozentpunkte) beinhalten. Da die Chemikalie C aber zu mindestens 0,25% in der Mischung vertreten sein muss, hilft der extrem teure Rohstoff Y aus, diese Restriktion zu erfüllen.

Rohstoff R, der in der Mischung fehlt, ist im Vergleich zu Rohstoff Y sehr billig 0,477 GE/kg), gleicht aber in seiner chemischen Zusammensetzung beinahe dem Rohstoff S, der mit 0,336 GE/kg noch billiger ist. Rohstoff R wird daher nicht benötigt.

Der Rohstoff V, der ebenfalls nicht in der Mischung enthalten ist, hat zwar – betrachtet man die chemische Zusammensetzung – keinen vergleichbaren Rohstoff, der billiger wäre, um ihn aus der Mischung zu verdrängen. Es gibt aber keine Restriktion, die den Rohstoff V zwingend benötigt. Immer gibt es einen anderen, billigeren Rohstoff, der die Einhaltung der Restriktionsgrenzen garantiert (im Gegensatz zu Rohstoff Y, der als einziger einen hohen Gehalt an Chemikalie C aufweist).

Sensibilitätsanalyse

Was passiert, wenn zum Beispiel der Rohstoff R billiger wird? Am Fallbeispiel sollen die Auswirkungen aufgezeigt werden. Dazu muss man zunächst wissen, um wieviel der Rohstoff R billiger werden muss, um in die Mischung aufgenommen zu werden. Die Sensibilitätsanalyse des linearen Optimierungsprogramms gibt Aufschluss darüber. Dort steht (Seite 1263 im Kapitel 16.14.) bei Rohstoff R als Untergrenze (lower limit) der Wert 0,265 statt originär 0,477. Solange der Rohstoff R teurer als 0,265 GE/kg ist, wird er also nicht in der Mischung aufscheinen. Setzt man den Einkaufspreis für den Rohstoff R mit 0,264 GE/kg an, dann erhält man in einer alternativen Rechnung folgenden neuen Mischungsvorschlag:

Rohstoff	kg
R	26,849
S	703,077
T	55,433
U	173,385
V	-
W	200,315
X	1,504
Y	1,940
Z	28,394

Rohstoff R scheint jetzt mit 26,849 kg in der Mischung auf, während der Rohstoff S um annähernd 30 kg im Vergleich zur Grundvariante verliert. Der Rohstoff R hat also dem chemisch ähnlichen Rohstoff S einen Teil "abgenommen". Die übrige Mischung weist keine größeren Änderungen auf. Die Kosten für die Mischung sinkt um 0,02 GE/kg auf 909,479 GE.

14.5.4. Kostenminimale, deckungsbeitragsmaximale und durchlaufminimale Maschinenbelegung

14.5.4.1. Fallbeispiel: Kostenminimale Maschinenbelegung bei Auftragsfertigung

Ausgangssituation

Es sollen neun Aufträge neun verschiedenen Maschinen so zugeordnet werden, dass die Gesamtkosten minimal sind.

In der folgenden Tabelle (**Ausgangsmatrix**) sind die **Grenzherstellkosten** aufgezeigt, die entstehen, wenn ein bestimmter Auftrag (1, 2, ... 9) auf einer bestimmten Maschine (x1, x2, ... x9) gefertigt wird.

Ausgangsmatrix (Grenzkosten in 1.000 GE)

Maschine / Auftrag	x1	x2	x3	x4	x5	x6	x7	x8	x9
1	20	33	58	32	17	70	51	44	49
2	24	40	56	31	14	63	54	39	50
3	18	35	54	27	15	65	47	38	39
4	30	50	57	28	20	70	57	40	60
5	27	44	60	30	16	65	49	37	50
6	20	37	53	33	17	71	48	43	40
7	22	51	54	32	21	71	52	29	55
8	20	46	55	28	18	66	54	41	48
9	25	38	54	28	17	65	50	42	51

Lösungen

Dieses so genannte Zuordnungsproblem (Assignment Problem) kann durch verschiedene Methoden gelöst werden. In diesem Kapitel werden folgende zwei Lösungsansätze demonstriert:

1. Händische Lösung durch die so genannte "Ungarische Methode" (heuristischer Ansatz)
2. PC-Lösung als Zuordungsproblem (Assignment Problem)

14.5.4.1.1. Händische Lösung durch "Ungarische Methode" (heuristischer Ansatz)

Bei diesem Fallbeispiel gibt es 9! (= 9 Fakultät) Permutationen (= 9 x 8 x 7 x ... x 1), also 362.880 Möglichkeiten der Zuordnung.

Die bereits dargestellte Ausgangsmatrix wird durch Spalten- und Zeilenreduktion umgeformt. Der Lösungsweg wird schrittweise aufgezeigt.

Erste Iteration (Spaltenreduktion)

Basis ist die Ausgangsmatrix. Die **Matrizenreduktion** erfolgt durch **Subtraktion des kleinsten Elementes jeder Spalte von den übrigen Elementen dieser Spalte.**

Erste ITERATION: **Spaltenreduktion**

Maschine / Auftrag	x1	x2	x3	x4	x5	x6	x7	x8	x9
1	2	0	5	5	3	7	4	15	10
2	6	7	3	4	0	0	7	10	11
3	0	2	1	0	1	2	0	9	0
4	12	17	4	1	6	7	10	11	21
5	9	11	7	3	2	2	2	8	11
6	2	4	0	6	3	8	1	14	1
7	4	18	1	5	7	8	5	0	16
8	2	13	2	1	4	3	7	12	9
9	7	5	1	1	3	2	3	13	12

Zweite Iteration (Zeilenreduktion)

Basis für die Zeilenreduktion ist die spaltenreduzierte Ausgangsmatrix. Die Zeilenreduktion erfolgt durch Subtraktion des kleinsten Elementes jeder Zeile von den anderen Elementen dieser Zeile.

Zweite ITERATION: **Zeilenreduktion**

Maschine / Auftrag	x1	x2	x3	x4	x5	x6	x7	x8	x9
1	2	[0]	5	5	3	7	4	15	10
2	6	7	3	4	[0]	0	7	10	11
3	0	2	1	0	1	2	0	9	[0]
4	11	16	3	[0]	5	6	9	10	20
5	7	9	5	1	0	0	[0]	6	9
6	2	4	[0]	6	3	8	1	14	1
7	4	18	1	5	7	8	5	[0]	16
8	1	12	1	0	3	2	6	11	8
9	6	4	0	0	2	1	2	12	11

Basis für den nächsten Lösungsschritt ist die spalten- und zeilenreduzierte Ausgangsmatrix. **Wählt man jene Zuordnung, bei der die Grenzkosten in der reduzierten Matrix gleich null sind, dann hat man die optimale Zuordnung gefunden. Es dürfen allerdings in jeder Zeile und Spalte nur jeweils eine null**, insgesamt also nur neun unabhängige Nullen vorhanden sein. **Sind** hingegen - so wie hier - **mehrere Elemente in einer Zeile und/oder Spalte** null, dann ist eine weitere Matrizenreduktion mittels "Ungarischer Methode" durchzuführen.

Die "Ungarische Methode"

Da die spalten- und zeilenreduzierte Ausgangsmatrix noch keine neun unabhängigen Nullen enthält, muss man sie einer weiteren Umformung unterziehen.

1. Unter den Null-Elementen werden diejenigen durch Umrahmung kenntlich gemacht, die man als Zuordnung für günstig hält. Danach werden **sowohl die umrahmten als auch die nicht umrahmten Null-Elemente durch möglichst wenig Linien, die durch Zeilen und Spalten gezogen werden, bedeckt.** Diese Linien heißen deshalb auch Decklinien; in diesem Beispiel sind es sieben Decklinien. Nach einem Lehrsatz der beiden ungarischen Mathematiker König und Egervary sind die voneinander unabhängigen Variablen zahlenmäßig gleich der minimalen Anzahl von Linien, die zur Streichung aller Null-Stellen erforderlich sind.

UNGARISCHE METHODE: Die spalten- und zeilenreduzierte Matrix wird nach obiger Empfehlung mit Decklinien versehen

Maschine / Auftrag	x1	x2	x3	x4	x5	x6	x7	x8	x9
1	2	0	5	5	3	7	4	5	10
2	6	7	3	4	0	0	7	0	11
3	0	2	1	0	1	2	0	9	0
4	11	16	3	0	5	6	9	0	20
5	7	9	5	1	0	0	0	6	9
6	2	4	0	6	3	8	1	4	1
7	4	18	1	5	7	8	5	0	16
8	1	12	1	0	3	2	6	1	8
9	6	4	0	0	2	1	2	2	11

2. Von den nicht bedeckten Elementen wird das minimale Element ausgewählt; dieses ist immer eine positive Zahl.

3. Das nicht bedeckte minimale Element x (in diesem Beispiel "1") ist von allen anderen nicht bedeckten Elementen zu subtrahieren.

4. Das nicht bedeckte minimale Element ist allen auf einem Schnittpunkt der Linien liegenden Elementen hinzuzurechnen.

5. Die bedeckten Elemente, die auf keinem Schnittpunkt liegen, bleiben unverändert. Man nennt die auf einem Schnittpunkt liegenden bedeckten Elemente auch zweimal bedeckte Elemente und die nicht auf einem Schnittpunkt liegenden übrigen Elemente auch einmal bedeckte Elemente.

6. In der neuen Matrix wird nochmals eine Zuordnung in der Weise durchgeführt, dass mit den Zeilen bzw. Spalten begonnen wird, die nur eine Null enthalten.

7. Sind dann bei einer n2-Matrix keine n-unabhängigen Null-Stellen vorhanden, ist das Verfahren so oft zu wiederholen, bis die Forderung nach den n-unabhängigen Null-Elementen erfüllt ist. Das Optimum wird immer nach einer gewissen Anzahl von Schritten erreicht. Im Fallbeispiel ist eine Wiederholung des ungarischen Lösungsalgorithmus nicht notwendig, weil es bereits neun voneinander unabhängige Null-Stellen gibt.

ITERATION "UNGARISCHE METHODE" (optimale Zuordnungsmatrix)

Maschine / Auftrag	x1	x2	x3	x4	x5	x6	x7	x8	x9
1	2	**0**	6	6	3	7	4	16	10
2	6	7	4	5	**0**	0	7	11	11
3	0	2	2	1	1	2	0	10	**0**
4	10	15	3	**0**	4	5	8	10	19
5	7	9	6	2	0	0	**0**	7	9
6	1	3	**0**	6	2	7	0	14	0
7	3	17	1	5	6	7	4	**0**	15
8	**0**	11	1	0	2	1	5	11	7
9	5	3	0	0	1	**0**	1	12	10

Die obige Lösungsmatrix kann wie folgt interpretiert werden:

	Grenzherstell-kosten laut Ausgangsmatrix
Auftrag 8 auf Maschine 1	20.000
Auftrag 1 auf Maschine 2	33.000
Auftrag 6 auf Maschine 3	53.000
Auftrag 4 auf Maschine 4	28.000
Auftrag 2 auf Maschine 5	14.000
Auftrag 9 auf Maschine 6	65.000
Auftrag 5 auf Maschine 7	49.000
Auftrag 7 auf Maschine 8	29.000
Auftrag 3 auf Maschine 9	39.000
Summe minimale Grenzkosten	**330.000**

Es gibt keine kostengünstigere Zuordnung der einzelnen Aufträge auf die verschiedenen Maschinen als obige. Es ist allerdings nicht auszuschließen, dass es mehrere Zuordnungsvarianten gibt, die auch Grenzkosten von 330.000 GE verursachen.

14.5.4.1.2. PC-Lösung als Zuordnungsproblem

Verwendet man das CMMS-Programm von Erikson/Hall, muss aus dem Menü das **"assignment model"** gewählt werden. Nach der Definition der Ausgangsmatrix (neun Zeilen und neun Spalten) sowie dem Optimierungsziel (hier: Minimierung) werden die Grenzkosten je Auftrag und Maschine eingegeben. Bei Verwendung eines Pentium III erhält man nach weniger als einer Sekunde das **Ergebnis**, das **mit der ungarischen Lösungsmethode identisch** ist.

COMPUTER MODELS FOR MANAGEMENT SCIENCE
ASSIGNMENT MODEL   07-05-1994 - 11:47:15

-=*=- INFORMATION ENTERED -=*=-

TOTAL NUMBER OF ROWS   :   9
TOTAL NUMBER OF COLUMNS   :   9
PROBLEM TYPE   :   MINIMIZATION

PAYOFF VALUES

	C1	C2	C3	C4	C5	C6
R1	20.000	33.000	58.000	32.000	17.000	70.000
R2	24.000	40.000	56.000	31.000	14.000	63.000
R3	18.000	35.000	54.000	27.000	15.000	65.000
R4	30.000	50.000	57.000	28.000	20.000	70.000
R5	27.000	44.000	60.000	30.000	16.000	65.000
R6	20.000	37.000	53.000	33.000	17.000	71.000
R7	22.000	51.000	54.000	32.000	21.000	71.000
R8	20.000	46.000	55.000	28.000	18.000	66.000
R9	25.000	38.000	54.000	28.000	17.000	65.000

	C7	C8	C9
R1	51.000	44.000	49.000
R2	54.000	39.000	50.000
R3	47.000	38.000	39.000
R4	57.000	40.000	60.000
R5	49.000	37.000	50.000
R6	48.000	43.000	40.000
R7	52.000	29.000	55.000
R8	54.000	41.000	48.000
R9	50.000	42.000	51.000

```
           -=*=- RESULTS -=*=-
             ROW ASSIGNMENT

    C1 C2 C3 C4 C5 C6 C7 C8 C9
R1  -  A  -  -  -  -  -  -  -
R2  -  -  -  A  -  -  -  -  -
R3  -  -  -  -  -  -  -  -  A
R4  -  -  -  A  -  -  -  -  -
R5  -  -  -  -  -  -  A  -  -
R6  -  -  A  -  -  -  -  -  -
R7  -  -  -  -  -  -  A  -
R8  A  -  -  -  -  -  -  -  -
R9  -  -  -  -  -  A  -  -  -
```

TOTAL PAYOFF: 330
---------- E N D   O F   A N A L Y S I S ----------

14.5.4.2. Fallbeispiel: Deckungsbeitragsmaximale Maschinenbelegung bei Serienfertigung (Flaschenglasfabrik)

Ausgangssituation

In einer Flaschenglasfabrik soll das gewinnmaximale Produktionsprogramm ermittelt werden. Sämtliche drei Flaschenarten (Wein-, Bier- bzw. Milchflaschen) können auf den zwei vorhandenen Maschinenstraßen gefertigt werden. Bekannt sind folgende Ausgangsdaten:

	Maschinen-straße	Flaschenart		
		Bier	Wein	Milch
Zeitverbrauch für 1.000 Flaschen in	1	1	2	4
Maschinenstunden	2	2	2	3
Deckungsbeitrag für	1	700	1.200	1.600
1.000 Flaschen in GE	2	600	1.200	1.700

Die maximale Periodenkapazität der Maschinenstraße 1 beträgt 8.000 Stunden, die der Maschinenstraße 2 7.500 Stunden.

Ausgangsmatrix

Zl \ Sp	x1 Bier Ma1	x2 Bier Ma2	x3 Wein Ma1	x4 Wein Ma2	x5 Milch Ma1	x6 Milch Ma2		RHS
1	1	1	0	0	0	0	≤	7.000
2	0	0	1	1	0	0	≤	2.000
3	0	0	0	0	1	1	≤	3.000
4	1	0	2	0	4	0	≤	8.000
5	0	2	0	2	0	3	≤	7.500
DB	700	600	1.200	1.200	1.600	1.700	=	MAX

Zeilenlegende zur Ausgangsmatrix:

Zeile

1 Maximale Verkaufsbeschränkung für Bierflasche
2 Maximale Verkaufsbeschränkung für Weinflasche
3 Maximale Verkaufsbeschränkung für Milchflasche
4 Maximale Kapazitätsbeschränkung für Maschinenstraße 1
5 Maximale Kapazitätsbeschränkung für Maschinenstraße 2

PC-Input CMMS-Programm von Erikson/Hall

COMPUTER MODELS FOR MANAGEMENT SCIENCE

LINEAR PROGRAMMING fb1011.LPO 08-13-1992 - 14:00:54

-=*=- INFORMATION ENTERED -=*=-

```
NUMBER OF VARIABLES         :  6
NUMBER OF <= CONSTRAINTS    :  5
NUMBER OF  = CONSTRAINTS    :  0
NUMBER OF >= CONSTRAINTS    :  0
```

MAX DB =700 X1 + 600 X2 + 1200 X3 + 1200 X4 + 1600 X5 +
+1700 X6

SUBJECT TO:

```
1 X1 + 1 X2 + 0 X3 + 0 X4 + 0 X5 + 0 X6    <=7000
0 X1 + 0 X2 + 1 X3 + 1 X4 + 0 X5 + 0 X6    <=2000
0 X1 + 0 X2 + 0 X3 + 0 X4 + 1 X5 + 1 X6    <=3000
1 X1 + 0 X2 + 2 X3 + 0 X4 + 4 X5 + 0 X6    <=8000
0 X1 + 2 X2 + 0 X3 + 2 X4 + 0 X5 + 3 X6    <=7500
```

Diese PC-Ausgangsmatrix ist inhaltlich identisch mit vorseitiger Ausgangsmatrix.

PC-Output (Lösung)

Verwendet man die CMMS-Diskette von Erikson/Hall, dann erhält man nach ca. einer Sekunde folgende Lösung:

-=*=- RESULTS -=*=-

VARIABLE	VARIABLE VALUE	ORIGINAL COEFFICIENT	COEFFICIENT SENSITIVITY
X1	7000	700	0
X2	0	600	666.667
X3	500	1200	0
X4	1500	1200	0
X5	0	1600	666.667
X6	1500	1700	0

CONSTRAINT NUMBER	ORIGINAL RIGHT-HAND VALUE	SLACK OR SURPLUS	SHADOW PRICE
1	7000	0	133.333
2	2000	0	66.667
3	3000	1500	0
4	8000	0	566.667
5	7500	0	566.667

OBJECTIVE FUNCTION VALUE: 9850000

Das Ergebnis läßt sich in Bezug auf Maschinenbelegung wie folgt interpretieren:

Das gewinnmaximale Produktionsprogramm setzt sich aus 7 Mio Bierflaschen, 2 Mio Weinflaschen und 1,5 Mio Milchflaschen zusammen. Die Bierflaschen sollen zur Gänze auf Maschinenstraße 1, die Milchflaschen zur Gänze auf Maschinenstraße 2 gefertigt werden. 0,5 Mio Weinflaschen sollen auf die Maschinenstraße 1 gelegt werden, die restlichen 1,5 Mio Weinflaschen auf Maschinenstraße 2.

Beide Maschinenstraßen sind zu 100% ausgelastet (slack or surplus = 0). Die Opportunitätskosten (shadow prices) sind in beiden Engpass-Maschinenstraßen mit 566,67 GE je Stunde gleich hoch.

Sensibilitätsanalyse

-- SENSITIVITY ANALYSIS --

OBJECTIVE FUNCTION COEFFICIENTS

VARIABLE	LOWER LIMIT	ORIGINAL COEFFICIENT	UPPER LIMIT
X1	566.667	700	NO LIMIT
X2	NO LIMIT	600	1266.667
X3	866.667	1200	1466.667
X4	1133.333	1200	1533.333
X5	NO LIMIT	1600	2266.667
X6	1200	1700	1800

RIGHT-HAND-SIDE VALUES

CONSTRAINT NUMBER	LOWER LIMIT	ORIGINAL VALUE	UPPER LIMIT
1	4000	7000	8000
2	500	2000	4250
3	1500	3000	NO LIMIT
4	7000	8000	11000
5	3000	7500	12000

---------- E N D O F A N A L Y S I S ----------

Die Sensibilitätsanalyse gibt in Bezug auf die Maschinenbelegung folgende Information:

Die Periodenkapazität der Maschinenstraße 1 kann von ursprünglich 8.000 Stunden zwischen 7.000 und 11.000 Stunden schwanken, ohne dass sich an der Produktmengenkombination etwas ändert. Bei der Maschinenstraße 2 kann die ursprüngliche Periodenkapazität von 7.500 Maschinenstunden zwischen 3.000 und 12.000 Stunden schwanken, ohne dass sich an der Zusammensetzung des Produktionsvorschlages etwas ändert (constraint number 4 und 5, lower limit, upper limit). Anders ausgedrückt: die Opportunitätskosten der Engpass-Maschinenstraßen 1 und 2 in der Höhe von 566,67 GE je Maschinenstunde haben zwischen den lower limits und upper limits Gültigkeit; erst nach Über- oder Unterschreitung dieser Grenzen würden sich die Opportunitätskosten (shadow prices) verändern.

14.5.4.3. Fallbeispiel: Durchlaufminimale Maschinenbelegung in einer Knopffabrik

Ausgangssituation

Eine Knopffabrik bekommt einen **Auftrag über vier** verschiedene **Knopf-sorten.** Der Auftrag hat einen **Liefertermin, der nicht überschritten werden darf.** Der **Engpass** liegt bei den **Lochautomaten.**

Die folgende Tabelle zeigt die **Auftragsmengen je Knopfart,** die **Kapazität der drei Lochautomaten** bis zum Liefertermin und die auf jedem Loch-automaten erforderliche Bearbeitungszeit (in Stunden je 1.000 Stück) und Knopf-art.

Knopf-automat (Maschine)	Stunden je Knopfart				Kapazität d. Autom. in Std. (bis zum Liefertermin)
	A	B	C	D	
I	2	3	5	4	max. 400
II	4	5	5	3	max. 400
III	3	4	6	5	max. 400
Auftrags-menge in 1.000 Stück	100	50	80	60	

Gesucht wird das Fertigungsprogramm mit dem minimalen Zeitverbrauch.

14.5.4.3.1. PC-Lösung durch lineare Optimierung

Die **Ausgangsmatrix** dieses **Minimierungsproblems** stellt sich wie folgt dar:

Zeilen	x1	x2	x3	x4	x5	x6	x7	x8	x9	x10	x11	x12	RHS
	Knopf A			Knopf B			Knopf C			Knopf D			
	M1	M2	M3	M1	M2	M3	M1	M2	M3	M1	M2	M3	
1	2			3			5			4			≤ 400
2		4			5			5			3		≤ 400
3			3			4			6			5	≤ 400
4	1	1	1										= 100
5				1	1	1							= 50
6							1	1	1				= 80
7										1	1	1	= 60
Z	2	4	3	3	5	4	5	5	6	4	3	5	MIN

RHS: Hier stehen in den ersten drei Zeilen die maximalen Kapazitäten der Knopf-automaten bis zum Liefertermin in Maschinenstunden und in den Zeilen 4 bis 7 die Auftragsmengen der vier Knopfarten in 1.000 Stück.

Das CMMS-Programm von Erikson/Hall zeigt folgendes Ergebnis auf:

-=*=- RESULTS -=*=-

VARIABLE	VARIABLE VALUE	ORIGINAL COEFFICIENT	COEFFICIENT SENSITIVITY
X1	100	2	0
X2	0	4	2.4
X3	0	3	.6
X4	50	3	0
X5	0	5	2.4
X6	0	4	.4
X7	10	5	0
X8	44	5	0
X9	26	6	0
X10	0	4	1.2
X11	60	3	0
X12	0	5	1.4

CONSTRAINT NUMBER	ORIGINAL RIGHT-HAND VALUE	SLACK OR SURPLUS	SHADOW PRICE
1	400	0	.2
2	400	0	.2
3	400	244	0
4	100	0	2.4
5	50	0	3.6
6	80	0	6
7	60	0	3.6

OBJECTIVE FUNCTION VALUE: 956

————— END OF ANALYSIS —————

Die PC-Lösung kann wie folgt interpretiert werden:

Variable	Diese Variable entspricht:		Optimal zugeordnete Knöpfe (in 1.000 Stk.)	Das entspricht folgenden Masch.-Std.
	Knopf	auf Masch.		
x1	A	I	100	200
x4	B	I	50	150
x7	C	I	10	50
x8	C	II	44	220
x9	C	III	26	156
x11	D	II	60	180
			Σ 290	956

Auf der Maschine III ist noch eine Restkapazität von 244 Stunden (400 - 156) frei. Die Maschinen I und II sind voll ausgelastet. Es gibt keinen Lösungsvorschlag, bei dem die Durchlaufgeschwindigkeit niedriger ist.

14.5.4.3.2. Händische Lösung durch "Frequenzmethode nach Habr" (heuristischer Ansatz)

Die Frequenzmethode nach Habr wird von Kreko im Lehrbuch der linearen Optimierung genau beschrieben. Die **Erläuterungen zu diesem effizienten Heuristik-Verfahren** können sich daher hier auf das Notwendigste beschränken.

1. Zu Beginn wird die bereits bekannte **Stundenmatrix** aufgestellt:

2	3	5	4
4	5	5	3
3	4	6	5

2. Als nächstes werden die **arithmetischen Mittel der Elemente der einzelnen Zeilen** errechnet.

Zeile 1: $(2 + 3 + 5 + 4) : 4 = 3,5$
Zeile 2: $(4 + 5 + 5 + 3) : 4 = 4,25$
Zeile 3: $(3 + 4 + 6 + 5) : 4 = 4,5$

3. Danach werden die **arithmetischen Mittel der Elemente der einzelnen Spalten** festgestellt.

Spalte 1: $(2 + 4 + 3) : 3 = 3$
Spalte 2: $(3 + 5 + 4) : 3 = 4$
Spalte 3: $(5 + 5 + 6) : 3 = 5,33$
Spalte 4: $(4 + 3 + 5) : 3 = 4$

4. Nun folgt die sogenannte **Zeilenreduktion**. Hier wird jedes Element jeder Zeile um das arithmetische Mittel-Element reduziert.

-1,5	-0,5	1,5	0,5
-0,25	0,75	0,75	-1,25
-1,5	-0,5	1,5	0,5

5. Nach der Zeilenreduktion erfolgt die sogenannte **Spaltenreduktion**. Dazu werden die zeilenreduzierten Elemente um die arithmetischen Spaltenelemente vermindert. Es ergibt sich folgendes Bild:

-4,5	-4,5	-3,83	-3,5
-3,25	-3,25	-4,58	**-5,25**
-4,5	-4,5	-3,83	-3,5

6. Die Zuordnungsregel bei Habr besagt, dass die Elemente mit der größten Frequenz (mit den höchsten negativen Vorzeichen) vorrangig belegt werden sollten.

Das Element x24 (zweite Zeile, vierte Spalte) hat mit -5,25 die größte Frequenz. Daher sollte es mit der maximal möglichen Stundenanzahl belegt werden. Die maximal mögliche Stundenanzahl ist hier durch die maximale Kapazität der Maschine II (400 Stunden) einerseits und durch den maximalen Bedarf an Knopf D (60.000 Stück mal Maschinenzeit II/1.000 Stück = 60 x 3 = 180) andererseits vorgegeben; sie beträgt 180 Stunden.

			180

Das Element x23 (zweite Zeile, dritte Spalte) hat mit -4,58 die zweitgrößte Frequenz. Die maximal mögliche Stundenzuordnung ist hier durch die Restkapazität der Maschine II (400 - 180 = 220) einerseits und durch den maximalen Bedarf an Produkt C (80.000 Stück mal Maschinenzeit II/1.000 Stück = 80 x 5 = 400) andererseits vorgegeben; sie beträgt hier 220 Stunden. Mit dieser Zuordnung verfügt Maschine II über keine Restkapazitäten mehr.

0	0	220	180

Die Elemente x11, x12, x31 und x32 haben mit -4,5 die drittgrößten Frequenzen. Die Ausgangsmatrix besagt, dass die Elemente x11 und x12 (zwei Stunden und drei Stunden je 1.000 Knöpfe) günstiger sind als die Felder x31 und x32 (drei Stunden und vier Stunden je 1.000 Knöpfe). Es sind daher die Feldelemente x11 und x12 mit den maximal möglichen Stunden zu belegen.

200	150		
0	0	220	180
0	0		

Nach dieser Zuordnung hat die Maschine I noch 50 Stunden Restkapazität, die Maschine III die vollen 400 Stunden. Der Bedarf an den Knöpfen A und B ist zur Gänze befriedigt; die noch freien Feldelemente x31 und x32 werden daher mit null gekennzeichnet.

Die Elemente x13 und x33 haben mit -3,83 die nächstgrößten Frequenzen. Gemäß den noch unbefriedigenden Bedarfsmengen an Produkt C und den Restkapazitäten der Maschinen I und II werden den Feldelementen x13 und x33 die Maschinenstunden zugeteilt. Weil in der Ausgangsmatrix der Wert des Feldes x13 5 und jener des Feldes x33 6 beträgt, erfolgt die Zuordnung auf x13 (erste Zeile, dritte Spalte) mit der maximalen restlichen Stundenanzahl (hier: 50 Stunden). Die auf x33 (dritte Zeile, dritte Spalte) mit den restlichen benötigten Stunden (hier: 156 Stunden).

Es ergibt sich also nach Durchführung der einzelnen Iterationen des Frequenzverfahrens nach Habr folgende optimale Zuordnung in Stunden:

Knopf / Maschine	A	B	C	D	Max. Kapaz. in Stunden
I	200	150	50	0	400
II	0	0	220	180	400
III	0	0	156	0	400
Bedarf in Stunden	200	150	426	180	

Auf der Maschine III bleibt eine Restkapazität von 244 Stunden (400 - 156). Die Maschinen I und II sind voll ausgelastet.

Das Frequenzverfahren nach Habr ist ein Näherungsverfahren, das mit einem geringen händischen Aufwand Lösungen liefert, die optimal sind oder nahe am Optimum liegen.

Bei diesem Fallbeispiel ist die exakte Lösung durch lineares Optimieren (Kapitel 14.5.4.3.1.) vollkommen identisch mit der heuristischen Lösung durch das Frequenzverfahren nach Habr.

14.5.5. Simulation

14.5.5.1. "Wenn man nicht mehr weiterkann, fängt man zu simulieren an"

Dieser treffende Leitsatz findet sich in der Einleitung einiger OR-Fachbücher. Damit wird das Wesen der Simulation skizziert. Immer dann, wenn Aufgabenstellungen sehr komplex sind und deshalb nicht mathematisch exakt gelöst werden können, greift man auf Näherungsverfahren (heuristische Verfahren) zurück. Einige heuristische Verfahren sind bereits im Kapitel 14.5.4.3.2. vorgestellt worden. Die Simulation ist ein Näherungsverfahren, das auf systematischem Probieren bzw. planmäßigem Suchen basiert.

Simulieren heißt, das betriebliche Realproblem "im Sandkasten" durchzuspielen oder, anders ausgedrückt, "so tun, als ob".

14.5.5.2. Ziele und Anwendungsgebiete

Bei der Simulation werden komplexe wirtschaftliche Abläufe vereinfacht in einem Modell nachgebildet und die Eigenschaften der Abläufe am so genannten Simulationsmodell studiert. Die Vorteile liegen auf der Hand. Bevor wichtige Entscheidungen, die mit hohen Kosten verbunden sind, getroffen werden, kann man diese modellhaft durchspielen und in Variantenrechnungen wirtschaftliche Alternativen präferieren bzw. schlechte verwerfen.

Die Simulationstechnik als Instrument zur Lösung komplexer Probleme erfreut sich immer größerer Beliebtheit und setzt sich daher in der Praxis in den verschiedensten Facetten durch. In diesem Kapitel wird die Simulationstechnik in folgenden Anwendungsbereichen vorgestellt:

- Feasibility Study
- Warteschlangenproblem
- Lagerhaltungs-Simulation
- Risikoanalyse für Investition und Unternehmenswert

In der Wirtschaftspraxis beschränkt sich die Simulation nicht nur auf diese vier nachfolgend kurz skizzierten Anwendungsbeispiele, sondern geht weit darüber hinaus, z.B.:

- Produktionsplanung
- Planbilanzen
- Planerfolgsrechnungen
- Planliquidität
- Instandhaltungsverläufe
- Logistikabläufe
- Geschäftspläne
- Strategiekonzepte
  usw.

14.5.5.3. Feasibility Study

Unter Feasibility Study wird eine **Durchführbarkeitsstudie** verstanden. Sie wird in der Regel nur **bei Großprojekten** (z.B. große Investitionsvorhaben, Einführung einer neuen Produktreihe usw.) angewendet, weil die Kosten einer solchen Studie sehr hoch sind.

Die Feasibility Study führt Lösungsversuche durch, wobei mehrere Varianten eines Vorentwurfes erarbeitet und deren Vor- und Nachteile aufgezeigt werden. Durch eine Grobplanung erfolgt die Festlegung der technischen Ausstattung, die Ermittlung des Material,- Energie- und Personalbedarfes unter Berücksichtigung behördlicher Auflagen und sonstiger Restriktionen bzw. Rahmenbedingungen (Umwelt, Strom, Gesetze usw.) in der Weise, dass die wirtschaftlichen Aussichten des Vorhabens beurteilt werden können.

Durch eine Feasibility Study wird also festgestellt,

- ob die gestellte Aufgabe durchführbar ist bzw. **welcher Nutzen tatsächlich erwartet werden darf,**
- welche alternativen Möglichkeiten sich anbieten,
- wie hoch der Kapitalbedarf sein wird,
- welche Rendite des eingesetzten Kapitals erwartet werden darf usw.

Ein hoher Detaillierungsgrad wird nur in jenen Analysebereichen vorgenommen, die für die Entscheidungsfindung (durchführen oder nicht) notwendig erscheinen.

Fallbeispiel: Feasibility Study über die Umsatzerwartung eines neu zu gründenden Fahrradverleihes (Innovationsprojekt)

Ausgangssituation

Ein Investor überlegt, einen automatisierten Fahrradverleih aufzubauen.

Geplant sind fünf Stationen à 36 Räder, die innerhalb einer größeren Stadt aufgestellt werden sollen. Die Räder werden mittels Bankomat- oder Kreditkarte aus der personallos betriebenen Station geholt und können an derselben oder einer der vier anderen Stationen zurückgegeben werden.

Die einzelnen Stationen sind über Telefonleitung mit der Zentrale verbunden, wodurch die Verrechnung über die jeweilige Kreditkarte gesteuert wird.

Für die Wirtschaftlichkeitsrechnung ist ein realistischer (= tatsächlich möglicher) Umsatz notwendig. **Durch Simulation soll ein realistischer Umsatz ermittelt und dieser jenem Umsatz gegenübergestellt werden, der sich rechnerisch ohne Verwendung der Simulationstechnik ergeben würde.**

Strukturierung für Berechnung der Umsatz-Forecasts

Um eine Umsatzerwartung zu berechnen, wurden folgende Annahmen getroffen:

1. Es gibt vier "Radlertypen", nämlich den W-, X-, Y- und Z- Radlertyp. Sie unterscheiden sich einerseits durch die Entlehndauer, und damit durch den Erlös, und andererseits dadurch, ob sie ihr Fahrrad an derselben Station oder an einer anderen zurückgeben. Wie sich die Radlertypen genau voneinander unterscheiden, wird in der folgenden Tabelle veranschaulicht:

Radlertyp	Entlehn-dauer	Rückgabe beim	
		selben	anderen
		Entlehnungsort	
W	4 Tg.	100%	0%
X	1 h	20%	80%
Y	4 h	100%	0%
Z	1 Tg.	100%	0%

2. Die Verteilung der einzelnen Radlertypen auf das unterstellte Tages-potential kann für alle sechs Szenarien aus folgender Tabelle entnommen werden.

Verteilungstabelle

Szenarien	Radlertyp				Unterstellte Tages-potentiale
	W	X	Y	Z	
	4 Tg.	1 Std.	4 Std.	1 Tg.	
1	20%	20%	45%	15%	180
2	20%	20%	45%	15%	270
3	10%	20%	55%	15%	180
4	10%	20%	55%	15%	270
5	5%	20%	60%	15%	180
6	5%	20%	60%	15%	270

3. Es kann mit folgenden Erlösen je Entlehnakt gerechnet werden:

Radler-typ	Entlehn-dauer	Erlös je Entlehnung
W	4 Tage	400 GE
X	1 h	20 GE
Y	4 h	50 GE
Z	12 h	100 GE

4. Der Wetterfaktor, also jener Faktor, mit dem das Ergebnis der Umsatz-erwartung multipliziert werden muss, um zu einem realistischen Ergebnis zu gelangen, wurde mit 68% gemäß den umseitigen drei Tabellen errech-net. Die erste Tabelle ist eine Klimadatenanalyse der Zentralanstalt für Meteorologie und Geodynamik. Im Kopf der Tabellen stehen die Tem-peraturen in Grad Celsius, in den einzelnen Zeilen der ersten Spalte die Niederschlagsdauer in Stunden. Die Matrixelemente sind Promillesätze.
Die zweite Tabelle zeigt auf, mit wie viel Prozent des optimalen Potentials an den einzelnen Tagen - abhängig von Temperatur und Niederschlag - erfahrungsgemäß gerechnet werden kann.
Die dritte Tabelle zeigt das Ergebnis aus der Verknüpfung der Tabellen 1 und 2 auf.

Tabelle 1: Klimadatenanalyse (Durchschnitt der letzten zehn Jahre)

	-2	0	2	5	10	15	20	25	30	35	
kein	57	30	31	82	116	114	138	138	55	2	763
1	2	1	4	7	11	15	21	6	2	1	70
2	3	0	3	6	9	8	11	6	0	0	46
3	2	1	3	4	9	7	11	2	0	0	39
4	0	0	2	3	6	5	8	2	0	0	26
5	1	1	2	4	4	3	3	1	0	0	19
> 5	3	3	5	5	7	10	4	0	0	0	37
	68	36	50	111	162	162	196	155	57	3	1.000

Tabelle 2: Mit diesen Prozentsätzen des optimalen Potentials (Radinteressenten) kann erfahrungsgemäß gerechnet werden

	-2	0	2	5	10	15	20	25	30	35
kein	0%	10%	30%	50%	95%	100%	100%	95%	90%	10%
1	0%	8%	15%	30%	75%	80%	80%	75%	65%	0%
2	0%	5%	8%	10%	55%	60%	60%	55%	45%	0%
3	0%	2%	4%	5%	35%	40%	40%	35%	15%	0%
4	0%	0%	2%	2%	15%	20%	20%	15%	5%	0%
5	0%	0%	0%	0%	50%	10%	10%	5%	0%	0%
> 5	0%	0%	0%	0%	0%	0%	0%	0%	0%	0%

Tabelle 3: Ergebnistabelle (Tabelle 1 x Tabelle 2)

	-2	0	2	5	10	15	20	25	30	35	
kein	0	3	9,3	41	110,2	114	138	131,1	49,5	0,2	596
1	0	0,08	0,6	2,1	8,25	12	16,8	4,5	1,3	0	46
2	0	0	0,24	0,6	4,95	4,8	6,6	3,3	0	0	20
3	0	0,02	0,12	0,2	3,15	2,8	4,4	0,7	0	0	11
4	0	0	0,04	0,06	0,9	1	1,6	0,3	0	0	4
5	0	0	0	0	2	0,3	0,3	0,05	0	0	3
> 5	0	0	0	0	0	0	0	0	0	0	0
	0,0	3,1	10,3	44,0	129,5	134,9	167,7	140,0	50,8	0,2	680

68%

Die Ergebnistabelle zeigt auf, dass wetterbedingt nur in 68% der möglichen Fälle tatsächlich Radentlehnungen vorgenommen werden.

5. Alle relevanten Planprämissen auf einen Blick:

Szenarien		
	1	2
Simulationstage/Woche	7	7
Anzahl der Stationen	5	5
Räder/Station	36	36
Stellplätze/Station	24	24
Tägl. Potential	180	270
Radlertypen	W / X / Y / Z	W / X / Y / Z
Verteilung in %	20/20/45/15	20/20/45/15
Rückgabe am selben Ort	100/20/100/100	100/20/100/100
Wetterfaktor	68%	68%
Betriebszeiten	7h-18h	7h-18h

Szenarien		
	3	4
Simulationstage/Woche	7	7
Anzahl der Stationen	5	5
Räder/Station	36	36
Stellplätze/Station	24	24
Tägl. Potential	180	270
Radlertypen	W / X / Y / Z	W / X / Y / Z
Verteilung in %	10/20/55/15	10/20/55/15
Rückgabe am selben Ort	100/20/100/100	100/20/100/100
Wetterfaktor	68%	68%
Betriebszeiten	7h-18h	7h-18h

Szenarien		
	5	6
Simulationstage/Woche	7	7
Anzahl der Stationen	5	5
Räder/Station	36	36
Stellplätze/Station	24	24
Tägl. Potential	180	270
Radlertypen	W / X / Y / Z	W / X / Y / Z
Verteilung in %	5/20/60/15	5/20/60/15
Rückgabe am selben Ort	100/20/100/100	100/20/100/100
Wetterfaktor	68%	68%
Betriebszeiten	7h-18h	7h-18h

Die sechs Szenarien unterscheiden sich

- durch das tägliche Potential und
- durch die Zusammensetzung der nachfragenden Radlertypen

voneinander.

Berechnung der Entlehnungsakte und Wochenerlöse

Die Errechnung der Entlehnungsakte und Wochenerlöse wird auf zwei verschiedene Arten durchgeführt, und zwar

- **ohne** Simulation,
- **mit** Simulation.

Entlehnungsakte und Wochenerlöse ohne Simulation

Bei der Berechnung der Entlehnungsakte ohne Simulation wird das unterstellte Tagespotential gemäß der Soll-Verteilung des jeweiligen Szenarios auf die einzelnen Radlertypen verteilt und anschließend mit dem dazugehörigen Erlös pro Entlehnakt multipliziert.

Dieser Vorgang wird in nachstehender Rechnung am Beispiel von Szenario 1 demonstriert:

Unterstelltes Tagespotential: 180

Verteilung der Radlertypen (W/X/Y/Z): 20%/20%/45%/15%

Daraus ergibt sich folgende Absolutverteilung der einzelnen Radlertypen:

Radlertyp W:	20% von 180:	36
Radlertyp X:	20% von 180:	36
Radlertyp Y:	45% von 180:	81
Radlertyp Z:	15% von 180:	27
Gesamtes Potential:		**180**

Anschließend werden die einzelnen Entlehnungsvorgänge mit dem jeweiligen Verkaufspreis multipliziert:

Radlertyp W:	36	x	400 GE =	14.400 GE
Radlertyp X:	36	x	20 GE =	720 GE
Radlertyp Y:	81	x	50 GE =	4.050 GE
Radlertyp Z:	27	x	100 GE =	2.700 GE
Gesamter Tageserlös:				21.870 GE
Hochgerechnet auf eine Woche:				153.090 GE
Multipliziert mit dem Wetterfaktor von 68%:				**104.101 GE**

Der Gesamtwochenerlös für Szenario 1 ohne Simulation beträgt also **104.101 GE.**
In nachstehender Tabelle sind die **(zu hohen) Erlöse** aller **sechs Szenarien** zusammengefasst, wie sie **ohne Simulationstechnik** errechnet würden:

Werte in GE	Szenarien		
	1	2	3
Erlös Radler Typ W	100.800	151.200	50.400
Erlös Radler Typ X	5.040	7.560	5.040
Erlös Radler Typ Y	28.350	42.525	34.650
Erlös Radler Typ Z	18.900	28.350	18.900
Σ **Erlös ohne Wetterfaktor**	**153.090**	**229.635**	**108.990**
Σ **Erlös mit Wetterfaktor**	**104.101**	**156.152**	**74.113**
Anzahl der Entlehnvorgänge	1.260	1.890	1.260

Werte in GE	Szenarien		
	4	5	6
Erlös Radler Typ W	75.600	25.200	37.800
Erlös Radler Typ X	7.560	5.040	7.560
Erlös Radler Typ Y	51.975	37.800	56.700
Erlös Radler Typ Z	28.350	18.900	28.350
Σ **Erlös ohne Wetterfaktor**	**163.485**	**86.940**	**130.410**
Σ **Erlös mit Wetterfaktor**	**111.170**	**59.119**	**88.679**
Anzahl der Entlehnvorgänge	1.890	1.260	1.890

Bei Verzicht auf die Simulationstechnik wird nicht berücksichtigt, ob überhaupt genug Räder zu Verfügung stehen, um das gesamte Nachfragepotential ausnützen zu können. Dadurch kommt man zu einem unrealistisch hohen Gesamtumsatz. Das Unreale ist auch daran erkennbar, dass die Ergebnisse bei gleicher Soll-Verteilung der einzelnen Radlertypen bei unterschiedlichen Tagespotentialen linear hochgerechnet werden können (z.B. Szenarien 5 und 6, 3 und 4 bzw. 1 und 2).

Entlehnungsakte und Wochenerlöse mit Simulation
Der Simulationsablauf
Nach der Eingabe der entsprechenden Funktionsparameter bestimmt das Programm **durch Zufallszahlen** die **tatsächliche Verteilung** gemäß der Soll-Verteilung für den jeweiligen Durchlauf.
Anschließend wird für jeden Entlehnungsakt der Entlehnungszeitpunkt unter Berücksichtigung des jeweiligen Radlertyps bestimmt (ein Y-Radler zum Beispiel, der sich ein Rad für vier Stunden leiht, muss sein Rad vor 14 Uhr ausborgen, da er es sonst nicht mehr zurückgeben kann).

Nachdem das Potential für alle Simulationstage auf die einzelnen Radlertypen verteilt und einem Entlehnungszeitpunkt zugewiesen worden ist, überprüft das Programm, ob dieser Entlehnungsakt überhaupt realisierbar ist. Wenn kein Rad mehr in der jeweiligen Station vorhanden ist, storniert das Programm den Auftrag.

Anschließend fragt das Simulationsprogramm, ob Anfangsbestände und Aufträge für die Simulation geladen werden sollen. Dies ist deshalb nötig, da sonst die Simulation mit z.B. 36 Rädern in allen Stationen beginnt. Es wird daher jede Simulation zweimal durchgeführt - einmal, um zu einer realistischen Ausgangsposition zu gelangen; ein zweites Mal bilden die Endbestände der ersten Simulation die Ausgangsposition für den ersten Tag der zweiten Simulation.

Anschließend werden die Ergebnisse der Simulation entweder auf dem Drucker oder dem Bildschirm ausgegeben.

Ablaufdiagramm auf der nächsten Seite!

Ablaufdiagramm zur Fahrradverleih-Simulation

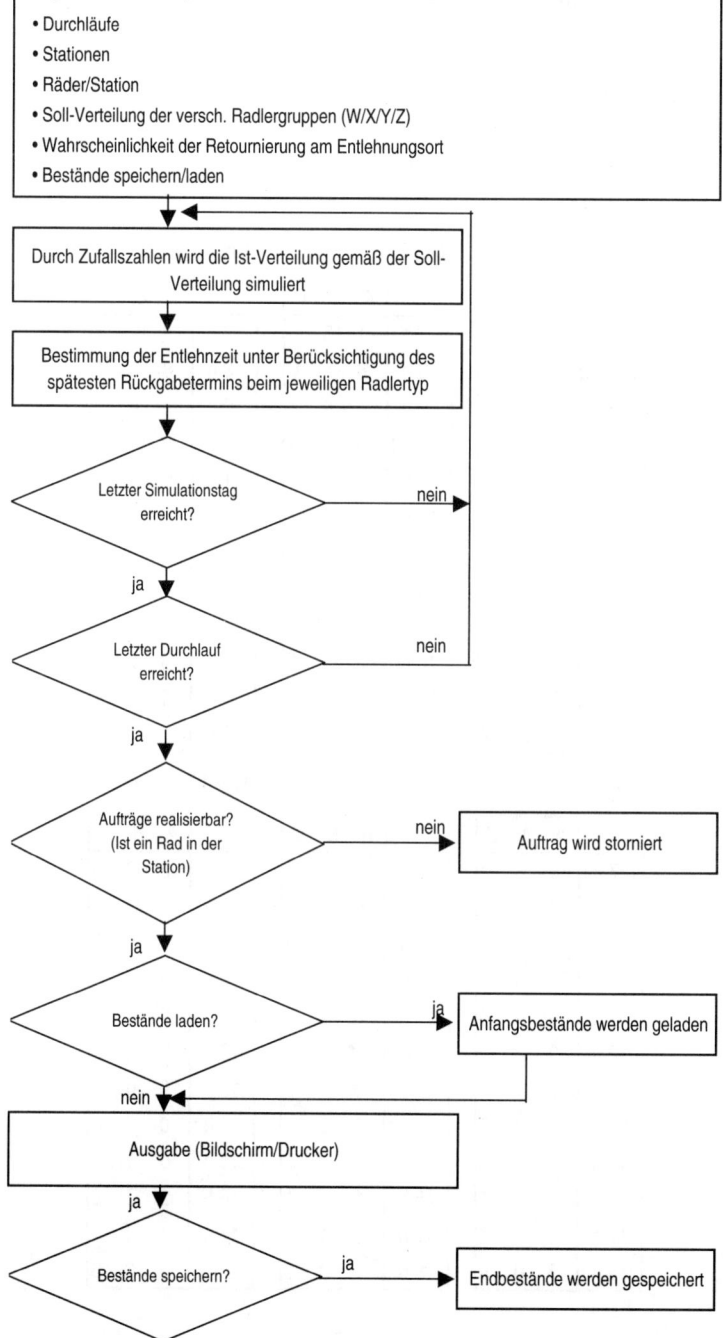

Hier als Beispiel ein Simulationsausdruck von Szenario 6 für die erste Station:

Simulationsprotokoll für Szenario 6

Stationen: 5

Räder/Station: 36

Anzahl der Entlehnvorg./Tag: 270

Durchläufe: 1.000

Station 1:

Tag 1:

	A	B	C
7 h:	6	6	0
8 h:	0	1	1
9 h:	0	0	0
10 h:	0	0	0
11 h:	0	4	4
12 h:	0	1	1
13 h:	0	1	1
14 h:	0	0	0
15 h:	0	1	7
16 h:	6	1	2
17 h:	7	1	3
18 h:	9	0	12

Tag 2:

	A	B	C
7 h:	21	13	0
8 h:	8	5	0
9 h:	3	4	1
10 h:	0	1	1
11 h:	0	4	4
12 h:	0	7	7
13 h:	0	3	3
14 h:	0	1	1
15 h:	0	1	4
16 h:	3	1	5
17 h:	7	1	4
18 h:	10	0	9

Tag 3:

	A	B	C
7 h:	19	12	1
8 h:	8	5	1
9 h:	4	4	0
10 h:	0	1	1
11 h:	0	4	4
12 h:	0	4	4
13 h:	0	3	3
14 h:	0	1	1
15 h:	0	1	4
16 h:	3	2	3
17 h:	4	1	4
18 h:	7	0	8

Tag 4:

	A	B	C
7 h:	15	13	0
8 h:	2	2	0
9 h:	0	0	0
10 h:	0	0	0
11 h:	0	4	4
12 h:	0	2	2
13 h:	0	1	1
14 h:	0	0	0
15 h:	0	1	4
16 h:	3	0	1
17 h:	4	1	0
18 h:	3	0	9

Tag 5:

	A	B	C
7 h:	12	12	0
8 h:	0	0	0
9 h:	0	0	0
10 h:	0	0	0
11 h:	0	4	4
12 h:	0	1	1
13 h:	0	0	0
14 h:	0	0	0
15 h:	0	1	2
16 h:	1	1	1
17 h:	1	1	1
18 h:	1	0	8

Tag 6:

	A	B	C
7 h:	9	9	0
8 h:	0	0	0
9 h:	0	0	0
10 h:	0	0	0
11 h:	0	3	3
12 h:	0	2	2
13 h:	0	0	0
14 h:	0	0	0
15 h:	0	1	3
16 h:	2	3	2
17 h:	1	0	1
18 h:	2	0	6

Tag 7:

	A	B	C
7 h :	8	8	0
8 h :	0	0	0
9 h :	0	0	0
10 h :	0	0	0
11 h :	0	4	4
12 h :	0	1	1
13 h :	0	0	0
14 h :	0	0	0
15 h :	0	1	3
16 h :	2	1	1
17 h :	2	1	0
18 h :	1	0	4

A = Räder in der Station

B = Entlehnungen

C = Retournierungen

Wochenerlöse bei Simulation

Hier sind die Wochenerlöse sämtlicher fünf Stationen des Simulationsprogrammes für alle sechs Szenarien zusammengefasst. In der untersten Zeile werden zum Vergleich die Erlöse der Umsatzberechnung ohne Simulation aufgezeigt.

Werte in GE	Szenarien		
	1	2	3
Erlös Radler Typ W	87.200	94.400	48.800
Erlös Radler Typ X	4.060	3.960	4.740
Erlös Radler Typ Y	23.150	20.450	32.000
Erlös Radler Typ Z	18.900	21.700	18.600
Σ Erlös ohne Wetterfaktor	133.310	140.510	104.140
Σ Erlös mit Wetterfaktor	90.651	95.547	70.815
Anzahl der Entlehnvorgänge	1.073	1.060	1.185
Σ Erlös ohne Simulation	104.101	156.152	74.113

Werte in GE	Szenarien		
	4	5	6
Erlös Radler Typ W	55.200	22.000	28.800
Erlös Radler Typ X	5.480	4.240	5.880
Erlös Radler Typ Y	36.850	33.900	41.600
Erlös Radler Typ Z	26.400	18.800	26.800
Σ Erlös ohne Wetterfaktor	123.930	78.940	103.080
Σ Erlös mit Wetterfaktor	84.272	53.679	70.094
Anzahl der Entlehnvorgänge	1.413	1.133	1.466
Σ Erlös ohne Simulation	111.170	59.119	88.679

Es zeigt sich, dass die Umsatzerlöse, die durch das Simulationsprogramm errechnet werden, deutlich unter jenen liegen, die ohne Simulation berechnet worden sind.

Besonders deutlich wird das, wenn die erfüllten Aufträge der einzelnen Szenarien - mit und ohne Simulation - miteinander verglichen werden.

Erfüllte (realisierte) Aufträge	Szenarien					
	1		2		3	
Entlehnungen	mit Sim.	ohne Sim.	mit Sim.	ohne Sim.	mit Sim.	ohne Sim.
Radler Typ W	218	252	236	378	122	126
Radler Typ X	203	252	198	378	237	252
Radler Typ Y	463	567	409	851	640	693
Radler Typ Z	189	189	217	284	186	189
Gesamt	1.073	1.260	1.060	1.890	1.185	1.260

Erfüllte (realisierte) Aufträge	Szenarien					
	4		5		6	
Entlehnungen	mit Sim.	ohne Sim.	mit Sim.	ohne Sim.	mit Sim.	ohne Sim.
Radler Typ W	138	189	55	63	72	95
Radler Typ X	274	378	212	252	294	378
Radler Typ Y	737	1.040	678	756	832	1.134
Radler Typ Z	264	284	188	189	268	284
Gesamt	1.413	1.890	1.133	1.260	1.466	1.890

Interessante Zusatzinformationen bei Simulation

Wird ein Simulationsprogramm verwendet, gibt es noch einige interessante Zusatzinformationen über den Realbetrieb eines automatisierten Fahrradverleihes:

	Szenarien					
	1	2	3	4	5	6
Anzahl der nicht erfüllbaren Entlehnungen	187	830	75	477	127	424
Probleme bei der Radrückgabe (Station voll!)	12	28	143	32	666	573
Rückgabe nicht am Entlehnungsort	124	130	138	189	133	179

Es ist ersichtlich, dass es nicht nur Stationen gibt, die leer sind und an denen daher manchmal kein Rad ausgeborgt werden kann, sondern dass es auch öfters vorkommt, dass man zu einer Station kommt, sein Rad zurückgeben will, diese aber voll ist.

Besonders bei den Szenarien 5 und 6 taucht dieses Problem verhältnismäßig oft auf. Dies hängt damit zusammen, dass der W-Radlertyp, also derjenige, der sein Rad für vier ganze Tage ausborgt, in diesen Szenarien nur zu 5% vertreten ist und daher weniger Räder für längere Zeit ausgeborgt sind.

Außerdem bewirken diejenigen Räder, die nicht am Ort ihrer Entlehnung (also in allen Szenarien ca. 80% der X-Radler) zurückgegeben werden, eine schlechte Verteilung der Räder auf die Stationen.

14.5.5.4. Warteschlangenprobleme

Stauungen und Warteschlangen treten in der betrieblichen Praxis sehr häufig auf.

Typische Warteschlangenanwendungen

- Bedienung von Kunden an Bankschaltern, Postschaltern oder Supermarktkassen
- Stauungen von Fahrzeugen vor Baustellen oder Verkehrsampeln
- Warten von Engpass-Produktionsmaschinen auf dringend notwendige Instandhaltungsarbeiten
- Warten von Arbeitern vor Material- und Werkzeugausgabestellen oder vor Bauaufzügen usw.

Immer dann, wenn Personen oder Güter darauf warten, bedient oder abgefertigt zu werden, spricht man von Warteschlangen oder Stauungen.

Wirtschaftlichkeit mit Warteschlangen

Die Warteschlangenprobleme sind in der betrieblichen Praxis aus folgenden zwei Gründen wichtig:

1. Gibt es zu wenige Servicestellen (z.B. Kassen), dann werden die Schlangen zu lang, die Kunden werden unzufrieden und suchen teilweise beim nächsten Einkauf einen anderen Supermarkt auf.
2. Sind zu viele Servicestellen vorhanden, entstehen unnötige Kosten, die das Gesamtergebnis der Unternehmung verschlechtern.

Beide Situationen sind unwirtschaftlich und daher unerwünscht. **Auf ein gesundes Mittelmaß kommt es an**. Dieses Mittelmaß herauszufinden, ist Aufgabe der **Warteschlangenoptimierung**.

Untergliederung der Warteschlangenprobleme

Warteschlangenprobleme werden nach den verschiedenen Kriterien untergliedert, z.B.:

- Einkanalsysteme (eine Schlange nach jeder Servicestelle)
- Mehrkanalsysteme (eine Schlange wird von zwei oder mehreren Servicestellen bedient) usw.

Wenn der Charakter der Schlange bekannt ist, kann das Problem mathematisch analysiert werden. Der Charakter wird durch folgende Parameter bestimmt:

- Zugangs-Charakteristik
- Abgangs-Charakteristik
- Anzahl der Bedienstellen (z.B. Kassen)
- Schlangendisziplin

Bei ganz einfach gelagerten Problemen kann die **Lösung durch** die **analytische Methode** erzielt werden; **z.B. durch Exponentialverteilung.**

Fallbeispiel: Warteschlangen vor Supermarktkassen

Ausgangssituation

Ein Supermarkt hat derzeit fünf Kassen geöffnet. Die Kunden sind ungeduldig und glauben, zu lange warten zu müssen. Seitens der Geschäftsleitung wird daher die Öffnung einer sechsten Kassa erwogen. Über die Wirtschaftlichkeit einer solchen Maßnahme ist man sich noch nicht einig. Es soll daher nachvollziehbar errechnet werden, ob die Öffnung einer sechsten Kassa wirtschaftlich ist oder nicht.

Lösung durch analytischen Ansatz
Zugangscharakteristik

Zunächst muss eine Analyse über die Ankunftsraten der Kunden vor den Kassen durchgeführt werden (Zugangs-Charakteristik). Dies geschieht durch entsprechende Erhebungen über einen gewissen Zeitraum hinweg.

Ergebniszusammenfassung der Erhebung vor den Kassen (Zugangs-Charakteristik)

Zeitspanne in Sekunden, bis sich der nächste Kunde an einer der Kassen anstellt	Durch-schnitts-zeit-spanne in Sek. (t_i)	Anzahl der Kunden, die sich in der jeweiligen Zeitspanne anstellen	Relative Häufig-keit (h_i)	$t_i \times h_i$
0-20	10	218	0,482	4,82
21-40	30	156	0,345	10,35
41-60	50	59	0,131	6,53
61-80	70	12	0,027	1,86
81-100	90	6	0,013	1,19
101-120	110	1	0,002	0,24
Summe		**452**	**1,000**	**25,00**

Es stellt sich durchschnittlich alle 25 Sekunden ein Kunde an einer der fünf Kassen an. Pro Minute treffen also durchschnittlich 2,4 (= 60/25) Kunden ein. Diesen Quotienten bezeichnet man als **mittlere Ankunftsrate (a)**.

Soll das Problem mit den nachfolgenden Formeln und Tabellen gelöst werden, muss die **tatsächliche Verteilung durch eine geeignete Exponentialverteilung angenähert** werden. Man wählt die Exponentialverteilung so, dass **ihr Mittelwert gleich der mittleren Ankunftsrate a ist** (hier: **2,4**). Die folgende Graphik stellt die Exponentialverteilung der tatsächlichen Verteilung gegenüber. Die Annäherung kann als mittelgut bezeichnet werden.

Gegenüberstellung: Exponentialverteilung - tatsächliche Verteilung bei Zugangs-Charakteristik

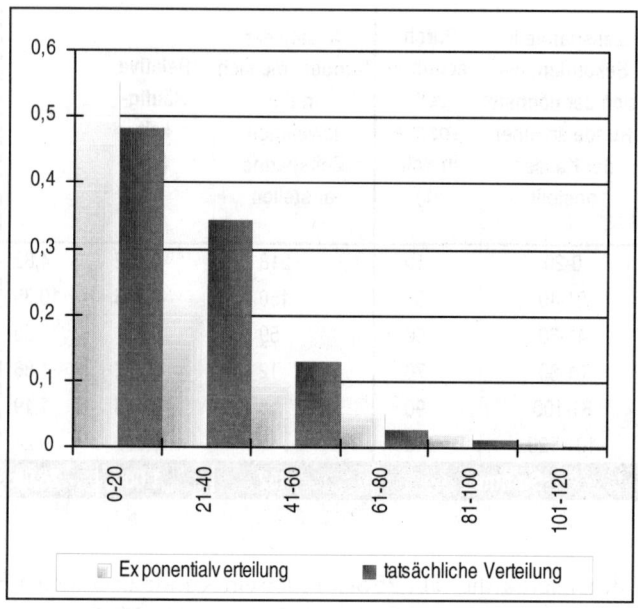

Abgangs-Charakteristik

Anschließend ist auch die **Dauer des Kassiervorganges (Servicerate)** zu erheben und zu analysieren. Diesen Vorgang nennt man **Abgangs-Charakteristik**.

Ergebniszusammenfassung der Erhebung über die Dauer des Kassiervorganges (Abgangs-Charakteristik)

Dauer des Kassier- vorganges in Minuten	Durch- schnitts- dauer in Min. (t_i)	Anzahl der Kunden, bei denen der Kassiervorgang die jeweilige Länge hat	Relative Häufig- keit (h_i)	$t_i \times h_i$
0-1	0,5	101	0,337	0,17
1-2	1,5	89	0,297	0,45
2-3	2,5	46	0,153	0,38
3-4	3,5	31	0,103	0,36
4-5	4,5	18	0,060	0,27
5-10	7,5	15	0,050	0,38
Summe		**300**	**1,000**	**2,00**

Ein Kassiervorgang dauert im Durchschnitt zwei Minuten. Pro Minute werden also durchschnittlich 0,5 (= 1/2) Kunden bedient. Diesen Quotienten bezeichnet man als **mittlere Servicerate (s)**.

Gegenüberstellung: Exponentialverteilung - tatsächliche Verteilung bei Abgangs-Charakteristik

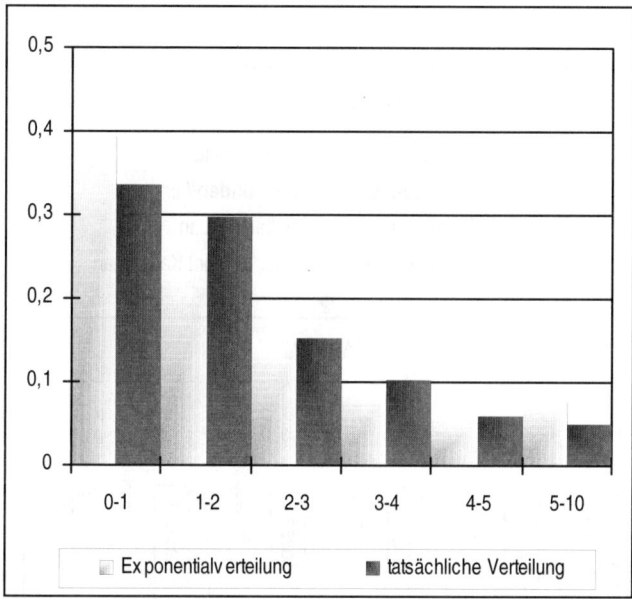

Auch hier kann die Annäherung der Exponentialverteilung als mittelgut klassifiziert werden.

Graphische Darstellung des Ist-Zustandes

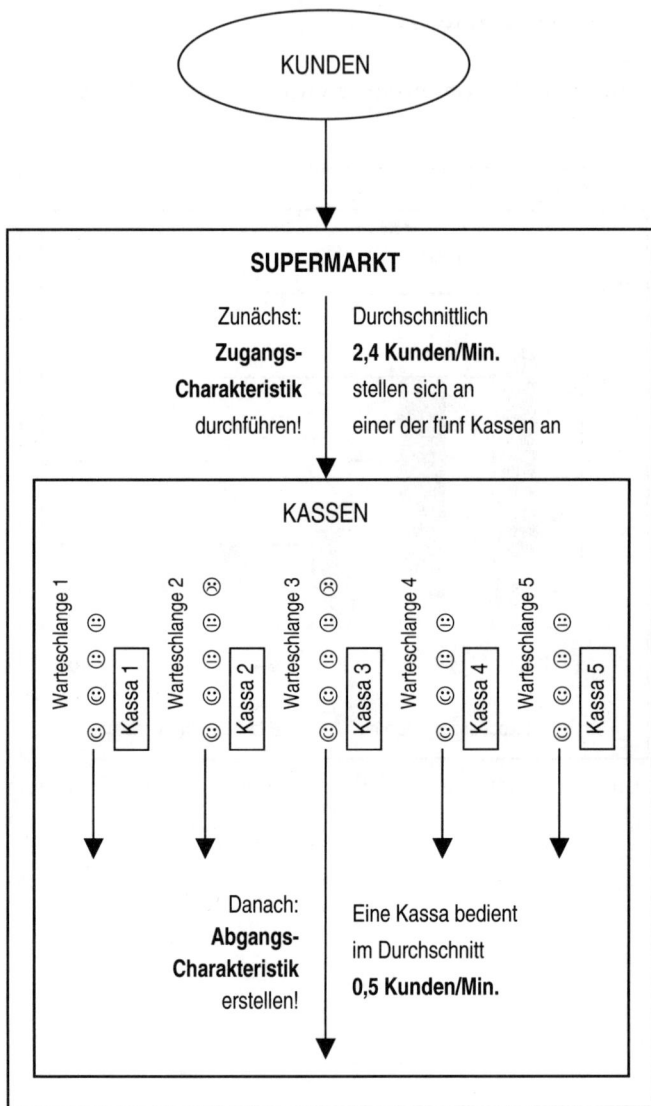

Berechnung der durchschnittlichen Warteschlangenlänge bei Unterstellung einer Exponentialverteilung

Lässt sich die tatsächliche Ankunfts- bzw. Serviceverteilung einigermaßen gut durch eine Exponentialverteilung annähern, dann kann die durchschnittliche Warteschlangenlänge mit Hilfe von Formeln berechnet werden.

Man benötigt dazu den Quotienten aus der mittleren Ankunftsrate (a) und der mittleren Servicerate (s).

$$\frac{a}{s} = \frac{2,4}{0,5} = \mathbf{4,8}$$

Die nächstgrößere ganze Zahl dieses Quotienten gibt an, wie viele Kassen (allgemein: Servicestellen) mindestens benötigt werden, damit die Warteschlange nicht unentwegt wächst. Die Kassen müssen im Durchschnitt mehr Kunden bedienen, als sich an den Kassen anstellen, sonst wird die Schlange immer länger. Außerdem benötigt man den Auslastungsgrad (g) der Kassen, der sich wie folgt ergibt.

$$g = \frac{a}{s \times \text{Anzahl der Servicestellen (= Kassen)}}$$

Bei fünf geöffneten Kassen beträgt der Auslastungsgrad 0,96 (= 96%), bei sechs Kassen nur mehr 0,8 (= 80%).

Die Formeln zur Berechnung der durchschnittlichen Warteschlangenlänge lauten:

$$H_1 = \sum_{i=0}^{n-1} \frac{1}{i!}\left(\frac{a}{s}\right)^i \quad H_2 = \frac{1}{n!}\left(\frac{a}{s}\right)^n \frac{1}{1-g} \quad L = \frac{H_1}{H_1 + H_2} \times \frac{g}{1-g}$$

n Anzahl der Servicestellen (hier: Kassen)
H1, H2 Hilfsfaktoren
L durchschnittliche Warteschlangenlänge

Bei fünf geöffneten Kassen (n = 5) ergibt sich also durch Einsetzen in obige Formeln:

$$H_1 = \sum_{i=0}^{4}\left(\frac{2,4}{0,5}\right)^i =$$

Nach Berechnung des Quotienten und Auflösung der Summe ergibt sich:

$$= \frac{1}{0!} \times 4,8^0 + \frac{1}{1!} \times 4,8^1 + \frac{1}{2!} \times 4,8^2 + \frac{1}{3!} \times 4,8^3 + \frac{1}{4!} \times 4,8^4 =$$

Nach Berechnung der Fakultäten (Achtung: 0! = 1) und Potenzen ergibt sich:

$$= \frac{1}{1} + \frac{4,8}{1} + \frac{23,04}{2} + \frac{110,592}{6} + \frac{530,8416}{24} = \mathbf{57,8704}$$

$$H_2 = \frac{1}{5!}\left(\frac{2,4}{0,5}\right)^5 \times \frac{1}{1-0,96} = \frac{1}{120} \times 4,8^5 \times \frac{1}{0,04} = \mathbf{530,8416}$$

$$L = \frac{530,8416}{57,8704 + 530,8416} \times \frac{0,96}{1-0,96} = 21,641 \approx \mathbf{22\,Kunden}$$

Wichtiger Hinweis: Die berechnete Warteschlangenlänge ist die durchschnittliche Gesamtlänge aller fünf Warteschlangen. Im Durchschnitt warten 22 Kunden auf fünf Kassen verteilt. Vor jeder einzelnen Kasse warten also im Schnitt ca. vier bis fünf Kunden.

Tabellen für durchschnittliche Warteschlangenlänge bei verschiedenen Quotienten "a/s" und Servicestellen

Die folgenden Tabellen beinhalten die durchschnittlichen Warteschlangenlängen für verschiedene Quotienten (a/s) aus mittlerer Ankunftsrate (a) und mittlerer Servicerate (s) sowie für unterschiedliche Anzahlen an Servicestellen.

Tabellen für durchschnittliche Warteschlangenlänge auf Basis Exponentialverteilung

a/s	Anzahl der Servicestellen	
	1	2
0,05	0,003	0,000
0,10	0,011	0,000
0,15	0,026	0,001
0,20	0,050	0,002
0,25	0,083	0,004
0,30	0,129	0,007
0,35	0,188	0,011
0,40	0,267	0,017
0,45	0,368	0,024
0,50	0,500	0,033
0,55	0,672	0,045
0,60	0,900	0,059
0,65	1,207	0,077
0,70	1,633	0,098
0,75	2,250	0,123
0,80	3,200	0,152
0,85	4,817	0,187
0,90	8,100	0,229
0,95	18,050	0,277
1,00	-	0,333

a/s	Anzahl der Servicestellen (hier: Kassen)			
	2	3	4	5
1,0	0,333	0,045	0,007	0,001
1,1	0,477	0,066	0,011	0,002
1,2	0,675	0,094	0,016	0,003
1,3	0,951	0,130	0,023	0,004
1,4	1,345	0,177	0,032	0,006
1,5	1,929	0,237	0,045	0,009
1,6	2,844	0,313	0,060	0,012
1,7	4,426	0,409	0,080	0,017
1,8	7,674	0,532	0,105	0,023
1,9	17,587	0,688	0,136	0,030
2,0	-	0,889	0,174	0,040
2,1	-	1,149	0,220	0,052
2,2	-	1,491	0,277	0,066
2,3	-	1,951	0,346	0,084
2,4	-	2,589	0,431	0,105
2,5	-	3,511	0,533	0,130
2,6	-	4,933	0,658	0,161
2,7	-	7,354	0,811	0,198
2,8	-	12,273	1,000	0,241
2,9	-	27,193	1,234	0,293

a/s	Anzahl der Servicestellen (hier: Kassen)						
	4	5	6	7	8	9	10
3,0	1,528	0,354	0,099	0,028	0,008	0,002	0,000
3,2	2,386	0,513	0,145	0,043	0,012	0,003	0,001
3,4	3,906	0,737	0,209	0,063	0,019	0,005	0,001
3,6	7,090	1,055	0,295	0,091	0,028	0,008	0,002
3,8	16,937	1,519	0,412	0,129	0,041	0,013	0,004
4,0	-	2,216	0,570	0,180	0,059	0,019	0,006
4,2	-	3,327	0,784	0,248	0,083	0,027	0,009
4,4	-	5,268	1,078	0,337	0,114	0,039	0,013
4,6	-	9,289	1,487	0,453	0,156	0,054	0,018
4,8	-	**21,641**	**2,071**	0,607	0,209	0,074	0,026
5,0	-	-	2,938	0,810	0,279	0,101	0,036
5,2	-	-	4,301	1,081	0,368	0,135	0,049
5,4	-	-	6,661	1,444	0,483	0,178	0,066
5,6	-	-	11,519	1,944	0,631	0,233	0,088
5,8	-	-	26,373	2,648	0,823	0,303	0,116
6,0	-	-	-	3,683	1,071	0,392	0,152
6,2	-	-	-	5,298	1,397	0,504	0,197
6,4	-	-	-	8,077	1,831	0,645	0,253
6,6	-	-	-	13,770	2,420	0,825	0,322
6,8	-	-	-	31,127	3,245	1,054	0,409

Interpretation der Tabellenwerte

Der **Warteschlangenwert 21,641** wurde durch eine **relativ anspruchsvolle Formel berechnet**; deshalb ist er in obiger Tabelle **fett gedruckt**. Er bedeutet, dass bei Öffnung von fünf Kassen die Warteschlange durchschnittlich 22 Kunden beträgt. Entschließt man sich zur Öffnung einer sechsten Kasse, reduziert sich die Warteschlange um beachtliche 20 Kunden auf durchschnittlich zwei Kunden.

Durchschnittliche Wartezeit eines Kunden

Mit Hilfe der durchschnittlichen Warteschlangenlänge (L) und der mittleren Ankunftsrate (a) lässt sich auf einfache Weise die durchschnittliche Wartezeit eines Kunden (W) berechnen. Es gilt allgemein und daher auch für dieses Fallbeispiel:

$$W = \frac{L}{a} = \frac{21{,}641}{2{,}4} = 9 \text{ Minuten}$$

Diese Formel scheint auf den ersten Blick unplausibel. Formt man sie jedoch um (L = W x a), wird sie verständlich: Ein Kunde wartet durchschnittlich W Minuten in der Schlange, pro Minute stellen sich aber a Kunden an den Kassen an. Die durchschnittliche Warteschlangenlänge ergibt sich daher aus der Multiplikation von W mit a.

Wirtschaftlichkeitsrechnung unter Berücksichtigung der Warteschlangen-erkenntnisse

Die Warteschlangenberechnungen haben nur dann einen praktischen Sinn, wenn die Ergebnisse in Wirtschaftlichkeitsberechnungen einfließen. Das soll jetzt geschehen.

Mit Hilfe der eingangs ermittelten Faktoren des Ist-Zustands

- mittlere Ankunftsrate a,
- mittlere Servicerate s,
- durchschnittliche Warteschlangenlänge L und
- durchschnittliche Wartezeit eines Kunden W

lässt sich die Wirtschaftlichkeitsrechnung zur Beantwortung der Frage:

- Ist die Eröffnung einer sechsten Kasse wirtschaftlich?

beantworten.

Folgende Daten sind bekannt:

Ø Umsatz/Verkaufsakt	in GE	50
Ø DBU-Faktor *)		0,4
Ø Deckungsbeitrag/Verkaufsakt		
(= relevanter Nutzenentgang/Verkaufsakt)	in GE	20
Öffnungstage im Jahr		250
Öffnungsstunden je Öffnungstag		8
Jahresfixkosten/Kasse:		
• Personalkosten	in 1.000 GE	400
• Sachkosten	in 1.000 GE	200
• Σ Fixkosten/Kasse p.a.	in 1.000 GE	600

*) *DBU heißt Deckungsbeitrag in % vom Umsatz. Ein DBU-Faktor von 0,4 bedeutet, dass je GE Umsatz ein Deckungsbeitrag von 0,4 GE erwirtschaftet wird oder dass der DB 40% vom Umsatz beträgt.*

Die folgende Tabelle zeigt, wie viele Kunden wegen zu langer Wartezeiten ausbleiben und welche Deckungsbeiträge dem Supermarkt dadurch entgehen:

DB-Entgang pro Verkaufsakt bei verschiedenen Wartezeiten

Warte-zeit in Min.	Geschätztes Kundenverhalten	DB-Entgang	
		in Prozent	in GE pro Ver-kaufsakt
< 2	Alle kommen wieder	1%	0,2
2-4	Jeder 25. kommt halb so oft	2%	0,4
4-6	Jeder 10. kommt halb so oft	5%	1,0
6-8	Jeder 5. kommt halb so oft	10%	2,0
8-10	Jeder 3. kommt halb so oft	16,67%	3,3
10-15	Jeder 2. kommt halb so oft	25%	5,0
> 15	Jeder kommt halb so oft	50%	10,0

Für die Berechnung des jährlichen DB-Entgangs wird die durchschnittliche Wartezeit herangezogen. Bei einer angenommenen durchschnittlichen Wartezeit von einer Minute beträgt der DB-Entgang aber nicht 0 GE pro Verkaufsakt, da es sehr wohl einige Kunden geben wird, die länger als zwei Minuten warten müssen. Der DB-Entgang wird daher linear angenähert. Bei einer Durchschnittswartezeit von beispielsweise einer Minute erhält man daher einen Entgang von Deckungsbeiträgen in der Höhe von 0,2 GE pro Verkaufsakt.

Gegenüberstellung errechneter DB-Entgang/Verkaufsakt - linear angenäherter DB-Entgang/Verkaufsakt

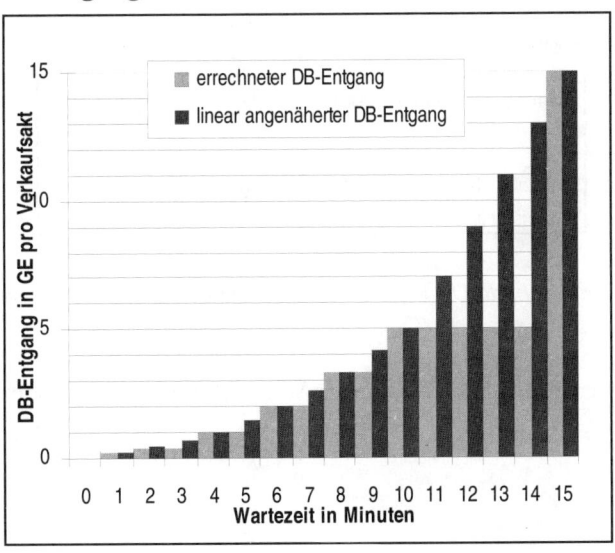

Berechnung der Verkaufsakte pro Jahr

Die Anzahl der getätigten Kundeneinkäufe bzw. Verkaufsakte pro Jahr lassen sich mit Hilfe der mittleren Ankunftsrate a (= 2,4 Kunden/Min.) berechnen:

$$(8 \times 250) \times (2,4 \times 60) = \mathbf{288.000 \ Verkaufsakte/Jahr}$$

In der folgenden Tabelle sind die für die Durchführung der Wirtschaftlichkeitsberechnung notwendigen Daten zusammengefasst.

Alle relevanten Daten für die Wirtschaftlichkeitsberechnung auf einen Blick

	Ausgangs-situation (Ist-Zustand)	Eröffnen einer 6. Kasse
Anzahl der geöffneten Kassen	5	6
Mittlere Ankunftsrate a	2,4	2,4
Ø Dauer des Kassiervorganges	2	2
Mittlere Servicerate s (s = 1/Ø Dauer des Kassiervorganges)	$\frac{1}{2} = 0,5$	$\frac{1}{2} = 0,5$
Quotient a/s	$\frac{2,4}{0,5} = 4,8$	$\frac{2,4}{0,5} = 4,8$
Ø Warteschlangen-länge L	21,64	2,07
Ø Wartezeit W eines Kunden in Min. (W = L/a)	$\frac{21,64}{2,4} = 9$	$\frac{2,07}{2,4} = 0,86$
Relevanter DB-Entgang in GE pro Verkaufsakt (linear angenähert) [*]	4,17	0,17

*) Der linear angenäherte DB-Wert ist genauer als der "errechnete" (siehe vorseitige Graphik).

Die Ergebnisse werden nebenstehend in Wirtschaftlichkeitsberechnungen verarbeitet.

Wirtschaftlichkeitsberechnung auf analytischer Basis
Nettojahresnutzen bei Eröffnen einer sechsten Kasse

Wirtschaftlichkeits-rechnung	Ist-Zustand Ausgangs-situation (fünf Kassen)	Eröffnen einer sechsten Kasse
Relevanter DB-Entgang in GE		
(= 4,17 x 288.000)	1.200.960	
(= 0,17 x 288.000)		48.960
+ Sprungfixkosten für		
6. Kasse p.a.	-	600.000
= Gesamt in GE	1.200.960	648.960
	-648.960	
Nettojahresnutzen bei Eröffnung einer sechsten Kasse	552.000	

Durch die Öffnung einer sechsten Kasse kann ein Zusatznutzen von 0,552 Mio GE p.a. erzielt werden. Variante 1 ist daher grundsätzlich wirtschaftlich. Daher ist unter den gegebenen Bedingungen das Eröffnen einer sechsten Kasse zu befürworten.

Lösung durch Computersimulation
Der zuvor behandelte **analytische Ansatz** hat **zwei Nachteile:**

1. Das **Zu- und Abgangsverhalten der Kunden** muss **durch** eine **Exponentialverteilung angenähert** werden, da es für andere Verteilungen keine einfachen Lösungsformeln gibt. **Eine genaue Annäherung** ist aber **erfahrungsgemäß fast nie möglich.**
2. Die Berechnung des **DB-Entgangs** erfolgt mit der **durchschnittlichen Wartezeit eines Kunden in der Schlange.** Das ist deshalb **problematisch, da der DB-Entgang meistens nicht linear mit der Wartezeit ansteigt,** sondern nach anderen Kriterien.

Bei der **Simulation eines Warteschlangenproblems** treten diese zwei Nachteile nicht auf. Es können **beliebige Verteilungen,** insbesonders die statistisch ermittelten tatsächlichen Verteilungen **für das Zu- und Abgangsverhalten der Kunden gewählt werden.** Die Berechnung des **DB-Entgangs erfolgt nach der tatsächlichen Wartezeit der einzelnen Kunden.**

Kleines BASIC-Simulationsprogramm
Speziell für dieses Fallbeispiel wurde ein kleines BASIC-Programm geschrieben, das sich in drei Teile und zwei Unterprogramme untergliedert:

- In **Programmteil 1** werden **Konstante** und **Variable** gesetzt und die **Simulationsdauer festgelegt**.
- In **Programmteil 2** erfolgt die **eigentliche Simulation**. Der **Programmablauf dieses Teils wird in dem nachfolgenden Flussdiagramm dargestellt**.
- In **Programmteil 3** erfolgt dann die **Ergebnisausgabe**.
- In den **Unterprogrammen A und B** wird das **Zu- und Abgangsverhalten der Kunden** festgelegt, im **Unterprogramm C** werden die **Wartekosten** ermittelt.

Auf der folgenden Seite findet sich der Programmablauf bei Warteschlangensimulation (Programmteil 2):

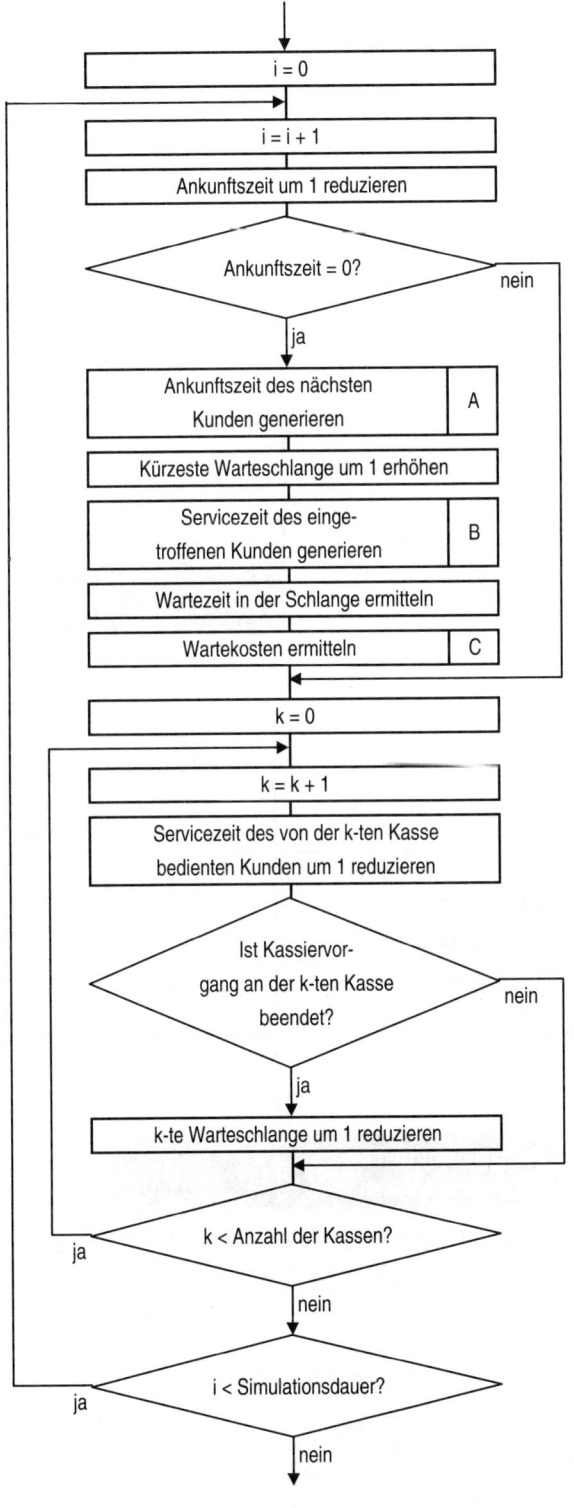

PC-Rechenzeit bei unterschiedlicher Simulationsdauer

Die Rechenzeit bewegt sich im Sekundenbereich und verläuft völlig linear zur Simulationsdauer, d.h. bei einer Simulationsdauer von einem Monat ca. eine Sekunde, bei einem Jahr sind das zwölf Sekunden (Pentium PC).

Wirtschaftlichkeitsrechnung auf simulativer Basis

Die Simulationsergebnisse der Ausgangssituation und des Szenarios "Eröffnen einer sechsten Kasse" werden in folgender Tabelle zusammengefasst:

Zusammenfassung der Simulationsergebnisse

	Ausgangs-situation (5 Kassen)	6. Kasse
Ø Warteschlan-genlänge (Kunden)	14,62	1,66
Ø Wartezeit eines Kunden in Min.	6,1	0,7
Relevanter DB-Entgang in GE pro Verkaufsakt	2,22	0,11

Wirtschaftlichkeitsrechnung: Variante 1 (Eröffnen einer sechsten Kasse)

	Ist-Zustand Ausgangs-situation (fünf Kassen)	Eröffnen einer sechsten Kasse
Relevanter DB-Entgang in GE (= 2,22 x 288.000)	639.360	
(= 0,11 x 288.000)		31.680
+ Sprungfixkosten für 6. Kasse p.a.	-	600.000
= Gesamt in GE	639.360	631.680
	-631.680	
Nettojahresnutzen bei Eröffnung einer sechsten Kasse	7.680	

Durch die Öffnung einer sechsten Kasse kann beim simulativen Ansatz ein Zusatznutzen von GE 7.680 p.a. erzielt werden.

Ergebnisvergleich: analytischer Ansatz - Simulation

Die folgende Tabelle beinhaltet einen Ergebnisvergleich zwischen

- analytischem Ansatz und
- Simulation.

Ergebnisvergleich

		Analytischer Ansatz	Simulation
Ausgangssituation (5 Kassen)	Ø Warteschlangenlänge	21,64	14,62
	Ø Wartezeit eines Kunden in Minuten	9	6,1
	Relevanter DB-Entgang in GE pro Verkaufsakt	4,17	2,22
Szenario 6. Kasse	Ø Warteschlangenlänge	2,07	1,66
	Ø Wartezeit eines Kunden in Minuten	0,86	0,7
	Relevanter DB-Entgang in GE pro Verkaufsakt	0,17	0,11
	Zusatznutzen p.a. gegenüber Ausgangssituation	552.000 GE	7.680 GE

Die großen Ergebnisunterschiede werden durch die grobe Annäherung der Zu- und Abgangs-Charakteristik bei der Exponentialverteilung verursacht. Trotzdem erweist sich auch die analytischen Berechnungsmethode als richtig, weil sie die Eröffnung einer sechsten Kasse empfiehlt.

Erkenntnisse

Der **analytische Ansatz** ist ein **hilfreiches Werkzeug für** eine **grobe Abschätzung der Rentabilität von "Was-wäre-wenn"-Szenarien.** Durch Schätzen der Parameter a (= mittlere Ankunftsrate) und s (= mittlere Servicerate) können auch ohne relativ aufwendige Statistiken über das Zu- und Abgangsverhalten der Kunden Aussagen über die durchschnittliche Warteschlangenlänge und Wartezeit getroffen werden. **Ab einem Auslastungsgrad von 85% wird die Anwendung des analytischen Ansatzes problematisch, da die Exponentialverteilung das tatsächliche Zu- und Abgangsverhalten der Kunden meist nur grob annähert.** Die Ergebnisse sind aber bei solch hohen Auslastungsgraden sehr empfindlich gegenüber kleinen Änderungen der Ausgangsparameter.

Möchte man **genauere Aussagen** über die Entwicklung der durchschnittlichen Warteschlangenlänge und Wartezeit treffen, so muss das Problem mit **Computersimulation** gelöst werden. Die Zu- und Abgangs-Charakteristik sollte mit Hilfe von Statistiken genau erhoben und modelliert werden, um den Ist-Zustand des Systems möglichst gut anzunähern.

14.5.5.5. Fallbeispiel: Lagersimulation

14.5.5.5.1. Ziel und Ausgangssituation

Auch im Lager-, Fertigungs- und Bestellwesen ist die Simulation häufig im Einsatz.

Ziel der Lagersimulation ist es, die relevanten Bestell- bzw. Losgrößen-, Lagerhaltungs- und Fehlmengenkosten zu minimieren. Bei den Fehlmengenkosten handelt es sich um jene Kosten, die entstehen, wenn man nicht sofort liefern kann - z.B. Umsatz- und Deckungsbeitragsverluste bei Lieferunfähigkeit, wenn die Abnehmer nicht warten wollen bzw. können. Die Fehlmengenkosten spielen bei der Lagerhaltungssimulation eine wesentliche Rolle; sie wirken zu niedrigen Bestell- und Meldemengen entgegen.

Die Lagerhaltungssimulation ist sehr rechenintensiv und kann daher nur mittels PC bzw. Großrechner durchgeführt werden. Der Hauptvorteil der Simulation gegenüber den statistischen Berechnungen liegt darin, dass die Nachfrage nicht normalverteilt sein muss, sondern verteilungsfrei anfallen kann.

Ein weiterer Vorteil der Simulation besteht darin, dass man die gar nicht so einfach zu beantwortende Frage nach dem "gewünschten Servicegrad" nicht gestellt erhält. Die Problemstrukturierung bei der Lagersimulation erfolgt nämlich so, dass ein Servicegrad-Input unterbleiben kann. Dafür, dass die Bestell- und Meldemengen nicht zu niedrig empfohlen werden, sorgen die Fehlmengenkosten. Theoretisch ist das Ziel der Lagersimulation bestechend logisch. Praktisch gibt es gewisse Probleme bei der Definition der Fehlmengenkosten, weil man nicht genau abschätzen kann, wie sich der Kunde tatsächlich verhalten wird, wenn er nicht sofort bedient werden kann. Wartet er geduldig, kauft er bei der Konkurrenz oder fällt er wegen Verärgerung total aus?

Die Lagersimulation wird an einem Demo-Artikel in drei Varianten gezeigt, die sich untereinander wie folgt unterscheiden:

- Die **erste Variante** berücksichtigt die **gesamten Fehlmengenkosten** (= entgangener Deckungsbeitrag je Einheit; der Kunde kauft sofort bei der Konkurrenz).
- In der **zweite Variante** werden **80% der Fehlmengenkosten** angenommen.
- In der **dritte Variante** werden die **Fehlmengenkosten zur Gänze vernachlässigt**. (Annahme: Die Kunden warten geduldig, bis sie beliefert werden.)

Auf dieser und der nächsten Seite sind die Tabellen der Bildschirminhalte für die erste Variante abgebildet.

Tabelle für erste Variante: Volle Fehlmengenkosten

Lieferzeit in Tagen			Monats- nachfragen
35	50	47	96
50	36	32	**51**
41	81	16	60
3	9	22	73
21	16	63	67
48	34	71	70
69	42	60	74
85	51	44	**182**
8	57	49	110
29	60	35	56
30	6	58	
15	28		
42	36		
55	47		
47	57		
48	71		
20	10		
61	38		
14	40		
58	49		

Die Lieferzeit bei den letzten 51 Lieferungen schwankte zwischen drei und 85 Tagen. Die Monatsnachfragen während der letzten zehn Monate schwankten zwischen 51 und 182 Stück. Es geht also ziemlich turbulent zu. Diese Turbulenz kann durch die Lagersimulation gut nachgebildet werden.

LAGERSIMULATION

Objektname	A.Nr. 139		

		SERVICEGRAD	
Lagerhaltungskosten	20,39		
Bestellkosten	56		
Fehlmengenkosten	2.224		

		SERVICEGRAD	
Einstandspreis/Einheit	13.080	a _____	80%
Lagerhaltungszinsfuß	8	b _____	90%
Servicegrad (abcde)	b	c _____	95%
		d _____	99%
BESTELLPUNKT opt. = 171		e _____	99,9%
Intervall von	100		
bis	300		
Schrittweite	20		

BETSTELLMENGE opt. = 10

Intervall von	5
bis	45
Schrittweite	5

Anzahl der Simulationen	1.000

☞ Wichtiger Hinweis: Die Erläuterungen in diesem Kapitel konzentrieren sich auf das Procedere der Lagersimulation. Alle lager- und bestellrelevanten Termini und Formeln sind im Kapitel 12 ausführlich behandelt und praktisch umgesetzt worden.

Die Lagerhaltungskosten je Einheit und Woche betragen 20,93 GE, eine Bestellung kostet 56 GE, die Fehlmengenkosten (= entgangener Deckungsbeitrag/ Einheit) betragen 2.224 GE je nicht sofort lieferbarer Einheit. Der Einstandspreis je Einheit beläuft sich auf 13.080 GE, der Lagerhaltungs-Grenzzinssatz beträgt 8%. Der Buchstabe b bedeutet, mit 90% Sicherheit liefern zu können. Der rechnerisch **optimale Bestellpunkt** (Ausgangspunkt für Simulation) beträgt 171 Einheiten und errechnet sich wie folgt:

$$\mathbf{BP_{opt}} = \left(\varnothing\,LZ\,in\,Monaten \times \varnothing\,Monatsnachfrage\right) +$$
$$+ \left(Standardabweichung \times z(\Phi)Faktor \times \sqrt{\varnothing\,LZ\,in\,Monaten}\right)$$

Die Ergebnisse (= Gesamtkosten) sollen für den Bereich "Bestellpunkt 100" bis "Bestellpunkt 300" bei einer "Schrittweite von 20" errechnet werden.

Die optimale Bestellmenge (Ausgangspunkt für die Simulation) von zehn Einheiten ergibt sich wie folgt:

$$BM_{opt} = \sqrt{\frac{200 \times Jahresbedarf \times relevante Bestellkosten}{Einstandspreis/Einh. \times Lagerhaltungs\text{-}Grenzzinssatz}}$$

Es werden Ergebnisse (= Gesamtkosten) im Bereich von "Bestellmenge 5" bis "Bestellmenge 45 Einheiten" bei einer "Schrittweite von 5 Einheiten" gewünscht. 1.000 Wochen sollen jeweils simuliert werden. Das ist zwar keine besonders lange Simulationsperiode; trotzdem darf mit einem aussagefähigen Ergebnis gerechnet werden.

Ausdrucke der Eingangsdaten
Die originäre Nachfrage besteht in der Praxis meist aus Monatswerten. Diese müssen für die Simulation in Wochennachfragen umgerechnet werden, wobei bei der Umrechnung berücksichtigt wird, dass der Variationskoeffizient annähernd unverändert bleibt. Dadurch wird sichergestellt, dass die originäre Monatsnachfrageschwankung strukturell erhalten bleibt. Der Variationskoeffizient bei den Monatsnachfragen beträgt 0,46. Aus den zehn Monatsnachfragen sind 43 Wochennachfragen gebildet worden (ein Monat = viereindrittel Wochen). Der Variationskoeffizient der Wochennachfragen ist mit 0,45 beinahe identisch.

LAGERSIMULATION

NACHFRAGE

Monat	Nachfrage
1	96
2	51
3	60
4	73
5	67
6	70
7	74
8	182
9	110
10	56
SUMME	**839**

Monatsdurchschnitt:	84
Jahresbedarf:	1.007
Standardabweichung:	38,8
Variationskoeffizient:	0,46
Umgerechnete Wochennachfrage:	(V = 0,45)

10	29	31	24	34
32	17	4	22	31
16	16	22	16	6
12	14	30	10	15
25	31	32	4	18
19	13	31	16	6
25	4	7	19	22
17	33	16	26	22
17	25	22		

Die Lieferzeiten in Tagen wurden ebenfalls in Wochen umgerechnet. Eine Lieferzeit von sieben Wochen (46 bis 52 Tage) kommt zehnmal vor und ist am wahrscheinlichsten. Ein Histogramm führt die Häufigkeitsverteilung der Lieferzeiten besonders übersichtlich vor Augen. Der Ausdruck dazu ist auf der nächsten Seite abgebildet. Er zeigt auch auf, welche Eingaben sonst noch getätigt worden sind.

LIEFERZEITEN

Lieferzeiten in		
Tagen	**Wochen**	**Häufigkeit**
0 - 3	0	1 *
4 - 10	1	4 ****
11 - 17	2	4 ****
18 - 24	3	3 ***
25 - 31	4	3 ***
32 - 38	5	7 *******
39 - 45	6	5 *****
46 - 52	7	10 **********
53 - 59	8	5 *****
60 - 66	9	4 ****
67 - 73	10	3 ***
74 - 80	11	0
81 - 87	12	2 **
88 - 94	13	0
95 - 101	14	0
102 - 108	15	0
109 - 115	16	0
116 - 122	17	0
123 - 129	18	0
130 - 136	19	0
137 - 143	20	0
144 - ...	> 20	0

WEITERE EINGABEN

Artikelbezeichnung	A.Nr.139
Lagerhaltungskosten je Einheit und Woche	20,93
Bestellkosten je Bestellakt	56,0
Fehlmengenkosten je nicht sofort gelieferter Ware	2.224,0
Einstandspreis je Einheit	13.080,0
Lagerhaltungszinsfuß p.a.	8,0
Servicegrad in %	90,0
Anzahl der gewünschten Simulationen	1.000

14.5.5.5.2. Ergebnisse und Interpretation

SIMULATIONSERGEBNISSE

BP \ BM	5	10	15	20	25	30	35	40
100	34452	28023	21323	14077	7367	3555	2280 <<	2872
120	35204	28324	20821	13871	7477	2736	2473 <<	2516 <<
140	35500	27653	20900	13097	6794	3553	2614 <<	2570 <<
160	35328	28967	21640	13434	6246	2795	2921	2933
180	35951	29274	21165	13046	6705	3114	3141	3432
200	36702	27461	21012	14471	7680	3233	3474	3715
220	35469	27979	21899	14878	7472	2833	3592	4139
240	34791	28273	21361	14778	7243	3076	4077	4532
260	35719	27148	21877	13166	5841	3577	4784	5056
280	35852	28477	20305	14130	6963	3384	5077	5421
300	35212	28461	21269	13601	7750	3483	5579	5750

DIE TOP 5

| | Bestell- | | Durchschnittliche Kosten pro Woche für | | | |
Rang	menge	punkt	Bestellung	Fehlermenge	Lager	Total
1.	35	100	44,74	805,09	1.430,23	2.280,06
2.	35	120	43,68	680,54	1.748,62	2.472,84
3.	40	120	37,41	393,65	2.084,56	2.515,62
4.	40	140	38,64	17,79	2.513,78	2.570,21
5.	35	140	43,18	380,30	2.190,74	2.614,22

Wie oben ersichtlich ist, wurden für sämtliche Bestellmengen(BM)- und Bestellpunkt(BP)-Kombinationen die durchschnittlichen Kosten je Woche errechnet. Die fünf besten (weil niedrigsten) Ergebnisse sind gekennzeichnet und befinden sich im Bereich "Bestellpunkt 100 bis 140" und "Bestellmenge 35 bis 40". Bei diesen fünf Kombinationen sind die Bestellkosten, die Fehlmengenkosten und die Lagerhaltungskosten insgesamt am günstigsten.

Die untere Tabelle zeigt die fünf besten Ergebnisse gesondert. Die wirtschaftlichste Politik laut Lagersimulation ist bei einer Bestellmenge von 35 und einem Bestellpunkt von 100 gegeben. Bei einer statistischen Lagerpolitik hätte man zehn Stück bestellt, wenn das Lager auf 171 Einheiten abgesunken wäre. Das waren die Ausgangspunkte vor der Simulation. Je höher der Bestellpunkt und die Bestellmenge, desto geringer sind die Fehlmengenkosten und die Bestellkosten; es steigen aber die Lagerhaltungskosten.

Die Ergebnisse der Varianten 2 und 3 werden hier aus Platzgründen nicht im Einzelnen dargestellt.

Bei der Variante 2 (Fehlmengenkosten werden gegenüber der Variante 1 auf 80%, d.h. von 2.224 GE auf 1.779 GE reduziert) verändert sich das Ergebnis kaum; die Bestellmengen werden etwas niedriger.

Bei der Variante 3 (keine Fehlmengenkosten) sinkt die optimale Bestellmenge sofort auf 5. Das ist ein plausibler Wert denn nicht sofort liefern zu können, verursacht bei der Variante 3 keine Fehlmengenkosten.

14.5.5.6. Risikoanalyse durch Monte-Carlo-Simulation

Warum Risikoanalyse?

Die von Harvard-Professor David Hertz entwickelte und im Jahr 1965 vorgestellte Risikoanalyse wird durch Computersimulation erstellt. Die meisten Langfristplanungen bergen mehr oder weniger große Risiken in sich. Diese lassen sich zwar selbst durch die raffiniertesten EDV-gestützten Planungsmethoden nicht eliminieren, doch kann man sie transparent machen und quantifizieren. Das erleichtert die Entscheidungsfindung erfahrungsgemäß sehr. Durch die gesicherten Erkenntnisse der Wahrscheinlichkeitsrechnung kann das Maß des Risikos mathematisch ausgedrückt werden.

Die Risikoanalyse ist bereits in den Kapiteln 7.3.6.2. und 11.9.2. an zwei Fallbeispielen vorgestellt worden. Der Schwerpunkt in diesem Kapitel liegt daher im Anwendungsprocedere bzw. im Didaktischen.

14.5.5.6.1. Fallbeispiel: Investitionsbeurteilung

14.5.5.6.1.1. Variante 1 mit Eintrittswahrscheinlichkeiten von 20% : 60% : 20%

In diesem Fallbeispiel werden drei Eingabeparameter als fixe Größen definiert, nämlich die Investitionsausgaben Anlagevermögen (5.000 GE), die Investitionsausgaben Umlaufvermögen (0 GE) sowie die Nutzungsdauer (fünf Jahre). Alle drei Werte wurden daher mit einem Gewichtungsprozentsatz von je 100% versehen.

Für die übrigen fünf Variablen sind je drei verschiedene Werte, nämlich ein pessimistischer, ein wahrscheinlicher und ein optimistischer Wert festgelegt worden. Die Wahrscheinlichkeiten für sämtliche fünf Variablen wurden wie folgt festgelegt:

Pessimistisch 20%
Wahrscheinlich 60%
Optimistisch 20%

Selbstverständlich hätte man für jede Variable eine andere Wahrscheinlichkeitsverteilung wählen können, z.B. 30 : 60 : 10 oder 40 : 40 : 20 usw.

Acht Eingabeparameter

Führt man die Risikoanalyse mit dem im Kapitel 15 vorgestellten Excel-Programm "Risikoanalyse für Investitionsrechnung" durch, dann müssen zunächst folgende acht Eingabeparameter bestimmt werden:

1. Investitionsausgaben Anlagevermögen in 1.000 GE
2. Investitionsausgaben Umlaufvermögen in 1.000 GE
3. Umsatz im ersten Jahr in 1.000 GE
4. Marktsteigerungsrate in % p.a. (wird das erste Mal im zweiten Jahr wirksam)
5. Liquidationswert der Investition (am Ende der Nutzungs- bzw. Betrachtungsdauer) in 1.000 GE
6. Variable Kosten je GE Umsatz
7. Fixe Ausgaben (ohne Fremdkapitalzinsen) p.a. in 1.000 GE
8. Nutzungs- bzw. Betrachtungsdauer in Jahren

Es können für jeden Eingabeparameter bis zu drei verschiedene Werte eingegeben werden (pessimistisch, wahrscheinlich, optimistisch). Außerdem muss die voraussichtliche Eintrittswahrscheinlichkeit dieser Werte durch eine zusätzliche Eingabe von Gewichtungs-Prozentsätzen bekannt gegeben werden.

Zufallszahlen

Das Programm ermittelt während eines Simulationsdurchlaufes acht Zufallszahlen (für jeden Eingabeparameter eine) zwischen 1 und 100. Je nach Größe der Zufallszahl bestimmt das Programm den Wert einer Variablen, der für diese eine Simulation herangezogen wird; deshalb heißt diese Art der Simulation "Monte-Carlo-Simulation". Die folgende Tabelle soll helfen, den Vorgang zu veranschaulichen:

Die Philosophie der Monte-Carlo-Simulation

Variable	WERTE UND IHRE GEWICHTUNG								
	10%	20%	30%	40%	50%	60%	70%	80%	90%
Investitionsausg. AV in 1.000 GE	5.000 (Zufallszahlen 1-100)								
Investitionsausg. UV in 1.000 GE	0 (ZZ 1-100)								
Umsatz im 1. Jahr in 1.000 GE	9.682 (ZZ 1-20)		10.000 (ZZ 21-80)					10.412 (ZZ 81-100)	
Marktsteigerungs- rate in % p.a.	4% (ZZ 1-20)		5% (ZZ 21-80)					6% (ZZ 81-100)	
Liquidationswert in 1.000 GE	635 (ZZ 1-20)		1.000 (ZZ 21-80)					1.365 (ZZ 81-100)	
Variable Kosten / GE Umsatz	0,61 (ZZ 1-20)		0,60 (ZZ 21-80)					0,59 (ZZ 81-100)	
Fixe Ausgaben (ohne FKZ) p.a.	3.020 (ZZ 1-20)		3.000 (ZZ 21-80)					2.980 (ZZ 81-100)	
Nutzungsdauer in Jahren	5 (ZZ 1-100)								

Das Programm erstellt acht Zufallszahlen zwischen 1 und 100 in der Reihenfolge: 13, 66, 87, 73, 80, 8, 50, 46. Die erste Zufallszahl (13) wird der ersten Variablen zugeordnet. 5.000 für die "Investitionsausgaben AV" wurden mit 100% gewichtet. Es ist also hier im Grunde egal, welche Zufallszahl das Programm ermittelt hat; sie wird immer zwischen 1 und 100 liegen, so auch die 13. Das Programm nimmt also 5.000 für die Investitionsausgaben AV (= Anlagevermögen) an.

Das gleiche bei der zweiten Variablen "Investitionsausgaben UV" (= Umlaufvermögen), der Wert 0 wird hier ebenfalls mit 100% Sicherheit zur Berechnung herangezogen.

Die dritte Zufallszahl (87) für die dritte Variable ("Umsatz im 1. Jahr") liegt im Bereich zwischen 81 und 100, also nimmt das Programm hier den Wert 10.412 (optimistischer Wert) an.

Zufallszahl Nr. 4 lautet 73 und befindet sich zwischen 21 und 80. Es soll also die Marktsteigerungsrate bei dieser Simulation 5% (wahrscheinlicher Wert) betragen. Führt man dieses Spielchen fort, kommt das Programm zu folgenden Variablen- werten als Berechnungsgrundlagen für diese eine Simulation:

Variable	Vom Programm ermittelte Zufallszahl	Entsprechende Werte
Investitionsausg. AV in 1.000 GE	13	5.000.000
Investitionsausg. UV in 1.000 GE	66	0
Umsatz im 1.J. in 1.000 GE	87	10.412.000
Marktsteigerungsrate (MSR) in % p.a.	73	5%
Liquidationswert in 1.000 GE	80	1.000.000
Variable Kosten/GE Umsatz	8	0,61
Fixe Ausg. (o. FKZ) p.a. in 1.000 GE	50	3.000.000
Nutzungsdauer	46	5 Jahre

Ermittlung des Cash-Flows und des internen Zinsfußes

Mit den acht Werten bestimmt das Programm den internen Zinsfuß. Dazu müssen zuerst die Cash-Flows für jedes Jahr der Nutzungsdauer (hier fünf Jahre) ermittelt werden. Im fünften Jahr ist der Cash-Flow durch den Liquidationserlös besonders hoch.

Jahr	Cash-Flow
1	1060,68
2	1263,71
3	1476,9
4	1700,75
5	2935,78

Cash-Flow-Berechnung für das Jahr n:

$$CF = \left(\text{Umsatz im 1. Jahr} \times \left(\frac{100 + \text{MSR in \%}}{100} \right)^{n-1} \times (1 - \text{Var. Kosten je GE Umsatz}) \right)$$
$$- \text{Fixe Kosten} \quad (+ \text{Liquidationserlös})$$
$$[\text{nur im letzten Jahr}]$$

Anhand dieser Cash-Flow-Werte ermittelt das Programm den internen Zinsfuß, der hier 17% beträgt. Nachstehende Tabelle zeigt den Rechengang:

Ermittlung des internen Zinsfußes - Werte in 1.000 GE

JAHR	RELEVANTER CASH FLOW VOR ERTR. STEUER	ERTRAG-STEUERN	RELEVANTER CASH FLOW NACH ERTRAGSTEUERN	ABZINSUNGS-FAKTOREN 17,00% dekursiv	BARWERT DES RELEVANTEN CASH-FLOW VOR ERTRAGSTEUER
0	-5.000			1,00000	-5.000
0 bis 1	1.061			0,85470	907
1 bis 2	1.264			0,73051	923
2 bis 3	1.477			0,62437	922
3 bis 4	1.701			0,53365	908
4 bis 5	2.936			0,45611	1.340
					0

Der interne Zinsfuß beträgt 17%, weil sich bei diesem Zinsfuß ein Kapitalwert von null ergibt.

Die Summe der mit 17% abgezinsten Cash-Flows entspricht also dem Summenwert der Investitionsausgaben AV und UV (5 Mio + 0 = 5 Mio).

Dieses Ergebnis speichert der Computer und startet die nächste Simulation mit neuen Zufallszahlen und dementsprechend anderen Variablenwerten, die wiederum zu einem neuen Ergebnis führen. Dieser Vorgang wiederholt sich so oft, wie es der Anwender wünscht (z.B. 1.000-mal).

Rechendauer, Anzahl der Simulationen und Genauigkeitsgrad

Auf einem Pentium-Rechner (Taktfrequenz 200 MHz) dauern 100 Simulationen rund 2 Sekunden, 500 Simulationen 10 bis 15 Sekunden, und 1.000 Simulationen nehmen schon knapp über 30 Sekunden in Anspruch.

Dass die Zeitdauer nicht linear zur Anzahl der gerechneten Simulationen verläuft, liegt daran, dass das Programm nach jeder Simulation das Ergebnis reiht. Diese Reihung dauert daher mit jeder zusätzlichen Simulation etwas länger. Durch die Reihung aller errechneten internen Zinsfüße entsteht ein Risikoprofil, aus dem sich das Risiko der Investition ableiten lässt. Je mehr Simulationen durchgerechnet werden, desto realistischer ist das Ergebnis - was aber nicht heißen soll, dass stets 1.000 Durchläufe notwendig sind, um ein aussagekräftiges Endergebnis zu erhalten. Dieses ist wohl schon nach rund 300 Simulationen zu erwarten, weitere Simulationen glätten aber den Ergebnisverlauf besser. Entscheidend für aussagefähige Ergebnisse ist die sorgfältige Berechnung bzw. Einschätzung der Variablenwerte (acht Eingabeparameter) und ihre Gewichtung.

14.5.5.6.1.2. Variante 2 mit geänderter Eintrittswahrscheinlichkeit 30% : 40% : 30%

In diesem Fallbeispiel soll gezeigt werden, welche Auswirkungen eine unterschiedliche Gewichtung der Eingabeparameter auf das Ergebnis der Risikoanalyse hat. Außerdem soll der Unterschied der Risikoanalyse zur internen Zinsfußmethode dargestellt werden.

Gleiche Zufallszahlen, andere Gewichtung

Das Szenario 2 ist gegenüber dem Szenario 1 bis auf die Gewichtung folgender fünf Variablen (Eingabeparameter) gleich:

- Umsatz im ersten Jahr
- Marktsteigerungsrate in %
- Liquidationswert
- Variable Kosten je GE Umsatz
- Fixe Ausgaben (ohne Fremdkapitalzinsen) p.a.

Durch die andere Gewichtung werden häufiger Extremwerte (pessimistisch bzw. optimistisch) als Berechnungsgrundlage für die Simulation herangezogen als bei der Variante 1. Zieht man die gleichen Zufallszahlen wie bei Variante 1 heran, ergeben sich folgende (simulierte) Werte:

Variable	Vom Programm ermittelte Zufallszahlen	Entsprechende Werte bei w = 0,3 : 0,4 : 0,3
Investitionsausg. AV in GE	13	5.000.000
Investitionsausg. UV in GE	66	0
Umsatz im 1. J. in GE	87	10.412.000
Marktsteigerungsrate (MSR) in % p.a.	73	5%
Liquidationswert in GE	80	1.000.000
Variable Kosten/GE Umsatz	8	0,61
Fixe Ausg. (o. FKZ) p.a. in GE	50	3.000.000
Nutzungsdauer	46	5 Jahre

Die Marktsteigerungsrate und der Liquidationswert liegen höher als bei Variante 1. Der Gewichtungsbereich für die optimistischen Werte liegt bei Variante 2 zwischen 71 und 100 (30%) und nicht wie bei Szenario 1 zwischen 81 und 100 (20%). Daher legen die Zufallszahlen 73 (bei der Marktsteigerungsrate) und 80 (beim Liquidationswert) auch den optimistischen Wert fest, während die gleichen Zufallszahlen in Variante 1 noch den wahrscheinlichen Wert bestimmt haben. Selbstverständlich ist bei Variante 2 auch der pessimistische Gewichtungsbereich größer (1 bis 30 statt zuvor 1 bis 20), diese Änderung hat aber in dieser Simulation mit diesen Zufallszahlen keine Auswirkungen.

14.5.5.6.1.3. Graphischer Vergleich der Ergebnisse

Szenario 2 liefert insgesamt Ergebnisse in einer größeren Bandbreite als Szenario 1, da eben der pessimistische und optimistische Bereich vergrößert wurde, während der wahrscheinliche Bereich verkleinert worden ist. Das beweist auch die folgende Graphik mit den Ergebniskurven. Die Kurve beim Szenario 2 verläuft flacher als jene beim Szeanrio 1.

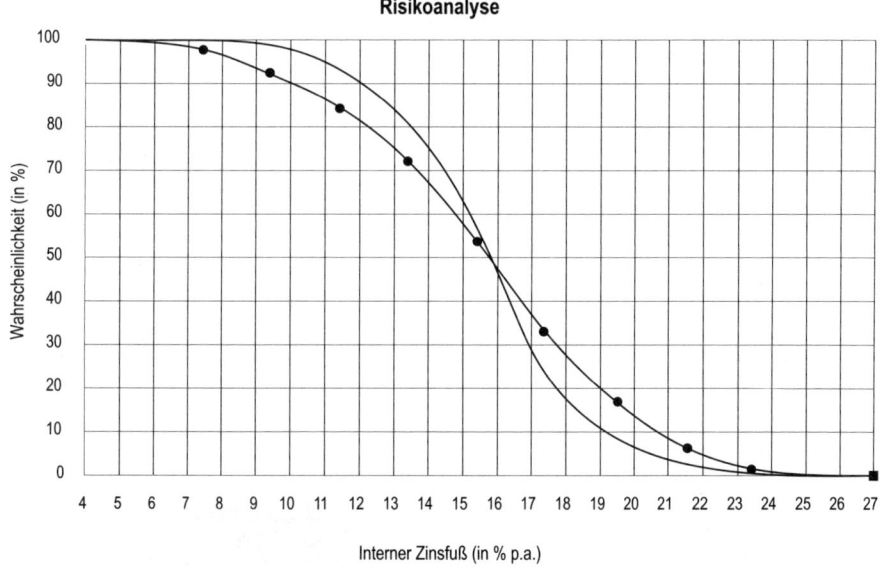

Weil die pessimistischen und optimistischen Eingabeparameter so gewählt worden sind, dass der interne Zinsfuß gegenüber den wahrscheinlichen Werten genau um 10-Prozentpunkte niedriger bzw. höher liegt, nämlich 5,4% bzw. 25,4% beträgt (siehe Berechnungen im nachfolgenden Kapitel 14.5.5.6.1.4.), und außerdem sowohl bei Variante 1 als auch bei Szenario 2 die gleiche Eintrittswahrscheinlichkeit, nämlich 20% bzw. 30% unterstellt worden ist, treffen sich die steiler verlaufende (Szenario 1) und die flacher verlaufende (Szenario 2) Kurve genau bei der Eintrittswahrscheinlichkeit von 50% und dem internen Zinsfuß von 15,4%.

14.5.5.6.1.4. Risikoanalyse versus interne Zinsfußmethode

Hätte man das Problem nicht als Risikoanalyse, sondern als reine Investitionsrechnung strukturiert, dann ergäbe sich ebenfalls ein interner Zinsfuß von 15,4%.
Das soll nun demonstriert werden.

Zunächst muss der investitionsrelevante Cash-Flow simuliert werden. Laut Eingabeprotokoll der Risikoanalyse betragen die Investitionsausgaben 5 Mio GE,
der Umsatz im ersten Jahr 10 Mio GE, die Marktsteigerungsrate 5% p.a., der
Liquidationswert am Ende der fünfjährigen Nutzungsdauer 1 Mio GE, die
Deckungsbeitragsrate 40% und die fixen Jahresausgaben 3 Mio GE.

Jahr (Periode)	Werte in 1.000 GE			
	Betriebs-leistung (5% Steig.)	Deckungs-beitrag (DBU = 0,4)	Fixe Ausgaben ohne FKZ	Investitions-relevanter Cash-Flow
0				-5.000
1	10.000	4.000	3.000	1.000
2	10.500	4.200	3.000	1.200
3	11.025	4.410	3.000	1.410
4	11.576	4.630	3.000	1.630
5	12.155	4.862	3.000	1.862
E5	–	–	–	1.000

Durch Abzinsung des investitionsrelevanten Cash-Flows erhält man den **internen Zinsfuß von 15,4%**.

Ermittlung des Kapitalwertes - Werte in 1.000 GE

JAHR	RELEVANTER CASH-FLOW VOR ERTR. STEUER	ERTRAG-STEUERN	RELEVANTER CASH-FLOW NACH ERTRAGSTEUERN	ABZINSUNGS-FAKTOREN 15,42% dekursiv	BARWERT DES RELEVANTEN CASH-FLOW VOR ERTRAGSTEUER
0	-5.000			1,00000	-5.000
0 bis 1	1.000			0,86640	866
1 bis 2	1.200			0,75065	901
2 bis 3	1.410			0,65037	917
3 bis 4	1.630			0,56348	918
4 bis 5	2.862			0,48820	1.397
				Kapitalwert	0

DER INTERNE ZINSFUSS BETRÄGT 15,4%

Zum selben internen Zinsfuß von 15,4% gelangt man, wenn man das Risikoanalyse-
programm "missbraucht" und für jeden der acht Eingabeparameter einen 100-
prozentigen Eingabewert (völlige Sicherheit) festlegt, und zwar den wahrschein-

lichen. Es handelt sich dann eigentlich nicht um eine Risikoanalyse, weil ja kein Risiko vorliegt, sondern um eine klassische Investitionsrechnung.

Das Ergebnis, das nachfolgend abgebildet ist, hätte sich bereits nach einer Iteration ergeben, weil hier nichts zu simulieren war.

Risikoanalyse

EINGABE

Investitionsausgaben AV	5.000,00
	(100%)
Investitionsausgaben UV	0,00
	(100%)
Umsatz im 1. Jahr	10.000,00
	(100%)
Marksteigerungsrate % p.a.	5,00
	(100%)
Liquidationswert d. Invest.	1.000,00
	1,00
Variable Kosten / GE Umsatz	0,60
	(100%)
Fixe Ausgaben (ohne FKZ) p.a.	3.000,00
	(100%)
Nutzungsdauer in Jahren	5,00
	(100%)

E R G E B N I S S E (nach 100 Iterationen)

	70%	80%	90%	95%
Cash-Flow-Jahr 1	1.000,00	1.000,00	1.000,00	1.000,00
Cash-Flow-Jahr 2	1.200,00	1.200,00	1.200,00	1.200,00
Cash-Flow-Jahr 3	1.410,00	1.410,00	1.410,00	1.410,00
Cash-Flow-Jahr 4	1.630,50	1.630,50	1.630,50	1.630,50
Cash-Flow-Jahr 5	2.862,03	2.862,03	2.862,03	2.862,03
Investitionsausgaben AV + UV	5.000,00	5.000,00	5.000,00	5.000,00
Kapitalrückfluß nominell (in Jahren)	3-4	3-4	3-4	3-4
15,4% Verzinsung	4-5	4-5	4-5	4-5
Interner Zinsfuß	15,43	15,43	15,43	15,43

von	bis	Wahrscheinlichkeit	kumuliert	Interpretation
<	12	0,00	100,00	völlig sicher
12	14	0,00	100,00	völlig sicher
14	16	100,00	100,00	völlig sicher
16	18	0,00	0,00	völlig unmöglich
>	18	0,00	0,00	völlig unmöglich

909

Abschließend werden noch die internen Zinsfüße unter Zugrundelegung der pessimistischen und optimistischen Ausgangsdaten berechnet. Das arithmetische Mittel der Zinsfüße von 5,4% (pessimistische Ausgangsdaten) und 25,4% (optimistische Ausgangsdaten) ist 15,4%. Die arithmetische Mittelwertbildung ist hier deshalb zulässig, weil sowohl bei Szenario 1 als auch bei Szenario 2 eine so genannte Gleichverteilung (hoher Mittelwert; niedrige, gleich hohe Randwerte) angesetzt worden ist.

Pessimistische Ausgangsdaten

Jahr (Periode)	Werte in 1.000 GE			
	Betriebs- leistung (4% Steig.)	Deckungs- beitrag (DBU = 0,39)	Fixe Ausgaben ohne FKZ	Investitions- relevanter Cash-Flow
0				-5.000
1	9.682	3.776	3.020	756
2	10.069	3.927	3.020	907
3	10.472	4.084	3.020	1.064
4	10.891	4.247	3.020	1.227
5	11.327	4.417	3.020	1.397
E5	–	–	–	635

Ermittlung des Kapitalwertes - Werte in 1.000 GE

JAHR	RELEVANTER CASH-FLOW VOR ERTR. STEUER	ERTRAG- STEUERN	RELEVANTER CASH-FLOW NACH ERTRAGSTEUERN	ABZINSUNGS- FAKTOREN 5,4% dekursiv	BARWERT DES RELEVANTEN CASH-FLOW VOR ERTRAGSTEUER
0	-5.000			1,00000	-5.000
0 bis 1	756			0,94883	717
1 bis 2	907			0,90028	817
2 bis 3	1.064			0,85422	909
3 bis 4	1.227			0,81051	994
4 bis 5	2.032			0,76904	1.563
				Kapitalwert	0

DER INTERNE ZINSFUSS BETRÄGT 5,4%

Optimistische Ausgangsdaten

Jahr (Periode)	Werte in 1.000 GE			
	Betriebs-leistung (6% Steig.)	Deckungs-beitrag (DBU = 0,41)	Fixe Ausgaben ohne FKZ	Investitions-relevanter Cash-Flow
0				-5.000
1	10.412	4.269	2.980	1.289
2	11.037	4.525	2.980	1.545
3	11.699	4.797	2.980	1.817
4	12.401	5.084	2.980	2.104
5	13.145	5.389	2.980	2.409
E5	–	–	–	1.365

Ermittlung des Kapitalwertes - Werte in 1.000 GE

JAHR	RELEVANTER CASH-FLOW VOR ERTR. STEUER	ERTRAG-STEUERN	RELEVANTER CASH-FLOW NACH ERTRAGSTEUERN	ABZINSUNGS-FAKTOREN 25,4% dekursiv	BARWERT DES RELEVANTEN CASH-FLOW VOR ERTRAGSTEUER
0	-5.000			1,00000	-5.000
0 bis 1	1.289			0,79747	1.028
1 bis 2	1.545			0,63596	983
2 bis 3	1.817			0,50716	922
3 bis 4	2.104			0,40444	851
4 bis 5	3.774			0,32253	1.217
				Kapitalwert	0

DER INTERNE ZINSFUSS BETRÄGT 25,4%

14.5.5.6.1.5. Ergebnis der Risikoanalyse

Das Ergebnis der Risikoanalyse lässt sich für die Szenarien 1 und 2 wie folgt zusammenfassen:

Die Eintrittswahrscheinlichkeit für folgende interne Zinssätze beträgt		Szenario	
von	bis	1	2
10%	11%	99,5	98,7
11%	12%	96,8	95,5
12%	13%	89,9	87,2
13%	14%	78,2	76,3
14%	15%	62,5	60,0
15%	16%	46,1	48,2
16%	17%	29,9	34,2

Für jedes Szenario wurden 1.000 Simulationsläufe durchgeführt. Die Original-PC-Ausdrucke sind auf den nächsten Seiten abgebildet. Es sind dies:

- PC-Input für Szenario 1 und 2
- PC-Output für Szenario 1 und 2

In dem für wirtschaftliche Entscheidungen relevanten Bereich zwischen 70% und 90% Eintrittswahrscheinlichkeit wird die Rendite bei Szenario 1 zwischen 13% und 15%, bei Szenario 2 zwischen 11% und 14% liegen. Auch hier kommt zum Ausdruck, dass Szenario 1 einen steileren (sichereren), Szenario 2 einen etwas flacheren (unsichereren bzw. riskanteren) Kurvenverlauf hat.

14.5.5.6.1.6. Bildschirmmasken und Hardcopies

Die folgenden Erläuterungen beziehen sich auf die Szenarien 1 und 2, die mit dem im Kapitel 15 vorgestellten Excel-Programm "RisikoIR" durchgerechnet worden sind.

Eingabeprotokoll für die Szenarien 1 und 2

Hier wird schriftlich festgehalten, welche Informationen über die Eingabemaske eingegeben worden sind. Für jeden der acht Eingabeparameter gibt es zwei Zeilen. In der ersten Zeile steht der jeweilige Wert in Geldeinheiten und in der zweiten (in Klammer) die geschätzte Eintrittswahrscheinlichkeit in Prozent. Die Summe der Eintrittswahrscheinlichkeit muss immer 100% sein. Hat man sich verrechnet, dann weist das Programm darauf hin.

EINGABE (Werte in 1.000 ATS)			Szenario 1
	pessi- mistisch	wahr- scheinlich	opti- mistisch
Nutzungsdauer in Jahren	5		
Gewichtung	*100%*		
Investitionsausgaben Anlagevermögen (AV)	5.000		
Gewichtung	*100%*		
Investitionsausgaben Umlaufvermögen (UV)	0		
Gewichtung	*100%*		
Umsatz im 1. Jahr in ATS	9.682	10.000	10.412
Gewichtung	*20%*	*60%*	*20%*
Marktsteigerungsrate in % p.a.	4,00%	5,00%	6,00%
Gewichtung	*20%*	*60%*	*20%*
Variable Kosten je Geldeinheit Umsatz	0,610	0,600	0,590
Gewichtung	*20%*	*60%*	*20%*
Fixe Ausgaben p.a. (ohne Fremdkapitalzinsen)	3.020	3.000	2.980
Gewichtung	*20%*	*60%*	*20%*
Liquidationswert der Investition	635	1.000	1.365
Gewichtung	*20%*	*60%*	*20%*

EINGABE (Werte in 1.000 ATS)			Szenario 2
	pessi- mistisch	wahr- scheinlich	opti- mistisch
Nutzungsdauer in Jahren	5		
Gewichtung	*100%*		
Investitionsausgaben Anlagevermögen (AV)	5.000		
Gewichtung	*100%*		
Investitionsausgaben Umlaufvermögen (UV)	0		
Gewichtung	*100%*		
Umsatz im 1. Jahr In 1.000 ATS	9.682	10.000	10.412
Gewichtung	*30%*	*40%*	*30%*
Marktsteigerungsrate in % p.a.	4,00%	5,00%	6,00%
Gewichtung	*30%*	*40%*	*30%*
Variable Kosten je Geldeinheit Umsatz	0,610	0,600	0,590
Gewichtung	*30%*	*40%*	*30%*
Fixe Ausgaben p.a. (ohne Fremdkapitalzinsen)	3.020	3.000	2.980
Gewichtung	*30%*	*40%*	*30%*
Liquidationswert der Investition	635	1.000	1.365
Gewichtung	*30%*	*40%*	*30%*

Ergebnisse für Szenarien 1 und 2

Die Ergebnisblätter für die Szenarien 1 und 2 enthalten folgende Informationen:

1. Wie wird der investitionsrelevante Cash-Flow während der Nutzungsdauer mit 70%, 80%, 90% bzw. 95% Wahrscheinlichkeit fließen?
2. Wie hoch sind die Investitionsausgaben für Anlage- und Umlaufvermögen?
3. Nach wie vielen Jahren erfolgt der Kapitalrückfluss? In der ersten Zeile wird die statische Pay Off Period, in der zweiten Zeile die dynamische (hier mit 15,4% Verzinsung) Kapitalrückflusszeit angegeben.
4. Der interne Zinsfuß, der mit 70%, 80%, 90% bzw. 95% erwartet werden darf, wird ebenfalls bekanntgegeben.

5. Im unteren Teil der Ergebnisblätter sind die Simulationsergebnisse tabellarisch zusammengefasst:

- Das Programm hat sich für eine Bandbreite von 8% bis 23% und eine Intervallbreite von 1 Prozentpunkt entschlossen. Dadurch erkennt man deutlich, dass bei keinem der 1.000 Simulationsläufe ein interner Zinsfuß von weniger als 9% bzw. von mehr als 22% erzielt worden ist. Das verwundert auch nicht weiter, war doch der interne Zinsfuß bei den pessimistischen Eingabeparametern 5,4% und bei den optimistischen 25,4%

- Die Einzelwahrscheinlichkeiten zeigen auf, wie häufig die Simulationsergebnisse aufgetreten sind. So ist z.B. bei Szenario 1 einmal ein interner Zinsfuß zwischen 9% und 10% erzielt worden, viermal ein solcher zwischen 10% und 11% usw. Zählt man die Einzelwahrscheinlichkeiten zusammen, dann ergeben sich 100%.

- Weil die Einzelwahrscheinlichkeiten nicht signifikant interpretiert werden können, muss man sie kumulieren. Die kumulierte Summenwahrscheinlichkeit ergibt eine eindeutige Aussage. Z.B. darf mit einer Wahrscheinlichkeit von mindestens 96,8% eine Rendite zwischen 11% und 12% erwartet werden, mit 78,2% Wahrscheinlichkeit eine Rendite zwischen 13% und 14% usw. In der Praxis wird häufig ein Wahrscheinlichkeitsbereich zwischen 70% und 90% als relevant angesehen. Zur Unterstützung des Anwenders sind die kumulierten Wahrscheinlichkeiten mit den Interpretationsempfehlungen von Prof. Krelle ergänzt worden.

ERGEBNISSE (nach 1.000 Iterationen)   Szenario 1

	70%	80%	90%	95%
cash flow Jahr 1	931,23	893,89	882,89	856,93
cash flow Jahr 2	1.079,91	1.199,41	1.037,70	1.159,66
cash flow Jahr 3	1.365,99	1.260,11	1.306,77	1.252,28
cash flow Jahr 4	1.671,34	1.491,83	1.569,65	1.424,33
cash flow Jahr 5	2.927,91	2.955,99	2.830,97	2.781,69
Investitionsausgaben AV+UV	5.000,00	5.000,00	5.000,00	5.000,00
Kapitalrückfluß nominell (in Jahren)	3 - 4	4 - 5	4 - 5	4 - 5
Kapitalrückfluß bei 15,4% Verzinsung	> 5	> 5	> 5	> 5
interner Zinsfuß vor ESt	14,55	13,83	12,99	12,43

Interner Zinsfuß von	bis	Einzel-Wahrscheinlichkeit	Summen-	Interpretation (nach Prof. Krelle)
<	8	0,00	100,00	völlig sicher
8	9	0,00	100,00	völlig sicher
9	10	0,10	99,90	außerordentlich wahrscheinlich
10	11	0,40	99,50	außerordentlich wahrscheinlich
11	12	2,70	96,80	außerordentlich wahrscheinlich
12	13	6,90	89,90	sehr wahrscheinlich
13	14	11,70	78,20	recht wahrscheinlich
14	15	15,70	62,50	sehr möglich
15	16	16,40	46,10	durchaus möglich
16	17	16,20	29,90	unwahrscheinlich
17	18	14,40	15,50	recht unwahrscheinlich
18	19	8,80	6,70	außerordentlich unwahrscheinlich
19	20	4,90	1,80	außerordentlich unwahrscheinlich
20	21	1,30	0,50	außerordentlich unwahrscheinlich
21	22	0,50	0,00	völlig unmöglich
22	23	0,00	0,00	völlig unmöglich
>	23	0,00	0,00	völlig unmöglich

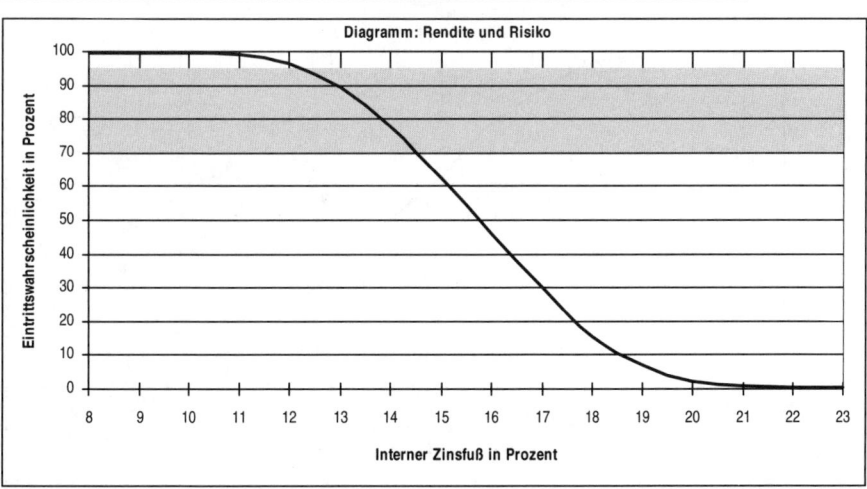

Diagramm: Rendite und Risiko

ERGEBNISSE (nach 1.000 Iterationen)   Szenario 2

	70%	80%	90%	95%
cash flow Jahr 1	959,81	908,50	906,82	930,50
cash flow Jahr 2	1.045,70	1.219,31	1.066,51	1.106,45
cash flow Jahr 3	1.351,05	1.372,57	1.414,21	1.179,73
cash flow Jahr 4	1.504,47	1.604,93	1.571,58	1.453,93
cash flow Jahr 5	3.079,19	2.589,65	2.545,62	2.694,87
Investitionsausgaben AV+UV	5.000,00	5.000,00	5.000,00	5.000,00
Kapitalrückfluß nominell (in Jahren)	4 - 5	3 - 4	4 - 5	4 - 5
Kapitalrückfluß bei 15,4% Verzinsung	> 5	> 5	> 5	> 5
interner Zinsfuß vor ESt	14,33	13,69	12,75	12,04

Interner Zinsfuß von	bis	Einzel- Wahrscheinlichkeit	Summen-	Interpretation (nach Prof. Krelle)
<	8	0,00	100,00	völlig sicher
8	9	0,00	100,00	völlig sicher
9	10	0,20	99,80	außerordentlich wahrscheinlich
10	11	1,10	98,70	außerordentlich wahrscheinlich
11	12	3,20	95,50	außerordentlich wahrscheinlich
12	13	8,30	87,20	sehr wahrscheinlich
13	14	10,90	76,30	recht wahrscheinlich
14	15	16,30	60,00	sehr möglich
15	16	11,80	48,20	durchaus möglich
16	17	14,00	34,20	unwahrscheinlich
17	18	13,80	20,40	recht unwahrscheinlich
18	19	9,40	11,00	sehr unwahrscheinlich
19	20	6,60	4,40	außerordentlich unwahrscheinlich
20	21	3,40	1,00	außerordentlich unwahrscheinlich
21	22	1,00	0,00	völlig unmöglich
22	23	0,00	0,00	völlig unmöglich
>	23	0,00	0,00	völlig unmöglich

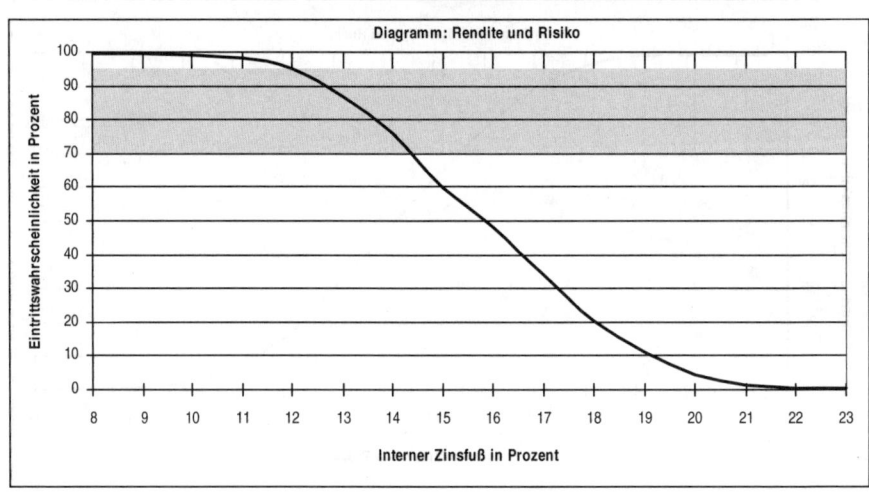

Diagramm: Rendite und Risiko

Eintrittswahrscheinlichkeit in Prozent

Interner Zinsfuß in Prozent

14.6. Top-Literatur für den Geschäftsführer

Titel	Autor	Verlag	Auf-lage	Sei-ten
Operations Management	Monks	McGraw-Hill	3/87	800
Analytical Decision Making	Targett	PITMAN	1/96	376
Angewandte Matrizenrechnung	Herrmann	Vieweg	1/85	188
Ausgewählte OR-Software in FORTRAN	Späht	Oldenburg	1/79	163
BASIC Software Library Volume 3 Advanced Business	Brown	Scientific Research Institute Ashland, USA	2/76	893
Betriebswirtschaftliches Entscheiden mit dem Computer	Geyer	Springer	1/90	158
Computer Models for Management Science	Erikson, Hall	Addison-Wesley	1/86	303
Entscheidungen der Produktionsplanung	Wissebach	Birkhäuser	1/78	310
Industriebetriebslehre	Jacob	Gabler	1/83	852
Introduction to OR: A Computer Oriented Algoritmic Approach	Gillett	McGraw-Hill	1/80	617
Introductory Management Science	Eppen, Gould, Schmidt	Prentice-Hall	4/93	810
Lineare und ganzzahlige Optimierung mit Impac	Brink, Damhorst, Kramer, Zwehl	Vahlen	1/91	202
Matrix-Operationen	Busch	Franzis'	1/84	128
Operations Research	Kastner	Gabler	1/84	161
Operations Research	Stahlknecht	Vieweg	2/70	357
Operations Research	Müller-Merbach	Vahlen	3/73	565
Operations Research	Hiller-Liebermann	Oldenbourg	4/88	854
Operations Research - An Introduction	Handy A. Taha	McMillan	4/89	876
Operations Research Lineare Modelle und ihre Anwendungen	Dürr, Kleibohm	Hanser	2/88	332
Operations Research Revised Edition	Jensen	Holdenday Microsolve	1/85	87
Operations Research II Methoden der Entscheidungs-vorbereitung bei Risiko	Runzheimer	Gabler	2/88	250
Operations Research Quantitative Methoden zur Entscheidungsvorbereitung	Zimmermann	Oldenburg	3/86	444

Fortsetzung Top Literatur

Titel	Autor	Verlag	Auflage	Seiten
Operations Research-Fibel für Manager	Müller-Merbach	Moderne Industrie	2/71	108
OR on the Micro	Whitaker	Whiley & Sons	1/84	197
Planen und Entscheiden mit BASIC	BUI	Seybex	1/83	200
Praktische BASIC-Programme	Verschiedene	McGraw-Hill	1/83	172
Risk Analysis & Modeling (Simulation Add-In for Microsoft Excel)		Palisade	93	200
Simulation in der Investitionsrechnung	Kersten	Gabler	1/96	207
Simulationen in BASIC	Mittelbach	Teubner	1/84	182
Statistik im Betrieb	Scharnbacher, Kastner	Gabler	1/84	236
Statistische Verfahren	Bruhn	Vieweg	1/86	240
Wahrscheinlichkeitsrechnung und Statistik	Herrmann	Vieweg	2/84	70

Das Lieblingsbuch des Autorenteams zu diesem Themenkreis wurde invers dargestellt.

Periodikum

Titel	Verlag	erscheint
OR Spektrum	Springer	monatlich

15.

In diesem Kapitel werden alle Programme vorgestellt, die zur Lösung der zahlreichen Fallbeispiele in diesem Buch verwendet worden sind. Es handelt sich vorwiegend um VBA-programmierte Excel-Sheets, lediglich ein DOS-Programm (Operations Research) findet sich in der Liste.

Alle Programme, mit Ausnahme des OR-Programmes, sind von Florian Böhmdorfer und Günther Kralicek, zwei erfahrenen Excel-Spezialisten und langjährigen Mitarbeitern der Unternehmensberatung Kralicek entwickelt und programmiert worden. Die Programme wurden nicht nur im eigenen Büro streng getestet, sondern auch von den Hunderten Anwendern, meist Steuerberatern, Unternehmensberatern, Bankern und Controlling-Abteilungen.

Die Operations-Research-Programme sind von den beiden US-amerikanischen Professoren Erikson und Hall von der University of Southern California entwickelt und programmiert worden.

Die umseitige Tabelle gibt einen strukturellen Überblick über alle Programme.

Computer-programme

Übersicht aller Controlling-Tools, die zur Lösung der

Kapitel 15.1.

Zum Kapitel 1 gibt es derzeit kein Excel-Programm.

Kapitel 15.2.

15.2.1.
QuickTest
Bonitätsbewertung für Eilige

- 4 Kennzahlen aus 4 Analysebereichen
- Benotung und Interpretation

15.2.2.
QuickReport
Der Quicktest mit verbaler Interpretation

- Mit nur 8 Eingaben pro Jahr wird ein bis zu 14 Seiten starker Report automatisch ausgedruckt!
- 3 Jahre Analysezeitraum
- Zahlreiche Graphiken und Tabellen in 3 Ausprägungsformen: Classic, Black & White, Smiley
- URG-Warnung für Öst.
- Gewinnschwellen-diagramm

Kapitel 15.3.

15.3.1.
BigKenn
Das große Kennzahlenpaket

- 34 Kennzahlen inkl. Benotung, 5 Analyse-bereiche
- 2 Frühwarnsysteme, Kapitalflussrechnung, Quicktest
- 15 Graphiken und URG-Warnung für Österreich
- 5 Jahre Analysezeitraum

Kapitel 15.4.

15.4.1.
MDA Multiple Diskriminanzanalyse

- Vereinfachte Methode
- Methode Beermann

Modul von "BigKenn", siehe Kap. 15.3.1.

Kapitel 15.5.

Zum Kapitel 5 gibt es derzeit kein Excel-Programm.

Kapitel 15.6.

15.6.1.
PlanB
Budgetierung von Jahresabschlüssen Planbilanzen, Plan-G&V, Plankapitalflussrechnung, Planliquidität für Excel

- 10 Jahre Planungshorizont
- Praktische Tools unter-stützen bei der Eingabe
- Umfangreiche Kenn-zahlenanalyse, viele Graphiken, MDA, Quick-test u.v.m.

15.6.2.
FeasibilityManager
Machbarkeit auf den Punkt gebracht

- Kennzahlen-Zielwertsuche mit "PlanB"
- 1 oder 2 Kennzahlen als Zielwert definierbar
- 15 mögliche Ziel-kennzahlen
- Variable Festsetzung der Grenzen des Lösungs-raums (max. Veränderung von Umsatz, DBU, Personalkosten bzw. sonst. Kosten), damit die vorgeschlagenen Lösun-gen realistisch sind
- Rechnet innerhalb von 10 bis 70 Minuten alle relevanten Lösungs-szenarien

Kapitel 15.7.

15.7.1.
HistUB
Unternehmenswert auf historischer Basis

- Meth. d. temp. Über-gewinnkapitalisierung (FGA Nr. 45)
- Mittelwertmethode
- Schweizer Verfahren
- Methode Schnettler
- Liquidationswert
- 80-Punkte-Due-Diligence-Checkliste

15.7.2.
PlanUB
Zukunftsorientierte Unternehmensbewertung

- Ertragswertmethode (FGA Nr. 74 in Ö., HFA 2/1983 in D.)
- Free-Cash-Flow-Methode
- 80-Punkte-Due-Diligence-Checkliste

15.7.3.
RisikoUW
Risikoanalyse für Unternehmenswert

Erstellung eines Risikoprofils durch Monte-Carlo-Simula-tion. Macht die Unsicherheit transparenter und erleichtert dadurch die Entscheidung. U.a. erhält man folgende In-formation: Bei einem Unter-nehmenswert von 4 Mio GE darf mit einer Wahrschein-lichkeit von 95% eine Rendi-te von 18% erwartet werden, bei 5 Mio UW 11% usw. Alle Simulationsergebnisse wer-den übersichtlich (tabella-risch und graphisch) darge-stellt.

Fallbeispiele in diesem Buch verwendet worden sind

Kapitel 15.8.

Zum Kapitel 8 gibt es derzeit kein Excel-Programm.

Kapitel 15.9.

Zum Kapitel 9 gibt es derzeit kein Excel-Programm.

Kapitel 15.10.

15.10.1.
VarFix'97
Kostentrennung in fix und variabel

Ermittlung des Reagibilitäts-grades und des Korre-lationskoeffizienten für die wichtigsten Kostenarten

15.10.2.
Iso'97
Isogewinnkurven

Hilfsmittel zur Preisfestle-gung wichtiger Produkte

15.10.3.
Break'97
Break Even-Analyse und Gewinnschwellen-diagramm

Übersichtliche Excel-Graphi-ken

Kapitel 15.11.

15.11.1.
IR'97
Investitionsrechnung

- Kapitalwert
- Interner Zinsfuß
- Modifizierter interner Zinsfuß (Baldwin)
- Amortisationsdauer
- Sensibilitätsanalyse
- Zielwertsimulation
- Übersichtliche Tabellen und Graphiken
- u.v.a.

15.11.2.
RisikoIR
Risikoanalyse für Investitionsrechnung

Erstellung eines Risikoprofils durch Monte-Carlo-Simula-tion. Macht die Unsicherheit transparenter und erleichtert dadurch die Entscheidung. U.a. erhält man folgende In-formation: Bei Investitions-ausgaben von 10 Mio GE darf mit einer Wahrschein-lichkeit von 95% eine Ren-dite von 16% erwartet wer-den, bei 12 Mio IA 9% usw. Alle Simulationsergebnisse werden übersichtlich (tabel-larisch und graphisch) dar-gestellt, z.B.:
- Instandhaltungsverläufe
- Liquidationswert Gebäude

Kapitel 15.12.

Zum Kapitel 12 gibt es derzeit kein Excel-Programm.

Kapitel 15.13.

15.13.1.
Kapitalflussrechnung
Modul von "BigKenn", Kap. 15.3.1.

15.13.2.
Annu'97
Annuitäten
Tilgungspläne dekursiv, anti-zipativ, auch unterjährig

15.13.3.
Skonto'97
Die Vorteilhaftigkeit der Skontoausnutzung
Auf einen Blick: notwendiger Kapitalbedarf, Jahresvorteil, Erfolgs- und Liquiditätsver-änderung

15.13.4.
Liquidationswert Gebäude
Modul von "Investitions-rechnung", Kap. 15.11.1.

Kapitel 15.14.

15.14.1.
OR Operations Research
DOS-Programm von Erikson/ Hall

15.14.2.
Risikoanalyse
Erstellung eines Risikoprofils durch Monte-Carlo-Simula-tion. Siehe Kap. 15.7.3. und 15.11.2.

Einleitung

In diesem Kapitel werden alle Excel-Programme vorgestellt, mit denen die Fallbeispiele durchgerechnet worden sind.

Stand ist der der 31.7.2000. Selbstverständlich werden alle Programme laufend verbessert, erweitert und noch anwenderfreundlicher gemacht. Derzeit in Arbeit:

- **ad BigKenn**
  In der G&V sollen nicht nur Jahreswerte, sondern auch kumulierte Monatswerte eingegeben werden können. Die Kennzahlen berücksichtigen dann die Unterjährigkeit.
- **ad PlanB**
  Das erste Planjahr kann auch in kumulierten Monatsperioden mit Soll-Ist-Vergleich eingegeben werden. Die Kapitalflussrechnung ähnelt dann schon sehr einer echten Finanzplanung.
- **ad Feasibility Manager**
  Zusatzmodul: Wie ist die Entwicklung, wenn der Cash-Flow nicht zur Tilgung kurzfristiger Bankkredite verwendet wird, sondern zur Tilgung der Lieferantenverbindlichkeiten bei gleichzeitiger entsprechender Berücksichtigung des Skontoertrags?
- **ad Investitionsrechnung**
  Automatischer Transfer der relevanten Daten für die Risikoanalyse.
- **ad PlanUB**
  - Automatische Berechnung des CAPM-Zinsfußes
  - Automatischer Transfer der relevanten Daten für die Risikoanalyse

Darüber hinaus entwickeln wir jährlich ein bis zwei neue Excel-Anwenderprogramme, um Ihre Bedürfnisse möglichst vollständig abzudecken. Konkret geplant ist:

- **Neues Programm: BSC für Einsteiger**
  - Große Dateien mit allen relevanten Kennzahlen und Leistungstreibern
  - Informative Darstellung der BSC-Ergebnisse (max. 20 Kennzahlen und Leistungstreiber sind möglich)
  - Trennung nach Erzeugung, Dienstleistung und Handel, damit die Balanced-Scorecard-Interpretation individueller wird

15.1. Programme zu Kapitel 1

Zu diesem Kapitel gibt es derzeit keine Excel-Programme.

15.2. Programme zu Kapitel 2

15.2.1. "QuickTest"

QuickTest

Bedienung

Im **blauen Bereich**, in der ersten Zeile des Excel-Arbeitsblattes, wird durch Anklicken des entsprechenden Optionsfeldes (kleiner Kreis) bestimmt, über welchen Zeitraum (**ein, zwei oder drei Jahre**) der Quicktest und die MDA-Analyse gerechnet werden soll:

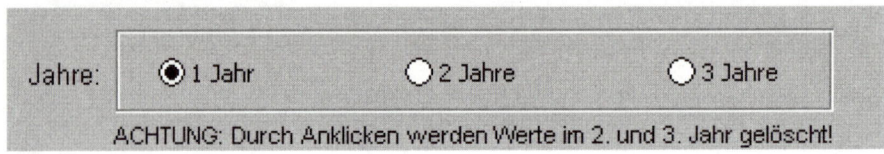

| Jahre: | ⦿ 1 Jahr | ○ 2 Jahre | ○ 3 Jahre |

ACHTUNG: Durch Anklicken werden Werte im 2. und 3. Jahr gelöscht!

Alle weiteren Eingaben sind direkt im Excel-Arbeitsblatt vorzunehmen; die entsprechenden Zellen erscheinen in **blauer Schrift**:

Werte in **DM 1.000**		**IST 1996**	
EINGABE		Bilanz-positionen	Erfolgs-positionen
Flüssige Mittel	(FLM)	30	
Vorräte		1.342	
Eigenkapital	(EK)	2.533	
Fremdkapital	(FK)	21.670	
Gesamtkapital	**(GK)**	24.203	

Betriebsleistung	(BL)		34.988
Fremdkapitalzinsen	(FKZ)		1.354
Cash-Flow vor Steuern	(CF)		2.655
Erg. d. gew.Geschäftstätig	(EGT)		216

Zu bestimmen ist die **Währungseinheit** (z.B. "GE" oder "DM 1000") in *Zelle C5*, die **Bezeichnung der Jahre** (z.B. "Ist 1996") in den *Zellen E5, G5 bzw. I5* (je nach Jahr) sowie die Positionen **Flüssige Mittel** *(E7, G7, I7)*, **Vorräte** *(E8, G8, I8)*, **Eigenkapital** *(E9, G9, I9)*, **Fremdkapital** *(E10, G10, I10)*, **Betriebsleistung** *(F13, H13, J13)*, **Fremdkapitalzinsen** *(F14, H14, J14)*, **Cash-Flow** vor Steuern *(F15, H15, J15)* und **Ergebnis der gewöhnlichen Geschäftstätigkeit** *(F16, H16, J16)*.

Die Kennzahlen und Ergebnisse des Quicktests und der Multiplen Diskriminanzanalyse werden automatisch berechnet und sind direkt im Excel-Arbeitsblatt ablesbar.

Druck

Um das Ergebnis zu drucken, ist der Excel-Menüpunkt "Datei", "Drucken" zu wählen. Der Druckbereich wird vom Programm optimal festgelegt.

15.2.2. "QuickReport"

QuickReport

15.2.2.1. Bedienung

Es gibt 31 verschiedene Eingabefelder die auf den folgenden Seiten beschrieben werden.

Eingabe 1

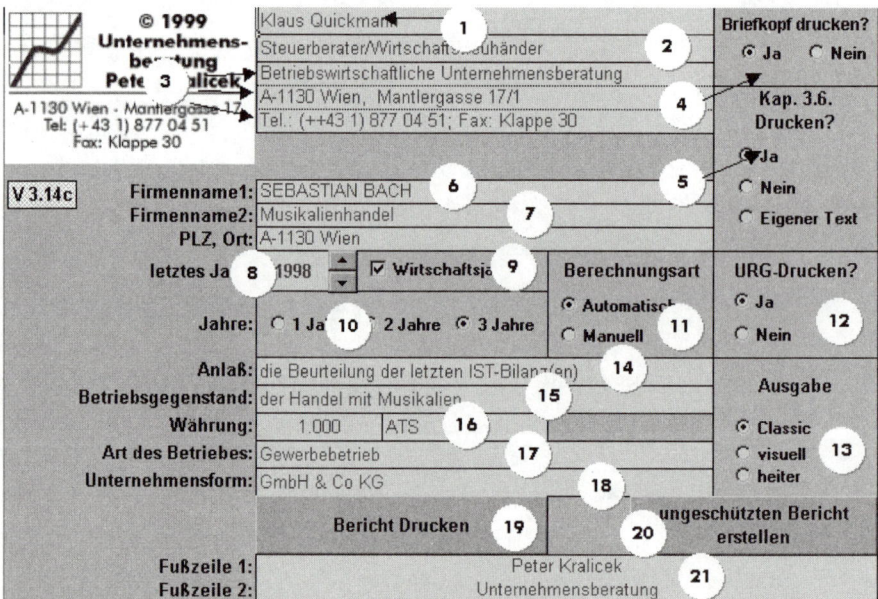

1) Hier ist der Name des Untersuchers (Quick-Report-Erstellers) einzugeben, der auf der Titelseite des Reports als Briefkopf ausgegeben werden soll.

2) Eine Dropdown-Liste mit folgenden Auswahlmöglichkeiten erscheint:
   - Steuerberater/Wirtschaftstreuhänder
   - Buchprüfer und Steuerberater
   - Wirtschaftsprüfer und Steuerberater
   - Vereidigter Buchprüfer und Steuerberater
   - Leeres Feld

Die hier gewählte Eingabe erscheint auf dem Titelblatt direkt unter dem Namen.

Die Vorgabewerte für die Dropdown-Liste können im Arbeitsblatt "Eingabe" in den *Zellen A135 bis A138* verändert werden.

3) In diesen drei Zeilen können Adresse und Telefonnummer angegeben werden. Sie erscheinen auf dem Titelblatt unmittelbar unter Punkt 2.

4) Mit diesem Optionsfeld wird bestimmt, ob der Briefkopf (Eingaben 1 bis 4) auf dem Titelblatt gedruckt werden soll oder nicht.

5) Der Quick-Report ist ein schneller, treffsicherer aber einfacher Test. Daher ist das Vorschlagspotential zur Verbesserung beschränkt.
   Sollten die vorgeschlagenen Texte in diesem Kapitel nicht gefallen, kann der Anwender mittels der Option "Nein" bestimmen, dass das Kapitel 3.6. (Mögliche Maßnahmen zur Verbesserung) gar nicht ausgedruckt wird (das Kapitel verschwindet auch aus dem Inhaltsverzeichnis). Mit der Option "eigener Text" gibt es die Möglichkeit, einen individuellen Text, der in dem Arbeitsblatt "S11a" in den *Zellen B7 bis B55* eingegeben werden muss, auszudrucken.

6) Hier ist der Firmenname der untersuchten Firma anzugeben.

7) Als nächstes folgt die Eingabe der Firmenadresse.

8) Eingabe des Analysejahres (z.B.: das letzte untersuchte Jahr bzw. das einzig untersuchte Jahr). Hier kann entweder direkt in die Zelle geschrieben oder die Jahresangabe mittels der Schiebezeiger rechts neben der Zelle um jeweils ein Jahr erhöht bzw. verringert werden.

9) Bei einem Wirtschaftsjahr wählen Sie das Optionsfeld an. Wurde z.B. "1996" eingegeben, erscheint im Quick-Report "1995/1996".

10) Eine der drei Optionen (ein, zwei oder drei Jahre) ist auszuwählen. Eine Veränderung dieser Option bewirkt ein Zurücksetzen aller unter den Punkten 24, 25, 27 und 29 eingegebenen Werte auf null.
   Werden nur ein oder zwei Jahre untersucht, entfallen die Kapitel "Kennzahlentrend" (3.5.) und "Mögliche Maßnahmen zur Verbesserung" (3.6.).

11) Berechnungsart
   Excel führt automatisch eine Neuberechnung durch, wenn sich die Werte der Quick-Report-Eingabe ändern. Wenn die Berechnung nicht schnell genug durchgeführt wird, kann hier die "manuelle Berechnungsweise" eingestellt werden. Beim nächsten Aufruf des Quick-Reports wird die Einstellung wirksam. Der Quick-Report wird nun erst durch die "F9"-Taste neu berechnet!

12) URG-Drucken?

Mit diesem Optionsfeld wird bestimmt, ob im Report eine Analyse (eine Seite) über einen eventuellen Reorganisationsbedarf laut URG aufgenommen werden soll oder nicht. Diese Auswertung wird aber nur dann gedruckt, wenn auch tatsächlich ein Reorganisationsbedarf besteht.

13) Ausgabe

Die Ergebnisse des Quicktests gibt es in drei unterschiedlichen graphischen Auflösungen. Sie können per Mausklick zwischen folgenden Möglichkeiten wählen:

- "Classic" (alt, aber gut: Quicktest-Noten in Balkendiagrammen)
- "Black & White" (gute oder schlechte Ergebnisse werden durch unterschiedliche Graustufen dargestellt; Farben können frei gewählt werden!)
- "Smiley" (lachende bzw. weinende Gesichter, die das Quicktest-Ergebnis gleichsam mimisch interpretieren)

14) Es erscheint eine Dropdown-Liste, die den Anlass dieser Untersuchung bestimmt. Es gibt folgende Auswahlmöglichkeiten:

- Eine Unternehmensbewertung
- Die obligatorische Bilanzauswertung
- Die Beurteilung der letzten Ist-Bilanz(en)
- Die Beurteilung der durchgeführten Planbilanz(en)
- Die Beurteilung eines Investitionsprojektes
- Die Beurteilung der Wirtschaftlichkeit und Finanzierbarkeit eines größeren Projektes

Die Vorgabewerte für die Dropdown-Liste können im Arbeitsblatt "Eingabe" in den *Zellen A117 bis A122* verändert werden.

15) Der fixe Textbaustein "Der Betriebsgegenstand des untersuchten Unternehmens ist ..." soll durch eine frei definierbare Eingabe ergänzt werden (z.B. "der Handel mit Musikalien").

16) Es kann jede beliebige Währung (z.B. ATS, DM, EURO, SFR usw.) abgekürzt eingegeben werden. Die Auswahl der Geldbeträge erfolgt über eine Dropdown-Liste. Folgende Möglichkeiten stehen zur Verfügung:

- Leere Zeile
- 1.000
- Mio
- Mrd

17) Es erscheint eine Dropdown-Liste, die die Branche des untersuchten Betriebes bestimmt. Es gibt folgende Auswahlmöglichkeiten:

- Einzelhandelsbetrieb
- Großhandelsbetrieb
- Gewerbebetrieb
- Industriebetrieb
- Mischbetrieb mit Schwerpunkt Einzelhandel
- Mischbetrieb mit Schwerpunkt Großhandel
- Mischbetrieb mit Schwerpunkt Gewerbe
- Mischbetrieb mit Schwerpunkt Industrie

Die Vorgabewerte für die Dropdown-Liste können im Arbeitsblatt "Eingabe" in den *Zellen A125 bis A132* verändert werden.

18) Wieder erscheint eine Dropdown-Liste, die eine Auswahlmöglichkeit der Rechtsform wie folgt bietet:

- Einzelfirma
- Gesellschaft des bürgerlichen Rechts
- Einzelunternehmen
- OHG
- KG
- Offene Erwerbsgesellschaft (OEG)
- Kommanditerwerbsgesellschaft (KEG)
- GmbH & Co KG
- GmbH
- AG
- Genossenschaft

Die Vorgabewerte für die Dropdown-Liste können im Arbeitsblatt "Eingabe" in den *Zellen A104 bis A114* verändert werden.

Es ist zu beachten, dass in den *Zellen A104 bis inklusive A110* nur die Bezeichnung für Personen- bzw. Einzelgesellschaften, in den übrigen drei *Zellen A111 bis A114* eine solche für Kapitalgesellschaften eingetragen werden darf.

19) Nach Eingabe aller Daten kann mittels dieses Buttons der vollständige Bericht ausgedruckt werden.

20) Nach Eingabe aller Daten kann mittels dieses Buttons der vollständige Bericht in eine ungeschützte Arbeitsmappe kopiert und dort weiterverarbeitet werden.

21) Fußzeile 1 und 2: Individuelle Eingabe (Name des Untersuchers) über zwei Zeilen möglich, die ab Seite 3 des Reports gedruckt wird.

Eingabe 2

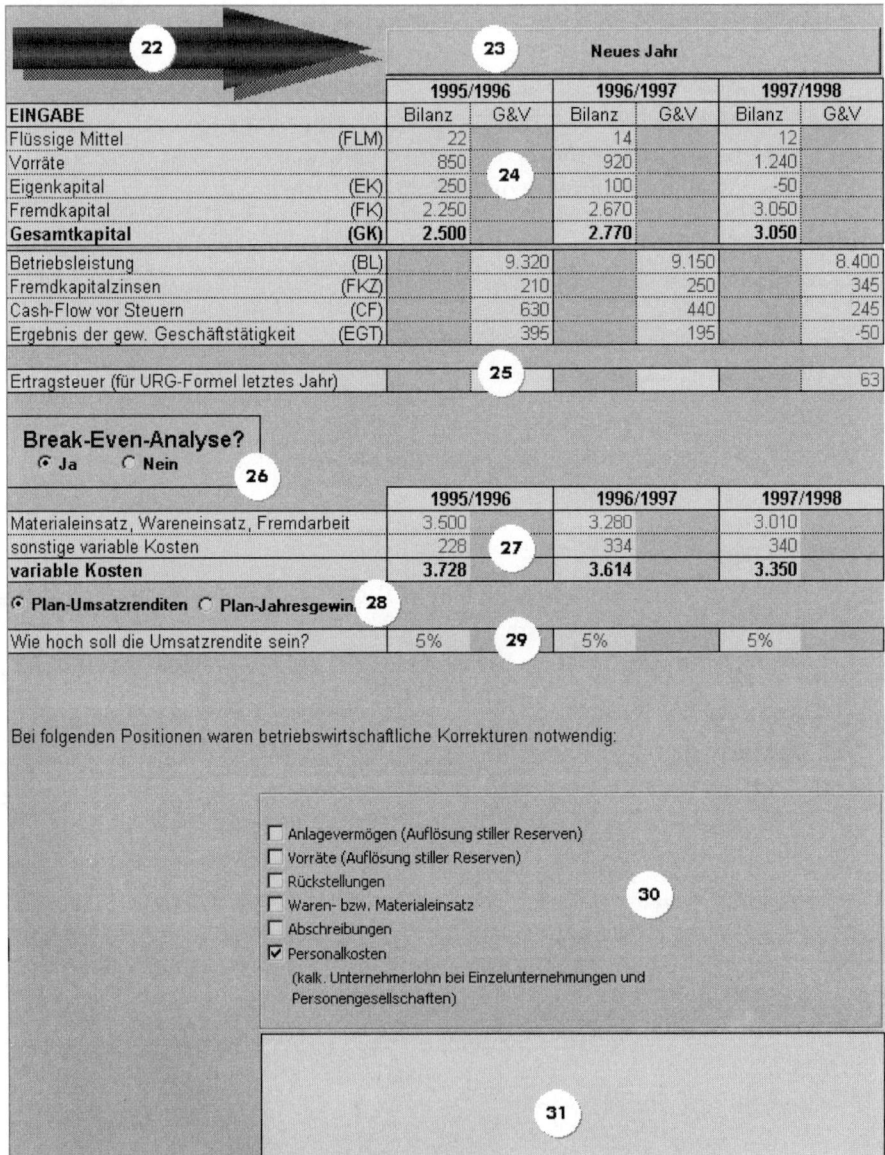

EINGABE		1995/1996		1996/1997		1997/1998	
		Bilanz	G&V	Bilanz	G&V	Bilanz	G&V
Flüssige Mittel	(FLM)	22		14		12	
Vorräte		850		920		1.240	
Eigenkapital	(EK)	250		100		-50	
Fremdkapital	(FK)	2.250		2.670		3.050	
Gesamtkapital	(GK)	2.500		2.770		3.050	
Betriebsleistung	(BL)		9.320		9.150		8.400
Fremdkapitalzinsen	(FKZ)		210		250		345
Cash-Flow vor Steuern	(CF)		630		440		245
Ergebnis der gew. Geschäftätigkeit	(EGT)		395		195		-50
Ertragsteuer (für URG-Formel letztes Jahr)							63

Break-Even-Analyse?
● Ja ○ Nein

	1995/1996	1996/1997	1997/1998
Materialeinsatz, Wareneinsatz, Fremdarbeit	3.500	3.280	3.010
sonstige variable Kosten	228	334	340
variable Kosten	3.728	3.614	3.350

● Plan-Umsatzrenditen ○ Plan-Jahresgewinn

	1995/1996	1996/1997	1997/1998
Wie hoch soll die Umsatzrendite sein?	5%	5%	5%

Bei folgenden Positionen waren betriebswirtschaftliche Korrekturen notwendig:

☐ Anlagevermögen (Auflösung stiller Reserven)
☐ Vorräte (Auflösung stiller Reserven)
☐ Rückstellungen
☐ Waren- bzw. Materialeinsatz
☐ Abschreibungen
☑ Personalkosten
   (kalk. Unternehmerlohn bei Einzelunternehmungen und Personengesellschaften)

22) Auf vielfachen Wunsch können die drei Analysejahre nunmehr
   • entweder von links nach rechts aufsteigend (aktuelles Jahr rechts)
   • oder von links nach rechts absteigend (aktuelles Jahr links)
abgebildet werden.

23) Es besteht hier die Möglichkeit, ein weiteres Eingabejahr hinzuzufügen, ohne die bereits unter Punkt 24, 25, 27 und 29 eingegebenen Daten zu löschen.

24) Hier erfolgt die Eingabe jener Bilanz- und Erfolgswerte, auf welche bei der Auswertung zugegriffen wird. Es sind die blau gedruckten Werte (elf bzw. zwölf Positionen pro Analysejahr) zu überschreiben.

Anwendertips zum QuickReport:

Flüssige Mittel
Kassenbestand, Schecks, Guthaben bei Banken

Vorräte

    Roh-, Hilfs- und Betriebsstoffe
+ Unfertige Erzeugnisse
+ Fertige Erzeugnisse und Waren
+ Noch nicht abgerechnete Leistungen
+ Geleistete Anzahlungen

Eigenkapital

    Summe Eigenkapital
+ Unversteuerte Rücklagen
+ Stille Reserven bei den Rückstellungen
+ Stille Reserven im Anlage- (nutzungsdauerbedingt) u. Umlaufvermögen
- Latente Steuerlast für Auflösung steuerrelevanter stiller Reserven

Fremdkapital

    Lang- und kurzfristiges Fremdkapital
+ Latente Steuerlast

Betriebsleistung

    Umsatzerlöse
+/- Bestandsveränderung
+ Aktivierte Eigenleistung
+ Sonstige betriebliche Erträge

Fremdkapitalzinsen
Zinsen und ähnliche Aufwendungen im Zusammenhang mit der Kreditgewährung

Cash-Flow vor Ertragsteuern

Ergebnis der gewöhnlichen Geschäftstätigkeit (EGT)
+ Nicht auszahlungswirksame Aufwendungen (z.B. AfA)
- Nicht einzahlungswirksame Erträge

Ertragsteuer (für die Berechnung der Schuldtilgungsdauer laut URG)

Die in der G&V ausgewiesenen Ertragsteuern müssen um den nicht auf die gewöhnliche Geschäftstätigkeit entfallenden Anteil (also jene Ertragsteuer, die auf a.o. Erträge und Aufwendungen entfällt) bereinigt werden.

Unternehmerlohn

Bei Einzelunternehmen und Personengesellschaften auf den Unternehmerlohn nicht vergessen! Cash-Flow und Ergebnis der gewöhnlichen Geschäftstätigkeit berichtigen!

25) Ertragsteuer
Zur Berechnung der fiktiven Schuldtilgungsdauer laut URG wird der Cash-Flow um die hier eingegebene Ertragsteuer gekürzt.

26) Break-Even-Analyse
Nun besteht die Möglichkeit, eine Break-Even-Analyse zu erstellen. Nach Auswahl der Option "Ja" erscheint eine Eingabemaske für "variable Kosten" sowie für "Plan-Umsatzrenditen" bzw. "Plan-Jahresgewinne".

27) Materialeinsatz, Wareneinsatz, Fremdarbeit und sonstige variable Kosten
Für den QuickReport werden nur die Einzelkosten als variabel angesehen, also

* Materialkosten, Wareneinsatz
* Fremdarbeit
* Verkaufsprovisionen (SOEK des Vertriebes)
* Lizenzen (SOEK der Fertigung)

SOEK = Sondereinzelkosten

Die Personalkosten, auch jene im Fertigungs- bzw. Montagebereich, haben meist Bereitschaftskostencharakter und sind daher überwiegend fix. Die übrigen Gemeinkosten haben ebenfalls überwiegend (zu ca. 95%) Fixkostencharakter, so dass der kleine variable Teil (ca. 5%) der Gemeinkosten in der Praxis der Bilanzanalyse auch als fix angesehen werden kann.

Diese Vereinfachung schmälert den Informationsgehalt der Break-Even-Analyse nicht, erleichtert aber die Durchführung erheblich.

28) Plan-Umsatzrenditen bzw. Plan-Jahresgewinne
Wählen Sie die gewünschte Eingabeart aus.

29) In Abhängigkeit von Punkt 28 den Plangewinn in Prozent vom Umsatz
bzw. als Absolutwert eingeben.

30) Im Report erscheint der Textbaustein "Bei folgenden Positionen waren
betriebswirtschaftliche Korrekturen notwendig".

Ein Optionsfeld bietet sechs Positionen zur Auswahl an, die unter dieser
Zeile gedruckt werden. Wenn keine der vorgeschlagenen Korrekturen
zutreffen, besteht die Möglichkeit einer individuellen Eingabe unter Punkt
31.

31) Hier können - wenn unter Punkt 30 keine Option gewählt wurde -
insgesamt 32 Zeilen individueller Text eingegeben werden, der auf Seite 3
ausgedruckt wird.

15.2.2.2. Beurteilungskriterien

Finanzielle Stabilität (QuickReport Kap. 3.1.)

Werden mehrere Jahre analysiert, dann beziehen sich die Aussagen immer auf das
letzte analysierte Jahr.

**Die "finanzielle Stabilität" wird durch folgende zwei Kennzahlen ge-
checkt:**

- Eigenkapitalquote
- Schuldtilgungsdauer

Die "finanzielle Stabilität" wird verbal wie folgt beschrieben:

Wenn Quicktestnote für finanzielle Stabilität ...	dann ...
≤ 1,5	sehr gut
≤ 2,5	gut
≤ 3,5	mittelmäßig
≤ 4,5	schlecht
> 4,5	insolvenzgefährdet

Die "Eigenkapitalquote" wird verbal wie folgt beschrieben:

Wenn die Eigenkapitalquote ...	dann ...
≥ 30%	ausgezeichnet
≥ 20%	beachtlich
≥ 10%	zufriedenstellend
≥ 0%	gerade noch positiv
< 0%	negativ, und zwar mit ...

Falls die Eigenkapitalquote negativ sein sollte, kommt hier noch der Satz: "Der nicht durch Eigenkapital gedeckte Fehlbetrag beträgt im letzten analysierten Jahr GE xx.xxx."

Die "Schuldtilgungsdauer" wird verbal wie folgt beschrieben:

Wenn Quicktestnote für Schuldtilgungsdauer ...	dann ...
≤ 1,5	sehr gut
≤ 2,5	gut
≤ 3,5	mittelmäßig
≤ 4,5	schlecht
> 4,5	insolvenzgefährdet

Ertragskraft (QuickReport Kap. 3.2.)

Werden mehrere Jahre analysiert, dann beziehen sich die Aussagen immer auf das letzte analysierte Jahr.

Die "Ertragskraft" wird durch folgende zwei Kennzahlen gecheckt:

- Gesamtkapitalrentabilität
- Cash-Flow-Leistungsrate (= CF in % der BL)

Die "Ertragskraft" wird verbal genauso beschrieben wie die "finanzielle Stabilität".

Die "Gesamtkapitalrentabilität" wird verbal wie folgt beurteilt:

Wenn die Gesamt- kapitalrentabilität ...	dann ...
≥ 15%	ausgezeichnet
≥ 12%	beachtlich
≥ 8%	zufriedenstellend
≥ 3%	gerade noch akzeptabel
≥ 0%	gerade noch positiv
< 0%	negativ, und zwar mit ...

Die "Cash-Flow-Leistungsrate" wird verbal wie folgt beschrieben:

Wenn die Cash-Flow- Leistungsrate ...	dann ...
≥ 10%	ausgezeichnet
≥ 8%	beachtlich
≥ 5%	zufriedenstellend
≥ 2%	gerade noch akzeptabel
≥ 0%	gerade noch positiv
< 0%	negativ, und zwar mit ...

Summary (QuickReport Kap. 3.3.)

Hier werden "Ertragskraft" und "finanzielle Stabilität" in einer Matrix dargestellt. Anschließend werden noch die Beurteilungen aus Quicktest und Diskriminanzanalyse (Insolvenzfrühwarnindikator) tabellarisch gegenübergestellt; meistens korrelieren Quicktest und Diskriminanzanalyse gut bis sehr gut.

Ursachenanalyse (QuickReport Kap. 3.4.)

Abschließend werden die Hauptursachen für das gute, durchschnittliche bzw. schlechte Kennzahlenbild des letzten untersuchten Jahres angeführt.

Grundsätzlich lassen sich die Ursachen wie folgt untergliedern:

1. Cash-Flow-Leistungsrate (= CF in % der BL)
2. Eigenkapitalausstattung
3. Verhältnis zwischen Nettoschulden und Jahres-Cash-Flow
4. Rentabilität des eingesetzten Kapitals
5. Entwicklung der Umsatzrendite
6. Erhöhung/Verringerung des Kapitalumschlages
7. Erhöhung/Verringerung des Lagerumschlages

Die Ursachen 5 bis 7 werden in ihrer Entwicklung betrachtet; eine Bewertung erfolgt, falls mehr als ein Jahr analysiert wird.

Die Ursachen werden weiters in zwei Gruppen untergliedert, nämlich in positive und negative Ursachen.

Unterhalb der Ursachenanalyse besteht die Möglichkeit, in den *Zellen B29 bis B55* auf der Seite 8 (S8) einen individuellen Text einzugeben.

Kennzahlentrend und Wachstumstabelle (QuickReport Kap. 3.5.)

Dieses Kapitel wird nur dann berechnet, wenn drei Jahre untersucht werden.

Der Kennzahlentrend wird durch ein Histogramm und eine Wachstumstabelle übersichtlich dargestellt.

Zuerst erfolgt die graphische Darstellung der Kennzahlen - aufgeteilt in "finanzielle Stabilität" und "Ertragskraft" - und ihrer Veränderung im Laufe der drei untersuchten Jahre.

Unterhalb der Graphik "Kennzahlentrend" besteht die Möglichkeit, in den *Zellen B29 bis B55* auf der Seite 9 (S9) einen individuellen Text einzugeben.

In der Wachstumstabelle auf der Seite 10 des Reports wird die Entwicklung von 19 verschiedenen Kennzahlen betrachtet. Es wird der jeweils erste positive Wert einer Kennzahl 100 gesetzt und danach die Veränderung berechnet. Anschließend wird noch beschrieben, ob es eine günstige, gleich bleibende oder ungünstige Entwicklung bei dieser Kennzahl gibt.

Mögliche Maßnahmen zur Verbesserung (QuickReport Kap. 3.6.)

Auch dieses Kapitel wird nur dann erstellt, wenn drei Jahre untersucht werden.

Es werden maximal drei Maßnahmen vorgeschlagen, die eine Verbesserung des Kennzahlenbildes bewirken können, und zwar:

1.) Checken der Fremdkapitalzinsen, wenn ein unplausibles Verhältnis zwischen "Eigenkapitalquote" und "Fremdkapitalzinsen in Prozent der Betriebsleistung" besteht

Textbaustein 1: (erscheint dann, wenn die Eigenkapitalquote negativ ist und die Fremdkapitalzinsen in Prozent der Betriebsleistung größer 4% sind)

- Checken Sie die Fremdkapitalzinsen!
- Selbst bei einer negativen Eigenkapitalquote sind nämlich Fremdkapitalzinsen von mehr als 4% der Betriebsleistung zu hoch.

- Erstellen Sie eine Tabelle mit allen Krediten und den genauen Konditionen!
- Welche Kredite sind die teuersten?
- Wenn Sie zu hohe Überziehungskredite haben sollten, erhöhen Sie den Kreditrahmen!
- Bei Investitionsfinanzierung immer die Inanspruchnahme von Förderkrediten prüfen!

Textbaustein 2: (erscheint dann, wenn die Eigenkapitalquote zwischen 0% und 10% beträgt und die Fremdkapitalzinsen in Prozent der Betriebsleistung größer als 3,5% sind)

- Checken Sie die Fremdkapitalzinsen!
- Für eine Eigenkapitalquote von weniger als 10% sind nämlich Fremdkapitalzinsen von mehr als 3,5% der Betriebsleistung zu hoch.
- Erstellen Sie eine Tabelle mit allen Krediten und den genauen Konditionen!
- Welche Kredite sind die teuersten?
- Wenn Sie zu hohe Überziehungskredite haben sollten, erhöhen Sie den Kreditrahmen!
- Bei Investitionsfinanzierung immer die Inanspruchnahme von Förderkrediten prüfen!

Textbaustein 3: (erscheint dann, wenn die Eigenkapitalquote zwischen 10% und 20% beträgt und die Fremdkapitalzinsen in Prozent der Betriebsleistung größer als 3% sind)

- Checken Sie die Fremdkapitalzinsen!
- Für eine Eigenkapitalquote zwischen 10 und 20% sind nämlich Fremdkapitalzinsen von mehr als 3% der Betriebsleistung zu hoch.
- Erstellen Sie eine Tabelle mit allen Krediten und den genauen Konditionen!
- Welche Kredite sind die teuersten?
- Wenn Sie zu hohe Überziehungskredite haben sollten, erhöhen Sie den Kreditrahmen!
- Bei Investitionsfinanzierung immer die Inanspruchnahme von Förderkrediten prüfen!

Textbaustein 4: (erscheint dann, wenn die Eigenkapitalquote zwischen 20% und 30% beträgt und die Fremdkapitalzinsen in Prozent der Betriebsleistung größer als 2,5% sind)

- Checken Sie die Fremdkapitalzinsen!

- Für eine Eigenkapitalquote zwischen 20 und 30% sind nämlich Fremdkapitalzinsen von mehr als 2,5% der Betriebsleistung zu hoch.
- Erstellen Sie eine Tabelle mit allen Krediten und den genauen Konditionen!
- Welche Kredite sind die teuersten?
- Wenn Sie zu hohe Überziehungskredite haben sollten, erhöhen Sie den Kreditrahmen!
- Bei Investitionsfinanzierung immer die Inanspruchnahme von Förderkrediten prüfen!

Textbaustein 5: (erscheint dann, wenn die Eigenkapitalquote mehr als 30% beträgt und die Fremdkapitalzinsen in Prozent der Betriebsleistung größer als 2% sind)

- Checken Sie die Fremdkapitalzinsen!
- Für eine Eigenkapitalquote von mehr als 30% sind nämlich Fremdkapitalzinsen von mehr als 2% der Betriebsleistung zu hoch.
- Erstellen Sie eine Tabelle mit allen Krediten und den genauen Konditionen!
- Welche Kredite sind die teuersten?
- Wenn Sie zu hohe Überziehungskredite haben sollten, erhöhen Sie den Kreditrahmen!
- Bei Investitionsfinanzierung immer die Inanspruchnahme von Förderkrediten prüfen!

2.) Vorschläge zur Wachstumsbeschleunigung der Eigenkapitalquote

Textbaustein 1: (erscheint bei Kapitalgesellschaften, wenn die Eigenkapitalquote weniger als 10% beträgt und die Umsatzrendite positiv ist)

- Damit Ihre Eigenkapitalausstattung rascher wachsen kann, empfiehlt sich:
  - Die Ausschüttungen vorübergehend einzuschränken!
  - Die Aufnahme von neuen, zusätzlichen Gesellschaftern zu prüfen!

Textbaustein 2: (erscheint bei Einzelunternehmen und Personengesellschaften, wenn die Eigenkapitalquote weniger als 10% beträgt und die Umsatzrendite positiv ist)

- Damit Ihre Eigenkapitalausstattung rascher wachsen kann, empfiehlt sich:
  - Privatentnahmen vorübergehend stark einzuschränken!

3.) Aktivitäten, die zu einer raschen Verbesserung der Ertragskraft führen, wenn die Umsatzrendite im letzten Anlysejahr negativ ist

Textbaustein 1: (erscheint dann, wenn die Eigenkapitalquote positiv und die Umsatzrendite negativ ist)

- Die Umsatzrendite ist unbefriedigend!
  Wird unterstellt, dass keine Privatentnahmen (bei Einzel- und Personengesellschaften) bzw. Ausschüttungen (bei Kapitalgesellschaften) vorgenommen werden, dann reicht das Eigenkapital nur X Jahre bis X Jahre zur Verlustabdeckung; dann würde es negativ werden.
  Alle Ihre Aktivitäten müssen sich auf eine sofortige Erfolgsverbesserung konzentrieren!
  Einige Denkanstöße:
  - Lieferantenskonto stärker ausnutzen!
  - Gewährung von Kundenskonto möglichst niedrig halten (besser weniger attraktive Zahlungskonditionen; eventuell Ersatzanreize für die Kunden anbieten)!
  - Billiger einkaufen und bessere Konditionen aushandeln!
  - Die Personalkosten sind (fast) immer reduzierbar!
  - Kundenorientierung verbessern (Kundenzufriedenheit, Kundentreue, mehr Umsatz, Kundenrentabilität)!

Textbaustein 2: (erscheint dann, wenn sowohl die Eigenkapitalquote als auch die Umsatzrendite negativ sind)

- Die Umsatzrendite ist unbefriedigend!
  Das ist deshalb besonders problematisch, weil auch die Eigenkapitalquote negativ ist.
  Alle Ihre Aktivitäten müssen sich auf eine sofortige Erfolgsverbesserung konzentrieren!
  Einige Denkanstöße:
  - Lieferantenskonto stärker ausnutzen!
  - Gewährung von Kundenskonto möglichst niedrig halten (besser weniger attraktive Zahlungskonditionen; eventuell Ersatzanreize für die Kunden anbieten)!
  - Billiger einkaufen und bessere Konditionen aushandeln!
  - Die Personalkosten sind (fast) immer reduzierbar!
  - Kundenorientierung verbessern!

15.2.2.3. Stufenweise Erfolgsrechnung und Break-Even-Analyse

Auf der ersten Seite erscheint die Break-Even-Analyse (je nach Eingabe für ein, zwei oder für drei Jahre) und ein Gewinnschwellendiagramm (immer nur für das letzte eingegebene Jahr).

Auf der zweiten Seite werden Begriffsdefinitionen gegeben, und die Break-Even-Analyse (für das letzte eingegebene Analysejahr) wird durchgeführt. Es sind folgende Textbausteine vorgesehen:

"Ein DBU von X% besagt, dass je GE Umsatz bzw. Betriebsleistung 0,X GE Deckungsbeitrag zur Fixkostenabdeckung und Gewinnerzielung erwirtschaftet werden."

Bei Verlust:

"Der Verlust hätte vermieden werden können, wenn der Umsatz um X%höher gewesen wäre; das drückt der Sicherheitsgrad von -X% aus. Ein zufriedenstellender Sicherheitsgrad wäre ≥ 10%.

Zur Erreichung des Zielumsatzes müsste der Umsatz um X% höher sein. Da aber eine X-prozentige Umsatzsteigerung normalerweise nicht so leicht realisiert werden kann, ist das Unternehmensziel "X% Umsatzrendite" nur erreichbar, wenn - bei unverändertem Umsatz - Kosten in der Höhe von X GE einsparbar sind."

- **Falls Cash-Flow positiv**
  "Weil alle ausgabenwirksamen Aufwendungen abgedeckt werden können, liegt der Cash-Flow-Point X% unter dem Ist-Umsatz."

- **Falls Cash-Flow negativ**
  "Weil leider nicht einmal die ausgabenwirksamen Aufwendungen zur Gänze abgedeckt werden können, liegt der Cash-Flow-Point X% über dem Ist-Umsatz."

Bei Gewinn:

- **Falls Sicherheitsgrad < 2%**
  "Das Unternehmen befindet sich gerade noch in der Gewinnzone. Das drückt der Sicherheitsgrad von X% aus. Ein wirklich zufriedenstellender Sicherheitsgrad wäre bei ≥ 10% gegeben."

- **Falls Sicherheitsgrad < 9%**
  "Das Unternehmen befindet sich in der Gewinnzone. Das drückt der Sicherheitsgrad von X% aus. Ein wirklich zufriedenstellender Sicherheitsgrad wäre bei ≥ 10% gegeben."

- **Falls Sicherheitsgrad < 15%**
  "Das Unternehmen befindet sich tief in der Gewinnzone. Das drückt der Sicherheitsgrad von X% aus."

- **Falls Sicherheitsgrad > 15%**
  "Das Unternehmen befindet sich sehr tief in der Gewinnzone. Das drückt der Sicherheitsgrad von X% aus."

- **Falls Unternehmensziel nicht erreicht**
  "Das Break-Even-Ziel wurde zwar erreicht, nicht aber das Unternehmensziel, eine Planumsatzrendite von X% zu erwirtschaften. Zur Erreichung dieses Zieles müsste der Jahresumsatz um X% höher sein."

- **Falls Unternehmensziel erreicht**
  "Weil die Ist-Umsatzrendite (X%) größer ist als die Plan-Umsatzrendite (X%), wurde das Gewinnziel sogar überschritten."

  Oder:

  "Weil die Ist-Umsatzrendite (X%) gleich hoch ist wie die Plan-Umsatzrendite (X%), wurde das Gewinnziel erreicht."

15.2.2.4. Reorganisationsbedarf laut URG

Das Kapitel "Reorganistationsbedarf" hat - je nachdem, ob eine Break-Even-Analyse ausgedruckt wird oder nicht - die Kapitelnummer 4 bzw. 5.

Ein Reorganisationsbedarf nach dem URG wird mittels der Eigenkapitalquote und der Schuldtilgungsdauer ermittelt.

Grundsätzlich gilt die Anmeldung eines Reorganisationsbedarfes laut URG nur für prüfpflichtige juristische Personen sowie Personengesellschaften, bei denen kein persönlich haftender Gesellschafter vorhanden ist (z.B. GmbH & Co KG).

Das Programm druckt die Reorganisationswarnung unabhängig von der Rechtsform immer aus; der Anwender kann jedoch auswählen, ob im Report diese Analyse aufgenommen werden soll oder nicht.

Sollte der Cash-Flow negativ bzw. die Schuldtilgungsdauer > 999 Jahre sein, dann wird dieses Ergebnis in der Graphik immer mit 999 Jahren dargestellt.

Unterhalb der Graphik besteht die Möglichkeit, in den *Zellen B56 bis B57* auf der Seite 14 (URG) einen individuellen Text einzugeben.

15.3. Programme zu Kapitel 3

15.3.1. "BigKenn"

BigKenn

Viele Auswertungen in diesem Buch sind mit dem großen Kennzahlenpaket **BigKenn** errechnet und gedruckt worden. Bei den Erläuterungen zum Programm werden Grundkenntnisse in Excel vorausgesetzt. Der Anwender sollte darüber hinaus mit den Positionen und Fachausdrücken eines Jahresabschlusses einigermaßen vertraut sein.

15.3.1.1. Struktur der Excel-Arbeitsmappe

Die Excel-Arbeitsmappe **BigKenn.xls** besteht aus folgenden 14 Arbeitsblättern:

\EINGABE / EingabeCheck / Jahresabschlüsse / Kennzahlen / MDA 1 / MDA 2 / ROI-Baum /

/ Bericht 1 / Bericht 2 / Bericht 3 / Formeln / TextQuick / TextKenn / TextMDA /

- **"EINGABE"**
  Hier werden alle Inputs für die Kennzahlenermittlung getätigt. Bis zu fünf Jahre können analysiert werden.

- **"EingabeCheck"**
  Kleines Arbeitsblatt zur Plausibilitätsprüfung Ihrer Eingaben. Überprüft werden Aktiva-Passiva-Gleichheit sowie die sogenannten "Residualgrößen" - der Saldo aus "Liquiden Mitteln" *(Zeile 310)* und "Bankverbindlichkeiten kurzfristig" *(Zeile 310)* wird mit dem Endbestand der Liquidität *(Zeile 229)* verglichen.

- **"Jahresabschlüsse"**
  Ausgabeblatt der Gewinn- und Verlustrechnung, der Kapitalflussrechnung sowie der Bilanz in allen Analysejahren.

- **"Kennzahlen"**
  Ausgabeblatt mit den 34 wichtigsten Kennzahlen für maximal fünf Perioden, getrennt nach den fünf Analysebereichen Investition, Finanzierung, Liquidität, Rentabilität sowie Aufwandstruktur/Erfolg. Weiters: Quicktest-Noten und Benotung der Kennzahlen aufgrund von branchenähnlichen

Vergleichsbetrieben (Industrie, Handwerk, Einzelhandel, Großhandel und jede Mischform aus diesen vier Gruppen).

- **"MDA 1"** - Frühwarnsystem
  Ausgabeblatt der Multiplen Diskriminanzanalyse (MDA), vereinfachte Methode, für alle Analysejahre. Es handelt sich um ein weiteres Bonitätsbeurteilungssystem.

- **"MDA 2"** - Frühwarnsystem
  Ausgabeblatt der Multiplen Diskriminanzanalyse, Methode Beermann, für alle Analysejahre. Nur für Industrie- und Handwerksbetriebe geeignet.

- **"ROI-Baum"**
  Ausgabeblatt mit graphischer Darstellung des ROI (Return On Investment). Die Herleitung dieser wichtigen Kennzahl wird für maximal zwei Jahre angezeigt. Der übersichtliche Vergleich ermöglicht eine rasche und effiziente Ursachenanalyse.

- **"Bericht 1"** - Schulden
  Graphischer Kennzahlenbericht zur Beantwortung der Frage: "Hat das Unternehmen zu viele Schulden?" Auch hier können nur zwei Vergleichsjahre angezeigt werden.

- **"Bericht 2"** - Wirtschaftlichkeit und Liquidität
  Graphischer Kennzahlenbericht zur Beantwortung der Fragen: "Wie steht es mit der Wirtschaftlichkeit?" bzw. "Wie steht es mit der Liquidität?" Zwei Vergleichsjahre können angezeigt werden.

- **"Bericht 3"** - Ursachenanalyse
  Graphischer Kennzahlenbericht, der die Ursachen für die Ergebnisse der Kennzahlen "Kapitalumschlag" und "Working Capital Ratio" erforscht. Zwei Vergleichsjahre können angezeigt werden.

- **"Formeln"**
  Ausgabeblatt mit allen Formeln zur Ermittlung der 34 Kennzahlen. Hier gibt es keine Berechnungen.

- **"TextQuick"**
  Arbeitsblatt mit erläuternden Texten zum "Quicktest" auf zwei Seiten. Ohne Berechnungen.

- **"TextKenn"**
  Umfassende Erläuterungen zu 29 Kennzahlen auf 15 Seiten. Ohne Berechnungen.

- **"TextMDA"**
  Auf zwei Seiten werden die beiden Diskriminanzanalysen (MDA 1 und 2) näher erklärt. Hier gibt es keine Berechnungen.

15.3.1.2. Eingabe

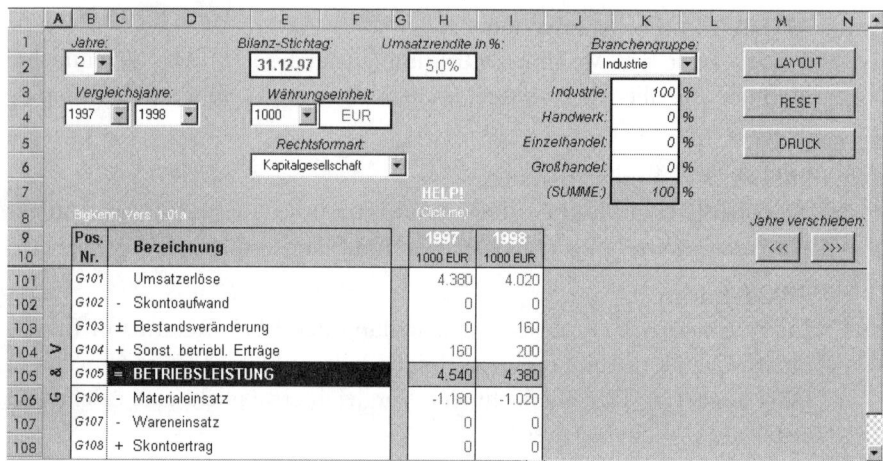

Alle Eingaben, die für die Kennzahlenermittlung benötigt werden, sind im Arbeitsblatt "EINGABE" vorzunehmen. Bis zu fünf Jahre können analysiert werden.

Die Dateneingabe erfolgt in zwei Schritten:

- Eingabe der Voreinstellungen im oberen Bereich des Arbeitsblattes *(Excel-Zeilen 1-10)* sowie
- Eingabe der G&V-Positionen, der Kapitalflussrechnung und der Bilanz-positionen für die unterschiedlichen Perioden im unteren Bereich des Arbeitsblattes *(Excel-Zeilen 101-324)*.

Eingabe der Voreinstellungen

Die Voreinstellungen sind im oberen Bereich des Arbeitsblattes "EINGABE" *(Excel-Zeilen 1-10)* vorzunehmen.

- **Bestimmung der Version** (Österreich/Deutschland)
  Durch Klicken auf den entsprechenden Optionsbutton wird bestimmt, ob im Arbeitsblatt "Bericht 1" ein Hinweis auf das österreichische Unternehmens-Reorganisationsgesetz (URG) gedruckt werden soll oder nicht.

- **Anzahl der Jahre bestimmen**
  Wählen Sie aus der entsprechenden Dropdown-Liste die Anzahl der Jahre, die analysiert werden sollen. Es können bis zu fünf Jahre eingegeben werden.

Wenn Sie den Analysezeitraum verkürzen, z.B. von fünf auf drei Jahre, dann verschwinden alle Eingaben, die Sie ab dem vierten Jahr getätigt haben. **Diese Eingaben sind** aber **nicht gelöscht.** Sobald Sie die Anzahl der Jahre erhöhen, werden auch die zuletzt getätigten Eingaben wieder eingeblendet.

- **Einstellen des Bilanz-Stichtages**
  Geben Sie im entsprechenden Feld *(Zelle E2)* den Stichtag der Bilanz ein, z.B. "4.3.00" (4. März 2000) oder "31.12.99" (31. Dezember 1999).

  Wenn Sie als Bilanz-Stichtag den **31. Dezember** wählen, dann werden alle Jahreszahlen ganzzahlig (z.B. "1999" oder "2001") dargestellt.
  Bei jedem anderen Datum werden die Jahre als Wirtschaftsjahre angezeigt (z.B. "99/00").

- **Bestimmung der Vergleichsjahre**
  Bei den graphischen Ausgabeblättern

  - **ROI-Baum,**
  - **Bericht 1** (Schulden),
  - **Bericht 2** (Wirtschaftlichkeit und Liquidität),
  - **Bericht 3** (Ursachenanalyse)

  werden jeweils immer nur zwei Jahre gegenübergestellt. Wählen Sie aus den beiden entsprechenden Dropdown-Listen jene zwei Vergleichsjahre des Analysezeitraumes, die bei diesen Ausgabeblättern gegenübergestellt werden sollen (z.B. das erste und das letzte Jahr).

  Die ausgewählten Jahre erscheinen in der Überschriftenleiste in weißer Schriftfarbe.

- **Einstellen der Währungseinheit**
  Über die Dropdown-Liste (links) werden die 1000er-Einheiten festgelegt. Zur Auswahl stehen:

  - Leere Zeile   (Währungseinheit x 1),
  - 1.000   (Währungseinheit x 1.000),
  - Mio   (Währungseinheit x 1 Mio) sowie
  - Mrd   (Währungseinheit x 1 Mrd.)

  Rechts daneben, in der *Zelle F4*, tragen Sie einfach die Kurzbezeichnung der Währungseinheit (z.B. DM, ATS, SFR, EUR etc.) ein.

- **Bestimmung der Rechtsformart des Unternehmens**
  In der entsprechenden Dropdown-Liste lässt sich die Art der Rechtsform des Unternehmens bestimmen. Zwei mögliche Rechtsformarten stehen zur Auswahl:

  - Kapitalgesellschaft oder
  - Einzelunternehmen und Personengesellschaft

  Die Bezeichnungen folgender Positionsnummern *(Zeilen)* hängen von der gewählten Rechtsformart ab:

Pos.Nr.	Bezeichnung der Position	
	Kapitalgesellschaft	Einzelunternehmen u. Personengesellschaft
113	"Geschäftsführerbezüge"	"Unternehmerlohn"
225	"Ausschüttung"	"Entnahmen"
226	"Einzahlungen"	"Einlagen"

- **Eingabe der Plan-Umsatzrendite**
  In dieses Feld *(Zelle H2)* tragen Sie die gewünschte Umsatzrendite, die für die Ermittlung der Kennzahl "Zielumsatz in Prozent der Betriebsleistung" benötigt wird, als Prozentwert ein.

- **Bestimmung der Branchengruppe des Unternehmens**
  Die Bestimmung der Branchengruppe dient zur Bewertung der Kennzahlen. Die für das untersuchte Unternehmen ermittelten Kennzahlen werden mit Werten von Unternehmen der gleichen Branchengruppe verglichen und daran gemessen.
  Wählen Sie aus der entsprechenden Dropdown-Liste die Branchengruppe des untersuchten Unternehmens. Fünf mögliche Branchen stehen zur Auswahl, und zwar:

  - Industrie
  - Handwerk
  - Einzelhandel
  - Großhandel
  - Mischbetrieb

  Wenn es sich beim untersuchten Unternehmen um einen **Mischbetrieb** (MISCH) handelt, dann können Sie die Verteilung der Branchenarten frei bestimmen (z.B. 50% Industrie, 50% Großhandel). Tragen Sie dazu die Prozentwerte in die entsprechenden Felder ein *(Zellen K3 bis K6)*. Die Summe der Prozentwerte muss immer 100% ergeben.

- **Der "LAYOUT"-Knopf**

Wenn Sie auf den "Layout"-Knopf klicken, erscheint ein Fenster, in dem Sie einige Einstellungen für die Zahlendarstellung und die Druckausgabe vornehmen können:

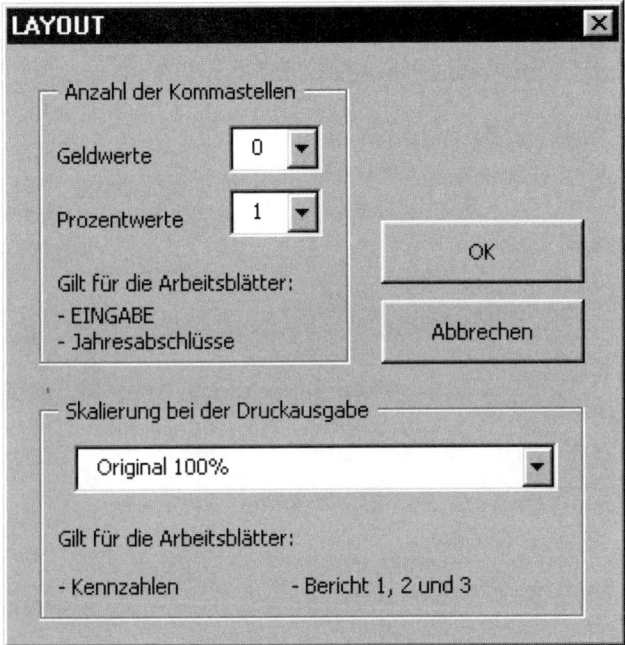

Sie können die Zahlenformate für Geld- bzw. Prozentwerte in den Arbeitsblättern

- **"EINGABE"** und
- **"Jahresabschlüsse"**

über die entsprechende Dropdown-Liste ändern. Wählen Sie zwischen keiner, einer oder zwei Kommastellen.

Sollte es beim Druck der Arbeitsblätter

- **"Kennzahlen"**,
- **"Bericht 1"** (Schulden),
- **"Bericht 2"** (Wirtschaftlichkeit und Liquidität) oder
- **"Bericht 3"** (Ursachenanalyse)

Probleme mit dem Druckbereich geben, können Sie über die Dropdown-Liste "Skalierung" die Druckausgabe verkleinern bzw. vergrößern, um die Ausdrucke an die spezifischen Eigenschaften Ihres Druckers anzupassen.

Durch Klicken des **"OK"**-Knopfes wird das Layout der Arbeitsmappe entsprechend angepasst. Mit **"Abbrechen"** verlassen Sie das Fenster ohne Layout-Änderungen.

- **Der "RESET"-Knopf**
  Das Anklicken des "Reset"-Knopfes setzt - nach einer Sicherheitsabfrage - alle Eingaben im Arbeitsblatt "EINGABE" auf null.

- **Der "DRUCK"-Knopf**
  Durch Klicken auf den "Druck"-Knopf erscheint ein Fenster, das Ihnen bei der Wahl der Arbeitsblätter, die Sie ausgedruckt haben wollen, behilflich ist:

Darüber hinaus haben Sie über dieses Fenster die Möglichkeit, ungeschützte Kopien der gewünschten Ausgabeblätter in einer eigenen Arbeitsmappe anzulegen, die hinterher händisch bearbeitet werden können.

"Auswahl der Seiten, die gedruckt werden sollen"

Durch Mausklick auf die entsprechenden Kästchen können Sie die Ausgabe bestimmter Seiten der Kennzahlenanalyse unterdrücken (oder durch neuerlichen Mausklick wieder aktivieren). Es werden nur jene Seiten (Arbeitsblätter) gedruckt, die mit einem Häkchen versehen sind.

Wenn Sie den Knopf **"alle Seiten"** anklicken, werden automatisch alle Kästchen mit dem Häkchen versehen. Der Knopf **"keine Seite"** löscht alle Häkchen.

"Eingabe-Check" deaktivieren (aktivieren)

Das Kennzahlenprogramm **BigKenn** ist mit einer automatischen Plausibilitätskontrolle der Eingabe ("Eingabe-Check") ausgestattet und lässt bei unplausiblen Eingabewerten die Druckausgabe nicht zu. Wenn Sie das Häkchen im Kästchen **"EINGABE-CHECK?"** wegklicken, können Sie die Plausibilitätskontrolle umgehen (es wird gedruckt).

Mehr über den Eingabe-Check finden Sie im entsprechenden Abschnitt.

"Drucken"

Durch Klicken auf den Knopf **"DRUCKEN"** werden die angewählten Seiten ausgedruckt.

"Kopien anlegen"

Durch Klicken auf den Knopf **"KOPIEN ANLEGEN"** werden die angewählten Seiten in eine neue, eigene Excel-Arbeitsmappe gespielt. Diese Kopien sind **ungeschützt**, d.h., Sie können diese Seiten **frei bearbeiten** (z.B. Ändern der Spaltenbreiten, Zeilenhöhen, Schriftarten, Schriftgrößen, Farben etc.).

Die neue Arbeitsmappe mit den angelegten Kopien trägt den Namen **"MappeX"**, wobei X eine fortlaufende Nummer darstellt (Mappe1, Mappe2, Mappe3 usw.).

Über den Excel-Menüpunkt **"Fenster"** können Sie zwischen einer (oder mehreren) Kopien-Mappe(n) und dem Kennzahlenprogramm **BigKenn** hin- und herspringen.

• Die "Jahre-verschieben"-Knöpfe

Durch Klicken auf einen dieser beiden Knöpfe werden alle Eingabewerte - nach einer Sicherheitsabfrage - um ein Jahr nach links (<<<) bzw. nach rechts (>>>) verschoben.

So können Sie z.B. den aktuellen Jahresabschluss einer Firma, bei der bereits alle fünf Analysejahre eingegeben wurden, einfügen. Die Eingaben der ältesten Periode gehen dabei verloren.

Eine schematische Darstellung soll das veranschaulichen:

Werte nach LINKS (<<<) verschieben:

VORHER:

Periode						6
1	**2**	**3**	**4**	**5**		
ursprüngliche EINGABEWERTE	ursprüngliche EINGABEWERTE	ursprüngliche EINGABEWERTE	ursprüngliche EINGABEWERTE	ursprüngliche EINGABEWERTE	←	NEU

NACHHER:

Eingabewerte aus der Periode 1 gehen verloren!

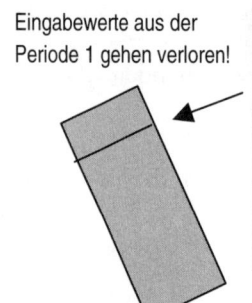

Periode				
2	**3**	**4**	**5**	**6**
ursprüngliche EINGABEWERTE	ursprüngliche EINGABEWERTE	ursprüngliche EINGABEWERTE	ursprüngliche EINGABEWERTE	NEU (alle Werte 0)

Die Verschiebung der Jahre nach rechts funktioniert entsprechend seitenverkehrt.

Wenn Sie weniger als fünf Analysejahre gewählt haben, müssen die Werte nicht nach links verschoben werden. Erhöhen Sie einfach die Anzahl der Analysejahre um 1.

Eingabe der Jahresabschlüsse

Die Eingabe der Jahresabschlüsse für die einzelnen Analysejahre erfolgt im unteren Bereich des Arbeitsblattes "EINGABE", und zwar:

- die Eingabe der **Gewinn- und Verlustrechnung** in den *Excel-Zeilen 101 bis 134* (die Positionsnummern sind mit dem Buchstaben **G** versehen),
- die Eingabe der **Kapitalflussrechnung** in den *Excel-Zeilen 201 bis 229* (die Positionsnummern sind mit dem Buchstaben **K** versehen) und
- die Eingabe der **Bilanz** in den *Excel-Zeilen 301 bis 324* (die Positionsnummern sind mit dem Buchstaben **B** versehen).

9 / 10	Pos. Nr.	Bezeichnung	1997 1000 EUR	1998 1000 EUR	1999 1000 EUR	2000 1000 EUR	2001 1000 EUR
101	G101	Umsatzerlöse	4.380	4.020	0	0	0
102	G102	- Skontoaufwand	0	0	0	0	0
103	G103	± Bestandsveränderung	-20	160	0	0	0
104	G104	+ Sonst. betriebl. Erträge	160	200	0	0	0
105	G105	= BETRIEBSLEISTUNG	4.520	4.380	0	0	0
106	G106	- Materialeinsatz	-1.180	-1.020	0	0	0
107	G107	- Wareneinsatz	0	0	0	0	0
108	G108	+ Skontoertrag	0	0	0	0	0
109	G109	- Fremdleistungen	-120	-140	0	0	0
110	G110	- Sonstige variable Kosten	0	0	0	0	0
111	G111	= DECKUNGSBEITRAG	3.220	3.220	0	0	0
112	G112	- Personalkosten	-1.950	-1.985	0	0	0
113	G113	- Geschäftsführerbezüge	-80	-85	0	0	0
114	G114	± Aufl./Dot. Abfert.- u. Pens.Rückst.	0	-60	0	0	0
115	G115	- Sonst. betriebl. Aufwendungen	-820	-840	0	0	0

Sie können bis zu fünf Jahresabschlüsse in die dafür vorgesehene Jahresspalten *(Excel-Spalten H bis L)* eingeben. Dabei steht das älteste Jahr immer links *(Spalte H)*, die jüngste Periode rechts.

☞ Die Anordnung der Positionsnummern (Zeilennummern) erfolgt im Prinzip nach dem gleichen Schema wie bei unserem Planbilanzprogramm **PlanB** (siehe Kapitel 15.6.). Da einige Positionszeilen der Planung für die Kennzahlenanalyse nicht relevant sind, gibt es in **BigKenn** die eine oder andere ausgeblendete Zeile. Eine durchlaufende Numerierung der Zeilen ist aus diesem Grund nicht immer gegeben.

Nicht in jeder Positionszeile müssen Eingaben getätigt werden, da einige Positionen automatisch errechnet werden. Von den insgesamt 82 Positionen der G&V, der Kapitalflussrechnung und der Bilanz müssen **nur 60 (im ersten Jahr) bzw. 49 (in den Folgejahren) händisch eingetragen** werden.

Grundsätzlich gilt: Alle Zellen, in denen Eingaben zu tätigen sind, erscheinen in blauer Schriftfarbe.

Besonderheiten bei den Positionen der Kapitalflussrechnung

Insgesamt elf Positionen der Kapitalflussrechnung müssen **nur im ersten (ältesten) Jahr** eingegeben werden. Die Folgejahre werden automatisch errechnet. Es handelt sich um die Positionen:

K211	± Veränderung Rohstoffe	0	0	0	0	0
K212	± Veränderung Handelsware	0	0	0	0	0
K213	± Veränderung Halbfabrikate	0	0	0	0	0
K214	± Veränderung Fertigfabrikate	0	0	0	0	0
K215	± Veränderung Kundenforderungen	0	0	0	0	0
K216	± Veränderung Sonstiges UV	0	0	0	0	0
K217	± Veränderung Sonstige Rückst., kfr.	0	0	0	0	0
K218	± Veränderung Lieferantenverbindl., kfr.	0	0	0	0	0
K219	± Veränderung Sonstige Verbindl., kfr.	0	0	0	0	0
K223	± Tilgung / Aufnahme Darlehen	0	0	0	0	0
K228	± AB Liq. Mittel - Bankverbindl., kfr.	0	0	0	0	0

Diese elf Positionen sind Bestandsveränderungen, die die **Veränderung zum Jahr VOR der ersten Analyseperiode** angeben. Wenn die Daten aus dem Vorjahr unbekannt sind, lassen Sie alle elf Positionen auf null. So erkennt das Programm, dass es keine Vorjahresdaten gibt und berücksichtigt diesen Umstand bei den Berechnungen.

Bei alle anderen Eingabepositionen der Kapitalflussrechnung *(Zeilen 203, 204, 206, 210, 221, 222, 224, 225, 226)* **gehen Sie genauso vor wie bei den Positionen der G&V bzw. der Bilanz (Sie müssen für jedes Analysejahr einen Wert eintragen).**

Die Diskriminanzfunktion nach Beermann (MDA 2) benötigt für die Kennzahlen 1 und 3 den Sachanlage-Anfangsbestand sowie die Zugänge im Analysejahr. Wenn Sie im ersten Analysejahr unter der Position "Investitionen SV" *(Zeile 221)* keine Eingabe tätigen, wird unterstellt, dass die "Abschreibungen" *(Zeile 118 bzw. 202)* gleich den "Investitionen SV" *(Zeile 221)* sind.

Allgemeine Hinweise zur Bearbeitung von Zellen

- Alle **Zellen** in der Excel-Arbeitsmappe **BigKenn**, in denen keine Eingaben getätigt werden sollen, sind **geschützt** und können nicht bearbeitet werden.

  Von allen Ausgabeblättern können aber über den "DRUCK"-Knopf im Arbeitsblatt "EINGABE" **ungeschützte Kopien** angelegt werden. Mehr dazu auf Seite 949.

- Das **Kopieren von Zellen** (auch von Eingabezellen) ist **im Arbeitsblatt "EINGABE"** aus Sicherheitsgründen **nicht möglich.** Wichtige Format- und Gültigkeitsinformationen würden beim Einfügen kopierter Zellen verloren gehen.

- Selbstverständlich können Sie in alle Eingabezellen anstelle eines Wertes auch einen (internen oder externen) **Zellbezug** schreiben.

Vorsicht bei Vorzeichen!

Bitte beachten Sie bei der Eingabe immer das Vorzeichen! Eine Position mit einem Minuszeichen links neben der Bezeichnung muss auch als negativer Wert eingegeben werden. (Das Programm macht Sie auf eine ungültige Eingabe des Vorzeichens durch eine Fehlermeldung aufmerksam.)

Zusammenfassung

In der folgenden Tabelle sind alle Positionen der G&V, der Kapitalflussrechnung sowie der Bilanz aufgelistet. Diese Zusammenfassung soll Ihnen als "Nachschlagewerk" dienen, falls es bei der einen oder anderen Zeile noch Unklarheiten geben sollte.

Die Positionen der Gewinn- und Verlustrechnung

Pos. Nr.	Vor- zei- chen	Bezeichnung	Eingabe erforderlich?		Erläuterungen, Eingabe-Check
			1. Jahr	Folge- jahre	
G101	+	Umsatzerlöse	JA	JA	
G102	-	Skontoaufwand	JA	JA	
G103	±	Bestandsveränderung	JA	JA	
G104	+	Sonstige betriebliche Erträge	JA	JA	
G105	=	BETRIEBSLEISTUNG	NEIN	NEIN	Summe aus den Pos.Nr. G101 bis G104
G106	-	Materialeinsatz	JA	JA	
G107	-	Wareneinsatz	JA	JA	
G108	+	Skontoertrag	JA	JA	
G109	-	Fremdleistungen	JA	JA	
G110	-	Sonstige variable Kosten	JA	JA	
G111	=	DECKUNGSBEITRAG (DB)	NEIN	NEIN	Summe aus den Pos.Nr. G105 bis G110
G112	-	Personalkosten	JA	JA	
G113	-	Geschäftsführerbezüge (bzw. Unternehmerlohn)	JA	JA	Die Bezeichnung dieser Position ist abhängig von der Rechtsformart des Unternehmens. Die Rechtsformart wird in den Voreinstellungen bestimmt. Bei einer Kapitalgesellschaft heißt es "Geschäftsführerbezüge", bei einer Einzelunternehmung bzw. Personengesellschaft Unternehmerlohn".

Pos. Nr.	Vor- zei- chen	Bezeichnung	Eingabe erforderlich?		Erläuterungen, Eingabe-Check
			1. Jahr	Folge- jahre	
G114	±	Auflösung/Dotierung Abfertigungs- u. Pensionsrückstellungen	JA	JA	Diese Position wird, so wie die Abschreibung, als nicht ausgaben- bzw. einnahmenwirksam angesehen.
G115	-	Sonstige betriebliche Aufwendungen	JA	JA	
G118	-	Abschreibungen	JA	JA	Nicht ausgabenwirksam
G120	=	BETRIEBSERFOLG	NEIN	NEIN	Summe aus den Pos.Nr. G111 bis G118
G121	-	Zinsaufwand, kurzfristig	JA	JA	
G122	-	Zinsaufwand, langfristig	JA	JA	
G123	+	Zinserträge	JA	JA	
G124	±	Sonstiges Finanzergebnis	JA	JA	
G125	=	Finanzerfolg	NEIN	NEIN	Summe aus den Pos.Nr. G121 bis G124
G126	=	EGT (Ergebnis der gewöhn- lichen Geschäftstätigkeit)	NEIN	NEIN	Summe aus Betriebs- und Finanzerfolg (Pos.Nr. G120 + G125)
G127	±	A.o. Ergebnis	JA	JA	
G128	-	Ertragsteuer	JA	JA	
G129	=	JAHRESÜBERSCHUSS	NEIN	NEIN	Summe aus den Pos.Nr. G126 bis G128
G130	±	Auflösung/Dotierung unversteuerter	JA	JA	
G131	±	Auflösung/Zuweisung Gewinn- bzw. Kapitalrücklagen	JA	JA	
G133	±	Gewinn-/Verlustvortrag	JA	JA	
G134	=	BILANZGEWINN/-VERLUST	NEIN	NEIN	Summe aus den Pos.Nr. G129 bis G133

Die Positionen der Kapitalflussrechnung

Pos. Nr.	Vor- zei- chen	Bezeichnung	Eingabe erforderlich?		Erläuterungen, Eingabe-Check
			1. Jahr	Folge- jahre	
K201	±	EGT	NEIN	NEIN	= Pos.Nr. G126
K202	+	Abschreibungen	NEIN	NEIN	= Pos.Nr. G118 mit umgekehrten Vorzeichen
K203	+	Buchwert verkaufter Sachanlagen	JA	JA	
K204	+	Buchwert und Abschreibung verkaufter Finanzanlagen	JA	JA	Da das EGT um etwaige Restbuchwerte reduziert sein könnte, sind hier die in Abzug gebrachten Beträge einzugeben.
K205	±	Dotierung/Auflösung Abfertigungs- u. Pensionsrückstellungen	NEIN	NEIN	= Pos.Nr. G114 mit umgekehrten Vorzeichen
K206	±	Dotierung/Auflösung sonst. Verbindlichkeiten, langfristig	JA	JA	
K207	=	CASH-FLOW a. d. Ergebnis	NEIN	NEIN	Summe aus den Pos.Nr. K201 bis K206
K208	-	Ertragsteuer	NEIN	NEIN	= Pos.Nr. G128
K209	±	A.o. Ergebnis	NEIN	NEIN	= Pos.Nr. G127
K210	+	Buchwert verkaufter Sachanlagen (im a.o. Ergebnis enthalten)	JA	JA	Als Korrekturzeile für etwaige im a.o. Ergebnis enthaltene Buchwerte
K211	±	Veränderung Rohstoffe	JA	NEIN	Differenz der Pos.Nr. 304 Vorjahr - lfd. Jahr (muss im 1. Jahr händisch eingegeben werden)
K212	±	Veränderung Handelsware	JA	NEIN	Differenz der Pos.Nr. 305 Vorjahr - lfd. Jahr (muss im 1. Jahr händisch eingegeben werden)
K213	±	Veränderung Halbfabrikate	JA	NEIN	Differenz der Pos.Nr. 306 Vorjahr - lfd. Jahr (muss im 1. Jahr händisch eingegeben werden)
K214	±	Veränderung Fertigfabrikate	JA	NEIN	Differenz der Pos.Nr. 307 Vorjahr - lfd. Jahr (muss im 1. Jahr händisch eingegeben werden)

Pos. Nr.	Vor- zei- chen	Bezeichnung	Eingabe erforderlich?		Erläuterungen, Eingabe-Check
			1. Jahr	Folge- jahre	
K215	±	Veränderung Kundenforderungen	JA	NEIN	Differenz der Pos.Nr. 308 Vorjahr - lfd. Jahr (muss im 1. Jahr händisch eingegeben werden)
K216	±	Veränderung sonstiges Umlaufvermögen	JA	NEIN	Differenz der Pos.Nr. 309 Vorjahr - lfd. Jahr (muss im 1. Jahr händisch eingegeben werden)
K217	±	Veränderung sonstige Rückstellungen, kurzfristig	JA	NEIN	Differenz der Pos.Nr. 315 lfd. Jahr - Vorjahr (muss im 1. Jahr händisch eingegeben werden)
K218	±	Veränderung Lieferantenverbindlichkeiten, kurzfristig	JA	NEIN	Differenz der Pos.Nr. 318 lfd. Jahr - Vorjahr (muss im 1. Jahr händisch eingegeben werden)
K219	±	Veränderung sonstige Verbindlichkeiten, kurzfristig	JA	NEIN	Differenz der Pos.Nr. 319 lfd. Jahr - Vorjahr (muss im 1. Jahr händisch eingegeben werden)
K220	=	**CASH-FLOW aus laufender Geschäftstätigkeit**	NEIN	NEIN	Summe aus den Pos.Nr. K207 bis K219. Wenn in den Positionen 211 bis 219 sowie 223 und 228 nichts (= 0) eingegeben wurde, wird hier im 1. Jahr keine Summe angezeigt!
K221	-	Investitionen Sachanlagevermögen	JA	JA	Wenn im 1. Jahr keine Eingabe (= 0), wird bei MDA 2 (Beermann), Kennzahl 3, unterstellt: Zugang Sachanlagevermögen = Abschreibungen
K222	-	Investitionen Finanzanlagevermögen	JA	JA	
K223	±	Tilgung/Aufnahme Darlehen	JA	NEIN	Differenz der Pos.Nr. 316 lfd. Jahr - Vorjahr (muss im 1. Jahr händisch eingegeben werden)
K224	±	Veränderung sonstige Verbindlichkeiten, langfristig	JA	JA	
K225	-	Ausschüttung (bzw. Einzahlungen)	JA	JA	Die Bezeichnung dieser Positionen ist abhängig von der Rechtsformart des Unternehmens. Bei einer Kapitalgesellschaft heißt es "Ausschüttung" bzw. "Einzahlungen", bei einer Einzelunternehmung bzw. Personengesellschaft "Entnahmen" bzw. "Einlagen".
K226	+	Entnahmen (bzw. Einlagen)	JA	JA	
K227	=	**Veränderung der Liquidität**	NEIN	NEIN	Summe aus den Pos.Nr. K220 bis K226. Wenn in den Positionen 211 bis 219 sowie 223 und 228 nichts (= 0) eingegeben wurde, wird hier im 1. Jahr keine Summe angezeigt!
K228	±	Anfangsbestand liquide Mittel abzgl. kfr. Bankverbindlichkeiten	JA	NEIN	Saldo aus Pos.Nr. 310 abzüglich Pos.Nr. 317
K229	=	**Endbestand liquide Mittel abzgl. kurzfristige Bankverbindlichkeiten**	NEIN	NEIN	Summe aus den Pos.Nr. K227 und K228. Wenn in den Positionen 211 bis 219 sowie 223 und 228 nichts (= 0) eingegeben wurde, lautet die Formel im 1. Jahr: Saldo aus Pos.Nr. 310 abzüglich Pos.Nr. 317. *Eingabe-Check* überprüft Residualgrößen: Pos.Nr. 317 - Pos.Nr. 310 = Pos.Nr. 229

Die Positionen der Bilanz

Pos. Nr.	Vor-zei-chen	Bezeichnung	Eingabe erforderlich? 1. Jahr	Eingabe erforderlich? Folge-jahre	Erläuterungen, Eingabe-Check
B301	+	Sachanlagevermögen	JA	JA	
B302	+	Finanzanlagevermögen	JA	JA	
B303	=	ANLAGEVERMÖGEN	NEIN	NEIN	Summe aus den Pos.Nr. B301 und B302
B304	+	Rohstoffe	JA	JA	
B305	+	Handelsware	JA	JA	
B306	+	Halbfabrikate	JA	JA	
B307	+	Fertigfabrikate	JA	JA	
B308	+	Kundenforderungen	JA	JA	
B309	+	Sonstiges Umlaufvermögen	JA	JA	
B310	+	*Liquide Mittel*	JA	JA	*Eingabe-Check überprüft Residualgrößen: Pos.Nr. 317 - Pos.Nr. 310 = Pos.Nr. 229*
B311	=	UMLAUFVERMÖGEN	NEIN	NEIN	Summe aus den Pos.Nr. B304 bis B310
B312	=	AKTIVA	NEIN	NEIN	Summe aus Anlage- und Umlaufvermögen (Pos.Nr. B303 + B311) *Eingabe-Check überprüft Aktiva-Passiva-Gleichheit: Pos.Nr. 312 = Pos.Nr. 322*
B313	±	EIGENKAPITAL	JA	JA	
B314	+	Abfertigungs- u. Pensionsrückstellungen	JA	JA	
B315	+	Sonstige Rückstellungen, kurzfr.	JA	JA	
B316	+	Bankverbindlichkeiten, langfristig	JA	JA	
B317	+	*Bankverbindlichkeiten, kurzfristig*	JA	JA	*Eingabe-Check überprüft Residualgrößen: Pos.Nr. 317 - Pos.Nr. 310 = Pos.Nr. 229*
B318	+	Lieferantenverbindlichkeiten, kfr.	JA	JA	
B319	+	Sonst. Verbindlichkeiten, kurzfr.	JA	JA	
B320	+	Sonst. Verbindlichkeiten, langfr.	JA	JA	
B321	=	FREMDKAPITAL	NEIN	NEIN	Summe aus den Pos.Nr. B314 bis B320
B322	=	PASSIVA	NEIN	NEIN	Summe aus Eigenkapital und Fremdkapital (Pos.Nr. B313 + B321) *Eingabe-Check überprüft Aktiva-Passiva-Gleichheit: Pos.Nr. 312 = Pos.Nr. 322*
B324	=	GESAMTKAPITAL	NEIN	NEIN	= Pos.Nr. 322 (wenn Eigenkapital positiv) = Pos.Nr. 321 (wenn Eigenkapital negativ)

Eingabe-Check

Das Kennzahlenprogramm **BigKenn** ist mit einer automatischen Plausibilitäts-kontrolle, dem so genannten **Eingabe-Check**, ausgestattet.

Sobald Sie die Ergebnisse der Kennzahlenanalyse über den **"DRUCK"-Knopf** im Arbeitsblatt "EINGABE" ausdrucken wollen oder von der Eingabe in ein anderes Arbeitsblatt wechseln, wird der Eingabe-Check automatisch aktiviert.

Zuerst wird geprüft, ob bei der Bestimmung der **Branchengruppe** des Unternehmens ein **Mischbetrieb** gewählt wurde. Sollten die eingegebenen Verteilungsprozentsätze in Summe nicht 100% ergeben, werden Sie durch eine Fehlermeldung darauf hingewiesen. Das Programm springt zurück ins Arbeitsblatt "EINGABE", und Sie müssen die Prozentwerte berichtigen.

Danach werden die **Eingaben der Jahresabschlüsse in allen Analyseperioden** gecheckt. Überprüft werden:

- **Aktiva-Passiva-Gleichheit**
  Die Positionszeilen **B312** (Aktiva) und **B322** (Passiva) müssen immer gleich hoch sein.

- **Residualgrößen (Pufferpositionen)**
  Die Differenz aus liquiden Mitteln (Pos.Nr. **B317**) minus kurzfristige Bankverbindlichkeiten (Pos.Nr. **B310**) muss gleich sein der Pos.Nr. **K229** (Endbestand liquide Mittel minus Bankverbindlichkeiten, kurzfristig).

Wenn bei diesem Check in irgendeinem Jahr ein Fehler gefunden wird, werden Sie durch eine Meldung darauf hingewiesen und das Programm springt automatisch in das Arbeitsblatt **"EingabeCheck"**. Dort erkennen Sie am rot leuchtenden Hinweis "Fehler!" in welcher Periode bzw. welcher Positionszeile unplausible Eingaben getätigt wurden:

Eingabe-Check

Pos. Nr.	Bezeichnung	1999 1000 ATS	2000 1000 ATS	2001 1000 ATS	2002 1000 ATS	2003 1000 ATS
B312	ΣΣ AKTIVA	110	110	0	0	0
B322	ΣΣ PASSIVA	110	110	0	0	0
	Aktiva-Passiva-Gleichheit:	**OK**	**OK**	**OK**	**OK**	**OK**

Die Position B312 (Aktiva) muß gleich der Position B322 (Passiva) sein.

Pos. Nr.	Bezeichnung	1999	2000	2001	2002	2003
B310	Liquide Mittel	0	0	0	0	0
B317	- Bankverbindlichkeiten kfr.	-25	-25	0	0	0
K229	= EB Liq. Mittel - Bankverbindl. kfr.	-25	3	-2	0	0
	Residualgrößen:	**OK**	**Fehler!**	**Fehler!**	**OK**	**OK**

Die Differenz aus den Positionen B310 minus B317 muß gleich sein dem Ergebnis der Position K229.

Umgehen des Eingabe-Checks

Nachdem Sie vom Programm auf unplausible Eingaben hingewiesen wurden und im Arbeitsblatt "EingabeCheck" gelandet sind, können Sie anschließend alle Auswertungen ansehen und über den Excel-Menüpunkt "Datei", "Drucken" ausdrucken lassen.

Wenn Sie über den "DRUCK"-Knopf im Arbeitsblatt "EINGABE" drucken oder Kopien anlegen wollen, obwohl Eingaben unplausibel sind, müssen Sie im "DRUCK"-Fenster den "Eingabe-Check" deaktivieren. Klicken Sie dazu das entsprechende Häkchen (rechts unten im Fenster) einfach weg.

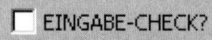

15.3.1.3. Erläuterung der Ausgabeblätter anhand eines Fallbeispiels

Ein kleines Fallbeispiel mit zwei Jahresabschlüssen eines Testunternehmens soll Ihnen die zahlreichen Ausgabeblätter, die mit **BigKenn** erstellt werden können, näherbringen.

Für das untersuchte Unternehmen wurden folgende Voreinstellungen gewählt:

- Anzahl der Analysejahre: **zwei Jahre**
- Bilanz-Stichtag: **31.12.2000**
- Vergleichsjahre: **1999, 2000**
  (in diesem Fallbeispiel gibt es ohnehin nur zwei zu analysierende Jahre)
- Rechtsform: **Kapitalgesellschaft**
- Branchengruppe: **Industriebetrieb**
- Plan-Umsatzrendite: **5%**

Die Eingaben der Jahresabschlüsse können im Arbeitsblatt **"Jahresabschlüsse"** abgelesen werden.

Das Arbeitsblatt "Jahresabschlüsse" (drei Seiten)

GEWINN- UND VERLUSTRECHNUNG (G&V)		1999		2000	
		1000 EUR	%	1000 EUR	%
G101	Umsatzerlöse	4.380	96,5%	4.020	91,8%
G102	- Skontoaufwand	0	0,0%	0	0,0%
G103	± Bestandsveränderung	0	0,0%	160	3,7%
G104	+ Sonst. betriebl. Erträge	160	3,5%	200	4,6%
G105	= BETRIEBSLEISTUNG	4.540	100,0%	4.380	100,0%
G106	- Materialeinsatz	-1.180	-26,0%	-1.020	-23,3%
G107	- Wareneinsatz	0	0,0%	0	0,0%
G108	+ Skontoertrag	0	0,0%	0	0,0%
G109	- Fremdleistungen	-120	-2,6%	-140	-3,2%
G110	- Sonstige variable Kosten	0	0,0%	0	0,0%
G111	= DECKUNGSBEITRAG (DBU)	3.240	71,4%	3.220	73,5%
G112	- Personalkosten	-1.950	-43,0%	-1.985	-45,3%
G113	- Geschäftsführerbezüge	-80	-1,8%	-85	-1,9%
G114	± Aufl./Dot. Abfert.- u. Pens.Rückst.	0	0,0%	-60	-1,4%
G115	- Sonst. betriebl. Aufwendungen	-820	-18,1%	-840	-19,2%
G118	- Abschreibungen	-220	-4,8%	-200	-4,6%
G120	= BETRIEBSERFOLG	170	3,7%	50	1,1%
G121	- Zinsaufwand, kurzfristig	-27	-0,6%	-16	-0,4%
G122	- Zinsaufwand, langfristig	-13	-0,3%	-6	-0,1%
G123	+ Zinserträge	38	0,8%	40	0,9%
G124	± Sonst. Finanzergebnis	80	1,8%	60	1,4%
G125	= Finanzerfolg	78	1,7%	78	1,8%
G126	= E G T	248	5,5%	128	2,9%
G127	± A.o. Ergebnis	0	0,0%	50	1,1%
G128	- Ertragsteuer	-80	-1,8%	-40	-0,9%
G129	= JAHRESÜBERSCHUSS	168	3,7%	138	3,2%
G130	± Aufl./Dot. unversteuerter Rücklagen	-40	-0,9%	60	1,4%
G131	± Aufl./Zuw. Gewinn- bzw. Kapitalrückl.	-20	-0,4%	-20	-0,5%
G133	± Gewinn-/Verlustvortrag	40	0,9%	40	0,9%
G134	= BILANZGEWINN / -VERLUST	148	3,3%	218	5,0%

KAPITALFLUSSRECHNUNG

		1999 Mittel-		2000 Mittel-	
		Verwend.	Herkunft	Verwend.	Herkunft
K201	E G T		248		128
K202	+ Abschreibungen		220		200
K203	+ Buchwert verkaufter Sachanlagen		0		0
K204	+ Buchwert u. Abschr. verk. Finanzanl.		0		0
K205	± Dot./Aufl. Abfert.- u. Pens.Rückst.		0		60
K206	± Dot./Aufl. Sonst. Verbindlichk., lfr.		0		0
K207	**= CASH FLOW aus dem Ergebnis**		468		388
K208	- Ertragsteuer	-80		-40	
K209	± A.o. Ergebnis		0		50
K210	+ BW verk. Sachanlagen (im a.o.Erg.)		0		30
K211	± Veränderung Rohstoffe			-40	
K212	± Veränderung Handelsware				0
K213	± Veränderung Halbfabrikate			-10	
K214	± Veränderung Fertigfabrikate			-150	
K215	± Veränderung Kundenforderungen			-20	
K216	± Veränderung Sonstiges UV				80
K217	± Veränderung Sonstige Rückst., kfr.			-10	
K218	± Veränderung Lieferantenverbindl., kfr.				90
K219	± Veränderung Sonstige Verbindl., kfr.				30
K220	**= CASH FLOW aus lfd. Geschäftstätigkeit**				398
K221	- Investitionen SV	-220		-190	
K222	- Investitionen FV		0	-20	
K223	± Tilgung / Aufnahme Darlehen			-70	
K224	± Veränderung Sonstige Verbindl., lfr.		0		0
K225	- Ausschüttung	-168		-138	
K226	+ Einzahlungen		0		0
K227	**= Veränderung der Liquidität**			-20	
K228	± AB Liq. Mittel - Bankverbindl., kfr.			-10	
K229	**= EB Liq. Mittel - Bankverbindl., kfr.**	-10		-30	

BILANZ		1999		2000	
		1000 EUR	%	1000 EUR	%
B301	Sachanlagevermögen	500		460	
B302	Finanzanlagevermögen	620		640	
B303 Σ	**ANLAGEVERMÖGEN**	1.120	35,4%	1.100	34,4%
B304	Rohstoffe	480		520	
B305	Handelsware	0		0	
B306	Halbfabrikate	300		310	
B307	Fertigfabrikate	180		330	
B308	Kundenforderungen	640		660	
B309	Sonstiges Umlaufvermögen	240		160	
B310	*Liquide Mittel*	200		120	
B311 Σ	**UMLAUFVERMÖGEN**	2.040	64,6%	2.100	65,6%
B312 ΣΣ	**A K T I V A**	3.160	100,0%	3.200	100,0%
B313 Σ	**EIGENKAPITAL**	740	23,4%	740	23,1%
B314	Abfertigungs- u. Pensionsrückst., lfr.	580		640	
B315	Sonstige Rückstellungen, kfr.	480		470	
B316	Darlehen (Bankverbindlichk., lfr.)	140		70	
B317	*Bankverbindlichkeiten, kfr.*	210		150	
B318	Lieferantenverbindlichkeiten, kfr.	400		490	
B319	Sonst. Verbindlichkeiten, kfr.	610		640	
B320	Sonst. Verbindlichkeiten, lfr.	0		0	
B321 Σ	**FREMDKAPITAL**	2.420	76,6%	2.460	76,9%
B322 ΣΣ	**P A S S I V A**	3.160	100,0%	3.200	100,0%
B324	**G E S A M T K A P I T A L**	3.160	100,0%	3.200	100,0%

☞ Sie können die Anzahl der Kommastellen für Geld- und Prozentwerte in diesem Arbeitsblatt selbst bestimmen (siehe Seite 947).

Das Arbeitsblatt "Kennzahlen" (zwei Seiten)

Auf diesen Seiten finden Sie die Ergebnisse von insgesamt **34 Kennzahlen** für alle Jahre des Analysezeitraumes, getrennt nach den Analysebereichen:

- Investition
- Finanzierung
- Liquidität
- Rentabilität
- Aufwandstruktur/Erfolg

KENNZAHLENANALYSE

Analysebereich: INVESTITION	1999	2000
Anlagenintensität	35,4%	34,4%
Investitionsquote	0,44	0,32
Investitionsdeckung	1,0	1,3
Abschreibungsquote	0,44	0,43
Analysebereich: FINANZIERUNG		
Eigenkapitalquote	23,4%	23,1%
Anlagendeckung A	66%	67%
Anlagendeckung B	130%	132%
Working Capital Ratio	17%	17%
Lagerdauer in Tagen	297 Tg.	415 Tg.
Debitorenziel in Tagen	53 Tg.	60 Tg.
Kreditorenziel in Tagen	112 Tg.	154 Tg.
Analysebereich: LIQUIDITÄT		
Schuldtilgungsdauer in Jahren	4,7 J.	6,0 J.
Liquidität 1. Grades	12%	7%
Liquidität 2. Grades (Acid-Test)	64%	54%
Liquidität 3. Grades (Mobilität)	120%	120%

Analysebereich: RENTABILITÄT		
Gesamtkapitalrentabilität	9,1%	4,7%
Eigenkapitalrentabilität	33,5%	17,3%
Return On Stock Investment (ROSTI)	-	-
Kapitalumschlag	1,4 x	1,4 x
Return On Investment (ROI)	7,8%	4,0%
Analysebereich: AUFWANDSTRUKTUR / ERFOLG		
Cash-Flow in % d. BL	10,3%	8,9%
Skontoaufwand in % d. Umsatzes	0,0%	0,0%
Material- bzw. Warenintensität	26,0%	23,3%
Fremdleistungen in % d. BL	2,6%	3,2%
Skontoerträge in % d. MES/WES	0,0%	0,0%
Personalintensität	44,7%	48,6%
Fremdkapitalzinsen in % d. BL	0,9%	0,5%
Umsatzrendite	5,5%	2,9%
Abschreibung in % d. BL	4,8%	4,6%
Deckungsbeitragsrate (DBU)	71,4%	73,5%
Cash-Flow-Point in % d. BL	85,6%	88,0%
Break-Even-Point in % d. BL	92,3%	96,0%
Sicherheitsgrad	7,7%	4,0%
Zielumsatz in % d. BL (UR: 5%)	99,3%	103,0%

Die linken vertikalen Beschriftungen lauten: FINANZIELLE STABILITÄT, ERTRAGSKRAFT.

QUICKTEST - BEURTEILUNG / NOTE

Eigenkapitalquote	2	2
Schuldtilgungsdauer	2	3
FINANZIELLE STABILITÄT	2	2,5
Gesamtkapitalrentabilität	3	4
Cash-Flow in % der BL	1	2
ERTRAGSKRAFT	2	3
G E S A M T	2	2,75

Kennzahl - Beurteilungsschema für Quicktest:		sehr gut (1)	gut (2)	mittel (3)	schlecht (4)	Insolvenz-gefahr (5)
Finanzielle Stabilität	Eigenkapitalquote	> 30%	> 20%	> 10%	< 10%	negativ
	Schuldtilgungsdauer	< 3 J.	< 5 J.	< 12 J.	< 30 J.	> 30 J.
Ertrags-kraft	Gesamtkapitalrentabilität	> 15%	> 12 %	> 8%	< 8%	negativ
	Cash-Flow in % der BL	> 10%	> 8%	> 5%	< 5%	negativ

Darüber hinaus wird die Entwicklung der Kennzahlen mittels **Quicktest** bewertet. Weiters werden 23 der 34 Kennzahlen den Werten von **Vergleichsbetrieben** **(Branchengruppen) gegenübergestellt und benotet.**

BENOTUNG DER KENNZAHLEN

Analysebereich: INVESTITION		1999	2000
Anlagenintensität	(50%)	3	3
Abschreibungsquote	(50%)	1	1
Gesamtnote gewichtet	**[20%]**	**2,0**	**2,0**

gleichbleibender Trend

Analysebereich: FINANZIERUNG			
Eigenkapitalquote	**(40%)**	2	2
Anlagendeckung A	(10%)	2	2
Anlagendeckung B	(10%)	2	2
Working Capital Ratio	(10%)	2	2
Lagerdauer in Tagen	(10%)	5	5
Debitorenziel in Tagen	(10%)	3	4
Kreditorenziel in Tagen	(10%)	4	5
Gesamtnote gewichtet	**[40%]**	**2,6**	**2,8**

ungünstiger Trend

Analysebereich: LIQUIDITÄT			
Schuldtilgungsdauer in J.	**(80%)**	2	3
Liquidität 2. Grades (Acid-Test)	(10%)	4	5
Liquidität 3. Grades (Mobilität)	(10%)	2	2
Gesamtnote gewichtet	**[40%]**	**2,2**	**3,1**

ungünstiger Trend

Analysebereich: RENTABILITÄT			
Gesamtkapitalrentabilität	**(50%)**	3	4
Eigenkapitalrentabilität	(20%)	2	2
Return on Stock Investment (ROSTI)	(10%)	-	-
Kapitalumschlag	(10%)	3	3
Return On Investment (ROI)	(10%)	2	3
Gesamtnote gewichtet	**[50%]**	**2,7**	**3,3**

ungünstiger Trend

Analysebereich: AUFWANDSTRUKTUR / ERFOLG			
Cash-Flow in % d. BL	**(50%)**	1	2
Material- bzw. Waren- und Personalintensität	(10%)	1	1
Fremdkapitalzinsen in % d. BL	(10%)	1	1
Umsatzrendite	(10%)	2	3
Abschreibung in % d. BL	(10%)	3	3
Sicherheitsgrad	(10%)	2	3
Gesamtnote gewichtet	**[50%]**	**1,4**	**2,1**

ungünstiger Trend

FINANZIELLE STABILITÄT	**[50%]**	**2,3**	**2,8**

ungünstiger Trend

ERTRAGSKRAFT	**[50%]**	**2,1**	**2,7**

ungünstiger Trend

GESAMTNOTE		**2,2**	**2,8**

ungünstiger Trend

963

Das Arbeitsblatt "Formeln" (eine Seite)

Auf diesem Arbeitsblatt sind alle Formeln, die für die Ermittlung der 34 Kennzahlen herangezogen werden, abgebildet. Es dient zur Information und zur besseren Nachvollziehbarkeit der Ergebnisse. Die Eingabe hat auf dieses Blatt keinerlei Einfluss.

FORMELBLATT ZUR KENNZAHLENANALYSE

FINANZIELLE STABILITÄT	ERTRAGSKRAFT

Analysebereich: INVESTITION

Anlagenintensität	=	$\dfrac{\text{Anlagevermögen x 100}}{\text{Bilanzsumme}}$
Investitionsquote	=	$\dfrac{\text{Nettoinvestitionen im Sachanlagevermögen}}{\text{Buchwert der Sachanlagen am Jahresanfang}}$
Investitionsdeckung	=	$\dfrac{\text{Abschreibungen auf Sachanlagevermögen}}{\text{Nettoinvestition (= Sachanlagezugang)}}$
Abschreibungsquote	=	$\dfrac{\text{Abschreibungen auf Sachanlagevermögen}}{\text{Buchwert der Sachanlagen am Jahresende}}$

Analysebereich: RENTABILITÄT

Gesamtkapital-rentabilität	=	$\dfrac{\text{(EGT + Zinsaufwand) x 100}}{\text{Eigenkapital + Fremdkapital}}$
Eigenkapital-rentabilität	=	$\dfrac{\text{EGT x 100}}{\text{Eigenkapital}}$
Return On Stock Investment (ROSTI)	=	$\dfrac{\text{Rohgewinn in \% vom}}{\text{Wareneinsatz}}$ x $\dfrac{\text{Umschlagshäufigkeit}}{\text{des Lagers}}$
Kapitalumschlag	=	$\dfrac{\text{Betriebsleistung}}{\text{Bilanzsumme}}$
Return On Investment (ROI)	=	Umsatzrendite x Kapitalumschlag
		bzw.
		$\dfrac{\text{EGT x 100}}{\text{Betriebsleistung}}$ x $\dfrac{\text{Betriebsleistung}}{\text{Bilanzsumme}}$

Analysebereich: FINANZIERUNG

Eigenkapitalquote	=	$\dfrac{\text{Eigenkapital x 100}}{\text{Gesamtkapital}}$
Anlagendeckung A	=	$\dfrac{\text{Eigenkapital x 100}}{\text{Anlagevermögen}}$
Anlagendeckung B	=	$\dfrac{\text{(Eigenkapital + langfr.Fremdkapital) x 100}}{\text{Anlagevermögen}}$
		oder bei Überschuldung:
	=	$\dfrac{\text{langfristiges Fremdkapital x 100}}{\text{Anlagevermögen + Fehlkapital}}$
Working Capital	=	(kurzfr.) Umlaufvermögen (innerhalb 1 Jahres abbaubar) - (kurzfr.) Fremdkapital (innerhalb eines Jahres rückzahlbar)
Working Capital Ratio	=	$\dfrac{\text{Working Capital x 100}}{\text{kurzfristiges Umlaufvermögen}}$
Lagerdauer in Tagen	=	$\dfrac{\text{Vorräte x 365}}{\text{WES + MES}}$
Debitorenziel in Tagen	=	$\dfrac{\text{Kundenforderungen x 365}}{\text{Umsatz - Skontoaufwand}}$
Kreditorenziel in Tagen	=	$\dfrac{\text{Lieferantenverbindlichkeiten x 365}}{\text{WES + MES + Fremdleistung - Skontoertrag}}$

Analysebereich: AUFWANDSTRUKTUR / ERFOLG

Cash-Flow in % d. BL	=	$\dfrac{\text{(EGT + nichtausgabenwirksame Fixkosten) x 100}}{\text{Betriebsleistung}}$
Skontoaufwand in % d. Umsatzes	=	$\dfrac{\text{Skontoaufwand x 100}}{\text{Umsatz}}$
Material- bzw. Warenintensität	=	$\dfrac{\text{(Material- bzw. Wareneinsatz) x 100}}{\text{Betriebsleistung}}$
Fremdleistungen in % d. BL	=	$\dfrac{\text{Fremdleistungen x 100}}{\text{Betriebsleistung}}$
Skontoerträge in % d. MES/WES	=	$\dfrac{\text{Skontoerträge x 100}}{\text{Material- bzw. Wareneinsatz}}$
Personalintensität	=	$\dfrac{\text{Personalkosten x 100}}{\text{Betriebsleistung}}$
Fremdkapitalzinsen in % d. BL	=	$\dfrac{\text{Fremdkapitalzinsen x 100}}{\text{Betriebsleistung}}$
Umsatzrendite	=	$\dfrac{\text{EGT x 100}}{\text{Betriebsleistung}}$
Abschreibung in % d. BL	=	$\dfrac{\text{Abschreibungen x 100}}{\text{Betriebsleistung}}$
Deckungsbeitragsrate (DBU)	=	$\dfrac{\text{Deckungsbeitrag x 100}}{\text{Betriebsleistung}}$
Cash-Flow-Point	=	$\dfrac{\text{ausgabenwirksame Jahresfixkosten}}{\text{DBU / 100}}$
Cash-Flow-Point in % d. BL	=	$\dfrac{\text{Cash-Flow-Point x 100}}{\text{Betriebsleistung}}$
Break-Even-Point	=	$\dfrac{\text{gesamte Jahresfixkosten}}{\text{DBU / 100}}$
Break-Even-Point in % d. BL	=	$\dfrac{\text{Break-Even-Point x 100}}{\text{Betriebsleistung}}$
Sicherheitsgrad	=	100 - Break-Even-Point in % der BL
Zielumsatz	=	$\dfrac{\text{gesamte Jahresfixkosten}}{\text{DBU / 100 - Umsatzrendite / 100}}$
Zielumsatz in % d. BL	=	$\dfrac{\text{Zielumsatz x 100}}{\text{Betriebsleistung}}$

Analysebereich: LIQUIDITÄT

Schuldtilgungs-dauer in Jahren	=	$\dfrac{\text{Fremdkapital - flüssige Mittel}}{\text{Cash Flow}}$
Liquidität 1. Grades	=	$\dfrac{\text{flüssige Mittel x 100}}{\text{kurzfristiges Fremdkapital}}$
Liquidität 2. Grades	=	$\dfrac{\text{(kurzfr.UV - Vorräte - geleist.Anzahlungen) x 100}}{\text{kurzfristiges Fremdkapital}}$
Liquidität 3. Grades	=	$\dfrac{\text{kurzfristiges Umlaufvermögen x 100}}{\text{kurzfristiges Fremdkapital}}$

Die Arbeitsblätter "MDA 1" und "MDA 2" (je eine Seite)

MDA steht für "Multiple Diskriminanzanalyse" und stellt eine weitere Form der Bonitätsbeurteilung und Insolvenzfrühwarnung für Betriebe dar. Dabei werden einige ausgewählte Kennzahlen ermittelt, mit einem Faktor gewichtet und anschließend addiert. Die Summe ergibt die so genannte "Diskriminanzfunktion". Die Höhe der Diskriminanzfunktion gibt Aufschluss über die Wirtschaftlichkeit und finanzielle Potenz eines Unternehmens.

In **BigKenn** stehen Ihnen zwei bewährte Diskrimanzanalyse-Modelle zur Verfügung:

- Die **MDA 1** nach der **vereinfachten Methode**. Sie basiert auf sechs gewichteten Kennzahlen und ist für alle Betriebstypen (Branchengruppen) anwendbar.
- Die **MDA 2** nach der **Methode Beermann** mit zehn gewichteten Kennzahlen. Sie ist nur für Industrie- und Handwerksbetriebe relevant und liefert für Einzel- und Großhandelsbetriebe keine richtigen Ergebnisse.

Die Ermittlung beider Diskriminanzfunktionen wird auf jeweils einer Seite dargestellt und in einer übersichtlichen Interpretationstabelle bewertet. Man sieht, dass beide Methoden gut korrelieren. Auch die Ergebnisse des Quicktests und der Kennzahlen-Benotung werden bestätigt.

BONITÄTSINDIKATOREN 1
(für alle Betriebstypen)

Multiple Diskriminanzanalyse,
vereinfachte Methode

Kenn-zahl	Formel	x Gewichtungs-faktor	1999	2000
1	Cash-Flow p.a. / Verbindlichkeiten	x 1,5	0,290	0,237
2	Bilanzsumme / Verbindlichkeiten	x 0,08	0,104	0,104
3	EGT p.a. / Bilanzsumme	x 10	0,785	0,400
4	EGT p.a. / Betriebsleistung p.a.	x 5	0,273	0,146
5	Vorräte / Betriebsleistung p.a.	x 0,3	0,063	0,079
6	Betriebsleistung p.a. / Bilanzsumme	x 0,1	0,144	0,137
Insolvenzfrühwarn-Indikator (Diskriminanzfunktion)			**1,660**	**1,103**

INTERPRETATIONSTABELLE

> 3	extrem gut		
> 2,2	sehr gut		
> 1,5	gut	1,660	
> 1	mittelgut		1,103
> 0,3	schlecht		
≤ 0,3	leicht insolvenzgefährdet		
≤ 0	insolvenzgefährdet		
≤ -1	stark insolvenzgefährdet		

BONITÄTSINDIKATOREN 2
(nur für Industrie u. Handwerk)

Multiple Diskriminanzanalyse
(nach Beermann)

Kenn-zahl	Formel	x Gewichtungs-faktor	1999	2000
1	AfA auf Sachanlageverm. p.a. / Sachanlage AB+Zugang	x 0,217	0,066	0,063
2	Cash-Flow p.a. / Verbindlichkeiten	x - 0,063	-0,012	-0,010
3	Zugang Sachanlageverm. / AfA auf Sachanlageverm.	x 0,012	0,012	0,011
4	Verbindlichkeiten / Bilanzsumme	x 0,077	0,059	0,059
5	EGT p.a. / Umsatz p.a.-Skontoaufw. p.a.	x - 0,105	-0,006	-0,003
6	EGT p.a. / Bilanzsumme	x - 0,813	-0,064	-0,033
7	Bankverbindlichkeiten / Verbindlichkeiten	x 0,165	0,024	0,015
8	Umsatz p.a.-Skontoaufw. p.a. / Bilanzsumme	x 0,061	0,085	0,077
9	Vorräte / Umsatz p.a.-Skontoaufw. p.a.	x 0,268	0,059	0,077
10	EGT p.a. / Verbindlichkeiten	x 0,124	0,013	0,006
	Insolvenzfrühwarn-Indikator (Diskriminanzfunktion)		**0,235**	**0,263**

INTERPRETATIONSTABELLE

< 0	extrem gut		
< 0,2	sehr gut		
< 0,25	gut	0,235	
< 0,29	mittelgut		0,263
< 0,31	schlecht		
≥ 0,31	leicht insolvenzgefährdet		
≥ 0,33	insolvenzgefährdet		
≥ 0,35	stark insolvenzgefährdet		

Normalerweise korrelieren die beiden Diskriminanzanalysen untereinander - aber auch mit der Kennzahlenanalyse - sehr gut. Man sollte wissen, dass die Beurteilung nach Beermann etwas strenger erfolgt. Wenn große Diskrepanzen zwischen der Kennzahlen-Gesamtnote und den Diskriminanzfunktionen bestehen, ist **unbedingt** die Ursache festzustellen. Der Grund ist oft eine unplausible Eingabe, oder die Eingabedaten sind verfälscht.

Die Diskriminanzfunktionen zur Abrundung des Bonitätsbildes haben unter anderem eine wichtige Kontrollfunktion.

Das Arbeitsblatt "ROI-Baum" (eine Seite)

Dieses Blatt zeigt die Herleitung der wichtigen Kennzahl **Return On Investment** (ROI) und die Ursachen für die günstige bzw. ungünstige Veränderung auf. Es werden immer die Ergebnisse von zwei Jahren - den frei wählbaren, so genannten "Vergleichsjahren" - gedruckt (siehe "Bestimmung der Vergleichsjahre", Seite 945).

Das jüngste Jahr wird invers gedruckt. Die Ursachen für die erhebliche Verschlechterung des ROI lassen sich aus dem ROI-Baum rasch ablesen:

*   Rückgang der Betriebsleistung
*   Leichte Erhöhung des Kapitaleinsatzes (Bilanzsumme)
*   Reduktion des Gewinns und der Umsatzrendite (hervorgerufen durch geringeren Deckungsbeitrag und höhere Fixkosten)

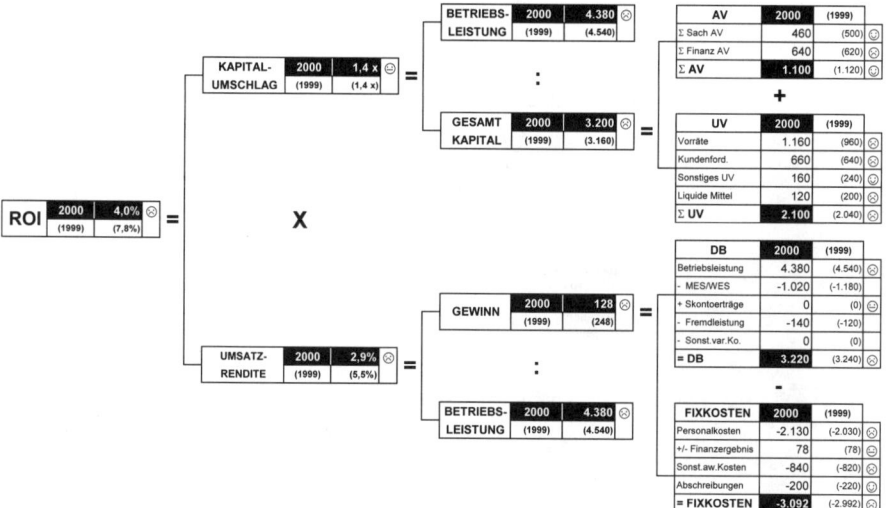

ROI-KENNZAHLENBAUM
(Ursachenanalyse für die ROI-Veränderung 1999 - 2000)

Das Arbeitsblatt "Bericht 1" (zwei Seiten)

Der graphische Kennzahlenbericht **"Bericht 1"** liefert eine genaue Analyse der Kennzahlen Eigenkapitalquote und Schuldtilgungsdauer. Die Werte aus den zwei Vergleichsjahren werden gegenübergestellt, optisch aufbereitet und verbal beurteilt. Der Bericht gibt Antwort auf die Frage:

- **"Hat das Unternehmen zu viele Schulden?"**

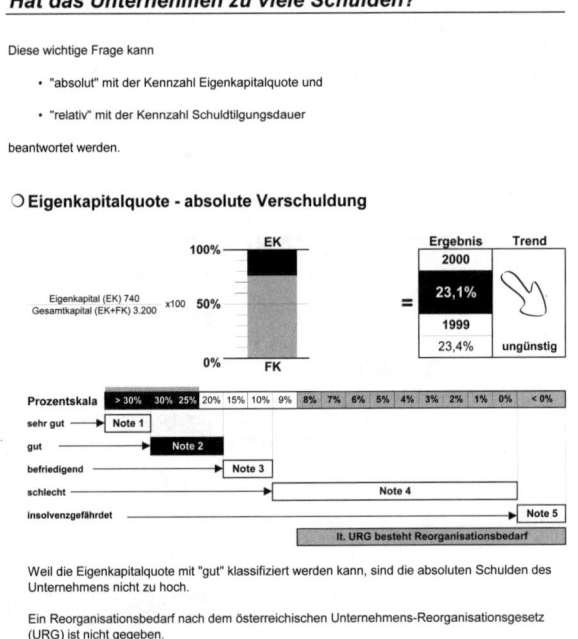

Beispielseite aus dem "Bericht 1"

Das Arbeitsblatt "Bericht 2" (sieben Seiten)

Durch eine detaillierte Analyse mehrerer Kennzahlen geht dieser graphische Kennzahlenbericht zwei wichtigen Fragen auf den Grund:

- **"Wie steht es mit der Wirtschaftlichkeit?"** und
- **"Wie steht es mit der Liquidität?"**

Dabei werden die Werte aus den zwei Vergleichsjahren gegenübergestellt und optisch aufbereitet.

○ **Aufwandstruktur**

	2000		1999		Trend
	1000 EUR	% BL	1000 EUR	% BL	
Waren- bzw. Materialeinsatz inkl. Fremdleistungen	**1.160**	26,5%	1.300	28,6%	fallend
Personalkosten	**2.130**	48,6%	2.030	44,7%	steigend = ungünstig
Fremdkapitalzinsen	**22**	0,5%	40	0,9%	fallend = günstig
Abschreibungen	**200**	4,6%	220	4,8%	fallend = ungünstig
Sonstiger Aufwand	**840**	19,2%	820	18,1%	steigend = ungünstig

	Typ: Industrie	gut	Ø	schlecht
	Vergleichsbetriebe	23,9%	32,4%	41,4%
Personalkosten	Beurteilung 2000			
	Beurteilung 1999			
	Vergleichsbetriebe		74,4%	
Einsatz und Personalkosten	Beurteilung 2000			
	Beurteilung 1999			
	Vergleichsbetriebe	1,6%	3,2%	5,7%
Fremdkapitalzinsen	Beurteilung 2000			
	Beurteilung 1999			
	Vergleichsbetriebe	7,2%	4,4%	2,7%
Abschreibungen	Beurteilung 2000			
	Beurteilung 1999			

○ **Betriebsleistung**

	2000	1999	Trend	
Betriebsleistung	**4.380**	4.540		ungünstig
Index, Entwicklung	**96**	100		

Beispielseite aus dem "Bericht 2"

Das Arbeitsblatt "Bericht 3" (vier Seiten)

Der dritte graphische Kennzahlenbericht bewertet die Kennzahlen Kapitalumschlag und Working Capital Ratio und geht den **Ursachen** für die Ergebnisse aus den beiden Vergleichsjahren auf den Grund.

15.4. Programme zu Kapitel 4

15.4.1. MDA (Multiple Diskriminanzanalyse) nach der vereinfachten Methode

Die Multiple Diskriminanzanalyse nach der vereinfachten Methode ist Teil des großen Kennzahlenprogramms **BigKenn** (siehe Kapitel 15.3.1.).

15.4.1. MDA (Multiple Diskriminanzanalyse) nach Beermann

Die Multiple Diskriminanzanalyse nach Beermann ist Teil des großen Kennzahlenprogramms **BigKenn** (siehe Kapitel 15.3.1.).

15.5. Programme zu Kapitel 5

Zu diesem Kapitel gibt es derzeit keine Excel-Programme.

15.6. Programme zu Kapitel 6

15.6.1. "PlanB"

PlanB

Bei den Erläuterungen des Planbilanzprogrammes "PlanB" werden Grundkenntnisse in Excel vorausgesetzt. Als Planer sollte der Anwender natürlich auch
mit den Positionen und Fachausdrücken eines Jahresabschlusses gut vertraut sein.

15.6.1.1. Struktur der Excel-Arbeitsmappe

Die Excel-Arbeitsmappe **PlanB.xls** besteht aus folgenden Arbeitsblättern:

\ AUSGABE \ **EINGABE** / Graphik / EingabeSpez /

- **"EINGABE"**
  Hier werden alle wichtigen Inputs für die Planung getätigt.
- **"AUSGABE"**
  Dies ist das Arbeitsblatt mit den Ergebnissen der Planung.
- **"Graphik"**
  Alle getätigten Eingaben werden hier graphisch dargestellt. Auf einen Blick
  ist erkennbar, ob die Inputs plausibel sind oder nicht.
- **"EingabeSpez"**
  Ist ein weiteres Arbeitsblatt für spezielle Eingaben. Es wird nur in Ausnah-
  mefällen benötigt.
  Ein Beispiel: Sie wissen (oder vermuten), dass im zweiten Planjahr wegen
  eines neuen Konkurrenten ein starker Umsatzeinbruch zu erwarten sein
  wird. Ein solcher von der Norm abweichender Planungsparameter wird
  in diesem Arbeitsblatt eingeben. Das erhöht die Übersichtlichkeit und
  ermöglicht später eine bessere Nachvollziehbarkeit der Planung.

15.6.1.2. Bedienung

Das Arbeitsblatt "EINGABE"

Alle wichtigen Eingaben werden im Arbeitsblatt "EINGABE" vorgenommen.
Schritt für Schritt geben Sie alle für die Planung benötigten Daten ein.

Folgende Reihenfolge wird dabei empfohlen:

1.) Eingabe der **Voreinstellungen** (Anzahl der Planjahre, Bestimmung der Währungseinheit usw.)
2.) Eingabe der historischen Werte (**Ist-Werte** bzw. der so genannten **Basiswerte**) für die Gewinn- und Verlustrechnung, die Kapitalflussrechnung und die Bilanz
3.) Eingabe der **Planungsparameter** für G&V, Kapitalflussrechnung und Bilanz

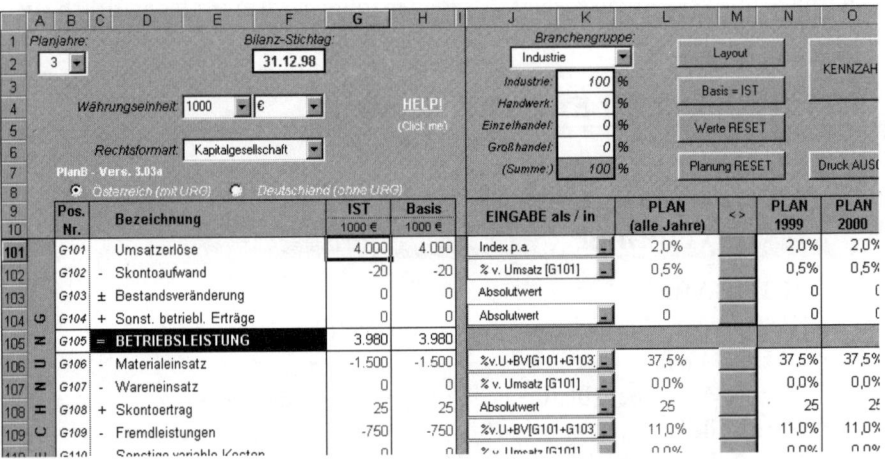

Eingabe der Voreinstellungen

- **Bestimmung der Version (Österreich/Deutschland)**
  Durch Klicken auf den entsprechenden Optionsbutton wird bestimmt, ob Sie **PlanB** in der österreichischen oder in der deutschen Version laufen lassen möchten.

- **Einstellen der Planjahre**
  Wählen Sie im entsprechenden Dropdown-Menü die Anzahl der Planjahre. Es können bis zu zehn Planjahre eingegeben werden.

  Wenn Sie den Planungszeitraum verkürzen, z.B. von zehn auf fünf Jahre, dann verschwinden alle Eingaben, die Sie ab dem sechsten Planjahr getätigt haben. Diese Eingaben sind aber nicht gelöscht. Sobald Sie die Anzahl der Planjahre wieder erhöhen, werden auch die zuletzt getätigten Eingaben wieder eingeblendet.

- **Einstellen des Bilanz-Stichtages**
  Geben Sie im entsprechenden Feld *(Zelle F2)* den Stichtag der Bilanz ein, z.B. "4.3.99" (4. März 1999) oder "31.12.00" (31. Dezember 2000).

Wenn Sie als **Bilanz-Stichtag** den **31.12.** wählen, dann werden alle Jahreszahlen ganzzahlig (z.B. "1999" oder "2001") dargestellt. Bei jedem anderen Datum werden die Jahre als Wirtschaftsjahre angezeigt (z.B. "99/ 00").

- **Einstellen der Währungseinheit**
  Im Dropdown-Menü (links) werden die 1000er-Einheiten festgelegt. Zur Auswahl stehen:
  - Leere Zeile   (Währungseinheit x 1),
  - 1.000   (Währungseinheit x 1.000),
  - Mio   (Währungseinheit x 1 Mio) sowie
  - Mrd   (Währungseinheit x 1 Mrd)

  Rechts daneben, in der *Zelle F4*, tragen Sie einfach die Kurzbezeichnung der Währungseinheit (z.B. DM, ATS, SFR, EUR etc.) ein.

- **Bestimmung der Rechtsform des Unternehmens**
  Im entsprechenden Dropdown-Menü lässt sich die Rechtsform des Unternehmens bestimmen. Zwei mögliche Rechtsformarten stehen zur Auswahl: **Kapitalgesellschaft** oder **Einzelunternehmen bzw. Personengesellschaft**. Die Wahl der Rechtsform hat Auswirkungen auf folgende Positionsnummern *(Zeilen)*:

  - *Zeilen 113, 225 und 226:* Die Wahl der Rechtsform bestimmt die Bezeichnung dieser drei Positionen:

Pos.Nr.	Bezeichnung der Position	
	Kapitalgesellschaft	Einzelunternehmen u. Personengesellschaft
113	"Geschäftsführerbezüge"	"Unternehmerlohn"
225	"Ausschüttung"	"Entnahmen"
226	"Einzahlungen"	"Einlagen"

  - *Zeile 132:* Bei der Personengesellschaft wird der kalkulatorische Unternehmerlohn *(Zeile 113)* zur Steuerbasis wieder hinzugerechnet. Mehr dazu im nächsten Abschnitt, bei den Erläuterungen zur *Zeile 132* ("Hinzurechnung Steuerbasis").

- **Der "LAYOUT"-Knopf**
  Wenn Sie auf den "Layout"-Knopf klicken, erscheint ein Fenster, in dem
  Sie einige Einstellungen für die Zahlendarstellung und die Druckausgabe
  vornehmen können:

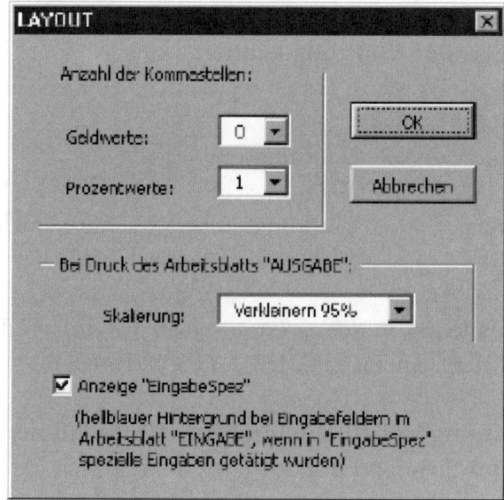

Sie können die **Zahlenformate** für Geld- bzw. Prozentwerte in allen
Arbeitsblättern über das entsprechende Dropdown-Menü ändern. Wählen Sie zwischen **keiner, einer oder zwei Kommastellen**.

Sollte es beim Druck des Arbeitsblattes "AUSGABE" Probleme mit dem
Druckbereich geben, können Sie im Dropdown-Menü **"Skalierung"** die
Druckausgabe verkleinern bzw. vergrößern, um die Ausdrucke an die
spezifischen Eigenschaften Ihres Druckers anzupassen.

Schließlich haben Sie hier auch noch die Möglichkeit, den hellblauen
Hintergrund bei Eingabefeldern zur Anzeige spezieller Eingaben wegzu-
klicken (mehr dazu im Abschnitt über das Arbeitsblatt "EingabeSpez").

- **Der "Basis = IST"-Knopf**
  Wenn Sie diesen Button anklicken, werden - nach einer Sicherheitsabfrage
  - automatisch alle Basis-Werte mittels Zellbezug den Ist-Werten gleichgesetzt.

- **Der "RESET"-Knopf**
  Das Anklicken des Reset-Knopfes setzt - nach einer Sicherheitsabfrage -
  alle Eingaben in der gesamten Arbeitsmappe auf null.

- **Der "Druck AUSGABE"-Knopf**
  Durch Anklicken dieses Knopfes wird das Arbeitsblatt "AUSGABE" mit den Ergebnissen der Planung ausgedruckt.

- **Der "KENNZAHLEN"-Knopf**
  Mit Anklicken dieses Buttons aktivieren Sie das Modul "Kennzahlen", das eine umfangreiche Kennzahlenanalyse Ihrer Planung liefert.

Eingabe der historischen Ist-Werte bzw. der sog. Basis-Werte

Nachdem Sie die Voreinstellungen für die Planung durchgeführt haben, geben Sie im nächsten Schritt die historischen Ist-Werte der Gewinn- und Verlustrechung sowie der Bilanz des letzten abgelaufenen Jahres ein.

Beispiel: Eingabe der historischen Ist-Werte für die Umsatzerlöse
Tragen Sie den **Ist-Wert** der Umsatzerlöse in die *Zelle G101* ein, also den Jahresumsatz aus dem Jahr **vor** der Planung.
Rechts daneben *(Zelle H101)* erscheint automatisch der Ist-Wert als **Basis-Wert**, der den **Ausgangspunkt für die Planung** bildet.
In der *Zelle H101* steht der Zellbezug *"=G101"*; so wird der Basis-Wert dem Ist-Wert gleichgesetzt. Sie können den Basis-Wert allerdings auch überschreiben, wenn die Planung auf einem revidierten Ist-Wert aufsetzen soll. In diesem Fall erscheint der Basis-Wert **in roter Schriftfarbe**.

Pos. Nr.	Bezeichnung	IST 1000 €	Basis 1000 €
G101	Umsatzerlöse	4.000	4.000

Hier beträgt der Ist-Wert der Umsatzerlöse 4 Mio Euro (4.000 x 1.000 Euro). Der Basis-Wert wurde nicht überschrieben; er beträgt somit ebenfalls 4 Mio Euro.

Die Spalte mit dem Namen "Pos.Nr." weist den Umsatzerlösen die Positionsnummer "G101" zu. "G" steht für Gewinn- und Verlustrechnung; 101 ist die Zeilennummer.

Gehen Sie bei der Eingabe aller übrigen Ist-Werte (und Basis-Werte) ebenso vor.

Die Ist-Werte der G&V werden in den *Excel-Zellen G101 bis G133* eingetragen, die Werte der Kapitalflussrechnung in den *Excel-Zellen G201 bis G229* und die Ist-Daten der Bilanz in den *Excel-Zellen G301 bis G322*.

Allerdings muss nicht für jede Position ein Ist-Wert eingetragen werden. Manche Positionen werden automatisch errechnet. Von den insgesamt 85 Positionen der G&V, der Kapitalflussrechnung und der Bilanz müssen nur 54 eingegeben werden.

Grundsätzlich gilt: Alle Zellen, in denen Eingaben zu tätigen sind, erscheinen **in blauer Schriftfarbe.**

Vorzeichen beachten!
Bitte beachten Sie bei der Eingabe immer das Vorzeichen! Eine Position mit einem Minuszeichen links neben der Bezeichnung muss auch als negativer Wert eingegeben werden. (Das Programm macht Sie auf eine ungültige Eingabe des Vorzeichens durch eine Fehlermeldung aufmerksam.)
Allgemein gilt:

Positionen der ...	Vorzeichen
G&V	Aufwand: -
	Ertrag: +
Kapitalfluss-rechnung	AUS: -
	EIN: +
Bilanz	Alle Positionen: +
	(Eigenkapital: + oder -)

"Hinzurechnung Steuerbasis" *(Zeile 132)*
Eine Besonderheit bei der Eingabe der Ist-Werte stellt die Position **"Hinzurechnung Steuerbasis"** *(Zeile 132)* dar. Wenn Sie in den Voreinstellungen die Rechtsform **"Einzelunternehmen/Personengesellschaft"** gewählt haben, dann wird hier der in *Zeile 113* eingegebene kalkulatorische Unternehmerlohn mit verändertem Vorzeichen (als positiver Wert) automatisch (mittels Zellbezug) eingetragen:

Pos. Nr.	Bezeichnung	IST 1000 €
G132	± Hinzurechnung Steuerbasis	=G113

Selbstverständlich können Sie diesen vom Programm vorgeschlagenen Wert auch händisch überschreiben.

Kontrolle Aktiva-Passiva-Gleichheit

Nachdem Sie alle Ist-Werte (und gegebenenfalls Basis-Werte) eingegeben haben, kontrollieren Sie, ob die Bilanzpositionen AKTIVA (*Zeile 312*) und PASSIVA (*Zeile 322*) gleich hoch sind. Wenn nicht, sind die Ursachen festzustellen und zu beseitigen.

Das Programm macht Sie vor einem Ausdruck der Ergebnisse auf eine etwaige Aktiva-Passiva-Ungleichheit aufmerksam.

Eingabe der Planungsparameter

Als nächster Schritt werden die Planungsparameter für die Positionen der G&V *(Zeilen 101-133)*, der Kapitalflussrechnung *(Zeilen 201-229)* und der Bilanz *(Zeilen 301-324)* eingegeben. Dabei kann jede einzelne Zeile (Position) mittels weniger Planungsparameter gesondert geplant werden. Manche Positionen werden wieder automatisch errechnet, so dass in diesen Zeilen keine Eingabe erforderlich ist. (Von den insgesamt 85 Positionen müssen nur 47 tatsächlich geplant werden.) **Die Planung der einzelnen Positionen (Zeilen) erfolgt im Prinzip immer nach dem gleichen Schema.**

Für jede Zeile kann definiert werden, ob

- **nur ein Planwert**, der **für alle Jahre** des Planungszeitraumes gilt, eingegeben werden soll
- oder **mehrere Planwerte**, also je ein Planwert pro Planjahr ("individuelle Eingabe").

Weiters ist die "Art der Eingabe" zu bestimmen. Dem Planer stehen - je nach Position - eine bis drei verschiedene Eingabearten der folgenden Auswahlliste zur Verfügung:

- Eingabe in Absolutwerten (= Geldwerten)
- Eingabe als jährlicher Index
- Eingabe in prozentueller Abhängigkeit von einer anderen Position
- Eingabe als Verweildauer in Tagen
- Eingabe laut Formel (die Planwerte werden automatisch errechnet)
- Eingabe als Steuersatz in Prozent

Im folgenden Beispiel wird die Vorgangsweise der Eingabe anhand der Planung der Umsatzerlöse demonstriert.

Beispiel: Planung der Umsatzerlöse *(Zeile 101)*

Der Ist- und der Basis-Wert für die Umsatzerlöse wurde mit 4 Mio Euro festgelegt. Bilanz-Stichtag war der 31.12.2000. Weiters wurde in den Voreinstellungen ein Planungszeitraum von drei Jahren gewählt. Die Planung beginnt also mit dem Jahr 2001 und endet 2003.

EINGABE als / in	PLAN (alle Jahre)	< >	PLAN 2001	PLAN 2002	PLAN 2003
Index p.a. ▪	2,0%		2,0%	2,0%	2,0%

"EINGABE als/in"

In der Spalte "EINGABE als/in" wählen Sie die Art der Eingabe, indem Sie eine der zwei möglichen Menüpunkte

- Index p.a. oder
- Absolutwert

mit der Maus anklicken.

EINGABE als "Index p.a."

Wenn Sie die Auswahl "Index p.a." (= jährliches Wachstum in %) treffen, dann geben Sie in der *Zelle L101* (Spalte "PLAN (alle Jahre)") den jährlichen Index in % ein, mit dem der Basis-Wert auf- bzw. abgewertet werden soll:

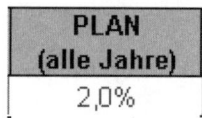

Ein Index von 2,0% bedeutet, dass die Umsatzerlöse jedes Jahr um 2% steigen.

Folgende Umsatzentwicklung ist demnach zu erwarten:

```
IST = Basis  = 4.000.000 EUR
PLAN 2001    = 4.080.000 EUR  (= 4.000.000 x 1,02)
PLAN 2002    = 4.161.600 EUR  (= 4.080.000 x 1,02)
PLAN 2003    = 4.244.832 EUR  (= 4.161.600 x 1,02)
```

Eingabe als "Absolutwert"

Wenn Sie hingegen in der Spalte "EINGABE als/in" die Auswahl "Absolutwert" treffen:

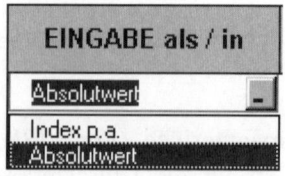

dann geben Sie in der *Zelle L101* statt eines Prozentwertes (Index p.a.) einen Absolutwert ein:

In diesem Fall sind 4,2 Mio Euro für die drei Planjahre gewählt worden. Die Entwicklung der Umsätze zeigt also folgendes Bild:

IST = Basis   = 4.000.000 EUR

PLAN 2001   = 4.200.000 EUR

PLAN 2002   = 4.200.000 EUR

PLAN 2003   = 4.200.000 EUR

Werfen Sie nun einen Blick auf die drei PLAN-Spalten rechts:

PLAN 2001	PLAN 2002	PLAN 2003
4.200	4.200	4.200

Jede dieser Zellen *(N101, O101 und P101)* bekommt automatisch den Wert, den Sie in der Spalte "PLAN (alle Jahre)" eingegeben haben, zugewiesen.

Individuelle Eingabe
Durch Klicken auf den Knopf in der Spalte **"<>"** *(Zelle M101)* können Sie unterschiedliche Planwerte für jedes einzelne Planjahr eintragen. In der Spalte "PLAN (alle Jahre)" erscheint die Anzeige **"individuelle Eingabe"**; die Zellen rechts neben dem "<>"-Knopf erscheinen jetzt in blauer Schriftfarbe. Hier können Sie nun einen individuellen Absolutwert für jedes einzelne Planjahr eingeben:

PLAN (alle Jahre)	< >	PLAN 2001	PLAN 2002	PLAN 2003
individuelle Eingabe		4.100	4.200	4.400

Durch neuerliches Klicken auf den "<>"-Knopf schalten Sie wieder zurück. Die Eingabe ist - wie weiter oben schon beschrieben - in der Spalte "PLAN (alle Jahre)" vorzunehmen und gilt für den gesamten Planungszeitraum.

Selbstverständlich können Sie die "individuelle Eingabe" auch dann vornehmen, wenn Sie die Umsätze mittels eines Index p.a. planen wollen. Wählen Sie in der Spalte "Eingabe als/in" die Auswahl "Index p.a." und klicken Sie auf den "<>"-Knopf, so dass links neben dem Knopf der Hinweis "individuelle Eingabe" erscheint:

PLAN (alle Jahre)	< >	PLAN 2001	PLAN 2002	PLAN 2003
individuelle Eingabe		2,0%	1,0%	1,0%

Nun lässt sich der Index p.a. für jedes Jahr individuell bestimmen. In diesem Fall wird eine Steigerung um 2% im ersten Planjahr (2001) unterstellt, in den folgenden Jahren (2002 und 2003) rechnet der Planer mit einer geringeren Steigerungsrate von nur 1%.

Die Umsatzerlöse entwickeln sich also wie folgt:

IST = Basis   = 4.000.000 EUR

PLAN 2001 = 4.080.000 EUR (= 4.000.000 x 1,02)

PLAN 2002 = 4.120.800 EUR (= 4.080.000 x 1,01)

PLAN 2003 = 4.162.008 EUR (= 4.120.800 x 1,01)

Damit ist die Planung der Position Umsatzerlöse abgeschlossen.
Gehen Sie bei der Planung der anderen Positionen (Zeilen) ebenso vor, die Vorgangsweise ist (nahezu) identisch. Geringfügige Unterschiede gibt es nur bei den Wahlmöglichkeiten der Eingabeart (Spalte "EINGABE als/in"). Diese positionsspezifischen Wahlmöglichkeiten werden in den folgenden Beispielen kurz erläutert:

Beispiel: Planung des Skontoaufwandes *(Zeile 102)*

Pos. Nr.	Bezeichnung	IST 1000 €	Basis 1000 €	EINGABE als / in
G102	- Skontoaufwand	-20	-20	% v. Umsatz [G101]

Der Ist-Wert *(in Zelle G102)* und der Basis-Wert *(Zelle H102)* des Skontoaufwandes beträgt in diesem Beispiel -20.000 Euro.

In der Spalte "EINGABE als/in" wählen Sie über Mausklick einen der zwei möglichen Menüpunkte:

- in "% vom Umsatz" (Pos.Nr. G101) oder
- als "Absolutwert".

Eingabe in % einer anderen Position

Wenn Sie hier die Auswahl "% v. Umsatz" treffen, dann geben Sie in der *Zelle L102* (Spalte "PLAN (alle Jahre)") einen Prozentwert ein. Der Skontoaufwand steigt bzw. fällt dann prozentuell mit den Plan-Umsätzen *(aus der Zeile 101)*.

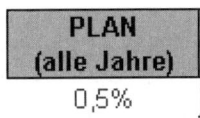

Ein Prozentwert von 0,5% bedeutet, dass der jährliche Skontoaufwand 0,5% der Umsatzerlöse beträgt.

In Abhängigkeit von der Umsatzentwicklung ist demnach folgender Skontoaufwand zu erwarten:

Jahr	Umsatz (unterstellt wurde eine individuelle Eingabe in Absolutwerten)	Skontoaufwand	
IST = Basis	4.000.000 EUR	**20.000 EUR**	(= 4 Mio x 0,005)
PLAN 2001	4.100.000 EUR	**20.500 EUR**	(= 4,1 Mio x 0,005)
PLAN 2002	4.200.000 EUR	**21.000 EUR**	(= 4,2 Mio x 0,005)
PLAN 2003	4.400.000 EUR	**22.000 EUR**	(= 4,4 Mio x 0,005)

Wenn Sie hingegen in der Spalte "EINGABE als/in" die Auswahl "Absolutwert" treffen, dann geben Sie in der *Zelle L102* den Skontoaufwand in Euro (als Absolutwert) ein.

Automatischer Vorschlag für Prozentwerte

Vielleicht ist Ihnen aufgefallen, dass das Programm einen automatischen Vorschlag für die Eingabe der Planwerte in die Spalte "PLAN (alle Jahre)" (bzw. in die drei PLAN-Spalten bei individueller Eingabe) schreibt, nachdem Sie die Menüauswahl "EINGABE als/in" geändert oder den "<>"-Knopf angeklickt haben.

Das ist insbesondere bei einer Eingabe in Prozentwerten hilfreich. Das Programm schlägt nämlich den Prozentwert vor, der sich aufgrund der Basis-Werte (im historischen Ist-Jahr) ergeben hat. Selbstverständlich müssen Sie den vorgeschlagenen Wert nicht übernehmen (er lässt sich einfach überschreiben), aber der Vorschlag liefert eine gute Orientierungshilfe in Bezug auf die Größenverhältnisse.

Natürlich besteht auch beim Skontoaufwand die Möglichkeit zu einer **"individuellen Eingabe"** für jedes einzelne Jahr. Durch Mausklick auf den "<>"-Knopf schalten Sie um zur "individuellen Eingabe". Die Skontoaufwände lassen sich dann rechts neben dem "<>"-Knopf für jedes Jahr einzeln bestimmen, und zwar entweder als Absolutwerte oder als (jährlich unterschiedliche) Prozentsätze vom Umsatz.

Weitere Positionen

Bei einigen Positionen, wie z.B. bei der "Bestandsveränderung", gibt es in der Spalte "EINGABE als/in" kein Dropdown-Menü, das Sie anklicken können, also **keine Wahlmöglichkeit**. Diese Position kann nur in Absolutwerten geplant werden.

Mit dem "<>"-Knopf können Sie aber - wie zuvor beschrieben - zwischen allgemeiner (der eingegebene Absolutwert gilt für alle Jahre) und individueller Eingabe umschalten.

Andere Positionen, wie z.B. die Betriebsleistung (Pos.Nr. G105), sind reine Rechenzeilen und werden automatisch berechnet. Es gibt hier nichts einzugeben.

Allgemeine Hinweise zur Bearbeitung von Zellen

- Alle **Zellen** in der Excel-Arbeitsmappe **PlanB**, in denen keine Eingaben getätigt werden sollen, sind **geschützt** und können nicht bearbeitet werden.

- Das **Kopieren von Zellen** (auch von Eingabezellen) ist im Arbeitsblatt "EINGABE" (und im Arbeitsblatt "EingabeSpez") aus Sicherheitsgründen **nicht möglich**. Wichtige Format- und Gültigkeitsinformationen würden beim Einfügen kopierter Zellen verloren gehen.

- In alle **PlanB**-Eingabezellen können Sie anstelle eines Wertes auch einen **externen Zellbezug** zu einem anderen Excel-Arbeitsblatt schreiben. Dadurch ist es möglich, bestimmte Positionen in von Ihnen erstellten Arbeitsblättern zu planen. Sie können z.B. die Umsätze oder die Personalkosten in einem selbst erstellten Sheet nach Sparten getrennt planen und die Jahressummen mittels Zellbezug in die individuellen Eingabezellen von **PlanB** einspielen. Dabei ist darauf zu achten, dass durch Klicken des "<>"-Knopfes oder durch Änderung der Art der Eingabe ("EINGABE als/in") etwaige Zellbezüge in dieser Positionszeile wieder überschrieben werden.

Zusammenfassung

In der folgenden Tabelle sind alle Positionen der G&V, der Kapitalflussrechnung sowie der Bilanz aufgelistet. Diese Zusammenfassung soll Ihnen als "Nachschlagewerk" dienen, falls es bei der einen oder anderen Zeile noch Unklarheiten gibt.

Die Positionen der Gewinn- und Verlustrechnung

Pos. Nr.	+/-	Bezeichnung	EINGABE als/in	Erläuterungen
G101	+	Umsatzerlöse	als Absolutwert *oder* als Index p.a. in %	Ein Index p.a. von z.B. +2% bewirkt, dass der Planwert 102% des Vorjahreswertes beträgt.
G102	-	Skontoaufwand	als Absolutwert *oder* in % vom Umsatz (Pos.Nr. G101)	
G103	±	Bestandsveränderung	nur als Absolutwert	
G104	+	Sonstige betriebliche Erträge	wie Skontoaufwand	
G105	=	**BETRIEBSLEISTUNG**	reine Rechenposition, keine Eingabe erforderlich	Summe aus den Pos.Nr. G101 bis G104
G106	-	Materialeinsatz	als Absolutwert *oder* in % vom Umsatz **plus** Bestandsveränderung (Pos.Nr. G101 + G103)	
G107	-	Wareneinsatz	als Absolutwert *oder* in % vom Umsatz (Pos.Nr. G101)	
G108	+	Skontoertrag	als Absolutwert *oder* in % vom Einsatz (Material **und** Wareneinsatz) (Pos.Nr. G106 + G107)	
G109	-	Fremdleistungen	als Absolutwert *oder* in % vom Umsatz **plus** Bestandsveränderung (Pos.Nr. G101 + G103)	
G110	-	Sonstige variable Kosten	als Absolutwert *oder* in % vom Umsatz (Pos.Nr. G101)	
G111	=	**DECKUNGSBEITRAG (DB)**	reine Rechenposition, keine Eingabe erforderlich	Summe aus den Pos.Nr. G105 bis G110
G112	-	Personalkosten	als Absolutwert *oder* als Index p.a. in %	
G113	-	Geschäftsführerbezüge (bzw. Unternehmerlohn)	als Absolutwert *oder* als Index p.a. in %	Die Bezeichnung dieser Position ist abhängig von der Rechtsform des Unternehmens. Die Rechtsform wird in den Voreinstellungen bestimmt. Bei einer Kapitalgesellschaft heißt es "Geschäftsführerbezüge", bei einer Personengesellschaft "Unternehmerlohn".
G114	±	Auflösung/Dotierung Abfertigungs- und Pensionsrückstellungen	als Absolutwert *oder* in % der Personalkosten (Pos.Nr. G112) *oder* in % der Personalkosten **und** der Geschäftsführerbezüge bzw. des Unternehmerlohns (Pos. Nr. G112 + G113)	
G115	-	Sonstige betriebliche Aufwendungen	als Absolutwert *oder* als Index p.a. in %	
G116	+	Nutzen, investitionsrelevant	nur als Absolutwert	Diese Position ist nur dann einzugeben, wenn im Planungszeitraum eine Investition getätigt werden soll.
G117	-	Sprungfixe Kosten	als Absolutwert *oder* als Index p.a. in %	

Pos. Nr.	+/−	Bezeichnung	EINGABE als/in	Erläuterungen
G118	−	Abschreibungen alt	nur als Absolutwert	
G119	−	Abschreibungen neu	nur als Absolutwert	
G120	=	BETRIEBSERFOLG	reine Rechenposition, keine Eingabe erforderlich	Summe aus den Pos.Nr. G111 bis G119
G121	−	Zinsaufwand kurzfristig	als Absolutwert *oder* als Jahreszinsfuß in %	
G122	−	Zinsaufwand langfristig	als Absolutwert *oder* als Jahreszinsfuß in %	
G123	+	Zinserträge	als Absolutwert *oder* als Jahreszinsfuß in %	
G124	±	Sonstiges Finanzergebnis	nur als Absolutwert	
G125	=	Finanzerfolg	reine Rechenposition, keine Eingabe erforderlich	Summe aus den Pos.Nr. G121 bis G124
G126	=	EGT	reine Rechenposition, keine Eingabe erforderlich	Summe aus Betriebs- und Finanzerfolg (Pos.Nr. G120 + G125)
G127	±	A.o. Ergebnis	nur als Absolutwert	
G128	−	Ertragsteuer	als Absolutwert *oder* als Ertragsteuersatz in %	
G129	=	JAHRESÜBERSCHUSS	reine Rechenposition, keine Eingabe erforderlich	Summe aus den Pos.Nr. G126 bis G128
G130	±	Auflösung/Dotierung unversteuerter Rücklagen	als Absolutwert *oder* in % der Investitionen im Sachanlagevermögen (Pos.Nr. K221)	
G131	±	Auflösung/Zuweisung Gewinnrücklagen bzw. Kapital	nur als Absolutwert	
G132	±	Hinzurechnung Steuerbasis	nur als Absolutwert	Ist die Rechtsform eine Einzelunternehmung oder Personengesellschaft, schlägt das Programm als Wert für diese Position automatisch den (positiven) Unternehmerlohn (Pos.Nr. G113) vor.
G133	±	Verlustvortrag *(hier: für die Berechnung der Ertragsteuern)*	als Absolutwert *oder* lt. Formel	

Die Positionen der Kapitalflussrechnung

Pos. Nr.	+/−	Bezeichnung	EINGABE als/in	Erläuterungen
K201	±	EGT	reine Rechenposition, keine Eingabe erforderlich	= Pos.Nr. G126
K202	+	Abschreibungen	reine Rechenposition, keine Eingabe erforderlich	Summe aus alten und neuen Abschreibungen (Pos.Nr. G118 + G119) mit umgekehrten Vorzeichen
K203	+	Buchwert verkaufter Sachanlagen	nur als Absolutwert	Da das EGT um etwaige Restbuchwerte reduziert sein könnte, sind hier die in Abzug gebrachten Beträge einzugeben.
K204	+	Buchwert verkaufter Finanzanlagen	nur als Absolutwert	
K205	±	Dotierung/Auflösung Abfertigungs- und Pensionsrückstellungen	reine Rechenposition, keine Eingabe erforderlich	= Pos.Nr. G114 mit umgekehrten Vorzeichen
K206	±	Dotierung/Auflösung sonst. Verbindlichkeiten, langfristig	nur als Absolutwert	

Pos. Nr.	+/-	Bezeichnung	EINGABE als/in	Erläuterungen
K207	=	**CASH-FLOW a. d. Ergebnis**	reine Rechenposition, keine Eingabe erforderlich	Summe aus den Pos.Nr. K201 bis K206
K208	-	Ertragsteuer	reine Rechenposition, keine Eingabe erforderlich	= Pos.Nr. G128
K209	±	A.o. Ergebnis	reine Rechenposition, keine Eingabe erforderlich	= Pos.Nr. G127
K210	+	Buchwert verkaufter Sachanlagen	nur als Absolutwert	Als Korrekturzeile für etwaige im a.o. Ergebnis enthaltene Buchwerte
K211	±	Veränderung Rohstoffe	reine Rechenposition, keine Eingabe erforderlich	Differenz der Pos.Nr. 304 Vorjahr - lfd. Jahr
K212	±	Veränderung Handelsware	reine Rechenposition, keine Eingabe erforderlich	Differenz der Pos.Nr. 305 Vorjahr - lfd. Jahr
K213	±	Veränderung Halbfabrikate	reine Rechenposition, keine Eingabe erforderlich	Differenz der Pos.Nr. 306 Vorjahr - lfd. Jahr
K214	±	Veränderung Fertigfabrikate	reine Rechenposition, keine Eingabe erforderlich	Differenz der Pos.Nr. 307 Vorjahr - lfd. Jahr
K215	±	Veränderung Kundenforderungen	reine Rechenposition, keine Eingabe erforderlich	Differenz der Pos.Nr. 308 Vorjahr - lfd. Jahr
K216	±	Veränderung sonstiges Umlaufvermögen	reine Rechenposition, keine Eingabe erforderlich	Differenz der Pos.Nr. 309 Vorjahr - lfd. Jahr
K217	±	Veränderung sonstige Rückstellungen	reine Rechenposition, keine Eingabe erforderlich	Differenz der Pos.Nr. 315 lfd. Jahr - Vorjahr
K218	±	Veränderung Lieferanten-verbindlichkeiten	reine Rechenposition, keine Eingabe erforderlich	Differenz der Pos.Nr. 318 lfd. Jahr - Vorjahr
K219	±	Veränderung sonstige Verbindlichkeiten, kurzfristig	reine Rechenposition, keine Eingabe erforderlich	Differenz der Pos.Nr. 319 lfd. Jahr - Vorjahr
K220	=	**CASH-FLOW a. d. operativen Bereich**	reine Rechenposition, keine Eingabe erforderlich	Summe aus den Pos.Nr. K207 bis K219
K221	-	Investitionen Sachanlagevermögen	als Absolutwert oder in % der alten Abschrei-bungen (Pos.Nr. G118)	
K222	-	Investitionen Finanzanlagevermögen	nur als Absolutwert	
K223	±	Tilgung/Aufnahme Darlehen	nur als Absolutwert	
K224	±	Veränderung sonstige Verbindlichkeiten, langfristig	nur als Absolutwert	
K225	-	Ausschüttung (bzw. Einzahlungen)	als Absolutwert oder in % vom Gewinn (Pos.Nr. G129)	Die Bezeichnung dieser Position ist abhängig von der Rechtsform des Unternehmens. Bei einer Kapitalgesellschaft heißt es "Ausschüttung", bei einer Einzelunt./Personenges. "Einzahlungen".
K226	+	Entnahmen (bzw. Einlagen)	nur als Absolutwert	Die Bezeichnung dieser Position ist abhängig von der Rechtsform des Unternehmens. Bei einer Kapitalgesellschaft heißt es "Entnahmen", bei einer Einzelunt./Personenges. "Einlagen".
K227	=	**Veränderung der Liquidität**	reine Rechenposition, keine Eingabe erforderlich	Summe aus den Pos.Nr. K220 bis K226
K228	±	Anfangsbestand liquide Mittel - kfr. Bankverbindlichkeiten	reine Rechenposition, keine Eingabe erforderlich	Saldo aus Pos.Nr. 317 abzüglich Pos.Nr. 310
K229	=	Endbestand liquide Mittel - kfr. Bankverbindlichkeiten	reine Rechenposition, keine Eingabe erforderlich	Summe aus den Pos.Nr. K227 und K228

985

Die Positionen der Bilanz

Pos. Nr.	+/-	Bezeichnung	EINGABE als/in	Erläuterungen
B301	+	Sachanlagevermögen	Nur der Ist- (und ggf. der Basiswert) ist einzugeben. (Die Planung erfolgt automatisch nach Formel.)	
B302	+	Finanzanlagevermögen	als Absolutwert oder lt. Formel	
B303	=	**ANLAGEVERMÖGEN**	reine Rechenposition, keine Eingabe erforderlich	Summe aus den Pos.Nr. B301 und B302
B304	+	Rohstoffe	als Absolutwert oder als Verweildauer in Tagen	
B305	+	Handelsware	als Absolutwert oder als Verweildauer in Tagen	
B306	+	Halbfabrikate	nur als Absolutwert	
B307	+	Fertigfabrikate	nur als Absolutwert	
B308	+	Kundenforderungen	als Absolutwert oder als Verweildauer in Tagen	
B309	+	Sonstiges Umlaufvermögen	als Absolutwert oder in % der Betriebsleistung (Pos.Nr. G105)	
B310	+	Liquide Mittel	Nur der Ist- (und ggf. der Basiswert) ist einzugeben. (Die Planung erfolgt automatisch nach Formel.)	Die liquiden Mittel sind - so wie die kurzfr. Bankverbindlichkeiten (Pos.Nr. B317) - eine "Pufferposition", auch "Residualgröße" genannt.
B311	=	**UMLAUFVERMÖGEN**	reine Rechenposition, keine Eingabe erforderlich	Summe aus den Pos.Nr. B304 bis B310
B312	=	**AKTIVA**	reine Rechenposition, keine Eingabe erforderlich	Summe aus Anlage- und Umlaufvermögen (Pos.Nr. B303 + B311)
B313	±	**EIGENKAPITAL**	Nur der Ist- (und ggf. der Basiswert) ist einzugeben. (Die Planung erfolgt automatisch nach Formel.)	
B314	+	Abfertigungs- u. Pensionsrückstellungen	Nur der Ist- (und ggf. der Basiswert) ist einzugeben. (Die Planung erfolgt automatisch nach Formel.)	
B315	+	Sonstige Rückstellungen	nur als Absolutwert	
B316	+	Bankverbindlichkeiten langfristig	Nur der Ist- (und ggf. der Basiswert) ist einzugeben. (Die Planung erfolgt automatisch nach Formel.)	
B317	+	Bankverbindlichkeiten kurzfristig	Nur der Ist- (und ggf. der Basiswert) ist einzugeben. (Die Planung erfolgt automatisch nach Formel.)	Die kurzfristigen Bankverbindlichkeiten sind - so wie die liquiden Mittel (Pos.Nr. B310) - eine "Pufferposition", auch "Residualgröße" genannt.
B318	+	Lieferantenverbindlichkeiten	als Absolutwert oder als Verweildauer in Tagen	

Pos. Nr.	+/-	Bezeichnung	EINGABE als/in	Erläuterungen
B319	+	Sonst. Verbindlichkeiten kurzfristig	als Absolutwert *oder* in % der Betriebsleistung (Pos.Nr. G105)	
B320	+	Sonst. Verbindlichkeiten langfristig	Nur der Ist- (und ggf. der Basiswert) ist einzugeben. (Die Planung erfolgt automatisch nach Formel.)	
B321	=	**FREMDKAPITAL**	reine Rechenposition, keine Eingabe erforderlich	Summe aus den Pos.Nr. B314 bis B320
B322	=	PASSIVA	reine Rechenposition, keine Eingabe erforderlich	Summe aus Eigenkapital und Fremdkapital (Pos.Nr. B313 + B321)
B324	=	GESAMTKAPITAL	reine Rechenposition, keine Eingabe erforderlich	

Das Arbeitsblatt "AUSGABE"

Nachdem die Planungen im Arbeitsblatt "EINGABE" vorgenommen worden sind, können Sie - im Normalfall - bereits zur Druckausgabe der Ergebnisse schreiten. Die Plan-G&V, die Plan-Kapitalflussrechnung sowie die Planbilanz für den gesamten Planungszeitraum finden Sie im Arbeitsblatt "AUSGABE".

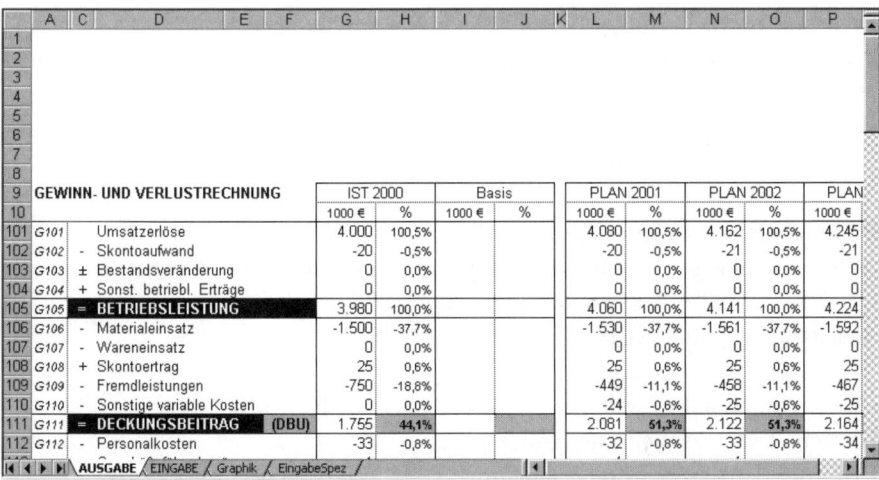

Um die Ergebnisse zu drucken, müssen Sie nur zum Arbeitsblatt "AUSGABE" wechseln und den Excel-Menüpunkt **"Datei", "Drucken"** anwählen.

Oder Sie klicken im Arbeitsblatt "EINGABE" auf den "Druck AUSGABE"-Knopf.

Sollte die Ausgabe für Ihren Drucker zu groß bzw. zu klein sein, haben Sie die Möglichkeit, den Druckbereich über den "LAYOUT"-Knopf individuell anzupassen.

Das Arbeitsblatt "EingabeSpez"

	Pos. Nr.	Bezeichnung	IST 1000 €	Basis 1000 €	PLAN 2001 ± %	Text	± ABS.	Text	PLAN 2002 ± %	Text	± AB
101	G101	Umsatzerlöse	4.000	4.000							
102	G102	- Skontoaufwand	-20	-20							
103	G103	± Bestandsveränderung	0	0							
104	G104	+ Sonst. betriebl. Erträge	0	0							
105	G105	= BETRIEBSLEISTUNG	3.980	3.980							
106	G106	- Materialeinsatz	-1.500	-1.500							
107	G107	- Wareneinsatz	0	0							
108	G108	+ Skontoertrag	25	25							
109	G109	- Fremdleistungen	-750	-750							
110	G110	- Sonstige variable Kosten	0	0							
111	G111	= DECKUNGSBEITRAG (DB)	1.755	1.755							
112	G112	- Personalkosten	-1.210	-1.210							

Anzahl spezielle Eingaben: 0

SUCHE nächste Eingabe

AUSGABE / EINGABE / Graphik \ EingabeSpez /

Das Arbeitsblatt "EingabeSpez" ist für spezielle Eingaben gedacht, **es wird im Regelfall nicht benötigt**. Tragen Sie außergewöhnliche Ereignisse, die in der Planung berücksichtigt werden sollen (z.B. ein extremer Umsatzeinbruch oder die Einführung eines neuen Produkts) in dieses Arbeitsblatt ein. Diese Vorgangsweise ermöglicht eine bessere Übersicht und Nachvollziehbarkeit der Planung. Ein Beispiel soll das demonstrieren.

Beispiel: Ein extremer Umsatzeinbruch wird erwartet
Aufgrund der allgemeinen wirtschaftlichen Lage ist eine jährliche Steigerung der Umsätze von 2% p.a. zu erwarten. Diese "normale" Entwicklung wird im Arbeitsblatt "EINGABE" geplant:

Umsatz im Ist-Jahr (2000):	4 Mio Euro
Jährliche Umsatzsteigerung (Index p.a.):	2%
Erwartete Umsätze für die Planjahre:	2001: 4,080 Mio Euro
	2002: 4,162 Mio Euro
	2003: 4,245 Mio Euro

Spezielle Eingabe in %
Nun wissen Sie aber, dass im zweiten Planjahr (2002) ein Konkurrent den Markt betreten wird, so dass in diesem Jahr ein 20-prozentiger Umsatzrückgang zu befürchten ist.

Diesen "besonderen" Umsatzeinbruch geben Sie im Arbeitsblatt "Eingabe Spez" in der Zeile 101 ("Umsatzerlöse") ein:

PLAN 2002			
± %	Text	± ABS.	Text
-20,0%	Konkurrenz		

Die Eingabe in der Spalte "Text" (hier: Konkurrenz) ist nicht erforderlich; sie dient lediglich zur Dokumentation der von Ihnen getätigten speziellen Eingaben.

Folgende Plan-Umsätze sind demnach zu erwarten:

Jahr	"Normale" Umsatzentwicklung	Spezielle Eingaben	Tatsächlich erwartete Umsatzentwicklung
IST 2000	4,000 Mio EUR		4,000 Mio EUR
PLAN 2001	4,080 Mio EUR		4,080 Mio EUR (= 4,000 x 1,02)
PLAN 2002	4,162 Mio EUR	-20% Umsatz- einbruch	3,329 Mio EUR (= 4,080 x 1,02 x 0,8)
PLAN 2003	4,245 Mio EUR		3,396 Mio EUR (= 3,329 x 1,02)

Spezielle Eingabe in Absolutwerten
Spezielle Eingaben lassen sich in absoluten (Geld-)Werten vornehmen.

Beispiel: Einmalige Sonderzahlung
Der Betriebsrat des Unternehmens hat eine einmalige Sonderzahlung (Prämie) ausgehandelt, die im ersten Planjahr an alle Mitarbeiter ausgezahlt werden soll. Dieser außergewöhnliche Zusatzaufwand von insgesamt 100.000 Euro soll in den Personalkosten bei der Planung berücksichtigt werden.
In der *Zeile 112* ("Personalkosten") ist der Absolutwert in die Spalte "± ABS." einzutragen.

PLAN 2001			
± %	Text	± ABS.	Text
		-100	Prämie

Ganz oben im Arbeitsblatt "EingabeSpez" zeigt das Programm an, wie viele spezielle Eingaben getätigt wurden (gezählt werden nur Eingaben, die das Ergebnis der Planung beeinflussen).
Mit Hilfe dieser Anzeige soll vermieden werden, dass etwaige spezielle Eingaben, die Sie vielleicht versehentlich nicht gelöscht haben, das Ergebnis der Planung unerwünscht verfälschen.

Da auf dem Arbeitsblatt "EingabeSpez" immer nur ein kleiner Ausschnitt der Eingaben auf dem Bildschirm sichtbar ist, hilft Ihnen der Knopf **"SUCHE nächste Eingabe"** bei der Suche der getätigten speziellen Eingaben. Wenn Sie ihn anklicken, springt der Cursor automatisch zur nächsten (relevanten) Eingabe. Außerdem werden Positionszeilen, in denen spezielle Eingaben getätigt wurden, mit hellblauem (statt weißem) Hintergrund dargestellt.

Im Arbeitsblatt "EINGABE" sehen Sie, ob bei einer Positionszeile in einer bestimmten Periode gleichzeitig eine spezielle Eingabe im Arbeitsblatt "EingabeSpez" getätigt wurde. Im Arbeitsblatt "EINGABE" wird nämlich die entsprechende **Eingabezelle mit hellblauem Hintergrund** dargestellt.
Wenn Sie das nicht wollen, können Sie diese Funktion auch wegschalten. Drücken Sie den **"Layout"**-Knopf im Arbeitsblatt "EINGABE"; das Layout-Fenster wird geöffnet. Klicken Sie dort das entsprechende Häkchen **Anzeige "Eingabe-Spez"** einfach weg, und im Arbeitsblatt "EINGABE" werden alle Eingabezellen mit weißem Hintergrund unterlegt, egal, ob in der entsprechenden Periode eine spezielle Eingabe getätigt wurde oder nicht.

Das Arbeitsblatt "Graphik"

Das Arbeitsblatt "Graphik" ist eine Plausibilitätsprüfung aller getätigten Eingaben. Auf fünf Diagrammen wird die Entwicklung verschiedener Positionen graphisch dargestellt. So werden extreme - vielleicht unerwünschte - Entwicklungen auf einen Blick sichtbar. Wählen Sie das Arbeitsblatt "Graphik" an, und blättern Sie mit Hilfe des rechten Scroll-Balkens (oder mit den Cursor-Tasten) zwischen den fünf Diagrammen.

Auf den ersten drei Blättern werden die wichtigsten Positionen der G&V bzw. der Bilanz graphisch gegenübergestellt, und zwar:

- **1. Blatt**
  Umsatz, Material- und Wareneinsatz, Skontoaufwand, Skontoertrag, Fremdleistungen als **Balken** (Skalierung auf der linken Y-Achse) sowie Verweildauer der Kundenforderungen und Verweildauer der Lieferantenverbindlichkeiten als **Linien** (Skalierung auf der rechten Y-Achse).
- **2. Blatt**
  Betriebsleistung, Material- und Wareneinsatz, Personalkosten insgesamt, Fremdleistungen, Abschreibungen, Fremdkapitalzinsen sowie Sonstiges.
- **3. Blatt**
  Fremdkapital kurzfristig und langfristig, Eigenkapital, Umlaufvermögen sowie Anlagevermögen.

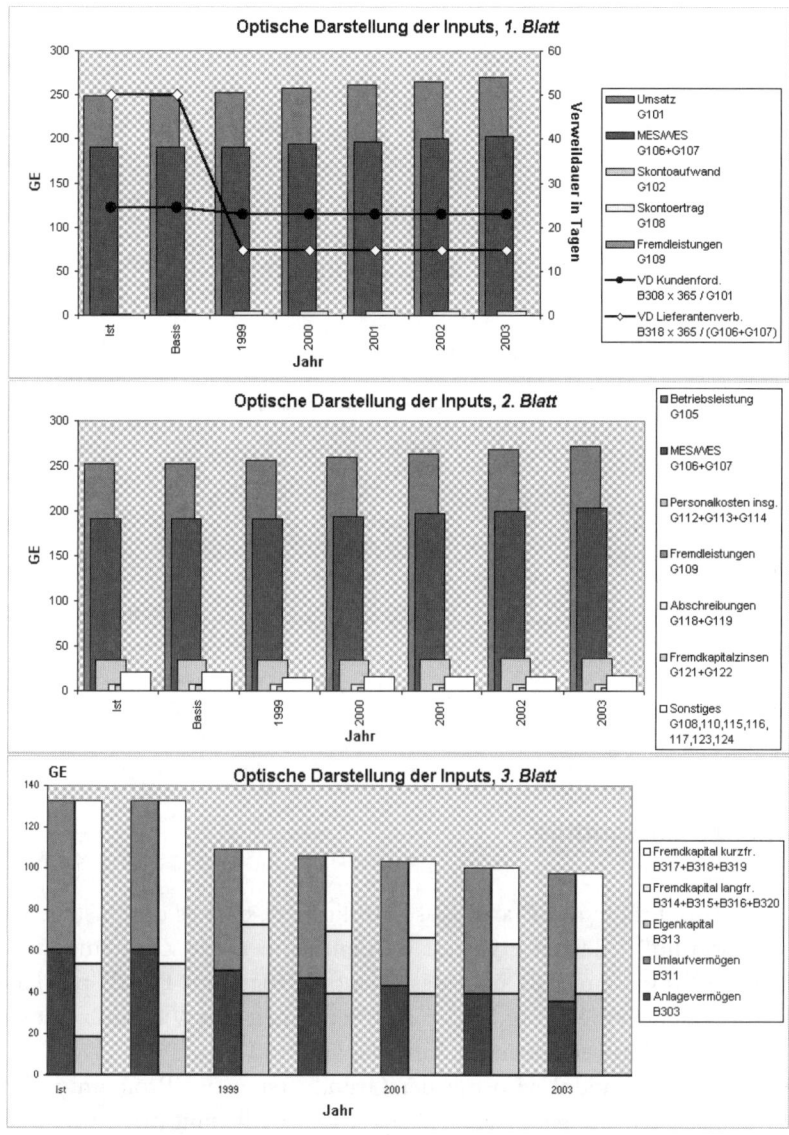

Auf den restlichen zwei Blättern werden jene Positionen (als Linien) dargestellt, welche die größten Abweichungen in der Entwicklung während des Planungszeitraumes durchmachen, und zwar:

- **Die Top-5-"Ausreißer" (absolut)**
  Jene fünf Positionen, welche die größten absoluten Abweichungen aufweisen.

- **Die Top-5-"Ausreißer" (prozentuell)**
  Die fünf Positionen mit den größten prozentuellen Abweichungen.

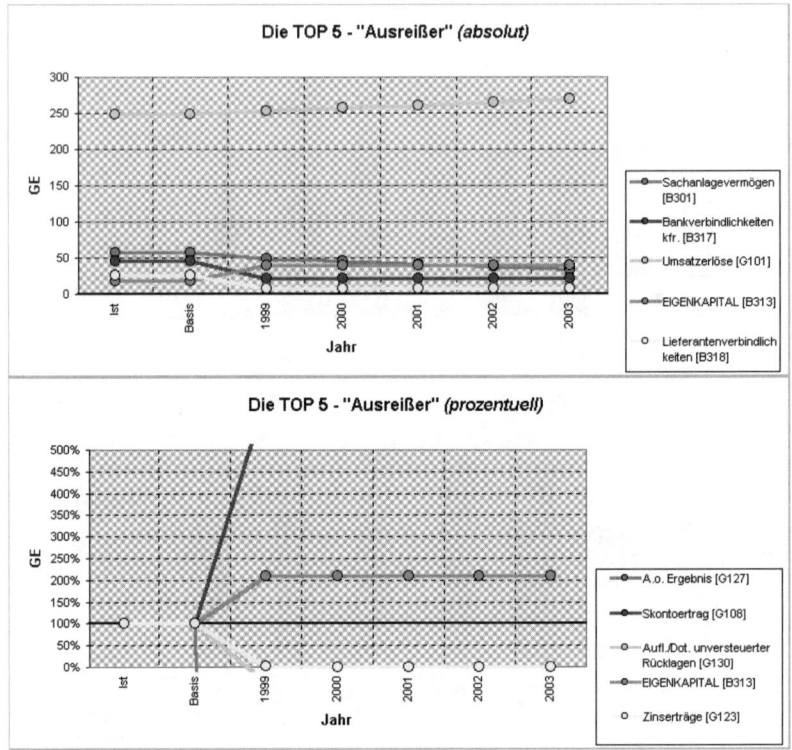

15.6.1.3. Zusatzmodule

Das Planbilanz-Programm **PlanB** ist so strukturiert, dass es durch so genannte **"Zusatzmodule"** jederzeit erweitert werden kann. Diese Zusatzmodule sind selbständige Programme, die über das (Haupt-)Programm **PlanB** per Knopfdruck aufgerufen werden können. Sie eröffnen Ihnen eine Vielzahl zusätzlicher Funktionen und Auswertungen für Ihre Planung.

Ein solches Zusatzmodul wird mit der Grundversion des Programms **PlanB** bereits mitgeliefert: die Kennzahlenanalyse. Die Bedienung wird nachfolgend beschrieben.

Das Zusatzmodul "KENNZAHLEN"

Das Kennzahlen-Zusatzmodul wird mittels Knopfdruck automatisch aufgerufen. Es entspricht im Wesentlichen dem großen Excel-Kennzahlenpaket **BigKenn** (siehe Kapitel 15.3.).

Klicken Sie - nachdem Sie die Planung abgeschlossen haben - auf den Button "KENNZAHLEN", der sich im Arbeitsblatt "EINGABE" befindet.

Es erscheint ein Fenster, in dem Sie noch einige wenige Eingaben, die für die Kennzahlenanalyse nötig sind, vornehmen müssen:

Eingaben zur Ermittlung der KENNZAHLEN ☒

Vergleichsjahre:

Jahr 1: `1998 (Ist)` ▼

Jahr 2: `Plan 2001` ▼

Plan-Umsatzrendite:

`2` %

Branchengruppe:

`Industrie` ▼

Industrie: `100` %
Handwerk: `0` %
Einzelhandel: `0` %
Großhandel: `0` %

(SUMME: `100` %)

DRUCKEN

KOPIEN ANLEGEN

Abbrechen

Welche Seiten sollen gedruckt / kopiert werden?

☑ Kennzahlen u. Benotung
☑ MDA vereinfacht
☑ MDA Beermann
☑ ROI-Kennzahlenbaum

☑ Bericht 1 (Schulden)
☑ Bericht 2 (Wirtschaftlichkeit und Liquidität)
☑ Bericht 3 (Ursachenanalyse)

☑ Formelblatt
☑ Text über Quick-Test
☑ Text über Kennzahlen
☑ Text über MDA

☑ G&V, Kapitalflußrechnung und Bilanz (Arbeitsblatt "AUSGABE")

| alle Seiten | keine Seite |

- **Bestimmung der Vergleichsjahre**
  Bei den graphischen Auswertungen der Kennzahlenanalyse (ROI-Kennzahlenbaum, Kennzahlenbericht über Schulden, Wirtschaftlichkeit bzw. Kapitalumschlag und WCR) werden jeweils zwei Jahre gegenübergestellt. Wählen Sie in den entsprechenden Pulldown-Menüs jene zwei Vergleichsjahre des Planungszeitraumes aus, die bei der Kennzahlenanalyse gegenübergestellt werden sollen (z.B. das Basisjahr und das letzte Planjahr).

- **Eingabe der Plan-Umsatzrendite**
  In dieses Feld tragen Sie die Plan-Umsatzrendite in %, die für die Ermittlung der Kennzahl Zielumsatz in % der Betriebsleistung benötigt wird, ein.

- **Bestimmung der Branchengruppe des Unternehmens**
  Bestimmen Sie im entsprechenden Pulldown-Menü die Branchengruppe des Unternehmens. Fünf mögliche Branchen stehen zur Auswahl, und zwar:
  - Industrie
  - Handwerk
  - Einzelhandel
  - Großhandel
  - Mischbetrieb

Wenn es sich bei Ihrem Unternehmen um einen Mischbetrieb (MISCH) handelt, dann können Sie die Verteilung der Branchenarten frei bestimmen (z.B. 50% Industrie, 50% Großhandel). Tragen Sie dazu die Prozentwerte in die entsprechenden Felder ein (Summe muss immer 100% ergeben).

- **Auswahl der Seiten, die gedruckt/kopiert werden sollen**
  Durch Mausklick auf die entsprechenden Kästchen können Sie die Ausgabe bestimmter Seiten der Kennzahlenanalyse unterdrücken (oder durch neuerlichen Mausklick wieder aktivieren). Es werden nur jene Seiten gedruckt bzw. kopiert, die mit einem Häkchen versehen sind. Auch die G&V, die Kapitalflussrechnung und die Bilanz (= das Arbeitsblatt **"AUS-GABE"** - mit allen Planwerten als Basis für die Kennzahlenanalyse) lässt sich dabei gleich mitdrucken bzw. kopieren.

  Wenn Sie den Knopf **"Alle Seiten"** anklicken, werden automatisch alle Kästchen mit dem Häkchen versehen. Der Button **"Keine Seite"** löscht alle Häkchen.

- **DRUCKEN**
  Nachdem Sie die zusätzlichen Eingaben für die Kennzahlenanalyse getätigt haben, klicken Sie auf den großen Knopf **"DRUCKEN"**. Nach kurzer (bei manchen Computern auch etwas längerer) Berechnungszeit werden die gewünschten Seiten auf dem Drucker ausgegeben.

- **KOPIEN ANLEGEN**
  Wenn Sie nicht wollen, dass alle gewünschten Seiten der Kennzahlenanalyse sofort in den Drucker geschickt werden, haben Sie die Möglichkeit, alle Ergebnisse zuerst noch auf dem Bildschirm zu begutachten. Klicken Sie dazu den Knopf **"KOPIEN ANLEGEN"** an. Die gewünschten Seiten werden in eine neue, eigene Excel-Arbeitsmappe gespielt. Diese Kopien sind **ungeschützt**, d.h., Sie können diese Seiten **frei bearbeiten** (z.B. Ändern der Spaltenbreiten, Zeilenhöhen, Schriftarten, Schriftgrößen, Farben etc.).
  Die neue Arbeitsmappe mit den angelegten Kopien trägt den Namen **"MappeX"**, wobei X eine fortlaufende Nummer darstellt (Mappe1, Mappe2, Mappe3 usw.).
  Über den Excel-Menüpunkt **"Fenster"** können Sie zwischen einer (oder mehreren) Kopienmappen und dem Planbilanzprogramm **PlanB** hin und herschalten.

Es folgt eine Übersicht und kurze Erläuterung der verschiedenen Auswertungen (Seiten) der Kennzahlenanalyse.

- **Kennzahlen und Benotung** (zwei bis vier Seiten)
  Auf diesen Seiten stehen insgesamt **34 Kennzahlen** für jedes Jahr des
  gesamten Planungszeitraumes, getrennt nach den Analysebereichen:

  - Investition
  - Finanzierung
  - Liquidität
  - Rentabilität
  - Aufwand und Erfolg

  Darüber hinaus wird die Entwicklung der Kennzahlen mittels **Quicktest**
  bewertet. Weiters werden 23 der 34 Kennzahlen den Werten von **Vergleichsbetrieben (Branchengruppen) gegenübergestellt und benotet.**

  Sie sehen dieses Ausgabeblatt z.B. auf den Buchseiten 962 und 963.

- **MDA vereinfacht** und **MDA Beermann** (jeweils ein bis zwei Seiten)
  Die Multiple Diskriminanzanalyse (MDA) stellt eine weitere Form der
  Bonitätsbeurteilung dar. Dabei werden bestimmte Kennzahlen ermittelt,
  mit einem Faktor gewichtet und anschließend addiert. Die Summe ist die
  so genannte "Diskriminanzfunktion". Die Höhe der Diskriminanzfunktion
  gibt Aufschluss über die Wirtschaftlichkeit und finanzielle Potenz eines
  Unternehmens.
  Im Zusatzmodul "KENNZAHLEN" stehen zwei bewährte Diskrimanzanalyse-Modelle zur Verfügung:

  - die **vereinfachte Methode**, basierend auf sechs gewichteten Kenn-
    zahlen, und
  - die **Methode nach Beermann** mit zehn gewichteten Kennzahlen.

  Die Methode Beermann ist nur für Industrie- und Handwerksbetriebe
  relevant; sie liefert für Einzel- und Großhandelsbetriebe keine Ergebnisse.

  Sie sehen dieses Ausgabeblatt z.B. auf der Buchseiten 965 und 966.

- **ROI-Kennzahlenbaum** (eine Seite)
  Dieses Blatt zeigt die Herleitung der wichtigen Kennzahl **Return On
  Investment** (ROI) und die Ursachen für die günstige bzw. ungünstige
  Veränderung auf. Es werden immer die Ergebnisse von zwei Jahren - den
  frei wählbaren so genannten "Vergleichsjahren" - gedruckt.

  Sie sehen dieses Ausgabeblatt z.B. auf der Buchseite 967.

- **Bericht 1: Graphischer Kennzahlenbericht über Schulden** (zwei Seiten)
  Der erste Kennzahlenbericht liefert eine genaue Analyse der Kennzahlen Eigenkapitalquote und Schuldtilgungsdauer. Die Werte aus den zwei Vergleichsjahren werden gegenübergestellt, optisch aufbereitet und verbal beurteilt. Der Bericht gibt Antwort auf die Frage: **"Hat das Unternehmen zu viele Schulden?"**

  Sie sehen dieses Ausgabeblatt z.B. auf der Buchseite 968.

- **Bericht 2: Graphischer Kennzahlenbericht über Wirtschaftlichkeit** (sieben Seiten)
  Durch eine detaillierte Analyse mehrerer Kennzahlen geht dieser graphische Kennzahlenbericht zwei wichtigen Fragen auf den Grund: **"Wie steht es mit der Wirtschaftlichkeit?"** und **"Wie steht es mit der Liquidität?"**
  Dabei werden die Werte aus den zwei Vergleichsjahren gegenübergestellt und optisch aufbereitet.

  Sie sehen dieses Ausgabeblatt z.B. auf der Buchseite 969.

- **Bericht 3: Graphischer Kennzahlenbericht über Kapitalumschlag und Working Capital Ratio** (vier Seiten)
  Der dritte graphische Kennzahlenbericht bewertet die Kennzahlen Kapitalumschlag und Working Capital Ratio und geht den **Ursachen** für die Ergebnisse aus den beiden Vergleichsjahren nach.

15.6.2. "Feasibility Manager"

FeasibilityManager

Der **FeasibilityManager** ist die revolutionäre Ergänzung zum großen Planbilanz-Programm **PlanB**. Er ermöglicht eine Zielwertsuche für die wichtigsten Kennzahlen.

Bei den Erläuterungen zu den in diesem Buch verwendeten Anwenderprogrammen werden Grundkenntnisse in Excel vorausgesetzt. Wenn Sie noch nie mit **PlanB** gearbeitet haben, wird empfohlen, zunächst einen Blick in die Programmerläuterungen von **PlanB** zu werfen (Kapitel 15.6.1.).

15.6.2.1. Eingabe der Ist-Werte (in PlanB)

Wie bereits erwähnt, funktioniert der **FeasibilityManager** auf Basis des Planungs-Programms **PlanB**. Grundlage für die Berechnungen ist ein Jahresabschluss (in der Regel der letzte), der in **PlanB** eingegeben wird. Wie Sie die Ist-Werte eines Jahresabschlusses in **PlanB** eingeben, entnehmen Sie bitte dem vorhergehenden Kapitel 15.6.1.

Die aktuelle **PlanB**-Version 3.03 (adaptiert für den **FeasibilityManager**) hat im oberen Bereich *(Excel-Zeilen 1 bis 10)* des Arbeitsblatts "EINGABE" einen zusätzlichen Druckknopf (Button) mit der Bezeichnung "Planung RESET".
Nachdem Sie die Ist-Werte des Jahresabschlusses in PlanB eingegeben haben, klicken Sie auf den Button "Planung RESET"! Damit wird sichergestellt, dass keine (unerwünschten) Planungsvorgaben die Berechnungen des **Feasibility-Managers** beeinflussen.

Damit ist für Sie der größte Teil der Arbeit bereits erledigt! Jetzt müssen Sie nur noch über den Excel-Menüpunkt **"Fenster"** zum **FeasibilityManager** wechseln und können dort mit einigen wenigen zusätzlichen Eingaben die Planungs-Simulationsläufe starten!

☞ **Übrigens:** Sollten Sie die Jahresabschlüsse einer Firma zu einem früheren Zeitpunkt bereits eingegeben haben (in einem der Programme **PlanB** oder **BigKenn**), dann haben Sie mit dem neuen Datenübertragungs-modul **DatÜber** die Möglichkeit, diese Eingaben automatisch überspielen zu lassen!

15.6.2.2. Struktur der Excel-Arbeitsmappe

Die Excel-Arbeitsmappe **FM.xls** besteht aus folgenden drei Arbeitsblättern:

\Step1 / Kompass / Step2 /

- **"Step 1"**
  In diesem Arbeitsblatt wird der **erste Schritt zur Kennzahlen-Ziel-wertsuche** getätigt:

  - Hier werden die zuvor eingegeben Ist-Werte aus **PlanB** übernommen.
  - Hier wird (werden) die Ziel-Kennzahl(en) definiert.
  - Schließlich wird in einem ersten Vor-Check errechnet, um wie viel der Profit (= EGT bzw. Cash-Flow) ungefähr steigen muss, um das (die) gewünschte(n) Ziel(e) zu erreichen.

- **"Kompass"**
  Dieses Arbeitsblatt beinhaltet die graphische Darstellung der Ergebnisse aus den Berechnungen des "Step 1". Das Blatt dient nur zur Information; Eingaben sind hier keine zu tätigen.

- **"Step 2"**
  In diesem Blatt befindet sich das **Herzstück des Feasibility Managers**: der zweite Schritt zur Kennzahlen-Zielwertsuche!

  - Hier wird festgelegt, wie die geplante Profitverbesserung (siehe "Step 1") praktisch erreicht werden soll.
  - Minimale und maximale Grenzen für die Veränderung des Umsatzes, des Wareneinsatzes (Deckungsbeitragsrate), der Personalkosten sowie des sonstigen Aufwands müssen vom Anwender definiert werden.
  - Auf Mausklick durchforstet der **FeasibilityManager** den vom Anwender definierten Lösungsraum und spuckt alle Szenarien aus, mit denen der (die) gewünschte(n) Kennzahlen-Zielwert(e) erreicht wird (werden). Gibt es keine zulässige Lösung, wird der Anwender mit einer speziellen Meldung darauf aufmerksam gemacht!
  - Die Lösungsszenarien werden in Form einer Liste ausgegeben. Jenes Szenario, das dem Anwender am ehesten realisierbar scheint, kann anschließend zurück nach **PlanB** gespielt und dort vollständig ausgedruckt bzw. (wenn erforderlich) noch detaillierter weiter bearbeitet werden.

15.6.2.3. Bedienung

Das Arbeitsblatt "Step 1"

Nachdem Sie die Ist-Werte in die neue PlanB-Version 3.03 eingeben haben (und den Button "Planung RESET" angeklickt haben), kann mit der Kennzahlen-Zielwertsuche im **FeasibilityManager** begonnen werden. Gehen Sie dabei nach folgender Reihenfolge vor:

1.) Übertragung der Ist-Werte
Zuerst holen Sie die Werte aus **PlanB** in den **FeasibilityManager**. Klicken Sie dazu einfach auf den Button **"IST-Werte"**. Ein Fenster erscheint, in dem Sie die Datenquelle (also jene PlanB-Version mit den Ist-Werten des Jahresabschlusses) auswählen:

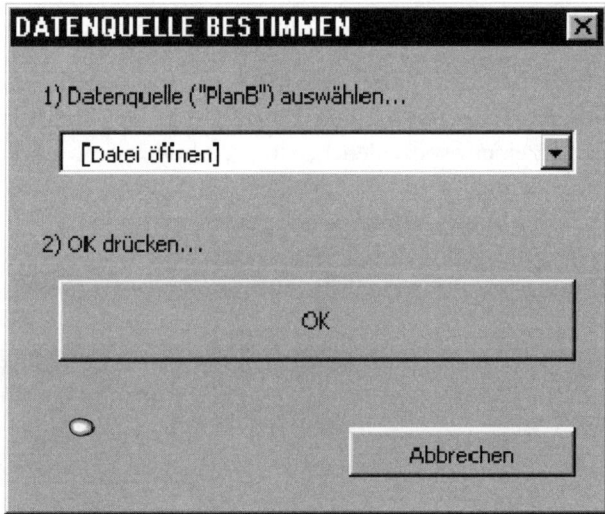

Wählen Sie zuerst im Dropdown-Menü oben die Datenquelle (die gewünschte PlanB-Version) aus:

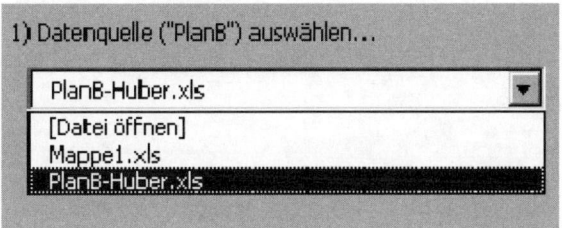

In dem Dropdown-Menü werden alle Excel-Arbeitsmappen angezeigt, die - neben der Arbeitsmappe **"FM"** selbst - noch geöffnet sind (das sind jene Arbeitsmappen, die auch im Excel-Menüpunkt "Fenster" aufgelistet sind - mit Ausnahme der Arbeitsmappe **"FM"** selbst).

Für den Fall, daß Sie die gewünschte PlanB-Version bereits geöffnet haben, wählen Sie den entsprechenden Namen (hier: "PlanB-Huber") und drücken Sie anschließend den OK-Button.

Wenn die gewünschte PlanB-Version noch nicht geöffnet ist, wählen Sie den Menüpunkt **"[Datei öffnen]"** und drücken Sie dann OK. Das Excel-Standardfenster "Datei öffnen" erscheint. Dort suchen und öffnen Sie die gewünschte PlanB-Version.

Nun überträgt das Programm automatisch alle relevanten Eingabedaten von der gewählten PlanB-Version in den **FeasibilityManager**. Dieser Vorgang kann einige Sekunden dauern, wenn die PlanB-Version erst geöffnet werden muss).

2.) PlanB-Check: Überprüfung der Plan-Vorgaben

Nachdem das Programm **PlanB** geöffnet ist, führt der **Feasibility-Manager** automatisch einen Daten-Check der Eingabewerte in **PlanB** durch. In einem speziellen Fenster wird dem Anwender gezeigt, welche Werte eventuell noch geändert werden müssen bzw. welche Positions-zeilen er in **PlanB** auf jeden Fall planen sollte.

Dieser Check soll verhindern, dass durch nicht adaptierte Plan-Vorgaben die Ergebnisse des **Feasibility Manager** verzerrt werden.

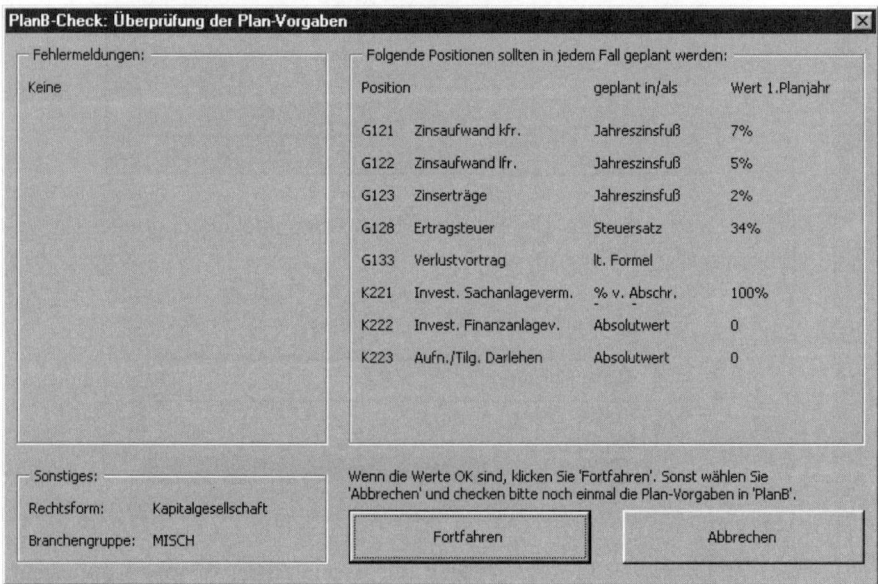

Prinzipiell setzt der **FeasibilityManager** nämlich auf **allen** Eingabedaten in **PlanB** auf (das sind die Ist-Werte des letzten Jahresabschlusses **und** die Planvorgaben). Das hat den Vorteil, dass bestimmte Positionszeilen ganz genau geplant werden können - und diese Planvorgaben dann bei den Berechnungen des **FeasibilityManager** auch berücksichtigt werden. Probleme kann es dann geben, wenn auf eine Adaptierung der Planvorgaben vergessen wird. Durch Klicken des Druckknopfes "Planung RESET" in **PlanB** lassen sich diese Probleme vermeiden.

Die in der Liste angeführten Positionen sollten auf jeden Fall (wenigstens grob) geplant werden. Zur Information werden dem Anwender die Planwerte dieser Positionen aus dem ersten Planjahr gezeigt. Wenn alle Werte für OK befunden werden, kann das Check-Fenster mit **"Fortfahren"** geschlossen werden; sonst klicken Sie bitte auf **"Abbrechen"** und stellen die Plan-Vorgaben in **PlanB** richtig.

Nachdem der PlanB-Check mit "Fortfahren" beendet wurden, werden die Daten aus **PlanB** automatisch in den **FeasibilityManager** übertragen. In der Maske des Arbeitsblatts "Step 1" *(in den Excel-Zeilen 15 und 16)* sehen Sie nun die Zahlen des letzten Ist-Jahresabschlusses sowie die Werte aus dem ersten Planjahr laut PlanB (**ohne** Beeinflussung durch den Feasibility-Manager).

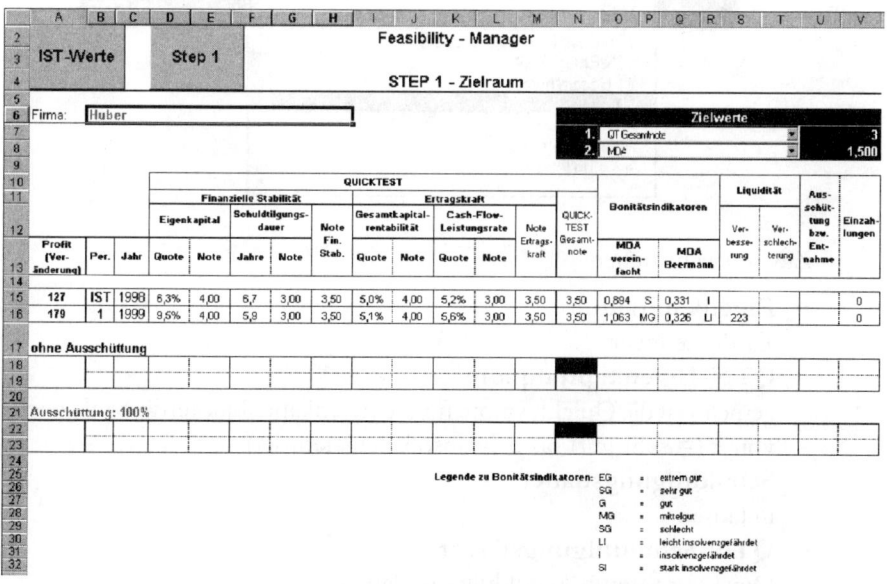

Angezeigt werden :

- Profit (EGT)
- Die vier Kennzahlen des Quicktests mit Benotung
- MDA vereinfacht und MDA Beermann (zwei weitere Bonitäts-indikatoren)
- Die Veränderung der Liquidität
- Etwaige Ausschüttungen (Entnahmen) und Einzahlungen (Einlagen)

Diese Werte dienen dem Anwender als Richtwerte zur Bestimmung der Zielkennzahlen. Auf einen Blick ist ersichtlich, wie sich die Kennzahlen-situation im Ist-Zustand darstellt.

3.) Definieren der Zielkennzahlen

Der **FeasibilityManager** erlaubt die Festlegung von **einer oder maximal zwei Zielkennzahlen**. Sie werden im schwarzen Bereich ("Ziel-werte") rechts oben im Arbeitsblatt "Step 1" eingegeben. Zwei Pulldown-Menüs mit einer Liste aller zur Auswahl stehenden Zielkennzahlen stehen dem Anwender zur Verfügung. Aus dieser Liste kann je eine Zielkennzahl gewählt werden:

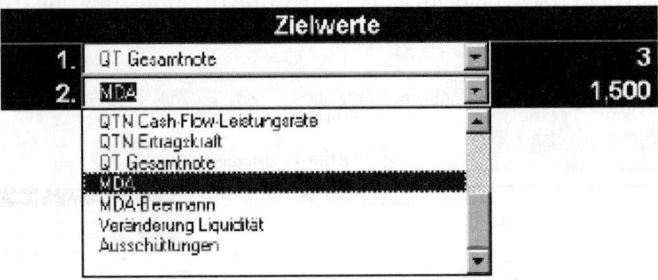

Zur Auswahl stehen:

- **Eigenkapitalquote**
  als Prozentwert
- **QTN-Eigenkapitalquote**
  gemeint ist die Quicktestnote für die Eigenkapitalquote; die Skala reicht von 1 (= sehr gut) bis 5 (= insolvenzgefährdet)
- **Schuldtilgungsdauer**
  in Jahren
- **QTN-Schuldtilgungsdauer**
  Quicktestnote für Schuldtilgungsdauer

- **QTN-Finanzielle Stabilität**
  Durchschnittswert der Quicktestnoten Eigenkapitalquote und Schuld-
  tilgungsdauer
- **Gesamtkapitalrentabilität**
  als Prozentwert
- **QTN-Gesamtkapitalrentabilität**
  Quicktestnote für Gesamtkapitalrentabilität
- **Cash-Flow-Leistungsrate**
  als Prozentwert
- **QTN-Cash-Flow-Leistungsrate**
  Quicktestnote für Cash-Flow-Leistungsrate
- **QTN-Ertragskraft**
  Durchschnittswert der Quicktestnoten Gesamtkapitalrentabilität und
  Cash-Flow-Leistungsrate
- **QT-Gesamtnote**
  Durchschnittswert aller vier Quicktestnoten
- **MDA** (Multiple Diskriminanzanalyse, vereinfachte Methode)
  Wert der Diskriminanzfunktion nach vereinfachter Methode. Sehr gute
  Betriebe haben Werte von +3,0 und mehr, extrem insolvenzgefährdete
  Unternehmungen Werte von -1,0 und darunter. Der Trennwert liegt
  bei +0,3.
- **MDA-Beermann**
  Wert der Diskriminanzfunktion nach Methode Beermann. Sehr gute
  Betriebe haben Werte unter +0,2 - insolvenzgefährdete Unternehmun-
  gen Werte von +0,35 und mehr.
- **Veränderung Liquidität**
  Verbesserung (Pluswert) bzw. Verschlechterung (Minuswert; wird selten
  angestrebt) der Liquidität als Geldwert. Die Liquidität ist hier als der
  Differenzbetrag zwischen liquiden Mitteln und kurzfristigen Bank-
  verbindlichkeiten definiert.
- **Ausschüttung**
  Geldwert (nur Minuswerte zulässig); ist eigentlich eine gewinnorientier-
  te Zielkennzahl, abhängig vom gewählten Ausschüttungsprozentsatz.
  Die 0%-Ausschüttungsvariante kann bei dieser Zielkennzahl nicht ge-
  rechnet werden.
- **Leere Zeile**
  Wenn keine Zielkennzahl definiert werden soll (Löschen der zweiten
  Zielkennzahl)

Nachdem die Zielkennzahl im Dropdown-Menü ausgewählt wurde, ist in
der Zelle rechts daneben *(Excel-Zelle U7 bzw. U8)* jener Wert einzutragen,
der erreicht werden soll.

Bei Auswahl von zwei Zielkennzahlen sucht der **FeasibilityManager** nach Lösungen, die beide Vorgabewerte gleichzeitig erfüllen. Hier kann die Simulationsdauer länger sein, weil eventuell Zielkonflikte auftreten. Trotzdem - oder gerade deshalb - sind zwei Zielkennzahlen einer vorzuziehen.

4.) Bestimmung des Ausschüttungsprozentsatzes

Der **FeasibilityManager** unterscheidet zwischen zwei Varianten der Ausschüttungspolitik:

*   Nichtausschüttung und
*   Ausschüttung

Bei "Nichtausschüttung" wird 0% Ausschüttung unterstellt. Bei der Variante "Ausschüttung" kann ein frei wählbarer Ausschüttungsprozentsatz (1% bis 100% des EGT) eingegeben werden. Dieser Wert ist in die *Excel-Zelle A21* einzutragen.

5.) Firma benennen

Der Name der untersuchten Firma (Unternehmung) kann in der *Excel-Zelle B6* eingetragen werden.

6.) "Step 1" starten

Nachdem

*   die Ist-Werte aus **PlanB** übernommen,
*   die Ziel-Kennzahlen definiert und
*   der Ausschüttungsprozentsatz eingegeben wurde,

kann mit den Berechnungen des "Step 1" begonnen werden. Durch Klicken auf den Druckknopf "Step 1" startet dieser erste Simulationsdurchlauf.

Dabei wird geprüft, um wie viel der Profit (das EGT) mindestens erhöht werden muss, um das (die) gewünschte(n) Ziel(e) zu erreichen. Beide Ausschüttungsvarianten werden durchgerechnet. Nach einigen Minuten Rechenzeit erscheinen die Ergebnisse in der Maske des Arbeitsblatts "Step 1".

Firma:	Huber												Zielwerte							
												1.	QT Gesamtnote ▼							3
												2.	MDA ▼							1,500

			QUICKTEST											Bonitätsindikatoren			Liquidität		Ausschüttung bzw. Einzahlungen	
			Finanzielle Stabilität					Ertragskraft					QUICK-TEST							
			Eigenkapital		Schuldtilgungsdauer		Note Fin. Stab.	Gesamtkapitalrentabilität		Cash-Flow-Leistungsrate		Note Ertragskraft	Gesamtnote	MDA vereinfacht		MDA Beermann	Verbesserung	Verschlechterung	Einzahlungen	
Profit (Veränderung)	Per.	Jahr	Quote	Note	Jahre	Note		Quote	Note	Quote	Note									
127	IST	1998	6,3%	4,00	6,7	3,00	3,50	5,0%	4,00	5,2%	3,00	3,50	3,50	0,894	S	0,331	I			0
179	1	1999	9,5%	4,00	5,9	3,00	3,50	5,1%	4,00	5,6%	3,00	3,50	3,50	1,063	MG	0,326	LI	223		0
ohne Ausschüttung																				
um +169	1	1999	12,6%	3,00	4,84	2,00	2,5	8,3%	3,00	6,9%	3,00	3,00	2,76	1,600	G	0,293	S	392		0
auf +348	2	2000	17,9%	3,00	4,18	2,00	2,50	7,8%	4,00	7,0%	3,00	3,50	3,00	1,472	MG	0,281	MG	389		0
Ausschüttung: 100%																				
um +173	1	1999	6,4%	4,00	4,99	2,00	3,00	8,7%	3,00	6,9%	3,00	3,00	3,00	1,532	G	0,305	S	89		-327
auf +352	2	2000	6,4%	4,00	4,87	2,00	3,00	8,8%	3,00	7,0%	3,00	3,00	3,00	1,573	G	0,303	S	55		-338

Auf einen Blick ist ersichtlich, wie sich das Kennzahlenbild durch die Profiterhöhung (bzw. Profitminderung) ungefähr verändern müsste. Angezeigt werden die Ergebnisse für beide Ausschüttungs-Varianten **im ersten und im zweiten Planjahr.**

Beim Wert "approx. Profitveränderung um ... auf ..." werden die Profitergebnisse der zwei Ausschüttungsvarianten (in den beiden unteren Doppelzeilen der Tabelle) aus dem ersten Planjahr mit dem Profit ohne Beeinflussung durch den FeasibilityManager (in der oberen Doppelzeile) aus dem ersten Planjahr verglichen. **Die angezeigte Profitveränderung im "Step 1" ist nur ein ungefährer Richtwert!** In dieser Vor-Rechnung wird das EGT nämlich nur eindimensional erhöht und dann geprüft, welchen Einfluss diese Profiterhöhung auf das Kennzahlenbild hat. Erst im "Step 2" wird genauer differenziert: Die Profiterhöhung erfolgt dort mehrdimensional (durch gleichzeitige Veränderung des Umsatzes, des DBU, der Personalkosten und des sonstigen Aufwandes). Die eindimensionale **Profiterhöhung im "Step 1"** bringt im Regelfall niedrigere Ergebnisse als die differenzierte, mehrdimensionale Profiterhöhung im "Step 2" und **ist daher als Mindestgrenze** für die Profiterhöhung **zu sehen.**

Zweck des "Steps 1" ist es, dem Anwender einen groben Überblick über die Kennzahlensituation zu geben. Wenn die notwendige EGT-Veränderung im "Step 1" bereits unplausibel hoch erscheint, kann der Anwender die Zielkennzahl(en) noch einmal überprüfen und gegebenenfalls anpassen - oder er erkennt, dass die Lage so ernst ist, dass differenziertes Weiterrechnen ohnehin Zeitverschwendung ist.

Das Arbeitsblatt "Kompass"

Das Arbeitsblatt zeigt die Ergebnisse des "Step 1" in graphischer Form. Alle Kennzahlen und Ergebniswerte werden in Balkendiagrammen dargestellt. Das Blatt dient zur zusätzlichen visuellen Information - hier sind keinerlei Eingaben zu tätigen.

RESULTS STEP 1 - Huber

	IST	AUSSCHÜTTUNG: 100%		KEINE AUSSCHÜTTUNG	
Kennzahl	IST	1. PJ	2. PJ	1. PJ	2. PJ
O Eigenkapitalquote	6,25%	6,40%	6,45%	12,55%	17,92%
O Schuldtilgungsdauer	6,65 J.	4,98 J.	4,87 J.	4,64 J.	4,18 J.

Note

Finanzielle Stabilität
(1 = sehr gut,
5 = insolvenzgefährdet)

	3,50	3,00	3,00	2,50	2,50

Kennzahl

	IST	1. PJ	2. PJ	1. PJ	2. PJ
O Gesamtkapitalrentabilität	5,01%	8,70%	8,81%	8,31%	7,80%
O Cash-Flow-Leistungsrate	5,25%	6,94%	7,02%	6,91%	6,99%

Note

Ertragskraft
(1 = sehr gut,
5 = insolvenzgefährdet)

	3,50	3,00	3,00	3,00	3,50

**QUICKTEST
GESAMTNOTE**
(1 = sehr gut,
5 = insolvenzgefährdet)

	3,50	3,00	3,00	2,75	3,00

MDA vereinfacht

Legende zu
Bonitätsindikatoren:

EG = extrem gut
SG = sehr gut
G = gut
MG = mittelgut
SG = schlecht
LI = leicht insolvenzgefährdet
I = insolvenzgefährdet
SI = stark insolvenzgefährdet

	0,894 S	1,532 G	1,573 G	1,5 G	1,472 MG

MDA Beermann

	0,331 I	0,305 S	0,303 S	0,293 S	0,281 MG

Ausschüttung in ATS 1.000	0	-327	-338		
Liquiditätsveränderung in ATS 1.000	0	69	55	392	389

Das Arbeitsblatt "Step 2"

Im Arbeitsblatt "Step 2" erfolgt die detaillierte Suche nach möglichen Lösungs-
szenarien. Hier wird festgelegt, wie die geplante Profitverbesserung (siehe "Step
1") praktisch erreicht werden soll. Gehen Sie dabei nach folgender Reihenfolge
vor:

1.) Festlegen des Lösungsraums, Setzen der Planungsrestriktionen

In der Eingabetabelle links oben im Arbeitsblatt definiert der Anwender
die maximal zulässigen Grenzen (+/-) für

- die Veränderung des Umsatzes,
- die Veränderung der Deckungsbeitragsrate (DBU),
- die Veränderung der Personalkosten sowie
- die Veränderung der sonstigen Kosten.

	A	B	C	D
1			max	
2			von	bis
3		Umsatz	0,00%	+4,00%
4		DBU	0,00%	+1,00%
5		PersKo	0,00%	-5,00%
6		Sonst.Ko	0,00%	-10,00%

Für jede dieser vier Größen sind zwei Werte (von - bis) in den Zellen mit
blauer Schriftfarbe einzugeben. Der Anwender teilt dem Feasibility Manager hier mit, in welchem Bereich nach Lösungen gesucht werden soll.
Wenn der Anwender z.B. in der Umsatz-Zeile die Werte 0% und +4%
einträgt, sucht der FeasibilityManager nach Lösungen, bei denen die Positionszeile "Umsatzerlöse" zwischen 0% (keine Veränderung) und maximal +4% Steigerung schwankt.
Wenn bei einer Größe zweimal die gleiche Prozentzahl eingegeben wird,
behandelt der FeasibilityManager diese Größe als "Bank". Eine Personalkostenveränderung von 0% bis 0% bewirkt z.B., dass die Personalkosten
unverändert bleiben. Die Simulationsdauer verkürzt sich, wenn eine "Bank"
vorliegt. **Wenn Sie allzu lange Rechenzeiten vermeiden möchten, ist
daher zu überlegen, ob nicht die eine oder andere Größe als "Bank"
definiert werden kann.**

2.) "Step 2" starten

Nachdem die Grenzen für die Veränderungspositionen festgelegt wurde, steht dem Start der Berechnungen für "Step 2" nichts mehr im Wege. Klicken Sie einfach den Druckknopf "Step 2" an.

Sollte aufgrund der Vorgaben keine Lösung möglich sein, erfolgt nach wenigen Sekunden eine entsprechende Meldung. (Erhöhen Sie gegebenenfalls die Grenzen des Lösungsraums und starten Sie dann die Berechnungen neu.)

Gibt es zumindest eine gültige Lösung, dauert die Suche um einiges länger (je nach Konstellation und abhängig vom Computersystem 10 bis 70 Minuten). Unten auf dem Bildschirm, in der Excel-Statuszeile (Excel-Menü "Ansicht", "Statuszeile") zeigt der FeasibilityManager an, wie weit die Berechnungen vorangeschritten sind.

In einer ersten Phase sucht der FeasibilityManager in einem relativ grob abgesteckten Lösungsraum. Die gesamte Bandbreite des Lösungsraums (die Von-bis-Werte aller vier Veränderungsgrößen) wird durchforstet. Werden in dieser ersten Phase nicht befriedigend viele Lösungen gefunden, wird der Lösungsraum automatisch enger gesteckt (den optimistischen Höchstgrenzen der vier Veränderungsgrößen angenähert) und vom FeasibilityManager ein zweites Mal durchkämmt. Das erhöht die Rechenzeit, liefert aber eine größere Auswahl an Alternativszenarien auch bei schwierigen Konstellationen.

3.) Ergebnisliste

Wenn die Berechnungen des "Steps 2" abgeschlossen sind, werden die Ergebnisse in einer Liste auf dem Bildschirm sichtbar gemacht:

Feasibility - Manager

Step 2 - 46 zulässige Lösungen

Huber

| Szenario Nr. | Ausschüttung | Veränderung der relevanten Erfolgsparameter um ... % | | | | | Profitveränderung um ... | Zielkennzahl | |
		Umsatz	DBU	PersKo	Sonst.Ko	-		QT Gesamtnote	MDA
1	100%	0,00%	+0,50%	-2,50%	0,00%		+193	3	1,591
2	100%	0,00%	0,00%	-2,50%	-5,00%		+201	3	1,610
3	100%	0,00%	+1,00%	0,00%	-5,00%		+206	3	1,629
4	100%	0,00%	+0,50%	0,00%	-10,00%		+215	3	1,653
5	100%	+2,00%	+0,50%	0,00%	0,00%		+234	3	1,693
6	100%	+2,00%	0,00%	0,00%	-5,00%		+240	3	1,708
7	100%	0,00%	0,00%	-5,00%	0,00%		+253	3	1,753
8	100%	0,00%	+1,00%	-2,50%	0,00%		+258	3	1,773
9	100%	0,00%	+0,50%	-2,50%	-5,00%		+267	3	1,797
10	100%	0,00%	0,00%	-2,50%	-10,00%		+275	3	1,815
11	100%	0,00%	+1,00%	0,00%	-10,00%		+280	3	1,836
12	100%	+2,00%	0,00%	-2,50%	0,00%		+292	3	1,850
13	100%	+2,00%	+1,00%	0,00%	0,00%		+300	3	1,878
14	100%	+2,00%	+0,50%	0,00%	-5,00%		+308	3	1,897
15	100%	+2,00%	0,00%	0,00%	-10,00%		+315	3	1,912

Step1 / Kompass \ Step2 /

Jede Zeile dieser Liste stellt ein Lösungsszenario dar. Die einzelnen Szenarien unterscheiden sich durch folgende fünf Parameter:

- Durch die Ausschüttungspolitik (Ausschüttung und Nicht-Ausschüttung)
- Durch die Umsatzveränderung
- Durch die DBU-Veränderung
- Durch die Personalkostenveränderung
- Durch die Veränderung der sonstigen Kosten

Weiters sind in der Liste angegeben:

- Die tatsächliche Profitveränderung des jeweiligen Szenarios, die aus der Beeinflussung durch die oberen fünf Parameter resultiert (hier können gröbere Differenzen zum ungefähren Profitveränderungs-Richtwert aus "Step 1" auftreten)
- Der (die) Wert(e) der Zielkennzahl(en), der (die) beim jeweiligen Szenario erreicht wurde(n)

Sofort ist zu sehen, dass alle Szenarien sich innerhalb der vorgegeben Grenzen bewegen und das (die) Kennzahlen-Ziel(e), das (die) vom Anwender definiert wurde(n), **im ersten Planjahr** erfüllen.

Bitte beachten Sie, dass sich die prozentuellen Veränderungen der Erfolgsparameter (Umsatz, DBU, Personalkosten, sonstige Kosten) **nicht** auf die Werte des Ist-Jahresabschlusses beziehen, sondern jeweils mit einem virtuellen Wert verglichen werden, bei dem Nicht-Beeinflussung durch den FeasibilityManager unterstellt wird.

4.) Ergebnisliste sortieren

Wenn der Anwender es wünscht, kann die Ergebnisliste neu sortiert werden. Alle Spaltenwerte der Liste stehen als Sortierkriterium zur Verfügung. Im Prinzip funktioniert der Sortiervorgang genauso wie die gleichnamige Excel-Funktion (Menü "Daten", "Sortiereren").

In drei Dropdown-Menüs können bis zu drei Sortierkriterien angewählt werden. Alle Spalten der Ergebnisliste stehen dabei zur Auswahl. Weiters kann (rechts daneben) definiert werden, ob das entsprechende Sortierkriterium auf- oder absteigend sortiert werden soll. Nachdem die Sortierkriterien definiert wurden, klicken Sie auf den Druckknopf "Sortieren" - die Liste wird entsprechend umgestellt.

Die Szenarionummer (laufende Nummer) bleibt dabei immer unverändert.

5.) PlanB erstellen

Jedes einzelne Lösungs-Szenario kann nach **PlanB** zurück überspielt werden, um es dort genauer unter die Lupe zu nehmen.

Variante für PlanB	1	PlanB erstellen
Name PlanB	PlanBHuber2	

- Der Anwender sucht aus der Ergebnisliste jenes Lösungsszenario aus, das ihm am ehesten realisierbar scheint und trägt einfach die laufende Nummer dieses Szenarios in die *Excel-Zelle D8* ein.
- In der Zelle darunter *(D9)* muss ein Dateiname für die neue PlanB-Version eingegeben werden.
- Danach klickt man auf den Druckknopf "PlanB erstellen".

Automatisch wird eine PlanB-Version unter dem eingegeben Dateinamen (im selben Verzeichnis, auf dem sich die ursprüngliche PlanB-Datei befindet) abgespeichert. Alle Veränderungen durch den FeasibilityManager sind in dieser PlanB-Version im Blatt "EingabeSpez" eingetragen. (Sollten im ursprünglichen PlanB-Programm dort bereits Eintragungen stehen, werden die Veränderungen durch den FeasibilityManager zu diesen Eintragungen addiert.)

In der neuen PlanB-Version lässt sich das gewählte Lösungs-Szenario nun weiter bearbeiten. Im Blatt "AUSGABE" sehen Sie die detaillierte G&V, Bilanz und Kapitalflussrechnung. Durch Starten der Kennzahlenanalyse können alle Kennzahlenauswertungen mit den Veränderungen des FeasibilityManagers ausgedruckt werden.

Das ursprüngliche PlanB-Programm (dort, wo die Ist-Werte des Jahresabschlusses eingegeben wurden) bleibt selbstverständlich unverändert.

15.7. Programme zu Kapitel 7

15.7.1. "HistUB"

HistUB

Mit dem Unternehmensbewertungs-Programm **HistUB** lässt sich der Wert eines Unternehmens auf Basis historischer Werte ermitteln. Das Programm ist als **Zusatzmodul** für das große Kennzahlenpaket **BigKenn** (Kapitel 15.3.1.) entwickelt worden, es ist aber auch unabhängig von **BigKenn** einsetzbar!
Bei den Erläuterungen werden Grundkenntnisse in Excel vorausgesetzt.

15.7.1.1. Struktur der Excel-Arbeitsmappe

Die Excel-Arbeitsmappe **HistUB.xls** besteht aus folgenden elf Arbeitsblättern:

| **Eingabe** / UB1 / UB2 / UB3 / UB4 / UB5 / UB6 / UB7 / UB8 / ChecklisteIN / ChecklisteOUT /

- **"Eingabe"**
  Hier werden die **Voreinstellungen** für die Unternehmensbewertung (Anzahl der Jahre, Währungseinheit usw.) eingegeben.
- **"UB1"**
  Verbale Zusammenfassung der historischen Unternehmenswertmethoden (keine Eingaben und keine Berechnungen).
- **"UB2"**
  Arbeitsblatt zur Ermittlung des Unternehmenswertes nach der **Methode Schnettler**. Hier sind keine Eingaben zu tätigen.
- **"UB3"**
  Hier werden die jährlichen **nachhaltigen Zukunftserfolge** sowie der **Substanzwert** ermittelt. In diesem Arbeitsblatt sind mehrere Eingaben vorzunehmen.
- **"UB4"**
  Arbeitsblatt zur Ermittlung des Unternehmenswertes nach dem **Fachgutachten Nr. 45** (Methode der temporären Übergewinnkapitalisierung bzw. alte UEC-Methode). Keine Eingaben erforderlich.
- **"UB5"**
  Arbeitsblatt zur Ermittlung des Unternehmenswertes nach der **Mittelwertmethode**. Keine Eingaben erforderlich.
- **"UB6"**
  Arbeitsblatt zur Ermittlung des Unternehmenswertes nach dem **Schweizer Verfahren**. Keine Eingaben erforderlich.

- **"UB7"**
  Hier finden Sie ein **Hilfsmodul** zur Ermittlung der **Nachhaltigkeitsdauer der Gewinnerzielung** auf Basis der Quicktestnoten-Veränderung. Einige wenige Eingaben sind hier vorzunehmen.
- **"UB8"**
  Arbeitsblatt zur Ermittlung des **Liquidationswertes**. Es gibt hier einige Werte einzugeben.
- **"ChecklisteIN"**
  Hier stellen Sie sich Ihre persönliche Unternehmensbewertungs-Checkliste zusammen, indem Sie alle Punkte einer umfangreichen Gesamtliste (110 Punkte) anhaken, die Ihnen für die Unternehmensbewertung wichtig erscheinen.
- **"ChecklisteOUT"**
  In diesem Arbeitsblatt befindet sich Ihre individuell zusammengestellte Unternehmensbewertungs-Checkliste.

15.7.1.2. Bedienung

Das Arbeitsblatt "Eingabe"

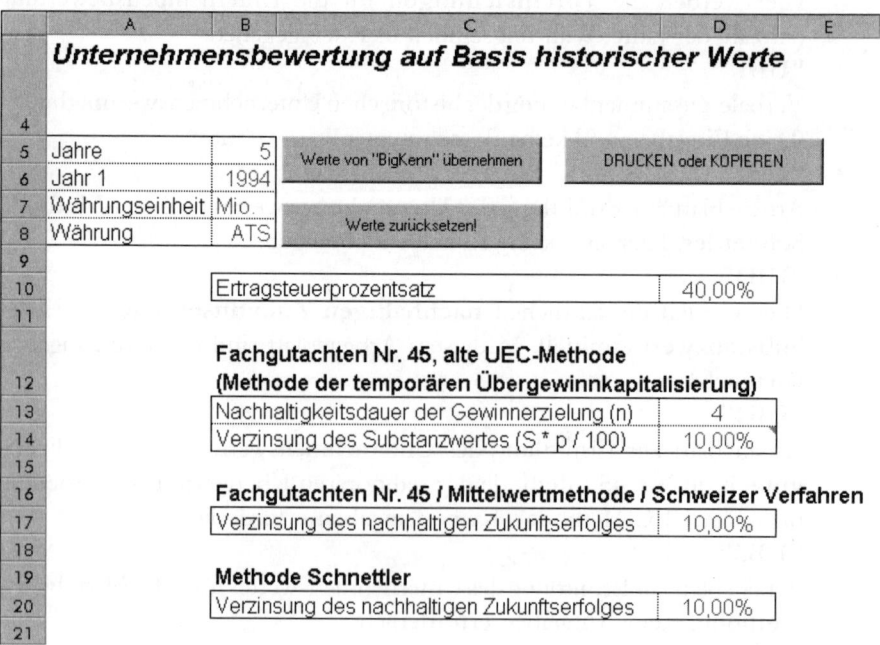

Die Voreinstellungen für die Unternehmensbewertung werden im Arbeitsblatt "Eingabe" eingegeben. Eingabezellen erkennen Sie an der **blauen Schriftfarbe**. Die folgende Tabelle zeigt, welche Werte bestimmt werden müssen:

Bezeichnung	Excel-Zelle	Ein-gabe-format	Werte aus BigKenn	Erläuterungen
Jahre	B5	Zahl	✗	Anzahl der Jahre (1-5)
Jahr 1	B6	Jahres-zahl	✗	Gibt das 1. Jahr an (z.B. 1994)
Währungseinheit	B7		✗	1000er Einheit der Währung (Mrd, Mio, 1000)
Währung	B8	Text	✗	Währung (z.B. Euro)
Ertragsteuerprozentsatz	D10	%		
Nachhaltigkeitsdauer der Gewinnerzielung (n)	D13	Zahl		Nachhaltigkeitsdauer in Jahren
Verzinsung des Substanzwertes	D14	%		
Verzinsung des nachhaltigen Zukunftserfolges	D17	%		Für FGA Nr. 45, Mittelwertmethode und Schweizer Verfahren
Verzinsung des nachhaltigen Zukunftserfolges	D20	%		Für Methode Schnettler

Darüber hinaus befinden sich im Arbeitsblatt "Eingabe" folgende drei Druck-knöpfe:

1.) "Werte von 'BigKenn' übernehmen"

Das Unternehmensbewertungs-Programm **HistUB** wurde als Zusatz-modul zum großen Excel-Kennzahlenprogramm **BigKenn** entwickelt. Ein Großteil der für die Unternehmensbewertung relevanten Eingabeda-ten lässt sich mit Hilfe dieses Druckknopfes übernehmen.

Nach Anklicken des Buttons wird ein Fenster geöffnet, in dem die Datenquelle (also jene BigKenn-Version, aus der Sie die Eingabedaten überspielen möchten) bestimmt wird:

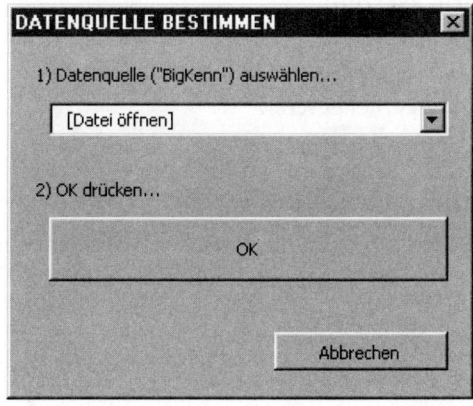

Wählen Sie zuerst im Dropdown-Menü oben die Datenquelle (die gewünschte BigKenn-Version) aus:

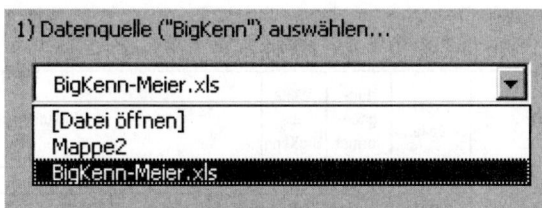

In diesem Dropdown-Menü werden alle etwaigen Excel-Arbeitsmappen angezeigt, die - neben der Arbeitsmappe **HistUB** selbst - noch geöffnet sind (das sind jene Arbeitsmappen, die auch im Excel-Menüpunkt "Fenster" aufgelistet sind - mit Ausnahme der Arbeitsmappe **HistUB** selbst). Für den Fall, dass Sie die gewünschte BigKenn-Version bereits geöffnet haben, wählen Sie den entsprechenden Namen (hier: "BigKenn-Meier") und drücken Sie anschließend den "OK"-Button.

Wenn die gewünschte BigKenn-Version noch nicht geöffnet ist, wählen Sie den Menüpunkt **"[Datei öffnen]"** und drücken Sie dann "OK". Das Excel-Standardfenster "Datei öffnen" erscheint. Dort suchen und öffnen Sie die gewünschte BigKenn-Version.

Nun überträgt das Programm automatisch alle relevanten Eingabedaten von der gewählten BigKenn-Version in das Unternehmensbewertungs-Modul **HistUB**. Dieser Vorgang kann einige Sekunden dauern (insbesondere dann, wenn die BigKenn-Version erst geöffnet werden muss).

Wenn Sie eine falsche Datenquelle angeben (z.B. eine Arbeitsmappe, die nicht als BigKenn-Version erkannt wird), werden Sie durch eine Fehlermeldung darauf aufmerksam gemacht. Keine Panik: Alle ursprünglichen Eingabedaten im Unternehmensbewertungs-Modul **HistUB** bleiben erhalten.

2.) "Werte zurücksetzen!"

Durch Anklicken dieses Buttons werden - nach einer Sicherheitsabfrage - alle Eingabewerte in den Arbeitsblättern "Eingabe", "UB3", "UB7" und "UB8" auf null zurückgesetzt.

3.) "DRUCKEN oder KOPIEREN"

Wenn Sie diesen Druckknopf anklicken, erscheint ein Fenster, das Ihnen bei der Ausgabe der Ergebnisse behilflich sein soll:

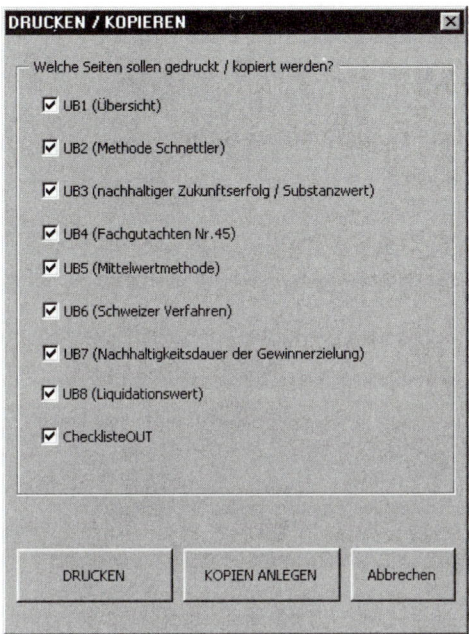

- **Auswahl der Seiten, die gedruckt/kopiert werden sollen**

  Durch Mausklick auf die entsprechenden Kästchen können Sie die Ausgabe bestimmter Seiten der Unternehmensbewertung unterdrücken (oder durch neuerlichen Mausklick wieder aktivieren). Es werden nur jene Seiten gedruckt bzw. kopiert, die mit einem Häkchen versehen sind.

- **"DRUCKEN"**

  Durch Klicken auf den Knopf **"DRUCKEN"** werden die gewünschten Seiten auf dem Drucker ausgegeben.

- **"KOPIEN ANLEGEN"**

  Wenn Sie nicht wollen, dass alle gewünschten Seiten der Unternehmensbewertung sofort in den Drucker geschickt werden, haben Sie die Möglichkeit, alle Ergebnisse zuerst noch auf dem Bildschirm zu begutachten. Klicken Sie dazu den Knopf **"KOPIEN ANLEGEN"** an. Die gewünschten Seiten werden in eine neue, eigene Excel-Arbeitsmappe gespielt. Diese Kopien sind **ungeschützt**, d.h., Sie können diese Seiten **frei bearbeiten** (z.B. Ändern der Spaltenbreiten, Zeilenhöhen, Schriftarten, Schriftgrößen, Farben etc.).

  Die neue Arbeitsmappe mit den angelegten Kopien trägt den Namen **"MappeX"**, wobei X eine fortlaufende Nummer darstellt (Mappe1, Mappe2, Mappe3 usw.).

  Über den Excel-Menüpunkt **"Fenster"** können Sie anschließend zwischen einer (oder mehreren) Kopienmappe(n) und dem Unternehmensbewertungs-Modul **HistUB** hin und herschalten.

Das Arbeitsblatt "UB1" (Übersicht)

Im Arbeitsblatt "UB1" wird eine Übersicht der in **HistUB** angewandten Berechnungsmethoden gegeben. Es handelt sich um ein reines Informationsblatt, hier sind keinerlei Eingaben zu tätigen; auch Berechnungen finden in diesem Blatt nicht statt.

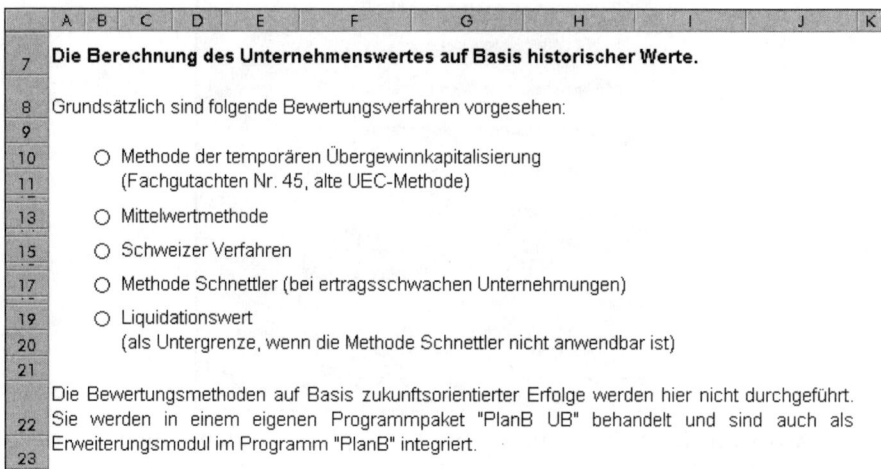

Das Arbeitsblatt "UB2" (Methode Schnettler)

Im Arbeitsblatt "UB2" erfolgt die Berechnung des Unternehmenswertes nach der Methode Schnettler. Weitere Eingaben sind nicht erforderlich (der Prozentsatz für die Verzinsung des nachhaltigen Zukunftserfolges ist im Arbeitsblatt "Eingabe" einzugeben).

Bei der Methode Schnettler müssen drei Kriterien erfüllt sein, damit diese Methode überhaupt zulässig ist:

1. **e** muss kleiner sein als **S x p/100**
2. **r** muss größer 0 sein
3. Das Prinzip der Substanzerhaltung darf nicht verletzt sein. Das ist dann der Fall wenn der Substanzwert um mehr als 30% abgesenkt werden muss.

Wenn eines der Kriterien nicht erfüllt ist, erscheint auf der Seite eine entsprechende Meldung.

	A	B	C	D	E	F	G	H	I	J	K

Methode Schnettler (alle Werte in ATS Mio.)

Nachhaltiger Zukunftserfolg		e	162
22% Abschreibungen auf 1.230 abschreibungsbedürftiger Anlagen			275
nachhaltiger Zukunftserfolg vor Abschreibungen		r	437
Substanzwert ohne abschreibungsbedürftige Anlagen		K	20
Substanzwert inklusive abschreibungsbedürftige Anlagen		S	1.250
Abschreibungsprozentsatz		d	22%
Kapitalisierungszinssatz p.a.		p	10%

$$U = \frac{r \times 100 + K \times d}{p + d} =$$

$$U = \frac{(437 \times 100) + (20 \times 22)}{10{,}00 + 22{,}36} =$$

$$U = \frac{43.722 + 447}{32{,}36} =$$

→ **U = 1.365**

Da die Methode der temporären Übergewinn-kapitalisierung zu einem Ergebnis führt, ist kein Schnettler notwendig!

Verprobung (alle Werte in ATS Mio.):

U = -115 weniger als Substanzwert
abschreibungsbedürftiges Anlagevermögen nicht   1.230 =100%
                                                                                                    115
sondern   1.345 = (109,35%)
daher auch Abschreibung nicht   275
sondern   301 = (109,35%)

U = 1.250   U = 1.365 + (137 - 137) = **1.365**
       115

→ U = 1.365

Das Arbeitsblatt "UB3" (Ermittlung der jährlichen nachhaltigen Zukunftserfolge sowie des Substanzwertes)

Im Arbeitsblatt "UB3" werden die jährlichen nachhaltigen Zukunftserfolge sowie der Substanzwert ermittelt. Dafür sind mehrere Eingaben nötig. Tragen Sie die erforderlichen Daten aus der G&V bzw. der Bilanz in die entsprechenden Jahresspalten ein. Eingabezellen erkennen Sie an der **blauen Schriftfarbe**.

	A	B	C	D	E	F	G	H
12								
13	*Nachhaltiger Zukunftserfolg (e)*		1994	1995	1996	1997	1998	
14		EGT (UL bzw. GF Bezug berücksichtigt)	308	313	-319	446	553	
15		+ AfA	220	200	250	250	300	
16		- Kalk. Abschreibungen	-240	-230	-290	-290	-340	
17		±	0	0	0	0	0	
18		= Korrigiertes EGT	288	283	-359	406	513	
19		± Veränderungen (bedingt durch Nachhaltigkeit)	100	100	100	100	100	
20		= **Nachhaltiger Zukunftserfolg vor Ertragsteuer**	**388**	**383**	**-259**	**506**	**613**	
21								
22		± Hinzurechnung / Kürzung Ert.St Basis (z.B. UL)	300	320	350	380	400	
23		= Basis für Ertragsteuer	688	703	91	886	1.013	
24								
25		- Ertragsteuer (40,00%)	-275	-281	-36	-354	-405	
26		- Ertragsteuer (Werte)	0	0	0	0	0	
27		= **Nachhaltiger Zukunftserfolg nach Ertragst. (e)**	**113**	**102**	**-295**	**152**	**208**	
29		Index	125,6	128,4	130,8	132,5	133,7	
30		Gewichtung	1	2	0	3	4	
31		Summe Gewichtung			10			
33		= **e, (valorisiert und gewichtet)**	**120**	**212**	**0**	**459**	**831**	
34		**Summe e (valorisiert und gewichtet)**			1.622			
36		**Ø e p.a.**			162			
38		UL = kalk. Unternehmerlohn; GF = Geschäftsführerbezug inkl. Nebenkosten						

Hinweis: Soll ein Jahr nicht in die Berechnungsbasis aufgenommen werden (weil nicht repräsentativ), ist bei Gewichtung "0" einzutragen!

41	*Substanzwert - Ermittlung*	1998
42	Eigenkapital inkl. Rücklagen	500
43	+ Stille Reserven Sachanlagevermögen	700
44	+ Stille Reserven Finanzanlagevermögen	0
45	+ Stille Reserven Umlaufvermögen	0
46	+ Stille Reserven Verbindlichkeiten	200
47	- nicht betriebsnotwendiges Sachanlagevermögen	-150
48	- nicht betriebsnotwendiges Finanzanlagevermögen	0
49	- ...	0
50	± ...	
51	- Latente Ertragsteuern	0
52		
53	= **SUBSTANZWERT (S)**	
54		
55	**Zusatzeingabe für "Methode Schnettler"**	
56	Sachanlagevermögen lt. Bilanz	680
57	± Stille Reserven / nicht betriebsnotwendiges Verm.	550
58	- davon nicht abschreibungsbedürftig (z.B. Grund)	
59	= **abschreibungsbedürftiges Sachanlagevermögen**	**1.230**

Die folgende Tabelle liefert eine Zusammenfassung und Erläuterung aller Werte, die im Blatt UB3 einzugeben sind:

Bezeichnung	Excel-Zelle	Ein-gabe-format	Werte aus BigKenn	Erläuterungen
EGT (UL bzw. GF-Bezug berücksichtigt)	C14:G14	Geld	✗	
AfA	C15:G15	Geld	✗	Bei einer Datenübertragung aus BigKenn wird hier die buchmäßige
Kalk. Abschreibungen	C16:G16	Geld	✗	Abschreibung neutralisiert.
Freie Zeile (Bezeichnung)	B17	Text		Wenn relevant, können Sie hier eine individuelle Zeile benennen
Freie Zeile (Geldwert)	C17:G17	Geld		Geldwerte einer etwaigen individuellen Zeile
Veränderungen (bedingt durch Nachhaltigkeit)	C19:G19	Geld		
Hinzurechnung/Kürzung ESt.-Basis	C22:G22	Geld		
Ertragsteuer (Werte)	C26:G26	Geld		
Index	C29:G29	Zahl		Index-Zahl; wird jedes Jahr veröffentlicht. Die Indizes für die Jahre 1993 bis 1998 sind unter den Excel-Kommentaren (rotes Dreieck in der Zelle B29) ersichtlich.
Gewichtung	C30:G30	Zahl		0 = wird vernachlässigt, Zahlen > 0 werden relativ zueinander gewichtet
Eigenkapital inkl. Rücklagen	C42	Geld	✗	
Stille Reserven Sachanlagevermögen	C43	Geld		
Stille Reserven Finanzanlagevermögen	C44	Geld		
Stille Reserven Umlaufvermögen	C45	Geld		
Stille Reserven Verbindlichkeiten	C46	Geld		
Nicht betriebsnotwendiges Sachanlagevermögen	C47	Geld		
Nicht betriebsnotwendiges Finanzanlagevermögen	C48	Geld		
Freie Zeile (Bezeichnung)	B49	Text		Wenn relevant, können Sie hier eine individuelle Zeile benennen
Freie Zeile (Geldwert)	C49	Geld		Geldwerte einer etwaigen individuellen Zeile
Freie Zeile (Bezeichnung)	B50	Text		Wenn relevant, können Sie hier eine zweite individuelle Zeile benennen
Freie Zeile (Geldwert)	C50	Geld		Geldwerte einer etwaigen 2. individuellen Zeile
Latente Ertragsteuern	C51	Geld		
Sachanlagevermögen lt. Bilanz	C56	Geld	✗	
Nicht abschreibungsbedürftige stille Reserven (z.B. Grund)	C58	Geld		

Das Arbeitsblatt "UB4" (Fachgutachten Nr. 45)

Im Arbeitsblatt "UB4" wird der Unternehmenswert nach dem Fachgutachten Nr. 45 (Methode der temporären Übergewinnkapitalisierung bzw. alte UEC-Methode) errechnet. Eingaben sind in diesem Blatt nicht zu tätigen (der Prozentsatz für die Verzinsung des nachhaltigen Zukunftserfolges ist im Arbeitsblatt "Eingabe" einzutragen).

Die Übergewinnmethode stellt eine Sonderform der Mehrphasenmethode dar, bei der die Erfolge, welche die Normalverzinsung übersteigen, nur für einen begrenzten Zeitraum (Übergewinndauer = n) angesetzt werden (ist diese Bedingung nicht erfüllt, kann möglicherweise mit der Methode Schnettler der Unternehmenswert errechnet werden). Dieser Methode liegt insbesondere die Überlegung zugrunde, dass Erfolge, die über eine normale Verzinsung des eingesetzten Kapitals hinausgehen, vielfach der Ausdruck überdurchschnittlicher Unternehmerleistung, einer guten Konjunkturlage oder einer Monopolstellung sind und dass diese Einflussfaktoren nur zeitlich begrenzt wirken.

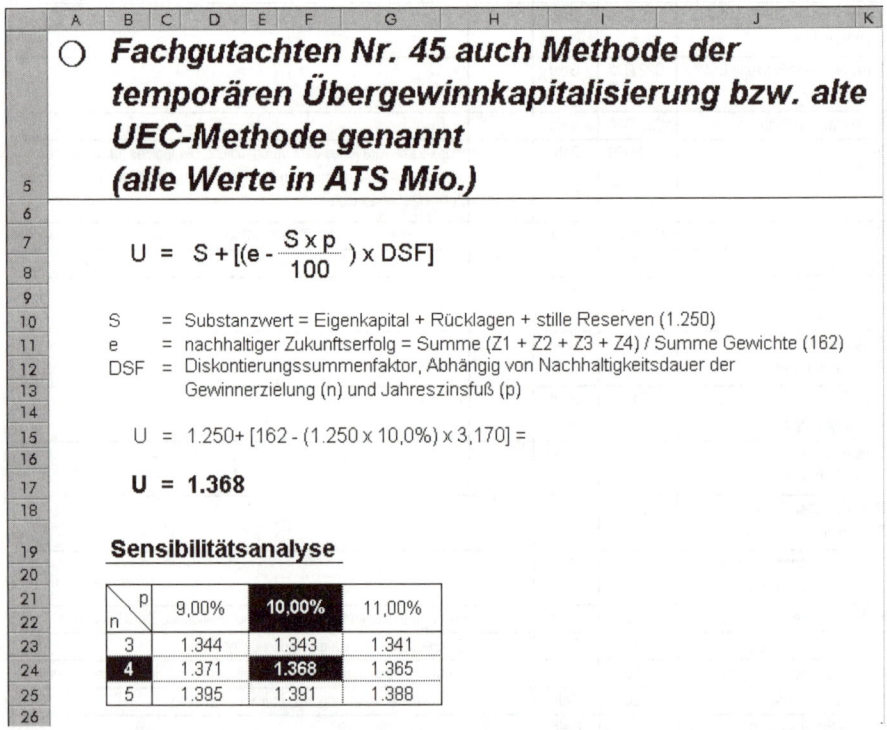

○ **Fachgutachten Nr. 45 auch Methode der temporären Übergewinnkapitalisierung bzw. alte UEC-Methode genannt (alle Werte in ATS Mio.)**

$$U = S + [(e - \frac{S \times p}{100}) \times DSF]$$

S = Substanzwert = Eigenkapital + Rücklagen + stille Reserven (1.250)
e = nachhaltiger Zukunftserfolg = Summe (Z1 + Z2 + Z3 + Z4) / Summe Gewichte (162)
DSF = Diskontierungssummenfaktor, Abhängig von Nachhaltigkeitsdauer der
      Gewinnerzielung (n) und Jahreszinsfuß (p)

U = 1.250 + [162 - (1.250 x 10,0%) x 3,170] =

U = 1.368

Sensibilitätsanalyse

p n	9,00%	10,00%	11,00%
3	1.344	1.343	1.341
4	1.371	1.368	1.365
5	1.395	1.391	1.388

☞ Wenn der Unternehmenswert nach der Methode der temporären Übergewinnkapitalisierung errechnet werden kann, sind die Unternehmenswerte nach der **Methode Schnettler** und der **Liquidationswert irrelevant**!

Wenn die Verzinsung des Substanzwertes kleiner ist als der nachhaltige Zukunftserfolg, dann handelt es sich um ein unrentables Unternehmen, für das die Methode der temporären Übergewinnkapitalisierung ungeeignet ist.

Wenn der Substanzwert negativ: (S x p/100) = NULL

Das Arbeitsblatt "UB5" (Mittelwertmethode)

Im Arbeitsblatt "UB5" erfolgt die Ermittlung des Unternehmenswertes nach der Mittelwertmethode. Auch dafür sind keine weiteren Eingaben erforderlich (der Prozentsatz für die Verzinsung des nachhaltigen Zukunftserfolges ist im Arbeitsblatt "Eingabe" einzutragen).

Können für die Zukunft gleichbleibende Periodenerfolge unterstellt werden, ergibt sich der Ertragswert als Barwert einer ewigen Rente.

☞ Wenn **S > E**, dann lautet die Formel für den Unternehmenswert: **U = E.**

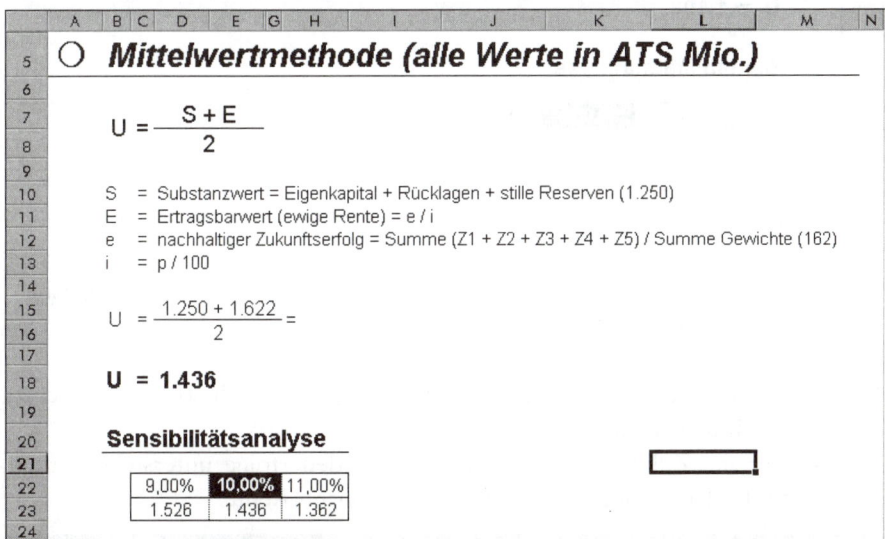

Das Arbeitsblatt "UB6" (Schweizer Verfahren)

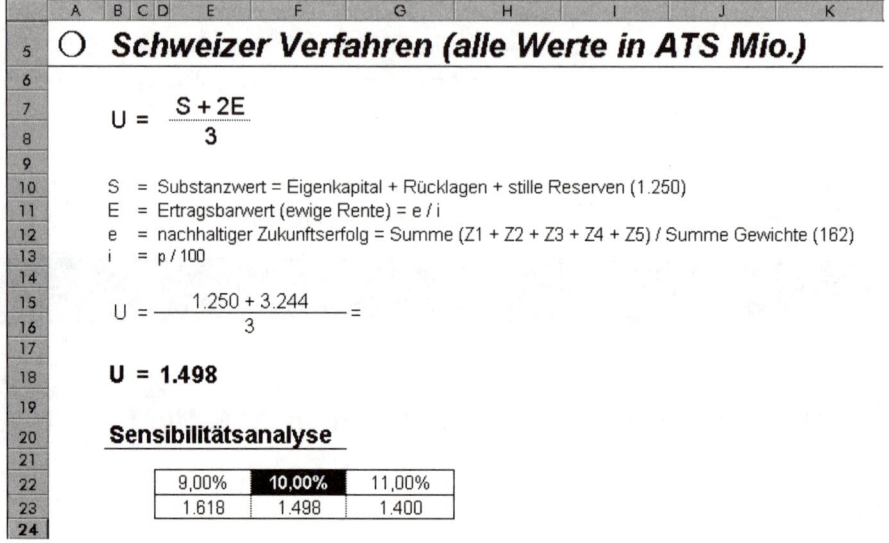

Der Unternehmenswert nach der Schweizer Methode wird im Arbeitsblatt "UB6" errechnet. Keine weiteren Eingaben werden dafür benötigt (der Prozentsatz für die Verzinsung des nachhaltigen Zukunftserfolges ist im Arbeitsblatt "Eingabe" einzutragen).

Beim Schweizer Verfahren wird der Ertragsbarwert doppelt so stark gewichtet als bei der Mittelwertmethode.
Können für die Zukunft gleichbleibende Periodenerfolge unterstellt werden, ergibt sich der Ertragswert als Barwert einer ewigen Rente.

☞ Wenn **S > E,** dann lautet die Formel für den Unternehmenswert: **U = E.**

Das Arbeitsblatt "UB7" (Hilfsmodul zur Ermittlung der Nachhaltigkeitsdauer der Gewinnerzielung)

Im Arbeitsblatt "UB7" finden Sie ein Hilfsmodul zur Ermittlung der Nachhaltigkeitsdauer der Gewinnerzielung. Dafür müssen die Quicktest-Noten für Ertrags- und Finanzkraft aus dem ersten bzw. dem letzten Jahr der Betrachtungsdauer eingeben werden. Die entsprechenden Eingabezellen erkennen Sie an der **blauen Schriftfarbe**.

	A	B	C	D	E	F	G	H	I	J	K	L	M	N	O

Die Empfehlungen zum Fachgutachten Nr. 45 auch Methode der temporären Übergewinnkapitalisierung bzw. alte UEC-Methode genannt, wurden 1970 gegeben. Seither haben sich die Lebenszyklen verkürzt. Man kann unterstellen, daß der Fachsenat **heute** die Nachhaltigkeitsdauer der Gewinnerzielung um 2 Jahre niedriger ansetzen würde als vor dreißig Jahren.

Um die Willkür bei der Bestimmung der Nachhaltigkeitsdauer etwas entgegenzuwirken, schlagen wir vor, die Entwicklung des Unternehmens während der analysierten Periode in Form von Zu- bzw. Abschlag zu berücksichtigen.

Unsere Empfehlung nach mehr als 700 Bewertungen zwischen 1975 und 1999:

	bei objektbedingtem good will	bei subjektbedingtem good will
Nachhaltigkeitsdauer der Gewinnerzielung lt. FG Nr. 45 (aus 1970)	5 J. - 8 J.	3 J. - 5 J.
- Abschlag, zeitbedingt	-2 J.	-2 J.
± Entwicklungszu- bzw. Abschlag x)	1 J.	1 J.
= **modifizierte Nachhaltigkeitsdauer**	**4 J. - 7 J.**	**2 J. - 4 J.**

x) **Ermittlung des Entwicklungs- Zu- bzw. Abschlags**

Als Berechnungsprocedere wird vorgeschlagen (Basis sind die Quicktestnoten):

	ältestes Jahr	jüngstes Jahr	Differenznoten
Noten Finanzkraft	2,00	2,50	**-0,50**
Noten Ertragskraft	2,00	1,00	
* 2 =	4,00	2,00	**2,00**
		Σ	1,50
: 2 = Entwicklungs- Zu- bzw. Abschlag (gerundet)			1

Die folgende Tabelle zeigt die im Blatt "UB7" zu tätigenden Eingaben:

Bezeichnung	Excel-Zelle	Eingabeformat	Werte aus BigKenn	Erläuterungen
Note Finanzkraft (ältestes Jahr)	D28	Zahl	✗	Quicktestnote (1 = sehr gut, 5 = insolvenzgefährdet)
Note Finanzkraft (jüngstes Jahr)	H28	Zahl	✗	Quicktestnote (1 = sehr gut, 5 = insolvenzgefährdet)
Note Ertragskraft (ältestes Jahr)	D30	Zahl	✗	Quicktestnote (1 = sehr gut, 5 = insolvenzgefährdet)
Note Ertragskraft (jüngstes Jahr)	H30	Zahl	✗	Quicktestnote (1 = sehr gut, 5 = insolvenzgefährdet)

Das Arbeitsblatt "UB8" (Ermittlung des Liquidationswertes)

Sollte auch die Methode Schnettler (Arbeitsblatt "UB2") zu keinem akzeptablen Wert führen, bleibt als Bewertungsuntergrenze der Liquidationswert. Tragen Sie die erforderlichen Bilanzdaten in die Eingabezellen mit **blauer Schriftfarbe** ein.

	A	B	C	D	E	F
5			*Liquidationswert (alle Werte in ATS Mio.)*			
6						
7		lfd. Nr.	Bilanzposition	Steuer-Bilanz	Liquid. Bilanz	
8		1	Sachanlagevermögen	680	850	
9		2	Finanzanlagevermögen	640	640	
10		3	Vorräte	650	350	
11		4	Halb-und Fertigerzeugnisse	350	300	
12		5	Debitoren	720	720	
13		6	Liquide Mittel	200	200	
14		7	Sonstige Forderungen	60	60	
15		8	**Summe (1 - 7) AKTIVA**	**3.300**	**3.120**	
16		9	Bankverbindlichkeiten	300	300	
17		10	Lieferantenverbindlichkeiten	280	280	
18		11	Vorsorge für Abfertigungen	740	1.500	
19		12	Sonstige Rückstellungen	520	400	
20		13	Sonstige Verbindlichkeiten	330	300	
21		14	**Summe (9 - 13) PASSIVA**	**2.170**	**2.780**	
22		15	**Überschuß (vorläufig)**	**1.130**	**340**	
23						
24						
25			**vorläufiger Überschuß**		340	
26			- Kosten des Sozialplanes		0	
27			- Kosten der Liquidation		-250	
28			**= verbleibt Liquidationswert**		90	
29						

Die folgende Tabelle zeigt die im Blatt "UB8" zu tätigenden Eingaben:

Bezeichnung	Excel-Zelle	Ein- gabe- format	Werte aus BigKenn	Erläuterungen
Sachanlagevermögen	D8:E8	Geld	✗	Links (Spalte D, "Steuer-Bilanz") steht der Originalwert lt. Bilanz, rechts (Spalte E, "Liquid.Bilanz") der revidierte Wert für die Errechnung des Liquidationswertes. Bei einer Datenübernahme aus BigKenn wird nur die Spalte D mit Werten gefüllt.
Finanzanlagevermögen	D9:E9	Geld	✗	Wie Sachanlagevermögen
Vorräte	D10:E10	Geld	✗	Wie Sachanlagevermögen
Halb- und Fertigerzeugnisse	D11:E11	Geld	✗	Wie Sachanlagevermögen
Debitoren	D12:E12	Geld	✗	Wie Sachanlagevermögen
Liquide Mittel	D13:E13	Geld	✗	Wie Sachanlagevermögen
Sonstige Forderungen	D14:E14	Geld	✗	Wie Sachanlagevermögen
Bankverbindlichkeiten	D16:E16	Geld	✗	Wie Sachanlagevermögen
Lieferantenverbindlichkeiten	D17:E17	Geld	✗	Wie Sachanlagevermögen
Vorsorge für Abfertigungen	D18:E18	Geld	✗	Wie Sachanlagevermögen
Sonstige Rückstellungen	D19:E19	Geld	✗	Wie Sachanlagevermögen
Sonstige Verbindlichkeiten	D20:E20	Geld	✗	Wie Sachanlagevermögen
Kosten des Sozialplanes	E26	Geld		
Kosten der Liquidation	E27	Geld		

Das Arbeitsblatt "ChecklisteIN"

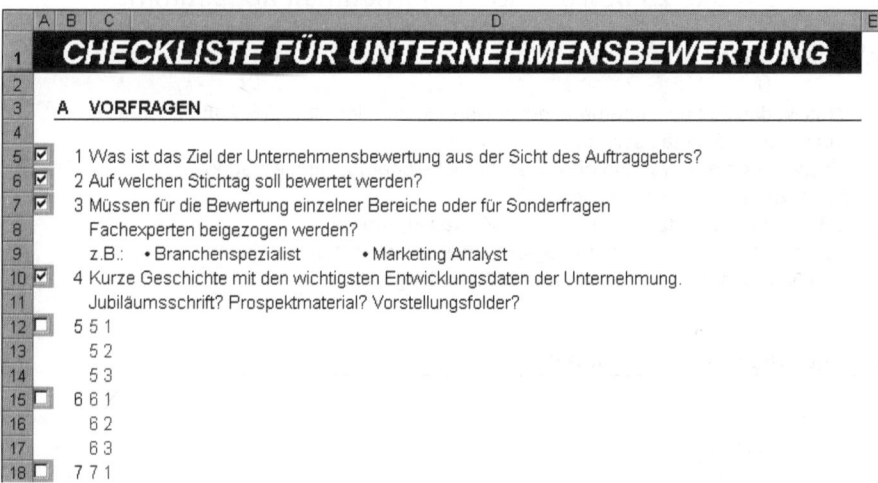

Das Arbeitsblatt "ChecklisteIN" zeigt eine Mindest-Due-Diligence-Liste mit 80 Fragen zum Themenbereich Unternehmensbewertung. Die Liste soll dabei helfen, wirklich alle zur Ermittlung des Unternehmenswertes relevanten Punkte noch einmal durchzudenken, damit ganz sicher auf nichts vergessen wird. Jeder der Punkte ist links mit einer Excel-Checkbox versehen, die Sie anklicken können, um den entsprechenden Punkt zu aktivieren (ein Häkchen erscheint) bzw. zu deaktivieren (kein Häkchen).

Gehen Sie die gesamte Checkliste durch und versehen Sie alle in Frage kommenden Punkte mit so einem Häkchen.

Die Liste ist in mehrere Bereiche ("Vorfragen", "Organisatorischer Aufbau" usw.) aufgegliedert. Bei jedem Bereich lassen sich jeweils bis zu drei **benutzerdefinierte Punkte** dazufügen. Tragen Sie dazu einfach den Wortlaut Ihres individuellen Checklisten-Punktes in eine der Zeilen mit **blauer Schriftfarbe** ein.

Die von Ihnen zusammengestellte individuelle Unternehmensbewertungs-Checkliste finden Sie im Arbeitsblatt "ChecklisteOUT"; dort werden nur noch jene Punkte angeführt, die Sie im Arbeitsblatt "ChecklisteIN" aktiviert haben.

Das Arbeitsblatt "ChecklisteOUT"

Im Arbeitsblatt "ChecklisteOUT" finden Sie Ihre individuelle Unternehmensbewertungs-Checkliste mit allen Punkten, die Sie im Arbeitsblatt "ChecklisteIN" aktiviert haben. Dieses Arbeitsblatt ist nur zur Ausgabe bestimmt; hier sind keinerlei Eingaben zu tätigen.

INDIVIDUAL-CHECKLISTE
auf das zu bewertende Unternehmen abgestimmt.

A VORFRAGEN

1 Was ist das Ziel der Unternehmensbewertung aus der Sicht des Auftraggebers?
2 Auf welchen Stichtag soll bewertet werden?
3 Müssen für die Bewertung einzelner Bereiche oder für Sonderfragen
   Fachexperten beigezogen werden?
   z.B.:   • Branchenspezialist   • Marketing Analyst
4 Kurze Geschichte mit den wichtigsten Entwicklungsdaten der Unternehmung.
   Jubiläumsschrift? Prospektmaterial? Vorstellungsfolder?

B ORGANISATORISCHER AUFBAU

1 Welche internen Führungsmittel bestehen?
2 Gibt es ein Organigramm?

(Ausschnitt; die 80 Punkte umfassende
Mindest-Checkliste ist im Kapitel 16.7. vollständig abgebildet.)

15.7.2. "PlanUB"

PlanUB

Mit dem Unternehmensbewertungs-Programm **PlanUB** lässt sich der Wert eines Unternehmens auf Basis zukunftsorientierter Daten ermitteln. Das Programm ist als **Zusatzmodul** für das große Planbilanz-Programm **PlanB** entwickelt worden, es ist aber auch unabhängig von **PlanB** einsetzbar!

Bei den Erläuterungen in diesem Kapitel werden Grundkenntnisse in Excel vorausgesetzt.

15.7.2.1. Struktur der Excel-Arbeitsmappe

Die Excel-Arbeitsmappe **PlanUB.xls** besteht aus folgenden sechs Arbeitsblättern:

```
\ Daten / UB1 / UB2 / UB3 / ChecklisteIN / ChecklisteOUT /
```

- **"Daten"**
  Hier werden die **Voreinstellungen** für die Unternehmensbewertung (Anzahl der Jahre, Währungseinheit usw.) eingegeben.

- **"UB1"**
  Dies ist das Arbeitsblatt zur Ermittlung des **Kapitalisierungszinsfußes**.

- **"UB2"**
  Arbeitsblatt zur Ermittlung des Unternehmenswertes nach der **Free-Cash-Flow-Methode**.

- **"UB3"**
  Arbeitsblatt zur Ermittlung des Unternehmenswertes nach der zukunftsorientierten **Ertragswertmethode**.

- **"ChecklisteIN"**
  Hier stellen Sie sich Ihre persönliche Unternehmensbewertungs-Checkliste zusammen, indem Sie alle Punkte einer umfangreichen Gesamtliste anhaken, die Ihnen für die Unternehmensbewertung wichtig erscheinen.

- **"ChecklisteOUT"**
  In diesem Arbeitsblatt befindet sich Ihre individuell zusammengestellte Unternehmensbewertungs-Checkliste.

15.7.2.2. Der Unternehmenswert als zukunftsbezogene Größe

(Philosophie der modernen Unternehmensbewertung)

Unter der Voraussetzung ausschließlich finanzieller Ziele leitet sich der Wert eines Unternehmens aus seinen nachhaltig erzielbaren Zukunftserfolgen ab. Er ergibt sich grundsätzlich als Barwert dieser Zukunftserfolge (Ertragswert). Verfügt das Unternehmen über nicht betriebsnotwendige Vermögensgegenstände, müssen diese unter Beachtung der damit zusammenhängenden Schulden einer gesonderten Bewertung unterzogen werden. Der resultierende Wert ist dem Ertragswert hinzuzufügen.

Der Ertragswertermittlung kann ein zahlungsstromorientiertes oder ein periodenerfolgsorientiertes Verfahren zugrunde gelegt werden.
Bei Anwendung des zahlungsstromorientierten Verfahrens ergibt sich der Wert des Unternehmens aus dem Barwert der zukünftigen Geldüberschüsse (Differenz aus Einnahmen und Ausgaben).

Ein Unternehmen ist jedoch im Gegensatz zu einem einzelnen Investitionsobjekt eine komplexe Gesamtheit, deren künftige Zahlungsströme nur für einen kurzen Zeitraum genau geplant werden können. Da sich im Hinblick auf die Vielzahl der auf die Zahlungsströme einwirkenden Einflussgrößen häufig kompensatorische Effekte ergeben, so dass Periodenerfolge und Geldüberschüsse weitgehend übereinstimmen, bilden die aus den künftigen Erträgen und Aufwendungen abgeleiteten Periodenerfolge in der Regel eine geeignete Grundlage der Ertragswertermittlung. Erkennbare Unterschiede zwischen Einnahmen und Erträgen bzw. zwischen Ausgaben und Aufwendungen in den einzelnen Perioden können zu einer Kombination des periodenerfolgsorientierten mit dem zahlungsstromorientierten Verfahren führen (z.B. Ersatz von Abschreibungen durch Investitionsausgaben für Großanlagen).

15.7.2.3. Bedienung

Das Arbeitsblatt "Daten"

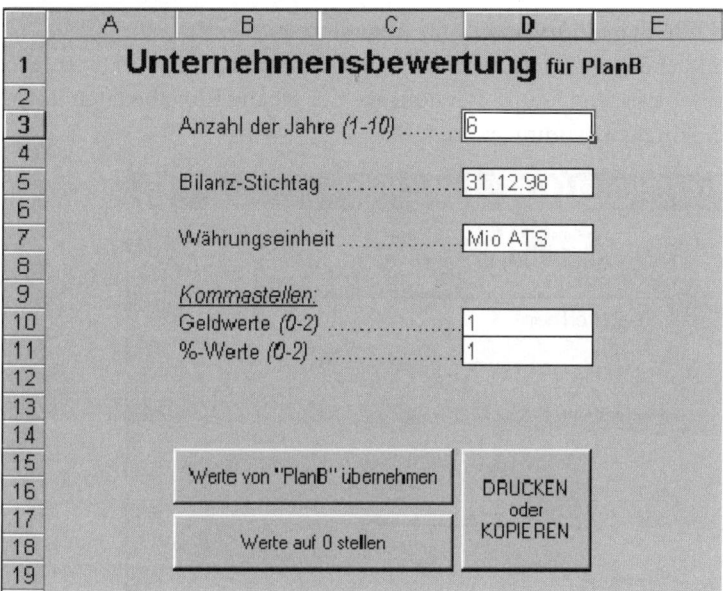

Die Voreinstellungen für die Unternehmensbewertung werden im Arbeitsblatt "Daten" eingegeben. Folgende Werte sind zu bestimmen:

- **Anzahl der Jahre**
  Tragen Sie in die *Excel-Zelle D3* die Anzahl der Jahre (Detailperiode) für die Unternehmensbewertung ein (mindestens ein, höchstens zehn Jahre).
- **Bilanz-Stichtag**
  Geben Sie in die *Excel-Zelle D5* das Datum des Bilanz-Stichttages (in der Form: TT.MM.JJ) ein.
- **Währungseinheit**
  In der *Excel-Zelle D7* ist die Währungseinheit (z.B. "1000 EUR" oder "Mio DM") einzutragen.
- **Anzahl der Kommastellen**
  Schließlich sind in den *Excel-Zellen D10 und D11* noch die Anzahl der Kommastellen für Geld- bzw. Prozentwerte zu bestimmen. Wählen Sie zwischen null und zwei Kommastellen. Die Zahlenformate der Ausgabeblätter "UB1", "UB2" und "UB3" werden automatisch angepasst.

Darüber hinaus befinden sich im unteren Bereich des Arbeitsblattes "Daten" folgende drei Druckknöpfe:

1.) "Werte von 'PlanB' übernehmen"

Das Unternehmensbewertungs-Programm **PlanUB** wurde als Zusatz-modul zum großen Planbilanz-Programm **PlanB** entwickelt. Ein Groß-teil der für die Unternehmensbewertung relevanten Eingabedaten lässt sich mit Hilfe dieses Druckknopfes übernehmen.

Nach Anklicken des Buttons wird ein Fenster geöffnet, in dem die Datenquelle (also jene PlanB-Version, aus der Sie die Eingabedaten über-spielen möchten) bestimmt wird:

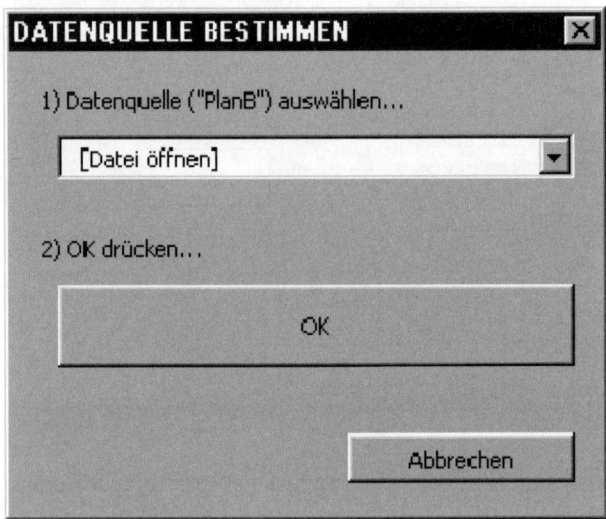

Wählen Sie zuerst im Dropdown-Menü oben die Datenquelle (die ge-wünschte PlanB-Version) aus:

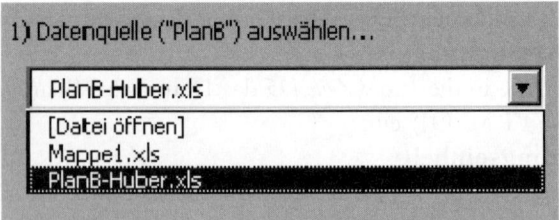

In diesem Dropdown-Menü werden alle etwaigen Excel-Arbeitsmappen angezeigt, die - neben der Arbeitsmappe **PlanUB** selbst - noch geöffnet sind (das sind jene Arbeitsmappen, die auch im Excel-Menüpunkt "Fen-ster" aufgelistet sind - mit Ausnahme der Arbeitsmappe **PlanUB** selbst). Für den Fall, dass Sie die gewünschte PlanB-Version bereits geöffnet haben, wählen Sie den entsprechenden Namen (hier: "PlanB-Huber") und drücken Sie anschließend den "OK"-Button.

Wenn die gewünschte PlanB-Version noch nicht geöffnet ist, wählen Sie den Menüpunkt **"[Datei öffnen]"** und drücken Sie dann "OK". Das Excel-Standardfenster "Datei öffnen" erscheint. Dort suchen und öffnen Sie die gewünschte PlanB-Version.

Nun überträgt das Programm automatisch alle relevanten Eingabedaten von der gewählten PlanB-Version in das Unternehmensbewertungs-Modul **PlanUB**. Dieser Vorgang kann einige Sekunden dauern (insbesondere dann, wenn die PlanB-Version erst geöffnet werden muss).

Wenn Sie eine falsche Datenquelle angeben (z.B. eine Arbeitsmappe, die nicht als PlanB-Version erkannt wird), werden Sie durch eine Fehlermeldung darauf aufmerksam gemacht. Keine Panik: Alle ursprünglichen Eingabedaten im Unternehmensbewertungs-Modul **PlanUB** bleiben erhalten.

2.) "Werte auf 0 stellen"
Durch Anklicken dieses Buttons werden - nach einer Sicherheitsabfrage - alle Geldwerte in den Arbeitsblättern "UB1", "UB2" und "UB3" auf null gestellt.

3.) "DRUCKEN oder KOPIEREN"
Wenn Sie diesen Druckknopf anklicken, erscheint ein Fenster, das Ihnen bei der Ausgabe der Ergebnisse behilflich sein soll:

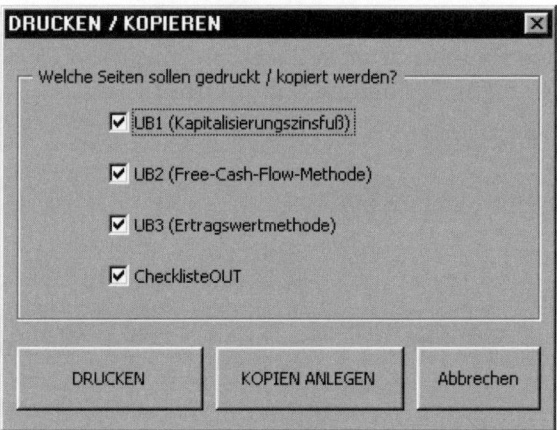

- **Auswahl der Seiten, die gedruckt/kopiert werden sollen**
  Durch Mausklick auf die entsprechenden Kästchen können Sie die Ausgabe bestimmter Seiten der Unternehmensbewertung unterdrücken (oder durch neuerlichen Mausklick wieder aktivieren). Es werden nur jene Seiten gedruckt bzw. kopiert, die mit einem Häkchen versehen sind.

- **"DRUCKEN"**
  Durch Klicken auf den Knopf **"DRUCKEN"** werden die gewünschten Seiten auf dem Drucker ausgegeben.

- **"KOPIEN ANLEGEN"**
  Wenn Sie nicht wollen, dass alle gewünschten Seiten der Unternehmens-bewertung sofort in den Drucker geschickt werden, haben Sie die Mög-lichkeit, alle Ergebnisse zuerst noch auf dem Bildschirm zu begutachten. Klicken Sie dazu den Knopf **"KOPIEN ANLEGEN"** an. Die ge-wünschten Seiten werden in eine neue, eigene Excel-Arbeitsmappe ge-spielt. Diese Kopien sind **ungeschützt**, d.h., Sie können diese Seiten **frei bearbeiten** (z.B. Ändern der Spaltenbreiten, Zeilenhöhen, Schriftarten, Schriftgrößen, Farben etc.).
  Die neue Arbeitsmappe mit den angelegten Kopien trägt den Namen **"MappeX"**, wobei X eine fortlaufende Nummer darstellt (Mappe1, Mappe2, Mappe3 usw.).
  Über den Excel-Menüpunkt **"Fenster"** können Sie anschließend zwi-schen einer (oder mehreren) Kopienmappe(n) und dem Unternehmens-bewertungs-Modul **PlanUB** hin und herschalten.

Das Arbeitsblatt "UB1" (Ermittlung des Kapitalisierungszinsfußes)

Im Arbeitsblatt "UB1" wird der Kapitalisierungszinsfuß (Abzinsungsfaktor für die Free-Cash-Flow-Methode bzw. die Ertragswertmethode) ermittelt. Alle dafür relevanten Eingaben werden direkt im Arbeitsblatt eingetragen. Eingabe-zellen erkennen Sie an der **blauen Schriftfarbe**.

	A	B	C	D	E	F	G	H	I	J

1
2 *HINWEIS: Zellen mit blauer Schrift können verändert werden!*

3 • **Kapitalisierungszinsfuß**

4

5 Die Höhe des Kapitalisierungszinsfußes hängt von der Zusammensetzung der Kapitalstruktur, also vom Verhältnis zwischen Eigen- und Fremdkapital, ab. Die Kosten des Fremdkapitals müssen bei der Free-Cash-Flow-Methode **nach Steuern** errechnet werden.

6

7 Der **Eigenkapitalkostensatz** setzt sich aus **mehreren Komponenten** zusammen, und zwar:

8

9 Basiszinssatz (Sekundärmarktrendite) 6,0%

10 - Geldentwertungsrate .... -2,0%

11 + 50% allgemeine Risikoprämie auf die als

12 risikolos geltende Sekundärmarktrendite 3,0%

13 + Zuschlag auf unternehmensspezifisches Risiko 1,0%

14 + Zuschlag für Immobilität 1,0%

15 ± ... 0,0%

16 = **Eigenkapitalkostensatz** **9,0%**

17

18 Der **durchschnittliche Ertragsteuersatz** (Ø ESt.) beträgt 50,0%

19

20

21 Der **durchschnittliche Kapitalkostensatz** (Weighted Average Cost of Capital, WACC) ergibt sich als **gewogenes Mittel** wie folgt:

Finanzierungs-quellen	1000 ATS	%	Kosten		Ø Kapital-kostensatz
			vor ESt.	nach ESt.	
Eigenkapital	4.950	56,6%	9,0%	9,0%	5,1%
Bankkredite, lfr.	600	6,9%	5,0%	2,5%	0,2%
Bankkredite, kfr.	3.188	36,5%	9,0%	4,5%	1,6%
Schuldwechsel	0	0,0%	5,0%	2,5%	0,0%
Sonst.Verb.	0	0,0%	0,0%	0,0%	0,0%
GESAMT	8.738	100,0%	-	-	**6,9%**

Bei automatischem Datentransfer (aus PlanB) wir die Kapitalstruktur aus dem ersten Planjahr übernommen. Der daraus resultierende durchschnittliche Kapitalkostensatz wird auch für die Folgejahre angesetzt. Bei einem etwaigen Fehlkapital steht in der Zeile "Eigenkapital" null.

Bei gravierenden Änderungen der Kapitalstruktur muss eine Anpassung vorgenommen werden.

In der folgenden Tabelle werden alle Werte, die für den Eigenkapitalkostensatz einzugeben sind, zusammengefasst und erläutert:

Bezeichnung	Excel-Zelle	Ein-gabe-format	Werte aus PlanB?	Erläuterungen
Basiszinssatz	I9	%		Entspricht der Sekundärmarktrendite
Geldentwertungsrate	I10	%		
Allg. Risikoprämie auf Sekundärmarktrendite	C11	%		Mit diesem Prozentwert wird der Basiszinssatz (Zelle I9) multipliziert; daraus ergibt sich die Risikoprämie
Zuschlag auf unternehmensspez. Risiko	I13	%		
Zuschlag für Immobilität	I14	%		
Freie Zeile (Bezeichnung)	C15	Text		Wenn relevant, können Sie hier eine individuelle Zeile benennen
Freie Zeile (%)	I15	%		Prozentsatz einer etwaigen individuellen Zeile
Durchschnittl. Ertragsteuersatz (Ø ESt.)	I18	%	✗	Durchschnittlicher Prozentsatz der im untersuchten Zeitraum planmäßig anfallenden Ertragsteuern. Wenn im Blatt "UB2" (Zelle J8) ein anderer ESt.-Satz als hier angegeben wird, erfolgt bei Betätigen des Druck/Kopier-Knopfes eine Meldung durch den **Plausibilitäts-Check**.

Hier alle Eingabewerte für die Finanzierungsquellen:

Bezeichnung	Excel-Zelle	Ein-gabe-format	Werte aus PlanB?	Erläuterungen
Eigenkapital	E24	Geld	✗	Eigenkapital im 1. Jahr
Bankkredite, langfristig	E25	Geld	✗	Langfristige Bankkredite im 1. Jahr
Kapitalkostensatz für langfristige Bankkredite	G25	%		
Bankkredite, kurzfristig	E26	Geld	✗	Kurzfristige Bankkredite im 1. Jahr
Kapitalkostensatz für kurzfristige Bankkredite	G26	%		
Schuldwechsel	E27	Geld		Schuldwechsel im 1. Jahr
Kapitalkostensatz für Schuldwechsel	G27	%		
Freie Zeile (Bezeichnung)	B28	Text		Wenn relevant, können Sie hier eine individuelle Zeile benennen
Freie Zeile (Geldwert)	E28	Geld		Geldwert einer etwaigen individuellen Zeile im 1. Jahr
Kapitalkostensatz für freie Zeile	G28	%		Kapitalkostensatz einer etwaigen individuellen Zeile

Das Arbeitsblatt "UB2" (Free-Cash-Flow-Methode)

Im Arbeitsblatt "UB2" erfolgt die Berechnung des Unternehmenswertes nach der Free-Cash-Flow-Methode. Auch hier werden wieder alle benötigten Eingaben direkt im Arbeitsblatt eingetragen. Die Eingabezellen erkennen Sie an der **blauen Schriftfarbe**.

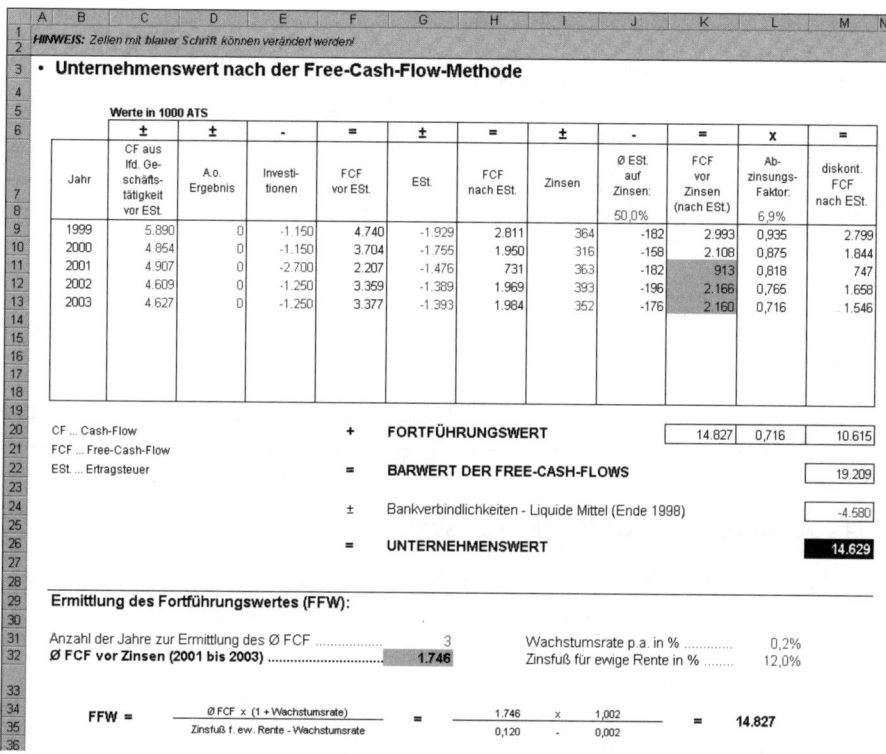

Unternehmenswert nach der Free-Cash-Flow-Methode

Werte in 1000 ATS

Jahr	CF aus lfd. Geschäftstätigkeit vor ESt. (±)	A.o. Ergebnis (±)	Investitionen (-)	FCF vor ESt. (=)	ESt. (±)	FCF nach ESt. (=)	Zinsen (±)	Ø ESt. auf Zinsen: 50,0% (-)	FCF vor Zinsen (nach ESt.) (=)	Abzinsungsfaktor: 6,9% (x)	diskont. FCF nach ESt. (=)
1999	5.890	0	-1.150	4.740	-1.929	2.811	364	-182	2.993	0,935	2.799
2000	4.854	0	-1.150	3.704	-1.755	1.950	316	-158	2.108	0,875	1.844
2001	4.907	0	-2.700	2.207	-1.476	731	363	-182	913	0,818	747
2002	4.609	0	-1.250	3.359	-1.389	1.969	393	-196	2.166	0,765	1.658
2003	4.627	0	-1.250	3.377	-1.393	1.984	352	-176	2.160	0,716	1.546

CF ... Cash-Flow
FCF ... Free-Cash-Flow
ESt. ... Ertragsteuer

+	FORTFÜHRUNGSWERT		14.827	0,716	10.615
=	BARWERT DER FREE-CASH-FLOWS				19.209
±	Bankverbindlichkeiten - Liquide Mittel (Ende 1998)				-4.580
=	UNTERNEHMENSWERT				14.629

Ermittlung des Fortführungswertes (FFW):

Anzahl der Jahre zur Ermittlung des Ø FCF 3
Ø FCF vor Zinsen (2001 bis 2003) **1.746**

Wachstumsrate p.a. in % 0,2%
Zinsfuß für ewige Rente in % 12,0%

$$FFW = \frac{Ø\ FCF \times (1 + Wachstumsrate)}{Zinsfuß\ f.\ ew.\ Rente - Wachstumsrate} = \frac{1.746 \times 1,002}{0,120 - 0,002} = 14.827$$

In der folgenden Tabelle werden alle Werte, die für den Unternehmenswert nach der Free-Cash-Flow-Methode einzugeben sind, zusammengefasst und erläutert:

Bezeichnung	Excel-Zelle	Eingabeformat	Werte aus PlanB?	Erläuterungen
Ø Ertragsteuersatz auf Zinsen	J8	%	✗	Durchschnittlicher Prozentsatz der im untersuchten Zeitraum planmäßig anfallenden Ertragsteuern, um die Zinsen rückzurechnen. Wenn im Blatt "UB1" (Zelle I18) ein anderer ESt.-Satz als hier angegeben wird, erfolgt bei Betätigen des Druck/Kopier-Knopfes eine Meldung durch den **Plausibilitäts-Check**.
Abzinsungsfaktor	L8	%	✗	Der Abzinsungsfaktor entspricht in der Regel dem im Blatt "UB1" ermittelten durchschnittlichen Kapitalkostensatz, muss jedoch händisch eingegeben werden (nur wenn Sie die Daten von PlanB übernehmen, wird der Wert automatisch angepasst). Wenn im Blatt "UB1" (durchschnittl. Kapitalkostensatz, Zelle I30) bzw. im Blatt "UB3" (Zelle F8) andere Abzinsungsfaktoren als hier aufscheinen, erfolgt bei Betätigen des Druck/Kopier-Knopfes eine Meldung durch den **Plausibilitäts-Check**.
Cash-Flow aus laufender Geschäftstätigkeit vor Ertragsteuern	C9:C18	Geld	✗	

Bezeichnung	Excel-Zelle	Ein-gabe-format	Werte aus PlanB?	Erläuterungen
A.o. Ergebnis	D9:D18	Geld	✗	Eingabe nur dann relevant, wenn Cash-Flow *(Excel-Zellen C9:C18)* um a.o. Positionen korrigiert werden sollen.
Investitionen	E9:E18	Geld	✗	
Ertragsteuern	G9:G18	Geld	✗	
Zinsen	I9:I18	Geld	✗	
Bankverbindlichkeiten abzgl. liquide Mittel	M24	Geld	✗	Wert **vor** dem 1. Jahr des untersuchten Zeitraumes
Anzahl der Jahre zur Ermittlung des Ø Free Cash-Flows	G31	Jahre		Bestimmt, wie viele Jahre (am Ende der Betrachtungsdauer) zur Ermittlung des Ø FCF herangezogen werden. In der Spalte "FCF vor Zinsen (nach ESt.)" *(Excel-Zellen J9:J18)* erscheinen die Werte, die zur Durchschnittsermittlung herangezogen werden, mit grauem Hintergrund.
Wachstumsrate p.a.	L31	%		Zur Ermittlung des Fortführungswertes
Zinsfuß für ewige Rente	L32	%		Zur Ermittlung des Fortführungswertes

Das Arbeitsblatt "UB3" (Ertragswertmethode)

Im Arbeitsblatt "UB3" wird schließlich der Unternehmenswert nach der zukunftsorientierten Ertragswertmethode ermittelt. Alle relevanten Eingaben werden direkt im Arbeitsblatt eingetragen. Die Eingabezellen erscheinen auch hier wieder in **blauer Schriftfarbe**.

HINWEIS: Zellen mit blauer Schrift können verändert werden!

• Ertragswertmethode

Werte in 1000 ATS

	±	-	=	x	=
Jahr	Plan-EGT	relevanter ESt. Satz: 50,0%	Planerfolg nach ESt.	Ab-zinsungs-Faktor: 6,9%	Ertrags-barwert
1999	3.948	-1.974	1.974	0,935	1.846
2000	3.600	-1.800	1.800	0,875	1.575
2001	3.177	-1.589	1.589	0,818	1.300
2002	2.869	-1.434	1.434	0,765	1.098
2003	2.877	-1.438	1.438	0,716	1.030

+ Liquidations- bzw. Fortführungswert

		10.000	0,716		7.159

= UNTERNEHMENSWERT   **14.008**

Die folgende Tabelle liefert eine Zusammenfassung und Erläuterung aller Werte, die für den Unternehmenswert nach der Ertragswertmethode einzugeben sind:

Bezeichnung	Excel-Zelle	Ein-gabe-format	Werte aus PlanB?	Erläuterungen
Relevanter Ertragsteuersatz	D8	%		
Abzinsungsfaktor	F8	%	✗	Der Abzinsungsfaktor entspricht in der Regel dem in Blatt "UB1" ermittelten durchschnittlichen Kapitalkostensatz, muss jedoch händisch eingegeben werden (nur wenn Sie die Daten von PlanB übernehmen, wird der Wert automatisch angepasst). Wenn im Blatt "UB1" (durchschnittl. Kapitalkostensatz, *Zelle I30*) bzw. im Blatt "UB2" *(Zelle L8)* andere Abzinsungsfaktoren als hier aufscheinen, erfolgt bei Betätigen des Druck/Kopier-Knopfes eine Meldung durch den **Plausibilitäts-Check**.
Plan-EGT (Ergebnis der gewöhnlichen Geschäftstätigkeit)	C9:C18	Geld	✗	
Liquidations- bzw. Fortführungswert	B20	Text		Die Bezeichnung "Liquidations- bzw. Fortführungs-wert" kann überschrieben (umbenannt) werden.
Liquidations- bzw. Fortführungswert	E20	Geld		

Unterstellt man **begrenzte Unternehmensdauer**, dann muss am Ende der mehr oder weniger detaillierten Ertragsvorschau ein **Liquidationswert** angesetzt werden.

Kann eine **unbegrenzte Unternehmensdauer** unterstellt werden, tritt an die Stelle des Liquidationswertes der so genannte **Fortführungswert**.

Ohne einen dieser beiden Werte wäre die Ertragswertbasis unvollständig und somit falsch.

Das Arbeitsblatt "ChecklisteIN"

Das Arbeitsblatt "ChecklisteIN" zeigt eine umfangreiche Mindest-Due-Diligence-Liste mit 110 Fragen zum Themenbereich Unternehmensbewertung. Die Liste soll dabei helfen, wirklich alle zur Ermittlung des Unternehmenswertes relevanten Punkte noch einmal durchzudenken, damit ganz sicher auf nichts vergessen wird. Jeder der Punkte ist links mit einer Excel-Checkbox versehen, die Sie anklicken können, um den entsprechenden Punkt zu aktivieren (ein Häkchen erscheint) bzw. zu deaktivieren (kein Häkchen). Gehen Sie die gesamte Checkliste durch und versehen Sie alle in Frage kommenden Punkte mit so einem Häkchen.

Die Liste ist in mehrere Bereiche ("Vorfragen", "Organisatorischer Aufbau" usw.) aufgegliedert. Bei jedem Bereich lassen sich jeweils bis zu drei **benutzerdefinierte Punkte** hinzufügen. Tragen Sie dazu einfach den Wortlaut Ihres individuellen Checklisten-Punktes in eine der Zeilen mit **blauer Schriftfarbe** ein.

Die von Ihnen zusammengestellte individuelle Unternehmensbewertungs-Checkliste finden Sie im Arbeitsblatt "ChecklisteOUT"; dort werden nur noch jene Punkte angeführt, die Sie im Arbeitsblatt "ChecklisteIN" aktiviert haben.

	A	B	C	D	E
1				**CHECKLISTE FÜR UNTERNEHMENSBEWERTUNG**	
2					
3				**A VORFRAGEN**	
4					
5	☑			1 Was ist das Ziel der Unternehmensbewertung aus der Sicht des Auftraggebers?	
6	☑			2 Auf welchen Stichtag soll bewertet werden?	
7	☑			3 Müssen für die Bewertung einzelner Bereiche oder für Sonderfragen	
8				Fachexperten beigezogen werden?	
9				z.B.: • Branchenspezialist • Marketing Analyst	
10	☑			4 Kurze Geschichte mit den wichtigsten Entwicklungsdaten der Unternehmung.	
11				Jubiläumsschrift? Prospektmaterial? Vorstellungsfolder?	
12	☐		5 5 1		
13			5 2		
14			5 3		
15	☐		6 6 1		
16			6 2		
17			6 3		
18	☐		7 7 1		

Das Arbeitsblatt "ChecklisteOUT"

Im Arbeitsblatt "ChecklisteOUT" finden Sie Ihre individuelle Unternehmens-bewertungs-Checkliste mit allen Punkten, die Sie im Arbeitsblatt "ChecklisteIN" aktiviert haben. Dieses Arbeitsblatt ist nur zur Ausgabe bestimmt; hier sind keinerlei Eingaben zu tätigen.

INDIVIDUAL-CHECKLISTE
auf das zu bewertende Unternehmen abgestimmt.

A VORFRAGEN

1 Was ist das Ziel der Unternehmensbewertung aus der Sicht des Auftraggebers?
2 Auf welchen Stichtag soll bewertet werden?
3 Müssen für die Bewertung einzelner Bereiche oder für Sonderfragen
Fachexperten beigezogen werden?
z.B.: • Branchenspezialist   • Marketing Analyst
4 Kurze Geschichte mit den wichtigsten Entwicklungsdaten der Unternehmung.
Jubiläumsschrift? Prospektmaterial? Vorstellungsfolder?

B ORGANISATORISCHER AUFBAU

1 Welche internen Führungsmittel bestehen?
2 Gibt es ein Organigramm?
3 Bestehen schriftliche geschäftspolitische Zielsetzungen,
Verhaltensgrundsätze, Funktionsdiagramme usw.
(evtl. zusammengefaßt in einem Organisationshandbuch?)
4 Wirken Synergieeffekte von verwandten Gesellschaften auf die
Unternehmung ein? Wenn ja, welche und in welchem Ausmaß?
Welche diesbezüglichen Folgen hat ein Verkauf der Gesellschaft
durch den bisherigen Eigentümer?
5 Ist das Unternehmen ISO-zertifiziert?

(Ausschnitt; die 80 Punkte umfassende
Mindest-Checkliste ist im Kapitel 16.7. vollständig abgebildet.)

15.7.3. "RisikoUW" (Risikoanalyse für Unternehmenswert)

RisikoUW

15.7.3.1. Grundsätzliches

Warum Risikoanalyse?

Naturgemäß gibt es bei den einzelnen Planprämissen jeder Unternehmens-bewertung auf Basis von Zukunftserfolgen immer gewisse Unsicherheiten, was die Eintrittswahrscheinlichkeit dieser Werte betrifft. Hier kann die mittels Computer-simulation durchgeführte Risikoanalyse helfen, das Risiko transparent zu machen.

Der amerikanische Harvard-Professor David Hertz hat sie entwickelt und im Jahre 1965 vorgestellt.

Zielsetzung und Erläuterung

Hier wird auf das Kapitel 7.3.6.2. "Unternehmensbewertung" verwiesen.

15.7.3.2. Bedienung

Das Arbeitsblatt "Optionen"

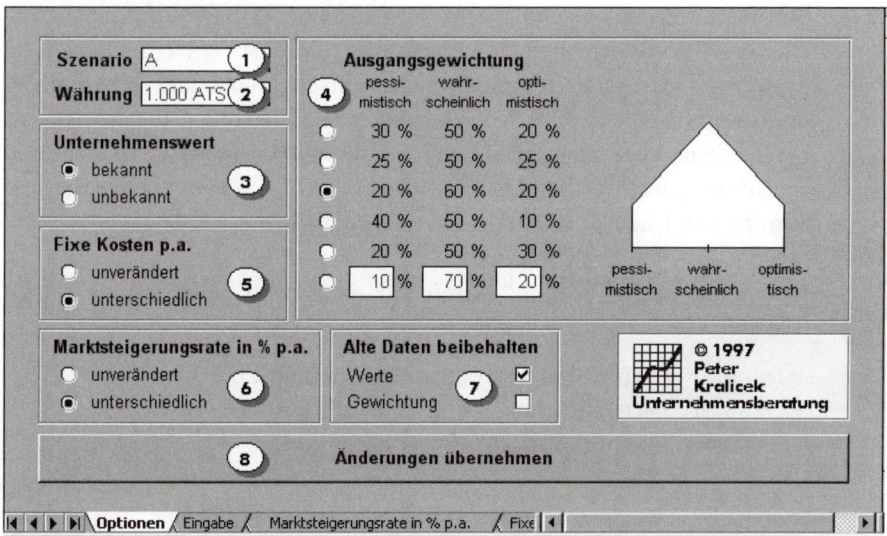

Es gibt acht verschiedene Eingabefelder, die nachfolgend beschrieben werden:

1.) "Szenario"
Sollen von einem Modell mehrere Varianten (Szenarios) simuliert werden, können diese mit Hilfe dieser Eingabe gekennzeichnet werden. Die Szenariobezeichnung erscheint in der Kopfzeile des Ergebnisausdrucks.

2.) "Währung"
Eingabe der Währung (z.B. ATS, DM, EUR, SFR usw.).

3.) "Unternehmenswert"
Es besteht die Möglichkeit, zwischen zwei unterschiedlichen Varianten zu wählen. Bei der ersten Variante (Unternehmenswert bekannt) berechnet das Programm für einen vorgegebenen Unternehmenswert den internen Zinsfuß, der bei vorgegebener Eintrittswahrscheinlichkeit erwartet werden darf.

Soll jedoch ein bestimmter, festgelegter interner Zinsfuß bei einer vorgegebenen Eintrittswahrscheinlichkeit erreicht werden, ist die zweite Variante zu wählen (Unternehmenswert unbekannt). Das Programm berechnet dann den zu zahlenden Unternehmenswert, der diesen Vorgaben entspricht.

4.) "Ausgangsgewichtung"
Für jede eingegebene Größe kann ein Variationsbereich (Intervall) festgelegt werden. Innerhalb dieses Intervalls kann mit Hilfe der Gewichtung bestimmt werden, welche Werte wahrscheinlicher bzw. unwahrscheinlicher sind. Es können bis zu drei Werte im Variationsbereich (der erste Wert ist der pessimistische, der mittlere der wahrscheinliche und der letzte der optimistische) mit verschiedenen Gewichten belegt werden. Der Variationsbereich kann aber auch nur durch zwei Werte (pessimistisch und optimistisch) festgelegt werden. Die Gewichtung erfolgt in Prozentangaben, die Summe der Einzelgewichte muss 100 ergeben.

In der umseitigen Graphik wurde für die Marktsteigerungsrate (MSR) folgende Gewichtung unterstellt:

- MSR 4% (pessimistisch): Gewichtung 20%
- MSR 5% (wahrscheinlich): Gewichtung 50%
- MSR 7% (optimistisch): Gewichtung 30%

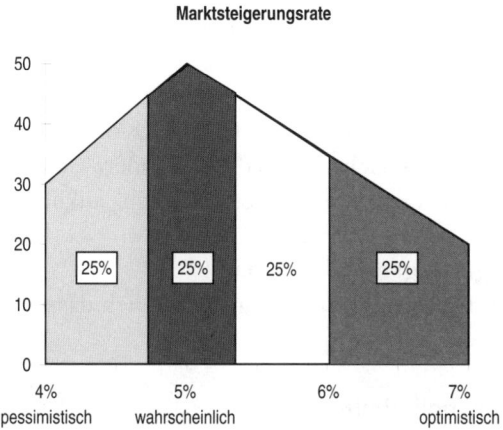

Für jeden Simulationsdurchlauf wird vom Programm eine Zufallszahl zwischen 0 und 100 ermittelt. Danach wird jeder Zufallszahl entsprechend der Gewichtung eine Marktsteigerungsrate zugeordnet:

Zufallszahl	Entsprechende Marktsteigerungsrate
0	4,00
25	4,73
50	5,32
75	6,00
100	7,00

Damit nicht für jeden Wert die Gewichtung eingegeben werden muss, stehen folgende fünf Ausgangsgewichtungen zur Auswahl:

Pessimistisch	Wahrscheinlich	Optimistisch
30%	50%	20%
25%	50%	25%
20%	60%	20%
40%	50%	10%
20%	50%	30%

Wenn Sie die letzte Zeile im Ausgangsgewichtungs-Menü anwählen, können Sie eine benutzerdefinierte Ausgangsgewichtung angeben. Die gerade gewählte Gewichtung wird vom Programm auch graphisch dargestellt.

Durch nachträgliches Überschreiben der gewählten Ausgangsgewichtung ist für jede Größe die gewünschte Verteilung nachbildbar. Soll eine einzelne Größe nicht variiert werden (Fixgröße), ist für den wahrscheinlichen Wert eine Gewichtung von 100% zu wählen, die pessimistischen und optimistischen Werte und Gewichte für diese Größe müssen leer bleiben.

5.) "Fixe Kosten p.a."

Hier kann festgelegt werden, ob die fixen Kosten p.a. über die gesamte Betrachtungsdauer gleich bleiben ("unverändert" anklicken) oder von Jahr zu Jahr unterschiedlich sind ("unterschiedlich" anklicken).

6.) "Marktsteigerungsrate in % p.a."

Für die Marktsteigerungsrate gilt grundsätzlich dasselbe wie für die fixen Kosten.

7.) "Alte Daten beibehalten"

Hier kann festgelegt werden, ob die Werte und Gewichte vom zuletzt bearbeiteten Modell im Eingabeformular beibehalten werden sollen oder nicht. Wenn Sie "Werte" nicht anwählen, so werden alle Werte im Eingabe-formular gelöscht, wenn Sie "Gewichtung" nicht anwählen, so werden alle Gewichte mit der gewählten Ausgangsgewichtung initialisiert.

8.) "Änderungen übernehmen"

Wenn Sie alle Optionen nach Ihren Bedürfnissen eingestellt haben, klicken Sie auf den "Änderungen-übernehmen"-Button, damit die eingestellten Optionen wirksam werden. Das Programm springt nach dem Drücken des Buttons zum Eingabeformular ("Eingabe"-Arbeitsblatt), wo die für die Risikoanalyse benötigten Daten eingegeben werden.

Das Arbeitsblatt "Eingabe"

Die unter Punkt 3 beschriebenen Größen werden im Eingabeformular ("Einga-be"-Arbeitsblatt) eingegeben.

Variante "Unternehmenswert bekannt"

Variante: Unternehmenwert bekannt			
Zu zahlender Unternehmenswert	5.000 ①		
	pessi-mistisch	**wahr-scheinlich**	**opti-mistisch**
Betrachtungsdauer in Jahren		5	
Gewichtung		*100%*	
Umsatz im 1. Jahr in 1.000 ATS	10.500	11.000	11.500
Gewichtung	*20%*	*60%*	*20%*
Marktsteigerungsrate in % p.a.	② Eingabe erfolgt im Arbeitsblatt Marktsteigerungsrate in % p.a."		
Gewichtung			
Variable Kosten / 1.000 ATS Umsatz	0,410	0,400	0,390
Gewichtung	*20%*	*60%*	*20%*
Fixe Kosten p.a.	③ Eingabe erfolgt im Arbeitsblatt "Fixe Kosten p.a."		
Gewichtung			
Fortführungswert	2.500	5.000	6.000
Gewichtung	*20%*	*60%*	*20%*
Zinsfuß für dynamischen Kapitalrückfluß	15,40%		
Anzahl der Iterationen	1.000 ④		
Risikoanalyse starten ⑤		**Drucken** ⑥	

‖ ◀ ▶ ▶‖ \ Optionen \ **Eingabe** / Marktsteigerungsrate ‖ ◀ ▶ ‖

1.) Bei der Variante "Unternehmenswert bekannt" muss hier der zu zahlende Unternehmenswert eingegeben werden.

2.) Wenn in den Optionen festgelegt worden ist, dass die Marktsteigerungsrate von Jahr zu Jahr unterschiedlich ist, dann erscheint im Eingabeformular der Button "Eingabe erfolgt im Arbeitsblatt Marktsteigerungsrate in % p.a.". Drücken Sie diesen Button, um zu dem Eingabeformular für die Marktsteigerungsrate zu gelangen:

Zurück zum "Eingabe"-Arbeitsblatt	Marktsteigerungsrate in % p.a.		
	pessi-mistisch	**wahr-scheinlich**	**opti-mistisch**
1. Jahr	–	–	–
Gewichtung	–	–	–
2. Jahr	5,00%	8,00%	13,00%
Gewichtung	*20%*	*60%*	*20%*
3. Jahr	3,00%	6,00%	10,00%
Gewichtung	*20%*	*60%*	*20%*
4. Jahr	4,00%	7,00%	11,00%
Gewichtung	*20%*	*60%*	*20%*
5. Jahr	5,00%	8,00%	13,00%
Gewichtung	*20%*	*60%*	*20%*

‖ ◀ ▶ ▶‖ / Eingabe \ **Marktsteigerungsrate in % p.a.** / Fixe Kost▶

Durch Drücken des Buttons "Zurück zum 'Eingabe'-Arbeitsblatt" gelangen Sie zum Haupteingabeformular zurück. Natürlich können Sie auch durch Klicken auf das Blattregister zwischen den Eingabeformularen hin- und herschalten.

3.) Für die Eingabe der fixen Kosten gilt grundsätzlich dasselbe wie für die Marktsteigerungsrate.

4.) Hier wird die Anzahl der Iterationen eingetragen. Es können maximal 5.000 Iterationen durchgeführt werden, in der Regel erhält man aber bereits mit 1.000 Iterationen zuverlässige Ergebnisse. Die Rechenzeit wächst linear mit der Anzahl der Iterationen.

5.) Durch Drücken des Buttons "Risikoanalyse starten" beginnt das Programm die Berechnung. In der Statuszeile können Sie beobachten, wie viele Iterationen bereits durchgeführt wurden. Sie können die Berechnung jederzeit mit der "ESC"-Taste abbrechen.
Nachdem das Programm die Berechnung abgeschlossen hat, erscheint automatisch der Druckdialog.

6.) Der "Drucken"-Button erscheint erst, nachdem die Berechnung der Ergebnisse (durch Drücken des Buttons "Risikoanalyse starten") erfolgt ist. Durch Drücken des "Drucken"-Buttons wird der Druckdialog aufgerufen.

Variante "Unternehmenswert unbekannt"

Bei der Variante "Unternehmenswert unbekannt" kann ein bestimmter interner Zinsfuß bei einer vorgegebenen Eintrittswahrscheinlichkeit festgelegt werden. Der zu zahlende Unternehmenswert ergibt sich dann nach der Simulation aus diesen Vorgaben.

Auf der nächsten Seite ist das Bildschirmbild des Eingabeformulars für diese Variante abgebildet. Bis auf die folgenden zwei Eingabefelder sind die Eingaben dieselben wie bei der zuvor beschriebenen Variante "Unternehmenswert bekannt":

1.) Hier wird der gewünschte interne Zinsfuß eingegeben.

2.) Hier wird die gewünschte Eintrittswahrscheinlichkeit festgelegt.

Variante: Unternehmenwert unbekannt			
Gewünschter interner Zinsfuß	15,00 **(1)**		
bei einer Wahrscheinlichkeit von	90% **(2)**		
	pessi-mistisch	wahr-scheinlich	opti-mistisch
Betrachtungsdauer in Jahren		5	
Gewichtung		*100%*	
Umsatz im 1. Jahr in 1.000 ATS	10.500	11.000	11.500
Gewichtung	*20%*	*60%*	*20%*
Marktsteigerungsrate in % p.a.	Eingabe erfolgt im Arbeitsblatt		
Gewichtung	"Marktsteigerungsrate in % p.a."		
Variable Kosten / 1.000 ATS Umsatz	0,410	0,400	0,390
Gewichtung	*20%*	*60%*	*20%*
Fixe Kosten p.a.	Eingabe erfolgt im Arbeitsblatt		
Gewichtung	"Fixe Kosten p.a."		
Fortführungswert	2.500	5.000	6.000
Gewichtung	*20%*	*60%*	*20%*
Zinsfuß für dynamischen Kapitalrückfluß	15,40%		
Anzahl der Iterationen	1.000		

Risikoanalyse starten	Drucken

`|◄ ◄ ► ►|` \ Optionen \ **Eingabe** / Marktsteigerungsrate in % p.a. / Fixe Kosten p.a. /

Druck der Simulationsergebnisse

Nachdem das Programm die Simulation durchgeführt hat, schlägt es automatisch den Bereich vor, in dem sich die internen Zinsfüße aller durchgeführten Iterationen befinden und wählt außerdem eine vernünftige Schrittweite, damit die Wahrscheinlichkeitstabelle nicht zu groß wird.

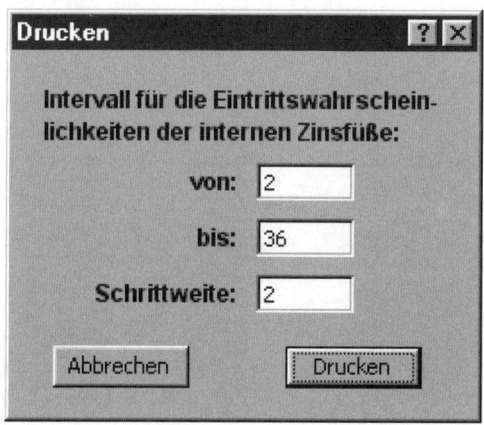

Die in diesem Dialog vorgeschlagenen Werte können aber auch noch individuell angepasst werden. Durch Drücken des "Drucken"-Buttons werden die Ergebnisse auf dem in Excel standardmäßig eingestellten Drucker ausgedruckt.

Sie können die Ergebnisse später auch noch einmal mit anderen Einstellungen für die Wahrscheinlichkeitstabelle ausdrucken, indem Sie den "Drucken"-Button im Eingabeformular ("Eingabe"-Arbeitsblatt) drücken. Der zuvor beschriebene Druckdialog wird dadurch erneut aufgerufen, und es können andere Werte für das Intervall und die Schrittweite gewählt werden.

Auf den folgenden zwei Seiten sehen Sie die ausgedruckten Ergebnisse eines kleinen Fallbeispiels zur Risikoanalyse. Bei dieser Variante war der Unternehmenswert bekannt.

RISIKOANALYSE: Variante Unternehmenswert bekannt   Szenario: A

E I N G A B E (Werte in 1.000 ATS)

Zu zahlender Unternehmenswert	5.000

	pessi-mistisch	wahr-scheinlich	opti-mistisch
Betrachtungsdauer in Jahren		5	
Gewichtung		*100%*	
Umsatz im 1. Jahr in 1.000 ATS	10.500	11.000	11.500
Gewichtung	*20%*	*60%*	*20%*
Variable Kosten / 1.000 ATS Umsatz	0,410	0,400	0,390
Gewichtung	*20%*	*60%*	*20%*
Fortführungswert	2.500	5.000	6.000
Gewichtung	*20%*	*60%*	*20%*

	Marktsteigerungsrate in % p.a.			Fixe Kosten p.a.		
	pessi-mistisch	wahr-scheinlich	opti-mistisch	pessi-mistisch	wahr-scheinlich	opti-mistisch
1. Jahr	–	–	–	6.000	6.200	6.500
Gewichtung	–	–	–	*20%*	*60%*	*20%*
2. Jahr	5,00%	8,00%	13,00%	6.100	6.300	6.600
Gewichtung	*20%*	*60%*	*20%*	*20%*	*60%*	*20%*
3. Jahr	3,00%	6,00%	10,00%	6.200	6.400	6.700
Gewichtung	*20%*	*60%*	*20%*	*20%*	*60%*	*20%*
4. Jahr	4,00%	7,00%	11,00%	6.300	6.500	6.800
Gewichtung	*20%*	*60%*	*20%*	*20%*	*60%*	*20%*
5. Jahr	5,00%	8,00%	13,00%	6.400	6.600	6.900
Gewichtung	*20%*	*60%*	*20%*	*20%*	*60%*	*20%*

12.01.98   Seite 1 von 2

RISIKOANALYSE: Variante Unternehmenswert bekannt   Szenario: A

E R G E B N I S S E   (nach 1.000 Iterationen)

	70%	80%	90%	95%
Plangewinn Jahr 1	143,69	364,73	216,27	118,92
Plangewinn Jahr 2	914,89	671,93	695,95	530,91
Plangewinn Jahr 3	1.018,38	916,90	890,93	673,08
Plangewinn Jahr 4	1.264,43	853,00	1.679,87	1.302,89
Plangewinn Jahr 5	6.725,77	6.739,98	5.261,70	5.715,55
Zu zahlender Unternehmenswert	**5.000,00**	**5.000,00**	**5.000,00**	**5.000,00**
Kapitalrückfluß nominell (in Jahren)	**4 - 5**	**4 - 5**	**4 - 5**	**4 - 5**
15,40% Verzinsung	**4 - 5**	**4 - 5**	**> 5**	**> 5**
interner Zinsfuß	**17,95**	**16,45**	**14,30**	**12,41**

Interner Zinsfuß von	bis	Einzel-Wahrscheinlichkeit	Summen-	Interpretation (nach Prof. Krelle)
<	2	0,00	100,00	völlig sicher
2	4	0,00	100,00	völlig sicher
4	6	0,10	99,90	außerordentlich wahrscheinlich
6	8	0,50	99,40	außerordentlich wahrscheinlich
8	10	0,50	98,90	außerordentlich wahrscheinlich
10	12	2,70	96,20	außerordentlich wahrscheinlich
12	**14**	**5,20**	**91,00**	**sehr wahrscheinlich**
14	**16**	**7,80**	**83,20**	**recht wahrscheinlich**
16	18	13,40	69,80	wahrscheinlich
18	20	15,80	54,00	durchaus möglich
20	22	17,00	37,00	immerhin möglich
22	24	16,00	21,00	recht unwahrscheinlich
24	26	9,70	11,30	sehr unwahrscheinlich
26	28	6,40	4,90	außerordentlich unwahrscheinlich
28	30	3,40	1,50	außerordentlich unwahrscheinlich
30	32	1,00	0,50	außerordentlich unwahrscheinlich
32	34	0,50	0,00	völlig unmöglich
34	36	0,00	0,00	völlig unmöglich
>	36	0,00	0,00	völlig unmöglich

12.01.98   Seite 2 von 2

15.8. Programme zu Kapitel 8

Zu diesem Kapitel gibt es derzeit keine Excel-Programme.

15.9. Programme zu Kapitel 9

Zu diesem Kapitel gibt es derzeit keine Excel-Programme.

15.10. Programme zu Kapitel 10

15.10.1. "VarFix'97" (Kostentrennung in fix und variabel)

VarFix'97

Bedienung

- **Voreinstellungen**

  Folgende Eingaben werden innerhalb des **blauen Bereiches** vorgenommen:

Anzahl Perioden:	12	*(2-36)*
Periodeneinheit:	Monat	*(z.B. Monat, Woche etc.)*
Leistungseinheit:	t	*(z.B. t, kg, Stk etc.)*
Währungseinheit:	ATS	*(z.B. ATS, DM etc.)*

  In der entsprechenden Zelle ist die **Anzahl** der **Perioden** *(Zelle D2)* einzugeben. Das Programm verarbeitet bis zu 36 Perioden (Wertepaare); die eingebene Periodenzahl muss ganzzahlig sein und zwischen 2 und 36 liegen.

  Periodeneinheit *(Zelle D3)* (z.B. "Monat"), **Leistungseinheit** *(D4)* (z.B. "t" oder "Stk.") sowie **Währungseinheit** *(D5)* (z.B. "GE" oder "DM 1.000") sind frei wählbare Texteingaben, die der besseren Lesbarkeit der Tabellen dienen.

- **Eingabe der x- und y-Werte**

  Nachdem alle Voreinstellungen getätigt sind, werden die Werte für die **Periodenleistung (x)** und die **teilbeweglichen Kosten (y)** in den einzelnen Perioden direkt in das Excel-Arbeitsblatt eingetragen. Die entsprechenden Zellen *(B10 bis B45 bzw. C10 bis C45)* erscheinen in **blauer Schrift** auf dem Bildschirm.

Hier ein Auszug aus dem Excel-Arbeitsblatt:

Monat	(X) Monats-leistung in t	(Y) teilbewegl. Kosten in ATS	A Abweichung der Leistung vom Ø	B Abweichung der Kosten vom Ø	C = A x A Abweichung der Leistung quadriert	D = A x B ATS
1	100	2.500	-0,4	-0,8	0	0
2	110	2.600	+9,6	+99,2	92	950
3	90	2.400	-10,4	-100,8	109	1.050
4	80	2.300	-20,4	-200,8	417	4.100
5	120	2.700	+19,6	+199,2	384	3.900
6	100	2.500	-0,4	-0,8	0	0
7	70	2.200	-30,4	-300,8	925	9.150
8	90	2.400	-10,4	-100,8	109	1.050
9	125	2.750	+24,6	+249,2	604	6.125
10	130	2.800	+29,6	+299,2	875	8.850
11	85	2.350	-15,4	-150,8	238	2.325
12	105	2.510	+4,6	+9,2	21	42
		3.000	<-- löschen!!			

Die Anzahl der Perioden (hier: Monate) wurde in diesem Beispiel mit 12 festgelegt, deshalb erscheinen in der Spalte ganz links *(Spalte A)* die fortlaufenden Nummern 1-12, alle darunter liegenden Zellen bleiben frei.

Achten Sie darauf, dass alle Eingabefelder unterhalb der gewählten Periodenanzahl leer sind! In der obigen Beispiel-Eingabe wurde vergessen, einen Wert zwei Zeilen unterhalb der letzten Periode zu löschen. Das Programm weist den Bediener darauf hin, indem in der entsprechenden Zeile ein Pfeil und die Message "löschen!!" angezeigt wird.

Alle anderen Zellen werden automatisch berechnet. Ebenso wird das **Streupunktdiagramm** und die **Korrelationsrechnung** automatisch erstellt.

Druck

Um das Ergebnis zu drucken, ist der Excel-Menüpunkt "Datei", "Drucken" zu wählen. Der Druckbereich wird vom Programm optimal festgelegt.

Auf den folgenden zwei Seiten sind die Ausdrucke eines kleinen Fallbeispieles abgebildet.

GRUNDLAGEN ZUR BESTIMMUNG DES REAGIBILITÄTSGRADES bzw. VARIATORS

In der folgenden Tabelle werden die variablen Kosten einer teilbeweglichen Kostenart berechnet:

Monat	(X) Monats- leistung in t	(Y) teilbewegl. Kosten in ATS	A Abweichung der Leistung vom Ø	B Abweichung der Kosten vom Ø	C = A x A Abweichung der Leistung quadriert	D = A x B ATS
1	100	2.500	-0,4	-0,8	0	0
2	110	2.600	+9,6	+99,2	92	950
3	90	2.400	-10,4	-100,8	109	1.050
4	80	2.300	-20,4	-200,8	417	4.100
5	120	2.700	+19,6	+199,2	384	3.900
6	100	2.500	-0,4	-0,8	0	0
7	70	2.200	-30,4	-300,8	925	9.150
8	90	2.400	-10,4	-100,8	109	1.050
9	125	2.750	+24,6	+249,2	604	6.125
10	130	2.800	+29,6	+299,2	875	8.850
11	85	2.350	-15,4	-150,8	238	2.325
12	105	2.510	+4,6	+9,2	21	42
SUMME	1.205	30.010			3.773	37.546
Ø	100,4	2.500,8				

$$\frac{37.546}{3.773} = 9{,}95 \text{ ATS}$$

variable Kosten je t

REAGIBILITÄTSGRAD bzw. VARIATOR

Aus nachstehender Zusammenfassung lassen sich Reagibilitätsgrad bzw. Variator ableiten:

	Ø Kosten	%	Reagibilitäts- grad (r)	Variator (V)
variabler Anteil (100,4 t x 9,95 ATS)	999,3	40%	0,40	4,0
fixer Anteil (Differenz)	1.501,5	60%		
GESAMT (pro Monat)	2.500,8	100%		

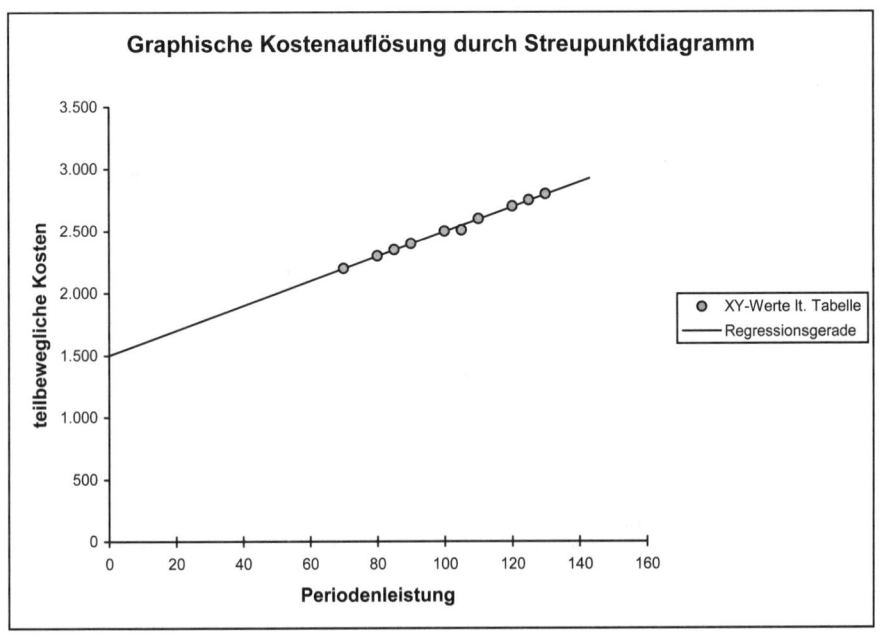

KORRELATIONSRECHNUNG

Durch die Korrelationsrechnung wird aufgezeigt, wie eng der Zusammenhang und wie hoch die Abhängigkeit zwischen Periodenleistung und teilbeweglicher Kostenart ist:

Monat	X	Y	X.Y	X.X	Y.Y
1	100	2.500	250.000	10.000	6.250.000
2	110	2.600	286.000	12.100	6.760.000
3	90	2.400	216.000	8.100	5.760.000
4	80	2.300	184.000	6.400	5.290.000
5	120	2.700	324.000	14.400	7.290.000
6	100	2.500	250.000	10.000	6.250.000
7	70	2.200	154.000	4.900	4.840.000
8	90	2.400	216.000	8.100	5.760.000
9	125	2.750	343.750	15.625	7.562.500
10	130	2.800	364.000	16.900	7.840.000
11	85	2.350	199.750	7.225	5.522.500
12	105	2.510	263.550	11.025	6.300.100
SUMME	1.205	30.010	3.051.050	124.775	75.425.100

Formel für Korrelationskoeffizient (k):

$$= \frac{n \cdot \sum x \cdot - \left(\sum x\right) \cdot \left(\sum y\right)}{\sqrt{\left[n \cdot \sum x - \left(\sum x\right)^2\right] \cdot \left[n \cdot \sum y^2 - \left(\sum y\right)^2\right]}}$$

$$k = \frac{450.550}{451.428} = 1,00$$

Interpretation:

k	Beurteilung
kleiner als 0,3	geringer Zusammenhang von zweifelhafter Bedeutung
von 0,3 bis 0,5	mäßiger Zusammenhang
von 0,5 bis 0,7	deutlicher Zusammenhang, praktisch verwertbar
von 0,7 bis 0,9	geradezu enger Zusammenhang
größer als 0,9	sehr enger Zusammenhang und sehr hohe Abhängigkeit der beiden Variablen

15.10.2. "Iso'97" (Isogewinnkurven)

Iso'97

Bedienung

In den entsprechenden Zellen (in blauer Schrift gehalten) sind die Eingaben **"Artikelbezeichnung"** *(Zelle D1)*, **"Einheiten"** *(D2)* (z.B. "t", "kg", "Stk." usw.), **"Soll-Periodendeckungsbeitrag"** *(D3)*, **"Verkaufbare Einheiten"** *(D4)* und **"Grenzkosten je Einheit"** *(D5)* zu tätigen.

Artikelbezeichnung	237a
Einheiten (t, kg, Stück usw.)	t
Soll-Periodendeckungsbeitrag	600.000
Verkaufbare Einheiten (IST)	600
Grenzkosten je t	300
Soll-DB je t	1.000
Notwendiger Verkaufspreis je t	1.300

Die Felder "Soll-DB je Einheit" und "Notwendiger Verkaufspreis je Einheit" werden automatisch berechnet.

Ebenso wird die graphische Darstellung der Isogewinnkurve automatisch angepasst.

Druck

Um das Ergebnis zu drucken, ist der Excel-Menüpunkt "Datei", "Drucken" zu wählen. Der Druckbereich wird vom Programm optimal festgelegt.

Kleines Fallbeispiel

In einem chemischen Betrieb herrscht große Uneinigkeit zwischen Verkäufern und Controllern in Bezug auf die Preisgestaltung der Hauptprodukte. Man einigt sich, für sämtliche A-Artikel Isogewinnkurven zu erstellen.

Vom umsatzträchtigsten Artikel sind folgende Werte bekannt:

- Die Grenzkosten je Tonne betragen 300 GE.
- In der letzten Periode sind 600 Tonnen abgesetzt worden.
- Im letzten abgelaufenen Geschäftsjahr wurde von diesem Artikel ein Gesamt-DB von 570.000 GE erzielt.

- Verkäufer und Controller sind sich einig, dass der Soll-Perioden-deckungsbeitrag um 30.000 GE höher sein, also 600.000 GE betragen sollte.

Es stellt sich nun die Frage, **welche Verkaufspreise notwendig sind, um bei 360, 420, 480, 540, 660, 720, 780 und 840 verkauften Tonnen** (60%-140% des Ist-Wertes) **den Soll-Jahresdeckungsbeitrag von 600.000 GE zu erwirtschaften.**

Mit dem Excel-Programm ISO'97 wird eine Tabelle der notwendigen Verkaufs-preise und die Isogewinnkurve für diesen Artikel erstellt:

Artikelbezeichnung	237a
Einheiten (t, kg, Stück usw.)	t
Soll-Periodendeckungsbeitrag	600.000
Verkaufbare Einheiten (IST)	600
Grenzkosten je t	300
Soll-DB je t	1.000
Notwendiger Verkaufspreis je t	1.300

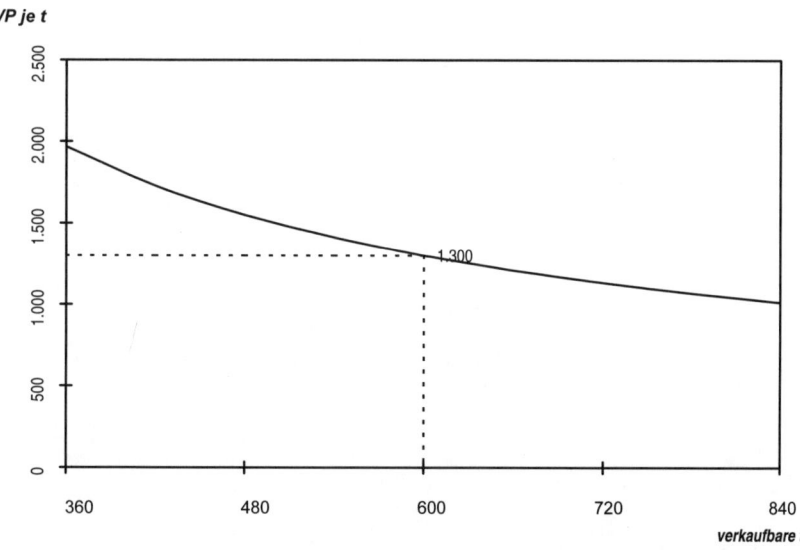

ISOGEWINNKURVE

für Artikel 237a

1055

SOLL-Perioden-DB	Verkaufbare t	Soll-DB je t	Grenzkosten je t	Notw. VP je t
600.000	360	1.667	300	1.967
600.000	420	1.429	300	1.729
600.000	480	1.250	300	1.550
600.000	540	1.111	300	1.411
600.000	**600**	**1.000**	**300**	**1.300**
600.000	660	909	300	1.209
600.000	720	833	300	1.133
600.000	780	769	300	1.069
600.000	840	714	300	1.014

Interpretation

Der notwendige Soll-Deckungsbeitrag je Tonne ergibt sich, wenn man den gewünschten Soll-Periodendeckungsbeitrag für diesen Artikel in der Höhe von 600.000 GE durch die verkaufbaren Tonnen dieses Artikels dividiert.

Werden zum Soll-Deckungsbeitrag je Tonne die Grenzkosten je Tonne dazugezählt, erhält man den notwendigen Verkaufspreis je Tonne. Interessant ist die Feststellung, dass der notwendige Tonnen-Verkaufspreis bei 360 verkaufbaren Jahrestonnen beinahe doppelt so hoch ist wie bei 840 Jahrestonnen.

Denkbar wäre, dass die Grenzkosten je Tonne bei höheren Jahresverkaufstonnen durch Mengenrabatte niedriger werden.

15.10.3. "Break'97" (Break-Even-Analyse mit Gewinnschwellen-diagramm)

Break'97

Bedienung

**Stufenweise Erfolgsrechnung und
Break-Even-Analyse**   **IST 1999**

		GE 1.000	%
	Betriebsleistung	(BL)	1.000	100,0%
–	variable Kosten		670	67,0%
=	**Deckungsbeitrag**	**(DBU)**	**330**	**(33,0%)**
–	ausgabenwirks. Fixkosten	**(AWFK)**	230	23,0%
=	**Cash-Flow**		**100**	**10,0%**
–	nichtausgabenw.Fixkosten	**(NAWFK)**	20	2,0%
=	**Gewinn vor Ertragsteuer**		**80**	**8,0%**
Break-Even-Point		**(BEP)**	**758**	**75,8%**
Sicherheitsgrad			**-**	**24,2%**
	(100 - BEP in % d. BL)			
Cash-Flow-Point		**(CFP)**	**697**	**69,7%**
Zielumsatz		**(ZU)**		
–	bei Umsatzrendite (UR) von	**8%**	1.000	100,0%

Formeln:

$$BEP = \frac{AWFK + NAWFK}{DBU}$$

$$CFP = \frac{AWFK}{DBU}$$

$$ZU = \frac{AWFK + NAWFK}{DBU - UR}$$

In den entsprechenden Zellen (**blaue Schrift** auf dem Bildschirm) sind die Eingaben **Betriebsleistung** *(Zelle F4)*, **variable Kosten** *(F5)*, **ausgabenwirksame Fixkosten** *(F7)*, **nichtausgabenwirksame Fixkosten** *(F9)* und **Umsatzrendite** *(E17)* zu tätigen.

Weiters kann die **Währungseinheit** (z.B. "GE" oder "DM 1.000") sowie das **Jahr** (z.B. "IST 1996") frei gewählt werden. Geben Sie die gewünschten Eintragungen einfach in die entsprechenden Zellen *(F3 bzw. G2)* am Kopf des Excel-Arbeitsblattes ein.

Alle übrigen Felder werden berechnet. Ebenso wird das **Gewinnschwellen-diagramm** automatisch erstellt.

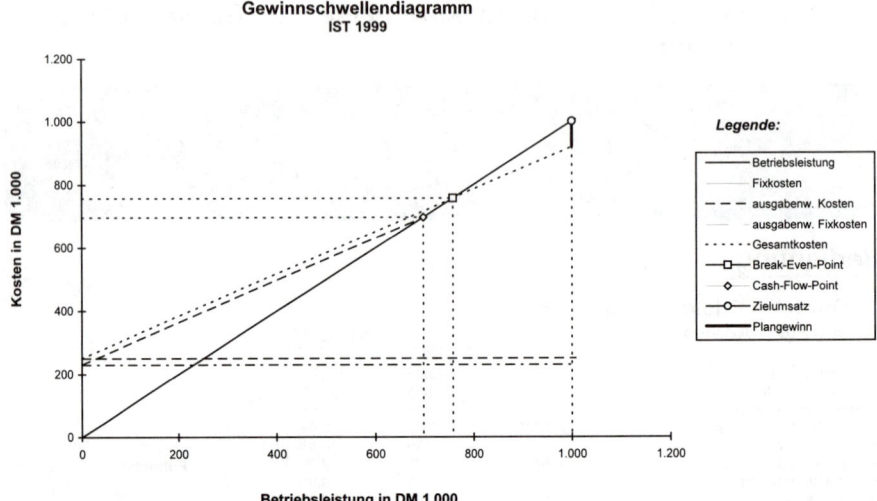

Gewinnschwellendiagramm
IST 1999

Legende:

— Betriebsleistung
Fixkosten
— — ausgabenw. Kosten
ausgabenw. Fixkosten
······ Gesamtkosten
—□— Break-Even-Point
◇ Cash-Flow-Point
—○— Zielumsatz
Plangewinn

Kosten in DM 1.000

Betriebsleistung in DM 1.000

Druck

Um das Ergebnis zu drucken, ist der Excel-Menüpunkt "Datei", "Drucken" zu wählen. Der Druckbereich wird vom Programm optimal festgelegt.

> ☞ Beachten Sie die Tipps zum Aufteilen der wichtigsten Kostenarten in ihre variablen und fixen Bestandteile im Kapitel 10.5.
> Für die statistische Kostenauflösung gibt es das Excel-Programm **VarFix'97** (Kapitel 15.10.1.).

15.11. Programme zu Kapitel 11

15.11.1. IR'99 (Investitionsrechnung)

IR'99

15.11.1.1. Struktur der Excel-Arbeitsmappe

Die Excel-Arbeitsmappe **IR99.xls** besteht aus folgenden Arbeitsblättern:

| **Vorinformation** / Vorgaben / IA / Nutzen / Instand / ESt / Annu / iZ / KapWert / ADauer / ModiZ / Ziele / Vergleich / Sensi /

Arbeitsblätter für die Eingabe:

- **"Vorinformation"** (Quick-Check)
  Hier können Sie eine erste Approximativrechnung durchführen, um schnell zu prüfen, ob es überhaupt lohnt, das geplante Investitionsprojekt näher unter die Lupe zu nehmen (Schritt 1).
- **"Vorgaben"**
  In diesem Arbeitsblatt bestimmen Sie Nutzungsdauer (bzw. Betrachtungs-dauer), Währungseinheit sowie Kapitalisierungszinsfüße für das Investitions-projekt (Schritt 2).
- **"IA"**
  Arbeitsblatt zur Eingabe der geplanten Investitionsausgaben (Schritt 3).
- **"Nutzen"**
  Sheet zur Planung des investitionsrelevanten Nutzens (Schritt 4) inklusive einem Hilfsmodul zur Berechnung des Liquidationswertes für Gebäude.
- **"Instand"**
  Hilfsmodul zur Planung der Instandhaltungskosten (Schritt 5).
- **"ESt"**
  Hier wird die Basis für die Ertragsteuer bestimmt (Schritt 6).
  Ausgehend vom investitionsrelevanten Nutzen vor Ertragsteuer wird unter Berücksichtigung der Abschreibung, etwaiger Investitionsbegünsti-gungen und der Fremdkapitalzinsen die ertragsteuerrelevante Berechnungs-basis simuliert.
- **"Annu"**
  Hilfsmodul für die Berechnung Annuitätentilgung (Schritt 7).

Arbeitsblätter für die AUSGABE:

- **"iZ"**
  Herleitung des internen Zinsfußes in tabellarischer Darstellung.
- **"KapWert"**
  Herleitung des Kapitalwertes in tabellarischer Darstellung. Graphische Gegenüberstellung des Kapitalwertes und des internen Zinsfußes.
- **"ADauer"**
  Berechnung der statischen und dynamischen Amortisationsdauer in zwei Tabellen.
- **"ModiZ"**
  Herleitung des modifizierten internen Zinsfußes in tabellarischer Darstellung.
- **"Ziele"**
  Individuelle Sensibilitätsanalyse der Ergebnisse durch Zielwertsuche.
- **"Vergleich"**
  Investitionsvergleich des Basis-Szenarios mit zwei frei wählbaren Alternativszenarien.
- **"Sensi"**
  Sensibilitätsanalyse für acht Standardvarianten.

Sehen Sie auf der nächsten Seite ein graphisches Ablaufdiagramm für die Ein- und Ausgabe des Investitionsrechnungsprogrammes **IR'99**.

Ablaufdiagramm IR'99: Input - Output

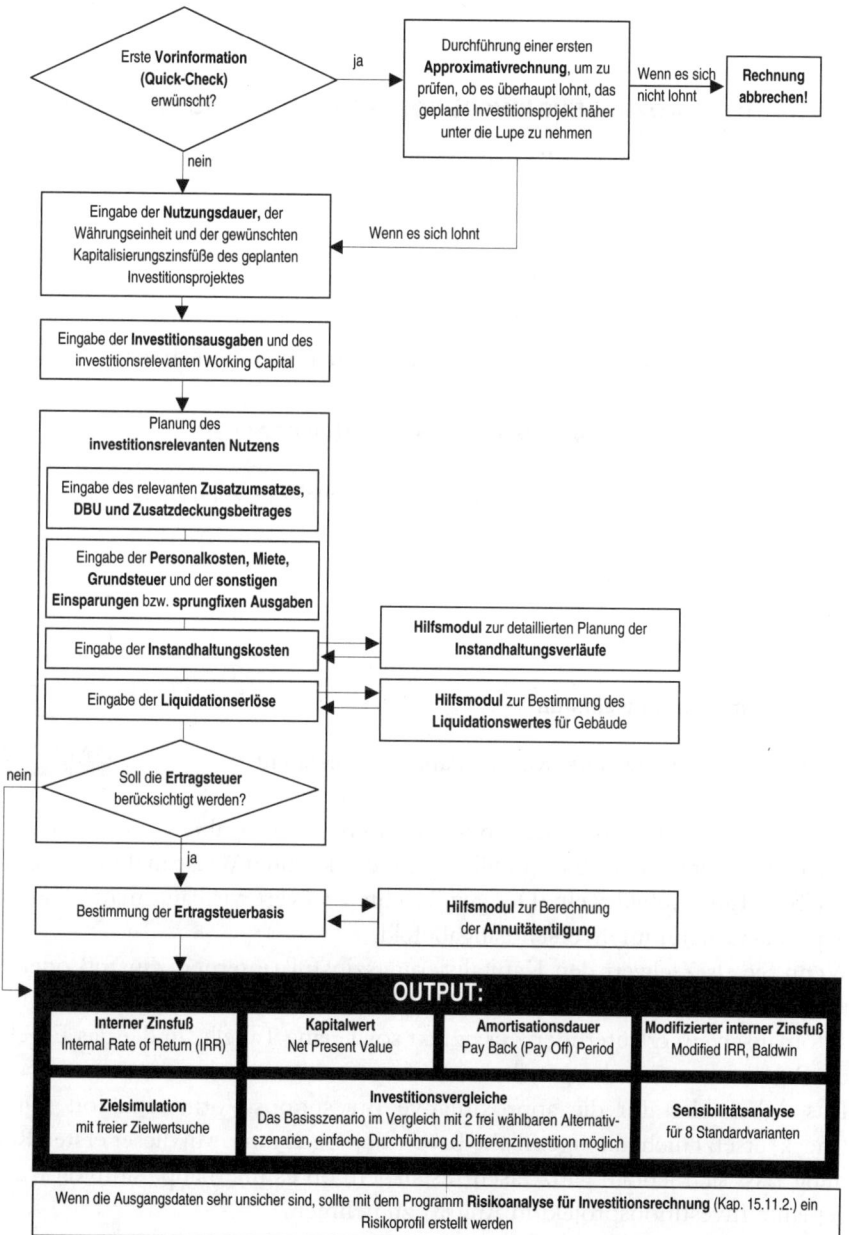

15.11.1.2. Eingabe

Bei der Eingabe eines neuen Investitionsprojektes gehen Sie step-by-step vor.

1. Schritt: Approximative Investitions-Vorinformation (Quick-Check)

Gehen Sie ins Arbeitsblatt **"Vorinformation"** um einen der vier Werte

- Investitionsausgaben,
- Nutzungsdauer,
- Kapitalisierungszinsfuß/interner Zinsfuß,
- investitionsrelevanter Nutzen im Jahresdurchschnitt

für eine erste, rasche Vorinformation approximativ zu berechnen:

Approximative Investitions-Vorinformation

Welcher der folgenden vier Werte soll errechnet werden? Es kann immer nur ein Wert errechnet werden:

○ **Investitionsausgaben**	9.500
○ **Nutzungsdauer**	5 J.
○ **Kapitalisierungszinsfuß**	10,0%
◉ **Investitionsrelevanter Nutzen, Jahresdurchschnitt**	2.506

Klicken Sie auf einen der vier Optionsbuttons, das Eingabefeld rechts daneben erscheint invers. Geben Sie anschließend die bekannten Werte in die drei übrigen (weißen) Eingabefelder ein. Der gewünschte Zielwert wird automatisch errechnet und erscheint im inversen Eingabefeld.

Wenn Sie als Zielwert den Kapitalisierungszinsfuß/internen Zinsfuß oder den investitionsrelevanten Nutzen wählen, dann erscheint unterhalb der Eingabe automatisch ein erläuternder Zusatztext sowie eine Tabelle, in der das Ergebnis der Vorinformation dargestellt wird.

Das Arbeitsblatt für die approximative Investitions-Vorinformation (Quick-Check) ersetzt nicht die eigentliche Investitionsrechnung. Mit dieser ersten Rechnung lässt sich jedoch ganz rasch feststellen, ob es überhaupt sinnvoll ist, das geplante Investitionsprojekt in Angriff zu nehmen.

Wenn keine kurze Vorinformation gewünscht wird, können Sie den ersten Schritt einfach überspringen.

Nun kann mit der detaillierten Investitionsrechnung begonnen werden. Dafür definieren Sie zunächst die Vorgaben für das neue Investitionsprojekt.

2. Schritt: Bestimmung der Vorgaben

	A	B	C	D
1	**Neues Investitionsprojekt**			
2				
3				
4	Währung:	ATS		*IR '99*
5	Einheit:	1.000		
6				
7	**Kapitalisierungszinsfuß für:**			
9	Kapitalwert (present value):			10,00%
10	Amortisationsdauer (pay off period):			6,00%
11	Modifizierten internen Zinsfuß (modified internal rate of return):			12,00%
12				

Die Vorgaben für ein neues Investitionsprojekt, das sind Nutzungsdauer (bzw. Betrachtungsdauer), Währungseinheit sowie diverse Kapitalisierungszinsfüße, werden im Arbeitsblatt **"Vorgaben"** eingegeben.

- **Eingabe der Währungseinheit**
  Geben Sie den Namen der Währung (z.B. DM, ATS, EUR) in das entsprechende Eingabefeld *(Excel-Zelle B4)* ein.
  Bestimmen Sie in der Zeile darunter die 1000er-Einheit, in der die Geldwerte angegeben werden sollen. Wenn Sie das entprechende Eingabefeld *(Excel-Zelle B5)* anwählen, erscheint rechts daneben ein kleiner Pfeil, der - wenn man ihn anklickt - eine Liste mit vier möglichen Tausendereinheiten anzeigt. Zur Auswahl stehen:

  - Leere Zeile   (Währungseinheit x 1)
  - 1.000   (Währungseinheit x 1.000)
  - Mio   (Währungseinheit x 1.000.000)
  - Mrd   (Währungseinheit x 1.000.000.000)

- **Eingabe der verschiedenen Kapitalisierungszinsfüße**
  Tragen Sie in die entsprechenden Eingabefelder *(Excel-Zellen D9 bis D11)* den gewünschten Kapitalisierungszinsfuß für
  - Kapitalwert,
  - Amortisationsdauer und
  - modifizierten internen Zinsfuß
  in Prozent ein.

- **Eingabe der Nutzungsdauer (Betrachtungsdauer)**
  Klicken Sie auf den Button **"Neues Investitionsprojekt"**. Es erscheint ein Eingabefenster, in dem die Nutzungsdauer (Betrachtungsdauer) des Projektes definiert wird:

Wählen Sie mittels des linken Scroll-Balkens die **Vorlaufzeit** in Jahren. Sie können einen Wert von -5 bis 0 bestimmen. In diesem Fall wurde mit dem Wert -1 eine Vorlaufzeit von einem Jahr definiert. Es fallen also bereits ein Jahr vor dem geplanten Nutzungsbeginn Ausgaben an.

Mit Hilfe des rechten Scroll-Balkens stellen Sie die voraussichtliche **Nutzungsdauer** (bzw. **Betrachtungsdauer**) des Projektes ein. Wählen Sie einen Wert von 1 bis 20 (in diesem Beispiel fünf Jahre).

Mit dem "OK"-Button bestätigen Sie Ihre Eingabe. Die gesamte Arbeitsmappe mit allen Tabellen, Diagrammen, Eingabe- und Ausgabeblättern wird entsprechend adaptiert.

Nach einigen Sekunden Berechnungszeit erscheint die angepasste, noch leere Eingabetabelle **"INVESTITIONSAUSGABEN"** in der Mappe **"IA"**.

☞ Wenn die Nutzungsdauer sehr lang ist (z.B. 20 Jahre bei baulichen Investitionen), kann es sinnvoll sein, eine kürzere Betrachtungsdauer (z.B. fünf oder zehn Jahre) zu wählen, um die Berechnungszeit zu verkürzen. Weil in einem solchen Fall die Nutzungsdauer größer als die Betrachtungsdauer ist, muss am Ende der Betrachtungsdauer ein entsprechender (fiktiver) Liquidationswert angesetzt werden.

3. Schritt: Eingabe der Investitionsausgaben

Die Investitionsausgaben werden im Arbeitsblatt **"IA"** eingegeben. Sie haben die Möglichkeit, die relevanten Sachinvestitionen getrennt nach den Bereichen
- Grundstück,
- Gebäude und
- Einrichtung

einzugeben.

Ist der eine oder andere Bereich für Ihr Investitionsprojekt nicht relevant, dann können Sie die ungewünschte Spalte einfach ausblenden. Klicken Sie dazu auf das entsprechende Kontrollkästchen links oben im Arbeitsblatt:

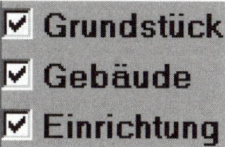

Jeder Bereich, der auf der Tabelle aufscheinen soll, ist mit einem Häkchen versehen. Wenn Sie das Häkchen wegklicken, wird automatisch die jeweilige Spalte ausgeblendet.

Werden alle Häkchen weggeklickt, sind die Sachinvestitionen in einer einzigen Spalte insgesamt einzugeben.

Tragen Sie nun die Sachinvestitionen, getrennt nach den gewünschten Bereichen, in die Eingabetabelle ein. Vergessen Sie dabei nicht, das **investitionsrelevante Working Capital** zu berücksichtigen und geben Sie es in der entsprechenden Spalte (zweite von rechts) ein.

> ☞ Das investitionsrelevante Working Capital entsteht durch den investitions-relevanten Mehrumsatz. Es setzt sich aus folgenden Positionen zusammen:
>
>   Kundenforderungen
>   + Vorratsbestände
>   - Lieferantenverbindlichkeiten
>
> Die Berechnung ist über die Verweiltage einfach. Basis sind der investitions-relevante (Zusatz-)Umsatz und (Zusatz-)Einsatz.

INVESTITIONSAUSGABEN
(Werte in 1.000 ATS)

Periode	Sachinvestitionen				Investitions-relevantes Working Capital	ΣΣ Sachinvest. + Working Capital
	Grund-stück	Gebäude	Ein-richtung	Gesamt		
0	3.000	4.000		7.000		7.000
1			1.000	1.000		1.000
2				0	1.500	1.500
3				0		0
4				0		0
5				0		0
Gesamt	3.000	4.000	1.000	8.000	1.500	9.500

In diesem Beispiel fallen 3 Mio ATS für Grundstück und 4 Mio ATS für Gebäude im Jahr vor der Nutzung (-1) an Sachinvestitionen an. Im Jahr des Nutzungsbeginns (0) sind für Einrichtung noch einmal 1 Mio ATS zu bezahlen. Im ersten Nutzungsjahr (1) wurde das investitionsrelevante Working Capital mit 1,5 Mio ATS angesetzt.

Damit sind die erforderlichen Eingaben im Arbeitsblatt **"IA"** abgeschlossen. Als nächster Schritt steht die Planung des investitionsrelevanten Nutzens an.

4. Schritt: Planung des investitionsrelevanten Nutzens

Die Planung verschiedener Nutzenpotentiale (zusätzlicher Deckungsbeitrag, Einsparung bei Kosten etc.) und die Bestimmung etwaiger investitionsbedingter Mehrausgaben (für Instandhaltung, Personal, Miete usw.) wird im Arbeitsblatt **"Nutzen"** vorgenommen:

Investitionsrelevanter Nutzen (Werte in 1.000 ATS)

Periode	investitionsrelevanter Zusatz-			Einsparungen (+) / (sprungfixe) Ausgaben (-)							Liqui-dations-erlös (+)	invest.rel. Gesamt-nutzen vor ESt.
	-Erlös (+)	DBU (+)	-DB (+)	Personal-kosten	Instand-haltungs-kosten	Miete	Grund-steuer					
1			0									0
2			0									0
3			0									0
4			0									0
5			0									0
E5 (WC)											1.500	1.500
E5 (Grund)												0
E5 (Geb.)												0
E5 (Einr.)												0
Gesamt	0		0	0	0	0	0	0	0	0	1.500	1.500

DBU = Deckungsbeitrag in Prozent vom Umsatz; DB=Deckungsbeitrag; WC = Working Capital

- **Eingabe des relevanten Zusatzdeckungsbeitrages**

Für die Eingabe des erwarteten Zusatz-DB gibt es zwei Möglichkeiten, und zwar:

- **Erlös/DBU:** Sie geben jährliche Erlöse sowie den DBU-Prozentsatz (Deckungsbeitrag in % vom Umsatz) ein. Der investitionsrelevante Deckungsbeitrag p.a. wird automatisch errechnet.
- **DB:** Sie geben die Werte direkt als jährliche, investitionsrelevante Deckungsbeiträge ein.

Klicken Sie dafür oben auf dem Bildschirm das entsprechende Kontrollkästchen an. Das Aussehen der Nutzen-Tabelle wird automatisch angepasst.

Entweder:

Periode	Investitionsrelevanter (Zusatz)-		
	-Erlös (+)	DBU (+)	-DB (+)
1	5.000	30,0%	1.500
2	7.000	30,0%	2.100
3	8.000	30,0%	2.400
4	8.000	30,0%	2.400
5	8.000	30,0%	2.400
E5 (WC)			
E5 (Grund)			
E5 (Geb.)			
E5 (Einr.)			
Gesamt	**36.000**		**10.800**

Oder:

Periode	Invest.re-levanter (Zusatz)-DB (+)
1	1.500
2	2.100
3	2.400
4	2.400
5	2.400
E5 (WC)	
E5 (Grund)	
E5 (Geb.)	
E5 (Einr.)	
Gesamt	**10.800**

- **Eingabe der Einsparungen und sprungfixen Ausgaben**

  Alle zusätzlichen investitionsrelevanten Einsparungen bzw. Ausgaben wie z.B.

  - Personalkosten,
  - Instandhaltungskosten (hierfür gibt es ein unterstützendes Berechnungsmodul),
  - Miete,
  - Grundsteuer und
  - sonstige Einsparungen oder Ausgaben (frei wählbar in den *Excel-Spalten K, L und M*)

  tragen Sie in die dafür vorgesehene Spalte ein:

Einsparungen (+) / (sprungfixe) Ausgaben (-)				
Personal-kosten	Instand-haltungs-kosten	Miete	Grund-steuer	
500	-40	20	-5	
500	-60	20	-5	
500	-80	20	-5	
500	-100	20	-5	
500	-150	20	-5	
2.500	-430	100	-25	0

Einsparungen werden dabei als positive Werte (+) eingegeben, Ausgaben als negative Zahlen (-). Kein Vorzeichen bedeutet einen "positiven" Wert, also eine Einsparung.

Die Tabelle können Sie wieder den projektbezogenen Anforderungen anpassen, indem Sie bestimmte Spalten im oberen Bereich des Arbeitsblattes **Nutzen** zu- oder wegklicken.

Aus optischen Gründen empfiehlt es sich, zumindest zwei Spalten angeklickt (eingeblendet) zu lassen.

- **Eingabe der Personalkosten, Miete und Grundsteuer**

  Wenn Sie die Spalten für Personalkosten, Miete oder Grundsteuer angeklickt haben, dann tragen Sie die jährlichen Werte für diese Größen einfach in die Tabelle ein.

☞ Bei der Personalkostenplanung werden in der Praxis häufig Fehler gemacht, weil die so genannten Lohnnebenkosten falsch eingeschätzt werden. Es kursieren Aufschlagsätze zwischen 30% und 100%, die grundsätzlich alle richtig sind, nur auf unterschiedlichen Basisbezügen (Monatslohn, Anwesenheitslohn usw.) aufbauen.

In Österreich (Stand 1.1.1999) werden die Jahrespersonalkosten von Mitarbeitern bis zur Höchstbeitragsgrundlage (42.600 ATS) wie folgt errechnet:

	Angestellte	Arbeiter
Brutto p.m.	10.000	10.000
x 14 = Brutto p.a.	140.000	140.000
+ % Nebenkosten *)	**30%**	**32%**
= Personalkosten p.a.	182.000	184.800

*) Ohne Abfertigungskosten; diese betragen 2-3% der
gesamten Personalkosten, also inkl. Nebenkosten

• **Eingabe der Instandhaltungskosten**
Wenn Sie das Kästchen **"Instandhaltungskosten"** angeklickt haben, dann tragen Sie die Werte einfach in die gleichnamige Spalte ein.
Sie können die Instandhaltungskosten aber auch im Arbeitsblatt **"Instand"** errechnen und dann die Werte in das Arbeitsblatt **"Nutzen"** per Mausklick übertragen lassen (siehe nächster Schritt). Die so ermittelten Instandhaltungskosten werden mittels Zellbezügen in die Nutzen-Tabelle geschrieben. Diese Zellbezüge können Sie nachträglich auch wieder händisch überschreiben.
Wenn Sie das "Instandhaltungskosten"-Kästchen hingegen wegklicken, dann wird das Arbeitsblatt **"Instand"** ausgeblendet und steht nicht zur Verfügung.

• **Eingabe von sonstigen Einsparungen oder sprungfixen Ausgaben**
Wenn Sie die *Spalten K, L oder M* angeklickt haben, können Sie frei wählbare sonstige Einsparungen oder Ausgaben in diese Spalten eintragen. Tragen Sie die Bezeichnung der sonstigen Einsparung/Ausgabe einfach in den Spaltenkopf ein, die jährlichen Werte schreiben Sie in die Tabelle.

• **Berücksichtigung der Ertragsteuer**
Wenn das Kästchen **"Ertragsteuer"** mit einem Häkchen versehen ist, dann wird in allen nachfolgenden Berechnungen die Ertragsteuer berücksichtigt (**Ergebnisse vor und nach Ertragsteuer**). Die Bestimmung der Basis für die Ertragsteuern wird im Arbeitsblatt **"ESt"** vorgenommen (siehe Schritt 6).

Wenn Sie das "Ertragsteuer"-Kästchen wegklicken, dann werden alle **Ergebnisse ohne Steuer** geliefert. Die Arbeitsblätter **"ESt"** und **"Annu"** werden ausgeblendet und stehen nicht zur Verfügung.

Bei Mindestbruttobezügen von mehr als 43.200 ATS sind die Personalkosten geringer als 30% bzw. 32%. Exakte Informationen dazu finden sich im Kapitel 6.1.14.

- **Hilfsmodul zur Bestimmung des Liquidationswertes für Gebäude**
  Wenn Sie den Knopf **"Liquidationswert Gebäude"** links oben im Arbeitsblatt **Nutzen** anklicken, dann wird automatisch das Hilfsmodul zur Bestimmung des Liquidationswertes aufgerufen. Folgendes Eingabefenster erscheint:

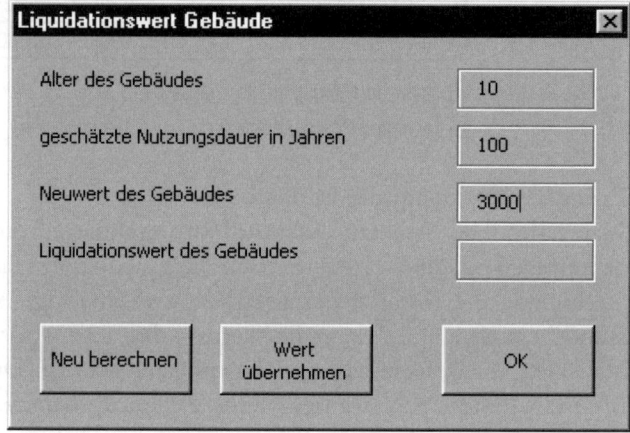

Geben Sie in die drei oberen Eingabekästchen

- das Alter des Gebäudes in Jahren,
- die geschätzte Nutzungsdauer in Jahren sowie
- den Neuwert des Gebäudes in Geldeinheiten

ein und klicken Sie dann auf den Knopf **"Neu berechnen"**. In der vierten Zeile erscheint der formelmäßig ermittelte **Liquidationswert des Gebäudes**.

Wenn Sie diesen Wert automatisch in die Nutzen-Tabelle übertragen wollen, dann klicken Sie auf den Knopf **"Wert übernehmen"**.

Durch Klicken auf den **"OK"**-Button verlassen Sie das Hilfsmodul-Fenster.

5. Schritt: Detaillierte Planung der Instandhaltungsverläufe

Ein weiteres Hilfsmodul, hier zur detaillierten Planung der Instandhaltungsverläufe, finden Sie im Arbeitsblatt **"Instand"**. (Wenn Sie keine computerunterstützte Planung der Instandhaltungskosten wünschen, dann können Sie diesen Schritt überspringen.)

| Periode | Anlagen mit ... | | | | | | | |
| | beweglichen Teilen | | | | unbeweglichen Teilen | | | |
	Anschaffungswert (AW) (Werte in 1.000 ATS)	Nutzungsdauer (ND)	Instandh. Kosten p.a. in % des AW (IK%)	Jahre Garantie	Anschaffungswert (AW) (Werte in 1.000 ATS)	Nutzungsdauer (ND)	Instandh. Kosten p.a. in % des AW (IK%)	Jahre Garantie
-1								
0								
1								
2								
3								
4								
5								

Tragen Sie **Anschaffungswert, Nutzungsdauer, Instandhaltungskosten** (in % des Anschaffungswerts und **Garantiezeit** (in Jahren) der Anlagen einfach in die Tabelle ein. (Gibt man eine Garantiezeit von z.B. zwei Jahren ein, dann kürzen die Instandhaltungsausgaben erst ab dem dritten Jahr den investitionsrelevanten Nutzen.)

Schreiben Sie die Werte in die **Periode** (Zeile), in der die Anlage angeschafft wird/wurde.

Unterscheiden Sie dabei zwischen Anlagen mit **beweglichen** (in der linken Hälfte der Tabelle einzutragen) und **unbeweglichen Teilen** (rechte Hälfte).

Die Verteilung der Instandhaltungskosten ist bei Anlagen mit beweglichen Teilen anders als bei Anlagen mit unbeweglichen Teilen. Unterhalb der Eingabetabelle finden Sie dazu einen erläuternden Begleittext.

Ganz unten im Arbeitsblatt **"Instand"** steht die Tabelle mit den Ergebnissen der Plan-Instandhaltungskosten.

Wenn Sie nun oben im Arbeitsblatt **"Instand"** den Knopf **"Werte übertragen"** drücken, dann werden die Ergebnisse der Instandhaltungsverläufe in das Arbeitsblatt **"Nutzen"** überspielt (siehe vorheriger Schritt 4).

6. Schritt: Bestimmung der Ertragsteuerbasis

Die Bestimmung der Ertragsteuerbasis wird im Arbeitsblatt **"ESt"** vorgenommen. Wenn Sie beim Schritt 4 im Arbeitsblatt **"Nutzen"** das Kontrollkästchen "Ertragsteuer" weggeklickt haben, dann überspringen Sie diesen Schritt (es gibt in dem Fall gar kein Arbeitsblatt **"ESt"**).

| Periode | invest. relevanter Nutzen vor ESt. | AfA | | Investitions-begünsti-gung (-) | Restbuch-wert verkaufter Anlagen (-) | FKZ für Invest-kredit (-) | invest. relevante Ertrag-steuer-basis | ESt. % Satz | invest. relevante Ertrag-steuer | invest. relevanter Nutzen nach ESt. |
		Gebäude (-)	Ein-richtung							
1	1.975	-200	-150				1.625	34,0%	553	1.423
2	2.555	-200	-150				2.205	34,0%	750	1.805
3	2.835	-200	-150				2.485	34,0%	845	1.990
4	2.815	-200	-150				2.465	34,0%	838	1.977
5	2.765	-200	-150				2.415	34,0%	821	1.944
E5 (WC)	1.500						1.500		0	1.500
E5 (Grund)	0						0		0	0
E5 (Geb.)	0						0	34,0%	0	0
E5 (Einr.)	0						0	34,0%	0	0
Gesamt	14.445	-1.000	-750	0	0	0	12.695		3.806	10.639

Tragen Sie die **Abschreibungen (AfA)** für Gebäude und Einrichtung, etwaige **Investitionsbegünstigungen**, die **Restbuchwerte verkaufter Anlagen** sowie die **Fremdkapitalzinsen (FKZ) für den Investkredit** in die Tabelle ein.

Für die Ermittlung der Fremdkapitalzinsen steht ein **Hilfsmodul (Annuitäten-tilgung)** zur Verfügung. Mehr dazu beim nächsten Schritt.

Der relevante **Ertragsteuersatz** (hier: 34%) wird in die entsprechende Spalte in der **obersten Zeile** eingetragen *(Excel-Zelle K8)*. Dieser Wert wird für alle anderen Perioden übernommen.
Wenn Sie den ESt-Satz in einem bestimmten Jahr ändern wollen, schreiben Sie den Prozentsatz in die für diese Periode geltende Zeile. Die ESt.-Satz-Änderung wirkt dann nur in dieser Periode.

Investitionsrelevante **Ertragsteuerbasis**, **Ertragsteuer** und **Nutzen nach ESt.** werden automatisch errechnet. Die Ergebnisse sind in den entsprechenden Spalten abzulesen.

7. Schritt: Berechnung der Annuitätentilgung (Hilfsmodul)

Ein Hilfsmodul zur Berechnung der Annuitätentilgung finden Sie im Arbeitsblatt **"Annu"**. (Wenn Sie keine computerunterstützte Planung der Annuitätentilgung wünschen, dann können Sie diesen Schritt überspringen.)

Zinsen p.a. in %:	5,00%	Anzahl d. Jahre:	5
Höhe des Darlehens	5.000	Fälligkeit:	antizipativ ▼
			antizipativ
			dekursiv

Ganz oben im Arbeitsblatt geben Sie in die entsprechenden Eingabefelder (in blauer Schriftfarbe)

- Zinsen p.a. in %,
- Anzahl der Jahre,
- Höhe des Darlehens und
- Fälligkeit (antizipativ oder dekursiv, mittels Auswahlmenü)

ein.

Klicken Sie dann auf den Knopf **"Annuitätentilgung neu berechnen!"** - und das Ergebnis der Annuitätentilgung wird auf der Tabelle darunter angezeigt:

ANNUITÄTENTILGUNG
unter folgenden Bedingungen
Verzinsung: 5% antizipativ   Laufzeit: 5 Jahre   Darlehen: 5.000

Periode	Darlehen	Zinstilgung	Tilgungs-quote	Annuität
1	5.000	0	1.100	1.100
2	3.900	195	905	1.100
3	2.995	150	950	1.100
4	2.045	102	998	1.100
5	1.048	52	1.048	1.100
Gesamt	**14.988**	**499**	**5.000**	**5.499**

Darüber hinaus werden die so errechneten Werte für die **Zinstilgung** in die **Tabelle zur Bestimmung der Ertragsteuerbasis** (siehe Schritt 6) **übertragen**, und zwar als Bezüge in der Spalte "Fremdkapitalzinsen (FKZ) für Investkredit". Wenn Sie diese Werte nicht akzeptieren, können Sie die automatischen Bezüge nachträglich händisch überschreiben.

Damit ist die Eingabe des geplanten Investitionsprojektes abgeschlossen. Einige wenige zusätzliche Eingaben sind in den Excel-Arbeitsblättern für die Ausgabe noch erforderlich. Diese werden nachfolgend erläutert.

15.11.1.3. Ausgabe

- **Interner Zinsfuß (Internal Rate of Return, IRR)**
  Im Arbeitsblatt **"iZ"** wird die Herleitung des internen Zinsfusses (durch Interpolieren) tabellarisch dargestellt. Weiters befinden sich auf der Seite Zinstabellen mit den relevanten Auf- und Abzinsungsfaktoren.

- **Kapitalwert (Net Present Value, NPV)**
  Im Arbeitsblatt **"KapWert"** wird die Herleitung des Kapitalwertes tabellarisch dargestellt. In einem Diagramm wird der errechnete Kapitalwert dem internen Zinsfuß graphisch gegenübergestellt.

- **Amortisationsdauer (Pay Off Period)**
  "ADauer" heißt das Arbeitsblatt, in dem die Amortisationsdauer des Investitionsprojektes berechnet wird. In zwei Tabellen ist die statische und die dynamische Amortisationsdauer abzulesen.

- **Modifizierter interner Zinsfuß (Modified Internal Rate of Return)**
  Das Arbeitsblatt **"ModiZ"** zeigt die Herleitung des modifizierten internen Zinsfußes in zwei Tabellen und einem erläuternden Begleittext. Weiter unten auf der Seite finden Sie eine Zinstabelle mit den relevanten Aufzinsungsfaktoren.

- **Zielsimulation**
  Die Zielsimulation im Arbeitsblatt **"Ziele"** bietet Ihnen die Möglichkeit, mit den Ergebnissen der Investitionsrechnung eine individuelle Sensitivitätsanalyse durchführen zu lassen (Was-wäre-wenn-Szenario). Sie können **einen** der Ergebniswerte

  - interner Zinsfuß,
  - modifizierter interner Zinsfuß,
  - Kapitalwert,
  - Amortisationsdauer statisch oder
  - Amortisationsdauer dynamisch

ändern.
Per Mausklick wird in den rechten Ergebnisspalten angezeigt, um wie viel

- die Investionsausgaben bzw.
- der investionsrelevante Nutzen

reduziert bzw. erhöht werden müssen, um den gewünschten Zielwert zu erreichen.

| | | | zu erreichen durch | |
Ziel berechnen!	Ergebnis (Basis)	Zielwert	entweder Reduktion Investitions- ausgaben	oder Erhöhung investitions- relevanter Nutzen
Interner Zinsfuß (IRR)	2,9%	10,0%	-22,8%	+29,6%
Modifizierter Interner Zinsfuß (10,0%) (MIRR)	4,9%			
Kapitalwert (10,0%) (NPV)	-2.294			
Amortisationsdauer statisch (POP)	4 bis 5 Jahre			
Amortisationsdauer dynamisch (10,0%) (POP)	> 5 Jahre			

In der Spalte **"Ergebnis (Basis)"** sehen Sie die Werte des Original-Szenarios. Tragen Sie den gewünschten **Zielwert** in der gleichlautenden Spalte ein, und zwar in der Zeile neben der Größe, die Sie ändern wollen. Klicken Sie anschließend auf den Knopf **"Ziel berechnen"** (links oben). Die Ergebnisse werden kurz darauf angezeigt.

In diesem Beispiel wurde für das Originalszenario ein interner Zinsfuß von 2,9% errechnet. Der Bediener wollte wissen, wie stark die Investitions-ausgaben reduziert bzw. der Nutzen erhöht werden müssen, um einen internen Zinsfuß von 10% zu erreichen.

Wenn Sie mehr als einen Zielwert in die Spalte "Zielwert" eingeben und dann "Ziel berechnen" drücken, rechnet das Programm nur mit dem obersten Eintrag.

- **Investitionsvergleiche**
  Eine weitere Möglichkeit, die Ergebnisse des Basis-Szenarios abzuändern, um der Frage **"Was wäre wenn?"** nachzugehen, finden Sie im Arbeitsblatt **"Vergleich"**:

INVESTITIONSVERGLEICHE
a) Eingabeprotokoll (Werte in 1.000 ATS)

Periode	Basis-Szenario		1. Alternativszenario		2. Alternativszenario	
	Investitions-ausgaben	investitions-relevanter Nutzen	Investitions-ausgaben	investitions-relevanter Nutzen	Investitions-ausgaben	investitions-relevanter Nutzen
-1	7.000	0	7.000	0	7.000	0
0	1.000	0	800	0	1.000	0
1	1.500	1.423	1.200	1.423	1.500	1.500
2	0	1.805	0	1.805	0	2.000
3	0	1.990	0	1.990	0	2.200
4	0	1.977	0	1.977	0	2.300
5	0	3.444	0	3.444	0	3.600
Gesamt	**9.500**	**10.639**	**9.000**	**10.639**	**9.500**	**11.600**

Alle Werte, die gegenüber dem Basis-Szenario geändert worden sind, werden **invers** dargestellt.

In den beiden Spalten des Basis-Szenarios sehen Sie die Investitionsausgaben und den investitionsrelevanten Nutzen der Originalvariante. Rechts daneben, in den Spalten des ersten und des zweiten Alternativ-Szenarios, stehen ebenfalls die Werte des Basis-Szenarios. Diese Werte lassen sich überschreiben. Wenn Sie einen Originalwert ändern, erscheint die entsprechende Zelle invers.

In diesem Beispiel wurden im ersten Alternativ-Szenario die Investitionsausgaben in den Perioden 0 und 1 geändert (von 1 Mio ATS auf 800.000 ATS bzw. von 1,5 Mio auf 1,2 Mio ATS).

Im zweiten Alternativ-Szenario wurde der investitionsrelevante Nutzen in den Jahren 1 bis 5 jeweils etwas erhöht.

Unterhalb dieser Eingabetabelle werden die Auswirkungen der Änderungen auf das Ergebnis ausgegeben und der Basisvariante gegenübergestellt. Drei Diagramme mit den Ergebnissen der drei Szenarien runden das Bild ab.

Die zwei Spalten des zweiten Alternativ-Szenarios können auch für die Berechnung der Differenzinvestition (Differenz zwischen Basis-Szenario und erstem Alternativ-Sszenario) verwendet werden.

- **Sensibilitätsanalyse für acht Standardvarianten**
Eine dritte Möglichkeit zur Sensibilitätsanalyse der Ergebnisse bietet das Arbeitsblatt **"Sensi"**. Acht vorgegebene Standardvarianten werden dabei durchgerechnet.
Bei diesen acht Varianten werden

  - die Investitionsausgaben bzw.
  - der investitionsrelevante Nutzen

um jeweis 10% gesenkt bzw. erhöht.

Daraus ergeben sich acht mögliche Kombinationen. In einer Tabelle sehen Sie die Auswirkungen aller acht Varianten auf die Größen:

  - Interner Zinsfuß
  - Modifizierter interner Zinsfuß
  - Kapitalwert
  - Amortisationsdauer statisch
  - Amortisationsdauer dynamisch

Sensibilitätsanalyse für 8 Standardvarianten

		Var. A	Var. B	Var. C	Var. D
		Investitionsausgaben		investitionsrelevanter Nutzen	
		+10% höher	-10% niedriger	+10% höher	-10% niedriger
Interner Zinsfuß (IRR)	vorher	2,9%	2,9%	2,9%	2,9%
	Veränderung	-2,5%	+2,8%	+2,5%	-2,7%
	nachher	0,5%	5,7%	5,4%	0,2%
modifizierter Interner Zinsfuß (Re-finanzierungszinsfuß: 12,0%) (MIRR)	vorher	4,9%	4,9%	4,9%	4,9%
	Veränderung	-2,0%	+2,2%	+2,0%	-2,2%
	nachher	2,9%	7,1%	6,9%	2,7%
Kapitalwert (Re-finanzierungszinsfuß: 10,0%) (NPV)	vorher	-2.294	-2.294	-2.294	-2.294
	Veränderung	-1.006	+1.006	+777	-777
	nachher	-3.301	-1.288	-1.517	-3.071
Amortisationsdauer, statisch (POP)	vorher	4 bis 5 J.	4 bis 5 J.	4 bis 5 J.	4 bis 5 J.
	Veränderung	0 Jahre	0 Jahre	0 Jahre	0 Jahre
	nachher	4 bis 5 J.	4 bis 5 J.	4 bis 5 J.	4 bis 5 J.
Amortisationsdauer, dynamisch (Zinsfuß: 6,0%) (POP)	vorher	> 5 Jahre	> 5 Jahre	> 5 Jahre	> 5 Jahre
	Veränderung				
	nachher	> 5 Jahre	> 5 Jahre	> 5 Jahre	> 5 Jahre

		Var. AC	Var. AD	Var. BC	Var. BD
Investitionsausgaben		+10% höher	+10% höher	-10% niedriger	-10% niedriger
investitionsrelevanter Nutzen		+10% höher	-10% niedriger	+10% höher	-10% niedriger
Interner Zinsfuß (IRR)	vorher	2,9%	2,9%	2,9%	2,9%
	Veränderung	-0,0%	-5,1%	+5,4%	+0,0%
	nachher	2,9%	-2,2%	8,3%	2,9%
modifizierter Interner Zinsfuß (Re-finanzierungszinsfuß: 12,0%) (MIRR)	vorher	4,9%	4,9%	4,9%	4,9%
	Veränderung	+0,0%	-4,1%	+4,3%	+0,0%
	nachher	4,9%	0,8%	9,2%	4,9%
Kapitalwert (Re-finanzierungszinsfuß: 10,0%) (NPV)	vorher	-2.294	-2.294	-2.294	-2.294
	Veränderung	-229	-1.783	+1.783	+229
	nachher	-2.524	-4.078	-511	-2.065
Amortisationsdauer, statisch (POP)	vorher	4 bis 5 J.	4 bis 5 J.	4 bis 5 J.	4 bis 5 J.
	Veränderung	0 Jahre		0 Jahre	0 Jahre
	nachher	4 bis 5 J.	> 5 Jahre	4 bis 5 J.	4 bis 5 J.
Amortisationsdauer, dynamisch (Zinsfuß: 6,0%) (POP)	vorher	> 5 Jahre	> 5 Jahre	> 5 Jahre	> 5 Jahre
	Veränderung				
	nachher	> 5 Jahre	> 5 Jahre	4 bis 5 J.	> 5 Jahre

Die Amortisationsdauer wird immer auf ganze Jahre aufgerundet.

15.11.2. "RisikoIR" (Risikoanalyse für Investitionsrechnung)

RisikoIR

Das Programm "RisikoIR" (Risikoanalyse für Investitionsrechnung) ist im Prinzip genauso aufgebaut wie das Programm "RisikoUW" (Risikoanalyse für Unternehmenswert), das im Kapitel 15.7.3. ausführlich beschrieben wird.

Der Unterschied für den Anwender besteht lediglich darin, dass hier anstelle von Unternehmenswertdaten einige Eingaben zur geplanten Investition getätigt werden müssen:

- Nutzungsdauer in Jahren
- Investitionen Anlagevermögen (AV)
- Investitionen Umlaufvermögen (UV)

Variante: Marktsteigerungsrate getrennt nach Preis und Menge			
	pessi-mistisch	wahr-scheinlich	opti-mistisch
Nutzungsdauer in Jahren		6	
Gewichtung		100%	
Investitionsausgaben Anlagevermögen (AV)		5.520.000	
Gewichtung		100%	
Investitionsausgaben Umlaufvermögen (UV)		0	
Gewichtung		100%	
Marktgröße in Einheiten im 1. Jahr	200.000	240.000	250.000
Gewichtung	20%	60%	20%
Mengensteigerung in % p.a.	Eingabe erfolgt im Arbeitsblatt "Mengensteigerung in % p.a."		
Gewichtung			
Marktanteil in Prozent		100,00%	
Gewichtung		100%	
Verkaufspreis / Einheit	Eingabe erfolgt im Arbeitsblatt "Verkaufspreis je Einheit p.a."		
Gewichtung			
Variable Kosten / Einheit im 1. Jahr	22,00	21,00	20,00
Gewichtung	20%	60%	20%
Fixe Ausgaben p.a. (ohne Fremdkapitalzinsen)	Eingabe erfolgt im Arbeitsblatt "Fixe Ausgaben p.a."		
Gewichtung			
Liquidationswert der Investition	2.520.000	2.985.000	3.096.000
Gewichtung	20%	60%	20%
Zinsfuß für dynamischen Kapitalrückfluß	10,00%		
Anzahl der Iterationen	1.000		
Risikoanalyse starten		Drucken	

◀◀ ◀ ▶ ▶▶ \Eingabe / Mengensteigerung in % p.a. / Verkaufspreis je Einheit p.a. / Fixe Ausgaben p

15.12. Programme zu Kapitel 12

Zu diesem Kapitel gibt es derzeit kein Excel-Programm.

15.13. Programme zu Kapitel 13

15.13.1. "Kapitalflussrechnung"

Die Kapitalflussrechnung ist Teil des großen Kennzahlenpakets **BigKenn** (siehe Kapitel 15.3.1.).

15.13.2. "Annu'97" (Annuitätentilgung)

Annu'97

Bedienung

Alle Eingaben werden innerhalb des **blauen Bereiches** vorgenommen:

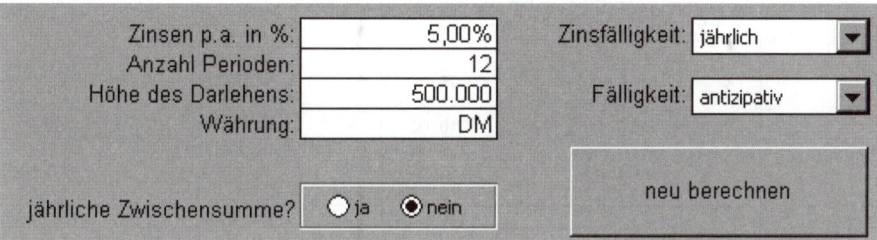

In den entsprechenden Zellen sind die Eingaben **"Zinsen p.a. in %"** *(Zelle C2)*, **"Anzahl der Perioden"** *(C3)*, **"Höhe des Darlehens"** *(C4)* und **"Währung"** (z.B. "GE" oder "Mio DM") *(C5)* zu tätigen.

Durch Klicken auf das kleine graue Quadrat mit dem nach unten zeigenden Pfeil werden die Eingaben für die **Zinsfälligkeit** bzw. die **Fälligkeit** vorgenommen. Es erscheint ein Dropdown-Menü, das für die Zinsfälligkeit eine der vier möglichen Auswahlen

- **jährlich,**
- **halbjährlich,**
- **vierteljährlich** oder
- **monatlich**

zulässt.

Ebenso verfährt man bei der Fälligkeit; hier stehen zwei mögliche Auswahlen zur Verfügung:

- **dekursiv** oder
- **antizipativ.**

Zusätzlich besteht die Möglichkeit, **jährliche Zwischensummen** in der Ergebnistabelle einzufügen. Wenn Sie in der entsprechenden Eingabebox das Optionsfeld (kleiner Kreis) **"ja"** anklicken, werden die Perioden zu ganzen Jahren zusammengefasst. Jährliche Zwischensummen werden nur gebildet, wenn Sie bei der Zinsfälligkeit "halbjährlich", "vierteljährlich" oder "monatlich" gewählt haben.

Sind alle Eingabeparameter bestimmt worden, klicken Sie auf die Befehlsschaltfläche **"neu berechnen"** (großes graues Rechteck rechts unten). Eine neue
Tabelle wird erstellt. Das Ergebnis kann direkt im Excel-Arbeitsblatt, unterhalb
des blauen Eingabebereiches, begutachtet werden:

ANNUITÄTENTILGUNG

unter folgenden Bedingungen
Darlehen: 500.000 DM   Laufzeit: 10 Jahre   Verzinsung: 5% antizipativ

Jahr	Darlehen	Zinstilgung	Tilgungsquote	Annuität
1	500.000,00	0,00	61.668,85	61.668,85
2	438.331,15	21.916,56	39.752,29	61.668,85
3	398.578,87	19.928,94	41.739,90	61.668,85
4	356.838,97	17.841,95	43.826,90	61.668,85
5	313.012,07	15.650,60	46.018,24	61.668,85
6	266.993,83	13.349,69	48.319,15	61.668,85
7	218.674,67	10.933,73	50.735,11	61.668,85
8	167.939,56	8.396,98	53.271,87	61.668,85
9	114.667,69	5.733,38	55.935,46	61.668,85
10	58.732,23	2.936,61	58.732,23	61.668,85
Summe:		**116.688,45**	**500.000,00**	**616.688,45**

Druck

Um das Ergebnis zu drucken, ist der Excel-Menüpunkt "Datei", "Drucken" zu
wählen. Der Druckbereich wird vom Programm optimal festgelegt.

15.13.3. "Skonto'97" (Die Vorteilhaftigkeit der Skontoausnutzung auf einen Blick)

Skonto'97

Bedienung

- **Voreinstellungen**

Folgende Eingaben werden innerhalb des **blauen Bereiches** vorgenommen:

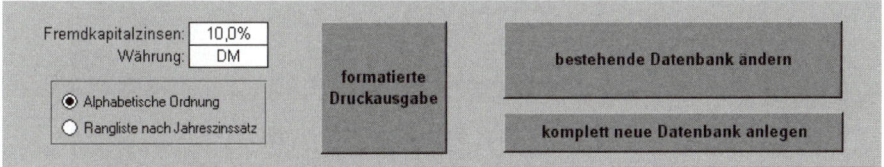

Die **Fremdkapitalzinsen** (in %) sowie die **Währung** (z.B. "GE" oder "DM 1.000") werden in die entsprechenden Zellen *(C2 bzw. C3)* eingetragen.

In der Eingabebox darunter wird durch Anklicken eines der beiden Optionsfelder (Kreise) die Berechnung gestartet und die Lieferantenliste in **alphabetische Ordnung** gebracht oder als **Rangliste nach Jahreszinssatz** ausgegeben. Bei der Rangliste nach Jahreszinssatz wird automatisch eine **ABC-Analyse** erstellt.

Durch Klicken auf die Befehlsschaltfläche (graues Rechteck) **"formatierte Druckausgabe"** wird die aktuelle Liste ausgedruckt.

- **Lieferanten-Datenbank**

Alle Lieferanten sind mit deren skontorelevanten Daten in einer Excel-Datenbank gespeichert. Diese Datenbank lässt sich durch Anklicken einer der beiden Befehlsschaltflächen ganz rechts bearbeiten. Insgesamt verarbeitet das Programm bis zu 950 Lieferanten.

Der Druckknopf **"bestehende Datenbank ändern"** öffnet die Eingabemaske der Excel-Datenbank:

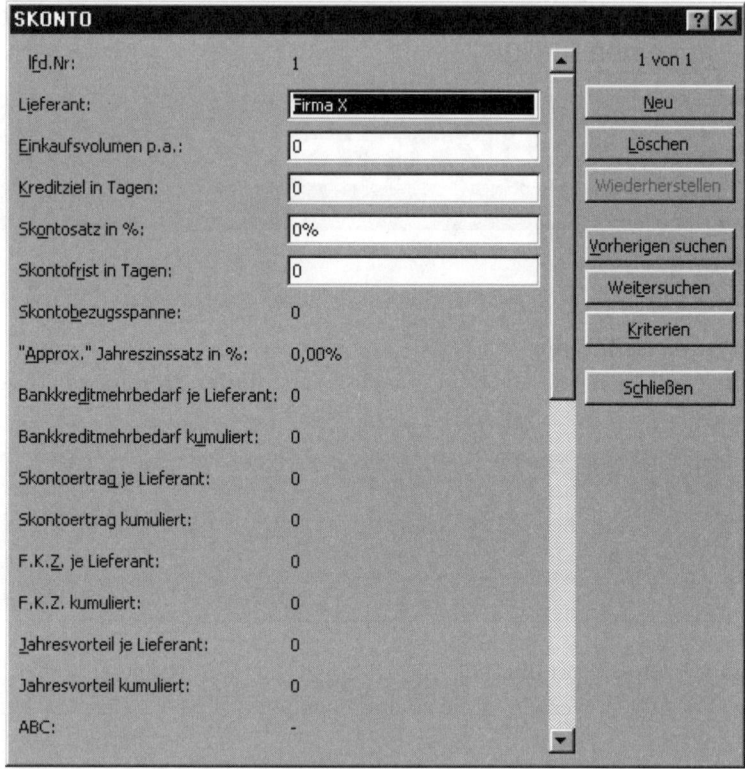

In dieser Eingabemaske stehen alle relevanten Daten für **einen** Lieferanten.

Die Eingaben für **Lieferant** (Bezeichnung), **Einkaufsvolumen p.a.** (in GE), **Kreditziel in Tagen**, **Skontosatz in %** und **Skontofrist in Tagen** lassen sich in den entsprechenden Feldern vornehmen. Alle anderen Positionen werden automatisch berechnet.

Um die Daten eines anderen Lieferanten zu bearbeiten, klickt man auf **"Vorherigen suchen"** (zurückblättern), **"Weitersuchen"** (vorblättern) oder **"Kriterien"** (um einen bestimmten Lieferanten anzuwählen).

Um die Liste um einen Lieferanten zu erweitern, klicken Sie auf **"Neu"** und geben die Daten des neuen Lieferanten ein. Dieser Vorgang kann beliebig oft wiederholt werden; jedes Mal wird ein neuer Lieferant dazugefügt.

Soll ein Lieferant in der Liste nicht mehr aufscheinen, wählt man die entsprechende Seite und klickt auf **"Löschen"**. Der Lieferant wird samt seinem Datensatz aus der Liste entfernt.

Sind alle gewünschten Veränderungen vorgenommen worden, klickt man auf **"Schließen"**. Die Maske verschwindet und das Programm springt zurück in das Excel-Arbeitsblatt, auf dem alle getätigten Änderungen ersichtlich sind.

- **Eingaben in der Excel-Arbeitsmappe**

Es können Änderungen bei **Lieferantenbezeichnung, Einkaufsvolumen p.a., Kreditziel in Tagen, Skontosatz in %** und **Skontofrist in Tagen** auch direkt im Excel-Arbeitsblatt vorgenommen werden (Zellen mit **blauer Schrift**). Die Anzahl der Lieferanten in der Liste lässt sich aber nur über die Datenbank-Maske steuern.

		INPUT			
lfd.Nr	Lieferant	Einkaufs-volumen p.a. in DM	Kredit-ziel in Tagen	Skonto-satz in %	Skonto-frist in Tagen
1	Firma X	0	0	0,0%	0

Am Ende der Liste erscheinen auf dem Excel-Arbeitsblatt zwei **Summen-Zeilen**. Hier wird das Einkaufsvolumen p.a. aller Lieferanten in der Liste addiert (**Summe 1**). In der Zeile **"Restliche Lieferanten, approx."** besteht die Möglichkeit, alle Lieferanten zusammenzufassen, die nicht in der Liste aufscheinen (eventuell weil zu unbedeutend). Die Eingaben, die Sie hier tätigen, haben keinen Einfluss auf die sonstigen Berechnungen, wie z.B. die ABC-Analyse. In der Zeile **"Summe 2"** wird das gesamte Einkaufsvolumen p.a. aller Lieferanten (Liste und restliche) angegeben.

SUMME 1	0	= Analysiertes Jahreseinkaufsvolumen

Restl. Lieferanten, approx.	0	0	0,0%	0

SUMME 2	0	= Gesamtes Jahreseinkaufsvolumen

Druck

Für mehrseitige Ausgabeformulare klicken Sie auf die Befehlsschaltfläche (graues Rechteck) **"formatierte Druckausgabe"**.
Umfasst die Liste so wenige Lieferanten, dass sie auf einer Seite Platz findet, kann der Druck auch durch Anwählen des Excel-Menüpunktes "Datei", "Drucken" gestartet werden.

15.13.4. "Liquidationswert Gebäude"

Dieses Programm ist ein Modul des großen Excel-Programms **Investitionsrechnung** (siehe Kapitel 15.11.1.).

15.14. Programme zu Kapitel 14

15.14.1. "OR" (Operations Research)

Das OR-Paket CMMS (Computer Models for Management Science) von Erikson/ Hall beinhaltet elf Computerprogramme zur Lösung klassischer Optimierungsprobleme. Die Programme sind in der englischsprachigen Bedienungsanleitung sehr anschaulich und detailliert beschrieben. Zahlreiche Fallbeispiele zeigen die vielfältigen Anwendungsmöglichkeiten auf.

In diesem Buch kommen zwei OR-Programme des Erikson/Hall-Pakets zum Einsatz (siehe Kapitel 14):

- **Linear Programming**
  Löst Probleme linearer Programmierung mit bis zu 50 Variablen und 50 Restriktionen ($\leq$, $\geq$ oder $=$).

- **Assignment Model**
  Zuordnungsprobleme mit bis zu 25 Reihen und 25 Spalten können gelöst werden.

Die übrigen neun OR-Programme sind:

- **Integer Programming**
  Löst Probleme ganzzahliger linearer Programmierung mit bis zu 50 Variablen und 50 Restriktionen.

- **Transportation Model**
  Erstellt einen optimalen Transportplan bei klassischen Transportproblemen mit bis zu 20 Angebots- und Bedarfsorten.

- **Project Scheduling**
  Findet die frühesten und spätesten Anfangs- und Endtermine für maximal 99 Aktivitäten bei einem Projekt.

- **Network Models**
  Löst unterschiedliche Probleme der Netzplantechnik, und zwar
  - minimum spanning tree problems,
  - maximum flow problems,
  - shortest route problems

  bei Netzwerken mit bis zu 25 Knoten und 25 Verbindungen (Pfeilen).

- **Decision Analysis**
  Bestimmt die optimale Entscheidung für folgende Probleme:

  - Entscheidungsfindung bei Unsicherheit
  - Entscheidungsfindung bei Risiko

  Bis zu 15 Zustände, 15 Alternativen und Sample-Informationen mit bis zu 15 verschiedenen Vorhersagen.

- **Decision Tree Model**
  Analysiert bis zu 15 Zustände und bis zu 15 Vorhersagen zu diesen Zuständen. Höchstens 100-knotige Entscheidungsbäume können erstellt werden.

- **Markov Models**
  Analysiert eine bis zu zwölfgliedrige Markov-Kette.

- **Inventory Models**
  Lagerhaltung, Bestellmengen, Losgrößen, Meldemengen, Fehlmengenkosten.

- **Queuing Models**
  Löst eines der der folgenden sieben Warteschlangenprobleme:

  - Einkanal-Systeme
  - Einkanal-Systeme mit begrenzter Schlangenlänge
  - Einkanal-Systeme mit begrenzter calling population
  - Einkanal-Systeme mit arbitrary service time distribution
  - Mehrkanal-Systeme
  - Mehrkanal-Systeme mit begrenzter Schlangenlänge
  - Mehrkanal-Systeme mit begrenzter calling population

  Probleme mit Mehrkanal-Systemen sind auf höchstens 30 Kanäle eingeschränkt.

15.14.2. Risikoanalyse

Die Risikoanalyse wurde in den Kapiteln 15.7.3. (Risikoanalyse für Unternehmenswert) und 15.11.2. (Risikoanalyse für Investitionsrechnung) vorgestellt.

16.

Anhang

Übersicht

1
2
3
4
5
6
7
8
9
10
11
12
13
14
15

Übersicht

ad Kapitel 9

Alle Positionen des Jahresabschlusses in Deutsch - Englisch - Amerikanisch - Französisch

ad Kapitel 12

24 Testtabellen für die stichprobenweise Ermittlung des Überlagers und Bestimmung der relevanten Ursachen

ad Kapitel 14

- Zinstabellen
- Annuitätentilgungstabellen
- Leibrententabellen
- Ausgewählte statistische Tabellen
- Lineare Optimierung - Ergebnisausdrucke

1

2

3

4

5

6

7

8

9

10

11

12

13

14

15

Übersichtstabelle zu Kapitel 1

Bewertung
nach
HGB - IAS - US-GAAP

1

2

3

4

5

6

7

8

9

10

11

12

13

14

15

Die Unterschiede zwischen den drei Bewertungssystemen auf einen Blick
(aus dem "Goldenen Trend" 98)

	HGB	IAS	US-GAAP
Grundlagen			
• Zweck der Rechnungslegung und Jahresabschluss-adressaten	Vermittlung eines möglichst getreuen Bildes der Vermögens-, Finanz- und Ertragslage; Adressaten sind primär Gesellschafter und Gläubiger	Vermittlung entscheidungs-relevanter Informationen über die Vermögens-, Finanz- und Ertragslage; grundsätzliche Ausrichtung auf Investoren	Vermittlung entscheidungs-relevanter Informationen über die Vermögens-, Finanz- und Ertragslage; Adressaten sind Investoren und Kreditgeber
• Übergeordnete Grundsätze	Vorsichtsprinzip und Gläubigerschutz	Grundsatz der periodengerechten Erfolgsermittlung	Grundsatz der periodengerechten Erfolgsermittlung
• Einfluss des Steuerrechts	Maßgeblichkeit der Handelsbilanz für die steuerliche Gewinnermittlung	Maßgeblichkeitsprinzip unbekannt	Maßgeblichkeitsprinzip unbekannt
• Bestandteil des Jahresabschlusses	Bilanz, Gewinn- und Verlustrechnung und Anhang; Lagebericht	Bilanz, Gewinn- und Verlustrechnung, Notes, Kapitalflussrechnung, Segmentberichterstattung	Bilanz, Gewinn- und Verlustrechnung, Notes, Kapitalflussrechnung, Entwicklung des Eigenkapitals
• Gliederung	Gesetzliche Gliederungsvorschriften	Keine Gliederungsvorschriften sowohl Gesamtkosten- als auch Umsatzkostenverfahren möglich	Gliederung laut Formularen der SEC obligatorisch, nur Umsatzkostenverfahren
Bilanzierungsmethoden			
• Selbsterstellte immaterielle Vermögensgegenstände	Aktivierungsverbot	Aktivierungsverbot unter bestimmten Voraussetzungen	Aktivierungsverbot unter bestimmten Voraussetzungen
• Leasing	Anwendung der steuerlichen Regeln führt i.d. R. zur Bilanzierung beim Leasinggeber	Bilanzierung beim wirtschaftlichen Eigentümer	Bilanzierung beim wirtschaftlichen Eigentümer
• Rückstellungen	Vorsichtsprinzip grundlegend, weitgehendes Ermessen; Bildung von Aufwandsrückstellungen zulässig	Rückstellungsbildung nur bei vernünftiger Schätzbarkeit und Wahrscheinlichkeit des Eintritts; tendenziell ist der "Best Case" zu berücksichtigen; Aufwandsrückstellungen sind nicht zulässig	Rückstellungsbildung nur bei vernünftiger Schätzbarkeit und Wahrscheinlichkeit des Eintritts; tendenziell ist der "Best Case" zu berücksichtigen: Aufwandsrückstellungen sind nicht zulässig

Quelle: BDO Auxilia Treuhand GmbH

Internationale Rechnungsnormen in Kapitel 1

	HGB	IAS	US-GAAP
Bewertungsmethoden			
• Wertansätze für Vermögensgegenstände	Anschaffungskostenprinzip	Anschaffungskosten oder Wiederbeschaffungskosten	Anschaffungskostenprinzip
• Umfang der Herstellungskosten	Wahlrecht zwischen Voll- und Teilkosten	Aktivierungspflicht für produktionsbedingte Vollkosten	Aktivierungspflicht für produktiosbedingte Vollkosten
• Gewinnrealisierung bei langfristigen Aufträgen	Gewinnrealisierung bei Fertigstellung und Abnahme (Completed Contract-Method)	anteilige Gewinnrealisierung verpflichtend (Percentage Of Completion-Method)	anteilige Gewinnrealisierung verpflichtend (Percentage Of Completion-Method)
• Umrechnung von Fremdwährungsposten	Anwendung des strengen Niederstwertprinzips	Umrechnung zum Stichtagskurs oder Niederstwertprinzip	Umrechnung zum Stichtagskurs
• Abfertigungs- und Pensionsverpflichtungen	Barwert der Ansprüche bei Ausscheiden aus dem Dienstverhältnis, angesammelt über die Dienstzeit (Gegenwartswert- oder Teilwertverfahren); keine Berücksichtigung künftiger Gehaltssteigerungen; Zinssatz 4% bis 6%	Barwert der bis zum Stichtag verdienten Ansprüche (Accrued Benefit Obligation) oder alternativ Barwert der Ansprüche bei Ausscheiden; angesammelt über die Dienstzeit (Projected Benefit Obligation); Berücksichtigung künftiger Gehalts- und Pensionssteigerungen; Kapitalmarktzinssatz	Barwert der bis zum Stichtag verdienten Ansprüche (Projected Benefit Obligation); Berücksichtigung künftiger Gehalts- und Pensionssteigerungen; Kapitalmarktzinssatz; kein Bilanzansatz der Verpflichtung. Verpflichtung durch externes Fondsvermögen gedeckt
• Vorräte	Strenges Niederstwertprinzip, Identitätspreis, Durchschnittspreis, FIFO, LIFO (wenn Verbrauchsfolge)	Strenges Niederstwertprinzip (FIFO, Durchschnittspreisverfahren)	Lower of cost or market, dollar value LIFO (ohne Verbrauchsfolge)
Konzernrechnungslegung			
• Konsolidierungskreis	Einbeziehungsverbot bei stark abweichender Tätigkeit; Einbeziehungswahlrecht bei mangelnder Kontrolle, untergeordneter Bedeutung, unverhältnismäßigen Kosten oder Verzögerungen	Einbezugspflicht trotz unterschiedlicher Tätigkeit; keine Einbeziehungswahlrechte	Einbezugspflicht trotz unterschiedlicher Tätigkeit; keine Einbeziehungswahlrechte
• Kapitalkonsolidierung	Buchwert- oder Neubewertungsmethode	Buchwert- oder Neubewertungsmethode	Buchwertmethode
• Zeitpunkt der Erstkonsolidierung	Zeitpunkt des Anteilserwerbs oder der erstmaligen Einbeziehung in den Konzernabschluss	Ausschließlich Zeitpunkt des Anteilserwerbs	Ausschließlich Zeitpunkt des Anteilserwerbs
• Firmenwert (Goodwill) aus der Kapitalkonsolidierung	Aktivierung oder offene Verrechnung mit den Rücklagen	< 5 Jahre mit jährlichem Impairment Test < 40 Jahre	Aktivierungsgebot; Abschreibung über einen Zeitraum von maximal 40 Jahren
• Ausweis eines Minderheitenanteils in der Konzernbilanz	Gesonderter Ausweis im Eigenkapital	Ausweis als gesonderter Posten im Eigenkapital oder als Sonderposten zwischen Eigen- und Fremdkapital	Ausweis als Sonderposten zwischen Eigen- und Fremdkapital
• Quotenkonsolidierung	Wahlrecht bei Gemeinschaftsunternehmen (Joint Venture)	Empfohlene Methode für Gemeinschaftsunternehmen	Grundsätzlich nicht zulässig

Quelle: BDO Auxilia Treuhand GmbH

1
2
3
4
5
6
7
8
9
10
11
12
13
14
15

Excel-Ausdrucke
FALLBEISPIEL
zu Kapitel 2

Inhalt: Siehe Inhaltsverzeichnis auf der übernächsten Seite.

Umfang: Der komplette Report umfasst zwölf Seiten.
Diese zwölf Seiten werden vollkommen automatisch erstellt.
Es müssen zu Beginn lediglich sieben Positionen des Jahresabschlusses eingegeben werden, bei drei Analysejahren also
21 Schlüsselpositionen.

Verwendetes Excel-Programm: **QUICK-REPORT**

Eine detaillierte Beschreibung dieses Programmes erfolgt in Kapitel 15.2.2.

1
2
3
4
5
6
7
8
9
10
11
12
13
14
15

Peter Kralicek

Betriebswirtschaftliche Unternehmensberatung
A-1130 Wien, Mantlergasse 17/1
Tel.: (++43 1) 877 04 51; Fax: Klappe 30

PRODUKTIONS-
TESTBETRIEB
GmbH
A-1130 Wien

ERTRAGS- UND VERMÖGENSANALYSE
(QUICKTEST)

**erstellt aufgrund
der
Jahresabschlüsse
1998 - 2000**

....

INHALT

> Dieser Report wird vollkommen automatisch erstellt - inkl.
> Deckblatt und Inhaltsverzeichnis!
> Pro Analysejahr müssen lediglich sieben
> Schlüsselpositionen aus dem Jahresabschluss
> eingegeben werden
> DAS SPART ZEIT!

1
2
3
4
5
6
7
8
9
10
11
12
13
14
15

1. Rechtsform, Branche, Anlaß für die Kennzahlenanalyse durch Quicktest

- **Der Betriebsgegenstand des untersuchten Unternehmens ist**

  Metallbearbeitung.

  Es handelt sich um einen Industriebetrieb,
  der in der Rechtsform einer GmbH geführt wird.

- **Anlaß für diese Analyse ist**

  die Beurteilung der letzten IST-Bilanz(en).

- **Bei folgenden Positionen waren betriebswirtschaftliche Korrekturen notwendig:**

  - Personalkosten (kalk. Unternehmerlohn)

Peter Kralicek
Unternehmensberatung

2. Quicktest und Bonitäts- bzw. Insolvenzfrühwarn - Indikatoren

2.1. Quicktest

Der Quicktest ist ein Schnelltest. Obwohl nur vier Kennzahlen herangezogen werden, ist die Aussage bereits grundsätzlich richtig. Würde man 20, 30 oder mehr Kennzahlen verwenden, ändert sich am Ergebnis kaum etwas. Mehr Kennzahlen haben allerdings den Vorteil, daß etwaige Fehlerquellen oder Ursachen für besonders günstige Entwicklungen rascher erkannt werden.

Die vier Quicktest-Kennzahlen sind nicht störanfällig und schöpfen das gesamte Informationspotential der Bilanz und G&V weitgehendst aus.

(Alle Werte in 1.000 GE)		1998 Bilanz	1998 G&V	1999 Bilanz	1999 G&V	2000 Bilanz	2000 G&V
Flüssige Mittel	(FLM)	200		200		120	
Vorräte		960		960		1.160	
Eigenkapital	(EK)	740		740		740	
Fremdkapital	(FK)	2.420		2.420		2.460	
Gesamtkapital	**(GK)**	**3.160**		**3.160**		**3.200**	

Betriebsleistung	(BL)		4.540		4.540		4.380
Fremdkapitalzinsen	(FKZ)		40		40		22
Cash-Flow vor Steuern	(CF)		468		468		388
Ergebnis der gew. Geschäftst.	(EGT)		248		248		128

ERGEBNISSE		1998	1999	2000
Eigenkapital- quote	$\dfrac{EK*100}{GK}$	23,4%	23,4%	23,1%
Schuldtilgungs- dauer in Jahren	$\dfrac{(FK-FLM)}{CF}$	4,7 J.	4,7 J.	6,0 J.
Gesamtkapital- rentabilität	$\dfrac{(EGT+FKZ)*100}{GK}$	9,1%	9,1%	4,7%
Cash-Flow in % der BL	$\dfrac{CF*100}{BL}$	10,3%	10,3%	8,9%

BEURTEILUNG/NOTE	1998	1999	2000
Eigenkapitalquote	2,00	2,00	2,00
Schuldtilgungsdauer in Jahren	2,00	2,00	3,00
FINANZIELLE STABILITÄT	**2,00**	**2,00**	**2,50**
Gesamtkapitalrentabilität	3,00	3,00	4,00
Cash-Flow in % der Betriebsleistung	1,00	1,00	2,00
ERTRAGSKRAFT	**2,00**	**2,00**	**3,00**
G E S A M T	**2,00**	**2,00**	**2,75**

BEURTEILUNGSSKALA

Kennzahl/ Beurteilungsschema:	sehr gut (1)	gut (2)	mittel (3)	schlecht (4)	insolvenz- gefährd. (5)	
Eigenkapitalquote	>30%	>20%	>10%	<10%	negativ	**Finanzielle**
Schuldtilgungsdauer	<3 J.	<5 J.	<12 J.	< 30 J.	> 30 J.	**Stabilität**
Gesamtkapitalrentabilität	>15%	> 12%	> 8%	< 8%	negativ	**Ertrags-**
Cash-Flow in % d.Betriebslstg.	>10%	> 8%	> 5%	< 5%	negativ	**kraft**

Quelle: Peter Kralicek, Kennzahlen für Geschäftsführer, Verlag Ueberreuter, 2000 - 4. Auflage

Peter Kralicek
Unternehmensberatung

Fallbeispiel zu Kapitel 2

2.2. Bonitäts- bzw. Insolvenzfrühwarn-Indikatoren

Die Bonitätsanalyse - auch multiple Diskriminanzanalyse genannt - ist ein Insolvenzfrühwarn-System, das sechs ausgewählte Kennzahlen mit vorgegebenen Gewichtungsfaktoren multipliziert. Anschließend werden die sechs Produkte addiert und eine Summe gebildet, die Diskriminanzfunktion genannt wird. Von der Höhe der Diskriminanzfunktion hängt es ab, ob das Unternehmen als gut, mittel, schlecht bzw. insolvenzgefährdet klassifiziert werden kann.

Kennzahl	x Gewichtungs-faktor	1998	1999	2000
Cash-Flow p.a. Verbindlichkeiten	x 1,50	0,290	0,290	0,237
Bilanzsumme Verbindlichkeiten	x 0,08	0,104	0,104	0,104
Erg. d. gew. Geschäftst. p.a. Bilanzsumme	x 10,00	0,785	0,785	0,400
Erg. d. gew. Geschäftst. Betriebsleistung	x 5,00	0,273	0,273	0,146
Vorräte Betriebsleistung p.a.	x 0,30	0,063	0,063	0,079
Betriebsleistung p.a. Bilanzsumme	x 0,10	0,144	0,144	0,137
Insolvenzfrühwarn-Indikator (Diskriminanzfunktion)		**1,660**	**1,660**	**1,103**

INTERPRETATIONSTABELLE		1998	1999	2000
> 3,0	extrem gut			
> 2,2	sehr gut			
> 1,5	gut	1,660	1,660	
> 1,0	mittelgut			1,103
> 0,3	schlecht			
<= 0,3	leicht insolvenzgefährdet			
<= 0,0	insolvenzgefährdet			
<= -1,0	stark insolvenzgefährdet			

Quelle: R.Koban, Betriebswirtschaft für die Praxis, ÖWV, 1978

Peter Kralicek
Unternehmensberatung

1102

3. Gesamtbeurteilung

3.1. Finanzielle Stabilität

Die finanzielle Stabilität ist im letzten untersuchten Jahr 2000

gut.

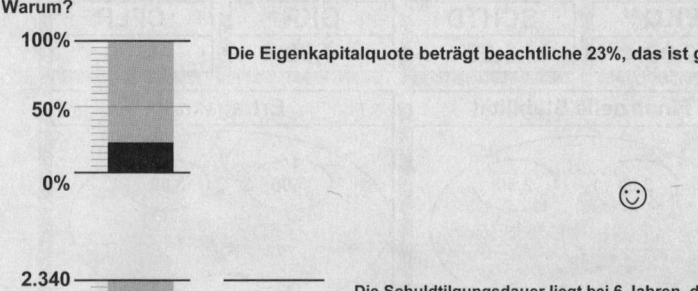

Warum?

Die Eigenkapitalquote beträgt beachtliche 23%, das ist gut.

Die Schuldtilgungsdauer liegt bei 6 Jahren, das ist mittelmäßig.

(FK - FLM) : CF = SCHTD

3.2. Ertragskraft

Die Ertragskraft ist im letzten untersuchten Jahr 2000

mittelmäßig.

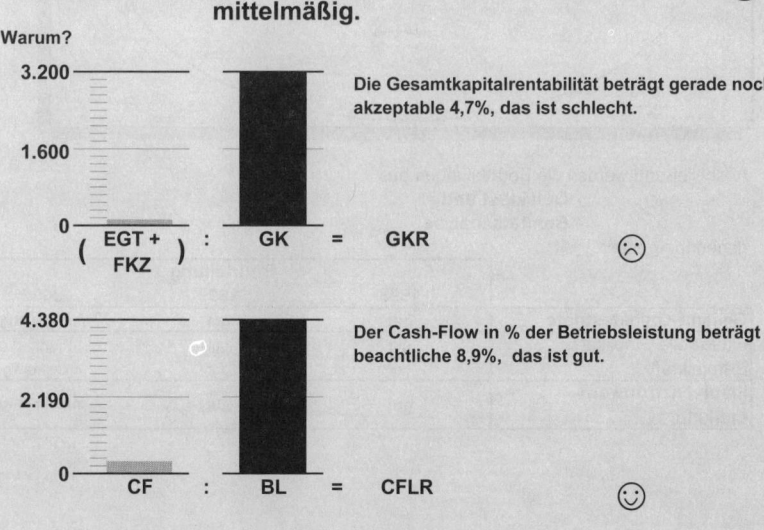

Warum?

Die Gesamtkapitalrentabilität beträgt gerade noch akzeptable 4,7%, das ist schlecht.

(EGT + FKZ) : GK = GKR

Der Cash-Flow in % der Betriebsleistung beträgt beachtliche 8,9%, das ist gut.

CF : BL = CFLR

Peter Kralicek
Unternehmensberatung

1 2 3 4 5 6 7 8 9 10 11 12 13 14 15

1103

3.3. Summary

Insgesamt kann das Unternehmen im letzten untersuchten Jahr als

mittelmäßig

klassifiziert werden.

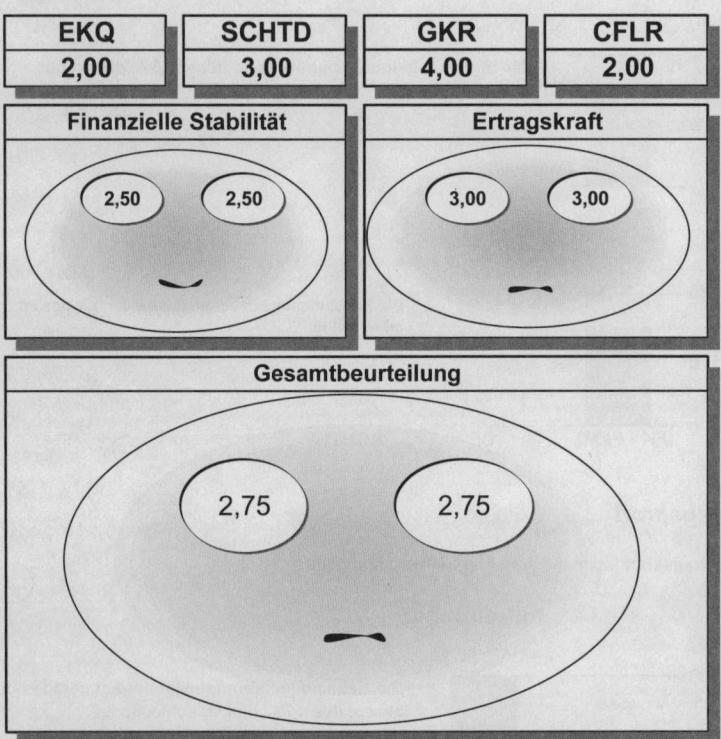

EKQ	SCHTD	GKR	CFLR
2,00	3,00	4,00	2,00

Finanzielle Stabilität — 2,50   2,50

Ertragskraft — 3,00   3,00

Gesamtbeurteilung — 2,75   2,75

Anschließend werden die Beurteilungen aus
- Quicktest und
- Bonitätsanalyse

gegenübergestellt.

	Beurteilung		
	1998	**1999**	**2000**
Gesamt-Quicktestnote	gut	gut	mittelmäßig
Finanzielle Stabilität	gut	gut	gut
Ertragskraft	gut	gut	mittelmäßig
Insolvenzfrühwarn-Indikator	gut	gut	mittelmäßig

Im Trend korrelieren die Quicktestnoten und Insolvenzfrühwarn-Indikatoren voll.

Peter Kralicek
Unternehmensberatung

Fallbeispiel zu Kapitel 2

3.4. Ursachenanalyse

Abschließend werden die Hauptursachen für das

einigermaßen gute

Kennzahlenbild des letzten untersuchten Jahres 2000 angeführt:

- gute   Cash-Flow-Rate (=Cash-Flow in % der BL)
- gute   Eigenkapitalausstattung
- einigermaßen gute   Verhältnis zwischen Nettoschulden und Jahres Cash-Flow

Daran kann auch nicht die (das)

- eher schlechte   Rentabilität des eingesetzten Kapitals
- Verschlechterung   des Lagerumschlages
- schlechte   Entwicklung der Umsatzrendite
- Verringerung   des Kapitalumschlages

etwas ändern.

Peter Kralicek
Unternehmensberatung

1
2
3
4
5
6
7
8
9
10
11
12
13
14
15

3.5. *Kennzahlentrend*

Die finanzielle Stabilität zeigt eine leicht ungünstige Entwicklung, die Ertragskraft eine ungünstige.

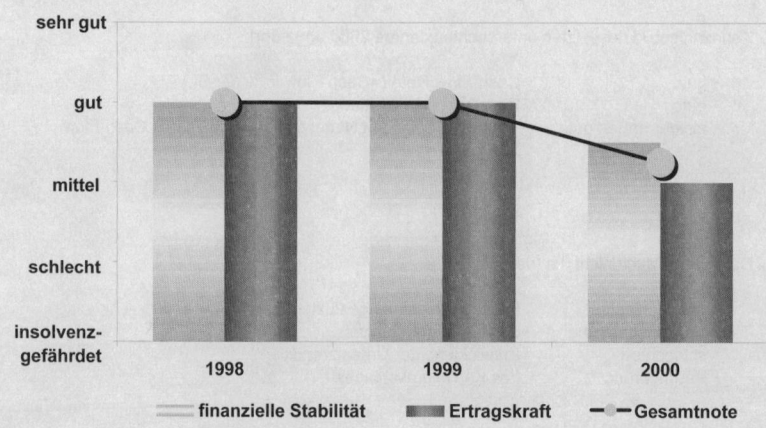

Eine detaillierte Darstellung des Kennzahlentrends wird in umseitiger Wachstumstabelle gegeben.

Peter Kralicek
Unternehmensberatung

1106

Wachstumstabelle (Entwicklung)

Pos. Nr.	Input (Pos. 1-9) Kennzahlen (Pos. 10-13) Insolv.Frühw.Ind. (Pos. 14-19)	1998	1999	2000	Ent-wick-lung	
		Werte in Prozent (Basisjahr = 100%)				
1	Flüssige Mittel	100	100	60		
2	Vorräte	100	100	121	ungünstig	☹
3	Eigenkapital	100	100	100	gleichbleibend	😐
4	Fremdkapital	100	100	102	ungünstig	☹
5	Gesamtkapital	100	100	101	ungünstig	☹
6	Betriebsleistung	100	100	96	ungünstig	☹
7	Fremdkapitalzinsen	100	100	55	günstig	☺
8	Cash-Flow vor Steuern	100	100	83	ungünstig	☹
9	Erg. d. gew. Geschäftst. (EGT)	100	100	52	ungünstig	☹
10	Eigenkapitalquote	100	100	99	ungünstig	☹
11	Schuldtilgungs-dauer in Jahren	100	100	127	ungünstig	☹
12	Gesamtkapitalrentabilität	100	100	51	ungünstig	☹
13	Cash-Flow in % der BL	100	100	86	ungünstig	☹
14	$\frac{\text{Cash-Flow p.a.}}{\text{Verbindlichkeiten}}$	100	100	82	ungünstig	☹
15	$\frac{\text{Bilanzsumme}}{\text{Verbindlichkeiten}}$	100	100	100	ungünstig	☹
16	$\frac{\text{Erg.d.gew. Geschäftst.p.a.}}{\text{Bilanzsumme}}$	100	100	51	ungünstig	☹
17	$\frac{\text{Erg.d.gew. Geschäftst.}}{\text{Betriebsleistung}}$	100	100	53	ungünstig	☹
18	$\frac{\text{Betriebsleistung p.a.}}{\text{Bilanzsumme}}$	100	100	95	ungünstig	☹
19	Insolvenzfrühwarn-Indikator	100	100	66	ungünstig	☹

Hinweise zur Wachstumstabelle:

- Bei der Entwicklung der Positionsnummern 2 (Vorräte), 4 (Fremdkapital) und 5 (Gesamtkapital) wird die Entwicklung der Betriebsleistung (Pos. Nr. 6) ebenfalls miteinbezogen. Beispiel: Steigen die Vorräte weniger stark als die Betriebsleistung, dann ist das eine günstige Entwicklung.

- Die Entwicklung der Fremdkapitalzinsen drückt eigentlich die Entwicklung des Verhältnisses Fremdkapitalzinsen : Fremdkapital aus. Beispiel: Steigen die Fremdkapitalzinsen weniger stark als das Fremdkapital, dann ist das eine günstige Entwicklung.

Peter Kralicek
Unternehmensberatung

3.6. Mögliche Maßnahmen zur Verbesserung

Nachfolgend die wichtigste(n) Maßnahme(n) zur Verbesserung des Kennzahlenbildes und des Kennzahlentrends:

Hier können leider keine signifikanten Verbesserungsvorschläge gegeben werden!

Peter Kralicek
Unternehmensberatung

4. Stufenweise Erfolgsrechnung und Break-Even-Analyse

		1998		1999		2000	
		1.000 GE	%	1.000 GE	%	1.000 GE	%
Betriebsleistung	(BL)	4.540	100,0%	4.540	100,0%	4.380	100,0%
– variable Kosten		3.728	82,1%	3.614	79,6%	3.350	76,5%
= Deckungsbeitrag	(DBU)	812	(17,9%)	926	(20,4%)	1.030	(23,5%)
– ausgabenwirks. Fixkosten	(AWFK)	344	7,6%	458	10,1%	642	14,7%
= Cash-Flow		468	10,3%	468	10,3%	388	8,9%
– nichtausgabenw.Fixkosten	(NAWFK)	220	4,8%	220	4,8%	260	5,9%
= Ergebnis der gewöhnlichen Geschäftstätigkeit	(EGT)	248	5,5%	248	5,5%	128	2,9%
Break-Even-Point	(BEP)	3.153	69,5%	3.324	73,2%	3.836	87,6%
Sicherheitsgrad = Mengenspielraum (100 - BEP in % d. BL)		-	30,5%	-	26,8%	-	12,4%
Cash-Flow-Point	(CFP)	1.923	42,4%	2.245	49,5%	2.730	62,3%
Zielumsatz	(ZU)	4.377	96,4%	4.404	97,0%	4.871	111,2%
– bei Umsatzrendite (UR) von		5%		5%		5%	

Formeln:

$$ZU = \frac{AWFK + NAWFK}{DBU - UR} \qquad BEP = \frac{AWFK + NAWFK}{DBU} \qquad CFP\ \frac{AWFK}{DBU}$$

Gewinnschwellendiagramm für 2000

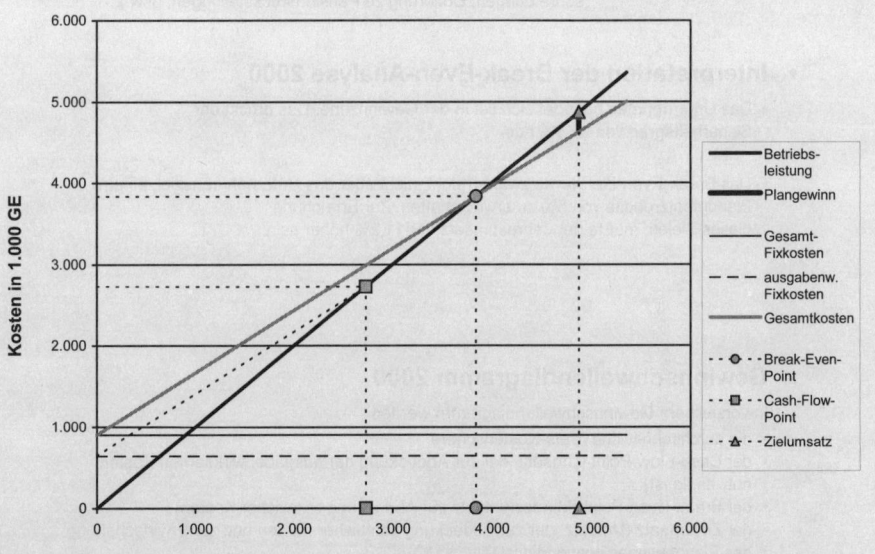

Betriebsleistung in 1.000 GE

Peter Kralicek
Unternehmensberatung

Fallbeispiel zu Kapitel 2

- ## Begriffsdefinitionen in Stichworten

  - **Betriebsleistung** : Betriebliche Erlöse (einschließlich Bestandsveränderungen an Halb- und Fertigprodukten)

  - **variable Kosten** : Für den Quickreport werden nur die Einzelkosten als variabel angesehen, also
    - Materialkosten, Wareneinsatz
    - Fremdarbeit
    - Verkaufsprovisionen (SOEK des Vertriebes)
    - Lizenzen (SOEK der Fertigung)

    Die Personalkosten, auch jene im Fertigungs- bzw. Montagebereich haben meist Bereitschaftskostencharakter und sind daher überwiegend fix. Die übrigen Gemeinkosten haben ebenfalls überwiegend (zu ca. 95%) Fixkostencharakter, sodaß der kleine variable Teil (ca. 5%) der Gemeinkosten in der Praxis der Bilanzanalyse auch als fix angesehen werden kann.

    Diese Vereinfachung schmälert den Informationsgehalt der Break-Even-Analyse nicht.

  - **DBU** : Deckungsbeitrag in % vom Umsatz.
    Ein DBU von 24% besagt, daß je GE Umsatz bzw. Betriebsleistung 0,24 GE Deckungsbeitrag zur Fixkostenabdeckung und Gewinnerzielung erwirtschaftet werden. Je höher der DBU ist, desto früher wird der Mindestumsatz erreicht. Umso größer ist allerdings auch die Gefahr, bereits bei kleinen Umsatzrückgängen in die Verlustzone zu schlittern.

  - **ausgabenwirksame Fixkosten** : Alle Fixkosten, mit Ausnahme der nichtausgabenwirksamen (Abschreibungen, Dotierung zu Pensionsrückstellungen, usw.).

- ## Interpretation der Break-Even-Analyse 2000

  - Das Unternehmen befindet sich tief in der Gewinnzone. Das drückt der Sicherheitsgrad von 12,4% aus.

  - Das Break-Even-Ziel wurde zwar erreicht, nicht aber das Unternehmensziel, eine(n) Planumsatzrendite von 5% zu erwirtschaften. Zur Erreichung dieses Zieles, müßte der Jahresumsatz um 11,2% höher sein.

- ## Gewinnschwellendiagramm 2000

  In vorseitigem Gewinnschwellendiagramm werden
  - die durchschnittliche Preis-Kostenschere
  - der Cash-Flow-Point (Umsatz, der zur Abdeckung der ausgabenwirksamen Kosten notwendig ist)
  - der Break-Even-Point (Mindestumsatz zur Abdeckung sämtlicher Kosten)
  - der Zielumsatz (Umsatz, der zur Abdeckung sämtlicher Kosten und zur Erwirtschaftung des Plangewinnes notwendig ist)

  des analysierten Unternehmens graphisch dargestellt.

  Peter Kralicek
  Unternehmensberatung

Excel-Ausdrucke
FALLBEISPIEL
zu Kapitel 3

Inhalt: Jahresabschlussanalyse durch graphischen Vergleich der wichtigsten Kennzahlen

Umfang: **Der komplette Report umfasst 15 Seiten.**

Verwendetes Excel-Programm: **BIGKENN**

Im Kapitel 15.3.1. wird dieses Excel-Programm detailliert beschrieben.

Option: Der Anwender kann zusätzlich praxisnahe Kennzahlenanleitungen ausdrucken lassen (weitere 20 Seiten). Dieser auf Mausklick mögliche Zusatzausdruck wurde hier aus Platzgründen unterdrückt.

1

2

3

4

5

6

7

8

9

10

11

12

13

14

15

Hat das Unternehmen zu viele Schulden?

Diese wichtige Frage kann

- "absolut" mit der Kennzahl Eigenkapitalquote und

- "relativ" mit der Kennzahl Schuldtilgungsdauer

beantwortet werden.

○ Eigenkapitalquote - absolute Verschuldung

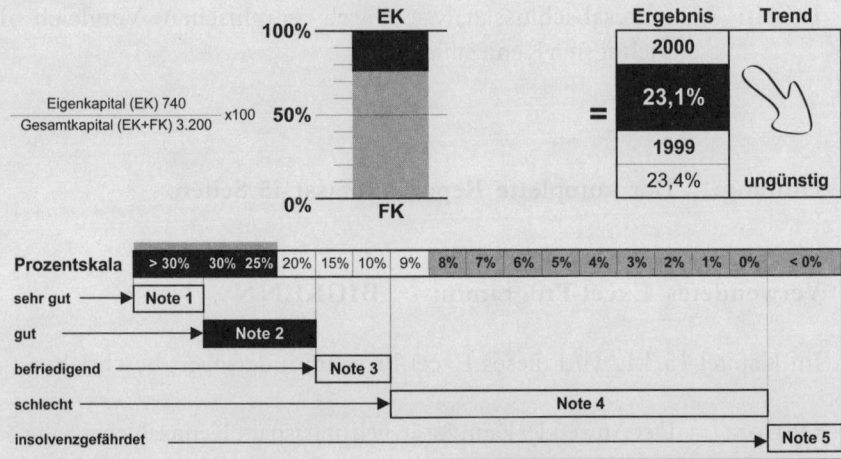

$$\frac{\text{Eigenkapital (EK) 740}}{\text{Gesamtkapital (EK+FK) 3.200}} \times 100$$

	2000	Trend
Ergebnis	**23,1%**	
	1999	
	23,4%	ungünstig

| Prozentskala | > 30% | 30% | 25% | 20% | 15% | 10% | 9% | 8% | 7% | 6% | 5% | 4% | 3% | 2% | 1% | 0% | < 0% |

sehr gut → Note 1
gut → Note 2
befriedigend → Note 3
schlecht → Note 4
insolvenzgefährdet → Note 5

lt. URG besteht Reorganisationsbedarf

Weil die Eigenkapitalquote mit "gut" klassifiziert werden kann, sind die absoluten Schulden des Unternehmens nicht zu hoch.

Ein Reorganisationsbedarf nach dem österreichischen Unternehmens-Reorganisationsgesetz (URG) ist nicht gegeben.

○ Schuldtilgungsdauer - relative Verschuldung

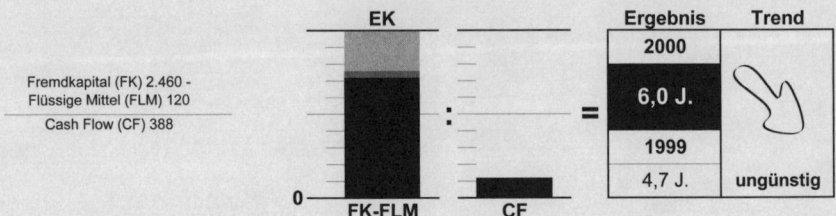

$$\frac{\text{Fremdkapital (FK) 2.460 -}}{\text{Flüssige Mittel (FLM) 120}}$$
$$\overline{\text{Cash Flow (CF) 388}}$$

	2000	Trend
Ergebnis	**6,0 J.**	
	1999	
	4,7 J.	ungünstig

Wie steht es mit der Wirtschaftlichkeit?

○ **Cash Flow-Leistungsrate**

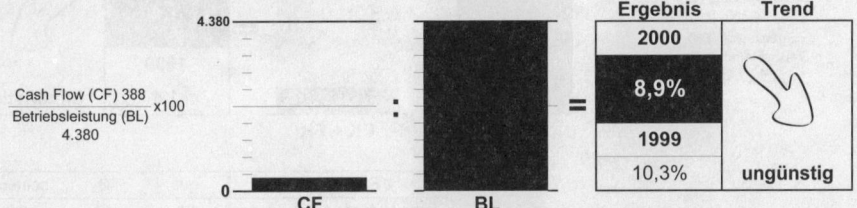

$$\frac{\text{Cash Flow (CF) 388}}{\text{Betriebsleistung (BL)}} \times 100$$
$$4.380$$

4.380

CF : BL =

Ergebnis	Trend
2000	
8,9%	
1999	
10,3%	**ungünstig**

VERGLEICH	gut	Ø	schlecht
Typ: Industrie	15%	7%	0%
Beurteilung 2000			
Beurteilung 1999			

○ **Gesamtkapitalrentabilität**

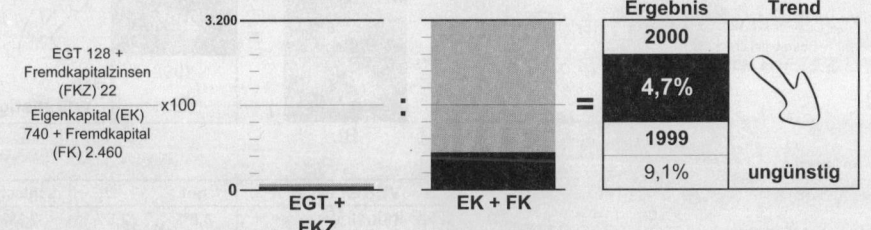

$$\frac{\text{EGT 128 + Fremdkapitalzinsen (FKZ) 22}}{\text{Eigenkapital (EK) 740 + Fremdkapital (FK) 2.460}} \times 100$$

3.200

EGT + FKZ : EK + FK =

Ergebnis	Trend
2000	
4,7%	
1999	
9,1%	**ungünstig**

VERGLEICH	gut	Ø	schlecht
Typ: Industrie	15%	7%	2%
Beurteilung 2000			
Beurteilung 1999			

○ **Eigenkapitalrentabilität**

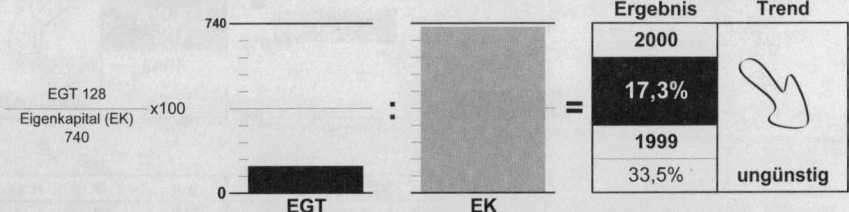

$$\frac{\text{EGT 128}}{\text{Eigenkapital (EK) 740}} \times 100$$

740

EGT : EK =

Ergebnis	Trend
2000	
17,3%	
1999	
33,5%	**ungünstig**

VERGLEICH	gut	Ø	schlecht
Typ: Industrie	34%	5%	-1%
Beurteilung 2000			
Beurteilung 1999			

1
2
3
4
5
6
7
8
9
10
11
12
13
14
15

Fallbeispiel zu Kapitel 3

○ Kapitalumschlag

Betriebsleistung (BL)
4.380
――――――――――――
Eigenkapital (EK)
740 + Fremdkapital
(FK) 2.460

BL	:	EK + FK	=		

Ergebnis	Trend
2000	
1,4	
1999	
1,4	**ungünstig**

VERGLEICH	gut	∅	schlecht
Typ: Industrie	1,8	1,3	0,9
Beurteilung 2000			
Beurteilung 1999			

○ Umsatzrendite

EGT 128
――――――――――――― x100
Betriebsleistung (BL)
4.380

EGT	:	BL	=		

Ergebnis	Trend
2000	
2,9%	
1999	
5,5%	**ungünstig**

VERGLEICH	gut	∅	schlecht
Typ: Industrie	8,0%	2,5%	-2,3%
Beurteilung 2000			
Beurteilung 1999			

○ Return On Investment (ROI)

Kapitalumschlag
(KU) 1,37 x
x Umsatzrendite
(UR) 2,92%

KU	*	UR	=		

Ergebnis	Trend
2000	
4,0%	
1999	
7,8%	**ungünstig**

VERGLEICH	gut	∅	schlecht
Typ: Industrie	11%	3%	-2%
Beurteilung 2000			
Beurteilung 1999			

1114

Fallbeispiel zu Kapitel 3

Wie steht es mit der Liquidität?

○ Anlagendeckung A

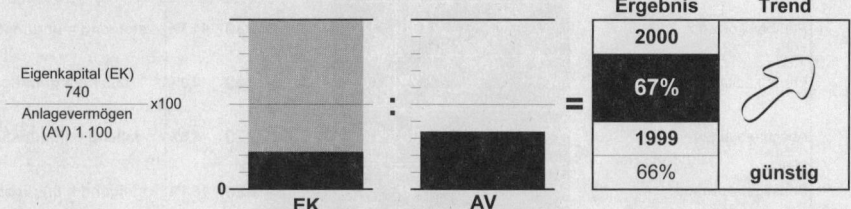

$$\frac{\text{Eigenkapital (EK)}\ 740}{\text{Anlagevermögen (AV)}\ 1.100} \times 100$$

		Ergebnis	Trend	
		2000		
		67%		
		1999		
EK	AV	66%	günstig	

VERGLEICH	gut	Ø	schlecht
Typ: Industrie	74%	26%	7%
Beurteilung 2000			
Beurteilung 1999			

○ Anlagendeckung B

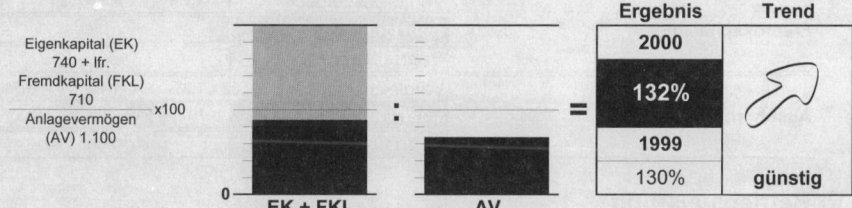

$$\frac{\begin{array}{c}\text{Eigenkapital (EK)}\ 740 + \text{lfr.}\\ \text{Fremdkapital (FKL)}\ 710\end{array}}{\text{Anlagevermögen (AV)}\ 1.100} \times 100$$

		Ergebnis	Trend	
		2000		
		132%		
		1999		
EK + FKL	AV	130%	günstig	

VERGLEICH	gut	Ø	schlecht
Typ: Industrie	162%	102%	70%
Beurteilung 2000			
Beurteilung 1999			

○ Working-Capital-Ratio

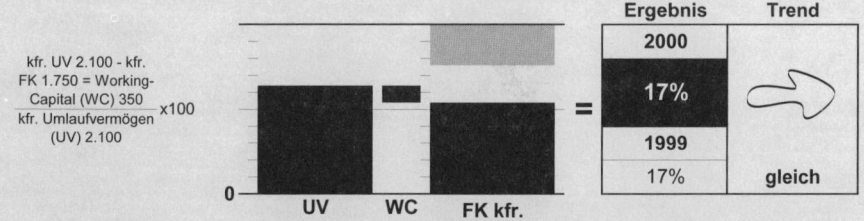

$$\frac{\begin{array}{c}\text{kfr. UV 2.100 - kfr.}\\ \text{FK 1.750 = Working-}\\ \text{Capital (WC) 350}\end{array}}{\begin{array}{c}\text{kfr. Umlaufvermögen}\\ \text{(UV) 2.100}\end{array}} \times 100$$

			Ergebnis	Trend	
			2000		
			17%		
			1999		
UV	WC	FK kfr.	17%	gleich	

VERGLEICH	gut	Ø	schlecht
Typ: Industrie	27%	-7%	-47%
Beurteilung 2000			
Beurteilung 1999			

Fallbeispiel zu Kapitel 3

○ Aufwandstruktur

	2000		1999		Trend
	1000 GE	% BL	1000 GE	% BL	
Waren- bzw. Materialeinsatz inkl. Fremdleistungen	1.160	26,5%	1.300	28,6%	fallend
Personalkosten	2.130	48,6%	2.030	44,7%	steigend = ungünstig
Fremdkapitalzinsen	22	0,5%	40	0,9%	fallend = günstig
Abschreibungen	200	4,6%	220	4,8%	fallend = ungünstig
Sonstiger Aufwand	840	19,2%	820	18,1%	steigend = ungünstig

	Typ: Industrie	gut	Ø	schlecht
Personalkosten	Vergleichsbetriebe	23,9%	32,4%	41,4%
	Beurteilung 2000			
	Beurteilung 1999			
Einsatz und Personalkosten	Vergleichsbetriebe		74,4%	
	Beurteilung 2000			
	Beurteilung 1999			
Fremdkapitalzinsen	Vergleichsbetriebe	1,6%	3,2%	5,7%
	Beurteilung 2000			
	Beurteilung 1999			
Abschreibungen	Vergleichsbetriebe	7,2%	4,4%	2,7%
	Beurteilung 2000			
	Beurteilung 1999			

○ Betriebsleistung

	2000	1999	Trend	
Betriebsleistung	4.380	4.540		ungünstig
Index, Entwicklung	96	100		

1116

Ursachen für den mittelguten Kapitalumschlag

○ **Anlagenintensität**

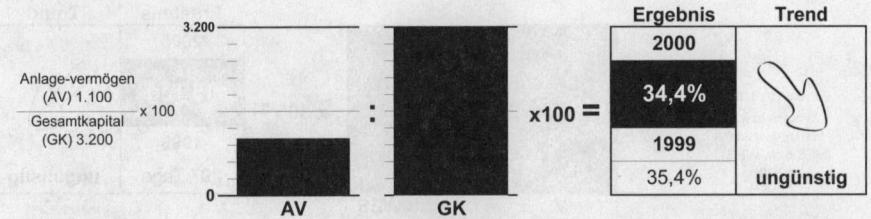

$$\frac{\text{Anlage-vermögen (AV) 1.100}}{\text{Gesamtkapital (GK) 3.200}} \times 100$$

	Ergebnis	Trend
	2000	
	34,4%	
	1999	
	35,4%	ungünstig

VERGLEICH	gut	Ø	schlecht
Typ: Industrie	52%	35%	19%
Beurteilung 2000			
Beurteilung 1999			

○ **Lagerdauer in Tagen**

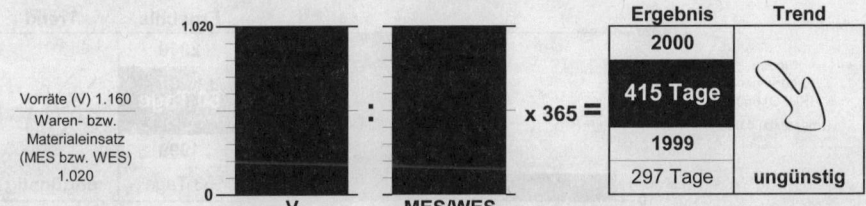

$$\frac{\text{Vorräte (V) 1.160}}{\substack{\text{Waren- bzw.}\\ \text{Materialeinsatz}\\ \text{(MES bzw. WES)}\\ \text{1.020}}} \times 365$$

	Ergebnis	Trend
	2000	
	415 Tage	
	1999	
	297 Tage	ungünstig

VERGLEICH	gut	Ø	schlecht
Typ: Industrie	49	100	202
Beurteilung 2000			
Beurteilung 1999			

○ **Debitorenziel in Tagen**

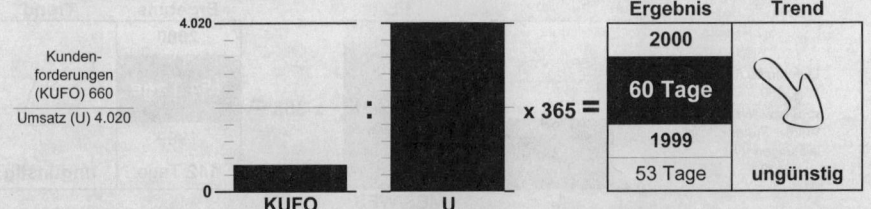

$$\frac{\text{Kunden-forderungen (KUFO) 660}}{\text{Umsatz (U) 4.020}} \times 365$$

	Ergebnis	Trend
	2000	
	60 Tage	
	1999	
	53 Tage	ungünstig

78

VERGLEICH	gut	Ø	schlecht
Typ: Industrie	31	49	78
Beurteilung 2000			
Beurteilung 1999			

Ursachen für die mittelgute Working-Capital-Ratio

⭕ **Lagerdauer in Tagen**

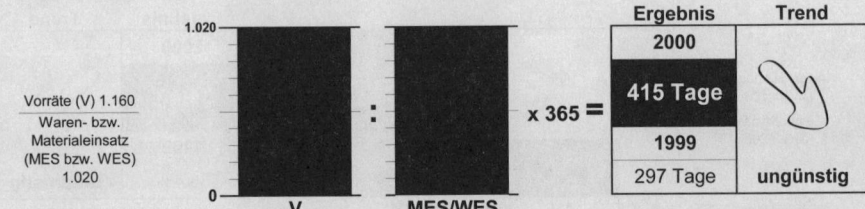

⭕ **Debitorenziel in Tagen**

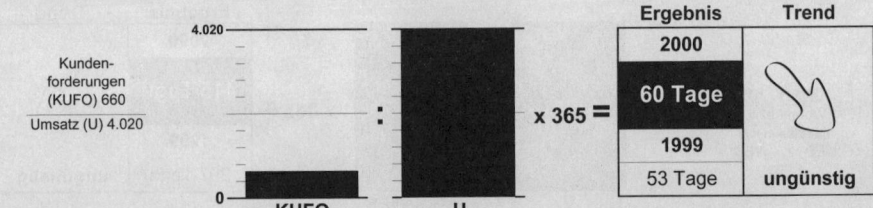

⭕ **Kreditorenziel in Tagen**

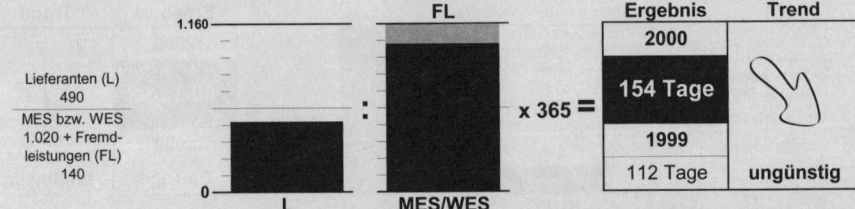

Histogramme zur MDA Bleier, Kapitel 4

Inhalt: Häufigkeitsverteilung der Diskriminanzfunktion nach Bleier
- Für Leistungsbetriebe
- Für Erzeugungsbetriebe
- Für Handelsbetriebe

Die Häufigkeitsverteilung für Betriebe ohne Branchengliederung ist im Kapitel 4 abgebildet.

AD MULTIPLE DISKRIMINANZANALYSE NACH BLEIER

Häufigkeitsverteilung der Diskriminanzfunktion (Z-Wert) für Leistungsbetriebe

Histogramm für solvente und insolvente Unternehmen dieser Gruppe

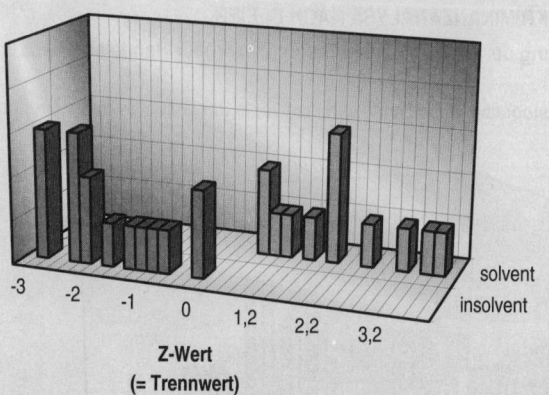

- **Arithmetisches Mittel der Scores:**
  - Gescheiterte Unternehmen   -1,64555
  - Vergleichsunternehmen   +2,05693
- **Überlappungsbereich der Scores:**   0

Histogramme zu Kapitel 4

AD MULTIPLE DISKRIMINANZANALYSE NACH BLEIER

Häufigkeitsverteilung der Diskriminanzfunktion (Z-Wert) für Erzeugungsbetriebe

Histogramm für solvente und insolvente Unternehmen dieser Gruppe

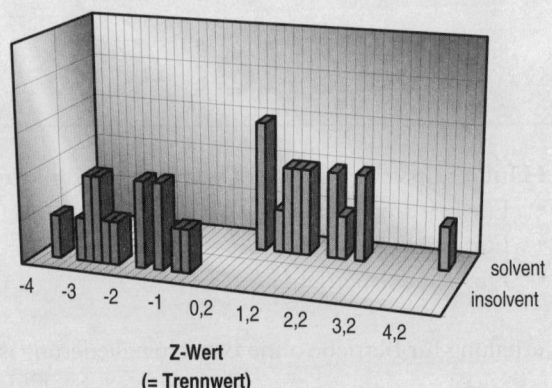

Z-Wert
(= Trennwert)

- **Arithmetisches Mittel der Scores:**
  - Gescheiterte Unternehmen — **-2,04102**
  - Vergleichsunternehmen — **+1,78589**
- **Überlappungsbereich der Scores:** 0

AD MULTIPLE DISKRIMINANZANALYSE NACH BLEIER

Häufigkeitsverteilung der Diskriminanzfunktion (Z-Wert) für Handelsbetriebe

Histogramm für solvente und insolvente Unternehmen dieser Gruppe

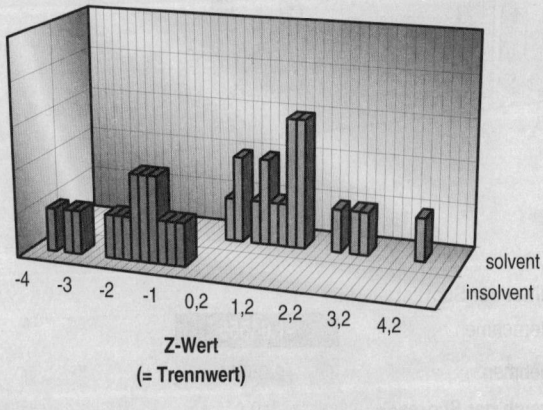

Z-Wert
(= Trennwert)

- **Arithmetisches Mittel der Scores:**
  - Gescheiterte Unternehmen — **-1,75274**
  - Vergleichsunternehmen — **+1,46061**
- **Überlappungsbereich der Scores:** 0

PlanB-Checkliste (geplante Veränderungen während des Planzeitraums)

1

2

3

4

5

6

7

8

9

10

11

12

13

14

15

Diese vierseitige Checkliste ist ganz auf das Excel-Programm PlanB abgestimmt.

Inhalt:
- Blatt 1: Allgemeine Informationen
- Blatt 2: Checkliste: Erfolg (G&V)
- Blatt 3: Checkliste: Plan-Kapitalflussrechnung
- Blatt 4: Checkliste Planbilanzen

Die Zeilen der Blätter 2 bis 4 stimmen exakt mit den Zeilen der Eingabemaske überein.

PlanB
CHECKLISTE
(geplante Veränderungen während des Planzeitraums)

Firma	
Rechtsform	
Szenario	
Planungshorizont bis	
Zweck der Planung	
Inflationsrate	%
Planersteller	

Auskunftspersonen	

Besonderheiten:

Erstellungsdatum	

Checkliste zu Kapitel 6

1 2 3 4 5 6 7 8 9 10 11 12 13 14 15

GEWINN- UND VERLUSTRECHNUNG

		20..	20..	20..	20..	20..	20..	20..	20..	20..	20..	Erläuterungen
G101	Umsatzerlöse											
G102	- Skontoaufwand											
G103	± Bestandsveränderung											
G104	+ Sonst. betriebl. Erträge											
G105	= BETRIEBSLEISTUNG											
G106	- Materialeinsatz											
G107	- Wareneinsatz											
G108	+ Skontoertrag											
G109	- Fremdleistungen											
G110	- Sonstige variable Kosten											
G111	= DECKUNGSBEITRAG (DBU)											
G112	- Personalkosten											
G113	- Geschäftsführerbezüge											
G114	± Aufl./Dot. Abfert.- u. Pens.Rückst.											
G115	- Sonst. betriebl. Aufwendungen											
G116	+ Nutzen, investitionsrelevant											
G117	- Sprungfixe Kosten											
G118	- Abschreibungen alt											
G119	- Abschreibungen neu											
G120	= BETRIEBSERFOLG											
G121	- Zinsaufwand, kurzfristig											
G122	- Zinsaufwand, langfristig											
G123	+ Zinserträge											
G124	± Sonst. Finanzergebnis											
G125	= FINANZERFOLG											
G126	= E G T											
G127	± A.o. Ergebnis											
G128	- Ertragsteuer (KöSt., Gew.ESt.)											
G129	= JAHRESÜBERSCHUSS											
G130	± Aufl./Dot. unversteuerter Rücklagen											
G131	± Aufl./Zuw. Gewinn- bzw. Kapitalrückl.											
G132	± Hinzurechnung Steuerbasis											
G133	- Verlustvortrag											

KAPITALFLUSSRECHNUNG

	20..	20..	20..	20..	20..	20..	20..	20..	20..	20..	20..	Erläuterungen
K201	E G T											
K202	+ Abschreibungen											
K203	+ Buchwert verkaufter Sachanlagen											
K204	+ Buchw. u. Abschr. verk. Finanzanl.											
K205	+ Dot./Aufl. Abfert.- u. Pens.Rückst.											
K206	+ Dot./Aufl. Sonst. Verbindlichk., lfr.											
K207	= CASH FLOW aus dem Ergebnis											
K208	- Ertragsteuer (KöSt., Gew.ESt.)											
K209	± A.o. Ergebnis											
K210	+ BW verk.Sachanlagen (im a.o.Erg.)											
K211	± Veränderung Rohstoffe											
K212	± Veränderung Handelsware											
K213	± Veränderung Halbfabrikate											
K214	± Veränderung Fertigfabrikate											
K215	± Veränderung Kundenforderungen											
K216	± Veränderung Sonst. Umlaufverm.											
K217	± Veränderung Sonstige Rückst.											
K218	± Veränderung Lieferantenverbindl.											
K219	± Veränderung Sonst. Verbindl., kfr.											
K220	= CASH FLOW aus lfd. Geschäftstät.											
K221	- Investitionen Sachanlageverm.											
K222	- Investitionen Finanzanlageverm.											
K223	± Aufnahme / Tilgung Darlehen											
K224	± Veränderung Sonstige Verbindl., lfr.											
K225	- Ausschüttung + ESt.											
K226	+ Einzahlungen											
K227	= Veränderung der Liquidität											
K228	± AB Liq. Mittel - Bankverbindl., kfr.											
K229	= EB Liq. Mittel - Bankverbindl., kfr.											

BILANZ

	20..	20..	20..	20..	20..	20..	20..	20..	20..	20..	20..	Erläuterungen
B301 Sachanlagevermögen												
B302 Finanzanlagevermögen												
B303 Σ ANLAGEVERMÖGEN												
B304 Rohstoffe												
B305 Handelsware												
B306 Halbfabrikate												
B307 Fertigfabrikate												
B308 Kundenforderungen												
B309 Sonstiges Umlaufvermögen												
B310 *Liquide Mittel*												
B311 Σ UMLAUFVERMÖGEN												
B312 ΣΣ AKTIVA												
B313 Σ EIGENKAPITAL												
B314 Abfertigungs- u. Pens.Rückst., lfr.												
B315 Sonstige Rückstellungen, kfr.												
B316 Bankverbindlichkeiten, lfr.												
B317 *Bankverbindlichkeiten, kfr.*												
B318 Lieferantenverbindlichkeiten, kfr.												
B319 Sonst. Verbindlichkeiten, kfr.												
B320 Sonst. Verbindlichkeiten, lfr.												
B321 Σ FREMDKAPITAL												
B322 ΣΣ PASSIVA												

1

2

3

4

5

6

7

8

9

10

11

12

13

14

15

Fachgutachten, Due-Diligence-Checkliste zur Unternehmens-bewertung

Inhalt:

- **Arbeitshilfe und -anleitung zur Durchführung einer Unternehmensbewertung** (KFS/BW1 aus 1989 (FGA Nr. 74) des Fachsenats für Betriebswirtschaft und Organisation des Instituts für Betriebswirtschaft, Steuerrecht und Organisation der Kammer der Wirtschaftstreuhänder, Wien)

- **Mindest-Checkliste: Due Diligence** bei Unternehmensbewertung

1

2

3

4

5

6

7

8

9

10

11

12

13

14

15

Fachgutachten und Checkliste zu Kapitel 7

Arbeitshilfe und -anleitung zur Durchführung einer Unternehmensbewertung

Das KFS/BW1 aus 1989 (FGA Nr. 74) des Fachsenats für Betriebswirtschaft und Organisation des Instituts für Betriebswirtschaft, Steuerrecht und Organisation der Kammer der Wirtschaftstreuhänder, Wien, bildet eine wertvolle Arbeitshilfe und -anleitung zur Bewertung von Unternehmungen.

Deshalb, und weil es weniger umfangreich ist als die Empfehlung HFA 2/1983 der deutschen Wirtschaftsprüfer, wird es nachfolgend abgedruckt.

Inhaltlich sind beide Empfehlungen im Wesentlichen identisch.

Fachgutachten KFS/BW1

des Fachsenats für Betriebswirtschaft und Organisation des Instituts für Betriebswirtschaft, Steuerrecht und Organisation der Kammer der Wirtschaftstreuhänder, Wien, über die

Unternehmensbewertung

(verabschiedet in der Sitzung des Fachsenats für Betriebswirtschaft und Organisation vom 20.12.1989 als Fachgutachten Nr. 74)

Inhaltsübersicht

Vorbemerkung

Der Fachsenat für Betriebswirtschaft und Organisation des Instituts für Betriebswirtschaft, Steuerrecht und Organisation der Kammer der Wirtschaftstreuhänder hat nach eingehenden Beratungen am 20. Dezember 1989 das nachstehende Gutachten beschlossen, das die Fachgutachten Nr 45 und 47 ersetzt und die seither eingetretene Entwicklung sowie die Empfehlung der UEC (FEE) TRC1 vom Dezember 1980 über die Vorgangsweise von Wirtschaftsprüfern bei der Bewertung ganzer Unternehmen berücksichtigt.

Eingangs verweist der Fachsenat darauf, daß es sich bei diesem Gutachten um keine detaillierten Anweisungen zur Unternehmensbewertung, sondern um die Wiedergabe von derzeit sowohl von der Praxis als auch von der Forschung und Lehre anerkannten Grundsätzen zur Unternehmensbewertung handelt. Die Verantwortung für die Auswahl und Anwendung einer bestimmten Methode liegt beim Gutachter.

1. Gegenstand der Unternehmensbewertung

Gegenstand der Unternehmensbewertung können Unternehmen als Ganzes, abteilbare Unternehmensbereiche, aber auch ein Unternehmensverbund sein. Abteilbare Unternehmensbereiche (Teilbetriebe, eingegliederte Betriebe) müssen selbständig geführt werden (können), dh, daß sie in ihren Beziehungen zum Beschaffungs- und Absatzmarkt und bei ihrer Leistungserstellung nicht der Eingliederung in einen anderen Betrieb oder des Zusammenschlusses mit einem anderen Betrieb bedürfen, wenngleich diese Eingliederung oder dieser Zusammenschluß möglich sind.

Auch ruhende Betriebe können Gegenstand der Untenehmensbewertung sein. In diesem Fall sind neben den üblichen laufenden Kosten auch die Kosten der Wiederingangsetzung zu berücksichtigen. Ein Betrieb, dessen Tätigkeit saisonbedingt unterbrochen ist (zB ein Campagnebetrieb), ist nicht als ruhend anzusehen. Die Bewertung von Anteilen an Unternehmen kann zusätzliche Überlegungen erfordern.

In diesem Gutachten werden nicht behandelt:

- Fälle vertraglicher oder auftragsgemäßer Wertfeststellung, die sich nach abweichenden vorgegebenen Regelungen richten,
- vereinfachte Preisfindungen ohne Unternehmensbewertung (zB Anwendung marktüblicher Multiplikatoren oder branchentypischer Kennzahlen), die Bewertung von Unternehmen, die nicht nach erwerbswirtschaftlichen Grundsätzen tätig sind.

2. Anlässe für Unternehmensbewertungen

Anlässe für Unternehmensbewertungen nach diesem Fachgutachten können sein:

- Ermittlung von Entscheidungswerten (zB Kauf, Verkauf, Verschmelzung, Entflechtung = Ausgliederung),
- Findung eines angemessenen Preises ohne vorhandene Entscheidungsfreiheit (zB Enteignung, gerichtliche Überprüfung der Frage, ob das Abfindungsangebot bei einer Verschmelzung angemessen ist, gerichtliche Erbteilung, Pflichtteilsabfindungen),
- sonstige Anlässe, die die Beurteilung der wirtschaftlichen Lage eines Unternehmens erfordern (zB Beurteilung der Kreditfähigkeit oder Sanierungsfähigkeit, Beurteilung bilanzieller Beteiligungsansätze).

3. Subjektiver und objektivierter Unternehmenswert

Abhängig vom Standpunkt, von dem aus die Wertermittlung vorgenommen wird, können sich verschiedene Unternehmenswerte ergeben.

3.1. Subjektiver Unternehmenswert

Erfolgt die Bewertung aus der Sicht eines bestimmten Veräußerers oder Erwerbers unter Berücksichtigung von dessen Investitionsalternativen und persönlichen (beispielsweise steuerlichen) Verhältnissen, wird ein subjektiver Unernehmenswert ermittelt.

3.2. Objektivierter Unternehmenswert

Der objektivierte Unternehmenswert drückt den Wert des im Rahmen des vorhandenen Unternehmenskonzeptes fortgeführten Unternehmens, gemessen an einer alternativen Investition am Kapitalmarkt, aus. Er wird mit Hilfe von Annahmen ermittelt, die für das Verhalten
Einer Mehrzahl potentieller Erwerber von Unternehmen im Sinne einer rationalen Kapitalanlageentscheidung als repräsentativ angesehen werden. Änderungen der Unternehmenstätigkeit, der Rechtsform und des Unternehmensverbundes sind nur dann bei der Bewertung zu berücksichtigen, wenn diese Änderungen sicher zu erwarten sind, insbesondere wenn vom Unternehmen bereits Maßnahmen getroffen wurden, um diese Änderungen herbeizuführen.

4. Funktionen des Gutachters

Bei der Bewertung von Unternehmen kann ein Gutachter in verschiedenen Funktionen tätig werden, und zwar
- als neutraler Gutachter,
- als Berater des Käufers oder Verkäufers bei subjektiven Bewertungsüberlegungen,
- als Schiedsgutachter in der Vermittlungsfunktion.

Der neutrale Gutachter fungiert als unparteiischer Sachverständiger.
Als Berater des Käufers oder Verkäufers verbindet der Gutachter seine Feststellungen mit subjekiven Vorstellungen und Gegebenheiten seines Auftraggebers und ermittelt so dessen subjektiven Entscheidungswert; er hat in einem solchen Falle seine Beraterfunktion und die der Bewertung zugrundegelegten Prämissen eindeutig offenzulegen.

In besonderen Fällen, vor allem in Konfliktsituationen zwischen den Parteien, kann der Gutachter als Schiedsrichter tätig sein, der in angemessenem Umfang subjektive Wertvorstellungen der Parteien gewichtet und diese in das Gutachten einfließen läßt, um daraus einen Einigungswert zu gewinnen.

5. Der Unternehmenswert als zukunftsbezogene Größe

Unter der Voraussetzung ausschließlich finanzieller Ziele leitet sich der Wert eines Unternehmens aus seinen nachhaltig erzielbaren Zukunftserfolgen ab. Er ergibt sich grundsätzlich als Barwert dieser Zukunftserfolge (Ertragswert). Verfügt das Unternehmen über nicht betriebsnotwendige Vermögensgegenstände, müssen diese unter Beachtung der damit zusammenhängende Schulden einer gesonderten Bewertung unterzogen werden. Der resultierende Wert ist dem Ertragswert hinzuzufügen.

Der Ertragswertermittlung kann ein zahlungsstromorientiertes oder ein periodenerfolgsorientiertes Verfahren zugrundegelegt werden.

Bei Anwendung des zahlungsstromorientierten Verfahrens ergibt sich der Wert des Unternehmens aus dem Barwert der zukünftigen Geldüberschüsse (Differenz aus Einnahmen und Ausgaben).

Ein Unternehmen ist jedoch im Gegensatz zu einem einzelnen Investitionsobjekt eine komplexe Gesamtheit, deren zukünftige Zahlungsströme nur für einen kurzen Zeitraum genau geplant werden können. Da sich im Hinblick auf die Vielzahl der auf die Zahlungsströme einwirkenden Einflußgrößen häufig kompensatorische Effekte ergeben, sodaß Periodenerfolge und Geldüberschüsse weitgehend übereinstimmen, bilden die aus den künftigen Erträgen und Aufwendungen abgeleiteten Periodenerfolge in der Regel eine geeignete Grundlage der Ertragswertermittlung. Erkennbare Unterschiede zwischen Einnahmen und Erträgen bzw. Ausgaben und Aufwendungen in den einzelnen Perioden können zu einer Kombination des periodenerfolgsorientierten mit dem zahlungsstromorientierten Verfahren führen (zB Ersatz von Abschreibungen durch Investitionsausgaben für Großanlagen).

6. Ermittlung der Zukunftserfolge

6.1. Einflußgrößen

Sowohl die positiven als auch die negativen Einflussfaktoren auf die Zukunftserfolge können wegen ihrer Vielfalt nur beispielhaft aufgezählt werden.

Zu den Einflußgrößen zählen vor allem:

- Unternehmensgegenstand, Rechtsform, Branche, Betriebsgröße, Standort
- Qualität der Führungskräfte
- Ausbildungsstand, Motivation und Altersstruktur der Belegschaft, Betriebsklima, Sozialeinrichtungen
- Betriebsorganisation
- Produktgestaltung und Produktlebenszyklus
- Forschungsaktivitäten, Know-how, Entwicklungsvorsprung bzw. -rückstand, bestehende und länger- oder kürzerfristig kündbare Lizenzverträge

- Marktanteile, Wettbewerbslage, Absatzverträge und deren Kündbarkeit, Absatzmärkte (In- und Ausland), drohende Substitutionsprodukte
- Mode und Geschmacksabhängigkeit der Produkte
- Kostenstruktur (Fixkostenanteil), Beschaffungsvorgänge und deren Kündbarkeit
- Währungsrisiko
- Finanzierungsstruktur; verfügbares Kreditvolumen
- Konjunkturlage und erwartete Veränderungen

6.2. Grundsätze der Ermittlung (Schätzung)

Die Prognose zukünftiger Erfolge ist in der Regel mit Unsicherheiten behaftet, die mit der Entfernung vom Bewertungsstichtag zunehmen. Die Unsicherheiten können durch eine möglichst vollständige Informationsbeschaffung, die eine Bewertung und Gewichtung der Chancen und Risiken ermöglicht, vermindert werden. Den Schwierigkeiten der Prognose kann durch die Unterteilung des Planungszeitraumes in Phasen mit unterschiedlicher Genauigkeit und Verläßlichkeit der Schätzung, durch die Aufspaltung der erwarteten Zukunftserfolge nach der Wahrscheinlichkeit ihrer Nachhaltigkeit und durch Festlegung von Bandbreiten für Berechnungsvarianten Rechnung getragen werden.

Bei der Ermittlung der Zukunftserfolge ist das Imparitätsprinzip nicht anzuwenden, dh, es sind nicht nur Risiken, sondern auch Chancen zu berücksichtigen.

Die Zukunftserfolge sind grundsätzlich unter der Annahme der Aufrechterhaltung der Leistungsfähigkeit des Unternehmens zu ermitteln. Werden Änderungen der Unternehmenstätigkeit, der Rechtsform oder des Unternehmensverbundes berücksichtigt, so sind neben deren Auswirkungen auf die künftigen laufenden Erfolge auch die einmaligen Aufwendungen für diese Änderungen zu erfassen. Im Bericht über die Unternehmensbewertung ist zu begründen, warum die Bewertung unter der Annahme dieser Änderungen vorgenommen wurde.

Die Zulässigkeit der Berücksichtigung von Synergieeffekten, die anläßlich des Überganges eines Unternehmens entstehen oder untergehen, hängt von der Aufgabenstellung und der Funktion des Gutachters ab.

Werden den Zukunftserfolgen subjektive Erwartungen zugrundegelegt, die der Gutachter nicht zumindest auf ihre Plausibilität überprüfen kann, ist er jedenfalls verpflichtet, diesen Umstand in seinem Bericht ausführlich darzustellen.

6.3. Die Ergebnisse der Vergangenheit als Orientierungshilfe

Können die zukünftigen Erfolge aus den Ergebnissen der Unternehmensplanung abgeleitet werden, dienen die Erfolgsdaten der jüngeren Vergangenheit dem Gutachter als Mittel der Kontrolle der Verläßlichkeit und Brauchbarkeit der Plandaten.

Liegen keine geeigneten Plandaten vor, müssen die Zukunftserfolge unmittelbar aus den Ergebnissen der jüngeren Vergangenheit abgeleitet werden. Dabei sind die Vergangenheitserfolge um außerordentliche Komponenten und einmalige Einflüsse, die sich in Zukunft voraussichtlich nicht wiederholen werden, und um die im Zeitpunkt der Unternehmensbewertung bereits eingetretenen oder erkennbaren Veränderungen der in der Vergangenheit wirksam gewesenen Erfolgsfaktoren zu berichtigen. Dies gilt insbesondere dann:

- wenn sich das Leistungsprogramm oder die Kapazität des Unternehmens in jüngster Zeit erheblich geändert haben oder solche Änderungen bereits in Durchführung oder beschlossen sind,
- wenn die Erfolge der Vergangenheit durch Strukturänderungen negativ beeinflußt waren, das Unternehmen in der Zwischenzeit aber an die geänderten strukturellen Gegebenheiten angepasst wurde,
- wenn in den Vergleichsjahren der Vergangenheit außerordentlich günstige oder ungünstige Konjunkturverhältnisse bestanden haben und künftig mit Änderungen der Konjunkturlage gerechnet werden muß,
- wenn sich die Wettbewerbsverhältnisse auf den Beschaffungs- oder Absatzmärkten gegenüber den Vergleichsjahren wesentlich verändert haben,
- wenn durch Einnahmen- oder Ausgabenüberschüsse in den nächsten Jahren eine Veränderung der Belastung mit Fremdkapitalaufwendungen zu erwarten ist, die nicht durch Veränderungen sonstiger Erfolgskomponenten ausgeglichen wird,
- wenn damit gerechnet werden muß, daß wesentliche Änderungen in den Führungskräften und im Mitarbeiterstab des Unternehmens eintreten,
- wenn in den Vergleichsjahren der Vergangenheit entweder besonders intensiv und mit konkreter Aussicht auf erfolgbringende Innovationen geforscht oder die Forschung vernachläßigt wurde.

Finden bei Einzelunternehmen und Personengesellschaften Leistungen des Unternehmers (eines Gesellschafters) für das Unternehmen (Unternehmerlohn, Mieten, Zinsen für im Falle der Veräußerung des Unternehmens rückzuzahlende Gesellschafterdarlehen) keinen Niederschlag in der Erfolgsrechnung oder werden Leistungen des Unternehmens an den Unternehmer (einen Gesellschafter) nicht in der Erfolgsrechnung erfaßt, sind die Vergangenheitserfolge um diese Erfolgskomponenten zu bereinigen.

7. Ermittlung des Kapitalisierungszinssatzes

7.1. Bedeutung des Kapitalmarktzinssatzes

Einem Investor stehen alternativ zum Erwerb des Unternehmens verschiedene Anlagemöglichkeiten offen. Aus subjektiver Sicht bildet der Ertrag der günstigsten in Betracht kommenden Alternativanlage im Verhältnis zu deren Preis die Basis zur Berechnung des Kapitalisierungszinssatzes.

Befindet sich der Gutachter in einer beratenden Funktion und erhält er vom Auftraggeber entsprechende Angaben über eine derartige Alternativanlage, orientiert sich der Kapitalisierungszinssatz am Ertrag dieser Investition.

In der Regel fehlen Angaben über Investitionsalternativen, weswegen sich als allgemein verwendete Vergleichsveranlagung jene am Kapitalmarkt, und zwar in festverzinslichen Anleihen von Schuldnern erster Bonität, herausgebildet hat. Als Anhaltspunkt für die Feststellung der aus diesen Anleihen erfließenden Erträge (Zinsen) kann die mittlere Sekundärmarktrendite gemäß Tabelle 2.33 der Österreichischen Nationalbank (Einmalemissionen) herangezogen werden. Ist diese Rendite durch Sondereinflüsse (Kreditrestriktionen, vorübergehende Kapitalüberschüsse, Zinsbeeinflussungen durch die Nationalbank) verzerrt, ist ein von diesen Einflüssen bereinigter Zinssatz heranzuziehen. Die Abweichung ist zu begründen.

7.2. Ableitung des Kapitalisierungszinssatzes aus dem Kapitalmarktzinssatz

Da sich Anleihenertrag und Unternehmenserfolg in mehrfacher Hinsicht unterscheiden, kann der Kapitalmarktzinssatz nicht unmittelbar zur Ermittlung des Unternehmenswertes herangezogen werden. Die Vergleichbarkeit ist insbesondere in folgenden Punkten durch Zu- und Abschläge herzustellen. Dabei ist zu beachten, daß bereits geringfügige Veränderungen der Zu- und Abschläge zu sehr unterschiedlichen Unternehmenswerten führen. Art und Höhe der angewendeten Zu- und Abschläge sind zu begründen.

7.2.1. Fähigkeit des Unternehmens zur Anpassung an Geldwertänderungen

Der Zinssatz von Anleihen, die nominell gebunden sind und keinen Schutz gegen Geldentwertung bieten, enthält eine Komponente, durch die die erwartete künftige Geldentwertung abgegolten werden soll. Insoweit ein Unternehmen in der Lage ist, die Geldentwertung durch Anpassung seiner nominellen Erfolge an den geänderten Geldwert auszugleichen, ist bei der Ermittlung des Zinssatzes, der für die Diskontierung der Zukunftserfolge verwendet wird, ein Abschlag vom Kapitalmarktzinssatz vorzunehmen. Dieser Geldwertanpassungsabschlag ist keinesfalls schematisch in Höhe der jeweiligen Geldentwertungsrate bzw der im Kapitalmarktzinssatz enthaltenen Geldentwertungsprämie zu bemessen, da Anpassungen der nominellen künftigen Erfolge an die geänderten Geldwertverhältnisse nicht bei jedem Unternehmen im gleichen Ausmaß erwartet werden können.

Wird bei der Berechnung des Kapitalisierungszinssatzes ein Abschlag vom Kapitalmarktzinssatz berücksichtigt, dürfen bei der Ermittlung der Zukunftserfolge geldwertbedingte Erfolgserhöhungen nicht angesetzt werden.

7.2.2. Sicherheit der zukünftigen Unternehmenserfolge im Vergleich zu den Kapitalmarkterträgen

Die zukünftigen Unternehmenserfolge sind im Gegensatz zu den Anleiheerträgen in der Regel mit Unsicherheiten behaftet, die ihre Ursache in allgemeinen und speziellen Unternehmerrisiken haben.

Das allgemeine Unternehmerrisiko (Unternehmerwagnis) ergibt sich generell aus der Investition in ein Unternehmen; zu diesem Risiko gehören die Gefahr von Konjunkturschwankungen, nicht vorhersehbare Umwelteinflüsse und Probleme, die sich aus der Branche des Unternehmens ergeben. Es ist durch einen Zuschlag zum Kapitalmarktzinssatz zu erfassen.

Im Gegensatz dazu ist das spezielle Unternehmerrisiko, welches sich aus der besonderen Situation des zu bewertenden Unternehmens ergibt, bei der Ermittlung der Zukunftserfolge zu berücksichtigen.

7.2.3. Unterschiedliche Mobilität der Investitionen

Unternehmen und nicht notierte Unternehmensanteile sind schwerer verkäuflich als Anleihen. Die geringere Mobilität erfordert einen Zuschlag zum Kapitalmarktzinssatz. Dieser Zuschlag hängt unter anderem von der Branche, der Unternehmensgröße, der Rechtsform, dem Standort und der Standortgebundenheit sowie der Einbindung in einen Unternehmensverbund ab.

7.2.4. Persönliche Haftung

Für die persönliche Haftung, die sich aus der Rechtsform des Unternehmens, aus der Stellung des Unternehmers oder Gesellschafters als Vollhafter und aus vertraglichen Vereinbarungen ergibt, ist in der Regel weder ein Abschlag von den Zukunftserfolgen noch ein Zuschlag zum Zinssatz gerechtfertigt. Allenfalls können die Einmalkosten, die mit einer Rechtsformänderung zusammenhängen, bei der Ermittlung der Zukunftserfolge angesetzt werden.

8. Steuern bei der Ertragswertermittlung

8.1. Allgemeine Grundsätze

Bei der Unternehmensbewertung ist es erforderlich, die Äquivalenz zwischen der steuerlichen Belastung der Zukunftserfolge des zu bewertenden Unternehmens und der Vergleichsinvestitionen herzustellen.

Unterschiede in der Belastung können in den Steuern, in den steuerlichen Bemessungsgrundlagen und in den Steuersätzen liegen.

Die Steuerbelastung für die entnommenen bzw ausgeschütteten Erfolge eines Unternehmens hängt davon ab, ob der jeweilige Eigentümer des Unternehmens bzw der Geschäftsanteile eine natürliche oder juristische Person ist und ob der Eigentümer seinen Wohnsitz bzw seinen Sitz im Inland oder Ausland hat; bei natürlichen Personen hängt die Steuerbelastung auch von der Höhe der anderen Einkünfte dieser Personen ab.

Eine genaue Berücksichtigung der künftigen Steuerbelastung ist lediglich bei der Ermittlung eines subjektiven Unternehmenswertes möglich; in diesem Fall sind die individuellen steuerlichen Verhältnisse des jeweiligen Veräußerers bzw Erwerbers zu berücksichtigen.

Für die Ermittlung eines objektivierten Unternehmenswertes sind die steuerlichen Verhältnisse, die für eine Mehrzahl potentieller Erwerber als repräsentativ gelten können, maßgebend. Der Ansatz der Steuern erfolgt grundsätzlich nach dem Stand der Gesetzgebung im Bewertungszeitpunkt; eindeutig absehbare Änderungen sind zu berücksichtigen.

8.2. Unterschiedliche Belastung des Unternehmenserfolges und des Ertrages der Vergleichsinvestition mit Ertragsteuern

Sind die steuerlichen Belastungen des Unternehmenserfolges und des Ertrages der Vergleichsinvestition dem Grund und der Höhe nach - letzteres in Abhängigkeit von den Bemessungsgrundlagen, die für die Zukunft angenommen werden - unterschiedlich, sind der Berechnung die Erfolge bzw Erträge nach Steuern zugrundezulegen. Der Kapitalisierungszinssatz wird in diesem Fall aus dem Ertrag der Vergleichsinvestition nach Steuern abgeleitet.

Die Berechnung auf Basis der Erfolge bzw Erträge vor Steuern ist dann zulässig, wenn die steuerlichen Belastungen der erwarteten Zukunftserfolge und der Erträge der Vergleichsinvestition gleich hoch sind oder die Belastungsdifferenz (zB Gewerbeertragsteuer) berücksichtigt wird.

Bei der Ermittlung des objektivierten Unternehmenswertes kann es empfehlenswert sein, dass der Gutachter ausführt, welche Auswirkungen sich auf den Unternehmenswert ergeben, wenn das Unternehmen auf einen Erwerber übergeht, dessen steuerlichen Verhältnisse von den dem Bewertungsgutachten zugrundegelegten Verhältnisse abweichen.

8.3. Unterschiede zwischen den Zukunftserfolgen und den Bemessungsgrundlagen der Ertragsteuern

Diese Unterschiede können folgende Ursachen haben:

- Verminderung bzw zeitliche Verlagerung der Steuerbelastung durch Inanspruchnahme von Investitionsbegünstigungen und sonstigen Steuerbegünstigungen,
- Verminderung der Steuerbelastung (für einen begrenzten Zeitraum) durch steuerliche Verlustvorträge,
- Erhöhung der Steuerbelastung durch Nachversteuerung von unversteuerten Rücklagen und Bewertungsreserven,
- Steuermehr- und -minderbelastungen aus steuerlich belasteten Aufwendungen und steuerfreien Erträgen (Spenden, Teile der Aufsichtsratsvergütungen, Forschungsförderung, Beteiligungserträge, Gewerbeertragssteuer von Dauerschuldzinsen, Vermögenssteuer usw),

- Steuermehr- und -minderaufwendungen, die sich dadurch ergeben, dass die aus den Buchwerten der Vermögensgegenstände und Schulden in der Steuerbilanz abgeleiteten künftigen steuerwirksamen Aufwendungen von jenen Aufwendungen abweichen, die bei der Berechnung der Zukunftserfolge angesetzt werden.

Die Steuermehr- oder -minderaufwendungen, die sich auf Grund der Abweichung der Zukunftserfolge vor Steuern von den Bemessungsgrundlagen für deren Besteuerung ergeben, sind entsprechend zu berücksichtigen. Auch wenn der Ertragswert aus den künftigen Zahlungsströmen abgeleitet wird, ist die Steuerbelastung in den einzelnen Rechnungsperioden vom jeweiligen steuerlichen Ergebnis zu berechnen.

9. Substanz und Substanzwert

9.1. Bedeutung der Substanz für die Ermittlung der Zukunftserfolge

Die Substanz eines Unternehmens, zu der dessen Vermögen und Lasten gehören, ist aus folgenden Gründen für die Zukunftserfolge von Bedeutung:

- Das Vermögen des zu bewertenden Unternehmens bildet eine wesentliche Grundlage für dessen künftige Ertragsfähigkeit. Das am Bewertungsstichtag vorhandene Vermögen führt zu künftigen Einnahmen oder zur Minderung künftiger Ausgaben.

  Bei der Ermittlung der zukünftigen Erfolge ist von der bestehenden Vermögenssubstanz auszugehen; aller zur Erhaltung der Substanz erforderlichen Aufwendungen bzw Ausgaben (zB Abschreibungen, Instandhaltungen, Versicherungsprämien) sind zu berücksichtigen. Grundlage für die Abschreibungen bilden die Werte des Anlagevermögens gemäß Abschnitt 9.2.2. die Investitionsausgaben für die Erneuerung des vorhandenen Anlagevermögens sind in eine ergänzende Finanzbedarfsrechnung einzubeziehen, sodaß bei Auseinanderfallen von Investitionsausgaben und Abschreibungen die Auswirkungen auf die Finanzierungsaufwendungen bzw -erträge berücksichtigt werden können.

  Ist das Vermögen quantitativ oder qualitativ für die den Zukunftserfolgen zugrundegelegten Leistungen nicht geeignet, sind die Auswirkungen notwendiger Anpassungen bei der Berechnung der Zukunftserfolge zu berücksichtigen.

- Der Substanz kommt auch im Rahmen der Risikobeurteilung und der Beurteilung der Mobilität Bedeutung zu. Insbesondere bilden die Höhe und die Sicherheit der Erfassung und Bewertung der Lasten einen wesentlichen Risikofaktor für die zukünftige Entwicklung des Unternehmens.

9.2. Der (Netto)Substanzwert im Rahmen des Übergewinnverfahrens

9.2.1. Umfang des Substanzwertes

(Netto)Substanzwert ist der aus der Bewertung des Vermögens, der Schulden und sonstigen Lasten resultierende Nettowert (Substanzwert des Eigenkapitals). Bei Anwendung des Übergewinnverfahrens wird aus dem (Netto)Substanzwert der als nachhaltig angesehene Teil der Zukunftserfolge abgeleitet (Abschnitt 10.3.3.).

In die Substanzwertermittlung werden nur solche Vermögensgegenstände aufgenommen, die üblicherweise einzeln, dh losgelöst von einem Unternehmen, Betrieb oder Teilbetrieb, Gegenstand des wirtschaftlichen Verkehrs sind. Immaterielles Vermögen, welches keinen selbständigen Verkehrswert hat, geht somit nicht in den Substanzwert ein, sondern findet in der Regel im Zukunftserfolg seinen Niederschlag. Ausreichend konkretisierbare Erfolge aus schwebenden Geschäften sind zu berücksichtigen.

9.2.2. Bewertungsgrundsätze bei der Ermittlung des Substanzwertes

Bei der Bewertung des betriebsnotwendigen Vermögens ist die Weiterführung des Betriebes (going concern) zu unterstellen. Der Niederstwertgrundsatz und das Imparitätsprinzip sind nicht anzuwenden.

Das Anlagevermögen ist unter Berücksichtigung seiner qualitativen Eignung für den Leistungsprozeß, seines Alters und seiner Restnutzungsdauer unter Bedachtnahme auf die Wiederbeschaffungskosten zu bewerten.

Anlagen, die auf Grund von Überkapazitäten oder auf Grund von Änderungen der Betriebsleistung für die betriebliche Leistungserstellung nicht mehr zu verwenden sind, sind mit dem Veräußerungspreis anzusetzen. Bei Anlagen, deren Leistungsfähigkeit auf Grund der technischen Entwicklung oder auf Grund von Änderungen des Leistungsprogrammes des Unternehmens geringer ist als die Leistungsfähigkeit wiederzubeschaffender Anlagen, sind angemessene Wertabschläge vorzunehmen; die Wertabschläge sollen so bemessen werden, daß die künftigen Mehrausgaben oder Mindereinnahmen, die sich im Vergleich zum Einsatz moderner Anlagen ergeben, ausgeglichen werden.

Das Sachumlaufvermögen ist nach dem Grundsatz der verlustfreien Bewertung anzusetzen. Wertmindernde Faktoren, wie technische oder modische Entwertung, Qualitätsmängel, vergleichsweise geringe Umschlagshäufigkeit, Verwertungs- und Veräußerungsrisiken, sind durch entsprechende Abschläge zu berücksichtigen.

Nicht oder niedrig verzinsliche Forderungen und Verbindlichkeiten sind auf den Bewertungsstichtag abzuzinsen, Wertsicherungen sind zu berücksichtigen. Rückstellungen sind in ausreichendem Maße zu bilden.

Sind in Einzelfragen besondere Spezialkenntnisse erforderlich, empfiehlt sich die Beiziehung eines Sachverständigen für das betreffende Gebiet.

9.2.3. Steuern bei der Ermittlung des Substanzwertes

Sind bei der Berechnung des Substanzwertes die Ansätze von Vermögenswerten höher und jene von Schulden niedriger als die Wertansätze in der Steuerbilanz, ist der Barwert der für diese Unterschiede künftig anfallenden Ertragsteuern als Schuldposten anzusetzen; dasselbe gilt für die Ertragsteuern, die künftig für unversteuerte Rücklagen, welche steuerpflichtig aufzulösen sein werden, anfallen werden. Bei der Ermittlung des Barwertes der künftig anfallenden Steuern sind die Zeitpunkte, in denen die Steuern voraussichtlich fällig werden, sowie allfällige steuerliche Verlustvorträge zu berücksichtigen.

Sind dagegen die Ansätze von Vermögenswerten niedriger und jene von Schulden höher als die entsprechenden Wertansätze in der Steuerbilanz, ist der Barwert der künftigen Steuerersparnisse insoweit anzusetzen, als die Realisierung dieser künftigen Steuerersparnisse mit ausreichender Wahrscheinlichkeit erwartet werden kann.

Die Aussagen der beiden vorangehenden Absätze gelten nur dann, wenn die Unterschiede zwischen dem Substanzwert und den Wertansätzen in der Steuerbilanz durch die Veräußerung des Unternehmens nicht beseitigt werden. Führt die Veräußerung dazu, daß die mit den Wertunterschieden verbundenen Steuern den Veräußerer und nicht den Erwerber treffen, so gehen die steuerlichen Belastungen und allenfalls Entlastungen nur in die subjektiven Wertvorstellungen des Veräußerers ein.

9.3. Behandlung des nicht betriebsnotwendigen Vermögens

Vermögensteile, die für die der Bewertung zugrundegelegte Leistungserstellung nicht notwendig und somit vom Unternehmen abspaltbar sind, zB betrieblich nicht genutzte Grundstücke oder Überbestände an liquiden Mitteln, müssen gesondert erfasst und bewertet werden. Diese Vermögensteile sind in der Regel mit ihrem Nettoveräußerungserlös anzusetzen. Die steuerlichen Konsequenzen, die sich bei der Veräußerung ergeben, sind zu berücksichtigen.

10. Berechnung des Unternehmenswertes

10.1. Verwendete Symbole

Bei der nachfolgenden Darstellung der unterschiedlichen Methoden werden folgende Symbole verwendet:

U = Unternehmenswert

E = Ertragswert

$e_1, e_2 \ldots e_n$ = Periodenerfolg (Jahreserfolg)

e_z = gleichbleibender Periodenerfolg (Jahreserfolg)

t = Zeitfaktor

$i = \dfrac{p}{100}$ = Kapitalisierungszinssatz

$v = \dfrac{1}{1+i}$ = Abzinsungsfaktor

$T_{IV/m}$ = Barwert einer auf m Jahre beschränkten Rente

S = (Netto-)Substanzwert (ohne nicht betriebsnotwendiges Vermögen)

W = Wert des nicht betriebsnotwendigen Vermögens

L = Liquidationsüberschuß

10.2. Grundsatz

Grundsätzlich ergibt sich der Unternehmenswert als Barwert der zukünftigen Erfolge (Ertragswert) zuzüglich des Wertes des nicht betriebsnotwendigen Vermögens:

$$U = E + W$$

Die Untergrenze des Ertragswertes bildet der Barwert des aus der Liquidation des betriebsnotwendigen Vermögens erzielbaren Überschusses (Liquidationsüberschuß).

10.3. Der Ertragswert bei unbegrenzter Unternehmensdauer

10.3.1. Der Ertragswert als Ergebnis einer mehrphasigen Diskontierung der zukünftigen Periodenerfolge (Mehrphasenmethode)

Eine genaue Erfolgsplanung ist in der Regel nur für einen beschränkten Zeitraum (etwa 3 bis 5 Jahre) möglich. Liegt eine derartige Erfolgsplanung vor bzw ist sie erstellbar, werden für den Zeitraum m die individuellen Periodenerfolge kapitalisiert; für alle nachfolgenden Perioden werden gleichbleibende Erfolge angesetzt, die als ewige Rente kapitalisiert und auf den Bewertungsstichtag abgezinst werden:

$$E = e_1 \bullet v + e_2 \bullet v^2 + \ldots + e_m \bullet v^m + \frac{e_z}{i} \bullet v^m$$

$$E = \sum_{t=1}^{m} e_t \bullet v^t + \frac{e_z}{i} \bullet v^m$$

10.3.2. Der Ertragswert bei gleichbleibenden Periodenerfolgen

Können für die Zukunft gleichbleibende Periodenerfolge unterstellt werden, ergibt sich der Ertragswert als Barwert einer ewigen Rente:

$$E = \frac{e_z}{i}$$

10.3.3. Der Ertragswert nach der Übergewinnmethode

Die Übergewinnmethode stellt eine Sonderform der Mehrphasenmethode dar bei der die Erfolge, welche die Normalverzinsung übersteigen, nur für einen begrenzten Zeitraum (Übergewinndauer = m) angesetzt werden. Dieser Methode liegt insbesondere die Überlegung zugrunde, daß Erfolge, die über eine normale Verzinsung des eingesetzten Kapitals hinausgehen, vielfach der Ausfluß überdurchschnittlicher Unternehmerleistung, einer guten Konjunkturlage oder einer Monopolstellung sind, und daß diese Einflussfaktoren nur zeitlich begrenzt wirksam sind.

Bei Anwendung der Übergewinnmethode ist es erforderlich, den Substanzwert zu ermitteln, um jenen durch das eingesetzte Kapital fundierten Erfolg abzuleiten, der als nachhaltig angesehen wird.

Die Übergewinndauer hängt von der Beurteilung der in Abschnitt 6.1. angeführten Einflußgrößen auf den Zukunftserfolg ab:

$$E = \sum_{t=1}^{m} (e_t - S \cdot i) v^t + S$$

Können für die Übergewinndauer gleichbleibende Periodenerfolge unterstellt werden, dann gilt:

$$E = (e_z - S \cdot i) T_{IV/m} + S$$

Erreicht der nachhaltige Zukunftserfolg nicht die Verzinsung des Substanzwertes, ist die Übergewinnmethode nicht anwendbar.

10.4. Der Ertragswert bei begrenzter Unternehmensdauer

Ist eine begrenzte Dauer des Unternehmens zu unterstellen (das Unternehmen wird nur über den Zeitraum m, an dessen Ende die Liquidation erfolgt, fortgeführt bzw die weitere Fortführung des Unternehmens ist ungewiß), ergibt sich der Ertragswert als Summe der Barwerte der Zukunftserfolge zuzüglich des Barwertes des Liquidationsüberschusses:

$$E = e_1 \cdot v + e_2 \cdot v^2 + \dots e_m \cdot v^m + L_m \cdot v^m = \sum_{t=1}^{m} e_t \cdot v^t + L_m \cdot v^m$$

Liquidationsüberschuß ist die Differenz aus den Brutto-Liquidationserlösen und den Schulden, sonstigen Lasten und Liquidationskosten. Bei der Ermittlung der Brutto-Liquidationserlöse sind für die Vermögenswerte die erzielbaren Verkaufserlöse anzusetzen. Die steuerlichen Auswirkungen des Liquidationsergebnisses sind zu berücksichtigen.

Vielfach wird eine allmähliche Verflüssigung von Teilen des Vermögens zu berücksichtigen sein. Die Teilliquidationserlöse(-überschüsse) sind diesfalls in die Periodenerfolge einzubeziehen. Soweit Anlagen nicht mehr ersetzt werden sollen, erhöhen deren Abschreibungen die Periodenerfolge.

11. Vollständigkeitserklärung, Arbeitspapiere und Berichterstattung

Zur Absicherung des Gutachters soll dieser vom Auftraggeber und von jenen Personen, die ihm gegenüber zur Erteilung von Informationen verpflichtet waren, eine Erklärung über die Vollständigkeit der ihm für die Bewertung des Unternehmens bekanntgegebenen Daten und erteilten Auskünfte verlangen. Überdies ist eine Erklärung einzuholen, in der die Unternehmensleitung bestätigt, dass die von ihr vorgelegten Plandaten aus heutiger Sicht die erwartete zukünftige Entwicklung zutreffend wiedergeben.

Die Arbeitspapiere dienen einerseits der Dokumentation über den Umfang der geleisteten Arbeiten und andererseits der Ermöglichung des Nachvollzuges der vorgenommenen Bewertungsschritte.

Bei der Berichterstattung (Gutachtenstellung) hat der Gutachter außer der Angabe des Bewertungsanlasses jedenfalls darzustellen, in welcher Funktion er tätig war. Neben der Beschreibung des zu bewertenden Unternehmens ist der Darlegung der Einschätzung der der Bewertung zugrundeliegenden Informationen besonderes Augenmerk zuzuwenden, da damit auch die Sicherheit des Ergebnisses bzw die Annahme von Bandbreiten begründet werden. Das Bewertungsverfahren und die vorgenommenen Bewertungsschritte sind anzugeben. Mit der Darstellung des Ergebnisses samt allfälligen Bemerkungen schließt die Berichterstattung.

Due-Diligence-Checkliste

A Vorfragen

1 Was ist das Ziel der Unternehmensbewertung aus der Sicht des Auftraggebers?
2 Auf welchen Stichtag soll bewertet werden?
3 Müssen für die Bewertung einzelner Bereiche oder für Sonderfragen Fachexperten (z.B. Branchenspezialist, Marketing Analyst)beigezogen werden?

4 Kurze Geschichte mit den wichtigsten Entwicklungsdaten der Unternehmung. Jubiläumsschrift? Prospektmaterial? Vorstellungsfolder?

B Organisatorischer Aufbau

1 Welche internen strategischen und operativen Führungsmittel bestehen (z.B. Balanced Scorecard)?
2 Gibt es ein Organigramm?
3 Bestehen schriftliche geschäftspolitische Zielsetzungen, Verhaltensgrundsätze, Funktionsdiagramme usw. (eventuell zusammengefasst in einem Organisationshandbuch?)
4 Wirken Synergieeffekte von verwandten Gesellschaften auf die Unternehmung ein? Wenn ja, welche und in welchem Ausmaß? Welche diesbezüglichen Folgen hat ein Verkauf der Gesellschaft durch den bisherigen Eigentümer?
5 Ist das Unternehmen ISO-zertifiziert?

C Wichtige Verträge, besondere Chancenund Risiken

1 Welche Verträge bestehen?
  • Mietverträge
  • Pachtverträge
  • Serviceverträge (EDV)
  • Leasingverträge/Abzahlungsverträge
  • Abnahmeverträge (z.B. mit Unterlieferanten)
  • Lieferverträge
  • Gewährleistungsverträge
  • Lizenzverträge
  • Kooperationsverträge mit anderen Unternehmungen
  • Generalvertretungsverträge

- Darlehensverträge, Kreditabmachungen
- Zession und Pfandstellungen
- Eigentumsvorbehalte

2 Wie sind diese Verträge im Hinblick auf die Zukunft der Unternehmung zu beurteilen (positiv oder negativ, wenn möglich mit quantifizierter Würdigung)?

3 Welche Patente, Warenmarken usw. bestehen?

4 Laufen Prozesse? Wenn ja, wie sind diese zu beurteilen?

5 Werden Geschäfte getätigt (oder sind solche im Gang), die besonders hohe Risiken bringen?

6 Ist der Erfolg der Unternehmung (Umsatz, Gewinn usw.) stark von einer bestimmten Person abhängig?

D Personal

1 Ist die Unternehmung von bestimmten Personen abhängig oder auf solche angewiesen?

2 Wie wird die Tätigkeit des Managements in den letzten drei bis fünf Jahren beurteilt?

3 Bestehen im Bereich der Geschäftsleitung besondere Risiken für die Zukunft (z.B. aus Altersstruktur, aus zu erwartenden Austritten)?

4 Werden externe Unternehmensberater zugezogen? Wenn ja, für welche Bereiche der Unternehmung und wofür?

5 Wie hat sich die Personalstruktur in den letzten fünf Jahren entwickelt (Mitarbeiter je Abteilung, Frauen, Ausländer bzw. Gastarbeiter, Lehrlinge; Altersstruktur usw.)?

6 Welche besonderen Verpflichtungen bestehen gegenüber dem Personal (z.B. vertraglich zugesagte Gewinnbeteiligungen, Provisionszusagen)?

7 Wie ist das Klima in der Unternehmung zu beurteilen?

8 Wie ist das Lohn- und Gehaltsniveau im Vergleich zu Konkurrenzbetrieben und zu anderen ortsansässigen Unternehmungen zu beurteilen?

9 Besteht Mangel an besonderen Fachkräften, der zu Engpässen führen kann?

10 Wie viele Überstunden fallen in welchen Abteilungen an?

11 Wurden von der Unternehmung Pensionszusagen abgegeben (z.B. Zusatzleistungen usw.)?

E Produktion

1 Welche Produkte werden hergestellt bzw. welche Dienstleistungen werden erbracht (Entwicklung der einzelnen Sparten)?

2 Welches Image haben die hergestellten Produkte (altmodisch, umweltbelastend, gesundheitsschädlich usw.)?

3 Wird das Sortiment als ausgewogen beurteilt?

4 Produktionsverfahren?

5 Wird auf Lager oder direkt für Kundenaufträge produziert?

6 Ist der Produktionsapparat grundsätzlich zweckmäßig?

7 Welche neuen Produktionstechniken werden auf dem Markt angeboten?

8 Wo bestehen im Produktionsapparat Nachholbedürfnisse?

9 Bestehen kurz-, mittel- und langfristige Investitionspläne (für Erweiterungs- und Erneuerungsinvestitionen)?

10 Welche Änderungen im Bereich der Produktion sind kurz-, mittel- und langfristig zu erwarten bzw. notwendig (z.B. Verlagerung auf Zulieferbetriebe, Verlagerung auf Betriebsstätten im Ausland)?

11 Bestehen Auflagen von Amtsstellen (z.B. Arbeitsinspektorat)?

12 Bestehen unausgenützte Kapazitäten? Bestanden solche in den letzten fünf Jahren?

13 Wie ist der Beschäftigungsgrad der letzten Jahre?

14 Bestehen Abhängigkeiten in der Produktion von Lieferanten, Zulieferbetrieben, Flaschenhälsen in der Fabrikation, Spezialisten?

15 Welche Lieferanten sind am wichtigsten?

16 Wie hat sich der Auftragsstand in den letzten fünf Jahren entwickelt?

17 Was geschieht im Bereich Forschung und Entwicklung? Wo steht man im Vergleich mit der Konkurrenz? Welche F&E-Ziele werden verfolgt?

18 Welche offensichtlichen Schwachstellen und Risiken, aber auch welche Chancen bestehen im Produktionsbereich?

F Marketing und Absatz

1 Welche Verkaufsstatistiken bestehen (artikelweise, geographisch, Kundengruppen)?

2 Auf wie viele Kunden entfallen 50% (eventuell 30%) des Umsatzes?

3 Sind die Umsätze z.B. der letzten fünf Jahre durch einmalige Großgeschäfte beeinflusst?

4 Welches sind die wichtigsten Kunden (Aufstellung mit Umsatz- und DB-Angaben, eventuell ABC-Analyse)?

5 Wie stark sind die Kunden mit dem derzeitigen Unternehmenseigner verbunden?

6 Bestehen im Verkauf größere Saisonschwankungen; Abhängigkeiten von Witterung, Modetendenzen und dergleichen?

7 Wie ist der Verkauf organisiert?

8 Wie ist der Kundendienst organisiert?

9 Werden Garantien gewährt? Besteht eine Produkthaftpflichtversicherung?

10 Bestehen Marktanalysen, Prognosestudien oder dergleichen?

11 Wie wird die Zukunft der wichtigsten heute vertriebenen Artikel beurteilt?

12 Können neue Absatzmärkte für die bestehende Produktpalette erschlossen werden?

13 Welche Konkurrenz- und Substitutionsartikel bestehen? Wie sind diese zu beurteilen?

14 Kommt die Konkurrenz hauptsächlich von inländischen oder ausländischen Unternehmungen?

15 Ist sichergestellt, dass in den nächsten Jahren aus dem Markt gedrängte Artikel rechtzeitig durch neue Produkte (bei gleicher Marge) ersetzt werden können (Innovationsproblem)?

16 Dominiert der Verkauf oder die Produktion? Sind beide genügend aufeinander abgestimmt?

17 Wie wird der Kundenkreis durch die vorgesehene Veräußerung der Unternehmung beeinflusst (z.B. Verlust einzelner Kunden)?

18 Welche hauptsächlichen Werbemittel werden verwendet?

19 Wie liegt der Werbeaufwand im Vergleich zum Branchendurchschnitt (z.B. die letzten fünf Jahre)?

G Ertragserwartungen

1 Waren bereinigte Vergangenheitsergebnisse Grundlage für die Beurteilung der Zukunftsergebnisse?

2 Wurden bei der Beurteilung der Zukunftsergebnisse auch die wirtschaftlichen Aussichten für den Geschäftszweig und die Planungen des Unternehmens berücksichtigt?

3 Wurde nur die vorhandene Ertragskraft bewertet und blieben zukünftige Änderungen der Unternehmensstruktur oder des Unternehmensumfanges außer Betracht?

4 Blieben die Folgen einer möglichen Änderung der Rechtsform des Unternehmens unberücksichtigt?

5 Wurde bei allen Überlegungen zur Wertfindung die wirtschaftlich vernünftigste Handlungsweise unterstellt?

6 Wurde bei der Ableitung der Zukunftsergebnisse aus der Vergangenheit berücksichtigt, dass die besondere Leistung des mitarbeitenden Eigentümers unverkäuflich ist?

H Synergien

1 Wo dürfen positive Synergie-Effekte erwartet werden?
- Produktion (Know-how, bessere Auslastung, Investitionen)
- F&E (höhere Forschungseffizienz)
- Absatz
- Beschaffung, Lager (bessere Einkaufskonditionen, höherer Lagerumschlag durch Zentrallager)
- Finanzen (bessere Kreditkonditionen)
- Management (mehr Erfahrung und Beziehungen, Austausch unfähiger Manager durch fähige)
- Organisation, Verwaltung (Rationalisierung)
2 Wo müssen negative Synergie-Effekte erwartet werden?
- Absatz
- Personal (Finanzierung von Sozialplänen, Zahlungen von Abfertigungen)

I Kooperationen

1 Kooperationen als Alternative zu Akquisition und Fusion?
2 Können externe Synergien lukriert werden?

J Zusammenfassende Feststellungen

1 Gehörte die Unternehmung in den letzten Jahren eher zu den konservativ-traditionellen oder zu den fortschrittlich-dynamischen Gesellschaften?
2 Welche offensichtlichen externen und/oder internen Schwachstellen, Schwierigkeiten und Risiken bestehen bei der Unternehmung?
3 Welche offensichtlichen externen und/oder internen Chancen hat die Unternehmung?
4 Welche Vorteile und Nachteile ergeben sich bei einem Erwerb der Unternehmung für den Verkäufer?
5 Welche Vorteile und Nachteile ergeben sich bei einem Erwerb der Unternehmung für den Käufer?
6 Ist der Käufer bereit, gewisse Bedingungen einzuhalten (gegenüber dem Personal, gegenüber der Öffentlichkeit hinsichtlich Betriebsfortführung)?
7 Wie ist der Kaufpreis zu entrichten (z.B. bar, Staffelung)? Wer arbeitet den eventuellen Kaufvertrag aus?

Die Positionen der Bilanz deutscher Kapitalgesellschaften nach § 266 dHGB

in

Deutsch - Englisch - Amerikanisch - Französisch

(Quelle: Handelsblatt vom 11.3.1992)

Bilanz in Engl., Franz. und Amerik. zu Kapitel 9

DEUTSCH Bilanz	AMERIKANISCH Balance Sheet
Aktivseite	**Assets**
A. Anlagevermögen	A. Fixed assets
I. Immaterielle Vermögensgegenstände:	I. Intangible assets
1. Konzessionen, gewerbliche Schutzrechte und ähnliche Rechte und Werte sowie Lizenzen an solchen Rechten und Werten	1. Concessions, industrial and similar rights and assets and licences in such rights and assets
2. Geschäfts- und Firmenwert	2. Excess of purchase price over fair value of net assets of business acquired
3. Geleistete Anzahlungen	3. Prepayments on intangible assets
II. Sachanlagen	II. Tangible assets
1. Grundstücke, grundstücksgleiche Rechte und Bauten einschließlich der Bauten auf fremden Grundstücken	1. Land, land rights and buildings including buildings on third party land
2. Technische Anlagen und Maschinen	2. Technical equipment and machines
3. Andere Anlagen, Betriebs- und Geschäftsausstattung	3. Other equipment, factory and office equipment
4. Geleistete Anzahlungen und Anlagen in Bau	4. Prepayments on tangable assets and construction in progress
III. Finanzanlagen	III. Financial assets
1. Anteile an verbundenen Unternehmen	1. Shares in affiliated companies
2. Ausleihungen an verbundene Unternehmen	2. Loans to affiliated companies
3. Beteiligungen	3. Participations
4. Ausleihungen an Unternehmungen, mit denen ein Beteiligungsverhältnis besteht	4. Loans to companies in which participations are held
5. Wertpapiere des Anlagevermögens	5. Long term investments
6. Sonstige Ausleihungen	6. Other Loans
B. Umlaufvermögen	B. Current assets
I. Vorräte:	I. Inventories
1. Roh-, Hilfs- und Betriebsstoffe	1. Raw materials and supplies
2. Unfertige Erzeugnisse, unfertige Leistungen	2. Work in process
3. Fertige Erzeugnisse und Waren	3. Finished goods and merchandise
4. Geleistete Anzahlungen	4. Prepayments on inventories
II. Forderungen und sonstige Vermögensgegenstände	II. Receiveables and other assets
1. Forderungen aus Lieferungen und Leistungen	1. Trade receivables
2. Forderungen gegen verbundene Unternehmen	2. Receiveables from affiliated companies
3. Forderungen gegen Unternehmen, mit denen ein Beteiligungsverhältnis besteht	3. Receiveables from companies in which participations are held
4. Sonstige Vermögensgegenstände	4. Other assets

Bilanz in Engl., Franz. und Amerik. zu Kapitel 9

ENGLISCH Balance Sheet	FRANZÖSISCH Bilan
Assets	**Actif**
A. Fixed assets	A. Actif immobilisé
I. Intangible assets	I. Immobilisations incorporelles
1. Concessions, patents, licences, trade marks and similar rights and assets	1. Concessions, droits de propriété industrielle et droits et valeurs similares ainsi que licences permettant l'exploitation de ces droits et valeurs
2. Goodwill	
3. Payment on account	2. Fonds commercial ou Goodwill
	3. Acomptes versés
II. Tangible assets	II. Immobilisations corporelles
1. Land, leasehold rights and buildings including buildings on third party land	1. Terrains, droits assimilés et constructions y compris constructions sur sol d'autrui
2. Plant and machinery	2. Installations techniques, matériel et outilage industriels
3. Fixtures, fittings, tools and equipment	3. Autres immobilisations corporelles et immobilisations en cours
4. Payment on account and assets in course of construction	4. Acomptes versés
III. Investments	III. Immobilistations financières
1. Shares in group undertakings	1. Parts dans des entreprises liées
2. Loans in group undertakings	2. Prêts à des entreprises liées
3. Participating interests	3. Participations
4. Loans to undertakings in which the company has participating interest	4. Prêts à des entreprises apparentées
5. Other investments other than loans	5. Titres de placement immobilisés
6. Other loans	6. Autres prêts
B. Current assets	B. Actif circulant
I. Stocks	I. Stocks
1. Raw materials and supplies	1. Matières premières et autres approvisionnements
2. Work in progress	2. Prodiuts intermédiaires et travaux en cours
3. Finished goods and goods for resale	3. Produits finis et marchandises
4. Payments on account	4. Acomptes versés
II. Debtors and other assets	II. Créances et autres éléments de l'actif
	1. Créances résultant de ventes de biens ou de prestations de services
1. Trade debtors	
2. Amount owed by group undertakings	2. Créances sur des entreprises liées
3. Amount owed by undertakings in which the company has a participating interest	3. Créances sur des entreprises apparentées
4. Other assets	4. Autres éléments de l'actif

DEUTSCH	AMERIKANISCH
Bilanz	**Balance Sheet**
III. Wertpapiere	III. Securities
1. Anteile an verbundenen Unternehmen	1. Shares in affiliated companies
2. Eigene Anteile	2. Treasury stock
3. Sonstige Wertpapiere	3. Other short term investments
IV. Schecks, Kassenbestand, Bundesbank und Postgiroguthaben, Guthaben bei Kreditinstituten	IV. Cash
C. Rechnungsabgrenzungsposten	C. Prepaid expenses
Passivseite	**Equity and liabilities**
A. Eigenkapital	A. Equity
I. Gezeichnetes Kapital	I. Subscribed capital
II. Kapitalrücklage	II. Capital reserve
III. Gewinnrücklage	III. Revenue reserve
1. Gesetzliche Rücklage	1. Legal reserve
2. Rücklage für eigene Anteile	2. Reserve for own share
3. Satzungsgemäße Rücklagen	3. Statutory reserves
4. Andere Gewinnrücklagen	4. Other revenue reserves
IV. Gewinnvortrag/Verlustvortrag	IV. Retained profits/accumulated losses brought forward
V. Jahresüberschuss/Jahresfehlbetrag	V. Net income/net loss of the year
B. Rückstellungen	B. Accruals
1. Rückstellungen für Pensionen und ähnliche Verpflichtungen	1. Accruals for pensions and similar obligations
2. Steuerrückstellungen	2. Tax accruals
3. Sonstige Rückstellungen	3. Other accruals
C. Verbindlichkeiten	C. Liabilities
1. Anleihen, davon konvertibel	1. Loans, of which DM ... convertible
2. Verbindlichkeiten gegenüber Kreditinstituten	2. Liabilities to banks
3. Erhaltene Anzahlungen auf Bestellungen	3. Payments received on account of orders
4. Verbindlichkeiten aus Lieferungen und Leistungen	4. Trade payables
5. Verbindlichkeiten aus der Annahme gezogener Wechsel und der Ausstellung eigener Wechsel	5. Liabilities on bills accepted and drawn
6. Verbindlichkeiten gegenüber verbundenen Unternehmen	6. Payable to affiliated companies
7. Verbindlichkeiten gegenüber Unternehmen mit denen ein Beteiligungsverhältnis besteht	7. Payable to companies in which participations are held
8. Sonstige Verbindlichkeiten davon aus Steuern davon im Rahmen der sozialen Sicherheit	8. Other liabilities of which DM ... taxes of which DM ... relating to social security and similar obligations
D. Rechnungsabgrenzungsposten	D. Deferred income

ENGLISCH **Balance Sheet**	FRANZÖSISCH **Bilan**
III. Investments	III. Valeurs mobilières de placement
1. Shares in group undertakings	1. Parts dans des entreprises liées
2. Own shares	2. Actions propres
3. Other investments	3. Autre valeurs mobilières de placement
IV. Cheques, Cash at bank and in hand, postal giro balances and central bank balances	IV. Chèques, caisse, banque d'émission et chèques postaux, banques
C. Prepayments and accrued income	C. Comptes de régularisation
Liabilities	**Passif**
A. Shareholders' equity	A. Capitaux propres
I. Share capital	I. Capital souscrit
II. Share premium account	II. Réserves ayant un caractère de capital
III. Appropriated surplus	III. Réserves prélevées sur les bénéfices
1. Statutory reserves	1. Réserve légale
2. Reserve for own shares	2. Réserves pour actions propres
3. Reserves provided for by the articles of association	3. Réserves statutaires
4. Other reserves	4. Autres réserves prélevées sur les bénéfices
IV. Retained earnings brought forward	IV. Report à noveau
V. Net income for the year	V. Bénéfice figurant au bilan/Perte figurant au bilan
B. Provisions	B. Provisions pour risques et charges
1. Provisions for pensions and similar obligations	1. Provisions pour pensions et obligations similaires
2. Provisions for taxation including deferred taxation	2. Provisions pour impôts
3. Other provisions	3. Autres provisions
C. Creditors	C. Dettes
1. Loans payable, of which DM ... is convertible	1. Emprunts obligataires, dont DM ... convertible
2. Bank loans and overdraft	2. Dettes auprès d'établissement financiers
3. Payments received on account	3. Accomptes recus sur commandes
4. Trade creditors	4. Dettes sur achats de biens ou de prestations de services
5. Bills of exchange payable	5. Effets à payer
6. Amounts owed to group undertakings	6. Dettes envers des entreprises liées
7. Amounts owed to undertakings in which the company has a participating interest	7. Dettes envers des entreprises apparentées

8. Other creditors including taxation and social security	8. Dettes diverses
	    dont DM ... Impôts
	    dont DM ... charges sociales

D. Deferred income	D. Comptes de régularisation

Die Positionen der Gewinn- und Verlustrechnung deutscher Kapitalgesellschaften nach § 275 dHGB

in

Deutsch - Englisch - Amerikanisch - Französisch

(Quelle: Handelsblatt vom 11.3.1992)

G&V in Engl., Franz. und Amerik. zu Kapitel 9

DEUTSCH	AMERIKANISCH
Gewinn- und Verlustrechnung	Profit and Loss Account
Bei Anwendung des Gesamtkostenverfahrens sind auszuweisen:	For the type of expenditure format there must be disclosed:

DEUTSCH	AMERIKANISCH
1. Umsatzerlöse	1. Sales
2. Erhöhung oder Verminderung des Bestands an fertigen und unfertigen Erzeugnissen	2. Increase or decrease in finished goods inventories and work in process
3. Andere aktivierten Eigenleistungen	3. Own work capitalized
4. Sonstige betriebliche Erträge	4. Other operating income
5. Materialaufwand	5. Cost of materials:
a) Aufwendungen für Roh-, Hilfs- und Betriebsstoffe und für bezogene Waren	a) Cost of raw materials, consumables and supplies and of purchased merchandise
b) Aufwendungen für bezogene Leistungen	b) Cost of purchased service
6. Personalaufwand	6. Personnel expenses:
a) Löhne und Gehälter	a) Wages and salaries
b) soziale Abgaben und Aufwendungen für Altersversorgung und für Unterstützung davon für Altersversorgung	b) Social security and pension expenses, there of DM ... pension expenses
7. Abschreibungen	7. Depreciation and amortization
a) auf immaterielle Vermögensgegenstände des Anlagevermögens und Sachanlagen sowie auf aktivierte Aufwendungen für die Ingangsetzung und Erweiterung des Geschäftsbetriebes	a) on intangible fixed assets and tangible assets as well as on capitalized start-up and business expansion expenses
b) auf Vermögensgegenstände des Umlaufvermögens soweit diese die in der Kapitalgesellschaft üblichen Abschreibungen überschreiten	b) exceptional write downs on current assets
8. Sonstige betriebliche Aufwendungen	8. Other operating expenses
9. Erträge aus Beteiligungen davon aus verbundenen Unternehmen	9. Income from participations, of which DM ... from affiliated companies:
10. Erträge aus anderen Wertpapieren und Ausleihungen des Finanzanlagevermögens davon aus verbundenen Unternehmen	10. Income from other investments and long term loans, of which DM ... relating to affiliated companies:
11. Sonstige Zinsen und ähnliche Erträge davon aus verbundenen Unternehmen	11. Other interest and similar income, of which DM ... from affiliated companies:
12. Abschreibungen aus Finanzanlagen und auf Wertpapiere des Umlaufvermögens	12. Write downs on financial assets and short term investments
13. Zinsen und ähnliche Aufwendungen davon an verbundene Unternehmen	13. Interest and similar expenses, of which DM ... to affiliated companies
14. Ergebnis der gewöhnlichen Geschäftstätigkeit	14. Result of ordinary activities
15. Außerordentliche Erträge	15. Extraordinary income
16. Außerordentliche Aufwendungen	16. Extraordinary expenses
17. Außerordentliches Ergebnis	17. Extraordinary result
18. Steuern vom Einkommen und vom Ertrag	18. Taxes on income
19. Sonstige Steuern	19. Other taxes
20. Jahresüberschuss/Jahresfehlbetrag	20. Net income/net loss for the year

G&V in Engl., Franz. und Amerik. zu Kapitel 9

ENGLISCH	FRANZÖSISCH
Profit and Loss Account	**Compte de résultat**
For the type of expenditure format there must be disclosed:	A faire figurer en cas d'application du modèle présentant les charges par nature de dépenses:
1. Turnover	1. Chiffre d'affaires (hors TVA)
2. Change in stock of finished goods and work in progress	2. Augmentation des stocks ou diminution des stocks
3. Own work capitalized	3. Production immobilisée
4. Other operating income	4. Autres produits d'exploitation
5. Cost of materials	5. Coût des achats consommés
a) Cost of raw materials, consumables and of purchased merchandise	a) Coût des matières premières et autres approvisionnements ainsi que des achats de merchandises
b) Cost of purchased services	b) Coût des achats de prestations de services
6. Staff costs:	6. Charges de personnel
a) Wages and salaries	a) Salaires et appointements
b) Social security, pensions and other benefit costs, of which DM ... is for pension costs	b) Charges de sécurité, de prévoyance-vieillesse et d'assistance
7. Depreciation	7. Dotations aux amortissements et aus provisions pour dépréciation
a) written off tangible and intangible fixed assets	a) Dotations aux amortissements des immobilisations corporelles et incorporelles ainsi que des frais d'établissement et de développement de l'entreprise portés à l'activ
b) written off current assets	
8. Other operating charges	
9. Participating interests, of which DM ... Is for shares in group undertakings	b) Dotations aux provisions pour dépréciation des éléments de l'activ circulant, dépassant le cadre habituel des dépréciations pratiquées dans l'entreprise
10. Income from fixed asset investments and long-term loans, of which DM ... relates to shares in group undertakings	
11. Other interests receivable and similar income, of which DM ... relates to shares in group undertakings	8. Autres charges d'exploitation
12. Amounts written of investments	9. Produits de participations dont DM ... d'entreprises liées
13. Interest payable and similar charges	10. Produits des autres titres de placement et prêts immobilisés dont DM ... d'entreprises liées
14. Profit or loss on ordinary activities	11. Autres intérêts et produits assimilés dont DM ... d'entreprises liées
15. Extraordinary income	
16. Extraordinary charges	12. Dotations aux provisions pour dépréciation des éléments financiers
17. Extraordinary profit or loss	13. Intérêts et charges assimilés dont DM ... d'entreprises liées
18. Tax on profit	14. Résultat provenant des activités ordinaires
19. Other taxes	15. Produits extraordinaires
20. Profit or loss for the financial year	16. Charges extraordinaires
	17. Résultat extraordinaire
	18. Impôts et taxes sur le revenue et les bénéfices
	19. Autres impôts et taxes
	20. Bénéfice/Perte

DEUTSCH Gewinn- und Verlustrechnung	AMERIKANISCH Profit and Loss Account
Bei Anwendung des Umsatzkostenverfahrens sind auszuweisen:	For the operational format there shall be disclosed:
1. Umsatzerlöse	1. Sales
2. Herstellungskosten der zur Erzielung der Umsatzerlöse erbrachten Leistungen	2. Cost of sales
3. Bruttoergebnis vom Umsatz	3. Gross profit on sales
4. Vertriebskosten	4. Selling expenses
5. Allgemeine Verwaltungskosten	5. General administration expenses
6. Sonstige betriebliche Erträge	6. Other operating income
7. Sonstige betriebliche Aufwendungen	7. Other operating expenses
8. Erträge aus Beteiligungen davon aus verbundenen Unternehmen	8. Income from participations, of which DM ... affiliated companies:
9. Erträge aus anderen Wertpapieren und Ausleihungen des Finanzanlagevermögens davon aus verbundenen Unternehmen	9. Income from other investments and long term loans, of which DM ... relating to affiliated companies:
10. Sonstige Zinsen und ähnliche Erträge davon aus verbundenen Unternehmen	10. Other interest and similar income, of which DM ... from affiliated companies:
11. Abschreibungen aus Finanzanlagen und auf Wertpapiere des Umlaufvermögens	11. Write downs on financial assets and short term investments
12. Zinsen und ähnliche Aufwendungen davon an verbundene Unternehmen	12. Interest and similar expenses, of which DM ... to affiliated companies:
13. Ergebnis der gewöhnlichen Geschäftstätigkeit	13. Result of ordinary activities
14. Außerordentliche Erträge	14. Extraordinary income
15. Außerordentliche Aufwendungen	15. Extraordinary expenses
16. Außerordentliches Ergebnis	16. Extraordinary result
17. Steuern vom Einkommen und vom Ertrag	17. Taxes on income
18. Sonstige Steuern	18. Other taxes
19. Jahresüberschuss/Jahresfehlbetrag	19. Net income/net loss for the year

ENGLISCH Profit and Loss Account	FRANZÖSISCH Compte de résultat
For the operational format there shall be disclosed:	Sont à faire figurer en cas d'application du modèle du coût production:
1. Turnover	1. Chiffre d'affaires (hors TVA)
2. Cost of sales	2. Frais des ventes
3. Gross profit or loss	3. Marge brute
4. Distribution costs	4. Frais de commercialisation
5. General administrative expenses	5. Frais d'administration
6. Other operating income	6. Autres produits d'exploitation
7. Other operating expenses/charges	7. Autres charges d'exploitation
8. Income from participating interests, of which DM ... is for shares in group undertakings	8. Produits des participations dont DM ... d'entreprises liées
9. Income from fixed assets investments and long-term loans, of which DM ... relates to shares in group undertakings	9. Produits des autres titres de placement et prêts immobilisés dont DM ... d'entreprise liées
10. Other interest receivable and similar income of which DM ... relates to shares in group undertakings	10. Autres intérêts et produits assimilés dont DM ... d'entreprises liées
11. Amounts written off investments	11. Dotations aux provisions pour dépréciation des éléments financiers
12. Interest payable and similar charges of which DM ... relates to shares in group undertaking	12. Intérêts et charges assimilées dont DM ... d'entreprises liées
13. Profit or loss on ordinary activities	13. Résultat provenant des activités ordinaires
14. Extraordinary income	14. Produits extraordinaires
15. Extraordinary charges	15. Charges extraordinaires
16. Extraordinary profit or loss	16. Résultat extraordinaires
17. Tax on profit	17. Impôts et taxes sur le revenue et les bénéfices
18. Other taxes	18. Autres impôts et taxes
19. Profit or loss for the financial year	19. Bénéfice/Perte

24 Testtabellen für die stichprobenweise Ermittlung des Überlagers und Bestimmung der relevanten Ursachen

Inhalt:

- Sieben Testtabellen PLAN-UMSCHLAGSHÄUFIGKEIT, unter folgenden Bedingungen:

  - Servicegrad: 84%, 95%, 99%
  - Nachfrageschwankung: niedrig, durchschnittlich, hoch, extrem hoch (entspricht einem Variationskoeffizienten von: 0,4, 08, 1,2, 1,6)
  - Wiederbeschaffungszeit: 1 Wo, 2 Wo, 3 Wo, 1 Mo, 1,5 Mo, 2 Mo, 3 Mo
  - Ø Bestellmenge in Monatsnachfragen: 0,5, 1, 2, 3, 4, 6, 12

- Eine Testtabelle SICHERHEITSLAGER

- 16 Testtabellen SOLL-MELDEMENGE, unter folgenden Bedingungen:

  - Servicegrad: 70%, 84%, 95%, 99%
  - Variationskoeffizient: 0,4, 0,8, 1,2, 1,6
  - Wiederbeschaffungszeit: 1 Tag, 1 Wo, 2 Wo, 4 Wo, 6 Wo, 8 Wo

1
2
3
4
5
6
7
8
9
10
11
12
13
14
15

PLAN-LAGERUMSCHLAG - TESTTABELLE
zur Beurteilung der Machbarkeit einer geplanten Lagersenkung

Ø Bestellmenge: 0,5 Monatsnachfragen	PLAN-LAGERUMSCHLAG

Beachte: Eine **30-** prozentige Dispositionsreserve für nicht beeinflussbare Unregelmäßigkeiten (Störfälle) ist in den Planwerten berücksichtigt worden.

Nachfrage-schwan-kung (V)	Servicegrad bzw. Liefer-bereitschaft (LB)	PLAN-UMSCHLAGSHÄUFIGKEITEN, wenn die Liefer- bzw. Wiederbeschaffungszeit im Durchschnitt ... Monate beträgt						
		0,25 Mo	0,5 Mo	0,75 Mo	1 Mo	1,5 Mo	2 Mo	3 Mo
niedrig	84% niedrig	18,7 x	15,8 x	14,1 x	13,0 x	11,4 x	10,3 x	8,9 x
	95% mittel	14,5 x	11,7 x	10,2 x	9,3 x	8,0 x	7,1 x	6,0 x
	99% hoch	11,7 x	9,3 x	8,0 x	7,1 x	6,0 x	5,4 x	4,5 x
durch-schnittlich	84% niedrig	13,0 x	10,3 x	8,9 x	8,0 x	6,9 x	6,1 x	5,2 x
	95% mittel	9,3 x	7,1 x	6,0 x	5,4 x	4,5 x	4,0 x	3,3 x
	99% hoch	7,1 x	5,4 x	4,5 x	4,0 x	3,3 x	2,9 x	2,4 x
hoch	84% niedrig	9,9 x	7,7 x	6,5 x	5,8 x	4,9 x	4,3 x	3,6 x
	95% mittel	6,8 x	5,1 x	4,3 x	3,8 x	3,1 x	2,8 x	2,3 x
	99% hoch	5,1 x	3,8 x	3,1 x	2,8 x	2,3 x	2,0 x	1,7 x
extrem hoch	84% niedrig	8,0 x	6,1 x	5,2 x	4,6 x	3,8 x	3,4 x	2,8 x
	95% mittel	5,4 x	4,0 x	3,3 x	2,9 x	2,4 x	2,1 x	1,7 x
	99% hoch	4,0 x	2,9 x	2,4 x	2,1 x	1,7 x	1,5 x	1,3 x

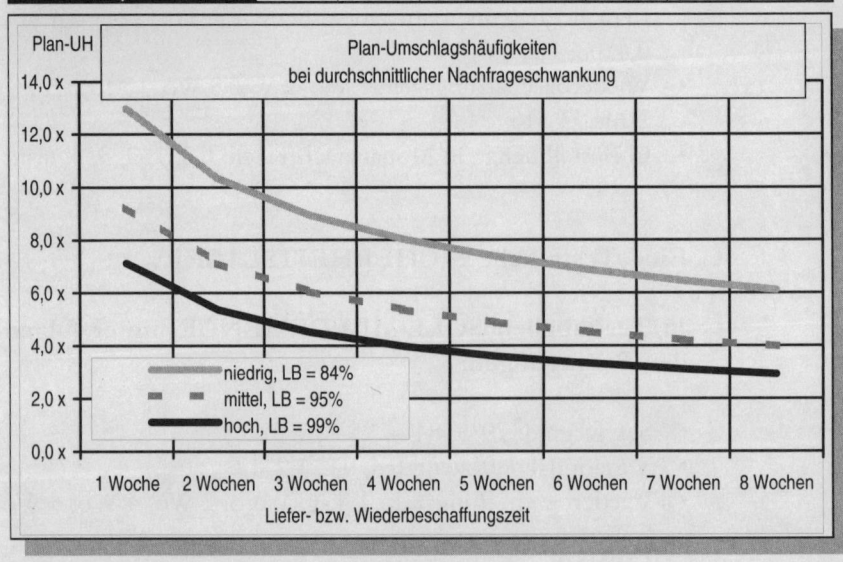

Plan-Umschlagshäufigkeiten bei durchschnittlicher Nachfrageschwankung

— niedrig, LB = 84%
-- mittel, LB = 95%
— hoch, LB = 99%

Liefer- bzw. Wiederbeschaffungszeit

V = Variationskoeffizient

PLAN-LAGERUMSCHLAG - TESTTABELLE
zur Beurteilung der Machbarkeit einer geplanten Lagersenkung

Ø Bestellmenge: 1,0 Monatsnachfragen	PLAN-LAGERUMSCHLAG

Beachte: Eine **30-** prozentige Dispositionsreserve für nicht beeinflussbare Unregelmäßigkeiten (Störfälle) ist in den Planwerten berücksichtigt worden.

Nachfrageschwankung (V)	Servicegrad bzw. Lieferbereitschaft (LB)	PLAN-UMSCHLAGSHÄUFIGKEITEN, wenn die Liefer- bzw. Wiederbeschaffungszeit im Durchschnitt ... Monate beträgt						
		0,25 Mo	0,5 Mo	0,75 Mo	1 Mo	1,5 Mo	2 Mo	3 Mo
niedrig	84% niedrig	12,0 x	10,8 x	9,9 x	9,4 x	8,5 x	7,9 x	7,1 x
	95% mittel	10,1 x	8,7 x	7,9 x	7,3 x	6,4 x	5,9 x	5,1 x
	99% hoch	8,7 x	7,3 x	6,4 x	5,9 x	5,1 x	4,6 x	4,0 x
durchschnittlich	84% niedrig	9,4 x	7,9 x	7,1 x	6,5 x	5,7 x	5,2 x	4,5 x
	95% mittel	7,3 x	5,9 x	5,1 x	4,6 x	4,0 x	3,6 x	3,0 x
	99% hoch	5,9 x	4,6 x	4,0 x	3,6 x	3,0 x	2,7 x	2,3 x
hoch	84% niedrig	7,7 x	6,3 x	5,5 x	5,0 x	4,3 x	3,8 x	3,3 x
	95% mittel	5,6 x	4,4 x	3,8 x	3,4 x	2,9 x	2,6 x	2,1 x
	99% hoch	4,4 x	3,4 x	2,9 x	2,6 x	2,1 x	1,9 x	1,6 x
extrem hoch	84% niedrig	6,5 x	5,2 x	4,5 x	4,0 x	3,4 x	3,1 x	2,6 x
	95% mittel	4,6 x	3,6 x	3,0 x	2,7 x	2,3 x	2,0 x	1,7 x
	99% hoch	3,6 x	2,7 x	2,3 x	2,0 x	1,7 x	1,5 x	1,2 x

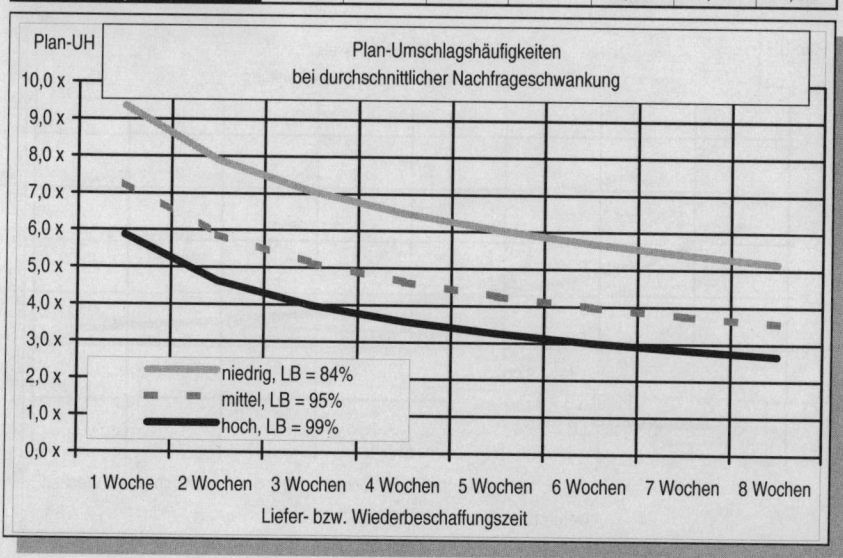

V = Variationskoeffizient

PLAN-LAGERUMSCHLAG - TESTTABELLE
zur Beurteilung der Machbarkeit einer geplanten Lagersenkung

Ø Bestellmenge: 2,0 Monatsnachfragen	PLAN-LAGERUMSCHLAG

Beachte: Eine **30-** prozentige Dispositionsreserve für nicht beeinflussbare Unregelmäßigkeiten (Störfälle) ist in den Planwerten berücksichtigt worden.

Nachfrage-schwankung (V)	Servicegrad bzw. Liefer-bereitschaft (LB)		PLAN-UMSCHLAGSHÄUFIGKEITEN, wenn die Liefer- bzw. Wiederbeschaffungszeit im Durchschnitt ... Monate beträgt						
			0,25 Mo	0,5 Mo	0,75 Mo	1 Mo	1,5 Mo	2 Mo	3 Mo
niedrig	84%	niedrig	7,0 x	6,6 x	6,2 x	6,0 x	5,6 x	5,4 x	5,0 x
	95%	mittel	6,3 x	5,7 x	5,4 x	5,1 x	4,7 x	4,4 x	3,9 x
	99%	hoch	5,7 x	5,1 x	4,7 x	4,4 x	3,9 x	3,6 x	3,2 x
durch-schnittlich	84%	niedrig	6,0 x	5,4 x	5,0 x	4,7 x	4,3 x	4,0 x	3,5 x
	95%	mittel	5,1 x	4,4 x	3,9 x	3,6 x	3,2 x	2,9 x	2,6 x
	99%	hoch	4,4 x	3,6 x	3,2 x	2,9 x	2,6 x	2,3 x	2,0 x
hoch	84%	niedrig	5,3 x	4,6 x	4,1 x	3,8 x	3,4 x	3,1 x	2,7 x
	95%	mittel	4,2 x	3,5 x	3,1 x	2,8 x	2,5 x	2,2 x	1,9 x
	99%	hoch	3,5 x	2,8 x	2,5 x	2,2 x	1,9 x	1,7 x	1,4 x
extrem hoch	84%	niedrig	4,7 x	4,0 x	3,5 x	3,2 x	2,8 x	2,6 x	2,2 x
	95%	mittel	3,6 x	2,9 x	2,6 x	2,3 x	2,0 x	1,8 x	1,5 x
	99%	hoch	2,9 x	2,3 x	2,0 x	1,8 x	1,5 x	1,3 x	1,1 x

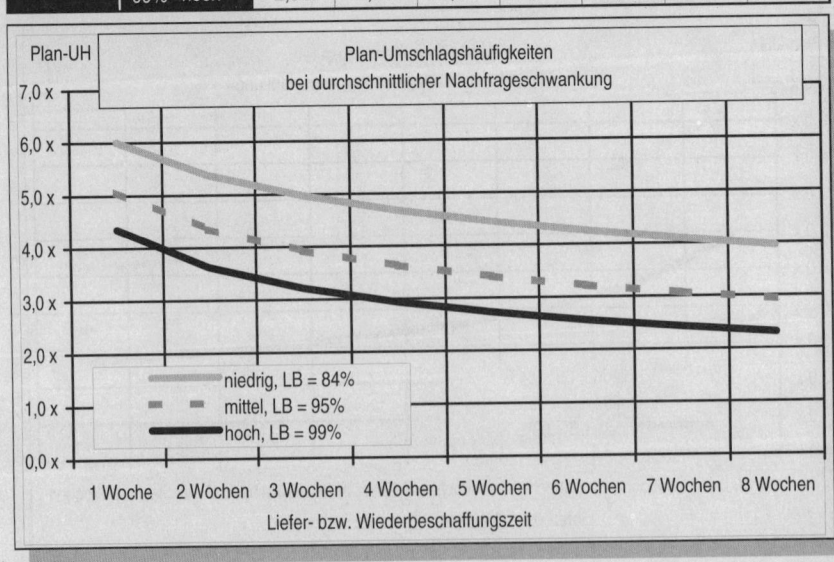

Plan-UH

Plan-Umschlagshäufigkeiten bei durchschnittlicher Nachfrageschwankung

- niedrig, LB = 84%
- mittel, LB = 95%
- hoch, LB = 99%

Liefer- bzw. Wiederbeschaffungszeit (1 Woche ... 8 Wochen)

V = Variationskoeffizient

PLAN-LAGERUMSCHLAG - TESTTABELLE
zur Beurteilung der Machbarkeit einer geplanten Lagersenkung

Ø Bestellmenge: 3,0 Monatsnachfragen	PLAN-LAGERUMSCHLAG

Beachte: Eine   **30-** prozentige Dispositionsreserve für nicht beeinflussbare Unregelmäßigkeiten (Störfälle) ist in den Planwerten berücksichtigt worden.

Nachfrage-schwan-kung (V)	Servicegrad bzw. Liefer-bereitschaft (LB)		PLAN-UMSCHLAGSHÄUFIGKEITEN, wenn die Liefer- bzw. Wiederbeschaffungszeit im Durchschnitt ... Monate beträgt						
			0,25 Mo	0,5 Mo	0,75 Mo	1 Mo	1,5 Mo	2 Mo	3 Mo
niedrig	84%	niedrig	4,9 x	4,7 x	4,6 x	4,4 x	4,2 x	4,1 x	3,8 x
	95%	mittel	4,6 x	4,3 x	4,1 x	3,9 x	3,6 x	3,5 x	3,2 x
	99%	hoch	4,3 x	3,9 x	3,6 x	3,5 x	3,2 x	3,0 x	2,7 x
durch-schnittlich	84%	niedrig	4,4 x	4,1 x	3,8 x	3,7 x	3,4 x	3,2 x	2,9 x
	95%	mittel	3,9 x	3,5 x	3,2 x	3,0 x	2,7 x	2,5 x	2,2 x
	99%	hoch	3,5 x	3,0 x	2,7 x	2,5 x	2,2 x	2,0 x	1,8 x
hoch	84%	niedrig	4,0 x	3,6 x	3,3 x	3,1 x	2,8 x	2,6 x	2,4 x
	95%	mittel	3,4 x	2,9 x	2,6 x	2,4 x	2,1 x	2,0 x	1,7 x
	99%	hoch	2,9 x	2,4 x	2,1 x	2,0 x	1,7 x	1,5 x	1,3 x
extrem hoch	84%	niedrig	3,7 x	3,2 x	2,9 x	2,7 x	2,4 x	2,2 x	2,0 x
	95%	mittel	3,0 x	2,5 x	2,2 x	2,0 x	1,8 x	1,6 x	1,4 x
	99%	hoch	2,5 x	2,0 x	1,8 x	1,6 x	1,4 x	1,2 x	1,1 x

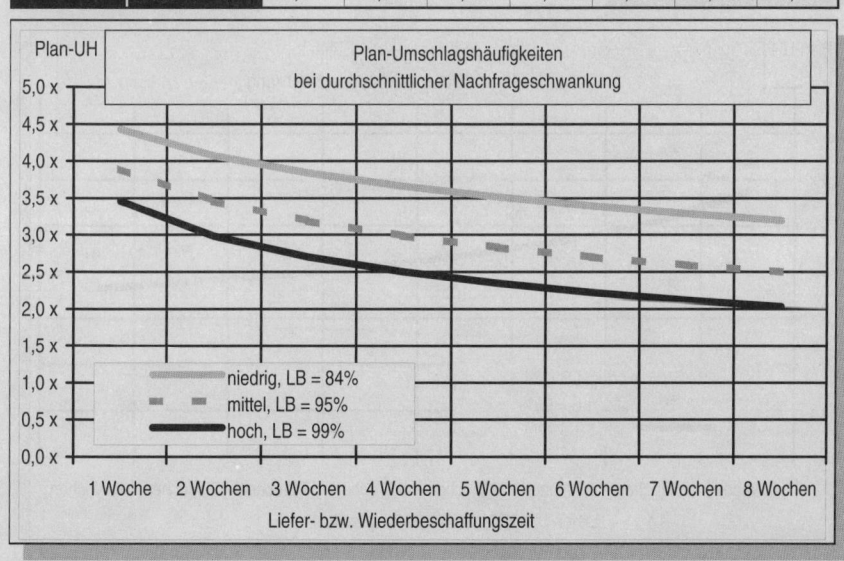

V = Variationskoeffizient

PLAN-LAGERUMSCHLAG - TESTTABELLE
zur Beurteilung der Machbarkeit einer geplanten Lagersenkung

Ø Bestellmenge: 4,0 Monatsnachfragen	PLAN-LAGERUMSCHLAG

Beachte: Eine **30-** prozentige Dispositionsreserve für nicht beeinflussbare Unregelmäßigkeiten (Störfälle) ist in den Planwerten berücksichtigt worden.

Nachfrage-schwan-kung (V)	Servicegrad bzw. Liefer-bereitschaft (LB)	PLAN-UMSCHLAGSHÄUFIGKEITEN, wenn die Liefer- bzw. Wiederbeschaffungszeit im Durchschnitt ... Monate beträgt						
		0,25 Mo	0,5 Mo	0,75 Mo	1 Mo	1,5 Mo	2 Mo	3 Mo
niedrig	84% niedrig	3,8 x	3,7 x	3,6 x	3,5 x	3,4 x	3,3 x	3,1 x
	95% mittel	3,6 x	3,4 x	3,3 x	3,2 x	3,0 x	2,9 x	2,7 x
	99% hoch	3,4 x	3,2 x	3,0 x	2,9 x	2,7 x	2,5 x	2,3 x
durch-schnittlich	84% niedrig	3,5 x	3,3 x	3,1 x	3,0 x	2,8 x	2,7 x	2,5 x
	95% mittel	3,2 x	2,9 x	2,7 x	2,5 x	2,3 x	2,2 x	2,0 x
	99% hoch	2,9 x	2,5 x	2,3 x	2,2 x	2,0 x	1,8 x	1,6 x
hoch	84% niedrig	3,2 x	3,0 x	2,8 x	2,6 x	2,4 x	2,3 x	2,1 x
	95% mittel	2,8 x	2,5 x	2,3 x	2,1 x	1,9 x	1,8 x	1,6 x
	99% hoch	2,5 x	2,1 x	1,9 x	1,8 x	1,6 x	1,4 x	1,2 x
extrem hoch	84% niedrig	3,0 x	2,7 x	2,5 x	2,3 x	2,1 x	2,0 x	1,8 x
	95% mittel	2,5 x	2,2 x	2,0 x	1,8 x	1,6 x	1,5 x	1,3 x
	99% hoch	2,2 x	1,8 x	1,6 x	1,5 x	1,3 x	1,2 x	1,0 x

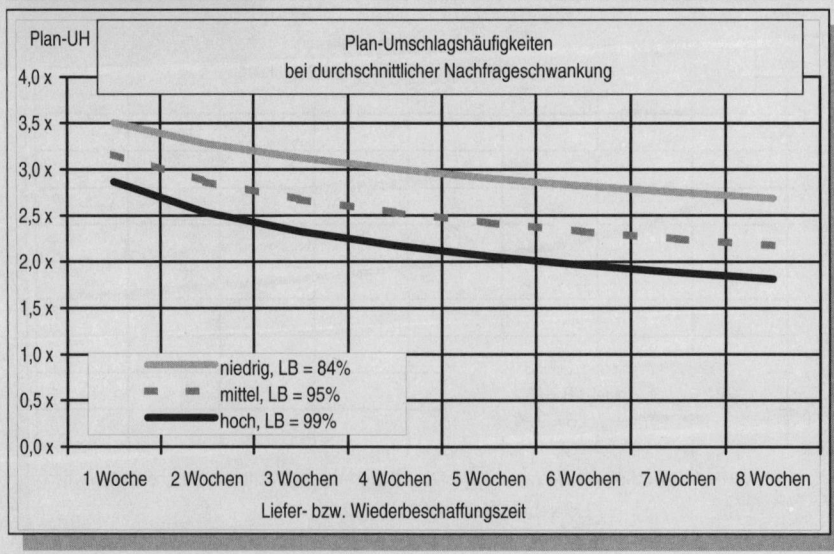

Plan-Umschlagshäufigkeiten bei durchschnittlicher Nachfrageschwankung

niedrig, LB = 84%
mittel, LB = 95%
hoch, LB = 99%

Liefer- bzw. Wiederbeschaffungszeit

V = Variationskoeffizient

PLAN-LAGERUMSCHLAG - TESTTABELLE
zur Beurteilung der Machbarkeit einer geplanten Lagersenkung

Ø Bestellmenge: 6,0 Monatsnachfragen	PLAN-LAGERUMSCHLAG

Beachte: Eine **30-** prozentige Dispositionsreserve für nicht beeinflussbare Unregelmäßigkeiten (Störfälle) ist in den Planwerten berücksichtigt worden.

Nachfrage-schwan-kung (V)	Servicegrad bzw. Liefer-bereitschaft (LB)		PLAN-UMSCHLAGSHÄUFIGKEITEN, wenn die Liefer- bzw. Wiederbeschaffungszeit im Durchschnitt ... Monate beträgt						
			0,25 Mo	0,5 Mo	0,75 Mo	1 Mo	1,5 Mo	2 Mo	3 Mo
niedrig	84%	niedrig	2,6 x	2,6 x	2,5 x	2,5 x	2,4 x	2,4 x	2,3 x
	95%	mittel	2,5 x	2,4 x	2,4 x	2,3 x	2,2 x	2,1 x	2,0 x
	99%	hoch	2,4 x	2,3 x	2,2 x	2,1 x	2,0 x	1,9 x	1,8 x
durch-schnittlich	84%	niedrig	2,5 x	2,4 x	2,3 x	2,2 x	2,1 x	2,0 x	1,9 x
	95%	mittel	2,3 x	2,1 x	2,0 x	1,9 x	1,8 x	1,7 x	1,6 x
	99%	hoch	2,1 x	1,9 x	1,8 x	1,7 x	1,6 x	1,5 x	1,3 x
hoch	84%	niedrig	2,3 x	2,2 x	2,1 x	2,0 x	1,9 x	1,8 x	1,7 x
	95%	mittel	2,1 x	1,9 x	1,8 x	1,7 x	1,6 x	1,5 x	1,3 x
	99%	hoch	1,9 x	1,7 x	1,6 x	1,5 x	1,3 x	1,2 x	1,1 x
extrem hoch	84%	niedrig	2,2 x	2,0 x	1,9 x	1,8 x	1,7 x	1,6 x	1,5 x
	95%	mittel	1,9 x	1,7 x	1,6 x	1,5 x	1,3 x	1,2 x	1,1 x
	99%	hoch	1,7 x	1,5 x	1,3 x	1,2 x	1,1 x	1,0 x	0,9 x

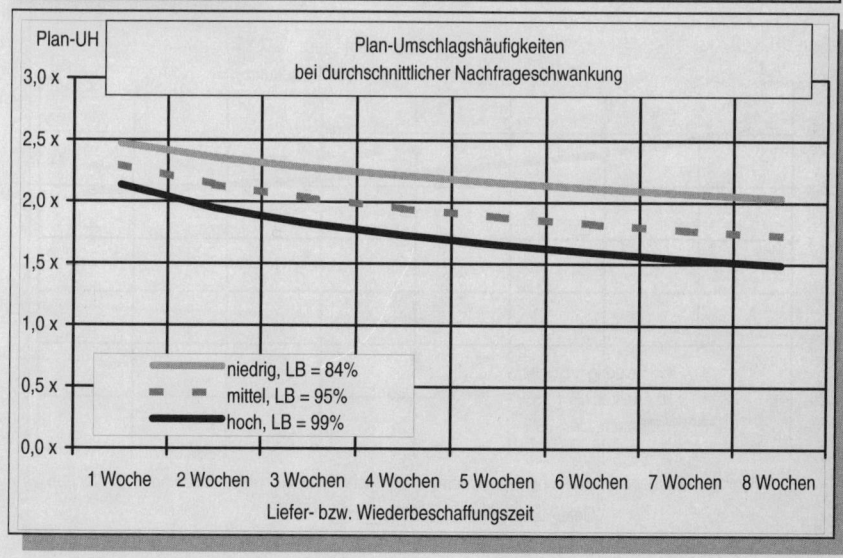

Plan-UH

Plan-Umschlagshäufigkeiten bei durchschnittlicher Nachfrageschwankung

— niedrig, LB = 84%
- - mittel, LB = 95%
— hoch, LB = 99%

Liefer- bzw. Wiederbeschaffungszeit

V = Variationskoeffizient

PLAN-LAGERUMSCHLAG - TESTTABELLE
zur Beurteilung der Machbarkeit einer geplanten Lagersenkung

Ø Bestellmenge: 12,0 Monatsnachfragen	PLAN-LAGERUMSCHLAG

Beachte: Eine **30-** prozentige Dispositionsreserve für nicht beeinflussbare Unregelmäßigkeiten (Störfälle) ist in den Planwerten berücksichtigt worden.

Nachfrage-schwankung (V)	Servicegrad bzw. Liefer-bereitschaft (LB)	PLAN-UMSCHLAGSHÄUFIGKEITEN, wenn die Liefer- bzw. Wiederbeschaffungszeit im Durchschnitt ... Monate beträgt						
		0,25 Mo	0,5 Mo	0,75 Mo	1 Mo	1,5 Mo	2 Mo	3 Mo
niedrig	84% niedrig	1,4 x	1,3 x	1,3 x	1,3 x	1,3 x	1,3 x	1,3 x
	95% mittel	1,3 x	1,3 x	1,3 x	1,3 x	1,2 x	1,2 x	1,2 x
	99% hoch	1,3 x	1,3 x	1,2 x	1,2 x	1,2 x	1,1 x	1,1 x
durch-schnittlich	84% niedrig	1,3 x	1,3 x	1,3 x	1,2 x	1,2 x	1,2 x	1,1 x
	95% mittel	1,3 x	1,2 x	1,2 x	1,1 x	1,1 x	1,1 x	1,0 x
	99% hoch	1,2 x	1,1 x	1,1 x	1,1 x	1,0 x	1,0 x	0,9 x
hoch	84% niedrig	1,3 x	1,2 x	1,2 x	1,2 x	1,1 x	1,1 x	1,0 x
	95% mittel	1,2 x	1,1 x	1,1 x	1,1 x	1,0 x	1,0 x	0,9 x
	99% hoch	1,1 x	1,1 x	1,0 x	1,0 x	0,9 x	0,8 x	0,8 x
extrem hoch	84% niedrig	1,2 x	1,2 x	1,1 x	1,1 x	1,1 x	1,0 x	1,0 x
	95% mittel	1,1 x	1,1 x	1,0 x	1,0 x	0,9 x	0,9 x	0,8 x
	99% hoch	1,1 x	1,0 x	0,9 x	0,9 x	0,8 x	0,7 x	0,7 x

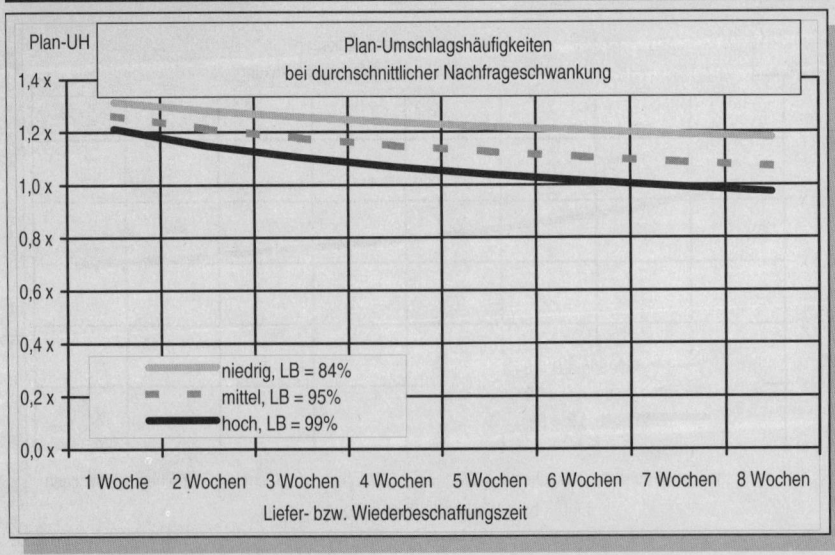

V = Variationskoeffizient

SICHERHEITSLAGER-FAKTOREN

| Sicherheitslager | = | Ø Monatsnachfrage | x | Tabellenfaktor |

V	SG	Normalver- teilung z(ϕ) ϕ(z) = 84% für z = 1	Lieferzeit bzw. Wiederbeschaffungszeit					
			1/7 Wo 1 Tag	1 Wo 0,25 Mo	2 Wo 0,5 Mo	4 Wo 1 Mo	6 Wo 1,5 Mo	8 Wo 2 Mo
0,4	70%	0,524	0,04	0,10	0,15	0,21	0,26	0,30
(0,2	84%	1,000	0,08	0,20	0,28	**0,40**	0,49	0,57
bis	95%	1,645	0,12	0,33	0,47	0,66	0,81	0,93
0,6)	99%	2,326	0,18	0,47	0,66	0,93	1,14	1,32
0,8	70%	0,524	0,08	0,21	0,30	0,42	0,51	0,59
(0,6	84%	1,000	0,15	0,40	0,57	**0,80**	0,98	1,13
bis	95%	1,645	0,25	0,66	0,93	1,32	1,61	1,86
1)	99%	2,326	0,35	0,93	1,32	1,86	2,28	2,63
1,2	70%	0,524	0,12	0,31	0,44	0,63	0,77	0,89
(1	84%	1,000	0,23	0,60	0,85	**1,20**	1,47	1,70
bis	95%	1,645	0,37	0,99	1,40	1,97	2,42	2,79
1,4)	99%	2,326	0,53	1,40	1,97	2,79	3,42	3,95
1,6	70%	0,524	0,16	0,42	0,59	0,84	1,03	1,19
(1,4	84%	1,000	0,30	0,80	1,13	**1,60**	1,96	2,26
bis	95%	1,645	0,50	1,32	1,86	2,63	3,22	3,72
1,8)	99%	2,326	0,70	1,86	2,63	3,72	4,56	5,26

V = Variationskoeffizient; SG = Servicegrad

Anwendungsbeispiel:

Wenn:	Ø Monatsnachfrage................................	**5 Stück**
	Nachfrageschwankung.............................	**mittel (V = 0,8)**
	gewünschter SG......................................	**95%**
	Wiederbeschaffungszeit...........................	**1 Monat**

Dann: S = 5 x 1,32 .... **7**

Weil: **S = Ø NFR p.m. x Tabellenfaktor**

Testtabellen zu Kapitel 12

Soll-Meldemenge

SMM	=	Ø Nachfrage wd. WBZ	+	Sicherheitslager (S)	

Servicegrad (SG) Lieferbereitschaft(LB)		Variations- koeffizient (V)	
70%	84%	0,4	0,8
95%	99%	1,2	1,6

Nachfrage		Voraussichtliche Wiederbeschaffungszeit					
Ø p.a.	Ø p.m.	1/7 Wo 1 Tag	1 Wo 0,25 Mo	2 Wo 0,5 Mo	4 Wo 1 Mo	6 Wo 1,5 Mo	8 Wo 2 Mo
S		0,040	0,105	0,148	0,210	0,257	0,297
+ Ø NFR		0,036	0,250	0,500	1,000	1,500	2,000
= Multiplikator		0,075	0,355	0,648	1,210	1,757	2,297
5	0,4	0	0	0	1	1	1
10	0,8	0	0	1	1	1	2
15	1,3	0	0	1	2	2	3
20	1,7	0	1	1	2	3	4
25	2,1	0	1	1	3	4	5
30	2,5	0	1	2	3	4	6
35	2,9	0	1	2	4	5	7
40	3,3	0	1	2	4	6	8
45	3,8	0	1	2	5	7	9
50	4,2	0	1	3	5	7	10
55	4,6	0	2	3	6	8	11
60	5,0	0	2	3	6	9	11
65	5,4	0	2	4	7	10	12
70	5,8	0	2	4	7	10	13
75	6,3	0	2	4	8	11	14
80	6,7	1	2	4	8	12	15
85	7,1	1	3	5	9	12	16
90	7,5	1	3	5	9	13	17
95	7,9	1	3	5	10	14	18
100	8,3	1	3	5	10	15	19
120	10,0	1	4	6	12	18	23

Anwendungsbeispiel:

Wenn:	Ø Monatsnachfrage.................................	5 Stück
	Nachfrageschwankung............................	niedrig (V = 0,4)
	gewünschter SG..	70%
	Wiederbeschaffungszeit...........................	1 Monat
Dann:	Soll-Meldemenge lt. Tab........................	6
Weil:	SMM = Ø NFR p.m. x Multiplikator	

Soll-Meldemenge

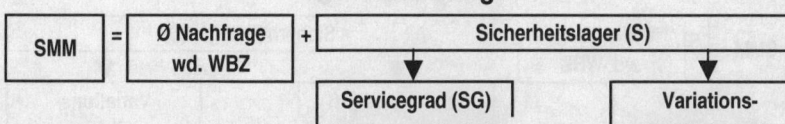

SMM =	Ø Nachfrage wd. WBZ	+	Sicherheitslager (S)			

Servicegrad (SG) Lieferbereitschaft(LB)		Variations- koeffizient (V)	
70%	84%	0,4	0,8
95%	99%	1,2	1,6

Nachfrage		Voraussichtliche Wiederbeschaffungszeit					
Ø p.a.	Ø p.m.	1/7 Wo 1 Tag	1 Wo 0,25 Mo	2 Wo 0,5 Mo	4 Wo 1 Mo	6 Wo 1,5 Mo	8 Wo 2 Mo
S		0,075	0,199	0,281	0,398	0,487	0,563
+ Ø NFR		0,036	0,250	0,500	1,000	1,500	2,000
= Multiplikator		**0,111**	**0,449**	**0,781**	**1,398**	**1,987**	**2,563**
5	0,4	0	0	0	1	1	1
10	0,8	0	0	1	1	2	2
15	1,3	0	1	1	2	2	3
20	1,7	0	1	1	2	3	4
25	2,1	0	1	2	3	4	5
30	2,5	0	1	2	3	5	6
35	2,9	0	1	2	4	6	7
40	3,3	0	1	3	5	7	9
45	3,8	0	2	3	5	7	10
50	4,2	0	2	3	6	8	11
55	4,6	1	2	4	6	9	12
60	5,0	1	2	4	7	10	13
65	5,4	1	2	4	8	11	14
70	5,8	1	3	5	8	12	15
75	6,3	1	3	5	9	12	16
80	6,7	1	3	5	9	13	17
85	7,1	1	3	6	10	14	18
90	7,5	1	3	6	10	15	19
95	7,9	1	4	6	11	16	20
100	8,3	1	4	7	12	17	21
120	10,0	1	4	8	14	20	26

Anwendungsbeispiel:

Wenn:	Ø Monatsnachfrage...............................	5 Stück
	Nachfrageschwankung............................	niedrig (V = 0,4)
	gewünschter SG.......................................	84%
	Wiederbeschaffungszeit............................	1 Monat
Dann:	Soll-Meldemenge lt. Tab........................	7
Weil:	SMM = Ø NFR p.m. x Multiplikator	

Soll-Meldemenge

SMM	=	Ø Nachfrage wd. WBZ	+	Sicherheitslager (S)	

			Servicegrad (SG) Lieferbereitschaft(LB)		Variations- koeffizient (V)	
			70%	84%	0,4	0,8
			95%	99%	1,2	1,6

Nachfrage		Voraussichtliche Wiederbeschaffungszeit					
Ø p.a.	Ø p.m.	1/7 Wo 1 Tag	1 Wo 0,25 Mo	2 Wo 0,5 Mo	4 Wo 1 Mo	6 Wo 1,5 Mo	8 Wo 2 Mo
S		0,124	0,329	0,465	0,658	0,806	0,930
+ Ø NFR		0,036	0,250	0,500	1,000	1,500	2,000
= Multiplikator		0,160	0,579	0,965	1,658	2,306	2,930
5	0,4	0	0	0	1	1	1
10	0,8	0	0	1	1	2	2
15	1,3	0	1	1	2	3	4
20	1,7	0	1	2	3	4	5
25	2,1	0	1	2	3	5	6
30	2,5	0	1	2	4	6	7
35	2,9	0	2	3	5	7	9
40	3,3	1	2	3	6	8	10
45	3,8	1	2	4	6	9	11
50	4,2	1	2	4	7	10	12
55	4,6	1	3	4	8	11	13
60	5,0	1	3	5	8	12	15
65	5,4	1	3	5	9	12	16
70	5,8	1	3	6	10	13	17
75	6,3	1	4	6	10	14	18
80	6,7	1	4	6	11	15	20
85	7,1	1	4	7	12	16	21
90	7,5	1	4	7	12	17	22
95	7,9	1	5	8	13	18	23
100	8,3	1	5	8	14	19	24
120	10,0	2	6	10	17	23	29

Anwendungsbeispiel:

Wenn:	Ø Monatsnachfrage...............................	5 Stück
	Nachfrageschwankung............................	niedrig (V = 0,4)
	gewünschter SG..	95%
	Wiederbeschaffungszeit............................	1 Monat
Dann:	Soll-Meldemenge lt. Tab........................	8
Weil:	SMM = Ø NFR p.m. x Multiplikator	

Soll-Meldemenge

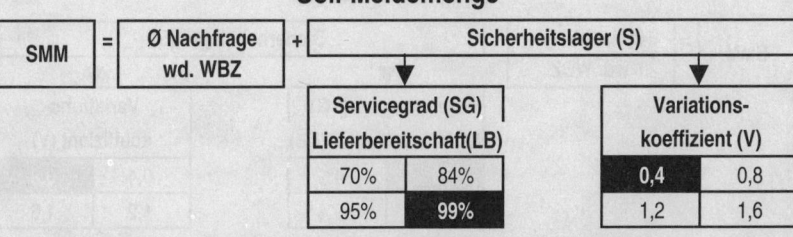

SMM	=	Ø Nachfrage wd. WBZ	+	Sicherheitslager (S)	

Servicegrad (SG) Lieferbereitschaft(LB)		Variations- koeffizient (V)	
70%	84%	0,4	0,8
95%	99%	1,2	1,6

Nachfrage		Voraussichtliche Wiederbeschaffungszeit					
Ø p.a.	Ø p.m.	1/7 Wo 1 Tag	1 Wo 0,25 Mo	2 Wo 0,5 Mo	4 Wo 1 Mo	6 Wo 1,5 Mo	8 Wo 2 Mo
S		0,176	0,465	0,658	0,931	1,140	1,316
+ Ø NFR		0,036	0,250	0,500	1,000	1,500	2,000
= Multiplikator		0,212	0,715	1,158	1,931	2,640	3,316
5	0,4	0	0	0	1	1	1
10	0,8	0	1	1	2	2	3
15	1,3	0	1	1	2	3	4
20	1,7	0	1	2	3	4	6
25	2,1	0	1	2	4	5	7
30	2,5	1	2	3	5	7	8
35	2,9	1	2	3	6	8	10
40	3,3	1	2	4	6	9	11
45	3,8	1	3	4	7	10	12
50	4,2	1	3	5	8	11	14
55	4,6	1	3	5	9	12	15
60	5,0	1	4	6	10	13	17
65	5,4	1	4	6	10	14	18
70	5,8	1	4	7	11	15	19
75	6,3	1	4	7	12	16	21
80	6,7	1	5	8	13	18	22
85	7,1	1	5	8	14	19	23
90	7,5	2	5	9	14	20	25
95	7,9	2	6	9	15	21	26
100	8,3	2	6	10	16	22	28
120	10,0	2	7	12	19	26	33

Anwendungsbeispiel:

Wenn:	Ø Monatsnachfrage...............................	5 Stück
	Nachfrageschwankung............................	niedrig (V = 0,4)
	gewünschter SG......................................	99%
	Wiederbeschaffungszeit...........................	1 Monat
Dann:	Soll-Meldemenge lt. Tab........................	10
Weil:	SMM = Ø NFR p.m. x Multiplikator	

Soll-Meldemenge

SMM	=	Ø Nachfrage wd. WBZ	+	Sicherheitslager (S)		

Servicegrad (SG) Lieferbereitschaft(LB)		Variations- koeffizient (V)	
70%	84%	0,4	0,8
95%	99%	1,2	1,6

Nachfrage		Voraussichtliche Wiederbeschaffungszeit					
Ø p.a.	Ø p.m.	1/7 Wo 1 Tag	1 Wo 0,25 Mo	2 Wo 0,5 Mo	4 Wo 1 Mo	6 Wo 1,5 Mo	8 Wo 2 Mo
S		0,079	0,210	0,297	0,420	0,514	0,593
+ Ø NFR		0,036	0,250	0,500	1,000	1,500	2,000
= Multiplikator		0,115	0,460	0,797	1,420	2,014	2,593
5	0,4	0	0	0	1	1	1
10	0,8	0	0	1	1	2	2
15	1,3	0	1	1	2	3	3
20	1,7	0	1	1	2	3	4
25	2,1	0	1	2	3	4	5
30	2,5	0	1	2	4	5	6
35	2,9	0	1	2	4	6	8
40	3,3	0	2	3	5	7	9
45	3,8	0	2	3	5	8	10
50	4,2	0	2	3	6	8	11
55	4,6	1	2	4	7	9	12
60	5,0	1	2	4	7	10	13
65	5,4	1	2	4	8	11	14
70	5,8	1	3	5	8	12	15
75	6,3	1	3	5	9	13	16
80	6,7	1	3	5	9	13	17
85	7,1	1	3	6	10	14	18
90	7,5	1	3	6	11	15	19
95	7,9	1	4	6	11	16	21
100	8,3	1	4	7	12	17	22
120	10,0	1	5	8	14	20	26

Anwendungsbeispiel:

Wenn:
Ø Monatsnachfrage.............................. 5 Stück
Nachfrageschwankung.......................... mittel (V = 0,8)
gewünschter SG....................................... 70%
Wiederbeschaffungszeit........................... 1 Monat

Dann: Soll-Meldemenge lt. Tab........................ 7

Weil: SMM = Ø NFR p.m. x Multiplikator

Soll-Meldemenge

SMM	=	Ø Nachfrage wd. WBZ	+	Sicherheitslager (S)		

		Servicegrad (SG) Lieferbereitschaft(LB)		Variations- koeffizient (V)	
		70%	84%	0,4	0,8
		95%	99%	1,2	1,6

Nachfrage		Voraussichtliche Wiederbeschaffungszeit					
Ø p.a.	Ø p.m.	1/7 Wo 1 Tag	1 Wo 0,25 Mo	2 Wo 0,5 Mo	4 Wo 1 Mo	6 Wo 1,5 Mo	8 Wo 2 Mo
S		0,150	0,398	0,563	0,796	0,974	1,125
+ Ø NFR		0,036	0,250	0,500	1,000	1,500	2,000
= Multiplikator		0,186	0,648	1,063	1,796	2,474	3,125
5	0,4	0	0	0	1	1	1
10	0,8	0	1	1	1	2	3
15	1,3	0	1	1	2	3	4
20	1,7	0	1	2	3	4	5
25	2,1	0	1	2	4	5	7
30	2,5	0	2	3	4	6	8
35	2,9	1	2	3	5	7	9
40	3,3	1	2	4	6	8	10
45	3,8	1	2	4	7	9	12
50	4,2	1	3	4	7	10	13
55	4,6	1	3	5	8	11	14
60	5,0	1	3	5	9	12	16
65	5,4	1	4	6	10	13	17
70	5,8	1	4	6	10	14	18
75	6,3	1	4	7	11	15	20
80	6,7	1	4	7	12	16	21
85	7,1	1	5	8	13	18	22
90	7,5	1	5	8	13	19	23
95	7,9	1	5	8	14	20	25
100	8,3	2	5	9	15	21	26
120	10,0	2	6	11	18	25	31

Anwendungsbeispiel:

Wenn:	Ø Monatsnachfrage..............................	5 Stück
	Nachfrageschwankung...........................	mittel (V = 0,8)
	gewünschter SG......................................	84%
	Wiederbeschaffungszeit...........................	1 Monat
Dann:	Soll-Meldemenge lt. Tab......................	9
Weil:	SMM = Ø NFR p.m. x Multiplikator	

1   2   3   4   5   6   7   8   9   10   11   12   13   14   15

Soll-Meldemenge

SMM	=	Ø Nachfrage wd. WBZ	+	Sicherheitslager (S)	

	Servicegrad (SG) Lieferbereitschaft(LB)		Variations-koeffizient (V)	
	70%	84%	0,4	**0,8**
	95%	99%	1,2	1,6

Nachfrage		Voraussichtliche Wiederbeschaffungszeit					
Ø p.a.	Ø p.m.	1/7 Wo 1 Tag	1 Wo 0,25 Mo	2 Wo 0,5 Mo	4 Wo 1 Mo	6 Wo 1,5 Mo	8 Wo 2 Mo
S		0,249	0,658	0,930	1,316	1,612	1,861
+ Ø NFR		0,036	0,250	0,500	1,000	1,500	2,000
= Multiplikator		**0,284**	**0,908**	**1,430**	**2,316**	**3,112**	**3,861**
5	0,4	0	0	1	1	1	2
10	0,8	0	1	1	2	3	3
15	1,3	0	1	2	3	4	5
20	1,7	0	2	2	4	5	6
25	2,1	1	2	3	5	6	8
30	2,5	1	2	4	6	8	10
35	2,9	1	3	4	7	9	11
40	3,3	1	3	5	8	10	13
45	3,8	1	3	5	9	12	14
50	4,2	1	4	6	10	13	16
55	4,6	1	4	7	11	14	18
60	5,0	1	5	7	12	16	19
65	5,4	2	5	8	13	17	21
70	5,8	2	5	8	14	18	23
75	6,3	2	6	9	14	19	24
80	6,7	2	6	10	15	21	26
85	7,1	2	6	10	16	22	27
90	7,5	2	7	11	17	23	29
95	7,9	2	7	11	18	25	31
100	8,3	2	8	12	19	26	32
120	10,0	3	9	14	23	31	39

Anwendungsbeispiel:

Wenn:

Ø Monatsnachfrage................................. 5 Stück

Nachfrageschwankung............................ mittel (V = 0,8)

gewünschter SG...................................... 95%

Wiederbeschaffungszeit............................ 1 Monat

Dann: Soll-Meldemenge lt. Tab...................... 12

Weil: SMM = Ø NFR p.m. x Multiplikator

Soll-Meldemenge

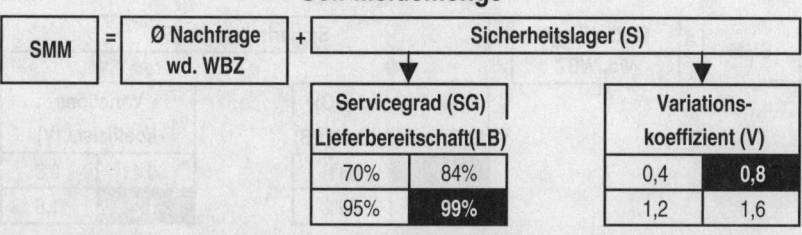

| SMM | = | Ø Nachfrage wd. WBZ | + | Sicherheitslager (S) | | |

	Servicegrad (SG) Lieferbereitschaft(LB)		Variations- koeffizient (V)	
70%	84%	0,4	0,8
95%	99%	1,2	1,6

Nachfrage		Voraussichtliche Wiederbeschaffungszeit					
Ø p.a.	Ø p.m.	1/7 Wo 1 Tag	1 Wo 0,25 Mo	2 Wo 0,5 Mo	4 Wo 1 Mo	6 Wo 1,5 Mo	8 Wo 2 Mo
S		0,352	0,931	1,316	1,861	2,279	2,632
+ Ø NFR		0,036	0,250	0,500	1,000	1,500	2,000
= Multiplikator		0,387	1,181	1,816	2,861	3,779	4,632
5	0,4	0	0	1	1	2	2
10	0,8	0	1	2	2	3	4
15	1,3	0	1	2	4	5	6
20	1,7	1	2	3	5	6	8
25	2,1	1	2	4	6	8	10
30	2,5	1	3	5	7	9	12
35	2,9	1	3	5	8	11	14
40	3,3	1	4	6	10	13	15
45	3,8	1	4	7	11	14	17
50	4,2	2	5	8	12	16	19
55	4,6	2	5	8	13	17	21
60	5,0	2	6	9	14	19	23
65	5,4	2	6	10	15	20	25
70	5,8	2	7	11	17	22	27
75	6,3	2	7	11	18	24	29
80	6,7	3	8	12	19	25	31
85	7,1	3	8	13	20	27	33
90	7,5	3	9	14	21	28	35
95	7,9	3	9	14	23	30	37
100	8,3	3	10	15	24	31	39
120	10,0	4	12	18	29	38	46

Anwendungsbeispiel:

Wenn:	Ø Monatsnachfrage...............................	5 Stück
	Nachfrageschwankung............................	mittel (V = 0,8)
	gewünschter SG.......................................	99%
	Wiederbeschaffungszeit............................	1 Monat
Dann:	Soll-Meldemenge lt. Tab......................	14
Weil:	SMM = Ø NFR p.m. x Multiplikator	

1 2 3 4 5 6 7 8 9 10 11 12 13 14 15

Soll-Meldemenge

| SMM | = | Ø Nachfrage wd. WBZ | + | Sicherheitslager (S) | | | |

		Servicegrad (SG) Lieferbereitschaft(LB)		Variations- koeffizient (V)	
		70%	84%	0,4	0,8
		95%	99%	1,2	1,6

Nachfrage		Voraussichtliche Wiederbeschaffungszeit					
Ø p.a.	Ø p.m.	1/7 Wo 1 Tag	1 Wo 0,25 Mo	2 Wo 0,5 Mo	4 Wo 1 Mo	6 Wo 1,5 Mo	8 Wo 2 Mo
S		0,119	0,315	0,445	0,629	0,771	0,890
+ Ø NFR		0,036	0,250	0,500	1,000	1,500	2,000
= Multiplikator		0,155	0,565	0,945	1,629	2,271	2,890
5	0,4	0	0	0	1	1	1
10	0,8	0	0	1	1	2	2
15	1,3	0	1	1	2	3	4
20	1,7	0	1	2	3	4	5
25	2,1	0	1	2	3	5	6
30	2,5	0	1	2	4	6	7
35	2,9	0	2	3	5	7	8
40	3,3	1	2	3	5	8	10
45	3,8	1	2	4	6	9	11
50	4,2	1	2	4	7	9	12
55	4,6	1	3	4	7	10	13
60	5,0	1	3	5	8	11	14
65	5,4	1	3	5	9	12	16
70	5,8	1	3	6	10	13	17
75	6,3	1	4	6	10	14	18
80	6,7	1	4	6	11	15	19
85	7,1	1	4	7	12	16	20
90	7,5	1	4	7	12	17	22
95	7,9	1	4	7	13	18	23
100	8,3	1	5	8	14	19	24
120	10,0	2	6	9	16	23	29

Anwendungsbeispiel:

Wenn:	Ø Monatsnachfrage.................................	5 Stück
	Nachfrageschwankung............................	hoch (V = 1,2)
	gewünschter SG.......................................	70%
	Wiederbeschaffungszeit............................	1 Monat
Dann:	Soll-Meldemenge lt. Tab......................	8

Weil: SMM = Ø NFR p.m. x Multiplikator

Soll-Meldemenge

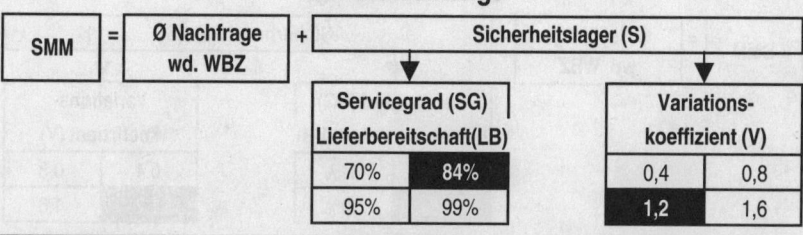

| SMM | = | Ø Nachfrage wd. WBZ | + | Sicherheitslager (S) | |

Servicegrad (SG) Lieferbereitschaft(LB)		Variations- koeffizient (V)	
70%	84%	0,4	0,8
95%	99%	1,2	1,6

Nachfrage		Voraussichtliche Wiederbeschaffungszeit					
Ø p.a.	Ø p.m.	1/7 Wo 1 Tag	1 Wo 0,25 Mo	2 Wo 0,5 Mo	4 Wo 1 Mo	6 Wo 1,5 Mo	8 Wo 2 Mo
S		0,226	0,597	0,844	1,193	1,462	1,688
+ Ø NFR		0,036	0,250	0,500	1,000	1,500	2,000
= Multiplikator		0,261	0,847	1,344	2,193	2,962	3,688
5	0,4	0	0	1	1	1	2
10	0,8	0	1	1	2	2	3
15	1,3	0	1	2	3	4	5
20	1,7	0	1	2	4	5	6
25	2,1	1	2	3	5	6	8
30	2,5	1	2	3	5	7	9
35	2,9	1	2	4	6	9	11
40	3,3	1	3	4	7	10	12
45	3,8	1	3	5	8	11	14
50	4,2	1	4	6	9	12	15
55	4,6	1	4	6	10	14	17
60	5,0	1	4	7	11	15	18
65	5,4	1	5	7	12	16	20
70	5,8	2	5	8	13	17	22
75	6,3	2	5	8	14	19	23
80	6,7	2	6	9	15	20	25
85	7,1	2	6	10	16	21	26
90	7,5	2	6	10	16	22	28
95	7,9	2	7	11	17	23	29
100	8,3	2	7	11	18	25	31
120	10,0	3	8	13	22	30	37

Anwendungsbeispiel:

Wenn:	Ø Monatsnachfrage..............................	5 Stück
	Nachfrageschwankung............................	hoch (V = 1,2)
	gewünschter SG....................................	84%
	Wiederbeschaffungszeit...........................	1 Monat
Dann:	Soll-Meldemenge lt. Tab.......................	11
Weil:	SMM = Ø NFR p.m. x Multiplikator	

1
2
3
4
5
6
7
8
9
10
11
12
13
14
15

Soll-Meldemenge

SMM	=	Ø Nachfrage wd. WBZ	+	Sicherheitslager (S)	

	Servicegrad (SG) Lieferbereitschaft(LB)		Variations-koeffizient (V)	
	70%	84%	0,4	0,8
	95%	99%	1,2	1,6

Nachfrage		Voraussichtliche Wiederbeschaffungszeit					
Ø p.a.	Ø p.m.	1/7 Wo 1 Tag	1 Wo 0,25 Mo	2 Wo 0,5 Mo	4 Wo 1 Mo	6 Wo 1,5 Mo	8 Wo 2 Mo
S		0,373	0,987	1,396	1,974	2,417	2,791
+ Ø NFR		0,036	0,250	0,500	1,000	1,500	2,000
= Multiplikator		0,409	1,237	1,896	2,974	3,917	4,791
5	0,4	0	1	1	1	2	2
10	0,8	0	1	2	2	3	4
15	1,3	1	2	2	4	5	6
20	1,7	1	2	3	5	7	8
25	2,1	1	3	4	6	8	10
30	2,5	1	3	5	7	10	12
35	2,9	1	4	6	9	11	14
40	3,3	1	4	6	10	13	16
45	3,8	2	5	7	11	15	18
50	4,2	2	5	8	12	16	20
55	4,6	2	6	9	14	18	22
60	5,0	2	6	9	15	20	24
65	5,4	2	7	10	16	21	26
70	5,8	2	7	11	17	23	28
75	6,3	3	8	12	19	24	30
80	6,7	3	8	13	20	26	32
85	7,1	3	9	13	21	28	34
90	7,5	3	9	14	22	29	36
95	7,9	3	10	15	24	31	38
100	8,3	3	10	16	25	33	40
120	10,0	4	12	19	30	39	48

Anwendungsbeispiel:

Wenn:

Ø Monatsnachfrage..............................	5 Stück
Nachfrageschwankung............................	hoch (V = 1,2)
gewünschter SG.......................................	95%
Wiederbeschaffungszeit...........................	1 Monat

Dann: Soll-Meldemenge lt. Tab...................... **15**

Weil: SMM = Ø NFR p.m. x Multiplikator

Soll-Meldemenge

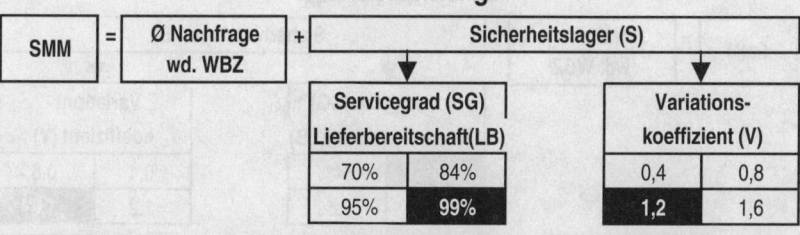

Nachfrage		Voraussichtliche Wiederbeschaffungszeit					
Ø p.a.	Ø p.m.	1/7 Wo 1 Tag	1 Wo 0,25 Mo	2 Wo 0,5 Mo	4 Wo 1 Mo	6 Wo 1,5 Mo	8 Wo 2 Mo
S		0,528	1,396	1,974	2,792	3,419	3,948
+ Ø NFR		0,036	0,250	0,500	1,000	1,500	2,000
= Multiplikator		0,563	1,646	2,474	3,792	4,919	5,948
5	0,4	0	1	1	2	2	2
10	0,8	0	1	2	3	4	5
15	1,3	1	2	3	5	6	7
20	1,7	1	3	4	6	8	10
25	2,1	1	3	5	8	10	12
30	2,5	1	4	6	9	12	15
35	2,9	2	5	7	11	14	17
40	3,3	2	5	8	13	16	20
45	3,8	2	6	9	14	18	22
50	4,2	2	7	10	16	20	25
55	4,6	3	8	11	17	23	27
60	5,0	3	8	12	19	25	30
65	5,4	3	9	13	21	27	32
70	5,8	3	10	14	22	29	35
75	6,3	4	10	15	24	31	37
80	6,7	4	11	16	25	33	40
85	7,1	4	12	18	27	35	42
90	7,5	4	12	19	28	37	45
95	7,9	4	13	20	30	39	47
100	8,3	5	14	21	32	41	50
120	10,0	6	16	25	38	49	59

Anwendungsbeispiel:

Wenn:

Ø Monatsnachfrage............................... 5 Stück

Nachfrageschwankung........................... hoch (V = 1,2)

gewünschter SG....................................... 99%

Wiederbeschaffungszeit........................... 1 Monat

Dann: Soll-Meldemenge lt. Tab........................ 19

Weil: SMM = Ø NFR p.m. x Multiplikator

Soll-Meldemenge

SMM	=	Ø Nachfrage wd. WBZ	+	Sicherheitslager (S)	

Servicegrad (SG) Lieferbereitschaft(LB)		Variations- koeffizient (V)	
70%	84%	0,4	0,8
95%	99%	1,2	**1,6**

Nachfrage		Voraussichtliche Wiederbeschaffungszeit					
Ø p.a.	Ø p.m.	1/7 Wo 1 Tag	1 Wo 0,25 Mo	2 Wo 0,5 Mo	4 Wo 1 Mo	6 Wo 1,5 Mo	8 Wo 2 Mo
S		0,159	0,420	0,593	0,839	1,028	1,187
+ Ø NFR		0,036	0,250	0,500	1,000	1,500	2,000
= Multiplikator		**0,194**	**0,670**	**1,093**	**1,839**	**2,528**	**3,187**
5	0,4	0	0	0	1	1	1
10	0,8	0	1	1	2	2	3
15	1,3	0	1	1	2	3	4
20	1,7	0	1	2	3	4	5
25	2,1	0	1	2	4	5	7
30	2,5	0	2	3	5	6	8
35	2,9	1	2	3	5	7	9
40	3,3	1	2	4	6	8	11
45	3,8	1	3	4	7	9	12
50	4,2	1	3	5	8	11	13
55	4,6	1	3	5	8	12	15
60	5,0	1	3	5	9	13	16
65	5,4	1	4	6	10	14	17
70	5,8	1	4	6	11	15	19
75	6,3	1	4	7	11	16	20
80	6,7	1	4	7	12	17	21
85	7,1	1	5	8	13	18	23
90	7,5	1	5	8	14	19	24
95	7,9	2	5	9	15	20	25
100	8,3	2	6	9	15	21	27
120	10,0	2	7	11	18	25	32

Anwendungsbeispiel:

Wenn:

Ø Monatsnachfrage...............................	5 Stück
Nachfrageschwankung............................	sehr hoch (V = 1,6)
gewünschter SG......................................	70%
Wiederbeschaffungszeit............................	1 Monat

Dann: Soll-Meldemenge lt. Tab...................... **9**

Weil: SMM = Ø NFR p.m. x Multiplikator

Soll-Meldemenge

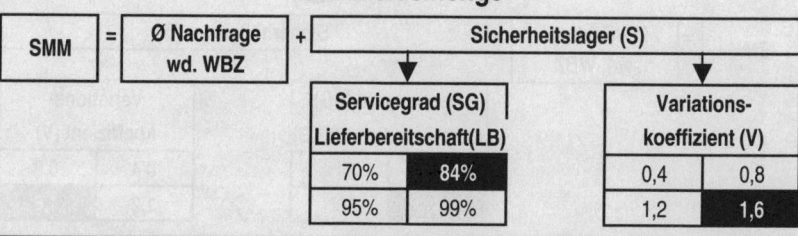

SMM	=	Ø Nachfrage wd. WBZ	+	Sicherheitslager (S)

Servicegrad (SG) Lieferbereitschaft(LB)		Variations- koeffizient (V)	
70%	84%	0,4	0,8
95%	99%	1,2	1,6

Nachfrage		Voraussichtliche Wiederbeschaffungszeit					
Ø p.a.	Ø p.m.	1/7 Wo 1 Tag	1 Wo 0,25 Mo	2 Wo 0,5 Mo	4 Wo 1 Mo	6 Wo 1,5 Mo	8 Wo 2 Mo
S		0,301	0,796	1,125	1,591	1,949	2,250
+ Ø NFR		0,036	0,250	0,500	1,000	1,500	2,000
= Multiplikator		0,336	1,046	1,625	2,591	3,449	4,250
5	0,4	0	0	1	1	1	2
10	0,8	0	1	1	2	3	4
15	1,3	0	1	2	3	4	5
20	1,7	1	2	3	4	6	7
25	2,1	1	2	3	5	7	9
30	2,5	1	3	4	6	9	11
35	2,9	1	3	5	8	10	12
40	3,3	1	3	5	9	11	14
45	3,8	1	4	6	10	13	16
50	4,2	1	4	7	11	14	18
55	4,6	2	5	7	12	16	19
60	5,0	2	5	8	13	17	21
65	5,4	2	6	9	14	19	23
70	5,8	2	6	9	15	20	25
75	6,3	2	7	10	16	22	27
80	6,7	2	7	11	17	23	28
85	7,1	2	7	12	18	24	30
90	7,5	3	8	12	19	26	32
95	7,9	3	8	13	21	27	34
100	8,3	3	9	14	22	29	35
120	10,0	3	10	16	26	34	43

Anwendungsbeispiel:

Wenn:

Ø Monatsnachfrage............................. 5 Stück

Nachfrageschwankung........................... sehr hoch (V = 1,6)

gewünschter SG...................... 84%

Wiederbeschaffungszeit.......................... 1 Monat

Dann: Soll-Meldemenge lt. Tab....................... 13

Weil: SMM = Ø NFR p.m. x Multiplikator

Soll-Meldemenge

SMM	=	Ø Nachfrage wd. WBZ	+	Sicherheitslager (S)		

	Servicegrad (SG) Lieferbereitschaft(LB)		Variations- koeffizient (V)	
	70%	84%	0,4	0,8
	95%	99%	1,2	**1,6**

Nachfrage		Voraussichtliche Wiederbeschaffungszeit					
Ø p.a.	Ø p.m.	1/7 Wo 1 Tag	1 Wo 0,25 Mo	2 Wo 0,5 Mo	4 Wo 1 Mo	6 Wo 1,5 Mo	8 Wo 2 Mo
S		0,497	1,316	1,861	2,632	3,223	3,722
+ Ø NFR		0,036	0,250	0,500	1,000	1,500	2,000
= **Multiplikator**		**0,533**	**1,566**	**2,361**	**3,632**	**4,723**	**5,722**
5	0,4	0	1	1	2	2	2
10	0,8	0	1	2	3	4	5
15	1,3	1	2	3	5	6	7
20	1,7	1	3	4	6	8	10
25	2,1	1	3	5	8	10	12
30	2,5	1	4	6	9	12	14
35	2,9	2	5	7	11	14	17
40	3,3	2	5	8	12	16	19
45	3,8	2	6	9	14	18	21
50	4,2	2	7	10	15	20	24
55	4,6	2	7	11	17	22	26
60	5,0	3	8	12	18	24	29
65	5,4	3	8	13	20	26	31
70	5,8	3	9	14	21	28	33
75	6,3	3	10	15	23	30	36
80	6,7	4	10	16	24	31	38
85	7,1	4	11	17	26	33	41
90	7,5	4	12	18	27	35	43
95	7,9	4	12	19	29	37	45
100	8,3	4	13	20	30	39	48
120	10,0	5	16	24	36	47	57

Anwendungsbeispiel:

Wenn:

Ø Monatsnachfrage...............................	5 Stück
Nachfrageschwankung............................	sehr hoch (V = 1,6)
gewünschter SG......................................	95%
Wiederbeschaffungszeit...........................	1 Monat

Dann: Soll-Meldemenge lt. Tab....................... **18**

Weil: SMM = Ø NFR p.m. x Multiplikator

1

2

3

4

5

6

7

8

9

10

11

12

13

14

15

Soll-Meldemenge

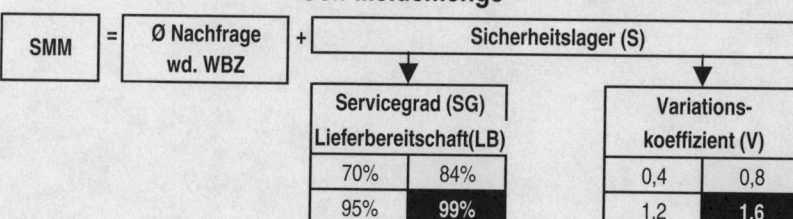

SMM	=	Ø Nachfrage wd. WBZ	+	Sicherheitslager (S)		

		Servicegrad (SG) Lieferbereitschaft(LB)		Variations- koeffizient (V)	
		70%	84%	0,4	0,8
		95%	99%	1,2	1,6

Nachfrage		Voraussichtliche Wiederbeschaffungszeit					
Ø p.a.	Ø p.m.	1/7 Wo 1 Tag	1 Wo 0,25 Mo	2 Wo 0,5 Mo	4 Wo 1 Mo	6 Wo 1,5 Mo	8 Wo 2 Mo
S		0,703	1,861	2,632	3,722	4,559	5,264
+ Ø NFR		0,036	0,250	0,500	1,000	1,500	2,000
= Multiplikator		0,739	2,111	3,132	4,722	6,059	7,264
5	0,4	0	1	1	2	3	3
10	0,8	1	2	3	4	5	6
15	1,3	1	3	4	6	8	9
20	1,7	1	4	5	8	10	12
25	2,1	2	4	7	10	13	15
30	2,5	2	5	8	12	15	18
35	2,9	2	6	9	14	18	21
40	3,3	2	7	10	16	20	24
45	3,8	3	8	12	18	23	27
50	4,2	3	9	13	20	25	30
55	4,6	3	10	14	22	28	33
60	5,0	4	11	16	24	30	36
65	5,4	4	11	17	26	33	39
70	5,8	4	12	18	28	35	42
75	6,3	5	13	20	30	38	45
80	6,7	5	14	21	31	40	48
85	7,1	5	15	22	33	43	51
90	7,5	6	16	23	35	45	54
95	7,9	6	17	25	37	48	58
100	8,3	6	18	26	39	50	61
120	10,0	7	21	31	47	61	73

Anwendungsbeispiel:

Wenn:

Ø Monatsnachfrage.............................. 5 Stück

Nachfrageschwankung............................ sehr hoch (V = 1,6)

gewünschter SG...................................... 99%

Wiederbeschaffungszeit............................ 1 Monat

Dann: Soll-Meldemenge lt. Tab....................... **24**

Weil: SMM = Ø NFR p.m. x Multiplikator

Zins-, Annuitäten- und Leibrententabellen

Übersicht Zinstabellen

Zins-tabelle	Periode	Darge-stellte Perioden	Zinstabellen für folgende Zinsprozentsätze												Tabelle siehe Seite
AUF	jährlich	30													
AB	jährlich	30	3%	4%	5%	6%	7%	8%	9%	10%	11%	12%	13%	14%	1188
DSF	jährlich	30	15%	20%	25%	30%	35%	40%	45%	50%					bis 1197
KAP	jährlich	30													
AUF	semestral	30	3%	4%	5%	6%	7%	8%	9%	10%	11%	12%	13%	14%	1198 bis
AB	semestral	30	15%	16%	17%										1202
AUF	viertelj.	30	3%	4%	5%	6%	7%	8%	9%	10%	11%	12%	13%	14%	1203 bis
AB	viertelj.	30	15%	16%	17%										1207
AUF	monatlich	30	3%	4%	5%	6%	7%	8%	9%	10%	11%	12%	13%	14%	1208 bis
AB	monatlich	30	15%	16%	17%										1212

AUF = Aufzinsungsfaktoren

AB = Abzinsungsfaktoren

DSF = Diskontierungssummenfaktoren (= kumulierte Abzinsungsfaktoren)

KAP = Kapitalwiedergewinnungsfaktoren (= Annuitätsfaktoren)

Übersicht Annuitätentilgungstabellen

Tilgungsdauer	Verzinsung/Tilgungstabellen immer		Seite
5 Jahre	4%, 6%, 8%, 10%	jährl., semestr., quartal., monatl.	1213
7 Jahre			1214
10 Jahre			1215, 1216
15 Jahre			1217, 1218

Übersicht Leibrententabellen

Tabelle	Seite
Ffür Deutschland	
• Männer, Frauen, verbundene Leben	1219 bis 1222
Ffür Österreich	
• Männer, Frauen, verbundene Leben	1223 bis 1226
• Lebenserwartung Männer und Frauen, in Abhängigkeit vom Geburts	1227 bis 1228

	jährlich		semestral		vierteljährlich		monatlich	
	3%				**4%**			
Jahr	**AUF** $(1+i)^n$	**AB** $\dfrac{1}{(1+i)^n}$	**DSF** $\dfrac{(1+i)^n-1}{i(1+i)^n}$	**KAP** $\dfrac{i(1+i)^n}{(1+i)^n-1}$	**AUF** $(1+i)^n$	**AB** $\dfrac{1}{(1+i)^n}$	**DSF** $\dfrac{(1+i)^n-1}{i(1+i)^n}$	**KAP** $\dfrac{i(1+i)^n}{(1+i)^n-1}$
1	1,0300	0,9709	0,9709	1,0300	1,0400	0,9615	0,9615	1,0400
2	1,0609	0,9426	1,9135	0,5226	1,0816	0,9246	1,8861	0,5302
3	1,0927	0,9151	2,8286	0,3535	1,1249	0,8890	2,7751	0,3603
4	1,1255	0,8885	3,7171	0,2690	1,1699	0,8548	3,6299	0,2755
5	1,1593	0,8626	4,5797	0,2184	1,2167	0,8219	4,4518	0,2246
6	1,1941	0,8375	5,4172	0,1846	1,2653	0,7903	5,2421	0,1908
7	1,2299	0,8131	6,2303	0,1605	1,3159	0,7599	6,0021	0,1666
8	1,2668	0,7894	7,0197	0,1425	1,3686	0,7307	6,7327	0,1485
9	1,3048	0,7664	7,7861	0,1284	1,4233	0,7026	7,4353	0,1345
10	1,3439	0,7441	8,5302	0,1172	1,4802	0,6756	8,1109	0,1233
11	1,3842	0,7224	9,2526	0,1081	1,5395	0,6496	8,7605	0,1141
12	1,4258	0,7014	9,9540	0,1005	1,6010	0,6246	9,3851	0,1066
13	1,4685	0,6810	10,6350	0,0940	1,6651	0,6006	9,9856	0,1001
14	1,5126	0,6611	11,2961	0,0885	1,7317	0,5775	10,5631	0,0947
15	1,5580	0,6419	11,9379	0,0838	1,8009	0,5553	11,1184	0,0899
16	1,6047	0,6232	12,5611	0,0796	1,8730	0,5339	11,6523	0,0858
17	1,6528	0,6050	13,1661	0,0760	1,9479	0,5134	12,1657	0,0822
18	1,7024	0,5874	13,7535	0,0727	2,026	0,4936	12,6593	0,0790
19	1,7535	0,5703	14,3238	0,0698	2,107	0,4746	13,1339	0,0761
20	1,8061	0,5537	14,8775	0,0672	2,191	0,4564	13,5903	0,0736
21	1,8603	0,5375	15,4150	0,0649	2,2788	0,4388	14,0292	0,0713
22	1,9161	0,5219	15,9369	0,0627	2,3699	0,4220	14,4511	0,0692
23	1,9736	0,5067	16,4436	0,0608	2,4647	0,4057	14,8568	0,0673
24	2,0328	0,4919	16,9355	0,0590	2,5633	0,3901	15,2470	0,0656
25	2,0938	0,4776	17,4131	0,0574	2,6658	0,3751	15,6221	0,0640
26	2,1566	0,4637	17,8768	0,0559	2,7725	0,3607	15,9828	0,0626
27	2,2213	0,4502	18,3270	0,0546	2,8834	0,3468	16,3296	0,0612
28	2,2879	0,4371	18,7641	0,0533	2,9987	0,3335	16,6631	0,0600
29	2,3566	0,4243	19,1885	0,0521	3,1187	0,3207	16,9837	0,0589
30	2,4273	0,4120	19,6004	0,0510	3,2434	0,3083	17,2920	0,0578

$$i = \frac{p}{100}$$

Alle Faktoren sind nachschüssig. Die Kapitalwiedergewinnungsfaktoren heißen auch Annuitäts-faktoren; sie sind der reziproke Wert der Aufzinsungsfaktoren. Die Diskontierungssummen-faktoren (DSF) sind die kumulativen Abzinsungsfaktoren.

Zinstabellen zu Kapitel 14

	jährlich				semestral		vierteljährlich		monatlich
	5%						**6%**		
	AUF	**AB**	**DSF**	**KAP**	**AUF**	**AB**	**DSF**	**KAP**	
Jahr	$(1+i)^n$	$\dfrac{1}{(1+i)^n}$	$\dfrac{(1+i)^n-1}{i(1+i)^n}$	$\dfrac{i(1+i)^n}{(1+i)^n-1}$	$(1+i)^n$	$\dfrac{1}{(1+i)^n}$	$\dfrac{(1+i)^n-1}{i(1+i)^n}$	$\dfrac{i(1+i)^n}{(1+i)^n-1}$	
1	1,0500	0,9524	0,9524	1,0500	1,0600	0,9434	0,9434	1,0600	
2	1,1025	0,9070	1,8594	0,5378	1,1236	0,8900	1,8334	0,5454	
3	1,1576	0,8638	2,7232	0,3672	1,1910	0,8396	2,6730	0,3741	
4	1,2155	0,8227	3,5460	0,2820	1,2625	0,7921	3,4651	0,2886	
5	1,2763	0,7835	4,3295	0,2310	1,3382	0,7473	4,2124	0,2374	
6	1,3401	0,7462	5,0757	0,1970	1,4185	0,7050	4,9173	0,2034	
7	1,4071	0,7107	5,7864	0,1728	1,5036	0,6651	5,5824	0,1791	
8	1,4775	0,6768	6,4632	0,1547	1,5938	0,6274	6,2098	0,1610	
9	1,5513	0,6446	7,1078	0,1407	1,6895	0,5919	6,8017	0,1470	
10	1,6289	0,6139	7,7217	0,1295	1,7908	0,5584	7,3601	0,1359	
11	1,7103	0,5847	8,3064	0,1204	1,8983	0,5268	7,8869	0,1268	
12	1,7959	0,5568	8,8633	0,1128	2,0122	0,4970	8,3838	0,1193	
13	1,8856	0,5303	9,3936	0,1065	2,1329	0,4688	8,8527	0,1130	
14	1,9799	0,5051	9,8986	0,1010	2,2609	0,4423	9,2950	0,1076	
15	2,0789	0,4810	10,3797	0,0963	2,3966	0,4173	9,7122	0,1030	
16	2,1829	0,4581	10,8378	0,0923	2,5404	0,3936	10,1059	0,0990	
17	2,2920	0,4363	11,2741	0,0887	2,6928	0,3714	10,4773	0,0954	
18	2,4066	0,4155	11,6896	0,0855	2,854	0,3503	10,8276	0,0924	
19	2,5270	0,3957	12,0853	0,0827	3,026	0,3305	11,1581	0,0896	
20	2,6533	0,3769	12,4622	0,0802	3,207	0,3118	11,4699	0,0872	
21	2,7860	0,3589	12,8212	0,0780	3,3996	0,2942	11,7641	0,0850	
22	2,9253	0,3418	13,1630	0,0760	3,6035	0,2775	12,0416	0,0830	
23	3,0715	0,3256	13,4886	0,0741	3,8197	0,2618	12,3034	0,0813	
24	3,2251	0,3101	13,7986	0,0725	4,0489	0,2470	12,5504	0,0797	
25	3,3864	0,2953	14,0939	0,0710	4,2919	0,2330	12,7834	0,0782	
26	3,5557	0,2812	14,3752	0,0696	4,5494	0,2198	13,0032	0,0769	
27	3,7335	0,2678	14,6430	0,0683	4,8223	0,2074	13,2105	0,0757	
28	3,9201	0,2551	14,8981	0,0671	5,1117	0,1956	13,4062	0,0746	
29	4,1161	0,2429	15,1411	0,0660	5,4184	0,1846	13,5907	0,0736	
30	4,3219	0,2314	15,3725	0,0651	5,7435	0,1741	13,7648	0,0726	

$$i = \frac{p}{100}$$

Alle Faktoren sind nachschüssig. Die Kapitalwiedergewinnungsfaktoren heißen auch Annuitätsfaktoren; sie sind der reziproke Wert der Aufzinsungsfaktoren. Die Diskontierungssummenfaktoren (DSF) sind die kumulativen Abzinsungsfaktoren.

	jährlich		semestral	vierteljährlich		monatlich	
	7%				**8%**		
	AUF	AB	DSF	KAP	AUF	AB	DSF	KAP
Jahr	$(1+i)^n$	$\dfrac{1}{(1+i)^n}$	$\dfrac{(1+i)^n-1}{i(1+i)^n}$	$\dfrac{i(1+i)^n}{(1+i)^n-1}$	$(1+i)^n$	$\dfrac{1}{(1+i)^n}$	$\dfrac{(1+i)^n-1}{i(1+i)^n}$	$\dfrac{i(1+i)^n}{(1+i)^n-1}$
1	1,0700	0,9346	0,9346	1,0700	1,0800	0,9259	0,9259	1,0800
2	1,1449	0,8734	1,8080	0,5531	1,1664	0,8573	1,7833	0,5608
3	1,2250	0,8163	2,6243	0,3811	1,2597	0,7938	2,5771	0,3880
4	1,3108	0,7629	3,3872	0,2952	1,3605	0,7350	3,3121	0,3019
5	1,4026	0,7130	4,1002	0,2439	1,4693	0,6806	3,9927	0,2505
6	1,5007	0,6663	4,7665	0,2098	1,5869	0,6302	4,6229	0,2163
7	1,6058	0,6227	5,3893	0,1856	1,7138	0,5835	5,2064	0,1921
8	1,7182	0,5820	5,9713	0,1675	1,8509	0,5403	5,7466	0,1740
9	1,8385	0,5439	6,5152	0,1535	1,9990	0,5002	6,2469	0,1601
10	1,9672	0,5083	7,0236	0,1424	2,1589	0,4632	6,7101	0,1490
11	2,1049	0,4751	7,4987	0,1334	2,3316	0,4289	7,1390	0,1401
12	2,2522	0,4440	7,9427	0,1259	2,5182	0,3971	7,5361	0,1327
13	2,4098	0,4150	8,3577	0,1197	2,7196	0,3677	7,9038	0,1265
14	2,5785	0,3878	8,7455	0,1143	2,9372	0,3405	8,2442	0,1213
15	2,7590	0,3624	9,1079	0,1098	3,1722	0,3152	8,5595	0,1168
16	2,9522	0,3387	9,4466	0,1059	3,4259	0,2919	8,8514	0,1130
17	3,1588	0,3166	9,7632	0,1024	3,7000	0,2703	9,1216	0,1096
18	3,3799	0,2959	10,0591	0,0994	3,996	0,2502	9,3719	0,1067
19	3,6165	0,2765	10,3356	0,0968	4,316	0,2317	9,6036	0,1041
20	3,8697	0,2584	10,5940	0,0944	4,661	0,2145	9,8181	0,1019
21	4,1406	0,2415	10,8355	0,0923	5,0338	0,1987	10,0168	0,0998
22	4,4304	0,2257	11,0612	0,0904	5,4365	0,1839	10,2007	0,0980
23	4,7405	0,2109	11,2722	0,0887	5,8715	0,1703	10,3711	0,0964
24	5,0724	0,1971	11,4693	0,0872	6,3412	0,1577	10,5288	0,0950
25	5,4274	0,1842	11,6536	0,0858	6,8485	0,1460	10,6748	0,0937
26	5,8074	0,1722	11,8258	0,0846	7,3964	0,1352	10,8100	0,0925
27	6,2139	0,1609	11,9867	0,0834	7,9881	0,1252	10,9352	0,0914
28	6,6488	0,1504	12,1371	0,0824	8,6271	0,1159	11,0511	0,0905
29	7,1143	0,1406	12,2777	0,0814	9,3173	0,1073	11,1584	0,0896
30	7,6123	0,1314	12,4090	0,0806	10,0627	0,0994	11,2578	0,0888

$$i = \frac{p}{100}$$

Alle Faktoren sind nachschüssig. Die Kapitalwiedergewinnungsfaktoren heißen auch Annuitätsfaktoren; sie sind der reziproke Wert der Aufzinsungsfaktoren. Die Diskontierungssummenfaktoren (DSF) sind die kumulativen Abzinsungsfaktoren.

Zinstabellen zu Kapitel 14

	jährlich				semestral			
	9%							
					vierteljährlich		monatlich	
					10%			
	AUF	AB	DSF	KAP	AUF	AB	DSF	KAP
Jahr	$(1+i)^n$	$\dfrac{1}{(1+i)^n}$	$\dfrac{(1+i)^n-1}{i(1+i)^n}$	$\dfrac{i(1+i)^n}{(1+i)^n-1}$	$(1+i)^n$	$\dfrac{1}{(1+i)^n}$	$\dfrac{(1+i)^n-1}{i(1+i)^n}$	$\dfrac{i(1+i)^n}{(1+i)^n-1}$
1	1,0900	0,9174	0,9174	1,0900	1,1000	0,9091	0,9091	1,1000
2	1,1881	0,8417	1,7591	0,5685	1,2100	0,8264	1,7355	0,5762
3	1,2950	0,7722	2,5313	0,3951	1,3310	0,7513	2,4869	0,4021
4	1,4116	0,7084	3,2397	0,3087	1,4641	0,6830	3,1699	0,3155
5	1,5386	0,6499	3,8897	0,2571	1,6105	0,6209	3,7908	0,2638
6	1,6771	0,5963	4,4859	0,2229	1,7716	0,5645	4,3553	0,2296
7	1,8280	0,5470	5,0330	0,1987	1,9487	0,5132	4,8684	0,2054
8	1,9926	0,5019	5,5348	0,1807	2,1436	0,4665	5,3349	0,1874
9	2,1719	0,4604	5,9952	0,1668	2,3579	0,4241	5,7590	0,1736
10	2,3674	0,4224	6,4177	0,1558	2,5937	0,3855	6,1446	0,1627
11	2,5804	0,3875	6,8052	0,1469	2,8531	0,3505	6,4951	0,1540
12	2,8127	0,3555	7,1607	0,1397	3,1384	0,3186	6,8137	0,1468
13	3,0658	0,3262	7,4869	0,1336	3,4523	0,2897	7,1034	0,1408
14	3,3417	0,2992	7,7862	0,1284	3,7975	0,2633	7,3667	0,1357
15	3,6425	0,2745	8,0607	0,1241	4,1772	0,2394	7,6061	0,1315
16	3,9703	0,2519	8,3126	0,1203	4,5950	0,2176	7,8237	0,1278
17	4,3276	0,2311	8,5436	0,1170	5,0545	0,1978	8,0216	0,1247
18	4,7171	0,2120	8,7556	0,1142	5,560	0,1799	8,2014	0,1219
19	5,1417	0,1945	8,9501	0,1117	6,116	0,1635	8,3649	0,1195
20	5,6044	0,1784	9,1285	0,1095	6,727	0,1486	8,5136	0,1175
21	6,1088	0,1637	9,2922	0,1076	7,4002	0,1351	8,6487	0,1156
22	6,6586	0,1502	9,4424	0,1059	8,1403	0,1228	8,7715	0,1140
23	7,2579	0,1378	9,5802	0,1044	8,9543	0,1117	8,8832	0,1126
24	7,9111	0,1264	9,7066	0,1030	9,8497	0,1015	8,9847	0,1113
25	8,6231	0,1160	9,8226	0,1018	10,8347	0,0923	9,0770	0,1102
26	9,3992	0,1064	9,9290	0,1007	11,9182	0,0839	9,1609	0,1092
27	10,2451	0,0976	10,0266	0,0997	13,1100	0,0763	9,2372	0,1083
28	11,1671	0,0895	10,1161	0,0989	14,4210	0,0693	9,3066	0,1075
29	12,1722	0,0822	10,1983	0,0981	15,8631	0,0630	9,3696	0,1067
30	13,2677	0,0754	10,2737	0,0973	17,4494	0,0573	9,4269	0,1061

$$i = \frac{p}{100}$$

Alle Faktoren sind nachschüssig. Die Kapitalwiedergewinnungsfaktoren heißen auch Annuitätsfaktoren; sie sind der reziproke Wert der Aufzinsungsfaktoren. Die Diskontierungssummenfaktoren (DSF) sind die kumulativen Abzinsungsfaktoren.

	jährlich	semestral		vierteljährlich	monatlich		
	11%				12%		
	AUF	AB	DSF	KAP	AUF	AB	DSF	KAP
Jahr	$(1+i)^n$	$\dfrac{1}{(1+i)^n}$	$\dfrac{(1+i)^n-1}{i(1+i)^n}$	$\dfrac{i(1+i)^n}{(1+i)^n-1}$	$(1+i)^n$	$\dfrac{1}{(1+i)^n}$	$\dfrac{(1+i)^n-1}{i(1+i)^n}$	$\dfrac{i(1+i)^n}{(1+i)^n-1}$
1	1,1100	0,9009	0,9009	1,1100	1,1200	0,8929	0,8929	1,1200
2	1,2321	0,8116	1,7125	0,5839	1,2544	0,7972	1,6901	0,5917
3	1,3676	0,7312	2,4437	0,4092	1,4049	0,7118	2,4018	0,4163
4	1,5181	0,6587	3,1024	0,3223	1,5735	0,6355	3,0373	0,3292
5	1,6851	0,5935	3,6959	0,2706	1,7623	0,5674	3,6048	0,2774
6	1,8704	0,5346	4,2305	0,2364	1,9738	0,5066	4,1114	0,2432
7	2,0762	0,4817	4,7122	0,2122	2,2107	0,4523	4,5638	0,2191
8	2,3045	0,4339	5,1461	0,1943	2,4760	0,4039	4,9676	0,2013
9	2,5580	0,3909	5,5370	0,1806	2,7731	0,3606	5,3282	0,1877
10	2,8394	0,3522	5,8892	0,1698	3,1058	0,3220	5,6502	0,1770
11	3,1518	0,3173	6,2065	0,1611	3,4785	0,2875	5,9377	0,1684
12	3,4985	0,2858	6,4924	0,1540	3,8960	0,2567	6,1944	0,1614
13	3,8833	0,2575	6,7499	0,1482	4,3635	0,2292	6,4235	0,1557
14	4,3104	0,2320	6,9819	0,1432	4,8871	0,2046	6,6282	0,1509
15	4,7846	0,2090	7,1909	0,1391	5,4736	0,1827	6,8109	0,1468
16	5,3109	0,1883	7,3792	0,1355	6,1304	0,1631	6,9740	0,1434
17	5,8951	0,1696	7,5488	0,1325	6,8660	0,1456	7,1196	0,1405
18	6,5436	0,1528	7,7016	0,1298	7,690	0,1300	7,2497	0,1379
19	7,2633	0,1377	7,8393	0,1276	8,613	0,1161	7,3658	0,1358
20	8,0623	0,1240	7,9633	0,1256	9,646	0,1037	7,4694	0,1339
21	8,9492	0,1117	8,0751	0,1238	10,8038	0,0926	7,5620	0,1322
22	9,9336	0,1007	8,1757	0,1223	12,1003	0,0826	7,6446	0,1308
23	11,0263	0,0907	8,2664	0,1210	13,5523	0,0738	7,7184	0,1296
24	12,2392	0,0817	8,3481	0,1198	15,1786	0,0659	7,7843	0,1285
25	13,5855	0,0736	8,4217	0,1187	17,0001	0,0588	7,8431	0,1275
26	15,0799	0,0663	8,4881	0,1178	19,0401	0,0525	7,8957	0,1267
27	16,7386	0,0597	8,5478	0,1170	21,3249	0,0469	7,9426	0,1259
28	18,5799	0,0538	8,6016	0,1163	23,8839	0,0419	7,9844	0,1252
29	20,6237	0,0485	8,6501	0,1156	26,7499	0,0374	8,0218	0,1247
30	22,8923	0,0437	8,6938	0,1150	29,9599	0,0334	8,0552	0,1241

$$i = \frac{p}{100}$$

Alle Faktoren sind nachschüssig. Die Kapitalwiedergewinnungsfaktoren heißen auch Annuitätsfaktoren; sie sind der reziproke Wert der Aufzinsungsfaktoren. Die Diskontierungssummenfaktoren (DSF) sind die kumulativen Abzinsungsfaktoren.

	jährlich		semestral		vierteljährlich		monatlich	
			13%				14%	
Jahr	AUF	AB	DSF	KAP	AUF	AB	DSF	KAP
	$(1+i)^n$	$\dfrac{1}{(1+i)^n}$	$\dfrac{(1+i)^n-1}{i(1+i)^n}$	$\dfrac{i(1+i)^n}{(1+i)^n-1}$	$(1+i)^n$	$\dfrac{1}{(1+i)^n}$	$\dfrac{(1+i)^n-1}{i(1+i)^n}$	$\dfrac{i(1+i)^n}{(1+i)^n-1}$
1	1,1300	0,8850	0,8850	1,1300	1,1400	0,8772	0,8772	1,1400
2	1,2769	0,7831	1,6681	0,5995	1,2996	0,7695	1,6467	0,6073
3	1,4429	0,6931	2,3612	0,4235	1,4815	0,6750	2,3216	0,4307
4	1,6305	0,6133	2,9745	0,3362	1,6890	0,5921	2,9137	0,3432
5	1,8424	0,5428	3,5172	0,2843	1,9254	0,5194	3,4331	0,2913
6	2,0820	0,4803	3,9975	0,2502	2,1950	0,4556	3,8887	0,2572
7	2,3526	0,4251	4,4226	0,2261	2,5023	0,3996	4,2883	0,2332
8	2,6584	0,3762	4,7988	0,2084	2,8526	0,3506	4,6389	0,2156
9	3,0040	0,3329	5,1317	0,1949	3,2519	0,3075	4,9464	0,2022
10	3,3946	0,2946	5,4262	0,1843	3,7072	0,2697	5,2161	0,1917
11	3,8359	0,2607	5,6869	0,1758	4,2262	0,2366	5,4527	0,1834
12	4,3345	0,2307	5,9176	0,1690	4,8179	0,2076	5,6603	0,1767
13	4,8980	0,2042	6,1218	0,1634	5,4924	0,1821	5,8424	0,1712
14	5,5348	0,1807	6,3025	0,1587	6,2613	0,1597	6,0021	0,1666
15	6,2543	0,1599	6,4624	0,1547	7,1379	0,1401	6,1422	0,1628
16	7,0673	0,1415	6,6039	0,1514	8,1372	0,1229	6,2651	0,1596
17	7,9861	0,1252	6,7291	0,1486	9,2765	0,1078	6,3729	0,1569
18	9,0243	0,1108	6,8399	0,1462	10,575	0,0946	6,4674	0,1546
19	10,1974	0,0981	6,9380	0,1441	12,056	0,0829	6,5504	0,1527
20	11,5231	0,0868	7,0248	0,1424	13,743	0,0728	6,6231	0,1510
21	13,0211	0,0768	7,1016	0,1408	15,6676	0,0638	6,6870	0,1495
22	14,7138	0,0680	7,1695	0,1395	17,8610	0,0560	6,7429	0,1483
23	16,6266	0,0601	7,2297	0,1383	20,3616	0,0491	6,7921	0,1472
24	18,7881	0,0532	7,2829	0,1373	23,2122	0,0431	6,8351	0,1463
25	21,2305	0,0471	7,3300	0,1364	26,4619	0,0378	6,8729	0,1455
26	23,9905	0,0417	7,3717	0,1357	30,1666	0,0331	6,9061	0,1448
27	27,1093	0,0369	7,4086	0,1350	34,3899	0,0291	6,9352	0,1442
28	30,6335	0,0326	7,4412	0,1344	39,2045	0,0255	6,9607	0,1437
29	34,6158	0,0289	7,4701	0,1339	44,6931	0,0224	6,9830	0,1432
30	39,1159	0,0256	7,4957	0,1334	50,9502	0,0196	7,0027	0,1428

$$i = \frac{p}{100}$$

Alle Faktoren sind nachschüssig. Die Kapitalwiedergewinnungsfaktoren heißen auch Annuitäts-faktoren; sie sind der reziproke Wert der Aufzinsungsfaktoren. Die Diskontierungssummen-faktoren (DSF) sind die kumulativen Abzinsungsfaktoren.

	jährlich		semestral		vierteljährlich		monatlich	
	15%				20%			
	AUF	AB	DSF	KAP	AUF	AB	DSF	KAP
Jahr	$(1+i)^n$	$\dfrac{1}{(1+i)^n}$	$\dfrac{(1+i)^n-1}{i(1+i)^n}$	$\dfrac{i(1+i)^n}{(1+i)^n-1}$	$(1+i)^n$	$\dfrac{1}{(1+i)^n}$	$\dfrac{(1+i)^n-1}{i(1+i)^n}$	$\dfrac{i(1+i)^n}{(1+i)^n-1}$
1	1,1500	0,8696	0,8696	1,1500	1,2000	0,8333	0,8333	1,2000
2	1,3225	0,7561	1,6257	0,6151	1,4400	0,6944	1,5278	0,6545
3	1,5209	0,6575	2,2832	0,4380	1,7280	0,5787	2,1065	0,4747
4	1,7490	0,5718	2,8550	0,3503	2,0736	0,4823	2,5887	0,3863
5	2,0114	0,4972	3,3522	0,2983	2,4883	0,4019	2,9906	0,3344
6	2,3131	0,4323	3,7845	0,2642	2,9860	0,3349	3,3255	0,3007
7	2,6600	0,3759	4,1604	0,2404	3,5832	0,2791	3,6046	0,2774
8	3,0590	0,3269	4,4873	0,2229	4,2998	0,2326	3,8372	0,2606
9	3,5179	0,2843	4,7716	0,2096	5,1598	0,1938	4,0310	0,2481
10	4,0456	0,2472	5,0188	0,1993	6,1917	0,1615	4,1925	0,2385
11	4,6524	0,2149	5,2337	0,1911	7,4301	0,1346	4,3271	0,2311
12	5,3503	0,1869	5,4206	0,1845	8,9161	0,1122	4,4392	0,2253
13	6,1528	0,1625	5,5831	0,1791	10,6993	0,0935	4,5327	0,2206
14	7,0757	0,1413	5,7245	0,1747	12,8392	0,0779	4,6106	0,2169
15	8,1371	0,1229	5,8474	0,1710	15,4070	0,0649	4,6755	0,2139
16	9,3576	0,1069	5,9542	0,1679	18,4884	0,0541	4,7296	0,2114
17	10,7613	0,0929	6,0472	0,1654	22,1861	0,0451	4,7746	0,2094
18	12,3755	0,0808	6,1280	0,1632	26,623	0,0376	4,8122	0,2078
19	14,2318	0,0703	6,1982	0,1613	31,948	0,0313	4,8435	0,2065
20	16,3665	0,0611	6,2593	0,1598	38,338	0,0261	4,8696	0,2054
21	18,8215	0,0531	6,3125	0,1584	46,0051	0,0217	4,8913	0,2044
22	21,6447	0,0462	6,3587	0,1573	55,2061	0,0181	4,9094	0,2037
23	24,8915	0,0402	6,3988	0,1563	66,2474	0,0151	4,9245	0,2031
24	28,6252	0,0349	6,4338	0,1554	79,4968	0,0126	4,9371	0,2025
25	32,9190	0,0304	6,4641	0,1547	95,3962	0,0105	4,9476	0,2021
26	37,8568	0,0264	6,4906	0,1541	114,4755	0,0087	4,9563	0,2018
27	43,5353	0,0230	6,5135	0,1535	137,3706	0,0073	4,9636	0,2015
28	50,0656	0,0200	6,5335	0,1531	164,8447	0,0061	4,9697	0,2012
29	57,5755	0,0174	6,5509	0,1527	197,8136	0,0051	4,9747	0,2010
30	66,2118	0,0151	6,5660	0,1523	237,3763	0,0042	4,9789	0,2008

$$i = \frac{p}{100}$$

Alle Faktoren sind nachschüssig. Die Kapitalwiedergewinnungsfaktoren heißen auch Annuitäts-faktoren; sie sind der reziproke Wert der Aufzinsungsfaktoren. Die Diskontierungssummen-faktoren (DSF) sind die kumulativen Abzinsungsfaktoren.

Zinstabellen zu Kapitel 14

	jährlich	semestral		vierteljährlich		monatlich
	25%			**30%**		
Jahr	**AUF** $(1 + i)^n$	**AB** $\dfrac{1}{(1 + i)^n}$	**DSF** $\dfrac{(1 + i)^n - 1}{i\,(1 + i)^n}$	**KAP** $\dfrac{i\,(1 + i)^n}{(1 + i)^n - 1}$	**AUF** $(1 + i)^n$	**AB** $\dfrac{1}{(1 + i)^n}$	**DSF** $\dfrac{(1 + i)^n - 1}{i\,(1 + i)^n}$	**KAP** $\dfrac{i\,(1 + i)^n}{(1 + i)^n - 1}$

Jahr	AUF	AB	DSF	KAP	AUF	AB	DSF	KAP
1	1,2500	0,8000	0,8000	1,2500	1,3000	0,7692	0,7692	1,3000
2	1,5625	0,6400	1,4400	0,6944	1,6900	0,5917	1,3609	0,7348
3	1,9531	0,5120	1,9520	0,5123	2,1970	0,4552	1,8161	0,5506
4	2,4414	0,4096	2,3616	0,4234	2,8561	0,3501	2,1662	0,4616
5	3,0518	0,3277	2,6893	0,3718	3,7129	0,2693	2,4356	0,4106
6	3,8147	0,2621	2,9514	0,3388	4,8268	0,2072	2,6427	0,3784
7	4,7684	0,2097	3,1611	0,3163	6,2749	0,1594	2,8021	0,3569
8	5,9605	0,1678	3,3289	0,3004	8,1573	0,1226	2,9247	0,3419
9	7,4506	0,1342	3,4631	0,2888	10,6045	0,0943	3,0190	0,3312
10	9,3132	0,1074	3,5705	0,2801	13,7858	0,0725	3,0915	0,3235
11	11,6415	0,0859	3,6564	0,2735	17,9216	0,0558	3,1473	0,3177
12	14,5519	0,0687	3,7251	0,2684	23,2981	0,0429	3,1903	0,3135
13	18,1899	0,0550	3,7801	0,2645	30,2875	0,0330	3,2233	0,3102
14	22,7374	0,0440	3,8241	0,2615	39,3738	0,0254	3,2487	0,3078
15	28,4217	0,0352	3,8593	0,2591	51,1859	0,0195	3,2682	0,3060
16	35,5271	0,0281	3,8874	0,2572	66,5417	0,0150	3,2832	0,3046
17	44,4089	0,0225	3,9099	0,2558	86,5042	0,0116	3,2948	0,3035
18	55,5112	0,0180	3,9279	0,2546	112,455	0,0089	3,3037	0,3027
19	69,3889	0,0144	3,9424	0,2537	146,192	0,0068	3,3105	0,3021
20	86,7362	0,0115	3,9539	0,2529	190,050	0,0053	3,3158	0,3016
21	108,4202	0,0092	3,9631	0,2523	247,0645	0,0040	3,3198	0,3012
22	135,5253	0,0074	3,9705	0,2519	321,1839	0,0031	3,3230	0,3009
23	169,4066	0,0059	3,9764	0,2515	417,5391	0,0024	3,3254	0,3007
24	211,7582	0,0047	3,9811	0,2512	542,8008	0,0018	3,3272	0,3006
25	264,6978	0,0038	3,9849	0,2509	705,6410	0,0014	3,3286	0,3004
26	330,8722	0,0030	3,9879	0,2508	917,3333	0,0011	3,3297	0,3003
27	413,5903	0,0024	3,9903	0,2506	1192,5333	0,0008	3,3305	0,3003
28	516,9879	0,0019	3,9923	0,2505	1550,2933	0,0006	3,3312	0,3002
29	646,2349	0,0015	3,9938	0,2504	2015,3813	0,0005	3,3317	0,3001
30	807,7936	0,0012	3,9950	0,2503	2619,9956	0,0004	3,3321	0,3001

$$i = \frac{p}{100}$$

Alle Faktoren sind nachschüssig. Die Kapitalwiedergewinnungsfaktoren heißen auch Annuitätsfaktoren; sie sind der reziproke Wert der Aufzinsungsfaktoren. Die Diskontierungssummenfaktoren (DSF) sind die kumulativen Abzinsungsfaktoren.

	jährlich		semestral		vierteljährlich		monatlich	
	35%				**40%**			
	AUF	AB	DSF	KAP	AUF	AB	DSF	KAP
Jahr	$(1+i)^n$	$\dfrac{1}{(1+i)^n}$	$\dfrac{(1+i)^n-1}{i\,(1+i)^n}$	$\dfrac{i\,(1+i)^n}{(1+i)^n-1}$	$(1+i)^n$	$\dfrac{1}{(1+i)^n}$	$\dfrac{(1+i)^n-1}{i\,(1+i)^n}$	$\dfrac{i\,(1+i)^n}{(1+i)^n-1}$
1	1,3500	0,7407	0,7407	1,3500	1,4000	0,7143	0,7143	1,4000
2	1,8225	0,5487	1,2894	0,7755	1,9600	0,5102	1,2245	0,8167
3	2,4604	0,4064	1,6959	0,5897	2,7440	0,3644	1,5889	0,6294
4	3,3215	0,3011	1,9969	0,5008	3,8416	0,2603	1,8492	0,5408
5	4,4840	0,2230	2,2200	0,4505	5,3782	0,1859	2,0352	0,4914
6	6,0534	0,1652	2,3852	0,4193	7,5295	0,1328	2,1680	0,4613
7	8,1722	0,1224	2,5075	0,3988	10,5414	0,0949	2,2628	0,4419
8	11,0324	0,0906	2,5982	0,3849	14,7579	0,0678	2,3306	0,4291
9	14,8937	0,0671	2,6653	0,3752	20,6610	0,0484	2,3790	0,4203
10	20,1066	0,0497	2,7150	0,3683	28,9255	0,0346	2,4136	0,4143
11	27,1439	0,0368	2,7519	0,3634	40,4957	0,0247	2,4383	0,4101
12	36,6442	0,0273	2,7792	0,3598	56,6939	0,0176	2,4559	0,4072
13	49,4697	0,0202	2,7994	0,3572	79,3715	0,0126	2,4685	0,4051
14	66,7841	0,0150	2,8144	0,3553	111,1201	0,0090	2,4775	0,4036
15	90,1585	0,0111	2,8255	0,3539	155,5681	0,0064	2,4839	0,4026
16	121,7139	0,0082	2,8337	0,3529	217,7953	0,0046	2,4885	0,4018
17	164,3138	0,0061	2,8398	0,3521	304,9135	0,0033	2,4918	0,4013
18	221,8236	0,0045	2,8443	0,3516	426,879	0,0023	2,4941	0,4009
19	299,4619	0,0033	2,8476	0,3512	597,630	0,0017	2,4958	0,4007
20	404,2736	0,0025	2,8501	0,3509	836,683	0,0012	2,4970	0,4005
21	545,7693	0,0018	2,8519	0,3506	1171,3556	0,0009	2,4979	0,4003
22	736,7886	0,0014	2,8533	0,3505	1639,8978	0,0006	2,4985	0,4002
23	994,6646	0,0010	2,8543	0,3504	2295,8569	0,0004	2,4989	0,4002
24	1342,7973	0,0007	2,8550	0,3503	3214,1997	0,0003	2,4992	0,4001
25	1812,7763	0,0006	2,8556	0,3502	4499,8796	0,0002	2,4994	0,4001
26	2447,2480	0,0004	2,8560	0,3501	6299,8314	0,0002	2,4996	0,4001
27	3303,7848	0,0003	2,8563	0,3501	8819,7640	0,0001	2,4997	0,4000
28	4460,1095	0,0002	2,8565	0,3501	12347,670	0,0001	2,4998	0,4000
29	6021,1478	0,0002	2,8567	0,3501	17286,737	0,0001	2,4999	0,4000
30	8128,5495	0,0001	2,8568	0,3500	24201,432	0,0000	2,4999	0,4000

$$i = \frac{p}{100}$$

Alle Faktoren sind nachschüssig. Die Kapitalwiedergewinnungsfaktoren heißen auch Annuitätsfaktoren; sie sind der reziproke Wert der Aufzinsungsfaktoren. Die Diskontierungssummenfaktoren (DSF) sind die kumulativen Abzinsungsfaktoren.

Zinstabellen zu Kapitel 14

	jährlich	semestral	vierteljährlich	monatlich				
	45%				50%			
Jahr	AUF $(1+i)^n$	AB $\dfrac{1}{(1+i)^n}$	DSF $\dfrac{(1+i)^n-1}{i(1+i)^n}$	KAP $\dfrac{i(1+i)^n}{(1+i)^n-1}$	AUF $(1+i)^n$	AB $\dfrac{1}{(1+i)^n}$	DSF $\dfrac{(1+i)^n-1}{i(1+i)^n}$	KAP $\dfrac{i(1+i)^n}{(1+i)^n-1}$
1	1,4500	0,6897	0,6897	1,4500	1,5000	0,6667	0,6667	1,5000
2	2,1025	0,4756	1,1653	0,8582	2,2500	0,4444	1,1111	0,9000
3	3,0486	0,3280	1,4933	0,6697	3,3750	0,2963	1,4074	0,7105
4	4,4205	0,2262	1,7195	0,5816	5,0625	0,1975	1,6049	0,6231
5	6,4097	0,1560	1,8755	0,5332	7,5938	0,1317	1,7366	0,5758
6	9,2941	0,1076	1,9831	0,5043	11,3906	0,0878	1,8244	0,5481
7	13,4765	0,0742	2,0573	0,4861	17,0859	0,0585	1,8829	0,5311
8	19,5409	0,0512	2,1085	0,4743	25,6289	0,0390	1,9220	0,5203
9	28,3343	0,0353	2,1438	0,4665	38,4434	0,0260	1,9480	0,5134
10	41,0847	0,0243	2,1681	0,4612	57,6650	0,0173	1,9653	0,5088
11	59,5728	0,0168	2,1849	0,4577	86,4976	0,0116	1,9769	0,5058
12	86,3806	0,0116	2,1965	0,4553	129,7463	0,0077	1,9846	0,5039
13	125,2518	0,0080	2,2045	0,4536	194,6195	0,0051	1,9897	0,5026
14	181,6151	0,0055	2,2100	0,4525	291,9293	0,0034	1,9931	0,5017
15	263,3419	0,0038	2,2138	0,4517	437,8939	0,0023	1,9954	0,5011
16	381,8458	0,0026	2,2164	0,4512	656,8408	0,0015	1,9970	0,5008
17	553,6764	0,0018	2,2182	0,4508	985,2613	0,0010	1,9980	0,5005
18	802,8308	0,0012	2,2195	0,4506	1477,892	0,0007	1,9986	0,5003
19	1164,1047	0,0009	2,2203	0,4504	2216,838	0,0005	1,9991	0,5002
20	1687,9518	0,0006	2,2209	0,4503	3325,257	0,0003	1,9994	0,5002
21	2447,5301	0,0004	2,2213	0,4502	4987,8851	0,0002	1,9996	0,5001
22	3548,9187	0,0003	2,2216	0,4501	7481,8276	0,0001	1,9997	0,5001
23	5145,9321	0,0002	2,2218	0,4501	11222,741	0,0001	1,9998	0,5000
24	7461,6015	0,0001	2,2219	0,4501	16834,112	0,0001	1,9999	0,5000
25	10819,322	0,0001	2,2220	0,4500	25251,168	0,0000	1,9999	0,5000
26	15688,017	0,0001	2,2221	0,4500	37876,752	0,0000	1,9999	0,5000
27	22747,625	0,0000	2,2221	0,4500	56815,129	0,0000	2,0000	0,5000
28	32984,056	0,0000	2,2222	0,4500	85222,693	0,0000	2,0000	0,5000
29	47826,882	0,0000	2,2222	0,4500	127834,04	0,0000	2,0000	0,5000
30	69348,978	0,0000	2,2222	0,4500	191751,06	0,0000	2,0000	0,5000

$$i = \frac{p}{100}$$

Alle Faktoren sind nachschüssig. Die Kapitalwiedergewinnungsfaktoren heißen auch Annuitäts-faktoren; sie sind der reziproke Wert der Aufzinsungsfaktoren. Die Diskontierungssummen-faktoren (DSF) sind die kumulativen Abzinsungsfaktoren.

Zinstabellen zu Kapitel 14

| | jährlich | | | semestral | | | vierteljährlich | | | monatlich |
| | 3% | | | 4% | | | 5% | | | |
Semester	AUF $(1+i)^{n/2}$	AB $\dfrac{1}{(1+i)^{n/2}}$	Semester	AUF $(1+i)^{n/2}$	AB $\dfrac{1}{(1+i)^{n/2}}$	Semester	AUF $(1+i)^{n/2}$	AB $\dfrac{1}{(1+i)^{n/2}}$
1	1,0149	0,9853	1	1,0198	0,9806	1	1,0247	0,9759
2	1,0300	0,9709	2	1,0400	0,9615	2	1,0500	0,9524
3	1,0453	0,9566	3	1,0606	0,9429	3	1,0759	0,9294
4	1,0609	0,9426	4	1,0816	0,9246	4	1,1025	0,9070
5	1,0767	0,9288	5	1,1030	0,9066	5	1,1297	0,8852
6	1,0927	0,9151	6	1,1249	0,8890	6	1,1576	0,8638
7	1,1090	0,9017	7	1,1471	0,8717	7	1,1862	0,8430
8	1,1255	0,8885	8	1,1699	0,8548	8	1,2155	0,8227
9	1,1423	0,8755	9	1,1930	0,8382	9	1,2455	0,8029
10	1,1593	0,8626	10	1,2167	0,8219	10	1,2763	0,7835
11	1,1765	0,8500	11	1,2407	0,8060	11	1,3078	0,7646
12	1,1941	0,8375	12	1,2653	0,7903	12	1,3401	0,7462
13	1,2118	0,8252	13	1,2904	0,7750	13	1,3732	0,7282
14	1,2299	0,8131	14	1,3159	0,7599	14	1,4071	0,7107
15	1,2482	0,8012	15	1,3420	0,7452	15	1,4418	0,6936
16	1,2668	0,7894	16	1,3686	0,7307	16	1,4775	0,6768
17	1,2856	0,7778	17	1,3957	0,7165	17	1,5139	0,6605
18	1,3048	0,7664	18	1,4233	0,7026	18	1,5513	0,6446
19	1,3242	0,7552	19	1,4515	0,6889	19	1,5896	0,6291
20	1,3439	0,7441	20	1,4802	0,6756	20	1,6289	0,6139
21	1,3639	0,7332	21	1,5096	0,6624	21	1,6691	0,5991
22	1,3842	0,7224	22	1,5395	0,6496	22	1,7103	0,5847
23	1,4048	0,7118	23	1,5699	0,6370	23	1,7526	0,5706
24	1,4258	0,7014	24	1,6010	0,6246	24	1,7959	0,5568
25	1,4470	0,6911	25	1,6327	0,6125	25	1,8402	0,5434
26	1,4685	0,6810	26	1,6651	0,6006	26	1,8856	0,5303
27	1,4904	0,6710	27	1,6980	0,5889	27	1,9322	0,5175
28	1,5126	0,6611	28	1,7317	0,5775	28	1,9799	0,5051
29	1,5351	0,6514	29	1,7660	0,5663	29	2,0288	0,4929
30	1,5580	0,6419	30	1,8009	0,5553	30	2,0789	0,4810

$$i = \frac{p}{100}$$

Alle Faktoren sind nachschüssig.

Zinstabellen zu Kapitel 14

jährlich		semestral		vierteljährlich		monatlich	
6%			7%			8%	

Semester	AUF $(1 + i)^{n/2}$	AB $\dfrac{1}{(1 + i)^{n/2}}$	Semester	AUF $(1 + i)^{n/2}$	AB $\dfrac{1}{(1 + i)^{n/2}}$	Semester	AUF $(1 + i)^{n/2}$	AB $\dfrac{1}{(1 + i)^{n/2}}$
1	1,0296	0,9713	1	1,0344	0,9667	1	1,0392	0,9623
2	1,0600	0,9434	2	1,0700	0,9346	2	1,0800	0,9259
3	1,0913	0,9163	3	1,1068	0,9035	3	1,1224	0,8910
4	1,1236	0,8900	4	1,1449	0,8734	4	1,1664	0,8573
5	1,1568	0,8644	5	1,1843	0,8444	5	1,2122	0,8250
6	1,1910	0,8396	6	1,2250	0,8163	6	1,2597	0,7938
7	1,2262	0,8155	7	1,2672	0,7891	7	1,3091	0,7639
8	1,2625	0,7921	8	1,3108	0,7629	8	1,3605	0,7350
9	1,2998	0,7693	9	1,3559	0,7375	9	1,4139	0,7073
10	1,3382	0,7473	10	1,4026	0,7130	10	1,4693	0,6806
11	1,3778	0,7258	11	1,4508	0,6893	11	1,5270	0,6549
12	1,4185	0,7050	12	1,5007	0,6663	12	1,5869	0,6302
13	1,4605	0,6847	13	1,5524	0,6442	13	1,6491	0,6064
14	1,5036	0,6651	14	1,6058	0,6227	14	1,7138	0,5835
15	1,5481	0,6460	15	1,6610	0,6020	15	1,7811	0,5615
16	1,5938	0,6274	16	1,7182	0,5820	16	1,8509	0,5403
17	1,6410	0,6094	17	1,7773	0,5626	17	1,9235	0,5199
18	1,6895	0,5919	18	1,8385	0,5439	18	1,9990	0,5002
19	1,7394	0,5749	19	1,9017	0,5258	19	2,0774	0,4814
20	1,7908	0,5584	20	1,9672	0,5083	20	2,1589	0,4632
21	1,8438	0,5424	21	2,0348	0,4914	21	2,2436	0,4457
22	1,8983	0,5268	22	2,1049	0,4751	22	2,3316	0,4289
23	1,9544	0,5117	23	2,1773	0,4593	23	2,4231	0,4127
24	2,0122	0,4970	24	2,2522	0,4440	24	2,5182	0,3971
25	2,0717	0,4827	25	2,3297	0,4292	25	2,6170	0,3821
26	2,1329	0,4688	26	2,4098	0,4150	26	2,7196	0,3677
27	2,1960	0,4554	27	2,4928	0,4012	27	2,8263	0,3538
28	2,2609	0,4423	28	2,5785	0,3878	28	2,9372	0,3405
29	2,3277	0,4296	29	2,6673	0,3749	29	3,0524	0,3276
30	2,3966	0,4173	30	2,7590	0,3624	30	3,1722	0,3152

$$i = \frac{p}{100}$$

Alle Faktoren sind nachschüssig.

Zinstabellen zu Kapitel 14

	jährlich			semestral			vierteljährlich	monatlich	
	9%			**10%**			**11%**		
Semester	AUF $(1+i)^{n/2}$	AB $\dfrac{1}{(1+i)^{n/2}}$	Semester	AUF $(1+i)^{n/2}$	AB $\dfrac{1}{(1+i)^{n/2}}$	Semester	AUF $(1+i)^{n/2}$	AB $\dfrac{1}{(1+i)^{n/2}}$	
1	1,0440	0,9578	1	1,0488	0,9535	1	1,0536	0,9492	
2	1,0900	0,9174	2	1,1000	0,9091	2	1,1100	0,9009	
3	1,1380	0,8787	3	1,1537	0,8668	3	1,1695	0,8551	
4	1,1881	0,8417	4	1,2100	0,8264	4	1,2321	0,8116	
5	1,2404	0,8062	5	1,2691	0,7880	5	1,2981	0,7704	
6	1,2950	0,7722	6	1,3310	0,7513	6	1,3676	0,7312	
7	1,3520	0,7396	7	1,3960	0,7164	7	1,4409	0,6940	
8	1,4116	0,7084	8	1,4641	0,6830	8	1,5181	0,6587	
9	1,4737	0,6785	9	1,5356	0,6512	9	1,5994	0,6252	
10	1,5386	0,6499	10	1,6105	0,6209	10	1,6851	0,5935	
11	1,6064	0,6225	11	1,6891	0,5920	11	1,7753	0,5633	
12	1,6771	0,5963	12	1,7716	0,5645	12	1,8704	0,5346	
13	1,7509	0,5711	13	1,8580	0,5382	13	1,9706	0,5075	
14	1,8280	0,5470	14	1,9487	0,5132	14	2,0762	0,4817	
15	1,9085	0,5240	15	2,0438	0,4893	15	2,1874	0,4572	
16	1,9926	0,5019	16	2,1436	0,4665	16	2,3045	0,4339	
17	2,0803	0,4807	17	2,2482	0,4448	17	2,4280	0,4119	
18	2,1719	0,4604	18	2,3579	0,4241	18	2,5580	0,3909	
19	2,2675	0,4410	19	2,4730	0,4044	19	2,6951	0,3710	
20	2,3674	0,4224	20	2,5937	0,3855	20	2,8394	0,3522	
21	2,4716	0,4046	21	2,7203	0,3676	21	2,9915	0,3343	
22	2,5804	0,3875	22	2,8531	0,3505	22	3,1518	0,3173	
23	2,6940	0,3712	23	2,9924	0,3342	23	3,3206	0,3012	
24	2,8127	0,3555	24	3,1384	0,3186	24	3,4985	0,2858	
25	2,9365	0,3405	25	3,2916	0,3038	25	3,6858	0,2713	
26	3,0658	0,3262	26	3,4523	0,2897	26	3,8833	0,2575	
27	3,2008	0,3124	27	3,6208	0,2762	27	4,0913	0,2444	
28	3,3417	0,2992	28	3,7975	0,2633	28	4,3104	0,2320	
29	3,4889	0,2866	29	3,9828	0,2511	29	4,5413	0,2202	
30	3,6425	0,2745	30	4,1772	0,2394	30	4,7846	0,2090	

$$i = \frac{p}{100}$$

Alle Faktoren sind nachschüssig.

Zinstabellen zu Kapitel 14

jährlich			semestral		vierteljährlich		monatlich		
12%				13%				14%	
Semester	AUF $(1 + i)^{n/2}$	AB $\dfrac{1}{(1 + i)^{n/2}}$	Semester	AUF $(1 + i)^{n/2}$	AB $\dfrac{1}{(1 + i)^{n/2}}$	Semester	AUF $(1 + i)^{n/2}$	AB $\dfrac{1}{(1 + i)^{n/2}}$	
1	1,0583	0,9449	1	1,0630	0,9407	1	1,0677	0,9366	
2	1,1200	0,8929	2	1,1300	0,8850	2	1,1400	0,8772	
3	1,1853	0,8437	3	1,2012	0,8325	3	1,2172	0,8216	
4	1,2544	0,7972	4	1,2769	0,7831	4	1,2996	0,7695	
5	1,3275	0,7533	5	1,3574	0,7367	5	1,3876	0,7207	
6	1,4049	0,7118	6	1,4429	0,6931	6	1,4815	0,6750	
7	1,4868	0,6726	7	1,5338	0,6520	7	1,5819	0,6322	
8	1,5735	0,6355	8	1,6305	0,6133	8	1,6890	0,5921	
9	1,6653	0,6005	9	1,7332	0,5770	9	1,8033	0,5545	
10	1,7623	0,5674	10	1,8424	0,5428	10	1,9254	0,5194	
11	1,8651	0,5362	11	1,9585	0,5106	11	2,0558	0,4864	
12	1,9738	0,5066	12	2,0820	0,4803	12	2,1950	0,4556	
13	2,0889	0,4787	13	2,2131	0,4518	13	2,3436	0,4267	
14	2,2107	0,4523	14	2,3526	0,4251	14	2,5023	0,3996	
15	2,3396	0,4274	15	2,5009	0,3999	15	2,6717	0,3743	
16	2,4760	0,4039	16	2,6584	0,3762	16	2,8526	0,3506	
17	2,6203	0,3816	17	2,8260	0,3539	17	3,0457	0,3283	
18	2,7731	0,3606	18	3,0040	0,3329	18	3,2519	0,3075	
19	2,9348	0,3407	19	3,1933	0,3132	19	3,4721	0,2880	
20	3,1058	0,3220	20	3,3946	0,2946	20	3,7072	0,2697	
21	3,2869	0,3042	21	3,6085	0,2771	21	3,9582	0,2526	
22	3,4785	0,2875	22	3,8359	0,2607	22	4,2262	0,2366	
23	3,6814	0,2716	23	4,0776	0,2452	23	4,5124	0,2216	
24	3,8960	0,2567	24	4,3345	0,2307	24	4,8179	0,2076	
25	4,1231	0,2425	25	4,6077	0,2170	25	5,1441	0,1944	
26	4,3635	0,2292	26	4,8980	0,2042	26	5,4924	0,1821	
27	4,6179	0,2165	27	5,2067	0,1921	27	5,8643	0,1705	
28	4,8871	0,2046	28	5,5348	0,1807	28	6,2613	0,1597	
29	5,1720	0,1933	29	5,8835	0,1700	29	6,6853	0,1496	
30	5,4736	0,1827	30	6,2543	0,1599	30	7,1379	0,1401	

$$i = \frac{p}{100}$$

Alle Faktoren sind nachschüssig.

Zinstabellen zu Kapitel 14

	jährlich			semestral			vierteljährlich		monatlich	
	15%				16%				17%	

Semester	AUF $(1 + i)^{n/2}$	AB $\dfrac{1}{(1 + i)^{n/2}}$	Semester	AUF $(1 + i)^{n/2}$	AB $\dfrac{1}{(1 + i)^{n/2}}$	Semester	AUF $(1 + i)^{n/2}$	AB $\dfrac{1}{(1 + i)^{n/2}}$
1	1,0724	0,9325	1	1,0770	0,9285	1	1,0817	0,9245
2	1,1500	0,8696	2	1,1600	0,8621	2	1,1700	0,8547
3	1,2332	0,8109	3	1,2494	0,8004	3	1,2655	0,7902
4	1,3225	0,7561	4	1,3456	0,7432	4	1,3689	0,7305
5	1,4182	0,7051	5	1,4493	0,6900	5	1,4807	0,6754
6	1,5209	0,6575	6	1,5609	0,6407	6	1,6016	0,6244
7	1,6310	0,6131	7	1,6811	0,5948	7	1,7324	0,5772
8	1,7490	0,5718	8	1,8106	0,5523	8	1,8739	0,5337
9	1,8756	0,5332	9	1,9501	0,5128	9	2,0269	0,4934
10	2,0114	0,4972	10	2,1003	0,4761	10	2,1924	0,4561
11	2,1569	0,4636	11	2,2621	0,4421	11	2,3715	0,4217
12	2,3131	0,4323	12	2,4364	0,4104	12	2,5652	0,3898
13	2,4805	0,4031	13	2,6241	0,3811	13	2,7746	0,3604
14	2,6600	0,3759	14	2,8262	0,3538	14	3,0012	0,3332
15	2,8526	0,3506	15	3,0439	0,3285	15	3,2463	0,3080
16	3,0590	0,3269	16	3,2784	0,3050	16	3,5115	0,2848
17	3,2804	0,3048	17	3,5310	0,2832	17	3,7982	0,2633
18	3,5179	0,2843	18	3,8030	0,2630	18	4,1084	0,2434
19	3,7725	0,2651	19	4,0959	0,2441	19	4,4439	0,2250
20	4,0456	0,2472	20	4,4114	0,2267	20	4,8068	0,2080
21	4,3384	0,2305	21	4,7513	0,2105	21	5,1994	0,1923
22	4,6524	0,2149	22	5,1173	0,1954	22	5,6240	0,1778
23	4,9891	0,2004	23	5,5115	0,1814	23	6,0833	0,1644
24	5,3503	0,1869	24	5,9360	0,1685	24	6,5801	0,1520
25	5,7375	0,1743	25	6,3933	0,1564	25	7,1174	0,1405
26	6,1528	0,1625	26	6,8858	0,1452	26	7,6987	0,1299
27	6,5981	0,1516	27	7,4162	0,1348	27	8,3274	0,1201
28	7,0757	0,1413	28	7,9875	0,1252	28	9,0075	0,1110
29	7,5878	0,1318	29	8,6028	0,1162	29	9,7431	0,1026
30	8,1371	0,1229	30	9,2655	0,1079	30	10,5387	0,0949

$$i = \frac{p}{100}$$

Alle Faktoren sind nachschüssig.

	jährlich			semestral	vierteljährlich		monatlich	
	3%				4%		5%	
Quartal	AUF $(1 + i)^{n/4}$	AB $\dfrac{1}{(1 + i)^{n/4}}$	Quartal	AUF $(1 + i)^{n/4}$	AB $\dfrac{1}{(1 + i)^{n/4}}$	Quartal	AUF $(1 + i)^{n/4}$	AB $\dfrac{1}{(1 + i)^{n/4}}$
1	1,0074	0,9926	1	1,0099	0,9902	1	1,0123	0,9879
2	1,0149	0,9853	2	1,0198	0,9806	2	1,0247	0,9759
3	1,0224	0,9781	3	1,0299	0,9710	3	1,0373	0,9641
4	1,0300	0,9709	4	1,0400	0,9615	4	1,0500	0,9524
5	1,0376	0,9637	5	1,0502	0,9522	5	1,0629	0,9408
6	1,0453	0,9566	6	1,0606	0,9429	6	1,0759	0,9294
7	1,0531	0,9496	7	1,0710	0,9337	7	1,0891	0,9182
8	1,0609	0,9426	8	1,0816	0,9246	8	1,1025	0,9070
9	1,0688	0,9357	9	1,0923	0,9155	9	1,1160	0,8960
10	1,0767	0,9288	10	1,1030	0,9066	10	1,1297	0,8852
11	1,0847	0,9219	11	1,1139	0,8978	11	1,1436	0,8744
12	1,0927	0,9151	12	1,1249	0,8890	12	1,1576	0,8638
13	1,1008	0,9084	13	1,1359	0,8803	13	1,1718	0,8534
14	1,1090	0,9017	14	1,1471	0,8717	14	1,1862	0,8430
15	1,1172	0,8951	15	1,1584	0,8632	15	1,2008	0,8328
16	1,1255	0,8885	16	1,1699	0,8548	16	1,2155	0,8227
17	1,1339	0,8819	17	1,1814	0,8465	17	1,2304	0,8127
18	1,1423	0,8755	18	1,1930	0,8382	18	1,2455	0,8029
19	1,1507	0,8690	19	1,2048	0,8300	19	1,2608	0,7931
20	1,1593	0,8626	20	1,2167	0,8219	20	1,2763	0,7835
21	1,1679	0,8563	21	1,2286	0,8139	21	1,2919	0,7740
22	1,1765	0,8500	22	1,2407	0,8060	22	1,3078	0,7646
23	1,1853	0,8437	23	1,2530	0,7981	23	1,3238	0,7554
24	1,1941	0,8375	24	1,2653	0,7903	24	1,3401	0,7462
25	1,2029	0,8313	25	1,2778	0,7826	25	1,3565	0,7372
26	1,2118	0,8252	26	1,2904	0,7750	26	1,3732	0,7282
27	1,2208	0,8191	27	1,3031	0,7674	27	1,3900	0,7194
28	1,2299	0,8131	28	1,3159	0,7599	28	1,4071	0,7107
29	1,2390	0,8071	29	1,3289	0,7525	29	1,4244	0,7021
30	1,2482	0,8012	30	1,3420	0,7452	30	1,4418	0,6936

$$i = \frac{p}{100}$$

Alle Faktoren sind nachschüssig.

1, 2, 3, 4, 5, 6, 7, 8, 9, 10, 11, 12, 13, 14, 15

	jährlich			semestral	vierteljährlich		monatlich	
	6%			7%			8%	
Quartal	**AUF** $(1 + i)^{n/4}$	**AB** $\dfrac{1}{(1 + i)^{n/4}}$	**Quartal**	**AUF** $(1 + i)^{n/4}$	**AB** $\dfrac{1}{(1 + i)^{n/4}}$	**Quartal**	**AUF** $(1 + i)^{n/4}$	**AB** $\dfrac{1}{(1 + i)^{n/4}}$
1	1,0147	0,9855	1	1,0171	0,9832	1	1,0194	0,9809
2	1,0296	0,9713	2	1,0344	0,9667	2	1,0392	0,9623
3	1,0447	0,9572	3	1,0521	0,9505	3	1,0594	0,9439
4	1,0600	0,9434	4	1,0700	0,9346	4	1,0800	0,9259
5	1,0756	0,9298	5	1,0883	0,9189	5	1,1010	0,9083
6	1,0913	0,9163	6	1,1068	0,9035	6	1,1224	0,8910
7	1,1074	0,9031	7	1,1257	0,8883	7	1,1442	0,8740
8	1,1236	0,8900	8	1,1449	0,8734	8	1,1664	0,8573
9	1,1401	0,8771	9	1,1644	0,8588	9	1,1891	0,8410
10	1,1568	0,8644	10	1,1843	0,8444	10	1,2122	0,8250
11	1,1738	0,8519	11	1,2045	0,8302	11	1,2357	0,8093
12	1,1910	0,8396	12	1,2250	0,8163	12	1,2597	0,7938
13	1,2085	0,8275	13	1,2459	0,8026	13	1,2842	0,7787
14	1,2262	0,8155	14	1,2672	0,7891	14	1,3091	0,7639
15	1,2442	0,8037	15	1,2888	0,7759	15	1,3346	0,7493
16	1,2625	0,7921	16	1,3108	0,7629	16	1,3605	0,7350
17	1,2810	0,7806	17	1,3332	0,7501	17	1,3869	0,7210
18	1,2998	0,7693	18	1,3559	0,7375	18	1,4139	0,7073
19	1,3189	0,7582	19	1,3790	0,7251	19	1,4413	0,6938
20	1,3382	0,7473	20	1,4026	0,7130	20	1,4693	0,6806
21	1,3579	0,7365	21	1,4265	0,7010	21	1,4979	0,6676
22	1,3778	0,7258	22	1,4508	0,6893	22	1,5270	0,6549
23	1,3980	0,7153	23	1,4756	0,6777	23	1,5566	0,6424
24	1,4185	0,7050	24	1,5007	0,6663	24	1,5869	0,6302
25	1,4393	0,6948	25	1,5263	0,6552	25	1,6177	0,6182
26	1,4605	0,6847	26	1,5524	0,6442	26	1,6491	0,6064
27	1,4819	0,6748	27	1,5788	0,6334	27	1,6812	0,5948
28	1,5036	0,6651	28	1,6058	0,6227	28	1,7138	0,5835
29	1,5257	0,6554	29	1,6332	0,6123	29	1,7471	0,5724
30	1,5481	0,6460	30	1,6610	0,6020	30	1,7811	0,5615

$$i = \frac{p}{100}$$

Alle Faktoren sind nachschüssig.

Zinstabellen zu Kapitel 14

| | jährlich | | | semestral | | | vierteljährlich | | | monatlich | |
| | 9% | | | | 10% | | | | 11% | | |

Quartal	AUF $(1 + i)^{n/4}$	AB $\dfrac{1}{(1 + i)^{n/4}}$	Quartal	AUF $(1 + i)^{n/4}$	AB $\dfrac{1}{(1 + i)^{n/4}}$	Quartal	AUF $(1 + i)^{n/4}$	AB $\dfrac{1}{(1 + i)^{n/4}}$
1	1,0218	0,9787	1	1,0241	0,9765	1	1,0264	0,9742
2	1,0440	0,9578	2	1,0488	0,9535	2	1,0536	0,9492
3	1,0668	0,9374	3	1,0741	0,9310	3	1,0814	0,9247
4	1,0900	0,9174	4	1,1000	0,9091	4	1,1100	0,9009
5	1,1137	0,8979	5	1,1265	0,8877	5	1,1393	0,8777
6	1,1380	0,8787	6	1,1537	0,8668	6	1,1695	0,8551
7	1,1628	0,8600	7	1,1815	0,8464	7	1,2004	0,8331
8	1,1881	0,8417	8	1,2100	0,8264	8	1,2321	0,8116
9	1,2140	0,8237	9	1,2392	0,8070	9	1,2647	0,7907
10	1,2404	0,8062	10	1,2691	0,7880	10	1,2981	0,7704
11	1,2674	0,7890	11	1,2997	0,7694	11	1,3324	0,7505
12	1,2950	0,7722	12	1,3310	0,7513	12	1,3676	0,7312
13	1,3232	0,7557	13	1,3631	0,7336	13	1,4038	0,7124
14	1,3520	0,7396	14	1,3960	0,7164	14	1,4409	0,6940
15	1,3815	0,7239	15	1,4296	0,6995	15	1,4790	0,6761
16	1,4116	0,7084	16	1,4641	0,6830	16	1,5181	0,6587
17	1,4423	0,6933	17	1,4994	0,6669	17	1,5582	0,6418
18	1,4737	0,6785	18	1,5356	0,6512	18	1,5994	0,6252
19	1,5058	0,6641	19	1,5726	0,6359	19	1,6417	0,6091
20	1,5386	0,6499	20	1,6105	0,6209	20	1,6851	0,5935
21	1,5721	0,6361	21	1,6493	0,6063	21	1,7296	0,5782
22	1,6064	0,6225	22	1,6891	0,5920	22	1,7753	0,5633
23	1,6414	0,6093	23	1,7298	0,5781	23	1,8222	0,5488
24	1,6771	0,5963	24	1,7716	0,5645	24	1,8704	0,5346
25	1,7136	0,5836	25	1,8143	0,5512	25	1,9199	0,5209
26	1,7509	0,5711	26	1,8580	0,5382	26	1,9706	0,5075
27	1,7891	0,5589	27	1,9028	0,5255	27	2,0227	0,4944
28	1,8280	0,5470	28	1,9487	0,5132	28	2,0762	0,4817
29	1,8679	0,5354	29	1,9957	0,5011	29	2,1310	0,4693
30	1,9085	0,5240	30	2,0438	0,4893	30	2,1874	0,4572

$$i = \frac{p}{100}$$

Alle Faktoren sind nachschüssig.

Zinstabellen zu Kapitel 14

	jährlich			semestral			vierteljährlich	monatlich
	12%			13%			14%	
Quartal	AUF $(1 + i)^{n/4}$	AB $\dfrac{1}{(1 + i)^{n/4}}$	Quartal	AUF $(1 + i)^{n/4}$	AB $\dfrac{1}{(1 + i)^{n/4}}$	Quartal	AUF $(1 + i)^{n/4}$	AB $\dfrac{1}{(1 + i)^{n/4}}$
1	1,0287	0,9721	1	1,0310	0,9699	1	1,0333	0,9678
2	1,0583	0,9449	2	1,0630	0,9407	2	1,0677	0,9366
3	1,0887	0,9185	3	1,0960	0,9124	3	1,1033	0,9064
4	1,1200	0,8929	4	1,1300	0,8850	4	1,1400	0,8772
5	1,1522	0,8679	5	1,1651	0,8583	5	1,1780	0,8489
6	1,1853	0,8437	6	1,2012	0,8325	6	1,2172	0,8216
7	1,2194	0,8201	7	1,2385	0,8074	7	1,2577	0,7951
8	1,2544	0,7972	8	1,2769	0,7831	8	1,2996	0,7695
9	1,2904	0,7749	9	1,3165	0,7596	9	1,3429	0,7447
10	1,3275	0,7533	10	1,3574	0,7367	10	1,3876	0,7207
11	1,3657	0,7322	11	1,3995	0,7146	11	1,4338	0,6974
12	1,4049	0,7118	12	1,4429	0,6931	12	1,4815	0,6750
13	1,4453	0,6919	13	1,4877	0,6722	13	1,5309	0,6532
14	1,4868	0,6726	14	1,5338	0,6520	14	1,5819	0,6322
15	1,5296	0,6538	15	1,5814	0,6323	15	1,6345	0,6118
16	1,5735	0,6355	16	1,6305	0,6133	16	1,6890	0,5921
17	1,6187	0,6178	17	1,6811	0,5949	17	1,7452	0,5730
18	1,6653	0,6005	18	1,7332	0,5770	18	1,8033	0,5545
19	1,7131	0,5837	19	1,7870	0,5596	19	1,8634	0,5367
20	1,7623	0,5674	20	1,8424	0,5428	20	1,9254	0,5194
21	1,8130	0,5516	21	1,8996	0,5264	21	1,9895	0,5026
22	1,8651	0,5362	22	1,9585	0,5106	22	2,0558	0,4864
23	1,9187	0,5212	23	2,0193	0,4952	23	2,1242	0,4708
24	1,9738	0,5066	24	2,0820	0,4803	24	2,1950	0,4556
25	2,0305	0,4925	25	2,1465	0,4659	25	2,2681	0,4409
26	2,0889	0,4787	26	2,2131	0,4518	26	2,3436	0,4267
27	2,1489	0,4653	27	2,2818	0,4382	27	2,4216	0,4129
28	2,2107	0,4523	28	2,3526	0,4251	28	2,5023	0,3996
29	2,2742	0,4397	29	2,4256	0,4123	29	2,5856	0,3868
30	2,3396	0,4274	30	2,5009	0,3999	30	2,6717	0,3743

$$i = \frac{p}{100}$$

Alle Faktoren sind nachschüssig.

jährlich			semestral			vierteljährlich			monatlich
	15%			16%			17%		

Quartal	AUF $(1+i)^{n/4}$	AB $\dfrac{1}{(1+i)^{n/4}}$	Quartal	AUF $(1+i)^{n/4}$	AB $\dfrac{1}{(1+i)^{n/4}}$	Quartal	AUF $(1+i)^{n/4}$	AB $\dfrac{1}{(1+i)^{n/4}}$
1	1,0356	0,9657	1	1,0378	0,9636	1	1,0400	0,9615
2	1,0724	0,9325	2	1,0770	0,9285	2	1,0817	0,9245
3	1,1105	0,9005	3	1,1177	0,8947	3	1,1250	0,8889
4	1,1500	0,8696	4	1,1600	0,8621	4	1,1700	0,8547
5	1,1909	0,8397	5	1,2039	0,8307	5	1,2168	0,8218
6	1,2332	0,8109	6	1,2494	0,8004	6	1,2655	0,7902
7	1,2771	0,7830	7	1,2966	0,7713	7	1,3162	0,7598
8	1,3225	0,7561	8	1,3456	0,7432	8	1,3689	0,7305
9	1,3695	0,7302	9	1,3965	0,7161	9	1,4237	0,7024
10	1,4182	0,7051	10	1,4493	0,6900	10	1,4807	0,6754
11	1,4687	0,6809	11	1,5040	0,6649	11	1,5400	0,6494
12	1,5209	0,6575	12	1,5609	0,6407	12	1,6016	0,6244
13	1,5750	0,6349	13	1,6199	0,6173	13	1,6657	0,6003
14	1,6310	0,6131	14	1,6811	0,5948	14	1,7324	0,5772
15	1,6890	0,5921	15	1,7447	0,5732	15	1,8018	0,5550
16	1,7490	0,5718	16	1,8106	0,5523	16	1,8739	0,5337
17	1,8112	0,5521	17	1,8791	0,5322	17	1,9489	0,5131
18	1,8756	0,5332	18	1,9501	0,5128	18	2,0269	0,4934
19	1,9423	0,5149	19	2,0238	0,4941	19	2,1081	0,4744
20	2,0114	0,4972	20	2,1003	0,4761	20	2,1924	0,4561
21	2,0829	0,4801	21	2,1797	0,4588	21	2,2802	0,4386
22	2,1569	0,4636	22	2,2621	0,4421	22	2,3715	0,4217
23	2,2336	0,4477	23	2,3477	0,4260	23	2,4664	0,4054
24	2,3131	0,4323	24	2,4364	0,4104	24	2,5652	0,3898
25	2,3953	0,4175	25	2,5285	0,3955	25	2,6679	0,3748
26	2,4805	0,4031	26	2,6241	0,3811	26	2,7746	0,3604
27	2,5687	0,3893	27	2,7233	0,3672	27	2,8857	0,3465
28	2,6600	0,3759	28	2,8262	0,3538	28	3,0012	0,3332
29	2,7546	0,3630	29	2,9331	0,3409	29	3,1214	0,3204
30	2,8526	0,3506	30	3,0439	0,3285	30	3,2463	0,3080

$$i = \frac{p}{100}$$

Alle Faktoren sind nachschüssig.

Zinstabellen zu Kapitel 14

	jährlich			semestral			vierteljährlich			monatlich	
	3%				4%					5%	
Monat	AUF $(1+i)^{n/12}$	AB $\dfrac{1}{(1+i)^{n/12}}$	Monat	AUF $(1+i)^{n/12}$	AB $\dfrac{1}{(1+i)^{n/12}}$	Monat	AUF $(1+i)^{n/12}$	AB $\dfrac{1}{(1+i)^{n/12}}$			
1	1,0025	0,9975	1	1,0033	0,9967	1	1,0041	0,9959			
2	1,0049	0,9951	2	1,0066	0,9935	2	1,0082	0,9919			
3	1,0074	0,9926	3	1,0099	0,9902	3	1,0123	0,9879			
4	1,0099	0,9902	4	1,0132	0,9870	4	1,0164	0,9839			
5	1,0124	0,9878	5	1,0165	0,9838	5	1,0205	0,9799			
6	1,0149	0,9853	6	1,0198	0,9806	6	1,0247	0,9759			
7	1,0174	0,9829	7	1,0231	0,9774	7	1,0289	0,9719			
8	1,0199	0,9805	8	1,0265	0,9742	8	1,0331	0,9680			
9	1,0224	0,9781	9	1,0299	0,9710	9	1,0373	0,9641			
10	1,0249	0,9757	10	1,0332	0,9678	10	1,0415	0,9602			
11	1,0275	0,9733	11	1,0366	0,9647	11	1,0457	0,9563			
12	1,0300	0,9709	12	1,0400	0,9615	12	1,0500	0,9524			
13	1,0325	0,9685	13	1,0434	0,9584	13	1,0543	0,9485			
14	1,0351	0,9661	14	1,0468	0,9553	14	1,0586	0,9447			
15	1,0376	0,9637	15	1,0502	0,9522	15	1,0629	0,9408			
16	1,0402	0,9614	16	1,0537	0,9490	16	1,0672	0,9370			
17	1,0428	0,9590	17	1,0571	0,9460	17	1,0716	0,9332			
18	1,0453	0,9566	18	1,0606	0,9429	18	1,0759	0,9294			
19	1,0479	0,9543	19	1,0641	0,9398	19	1,0803	0,9257			
20	1,0505	0,9519	20	1,0676	0,9367	20	1,0847	0,9219			
21	1,0531	0,9496	21	1,0710	0,9337	21	1,0891	0,9182			
22	1,0557	0,9473	22	1,0746	0,9306	22	1,0936	0,9144			
23	1,0583	0,9449	23	1,0781	0,9276	23	1,0980	0,9107			
24	1,0609	0,9426	24	1,0816	0,9246	24	1,1025	0,9070			
25	1,0635	0,9403	25	1,0851	0,9215	25	1,1070	0,9033			
26	1,0661	0,9380	26	1,0887	0,9185	26	1,1115	0,8997			
27	1,0688	0,9357	27	1,0923	0,9155	27	1,1160	0,8960			
28	1,0714	0,9334	28	1,0958	0,9125	28	1,1206	0,8924			
29	1,0740	0,9311	29	1,0994	0,9096	29	1,1251	0,8888			
30	1,0767	0,9288	30	1,1030	0,9066	30	1,1297	0,8852			

$$i = \frac{p}{100}$$

Alle Faktoren sind nachschüssig.

	jährlich			semestral			vierteljährlich	monatlich	
	6%				7%			8%	
Monat	**AUF** $(1 + i)^{n/12}$	**AB** $\dfrac{1}{(1 + i)^{n/12}}$	**Monat**	**AUF** $(1 + i)^{n/12}$	**AB** $\dfrac{1}{(1 + i)^{n/12}}$	**Monat**	**AUF** $(1 + i)^{n/12}$	**AB** $\dfrac{1}{(1 + i)^{n/12}}$	
1	1,0049	0,9952	1	1,0057	0,9944	1	1,0064	0,9936	
2	1,0098	0,9903	2	1,0113	0,9888	2	1,0129	0,9873	
3	1,0147	0,9855	3	1,0171	0,9832	3	1,0194	0,9809	
4	1,0196	0,9808	4	1,0228	0,9777	4	1,0260	0,9747	
5	1,0246	0,9760	5	1,0286	0,9722	5	1,0326	0,9684	
6	1,0296	0,9713	6	1,0344	0,9667	6	1,0392	0,9623	
7	1,0346	0,9666	7	1,0403	0,9613	7	1,0459	0,9561	
8	1,0396	0,9619	8	1,0461	0,9559	8	1,0526	0,9500	
9	1,0447	0,9572	9	1,0521	0,9505	9	1,0594	0,9439	
10	1,0498	0,9526	10	1,0580	0,9452	10	1,0662	0,9379	
11	1,0549	0,9480	11	1,0640	0,9399	11	1,0731	0,9319	
12	1,0600	0,9434	12	1,0700	0,9346	12	1,0800	0,9259	
13	1,0652	0,9388	13	1,0760	0,9293	13	1,0869	0,9200	
14	1,0703	0,9343	14	1,0821	0,9241	14	1,0939	0,9141	
15	1,0756	0,9298	15	1,0883	0,9189	15	1,1010	0,9083	
16	1,0808	0,9252	16	1,0944	0,9137	16	1,1081	0,9025	
17	1,0861	0,9208	17	1,1006	0,9086	17	1,1152	0,8967	
18	1,0913	0,9163	18	1,1068	0,9035	18	1,1224	0,8910	
19	1,0966	0,9119	19	1,1131	0,8984	19	1,1296	0,8853	
20	1,1020	0,9075	20	1,1194	0,8934	20	1,1369	0,8796	
21	1,1074	0,9031	21	1,1257	0,8883	21	1,1442	0,8740	
22	1,1127	0,8987	22	1,1321	0,8833	22	1,1515	0,8684	
23	1,1182	0,8943	23	1,1385	0,8784	23	1,1589	0,8629	
24	1,1236	0,8900	24	1,1449	0,8734	24	1,1664	0,8573	
25	1,1291	0,8857	25	1,1514	0,8685	25	1,1739	0,8519	
26	1,1346	0,8814	26	1,1579	0,8636	26	1,1815	0,8464	
27	1,1401	0,8771	27	1,1644	0,8588	27	1,1891	0,8410	
28	1,1456	0,8729	28	1,1710	0,8540	28	1,1967	0,8356	
29	1,1512	0,8686	29	1,1776	0,8492	29	1,2044	0,8303	
30	1,1568	0,8644	30	1,1843	0,8444	30	1,2122	0,8250	

$$i = \frac{p}{100}$$

Alle Faktoren sind nachschüssig.

Zinstabellen zu Kapitel 14

	jährlich			semestral			vierteljährlich			monatlich	
	9%				10%				11%		
Monat	**AUF** $(1 + i)^{n/12}$	**AB** $\dfrac{1}{(1 + i)^{n/12}}$	**Monat**	**AUF** $(1 + i)^{n/12}$	**AB** $\dfrac{1}{(1 + i)^{n/12}}$	**Monat**	**AUF** $(1 + i)^{n/12}$	**AB** $\dfrac{1}{(1 + i)^{n/12}}$			
1	1,0072	0,9928	1	1,0080	0,9921	1	1,0087	0,9913			
2	1,0145	0,9857	2	1,0160	0,9842	2	1,0175	0,9828			
3	1,0218	0,9787	3	1,0241	0,9765	3	1,0264	0,9742			
4	1,0291	0,9717	4	1,0323	0,9687	4	1,0354	0,9658			
5	1,0366	0,9647	5	1,0405	0,9611	5	1,0444	0,9574			
6	1,0440	0,9578	6	1,0488	0,9535	6	1,0536	0,9492			
7	1,0516	0,9510	7	1,0572	0,9459	7	1,0628	0,9409			
8	1,0591	0,9442	8	1,0656	0,9384	8	1,0721	0,9328			
9	1,0668	0,9374	9	1,0741	0,9310	9	1,0814	0,9247			
10	1,0745	0,9307	10	1,0827	0,9236	10	1,0909	0,9167			
11	1,0822	0,9240	11	1,0913	0,9163	11	1,1004	0,9088			
12	1,0900	0,9174	12	1,1000	0,9091	12	1,1100	0,9009			
13	1,0979	0,9109	13	1,1088	0,9019	13	1,1197	0,8931			
14	1,1058	0,9043	14	1,1176	0,8948	14	1,1295	0,8854			
15	1,1137	0,8979	15	1,1265	0,8877	15	1,1393	0,8777			
16	1,1218	0,8915	16	1,1355	0,8807	16	1,1493	0,8701			
17	1,1299	0,8851	17	1,1446	0,8737	17	1,1593	0,8626			
18	1,1380	0,8787	18	1,1537	0,8668	18	1,1695	0,8551			
19	1,1462	0,8725	19	1,1629	0,8599	19	1,1797	0,8477			
20	1,1545	0,8662	20	1,1722	0,8531	20	1,1900	0,8404			
21	1,1628	0,8600	21	1,1815	0,8464	21	1,2004	0,8331			
22	1,1712	0,8539	22	1,1909	0,8397	22	1,2109	0,8259			
23	1,1796	0,8477	23	1,2004	0,8330	23	1,2214	0,8187			
24	1,1881	0,8417	24	1,2100	0,8264	24	1,2321	0,8116			
25	1,1967	0,8357	25	1,2196	0,8199	25	1,2429	0,8046			
26	1,2053	0,8297	26	1,2294	0,8134	26	1,2537	0,7976			
27	1,2140	0,8237	27	1,2392	0,8070	27	1,2647	0,7907			
28	1,2227	0,8178	28	1,2491	0,8006	28	1,2757	0,7839			
29	1,2315	0,8120	29	1,2590	0,7943	29	1,2869	0,7771			
30	1,2404	0,8062	30	1,2691	0,7880	30	1,2981	0,7704			

$$i = \frac{p}{100}$$

Alle Faktoren sind nachschüssig.

Zinstabellen zu Kapitel 14

	jährlich			semestral			vierteljährlich			monatlich	
	12%				13%					14%	
Monat	**AUF** $(1 + i)^{n/12}$	**AB** $\dfrac{1}{(1 + i)^{n/12}}$	**Monat**	**AUF** $(1 + i)^{n/12}$	**AB** $\dfrac{1}{(1 + i)^{n/12}}$	**Monat**	**AUF** $(1 + i)^{n/12}$	**AB** $\dfrac{1}{(1 + i)^{n/12}}$			
1	1,0095	0,9906	1	1,0102	0,9899	1	1,0110	0,9891			
2	1,0191	0,9813	2	1,0206	0,9798	2	1,0221	0,9784			
3	1,0287	0,9721	3	1,0310	0,9699	3	1,0333	0,9678			
4	1,0385	0,9629	4	1,0416	0,9601	4	1,0446	0,9573			
5	1,0484	0,9539	5	1,0522	0,9504	5	1,0561	0,9469			
6	1,0583	0,9449	6	1,0630	0,9407	6	1,0677	0,9366			
7	1,0683	0,9360	7	1,0739	0,9312	7	1,0794	0,9264			
8	1,0785	0,9272	8	1,0849	0,9218	8	1,0913	0,9164			
9	1,0887	0,9185	9	1,0960	0,9124	9	1,1033	0,9064			
10	1,0990	0,9099	10	1,1072	0,9032	10	1,1154	0,8966			
11	1,1095	0,9013	11	1,1185	0,8940	11	1,1276	0,8868			
12	1,1200	0,8929	12	1,1300	0,8850	12	1,1400	0,8772			
13	1,1306	0,8845	13	1,1416	0,8760	13	1,1525	0,8677			
14	1,1414	0,8762	14	1,1533	0,8671	14	1,1652	0,8582			
15	1,1522	0,8679	15	1,1651	0,8583	15	1,1780	0,8489			
16	1,1631	0,8598	16	1,1770	0,8496	16	1,1909	0,8397			
17	1,1742	0,8517	17	1,1890	0,8410	17	1,2040	0,8306			
18	1,1853	0,8437	18	1,2012	0,8325	18	1,2172	0,8216			
19	1,1965	0,8357	19	1,2135	0,8241	19	1,2306	0,8126			
20	1,2079	0,8279	20	1,2259	0,8157	20	1,2441	0,8038			
21	1,2194	0,8201	21	1,2385	0,8074	21	1,2577	0,7951			
22	1,2309	0,8124	22	1,2512	0,7993	22	1,2715	0,7865			
23	1,2426	0,8048	23	1,2640	0,7912	23	1,2855	0,7779			
24	1,2544	0,7972	24	1,2769	0,7831	24	1,2996	0,7695			
25	1,2663	0,7897	25	1,2900	0,7752	25	1,3139	0,7611			
26	1,2783	0,7823	26	1,3032	0,7674	26	1,3283	0,7528			
27	1,2904	0,7749	27	1,3165	0,7596	27	1,3429	0,7447			
28	1,3027	0,7676	28	1,3300	0,7519	28	1,3576	0,7366			
29	1,3151	0,7604	29	1,3436	0,7443	29	1,3725	0,7286			
30	1,3275	0,7533	30	1,3574	0,7367	30	1,3876	0,7207			

$$i = \frac{p}{100}$$

Alle Faktoren sind nachschüssig.

Zinstabellen zu Kapitel 14

	jährlich			semestral	vierteljährlich		monatlich	
	15%			16%			17%	
Monat	AUF $(1+i)^{n/12}$	AB $\dfrac{1}{(1+i)^{n/12}}$	Monat	AUF $(1+i)^{n/12}$	AB $\dfrac{1}{(1+i)^{n/12}}$	Monat	AUF $(1+i)^{n/12}$	AB $\dfrac{1}{(1+i)^{n/12}}$
1	1,0117	0,9884	1	1,0124	0,9877	1	1,0132	0,9870
2	1,0236	0,9770	2	1,0250	0,9756	2	1,0265	0,9742
3	1,0356	0,9657	3	1,0378	0,9636	3	1,0400	0,9615
4	1,0477	0,9545	4	1,0507	0,9517	4	1,0537	0,9490
5	1,0600	0,9434	5	1,0638	0,9400	5	1,0676	0,9367
6	1,0724	0,9325	6	1,0770	0,9285	6	1,0817	0,9245
7	1,0849	0,9217	7	1,0904	0,9171	7	1,0959	0,9125
8	1,0977	0,9110	8	1,1040	0,9058	8	1,1103	0,9006
9	1,1105	0,9005	9	1,1177	0,8947	9	1,1250	0,8889
10	1,1235	0,8901	10	1,1317	0,8837	10	1,1398	0,8774
11	1,1367	0,8798	11	1,1457	0,8728	11	1,1548	0,8660
12	1,1500	0,8696	12	1,1600	0,8621	12	1,1700	0,8547
13	1,1635	0,8595	13	1,1744	0,8515	13	1,1854	0,8436
14	1,1771	0,8495	14	1,1891	0,8410	14	1,2010	0,8326
15	1,1909	0,8397	15	1,2039	0,8307	15	1,2168	0,8218
16	1,2048	0,8300	16	1,2188	0,8205	16	1,2329	0,8111
17	1,2190	0,8204	17	1,2340	0,8104	17	1,2491	0,8006
18	1,2332	0,8109	18	1,2494	0,8004	18	1,2655	0,7902
19	1,2477	0,8015	19	1,2649	0,7906	19	1,2822	0,7799
20	1,2623	0,7922	20	1,2806	0,7809	20	1,2991	0,7698
21	1,2771	0,7830	21	1,2966	0,7713	21	1,3162	0,7598
22	1,2921	0,7740	22	1,3127	0,7618	22	1,3335	0,7499
23	1,3072	0,7650	23	1,3291	0,7524	23	1,3511	0,7401
24	1,3225	0,7561	24	1,3456	0,7432	24	1,3689	0,7305
25	1,3380	0,7474	25	1,3623	0,7340	25	1,3869	0,7210
26	1,3537	0,7387	26	1,3793	0,7250	26	1,4052	0,7116
27	1,3695	0,7302	27	1,3965	0,7161	27	1,4237	0,7024
28	1,3856	0,7217	28	1,4138	0,7073	28	1,4424	0,6933
29	1,4018	0,7134	29	1,4314	0,6986	29	1,4614	0,6843
30	1,4182	0,7051	30	1,4493	0,6900	30	1,4807	0,6754

$$i = \frac{p}{100}$$

Alle Faktoren sind nachschüssig.

Annuitätentilgungstabellen

ANNUITÄTENTILGUNGSTABELLE FÜR | **5 JAHRE** | **KREDITHÖHE 1 MIO GE**

5 Jahres-Annuitäten

à 224.627 GE 4% dekursiv			à 237.396 GE 6% dekursiv			à 250.456 GE 8% dekursiv			à 263.797 GE 10% dekursiv		
Jahr	Kapital	Zinsen	Jahr	Kapital	Zinsen	Jahr	Kapital	Zinsen	Jahr	Kapital	Zinsen
1	184	40	1	178	60	1	170	80	1	164	100
2	192	32	2	188	49	2	184	66	2	180	84
3	200	25	3	199	38	3	199	52	3	198	65
4	208	17	4	211	26	4	215	36	4	218	46
5	216	9	5	224	14	5	232	18	5	240	24
Σ	1.123		Σ	1.187		Σ	1.252		Σ	1.319	

10 Semestral-Annuitäten

à 111.327 GE 4% dekursiv			à 117.231 GE 6% dekursiv			à 123.291 GE 8% dekursiv			à 129.505 GE 10% dekursiv		
Jahr	Kapital	Zinsen	Jahr	Kapital	Zinsen	Jahr	Kapital	Zinsen	Jahr	Kapital	Zinsen
1	184	38	1	177	57	1	170	77	1	163	96
2	192	31	2	188	47	2	184	63	2	180	79
3	200	23	3	199	35	3	199	48	3	198	61
4	208	15	4	212	23	4	215	31	4	218	41
5	216	6	5	224	10	5	232	14	5	241	18
Σ	1.113		Σ	1.172		Σ	1.233		Σ	1.295	

20 Quartals-Annuitäten

à 55.415 GE 4% dekursiv			à 58.246 GE 6% dekursiv			à 61.157 GE 8% dekursiv			à 64.147 GE 10% dekursiv		
Jahr	Kapital	Zinsen	Jahr	Kapital	Zinsen	Jahr	Kapital	Zinsen	Jahr	Kapital	Zinsen
1	184	37	1	177	56	1	170	75	1	163	94
2	192	30	2	188	45	2	183	61	2	179	77
3	200	22	3	199	34	3	199	46	3	198	59
4	208	14	4	212	21	4	215	29	4	219	38
5	216	5	5	224	9	5	233	12	5	241	15
Σ	1.108		Σ	1.165		Σ	1.223		Σ	1.283	

60 Monats-Annuitäten

à 18.417 GE 4% dekursiv			à 19.333 GE 6% dekursiv			à 20.276 GE 8% dekursiv			à 21.247 GE 10% dekursiv		
Jahr	Kapital	Zinsen	Jahr	Kapital	Zinsen	Jahr	Kapital	Zinsen	Jahr	Kapital	Zinsen
1	184	37	1	177	55	1	169	74	1	162	93
2	192	29	2	188	44	2	184	60	2	179	76
3	200	21	3	199	33	3	199	45	3	198	57
4	208	13	4	211	21	4	215	28	4	219	36
5	216	5	5	225	7	5	233	10	5	242	13
Σ	1.105		Σ	1.160		Σ	1.217		Σ	1.275	

Werte in 1.000 GE

Annuitätentilgungstabellen zu Kapitel 14

ANNUITÄTENTILGUNGSTABELLE FÜR **7 JAHRE** KREDITHÖHE 1 MIO GE

7 Jahres-Annuitäten à 166.610 GE 4% dekursiv			7 Jahres-Annuitäten à 179.135 GE 6% dekursiv			7 Jahres-Annuitäten à 192.072 GE 8% dekursiv			7 Jahres-Annuitäten à 205.406 GE 10% dekursiv		
Jahr	Kapital	Zinsen	Jahr	Kapital	Zinsen	Jahr	Kapital	Zinsen	Jahr	Kapital	Zinsen
1	127	40	1	119	60	1	112	80	1	105	100
2	132	35	2	126	53	2	121	71	2	116	89
3	137	30	3	134	45	3	131	61	3	128	78
4	142	24	4	142	37	4	141	51	4	140	65
5	148	18	5	150	29	5	152	40	5	154	51
6	154	13	6	160	20	6	165	28	6	170	36
7	160	6	7	169	10	7	178	14	7	187	19
Σ	1.166		Σ	1.254		Σ	1.345		Σ	1.438	

14 Semestral-Annuitäten à 82.602 GE 4% dekursiv			14 Semestral-Annuitäten à 88.526 GE 6% dekursiv			14 Semestral-Annuitäten à 94.669 GE 8% dekursiv			14 Semestral-Annuitäten à 101.024 GE 10% dekursiv		
Jahr	Kapital	Zinsen	Jahr	Kapital	Zinsen	Jahr	Kapital	Zinsen	Jahr	Kapital	Zinsen
1	127	39	1	119	58	1	111	78	1	105	97
2	132	34	2	126	51	2	121	68	2	115	87
3	137	28	3	134	43	3	130	59	3	127	75
4	142	23	4	142	35	4	141	48	4	140	62
5	148	17	5	150	27	5	153	37	5	155	47
6	154	11	6	160	17	6	165	24	6	170	32
7	160	5	7	169	8	7	179	11	7	188	14
Σ	1.157		Σ	1.239		Σ	1.325		Σ	1.414	

28 Quartals-Annuitäten à 41.124 GE 4% dekursiv			28 Quartals-Annuitäten à 44.001 GE 6% dekursiv			28 Quartals-Annuitäten à 46.990 GE 8% dekursiv			28 Quartals-Annuitäten à 50.088 GE 10% dekursiv		
Jahr	Kapital	Zinsen	Jahr	Kapital	Zinsen	Jahr	Kapital	Zinsen	Jahr	Kapital	Zinsen
1	126	38	1	119	57	1	111	77	1	104	96
2	132	33	2	126	50	2	121	67	2	115	85
3	137	28	3	134	42	3	130	58	3	127	73
4	142	22	4	142	34	4	141	47	4	140	60
5	148	16	5	150	26	5	153	35	5	155	46
6	154	10	6	160	16	6	165	23	6	171	30
7	161	4	7	169	7	7	179	9	7	188	12
Σ	1.151		Σ	1.232		Σ	1.316		Σ	1.402	

84 Monats-Annuitäten à 13.669 GE 4% dekursiv			84 Monats-Annuitäten à 14.609 GE 6% dekursiv			84 Monats-Annuitäten à 15.586 GE 8% dekursiv			84 Monats-Annuitäten à 16.601 GE 10% dekursiv		
Jahr	Kapital	Zinsen	Jahr	Kapital	Zinsen	Jahr	Kapital	Zinsen	Jahr	Kapital	Zinsen
1	126	38	1	118	57	1	111	76	1	104	95
2	132	32	2	126	49	2	120	67	2	115	85
3	137	27	3	134	42	3	130	57	3	127	72
4	142	22	4	142	33	4	141	46	4	140	59
5	148	16	5	150	25	5	153	34	5	154	45
6	154	10	6	160	15	6	166	21	6	171	28
7	161	3	7	170	6	7	179	8	7	189	10
Σ	1.148		Σ	1.227		Σ	1.309		Σ	1.394	

Werte in 1.000 GE

ANNUITÄTENTILGUNGSTABELLE FÜR | **10 JAHRE** | **KREDITHÖHE 1 MIO GE**

10 Jahres-Annuitäten à 123.291 GE 4% dekursiv		
Jahr	Kapital	Zinsen
1	83	40
2	87	37
3	90	33
4	94	29
5	97	26
6	101	22
7	105	18
8	110	14
9	114	9
10	119	5
Σ	1.233	

10 Jahres-Annuitäten à 135.868 GE 6% dekursiv		
Jahr	Kapital	Zinsen
1	76	60
2	80	55
3	85	51
4	90	46
5	96	40
6	102	34
7	108	28
8	114	22
9	121	15
10	128	8
Σ	1.359	

10 Jahres-Annuitäten à 149.029 GE 8% dekursiv		
Jahr	Kapital	Zinsen
1	69	80
2	75	74
3	80	69
4	87	62
5	94	55
6	101	48
7	110	39
8	118	31
9	128	21
10	138	11
Σ	1.490	

10 Jahres-Annuitäten à 162.745 GE 10% dekursiv		
Jahr	Kapital	Zinsen
1	63	100
2	69	94
3	76	87
4	84	79
5	92	71
6	101	62
7	111	51
8	122	40
9	134	28
10	148	15
Σ	1.627	

20 Semestral-Annuitäten à 61.157 GE 4% dekursiv		
Jahr	Kapital	Zinsen
1	83	39
2	87	36
3	90	32
4	94	29
5	97	25
6	101	21
7	105	17
8	110	13
9	114	8
10	119	3
Σ	1.223	

20 Semestral-Annuitäten à 67.216 GE 6% dekursiv		
Jahr	Kapital	Zinsen
1	76	59
2	80	54
3	85	49
4	90	44
5	96	39
6	101	33
7	108	27
8	114	20
9	121	13
10	129	6
Σ	1.344	

20 Semestral-Annuitäten à 73.582 GE 8% dekursiv		
Jahr	Kapital	Zinsen
1	68	79
2	74	73
3	80	67
4	87	60
5	94	53
6	101	46
7	110	38
8	119	29
9	128	19
10	139	8
Σ	1.472	

20 Semestral-Annuitäten à 80.243 GE 10% dekursiv		
Jahr	Kapital	Zinsen
1	62	99
2	68	92
3	76	85
4	83	77
5	92	69
6	101	60
7	111	49
8	123	38
9	135	25
10	149	11
Σ	1.605	

Werte in 1.000 GE

Annuitätentilgungstabellen zu Kapitel 14

40 Quartals-Annuitäten à 30.456 GE 4% dekursiv			40 Quartals-Annuitäten à 33.427 GE 6% dekursiv			40 Quartals-Annuitäten à 36.556 GE 8% dekursiv			40 Quartals-Annuitäten à 39.836 GE 10% dekursiv		
Jahr	Kapital	Zinsen	Jahr	Kapital	Zinsen	Jahr	Kapital	Zinsen	Jahr	Kapital	Zinsen
1	83	39	1	75	58	1	68	78	1	62	98
2	86	35	2	80	54	2	74	72	2	68	91
3	90	32	3	85	49	3	80	66	3	75	84
4	94	28	4	90	44	4	86	60	4	83	77
5	97	24	5	96	38	5	94	53	5	91	68
6	101	21	6	102	32	6	101	45	6	101	58
7	106	16	7	108	26	7	110	36	7	111	48
8	110	12	8	114	19	8	119	27	8	123	36
9	114	8	9	121	12	9	129	18	9	136	24
10	119	3	10	129	5	10	139	7	10	150	9
Σ	**1.218**		Σ	**1.337**		Σ	**1.462**		Σ	**1.593**	

120 Monats-Annuitäten à 10.125 GE 4% dekursiv			120 Monats-Annuitäten à 11.102 GE 6% dekursiv			120 Monats-Annuitäten à 12.133 GE 8% dekursiv			120 Monats-Annuitäten à 13.215 GE 10% dekursiv		
Jahr	Kapital	Zinsen	Jahr	Kapital	Zinsen	Jahr	Kapital	Zinsen	Jahr	Kapital	Zinsen
1	83	38	1	75	58	1	68	77	1	61	97
2	86	35	2	80	53	2	74	72	2	68	91
3	90	32	3	85	48	3	80	66	3	75	84
4	94	28	4	90	43	4	86	59	4	83	76
5	97	24	5	96	38	5	94	52	5	91	67
6	101	20	6	102	32	6	101	44	6	101	58
7	106	16	7	108	25	7	110	36	7	112	47
8	110	12	8	114	19	8	119	27	8	123	35
9	114	7	9	121	12	9	129	17	9	136	23
10	119	3	10	129	4	10	139	6	10	150	8
Σ	**1.215**		Σ	**1.332**		Σ	**1.456**		Σ	**1.586**	

Werte in 1.000 GE

Annuitätentilgungstabellen zu Kapitel 14

15 Jahres-Annuitäten à 89.941 GE 4% dekursiv			15 Jahres-Annuitäten à 102.963 GE 6% dekursiv			15 Jahres-Annuitäten à 116.830 GE 8% dekursiv			15 Jahres-Annuitäten à 131.474 GE 10% dekursiv		
Jahr	Kapital	Zinsen	Jahr	Kapital	Zinsen	Jahr	Kapital	Zinsen	Jahr	Kapital	Zinsen
1	50	40	1	43	60	1	37	80	1	31	100
2	52	38	2	46	57	2	40	77	2	35	97
3	54	36	3	48	55	3	43	74	3	38	93
4	56	34	4	51	52	4	46	70	4	42	89
5	58	31	5	54	49	5	50	67	5	46	85
6	61	29	6	57	45	6	54	63	6	51	81
7	63	27	7	61	42	7	58	58	7	56	76
8	66	24	8	65	38	8	63	54	8	61	70
9	68	22	9	68	35	9	68	48	9	67	64
10	71	19	10	73	30	10	74	43	10	74	57
11	74	16	11	77	26	11	80	37	11	82	50
12	77	13	12	82	21	12	86	31	12	90	42
13	80	10	13	86	17	13	93	24	13	99	33
14	83	7	14	92	11	14	100	17	14	109	23
15	87	3	15	97	6	15	108	9	15	119	12
Σ	1.349		Σ	1.544		Σ	1.752		Σ	1.972	

30 Semestral-Annuitäten à 44.650 GE 4% dekursiv			30 Semestral-Annuitäten à 51.019 GE 6% dekursiv			30 Semestral-Annuitäten à 57.830 GE 8% dekursiv			30 Semestral-Annuitäten à 65.051 GE 10% dekursiv		
Jahr	Kapital	Zinsen	Jahr	Kapital	Zinsen	Jahr	Kapital	Zinsen	Jahr	Kapital	Zinsen
1	50	40	1	43	59	1	36	79	1	31	99
2	52	37	2	45	57	2	39	76	2	34	96
3	54	35	3	48	54	3	43	73	3	38	93
4	56	33	4	51	51	4	46	70	4	41	89
5	58	31	5	54	48	5	50	66	5	46	84
6	61	29	6	57	45	6	54	62	6	50	80
7	63	26	7	61	41	7	58	57	7	55	75
8	66	24	8	64	38	8	63	53	8	61	69
9	68	21	9	68	34	9	68	48	9	67	63
10	71	18	10	73	29	10	74	42	10	74	56
11	74	15	11	77	25	11	80	36	11	82	48
12	77	12	12	82	20	12	86	29	12	90	40
13	80	9	13	87	15	13	93	22	13	100	31
14	83	6	14	92	10	14	101	15	14	110	20
15	87	3	15	98	4	15	109	7	15	121	9
Σ	1.339		Σ	1.530		Σ	1.735		Σ	1.952	

Werte in 1.000 GE

Annuitätentilgungstabellen zu Kapitel 14

60 Quartals-Annuitäten à 22.244 GE 4% dekursiv			60 Quartals-Annuitäten à 25.393 GE 6% dekursiv			60 Quartals-Annuitäten à 28.768 GE 8% dekursiv			60 Quartals-Annuitäten à 32.353 GE 10% dekursiv		
Jahr	Kapital	Zinsen	Jahr	Kapital	Zinsen	Jahr	Kapital	Zinsen	Jahr	Kapital	Zinsen
1	50	39	1	43	59	1	36	79	1	31	99
2	52	37	2	45	56	2	39	76	2	34	96
3	54	35	3	48	54	3	42	73	3	37	92
4	56	33	4	51	51	4	46	69	4	41	88
5	58	31	5	54	48	5	50	65	5	45	84
6	61	28	6	57	44	6	54	61	6	50	79
7	63	26	7	61	41	7	58	57	7	55	74
8	66	23	8	64	37	8	63	52	8	61	69
9	68	21	9	68	33	9	68	47	9	67	62
10	71	18	10	73	29	10	74	41	10	74	55
11	74	15	11	77	24	11	80	35	11	82	47
12	77	12	12	82	20	12	86	29	12	91	39
13	80	9	13	87	15	13	93	22	13	100	30
14	83	6	14	92	9	14	101	14	14	110	19
15	87	2	15	98	4	15	110	6	15	122	8
Σ	1.335		Σ	1.524		Σ	1.726		Σ	1.941	

180 Monats-Annuitäten à 7.397 GE 4% dekursiv			180 Monats-Annuitäten à 8.439 GE 6% dekursiv			180 Monats-Annuitäten à 9.557 GE 8% dekursiv			180 Monats-Annuitäten à 10.746 GE 10% dekursiv		
Jahr	Kapital	Zinsen	Jahr	Kapital	Zinsen	Jahr	Kapital	Zinsen	Jahr	Kapital	Zinsen
1	50	39	1	42	59	1	36	79	1	30	98
2	52	37	2	45	56	2	39	76	2	34	95
3	54	35	3	48	53	3	42	72	3	37	92
4	56	33	4	51	51	4	46	69	4	41	88
5	58	30	5	54	47	5	49	65	5	45	84
6	61	28	6	57	44	6	54	61	6	50	79
7	63	26	7	61	41	7	58	57	7	55	74
8	66	23	8	65	37	8	63	52	8	61	68
9	68	20	9	68	33	9	68	46	9	67	62
10	71	18	10	73	29	10	74	41	10	74	55
11	74	15	11	77	24	11	80	35	11	82	47
12	77	12	12	82	19	12	86	28	12	91	38
13	80	9	13	87	14	13	94	21	13	100	29
14	83	5	14	92	9	14	101	13	14	111	18
15	87	2	15	98	3	15	110	5	15	122	7
Σ	1.332		Σ	1.519		Σ	1.720		Σ	1.934	

Werte in 1.000 GE

1218

Leibrententabellen

M	BARWERTE VON LEIBRENTEN FÜR MÄNNER (nach der Sterbetafel 1970/72 für Deutschland)			
Alter des Mannes	Lebens- erwartung des Mannes in Jahren	3%	5%	7%	9%
45	27,33	18,448	14,769	12,220	10,388
50	23,05	16,443	13,490	11,371	9,802
51	22,23	16,030	13,217	11,183	9,668
52	21,41	15,612	12,937	10,989	9,529
53	20,61	15,191	12,650	10,787	9,383
54	19,81	14,764	12,356	10,578	9,230
55	19,02	14,334	12,056	10,362	9,070
56	18,25	13,902	11,751	10,140	8,904
57	17,49	13,469	11,441	9,912	8,732
58	16,75	13,036	11,128	9,680	8,555
59	16,02	12,606	10,814	9,443	8,373
60	15,31	12,178	10,497	9,203	8,187
61	14,62	11,753	10,180	8,961	7,997
62	13,95	11,334	9,864	8,716	7,804
63	13,30	10,920	9,548	8,471	7,609
64	12,67	10,513	9,235	8,225	7,412
65	12,06	10,114	8,925	7,980	7,215
66	11,47	9,724	8,620	7,736	7,017
67	10,91	9,343	8,319	7,494	6,819
68	10,37	8,972	8,024	7,255	6,622
69	9,85	8,611	7,735	7,019	6,427
70	9,35	8,262	7,452	6,787	6,234
75	7,17	6,665	6,134	5,684	5,300
80	5,36	5,263	4,933	4,647	4,396
85	3,92	4,082	3,888	3,716	3,562
90	2,81	3,127	3,021	2,924	2,835
95	1,96	2,366	2,312	2,262	2,216
100	1,36	1,781	1,758	1,736	1,715

Quelle: Nehls, Kapitalisierungstabellen

BARWERTE VON LEIBRENTEN FÜR FRAUEN
(nach der Sterbetafel 1970/72
für Deutschland)

F

Alter der Frau	Lebens-erwartung der Frau in Jahren	3%	5%	7%	9%
45	32,14	20,545	16,044	13,029	10,922
50	27,65	18,705	14,967	12,370	10,500
51	26,78	18,319	14,733	12,221	10,402
52	25,91	17,927	14,491	12,066	10,299
53	25,04	17,527	14,240	11,903	10,190
54	24,18	17,119	13,980	11,732	10,073
55	23,32	16,702	13,711	11,552	9,949
56	22,47	16,277	13,432	11,363	9,817
57	21,62	15,844	13,144	11,166	9,677
58	20,78	15,405	12,848	10,960	9,530
59	19,95	14,959	12,543	10,744	9,374
60	19,12	14,508	12,229	10,521	9,210
61	18,31	14,052	11,908	10,289	9,038
62	17,51	13,593	11,581	10,049	8,859
63	16,72	13,131	11,247	9,802	8,672
64	15,94	12,668	10,908	9,549	8,478
65	15,18	12,204	10,565	9,289	8,278
66	14,44	11,741	10,218	9,024	8,071
67	13,71	11,279	9,868	8,753	7,858
68	13,00	10,820	9,516	8,478	7,639
69	12,30	10,363	9,161	8,198	7,414
70	11,63	9,910	8,806	7,915	7,185
75	8,59	7,763	7,069	6,489	6,000
80	6,16	5,909	5,499	5,146	4,840
85	4,37	4,460	4,226	4,020	3,837
90	3,16	3,424	3,290	3,170	3,061
95	2,36	2,725	2,646	2,573	2,506
100	1,89	2,282	2,230	2,183	2,138

Quelle: Nehls, Kapitalisierungstabellen

VR 3% Deutschland	BARWERTE VON VERBINDUNGSRENTEN (nach der Allgemeinen Deutschen Sterbetafel 1970/72)								
Alter des Mannes	x - y = 25	x - y = 20	x - y = 15	x - y = 10	x - y = 5	x - y = 0	x - y = -5	x - y = -10	x - y = -15
45		18,103	17,931	17,658	17,264	16,638	15,788	14,640	13,137
50		16,092	15,906	15,662	15,192	14,567	13,676	12,436	10,880
55		13,980	13,792	13,504	13,075	12,433	11,477	10,203	8,685
56		13,548	13,360	13,073	12,646	11,996	11,032	9,762	8,262
57		13,116	12,928	12,642	12,218	11,559	10,589	9,325	7,848
58		12,685	12,498	12,215	11,791	11,123	10,149	8,895	7,444
59		12,256	12,070	11,790	11,365	10,689	9,715	8,472	7,052
60		11,831	11,646	11,369	10,941	10,258	9,286	8,057	6,673
61		11,409	11,226	10,953	10,520	9,832	8,865	7,651	6,308
62		10,992	10,811	10,542	10,103	9,412	8,451	7,256	5,956
63		10,581	10,403	10,137	9,692	8,999	8,046	6,874	5,619
64		10,178	10,004	9,738	9,288	8,595	7,651	6,505	5,296
65		9,783	9,613	9,345	8,891	8,200	7,266	6,150	4,990
70		7,958	7,800	7,515	7,054	6,389	5,538	4,600	3,720
75		6,395	6,226	5,937	5,493	4,883	4,163	3,447	2,839

x = Alter des Mannes; y = Alter der Frau   *Quelle: Nehls, Kapitalisierungstabellen*

Leibrententabellen zu Kapitel 14

| **VR 7%** Deutschland | BARWERTE VON VERBINDUNGSRENTEN (nach der Allgemeinen Deutschen Sterbetafel 1970/72) | | | | | | | | |

Alter des Mannes	x - y = 25	x - y = 20	x - y = 15	x - y = 10	x - y = 5	x - y = 0	x - y = -5	x - y = -10	x - y = -15
45		12,087	12,009	11,897	11,726	11,468	11,096	10,563	9,796
50		11,211	11,125	10,994	10,795	10,501	10,066	9,409	8,512
55		10,182	10,086	9,938	9,720	9,386	8,855	8,096	7,123
56		9,956	9,858	9,708	9,487	9,140	8,592	7,819	6,838
57		9,725	9,625	9,473	9,250	8,889	8,325	7,540	6,553
58		9,490	9,388	9,235	9,008	8,634	8,054	7,258	6,271
59		9,251	9,148	8,994	8,761	8,374	7,781	6,976	5,993
60		9,009	8,904	8,750	8,511	8,110	7,507	6,695	5,719
61		8,764	8,658	8,504	8,257	7,844	7,231	6,414	5,451
62		8,517	8,411	8,257	8,001	7,577	6,956	6,136	5,188
63		8,270	8,164	8,009	7,743	7,309	6,681	5,862	4,933
64		8,022	7,917	7,760	7,485	7,042	6,408	5,594	4,685
65		7,776	7,672	7,510	7,227	6,777	6,138	5,332	4,446
70		6,584	6,481	6,291	5,974	5,501	4,868	4,137	3,421
75		5,491	5,371	5,160	4,829	4,360	3,786	3,194	2,674

x = Alter des Mannes; y = Alter der Frau   Quelle: Nehls, Kapitalisierungstabellen

| M | BARWERTE VON LEIBRENTEN FÜR MÄNNER (nach der Sterbetafel 1980/82 für Österreich) | | | |

Alter des Mannes	Lebens- erwartung des Mannes in Jahren	3%	5%	7%	9%
45	28,19	18,7790	14,9462	12,3154	10,4382
50	24,00	16,8750	13,7542	11,5349	9,9051
51	23,19	16,4855	13,5018	11,3649	9,7863
52	22,39	16,0933	13,2448	11,1900	9,6631
53	21,61	15,6987	12,9833	11,0104	9,5354
54	20,83	15,3015	12,7170	10,8256	9,4031
55	20,07	14,9017	12,4458	10,6356	9,2658
56	19,32	14,4992	12,1695	10,4400	9,1233
57	18,57	14,0943	11,8883	10,2388	8,9754
58	17,84	13,6870	11,6021	10,0320	8,8220
59	17,12	13,2772	11,3108	9,8193	8,6628
60	16,41	12,8649	11,0142	9,6004	8,4973
61	15,71	12,4500	10,7121	9,3750	8,3253
62	15,01	12,0325	10,4043	9,1428	8,1464
63	14,33	11,6127	10,0911	8,9039	7,9604
64	13,66	11,1918	9,7734	8,6589	7,7678
65	13,01	10,7715	9,4524	8,4089	7,5694
66	12,37	10,3530	9,1295	8,1548	7,3659
67	11,74	9,9385	8,8059	7,8977	7,1583
68	11,13	9,5291	8,4833	7,6391	6,9477
69	10,55	9,1278	8,1641	7,3811	6,7360
70	9,98	8,7332	7,8472	7,1226	6,5223
75	7,46	6,8981	6,3340	5,8584	5,4534
80	5,50	5,3710	5,0260	4,7272	4,4664
85	4,05	4,1887	3,9818	3,7983	3,6347
90	3,00	3,2871	3,1655	3,0555	2,9556
95	2,22	2,5976	2,5276	2,4631	2,4037
100	1,70	2,1259	2,0858	2,0482	2,0131

Quelle: Lindmayr/Musger, Leibrententabellen

F	BARWERTE VON LEIBRENTEN FÜR FRAUEN (nach der Sterbetafel 1980/82 für Österreich)				
Alter der Frau	Lebens-erwartung der Frau in Jahren	3%	5%	7%	9%
45	33,69	21,1649	16,4021	13,2469	11,0614
50	29,12	19,3639	15,3737	12,6310	10,6748
51	28,23	18,9829	15,1467	12,4899	10,5834
52	27,34	18,5946	14,9120	12,3422	10,4867
53	26,45	18,1991	14,6693	12,1874	10,3842
54	25,57	17,7962	14,4185	12,0254	10,2756
55	24,69	17,8364	14,1598	11,8560	10,1609
56	23,82	16,9700	13,8931	11,6793	10,0398
57	22,96	16,5474	13,6187	11,4951	9,9123
58	22,11	16,1184	13,3361	11,3031	9,7778
59	21,26	15,6829	13,0452	11,1029	9,6360
60	20,43	15,2414	12,7461	10,8944	9,4867
61	19,60	14,7943	12,4391	10,6777	9,3297
62	18,87	14,3423	12,1245	10,4529	9,1651
63	17,97	13,8855	11,8022	10,2199	8,9926
64	17,17	13,4238	11,4719	9,9780	8,8115
65	16,38	12,9575	11,1339	9,7273	8,6216
66	15,60	12,4873	10,7884	9,4680	8,4230
67	14,83	12,0143	10,4362	9,2004	8,2157
68	14,08	11,5396	10,0782	8,9251	8,0003
69	13,34	11,0641	9,7151	8,6426	7,7767
70	12,61	10,5893	9,3480	8,3538	7,5457
75	9,31	8,3006	7,5185	6,8695	6,3249
80	6,63	6,2836	5,8249	5,4319	5,0924
85	4,65	4,6904	4,4333	4,2070	4,0065
90	3,28	3,5378	3,3959	3,2681	3,1524
95	2,36	2,7306	2,6517	2,5795	2,5130
100	1,78	2,2050	2,1596	2,1173	2,0779

Quelle: Lindmayr/Musger, Leibrententabellen

VR 5% Österreich	BARWERTE VON VERBINDUNGSRENTEN (nach der Sterbetafel 1980/82 für Österreich)								
Alter des Mannes	x - y = 25	x - y = 20	x - y = 15	x - y = 10	x - y = 5	x - y = 0	x - y = -5	x - y = -10	x - y = -15
45	14,8087	14,7521	14,6543	14,5018	14,2718	13,9150	13,3946	12,6561	11,6608
50	13,6120	13,5411	13,4302	13,2632	12,9985	12,6004	12,0075	11,1655	10,0434
55	12,2944	12,2157	12,0985	11,9103	11,6232	11,1778	10,5099	9,5665	8,3309
56	12,0160	11,9375	11,8176	11,6273	11,3355	10,8804	10,1978	9,2347	7,9841
57	11,7330	11,6549	11,5321	11,3401	11,0435	10,5791	9,8822	8,8997	7,6404
58	11,4454	11,3675	11,2421	11,0488	10,7472	10,2738	9,5629	8,5623	7,2997
59	11,1534	11,0749	10,9476	10,7530	10,4464	9,9641	9,2397	8,2226	6,9620
60	10,8565	10,7771	10,6487	10,4528	10,1412	9,6504	8,9126	7,8815	6,6289
61	10,5545	10,4738	10,3451	10,1479	9,8315	9,3324	8,5815	7,5401	6,3016
62	10,2474	10,1653	10,0368	9,8382	9,5175	9,0106	8,2471	7,2012	5,9809
63	9,9351	9,8517	9,7239	9,5237	9,1993	8,6851	7,9100	6,8648	5,6677
64	9,6181	9,5342	9,4071	9,2054	8,8774	8,3563	7,5711	6,5312	5,3637
65	9,2980	9,2142	9,0878	8,8846	8,5533	8,0254	7,2322	6,2028	5,0700
70	7,6992	7,6215	7,4970	7,2900	6,9447	6,3872	5,6083	4,6290	3,7987
75	6,2001	6,1271	6,0051	5,7957	5,4350	4,8926	4,2074	3,4974	2,8655

x = Alter des Mannes; y = Alter der Frau　　　　　　　　*Quelle: Lindmayr/Musger, Leibrententabellen*

VR 9% Österreich	BARWERTE VON VERBINDUNGSRENTEN (nach der Sterbetafel 1980/82 für Österreich)								
Alter des Mannes	x - y = 25	x - y = 20	x - y = 15	x - y = 10	x - y = 5	x - y = 0	x - y = -5	x - y = -10	x - y = -15
45	10,3759	10,3528	10,3104	10,2436	10,1441	9,9860	9,7503	9,3980	8,8870
50	9,8362	9,8023	9,7486	9,6692	9,5414	9,3481	9,0504	8,6029	7,9598
55	9,1856	9,1438	9,0825	8,9830	8,8318	8,5935	8,2216	7,6638	6,8741
56	9,0404	8,9981	8,9340	8,8316	8,6754	8,4269	8,0390	7,4572	6,6413
57	8,8900	8,8474	8,7803	8,6753	8,5136	8,2550	7,8508	7,2445	6,4065
58	8,7342	8,6911	8,6211	8,5137	8,3463	8,0776	7,6569	7,0261	6,1697
59	8,5730	8,5289	8,4565	8,3466	8,1732	7,8941	7,4566	6,8019	5,9308
60	8,4059	8,3605	8,2861	8,1737	7,9941	7,7046	7,2499	6,5723	5,6913
61	8,2325	8,1853	8,1096	7,9946	7,8089	7,5088	7,0365	6,3383	5,4519
62	8,0525	8,0035	7,9267	7,8090	7,6173	7,3067	6,8166	6,1018	5,2137
63	7,8656	7,8148	7,7373	7,6166	7,4192	7,0982	6,5905	5,8629	4,9774
64	7,6720	7,6199	7,5416	7,4180	7,2149	6,8834	6,3588	5,6217	4,7445
65	7,4725	7,4196	7,3406	7,2140	7,0052	6,6630	6,1226	5,3803	4,5164
70	6,4218	6,3692	6,2853	6,1455	5,9088	5,5122	4,9330	4,2200	3,4922
75	5,3561	5,3033	5,2152	5,0630	4,7943	4,3765	3,8292	3,2389	2,7013

x = Alter des Mannes; y = Alter der Frau   *Quelle: Lindmayr/Musger, Leibrententabellen*

KFV	bei vorschüssiger Zahlungsweise		
Zins-fuß	halb-jährlich	viertel-jährlich	monatl.
3%	-0,2537	-0,3796	-0,4632
5%	-0,2561	-0,3826	-0,4664
7%	-0,2585	-0,3856	-0,4695
9%	-0,2608	-0,3885	-0,4726

KFN	bei nachschüssiger Zahlungsweise		
Zins-fuß	halb-jährlich	viertel-jährlich	monatl.
3%	+ 0,2463	+ 0,3704	+ 0,4534
5%	+ 0,2439	+ 0,3674	+ 0,4503
7%	+ 0,2415	+ 0,3644	+ 0,4447
9%	+ 0,2392	+ 0,3615	+ 0,4441

Leibrententabellen zu Kapitel 14

LEBENSERWARTUNG MÄNNER

Alter	Lebenserwartung in Jahren, abhängig vom Geburtsjahrgang									
	1900-1909	1910-1919	1920-1929	1930-1939	1940-1949	1950-1959	1960-1969	1970-1979	1980-1989	1990-1999
20							59,50	61,35	63,07	64,67
25							54,94	56,69	58,34	59,88
30						48,68	50,24	51,93	53,53	55,03
35						44,00	45,50	47,14	48,70	50,17
40					37,38	39,36	40,80	42,39	43,90	45,33
45					32,94	34,83	36,19	37,71	39,17	40,56
50				27,12	28,70	30,50	31,75	33,19	34,58	35,90
55				23,30	24,74	26,40	27,53	28,86	30,16	31,40
60			18,45	19,73	21,01	22,54	23,51	24,73	25,91	27,05
65			15,27	16,38	17,49	18,89	19,70	20,79	21,85	22,89
70		11,46	12,38	13,32	14,27	15,53	16,17	17,11	18,04	18,96
75		9,11	9,86	10,63	11,41	12,56	12,99	13,78	14,57	15,34
80	6,59	7,16	7,74	8,35	8,96	10,05	10,22	10,85	11,48	12,10
85	5,18	5,60	6,04	6,48	6,94	8,06	7,87	8,34	8,81	9,28
90	4,07	4,36	4,65	4,96	5,26	5,91	5,89	6,21	6,53	6,85
95	3,19	3,37	3,54	3,72	3,90	4,34	4,27	4,45	4,64	4,82
100	2,48	2,55	2,63	2,70	2,77	3,05	2,92	3,00	3,07	3,14

Quelle: Lindmayr, Barwerte von Leib- und Verbindungsrenten gemäß Steuerreformgesetz 2000

1

2

3

4

5

6

7

8

9

10

11

12

13

14

15

Leibrententabellen zu Kapitel 14

LEBENSERWARTUNG FRAUEN

Alter	Lebenserwartung in Jahren, abhängig vom Geburtsjahrgang									
	1900-1909	1910-1919	1920-1929	1930-1939	1940-1949	1950-1959	1960-1969	1970-1979	1980-1989	1990-1999
20							66,25	67,63	68,91	70,07
25							61,38	62,74	63,99	65,13
30						56,05	56,52	57,84	59,06	60,19
35						51,23	51,66	52,95	54,15	55,26
40					44,03	46,43	46,83	48,08	49,26	50,35
45					39,35	41,67	42,03	43,25	44,39	45,45
50				33,36	34,75	36,98	37,30	38,47	39,56	40,59
55				28,97	30,25	32,39	32,65	33,76	34,80	35,79
60			23,47	24,69	25,87	27,88	28,08	29,12	30,11	31,04
65			19,45	20,54	21,60	23,49	23,62	24,58	25,50	26,38
70		14,66	15,62	16,57	17,50	19,24	19,31	20,18	21,02	21,83
75		11,33	12,13	12,93	13,72	15,25	15,28	16,04	16,77	17,49
80	7,94	8,55	9,17	9,80	10,44	11,71	11,70	12,32	12,93	13,53
85	5,85	6,30	6,75	7,22	7,68	8,68	8,63	9,10	9,57	10,03
90	4,35	4,65	4,95	5,26	5,57	6,28	6,20	6,52	6,84	7,16
95	3,30	3,47	3,64	3,82	4,00	4,47	4,37	4,55	4,73	4,91
100	2,53	2,61	2,68	2,76	2,83	3,08	2,98	3,06	3,13	3,21

Quelle: Lindmayr, Barwerte von Leib- und Verbindungsrenten gemäß Steuerreformgesetz 2000

Ausgewählte statistische Tabellen zu Kapitel 14

Inhalt:

- Normalverteilung

- Poisson-Verteilung

- Exponentialverteilung

- Warteschlangenlänge auf Basis Exponentialverteilung

- Kritische Werte für Testgröße für Chi-Quadrat-Test

1

2

3

4

5

6

7

8

9

10

11

12

13

14

15

Normalverteilung

%	z(Φ)	z(D)	%	z(Φ)	z(D)	%	z(Φ)	z(D)
1%	-2,326	0,013	41%	-0,228	0,539	81%	0,878	1,311
2%	-2,054	0,025	42%	-0,202	0,553	82%	0,915	1,341
3%	-1,881	0,038	43%	-0,176	0,568	83%	0,954	1,372
4%	-1,751	0,050	44%	-0,151	0,583	84%	0,994	1,405
5%	-1,645	0,063	45%	-0,126	0,598	85%	1,036	1,440
6%	-1,555	0,075	46%	-0,100	0,613	86%	1,080	1,476
7%	-1,476	0,088	47%	-0,075	0,628	87%	1,126	1,514
8%	-1,405	0,100	48%	-0,050	0,643	88%	1,175	1,555
9%	-1,341	0,113	49%	-0,025	0,659	89%	1,227	1,598
10%	-1,282	0,126	50%	0,000	0,674	90%	1,282	1,645
11%	-1,227	0,138	51%	0,025	0,690	91%	1,341	1,695
12%	-1,175	0,151	52%	0,050	0,706	92%	1,405	1,751
13%	-1,126	0,164	53%	0,075	0,722	93%	1,476	1,812
14%	-1,080	0,176	54%	0,100	0,739	94%	1,555	1,881
15%	-1,036	0,189	55%	0,126	0,755	95%	1,645	1,960
16%	-0,994	0,202	56%	0,151	0,772	96%	1,751	2,054
17%	-0,954	0,215	57%	0,176	0,789	97%	1,881	2,170
18%	-0,915	0,228	58%	0,202	0,806	98%	2,054	2,326
19%	-0,878	0,240	59%	0,228	0,824	99%	2,326	2,576
20%	-0,842	0,253	60%	0,253	0,842	99,1%	2,366	2,612
21%	-0,806	0,266	61%	0,279	0,860	99,2%	2,409	2,652
22%	-0,772	0,279	62%	0,305	0,878	99,3%	2,457	2,697
23%	-0,739	0,292	63%	0,332	0,896	99,4%	2,512	2,748
24%	-0,706	0,305	64%	0,358	0,915	99,5%	2,576	2,807
25%	-0,674	0,319	65%	0,385	0,935	99,6%	2,652	2,878
26%	-0,643	0,332	66%	0,412	0,954	99,7%	2,748	2,968
27%	-0,613	0,345	67%	0,440	0,974	99,8%	2,878	3,090
28%	-0,583	0,358	68%	0,468	0,994	99,9%	3,090	3,291
29%	-0,553	0,372	69%	0,496	1,015	99,91%	3,121	3,320
30%	-0,524	0,385	70%	0,524	1,036	99,92%	3,156	3,353
31%	-0,496	0,399	71%	0,553	1,058	99,93%	3,195	3,390
32%	-0,468	0,412	72%	0,583	1,080	99,94%	3,239	3,432
33%	-0,440	0,426	73%	0,613	1,103	99,95%	3,291	3,481
34%	-0,412	0,440	74%	0,643	1,126	99,96%	3,353	3,540
35%	-0,385	0,454	75%	0,674	1,150	99,97%	3,432	3,615
36%	-0,358	0,468	76%	0,706	1,175	99,98%	3,540	3,719
37%	-0,332	0,482	77%	0,739	1,200	99,99%	3,719	3,891
38%	-0,305	0,496	78%	0,772	1,227			
39%	-0,279	0,510	79%	0,806	1,254			
40%	-0,253	0,524	80%	0,842	1,282			

Poisson-Verteilung mit Parameter λ

(Wahrscheinlichkeit, dass die Anzahl der Ereignisse gleich k ist)

k	Parameter λ								
	0,01	0,05	0,10	0,15	0,20	0,25	0,30	0,40	0,50
0	0,990	0,951	0,905	0,861	0,819	0,779	0,741	0,670	0,607
1	0,010	0,048	0,090	0,129	0,164	0,195	0,222	0,268	0,303
2	0,000	0,001	0,005	0,010	0,016	0,024	0,033	0,054	0,076
3	0,000	0,000	0,000	0,000	0,001	0,002	0,003	0,007	0,013

k	Parameter λ								
	0,6	0,7	0,8	0,9	1,0	1,2	1,4	1,6	1,8
0	0,549	0,497	0,449	0,407	0,368	0,301	0,247	0,202	0,165
1	0,329	0,348	0,359	0,366	0,368	0,361	0,345	0,323	0,298
2	0,099	0,122	0,144	0,165	0,184	0,217	0,242	0,258	0,268
3	0,020	0,028	0,038	0,049	0,061	0,087	0,113	0,138	0,161
4	0,003	0,005	0,008	0,011	0,015	0,026	0,039	0,055	0,072
5	0,000	0,001	0,001	0,002	0,003	0,006	0,011	0,018	0,026
6	0,000	0,000	0,000	0,000	0,001	0,001	0,003	0,005	0,008
7	0,000	0,000	0,000	0,000	0,000	0,000	0,001	0,001	0,002

k	Parameter λ								
	2,0	2,2	2,4	2,6	2,8	3,0	3,5	4,0	4,5
0	0,135	0,111	0,091	0,074	0,061	0,050	0,030	0,018	0,011
1	0,271	0,244	0,218	0,193	0,170	0,149	0,106	0,073	0,050
2	0,271	0,268	0,261	0,251	0,238	0,224	0,185	0,147	0,112
3	0,180	0,197	0,209	0,218	0,222	0,224	0,216	0,195	0,169
4	0,090	0,108	0,125	0,141	0,156	0,168	0,189	0,195	0,190
5	0,036	0,048	0,060	0,074	0,087	0,101	0,132	0,156	0,171
6	0,012	0,017	0,024	0,032	0,041	0,050	0,077	0,104	0,128
7	0,003	0,005	0,008	0,012	0,016	0,022	0,039	0,060	0,082
8	0,001	0,002	0,002	0,004	0,006	0,008	0,017	0,030	0,046
9	0,000	0,000	0,001	0,001	0,002	0,003	0,007	0,013	0,023
10	0,000	0,000	0,000	0,000	0,000	0,001	0,002	0,005	0,010
11	0,000	0,000	0,000	0,000	0,000	0,000	0,001	0,002	0,004
12	0,000	0,000	0,000	0,000	0,000	0,000	0,000	0,001	0,002

Exponentialverteilung mit Parameter λ

Wahrscheinlichkeit, dass das nächste Ereignis in weniger als t
Zeiteinheiten eintritt

$\lambda \cdot t$	0	1	2	3	4	5	6	7	8	9
0,0.	,000	,010	,020	,030	,039	,049	,058	,068	,077	,086
0,1.	,095	,104	,113	,122	,131	,139	,148	,156	,165	,173
0,2.	,181	,189	,197	,205	,213	,221	,229	,237	,244	,252
0,3.	,259	,267	,274	,281	,288	,295	,302	,309	,316	,323
0,4.	,330	,336	,343	,349	,356	,362	,369	,375	,381	,387
0,5.	,393	,400	,405	,411	,417	,423	,429	,434	,440	,446
0,6.	,451	,457	,462	,467	,473	,478	,483	,488	,493	,498
0,7.	,503	,508	,513	,518	,523	,528	,532	,537	,542	,546
0,8.	,551	,555	,560	,564	,568	,573	,577	,581	,585	,589
0,9.	,593	,597	,601	,605	,609	,613	,617	,621	,625	,628
$\lambda \cdot t$	+,00	+,02	+,04	+,06	+,08	+,10	+,12	+,14	+,16	+,18
1,0	,632	,639	,647	,654	,660	,667	,674	,680	,687	,693
1,2	,699	,705	,711	,716	,722	,727	,733	,738	,743	,748
1,4	,753	,758	,763	,768	,772	,777	,781	,786	,790	,794
1,6	,798	,802	,806	,810	,814	,817	,821	,824	,828	,831
1,8	,835	,838	,841	,844	,847	,850	,853	,856	,859	,862
2,0	,865	,867	,870	,873	,875	,878	,880	,882	,885	,887
2,2	,889	,891	,894	,896	,898	,900	,902	,904	,906	,907
2,4	,909	,911	,913	,915	,916	,918	,920	,921	,923	,924
2,6	,926	,927	,929	,930	,931	,933	,934	,935	,937	,938
2,8	,939	,940	,942	,943	,944	,945	,946	,947	,948	,949
$\lambda \cdot t$	0	1	2	3	4	5	6	7	8	9
3,.	,950	,955	,959	,963	,967	,970	,973	,975	,978	,980
4,.	,982	,983	,985	,986	,988	,989	,990	,991	,992	,993
5,.	,993	,994	,994	,995	,995	,996	,996	,997	,997	,997
6,.	,998	,998	,998	,998	,998	,998	,999	,999	,999	,999
7,.	,999	,999	,999	,999	,999	,999	,999	1,00	1,00	1,00

Durchschnittliche Warteschlangenlänge auf Basis Exponentialverteilung

a/s	Anzahl der Servicestellen	
	1	**2**
0,05	0,003	0,000
0,10	0,011	0,000
0,15	0,026	0,001
0,20	0,050	0,002
0,25	0,083	0,004
0,30	0,129	0,007
0,35	0,188	0,011
0,40	0,267	0,017
0,45	0,368	0,024
0,50	0,500	0,033
0,55	0,672	0,045
0,60	0,900	0,059
0,65	1,207	0,077
0,70	1,633	0,098
0,75	2,250	0,123
0,80	3,200	0,152
0,85	4,817	0,187
0,90	8,100	0,229
0,95	18,050	0,277
1,00	-	0,333

a/s	Anzahl der Service-stellen (z.B. Kassen)			
	2	**3**	**4**	**5**
1,0	0,333	0,045	0,007	0,001
1,1	0,477	0,066	0,011	0,002
1,2	0,675	0,094	0,016	0,003
1,3	0,951	0,130	0,023	0,004
1,4	1,345	0,177	0,032	0,006
1,5	1,929	0,237	0,045	0,009
1,6	2,844	0,313	0,060	0,012
1,7	4,426	0,409	0,080	0,017
1,8	7,674	0,532	0,105	0,023
1,9	17,587	0,688	0,136	0,030
2,0	-	0,889	0,174	0,040
2,1	-	1,149	0,220	0,052
2,2	-	1,491	0,277	0,066
2,3	-	1,951	0,346	0,084
2,4	-	2,589	0,431	0,105
2,5	-	3,511	0,533	0,130
2,6	-	4,933	0,658	0,161
2,7	-	7,354	0,811	0,198
2,8	-	12,273	1,000	0,241
2,9	-	27,193	1,234	0,293

a/s	Anzahl der Servicestellen (z.B. Kassen)						
	4	**5**	**6**	**7**	**8**	**9**	**10**
3,0	1,528	0,354	0,099	0,028	0,008	0,002	0,000
3,2	2,386	0,513	0,145	0,043	0,012	0,003	0,001
3,4	3,906	0,737	0,209	0,063	0,019	0,005	0,001
3,6	7,090	1,055	0,295	0,091	0,028	0,008	0,002
3,8	16,937	1,519	0,412	0,129	0,041	0,013	0,004
4,0	-	2,216	0,570	0,180	0,059	0,019	0,006
4,2	-	3,327	0,784	0,248	0,083	0,027	0,009
4,4	-	5,268	1,078	0,337	0,114	0,039	0,013
4,6	-	9,289	1,487	0,453	0,156	0,054	0,018
4,8	-	**21,641**	**2,071**	0,607	0,209	0,074	0,026
5,0	-	-	2,938	0,810	0,279	0,101	0,036
5,2	-	-	4,301	1,081	0,368	0,135	0,049
5,4	-	-	6,661	1,444	0,483	0,178	0,066
5,6	-	-	11,519	1,944	0,631	0,233	0,088
5,8	-	-	26,373	2,648	0,823	0,303	0,116
6,0	-	-	-	3,683	1,071	0,392	0,152
6,2	-	-	-	5,298	1,397	0,504	0,197
6,4	-	-	-	8,077	1,831	0,645	0,253
6,6	-	-	-	13,770	2,420	0,825	0,322
6,8	-	-	-	31,127	3,245	1,054	0,409

Kritische Werte der Testgröße für Chi-Quadrat-Test

Anzahl der Freiheits-grade	Irrtumswahrscheinlichkeit α				
	10,0%	5,0%	2,5%	1,0%	0,5%
1	2,71	3,84	5,02	6,63	7,88
2	4,61	5,99	7,38	9,21	10,60
3	6,25	7,81	9,35	11,34	12,84
4	7,78	9,49	11,14	13,28	14,86
5	9,24	11,07	12,83	15,09	16,75
6	10,64	12,59	14,45	16,81	18,55
7	12,02	14,07	16,01	18,48	20,28
8	13,36	15,51	17,53	20,09	21,95
9	14,68	16,92	19,02	21,67	23,59
10	15,99	18,31	20,48	23,21	25,19
11	17,28	19,68	21,92	24,73	26,76
12	18,55	21,03	23,34	26,22	28,30
13	19,81	22,36	24,74	27,69	29,82
14	21,06	23,68	26,12	29,14	31,32
15	22,31	25,00	27,49	30,58	32,80
16	23,54	26,30	28,85	32,00	34,27
17	24,77	27,59	30,19	33,41	35,72
18	25,99	28,87	31,53	34,81	37,16
19	27,20	30,14	32,85	36,19	38,58
20	28,41	31,41	34,17	37,57	40,00
25	34,38	37,65	40,65	44,31	46,93
30	40,26	43,77	46,98	50,89	53,67
35	46,06	49,80	53,20	57,34	60,27
40	51,81	55,76	59,34	63,69	66,77
45	57,51	61,66	65,41	69,96	73,17
50	63,17	67,50	71,42	76,15	79,49
60	74,40	79,08	83,30	88,38	91,95
70	85,53	90,53	95,02	100,43	104,21
80	96,58	101,88	106,63	112,33	116,32
90	107,57	113,15	118,14	124,12	128,30
100	118,50	124,34	129,56	135,81	140,17

Lineare Optimierung - Ausdrucke zu Kapitel 14

Aufgabenstellung		Lösung
Fallbeispiel	**in Kapitel**	**Computer-ausdrucke auf Seite ...**
Schuhfabrik - Szenario 1		
a) ≤ und ≥-Bedingungen	14.5.2.3.3.	1236, 1237
b) Schuhfabrik		1238, 1239
(Alternativrechnung zu oben)		
Schuhfabrik - Szenario 2		1240, 1241
(Zusatzaufträge)		
Schuhfabrik - Szenario 3		1242, 1243
(Eigenfertigung - Fremdbezug)		
Schuhfabrik - Szenario 4		1244
Baumwollmischung	14.5.3.3.	
Variante 1		1245, 1246
Variante 2		1247, 1248
Variante 3		1249, 1250
Variante 4		1251, 1252
Variante 5		1253, 1254
Variante 6		1255, 1256
Variante 7		1257, 1258
Variante 8		1259, 1260
Glasgemenge	14.5.3.4.	1261 bis 1263
Alternativrechnung		1264 bis 1266

COMPUTER MODELS FOR MANAGEMENT SCIENCE

LINEAR PROGRAMMING   schuh1a   06-05-2000 - 13:46:21

-=*=- INFORMATION ENTERED -=*=-

NUMBER OF VARIABLES   : 3
NUMBER OF <= CONSTRAINTS : 5
NUMBER OF = CONSTRAINTS : 0
NUMBER OF >= CONSTRAINTS : 3

MAX DB =   70 X1 + 120 X2 + 170 X3

SUBJECT TO:

1	X1 +	0	X2 +	0	X3	<=	3000
0	X1 +	1	X2 +	0	X3	<=	2000
0	X1 +	0	X2 +	1	X3	<=	1200
.5	X1 +	1	X2 +	2	X3	<=	4000
.5	X1 +	.75	X2 +	.25	X3	<=	2000
1	X1 +	0	X2 +	0	X3	>=	1000
0	X1 +	1	X2 +	0	X3	>=	500
0	X1 +	0	X2 +	1	X3	>=	800

-=*=- RESULTS -=*=-

VARIABLE	VARIABLE VALUE	ORIGINAL COEFFICIENT	COEFFICIENT SENSITIVITY
X1	2714.286	70	0
X2	500	120	0
X3	1071.429	170	0

Ausdrucke lineare Optimierung zu Kapitel 14

CONSTRAINT NUMBER	ORIGINAL RIGHT-HAND VALUE	SLACK OR SURPLUS	SHADOW PRICE
1	3000	285.714	0
2	2000	1500	0
3	1200	128.571	0
4	4000	0	77.143
5	2000	0	62.857
6	1000	1714.286	0
7	500	0	4.286
8	800	271.429	0

OBJECTIVE FUNCTION VALUE: 432142.875

-- SENSITIVITY ANALYSIS --

OBJECTIVE FUNCTION COEFFICIENTS

VARIABLE	LOWER LIMIT	ORIGINAL COEFFICIENT	UPPER LIMIT
X1	67	70	340
X2	NO LIMIT	120	124.286
X3	140	170	280

RIGHT-HAND-SIDE VALUES

CONSTRAINT NUMBER	LOWER LIMIT	ORIGINAL VALUE	UPPER LIMIT
1	2714.286	3000	NO LIMIT
2	500	2000	NO LIMIT
3	1071.429	1200	NO LIMIT
4	3525	4000	4225
5	1775	2000	2125
6	NO LIMIT	1000	2714.286
7	300	500	1700
8	NO LIMIT	800	1071.429

---------- E N D   O F   A N A L Y S I S ----------

1
2
3
4
5
6
7
8
9
10
11
12
13
14
15

COMPUTER MODELS FOR MANAGEMENT SCIENCE

LINEAR PROGRAMMING   schuh1b.LPO   06-05-2000 - 13:53:14

-=*=- INFORMATION ENTERED -=*=-

NUMBER OF VARIABLES   : 3
NUMBER OF <= CONSTRAINTS : 5
NUMBER OF = CONSTRAINTS : 0
NUMBER OF >= CONSTRAINTS : 0

MAX DB =   70 X1 + 120 X2 + 170 X3

SUBJECT TO:

1	X1	+	0	X2	+	0	X3	<= 2000
0	X1	+	1	X2	+	0	X3	<= 1500
0	X1	+	0	X2	+	1	X3	<= 400
.5	X1	+	1	X2	+	2	X3	<= 1400
.5	X1	+	.75	X2	+	.25	X3	<= 925

-=*=- RESULTS -=*=-

VARIABLE	VARIABLE VALUE	ORIGINAL COEFFICIENT	COEFFICIENT SENSITIVITY
X1	1714.286	70	0
X2	0	120	4.286
X3	271.429	170	0

CONSTRAINT NUMBER	ORIGINAL RIGHT-HAND VALUE	SLACK OR SURPLUS	SHADOW PRICE
1	2000	285.714	0
2	1500	1500	0
3	400	128.571	0
4	1400	0	77.143
5	925	0	62.857

OBJECTIVE FUNCTION VALUE: 166142.859

-- SENSITIVITY ANALYSIS --
OBJECTIVE FUNCTION COEFFICIENTS

VARIABLE	LOWER LIMIT	ORIGINAL COEFFICIENT	UPPER LIMIT
X1	67	70	340
X2	NO LIMIT	120	124.286
X3	140	170	280

RIGHT-HAND-SIDE VALUES

CONSTRAINT NUMBER	LOWER LIMIT	ORIGINAL VALUE	UPPER LIMIT
1	1714.286	2000	NO LIMIT
2	0	1500	NO LIMIT
3	271.429	400	NO LIMIT
4	925	1400	1625
5	700	925	1050

---------- END OF ANALYSIS ----------

1

2

3

4

5

6

7

8

9

10

11

12

13

14

15

COMPUTER MODELS FOR MANAGEMENT SCIENCE

LINEAR PROGRAMMING   schuh2.LPO   06-05-2000 - 13:56:27

-=*=- INFORMATION ENTERED -=*=-

NUMBER OF VARIABLES   : 5
NUMBER OF <= CONSTRAINTS : 7
NUMBER OF = CONSTRAINTS   : 0
NUMBER OF >= CONSTRAINTS : 0

MAX DB =   70 X1 + 120 X2 + 170 X3 + 35.5 X4 + 92.5 X5

SUBJECT TO:

1	X1 +	0	X2 +	0	X3 +	0	X4 +	0	X5 <= 3000
0	X1 +	1	X2 +	0	X3 +	0	X4 +	0	X5 <= 2000
0	X1 +	0	X2 +	1	X3 +	0	X4 +	0	X5 <= 1200
0	X1 +	0	X2 +	0	X3 +	1	X4 +	0	X5 <= 500
0	X1 +	0	X2 +	0	X3 +	0	X4 +	1	X5 <= 500
.5	X1 +	1	X2 +	2	X3 +	.25	X4 +	.75	X5 <= 4000
.5	X1 +	.75	X2 +	.25	X3 +	.75	X4 +	.5	X5 <= 2000

-=*=- RESULTS -=*=-

VARIABLE	VARIABLE VALUE	ORIGINAL COEFFICIENT	COEFFICIENT SENSITIVITY
X1	2964.286	70	0
X2	0	120	4.286
X3	1071.429	170	0
X4	0	35.5	30.929
X5	500	92.5	0

1240

Ausdrucke lineare Optimierung zu Kapitel 14

CONSTRAINT NUMBER	ORIGINAL RIGHT-HAND VALUE	SLACK OR SURPLUS	SHADOW PRICE
1	3000	35.714	0
2	2000	2000	0
3	1200	128.571	0
4	500	500	0
5	500	0	3.214
6	4000	0	77.143
7	2000	0	62.857

OBJECTIVE FUNCTION VALUE: 435892.844

-- SENSITIVITY ANALYSIS --

OBJECTIVE FUNCTION COEFFICIENTS

VARIABLE	LOWER LIMIT	ORIGINAL COEFFICIENT	UPPER LIMIT
X1	67	70	73.462
X2	NO LIMIT	120	124.286
X3	140	170	192.5
X4	NO LIMIT	35.5	66.429
X5	89.286	92.5	NO LIMIT

RIGHT-HAND-SIDE VALUES

CONSTRAINT NUMBER	LOWER LIMIT	ORIGINAL VALUE	UPPER LIMIT
1	2964.286	3000	NO LIMIT
2	0	2000	NO LIMIT
3	1071.429	1200	NO LIMIT
4	0	500	NO LIMIT
5	461.538	500	3692.308
6	3875	4000	4225
7	1775	2000	2015.625

---------- E N D O F A N A L Y S I S ----------

COMPUTER MODELS FOR MANAGEMENT SCIENCE

LINEAR PROGRAMMING   schuh3.LPO   06-05-2000 - 13:59:09

-=*=- INFORMATION ENTERED -=*=-

NUMBER OF VARIABLES   : 6
NUMBER OF <= CONSTRAINTS : 5
NUMBER OF = CONSTRAINTS : 0
NUMBER OF >= CONSTRAINTS : 0

MAX DB =   70 X1 + 120 X2 + 170 X3 + 40 X4 + 80 X5 + 160 X6

SUBJECT TO:

1   X1 + 0   X2 + 0   X3 + 1   X4 + 0   X5 +
0   X6 <= 3000

0   X1 + 1   X2 + 0   X3 + 0   X4 + 1   X5 +
0   X6 <= 2000

0   X1 + 0   X2 + 1   X3 + 0   X4 + 0   X5 +
1   X6 <= 1200

.5   X1 + 1   X2 + 2   X3 + 0   X4 + 0   X5 +
0   X6 <= 4000

.5   X1 + .75 X2 + .25 X3 + 0   X4 + 0   X5 +
0   X6 <= 2000

-=*=- RESULTS -=*=-

VARIABLE	VARIABLE VALUE	ORIGINAL COEFFICIENT	COEFFICIENT SENSITIVITY
X1	3000	70	0
X2	666.667	120	0
X3	0	170	3.333
X4	0	40	3.333
X5	1333.333	80	0
X6	1200	160	0

Ausdrucke lineare Optimierung zu Kapitel 14

CONSTRAINT NUMBER	ORIGINAL RIGHT-HAND VALUE	SLACK OR SURPLUS	SHADOW PRICE
1	3000	0	43.333
2	2000	0	80
3	1200	0	160
4	4000	1833.333	0
5	2000	0	53.333

OBJECTIVE FUNCTION VALUE: 588666.625

-- SENSITIVITY ANALYSIS --

OBJECTIVE FUNCTION COEFFICIENTS

VARIABLE	LOWER LIMIT	ORIGINAL COEFFICIENT	UPPER LIMIT
X1	66.667	70	NO LIMIT
X2	110	120	125
X3	NO LIMIT	170	173.333
X4	NO LIMIT	40	43.333
X5	75	80	90
X6	156.667	160	NO LIMIT

RIGHT-HAND-SIDE VALUES

CONSTRAINT NUMBER	LOWER LIMIT	ORIGINAL VALUE	UPPER LIMIT
1	1000	3000	4000
2	666.667	2000	NO LIMIT
3	0	1200	NO LIMIT
4	2166.667	4000	NO LIMIT
5	1500	2000	3000

---------- END OF ANALYSIS ----------

Microsoft Excel 9.0 Antwortbericht
Tabelle: [Solver.xls]DB 4 Qu
Bericht erstellt am: 08.05.00 14:41:36

Zielzelle (Max)

Name	Lösungswert
DB=	430.885,71

Veränderbare Zellen

Name	Lösungswert
Wert 1. Qu., Fertigung Da	542,86
Wert 1. Qu., Fertigung He	220,00
Wert 1. Qu., Fertigung St	254,29
Wert 1. Qu., Lager Da	0,00
Wert 1. Qu., Lager He	0,00
Wert 1. Qu., Lager St	54,29
Wert 2. Qu., Fertigung Da	600,00
Wert 2. Qu., Fertigung He	180,00
Wert 2. Qu., Fertigung St	260,00
Wert 2. Qu., Lager Da	0,00
Wert 2. Qu., Lager He	0,00
Wert 2. Qu., Lager St	114,29
Wert 3. Qu., Fertigung Da	857,14
Wert 3. Qu., Fertigung He	0,00
Wert 3. Qu., Fertigung St	285,71
Wert 3. Qu., Lager Da	0,00
Wert 3. Qu., Lager He	0,00
Wert 3. Qu., Lager St	0,00
Wert 4. Qu., Fertigung Da	857,14
Wert 4. Qu., Fertigung He	0,00
Wert 4. Qu., Fertigung St	285,71

Nebenbedingungen

Name	Zellwert	Status	Differenz
1. Quartal, Zeile 1	542,86	Nicht einschränkend	57,14
1. Quartal, Zeile 2	220,00	Nicht einschränkend	180,00
1. Quartal, Zeile 3	200,00	Einschränkend	0,00
1. Quartal, Zeile 4	1.000,00	Einschränkend	0,00
1. Quartal, Zeile 5	500,00	Einschränkend	0,00
2. Quartal, Zeile 6	600,00	Einschränkend	0,00
2. Quartal, Zeile 7	180,00	Nicht einschränkend	220,00
2. Quartal, Zeile 8	200,00	Einschränkend	0,00
2. Quartal, Zeile 9	1.000,00	Einschränkend	0,00
2. Quartal, Zeile 10	500,00	Einschränkend	0,00
3. Quartal, Zeile 11	857,14	Nicht einschränkend	42,86
3. Quartal, Zeile 12	0,00	Nicht einschränkend	600,00
3. Quartal, Zeile 13	400,00	Einschränkend	0,00
3. Quartal, Zeile 14	1.000,00	Einschränkend	0,00
3. Quartal, Zeile 15	500,00	Einschränkend	0,00
4. Quartal, Zeile 16	857,14	Nicht einschränkend	42,86
4. Quartal, Zeile 17	0,00	Nicht einschränkend	600,00
4. Quartal, Zeile 18	285,71	Nicht einschränkend	114,29
4. Quartal, Zeile 19	1.000,00	Einschränkend	0,00
4. Quartal, Zeile 20	500,00	Einschränkend	0,00

COMPUTER MODELS FOR MANAGEMENT SCIENCE

LINEAR PROGRAMMING   baumw1.LPO   06-05-2000 - 14:04:33

-=*=- INFORMATION ENTERED -=*=-

NUMBER OF VARIABLES   : 7
NUMBER OF <= CONSTRAINTS : 3
NUMBER OF = CONSTRAINTS : 1
NUMBER OF >= CONSTRAINTS : 3

MIN LS =   96 X1 + 105 X2 + 105 X3 + 104 X4 + 90.2 X5 + 94.5 X6 + 90.75 X7

SUBJECT TO:

1.187 X1 + 1.156 X2 + 1.156 X3 + 1.156 X4 + 1.125 X5 +
1.125 X6 + 1.125 X7 <= 1.219

4.2   X1 + 4.3   X2 + 4.2   X3 + 4   X4 + 4.5   X5 +
4.4   X6 + 4.3   X7 <= 4.2

90   X1 + 90   X2 + 88   X3 + 86   X4 + 93   X5 +
90   X6 + 87   X7 <= 100

1   X1 + 1   X2 + 1   X3 + 1   X4 + 1   X5 +
1   X6 + 1   X7 = 1

1.187 X1 + 1.156 X2 + 1.156 X3 + 1.156 X4 + 1.125 X5 +
1.125 X6 + 1.125 X7 >= 1.125

4.2   X1 + 4.3   X2 + 4.2   X3 + 4   X4 + 4.5   X5 +
4.4   X6 + 4.3   X7 >= 3.5

90   X1 + 90   X2 + 88   X3 + 86   X4 + 93   X5 +
90   X6 + 87   X7 >= 85

-=*=- RESULTS -=*=-

VARIABLE	VARIABLE VALUE	ORIGINAL COEFFICIENT	COEFFICIENT SENSITIVITY
X1	0	96	.833
X2	0	105	14.25
X3	0	105	9.833
X4	.333	104	0
X5	0	90.2	8.283
X6	0	94.5	8.167
X7	.667	90.75	0

Ausdrucke lineare Optimierung zu Kapitel 14

CONSTRAINT NUMBER	ORIGINAL RIGHT-HAND VALUE	SLACK OR SURPLUS	SHADOW PRICE
1	1.219	.084	0
2	4.2	0	44.167
3	100	13.333	0
4	1	0	280.667
5	1.125	.01	0
6	3.5	.7	0
7	85	1.667	0

OBJECTIVE FUNCTION VALUE: 95.167

-- SENSITIVITY ANALYSIS --

OBJECTIVE FUNCTION COEFFICIENTS

VARIABLE	LOWER LIMIT	ORIGINAL COEFFICIENT	UPPER LIMIT
X1	95.167	96	NO LIMIT
X2	90.75	105	NO LIMIT
X3	95.167	105	NO LIMIT
X4	91.575	104	106.5
X5	81.917	90.2	NO LIMIT
X6	86.333	94.5	NO LIMIT
X7	-%0000704	90.75	92

RIGHT-HAND-SIDE VALUES

CONSTRAINT NUMBER	LOWER LIMIT	ORIGINAL VALUE	UPPER LIMIT
1	1.135	1.219	NO LIMIT
2	4	4.2	4.3
3	86.667	100	NO LIMIT
4	.993	1	1.05
5	NO LIMIT	1.125	1.135
6	NO LIMIT	3.5	4.2
7	NO LIMIT	85	86.667

---------- END OF ANALYSIS ----------

Ausdrucke lineare Optimierung zu Kapitel 14

COMPUTER MODELS FOR MANAGEMENT SCIENCE

LINEAR PROGRAMMING   baumw2.LPO   06-05-2000 - 14:06:39

-=*=- INFORMATION ENTERED -=*=-

NUMBER OF VARIABLES   : 7
NUMBER OF <= CONSTRAINTS : 3
NUMBER OF = CONSTRAINTS : 1
NUMBER OF >= CONSTRAINTS : 3

MIN LS =   96 X1 + 105 X2 + 105 X3 + 104 X4 + 90.2 X5 + 94.5 X6 + 90.75 X7

SUBJECT TO:

1.187 X1 + 1.156 X2 + 1.156 X3 + 1.156 X4 + 1.125 X5 +
1.125 X6 + 1.125 X7 <= 1.219

4.2   X1 + 4.3   X2 + 4.2   X3 + 4   X4 + 4.5   X5 +
4.4   X6 + 4.3   X7 <= 4.1

90   X1 + 90   X2 + 88   X3 + 86   X4 + 93   X5 +
90   X6 + 87   X7 <= 100

1   X1 + 1   X2 + 1   X3 + 1   X4 + 1   X5 +
1   X6 + 1   X7 = 1

1.187 X1 + 1.156 X2 + 1.156 X3 + 1.156 X4 + 1.125 X5 +
1.125 X6 + 1.125 X7 >= 1.125

4.2   X1 + 4.3   X2 + 4.2   X3 + 4   X4 + 4.5   X5 +
4.4   X6 + 4.3   X7 >= 4

90   X1 + 90   X2 + 88   X3 + 86   X4 + 93   X5 +
90   X6 + 87   X7 >= 85

-=*=- RESULTS -=*=-

VARIABLE	VARIABLE VALUE	ORIGINAL COEFFICIENT	COEFFICIENT SENSITIVITY
X1	0	96	.833
X2	0	105	14.25
X3	0	105	9.833
X4	.667	104	0
X5	0	90.2	8.283
X6	0	94.5	8.167
X7	.333	90.75	0

Ausdrucke lineare Optimierung zu Kapitel 14

CONSTRAINT NUMBER	ORIGINAL RIGHT-HAND VALUE	SLACK OR SURPLUS	SHADOW PRICE
1	1.219	.073	0
2	4.1	0	44.167
3	100	13.667	0
4	1	0	280.667
5	1.125	.021	0
6	4	.1	0
7	85	1.333	0

OBJECTIVE FUNCTION VALUE: 99.583

-- SENSITIVITY ANALYSIS --

OBJECTIVE FUNCTION COEFFICIENTS

VARIABLE	LOWER LIMIT	ORIGINAL COEFFICIENT	UPPER LIMIT
X1	95.167	96	NO LIMIT
X2	90.75	105	NO LIMIT
X3	95.167	105	NO LIMIT
X4	91.575	104	106.5
X5	81.917	90.2	NO LIMIT
X6	86.333	94.5	NO LIMIT
X7	-%0000576	90.75	92

RIGHT-HAND-SIDE VALUES

CONSTRAINT NUMBER	LOWER LIMIT	ORIGINAL VALUE	UPPER LIMIT
1	1.146	1.219	NO LIMIT
2	4	4.1	4.3
3	86.333	100	NO LIMIT
4	.987	1	1.025
5	NO LIMIT	1.125	1.146
6	NO LIMIT	4	4.1
7	NO LIMIT	85	86.333

---------- END OF ANALYSIS ----------

COMPUTER MODELS FOR MANAGEMENT SCIENCE

LINEAR PROGRAMMING   baumw3.LPO   06-05-2000 - 14:08:14

-=*=- INFORMATION ENTERED -=*=-

NUMBER OF VARIABLES   : 7
NUMBER OF <= CONSTRAINTS : 3
NUMBER OF = CONSTRAINTS : 1
NUMBER OF >= CONSTRAINTS : 3

MIN LS =   96 X1 + 105 X2 + 105 X3 + 104 X4 + 90.2 X5 + 94.5 X6 + 90.75 X7

SUBJECT TO:

1.187 X1 + 1.156 X2 + 1.156 X3 + 1.156 X4 + 1.125 X5 +
1.125 X6 + 1.125 X7 <= 1.18

4.2   X1 + 4.3   X2 + 4.2   X3 + 4   X4 + 4.5   X5 +
4.4   X6 + 4.3   X7 <= 4.2

90   X1 + 90   X2 + 88   X3 + 86   X4 + 93   X5 +
90   X6 + 87   X7 <= 100

1   X1 + 1   X2 + 1   X3 + 1   X4 + 1   X5 +
1   X6 + 1   X7 = I

1.187 X1 + 1.156 X2 + 1.156 X3 + 1.156 X4 + 1.125 X5 +
1.125 X6 + 1.125 X7 >= 1.14

4.2   X1 + 4.3   X2 + 4.2   X3 + 4   X4 + 4.5   X5 +
4.4   X6 + 4.3   X7 >= 3.5

90   X1 + 90   X2 + 88   X3 + 86   X4 + 93   X5 +
90   X6 + 87   X7 >= 85

-=*=- RESULTS -=*=-

VARIABLE	VARIABLE VALUE	ORIGINAL COEFFICIENT	COEFFICIENT SENSITIVITY
X1	.09	96	0
X2	0	105	13.75
X3	0	105	9.5
X4	.303	104	0
X5	0	90.2	7.95
X6	0	94.5	8
X7	.606	90.75	0

CONSTRAINT NUMBER	ORIGINAL RIGHT-HAND VALUE	SLACK OR SURPLUS	SHADOW PRICE
1	1.18	.04	0
2	4.2	0	42.5
3	100	13.032	0
4	1	0	255.355
5	1.14	0	16.128
6	3.5	.7	0
7	85	1.968	0

OBJECTIVE FUNCTION VALUE: 95.242

-- SENSITIVITY ANALYSIS --

OBJECTIVE FUNCTION COEFFICIENTS

VARIABLE	LOWER LIMIT	ORIGINAL COEFFICIENT	UPPER LIMIT
X1	95.167	96	115.875
X2	91.25	105	NO LIMIT
X3	95.5	105	NO LIMIT
X4	94.063	104	106.5
X5	82.25	90.2	NO LIMIT
X6	86.5	94.5	NO LIMIT
X7	NO LIMIT	90.75	92

RIGHT-HAND-SIDE VALUES

CONSTRAINT NUMBER	LOWER LIMIT	ORIGINAL VALUE	UPPER LIMIT
1	1.14	1.18	NO LIMIT
2	4.155	4.2	4.276
3	86.968	100	NO LIMIT
4	.988	1	1.003
5	1.135	1.14	1.18
6	NO LIMIT	3.5	4.2
7	NO LIMIT	85	86.968

---------- E N D O F A N A L Y S I S ----------

Ausdrucke lineare Optimierung zu Kapitel 14

COMPUTER MODELS FOR MANAGEMENT SCIENCE

LINEAR PROGRAMMING   baumw4.LPO   06-05-2000 - 14:09:28

-=*=- INFORMATION ENTERED -=*=-

NUMBER OF VARIABLES   : 7
NUMBER OF <= CONSTRAINTS : 3
NUMBER OF = CONSTRAINTS : 1
NUMBER OF >= CONSTRAINTS : 3

MIN LS =   96 X1 + 105 X2 + 105 X3 + 104 X4 + 90.2 X5 + 94.5 X6 + 90.75 X7

SUBJECT TO:

1.187 X1 + 1.156 X2 + 1.156 X3 + 1.156 X4 + 1.125 X5 +
1.125 X6 + 1.125 X7 <= 1.219

4.2   X1 + 4.3   X2 + 4.2   X3 + 4   X4 + 4.5   X5 +
4.4   X6 + 4.3   X7 <= 4.2

90   X1 + 90   X2 + 88   X3 + 86   X4 + 93   X5 +
90   X6 + 87   X7 <= 91

1   X1 + 1   X2 + 1   X3 + 1   X4 + 1   X5 +
1   X6 + 1   X7 = 1

1.187 X1 + 1.156 X2 + 1.156 X3 + 1.156 X4 + 1.125 X5 +
1.125 X6 + 1.125 X7 >= 1.125

4.2   X1 + 4.3   X2 + 4.2   X3 + 4   X4 + 4.5   X5 +
4.4   X6 + 4.3   X7 >= 3.5

90   X1 + 90   X2 + 88   X3 + 86   X4 + 93   X5 +
90   X6 + 87   X7 >= 87

-=*=- RESULTS -=*=-

VARIABLE	VARIABLE VALUE	ORIGINAL COEFFICIENT	COEFFICIENT SENSITIVITY
X1	.1	96	0
X2	0	105	13.5
X3	0	105	9.5
X4	.3	104	0
X5	0	90.2	6.95
X6	0	94.5	7.5
X7	.6	90.75	0

CONSTRAINT NUMBER	ORIGINAL RIGHT-HAND VALUE	SLACK OR SURPLUS	SHADOW PRICE
1	1.219	.079	0
2	4.2	0	45
3	91	4	0
4	1	0	262.5
5	1.125	.015	0
6	3.5	.7	0
7	87	0	.25

OBJECTIVE FUNCTION VALUE: 95.25

-- SENSITIVITY ANALYSIS --

OBJECTIVE FUNCTION COEFFICIENTS

VARIABLE	LOWER LIMIT	ORIGINAL COEFFICIENT	UPPER LIMIT
X1	95.167	96	100.344
X2	91.5	105	NO LIMIT
X3	95.5	105	NO LIMIT
X4	98.208	104	106.5
X5	83.25	90.2	NO LIMIT
X6	87	94.5	NO LIMIT
X7	NO LIMIT	90.75	92

RIGHT-HAND-SIDE VALUES

CONSTRAINT NUMBER	LOWER LIMIT	ORIGINAL VALUE	UPPER LIMIT
1	1.14	1.219	NO LIMIT
2	4.05	4.2	4.3
3	87	91	NO LIMIT
4	.986	1	1.005
5	NO LIMIT	1.125	1.14
6	NO LIMIT	3.5	4.2
7	86.667	87	90

---------- END OF ANALYSIS ----------

COMPUTER MODELS FOR MANAGEMENT SCIENCE

LINEAR PROGRAMMING   baumw5.LPO   06-05-2000 - 14:11:19

-=*=- INFORMATION ENTERED -=*=-

NUMBER OF VARIABLES   : 7
NUMBER OF <= CONSTRAINTS : 3
NUMBER OF = CONSTRAINTS : 1
NUMBER OF >= CONSTRAINTS : 3

MIN LS =   96 X1 + 105 X2 + 105 X3 + 104 X4 + 90.2 X5 + 94.5 X6 + 90.75 X7

SUBJECT TO:

1.187 X1 + 1.156 X2 + 1.156 X3 + 1.156 X4 + 1.125 X5 +
1.125 X6 + 1.125 X7 <= 1.18

4.2   X1 + 4.3   X2 + 4.2   X3 + 4   X4 + 4.5   X5 +
4.4   X6 + 4.3   X7 <= 4.1

90   X1 + 90   X2 + 88   X3 + 86   X4 + 93   X5 +
90   X6 + 87   X7 <= 91

1   X1 + 1   X2 + 1   X3 + 1   X4 + 1   X5 +
1   X6 + 1   X7 = 1

1.187 X1 + 1.156 X2 + 1.156 X3 + 1.156 X4 + 1.125 X5 +
1.125 X6 + 1.125 X7 >= 1.14

4.2   X1 + 4.3   X2 + 4.2   X3 + 4   X4 + 4.5   X5 +
4.4   X6 + 4.3   X7 >= 4

90   X1 + 90   X2 + 88   X3 + 86   X4 + 93   X5 +
90   X6 + 87   X7 >= 87

-=*=- RESULTS -=*=-

VARIABLE	VARIABLE VALUE	ORIGINAL COEFFICIENT	COEFFICIENT SENSITIVITY
X1	.2	96	0
X2	0	105	13.5
X3	0	105	9.5
X4	.6	104	0
X5	0	90.2	6.95
X6	0	94.5	7.5
X7	.2	90.75	0

Ausdrucke lineare Optimierung zu Kapitel 14

CONSTRAINT NUMBER	ORIGINAL RIGHT-HAND VALUE	SLACK OR SURPLUS	SHADOW PRICE
1	1.18	.024	0
2	4.1	0	45
3	91	4	0
4	1	0	262.5
5	1.14	.016	0
6	4	.1	0
7	87	0	.25

OBJECTIVE FUNCTION VALUE: 99.75

-- SENSITIVITY ANALYSIS --

OBJECTIVE FUNCTION COEFFICIENTS

VARIABLE	LOWER LIMIT	ORIGINAL COEFFICIENT	UPPER LIMIT
X1	95.167	96	100.344
X2	91.5	105	NO LIMIT
X3	95.5	105	NO LIMIT
X4	98.208	104	106.5
X5	83.25	90.2	NO LIMIT
X6	87	94.5	NO LIMIT
X7	NO LIMIT	90.75	92

RIGHT-HAND-SIDE VALUES

CONSTRAINT NUMBER	LOWER LIMIT	ORIGINAL VALUE	UPPER LIMIT
1	1.156	1.18	NO LIMIT
2	4.05	4.1	4.203
3	87	91	NO LIMIT
4	.972	1	1.009
5	NO LIMIT	1.14	1.156
6	NO LIMIT	4	4.1
7	86.333	87	88

---------- E N D O F A N A L Y S I S ----------

COMPUTER MODELS FOR MANAGEMENT SCIENCE

LINEAR PROGRAMMING   baumw6.LPO   06-05-2000 - 14:12:39

-=*=- INFORMATION ENTERED -=*=-

NUMBER OF VARIABLES   : 7
NUMBER OF <= CONSTRAINTS : 3
NUMBER OF = CONSTRAINTS : 1
NUMBER OF >= CONSTRAINTS : 3

MIN LS =   96 X1 + 105 X2 + 105 X3 + 104 X4 + 90.2 X5 + 94.5 X6 + 90.75 X7

SUBJECT TO:

1.187 X1 +   1.156 X2 +   1.156 X3 +   1.156 X4 +   1.125 X5 +
1.125 X6 +   1.125 X7 <= 1.18

4.2   X1 +   4.3   X2 +   4.2   X3 +   4   X4 +   4.5   X5 +
4.4   X6 +   4.3   X7 <= 4.15

90   X1 +   90   X2 +   88   X3 +   86   X4 +   93   X5 +
90   X6 +   87   X7 <= 91

1   X1 +   1   X2 +   1   X3 +   1   X4 +   1   X5 +
1   X6 +   1   X7 = 1

1.187 X1 +   1.156 X2 +   1.156 X3 +   1.156 X4 +   1.125 X5 +
1.125 X6 +   1.125 X7 >= 1.14

4.2   X1 +   4.3   X2 +   4.2   X3 +   4   X4 +   4.5   X5 +
4.4   X6 +   4.3   X7 >= 4

90   X1 +   90   X2 +   88   X3 +   86   X4 +   93   X5 +
90   X6 +   87   X7 >= 87.5

-=*=- RESULTS -=*=-

VARIABLE	VARIABLE VALUE	ORIGINAL COEFFICIENT	COEFFICIENT SENSITIVITY
X1	.3	96	0
X2	0	105	13.5
X3	0	105	9.5
X4	.4	104	0
X5	0	90.2	6.95
X6	0	94.5	7.5
X7	.3	90.75	0

1255

CONSTRAINT NUMBER	ORIGINAL RIGHT-HAND VALUE	SLACK OR SURPLUS	SHADOW PRICE
1	1.18	.024	0
2	4.15	0	45
3	91	3.5	0
4	1	0	262.5
5	1.14	.016	0
6	4	.15	0
7	87.5	0	.25

OBJECTIVE FUNCTION VALUE: 97.625

-- SENSITIVITY ANALYSIS --

OBJECTIVE FUNCTION COEFFICIENTS

VARIABLE	LOWER LIMIT	ORIGINAL COEFFICIENT	UPPER LIMIT
X1	95.167	96	100.344
X2	91.5	105	NO LIMIT
X3	95.5	105	NO LIMIT
X4	98.208	104	106.5
X5	83.25	90.2	NO LIMIT
X6	87	94.5	NO LIMIT
X7	NO LIMIT	90.75	92

RIGHT-HAND-SIDE VALUES

CONSTRAINT NUMBER	LOWER LIMIT	ORIGINAL VALUE	UPPER LIMIT
1	1.156	1.18	NO LIMIT
2	4.075	4.15	4.253
3	87.5	91	NO LIMIT
4	.981	1	1.014
5	NO LIMIT	1.14	1.156
6	NO LIMIT	4	4.15
7	86.5	87.5	89

---------- END OF ANALYSIS ----------

COMPUTER MODELS FOR MANAGEMENT SCIENCE

LINEAR PROGRAMMING   baumw7.LPO   06-05-2000 - 14:17:02

-=*=- INFORMATION ENTERED -=*=-

NUMBER OF VARIABLES   : 7
NUMBER OF <= CONSTRAINTS : 3
NUMBER OF = CONSTRAINTS : 1
NUMBER OF >= CONSTRAINTS : 3

MIN LS =   96 X1 + 105 X2 + 105 X3 + 104 X4 + 90.2 X5 + 94.5 X6 + 90.75 X7

SUBJECT TO:

1.187 X1 + 1.156 X2 + 1.156 X3 + 1.156 X4 + 1.125 X5 +
1.125 X6 + 1.125 X7 <= 1.18

4.2   X1 + 4.3   X2 + 4.2   X3 + 4   X4 + 4.5   X5 +
4.4   X6 + 4.3   X7 <= 4.3

90   X1 + 90   X2 + 88   X3 + 86   X4 + 93   X5 +
90   X6 + 87   X7 <= 90

1   X1 + 1   X2 + 1   X3 + 1   X4 + 1   X5 +
1   X6 + 1   X7 = 1

1.187 X1 + 1.156 X2 + 1.156 X3 + 1.156 X4 + 1.125 X5 +
1.125 X6 + 1.125 X7 >= 1.14

4.2   X1 + 4.3   X2 + 4.2   X3 + 4   X4 + 4.5   X5 +
4.4   X6 + 4.3   X7 >= 4.1

90   X1 + 90   X2 + 88   X3 + 86   X4 + 93   X5 +
90   X6 + 87   X7 >= 88

-=*=- RESULTS -=*=-

VARIABLE	VARIABLE VALUE	ORIGINAL COEFFICIENT	COEFFICIENT SENSITIVITY
X1	.242	96	0
X2	0	105	11.762
X3	0	105	11.487
X4	0	104	9.937
X5	.121	90.2	0
X6	0	94.5	4.025
X7	.637	90.75	0

CONSTRAINT NUMBER	ORIGINAL RIGHT-HAND VALUE	SLACK OR SURPLUS	SHADOW PRICE
1	1.18	.04	0
2	4.3	0	2.75
3	90	1.548	0
4	1	0	12.304
5	1.14	0	80.241
6	4.1	.2	0
7	88	.452	0

OBJECTIVE FUNCTION VALUE: 91.954

-- SENSITIVITY ANALYSIS --

OBJECTIVE FUNCTION COEFFICIENTS

VARIABLE	LOWER LIMIT	ORIGINAL COEFFICIENT	UPPER LIMIT
X1	91.025	96	115.875
X2	93.238	105	NO LIMIT
X3	93.513	105	NO LIMIT
X4	94.063	104	NO LIMIT
X5	82.25	90.2	90.75
X6	90.475	94.5	NO LIMIT
X7	90.2	90.75	94.067

RIGHT-HAND-SIDE VALUES

CONSTRAINT NUMBER	LOWER LIMIT	ORIGINAL VALUE	UPPER LIMIT
1	1.14	1.18	NO LIMIT
2	4.285	4.3	4.352
3	88.452	90	NO LIMIT
4	.99	1	1.003
5	1.135	1.14	1.156
6	NO LIMIT	4.1	4.3
7	NO LIMIT	88	88.452

---------- E N D O F A N A L Y S I S ----------

COMPUTER MODELS FOR MANAGEMENT SCIENCE

LINEAR PROGRAMMING   baumw8.LPO   06-05-2000 - 14:18:18

-=*=- INFORMATION ENTERED -=*=-

NUMBER OF VARIABLES   : 7
NUMBER OF <= CONSTRAINTS : 3
NUMBER OF = CONSTRAINTS : 1
NUMBER OF >= CONSTRAINTS : 3

MIN LS =   96 X1 + 105 X2 + 105 X3 + 104 X4 + 90.2 X5 + 94.5 X6 + 90.75 X7

SUBJECT TO:

1.187 X1 + 1.156 X2 + 1.156 X3 + 1.156 X4 + 1.125 X5 +
1.125 X6 + 1.125 X7 <= 1.17

4.2   X1 + 4.3   X2 + 4.2   X3 + 4   X4 + 4.5   X5 +
4.4   X6 + 4.3   X7 <= 4.2

90   X1 + 90   X2 + 88   X3 + 86   X4 + 93   X5 +
90   X6 + 87   X7 <= 91

1   X1 + 1   X2 + 1   X3 + 1   X4 + 1   X5 +
1   X6 + 1   X7 = 1

1.187 X1 + 1.156 X2 + 1.156 X3 + 1.156 X4 + 1.125 X5 +
1.125 X6 + 1.125 X7 >= 1.15

4.2   X1 + 4.3   X2 + 4.2   X3 + 4   X4 + 4.5   X5 +
4.4   X6 + 4.3   X7 >= 4.1

90   X1 + 90   X2 + 88   X3 + 86   X4 + 93   X5 +
90   X6 + 87   X7 >= 89

-=*=- RESULTS -=*=-

VARIABLE	VARIABLE VALUE	ORIGINAL COEFFICIENT	COEFFICIENT SENSITIVITY
X1	.661	96	0
X2	0	105	11.762
X3	0	105	9.5
X4	.129	104	0
X5	.024	90.2	0
X6	0	94.5	4.025
X7	.185	90.75	0

CONSTRAINT NUMBER	ORIGINAL RIGHT-HAND VALUE	SLACK OR SURPLUS	SHADOW PRICE
1	1.17	0	112.097
2	4.2	0	62.375
3	91	2	0
4	1	0	312.159
5	1.15	.02	0
6	4.1	.1	0
7	89	0	1.987

OBJECTIVE FUNCTION VALUE: 95.918

-- SENSITIVITY ANALYSIS --

OBJECTIVE FUNCTION COEFFICIENTS

VARIABLE	LOWER LIMIT	ORIGINAL COEFFICIENT	UPPER LIMIT
X1	-%0912192	96	100.344
X2	93.238	105	NO LIMIT
X3	95.5	105	NO LIMIT
X4	98.208	104	151.5
X5	83.25	90.2	98.25
X6	90.475	94.5	NO LIMIT
X7	NO LIMIT	90.75	96.429

RIGHT-HAND-SIDE VALUES

CONSTRAINT NUMBER	LOWER LIMIT	ORIGINAL VALUE	UPPER LIMIT
1	1.151	1.17	1.171
2	4.166	4.2	4.21
3	89	91	NO LIMIT
4	.997	1	1.02
5	NO LIMIT	1.15	1.17
6	NO LIMIT	4.1	4.2
7	88.903	89	89.53

---------- END OF ANALYSIS ----------

Ausdrucke lineare Optimierung zu Kapitel 14

COMPUTER MODELS FOR MANAGEMENT SCIENCE

LINEAR PROGRAMMING   glas.LPO   06-05-2000 - 14:29:14

-=*=- INFORMATION ENTERED -=*=-

NUMBER OF VARIABLES   : 9
NUMBER OF <= CONSTRAINTS   : 9
NUMBER OF = CONSTRAINTS   : 1
NUMBER OF >= CONSTRAINTS   : 9

MIN MENGE = .477 X1 + .336 X2 + .275 X3 + .312 X4 + 1.249 X5 + 2.76 X6
+ 1.715 X7 + 14.2 X8 + .487 X9

SUBJECT TO:

```
98.5   X1 +   95.69 X2 +   .49    X3 +   .05    X4 +   33.32 X5 +
0      X6 +   0     X7 +   0      X8 +   68.39 X9 <= 71900

.65    X1 +   2.4   X2 +   .36    X3 +   .03    X4 +   15.19 X5 +
0      X6 +   0     X7 +   0      X8 +   17.82 X9 <= 2300

.03    X1 +   .18   X2 +   .27    X3 +   .07    X4 +   .31    X5 +
0      X6 +   0     X7 +   47.5   X8 +   .12   X9 <= 270

.014   X1 +   .06   X2 +   0      X3 +   0      X4 +   .62    X5 +
0      X6 +   0     X7 +   0      X8 +   .05   X9 <= 50

0      X1 +   .05   X2 +   1.05   X3 +   12.15 X4 +   4.38   X5 +
0      X6 +   0     X7 +   0      X8 +   0     X9 <= 2400

0      X1 +   .12   X2 +   53.15 X3 +   41.86 X4 +   43.85 X5 +
0      X6 +   0     X7 +   0      X8 +   .4    X9 <= 10300

.23    X1 +   .53   X2 +   .05    X3 +   .03    X4 +   .37    X5 +
58.5   X6 +   42.28 X7 +   0      X8 +   1.1   X9 <= 12400

.22    X1 +   .67   X2 +   .09    X3 +   .01    X4 +   .89    X5 +
0      X6 +   0     X7 +   0      X8 +   11.14 X9 <= 800

0      X1 +   0     X2 +   .05    X3 +   .07    X4 +   .75    X5 +
0      X6 +   36.63 X7 +   0      X8 +   0     X9 <= 70

99.644 X1 +   99.7  X2 +   55.51 X3 +   54.27 X4 +   99.68 X5 +
58.5   X6 +   78.91 X7 +   47.5   X8 +   99.02 X9 =  100000

98.5   X1 +   95.69 X2 +   .49    X3 +   .05    X4 +   33.32 X5 +
0      X6 +   0     X7 +   0      X8 +   68.39 X9 >= 71700

.65    X1 +   2.4   X2 +   .36    X3 +   .03    X4 +   15.19 X5 +
0      X6 +   0     X7 +   0      X8 +   17.82 X9 >= 2200

.03    X1 +   .18   X2 +   .27    X3 +   .07    X4 +   .31    X5 +
0      X6 +   0     X7 +   47.5   X8 +   .12   X9 >= 250

.014   X1 +   .06   X2 +   0      X3 +   0      X4 +   .62    X5 +
0      X6 +   0     X7 +   0      X8 +   .05   X9 >= 30
```

```
0     X1 +  .05   X2 +  1.05   X3 +  12.15  X4 +   4.38  X5 +
0     X6 +  0     X7 +  0      X8 +  0      X9 >= 2200

0     X1 +  .12   X2 +  53.15  X3 +  41.86  X4 +  43.85  X5 +
0     X6 +  0     X7 +  0      X8 +  .4     X9 >= 10100

.23   X1 +  .53   X2 +  .05    X3 +  .03    X4 +   .37   X5 +
58.5  X6 +  42.28 X7 +  0      X8 +  1.1    X9 >= 12200

.22   X1 +  .67   X2 +  .09    X3 +  .01    X4 +   .89   X5 +
0     X6 +  0     X7 +  0      X8 +  11.14  X9 >= 700

0     X1 +  0     X2 +  .05    X3 +  .07    X4 +   .75   X5 +
0     X6 +  36.63 X7 +  0      X8 +  0      X9 >= 50
```

-=*=- RESULTS -=*=-

VARIABLE	VARIABLE VALUE	ORIGINAL COEFFICIENT	COEFFICIENT SENSITIVITY
X1	0	.477	.212
X2	732.39	.336	0
X3	55.482	.275	0
X4	173.26	.312	0
X5	0	1.249	.731
X6	200.199	2.76	0
X7	1.504	1.715	0
X8	1.851	14.2	0
X9	26.048	.487	0

CONSTRAINT NUMBER	ORIGINAL RIGHT-HAND VALUE	SLACK OR SURPLUS	SHADOW PRICE
1	71900	0	.006
2	2300	52.857	0
3	270	20	0
4	50	4.752	0
5	2400	200	0
6	10300	0	.005
7	12400	199.999	0
8	800	12.389	0
9	70	0	.016
10	100000	0	.008
11	71700	200.002	0
12	2200	47.143	0
13	250	0	.291
14	30	15.248	0
15	2200	0	.005
16	10100	200	0
17	12200	0	.039
18	700	87.611	0
19	50	20	0

OBJECTIVE FUNCTION VALUE: 909.499

-- SENSITIVITY ANALYSIS --

OBJECTIVE FUNCTION COEFFICIENTS

VARIABLE	LOWER LIMIT	ORIGINAL COEFFICIENT	UPPER LIMIT
X1	.265	.477	NO LIMIT
X2	.164	.336	.484
X3	-118.798	.275	.34
X4	.261	.312	2.664
X5	.518	1.249	NO LIMIT
X6	1.954	2.76	12.95
X7	-191.71	1.715	2.284
X8	.375	14.2	473.895
X9	.361	.487	.611

RIGHT-HAND-SIDE VALUES

CONSTRAINT NUMBER	LOWER LIMIT	ORIGINAL VALUE	UPPER LIMIT
1	71869.352	71900	71979.086
2	2247.143	2300	NO LIMIT
3	250	270	NO LIMIT
4	45.248	50	NO LIMIT
5	2200	2400	NO LIMIT
6	10269.031	10300	10378.612
7	12200.001	12400	NO LIMIT
8	787.611	800	NO LIMIT
9	50	70	148.375
10	99921.625	100000	100031.109
11	NO LIMIT	71700	71900
12	NO LIMIT	2200	2247.143
13	218.89	250	270
14	NO LIMIT	30	45.248
15	2168.454	2200	2277.662
16	NO LIMIT	10100	10300
17	12168.891	12200	12278.375
18	NO LIMIT	700	787.611
19	NO LIMIT	50	70

---------- END OF ANALYSIS ----------

COMPUTER MODELS FOR MANAGEMENT SCIENCE

LINEAR PROGRAMMING   glasaltern.LPO   06-05-2000 - 14:36:31

-=*=- INFORMATION ENTERED -=*=-

NUMBER OF VARIABLES   : 9
NUMBER OF <= CONSTRAINTS : 9
NUMBER OF = CONSTRAINTS : 1
NUMBER OF >= CONSTRAINTS : 9

MIN MENGE = .264 X1 + .336 X2 + .275 X3 + .312 X4 + 1.249 X5 + 2.76 X6
+ 1.715 X7 + 14.2 X8 + .487 X9

SUBJECT TO:

98.5   X1 + 95.69 X2 + .49   X3 + .05   X4 + 33.32 X5 +
0   X6 + 0   X7 + 0   X8 + 68.39 X9 <= 71900

.65   X1 + 2.4   X2 + .36   X3 + .03   X4 + 15.19 X5 +
0   X6 + 0   X7 + 0   X8 + 17.82 X9 <= 2300

.03   X1 + .18   X2 + .27   X3 + .07   X4 + .31   X5 +
0   X6 + 0   X7 + 47.5 X8 + .12   X9 <= 270

.014   X1 + .06   X2 + 0   X3 + 0   X4 + .62   X5 +
0   X6 + 0   X7 + 0   X8 + .05   X9 <= 50

0   X1 + .05   X2 + 1.05 X3 + 12.15 X4 + 4.38   X5 +
0   X6 + 0   X7 + 0   X8 + 0   X9 <= 2400

0   X1 + .12   X2 + 53.15 X3 + 41.86 X4 + 43.85 X5 +
0   X6 + 0   X7 + 0   X8 + .4   X9 <= 10300

.23   X1 + .53   X2 + .05   X3 + .03   X4 + .37   X5 +
58.5   X6 + 42.28 X7 + 0   X8 + 1.1   X9 <= 12400

.22   X1 + .67   X2 + .09   X3 + .01   X4 + .89   X5 +
0   X6 + 0   X7 + 0   X8 + 11.14 X9 <= 800

0   X1 + 0   X2 + .05   X3 + .07   X4 + .75   X5 +
0   X6 + 36.63 X7 + 0   X8 + 0   X9 <= 70

99.644X1 + 99.7   X2 + 55.51 X3 + 54.27 X4 + 99.68 X5 +
58.5   X6 + 78.91 X7 + 47.5 X8 + 99.02 X9 = 100000

98.5   X1 + 95.69 X2 + .49   X3 + .05   X4 + 33.32 X5 +
0   X6 + 0   X7 + 0   X8 + 68.39 X9 >= 71700

.65   X1 + 2.4   X2 + .36   X3 + .03   X4 + 15.19 X5 +
0   X6 + 0   X7 + 0   X8 + 17.82 X9 >= 2200

.03   X1 + .18   X2 + .27   X3 + .07   X4 + .31   X5 +
0   X6 + 0   X7 + 47.5 X8 + .12   X9 >= 250

.014   X1 + .06   X2 + 0   X3 + 0   X4 + .62   X5 +
0   X6 + 0   X7 + 0   X8 + .05   X9 >= 30

0	X1 +	.05	X2 +	1.05	X3 +	12.15	X4 +	4.38	X5 +
0	X6 +	0	X7 +	0	X8 +	0	X9 >=	2200	

0	X1 +	.12	X2 +	53.15	X3 +	41.86	X4 +	43.85	X5 +
0	X6 +	0	X7 +	0	X8 +	.4	X9 >=	10100	

.23	X1 +	.53	X2 +	.05	X3 +	.03	X4 +	.37	X5 +
58.5	X6 +	42.28	X7 +	0	X8 +	1.1	X9 >=	12200	

.22	X1 +	.67	X2 +	.09	X3 +	.01	X4 +	.89	X5 +
0	X6 +	0	X7 +	0	X8 +	11.14	X9 >=	700	

0	X1 +	0	X2 +	.05	X3 +	.07	X4 +	.75	X5 +
0	X6 +	36.63	X7 +	0	X8 +	0	X9 >=	50	

-=*=- RESULTS -=*=-

VARIABLE	VARIABLE VALUE	ORIGINAL COEFFICIENT	COEFFICIENT SENSITIVITY
X1	26.849	.264	0
X2	703.077	.336	0
X3	55.433	.275	0
X4	173.385	.312	0
X5	0	1.249	.723
X6	200.315	2.76	0
X7	1.504	1.715	0
X8	1.94	14.2	0
X9	28.394	.487	0

CONSTRAINT NUMBER	ORIGINAL RIGHT-HAND VALUE	SLACK OR SURPLUS	SHADOW PRICE
1	71900	0	.006
2	2300	63.98	0
3	270	20	0
4	50	6.018	0
5	2400	200	0
6	10300	0	.005
7	12400	199.999	0
8	800	0	.002
9	70	0	.016
10	100000	0	.009
11	71700	200.002	0
12	2200	36.02	0
13	250	0	.29
14	30	13.982	0
15	2200	0	.004
16	10100	200	0
17	12200	0	.039
18	700	100	0
19	50	20	0

OBJECTIVE FUNCTION VALUE: 909.479

-- SENSITIVITY ANALYSIS --

OBJECTIVE FUNCTION COEFFICIENTS

VARIABLE	LOWER LIMIT	ORIGINAL COEFFICIENT	UPPER LIMIT
X1	.259	.264	.265
X2	.335	.336	.34
X3	-.12	.275	.33
X4	.27	.312	.47
X5	.526	1.249	NO LIMIT
X6	1.83	2.76	2.93
X7	-217.602	1.715	2.307
X8	12.924	14.2	14.423
X9	.384	.487	.495

RIGHT-HAND-SIDE VALUES

CONSTRAINT NUMBER	LOWER LIMIT	ORIGINAL VALUE	UPPER LIMIT
1	71869.352	71900	71937.555
2	2236.02	2300	NO LIMIT
3	250	270	NO LIMIT
4	43.982	50	NO LIMIT
5	2200	2400	NO LIMIT
6	10269.031	10300	10337.564
7	12200.001	12400	NO LIMIT
8	787.611	800	840.118
9	50	70	107.558
10	99962.445	100000	100031.109
11	NO LIMIT	71700	71900
12	NO LIMIT	2200	2236.02
13	218.89	250	270
14	NO LIMIT	30	43.982
15	2168.454	2200	2237.535
16	NO LIMIT	10100	10300
17	12168.891	12200	12237.558
18	NO LIMIT	700	800
19	NO LIMIT	50	70

---------- E N D   O F   A N A L Y S I S ----------

C

G

M